杭州年鉴

HANGZHOU YEARBOOK

2023

中共杭州市委党史研究室
（杭州市人民政府地方志办公室） 编

方志出版社
Publishing House of Local Records

图书在版编目（CIP）数据

杭州年鉴. 2023 / 中共杭州市委党史研究室（杭州市人民政府地方志办公室）编. —北京 : 方志出版社, 2023.11
ISBN 978-7-5144-5860-2

Ⅰ. ①杭… Ⅱ. ①中… Ⅲ. ①杭州—2023—年鉴
Ⅳ. ①Z525.51

中国国家版本馆CIP数据核字（2023）第206332号

责任编辑：刘方圆
责任校对：张玉霞
责任印制：梅中英
出 版 者：方志出版社
地　　址：北京市朝阳区潘家园东里9号（国家方志馆4层）
邮　　编：100021
网　　址：http://www.zgfzcb.cn
发　　行：方志出版社图书营销中心（010-67110500）
印　　刷：杭州捷派印务有限公司
开　　本：889毫米×1194毫米　1/16
印　　张：32.5　插页2.75印张　地图2幅
字　　数：1375千字
版　　次：2023年11月第1版
印　　次：2023年11月第1次印刷
定　　价：320.00元

编辑说明

一、《杭州年鉴》是中国共产党杭州市委员会、杭州市人民政府主办的地方综合年鉴，逐年记载杭州经济建设、政治建设、文化建设、社会建设、生态文明建设基本情况，为各级党政机关、研究机构，以及社会各界人士了解、研究杭州提供丰富、翔实的地情资料。

二、《杭州年鉴（2023）》（以下称本卷年鉴）是1987年首次编纂出版以来的第37卷。本卷年鉴坚持以马克思列宁主义、毛泽东思想、邓小平理论、“三个代表”重要思想、科学发展观、习近平新时代中国特色社会主义思想为指导，坚持辩证唯物主义和历史唯物主义的立场、观点和方法，全面记录2022年杭州坚定捍卫“两个确立”、坚决做到“两个维护”、忠实践行“八八战略”，全面深化“奋进新时代、建设新天堂”系列变革性实践、高水平推进共同富裕幸福杭州建设、加快打造世界一流的社会主义现代化国际大都市、努力成为中国式现代化的城市范例的奋斗历程。

三、本卷年鉴按分类法编辑，主体内容分为类目、分目、条目三个层次。全书框架结构在上年基础上，结合年度热点和杭州实际情况，对部分类目名称、排列顺序、所辖分目做了适当调整。“年度聚焦”类目设立“党的二十大精神学习宣传贯彻”“全过程人民民主基层单元建设”“国家营商环境创新试点工作实施”“数字人民币试点工作启动”“社会信用体系法治化建设”“宋韵文化传世工程实施”“杭州西站开通运营”“杭州荣誉”分目，“建筑业”类目新增“建筑节能”分目，“房地产业”类目新增“房屋安全更新”分目，“科学技术”类目新增“创新主体培育”分目。本卷年鉴资料以2022年度为主，部分内容适当突破年度时限，以保持资料的完整性。

四、本卷年鉴主要数据由杭州市统计局提供，入鉴内容资料及保密问题经各供稿单位审核。文中数据比较除特别说明外，均为2022年与2021年相比，“上年”指“2021年”，其他年份之间数据的比较写明年份。因统计范围、统计口径的调整，部分数据与往年不具可比性，以统计部门公布的为准。

五、本卷年鉴中，“党”特指中国共产党，其他党派名称用全称或规范化简称。市直属各单位和相关单位名称根据有关文件规定使用规范化简称。因党政机构改革或机构调整导致前后名称不一致的，据文中具体时间使用实际名称。供稿单位署名按党政机构改革后确定的新名称。

六、《杭州年鉴》历年资料载入杭州市人民政府门户网站、杭州党史与地方志网。

数字杭州

地区生产总值及其指数

地方财政收入

固定资产投资总额发展指数

社会消费品零售总额

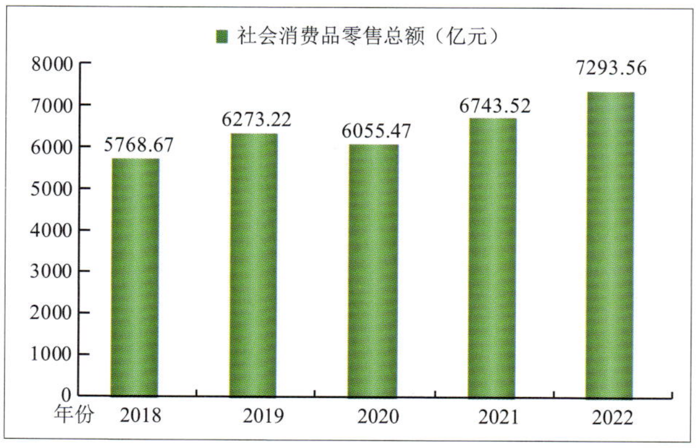

三次产业增加值

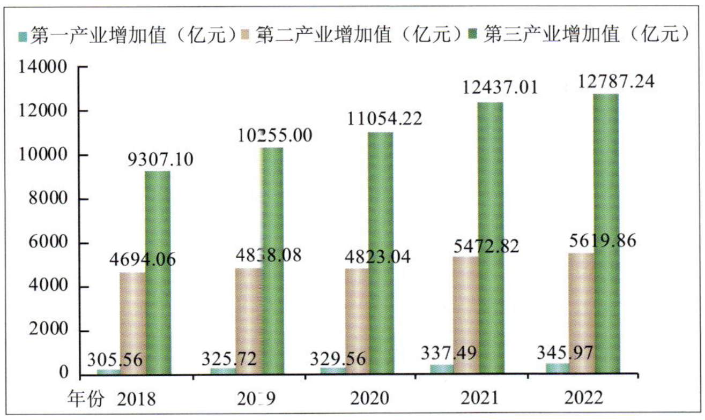

三次产业增加值结构

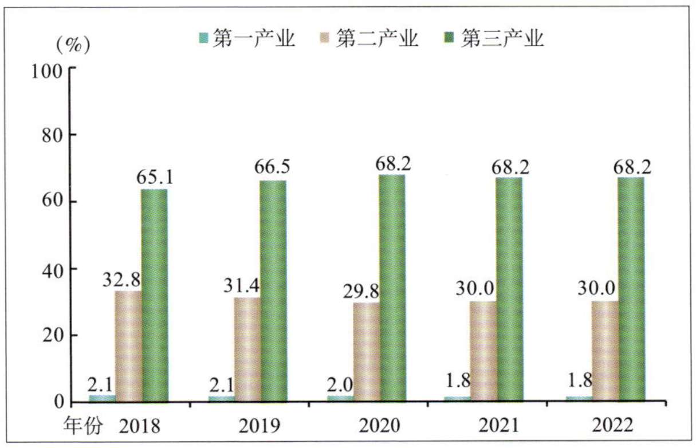

城乡居民人均可支配收入和人均消费性支出

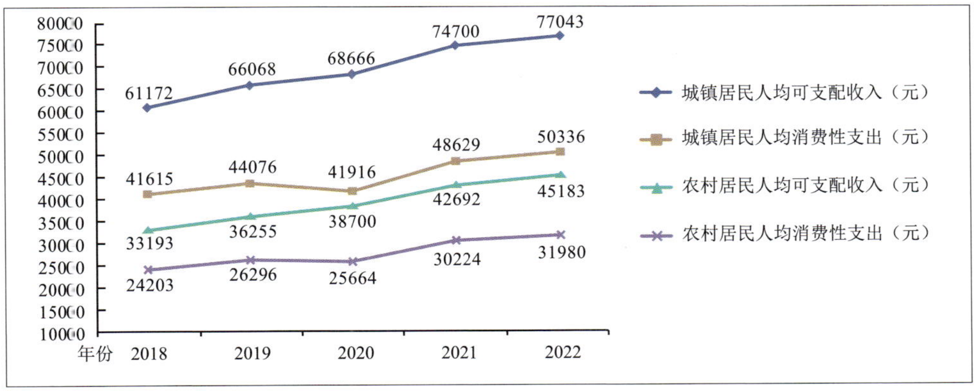

社会保险参保人数

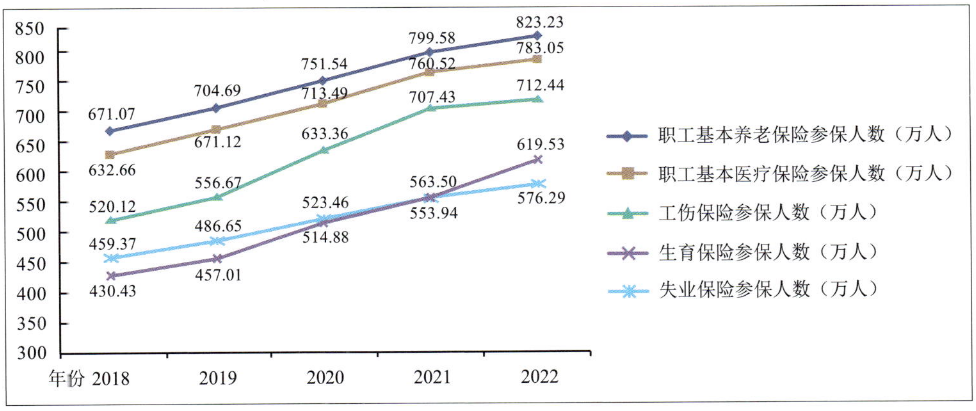

2022 年杭州市各项经济指标占浙江省的比重

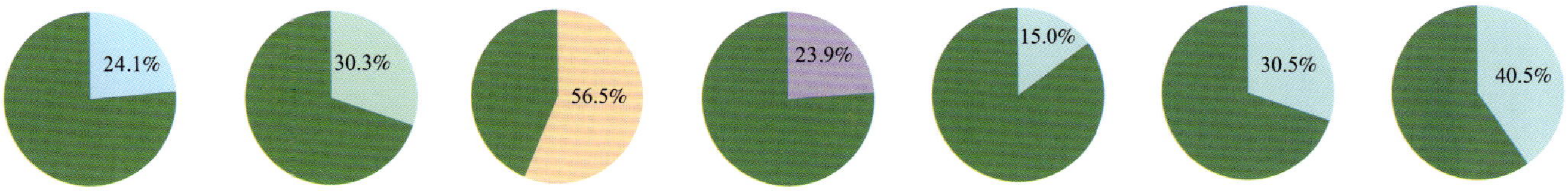

地区生产总值　服务业增加值　数字经济核心产业增加值　社会消费品零售总额　出口总额　一般公共预算收入　实际利用外资

2022 年 6 月 29 日，“杭州市庆祝建党 101 周年 喜迎二十大群众性歌咏活动”举行

（市委宣传部 供稿）

2022 年 10 月 16 日，杭州市延安路工联大厦大屏直播中国共产党第二十次全国代表大会开幕会

（市委宣传部 供稿）

2022 年 10 月 16 日，杭州市余杭区径山镇小古城村村民收看中国共产党第二十次全国代表大会开幕直播

（市委宣传部 供稿）

2022 年 11 月 3 日，市妇联在建德举办党的二十大精神学习宣讲启动仪式　　（市妇联 供稿）

2022 年 11 月，杭州演艺集团举办“艺术党课”展演活动　　　（杭州文广集团 供稿）

2022年，杭州市各基层组织宣讲党的二十大精神。图为桐庐县莪山畲族乡的“畲青年”快板宣讲团宣讲党的二十大精神　　（市委宣传部 供稿）

2022 年，杭州市各基层组织宣讲党的二十大精神。图为建德市桂花村举办“桂花树下讲党史”活动
（市委政法委 供稿）

2022 年，杭州市各基层组织宣讲党的二十大精神。图为萧山区“益言益行”理论宣讲团宣讲党的二十大精神
（市委宣传部 供稿）

2022 年 2 月 21 日，杭州第 19 届亚运会赛会志愿者纪念物资“小青盒”发布 （团市委 供稿）

2022 年 4 月 28 日，中国人民银行发行杭州第 19 届亚运会金银纪念币

（杭州亚组委 供稿）

2022 年 6 月 7 日，“韵味杭州”桐庐马术三项赛邀请赛（测试赛）在桐庐马术中心开幕

（陈 勃摄）

2022 年 7 月 10 日，位于延安路的杭州第 19 届亚运会特许零售首个低碳城市体验店开业

（杭州亚组委 供稿）

2022 年 11 月 27 日，杭州市上城区首届“城发杯”社区运动节暨全民迎亚运健身主题活动在上城区体育中心举行

（杭州亚组委 供稿）

2022 年 11 月 27 日，杭州亚组委发布亚运数字人平台，向全球推出“亚运数字火炬手”

（杭州亚组委 供稿）

杭州亚运会场馆之一——拱墅运河体育公园体育馆 （杭州亚组委 供稿）

杭州亚运会场馆之一——富阳水上运动中心 （杭州亚组委 供稿）

杭州亚运会场馆之一——西湖国际高尔夫球场　　（杭州亚组委 供稿）

杭州亚运会场馆之一——中国杭州电竞中心　　（杭州亚组委 供稿）

浙江省文旅特色型美丽城镇建设样板——西湖区双浦镇（摄于 2022 年）

（市建委 供稿）

浙江省乡村振兴示范乡镇——临安区太湖源镇（摄于 2022 年）

（市农业农村局 供稿）

萧山区瓜沥镇梅林村“美好生活中心”（摄于2022年）
（市农业农村局 供稿）

富阳区场口镇东梓关村丰收季（摄于2022年）
（市农业农村局 供稿）

2022 年 4 月 29 日，杭州数智新消费暨文三数字生活嘉年华在文三数字生活街区启动，杭州城市消费虚拟代言人发布 （市商务局 供稿）

2022 年 7 月 2 日，第十届西湖论剑 · 网络安全大会开幕

［杭州高新区（滨江）地方志编研室 供稿］

2022 年 11 月 3 日，云栖大会在云栖小镇开幕　　（市经信局 供稿）

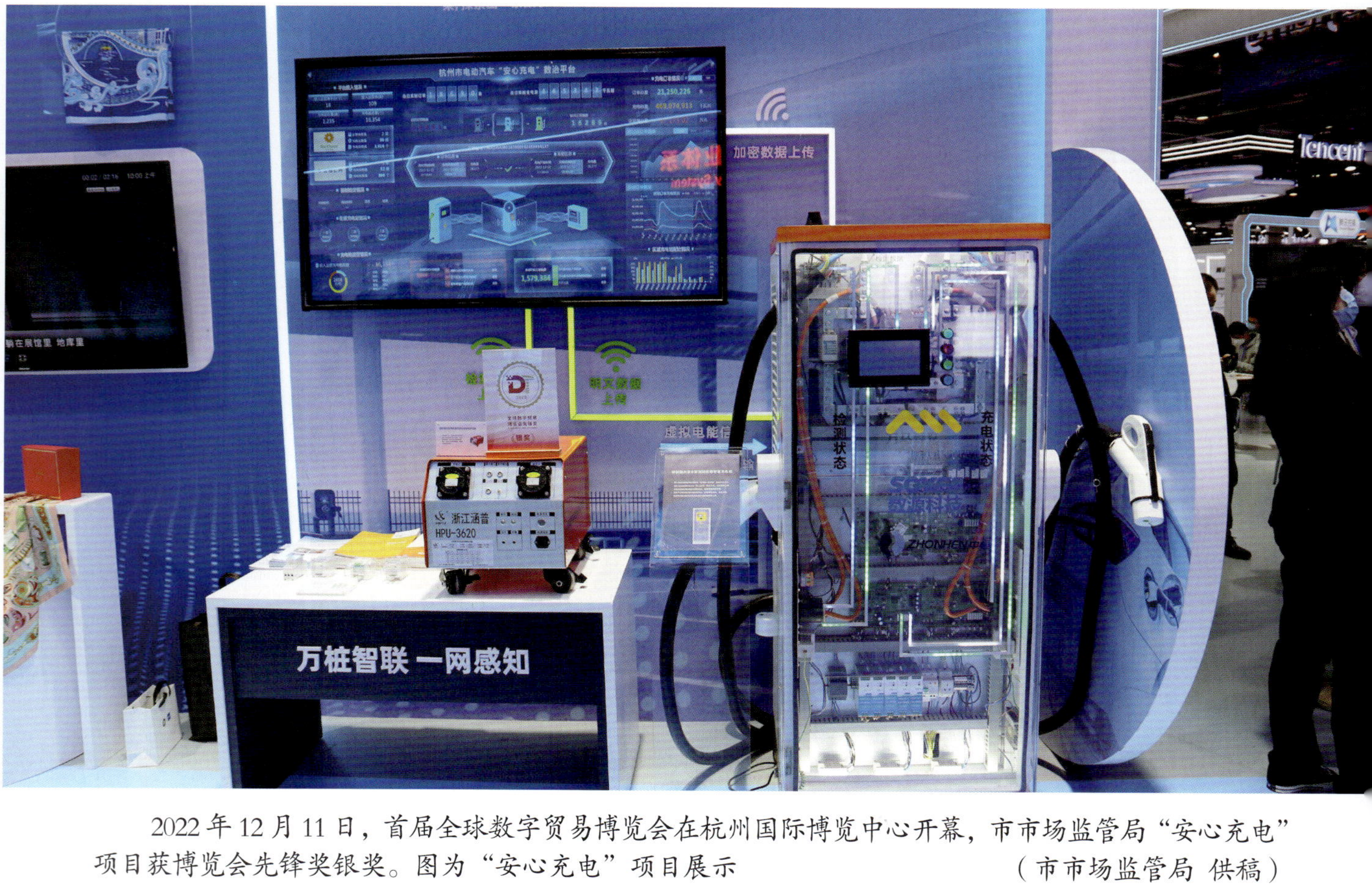

2022 年 12 月 11 日，首届全球数字贸易博览会在杭州国际博览中心开幕，市市场监管局“安心充电”项目获博览会先锋奖银奖。图为“安心充电”项目展示　　（市市场监管局 供稿）

市税务局依托“杭州智慧税务平台”实时监测分析退税减税、纳税服务等情况（摄于2022年）

（市税务局 供稿）

浙江威星智能仪表股份有限公司“数字化车间”的智能自动化生产线（摄于2022年）

（市经信局 供稿）

2022 年 3 月 5 日，“忆江南·富春山居游”线路首发仪式在富春江畔举行。图为仪式现场表演音舞诗画节目《忆江南》

（皇甫迪华 摄）

2022 年 6 月 11 日，杭州市文化和自然遗产日“世遗之夜”主题晚会在大运河音乐公园举行

（市园文局 供稿）

2022年6月11日，“最宋潮”杭州“宋韵迹忆”文创作品暨全国博物馆百佳文创作品展在中国刀剪剑博物馆开幕。图为展厅内景

（市园文局 供稿）

2022 年 9 月 3 日，第八届西溪艺术节在西溪天堂艺术中心开幕　　（西湖区委宣传部 供稿）

2022 年 7 月 23 日，中国国家版本馆揭牌。图为分馆之一的杭州国家版本馆

（市委宣传部 供稿）

2022 年 11 月 18 日，南宋德寿宫遗址博物馆开馆　　（吴欣宇 郑　健 摄）

2022 年 1 月 31 日，彭埠互通改建工程东西向主线高架［钱塘快速路（同协路至公铁桥）段］开通

（缪祥帅 摄）

2022 年 6 月 12 日，莫干山路提升改造（石祥路—绕城北线 104 国道收费站）工程主线高架开通

2022 年 8 月 10 日，沪杭高速公路临平段开通。图为沪杭高速公路和东湖高架交界处交通枢纽

（金　山摄）

（市建委 供稿）

2022 年 9 月 22 日，杭州西站投入运营　（上海铁路局杭州办事处 供稿）

2022 年 9 月 28 日，新彭埠大桥开通

2022 年 12 月 30 日，临建高速公路先行段（千秋关隧道至於潜枢纽段）开通　（李成龙 摄）

（市交通运输局 供稿）

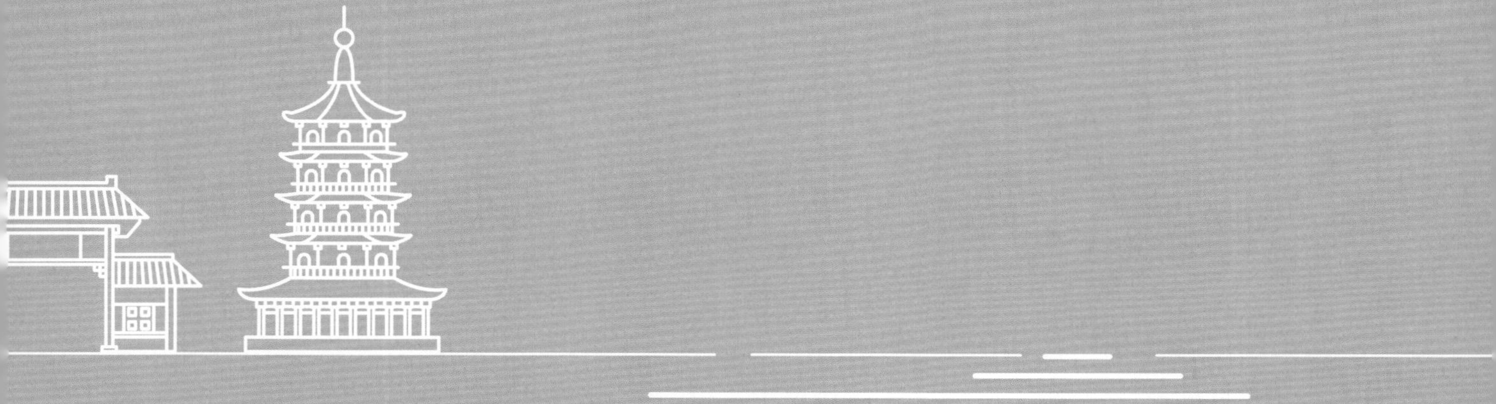

目　录

1 特　载
Special Reports

2 亚运会筹办
The 19th Asian Games Preparations

3 年度聚焦
Highlights of the Year

4 大事记

Chronicles of Major Events

5 市情综览

City Overview

6 中国共产党杭州市委员会

Hangzhou Municipal Committee of the Communist Party of China

7 杭州市人民代表大会
Hangzhou Municipal People's Congress

8 杭州市人民政府
Hangzhou Municipal People's Government

9　中国人民政治协商会议杭州市委员会

Hangzhou Committee of the Chinese People's Political Consultative Conference

10 中国共产党杭州市纪律检查委员会 杭州市监察委员会

Hangzhou Commission for Discipline Inspection of CPC, Hangzhou Commission of Supervision

11 民主党派

Other Political Parties

12 人民团体
Mass Organizations

13 外事·侨务·港澳台事务

Foreign Affairs; Overseas Chinese Affairs; Hong Kong, Macao and Taiwan Affairs

14 法 治

Rule of Law

16 经济管理

Economic Management

17　西湖风景名胜

The West Lake Historic & Scenic Area

18 旅游业

Tourist Industry

19 数字经济

Digital Economy

20 文化产业
Cultural Industry

21 农 业
Agriculture

22 工 业
Industry

23 建筑业

Construction Industry

25 会展业
Exhibition Industry

26 金融业
Finance Industry

27 房地产业
Real Estate Industry

28 交通运输·邮政

Transportation & Postal Service

29 产业投资促进

Industrial Investment Promotion

30 对外经贸

Foreign Trade

31 区域合作

Regional Cooperation

32 开发区·产业平台

Development Zones & Industrial Platform

33 民营经济
Private Economy

34　城乡建设

Urban-Rural Development

35　生态环境保护

Ecological Environmental Protection

36　科学技术

Science & Technology

37 教 育

Education

38　文化遗产保护

Cultural Heritage Protection

39 文化事业
Cultural Undertakings

40 社会科学
Social Science

41 出版传媒
Publication and Media

42 卫生健康

Health and Wellness

43 体 育

Sports

44　人力资源
Human Resources

45　社会生活
Social Life

46 区县（市）

Districts & Counties（Cities）

47 人 物

People

48 附 录

Appendix

49 索 引

Index

1 特载

中共杭州市委关于全面学习把握落实党的二十大精神加快打造世界一流的社会主义现代化国际大都市努力成为中国式现代化城市范例的决定

（2022年12月26日中国共产党杭州市第十三届委员会第三次全体会议通过）

中国共产党杭州市第十三届委员会第三次全体会议，深入学习贯彻党的二十大精神，认真贯彻落实省第十五次党代会、省委十五届二次全会暨省委经济工作会议和市第十三次党代会精神，紧密结合杭州实际，引导全市各级党组织和广大党员干部坚定捍卫“两个确立”、坚决做到“两个维护”、忠实践行“八八战略”，就全面深化“奋进新时代、建设新天堂”系列变革性实践、高水平推进共同富裕幸福杭州建设、加快打造世界一流的社会主义现代化国际大都市、努力成为中国式现代化的城市范例作出如下决定。

一、全面学习把握落实党的二十大精神，增强坚定捍卫“两个确立”、坚决做到“两个维护”的政治自觉思想自觉行动自觉

1. *充分认识党的二十大的历史性意义。*党的二十大是在全党全国各族人民迈上全面建设社会主义现代化国家新征程、向第二个百年奋斗目标进军的关键时刻召开的一次十分重要的大会。大会郑重宣示我们党在新征程上举什么旗、走什么路、以什么样的精神状态、朝着什么样的目标继续前进的重大问题，深刻阐释新时代坚持和发展中国特色社会主义的一系列重大理论和实践问题，科学擘画全面建设社会主义现代化国家、全面推进中华民族伟大复兴的宏伟蓝图，审议通过《中国共产党章程（修正案）》，选举产生以习近平同志为核心的新一届中央领导集体，取得了丰硕的理论成果、实践成果、制度成果。深入学习宣传贯彻党的二十大精神是当前和今后一个时期的首要政治任务。全市上下要深刻理解蕴含其中的思想精髓和核心要义，牢牢把握过去5年工作和新时代10年伟大变革的重大意义，充分认识取得伟大成就的根本在于习近平总书记的领航掌舵、在于习近平新时代中国特色社会主义思想的科学指引；牢牢把握习近平新时代中国特色社会主义思想的世界观和方法论，深刻领会“两个结合”“六个必须坚持”，坚定不移把党的创新理论贯彻落实到工作的各方面、全过程；牢牢把握以中国式现代化全面推进中华民族伟大复兴的使命任务，率先探索具有普遍意义的共同富裕和现代化路径，在实干争先中奋力谱写中国式现代化的杭州篇章；牢牢把握以伟大自我革命引领伟大社会革命的重要要求，扛起全面从严治党政治责任，推进新时代党的建设新的伟大工程；牢牢把握团结奋斗的时代要求，牢固树立以人民为中心的发展思想，汇聚起“奋进新时代、建设新天堂”的磅礴力量。

2. *深刻领悟“两个确立”的决定性意义。*“两个确立”是党在新时代取得的重大政治成果，是推动党和国家事业取得历史性成就、发生历史性变革的决定性因素，是战胜一切艰难险阻、应对一切不确定性的最大确定性、最大底气、最大保证。“两个确立”已成为全党全军全国各族人民的高度共识和共同意志，写在了新时代的伟大征程上，写在了中国的大地上，写在了全党全军全国各族人民的心坎上，是最大的政治、最大的大局、最大的原则。全市各级党组织和广大党员干部必须不断提高政治判断力、政治领悟力、政治执行力，把对“两个确立”决定性意义的深刻领悟转化为坚决做到“两个维护”的高度自觉和实际行动，健全坚定捍卫“两个确立”、坚决做到“两个维护”的制度机

制，贯彻实施党的创新理论学习教育计划，完善贯彻习近平总书记重要指示批示和党中央重大决策部署闭环落实机制，始终同以习近平同志为核心的党中央保持高度一致。

3. 准确把握“八八战略”的现实性意义。“八八战略”是习近平新时代中国特色社会主义思想在浙江孕育和实践的集中体现，是全面推进习近平新时代中国特色社会主义思想在浙江生动实践的总抓手，是指引我们打造中国式现代化城市范例的总纲领。学习贯彻党的二十大精神，必须始终把学懂弄通做实习近平新时代中国特色社会主义思想与一以贯之忠实践行“八八战略”、与贯彻落实习近平总书记对杭州工作系列重要指示批示精神贯通融合起来，坚持好、运用好“八八战略”蕴含的立场观点方法，与时俱进创新“八八战略”的实践载体，构建市域层面推进中国式现代化实践的目标体系、工作体系、政策体系、评价体系，全面推动习近平新时代中国特色社会主义思想在杭州落地生根、开花结果，以杭州的先行探索为全省全国提供实践范例。

二、坚决扛起新时代新征程赋予的使命任务，以加快打造世界一流的社会主义现代化国际大都市的奋斗诗篇为中国式现代化提供城市范例

1. 进一步明确“加快打造世界一流的社会主义现代化国际大都市”的总体要求。高举中国特色社会主义伟大旗帜，坚持以习近平新时代中国特色社会主义思想为指导，深入学习贯彻党的二十大和中央经济工作会议精神，认真贯彻落实省第十五次党代会、省委十五届二次全会暨省委经济工作会议和市第十三次党代会精神，坚定不移沿着“八八战略”指引的路子前进，坚持干在实处、走在前列、勇立潮头，以“再展雄风、再创辉煌”的志气勇气豪气，全面深化“奋进新时代、建设新天堂”系列变革性实践，更好统筹经济高质量发展与城市内涵式发展，高水平推进共同富裕幸福杭州建设，加快打造世界一流的社会主义现代化国际大都市，率先探索具有普遍意义的共同富裕和现代化路径，在以“两个先行”打造“重要窗口”中展现头雁风采，为中国式现代化提供城市范例。

2. 进一步完善“加快打造世界一流的社会主义现代化国际大都市”的目标安排。按照党中央全面建成社会主义现代化强国“两步走”战略安排，到二〇三五年，基本实现高水平现代化，形成具有杭州特点的中国式现代化路径；到本世纪中叶，建成具有全球影响力的独特韵味别样精彩世界名城。

到二〇三五年，我市发展的总体目标是：城市综合实力大幅跃升，人均地区生产总值达到发达经济体水平；建成全球创新策源地和科技成果转移转化首选地，全球创新型城市前列的地位不断巩固；建成特色优势明显的现代化产业体系，在新发展格局中的节点作用有效发挥；建成全过程人民民主市域典范，基本实现城市治理体系和治理能力现代化，法治杭州、平安杭州建设达到更高水平；建成一流历史文化名城，城市文化软实力和影响力显著增强，人的现代化和社会文明程度明显提高；促进共同富裕率先取得实质性突破，居民人均可支配收入保持全国领先，形成以中等收入群体为主体的橄榄型社会结构，实现人的全生命周期公共服务优质共享；建成新时代美丽杭州，碳排放达峰后稳中有降，全面形成绿色生产生活方式，高水平打造现代版“富春山居图”。

未来五年是杭州加快打造世界一流的社会主义现代化国际大都市的重要窗口期，主要目标任务是：高质量发展取得重大突破，高水平重塑全国数字经济第一城，成为具有国际影响力的创新发展策源地和先进制造业基地，国内大循环的强劲动力源和国内国际双循环的强大链接点基本建成，力争全市生产总值达到 2.5 万亿元，人均生产总值达到 19 万元，全社会研发投入强度超过 4%，杭州亚运会成功举办，国际门户枢纽功能持续增强，高水平开放型经济新格局加快形成，营商环境竞争力跃居全球前列，争取跻身世界城市名册排名前 60 强；全过程人民民主制度化、规范化、程序化水平进一步提高，各领域法治化水平全面提升，平安杭州建设持续走在前列，始终位于全国最智慧、最安全城市行列；历史文化魅力精彩呈现，世界遗产群落联动效应充分彰显，宋韵文化传承展示中心全面建成，文化产业竞争力更加强劲，全域文化繁荣全民精神富有全面显现；社会保障体系更加完善，公共服务供给更加优质均衡，区域差距、城乡差距和收入差距持续缩小，居民人均可支配收入达到 9 万元，家庭年可支配收入 20 万元至 60 万元群体比例超过 50%，城乡居民收入倍差缩小至 1.7 以内，人民享有更高品质生活；生态环境质量、资源能源集约利用、美丽经济发展处于全国领先和国际先进水平，成功创建国际湿地城市，全域建成国家生态文明建设示范区。

3. 进一步强化“加快打造世界一流的社会主义现代化国际大都市”的工作导向。一是人民至上，坚持以人民为中心的发展思想，坚持人民城市人民建、人民城市为人民，坚持“民有所呼、我有所应，民有所呼、我有所为”，强化党的宗旨意识，践行党的群众路线，更好把握人民意愿、尊重人民创造、集中人民智慧、激发全社会活力，共建共享美好生活，让现代化建设成果更多更公平惠及全市人民。二是创新制胜，坚持把高质量发展作为首要任务，坚持科技是第一生产力、创新是第一驱动力、人才是第一资源，把强化科技、教育、人才的战略支撑摆在更加突出位置，持续深化创新强市、人才强市首位战略，积极开辟发展新领域新赛道，不断塑造发展新动能新优势。三是问题导向，把问题作为研究制定政策的起点和工作着力点，树立强烈的问题意识，实事求是地对待问题，提出真正解决问题的新理念新思路新办法，率先破解中国式现代化进程中的重大共性问题。四是变革重塑，深入推进改革创新，更好发挥数字化改革牵引作用，着力破解深层次体制机制障碍，探索形成更多引领未来发展的新模式新机制，不断增强市域现代化建设的动力和活力，扛起新时代全面展示中国特色社会主义制度优越性“重要窗口”的省会担当。五是团结奋斗，牢记“三个务必”，在党的旗帜下团结成“一块坚硬的钢铁”，主动识变应变求变，更好统筹发展与安全，紧紧抓住“难而正确”的关键事项，知难而进、迎难而上，善于在大战大考中赢得主动和先机，依靠团结奋斗交出新赶考路上的高分答卷。六是唯实惟先，牢固树立“没有走在前列也是一种风险”的意识，时时对标“四个杭州、四个一流”要求，始终干在实处、走在前列、勇立潮头，推动干部敢为、地方敢闯、企业敢干、群众敢首创，在实干争先中扛起省会担当，在走新路、拓蓝海中展现头雁风采。

三、推进现代化战略支撑强基新实践，加快打造创新创业的新天堂

1. 争创综合性国家科学中心。深入推进杭州国家自主创新示范区建设，加快形成与高水平科技自立自强相匹配的创新体系化能力，坚定不移打造全球创新策源地。举全市之力推进城西科创大走廊高质量融合发展，积极构建以国家实验室为龙头的新型实验室体系，加快建设大科学装置群，吸引更多"国之重器"落户杭州，全力攻关突破一批关键核心技术。深化与浙江大学等在杭省部属高校的战略合作，支持之江实验室、中科院医学所等科研机构攀高峰创一流，实现杭州特色科技创新矩阵提能升级。深入推进"双尖双领"研发攻关计划和"登峰学科"建设行动，落实科研任务"揭榜挂帅""赛马"等制度，支持链主型企业、行业领军企业领衔开展产业链协同创新，优化科研创新资源配置，集中力量在重点领域形成一批原创性引领性的重大科技成果。深化科技体制改革，深化科技评价改革，深化国家知识产权强市建设试点，加强知识产权法治保障，培育创新创业文化，扩大国际科技交流合作，营造支持全面创新的良好氛围。

2. 构筑科技成果转移转化首选地。深入实施科技成果转移转化"145"行动，锚定全国颠覆性技术转移先行地、全国首个成果概念验证之都、全国最佳创业梦想实现地、全球科技服务中心核心区定位，积极推进概念验证支持计划，加快建设技术转移转化中心，打造线上线下融合的技术交易服务平台，鼓励在杭高校加大科技成果转化力度，着力在畅通转化链条、发展中介服务、引育专业人才、促进技术交易、攻坚体制改革等方面取得实质性突破，力争未来5年实现技术交易额、新产品产值总和超1万亿元。做强做优市属国有企业产业投资功能，打造"3+N"基金集群，出台适应创投规律特点的政策性基金管理办法，推动创新链产业链资金链人才链深度融合。

3. 打造具有国际竞争力的人才队伍。坚持把人才作为发展的核心，持续深化人才强市战略，深入实施"西湖明珠"工程等人才计划，大力推进人才发展体制机制综合改革，探索建立人才集团，完善"三定三评"人才认定模式，加大用人主体人才评价自主权，不拘一格用好用活各类人才。培育造就更多国际一流的领军人才和创新团队，壮大卓越工程师、大国工匠和高技能人才队伍，打造高水平人才雁阵。扩大"杭帮彩"人才服务品牌影响力，迭代升级"人才码"，办好"杭州人才日""一会一赛"等系列活动，深化青年发展型城市建设试点，促进教育、科技、人才一体发展，营造高品质的人才生态。

4. 办好人民满意的教育。推动义务教育、高中阶段教育优质均衡发展，创建全国基础教育综合改革实验区，深化跨区域教育共同体建设，积极探索拔尖创新人才一体化培养体系，全面提升十五年基础教育发展水平。推动高等教育内涵式发展，支持西湖大学建设世界一流研究型大学，支持国科大杭高院、北航中法航空研究院高质量发展，推动杭师大争创全国一流大学、浙大城市学院争创全国百强大学。推动职业教育提质培优和中高职一体化办学探索，支持市属高职院校开设职业本科专业、建设本科层次职业大学，努力在职普融通、产教融合、科教融汇上取得突破。推进教育数字化改革，深化教育评价改革，加强师德师风建设，引导规范民办教育发展，巩固扩大义务教育"双减"成果。加快建设学习型城市。

四、推进现代化产业体系建设新实践，加快打造产业兴盛的新天堂

1. 加快建设全球先进制造业基地。坚持把发展经济的着力点放在实体经济上，坚定不移做强先进制造业集群和标志性产业链，实施产业基础再造工程和重大技术装备攻关工程，提高产业链供应链韧性和安全。加快建设智能物联、生物医药、高端装备、新材料、绿色能源"五大产业生态圈"，强化链长负责制，推动"中国视谷"建设取得突破性进展。坚持科创西拓、智造东联、创新成网、平台集群，支持城东智造大走廊高质量发展，支持钱塘新区打造产业新城、争创国家级新区，继续推动杭州高新开发区、临江高新开发区争先进位。深化新一轮制造业"腾笼换鸟、凤凰涅槃"攻坚行动，按照"一园一主业"原则扩大主导产业发展空间，推动开发区（园区）、特色小镇、小微园区错位发展，打造产业地标。建立工业用地"增存挂钩"机制，开展低效用地盘活整治，实现容积率和亩均效益双提升。深入推进雄鹰、凤凰、鲲鹏、隐形冠军、单项冠军、小巨人企业梯次培育，大力培育"专精特新"企业和世界一流企业，形成大中小企业协同发展的企业矩阵。

2. 高水平重塑全国数字经济第一城。全面实施数字经济"1248"计划，打造国家数字经济创新发展试验区核心区，加速数字经济二次攀登。持续擦亮中国软件名城"金名片"，鼓励发展关键基础软件、大型工业软件，前瞻布局元宇宙、量子科技、未来网络等未来产业，加快集成电路、人工智能、云计算、大数据、视觉智能等战略性新兴产业融合集群发展，打造万亿级智能物联产业集群，建设国家新一代人工智能创新发展试验区。加快推广"产业大脑+未来工厂"融合发展新范式，实施产业数字化转型"三个全覆盖"行动。争创全国网络市场监管与服务示范区，提升常态化监管水平，支持平台企业在引领发展、创造就业、国际竞争中大显身手。建立健全数据产品交易规则和业务规范体系，推进杭州国际数字交易中心建设，争创国家、省级数据要素市场化配置改革试点。

3. 全力推进现代服务业体系建设。围绕"两地四中心"，加快构建优质高效的现代服务业新体系，全力打响"杭州服务"品牌。大力发展咨询评估、知识产权等知识密集型服务业，壮大数字服务、金融服务等优势服务业，做强现代物流、研发设计等生产性服务业，高水平建设国家服务型制造示范城市。着力提升武林、湖滨、吴山三大商圈品质，精心打造湖滨步行街、延安路商业街等高品质特色街区，推进动漫、电竞、文旅等沉浸式商业模式，构建百年老字号、国潮新势力、时尚风向标品牌矩阵，打造国家新型消费中心。深入实施融资畅通工程升级版，推进国家科创金融改革试验区建设，强化科创、小微、"三农"等领域服务保障，推动"科技—产业—金融"良性循环。深化数字人民币应用试点，建设全球跨境支付结算中心和国际金融科技创新与应用中心。

五、推进现代化制度体系重塑新实践，加快打造活力迸发的新天堂

1. 全面深化数字化改革。坚持以数字化改革引领系

统性变革,迭代升级“1612”体系架构,完善重大应用集成贯通和特色应用共享落地模式。构建整体智治、高效协同的党政机关运行体系,构建一网通办、多端易办的政务服务体系,深化政务服务“一件事一次办”改革。全面提升“141”体系实战水平,加快实现基层治理“一网智治”。抓好国家级改革试点,深入推进国资国企改革,分步分批次实施市属国有企业战略性重组,打造若干具有强大市场竞争力的优质国企,并在融入全市产业振兴发展大局中大显身手、展现担当。加强重大改革“一本账”“全周期”管理,强化多跨协同、系统集成,取得更多制度型成果。

2. 推进新型智慧城市建设。高水平打造城市大脑2.0,在智慧交通、智慧医疗、智慧教育、数智宜居等应用场景建设上取得更大突破,探索特大城市数字治理系统解决方案。实施数字基建提升行动,深化国家(杭州)新型互联网交换中心建设,构建以数字交通体系为主体的全域感知基础设施体系,打造数字孪生城市。探索取消小客车限购、地面道路限行,开展“停车一件事”改革,破解特大城市交通拥堵难题。建立健全数据分级分类安全保护制度,完善数字城市防御体系。

3. 打造营商环境最优市。扎实推进国家营商环境创新试点,出台《杭州市优化营商环境条例》,有序做好世行营商环境评估备选工作。加快建设“掌上办事之城”,探索政务服务无感智慧审批,实现24小时自助办。积极推动人民群众和市场主体天天有感的“微改革”,持续提升营商环境市场化、法治化、国际化水平。坚定不移推动“两个健康”发展,降低市场主体制度性交易成本,完善市场主体准入和退出机制,建立社会投资项目“用地清单制”,深化“区域环评+环境标准”改革,破除制约民营企业发展的各种壁垒,加强反垄断和反不正当竞争,依法规范和引导资本健康发展。深化“万家民企评营商环境”活动,吸引民营企业等市场主体积极参与最优营商环境建设。巩固全国社会信用体系建设示范城市创建成果,加大守信激励和失信惩戒力度,推进信用杭州建设。

4. 深度融入长三角一体化发展战略。主动接轨上海,深化各领域合作,高水平共建长三角国家技术创新中心,共同打响G60科创走廊品牌。持续唱好杭甬“双城记”,加快建设杭合创新带、杭绍甬城市连绵带、宁杭生态经济带、杭黄世界级自然生态和文化旅游廊道,推动杭嘉、杭湖、杭绍一体化发展先行区建设,促进杭州都市区同城化,夯实杭州都市圈基本盘,更好发挥长三角南翼核心增长极作用。持续打造山海协作升级版,扎实做好对口支援、对口帮扶和对口合作工作。

5. 加快形成全面开放新格局。主动参与“一带一路”重要枢纽建设,深化国家服务业扩大开放试点,争创国家服务贸易创新发展示范区,深入推进国际贸易“单一窗口”,加强国际物流大通道和海外仓布局,打造国际数字口岸,探索“数字清关”等跨境电商新模式,高质量建设全球一流跨境电商示范中心、国家服务外包示范城市、国家数字服务出口基地和国家文化出口基地。放大自贸试验区杭州片区、跨境电商综试区和综合保税区叠加优势,做强全球数字贸易博览会品牌,实施跨境电商产业三年倍增计划,加强跨境数据流动等领域国际交流合作,支持头部企业、社会组织、行业协会制定和应用数字贸易标准,打造具有鲜明辨识度的数字自由贸易试验区。高水平建设杭州临空经济示范区,培育更多境外航线,打造世界级开放门户和临空产业创新发展高地。

六、推进现代化文化文明培育新实践,加快打造别样精彩的新天堂

1. 打造思想理论高地。牢牢掌握党对意识形态工作领导权,全面落实意识形态工作责任制,巩固壮大奋进新时代的主流思想舆论。深入实施铸魂溯源走心工程,高水平建设杭州市中国特色社会主义理论体系研究中心,组织开展“习近平新时代中国特色社会主义思想的杭州实践”等重大课题研究,形成一批具有重大影响力、杭州辨识度的研究成果。体系化开展红船精神、浙江精神等传承弘扬,打造红色文化资源群落。加强全媒体传播体系建设,持续打造“1+N”国际传播全媒体矩阵和海外社交平台,塑造主流舆论新格局。

2. 争创全国文明典范城市。广泛践行社会主义核心价值观,深入实施公民道德建设工程,开展“强国复兴有我”群众性主题宣传教育,推进大中小学思想政治一体化建设,推动公民思想道德素质、科学文化素质和社会文明程度显著提升。深入实施“最美”群像选树计划,持续擦亮“最美现象”发源地品牌。全面推进“浙江有礼·最美杭州”市域文明新实践,放大“礼让斑马线”等品牌效应,提升新时代“志愿杭州”服务影响力,构建覆盖全市域的新时代文明实践体系。

3. 高水平建设一流历史文化名城。全力推进大运河国家文化公园、良渚国家考古遗址公园、西湖世界爱情文化公园建设,进一步提升良渚遗址“实证中华5000多年文明史圣地”影响力。深入实施宋韵文化传世工程,加快南宋皇城综保工程等重点项目建设,统筹做好钱塘江古海塘、新登古城墙、天目窑遗址等文化遗迹储备申报工作,推进跨湖桥遗址、吴越国王陵考古遗址等保护工程建设,构建世界文化遗产群落。持续开展城市记忆工程,强化金石篆刻、丝绸、茶叶、瓷器等东方传统文化元素活态传承,联动推进“中国传统制茶技艺及其相关习俗”非遗传承,启动非遗馆区建设,进一步打响“茶为国饮、杭为茶都”品牌,推动历史文脉薪火相传。

4. 推动文化事业和文化产业繁荣发展。建好用好杭州国家版本馆、之江文化中心、杭州博物馆、杭州美术馆、中国印学博物馆、杭州音乐厅等一批新时代文化地标,精心打造之江艺术长廊,高质量建成“四级公共文化服务体系”,构建城乡一体的15分钟品质文化生活圈。加快全国足球发展重点城市建设,加大体育公园和嵌入式体育场地建设力度,实现重大公共体育设施市域全覆盖。实施文艺创作攀峰行动,做精做优“中国网络作家村”“之江编剧村”等文艺原创平台,办好中国国际网络文学周等重大文化活动,推出更多体现时代特征、杭州特色的精品力作。做大做强之江文化产业带、大运河文化产业带、国家短视频基地、国家音乐产业基地、国家文化和科技融合示范基地等产业平台,推进文化数字化,培育“文化航母”企业,推动文旅深度融合,率先建成国家文化和旅游消费示范城市、国家夜间文化和旅游消费集聚区,着力打造国际文化创意中心和国际重要旅游休闲中心。

七、推进现代化品质生活提升新实践，加快打造共享幸福的新天堂

1. 深入推进扩中提低改革。实施居民收入和中等收入群体双倍增计划，有序调整最低工资标准，多渠道增加城乡居民财产性收入，探索构建初次分配、再分配、三次分配协调配套的基础性制度体系。推动以创业带动就业、多渠道灵活就业，完善重点群体就业支持体系，支持和规范新就业形态，实施企业稳岗扩岗专项支持计划，确保零就业家庭动态清零。持续加大社会救助等领域投入力度，稳步提高城乡居民基本养老保险基础养老金标准、社会救助保障标准，推进个人养老金先行试点。大力发展公益慈善事业，打响“善城杭州”慈善品牌。

2. 推动公共服务优质共享。始终坚持人民至上、民呼我为，坚持尽力而为、量力而行，着力在解决群众急难愁盼问题上取得更大实效。积极探索“一老一小”整体解决方案，扎实推进老年友好型社会和普惠托育体系集成改革，推进居家养老服务中心村（社区）全覆盖，推动长期护理保险试点全市域覆盖，制定落实促进人口长期均衡发展配套政策措施，推广公办幼儿园托幼一体化、产业园区和企事业单位嵌入式办托模式，建设全龄友好型城市。构建大健康体系，深化城市医联体和县域医共体建设，实现三甲医院区、县（市）全覆盖，支持中医药传承创新发展，完善大病保险制度和慢性病管理机制，加强重大疫情防控救治体系和院前急救能力建设，更加有针对性地开展爱国卫生运动。加快完善以公租房、保障性租赁住房、共有产权住房为主体的多元化住房保障体系，努力让更多人住有宜居。

3. 推进共同富裕现代化基本单元建设。实施“百社示范、千社提升”工程，联动推进未来社区建设和老旧小区改造，实施二次供水、老旧污水管网和燃气管网更新改造，完善以党群服务中心为主阵地的公共服务矩阵。深化未来乡村建设试点，深入推进“百村示范、千村整治”工程，加快农村基础设施、公共服务核心功能配套标准化建设，探索乡村建设联动乡村经营模式，建成一批引领品质生活体验、呈现未来元素、彰显江南韵味的标杆乡村。

4. 构建西部区、县（市）跨越式发展新格局。完善以生态补偿为重点的转移机制，以更大力度支持淳安特别生态功能区建设。深化区县（市）协作、联乡结村、“三百帮促”等机制，积极推动优质公共资源向西拓展，建立紧密型的教共体、医共体、帮共体，实现西部区、县（市）与主城区公共服务水平大体相当。加快农村一二三产业融合发展，开展科技强农、装备强农行动，推进现代农业示范园区建设，因地制宜打造优质农产品特色品牌，实施“强村公司”培育计划，推广大下姜乡村振兴联合体共富模式。大力推进文旅西进，高水平开发“诗路文化·三江两岸”和“吴越千年·天目叠翠”世界级文化旅游带，培育成为带动西部山区跨越式高质量发展的新增长点。

八、推进现代化生态治理优化新实践，加快打造独特韵味的新天堂

1. 着力优化城市空间格局。深入践行绿水青山就是金山银山的理念，站在人与自然和谐共生的高度谋划发展，制定实施国土空间总规，推进城市内涵式发展，做优主城、做强辅城、集聚县城、培育重镇，加快构建“一主六辅三城”的多中心、网络化、组团式、生态型空间结构，形成东西并进、南北互动的市域一体化格局，高标准打造全域美丽新杭州。加快萧山国际机场、杭州东站、杭州西站、杭州南站、钱塘高铁站等客货运枢纽建设，有序推进地铁四期等重点工程建设，构建“窄马路、密路网”路网体系，打造便捷、高效、安全的一体化综合交通网络。

2. 持续擦亮自然生态本底。统筹推进山水林田湖草系统治理，健全“河（湖）长制”“林长制”“田长制”，实施重点生态敏感地区生态系统保护修复工程，积极推进自然保护地建设，加强生物多样性保护。实施湿地保护三年行动计划，推进西溪湿地一体化保护管理，加强湘湖、铜鉴湖、大湾区等湿地综合保护利用，抓好千岛湖沿湖湿地和钱塘江、运河、苕溪流域湿地群的生态修复，加快打造湿地公园群落，争创国际湿地城市。

3. 深入推进生态环境治理。坚持精准治污、科学治污、依法治污，持续深入打好蓝天、碧水、净土保卫战。聚焦 PM2.5 和臭氧协同控制，加快推进重点领域车辆清洁化，深化重点行业挥发性有机物专项治理，实现挥发性有机物和氮氧化物协同减排。推进污水处理设施建设和清洁化改造，提升城乡污水收集处置能力，打造全域“污水零直排区”升级版，确保市控以上断面水质 100% 达标，全面完成国家系统化全域推进海绵示范城市建设。全面开展土壤治理修复，持续推进各类固废源头减量、资源化利用和安全处置，力争早日建成国家级无废城市。

4. 积极稳妥推进碳达峰碳中和。推进现代化国际大城市减污降碳协同创新国家试点，抓好重点领域绿色低碳转型，严格控制高耗能高排放行业，发展生态增汇型农业，做强绿色环保战略性新兴产业集群。深化能源结构调整，加快白鹤滩至浙江高压直流输电项目配套、抽水蓄能电站等项目建设，科学布局城市光伏发电及储能设施，加快充电、加氢等基础设施建设，持续推进“煤改气”工程。支持企业积极参与全国碳排放权市场交易，加快“两山银行”建设与“林业碳汇”创新探索，深化国家级碳汇交易平台（双碳平台）建设，打造国家“双碳”领域示范标杆。

九、推进现代化民主法治建设新实践，加快打造良法善治的新天堂

1. 推动全过程人民民主在杭州的生动实践。坚持党的领导、人民当家作主、依法治国有机统一，全面落实和加强人民当家作主制度保障，扩大人民有序政治参与。加强和改进新时代人大工作，支持和保证人大及其常委会依法行使职权，健全人大讨论决定重大事项制度。充分发挥人民政协专门协商机构作用，构建协商议政、民主监督、凝聚共识、服务群众有效机制，推动社会主义协商民主广泛多层制度化发展。丰富拓展基层民主实践，推进人大代表联络站、街道居民议事会议、基层立法联系点、“请你来协商”、委员工作站、民生议事堂等载体建设，深化民生实事项目人大代表票决制。健全基层党组织领导的基层群众自治制度，建设“1+X”民意互动平台，完善“党建引领接诉即办”机制，拓宽群众参与路径。围绕建设“六个之窗”，完善大统战工作格局，建设新时代多党合作高地，铸牢中华民族共同体意识，推进民族工作高质量发展，深入推动宗教工作中国化，加强港澳台侨交流合作，更好发挥

工、青、妇等群团组织作用，画出最大同心圆。

2. 全面深化法治杭州建设。加强科学立法、民主立法、依法立法，探索形成更多具有杭州特点的创制性立法成果。争创全国法治政府建设示范市，构建协同高效的依法行政体制，推进机构、职能、权限、程序、责任法定化，推进行政决策、行政执法规范化，推进政务服务数字化、便利化，完善“大综合一体化”行政执法体系。推进司法责任制综合配套改革，积极探索数字法治监督体系，加快全域数字法院建设，巩固“共享法庭”“非羁码”“安帮码”等创新成果，健全案件管辖权移送和提级审理机制。加快法治社会建设，高水平建设现代公共法律服务体系，开展公民法治素养提升行动，增强全民法治观念。

3. 建设更高水平的平安杭州。全面落实总体国家安全观，推进国家安全体系和能力现代化。建立健全除险保安长效机制，加强粮食、能源资源、重要产业链供应链安全保障，推进杭嘉湖南排后续西部通道等重大水利工程，统筹城市防灾减灾体系建设，完善突发公共事件和各类灾害预警响应、应急救援和物资储备，推进城市运行“一网统管”建设，确保城市安全高效有序运行。深入开展安全生产“四大行动”，强化基层应急管理体系和能力建设，健全债务、金融、房地产等经济风险防范化解机制，贯彻食品药品安全“四个最严”要求，突出抓好网络（数据）安全工作，动态消除各领域各方面重大风险隐患，全面提升城市治理体系和治理能力现代化水平，让城市运行更安全、治理更高效。

4. 不断完善社会治理体系。坚持和发展新时代“枫桥经验”，完善“小脑＋手脚”基层工作体系，推行“县乡一体、条抓块统”高效协同治理改革，完善党员干部进村入户长效机制。深化党建统领网格智治，突出融合型大社区大单元治理，构建多跨协同、一体联动、扁平高效的治理架构。进一步落实好《信访工作条例》，开展“双查三建议”试点工作，推动信访工作“双向规范”。推进警源、访源、诉源“三源”治理，常态化开展扫黑除恶斗争，严厉打击整治各类突出违法犯罪。

十、全面贯彻“简约、安全、精彩”的办赛理念，确保举办一届成功的亚运会

1. 全力做好亚运会筹办。利用亚运会延期举办带来的“窗口期”，坚持城市侧和赛事侧“两手抓、两线并进”，进一步谋深做细总任务书，做好亚运场馆和相关基础设施建设运营维护，推进“亚运在线”和MOC开发应用，扎实开展实战测试演练。积极培育亚运标志性成果和特色亮点，高水平打造智能亚运、平安亚运、绿色亚运、人文亚运，策划匠心独具的亚运圣火采集、火炬传递仪式和开闭幕式，周密细致做好赛时组织服务和维稳安保，确保办一届成功、精彩、经典的亚运会。

2. 持续放大亚运效应。持续深化城市基础设施和环境品质提升攻坚行动，营造宜居宜业宜学宜游的最佳体验。大力开展“迎亚运讲文明树新风”群众性精神文明创建活动，完善全民参与的志愿服务体系。加强亚运场馆惠民开放和综合利用，优化体育设施布局，提高办会办赛能力，打造国际赛事之城、国际会展之都。深入实施国际投资贸易、国际城市魅力、国际公共服务、国际传播能力等专项行动，全面增强城市综合承载力、资源配置力和国际竞争力，高水平实现“办好一个会、提升一座城”。

十一、以党的自我革命引领社会革命，深入推进新时代党的建设新的伟大工程

1. 大力加强党的政治建设。全面、系统、整体落实党的领导，健全总揽全局、协调各方的党的领导制度体系。按照党中央部署，高标准组织实施党的创新理论学习教育计划，高质量开展以县处级以上领导干部为重点的主题教育，完善“两个维护”制度机制，常态化开展领导干部政治素质考察、政治家访，扎实推进“第一议题”制度，教育引导广大党员干部坚定捍卫“两个确立”、坚决做到“两个维护”。持续完善贯彻习近平总书记重要指示批示精神闭环管理机制，推动“八八战略”综合评估成果转化运用，全面落实党内法规制度，切实加强政治监督，做到“总书记有号令、党中央有部署，浙江见行动、杭州真落实”。

2. 着力建设忠诚干净担当的高素质专业化干部队伍。坚持新时期好干部标准，把政治标准放在首位，建立健全干部成长选育管用全链条机制，加强领导班子领导力和干部执行力评价，注重干部专业化能力提升，加强干部斗争精神和斗争本领养成，动真碰硬推进干部能上能下。优化干部队伍结构，加强“一把手”选任和战略储备，健全培养选拔优秀年轻干部常态化工作机制，统筹抓好女干部、党外干部等培养选拔，推进跨地区、跨部门制度性交流。健全党员干部改革创新容错免责、容错裁定和不实反映澄清正名机制，抓好激励干部担当作为意见贯彻落实，激励干部敢于担当、积极作为。

3. 持续提升新时代基层党建工作水平。深入实施“红色根脉强基工程”，纵深推进“争星晋位、全域建强”行动，大力实施“领雁工程”，深化党建联建、共富工坊建设，推动村（社区）党组织全面达标、整体创优，打造堪当重任的基层执政骨干和党员队伍。加强新经济组织、新社会组织、新就业群体党建工作，完善行业协会、基层商会党建工作，实现新业态新就业群体党建全面有效覆盖。统筹加强机关、国企、学校、公立医院等各领域党建，深化小区党建、物业企业和业委会党建、未来社区（乡村）党建，推动各领域党建工作融合发展。健全党员教育管理常态长效机制，探索流动党员管理新路径，保持党员队伍先进性和纯洁性。

4. 不断深化“清廉杭州”建设。弘扬党的光荣传统和优良作风，大兴调查研究之风，持续深化企业大走访，进一步密切党群干群关系。持之以恒加固中央八项规定堤坝，以钉钉子精神纠治“四风”，坚决整治“三不”问题，着力解决群众身边的不正之风和腐败问题。坚持不敢腐、不能腐、不想腐一体推进，紧盯政治问题和经济问题交织的腐败案件，紧盯重点领域和关键环节的腐败问题，紧盯隐性腐败、新型腐败，以零容忍态度“打虎”“拍蝇”“猎狐”，坚决打赢反腐败斗争攻坚战持久战。抓好派驻机构改革，锻造纪检监察铁军，持续深化公权力大数据监督。巩固深化“市委巡察机构在上下联动中更好发挥作用”试点工作成果，加强巡察整改和成果运用。加强对“一把手”和领导班子的监督，加强家庭家教家风建设，构建亲清政商关系，全市域打造清廉单元，大力弘扬新时代廉洁文化，营造风清气正的政治生态。

责任编辑　郦　晶

2 亚运会筹办

综 述

【杭州亚组委机构与人员】2022年，杭州亚组委对组成人员进行调整。2月，浙江省委副书记、省长王浩担任杭州第19届亚运会组委会主席；3月，浙江省政府秘书长暨军民担任杭州第19届亚运会组委会副秘书长；4月，国家体育总局竞体司司长张新担任杭州第19届亚运会组委会副秘书长；6月，杭州市委常委、常务副市长柯吉欣和杭州市委常委、宣传部部长黄海峰担任杭州第19届亚运会组委会副秘书长。

杭州亚组委成立反兴奋剂工作部，对场馆建设部、市场开发部、后勤保障部等处室设置及职责配置进行调整。至年末，杭州亚组委有各类人员819名，其中专职人员248名（含市管干部41名）、兼职部室负责人15名、挂职人员42名（含部室负责人5名）、帮助工作人员168名、社会专业人士346名。

杭州亚组委从国家、省、市范围130多个单位抽调约2800名P类人员（指专职人员和社会专业人士）。赛事延期前，抽调5167名人员充实各类场馆团队。赛事延期后，留用1648名（竞赛场馆团队735名，独立训练场馆团队80名，非竞赛场馆团队833名）。招聘18名具有北京冬奥组委工作经历的社会专业人士。

杭州亚组委全年新聘高级顾问2名、顾问5名、特聘专家39名。至年末，有高级顾问4名、顾问9名、特聘专家63名，专业涵盖指导分级、医疗服务、网络通信安全和亚运会碳中和等领域。

（杭州亚组委组织和人力资源部）

【筹办工作总体计划调整】2022年5月，杭州亚运会、亚残运会分别确定延期举办，杭州亚组委调整筹办总体工作计划。5月23日，杭州亚组委印发《关于做好杭州2022年第19届亚运会、第4届亚残运会延期举办相关应对工作的指导意见》，明确指导原则、筹办工作调整应对安排，并成立赛事延期工作协调组，协调处置赛事延期各类风险问题，统筹谋划赛事延期工作调整，研究提出杭州亚运会、亚残运会延期后举办日期、新的办赛定位和办赛模式建议，指导和统筹延期办赛有关工作。6月29日，杭州亚组委印发《杭州2022年第19届亚运会、第4届亚残运会延期举办后筹办工作总体方案》，确定指导思想、办赛模式、目标理念、工作阶段安排、筹办工作任务和时间表，推进各项工作。7月19日、8月17日，杭州亚运会、亚残运会分别确定新的举办日期。9月27日，杭州亚组委印发《关于明确杭州亚运会、亚残运会场馆化工作有关要求和筹办工作重要任务时间安排的通知》，将后续筹办工作调整为“优化调整阶段”“测试演练和赛前冲刺阶段”“赛时运行阶段”“赛后总结阶段”4个阶段，同时成立杭州亚运会和亚残运会延期举办后场馆化工作领导小组，明确场馆运行工作专班工作机制，统筹协调场馆化各项工作。

【赛事总指挥体系上线】2022年4月11日，国务院同意成立第19届亚运会和第4届亚残运会工作领导小组。5月，赛事总指挥部（MOC）具备预上线条件。6月，赛事总指挥部开展多项演练、测试，现场连线桐庐马术测试赛、绍兴棒垒球测试赛。

【场馆运行及计划编制】2022年3月，杭州亚组委印发《关于组建杭州亚运会和亚残运会场馆运行工作专班的通知》，推进场馆化工作。8月，优化调整场馆运行工作机制。9月14日，形成问题清单规范维护与跟踪协调机制。12月，开展场馆运行实训基地建设工作。

2月，杭州亚组委部署场馆运行计划编制。8月，印发《2022年第19届亚运会和第4届亚残运会竞赛场馆运行计划V3.0编制指导意见》，指导竞赛场馆运行团队开展场馆运行计划V3.0编制工作。9月，明确场馆公共区组织管理工作有关事项和指导场馆深化编制场馆运行业务领域运行计划。11月1日，启动竞赛场馆运行计划V3.0审核工作，至11月30日，阶段性完成竞赛场馆运行计划V3.0、独立训练场馆运行计划V1.0编制。

10月28日，杭州亚组委发布《第19届亚运会和第4届亚残运会竞赛场馆运行筹备相关政策文件材料汇编（一）》，收录22个业务领域、117份文件。12月15日，发布《杭州亚运会和亚残运会场馆运行工作人员知识手册》。

10月，杭州亚组委启动《场馆外围保障工作指南》编写工作。该指南用于服务、支持属地政府相关部门编制场馆外围保障工作方案，其中包含安保维稳、交通景观、环境景观等7个方面。

【业务领域运行计划和通用政策修订】2022年2月，在“闭环管理”模式下，杭州亚组委推动各业务领域修订形成《客户群服务计划》《业务领域运行计划》《业务领域通用运行政策与程序》。2月28日至3月5日，杭州亚组委召开4场业务领域赛时运行工作内容调整研究会议，对52个业务领域的运行计划、通用政策等调整内容进行研究。3月，在医疗卫生部增设公共卫生服务业务领域（PHS）。

8月，在常态化办赛模式下，杭州亚组委启动《客户群服务计划（第三版）》修订和《业务领域运行计划（第三版）》《业务领域通用政策与程序（第三版）》编制工作。10月，修订形成《客户群服务计划（第三版）》《业务领域运行计划（第三版）》《业务领域通用政策与程序（第三版）》。

【知识管理及官方报告】2022年，杭州亚组委推进杭州亚运会、亚残运会知识管理及《官方报告》等工作。1—2月，修改完善《汉英杭州亚运会、亚残运会名称汇编》《杭州亚运会、亚残运会术语解释汇编》《杭州亚运会场馆运行简明读本》等。2月，开展《业务领域工作指南》编制，形成《观众服务、场馆景观布置（含引导标识）业务领域工作指南》。4月，编制形成《〈杭州亚运会官方报告〉专题调研报告》、《〈亚运知识报告〉简介与写作要求》、《业务领域知识报告》模板、《场馆知识报告》模板、《竞赛项目知识报告》模板等。11月，确定《杭州亚运会和亚残运会〈官方报告（含遗产报告）〉》编写制作项目服务商。12月，形成《杭州亚运会和亚残运会〈官方报告（含遗产报告）〉编制工作执行方案》。

【赛事风险评估】2022年1—2月，杭州亚组委开展第二轮风险评估工作，与51个业务领域和环境保障部对接，梳理组委会侧赛会风险730个；与56个竞赛场馆团队对接，梳理场馆侧赛会风险点1.5万个，编制完成《杭州亚运会、亚残运会第二轮风险评估报告》。3月，启动第三轮赛时风险评估工作，到39个竞赛场馆对场馆出入口、围墙、重要设备间、人车流线、分区设置等方面进行现场踏勘，并逐一出具风险评估意见。

【亚运遗产规划】2022年4—12月，杭州亚组委完成杭州亚运会博物馆陈列布展服务、媒体内容制作服务、设施设备与中控系统集成服务、运营管理服务等项目招投标工作，实现建设、设备、媒体制作、运营全覆盖。10月，聘请亚奥理事会总干事侯赛因·穆萨拉姆担任杭州亚运会博物馆名誉馆长。12月，17个国家及地区捐赠或承诺捐赠展品。12月下旬，获得国家体育总局、中国残联的展陈资料支持。

全民参与捐赠，6月举办杭州市委原副书记、原市长张鸿铭中山装捐赠仪式，7月举办衢州农民画捐赠仪式，9月举办杭州市老领导书画作品捐赠仪式。6—12月，加大公众征集力度，明确20项60多件公益捐赠展品、18件赞助商捐赠展品、13个亚运场馆模型。践行“杭州为主、全省共享”的亚运理念，9—12月，宁波、温州等协办城市征得100多件亚运相关展品。

1月，杭州亚组委完成《杭州亚运会志》篇目初步框架及工作计划方案。2月，完成《杭州亚运会志》专题业务培训。至12月，《杭州亚运会志》完成申办、公共传播、场馆及设施等有关资料的收集与整理。

7月23日，杭州亚组委联合省档案局印发《杭州2022年第19届亚运会和第4届亚残运会赛时档案工作方案》，明确赛时档案工作的适用范围、工作原则、工作内容及工作机制，推进亚运会、亚残运会各类档案完整收集、安全与有效利用工作。

（杭州亚组委办公室）

【亚运会知识产权保护】2022年，杭州亚组委进一步形成亚运知识产权保护常态化工作机制，与市公安局环食药支队、市知识产权保护中心达成《“迎亚运 护发展”知识产权刑事保护协作备忘录》，推动省、市市场监管部门出台有关亚运会、亚残运会知识产权保护工作方案并成立专班。

1月24日，杭州亚组委完成“杭州第19届亚运会测试赛标志”等7件特殊标志登记申请和核准。向海外6个国家及中国香港、中国澳门、中国台湾地区提交杭州亚运会会徽和吉祥物商标注册申请，基本完成注册公告。11月24日，亚运会会徽、口号、吉祥物入选首批杭州市重点商标保护名录。

杭州亚组委对社会面使用亚运会知识产权进行审查，接收非商业使用亚运标志申请及各类咨询170多件，授权各国国家（地区）奥委会（NOC）、亚洲残疾人奥林匹克委员会（NPC）、机关单位、公益机构等无偿使用杭州亚运会标志25件。4月26日，向“萧山区人民检察院驻亚运村知识产权检察官办公室”颁发亚运会、亚残运会知识产权非商业使用授权书。4月28日，促成亚奥理事会对浙江吉利控股集团有限公司发射“亚运中国星”卫星授权事宜。6月21日，围绕非商业性、公益性原则制定完善杭州亚运会吉祥物人偶服使用申请流程。

杭州亚组委全年处理48件侵犯杭州亚运会知识产权及隐性营销案件。（杭州亚组委法律事务部）

【亚组委纪检监察与审计】2022年，杭州亚组委印发《亚组委机关2022年度全面从严治党主体责任清单》和《组委会机关党组加强对“一把手”和领导班子监督“五张责任清单”》，落实签订《2022年度党风廉政建设责任书》，开展常态化作风效能监督检查30次，问责履职责不力引发负面舆情2人，全年发送廉政信息15条，处理纪检信访件4件、大信访件6件。对亚运会计时记分、亚残运会汽车服务等31个拟开发赞助类别开展监督工作，现场监督赞助征集、特许经营工作60次，对官方体育服饰等26个已签订协议的赞助类别进行监督，全程参与票务补充协议签订的磋商工作和线下磋商会议9次。

杭州亚组委向各竞赛场馆（群）运行团队，亚运村、总指挥部办公室等非竞赛场馆运行团队派驻场馆运行监督组49个，监督人员170名。相继对杭州亚运会赛时官网开展跟踪审计调查，对“韵味杭州”2021年田径邀请赛等3场测试赛资金绩效进行专项审计调查。赛事延期后，制订《赛事延期举办场馆运行监督工作方案》，重点监督赛事延期举办涉及的重大决策、合同调整变更、场馆惠民开放等，并编发7期《监督工作重点提示单》，在加强风险应对、紧盯场馆竣工决算、做好测试赛监督工作等方面提出8条书面监督意见。实地走访调研21次，涉及26个亚运场馆，并会同省体育局、驻省政协机关纪检监察组开展“室局部组”联合督查和调研。

（杭州亚组委纪检监察和审计部）

【亚运会财务保障】2022年1月1日起，亚运会收费卡系统正式接受境内外各客户群预订。至赛事延期前，有44个客户成功注册收费卡系统，其中代表团客户17个、注册媒体客户16个、主播机构与持权转播商11个。赛事延期后，收费卡网站暂时下线，12月1日重新上线并接受客户空间及电力租赁订单预订。杭州亚组委发布《2022年第19届亚运会NOC收费卡指南V2.0》《2022年第19届亚运会注册媒体收费卡指南V2.0》《2022年第19届亚运会持权转播商收费卡指南V2.0 Part B》等，明确收费卡清单内的产品和服务内容，与各类别意向供应商对接，确定定价机制和型号参数。

1月27日，杭州及5个亚运会协办城市被中国人民银行总行正式批复纳入数字人民币试点测试范围。4月，杭州亚组委制订《杭州亚组委数字人民币试点推进工作方案》，成立亚组委数字人民币推进工作专班。开展亚运会数字人民币试点场景建设，12月14日，以“数币场景，赋能亚运”为主题的亚运数字人民币硬件钱包发布暨公交场景启动仪式在杭州洲际酒店举行。

2月8日，公布第一批杭州亚运会、亚残运会及其测试赛48个赞助企业名单。3月，制订包含14类保险产品及风险管理服务的《杭州亚运会、亚残运会整体保险方案》，并取得保险服务项目价格认定意见书。12月，编制印发各场馆《杭州亚运会场馆侧保险服务手册》。

10月，杭州亚组委印发《关于做好杭州亚运会、亚残运会场馆物资计划V3.0编制工作的通知》和《杭州亚（残）运会竞赛场馆团队物资计划编制操作指南》，指导所有竞赛场馆及独立训练场馆完成物资计划V3.0编制工作。

至年末，杭州亚组委收到38个赞助类别现金等价物信息，VIK（现金等价物）合计金额24.32亿元。启动27个类别VIK管理，完成21个类别的VIK核价。完成茶叶、室内空气治理等11个VIK项目的价格核定工作，涉及金额8.66亿元。

（杭州亚组委财务部）

【测试赛举行】2022年1月16日，杭州亚组委印发《关于做好杭州亚运会、亚残运会2022年测试赛和测试活动有关工作的指导意见》，明确杭州亚运会测试工作的组织原则、工作安排和职责分工、工作机制及要求。4—10月，举办“韵味杭州”2022年全国空手道锦标系列赛（第一站）、“韵味杭州”马拉松、竞走世锦赛&亚运会选拔赛、“韵味杭州”浙江省青少年网球邀请赛、“韵味杭州”2022年全国体操锦标赛等15场赛事。

6月28日至7月3日，“韵味杭州”浙江省残疾人草地掷球测试赛在杭州文汇学校草地掷球场举行。有11支代表队，59名运动员（肢体残疾运动员37名，视力障碍运动员22名，涵盖B1~B8八个级别）参与比赛。经过154场比赛的角逐，产生18个奖牌项。（杭州亚组委竞赛部）

【观众服务业务推进】2022年9月，杭州亚组委新组建观众服务业务领域专职团队，推进业务领域各项工作。启动基础文件3.0版编制工作，编制完成《观众客户群服务计划V3.0》《观众服务业务领域运行计划V3.0》《观众服务通用政策及程序V3.0》等。10月，梳理完成业务领域工作任务清单、职能团队赛时职责和风险清单等。

9—10月，编制完成《观众服务业务领域空间与物资配备原则与标准2.0版》《2022年第19届亚运会、第4届亚残运会竞赛场馆观众服务工作指导方案（第二版）》。11—12月，完成各竞赛场馆运行计划3.0、物资计划3.0、运行设计3.0涉及观众服务内容的审核工作和观众服务业务领域运行计划、领域空间和专用物资计划配备标准内容调整。

9月，重启吉祥物人偶服设计制作项目；11月，完成吉祥物人偶服设计制作项目补充协议签订。12月，重启观众指南设计制作，并修改完善。9—12月，到黄龙体育中心、杭州奥体中心等场馆踏勘，强化与场馆运行团队的沟通联络，提升场馆观众服务团队业务水平。（杭州亚组委办公室）

【接待业务领域工作推进】2022年，杭州亚组委完成《接待业务领域通用政策与程序（3.0版）》《接待业务领域运行计划（3.0版）》等编制，迭代完善贵宾接待中心总体方案、组织架构、岗位职责、任务边界等，梳理贵宾接待中心1~4级任务和工作任务书。会同省接待办等单位对38个竞赛场馆“闭环办赛”模式下贵宾接待筹办工作进行勘察调研，形成专题情况报告。完成56个竞赛场馆、15个非竞赛场所公务考察点信息收集统计和上传。指导56个竞赛场馆编制《竞赛场馆运行计划（3.0版）》接待业务领域相关内容，审核《竞赛场馆运行计划（3.0版）》《竞赛场馆转换期工作方案2.0版》，提出意见和建议。

5月13日至10月30日，杭州亚组委指导2022年“韵味杭州”三人篮球邀请赛（湖州站）、2022年桐庐马术三项赛测试赛、绍兴全国棒垒球冠军杯赛等9场赛事的国内贵宾接待业务领域工作。其中，8月20日至9月19日，全程参与黄龙体育中心场馆群“韵味杭州”2022年全国艺术体操冠军赛、全国体操锦标赛、全国蹦床冠军赛3项测试赛贵宾接待业务领域现场指导与接待工作。

【协办城市联动】2022年1月，省委、省政府成立亚运筹办工作领导小组，下设“一办九组”。5个协办城市同时成立亚运工作领导小组，下设“一办多组”，负责具体工作。2月，各协办城市完成领导小组及下设机构设置和调整。推进亚运城市行动计划和纲要落实，宁波市推进“迎接亚运、城市双修”工程，开展“一路一景”环中心城区绿道、公共绿地、城市Logo及城市小品雕塑、大地景观等公共空间改善项目；温州市提升龙湾国际机场国际化水平，打造区域航空枢纽，建设城市一体化轨道交通服务体系，实施亚运公交优先计划，实现公共交通工具“零距离换乘”；湖州市开展“亚运四进”活动，提升宾馆、酒店、景区等服务人员礼仪形象素质和市民参与亚运意识；绍兴市推进区域生态环境污染协同治理，深化“无废城市”亚运全过程应用和探索；金华市提升公共服务国际化水平，扩大教育领域内外合作交流，推进医疗卫生领域国际化合作，开展国际化社区建设试点。（杭州亚组委杭外工作部）

竞赛组织

【概况】2022年3月，完成亚残运会第二次报名（按人数报名）；4月，启动杭州亚运会第三次报名（按姓名报名）。5月，杭州亚运会、亚残运会确定赛事延期，杭州亚组委对照巴黎奥运会项目设置，梳理杭州亚运会小项设置，确定小项设置由482项调整为484项。6月，启动赛程调整工作，专题研究61个分项，最终形成总赛程2.0版（审议稿）。发布亚残运会总赛程1.5版。年末，重启杭州亚运会第二次报名（按人数报名）。完成14场亚运会测试赛和1项亚残运会测试赛。杭州亚组委推进亚运会《竞赛技术手册》《竞赛报名指南》的编制工作。完成服务商招标、人员规划、测试赛指导等各项重点工作。完成37个分项1226名国际技术官员（含技术代表）的选拔任命，重启国内技术官员选拔任命工作。完成57个反兴奋剂检查站建设并在20多场测试赛中投入使用。在亚运村设反兴奋剂教育拓展站并基本完成硬件建设。推进兴奋剂检查计划制定，编制完成《兴奋剂管制指南》。

【竞赛项目设置调整】2022年2月，杭州亚运会田径男女混合团体竞走项目调整为混合团体35千米竞走，设项与巴黎奥运会一致。

8月，杭州亚组委召开视频会议，讨论拳击项目调整。经亚奥理事会与国际奥委会沟通，国际奥委会提议将杭州亚运会拳击比赛作为巴黎奥运会拳击项目的资格赛，设项与巴黎奥运会一致，从原男子8个、女子5个调整为男子7个、女子6个，并获国家体育总局竞体司原则同意。

10月2日，柬埔寨金边工作交流期间，亚奥理事会坚持增设空手道男子、女子团体型2个小项的意愿。12月，沙特NOC地区论坛会议期间，亚奥理事会再次明确，由亚洲空手道联合会确认竞赛项目增项及相关出版物的修改。至此，杭州亚运会小项设置由482项调整为484项。

12月，对标世界花样游泳规则，亚洲游泳联合会确定调整花样游泳小项设置，将女子双人、集体项目调整为女子双人、混合集体项目。男子参加花样游泳为亚运会首次。

【亚运会总赛程（2.0版）编制】2022年1月27日，杭州亚运会单元赛程1.0版正式公布。2—5月，经过5轮调整，总赛程更新至1.5版。6月，启动赛程调整工作，专题研究61个分项，形成初步调整方案。7月，形成总赛程1.8版（审议稿），并报省体育局、国家体育总局。9月、10月、12月，杭州亚组委3次报送国家体育总局《关于发布总赛程（2.0版）的请示》。其间，根据国家体育总局、国际/亚洲单项体育组织的反馈意见，形成总赛程2.0版（审议稿），并进行5轮修改，涉及比赛项目8项（排球、沙滩排球、射击、空手道、霹雳舞、手球、帆船、举重）。12月，完成独立训练场馆训练计划（初稿）。

【亚残运会赛程编制】2022年4月，亚残奥委员会发布《杭州亚残运会报名政策（4.2版）》，明确杭州亚残运会竞赛项目设置田径、游泳等22个大项，预设564个小项。确定轮椅篮球、羽毛球、硬地滚球、草地掷球4个项目在亚残运会开幕式前开赛。

11月，亚残运会总赛程（1.5版）发布。后期根据第三次报名情况、分级结果等因素，动态调整总赛程及单元日程的编制。

【竞赛报名】2022年3—4月，杭州亚组委形成《第十九届杭州亚运会竞赛报名指南》（中、英文版）。统筹61个分项完成竞赛报名系统（按姓名报名）功能测试。4月30日，向亚洲各国家（地区）奥委会（NOC）发布报名表格和《第十九届杭州亚运会竞赛报名指南》（英文版），启动杭州亚运会第三次报名（按姓名报名）工作。

9—11月，杭州亚组委与国际/亚洲单项体育协会确认年龄限制、报名政策，并据此调整61个分项的按人

2022年4月22日，杭州电子科技大学志愿者服务“韵味杭州”浙江省青少年网球邀请赛
（杭州亚组委 供稿）

数报名的表格，做好竞赛报名系统（按人数报名）功能开发。11—12 月，杭州亚运会第二次报名（按人数报名）系统功能测试，确保系统具备上线开放条件。

3 月 1—31 日，完成杭州亚残运会第二次报名（按人数报名）工作，收到来自 42 个国家（地区）残奥委会的报名反馈，总数为 4146 人，所有大项的人数报名情况反馈至各国际 / 亚洲单项协会，由亚残奥委会负责控制压缩各项目参赛人数。

【与国际 / 亚洲体育单项组织交流合作】2022 年，杭州亚组委继续与国际 / 亚洲单项体育联合会保持联系，与亚奥理事会体育委员会、各国际 / 亚洲单项体育联合会召开非正式会议 70 多场，推进赛事延期后的赛程修改、报名政策、技术手册（2.0 版）修改确认等工作。通过闭环气泡模式促成中国港澳台地区及国外的技术代表或其授权专家到杭州实地考察，按时完成场馆竣工后的竞赛功能验收。

3 月 31 日，杭州亚组委印发《杭州亚运会技术代表赛前来杭指导工作服务保障方案》。4 月 30 日，完成 37 个分项 1226 名国际技术官员（含技术代表）的选拔、任命工作。国际技术官员任命整体完成进度为 60.6%。剩余 24 个分项因赛事延期、随队技术官员选派、报名未结束等情况，暂未完成选拔、任命，与相应的国际 / 亚洲单项体育联合会确认所需国际技术官员人数及具体岗位。5 月 24 日，印发《关于杭州亚运会技术代表赛前来杭指导工作服务保障方案的补充说明》，解释境外技术代表的签证办理、健康检测、出入境后的境外交通等方面。

赛事延期前，国家体育总局已基本完成国内技术官员的选拔、提名。赛事延期后重新确认各项目国内技术官员人数，年底重启国内技术官员选拔、任命工作。

亚残运会确认 22 个项目国际技术官员人数，总数 380 人。国家体育总局和中国残疾人联合会共同指导亚残运会国内技术官员选拔与培训工作，由各国际 / 亚洲单项协会提供培训内容和课程，在亚运会国内技术官员培训中补充残疾人竞赛项目规则培训。针对亚残运会特有项目开设盲人门球、盲人足球独立培训课程。

【体育展示与颁奖仪式筹备】2022 年 3 月 8 日，杭州亚组委印发《2022 年第 4 届亚残运会体育展示工作方案》《2022 年第 19 届亚运会体育展示工作方案》。6 月 2 日，确定杭州亚运会颁奖仪式运行服务商。12 月 20 日，确定杭州亚运会体育展示音视频制作项目服务商。

场馆侧开展体育展示与颁奖仪式人员规划 3.0 版调整工作。11 月 28 日，确定亚运会场馆侧体育展示与颁奖仪式人员总数 1092 人；确定亚残运会场馆侧体育展示与颁奖仪式人员总数 283 人。11 月 29 日，各场馆人员 3.0 版详细规划以《关于做好竞赛场馆运行团队业务口职责任务指导工作的通知》文件印发。

【竞赛手册编制】2022 年，杭州亚组委进一步明确竞赛出版物各类指南的编制进度及发放对象，推进《竞赛技术手册》《竞赛报名指南》两本出版物的编制工作。《竞赛技术手册》以中、英两种文字介绍 61 个分项相关的竞赛技术信息，各种服务安排以及相关体育组织的联络方式等。赛事延期后，根据报名结果、赛制更新等动态调整《竞赛技术手册》（2.0 版）。

1 月 31 日，启动《竞赛报名指南》编写，向亚洲各国家（地区）奥委会说明第 19 届亚运会竞赛报名的程序、有关政策和填写报名表的要求。4 月 2 日发布《竞赛报名指南》。赛事延期后，持续更新指南内容。

【反兴奋剂工作推进】2022 年，杭州亚组委成立反兴奋剂工作部，对接亚奥理事会、亚残奥委员会、世界反兴奋剂机构、国际检查机构、国际马术联合会、中国反兴奋剂中心、北京实验室等国内外反兴奋剂组织机构，开展亚运会、亚残运会反兴奋剂筹办各项工作。

亚运会兴奋剂管制中心设置在亚运村（技术官员村），赛时采用世界反兴奋剂机构独立观察员、国际检查机构、中国反兴奋剂中心与亚组委反兴奋剂工作部共同合作办公模式。亚残运会兴奋剂管制中心设在亚残运会检查官接待酒店。杭州亚组委在 56 个竞赛场馆（含亚残）和 1 个非竞赛场馆（亚运村）建设检查站 57 个，并在 20 多场测试赛中投入测试使用。

年末，亚奥理事会明确亚运会反兴奋剂项目由世界反兴奋剂机构和中国反兴奋剂中心共同完成。设立在亚运村的反兴奋剂教育拓展站硬件建设基本完成。亚残运会反兴奋剂教育拓展项目授权中国反兴奋剂中心执行。《兴奋剂管制指南》（英文版）初稿提交亚奥理事会、亚残奥委员会、国际检查机构及中国反兴奋剂中心审核并修改完善。

杭州亚组委与亚奥理事会医疗委员会、亚残奥委员会医疗与运动科学委员会、国际检查机构、国际马术联合会以及中国反兴奋剂中心沟通，提供竞赛日程、场馆设置等基本信息，更新杭州亚运会、亚残运会的兴奋剂检查的总例数、各大项检查例数及每日检查峰值，协助国际检查机构制定运动员检查计划、国际马术联合会制定赛会马匹检查计划、亚残奥委会制定亚残运会检查计划。

赛事延期后，国内检查官及陪护员招募工作暂缓，主要推进国际检查官招募工作。开展多轮针对场馆团队和检查官的培训，测试赛期间向场馆反兴奋剂业务领域工作人员提供"点对点、一对一"培训服务。

（杭州亚组委竞赛部
反兴奋剂工作部）

场馆建设

【概况】2022 年 3 月，56 个竞赛场馆、亚运村及分村竣工；5 月，31 个独立训练场馆竣工，所有竣工场馆均通过赛事功能验收。3—6 月，开展场馆无障碍体验活动。围绕极个别场馆施工图和专项系统优化方案展开技术审查。开展设施运维"八大系统"查验和惠民开放期间设施运维专项检查、场馆电力、草坪养护、消防安全等各专项工作。完成富阳银湖体育中心射击器材选定、安装、验收及移交场馆运行团队工作。发布《杭州亚运会、亚残运会景观布置总体规划》《杭州亚运会、亚残运会竞赛场馆座席规划设计编制要求》《杭州亚运会、亚残运会竞赛场馆运行设计 V3.0 颁奖仪式和无障碍专项规划设计编制要求》《竞赛场馆通用房间列表（3.0 版）》《杭州亚运会、亚残运会场馆临时设施工作实施方案》，推进场馆景观布置和运行设计工作。10 月，根据《杭州市亚运场馆综合利用总体方案》工作要求，所有场馆向社会开放。

【比赛场馆与训练场馆建设】2022 年 3 月，56 个竞赛场馆、亚运村、金华亚运分村及淳安亚运分村全部竣工。5 月，31 个独立训练场馆全部竣工。有 5 个项目获得三星级绿色建筑设计标识证书，有 13 个项目获得二星级绿色建筑设计标识证书。亚运村获得国家二星级绿色生态城区设计标识，全区域超过 50% 的建筑达国家绿色健康建筑三星级标准。拱墅运河体育公园获中照照明奖工程设计奖一等奖。有 11 个项目获浙江省建设工程“钱江杯”，多个项目获“西湖杯”“甬江杯”“瓯江杯”等工程奖项。国家级工程奖项有：杭州奥体中心体育场、全民健身中心、拱墅运河体育公园体育馆获中国建筑工程鲁班奖；富阳水上运动中心，温州奥体中心体育场获国家优质工程奖；宁波象山亚帆中心获水运交通优质工程奖；绍兴棒（垒）球体育文化中心、中国杭州电竞中心等 7 个项目获中国钢结构金奖。

【场馆验收】2022 年 3 月底，56 个竞赛场馆均通过赛事功能验收。5 月底，31 个训练场馆完成赛事功能验收。6 月，所有竞赛场馆基本完成硬件设施“回头看”闭环“清零”整改。2—7 月，杭州亚组委邀请各项目技术代表及授权代表到场馆进行技术代表验收。56 个竞赛场馆、31 个训练场馆、约 40 个亚运项目完成验收并完成整改。

【场馆惠民开放】2022 年 10 月，市运保指挥部办公室印发《杭州市亚运场馆综合利用总体方案》，所有亚运竞赛、训练场馆按照全民健身、专业主导、学校开放、市场运营等模式惠民开放。通过低价免费、赛事活动、公益培训、专业训练、文体融合、体育消费、数字赋能等举措，探索惠民措施，加大惠民力度。

淳安界首体育中心铁人三项赛场（摄于 2022 年）　（杭州亚组委 供稿）

【场馆评估与技术审查】2022 年，杭州亚组委围绕场馆施工图和专项系统优化方案开展场馆建设技术审查工作，包括杭州奥体博览城亚运会开闭幕式通信网络建设及保障方案、浙江体育职业技术学院训练场馆施工图、滨江体育馆场地 4K 照明深化设计图、德清地理信息小镇篮球场项目施工图设计等。

【场馆设施运维】2022 年 3—5 月，杭州亚组委邀请市建委、市消防救援支队、国网杭州供电公司、华体集团等相关单位的专家，开展杭州亚（残）运会场馆建设专项督查暨设施运维“八大系统”查验。4 月 12 日，面向 56 个竞赛场馆，采取线上与线下相结合的方式，开展场馆建设与维护业务领域集中培训工作。

1 月，杭州亚组委编写印发《杭州 2022 年第 19 届亚运会场馆电力保障工作管理规范》，建立场馆保电工作协调机制，制订赛前、赛时和赛后各阶段工作计划。2 月，印发《2022 年第 19 届亚运会、第 4 届亚残运会场馆电力保障方案》。5 月 31 日，完成场馆电气配置查验工作，发现 342 个问题，印发整改联系单 52 份，督促整改完成 330 个。8 月，开展“护航亚运”场馆电线电缆质量及运行环境专项检查，组织市市场监管局、国网杭州供电公司对 10 个一级场馆、10 个二级场馆和 3 个三级场馆进行联合检查。

8 月 9 日至 9 月 23 日，杭州亚组委会同相关部门检查 28 个亚运场馆惠民开放期间设施运维情况（杭州 24 个场馆、绍兴 4 个场馆）。

8 月，杭州亚组委印发《关于 2022 年第 19 届亚运会延期举办后足球等竞赛项目筹办工作要求的通知》，明确延期后足球、橄榄球、板球项目草坪养护工作要求。10 月 12—21 日，邀请相关草坪专家，开展体育场草坪质量第一轮巡检工作，对 29 片草坪进行现场检查。

9 月，杭州亚组委联合市消防救援支队发布《杭州亚（残）运会场馆惠民开放期间消防安全工作联动协作机制》，面向黄龙体育中心等 42 个在杭州的竞赛场馆和杭州奥体中心综合训练馆等 22 个在杭州的训练场馆，开展消防安全专项检查工作。

【场馆无障碍环境建设】2022 年，杭州亚组委分别于 2 月、4 月开展 2 场场馆运行团队无障碍主管培训会。3—6 月，与省残疾人联合会、市残疾人联合会、协办城市当地残联等，到 56 个竞赛场馆开展无障碍实地体验活动。11 月，720 多个无障碍硬件设施问题基本整改完成。

8 月，杭州亚组委印发《关于开

展杭州亚运会—亚残运会硬件设施转换的通知》,明确无障碍设施转换工作原则、内容、具体要求等。

【景观布置】2022 年 1 月,杭州亚组委完成《场馆景观布置规划设计规范(空间规范)V2.0》。2 月,确定 14 个公司入围杭州亚运会景观设计制作服务商主题馆库。5 月,明确竞赛场馆及训练场馆的主题色。6 月,印发《杭州亚运会、亚残运会景观布置总体规划》。10 月,印发《杭州亚运会、亚残运会场馆景观布置规划设计规范(空间规范)》《杭州亚运会、亚残运会场馆景观布置深化设计规范(物料规范)》《杭州亚运会、亚残运会场馆景观布置实施 / 拆除规范》。11 月,印发《关于进一步细化杭州亚运会、亚残运会延期后场馆景观布置、临时设施工作计划的通知》,明确延期后相关工作任务及时间节点。11 月,印发《关于做好杭州亚(残)运会赛事器材景观设计工作的通知》,明确器材景观与 FOP(比赛场地)区景观统一设计,确保赛场景观色彩和谐统一。12 月,印发 FOP 区方案审查要点及制图规范,启动竞赛场馆 FOP 区景观审查工作。

【运行设计】2022 年 1—9 月,杭州亚组委组织各竞赛场馆、独立训练场馆编制场馆运行设计 V1.0 版、V2.0 版和 V3.0 版。12 月,完成场馆运行设计 V3.0 版编制。

3 月,杭州亚组委确定 8 个公司入围杭州亚运会临时用房服务商主题馆库,印发《杭州亚运会、亚残运会场馆临时设施工作实施方案》。

9 月,杭州亚组委印发《杭州亚运会、亚残运会竞赛场馆座席规划设计编制要求》,明确"常态化办赛"模式下场馆座席分配原则、注册座席具体配置要求以及《场馆座席规划设计》制图规范。10 月,印发《杭州亚运会、亚残运会竞赛场馆运行设计 V3.0 颁奖仪式和无障碍专项规划设计编制要求》,明确竞赛场馆颁奖仪式和无障碍业务领域运行分区及流线设计要求。11 月,印发《竞赛场馆通用房间列表(3.0 版)》,明确竞赛场馆(独立训练场馆可参照执行)通用房间的规范中、英文名称和归口管理业务领域。

【赛事器材保障】2022 年 1—2 月,杭州亚组委完成射击器材供应商选定。3 月,射击项目器材分 3 批到达富阳银湖体育中心。4 月,开展射击电子靶安装工作。5 月,开展射击项目器材清点和第一阶段现场验收工作;对接北京合利兄弟运动器材有限公司,协商赛事延期合同相关事宜。6 月,开展电子靶实弹验收和飞碟抛靶验收工作。7 月,射击项目器材移交场馆运行团队。8—12 月,到场馆例行检查射击项目赛事器材的数量及维保情况。

(杭州亚组委场馆建设部)

信息技术

【概况】2022 年,杭州亚组委围绕"六领域一中心"开展信息技术建设。赛事延期后,及时完成信息技术领域风险梳理,调整信息技术主计划和具体应对措施并落地。以线上视频会议方式召开第五次信息技术审计会议。推进亚运会信息系统建设,构建亚运会网络安全防护屏障。完成 56 个场馆竞赛(AGIS)专网的部署,完成 41 个场馆互联网(Wi-Fi)专网接管,完成 25 个场馆 VOC 视频会议系统终端部署和系统调试交付,完成亚运统一网管平台数据集成优化。推进杭州亚残运会信息技术保障建设。制订《智能亚运建设工作方案》,牵头推进赛事指挥、安防安检、开闭幕式、火炬传递、交通、物流、媒体转播、医疗防疫、观众服务、信息技术、赛事保障、亚运村 12 个领域的智能亚运工作。

【第五次信息技术审计会议】2022 年 2 月,杭州亚组委以线上视频会议方式,与亚奥理事会开展第五次信息技术审计会议。亚奥理事会信息技术官员瓦利德·穆巴拉克(*Waleed Mubarak*)、安尼尔·雷迪(*Anil Reddy*),信息技术审计员曼努埃洛·冈萨雷斯(*Manuel González*)、阿尔方索(*Alfonso Sánchez Vivanco*)分别在科威特和西班牙参会。国家体育总局信息技术专家、阿里云计算有限公司和杭州亚组委等相关负责人参会。会上,亚奥理事会肯定杭州亚组委信息技术建设推进、风险防控取得的阶段性成果。

【亚(残)运会信息系统建设】2022 年 3 月,杭州亚运村住宿管理系统上线。杭州亚组委与江苏金陵体育器材股份有限公司签署杭州第 19 届亚运会竞赛视频系统服务项目合同,亚运会竞赛视频系统进入实质性建设阶段。4 月,礼宾管理系统、医疗事件跟踪与管理系统上线。5 月,完成 54 个亚运会场馆竞赛视频系统勘察工作。6 月,收费卡、亚运村住宿、竞赛报名、赛程编排、工作人员和志愿者、礼宾、医疗事件和制服 8 个已上线系统暂停对外服务。10 月,完成 54 个场馆 61 个竞赛分项的竞赛视频类系统"一馆一册"(初稿)。12 月,收费卡、亚运村住宿管理和注册 3 个系统重启对外服务。

10 月,在亚奥理事会第 41 届全体代表大会上,亚奥理事会宣布更换计时记分合作伙伴。杭州亚组委 2 次召开专题会议,开展更换计时记分合作伙伴风险研判分析并做出工作部署。11—12 月,与亚奥理事会、博南公司(*Bornan*)就计时记分服务范围、市场权益等内容展开磋商。

【通信网络服务保障】2022 年,杭州亚组委推进竞赛(AGIS)专网、互联网(Wi-Fi)专网和广播电视传输专网 3 张专网建设;推进赛事保障对讲系统、视频会议系统、通信保障平台和无障碍网络服务 4 个应用建设,确保承载亚运会各类信息系统、电视转播信号传输、各客户群网络访问的基础通信传输系统正常运行。

至年末,AGIS 专网完成 56 个场馆部署和 52 个场馆验收。互联网(Wi-Fi)专网完成 41 个场馆接管,完成 34 个场馆接管验收,完成 25 个场馆 VOC 视频会议系统终端部署和系统调试交付。亚运统一网管平台完成数据集成优化,纳管 56 个场馆 576 台 AGIS 设备,41 个场馆 991 台互联网(Wi-Fi)设备。完成 55 个场馆赛事保障对讲系统专网部署,其中 27 个场馆完成测试验收,公网对讲业务开通,公网对讲调度管理平台功能优化。

【无线电管理】2022年3月，杭州亚组委联合省经信厅发布《关于杭州亚运会和亚残运会无线电管理有关事项的通告》（中、英文双语版）。4月，发布《2022年第19届亚运会无线电频率申请使用指南（2.0版）》和《2022年第4届亚残运会无线电频率申请使用指南（2.0版）》。

2—3月，杭州亚组委开展亚运会各赛区“三高”地点无线电台站专项检查工作。8月，开展40个重点竞赛场馆48套无线电监测系统现场调试和优化。11月，开展亚运会无线电保障指挥调度系统在互联网大会乌镇峰会的实例部署和测试工作。

【网络和信息安全保障】2022年1月，杭州亚组委发布《2022年第19届亚运会组委会信息系统运维阶段网络安全管理细则》。4月，发布《2022年第19届亚运会组委会网络安全事件应急处置管理细则》，指导各场馆高效协同、规范有序处置各类突发网络安全事件。

杭州亚组委融合阿里云集团和安恒信息集团的技术能力，建设覆盖“云网边端”一体的安全防护体系。该体系以网络安全管理平台为核心，辐射亚运会各类场馆，实现对杭州亚运会全程全域的网络安全管理指挥。全年完成平台环境搭建、初始版本部署、平台联调及功能测试；通过三级等保测评并完成安全加固；完成48个场馆数据接入，采集原始日志数据超百亿条；完成资料台账录入、设备纳管，形成实战保障能力。

12月，AGIS核心层、54个竞赛场馆、5个非竞赛场馆（亚组委大楼、注册中心、综合训练馆、集成测试实验室、物流中心）一馆一册网络安全方案通过评审；完成48个场馆的网络安全设备到货、安装调试、上线开通等工作。34个亚运会信息系统完成等保定级备案；24个系统完成上线阶段安全检测。

【信息技术场馆化运行】2022年1月，杭州亚组委的集成实验室、竞赛视频工作室、演示室等功能区域投入试运行。5月，信息技术指挥大厅试运行。9月，“韵味杭州”竞技体操测试赛期间，联合黄龙场馆信息技术团队完成试运行，实现人员、系统、业务首次联动。

全年杭州亚组委为马术、棒球、垒球、艺术体操、竞技体操、蹦床等14项亚运会、亚残运会场馆测试赛做好信息技术服务保障工作。包括AGIS专网、互联网Wi-Fi、专网安全、AGIS专网终端、无线电安全、工作人员和志愿者管理系统、医疗事件管理系统、IT事件跟踪管理系统、部署管理系统、视频会议系统、FOP竞赛监控系统、智能亚运一站通AR导航导览等。

【亚残运会信息技术保障】2022年3月，杭州亚残组委确定国家体育总局体育信息中心为亚残运会信息技术总集成单位。4月，项目启动。10月，杭州亚残组委编制完成《亚残信息技术转换期工作计划参考建议》；完成亚残运会各类信息系统的技术架构设计和部分评审工作；编制完成亚残运会公共代码（初稿）。至年末，亚残运会赛事各管理类系统主要功能开发工作基本完成；完成18个赛事成绩类竞赛项目的系统开发；完成22个竞赛项目的计时记分系统、场馆成绩系统与仲裁录像系统的技术方案初稿。

【“智能亚运”建设】2022年2月，杭州亚组委启动亚运会、亚残运会主运行中心（MOC）赛事综合指挥平台开发工作。该平台是杭州亚组委“一屏三端”数字化服务体系（是针对亚奥理事会大家庭、赛事组织者、技术官员、运动员、媒体记者、志愿者、观众等8个用户群体服务需求，融合100多套信息系统的服务体系）中的“一屏”，负责提供日常调度和应急指挥数据支撑服务。4月，平台上线试运行，并在黄龙体操三项、桐庐马术、绍兴棒（垒）球等5场测试赛开展测试演练。11月，启动智能指挥辅助模块建设工作。12月，集成安保、交通、气象、消防等24个系统数据，融合40个场馆的VR和杭州奥体中心体育场等3个场馆的三维建模，完成任务剖面功能、智能指挥辅助功能V1.0版本开发，完成全省39个竞赛场馆和23个独立训练场馆监控视频的调研和治理工作。

“亚运钉”是“一屏三端”数字化服务体系的办赛端，面向杭州亚组委工作人员和志愿者提供移动协同办赛支撑。全年集成在线沟通、人员管理、赛事培训、礼宾管理、交通组织、医疗急救、赛场监管等105个应用服务功能，接入赛事综合指挥平台和各专项指挥平台，实现亚运会筹办各个阶段跨地区、跨部门、跨层级的赛事筹办和指挥协同，保障2022年全国艺术体操冠军赛、“工行杯”全国体操锦标赛和全国蹦床冠军赛等测试赛。

“杭州亚运行”是“一屏三端”数字化服务体系的参赛端，为运动员、媒体记者和技术官员等提供智能便捷的一体化赛事服务。3月，完成项目立项并开展系统开发，完成新闻资讯、气象服务、语言服务（实时翻译）等赛事服务功能的开发工作。5月，1.0版本上线，为桐庐马术测试赛提供赛事保障服务。11月，明确2.0版本功能需求，编制形成《杭州亚运行2.0版本需求规格说明书》，推进相关建设工作。

“智能亚运一站通”是“一屏三端”数字化服务体系的观赛端，为观众提供从购票、出行、观赛到住宿、美食和旅游等一站式服务。全年完成平台三期功能建设，推出智能行程规划、亚运全景VR平台、亚运火苗—传递火苗等亮点功能，迭代升级知识通、美食通、出行通、赛事通、游亚运、亚运火苗、“智能亚运一站通”英文版、亚运话题等；上线亚运气象、在线翻译、智能客服、实时车位查询、停车预约等功能。上线亚运数字人平台，全球首创推出“亚运数字火炬手”，开展“争当亚运数字火炬手”活动。至年末，有416万人创建“亚运数字火炬手”形象。

亚运AR平台是为观众提供“虚拟+现实”的AR导航、文化体验、迎宾解说、虚拟互动的场景应用。5月，AR导航功能在杭州奥体中心场馆群、黄龙体育中心场馆群进行测试。8月，在黄龙体育中心体操三项测试赛中测试应用。

“亚运PASS”是为用户提供公共交通出行、景区入园、文博预约等“一码通行”服务。5月，上线“亚运PASS”绍兴站；推出“亚运PASS”英

2022年12月20日，杭州亚运村电缆智能监控中心完成竣工验收。图为杭州亚运村电缆智能监控中心内景 （杭州亚组委 供稿）

文版本（杭州站、绍兴站）。7—9月，推出绍兴文旅场景和酒店场景，刷“亚运PASS”码进入景区以及酒店入驻应用功能。

数智气象平台是针对不同赛区不同场馆，提供天气实况查询、天气预警以及天气预报等服务。4月，完成数智气象平台建设，在“一体化办赛平台（亚运钉）”上线。5月，完成数智气象平台在“亚运会综合指挥平台”和“杭州亚运行”上线。7月，完成数智气象平台相关页面接入“亚运会官网”。8月，完成数智气象平台英文版建设，数智气象平台在“智能亚运一站通”上线。

在亚运村和相关竞赛场馆开展自动驾驶场景应用。在亚运村运动员村、媒体村提供自动驾驶AR智能巴士，为村内运动员、媒体提供接驳服务，并设置若干AR导览体验点，自动驾驶结合AR技术为亚运期间国内外运动员和媒体提供杭州城市文化体验，宣传亚运文化。3—5月，完成场馆地图数据采集和单车调试，并实现场馆内试运行。在绍兴棒（垒）球体育中心部署自动驾驶小巴作为场馆内特色交通工具为团队工作人员和贵宾提供馆内接驳服务。5月，完成亚运村路线规划工作。6月，在全国棒球冠军杯赛和全国女子垒球冠军杯赛期间，小巴根据场馆运行流线安排提供服务。

智慧场馆是以场馆智能硬件设备为基底，运用5G、物联网、人工智能、3D GIS、BIM、IOT、RIS等技术，建设可视、可管、可控的智能场馆应用。中国杭州电竞中心依托5G+AICDE等技术，以“一网统管全感知”为数据底座建设智慧大脑数字驾驶舱，实现对场馆信息、人流车流数据、设备运行状态等信息管理和监控。3月，驾驶舱基本建设完成并开始测试工作。7月，系统上线投入使用。黄龙体育中心体育场的赛事管理类系统利用物联网（IOT）+私有云+数据中台（DAAS）+控制应用中心（IOC）+移动终端应用实现运营运维系统，通过中控大屏、移动终端反控操作对场馆赛事进行数字化管理。4月，黄龙赛事管控小程序上线测试。8月，在黄龙体育中心“韵味杭州”2022全国体操系列赛中，小程序进行小规模内测。杭州奥体中心游泳馆智慧场馆数字化监管平台（IBMS）通过物联网、云计算等技术实现主体育馆、游泳馆及相关配套设施的统一管理和运维，将场馆运维管理、运营管理、赛事保障等融于一体。4—6月，平台试运行。6—11月，迭代升级平台重点功能。

杭州亚组委会同市科技局发布《关于征集杭州2022年第19届亚运会智能应用项目选题的通知》，启动公开征集亚运会智能应用项目工作，征集到智能应用项目选题178项。4月，确定38个项目为2022第19届亚运会智能应用项目。8月，召开亚运会智能应用项目建设研讨会，听取19个项目的研发和建设进度及下一步工作计划。12月，服务机器人、可见光技术等20个项目在相关竞赛场馆应用。

（杭州亚组委广播电视和信息技术部）

市场开发

【概况】2022年，杭州亚组委确定亚运会26个类别50个企业，亚残运会27个类别52个企业，赞助协议新增收入1.22亿元（亚运会累计收入39.89亿元，亚残运会累计收入1.25亿元）。以“争当亚运火炬手”为中心主题开展活动16场。完成206份因赛事延期需要处置的赞助协议。香港有线电视获得杭州亚运会在香港特别行政区的独家全媒体转播权。完成零售企业、特许生产企业征集工作，发行杭州第19届亚运会金银纪念币。推进票务政策研究、销售方案细化、场馆踏勘深化、系统模拟演练、测试赛票务运营等工作。完成51个竞赛场馆第二轮场馆踏勘，制订44个竞赛分项的票价方案。新签署捐赠协议38项，公益捐赠总收入1.22亿元。签订现金捐赠总金额1.07亿元（亚运会4399.91万元、亚残运会6350万元）。

【赞助招商】2022年，杭州亚组委新增4个高层级赞助类别，分别为智能物联及大数据服务、摄影摄像产品及服务、健康检测服务、乳制品。对接协办城市优质企业，新签约三衢味、千岛湖啤酒等协办城市本土品牌。挖掘海外代理资源，开发美容健康服务类别。全年亚运会确定26个类别50个企业，亚残运会27个类别52个企业，赞助协议新增收入1.22亿元。落实吉利集团《嗨，亚运》冠名、工商银行亚运倒计时200天主题活动冠名2个官方活动的二次市场开发。

赛事延期后，杭州亚组委走访圆通物流、长龙航空等重点企业，完成独家供应商及以上层级28个赞助企业的走访对接工作，与相关赞助企业开展补充协议系列磋商会。至年末，完成206份因延期需要处置的赞助协议。

【赞助企业服务】2022年，杭州亚组委受理赞助企业各类审批及函件5017件，处理赞助企业反隐性营销事件22起。线上，依托赋能亚运App，联合11个赞助企业，在全省范围内以“争当亚运火炬手”为中心主题，推出“测测你的体育运动天赋”“梦三国周年集卡活动”“中国女排喊你来争当亚运火炬手”等16场活动，参与1800多万人次。线下，举办7场赞助商俱乐部活动。发布《杭州亚运会赞助企业亚运品牌宣传计划》《关于进一步规范杭州亚运会、亚残运会赞助企业营销活动的通知》，并举行官方供应商集体授牌仪式。推送20期《杭州亚运会赞助企业服务工作动态》。至年末，协助赞助企业举办线下亚运主题活动168场，参与3000万人次。

2月9日，杭州亚组委启动杭州亚运会香港特别行政区持权转播商征集。10月17日，香港有线电视获得杭州亚运会在香港特别行政区的独家全媒体转播权。

7月27日，杭州亚残组委启动杭州亚残运会持权转播商亚洲地区（除中国内地及澳门特别行政区）征集工作。

【特许经营】2022年，杭州亚组委完成特许零售企业常态化征集，新增零售企业50个。完成征集特许生产企业17个品类66个企业。完成17个品类331款特许商品的开发，特许商品总量达到1100多款。指导生产企业开发推出低碳环保的特许商品。拓展特许零售渠道，开设亚运特许零售店（点）529个。7月10日，“杭州亚运会特许零售首个低碳城市体验店”开业，营业面积近500平方米，备有12个产品大类的1000多款特许零售商品。全年杭州亚组委开展4次线上大型促销活动、1次网红直播带货活动。做好碳中和的统计抵消工作，搜集追踪12个品类、46个特许生产企业在2016年3月18日至2022年12月31日期间生产商品的碳足迹数据。

4月28日，中国人民银行在杭州奥体中心体育场发行杭州第19届亚运会金银纪念币。该套金银纪念币共3枚（金质纪念币1枚、银质纪念币2枚），为中华人民共和国法定货币。3枚纪念币均为精制币，面额80元的金质纪念币发行1万枚，面额10元的银质纪念币发行2万枚，面额2元的银质纪念币发行10万枚。

9月，完成63份亚运会特许生产补充协议、52份亚残运会特许生产补充协议、2份亚运亚残特许商品防伪服务协议、230份特许零售补充协议签订以及相应保函续签工作。

全年杭州亚组委发行亚运中国、历届亚运会徽与吉祥物、亚残运会吉祥物以及亚运中国星等多个主题19款、40万枚数字特许商品，总销售额632万元。其中亚残运会吉祥物数字特许商品4款、8万枚，总销售额144万元，相关企业收益均捐赠给社会公益项目。

【票务】2022年，杭州亚组委推进票务政策研究、销售方案细化、场馆踏勘深化、系统模拟演练、测试赛票务运营等工作，重点开展与票务主运营商、票务咨询及监理单位补充协议的磋商谈判和签订工作。重启基于公开销售的票务政策研究。7月，完成开发票务系统4个阶段主体功能和第三方功能测试、安全测试。至年末，完成51个竞赛场馆第二轮场馆踏勘，其中45个场馆42.84万个座席数据录入票务系统；制订44个竞赛分项62套票价方案；审核54个竞赛场馆运行图3.0版本并提出意见200多条。

【公益捐赠】2022年，杭州亚组委完成新签捐赠协议38项，公益捐赠总收入1.22亿元。签订现金捐赠总金额10.70亿元，新增16名现金捐赠人。签订物资及服务捐赠协议总价值1495万元。新增22笔物资服务捐赠。

1—2月，向30个现金捐赠亚残运会的省、市国有企业回馈荣誉激励纪念品。赛事延期后，向138名已签约的捐赠人发送告知函，明确荣誉激励政策不变。明确101项现金捐赠及26项已交付完成的物资服务捐赠无须签订补充协议；完成11项未交付完成的物资服务捐赠签订补充协议。（杭州亚组委市场开发部）

亚运宣传

【概况】2022年，杭州亚组委继续做好新闻宣传、宣传矩阵建设、媒体运行、主转播服务和官方会刊（杂志）发行等工作。编发《杭州亚运》官方会刊4期、《杭州亚运》（2022年）官方杂志9期。《杭州亚运会，蓄势再出发》宣传片发布。以线上和线下方式在杭州、北京两地召开第一次世界转播商大会。发布亚运会动

杭州亚运会特许零售首个低碳城市体验店（摄于2022年）

（杭州亚组委 供稿）

态体育图标和杭州亚运会、亚残运会官方海报。推进亚运音乐作品征集工作，推出主办城市推广曲《最美的风景》水墨版 MV 和亚残运会宣传推广歌曲《我们都一样》MV。亚运专题展厅参加上海第五届中国国际进口博览会和第十八届中国国际动漫节，展示亚运文化。继续开展"亚运走十城，吉利伴你行"文化推广活动，全年在厦门、南京两个城市完成活动。启动"携手同心，共话亚运"亚运宣讲活动，分别在湖北省恩施土家族苗族自治州、四川省广元市、四川省甘孜藏族自治州康定市、吉林省长春市开展宣讲和亚运知识问答活动。

【主媒体中心规划】主媒体中心位于杭州国际博览中心一层 A、B、C、D 四个展厅及序厅，以及负一层餐厅区域，总面积近 5 万平方米，是亚运会赛时亚奥理事会媒体委员会、主播机构和新闻信息服务团队的总部，也是所有注册媒体的总部。2022 年 1 月，杭州亚组委确定主媒体中心（MMC）展陈单位为上海东方传媒技术有限公司（SMT）、上海同济建筑室内设计工程有限公司。两个公司联合主播机构深化主媒体中心设计。4 月 1 日，主媒体中心启动搭建。8 月底，形成商业服务区初步规划方案，并将方案发函至各入驻企业。10—12 月，完成对拟入驻企业方案的第一轮评审工作。至 12 月，主媒体中心运行团队初步完成主媒体中心运行设计 3.0 版。

【国际广播中心建设】2022 年 3 月 10 日，国际广播中心（IBC）选址国际博览中心一层 1B、1D 馆。3 月 16 日，国际广播中心规划设计方案提交主媒体中心展陈项目评审会专家论证。3 月 29 日，规划设计方案审议通过。4 月 1 日，启动国际广播中心展陈施工。5 月，赛事延期，施工暂缓。11 月 30 日，提交国际广播中心规划设计效果图、平面图、整体施工蓝图、技术系统蓝图等。12 月 16 日，国际广播中心空间布局、功能分区和形象景观方案通过专家评审论证。

【亚运媒体注册报名】2022 年 1 月，杭州亚组委发布《杭州亚运会和亚残运会竞赛场馆记者看台席设置运行指南（第一版）》，编制完成《主新闻中心指南》《文字和摄影记者注册指南》《文字和摄影记者住宿指南》《文字和摄影记者收费卡指南》《文字和摄影记者货运指南》《文字和摄影记者交通指南》《媒体指南》《注册文字和摄影媒体住宿指南》。2 月，编制《"韵味杭州"系列赛媒体运行筹备指南（第一版）》《2022 年第 19 届亚运会、第 4 届亚残运会主媒体中心餐饮运行指导方案》。4 月，启动编制《2022 年第 19 届亚运会注册文字和摄影记者海关和货运指南（第一版）》。

4 月 10 日，杭州亚运会平面媒体注册报名截止，3000 多人完成系统和内部的注册报名工作。5 月 6 日，亚运会住宿管理系统收到亚运村媒体村住宿申请订单 95 份，483 人住宿。赛事延期后，媒体住宿预订、注册报名服务暂停。11—12 月，重启注册媒体住宿预订工作。12 月，重启亚洲国家（地区）奥委会的媒体注册报名工作。

【亚运新闻宣传】2022 年 1 月 14 日，杭州亚组委成立杭州亚运会赛前新闻中心，由省委宣传部、市委宣传部、亚组委宣传部、省市新闻媒体单位共同组建。省委宣传部、市委宣传部、浙报集团、浙江广电集团、杭报集团、杭州文广集团、华数集团及杭州亚组委共同组建专班团队，统筹做好与新闻媒体的联络、新闻策划、采集、生产、分发等工作。

全年杭州亚组委组织媒体采访 300 多场，保障中央、省、市重点媒体约 2000 名记者到现场采访报道。《人民日报》、新华社、中央广播电视总台等媒体报道亚运会相关新闻 2.13 万篇。

11 月，杭州亚运会专题展厅参加上海第五届中国国际进口博览会，30 多个媒体关注推介活动，现场发布采访报道。境内外参赛商、媒体记者、专业观众等参观展区并参与互动。

全年亚奥理事会、当地奥委会、杭州亚组委三方联合举行新闻发布会，宣传"迎杭州亚运会趣味跑"。杭州亚组委结合"韵味杭州"系列赛事举办情况举行各类比赛状况新闻发布会。通过线上发布、媒体吹风会、集中采访等多种新闻发布活动形式，宣传亚运筹办情况、视觉形象、推广曲等。

【亚运宣传矩阵】2022 年 4 月 10 日，改版后的杭州亚运会官网上线。中英文网站全年浏览量 1800 多万人次，是上年的 3 倍；日均访问量从 3.5 万人次升至 7 万人次，单日访问量最高 9 万余人次；平均访问时长 3 分钟，提高 50%。中文网站发布各类信息 1 万条，英文网站发稿 3000 多篇。1 月，杭州亚残运会官网开通试运行，3 月正式上线，5 月对网站再次进行改版升级。

微信发布推文 986 篇，其中阅读量达"10 万 +"的推文 13 篇。官方微博发布总数 1645 条，话题最高阅读量 6 亿人次，超过 1 亿人次的话题 5 个，"千万级"话题 10 多个。

官方"抖音号"发布作品 349 条，"今日头条"发布 441 条。"抖音号" 32 次登上抖音同城热搜 TOP10，18 次登上全国体育热点榜 TOP10。有 23 条"抖音"作品播放量大于 100 万次，5 条播放量大于 500 万次，2 条播放量大于 1000 万次，5 条点赞量大于 10 万次，单条作品点赞量最高超过"75 万 +"次。至年末，账号总播放量超过 6.83 亿次，杭州亚运会专属抖音话题 # 我为亚运打 call # 流量超过 3.5 亿人次。

官方海外社交账号 Facebook、Twitter、Instagram、YouTube、TikTok 等平台粉丝总量达到 63.97 万人次，推送信息 4105 条。Facebook 账号粉丝数 35.6 万人次，推送信息 1335 条；Twitter 账号粉丝数 3 万人次，推送信息 1372 条；Instagram 账号粉丝数 6.2 万人次，推送信息 750 条；TikTok 粉丝数 15.47 万人次，推送视频 240 个；YouTube 账号粉丝数 3.7 万人次，推送视频 408 个，总播放量超过 550 万次。

亚运频道自制亚运会筹办相关节目 2.65 万分钟，播出亚运会及相关文化体育节目（含宣传片）时长 2235.85 小时。拍摄亚运会筹办工作影像记录资料 4470 分钟，自制亚运会及相关节目时长3600分钟、播出亚运会及相关文化体育节目1100小时。

【亚运媒体资源库建设】2022年，杭州亚组委提前规划亚运遗产工作，建设媒体资源库，为赛后留下精彩的图片、录像资料，保障赛后有关亚运会、亚残运会和杭州体育文化遗产研究保护以及文献咨询工作开展。媒体资源库内容有申办历史、重要节点活动、亚运美学（会徽、吉祥物、火炬、会歌、运动图标、视觉识别等）、亚奥理事会国际交流、筹办进程、场馆化运行、亚运项目、赛程、大型活动、志愿服务、智能亚运（信息科技、绿色环保、机器人等）、测试赛、市场开发等重要图片、视频资料素材。存储量超过9000GB。

【亚运文化展示】2022年11月5—10日，杭州亚组委参加上海第五届中国国际进口博览会，设立亚运专题展厅，展示亚运品牌和主办城市形象。厅内设亚运美学、亚运歌曲、场馆介绍、官方海报、特许产品、火炬展示、观众互动等区域，用图、文、音视频等形式展示；特别增加亚运竞赛单元和场馆惠民的内容展示。

11月，第十八届中国国际动漫节设亚运专题展，在动漫产业博览会、动漫彩车巡游等多个重点板块展现，通过动漫元素营造亚运氛围。在动漫产业博览会中，亚运专题展厅以互动形式展现最新筹办成果，联合博览会主办方开展亚运专题展厅打卡活动，成为博览会中人流量最大、最受青少年喜爱的区域。

2022年北京新闻中心、全球数字贸易博览会、乌镇世界互联网大会、中国国际文化产业博览交易会等国际性展会设亚运专题展。

【亚运会主转播】2022年1月5日，杭州亚运会主播机构先遣工作组驻点杭州开展工作。3月24日，中央广播电视总台授权国际传媒港（上海）文化发展有限公司为杭州亚运会、亚残运会主播机构执行机构。4月，启动主播机构网站规划和设计。12月，完成主播机构网站网络安全等级测评并上线，为持权转播商了解各项赛事信息提供官方平台。12月，杭州亚运会电视字幕（TVG）设计模板经国家体育总局审核通过。

赛事延期后，杭州亚组委梳理形成转播服务业务领域“四张清单”（主转播工作任务清单、IBC建设运行任务清单、竞赛场馆转播服务任务清单、主转播工作任务联系人清单），明确赛前、赛时、赛后各阶段主转播任务及时间节点。完善转播服务领域“八大计划”（公共信号制作计划、转播商客户群服务计划、转播服务业务领域运行计划、IBC人员计划、IBC转播运行计划、竞赛场馆转播服务业务领域人员计划、竞赛场馆转播服务业务领域物资计划、竞赛场馆转播服务运行计划）。

【第一次世界转播商大会】2022年1月24—25日，杭州亚运会第一次世界转播商大会在杭州召开。大会设置杭州和北京两地会场，以线上和线下结合形式召开。中共中央宣传部、国家广播电视总局、国家体育总局、中央广播电视总台有关领导出席北京会场；省、市有关领导出席杭州会场；亚奥理事会官员、亚太广播联盟官员、特权转播商代表、协办城市相关领导等338人次线上参会。

【亚运会动态体育图标发布】2022年8月8日，杭州亚组委发布亚运会历史上首套动态体育图标，涵盖40个大项、61个分项。动态体育图标的视觉元素由静态体育图标延续而来，定帧完结与静态体育图标保持一致。杭州亚运会动态体育图标将被应用于融媒宣传等领域。中央、省、市各主流媒体及亚组委官方新媒体矩阵对发布进行报道，中央广播电视总台《新闻联播》播出快讯。

▶资料：杭州亚运会动态体育图标

杭州亚运会动态体育图标的色彩为杭州亚运会主形象色“虹韵紫”，在遵循体育图标功能性的基础上，采用动作捕捉与游戏引擎技术作为设计的核心技术，形成动画效果。单个图标演绎分为3个阶段：动态运动过程、背景刷入、定帧展示。背景音乐以江南丝竹为主，融入鼓乐，表现江南诗意的韵味与体育竞技的力量感。

【亚运会、亚残运会颁奖物资设计】2022年1月4日，杭州亚组委召开杭州亚运会、亚残运会奖牌名称专家论证会，设计界、文学界及杭州亚运会艺术设计研究中心专家参会。3月7日，审议选定杭州亚运会、亚残运会奖牌设计方案，颁奖物资设计与奖牌设计配套统一。9月19日，原则通过获奖运动员纪念品设计方案。11月8日，省、市相关领导最终审定奖牌设计方案。11月29日，向国家体育总局、中国残联报送亚运会、亚残运会奖牌设计方案。

【亚运会、亚残运会官方海报发布】2022年，杭州亚组委组建亚运会、亚残运会官方海报设计深化修改专家团队，对入选的60套方案提出修改指导意见。4月1日，杭州亚运会、亚残运会官方海报发布，挑选38件杭州亚运会官方海报及10件亚残运会官方海报在杭州亚组委大楼、市民中心、杭州火车东站、湖滨步行街、地铁吴山广场站等地展览。

▶资料：杭州亚运会、亚残运会官方海报

杭州亚运会、亚残运会官方海报围绕“历史人文”“智能科技”“体育竞技”“幸福城市”主题，运用手绘、摄影、正负形等艺术手法，结合图形、文字、色彩等元素，以“线性”表达为串联，探讨亚运美学和奥林匹克精神，契合杭州亚运会定位、目标和办赛理念，传播杭州文化与风情，传播主办城市精神与形象。

官方海报将被运用于赛事形象景观、社会氛围营造、媒体宣传等。

【亚运会音乐作品征集】2022年2月27日、4月2日，杭州亚组委举行两轮主题歌曲试听会，邀请100名省、市领导，音乐作品指导专家，省、市文联（音协）、传播界代表，中小学与高校学生代表对10首歌曲试听、点评、推荐。9月23日，亚运倒计时一周年，主办城市推广曲《最美的风景》水墨版MV发布，中央广播电视总台、新华社、《人民日报》等媒体做报道。12月26日，亚残运会倒计时300天，杭州亚残运会宣传推广歌曲《我们都一样》MV发布。

10月8日，启动第三轮主题歌曲征集活动，系列宣传视频推出。杭州亚运会主题歌征集宣传片在中央广播电视总台综合频道、新闻频道《新闻联播》播出，发出“第19届亚运会主题歌，请你来创作”邀约。

【“亚运走十城，吉利伴你行”文化推广活动】2022年1月14日，“亚运走十城，吉利伴你行”大型文化推广活动在厦门举行。在白鹭洲公园广场、白鹭女神像和鸽子广场中心、白鹭洲公园音乐广场，分别开展“亚运Talk”（亚运主题宣讲）、“亚运UP”（迎杭州亚运会趣味跑）、“亚运Music”（亚运好声音）活动。

9月7日，“亚运走十城，吉利伴你行”大型推广活动在南京举行，杭、宁两城互相交流大型国际赛事办赛经验。在南京图书馆、国际青年文化公园、南京奥林匹克博物馆前广场，分别开展“亚运Talk”“亚运UP”“亚运Music”活动。

【“携手同心，共话亚运”亚运宣讲】2022年7月5日，杭州亚组委与市对口支援和区域合作局共同启动“携手同心，共话亚运”活动。7月5—6日，亚运宣讲团到湖北省恩施土家族苗族自治州开展互动亚运知识问答、亚运歌曲推广宣传活动，举行主题座谈会。

7月12—13日，亚运宣讲团到四川省广元市开展趣味运动、亚运知识问答和学唱亚运歌曲活动，做亚运主题宣讲。

7月20日，亚运宣讲团到四川省甘孜藏族自治州做亚运主题宣讲。

8月12日，亚运宣讲团到长春开展宣讲活动。

【《嗨，亚运》系列纪录片摄制】2022年，《嗨，亚运》系列纪录片制作团队完成国家自行车队、国家攀岩队、女排国手、国家女排前教练郎平、1974年德黑兰亚运会中国代表团旗手张大维、亚运礼仪服装设计师刘海燕，以及魏纪中、董进霞等体育人类学专家的拍摄工作。完成杭州亚运会倒计时200天活动、杭州马拉松活动、礼仪服装面料印染、纺织环节的拍摄任务。到韩国、约旦、印度尼西亚、巴勒斯坦等国家及亚奥理事会总部拍摄。至年末，《嗨，亚运》系列纪录片1~6集样片基本完成。

【亚运影视作品摄制】2022年1月16日，亚运主题电视剧《泳往直前》在杭州奥体中心游泳馆举行开机新闻发布会。4月5日，该剧杀青。

5月27日，亚运主题电影《热烈》开机仪式在杭州大剧院下沉式露天剧场举行，省、市相关领导和电影主创团队出席仪式。8月5日，该电影杀青。

（杭州亚组委办公室 宣传部 大型活动部）

庆典活动

【概况】2022年，杭州亚组委调整修改开闭幕式方案，调研开闭幕式群演组织保障工作，定向征集亚运会开幕式主题歌曲，做好开闭幕式暖场节目的征集遴选。举行亚运会倒计时200天、300天+和亚残运会倒计时200天等主题活动，发布《杭州亚运会倒计时一周年+专题》《亚运+1》。修改完成火炬传递总体方案，优化采火仪式流程和场景设计。完成火炬传递主题曲MV拍摄工作，举行火炬展示活动，推出“亚运数字火炬手”，线上开展“跑向2022，争当亚运火炬手”主题活动。

【亚运会开闭幕式方案调整】2022年8月17—19日，杭州亚组委会同市公安局到武汉市体育局、武汉市体育中心（军运会开闭幕式场馆）、武汉市测绘研究院等单位，学习2019年武汉军运会开闭幕式筹备工作经验。11月，导演团队全方位打磨开闭幕式仪式演出方案，调整开幕式环节及各篇章节目分场表演内容。调整闭幕式整体思路，修改完善舞美、道具、音乐、服装、技术等内容。

【亚运会开幕式主题歌曲定向征集】2022年9月，导演团队围绕“欢聚”和“欢快”两大关键词，向王备（大型音乐舞蹈史诗《复兴之路》音乐主创，曾获华表奖、金鹰奖、金钟奖、6次“五个一工程”奖等）、捞仔（为广州亚运会会歌《重逢》作曲，为北京冬奥会主题宣传曲《梦想指路》作曲）、黄恺然（北京冬奥会闭幕式音乐统筹及音乐主创）、郭峰（《让世界充满爱》作者）、张帅（北京冬奥会开幕式主题歌《雪花》作者）、陈涛（《暗香》《从头再来》等歌曲作词）6个音乐家团队定向征集主题曲。

【开闭幕式暖场节目征集遴选】2022年9月8日，杭州亚组委、省委宣传部、省文化和旅游厅、省文学艺术界联合会联合发文，面向全省征集杭州亚运会、亚残运会开闭幕式暖场节目。9月16—23日，到湖州、嘉兴、衢州、丽水、温州、台州、金华、绍兴、宁波、舟山摸底调研演艺资源。10月26日，收到声乐类、舞蹈类、戏剧类、器乐类、非物质文化遗产传承类、体育展示类6类文艺节目340个。11月10日，确定开闭幕式暖场节目遴选活动独家冠名商。12月13日，首场开闭幕式暖场节目遴选活动（金华、绍兴专场）在金华武义县文化中心举行，金华6个节目、绍兴4个节目入选“杭州亚运会、亚残运会开闭幕式暖场节目资源库”。12月14日，第二场开闭幕式暖场节目遴选活动（湖州、嘉兴专场）在湖州长兴大剧院举行，湖州5个节目、嘉兴9个节目入选资源库。

【杭州亚运会倒计时一周年主题活动】2022年9月23日，杭州亚组委官方融媒矩阵线上发布《杭州亚运会倒计时一周年+专题》，包括杭州亚运会筹办阶段性成果主题短片《亚运+1》和亚运健身操视频《@未来》。亚运会倒计时一周年主题短片《亚运+1》，回顾杭州亚运会6年筹办的历程，展示亚洲运动员、各行各业普通百姓对亚运会的见证和未来的期许，展示杭州亚运会基础设施的建设成果，亚运会场馆的综合利用和开放惠民成果。亚运会健身操视频《@未来》，邀请健身达人刘畊宏及其教练团队录制领跳亚运会健身操短视频，全网宣传发布。

【杭州亚运会倒计时300天+主题活动】2022年11月27日上午，在杭州上城区体育中心举行杭州亚运会倒计时300天+主题活动暨上城区首届社区运动会。全民健身教练刘畊宏、王婉霏及教练团亮相，带领全场演员、百名群众共同齐跳亚运主题健身操《@未来》。《等你来》《最美的风景》《燃》等亚运歌曲串烧，唱响亚运好声音。

【火炬传递总体方案完善】2022年4月29日，杭州亚组委修改完善火炬传递总体方案。5月，赛事延期后，完善火炬传递路线和规模，初步谋划大、中、小3种规模的传递路线方案。到金华、绍兴等省内相关市（地）实地调研火炬传递意向路线，优化路线规划，推进火炬传递城市路线设置工作。多次到良渚古城遗址公园实地考察重要仪式场地，深化火种采集仪式活动方案。11月，组织高校、属地单位、火炬制作企业等，开展火种采集仪式现场预演活动。

【亚运数字火炬手推出】2022年，杭州亚组委会同支付宝链上火炬团队研究开幕式数字点火创意设计。11月27日，杭州亚运会倒计时300天+主题活动中，向全球首创性推出“亚运数字火炬手”，亚奥理事会总干事侯赛因·穆萨拉姆视频致辞，发出争当“亚运数字火炬手”的邀请。

【火炬传递活动】2022年5月26日，杭州亚组委到宁波方太厨具有限公司考察火炬及延展物资生产制作情况，对火炬及延展物资进行验收并封样。8月，火炬传递主题曲MV项目立项并启动采购。9月9日，确定火炬传递主题曲MV方案。9月，在杭州奥体中心、西湖风景名胜区、良渚古城遗址公园、拱宸桥等地开展火炬传递主题曲MV拍摄工作。11月30日，在金华市浦江县南苑小学，启动杭州亚运会、亚残运会火炬首场展示活动。

开展“跑向2022，争当亚运火炬手”主题活动，鼓励用户通过释放日常行走、跑步积累的步数，解锁全部虚拟亚运路线，争当亚运火炬手。超过4000万人次参与活动。

（杭州亚组委大型活动部）

对外联络与交流

【概况】2022年，杭州亚组委通过线上和线下的方式加强与亚奥理事会、亚残奥委会、国家（地区）奥委会、国家（地区）残奥委会及其他国际赛事组织交流合作。参加亚奥理事会第77届执委会会议和亚残奥委员会第28届执委会会议。召开与亚洲各参赛残奥委会代表团“一对一”会议。推进抵离、语言、礼宾服务等各项筹备工作，编制完成抵离服务运行团队人员计划方案3.0版、《旗帜手册》（中英文版）和《杭州亚（残）组委英语规范使用手册》《杭州亚（残）组委中英常用词汇手册》《杭州亚（残）组委英语口语读本》3种英语出版物等。发布《竞赛场馆礼宾接待业务领域工作指南》。完成45个国家和地区（残）奥委会旗帜、国（会）歌、47个亚洲（国际）单项体育联合会会旗、22个亚洲（国际）残疾人单项体育联合会会旗的收集和确认工作。

【与亚奥理事会交流合作】2022年5月6日，杭州亚组委以视频方式参加亚奥理事会第77届执委会会议，专题汇报第76届执委会会议后亚运会筹办工作进展。会上，亚奥理事会总干事侯赛因·穆萨拉姆提议2022年杭州亚运会延期举行，具体举办日期将与中国奥委会、杭州亚组委协商确定后再公布。会议全票通过“杭州亚运会延期举办”的提议。

10月4日，亚奥理事会第41届全体代表大会在柬埔寨金边召开。杭州亚组委率团出席。会上，杭州亚组委向大会陈述亚运会筹办工作进展，并与亚奥理事会就总赛程设置、代表团服务、抵离、注册、防疫、电视转播、医疗服务、后勤保障、票务等问题进行商议。

【与亚残奥委会交流合作】2022年5月17—18日，杭州亚残组委以视频方式出席亚残奥委员会第28届执委会会议。会议研究决定，第4届亚残运会延期举办，赛事名称和标识保持不变。新的举办日期由亚残奥委员会、中国残奥委员会、杭州亚残组委协商后公布。

12月15日，杭州亚残组委以视频方式参加亚残奥委员会第29届执委会会议，陈述杭州亚残运会筹办进展情况。

【与国际赛事组委会交流合作】2022年，日本爱知·名古屋亚组委对接杭州亚组委各重要业务领域，在竞赛组织、场馆建设、亚运村运行、开闭幕式等业务领域开展工作咨询。杭州亚组委配合中国驻名古屋总领馆，10月23日协办“中日青少年漫画大赛2022”颁奖仪式，杭州市及杭州亚组委有关领导发表视频致辞。

【与国家（地区）奥委会、残奥委会交流合作】2022年，杭州亚残组委与亚洲各参赛残奥委会召开代表团“一对一”会议，介绍防疫政策、竞赛报名、注册、住宿、抵离等情况，解答相关问题。12月1—7日，杭州亚组委到沙特利雅得参加亚奥理事会/奥林匹克团结基金地区论坛，陈述杭州亚运筹办进展。在现场设立9个业务领域咨询服务台，解答代表团参赛备赛相关问题。会议期间，与亚奥理事会召开工作会议，研究赛会筹办推进过程中遇到的重大事项和待推进工作，考察沙特马术等项目体育设施，参加“迎杭州亚运会趣味跑”利雅得站活动。

【抵离服务】2022年，杭州亚组委根据国务院联防联控机制和常态化办赛模式要求，着重规划人员出入境口岸设置方案，进一步优化抵离服务内容。9月27日，起草《关于杭州亚运会、亚残运会人员出入境口岸设置等需中国民用航空局支持事项有关情况的报告》，致函中国民用航空局，得到中国民航局的回函支持。

杭州亚组委对抵离服务运行团队架构进行调整，新增上海机场团队，编制完成抵离服务运行团队人员计划方案3.0版。

【语言服务】2022年，杭州亚组委翻译审校亚运各竞赛项目技术手册、亚运动态图标设计释义、信件等重要文件约110万字。为亚运协调委员会第四次会议和亚残协调委员会第二次会议提供中英远程人工同声传译服务，为亚奥理事会沟通协调会、信息技术第三次审计会议、计时记分与成绩类供应商系列会议、无疫区建设情况通报会等重要会议提供中英交替传译服务。

年初，杭州亚组委编制完成《杭州亚（残）组委英语规范使用手册》《杭州亚（残）组委中英常用词汇手册》《杭州亚（残）组委英语口语读本》3 种英语出版物电子版。3 月 26—28 日，“亚运英语之星”决赛以“远程连线 + 实时互动”的形式举办，400 名决赛选手经过亚运主题英文演讲、亚运情景模拟英语展示和英语才艺展示 3 个环节比拼，最终决出高校组、公众组、国际组 3 个组别的冠、亚、季军。9 月 20 日，“亚运英语之星”大赛颁奖典礼在杭州举行，来自全球 30 多个国家和地区近 5 万名选手参与活动。

4—9 月，杭州亚组委依托“韵味杭州”系列武术、网球、棒垒球、体操 4 场测试赛新闻发布会，测试和完善远程人工同传系统的稳定性和普及推广；完善设备清单并下发各竞赛场馆，实地踏勘并跟进设备落实情况。

【礼宾服务】 2022 年，杭州亚组委组建 OCA/APC（亚奥理事会 / 亚残奥理事会）大家庭（总部）饭店运行团队，完善人员和物资计划，做好运行设计、景观设计等前期准备工作。指导并参与浙江青少年网球邀请赛、浙江省青少年武术锦标赛、桐庐马术三项赛测试赛、全国体操三项测试赛等“韵味杭州”系列测试赛的礼宾接待工作。建立竞赛场馆礼宾接待团队沟通矩阵，发布《竞赛场馆礼宾接待业务领域工作指南》，对接各竞赛场馆礼宾接待团队，确认团队架构，厘清职责任务，确认物资清单。完成 45 个国家和地区（残）奥委会旗帜、国（会）歌，47 个亚洲（国际）单项体育联合会会旗，22 个亚洲（国际）残疾人单项体育联合会会旗的收集和确认工作，并实地考察旗帜生产厂商，完成初步遴选。完成编制杭州亚（残）运会《旗帜手册》（中英文版）。4 月，完成礼宾管理系统开发建设并提供上线服务。

（杭州亚组委外联部）

安全保卫

【概况】 2022 年，杭州亚组委按照指南、指引、方案 3 个层级搭建安保政策体系，开展相关政策标准编制工作。印发《注册机构运行指南（试行）》《2022 年第 19 届亚运会专用车道设置指引》《“韵味杭州”系列测试赛车辆证件工作指引》《安保业务领域通用政策和程序（3.0 版）》《注册与制证业务领域通用政策和程序（3.0 版）》《杭州亚运会竞赛场馆安保工作指南（第二版）》等。推进安保综合数据平台建设。开展亚运会车辆注册手册编制工作，基本完成车辆证件样式设计，确定车辆证件 3 项基础信息、5 项功能权限等。优化注册系统升级。开展人员证件设计样式工作。

【安保政策标准编制】 2022 年 1 月 4 日，杭州亚组委印发《注册机构运行指南（试行）》。3 月 24 日，印发《2022 年第 19 届亚运会专用车道设置指引》。4 月，印发《“韵味杭州”系列测试赛车辆证件工作指引》《杭州 2022 年第 4 届亚残运会注册指南》《2022 年第 19 届亚运会竞赛场馆安保运行设计指引》《2022 年第 19 届亚运会官方接待饭店安保工作指引》。9 月，形成常态化办赛模式下的《安保业务领域通用政策和程序（3.0 版）》《注册与制证业务领域通用政策和程序（3.0 版）》。12 月 16 日，印发《杭州亚运会竞赛场馆安保工作指南（第二版）》。

【安保综合数据平台建设】 2022 年 6 月，杭州亚组委对安保综合数据平台的需求方案进行调整优化，形成《安保综合数据平台需求规格书（2.0 版）》，增加赛前安保态势、安保任务剖面、安保事件跟踪等模块，完善整体系统功能。同时，结合安保指挥中心赛时功能需求和总指挥部相关要求，推进与省公安厅、各办赛城市安保信息化系统建设联络机制。12 月底，安保综合数据平台启动研发。

【赛会车辆注册】 2022 年 1 月，杭州亚组委开展亚运会车辆注册手册编制工作。2 月，基本完成车辆证件样式设计，并确定车辆证件 3 项基础信息、5 项功能权限等组成要素。3—4 月，基本确定车辆证件场馆通行代码、停车代码、车证类别代码等功能代码。5—7 月，明确各类赛会服务保障车辆的通行权限、停车权限。8—10 月，基本确定赛会车辆注册申报主体、车辆注册条件、注册流程等。10—12 月，修改形成《2022 年第 19 届亚运会车辆注册手册（初稿）》。

【亚（残）运会注册中心运行】 2022 年 1 月，杭州亚组委注册中心团队完成组建，进入实体化运行。赛事延期后，注册中心留用工作人员 35 人，继续开展延期后注册的优化调整工作。

4 月，杭州亚残运会注册工作开始，完成 40 场亚残运会代表团“一对一”会议。5 月，与亚运会 133 个、亚残运会 63 个外部负责单位建立联络官机制。12 月，恢复与亚运会各外部负责单位的注册联络和邮件往来，再次向各注册负责单位确认注册联络人等事宜。12 月 20 日，杭州亚运会注册工作重启，恢复与外部客户群的注册联络，提供常态化注册服务。

【注册系统优化】 2022 年 1—4 月，杭州亚组委梳理并反馈系统优化需求 100 多个，系统业务逻辑、操作流程、页面布局等方面得到提升；初步完成辅助通行证件模块、签证审查数据导入导出以及注册系统与制验证系统接口等功能开发。5 月，与阿里云集团共同开展注册系统功能优化及变更工作。6—10 月，全面提升注册系统的政策匹配性、程序完善性和用户易用性。11 月，围绕注册工作重启安排，完成对赛事延期前已有注册数据的妥善处理、相应基础数据的调整匹配和注册操作手册的调整更新等工作。12 月 20 日，亚运会注册系统重新上线，向海内外客户群（除观众外）提供全网在线注册服务。

【赛会证件样式设计】 2022 年 1—2 月，杭州亚组委根据杭州亚运会视觉形象体系总体规范要求，形成《杭州 2022 年第 19 届亚运会身份注册卡设计方案》。3 月，形成《杭州 2022 年第4届亚残运会身份注册卡设计方案》《杭州2022年亚运会和亚残运会人员证件防伪技术方案专家意见书》。4—5月,《杭州2022年第4届亚残运会身份注册卡设计方案》先后获中国残联、亚残奥委员会审批通过。（杭州亚组委安全保卫部）

志愿服务

【概况】2022年,杭州亚组委围绕亚运筹办任务,发挥志愿服务工作联席会议制度作用,推进落实赛会志愿服务各项工作。完成通用培训课程开发,组建高校培训师队伍,开展场馆志愿者管理团队和志愿者培训师培训及志愿者通用培训。编印《杭州亚运会、亚残运会场馆志愿者管理团队工作手册》,推动志愿者服务工作场馆化运行。发布杭州亚运会赛会志愿者纪念物资“小青盒”,举办青荷大讲堂41期,做好“小青荷”文化建设与宣传。

赛事延期后,完善各工作方案、任务计划,按照“留用+补招”模式开展赛会志愿者补充招募工作。修改初始培训课程和通用培训课程。制定场馆志愿者通用物资、专用物资3.0版,印发《关于做好2023年度杭州亚运会、亚残运会赛会志愿服务高校校内预算保障事项的通知》。

【志愿服务业务领域工作推进】2022年,杭州亚组委多轮走访调研46所高校、5个协办城市和各个竞赛场馆,优化“馆校对接”方案,推动“馆校协同”落实。赛事延期后,根据新的办赛时间和办赛模式,调整各工作方案计划,发放预录用证书和通用培训证书,稳定预录用志愿者、高校通用培训师和场馆志愿者管理人员3支队伍。

全年杭州亚组委召开3次高校赛会志愿服务工作例会。1月11日,第4次高校例会召开,部署志愿者面试选拔、通用培训、场馆团队组建等工作。3月30日,第5次高校例会召开,对场馆志愿者管理运行开展专项培训。11月23日,第6次高校例会召开,进一步明确赛事延期后赛会志愿服务工作安排,部署志愿者补充招募、培训、场馆运行等重点工作。

2022年10月4日,2022—2023赛季CBA联赛开幕,浙江工业大学志愿者参与志愿服务
（杭州亚组委 供稿）

【志愿者补招募】2022年,赛事延期后,杭州亚组委确定3万名赛会志愿者补充招募计划,按照“留用+补招”模式开展赛会志愿者补充招募工作,重点招募具有大型赛会志愿服务经历或具备小语种（日语、韩语、阿拉伯语、俄语、泰语、印度尼西亚语、波斯语、蒙古语、越南语、柬埔寨语等）和竞赛等相关专业特长的人员。升级赛会志愿者招募系统。

11月23日,杭州亚运会赛会志愿者补充招募工作启动。至年末,原预录用志愿者确认继续参与服务2.09万人（46所高校2.04万人,社会348人,其他团队235人）,占原预录用志愿者人数的51.4%。赛事延期前报名成功未被预录用的重新报名2.38万人（46所高校1.13万人,社会1.25万人,其他团队5人）。新增报名6.78万人（46所高校4.83万人,社会1.88万人,其他团队700人）。

【志愿者培训】2022年1月11—14日,杭州亚运会场馆志愿者管理团队和志愿者培训师培训班在市委党校举行,465名学员分两期参训。3—4月,举办赛会志愿者培训师微课大赛,“以赛促训”提高培训师授课水平,46所“馆校对接”高校全部参加。3月,依托高校赛会志愿服务工作例会,对场馆志愿者管理团队进行培训。

2月,杭州亚组委完成11门志愿者通用培训课程视频录制,印发《关于开展杭州2022年亚运会和亚残运会赛会志愿者高校通用培训的通知》《杭州2022年亚运会和亚残运会赛会志愿者通用培训评估办法》。3月5日,赛会志愿者通用培训工作在浙江大学启动。赛事延期前,1.26万名预录用志愿者完成通用培训服务素养类课程学习和考试,8161名志愿者通过救护员证考试。

赛事延期后,杭州亚组委为预录用志愿者发放通用培训纪念证书;留用培训师324人,新增培训师294人;根据办赛要求修改通用培训课程和初始培训课程,并制作通用强化培训课程讲义和视频。

【志愿服务场馆化运行】2022年3月,杭州亚组委制定《杭州亚运会、亚残运会场馆志愿者管理团队工作手册》,明确场馆志愿者定岗配岗、培训演练、赛时管理、应急处置、赛时调配、保障激励、文化宣传等工作流程和制度。3月底,选派场馆人事/志愿者副主任及需提前到岗的领队教师128人进驻场馆开展工作。赛事延期后,本着“谁使用、谁管理、谁保障、谁考核”原则,优化场馆志愿者管理团队职责,编制形成3.0版志愿者管理人员计划。4—10月,做好“韵味杭州”系列空手道、武术、马拉松和竞走、网球、柔术、山地自行车、赛艇、马术、棒（垒）球、草地掷球、体操三项11场赛事及2022—2023赛季CBA联赛的赛会志愿服务，浙江工业大学、浙江理工大学、杭州电子科技大学、浙江工商大学、浙江水利水电学院、浙江越秀外国语学院等14所高校2422名志愿者参与服务。

【志愿者保障激励】2022年，赛事延期后，杭州亚组委做好制服、交通、餐饮、心理等志愿者保障方案修改工作。9月，制定场馆志愿者通用物资、专用物资3.0版。10月，印发《关于做好2023年度杭州亚运会、亚残运会赛会志愿服务高校校内预算保障事项的通知》，指导高校做好2023年度赛会志愿者保障事项的校内预算。11月，完成竞赛场馆志愿者物资计划审核。

【“小青荷”文化建设】2022年2月21日，杭州亚组委发布赛会志愿者纪念物资——“小青盒”。“小青盒”取自杭州亚运会赛会志愿者昵称“小青荷”谐音，内含志愿者徽章、志愿者服务证书、志愿者纪念邮票3类物资，外观采用亚运核心色彩湖山绿设计元素，赛事结束后赠送赛会志愿者留念和收藏。

8月，完成场馆志愿者换岗休整空间标准化设计。场馆志愿者换岗休整空间是志愿者换岗休息、岗前培训、工作交流、团队建设、文化宣传、物品存放、调节情绪的必要场所。空间标准化设计方案紧扣志愿服务精神内涵和杭州亚运会办会理念，融合亚运会、亚残运会色彩元素和核心图形的设计元素，展现青春、活泼的整体风格。（杭州亚组委志愿者部）

后勤服务

【概况】2022年，杭州亚组委推进餐饮服务、住宿服务、交通服务、物流服务、服饰保障等方面的筹备工作。印发《2022年第19届亚运会、第4届亚残运会竞赛和训练场馆餐饮运行指导方案》《2022年第19届亚运会、第4届亚残运会亚（残）运村餐饮运行指导方案》《2022年第19届亚运会、第4届亚残运会非竞赛场馆团队餐饮保障工作方案》《2022年第19届亚运会、第4届亚残运会官方接待饭店餐饮运行指导方案》《2022年第19届亚运会、第4届亚残运会主媒体中心餐饮运行指导方案》。与4个亚运会大家庭饭店、59个亚运会其他官方接待饭店、27个亚残运会其他官方接待饭店完成补充协议签署；与12个亚运会官方接待饭店、6个亚残运会官方接待饭店完成解除协议签署。完成编制《海关与货运指南（第一版）》《赛事场馆物流运行与操作管理规范》《赛事物流中心运行与操作管理规范》。

【餐饮服务】2022年1月14日，杭州亚组委邀请国家反兴奋剂中心食品药品检测实验室负责人到市食品药品检验研究院指导反食源性兴奋剂检测筹办工作，开展反食源性兴奋剂业务培训，交流杭州亚运会涉食源性兴奋剂食材检测的相关问题。省市场监管局、市市场监管局、市农业农村局、亚运村建设运行领导小组、亚运村餐饮服务商以及相关检测机构参加培训和交流。

1月31日，杭州亚组委会印发《2022年第19届亚运会、第4届亚残运会竞赛和训练场馆餐饮运行指导方案》《2022年第19届亚运会、第4届亚残运会亚（残）运村餐饮运行指导方案》《2022年第19届亚运会、第4届亚残运会非竞赛场馆团队餐饮保障工作方案》。3月31日，印发《2022年第19届亚运会、第4届亚残运会官方接待饭店餐饮运行指导方案》《2022年第19届亚运会、第4届亚残运会主媒体中心餐饮运行指导方案》。同日，亚运村、亚残运村运动员餐厅菜单分别报OCA/APC审核。4月19日，召开“智慧订餐系统”培训交流会。4月20日，印发《“韵味杭州”系列赛事餐饮保障工作方案》。6月27日，签订赛会“智慧餐饮”服务包项目合同。10月28日，印发《供亚食材遴选总体工作方案》。11月22日，启动运动员餐厅食材清单供应商/服务商报名工作。11月23日，印发《第19届亚运会和第4届亚残运会运动员食材遴选工作实施方案》，按照“集中统一、政府指导、市场运作”模式，全面统筹食材供应资源遴选。

【住宿服务】2022年3月，杭州亚组委基本完成亚运会住宿管理系统建设。赛事延期后，对住宿管理系统进行财务管理优化及系统测试和维护。5月，启动亚残运会住宿管理系统需求调研工作。12月，形成《亚残住宿管理模块系统规格说明书（初稿）》，系统同步开发。6月29日，与“韵味杭州 名城绍兴”天圣福味2022年全国棒球冠军杯赛和全国女子垒球冠军杯赛餐饮住宿团队进行交流，踏勘绍兴世茂皇冠假日酒店、绍兴富丽华酒店、绍兴世贸君廷酒店等接待饭店。

9月，启动官方接待饭店补充协议、解除协议签署工作。10月，与杭州洲际酒店、杭州钱江新城万豪酒店、杭州绿城尊蓝豪华精选酒店和杭州泛海钓鱼台酒店4个亚奥理事会大家庭总部饭店商定以原有价格续签合同；与49个其他亚运会官方接待饭店商定以原有价格续签合同；与10个其他亚运会官方接待饭店以通过调减预留房间数的方式商定按原有价格续签合同；与28个亚残运会其他官方接待饭店商定以原有价格续签合同。11月30日，与4个亚运会大家庭饭店、59个亚运会其他官方接待饭店、27个亚残运会其他官方接待饭店完成补充协议签署；与12个亚运会官方接待饭店、6个亚残运会官方接待饭店完成解除协议签署。

11月17日，启动亚运会、亚残运会官方接待饭店增选的征集及评审工作。12月5—8日，走访饭店，结合专家评审意见，在市域范围内遴选产生17个亚运会官方接待饭店及6个亚残运会官方接待饭店推荐名单[2个亚运会总部（大家庭）饭店，15个亚运会其他官方接待饭店；1个亚残运会总部（大家庭）饭店，5个亚残运会其他官方接待饭店]，报送亚奥理事会和亚残奥委员会审批。

【交通服务】2022年，赛事延期前，杭州亚组委细化赛事交通通勤路线，明确亚运村、场馆、酒店等涉亚场所之间赛事保障通勤路线，梳理形成全省赛事道路整治提升清单，合计通勤路径505条，涉及对道路及沿线环境进行整治提升321条。赛事延期后，按照常态化办赛与疫情防控下办赛等多情景，深化赛事交通运输保障方案研究，优化赛事交通运输保障方案，尤其研究跨赛区高铁运输方案可行性。

2月，以市运行保障指挥部城市建设、环境整治与交通运行保障组的名义，向属地政府及相关责任主体印发51个临时场站建设任务，包括10个新建、1个改扩建和39个征用。至年末，完成7个新建、1个改建，其余因亚运会延期和防疫政策变化的原因进行相应调整。亚运村周边停车场站，选定融通农业发展（杭州）有限责任公司地块作为蓄车区、运动员村和媒体村附近地块作为发车区，并推进相关租借地和停车方案设计工作。

4月，出台《亚运会及亚残运会交通服务保障人员培训方案》。5—6月，完成《亚运会及亚残运会交通服务保障驾驶员遴选要求》，对首批2876名涉亚交通保障人员做背景审查。8月，拟定《2023年交通服务保障人员培训计划表》。10月，初步测算上海浦东机场至杭州亚运村及各分村车辆及费用测算，为后续政策决策提供基础数据依据。11月，拟定《关于杭州亚运会应用复兴号高速智能动车组作为交通服务方式的可行性报告》，明确亚运会及亚残运会交通志愿者的使用需求并确定具体岗位。

【物流服务】 2022年5月10日，杭州亚组委完成编制《海关与货运指南（第一版）》，初步明确货物通关、运输、储存等方面要求。完成编制《赛事场馆物流运行与操作管理规范》《赛事物流中心运行与操作管理规范》。

杭州亚组委完善杭州亚运会物流管理系统，完成系统等级保护测评。6月20日，取得公安机关出具的第三级信息系统安全等级保护备案证明。系统通过数据对接，实现指挥中心、调度中心物流信息集中展示、一屏统览，助力指挥层精准决策、科学指挥。

7月8日，杭州亚组委会同市价格认证中心，就物流服务VIK项目核价举行专题对接会。10月25日，召开物流服务现金等价物项目价格评审会。12月13日，市发展规划研究院（市政府和社会资本合作中心、市价格认证中心）出具价格认定意见书《杭价认亚函》。12月14日，与物流赞助商圆通速递公司进行价格谈判，就物流服务VIK项目最终价格达成一致。

【官方体育服饰保障】 2022年1月20日，杭州亚组委召开赛时官方体育服饰VIK项目价格认定专家评审会。3月22日，明确赛时各客户群服饰需求数量，开展尺码填报与预估工作，完成赛会OCA大家庭、赛会技术官员、赛会工作人员、赛会志愿者、赛会安保人员以及赛会火炬传递人员（含赛会火炬手、赛会火炬护跑手、火炬传递志愿者）6个客户群官方体育服饰订单下达工作。4月，确定亚残运会正装制服赞助企业。11月17日，调整箱包VIK预算后，完成赛前、赛时亚运会箱包订单下达工作。11月29日，《关于亚残运会制服保障工作方案的请示》批准通过。

【亚运村、亚残运村运行】 2022年4月，亚运村运行团队成立。启动构建"云上亚运村"智慧管理服务平台，该平台为国际大型赛事史上首个运动员村全面数智化管理平台和首个非竞赛场馆运行管理协作体系。5月，完成亚（残）运村餐厅、综合门诊部、NOC服务中心、兴奋剂检查站等各类赛时功能用房改造工程。6月，完成亚运村10.2万件室内家具的进场安装工作。9月，亚运村运行团队以及餐饮、住宿、物业等主要服务商核心团队入驻亚运村，开展实体化办公和场馆化运行。完成亚运三村商业区（5500平方米）、运动员村健身中心（8000平方米）、亚残运村商业区（1300平方米）的选址落位和业态布局。12月，完成亚（残）运村运行计划3.0版、运行设计3.0版以及媒体村—亚残运村转换期工作方案2.0版编制工作。

（杭州亚组委后勤保障部 组织和人力资源部 亚运村运行团队）

医疗卫生服务

【概况】 2022年，杭州亚组委开展多方调研考察工作，加强与场馆、属地联系沟通，开展医疗卫生服务业务领域工作，做深做细医疗保障工作方案，编制完成医疗服务领域运行计划3.0版，印发《场馆医务室医疗点设置方案（第一版）》《医疗卫生保障演练总体方案》等。利用测试赛实战推进测试培训，组织医疗卫生保障力量进行单项演练、组合性演练，参与全要素联合演练。完善定点医院医疗保障工作，加强落实场馆医疗卫生保障力量。开展公众急救培训。召开杭州亚运会、亚残运会3次突发公共卫生事件风险评估会议。协调EMSS（亚运智能医疗急救保障系统）和AGIS系统MED医疗事件跟踪管理模板两个系统的联调联试。编制"助亚运'六为'系统活动"运动会医疗服务保障方案。

【医疗卫生服务业务领域工作推进】 2022年2月，杭州亚组委编制《医疗服务业务领域疫情防控工作方案》《场馆医务室医疗点设置和救护车配备方案》。4月，编制完成各竞赛项目领队手册医疗卫生相关内容，印发《场馆医务室医疗点设置方案（第一版）》《医疗卫生保障演练总体方案》。9月，编制完成医疗服务领域运行计划3.0版。10月，完成《综合门诊部设置指导标准》初稿；提交大家庭（总部）饭店医疗服务运行方案第二版；编制大家庭（总部）团队人员计划3.0版。11月，做好竞赛场馆运行计划V3.0和独立训练场馆运行计划V2.0的审核工作。12月，完成对第二批场馆转换期方案以及杭州亚运会和亚残运会56个竞赛场馆、21个独立训练场馆运行计划V3.0医疗服务业务领域审核。

1月，杭州亚组委派专人到北京冬奥会考察学习"冬奥通"健康监测（HMS）系统，为亚运会、亚残运会医疗卫生保障筹备工作提供参考借鉴。完成对黄龙体育中心场馆群医疗保障方案和医疗手册的审核。2—12月，通过实地考察、调研、召开发布会和踏勘各场馆等，指导场馆医务室、医疗点设置以及防疫分区和流线设置等，完成"远程第一视角云急救平台系统"应用相关的医疗卫生保障工作方案，完成"可穿戴医疗器械十二导智能心电衣、心梗心脏健康筛查服务”项目工作方案，完成EMSS亚运智能医疗急救保障系统和AGIS系统MED医疗事件跟踪管理模板两个系统的联调联试，完成编制“助亚运‘六为’系统活动”运动会医疗服务保障方案。完成场馆100台自动体外除颤器（AED）的永久捐赠和用于医务室、医疗点250台AED的赛时服务捐赠工作，做到亚运场馆公共场所AED全覆盖，并在赛事结束后作为城市基本医疗保障资源。

【场馆医疗卫生保障】2022年2月，杭州亚组委就疫情防控以及医疗保障、卫生监督、病媒生物防治等相关工作开展交流指导培训。4月，会同省亚运领导小组综合办调研临平体育中心体育馆，指导做好空手道测试赛疫情防控工作，到桐庐马术中心、桐庐县第一人民医院指导医疗卫生保障筹备工作，到亚运村调研疫情防控筹备工作，到桐庐参加杭州亚运会境外技术代表入境验收工作专题会，讲解验收工作中疫情防控、病毒消杀等注意事项。推进黄龙体育中心场馆测试赛医疗保障相关工作，指导场馆做好赛时医疗保障人员运行计划，督查指导测试赛的开展。6月，指导桐庐马术中心、绍兴棒（垒）球场馆和文汇学校测试赛做好赛前医疗保障方案、医疗工作手册及人员运行工作。完成桐庐马术中心和绍兴棒（垒）球场馆医疗事件跟踪管理系统和亚运智能医疗急救保障系统的安装和调试，完成赛会相关人员的系统录入，以及完成线上和线下的培训。9月，调研象山赛区、运动员村综合门诊部、亚运村等，踏勘竞赛场馆、定点医院、医技科室（医疗点）安排布设和建设情况等。11月8—10日，到温州、金华两地调研亚运会医疗卫生保障工作。12月，分3批组织80名在杭州部分亚运保障定点医院分管领导和部门负责人、联络人参观赛时综合指挥中心（MOC）和奥体中心体育场、奥体中心网球中心等场馆，就如何做好亚运会、亚残运会医疗保障工作开展讨论，提升医疗卫生保障筹备工作的针对性和实效性。

【定点医院医疗保障】2022年2月，杭州亚组委印发《杭州2022年第19届亚运会、第4届亚残运会医疗卫生保障人员选拔方案》和医疗保障定点医院任务清单，以及浙江省、杭州市及各办赛城市区县（市）医疗卫生保障任务清单。3月，会同省疾控中心、西溪医院院感专家踏勘省中医院钱塘院区、省立同德医院翠苑院区等定点医院急诊亚运保障专区设置工作。4月，审核各保障单位培训与演练方案。组织各办赛城市、各区县（市）场馆运行团队、各相关单位公共卫生分管人员及参加亚（残）运会卫生监督保障人员参加集中空调通风系统卫生知识培训。7月，完成《杭州2022年第19届亚运会、第4届亚残运会各类人群医疗服务费用结算工作指导意见（初稿）》。9月，调研象山赛区，踏勘竞赛场馆、定点医院，对接医疗卫生保障筹备工作。12月，到省新华医院调研医疗卫生工作筹备情况。

【医疗卫生保障测试培训】2022年，杭州亚组委组织医疗卫生保障力量进行单项演练、组合性演练，参与全要素联合演练。利用测试赛实战，组织测试赛医疗卫生保障工作。4月，安排180多名竞赛场馆及独立训练场馆指挥层领导开展场馆疫情防控保障工作培训授课。6—11日，指导做好“韵味杭州”2022年全国空手道锦标系列赛医疗卫生保障工作。15日，启动亚运会医疗保障集中培训工作，举办第一期32名亚运会场馆医疗保障人员线下集中培训。7—8月，为亚组委和亚运村工作人员开展6期公众急救培训，369人次接受医疗急救培训，334名工作人员掌握心肺复苏和自动体外除颤器（AED）使用的流程及技术要领并取得证书。

【亚运会、亚残运会疫情防控】2022年，杭州亚组委编制完成《杭州2022年第19届亚运会、第4届亚残运会新冠肺炎疫情防控工作方案（第二版）》《防疫手册》（针对运动员和随队官员、其他客户群）。2月，成立杭州奥体中心体育场公共卫生专班，完成《杭州奥体中心体育场田径赛事卫生防疫方案汇编》，计13.87万字，包括12个医疗卫生专项方案和11个业务领域分方案。

1月18日，杭州亚组委组织省、市二级相关领域专家，召开《杭州2022年亚运会和亚残运会消毒技术规范（第一版）》《杭州亚运会和亚残运会预防新冠肺炎疫情常用卫生防疫物资配备指引（第一版）》专家评审会。8月16日，召开健康安全办赛模式新冠疫情防控工作方案专家论证会议，省、市级公共卫生领域7名专家参会。收集、梳理、总结2022年北京冬奥会后世界13项大型体育赛事的有关疫情防控政策和管理措施，对比分析各国赛会的疫情防控政策特点，对标对表国际大型体育赛事防疫要求，开展常态化防控背景下大型体育赛事的疫情防控应对研究，动态调整疫情防控对策措施。完成《国际大型体育赛事卫生防疫政策研究及对杭州亚运会的镜鉴》。

（杭州市亚组委医疗卫生部）

环境保障

【概况】2022年，杭州亚组委统筹做好亚运会、亚残运会的环境质量保障、气象保障、绿色亚运、亚运会碳中和等工作。协调编制《第19届亚运会、第4届亚残运会环境空气质量保障长三角区域联防联控方案（送审稿）》，印发《第19届亚运会、第4届亚残运会浙江省环境质量保障方案》。印发《中国气象局支持指导亚运会气象保障服务工作方案》，推进亚运气象台实体化运作。印发《杭州亚运会绿色行动方案》《2022年第19届亚运会、第4届亚残运会碳中和工作方案》。

【亚运会环境质量保障】2022年1月，杭州亚组委聘请中国工程院院士郝吉明担任杭州第19届亚运会组委会顾问；聘请中国工程院院士刘文清、侯立安为第19届亚运会组委会环境保障部特聘专家。2月，协调省生态环境厅印发《浙江省生态环境厅关于做好2022年亚运会环境质量保障工作的通知》，并召开全省生态环境系统亚运会环境质量保障动员视频会。3月，增补生态环境部为杭州第19届亚运会组委会和杭州第4届亚残运会组委会委员单位。

3月，协调长三角生态环境保护

协作小组办公室编制《第19届亚运会、第4届亚残运会环境空气质量保障长三角区域联防联控方案（征求意见稿）》，并完成三省一市意见征求，形成送审稿。协调省美丽浙江建设领导小组办公室印发《第19届亚运会第4届亚残运会浙江省环境质量保障方案》《第19届亚运会、第4届亚残运会浙江省环境空气质量保障专项方案》《第19届亚运会、第4届亚残运会浙江省水和海洋环境质量保障专项方案》《第19届亚运会、第4届亚残运会浙江省环境质量保障执法处突专项方案》。4月，与省全域“无废城市”建设工作专班办公室联合印发《“无废亚运”行动方案》。协调杭州市编制《2022年第19届亚运会、第4届亚残运会杭州市环境质量保障实施方案（送审稿）》《2022年第19届亚运会、第4届亚残运会杭州市环境空气质量保障专项方案（送审稿）》《2022年第19届亚运会、第4届亚残运会杭州市水环境质量保障专项方案（送审稿）》《2022年第19届亚运会、第4届亚残运会杭州市“无废亚运”建设专项行动方案（送审稿）》。协调市生态环境局印发《第19届亚运会和第4届亚残运会杭州市生态环境舆情监测和舆论引导方案》《亚运环境质量保障帮扶指导检查方案》《亚运会、亚残运会杭州市突发环境事件应急工作方案》，编制《2022年第19届亚运会、第4届亚残运会杭州市环境空气质量会商预报方案（送审稿）》《2022年第19届亚运会和第4届亚残运会杭州市环境质量监测保障方案（送审稿）》。

全年会同市生态环境局召开亚运会环境质量保障领导小组工作会议10次，研究部署亚运环境质量保障、绿色亚运、碳中和等工作。联合省、市生态环境部门开发亚运会环境质量保障指挥平台。3—12月，协调生态环境部门在杭州奥体中心区域建设空气监测自动站，在富阳区、淳安县、温州市等地户外水上运动项目区域建设水环境质量监测设施，在亚残运会盲人足球项目所在场馆建设声环境质量监测设施。3月，杭州亚组委、省生态环境厅、市生态环境局与生态环境部视频连线，观摩学习北京冬残奥会空气质量会商预报工作3次。8月，与市生态环境局联合开展重大活动环境质量保障综合性模拟演练。

【亚运会气象保障】2022年1月，杭州亚组委聘请中国气象局中央气象台孙军、中国气象局人工影响天气中心陈宝君两名专家为杭州第19届亚运会组委会环境保障部特聘专家。3月，增补中国气象局为杭州第19届亚运会组委会和杭州第4届亚残运会组委会委员单位。

1—12月，杭州亚组委联合市气象局召开13次亚运气象保障工作会议，部署推进全市亚运气象保障服务工作。2—10月，会同亚运气象中心召开4次全体会议、15次专题会议，部署推进全省亚运气象保障服务工作。

4月，协调亚运气象台实体化运行。3—12月，协调亚运气象中心引进中国气象局、北京冬奥会等国内最先进的气象预报技术产品，提升赛事气象预报核心业务能力。完成亚运气象预报预警服务平台建设并业务化运行，实现气象服务产品快速制作发布，支撑亚运气象台和5个分赛区气象台“统一制作，分级发布，属地服务”。开展赛事气象服务需求对接、风险分析，为筹备期重大活动和测试赛提供气象保障服务。9月，杭州亚组委联合省气象局亚运气象中心开展亚运会开幕式气象保障服务全要素模拟演练，国家、省、市三级气象部门13个单位参加，中国气象局分管局长担任总指挥。9—10月，开展为期2个月的亚运会、亚残运会赛事同期全要素实战演练，编发各类服务专报700多期。

1—12月，协调省、市气象部门完成亚运场馆多要素气象监测设施建设，实现亚运赛事专项气象观测全覆盖，完善暑热压力指数、水温、沙温等特殊气象要素观测和入网，完成赛区天气雷达站、垂直廓线站等建设任务。

10月，研发上线“数智气象”亚运决策版、移动版、公众版。“数智气象”全面接入亚运综合指挥中心（MOC），开发建设智能决策指挥辅助模块气象功能。气象监测、预报、预警信息全面融入竞赛信息发布系统（INFO系统）、亚运官方网站、“杭州亚运行”、智能亚运一站通等多个“智能亚运”应用场景。

【“绿色亚运”与碳中和工作推进】2022年4月，杭州亚组委印发《杭州亚运会绿色行动方案》。4月，联合省发展和改革委员会、省生态环境厅、省林业局、省能源局印发《2022年第19届亚运会、第4届亚残运会碳中和工作方案》。8月，市运行保障指挥部印发《杭州市打造绿色亚运标志性成果工作方案》。9月，杭州亚组委聘请中国工程院院士贺克斌、高翔和联合国环境规划署驻华代表涂瑞和、生态环境部宣传教育中心主任田成川为杭州第19届亚运会组委会环境保障部特聘专家。

2—4月，杭州亚组委开展“我为亚运种棵树”活动，815万人次参加植树2080多万株，建设亚运会碳中和林26片。4—12月，开展“人人1千克 助力亚运碳中和”活动，1.04亿人次参与。6月，举办浙江省2022年“全国低碳日”活动，发行“杭州第19届亚运会碳中和行动者数字纪念奖牌”。9月，举办浙江省“无废亚运”推进活动，上线“无废亚运”应用场景，表彰首批“无废亚运细胞”示范点，发出“无废亚运”公众十条倡议。12月，在联合国《生物多样性公约》第十五次缔约方大会（COP15）第二阶段会议期间，中国角·浙江日活动现场与淳安千岛湖开展“共建绿色亚运 保护生物多样性”连线，展示浙江在绿色亚运和生物多样性保护方面的工作举措、特色亮点和丰富成果，交流大型赛会生物多样性保护工作经验。

3—12月，杭州亚组委召开专题会议，研究推进亚运会、亚残运会碳中和重点工作。4月，召开“打造首届碳中和亚运会、亚残运会”新闻发布会。5月，召开碳中和工作部署会、亚运场馆碳排放核算基础数据填报工作培训视频会议。5—10月，开展场馆建设阶段的碳排放量核算。上线碳中和数据管理平台，召开平台操作专题培训会。8—12月，开发“生态智卫”亚运会碳中和专题场景。《大型赛事活动绿色低碳运营指南》

被列入2022年第三批浙江省地方标准制（修）订计划。

（杭州亚组委环境保障部）

公众参与

【概况】2022年，杭州亚组委依托“亚运梦想”公益品牌，形成以“寻找2022个亚运梦想”大型公益行动为主线，以“亚运足球梦想”公益项目为重点，以“杭州亚运益起来”线上公益阵地为平台的“一体两翼”公益体系，在全球范围收集“亚运梦想”超过20万个，吸引7亿人次参与亚运公益。亚运公益被纳入“杭州亚运会标志性成果暨特色亮点项目培育工作实施方案”。3月29日，2022年杭州亚运健身排舞《@未来》全国首发仪式在杭州市妇女活动中心举行。“杭州亚运益起来”线上公益阵地被评为“2021年度‘杭州最具影响力网络公益项目’”。

【“寻找2022个亚运梦想”公益行动】2022年，杭州亚组委联合助梦方及赞助企业开展“圆梦亚运·鲜享事成”“杭州残疾人之家体育助力圆梦行动”“中国女足进校园圆梦行动”“以体树人亚运绘画”“薪火筑梦，快乐亚运”“中国电信亚运校园足球邀请赛圆梦行动”等主题公益活动11场。

1月19日，杭州亚组委在临平国家盲人门球训练基地举办“寻找2022个亚运梦想·杭州残疾人之家体育助力圆梦行动”暨亚残运会项目体验赛活动。市慈善总会与浙江众安慈善基金会联合向杭州100个残疾人之家捐赠助残体育器材。2月23日，隅田川咖啡市民中心地铁站“圆梦亚运·鲜享事成”亚运公益互动活动结束，录得现场拍灯助力18万人次，“亚运梦想”填写5万余个，单日云相册直播数最高5585人次。

3月3日，杭州亚组委在杭州市景成实验学校举办“寻找2022个亚运梦想·中国女足进校园圆梦行动”。中国足协副主席孙雯、中国女足主帅水庆霞以及王珊珊、王霜、张琳艳等6位女足国脚应邀出席活动。4月20日，“寻找2022个亚运梦想·以体树人亚运绘画圆梦行动”发起仪式在湖州市南浔区举行。阿里巴巴集团和蔡崇信公益基金会捐赠支持全国300所“亚运足球梦想”学校，向中小学生征集2022幅运动主题绘画作品并评审出19幅优秀作品。

6月2日，杭州亚组委和吉利控股集团在西昌火箭发射基地发起“寻找2022个亚运梦想·薪火筑梦 快乐亚运”圆梦行动。来自四川省广元市“亚运梦想少年团”9名青少年，见证含有“亚运中国星”的“吉利未来出行星座”首轨九星的成功发射，并参观嫦娥工程展厅。6月11日，纳爱斯集团和新东方教育科技集团在桐庐县玉华小学开展“美丽乡村少年行·绿色亚运”公益圆梦行动，开展利用回收的环保包装制作亚运主题手工艺品活动。6月15日，美通日用品（杭州）有限公司在浙江特殊教育职业学院举行“馨香飞飞 助力亚残运会”公益圆梦行动，134名学生用画笔描绘对亚残运会的祝福与期盼。

7月12日，杭州亚组委联合吉利控股集团在四川省广元市沙河镇小学举行“寻找2022个亚运梦想·2022吉利梦想绿跑道杭州亚运圆梦行动”，开展趣味“乡村亚运会”，并挑选30名山区少年组成“梦想少年团”。9月18日，“寻找2022个亚运梦想·亚运校园足球邀请赛圆梦行动”在淳安县富文乡中心小学启动，中国电信浙江分公司宣布为浙江省100所“亚运足球梦想”学校捐赠支持“足球梦想包”。

全年支付宝公益基金会发起“寻找2022个亚运梦想·阳光体育发展圆梦行动”，将2021年线上发售的亚残运会数字火炬“桂冠”的全部收入捐赠浙江、四川、青海德令哈市、西藏那曲市和新疆阿克苏市的160所残疾人之家（机构）和特殊学校，专项支持残疾人体健康复。“寻找2022个亚运梦想·快乐亚运公益接力跑”圆梦行动线上打卡超过15.6万人次，活动消耗卡路里超1亿千卡，募集梦想基金10万元。11月12日，举行线下接力跑，李书福公益基金会代表所有用户向浙江省青少年发展基金会捐赠善款，定向帮助残疾青少年安装义肢。

2022年3月3日，“寻找2022个亚运梦想”公益行动在杭州市景成实验学校举办

（杭州亚组委 供稿）

【“亚运足球梦想”公益项目】2022年12月，“亚运足球梦想”公益项目与合作方青少年足球成长公益基金（成基金）联合开展2022所“亚运足球梦想”学校招募工作，收到全亚洲范围2500多所学校的申请，完成1928所入选学校的审核、公示。协同孚德集团、金陵体育器材股份有限公司、吉利控股集团、中国电信集团、蔡崇信公益基金会等公益伙伴完成1432所学校的授牌和1202所学校的装备捐赠。在马来西亚—中国教育协会、金陵体育器材股份有限公司、圆通速递公司的配合下，完成马来西亚100所学校的捐赠支持工作。中国香港1所小学、阿拉伯联合酋长国3所学校入选“亚运足球梦想”学

校。全年项目落地海外,初步形成以中国为圆心、辐射东南亚和阿拉伯地区的国际体系。

2月10日,中共四川省广元市昭化区委领导率队回访“亚运足球梦想”公益项目,赠送东西部协作的爱心捐赠证书。

【“杭州亚运益起来”线上公益阵地】 2022年,“杭州亚运益起来”线上公益阵地,与支付宝联动,做好各功能板块的更新升级。数据全面接入“浙江公益慈善账户”,做公益积攒“公益时”直接享受荣誉激励。至年末,5781万人次参与线上公益阵地。帮助“361度”“隅田川咖啡”“迪安诊断”3个品牌组建捐步战队,有7个品牌战队上线。“公益捐步”总步数1713亿步,向全国50所中小学校捐赠体育装备包。“杭州亚运梦想公益林”总浇水量超过301吨,可种植2059棵樟子松。“公益捐款”筹得善款5.99万元。“公益传播”分享近700万人次。“杭州亚运圆梦行动”公益宝贝项目超过807万人次参与,筹得善款86万元,联合“隅田川咖啡”及云南普洱市政府推出公益特许产品“亚运圆梦系列·中国普洱挂耳锁鲜咖啡”,产品所得收益捐赠“杭州亚运圆梦行动”项目。

【“我是亚运小主人”主题教育实践活动】 2022年,“我是亚运小主人”系列活动以“红领巾·迎亚运”为主题,开展“我与亚运”知识竞赛,全省1190所学校参与。开展“我与亚运”漫画作品大赛,以“我心目中的亚运”为主题,在1.05万幅作品中,评出84幅获奖作品。举办“小小运动达人秀”短视频大赛,运动打卡上传视频1.5万条,专题网页访问量197.8万次,参与总用户数13.4万户,答题次数140.7万次。11月30日,在金华市浦江县南苑小学开展2022年度“我是亚运小主人”成果表彰活动,现场颁发相关奖项。中国蓝新闻客户端进行现场直播,观看量127万人次,《浙江新闻联播》《新闻深一度》等省级媒体同步播出。

【亚运会氛围营造】 2022年,杭州亚组委举办中国(余东)农民画捐赠,策划“共享亚运,共绘丰收”亚运主题中国农民画长卷创作征集活动,选出寓意第19届亚运会的19幅捐赠画作进行展览。

7月,杭州亚组委启动“我和亚运”征文征集,收集作品510件。11月,完成征文评选工作,评出优秀作品奖92件,入围作品奖150件。

10月2日,“迎杭州亚运会趣味跑”海外首站在柬埔寨金边启动,杭州亚组委配合亚奥理事会,结合亚洲各地特色风情,策划开展新闻发布会、趣味跑跑步活动,与各地奥委会进行交流,推动亚运会国际文化交流。全年分别在柬埔寨金边、乌兹别克斯坦塔什干、泰国曼谷等亚洲国家/城市开展“迎杭州亚运会趣味跑”,带动沿途民众了解和参与亚运盛会,展现亚洲体育文化和风土人情。(杭州亚组委市场开发部 杭外工作部 宣传部)

亚残运会特色保障

【概况】 2022年,杭州亚残组委推进各项筹备工作,组建分级综合中心和综合中心运行团队。发布《分级指南》《大型残疾人体育赛事轮椅车、假肢和矫形器维修服务指南》。编制完成《分级日程表》初稿。完成亚残运会竞赛场馆和非竞赛场馆转换期工作方案2.0版审核。开展杭州文汇学校草地掷球测试赛,落实特殊需求。开展亚残运会宣传与科普,启动亚残运会竞赛项目视频拍摄工作。发布亚残运会宣传推广歌曲《我们都一样》音乐短片。

【赛会分级工作推进】 2022年,杭州亚残组委组建分级综合中心,搭建完成分级工作团队,规划、组建分级综合中心运行团队,负责赛时分级整体运行。确认5个项目和视力分级师26名及15个国家(地区)残奥委员会分级授权代表。开展除田径、游泳、自行车、乒乓球、轮椅篮球以外的其他竞赛项目及视力分级工作。编制完成《分级日程表》初稿。定期与亚残奥委会(APC)召开分级工作会议。发布《分级指南》。确认项目分级器材技术要求与标准,明确分级物资,确定全部单项组织最新分级规则,确定10个项目47名分级师。

【轮椅等辅助器具维修服务】 2022年2月28日,杭州亚残组委协调发布《大型残疾人体育赛事轮椅车、假肢和矫形器维修服务指南》,明确大型残疾人体育赛事期间轮椅车、假肢和矫形器维修服务原则、服务流程、服务内容、服务条件、服务管理、服务改进,确立杭州亚残运会轮椅等辅助器具维修服务参考依据。12月,落实轮椅等辅助器具维修服务赛时保障单位,确定省民政厅全权负责杭州亚残运会轮椅等辅助器具维修服务保障工作,其下属单位省社会福利中心承担具体工作。

【亚运会—亚残运会转换期工作推进】 2022年,杭州亚残组委印发《关于做好非竞赛场馆转换期方案(第一版)编制工作的通知》《关于做好杭州亚运会、亚残运会延期后转换期方案编制工作的通知》,明确工作目标、工作要求、工作安排等。12月30日,完成亚残运会竞赛场馆和非竞赛场馆转换期工作方案2.0版审核,并督导各场馆团队继续开展修订工作。初步完成17个竞赛场馆及19个非竞赛场馆团队的转换期工作方案2.0版审核。

【亚残运会科普与宣传】 2022年11月,杭州亚残组委启动亚残运会竞赛项目视频拍摄制作工作,拍摄21期,根据受众群体不同,将每一期视频分为科普片和宣传片,通过全媒体平台推广。12月,与杭州文广集团签订亚残运会竞赛项目视频服务合同,开展亚残竞赛项目视频的文案审查及摄制工作。与中国残疾人体育管理运动中心和杭州文广集团召开视频会议,建立专项联络机制,完成盲人门球项目视频制作及坐式排球和乒乓球项目的文案审查工作。12月26日,杭州亚残运会倒计时300天,发布亚残运会宣传推广歌曲《我们都一样》音乐短片以及盲人门球竞赛项目宣传片,展现杭州亚残运会筹办进展和残疾人事业发展成果。

(杭州亚残组委办公室)

责任编辑 金利权

3 年度聚焦

党的二十大精神学习宣传贯彻

2022年，杭州市贯彻中共中央和中共浙江省委有关通知要求，推进学习宣传贯彻党的二十大精神，加强组织领导、创新载体抓手，掀起学习宣传贯彻党的二十大精神的强大声势，激发奋进新时代、建设新天堂的强大动力。

全方位开展学习研讨。杭州市按照领导干部专题学、党员干部示范学、线上线下全员学、青年群体创新学等形式，开展党的二十大精神专题学习活动。11月2日，召开市委理论学习中心组“学习贯彻党的二十大精神”专题学习会，以交流研讨形式开展集中学习。全市121个县处级以上党委（党组）理论学习中心组均以专题学习交流研讨形式开展学习。各级党组织将学习党的二十大精神纳入“三会一课”和主题党日学习的重点内容，开展“万人同学”、线上知识竞赛等助学活动100多场，实现党员学习全覆盖。开展“党的二十大精神青年学习交流日”活动，各级领导干部与青年干部、青年群众、青年学生、青年创业者进行“面对面”交流。结合“浙青年·爱学习”品牌创建活动，带动青联、学联、少先队、青年学习小组等青年组织学习宣传贯彻党的二十大精神，全市开展专题学习5600多场次。

全覆盖精心组织宣讲。杭州市印发《关于组织开展党的二十大精神宣讲活动的通知》，按照领导干部带头讲、市委宣讲团示范讲、基层干部入户讲、代表名师巡回讲、线上线下创新讲等形式，开展党的二十大精神专题宣讲活动。10月25日，省委常委、市委书记刘捷分别到西湖区、富阳区宣讲党的二十大精神，市领导分别到基层联系点和联系学校宣讲党的二十大精神，区县（市）委书记和市直单位负责人在本地本部门本单位开展宣讲。组建学习贯彻党的二十大精神市委宣讲团到各地宣讲，以“青春力量”宣讲团为主力，组织千名基层干部进村入户讲。组织党的二十大代表和宣讲名师，“80后”“90后”和“00后”优秀宣讲员在全市开展巡回宣讲，市、县两级组织100名记者开展访谈，组织参加全省青年理论宣讲展示赛。综合运用微信、抖音、“学习强国”学习平台等网络平台，创新“党的二十大精神·融媒直播间”等宣讲载体，推出“二十大精神，西湖青年说”等党的二十大精神微宣讲精品力作70多个，群众点击量超过20万人次。全市上下开展各类宣讲1.5万场次，现场受众102万余人。

全媒体广泛开展宣传。杭州市制定印发新闻宣传工作系列方案，统筹新闻宣传、理论宣传、网络宣传、社会宣传等各级各类媒体资源，开展党的二十大精神专题宣传活动，指导市级媒体推出迎接、学习、贯彻、落实党的二十大精神等专栏专题70多个，推出各类报道1.4万篇，总阅读量超过1.7亿人次。杭报集团刊发系列理论评论、推出专栏专题专版、开展主题采访活动、用心打造融媒精品，推出“学习笔记”等栏目，刊登各类报道1.3万篇，总阅读量超1.1亿人次。杭州文广集团推出特别策划、专题专栏、系列报道等，刊播《大潮奔涌启新篇》等系列报道560多条，推出新媒体图文视频内容1110多条，总阅读量超过6000万人次。有80多篇报道在《人民日报》《浙江日报》等央媒、省媒刊登，并被中央广播电视总台《新闻联播》等新闻节目报道，“姜丽娟亮相二十大党代表通道”全网传播量2.31亿次。全市媒体统一开展“奔赴新征程”全媒体采访行动，重点对区县（市）和相关部门贯彻落实党的二十大精神开展联合专访。印发《关于做好学习党的二十大精神社会宣传工作的通知》，提炼15句学习宣传党的二十大精神标语，在全市大屏、站点、路口等点位展示。策划推出“‘20+’讲二十大”网络传播活动。杭州滑稽艺术剧院打造原创曲艺说唱《我心向党，非凡十年》。依托全市农村文化礼堂集中组织开展“奋进新征程，礼堂大学习”群众性宣传教育活动6000多场次。

全领域深化研究阐释。杭州市组织理论社科、智库等研究力量撰写理论文章，邀请基层工作者、青年人等谈感受、抓落实，在各平台发布专题推送300多篇。其中，在《杭州日报》理论版《学与思》栏目刊发《中国方案与中国贡献：中国式现代化的世界意义》《数字经济是推动中国式现代化的重要力量》等18篇文章。

聚焦青年人学习贯彻党的二十大精神，举办主题为“当代青年与社会主义现代化国家建设”的理论研讨会，相关成果在《杭州日报》、“橙柿互动”等媒体平台刊发。举办杭州市社科界学习贯彻党的二十大精神座谈会，区县（市）社科联、市社科重点研究基地、杭州社科智库、社科普及基地、社科社团、杭州社科能人讲师团代表交流发言。

全体系开展调查研究。杭州市围绕党的二十大报告关于“推进文化自信自强，铸就社会主义文化新辉煌”的重要论述，紧密结合中共中央总书记习近平对杭州工作的重要指示批示精神，锚定高质量建设全域文化繁荣全民精神富有的一流历史文化名城目标，深化构建文化建设“158”体系，统筹推进文化铸魂、文化塑形、文化赋能、文化惠民、文化兴业，实施创新理论引领行动、历史文脉赓续行动、主流舆论聚力行动、文明典范创建行动、文艺创作攀峰行动、文化服务优享行动、文化产业提质行动、文旅融合深化行动，推行以精神富有为标志的文化发展模式，全力构建以文化力量推动社会全面进步的新格局。（郎利漪）

全过程人民民主基层单元建设

人大代表联络站是中国人民代表大会制度和全过程人民民主在基层的生动实践平台，是人大代表在闭会期间履职行权的重要载体。2022年5月起，市人大常委会按照省、市人大常委会部署要求，把迭代升级代表联络站、打造全过程人民民主基层单元作为重要工作，强化顶层设计，创新工作举措，完善制度机制，开发应用具有杭州特色的“3+5”功能模块基层单元应用场景，建成各区县（市）代表联络数字总站，推动构建市人大代表联络总站、区县（市）人大代表联络总站、乡镇（街道）人大代表联络中心站、村（社区）人大代表联络站（点）四级组织架构，形成上下贯通、横向联通、数据共享的“1+13+191+N”“线上＋线下”代表联络体系。

至年末，全市1万多名各级人大代表编组进站全覆盖，联络站码、代表码进社区（村）联络站（点）全覆盖，191个中心站与“基层治理四平台”数据贯通全覆盖。市人大常委会全面推行常委会组成人员进站工作制度，常态化听取基层代表及人民群众对常委会重要议题意见和建议；全面推行人大立法、监督、决定、主题活动等事项依托“基层单元”广泛征求人大代表意见和建议的机制；全面推进全市各级国家机关进站或者通过“基层单元”联系群众听取意见和建议；强化“基层单元”民意处理模块闭环机制建设，全面收集并闭环处理选民群众意见；组织全市各级人大代表依托“基层单元”全面开展主题活动和民生实事项目监督。

通过迭代升级代表联络站，打造全过程人民民主基层单元，构建全市多样、畅通、有序的民主渠道，有效保证人民群众的知情权、参与权、表达权、监督权落到实处，确保党和国家在决策、执行、监督落实各个环节都能听到来自人民的声音。

（市人大常委会人事代表工委）

国家营商环境创新试点工作实施

2021年，国务院确定杭州为全国首批营商环境创新试点城市之一。2022年1月27日，杭州市发布《杭州市国家营商环境创新试点实施方案》。该实施方案涵盖进一步破除区域分割和地方保护等不合理限制、健全更加开放透明、规范高效的市场主体准入和退出机制、持续提升投资和建设便利度、更好支持市场主体创新发展、持续提升跨境贸易便利化水平、优化外商投资和国际人才服务管理、维护公平竞争秩序、进一步加强和创新监管、依法保护各类市场主体产权和合法权益、优化经常性涉企服务10个方面，共153项改革举措。8月16日，杭州市召开全市营商环境建设推进大会。会议强调，要对标先进、攻坚突破，打造最优政务环境、最优法治环境、最优创新环境、最优信用环境、最优数治环境、最优人才环境，为高质量发展提供全面支撑。通过月调度、季盘点、年评估，至2022年年末，153项国家营商环境创新试点改革事项全部取得阶段性成效。在省委改革办公布的2022年度浙江省改革突破奖名单中，杭州市“国家营商环境创新试点改革”获金奖。11月4日，全国工商联发布2022年度万家民营企业评营商环境主要调查结论，杭州市连续4年排名全国城市（不含直辖市）第一，并获评营商环境最佳口碑城市。

杭州市推进营商环境创新试点改革，落实153项试点改革任务，探索创新，为市场主体减负担、破堵点、解难题，形成一批可复制推广的试点经验。9月28日，国务院办公厅印发《关于复制推广营商环境创新试点改革举措的通知》，在全国范围内复制推广北京、上海、重庆、杭州、广州、深圳6个城市共同探索创新的50条改革举措。

杭州市抓好营商环境品牌建设，全年杭州市钱塘区打造“钱塘技工”，破解技术工人“三难”需求；杭州市数字赋能优化商事登记中介服务管理机制；杭州市拱墅区综合集成司法拍卖辅助事务，打造司法拍卖新模式；杭州市建设“空港疫智控”，加速打造数智机场枢纽4个项目获评“浙江省优化营商环境优秀案例”。

杭州市建立营商环境改革落实体系，对153项改革举措，按照“一事项一方案一监管”原则，逐项明确目标任务、工作举措、监管措施，形成“1个总体方案+153个专项方案”的改革落实体系。明确30个牵头单位、28个责任单位，组建“一事项一专班”，把改革任务清单细化分解到岗、落实到人。建立工作例会、工作网络、分级协调、督查通报和信息报送5项推进机制，开发上线“国家营商环境创新试点”监测模块，推动进度滞后事项“清零”。

杭州市推行市场准入效能评估，建成包括治理端、应用端两端的市场准入效能评估平台，构建涵盖“措施覆盖、服务完备、审批便捷、清查成效、效能保障、主体感受”6个一级指标、13个二级指标和50个三级指标的评估体系，保障市场准入负面清单制度全面实施。

杭州市加强营商环境干部队伍建设，为全面贯彻落实中共二十大精神，营造市场化、法治化、国际化一流营商环境。市发改委于11月21—

25日，在桐庐县组织全市营商环境建设专题培训。其中，市发改委、市市场监管局、市规划和自然资源局、市建委、市审管办、市商务局、市城管局分专题开展业务培训和交流。市、区县（市）两级相关负责人420人参加培训。组织相关单位参加国际组织营商环境专题培训，学习世界银行营商环境评估方法论，提高干部专业素养。（市发改委）

数字人民币试点工作启动

2022年是杭州市数字人民币试点的开局之年，杭州市围绕“1+4+N”场景领域，推进数字人民币在亚运核心场景、湖滨—武林商圈、“亲清在线”、文化旅游行业、交通运输行业以及N个延伸领域应用。自3月试点启动后，实现多个“首创”应用，推动一批重点场景落地，促进试点业务规模快速增长，个人钱包、对公钱包、交易规模等指标在省内6个试点城市中处于首位。

4月，杭州市数字人民币试点工作领导小组成立，召开数字人民币试点工作启动会。根据会议精神，制定印发《杭州市数字人民币试点工作方案》，重点推进数字人民币在城市侧、政府侧等场景的应用；制定印发工作规则，明确相关责任和机制。市地方金融监管局和人行杭州中心支行牵头，与市发改委、市交通运输局、市商务局、市文化广电旅游局等单位及部分试点运营机构组建工作专班，多次召开座谈会和培训会，指导行业主管部门制定5个行业细化方案，指导各区县（市）和杭州西湖风景名胜区管委会制定14个区域实施方案。

杭州市推出全国首张数字人民币文旅卡，惠及12万名杭州市民。在“亲清在线”发放全省首笔数字人民币惠企资金，中国建设银行杭州分行在杭州办理全国首笔个人养老金数字人民币缴纳业务，在湖滨—武林商圈开启全省首个由政府主办的数字人民币红包体验活动，在富阳区推进全省首个财政供养人员数字人民币工资津贴发放试点。

杭州市在示范商圈场景中，重点推进湖滨—武林、万象汇、奥特莱斯等商圈场景建设，商圈内支持数字人民币商户的覆盖率提升。在政务服务场景中，在“亲清在线”上线数字人民币补贴发放功能，发放金融人才补贴、“影院纾困”补贴、“浙江制造精品”政府奖励资金。在文化旅游场景中，全市3个国家AAAAA级旅游景区、42个国家AAAA级旅游景区购票场景均支持数字人民币，多个景区在节假日推出数字人民币优惠游玩活动。在交通运输场景中，公交完成数字人民币场景建设和上线投产使用；地铁完成数字人民币项目招标工作，上线数字人民币购票功能。

杭州市政府部门与运营机构加强协同配合，在区县（市）举办4场数字人民币红包活动，发放金额900万元；全市运营机构投入推广经费超1亿元，推动试点取得良好进展。全市开立对公钱包23.9万个，占全省的37%；个人钱包760.9万个，占全省的41%；交易914.7万笔，占全省的42%；交易金额19.3亿元，占全省的18%；应用场景开立27.2万个，占全省的39%。各项指标均排名全省第一，居全国第三批试点城市前列。

（市地方金融监管局）

社会信用体系法治化建设

社会信用体系是社会主义市场经济体制和社会治理体制的重要组成部分。为助力打造诚信政府、诚信社会、诚信企业、诚信个人的城市样本，发挥信用在创新服务方式、提高监管能力和提升治理水平方面的作用，推动杭州营商环境建设，杭州市人大常委会将社会信用条例立法作为2021年立法项目。《杭州市社会信用条例（草案）》于2021年8月、2021年12月，经市十三届人大常委会第三十七次、第四十次会议2次审议后，于2022年3月提请市十三届人大常委会第四十三次会议通过，经5月省第十三届人大常委会第三十六次会议批准后，于7月1日起施行。

《杭州市社会信用条例》分总则、社会信用信息管理、社会信用信息应用、信用主体权益保护、法律责任、附则6章38条。

信用相关概念方面，条例在《浙江省公共信用信息管理条例》对公共信用信息界定的基础上，结合杭州市实际，对有关社会信用、社会信用信息、公共信用信息、市场信用信息、信用服务机构等做出界定。社会信用体系建设方面，条例规定社会信用体系建设的基本原则，在建立政务诚信监测治理体系、鼓励支持社会参与、加强诚信文化宣传、促进信用行业发展等方面做出具体规定。公共信用信息补充目录方面，条例对市补充目录的制定范围和程序做出规定，明确制定公共信用信息补充目录必须依据本市地方性法规的规定，编制补充目录和清单属于重大行政决策事项的，适用重大行政决策程序的有关规定。失信行为认定方面，条例明确认定失信行为应当根据合法、客观、审慎的原则，对照市公共信用信息目录依法进行认定。对受自然灾害或疫情等不可抗力影响导致的失信行为以及非主观故意、轻微失信行为，应当宽容、审慎进行认定、记录。规定认定失信行为必须以具有法律效力的文书为依据。可认定失信行为的依据包括：生效的司法裁判文书和仲裁文书、行政处罚和行政裁决等行政行为决定文书，以及法律、法规或者国家有关规定可作为失信行为认定依据的其他文书。条例还规定有关部门应当告知信用主体做出失信行为认定的事由、依据、依法享有的权利以及查询方法、核实途径、修复条件和程序、救济措施等。失信惩戒措施方面，条例规定失信惩戒措施补充清单应当限制在本市地方性法规规定的范围内，属于重大行政决策事项的，适用重大行政决策程序的相关规定。明确实施失信惩戒措施应当遵循合法、关联、比例原则，依照失信惩戒措施清单，依法实施惩戒。禁止在法律、法规和国家规定外增设失信惩戒措施、实施联合惩戒或者加重惩戒。失信主体名单制度方面，条例对地方性法规规定的严重失信主体名单制度的领域、范围等做出限制性规定。信用修复方面，根据《国务院关于开展营商环境创新试点工作的意见》，杭州等城市正在开展营商环境创新试点工作，其中建立健全企业破产重整信用修复机制是重点任务之一。鉴于试点工作刚启动，条例按照有关要求，原则规定破产企业可以申请信用修复，反映企业重整情况的信

息应当及时标注。社会信用主管部门应当会同有关部门建立破产信息共享机制等。（市人大常委会法工委）

宋韵文化传世工程实施

"两宋"时期政治制度比较开明完善，商品流通和经济发展繁荣，科技和发明创造众多，百姓生活安定。尤其是南宋定都杭州以后，经过政治调整、经济更新、文化重建等各种要素的整合，将两浙地区的社会整体发展提升到全国的最高水平。作为南宋核心区域，浙江是宋文化盛极之时的集大成之地，是两宋文化遗存的集聚之地。2020年9月，省委书记袁家军在浙江文化研究工程实施15周年座谈会上明确提出"宋韵文化"；2021年8月，省委文化工作会议提出实施"宋韵文化传世工程"，强调"让千年宋韵在新时代'流动'起来、'传承'下去"。

宋韵文化作为中华优秀传统文化的重要组成部分，是具有中国特色和浙江辨识度的重要文化标识。在省委文化工作会议以后，浙江各地在推动宋韵文化理论研究升级、加强省域宋代遗存考古挖掘和保护展示、打造宋韵文化品牌等领域都有较为明显的成果。

杭州作为曾经的南宋都城，有南宋皇城遗址等一大批历史遗存。在很多宋代尤其是南宋典籍中，记载的大量当时政治、经济、文化、军事和社会生活内容都与杭州相关；在宋代尤其是南宋时期保留下来的大量的诗词中有相当一部分与杭州相关；宋代尤其是南宋时期保留下来的大量书画也都与杭州相关。

2022年2月11日，杭州市宋韵文化研究传承中心成立。9月19日，"杭州市宋韵文化传世工程指导委员会"组建。11月18日，南宋德寿宫遗址博物馆建成开放。全年杭州市开展"八大形态"（思想形态、制度形态、经济形态、社会形态、百姓生活形态、文学艺术形态、建筑形态、宗教形态）学术研究、通俗读物、应用课题等100多项研究，《宋韵生活通俗读物》系列丛书、《宋代制度史》系列丛书被列入浙江文化研究工程重大课题。启动南宋皇城遗址综合保护工程，完成苏东坡纪念馆提升工程、孤山白堤区域整治等项目。开发建设"宋韵迹忆""云上宋韵"等宋韵文化数字服务平台。解码57项宋韵文化基因，评选出20条宋韵研学游线，推出"城市记忆工坊"20类、40场宋韵主题课程，完成宋韵杭式生活体验基地（点）创建及标准制定。举办首届宋韵金牌导游大赛，发布十佳"宋韵薪传"非遗"潮"榜，开放南星里·有意思书房、新侨文旅书房等特色宋韵书房，打造"清河坊奇妙夜""鼓楼宋韵灯光秀""宋韵·送运进万家"等文旅融合项目，举办"2022文旅市集·宋韵杭州奇妙夜""第二届苏东坡文化旅游节"等活动，举办"行在山水间""宋淳化阁帖""西溪人文荟·宋画里的生活"等展览展示。"宋韵最杭州"传统风貌样板区入选2022年度浙江省第二批城乡风貌样板区。（方　波）

杭州西站开通运营

杭州西站位于杭州城西科创大走廊腹地——余杭区老铁路宣杭线仓前站北侧，是"轨道上的长三角"节点工程、杭州第19届亚运会重要交通保障工程。杭州西站于2019年9月17日开工建设，历时3年，于2022年9月22日开通运营，总投资93亿元。

杭州西站车站高57米，上下共9层，分为地下4层和地上5层，站房综合体总面积58万平方米，其中铁路客运部分20万平方米、地铁7万平方米、城市服务配套31万平方米。杭州西站改变传统高铁站站台轨道聚拢在一起的格局，利用湖杭场与杭临绩场两个铁路站场中间拉开的空间，形成由地下层至高架层贯通的"云谷"，采用"站场拉开、中部进站"模式，打造高效的中央进站系统。在设计理念上，杭州西站聚焦"云之城"，提出"云谷""云顶""云门"等意象。高24米的进站大扶梯，能直接将高铁出站层和综合交通设施层的旅客送达"云厅"。杭州西站采用中央进站，两端候车。旅客不用再横跨整个候车层前往检票，缩减步行距离，解决易迷路、进站远等问题。站房中心的"垂直的十字交通轴"实现高铁、地铁、长途大巴、公交等出行方式的无缝换乘，旅客可快速到达杭州东站和杭州萧山国际机场。

杭州西站站场总规模11台20线。引入湖杭、沪乍杭、杭临绩、杭温等新建铁路，可通达上海、南京、黄山、武汉、长沙和浙江省内各个方向。杭州西站运营初期开行管内列车19对，其中杭州西至黄山6对、南京3对、合肥2.5对、千岛湖2.5对、连云港2对、阜阳1对、淮北1对、盐城1对。后期根据旅客需求，加开至武汉、郑州、西安、重庆、成都、南昌、厦门、广州和深圳方向的列车。

杭州西站开通后，通过建设站西、站南、站东疏解通道等交通保障工程和雨棚上盖及站城综合体开发，推动交通枢纽与城市功能、产业发展相融合，成为继铁路杭州东站、杭州萧山国际机场后杭州的第三大门户交通枢纽。（市交投集团　市交通运输局）

杭州荣誉

2022年7月，福布斯中国·城市消费发展论坛发布"2022福布斯中国消费活力城市榜"，杭州居第七位。

8月，杭州入选第三批"服务型制造示范城市"。

10月，世界知识产权组织（WIPO）发布2022年全球创新指数（GII），杭州排名第十四位。

10月，杭州入选"全国健康城市建设样板市"。

10月，杭州入选国家首批产业链供应链生态体系建设试点城市。

11月，杭州获评"营商环境最佳口碑城市"，居全国城市第一位。

11月，杭州入选"科创金融改革试验区"。

12月，杭州连续16年入选中国最具幸福感城市。

12月，杭州连续12年入选外籍人才眼中最具吸引力的中国城市。

12月，杭州入选"2022中国国际传播综合影响力先锋城市"。

12月，杭州获批国务院第三批"服务业扩大开放综合试点城市"。

12月，杭州入选第二批"基础教育综合改革实验区"。

杭州入选"国际性综合交通枢纽城市"。（年鉴编辑部）

责任编辑　金利权

4 大事记

1月

1日 杭州市完成基本医疗保险市级统筹，实现医保制度统一、医保基金统收统支、医保管理服务一体，实现“同城同待遇”。

△ 时代高架公路萧山段开通试运行。该工程北起滨江区天马路，南至萧山义桥收费站，双向六车道，设计时速80千米，全长6.6千米。

5日 省委书记袁家军到杭州调研，围绕企业“开门红”上门服务，推动解决问题。

6日 市委书记刘捷到钱塘区开展“助企开门红”和企业大走访活动。

8日 市委书记刘捷到滨江区、萧山区调研，走访浙江吉利控股集团、新华三集团、传化集团、万向集团等企业。

△ 杭台高铁通车。工程历经4年建设，连接杭州、绍兴、台州三地，全长266.9千米，设计时速350千米，总投资440.3亿元，设9个车站。

10日 市委书记刘捷调研西湖西溪一体化保护提升工作，召开座谈会，听取西湖西溪一体化保护、生态文明建设有关情况汇报。

△ 中国致公党杭州市第七届委员会第二次全体会议召开。会议听取并审议通过常委会工作报告，审议通过市委会监督委员会工作报告，选举产生致公党浙江省第七次代表大会杭州市代表，表彰先进。

11日 市委书记刘捷到余杭区、临安区调研，走访杭州师范大学、良渚古城遗址公园、青山湖科技城等。

△ 第十七届杭州市道德模范（平民英雄）暨第九届“最美杭州人”评比揭晓。10人获评第十七届杭州市道德模范（平民英雄），10人获评第九届“最美杭州人”。

12日 市委书记刘捷到临平区调研，走访企业，了解企业数字化转型和党建工作情况，听取企业负责人的意见和建议。

△ 中国民主促进会杭州市第十四届委员会第二次全体（扩大）会议召开。会议听取并审议通过常委会工作报告、监督委员会工作报告，表决有关人事事项，选举产生民进浙江省第十一次代表大会杭州市代表，表彰先进。

13日 市委书记刘捷专题调研民生保障工作，走访市第三社会福利院、杭州市中医院丁桥院区、浙江师范大学附属丁蕙实验小学、浙大城市学院等。

14日 杭州市数字乡村发展促进会成立。该促进会是集理论研究、系统研发、应用推广、产业发展、业务交流、学习培训、社会服务等功能于一体的数字乡村发展平台，有61个会员单位。

15日 中国民主建国会杭州市第十四届委员会第二次全体（扩大）会议召开。会议听取并审议通过常委会工作报告、监督委员会工作报告，增补市委委员，选举产生民建浙江省第十次代表大会杭州市代表，表彰先进。

17日《杭州市未来乡村建设指南》发布。该指南围绕打造新时代美丽乡村升级版和共同富裕示范区的乡村振兴样板地，从生态、产业、民生、文化、数字5个方面提出框架性和方向性引导。

18日 江南大道隧道开通试运行。江南大道快速路东起西兴立交，西至中兴立交，全长4.6千米，隧道分南、北两线，长3.2千米。

21日 中国民主同盟杭州市第十四届委员会第二次全体会议召开。会议听取并审议通过常委会工作报告、监督委员会工作报告，选举产生民盟浙江省第十三次代表大会杭州市代表，表彰先进。

22日 全市党史学习教育总结会议召开。会议以视频会议形式召开，各区县（市）和杭州西湖风景名胜区管委会设分会场。

△ 九三学社杭州市第九届委员会第二次全体（扩大）会议召开。会议听取并审议通过常委会工作报告、监督委员会工作报告，选举产生九三学社浙江省第九次代表大会杭州市代表，表彰先进。

23日 2021年杭州市“未来工厂”评定企业名单公布，48个企业上榜，包括“链主工厂”5个、“智能工厂”18个、“数字化车间”25个。

24—25日 杭州亚运会第一次世界转播商大会在杭州以线上和线下结合形式召开，设置杭州和北京两地会场，亚奥理事会相关官员、亚太广播联盟官员、持权转播商代表、协办城市亚筹办负责人等在线上参会。

25日 中国农工民主党杭州市第十一届委员会第二次全体会议召开。会议听取并审议通过常委会工作报告、监督委员会工作报告，选举产生农工党省委会第十三次代表大会杭州市代表，表彰先进。

26日 “中国共产党杭州市第一个村支部”揭牌仪式在临平区中共鸭兰村支部旧址举行。该旧址是由约2000平方米旧址广场和中共临平区党史陈列室共同组成的红色旅游基地，在2021年入选浙江省第一批革命文物名录、杭州市30条“红色精品研学线路”。

27日 中国人民政治协商会议第十一届杭州市委员会第六次会议召开，以无记名投票的方式，选举马卫光为政协第十一届杭州市委员会主席。

△ 市政府印发《杭州市国家营商环境创新试点实施方案》，推出153项、509条改革举措。

2月

8日 省委书记袁家军到之江实验室等科研平台调研，召开座谈会。

△ 省长王浩到杭州督导检查亚运会筹办工作，召开亚运场馆及配套基础设施建设专题调度会。

△《杭州市自然资源行政处罚裁量基准（土地类）》出台，于3月15日起施行，对“非法占地”“破坏土地资源”等6个大类、37项土地违法违规行为的处罚类型、处罚依据、违法情形和裁量基准做出规定。

9日 第二轮“双一流”建设高校及建设学科名单公布，浙江大学21个学科和中国美术学院1个学科入选。

11日 浙江省、杭州市、上城区共建的宋韵文化研究传承中心投入运营。30名国内外专家学者受聘为首批学术咨询专家委员会委员。

15日 浙江省“智慧医保”平台在杭州上线，实现医保结算智能化、基金监管智慧化、医保参数标准化、工作程序规范化、决策分析精准化，全面形成全省医保报销“一张网”。

△ 京杭大运河（杭州段）运道提升工程开工。该工程作为省级绿道2号线的重要组成部分，横贯拱墅、上城两区，于5月底前完工，实现京杭大运河（杭州段）两岸从凤起路到石祥路30.40千米绿道全线贯通。

17日 中国国民党革命委员会杭州市十二届二次全体（扩大）会议召开。会议听取并审议通过常委会工作报告、监督委员会工作报告，选举产生民革浙江省第十五次代表大会杭州市代表，表彰先进。

18日 市委书记刘捷到杭州城西科创大走廊调研，走访浙江铖昌科技有限公司、未来科技城规划馆等，召开座谈会，听取有关部门工作情况汇报。

21日 杭州亚运会开幕倒计时200天之际，地铁3号线首通段、4号线二期、10号线首通段开通暨“接棒冬奥，冲刺亚运‘迎亚运’城市基础设施建设百日攻坚”行动启动。

△ 杭州亚运会开幕倒计时200天特色亚运文化活动在湖滨步行街举行。活动现场发布杭州亚运会赛会志愿者纪念物资“小青盒”、定制徽宝、《杭州2022年第19届亚运会》特殊版式个性化邮票双联张，面向全社会启动杭州亚运会藏品征集，进行群众体育文化展演和无人机表演。

22日 省长王浩到钱塘区、萧山区、滨江区调研制造业企业发展情况，走访杭州娃哈哈集团、万向集团和浙江吉利控股集团等。

23—26日 中国共产党杭州市第十三次代表大会在省人民大会堂召开。大会通过《关于中国共产党杭州市第十二届委员会报告的决议》，批准题为《高举习近平新时代中国特色社会主义思想伟大旗帜，奋力打造世界一流的社会主义现代化国际大都市》的报告，通过《关于中国共产党杭州市纪律检查委员会工作报告的决议》。

27日 省长、2022年第19届亚运会组委会和第4届亚残运会组委会主席王浩到杭州亚组委机关，调研展示中心，召开亚运会组委会（亚残运会组委会）工作会议。

28日 浙江省重大产业项目云尖信息总部暨新型基础设施智造基地在湘湖未来产业社区开工。项目占地面积4.55公顷，总投资20亿元，计划用于新一代信息技术及产品研发制造。

3月

1日《杭州市西湖龙井茶保护管理条例》施行。条例包括总则、文化传承与产业发展、品质保护与提升、品牌保护与标识管理、法律责任、附则共6章、42条。

3日 杭州高新区（滨江）萧山特别合作园揭牌。滨江、萧山两区签订杭州高新区（滨江）萧山特别合作园合作协议，首批入园项目集中签约。特别合作园依托三江创智新城、未来产业社区、湖头陈产业园及紫橙、蓝橙产业园三大产业区块，重点发展信息通信技术及应用创新产业、生物医药及大健康产业、先进制造业和现代服务业。

8日 2021年杭州市精神文明建设十件大事揭晓。

10日 市委宣传部（市文明办）在奥体博览中心举行“我的亚运我的城，城市志愿‘益’起来”亚运城市志愿者招募活动启动仪式。招募通过“线上+线下”相结合的方式进行。

11日 杭州与哥伦比亚卡塔赫纳市举办首次线上交流会。杭州市代表建议通过校际交流、建立友好图书馆、电商培训和双向旅游推介等形式，在教育、文旅和跨境电商等领域深入交流。双方代表商讨筹备签订友好合作备忘录等事宜。

15日 杭州国际友好城市——英国利兹市举办线上研讨会，围绕植树及其在气候紧急状态中的作用与杭州市开展交流。中国杭州、英国利兹、法国里昂、葡萄牙波尔图、捷克布尔诺和瑞典马尔默等地的代表阐述各自城市的绿化目标和具体实施路径，围绕共同面临的挑战展开讨论。

22日 中共中央宣传部、商务部、教育部等7个部门发布公告，揭晓4个领域的专业类特色服务出口基地评审认定结果，滨江区入选知识产权服务领域特色服务出口基地。

24日 市委、市政府印发《关于完整准确全面贯彻新发展理念做好碳达峰碳中和工作的实施意见》，为全市高质量实现碳达峰碳中和明确顶层制度设计。

25—28日 中国人民政治协商

会议第十二届杭州市委员会第一次会议召开。会议通过政协第十二届杭州市委员会第一次会议决议；通过政协第十二届杭州市委员会第一次会议建议案；通过政协第十二届杭州市委员会提案委员会关于十二届一次会议提案审查情况的报告。

26—30日 杭州市第十四届人民代表大会第一次会议召开。会议选举李火林为市十四届人大常委会主任，选举刘忻为市人民政府市长，选举市监察委员会主任、市中级人民法院院长、市人民检察院检察长（须报经省人民检察院检察长提请省人大常委会批准）、市十四届人大常委会秘书长，选举产生市十四届人大常委会副主任、市人民政府副市长、市十四届人大常委会委员；票决产生市人民政府2022年度民生实事项目；通过市十四届人大各专门委员会组成人员名单，通过关于政府工作报告、杭州市2021年国民经济和社会发展计划执行情况与2022年国民经济和社会发展计划、杭州市及市本级2021年预算执行情况和2022年预算的决议，通过关于市人大常委会工作报告、市中级人民法院工作报告、市人民检察院工作报告的决议，通过关于开展“奋进新时代、建设新天堂，人大有担当、代表作示范”活动的决议。

31日 市委书记刘捷到杭州城市大脑运营指挥中心调研，召开座谈会。

△ 中国人民银行召开数字人民币研发试点工作座谈会。会上宣布，在已有试点地区基础上增加天津市、重庆市、广东省广州市、福建省福州市和厦门市、浙江省承办亚运会的6个城市作为试点地区。

△ 绍兴棒（垒）球体育文化中心、绍兴柯桥羊山攀岩基地通过赛事功能验收。至此，历时近5年建设，杭州亚运会、亚残运会56个竞赛场馆全面竣工并通过赛事功能验收。

4月

1日 亚运气象台开始实体化运行，杭州亚运会气象保障工作从前期筹备阶段转向全面实战阶段。亚运气象台设在杭州市气象局，同时在协办城市宁波、温州、湖州、绍兴、金华市气象局设立分赛区气象台。

12日 由市委宣传部、杭州文广集团主办的2022年杭州国际音乐节开幕式音乐会——亚运专场在线上举行。音乐节历时19天，推出35场演出及音乐普及推广活动。

13日 省委书记袁家军到杭州调研保畅通保供应和产业链供应链稳定等工作，走访高速公路收费站、货车司机防疫服务站、物流园区，召开会议研究部署全省保畅通保供应情况。

△ 省长王浩到富阳区调研，走访专精特新中小企业，召开中小企业助企纾困座谈会。

△ 杭州市与安徽省宿州市印发《杭州市宿州市结对合作帮扶工作方案》和《2022年杭州市宿州市结对合作帮扶工作计划》，并明确区县（市）结对关系。其中，上城区与埇桥区结对，拱墅区与萧县结对，西湖区与砀山县结对，滨江区与泗县结对，萧山区与宿马园区结对，余杭区与宿州高新区结对，临平区与灵璧县结对，钱塘区与宿州经济技术开发区结对。

14日 省委书记袁家军到杭州调研服务业发展情况，召开座谈会研究部署全省服务业下一步纾困和发展工作。

15日 杭州与C40城市气候领导联盟召开视频会议，交流2022年度合作项目与方向。

△ 市委、市政府印发《杭州市推进“大综合一体化”行政执法改革方案》，围绕2022—2025年工作目标，从构建行政执法指挥协调体系、整合执法职责和执法队伍、强化监管执法一体化、创新数字化监管执法、规范执法队伍建设5个方面推出14项改革措施。

22日 2022年第十四届“西湖·日月潭”两湖论坛以线上联动方式在杭州和台湾南投同时举行，主题为“激发两湖活力，共筑美好未来”，设“全民健身让城市更有活力”主论坛和“社区产业发展”“中华书法艺术传承”两个分论坛，两岸社区产业发展领军人物、文化界精英等参加。

△ 杭州地铁7号线莫邪塘站开通运营，7号线全线开通。地铁7号线工程起自上城区的吴山广场站，止于大江东的江东二路站，途经杭州奥体博览城、杭州萧山国际机场、江东新城等地，线路总长约48千米。

25日 杭州第19届亚运会淳安界首亚运中心场馆群由建设单位移交给场馆群运行团队进行管理，淳安亚运分村进入试运营阶段。淳安亚运分村位于千岛湖西南湖区的界首乡境内，主要包括1个场地自行车馆、5项室外赛事场地和运动员村、技术官员村、媒体村等，涉及自行车、铁人三项、公开水域游泳三大项赛事，预计产生25枚金牌。

28日 2022年庆祝“五一”国际劳动节暨全国五一劳动奖和全国工人先锋号表彰大会在北京举行。杭州良渚遗址管理区管理委员会获“2022年全国五一劳动奖状”；杭州市燃气集团有限公司天目运行站站长钟奇、杭州市公安局治安支队七大队大队长王剑、浙江西子富沃德电机有限公司研发工程师辛懋、圣奥科技股份有限公司董事长倪良正、桐庐大众出租车有限公司驾驶员朱祖德获“2022年全国五一劳动奖章”；三替集团有限公司搬家事业部班组、杭州老板电器股份有限公司电子商务本部、杭州市西郊监狱指挥中心获“2022年全国工人先锋号”称号。

30日 市长刘忻到滨江区调研，走访广脉科技股份有限公司、英百瑞（杭州）生物医药有限公司、浙江苏泊尔家电制造有限公司等企业。

5月

3日 第二十六届“中国青年五四奖章”评选揭晓，之江实验室智能超算研究中心团队获集体奖章，浙江大学航空航天学院教授李铁风获“中国青年五四奖章”。

6日 亚奥理事会执委会在与有关各方协商后决定，原定于9月10—25日举行的杭州第19届亚运会延期举办。

7日 市委书记刘捷到桐庐县调研，走访芦茨村、浙富水电设备股份有限公司、桐庐县行政执法局执法管理中心、大洲畈粮油基地、桐庐亚运马术中心及亚运马术马匹隔离场等，出席桐庐县与吉利科技集团年产能12亿瓦时动力电池项目签约活动。

10日 市政府办公厅印发《杭州市加快中小企业"专精特新"发展行动计划》,提出构建"万千百"梯次发展的"专精特新"优质中小企业群体。计划涵盖总体要求、重点任务、保障措施3个方面,自2022年6月10日起施行,有效期至2025年12月31日,由市促进中小企业和民营企业发展工作领导小组办公室(市经信局)负责牵头组织实施。

△ 杭州市公共关系协会发布"2021年杭州市十大公共关系事件"。

11日 市委书记刘捷到淳安县调研,走访文昌、临岐、千岛湖等乡镇,了解共同富裕、美丽乡村建设和产业振兴等情况,出席杭州市第一区县协作组第三轮第一次联席会议。

13日 市委书记刘捷到萧山区开展"企业大走访"活动,调研浙江杭可科技股份有限公司的智能工厂生产线、杭州杰牌传动科技有限公司的智能传动未来工厂生产线,考察浙江盛元化纤有限公司的智能化车间。

15日 浙江省及杭州市2022年"国际博物馆日"主场活动暨杭州市临平博物馆(中国江南水乡文化博物馆)开馆暨"诗画浙江宝藏游"系列活动启动仪式在杭州举行。浙江省文物局公布浙江省乡村博物馆第一批认定名单并授牌,杭州有萧山区葛云飞故居纪念馆、临平区杭州江楠糕版艺术馆、桐庐县莪山畲族馆、建德市浙江大学西迁建德办学旧址4个博物馆入选。杭州发布20条"宋韵精品研学线路","我身边的乡村博物馆"有奖荐馆活动启动。

17日 亚残奥委员会执委会在与有关各方协商后决定,原定于10月9—15日举行的杭州第4届亚残运会延期举办。

21日 杭州钱塘元宇宙新天地产业园开园。产业园位于钱塘区大创小镇,占地7.67公顷,计划围绕数字孪生、人工智能等元宇宙核心底层技术,以及游戏、社交、教育等元宇宙新型应用场景,引进培育一批创新型中小企业。开园仪式上,5名专家被聘为元宇宙产业顾问,元宇宙协同应用创新实验室、钱塘区元宇宙产学研联盟两大创新平台成立,一批元宇宙项目和金融合作项目签约。

23日 由市委宣传部、市文化广电旅游局主办的2022年"西湖之春"艺术节暨新剧(节)目会演开幕。艺术节持续至6月21日,会演分别在杭州艺苑剧场、淳安剧院、浙江音乐学院大剧院、萧山剧院和桐庐剧院等处举行。

24日 市委书记刘捷到浙江大学走访对接有关工作,走访浙大科技创新馆,就进一步深化市校战略合作进行座谈交流。

△ 市长刘忻到上城区开展"企业大走访"活动,走访浙江中烟工业有限公司、巨星控股集团等企业。

26日 杭州市举行首届执法司法咨询专家聘任仪式,首批有32名专家受聘。执法司法咨询专家由市委政法委通过定向邀请和组织推荐的方式进行选聘,每3年聘任一次。受聘专家在市委政法委统一领导下参与全市执法检查和案件评查,提出的咨询意见将作为党委政法委执法监督工作的参考。

27—28日 市长刘忻到淳安县调研,在下姜村召开乡村振兴和共同富裕工作座谈会。

31日 杭州市召开经济稳进提质攻坚行动推进会暨制造业高质量发展大会。会上发布《杭州市产业链链长制实施方案》,要求以产业链链长制为抓手,建设智能物联、生物医药、高端装备、新材料和绿色低碳五大产业生态圈,着力打造视觉智能、集成电路、药品、智能装备等重点产业链。

6月

1日《杭州西溪国家湿地公园保护管理条例》施行。修订后的条例共6章、63条,明确湿地公园的具体范围、保护管理原则、管理体制、建设要求、生态保护、管理利用等内容。

△《杭州市大型群众性活动安全管理规定》施行。该规定共25条,涵盖大型群众性活动的安全管理原则、部门职责分工、安全等级管理、安全工作方案、安全许可、临时设施管理、安全检查、应急处置、法律责任以及自发聚集活动的安全管理等内容。

2日 市委书记刘捷专题调研新时代美丽杭州建设工作,走访临平净水厂的展厅和水文化休闲公园,召开会议,听取市生态环境局、市建委、市城管局有关情况汇报。

△ 中长期青年发展规划实施工作部际联席会议办公室公布全国青年发展型城市建设试点和青年发展型县域试点名单,杭州入选试点城市名单。规划期限为2022年5月至2024年5月。《杭州市青年发展型城市建设试点实施方案》于9月1日印发。

6日 天目山实验室(航空浙江省实验室)挂牌成立。该实验室是第三批省实验室之一,设4个研究中心、5个公共研究平台,由首席科学家负责实验室科研方向和项目规划制定,计划在超声速绿色民机智能设计、绿色民用航空发动机一体化设计、高性能航空材料与先进制造、智能飞行管理与高效机载能量综合4个方向开展前沿基础研究和应用基础研究。

7日 白马湖实验室(能源与碳中和浙江省实验室)在高新区(滨江)揭牌。白马湖实验室由浙江省能源集团牵头,联合浙江大学、西湖大学共建,地方政府及国资国企支持,民资民企参与。一期实验室总部基地占地8.93公顷,于年底动工。

8日 市委书记刘捷到西湖大学考察并对接工作,召开座谈会,听取西湖大学办学情况汇报。

9日 省委书记袁家军到杭州的企业车间、街道社区等,调研经济稳进提质和数字化改革工作。

△ 杭州临平区望梅路588号杭州湾建材市场内发生火灾,消防员毛景荣、刘泽军在扑救时受伤,经抢救无效,于是月10日牺牲。2人被追认为烈士,追记个人一等功。

10日 市政府与中国林业集团战略合作签约暨双碳平台揭牌仪式举行。根据协议,双方将在落实国家重点战略、推动优质资源集聚、打造两大"双碳"平台、开展生态领域合作、科技创新研发协作等方面进行合作。仪式现场,杭州市国有资本投资运营有限公司与国林双碳管理(杭州)有限公司签订投资意向协议,国林双碳管理(杭州)有限公司揭牌。

△ 杭州地铁3号线后通段开通。后通段连接潮王路,沿西湖文化广场、武林广场,往黄龙体育中心,在

西溪湿地南附近分为两条岔路，一条通往文一西路，另一条通往闲林区片的小和山、石马方向。

12日 莫干山路提升改造工程主线高架开通试运行。工程南起留石高架“T”形互通，北至绕城北线104国道收费站前落地，全长5.5千米，设计为双向六车道城市快速路，时速80千米，沿线设置4对半匝道。

13日 浙江省技术创新中心揭牌成立仪式在杭州举行，浙江省CMOS集成电路成套工艺与设计技术创新中心和浙江省智能感知技术创新中心揭牌。浙江省技术创新中心是由省级层面主动设计、设区市政府或省级有关部门推荐，依托创新能力突出的领军企业、高校和科研院所，整合产业链上下游优势创新资源，布局建设的综合性或专业化技术创新主体。浙江大学杭州国际科创中心牵头建设的省CMOS集成电路成套工艺与设计技术创新中心和杭州海康威视数字技术股份有限公司牵头建设的省智能感知技术创新中心入选首批名单。

14日 湘湖实验室（现代农学与生物制造浙江省实验室）在萧山成立。实验室核心基地位于萧山科技城，总面积6.7万平方米。

△ 第十一届中华环境奖评选结果揭晓，淳安县政府获第十一届中华环境奖，获奖类别为城镇环境类。

17日 “i杭州文旅服务中心”授牌仪式暨上城—桐庐携手共富路活动在上城区凯旋街道景芳社区举行。杭州首批7个社区（村）数智文旅场景建设试点单位授牌并启用，分别是上城区景芳社区、西湖区吉鸿社区、余杭区良渚文化村社区、富阳区黄公望村、桐庐县深澳村、淳安县下姜村、建德市山峰村。活动现场，景芳未来社区与深澳未来乡村进行文旅结对携手共富签约，“桐上共富”深澳游线首次发车。

22日 由宁波市文化广电旅游局（文物局）、杭州市园林文物局主办的“同一条运河——2022年浙东运河杭甬对话”活动在杭州衙前和宁波慈城同步举行，主题为“世遗运河助力共同富裕”，嘉宾通过直播对话，探讨推动大运河世界文化遗产的保护、传承和利用，推进大运河文化带建设，扩大“千年运河”的品牌影响力和知名度。

23日 亚运场馆之一富阳水上运动中心对外开放。场馆建筑面积6.7万平方米，将承办亚运会赛艇、皮划艇（静水、激流回旋）项目，预计产生30枚金牌。

24日 “世界文化遗产杭州西湖纪念币”全球首发仪式举行。面向全球发行的“西湖纪念币”由联合国教科文组织授权、法国巴黎造币厂铸造，国内发行量20万枚。

26—27日 全国政协调研组到杭州，围绕“推动完善生态产品价值实现机制”进行专题调研。调研组走访西溪湿地、余杭区大径山乡村公园、径山村等地，了解西溪湿地生态保护、生态产品转化机制，大径山山区生态保护和美丽大花园建设实践探索，径山村全域美丽乡村建设及农文旅融合发展等情况。

27—28日 由市政府、民建浙江省委、中国投资发展促进会主办的第六届万物生长大会在杭州国际博览中心举行，主题为“新数书九章——大风起兮云飞扬”，举办颁奖盛典、闭门会议、定制路演等活动，5000多名专家、投资人、创业者现场或在线参加大会。会上发布“2022杭州市独角兽（准独角兽）榜单”和“中国未来独角兽榜单”。

28日 市政府与国网浙江省电力有限公司签署战略合作协议。双方将围绕亚运保电、新型电力系统建设、统筹城市与电网建设协调发展、提升获得电力水平、推广优质普惠电力服务、激发数字化变革动力等方面深化拓展合作。

△ 杭州、宁波两地社会保障卡实现异地互办。杭州、宁波两地人力社保部门选择两地不同的合作银行，由本地合作银行在异地的分行或支行办理社保卡业务。

△ 第二十二届中国（杭州）美食节、第二十四届西湖国际博览会·第四届中国（杭州）国际美食博览会、中国国际预制菜品牌大会杭州峰会暨“浓情浙礼，共赴家宴”预制菜促消费系列活动开幕式及主论坛在杭州举行。活动推出一系列加快餐饮业复苏发展的举措，宣布首批杭州餐饮业“六名”［名厨、名服务师、新杭帮名菜、美食特色伴手礼（预制菜）、杭帮菜名店、名美食街］工程名录。

△ 望梅高架公路二期、东湖高架路二期通车。望梅高架公路二期起点位于304省道与五洲路交叉口南侧，终点与塘栖镇运溪路连接，与规划杭州中环相接，全长5.88千米，设置4对平行匝道。东湖高架公路二期起点衔接东湖高架公路，沿临东路及新丝路往北延伸至五洲路，全长5.4千米，设置6对平行匝道。

29日 杭州亚组委印发《杭州亚运会、亚残运会延期举办后筹办工作总体方案》，确定延期举办指导思想、办赛模式、工作阶段安排、筹办任务及时间表等。

30日 市领导到嘉兴南湖瞻仰红船，参观南湖革命纪念馆，召开杭州—嘉兴工作交流会。

△ 文一西路隧道开通试运行，文一西路（东西大道—荆长大道）提升改造工程全线通车。该提升改造工程起点位于东西大道以西，终点至荆长大道以西，全长7.28千米，由快速路系统和地面主干路系统两部分组成。

7月

1日 杭州市纪念中共杭州小组成立100周年暨“七一”表彰大会召开。会上表彰“担当作为好干部”“担当作为好支书”“新时代好党员”。

2—3日 由省互联网信息办公室、省经信厅、省公安厅、省科协、省工商联、省通信管理局、市政府主办的第十届西湖论剑·网络安全大会在杭州、北京同步举行，主题为“构建安全可信的数字世界”，设置开幕式及全体大会、2场主论坛、8场平行论坛和2场网络安全展等。会上，《数字城市网络安全评价指数白皮书（2022）》发布，相关政府单位、行业机构共同发起“构建安全可信的数字世界·西湖论剑十大共识”。

5—6日 省长王浩到湖州、杭州调研经济稳进提质工作，调研杭州谱育科技发展有限公司、浙江驰拓科技有限公司、青山湖科技城战略性新兴产业项目、建德市梅城镇、新安江水电站等。

6日 民族乡村共同富裕指标体系在桐庐县莪山畲族乡发布。该乡与桐庐县市场监督管理局合作，以《浙江高质量发展建设共同富裕示范区实施方案》第一阶段（2021—2025年）发展目标为依据，着眼新时代文化、社会环境、产业质效、居民收入、公共服务、美丽宜居6个板块，赋分量化22项共同富裕二级指标，细化出76项共同富裕考核指标。

8日 市委书记刘捷专题调研文化建设工作，走访德寿宫项目现场、西泠印社孤山社址。

△ 全省建设新时代美丽浙江推进大会暨生物多样性保护大会召开。杭州市以第一名的成绩获2021年度全省“五水共治”工作优秀市“大禹鼎”银鼎，上城区、萧山区、淳安县、建德市4个县（市、区）获“大禹鼎”银鼎。

△ 钱江路隧道延伸工程与原建成段钱江路隧道实现全线贯通。钱江路隧道为城市主干路，全线为U形槽+隧道形式，双向四车道，设计时速50千米，左线全长约1930米，右线全长约1915米。项目于2020年5月22日开工建设，2022年1月20日完成隧道主体结构，5月20日完成项目竣工验收。

10日 杭州第19届亚运会特许零售城市体验店开业。体验店位于延安路240号，集零售、体验、宣传于一体，营业面积近500平方米。

11—12日 由共青团中央、人力资源和社会保障部主办的第十七届“振兴杯”全国青年职业技能大赛(学生组）主体赛决赛在杭州举行，主题为“跟党走实学实干，练技能成才报国”，设置主体赛（职业技能竞赛）、专项赛（创新创效竞赛）。主体赛决赛设置工业机器人系统操作员、计算机程序设计员（云计算平台运维与开发）、车工3个竞赛职业（工种），29个省（自治区、直辖市）219名选手参赛。

12日 市委书记刘捷到临安区调研并检查指导防汛防旱防台及乡村振兴工作，走访白牛村、杭州昌西公社农业科技有限公司、龙岗镇、岛石镇、杭州福斯特应用材料股份有限公司、临安博物馆等。

15日 由市委人才办、市委农办、市农业农村局（市乡村振兴局）、团市委、桐庐县主办的第三届杭州市农创客大赛决赛暨颁奖典礼在桐庐举行。大赛收到139个农业领域的创业创新项目报名，12个项目进入决赛。

18日 杭州市党政代表团到宁波考察学习，对接落实“双城记”工作。两地召开联席会议，通报两市重点领域共建和协同推进惠民利企事项情况，签订科技合作协议。在宁波期间，代表团考察镇海新材料特色小镇、中科院宁波材料所、天一阁博物院、宁波永新光学股份有限公司、宁波舟山港集团等。

△ 在浙江省“十链百场万企”系列对接活动之智能计算产业链专场活动上，中国（浙江）智能计算产业创新园揭牌。创新园先导区块位于未来科技城核心区块的人工智能小镇，建筑面积约22万平方米；规划区块位于南湖畔，依托之江实验室开展计算科学前沿探索、多种技术融合研究等。浙江“脑机”交叉研究院项目、京东方产业基金项目、石原子科技总部项目、之科云启科技总部项目等智能计算战略合作项目落地未来科技城。

19日 经有关各方协商一致，并经亚奥理事会执委会批准，杭州第19届亚运会将于2023年9月23日至10月8日举行。同日，“杭州亚运会倒计时重启”宣传片《蓄势再出发》在官网发布。

20日 市委书记刘捷调研之江文化产业带建设工作，走访之江文化中心的施工现场、浙江中南卡通股份有限公司、中国网络作家村、跨湖桥遗址博物馆等。

21日 由中国网络空间安全协会、杭州市政府主办的2022年数字安全与法治高峰论坛在余杭举行，主题为“护航数字经济，共话数据安全”。“数字安全产业基地”在余杭揭牌并落地杭州未来科技城，5个数字安全领域的企业签约入驻；余杭网络安全联盟同日成立。

23日 中国国家版本馆落成典礼以视频连线方式举行，主会场设在北京中央总馆，西安、杭州、广州三地分馆设分会场。该馆由中央总馆文瀚阁、西安分馆文济阁、杭州分馆文润阁、广州分馆文沁阁组成。杭州分馆选址良渚，总建筑面积10.31万平方米，其核心功能为保藏、展示、研究和交流，是集图书馆、博物馆、美术馆、档案馆、展览馆等多种场馆功能于一体的综合性场馆，也是中央总馆异地灾备库、江南特色版本库及华东地区版本资源集聚中心。

28—29日 由市政府、省商务厅主办的“潮起钱塘·数字丝路”第六届全球跨境电商峰会在杭州举行，主题为“新格局·新业态”，跨境电商平台和品牌代表、30多个综试区和城市代表，以及来自全国跨境电商从业者500多人出席。会上，中国综试区与阿里巴巴集团海外数字商业板块、菜鸟网络科技有限公司签订战略合作备忘录。全球跨境电商品牌研究中心、全球跨境电商品牌与设计创新中心、全球跨境电商品牌运营中心在峰会上揭牌。

30日 钱塘快速路（23号大街—义蓬中路段）开通，钱塘过江隧道试运行。钱塘快速路全长53千米，跨越余杭、西湖、拱墅、上城、钱塘5个区。

31日 三墩互通主线高架桥及振华路定向匝道通车试运行。开通试运行的道路为留石高架路（杭州绕城高速三墩互通至运溪高架路段）、振华西路匝道以及蒋墩路跨线桥剩余匝道，道路全长约10千米，双向六车道，设计时速80千米。

8月

2日 市长刘忻到拱墅区、滨江区调研，走访杭州禾迈电力电子股份有限公司、杭州楚环科技股份有限公司、浙江宇视科技有限公司、中国联合工程有限公司等企业。

3—5日 由市政府、省商务厅主办的电商中国·2022年第九届中国（杭州）国际电子商务博览会在杭州国际博览中心举行，主题为“新电商·新格局·新优势”，设置会议、展览、活动3个板块，举办开幕式和5场产业论坛。

4日 市长刘忻到余杭区、滨江区、萧山区、西湖区调研，走访同盾网络科技有限公司、浙江泰普森数字科技有限公司、蚂蚁集团等企业。

8日 杭州亚组委发布首套动态体育图标。该图标在延续杭州亚运会主形象色“虹韵紫”、遵循体育图标功能性原则的基础上，采用动作捕捉与游戏引擎作为设计的核心技术，通过动态运动过程、背景刷入、定帧展示三部曲，对体育运动的“态”与“势”进行演绎，形成动画效果。

9日 省委书记袁家军到杭州调研服务业高质量发展工作，召开服务业高质量发展工作座谈会，听取有关情况汇报。

10日 沪杭高速公路临平段全线通车。沪杭高速公路临平段改建工程西起杭浦高速公路、东至运河二通道，与运河二通道的沪杭高速桥相接，主线全长3.04千米。

11日 国家知识产权局网站发布《国家知识产权局关于确定国家知识产权强市建设试点示范城市的通知》，杭州市入选示范城市名单，试点示范时限为2022年7月至2025年6月。

17日 市委书记刘捷督查老旧小区改造工作，了解实际情况，听取社情民意。

△ 经有关方面协商一致，并经亚残奥委员会批准，杭州第4届亚残运会将于2023年10月22—28日举行。

18—19日 由工业和信息化部、浙江省政府主办的第五届中国服务型制造大会在临平区举行。开幕式上，中国服务型制造联盟、服务型制造研究院共同发布“全球服务型制造发展指数报告”及《中国服务型制造发展报告（2021）》蓝皮书，无锡、杭州、成都、青岛、宁波、上海（浦东新区）、烟台、重庆、深圳9个城市被授予新一批服务型制造示范城市称号。

19日 市委书记刘捷到杭州临空经济示范区调研，召开座谈会，听取示范区建设工作情况汇报。

20日 由国家体育总局、国家发展改革委、文化和旅游部主办的全国“行走大运河”全民健身健步走主会场活动在拱墅区西湖文化广场举行，奥运冠军楼云、叶诗文和1500多名徒步爱好者参与。

22日 省经信厅公布首批省级未来产业先导区培育创建名单，杭州城西科创大走廊人工智能未来产业先导区、未来网络（6G）未来产业先导区入围。

24日 市委书记刘捷调研杭州士兰集昕微电子有限公司、广汽乘用车（杭州）有限公司、恒逸集团等企业。

△ 国家知识产权局发布国家知识产权强县建设试点示范县和国家级知识产权强国建设试点示范园区名单，余杭区入选国家知识产权强县建设示范县，西湖区、拱墅区入选国家知识产权强县建设试点县，杭州高新技术产业开发区入选国家级知识产权强国建设示范园区，杭州未来科技城入选国家级知识产权强国建设试点园区，试点示范时限为2022年8月至2025年7月。

26日 长三角G60科创走廊九城市人大工作交流会暨“数字赋能发展，科创助力共富”交流大会召开。9个城市参会代表发言，杭州市与下一届交流会举办城市芜湖进行交接。在杭州期间，与会人员考察正泰集团、浙江中控技术股份有限公司、未来科技城、之江实验室等。

△ 市委书记刘捷到临平区调研，走访崇贤街道鸭兰村支部党史陈列馆、星桥街道汤家社区社会治理数字驾驶舱、杭州跑步中心、李国叙农场、杭州西奥电梯有限公司等。

29日 市政府与深圳顺丰泰森控股（集团）有限公司战略合作框架协议签约仪式举行。根据战略合作协议，深圳顺丰泰森控股（集团）有限公司将在杭州设立华东区域总部，加速在杭州布局科技研发功能，重点着眼于供应链数据、智慧城市、无人机保障等数字化科技业务，打造数字化供应链服务板块。

9月

1日 市委、市政府印发《杭州市青年发展型城市建设试点实施方案》，从让杭州对青年更友好和青年在杭州更有为两个维度，将青年优先发展理念嵌入城市发展各个领域，加快制度创新，为全国青年发展型城市建设提供杭州经验，把杭州打造成为青年“心生向往、人生出彩、情感归属”的梦想城市。

△《杭州市产业园区“规划环评+项目环评”改革实施方案》施行，有效期至2025年12月31日。改革范围包括开发区、新城、特色小镇、产业集聚区等，主要实施“一免、四减、四保障”的改革措施，创新优化环评准入制度、深化规划环评与项目环评联动、推进环评与排污许可制度融合、强化改革保障。

5日 由市政府主办的第五届杭州国际日在钱塘江畔举行，主题为“以城兴产，共享融光”。杭州分别与哥伦比亚卡塔赫纳市、德国克雷费尔德市线上签署友好交流备忘录。驻华使节代表和在杭外籍人士代表到杭州城西科创大走廊参观访问西湖大学云谷校区和阿里巴巴集团西溪园区。

6日 市长刘忻到钱塘区、滨江区走访服务企业，召开企业座谈会。

7日 全国工商联公布“2022中国民营企业500强”榜单（根据2021年度数据评出），杭州市有41个企业入围。

7—8日 由中国欧盟协会、浙江省人民对外友好协会主办的中欧非绿色能源发展论坛在杭州举行，主题为“应对气候变化，推动中欧非绿色能源共同发展”，多国政要、驻华使节和国际组织嘉宾及业界100多名代表就加快绿色能源转型、推进各国互补合作进行研讨交流。

9日 淳安县森林碳汇管理局挂牌成立，全县23个乡镇的综合服务中心增挂森林碳汇服务中心牌子。淳安县森林碳汇管理局主要职能是做好碳汇林建设管理、林业碳汇开发利用，组织实施森林固碳建设，开展全县林业碳汇、碳储量及年固碳量等重要数据的监测、统计、发布和登记确权等工作。乡镇森林碳汇服务中心承担森林固碳增汇管理工作。

10日 市长刘忻到基层监管所、执法队专题调研“大综合一体化”行政执法改革工作，召开会议，听取城管、交通运输、市场监管等部门改革推进情况汇报。

12日 市长刘忻专题调研未来社区建设工作，走访拱墅区大关街道德胜新村“乐龄家”护理中心，召开未来社区建设工作座谈会，听取市建委关于全市未来社区建设推进情况及工作建议汇报，相关社区代表和市级单位做交流发言。

13日 欧美同学会海归小镇（杭州·数字医药）揭牌启用仪式在萧山科技城举行。该小镇将重点推进信息技术与合成生物学、基因组学、微生物组学等生命科学领域的深度融合应用，培育孵化生物铸造厂、基因数据平台等生物数字服务平台。

14日 杭州市第十八届美德少年（新时代好少年）发布活动在杭州文广集团举行。10名学生被选树为杭州市第十八届美德少年（新时代好少年），10名学生获杭州市第十八届美德少年（新时代好少年）提名。

15日 浙江建德抽水蓄能电站筹备工程开工仪式在梅城镇乌龙山下举行。该电站占地面积161.44公顷，总投资140.5亿元，由协鑫能源科技股份有限公司投资建设，总装机容量240万千瓦，设计年发电量24亿千瓦时、年抽水电量32亿千瓦时，项目计划2029年投产发电。

16日 2022年全国科普日暨杭州市第36届科普宣传周主场活动在中国杭州低碳科技馆启动，主题为“喜迎二十大，科普向未来”，启动仪式上为杭州钱学森故居等全省6个全国首批科学家精神教育基地进行授牌。活动期间，各区县（市）围绕主题，组织省（市）分会场或主场活动，举办近1200场次科普宣传活动。

18—20日 由工业和信息化部、国家发展改革委、交通运输部、国务院发展研究中心、浙江省政府主办的产业链供应链韧性与稳定国际论坛在杭州召开，主题为“同舟共济，共克时艰，务实推动构建富有韧性的全球产业链供应链”，包括开幕式、主题论坛、企业参观等环节。相关国家领导人、部长级官员、驻华使节及相关国际组织、国内外知名企业和商协会负责人出席，探讨加强全球产业合作、畅通国际物流、助力世界经济复苏等议题。

21日 省委书记袁家军到杭州调研除险保安工作，考察上城区公安分局四季青派出所、四季青街道运新社区、萧山区宁围街道等，召开除险保安工作座谈会，听取相关单位交流发言。

22日 铁路杭州西站、湖杭铁路、杭州机场轨道快线和杭州萧山国际机场三期投运，省委书记袁家军宣布投运，省长王浩讲话。铁路杭州西站通达上海、南京、黄山、武汉、南昌及省内多个方向，湖杭铁路途经2个市6个区县（市），杭州机场轨道快线贯穿市区，杭州萧山国际机场三期投运后，预计杭州机场终端年旅客吞吐能力9000万人次、货邮吞吐能力360万吨。

△ 省长王浩到中国科学院基础医学与肿瘤研究所看望慰问一线科研人员，就科技创新与人才工作进行调研。

△ 全国和谐劳动关系创建示范经验交流电视电话会议在北京召开，万事利集团、浙江富春江通信集团、胜达集团、浙江吉利控股集团4个杭州企业获评“全国和谐劳动关系创建示范企业”，杭州湾信息港获评“全国和谐劳动关系创建示范工业园区”。

△ 杭州地铁19号线开通。19号线从西往东，连接杭州火车西站、火车东站和萧山国际机场三大交通枢纽。3号线北延段和10号线后通段同步开通。

23日 市委书记刘捷专题调研钱江新城二期开发建设工作，考察江河汇汇中人行桥项目现场、钱江新城二期建设指挥部等，召开座谈会。

△ 在杭州亚运会倒计时1周年之际，杭州第19届亚运会主办城市推广曲《最美的风景》推出，歌曲MV同步推出。

△ 市总工会举行庆祝2022年“9·26”工匠日暨第六届杭州工匠认定发布会，新一批30名“杭州工匠”名单揭晓。

23—25日 由中国国际茶文化研究会、杭州市政府、中华全国供销合作总社杭州茶叶研究院主办的中华茶奥会在西湖区转塘街道龙坞镇举行，主题为“科技茶奥、品质茶奥、人文茶奥、时尚茶奥、开放茶奥”，涵盖“茶文化、茶产业、茶科技”3个领域。“国风茶韵”茶主题集市同步在龙坞镇举行。

26日 市委书记刘捷专题调研开发区（园区），走访余杭经济技术开发区、杭州钱江经济开发区等。

27日 省长王浩到杭州专题调研“大综合一体化”行政执法改革，考察临平区乔司街道综合行政执法队办公点、上城区九堡街道社会治理综合服务中心。

△ 市委书记刘捷到杭州城西科创大走廊调研，考察北京航空航天大学杭州创新研究院天目山实验室、杭州申昊科技股份有限公司等，召开座谈会，听取有关工作汇报。

△ 第四届长三角G60科创走廊人才峰会在苏州开幕，会上集中发布长三角G60科创走廊9个城市最新人才政策，杭州与上海松江、嘉兴、金华、苏州、湖州、宣城、芜湖、合肥等共同签订《长三角G60科创走廊九城市人才服务工作交流合作框架协议》，进一步建立健全9个城市（区）人才协同服务机制和人力资源交流协作机制，打造人才发展城市共同体。

△ 杭州优秀传统文化丛书编纂出版工作总结发布仪式在市民中心举行。丛书包括1部专著、10个系列，以及《杭州优秀传统文化概论》《中华文化的“窗口”——解读杭州优秀传统文化》《良渚密码》3类书籍，共108种109册，涵盖杭州的城史、山水、名人、遗迹、辞章、艺术等内容。

28日 省委书记袁家军到西湖大学调研，参观新落成的校园，考察合成生物学及生物工程实验室、跨力学实验室、生物聚集体实验室、细胞生物学实验室和学校展厅，了解学校科研等情况。

△ 首个杭州“人才日”当天，杭州市召开市委人才工作座谈会，举办专题研讨会，发布《致广大人才朋友的一封信》，开展人才表彰和集中走访活动，组织“院士专家杭州行”活动，启动“金秋纳才”大学生招聘会等系列活动。

△ 空港高架路（德胜互通至萧山收费站）、空港大道（杭州收费站至通惠北路段）开通试运行。项目起于沪杭甬高速公路乔司枢纽以南处，终于红垦枢纽，全长23.6千米。

10月

8日 杭州高新区（滨江）萧山特别合作园重大项目签约暨“中国

视谷”建设启动仪式举行。“中国视谷”将以视觉智能产业为核心，以万亿级为体量，按照“一园窗口、双核引领、全域联动”的空间布局思路，打造视觉智能高新技术策源地、高端产业集聚地和产业环境最优地。启动仪式前，杭州高新区（滨江）萧山特别合作园新一批重大项目集中签约。

10日 工业和信息化部确定首批开展产业链供应链生态体系建设试点，杭州等12个城市入选。

21日《杭州市“一老一小”整体解决方案》印发实施。方案明确，到2025年，杭州市计划建成“杭州市老年友好型社区”350个，争取创建“全国示范性老年友好型社区”50个，基本建成“老年友好型城市”和“儿童友好型城市”；到2035年，计划实现全市老年友好型社区全覆盖，普惠性婴幼儿照护服务托位供给占比在90%以上，高水平建成“老年友好型城市”和“儿童友好型城市”。

22日 市长刘忻到淳安县、建德市调研乡村振兴工作，就农业农村安全生产、森林防火、疫情防控、社会治安等工作进行督导检查，做出具体部署。

26日 市委书记刘捷到钱塘区调研，召开座谈会，听取钱塘区工作汇报。

27日 杭州市政协新时代协商民主实践中心启用。实践中心位于杭州市城市阳台地面一层，设陈列展示、协商议政、学习交流、互动体验4个区域，面向市党政机关、政协各参加单位、各界别、联盟单位、区县（市）政协和社会各界群众开放。

28日 浙江省保护耕地和全域土地综合整治与生态修复领导小组办公室印发通知，公布2021年度乡村全域土地综合整治与生态修复省级精品工程。杭州4个项目入选，分别来自建德市大同镇、富阳区永昌镇、萧山区宁围街道及临安区太阳镇，累计获2100万元精品工程激励资金。

29—30日 市长刘忻到钱塘区、临平区调研企业及督查重大项目建设推进，走访德琪生物创新药研发及产业基地建设项目、阿里巴巴浙江云计算数据中心项目、信达生物制药抗体类产品项目、龙焱能源科技公司等。

11月

2日 在全省稳进提质金融工具重大项目集中开工活动杭州分会场，扩大杭嘉湖南排后续西部通道工程（杭州城西南排工程）开工。该工程总投资115亿元，位于地下约55米的深处，排涝隧洞从杭州城西片区直达钱塘江九溪段，工程总体呈“Y”形布局，包括南北线和西线两部分，总长约29千米。

3—5日 由市政府、省经信厅、阿里巴巴集团主办的2022年云栖大会在杭州云栖小镇举行，主题为“计算·进化·未来”，探讨云计算、芯片、下一代网络、云边端一体化、人工智能等科技话题，设立3个展馆，发布1000多项科技新品。

4日 由市商务局、市商旅集团、拱墅区政府主办的第二十四届中国杭州西湖国际博览会在武林之星博览中心开幕，以“促消费，稳增长”为办会重点，举办亚洲设计管理论坛暨生活创新展、知味中国·第四届中国（杭州）国际美食博览会、“商旅直通车共富行”助农展销活动等。

7—8日 2022年高水平推进健康浙江行动现场会在杭州召开，对获评2018—2020年健康浙江建设先进的3个地级市及20个县（市、区）进行授牌表彰，杭州市及上城区、拱墅区、西湖区、余杭区、临平区、富阳区6个区获表彰。

8日 市委书记刘捷到富阳区调研，走访富芯半导体项目建设现场、华鹰游艇有限公司等。

△ 第五届中国国际进口博览会长三角G60科创走廊高质量发展要素对接大会在国家会展中心（上海）会议中心举行。长三角G60科创走廊专责小组成员单位和上海松江、嘉兴、杭州、金华、苏州、湖州、宣城、芜湖、合肥9个城市（区）领导探讨长三角G60科创走廊高质量发展。

△ 由中国侨联、浙江省侨联、杭州市政府主办的“创业中华——2022侨界精英创新创业（中国·杭州）峰会”举行，主题为“侨智创未来，筑梦新征程”，举办长三角城市侨创论坛、侨界投资高峰论坛暨项目资本对接会、侨界助力国际化大都市建设暨海归社区可持续发展论坛、科技创新与青年领导力发展论坛萧山分会场等活动。

8—10日 中共中央政治局委员、中共中央宣传部部长李书磊到浙江调研。在嘉兴、湖州、杭州等地的农村、社区和宣传文化单位，就做好党的二十大精神学习宣传、推进乡村文化振兴、加强文化遗产保护等工作了解情况，与基层干部群众和专家学者交流。

11日 中国人民银行、国家发展改革委、科技部、工业和信息化部、财政部、中国银行保险监督管理委员会、中国证券监督管理委员会、国家外汇管理局印发《上海市、南京市、杭州市、合肥市、嘉兴市建设科创金融改革试验区总体方案》，杭州获批建设科创金融改革试验区。

△ 中国科学院大学杭州高等研究院、之江实验室、西湖实验室、白马湖实验室、浙江省北大信息技术高等研究院等30多个在杭州的新型研发机构，共同启动杭州市新型研发机构联盟建设，之江实验室当选为理事长单位、中国科学院大学杭州高等研究院当选为执行理事长单位。

12—13日 由浙江省委、浙江省政府、欧美同学会主办的2022年杭州国际人才交流与项目合作大会举行，主题为“开放、合作、创新、创业”，举办中国留学生论坛、“揭榜挂帅·全球引才”科洽会、“创客天下”大赛总决赛、乡村人才振兴促进共富大会等30多场活动。开幕式现场发布《杭州市构筑科技成果转移转化首选地实施方案（2022—2026）》《杭州国际人才吸引力报告》及“杭州人才科创数智平台”。

14日 市十四届人大常委会第六次会议召开。经审议表决，会议决定接受刘忻辞去杭州市人民政府市长职务，报杭州市人民代表大会备案；决定任命姚高员为杭州市人民政府副市长，代理市长职务。

15日 杭州联合天津、三亚、海口、厦门、宁波、济南、郑州、榆林、黄石共同召开城市信用建设战略合作协议签署会，决议通过并签署《十城市信用建设战略合作协议》，明确10个城市将在信用信息共享、监管共治、规则共建、应用共享、品牌共铸等方面深化沟通合作。

17日《杭州市构建因病致贫返贫防范长效机制实施办法》印发。该办法明确，到2025年，实现基本医保、大病保险、医疗救助综合保障与慈善救助、商业健康保险等协同发展、有效衔接，基本建成政府主导、多方参与、共建共享的多层次医疗保障体系；确保困难群众医疗费用综合保障率在85%以上，医疗费用个人负担率控制在15%以内。

18日 2022年宋韵文化节开幕暨南宋德寿宫遗址博物馆开馆仪式举行。文化节主题为"宋韵今辉"，联合杭州、温州、绍兴、衢州、台州等市共同举办，活动延续至12月底。

19日 由市政府主办的首届中国低碳城市发展论坛在杭州举行，主题为"建设低碳城市"，气候、能源、生态、经济、公共政策、技术应用等领域的院士专家和业界代表参加，探讨低碳城市建设与"双碳"目标实现的杭州经验和中国道路。

19—20日 代市长姚高员到淳安县、建德市、桐庐县调研，走访下姜村、梅城古镇等，听取三地相关部门情况介绍。

20日 百亿级项目浙江桐庐抽水蓄能电站开工仪式在富春江镇举行。该项目总装机容量1400兆瓦，建成后预计年发电量16.8亿千瓦时，将主要承担浙江电网及华东电网调峰、填谷、储能、调频、调相、备用等任务。

21日 代市长姚高员到部分亚运场馆调研建设运营情况，召开情况汇报会，听取亚组委办公室汇报亚运会、亚残运会相关筹办情况。

22日 代市长姚高员到杭州城西科创大走廊调研，考察浙江铖昌科技有限公司、北京航空航天大学杭州创新研究院天目山实验室等，召开座谈会，听取有关工作汇报。

△ 南宋德寿宫遗址博物馆对公众开放。博物馆位于上城区，总用地面积2.1万平方米，建筑面积1.2万平方米，展示露明遗址面积4000多平方米，是一座依托德寿宫遗址，以保护、研究、收藏和展示遗址本体及出土文物为主，同时展示南宋历史文化和文物遗产的遗址专题博物馆。

23日 市委书记刘捷到拱墅区、临平区调研，走访小河公园、大运河杭钢工业旧址综保项目建设现场、临平方志馆等。

△ 代市长姚高员到有关企业走访调研，走访零跑科技股份有限公司、杭州海康威视数字技术股份有限公司、正泰集团等。

24日 工业和信息化部在无锡召开国家先进制造业集群现场会，公布45个国家先进制造业集群名单，"杭州市数字安防集群"入选。

24—27日 第十八届中国国际动漫节在杭州举行，主题为"共富新时代，动漫创未来"，推出会展、论坛、商务、赛事、活动5个板块24项活动，展览展示面积4.3万平方米，有57个国家和地区的292个中外企业机构、1400多名展商客商和专业人士参与活动，开展"一对一"洽谈4073场，现场意向签约金额5.54亿元。

25日 人力资源和社会保障部召开个人养老金启动会，宣布首批个人养老金制度试点城市，杭州市成为36个先行城市（地区）之一。杭州市将根据国家要求，开展个人养老金制度试点，做好个人养老金政策宣传解读等工作，推动个人养老金制度在杭州市落地实施。

25—27日 由中国人工智能学会、杭州市政府主办的2022年全球人工智能技术大会在杭州未来科技城举行，主题为"如何推进人工智能与元宇宙的协同发展"，中外院士、技术精英、商业先锋等300多名专家参加。开幕式上举行中国人工智能学会工业人工智能专业委员会、智能融合专业委员会授牌仪式，科创综合服务平台——天堂e创发布仪式。

27日 杭州亚组委向全球推出亚运数字火炬手。亚运数字火炬手是真实用户在数字亚运世界的数字身份，将现实世界的亚运火炬手拓展至数字世界，让更多的人能够直接参与亚运会活动。

28日 商务部公布首批全国12个示范智慧商圈、16个智慧商店名单，杭州市上城区湖滨商圈、拱墅区武林商圈2个商圈，湖滨银泰、解百商业、杭州大厦3个商业体上榜。

29日 省委书记袁家军到杭州调研安全生产工作，召开安全生产工作座谈会，听取相关单位交流发言。

30日 省商务厅在第五届浙江本土跨国公司成长论坛暨"丝路领航"新三年行动计划启动仪式上发布2022年度浙江本土民营跨国公司"领航企业"名单，杭州有20个企业上榜。

12月

1日 省委书记袁家军到杭州调研民营企业，考察中控技术公司、零跑汽车公司、费尔斯通科技公司等，召开推动经济稳进提质企业家座谈会。

3日 国务院批复同意在沈阳、南京、杭州、武汉、广州、成都开展服务业扩大开放综合试点，试点期为自批复之日起3年。

6日 市四套班子领导和副市级以上老干部集体收看江泽民同志追悼大会直播，学习习近平总书记在追悼大会上所致的悼词，缅怀江泽民同志的光辉业绩和崇高风范，寄托哀思。

△《杭州市人民政府关于推进高质量就业工作的意见》印发，于2023年2月1日起施行。该意见包含扩大就业容量、强化创业带动作用、增强就业保障能力、提升劳动者技能等7个方面、24条。

10—11日 由中国人民对外友好协会、中国国际商会、全球中小企业联盟主办的第三届世界会长大会暨第十三届西湖公共关系论坛举行，主题为"数字化背景下人类命运共同体建设：社会组织的使命与担当"，主会场设在杭州，辐射10个省（自治区、直辖市），在11个国家设立21个分会场。会上，"世界会长全球招商中心"成立，"世界商会"数智化应用平台上线，举行"数字化专精特新企业董事长 & 国际会长圆桌会"等平行分论坛。

11—14日 由浙江省政府、商务部主办的首届全球数字贸易博览会在杭州举行，主题为"数字贸易，商通全球"，爱尔兰为主宾国，北京、上海、四川担任主宾省（市），展览面积8万平方米，设置1个综合馆和6个专题馆，举办26场高层次论坛会议，发布各类重大成果110多项，开展全球数字贸易博览会先锋奖活动，发布"2022全球数字贸易行业企业

Top100 评选”及《2022 数字贸易企业百强榜》《中国数字贸易发展报告（2021）》等成果。

12 日 由浙江省政府、商务部主办的首届全球数字贸易博览会之江数字贸易主论坛在杭州举行，主题为“聚焦数字贸易新发展，聚力数字经济新未来”，探讨全球数字贸易热点议题，发布《中国数字贸易发展报告（2021）》，举行杭州国际数字交易中心揭牌仪式。

13 日 省委书记易炼红到杭州调研新形势下提信心、抓机遇、拓市场、促开放工作，召开企业家座谈会，听取企业家代表发言。

△ 市委、市政府召开市属国有企业改革动员部署会，部署市属国有企业改革工作，宣布部分市属国有企业班子成员配备。

14 日 杭州市代表团到衢州对接落实山海协作工作，召开杭州—衢州山海协作工程工作联席会，会上举行杭衢山海协作项目签约仪式。在衢州期间，杭州市代表团考察余东村、巨化集团、衢州孔氏南宗家庙等。

15 日 市委、市政府召开杭州临空经济示范区建设动员大会，通报杭州临空经济示范区党工委、管委会和市临空建投集团领导班子组成情况，发布临空经济示范区国土空间、产业发展、综合交通规划和三年行动计划，有关单位签署合作协议。

16 日 第六届世界浙商大会杭州专场活动——杭州民营经济发展论坛暨新生代企业家论坛举行，主题为“奋进新时代，展示新风采，接力新征程”，企业家代表围绕民营经济高质量发展进行探讨。会上发布“杭州市民营企业百强榜单”等系列榜单。

△ 代市长姚高员专题调研交通治理工作和综合交通枢纽，走访杭州市育才实验学校、虾龙圩公交站、杭州中环余杭段良祥路互通节点项目现场、杭州火车西站等。

17 日 杭州市新冠肺炎疫情防控工作领导小组办公室发布《关于调整疫情防控措施的通告》，倡导“非必要不查验核酸证明”，倡导“非必要不做核酸”。

18 日 省委书记易炼红到杭州调研企业、社区、科创平台、文化遗址公园，走访良渚遗址公园、之江实验室、阿里巴巴集团、翠苑一区社区等，听取杭州市委、市政府工作汇报。

△ “中国传统制茶技艺及其相关习俗”被列入人类非物质文化遗产代表作名录庆典仪式举行，杭州为主场，浙江多地联动，主题为“茶和天下，共享非遗”。仪式上发布《迈向可持续发展新未来——“中国传统制茶技艺及其相关习俗”保护传承杭州宣言》。“中国传统制茶技艺及其相关习俗”项目于 11 月 29 日被列入联合国教科文组织新一批人类非物质文化遗产代表作名录。

18—20 日 由省交通运输厅、省发展改革委、省经信厅、萧山区政府主办的第四届浙江国际智慧交通产业博览会在杭州国际博览中心举行，主题为“交通数字化·数字产业化”，设 1 个数字交通线下馆和轨道交通、港航物流、航空航天、低碳交通 4 个线上馆，205 个企业、530 件产品参展；举办 1 个线下主旨论坛和 6 个线上主题论坛，47 个交通产业企业的项目完成签约，投资总额约 866 亿元。

19—21 日 由杭州市政府主办的第十三届中国（阿联酋）贸易博览会在迪拜世贸中心举行，全国有 1040 个企业参加，杭州市有 126 个企业参加。截至 21 日 18 时，“杭州展团”收获价值 4.5 亿美元意向订单。

21 日 省委书记易炼红到杭州调研浙江大学和西湖大学，听取学校情况介绍，与科研人员交流。

△ 由新华社《瞭望东方周刊》、瞭望智库主办的 2022 年中国幸福城市论坛暨颁奖典礼在杭州举行，杭州获评中国最具幸福感城市，富阳区、拱墅区、临安区获评中国最具幸福感城区。

24 日 省长王浩到杭州专题调研医疗救治体系和医药物资储备工作，看望慰问医务人员。

26 日 杭州亚残运会倒计时 300 天之际，杭州亚残组委发布亚残运会宣传推广歌曲《我们都一样》和盲人门球竞赛项目宣传片，展现杭州亚残运会筹办进展和残疾人事业发展成果。

28 日 省长王浩到杭州调研企业生产一线，走访浙江大华技术股份有限公司、网易集团，听取企业负责人意见和建议，了解企业发展中的困难和问题，到滨江区社会矛盾纠纷调处化解中心接待来访企业负责人。

28—29 日 杭州市第十四届人民代表大会第二次会议召开。大会依法补选姚高员为杭州市人民政府市长，选举产生杭州市出席浙江省第十四届人民代表大会代表 99 人。

30 日 由杭州市政府、浙江大学、中国美术学院主办的第十六届杭州文化创意产业博览会在杭州国际博览中心开幕，为期 4 天，主题为“文化的力量”，设置 2 个馆、4 个区、7 个板块，总展示面积 3 万平方米，近 40 个国家和地区的 3800 多个文化企业及品牌参加展示。博览会举办 7 场专业论坛和 5 项年度权威发展指数报告发布活动。 （年鉴编辑部）

责任编辑 郦 晶

5 市情综览

自然环境

【地理位置和面积】杭州市地处长江三角洲南翼、杭州湾西端，是中国东南部的战略枢纽城市。市域介于北纬29° 11′~30° 34′ 和东经118° 20′~120° 37′。全市总面积16850平方千米（根据第二次土地利用调查），其中市区总面积8289平方千米。至2022年年末，全市土地面积构成中，山地丘陵占65.6%，平原占26.4%，江、河、湖、荡、水库占8%。杭州森林资源集中在临安、淳安、建德、桐庐、富阳等地，以临安、淳安森林资源最为丰富。至2022年年末，全市森林面积112.73万公顷，森林覆盖率66.9%，居全国省会城市、副省级城市第一位。（市林水局）

【地貌】杭州境域地貌类别多样，大地构造处于扬子准地台钱塘台褶带。近期现代构造运动趋向缓和，地震活动显得微弱，自公元2世纪以后，有记载的4级以上地震6次，多为弱震（3~5级）和微震（1~3级）。杭州有记载的最强地震为5级（929年）。杭州西北部和西部系浙西中山丘陵区，主要山脉有天目山、白际山、千里岗山等，全市最高点是海拔1787米的清凉峰。市区丘陵分布在城区西南部向北东—南西向延伸。主城区主要有吴山、紫阳山、玉皇山、北高峰、云居山、三台山、翁家山、将台山、老和山、月轮山、五云山、狮峰、半山、天马山、二龙头、屏风山、凤凰山、青龙山、老焦山、龙门山、玉泉山等。杭州东北部和东南部属浙北平原地区，地势低平，海拔3~6米，地表江河纵横，湖泊密布。（年鉴编辑部）

【湖泊河流】杭州市境内主要河流有钱塘江、苕溪、京杭运河（浙江段干流）。钱塘江发源于安徽省休宁县龙田乡江田村，干流长度609千米，其中杭州市境内220千米。苕溪发源于临安区太湖源镇白沙村，干流长度160千米，其中杭州市境内90千米。京杭运河（浙江段干流）南起杭州三堡船闸，北至嘉兴市桐乡乌镇镇虹桥村，河流长度为83千米，其中流经杭州长度56千米。新安江水库又名“千岛湖”，108米水位时水域面积580平方千米，总库容216.3亿立方米。杭州市境内水面面积1平方千米以上湖泊共5个，分别是西湖水面面积6.39平方千米、南湖水面面积4.17平方千米、湘湖水面面积3.05平方千米、三白潭水面面积1.12平方千米、白马湖水面面积1.01平方千米。杭州湾以钱塘潮著称，是中国沿海潮差最大的海湾。

【水资源】2022年，杭州市水资源总量128.08亿立方米，平均产水系数0.53。其中，地表水资源量126.27亿立方米，地下水资源量27.73亿立方米（含允许重复计算量）。按年末常住人口计算，人均水资源量1034.90立方米。地表水资源与降水量空间分布基本一致，总体趋势由西部山区向东部平原递减。全年用水总量29.27亿立方米，全市万元地区生产总值用水量和万元工业增加值用水量，比上年分别下降5.2%、12.5%。（市林水局）

【矿产资源】杭州市矿产资源包含能源、金属、非金属、水气4类83个矿种，有查明资源储量的70种。能源矿产有7种，有查明资源储量的煤、石煤、铀和地热4种；金属矿产23种，有查明资源储量的铁、铜、银、钼、铅、锌等22种，中型规模矿床7个；非金属矿产51种，有查明资源储量的42种，其中优质石灰岩、建筑用石料储量丰富；水气矿产有矿泉水和地下水2种，资源丰富，有水源地30处，其中矿泉水水源地22处。

【土壤】根据1979—1985年的第二次土壤普查，杭州市土壤总面积15027平方千米。全市成土环境复杂多变，土壤性质差异较大，共有9个土类、18个亚类、59个土属及149个土种。土壤分布主要受地貌因素制约，随地貌类型和海拔高度的不同而变化。全市土壤中，红壤分布最广，占土壤面积的50%以上；水稻土次之，约占14%。（年鉴编辑部）

【野生植物】杭州市属亚热带常绿阔叶林带，野生植物种类繁多。据不完全统计，有维管植物190科、899属、2070种。其中：蕨类植物184种，隶属35科、72属；种子植物1886种，隶属155科、827属。有国家重点保护野生植物31种，其中一级保护的有中华水韭、长喙毛茛泽泻、银杏、南方红豆杉、天目铁木、秃杉、莼菜7种，天目铁木为杭州特有种。野生植物品种资源主要分布在天目山、清凉峰两个国家级自然保护区内。

【野生动物】杭州多样的自然环境和温湿的气候孕育了丰富的野生动物资源。鱼类区系由北方平原、北方山区、江河平原、上第三纪、热带平原、中印山区、海水7个鱼类区系复合体组成。陆生脊椎动物主要分布于西南山区和临安北部山区。无脊椎动物以昆虫类繁盛。根据杭州市湿地资源调查（2005年）及历史记载，全市有鱼类178种，其中国家一级保护动物1种、二级保护动物3种。根据杭州市陆生野生动物资源调查（2005—2007年）及历史记载，全市有陆生野生动物506种，属于国家级重点保护动物74种，其中国家一级重点保护动物11种、国家二级重点保护动物63种。（市林水局）

【气候特征】杭州地处亚热带季风气候带，温和湿润，雨量充沛，光照充足，四季分明，春秋较短，冬夏较长。春季一般始于3月上旬至中旬，回暖早，冷暖转换快，气温日较差大。夏季平均始于5月中旬至下旬，初夏常为梅雨季节，高湿闷热；盛夏晴热少雨，也是台风影响最频繁时期。秋季多开始于9月下旬至10月初，多秋高气爽天气。冬季多开始于11月底至12月初，多晴冷天气。

由于受冬夏季风的影响以及山脉、海洋的共同作用，杭州气象要素和气候资源分布呈现明显的地带性差异和地形小气候特征。

气候温和，呈变暖趋势，21世纪以来，杭州主城区年平均气温都在17℃以上。雨量充沛，年际变化大，年降水量最多年为最少年的2.5倍；年内降水分布不均，主要集中在5—9月的汛期，约占全年降水量的75%。雨日较多，占全年的40%以上。日照充足，但年日照时数最多年和最少年差异较大，属于太阳能资源不稳定地区。盛行风随冬夏季风的交替而变化，冬半年盛行西北风，夏半年盛行偏东风和西南风。受地形影响，杭州西部丘陵山地普遍存在山谷风资源，东部沿杭州湾的平原地区存在海陆风资源，可改善区域小气候环境。受丘陵山区地形分布影响，气候因子垂直分布差异大，小气候资源十分多样。降水一般在海拔千米以下随高度上升而递增，千米以上又随高度上升而减少。

2022年，杭州市气候变暖趋势持续，全年有8个月平均气温高于常年（指1991—2020年30年的平均气候状况），年平均气温18.5℃，比常年（17.5℃）偏高1.0℃，是2000年以后第23个连续偏暖年份，列1951年建站以后第二位；全年出现高温日数59天，打破2013年53天的历史纪录；主城区极端最高气温41.8℃，打破历史最高温度纪录。年降水量1502.7毫米，与常年（1489.4毫米）持平，汛期（4—10月）降水量833.3毫米，比常年（1033.5毫米）明显偏少，年雨日数150天，比常年偏多。年日照时数1943.1小时，比常年偏多。

气　温　2022年，杭州市主城区1月平均气温6.4℃，比常年（5.0℃）偏高1.4℃；2月平均气温5.1℃，比常年（7.0℃）偏低1.9℃；春季（3—5月）平均气温17.8℃，比常年（16.7℃）偏高1.1℃；夏季（6—8月）平均气温30.2℃，比常年（27.7℃）偏高2.5℃；秋季（9—11月）平均气温20.0℃，比常年（19.0℃）偏高1.0℃；12月平均气温5.7℃，比常年（7.4℃）偏低1.7℃。全市极端最高气温为43.7℃，出现在余杭，出现日期为7月13日；主城区极端最高气温为41.8℃，出现在8月14日。全市极端最低气温为-5.0℃，出现在临安，出现日期为12月18日；主城区极端最低气温为-3.1℃，出现日期为12月18日。

降　水　2022年，杭州市年降水量1177.2~1502.7毫米，其中主城区年降水量与常年（1489.4毫米）持平。全市1月降水量142.8毫米，比常年（93.3毫米）偏多53.1%；2月降水量152.3毫米，比常年（88.3毫米）偏多72.5%；春季降水总量为462.9毫米，比常年（379.3毫米）偏多22.0%；夏季降水总量456.0毫米，比常年（602.5毫米）偏少24.3%；秋季降水总量225.1毫米，比常年（262.6毫米）偏少14.3%；12月降水量63.5毫米，比常年（64.2毫米）偏少1.1%。

2022年，杭州市主城区年雨日数150天，比常年均值（146.8天）偏多3.2天。各站年雨日数在145~157天之间，与常年基本持平。

日照时数　2022年，杭州市年日照时数1512.4~1943.1小时，其中主城区比常年（1635.3小时）偏多近20%。全市1月日照时数70.8小时，比常年（95.6小时）偏少25.9%；2月日照时数72.7小时，比常年（96.6小时）偏少24.7%；春季日照时数492.9小时，比常年（424.0小时）偏多16.3%；夏季平均日照时数740.0小时，比常年（506.5小时）偏多46.1%；秋季平均日照时数440.8小时，比常年（399.9小时）偏多10.2%；12月日照时数125.9小时，比常年（112.6小时）偏多11.8%。

霾　2022年，杭州市霾日数47天，比上年减少3天，未出现中度和重度霾天气；平均能见度12683米，比上年增加484米，大于10千米的高能见度天气出现概率为53.3%，稍低于上年的53.7%；小于2千米的低能见度天气出现概率为4.8%。

【主要气候事件】2022年，杭州天气、气候复杂多变，年初、年末经历多轮降雪；春、夏两季强对流天气频发；梅雨量少、梅期短；遭遇了历史最强高温，屡次刷新历史高温纪录；伏秋连旱，给农业带来明显不利影响；入秋入冬气温骤降，迅速完成季节转换。

降　雪　2022年年初，杭州市出现5轮降雪天气，其中2月23日临安清凉峰镇龙塘山积雪65厘米，积雪深度为近年罕见。11月30日到12月1日受寒潮影响，全市普降大雪，年末杭州又提前1个月迎来初雪（常年平均12月25日）。

强对流天气　2022年，杭州市发生14次强对流事件，其中13次出现在春夏季。出现4次冰雹天气（3月14日、6月29—30日、7月27日、8月6日），其中3月14日淳安县瑶山乡出现直径4厘米的大冰雹。受强对流影响，8月6日桐庐城南街道金联村出现13级（39.4米/秒）强风，8月24日富阳环山乡环一村出现小时雨强107毫米的短时特大暴雨，均超过当地有气象记录以来的历史极值。

梅　雨　2022年6月10日杭州入梅，梅雨期16天，比常年偏短10天。平均梅雨量98毫米，仅占常年平均梅雨量（261毫米）的37.5%。

高　温　2022年，杭州市出现高温日数59天，打破2013年53天的历史纪录。7月20日至8月23日连续35天出现高温天气，打破历史连续高温天数最长纪录。超过40℃高温日数14天，与2013年并列历史第一位。

伏　旱　2022年7—10月，杭州各地持续遭遇伏秋连旱天气，全市受旱日数近100天，为历史最严重干旱。连续干旱对晚稻、茶叶、水果等作物产生明显影响。为缓解旱情，气象部门实施人工影响天气作业113轮次，阶段性缓解各地旱情。

入秋入冬气温骤降　2022年10月2日、3日最高气温分别为37.7℃和38.4℃，创历史同期最高纪录。4日夜里受强冷空气影响，5日早晨杭州最低气温降至16.5℃，完成夏秋季节转换。11月28日至12月1日，杭州先后经历电闪雷鸣、冷空气大风、暴雪天气，最高气温从18.9℃跌至1.2℃，12月1日最低气温跌破冰点，正式入冬。（洪　萍）

历史文化

【建置沿革】杭州是华夏文明发祥地、中国七大古都之一。考古发现，远在数万年前，在杭州市所辖建德市李家镇一带即有智人“建德人”活动。良渚文化距今5300~4300年，被称为“中华文明的曙光”。随着跨湖桥遗址的发现和“跨湖桥文化”被正式命名，杭州乃至浙江文明史推前到距今约8000年新石器时代的中期。秦王政二十五年（前222年）置钱唐县、余杭县，属会稽郡。隋开皇九年（589年）废钱唐郡，置杭州，杭州之名首次在历史上出现。五代吴越国（907—978年）在杭州建都。南宋建炎三年（1129年），高宗赵构南渡至杭州，升杭州为临安府。绍兴八年（1138年），南宋正式定都临安，历时约140年。元至元十四年（1277年），改临安府为杭州。至元二十一年（1284年），自扬州迁江淮行省治于杭州，次年改称江浙行省。至正二十六年（1366年），朱元璋攻占杭州，置浙江等处行中书省，治杭州府。明洪武九年（1376年），改浙江行中书省为浙江承宣布政使司。清康熙元年（1662年），改浙江承宣布政使司为浙江行省。民国元年（1912年）2月，废杭州府，以钱塘、仁和县并置杭县，直属浙江省，并为省会所在地；民国16年（1927年）5月，划杭县城区等地设杭州市，杭州置市始此。1949年5月3日，杭州解放。10月1日，中华人民共和国成立，杭州市为浙江省直辖市、浙江省省会。1958年，萧山县、富阳县改属杭州市。1960年，桐庐县、临安县改属杭州市。1963年，建德县、淳安县改属杭州市。杭州市境域和行政区划框架基本确定。1987年11月，萧山撤县设市。1992年4月，建德撤县设市。1994年1月，富阳撤县设市。同年4月，余杭撤县设市。1996年10月，临安撤县设市；同年12月，设立滨江区。2001年2月，萧山、余杭撤市设区。2014年12月，富阳撤市设区。2017年9月，临安撤市设区。2021年4月，杭州市部分行政区划调整，撤销上城区和江干区，设立新的上城区；撤销下城区和拱墅区，设立新的拱墅区；撤销余杭区，设立新的余杭区和临平区；设立钱塘区。至此，杭州市辖上城、拱墅、西湖、滨江、萧山、余杭、临平、钱塘、富阳、临安10个区和桐庐、淳安、建德3个县（市）。

【市树、市花、城标】杭州市的市树为香樟，市花为桂花。香樟即樟树，樟科常绿乔木，广布于中国长江以南各地。香樟全株有樟脑香气，是杭州常见的绿化树和行道树。桂花又名“木樨”，木犀科常绿灌木或小乔木。秋季开花，花簇生于叶腋，黄色或黄白色。桂花在杭州有近千年的栽培历史，尤其是满觉陇桂花最为著名，南宋时期《咸淳临安志》有记载。常见的有金桂（丹桂，花橙黄色）、银桂（花黄白色）和四季桂等。杭州城标于2008年3月28日确定，城标由篆书汉字“杭”演变而来，将航船、城郭、园林、拱桥等元素融入其中。标志用特别设计出来的字体表现杭州的城市名称，强调字体的独特性，字体与图形相结合，浑然一体。

【跨湖桥文化】跨湖桥文化分布于浙中山区，是山地文化向平原文化发展的早期一支，距今约8000年。跨湖桥人以农业、采集、渔猎为生，会制作骨器、木器、石器作为生产工具。木作技术十分发达，榫卯技术出现，懂得用生漆涂饰木器、用动物或植物的胶汁粘补陶器。在他们的精神世界里，出现拜火崇日的宗教观念。据考古发现，跨湖桥人学会栽培水稻、驯养家猪。跨湖桥遗址自1990年6月首次发掘以后，经过3次考古发掘，其中2002年发掘出土的独木舟及相关遗迹，对研究中国造船史、交通史以及世界造船史，产生重大而深远的影响。2004年12月，“跨湖桥文化”正式命名。2006年5月，跨湖桥遗址被国务院公布为第六批全国重点文物保护单位。跨湖桥遗址的发现，打破河姆渡文化、马家浜文化对浙江新石器时代文化的两分体系，建立起区域文化的多元格局，为长江流域新石器时代文化研究中整体观念的形成树立新的坐标。

【良渚文化】良渚文化是中国长江下游环太湖流域新石器时代晚期文化，发生于距今5300~4300年，是长江中下游太湖地区文化序列中的一个阶段，即马家浜文化—崧泽文化—良渚文化的发展序列。良渚遗址群是良渚文化遗存分布最集中、规模最大、等级最高的中心遗址，主要分布在余杭区境内，分布着135个遗址点，包括宫殿、墓地、祭坛、村落、大型礼制性建筑基址等各类遗存。1936年，良渚文化被发现；1959年，被命名为“良渚文化”。1994年年初，国务院将“良渚遗址群的保护、开发的多维研究”项目列入中国21世纪议程优先项目计划，列入中国政府向联合国教科文组织推荐“世界遗产名录”的预备清单。1996年，良渚遗址群被国务院列为全国重点文物保护单位。2006年12月，良渚遗址名列“中国世界文化遗产预备名单”第13项（共35项）。2017年9月22日，经中国联合国教科文组织全国委员会署名推荐后，国家文物局将两套良渚古城遗址申遗英文版预审材料寄往联合国教科文组织世界遗产中心预审。2019年7月6日，在阿塞拜疆首都巴库举行的联合国教科文组织第 43 届世界遗产委员会会议通过决议，将中国世界文化遗产提名项目“良渚古城遗址”列入“世界遗产名录”。

【杭州西湖文化景观】2011 年 6 月 24 日，在法国巴黎召开的第 35 届世界遗产委员会会议上，“杭州西湖文化景观”通过国际古迹遗址理事会 21 个成员代表组成的世界遗产委员会主席团审议，正式被列入“世界遗产名录”，成为中国第 41 个世界遗产项目。杭州西湖文化景观由分布于约 60 平方千米范围内的西湖自然山水、“三面云山一面城”的城湖空间特征、“两堤三岛”景观格局、“西湖十景”题名景观、西湖文化史迹和西湖特色植物六大要素组成。杭州西湖文化景观是中国历代文化精英秉承“天人合一”哲理，在深厚的中国古典文学、绘画美学、造园艺术和技巧传统背景下，持续性创造的“中国山水美学”景观设计最经典的作品，展现东方景观设计自南宋以后讲求“诗情画意”的艺术风格，具有显著的景观持续性和文化关联性。在 9—20 世纪世界景观设计史和东方文化交流史上拥有杰出、重要的地位和持久、广泛的影响，在 10 个多世纪的持续演变中日臻完善，并真实、完整地保存至今，成为景观元素特别丰富、设计手法极为独特、历史发展特别悠久、文化含量特别厚重的“东方文化名湖”，是世界独具一格的文化景观。

【京杭运河（杭州段）】2014 年 6 月 22 日，在卡塔尔首都多哈召开的第 38 届世界遗产委员会会议同意将中国大运河列入“世界遗产名录”，中国大运河成为中国第 46 个世界遗产项目。世界遗产委员会认为，中国大运河是世界上最长的、最古老的人工水道，也是工业革命前规模最大、范围最广的土木工程项目。中国大运河由隋唐大运河、京杭大运河和浙东运河组成，包括十大河段，地跨北京、天津、河北、山东、江苏、浙江、河南和安徽 8 个省级行政区，沟通海河、黄河、淮河、长江、钱塘江五大水系。杭州是京杭运河的最南端和浙东运河的起点，是中国大运河的重要节点。京杭运河（杭州段）被列入遗产河道总长 110 千米。杭州市被列入京杭运河首批申遗点段共有 11 个：富义仓、凤山水城门遗址、桥西历史街区、西兴过塘行码头、拱宸桥、广济桥 6 个遗产点，杭州塘、上塘河、中河、龙山河、浙东运河西兴段 5 段河道。申遗点段的数量在全国各城市中位于前列。

【南宋临安城遗址】南宋皇城遗址位于杭州凤凰山东麓。经历年考古勘探、调查，探明皇城遗址四至范围，东抵馒头山东麓，西至凤凰山麓，北起万松岭路南，南达宋城路，依山就势，平面呈不规则方形，皇城区块面积约 85 万平方米。陆续发现南宋太庙遗址、三省六部遗址、德寿宫遗址、御道遗址等南宋时期重要遗址。2001 年，以南宋皇城遗址为核心的南宋临安城遗址被国务院确定为全国重点文物保护单位，2006 年被国家列入“十一五”100 处重点保护遗址名录；2013 年，南宋皇城遗址被确定为浙江省第一批省级考古遗址公园。2009 年，市委、市政府制订《南宋皇城大遗址综合保护工程五年行动计划》。2011 年，启动《全国重点文物保护单位南宋临安城遗址保护总体规划》编制工作；2013 年 6 月，该规划由省政府公布实施。（年鉴编辑部）

行政区划

【概况】2022 年，杭州市行政区划保持稳定，建制数不变。有市辖区 10 个、县级市 1 个、县 2 个，街道 93 个、乡 23 个、镇 75 个。增加 89 个社区，减少 3 个居民区、7 个村。至年末，全市有社区 1362 个、居民区 17 个、村 1906 个。

【行政区域界线联合检查】2022 年，杭州市完成 1 条市级界线（杭州金华线）、6 条县级界线（临平钱塘线、上城临平线、上城西湖线、滨江萧山线、桐庐淳安线、桐庐建德线）的联合检查工作。以“界线联检”和“隐患排查调处”为抓手，健全党委领导、政府负责、民政牵头、部门协同、公众参与的平安边界共建共治制度和联席会议、定期走访、应急处置、重大事项报告等工作机制，加强边界纠纷隐患排查、矛盾纠纷调处。全年未发生争议和纠纷，边界地区和谐稳定。在 2021 年开发建设的“智慧边界”管理平台框架的基础上，推进定位器、监控等智能设备的设置，完成县级界线的 31 个界桩上智能设备的设置，为界桩数字化管理夯实基础。

（尹飞艳）

人口变迁

【户籍人口年增长 1.46%】至 2022 年 11 月 30 日 24 时（户籍人口统计标准时点），杭州市户籍人口总户数 2664533 户，比上年增加 45013 户；总人口 8467474 人，增加 122046 人；人口年增长 1.46%，增幅下降 1.05 个百分点。其中，男性 4176566 人，女性 4290908 人，分别占总人口的 49.32% 和 50.68%。性别比为 97.33（以女性为 100，下同），下降 0.29。男性比例持续减少，主要由于女性迁入人员大于男性迁入人员，以及死亡人口中男性多于女性。市区总户数 2188750 户，增加 44355 户；总人口 7092478 人，增加 126540 人。其中，男性 3485820 人，占市区总人口的 49.15%；女性 3606658 人，占市区总人口的 50.85%，性别比为 96.65。

【户籍人口数整体增长】2022 年，杭州市户籍人口数整体增长。全市 13 个区县（市）中有 11 个区县（市）户籍人口增加，2 个县（市）减少。其中，市区均呈增长趋势，淳安县、建德市人口呈负增长趋势。从绝对数看，萧山区、拱墅区和上城区户籍人口总数居前三位，分别为 1261831 人、886412 人和 882797 人；从增长率看，余杭区、滨江区和临平区人口增长率居前三位，分别为 3.94%、3.55%、3.27%；从增加数看，余杭区、萧山区和临平区增加人口数居前三位，分别比上年增加 27652 人、21776 人和 19065 人。桐庐县、淳安县、建德市 3 个县（市）的户籍人口中，桐庐县转负为正，增加 59 人；淳安县减少 2521 人；建德市减少 2032 人。其中迁往杭州市区分别为 979 人、1691 人、1435 人，均占迁往省内人口的 70% 以上，以就近城市人口转移为主。

2022年杭州市行政区划一览表

表1　　单位：个

地域名称	街道	乡	镇	社区	居民区	村
上城区	14	—	—	199	—	4
拱墅区	18	—	—	174	—	—
西湖区	10	—	2	181	—	41
滨江区	3	—	—	66	—	—
萧山区	10	—	12	236	—	336
余杭区	7	—	5	106	—	116
临平区	7	—	1	139	—	57
钱塘区	7	—	—	63	—	59
富阳区	5	6	13	74	—	276
临安区	5	—	13	36	2	270
市区小计	86	6	46	1274	2	1159
桐庐县	4	4	6	37	—	181
淳安县	—	12	11	24	—	337
建德市	3	1	12	27	15	229
合　计	**93**	**23**	**75**	**1362**	**17**	**1906**

说明：1. “合计”数中包括“市区小计”数

2. 西湖区的西湖街道（下辖6个社区、9个村）委托杭州西湖风景名胜区管委会管理

2022年杭州市社区、居民区调整情况表

表2

地域名称	撤销、新建社区、村
上城区	闸弄口街道新建濮家社区、机神社区、天城社区，撤销濮家联合社区
西湖区	蒋村街道新建西溪庐海社区。翠苑街道新建塘苗社区。转塘街道新建凤凰社区、碧波社区、枫桦社区、云湖社区，撤销唐家桥社区、五云社区、梦湖社区。双浦镇新建滨之江社区
滨江区	浦沿街道新建伟业社区、新和社区、滨之社区。长河街道新建钱潮望涛社区、钱潮建业社区、月亮湾社区，撤销钱潮社区、汤家桥社区
萧山区	城厢街道新建金辰社区。北干街道新建明星社区、兴议社区、荣星社区、城北社区、塘湾社区、长茵社区、杨时社区，撤销明星村、兴议村、荣星村、城北村、塘湾村。蜀山街道新建郡乐社区、晨星社区、品文社区、越章社区、景源社区、朝闻社区。新塘街道新建官河社区、站前社区、南站社区，撤销郎家浜社区、商城社区和下畈朱社区。闻堰街道新建江澜社区、郁金香社区。戴村镇新建滨南社区，中心社区更名为凌溪社区。瓜沥镇新建隆园社区、博文社区，撤销振兴社区、隆兴和村、大园村。党湾镇新建幸福里社区。义桥镇新建锦浦社区。萧山经济技术开发区的信息港社区、青茵社区划归北干街道，市心社区、市北社区、开欣社区、开悦社区、钱江社区、钱农社区、前湾社区、竞潮社区划归宁围街道，红垦社区划归新街街道
余杭区	五常街道新建南滕社区、荆阳社区。仁和街道新建芳甸社区、和宸社区。仓前街道新建景腾社区、创景社区、万和社区。中泰街道新建清水湾社区。良渚街道新建新溪社区
临平区	临平街道新建商贸社区、星启社区、新洲社区。南苑街道新建临云社区、怡景社区。崇贤街道新建石前社区、龙腾社区。乔司街道新建瑞华社区、月牙河社区。塘栖镇新建锦兰社区、康庭社区、康盛社区
钱塘区	河庄街道新建学府社区、田城社区
富阳区	富春街道新建秦忆社区、三根桥社区、凤凰桥社区、彩虹桥社区、三联社区。东洲街道新建民联社区。银湖街道新建高桥社区、新联社区、向阳社区、龙溪社区。新登镇新建双清社区、庄泽社区。大源镇新建亭山社区，撤销大源镇居民委员会。场口镇新建百太畈社区，撤销场口镇居民委员会。万市镇新建西门社区，撤销西门路居民委员会
桐庐县	桐君街道新建桐江社区、舞象社区、康乐社区。城南街道新建龙潭社区、三合社区、江滨社区、平阳山社区、青山社区、金竹社区、翰林社区、望江社区。凤川街道新建凤来社区、凤翔社区。江南镇新建定安社区，鼓楼社区更名为秦渡社区。分水镇新建怀恩社区
淳安县	千岛湖镇新建里杉柏社区、曙光社区、明珠社区、城北社区、秀水社区、辉照山社区

【人口机械增长上升】2022年，杭州市迁移人口165270人，其中迁入133305人、迁出31965人，人口机械增长101340人，比上年减少82346人。迁入人口中曾在杭州办理居住登记人数101705人，占迁入人口总数的76.29%，增长3.09%，其中申领居住证50375人，户口登记制度与居住登记制度形成制度衔接。市区迁入128838人，迁出25421人，机械增长103417人，减少84805人。杭州市的户口迁移为净迁入，全市省外净迁入65177人，省内净迁入36163人，省外迁入人数大于省内迁入人数，杭州市对省外人员的吸引力仍然较强。从迁入地看，省内迁入50437人，减少38090人，减少率43.03%。迁入居前三位的城市为温州、金华、绍兴，分别为10279人、6180人和6082人。省外迁入82868人，减少47783人，减少率36.57%。从迁入途径看，人才引进及家属随迁、"三投靠"、积分落户、在杭高校新生入学为主要落户途径，合计数占总量的94.82%。其中，人才引进及家属落户66878人、"三投靠"落户33534人、积分落户13985人、大中专院校新生落户11998人。从年龄结构看，以迁入时点统计迁移人员年龄，全年迁入人员平均年龄为27.20岁（上年为27.25岁）。

【人口城市化比例增高】2022年，杭州市城镇人口6100816人，乡村人口2366658人，城镇人口占总人口的72.05%，比上年提高0.95个百分点；市区城镇人口5581215人，乡村人口1511263人，城镇人口占市区总人口的78.69%，提高0.95个百分点。市区的上城区、拱墅区、滨江区城镇化率100%。

全市市外迁入城镇127561人，占总迁入人数的95.69%，其中从市外原籍农村地区迁入杭州市城镇的农业转移人口35685人，占迁入城镇总人数的27.97%。全市共有农业转移人口落户城镇49617人，按迁入原因分，因录（聘）用迁入1323人，务工经商迁入14862人，购（租）房迁入2313人，投靠亲属迁入21406人；按重点迁移对象分，农村籍大中专院校毕业生2088人，在城镇就业和居住5年以上的农业转移人口1585人，举家迁徙的农业转移人口725人。在杭州稳定就业、稳定居住人群成为主要农业转移人口落户城镇人群，说明人才引进政策和积分落户政策积极鼓励乡村人口向城镇范围聚拢转移。

【人口出生率下降】2022年，杭州市出生人口68655人，比上年减少2951人；年出生率为8.17‰，下降0.52个千分点。连续5年下降。出生人口中，男性35497人，女性33158人，出生人口性别比为107.05，下降1.08，略高于正常范围（正常值103~107）。全市死亡注销人口47980人，增加368人；死亡率5.71‰，下降0.07个千分点。

【人口缓慢老龄化】2022年，杭州市人口按年龄段构成情况如下：18岁以下1525786人，占总人口的18.02%，占总人口比例基本与上年持平；18~34岁1717702人，占总人口的20.29%，占总人口比例减少0.99%；35~59岁3185821人，占总人口的37.62%，占总人口比例减少0.03%；60岁以上2038165人，占总人口的24.07%，占总人口比例增长0.91个百分点，其中百岁以上老人1108人，增加132人，最大年龄112岁、1人。从人口年龄结构看，18周岁以下未成年人口占总人口比例基本与上年持平；18~60周岁劳动年龄人口占总人口比例从上年的58.83%下降至57.91%，下降0.92个百分点；60周岁以上老龄人口占比仍呈上升趋势。其中，临安区、建德市和拱墅区的老龄化程度较高，分别为28.20%、27.68%和26.97%；劳动年龄人口占比较高的是滨江区、钱塘区和西湖区，分别为62.62%、60.93%、60.26%。

【萧山区、余杭区、钱塘区吸引核心区户籍人口转移】2022年，杭州市核心区（上城区、拱墅区、西湖区、滨江区）迁往新城区（萧山区、余杭区、临平区、钱塘区、富阳区、临安区）户籍人口数为17395人，新城迁往核心区为10572人，迁入迁出比为1.65，实现城市核心区过度密集区块人口向郊区新城疏散，促进人口区域均衡配置。其中迁往萧山区、余杭区、钱塘区15618人，占比89.78%。（许周庆）

经济建设

【经济平稳发展】2022年，杭州市地区生产总值18753亿元，比上年增长1.5%。其中，第一产业、第二产业和第三产业增加值分别增长1.8%、0.4%和2.0%。三次产业增加值结构为1.8∶30.0∶68.2。人均地区生产总值15.26万元（按年平均汇率折算为2.3万美元）。固定资产投资增长6.0%。社会消费品零售总额7294亿元，增长5.8%。货物出口总额5141亿元，增长10.6%，占全国总额的2.15%。实际利用外资78.1亿美元，占全国的4.13%。数字经济核心产业增加值5076亿元，占全市地区生产总值的27.1%，增长2.8%，在"2022数字经济城市发展百强榜"中居第四位。优化固定资产投资结构，工业投资增长21.1%。产业转型升级步伐加快，确定"五大产业生态圈"发展方向，实施链长制，优化重点产业集群培育，战略性新兴产业增加值、高技术产业增加值分别为1874亿元、1407亿元，分别增长4.2%、6.6%。国家级实验室实现"零"的突破，2个大科学装置加快推进，11个全国重点实验室获批建设，10个省实验室中，杭州占7席。全球创新指数城市排名升至第14位。实施新一轮市属国有企业深化改革，设立杭州科创基金、创新基金、并购基金3支单个规模超过1000亿元的基金。获批国家"服务业扩大开放综合试点城市"和"科创金融改革试验区"。推进国家营商环境创新试点城市建设，153个改革全部取得阶段性成效并获省改革突破金奖。杭州市入选国家知识产权强市建设示范城市，连续4年蝉联全国工商联万家民营企业评营商环境城市第一名。

【财政收支平衡】2022年，杭州市财政总收入4590.08亿元，比上年增长0.6%。全市一般公共预算收入2450.61亿元，增长2.7%。其中：市区一般公共预算收入2333.19亿元，增长2.2%；市本级一般公共预算收入382.21亿元，增长14.1%。全市一般公共预算支出2542.09亿元，增长

6.2%。其中:市区一般公共预算支出2307.66亿元,增长5.4%;市本级一般公共预算支出442.78亿元,增长4.3%。全市一般公共预算收入占地区生产总值的13.1%;一般公共预算收入占财政总收入的53.4%;税收收入占一般公共预算收入的88.5%,全市一般公共预算收入规模居全国城市第四位,收入增幅和税收占比在全国15个副省级城市中均列第一位。全市各级财政收支平衡,预算执行情况良好。

【农业农村稳步推进】2022年,杭州市农林牧渔业总产值515.75亿元,比上年增长2.8%;增加值355.34亿元,增长1.9%。建立市委农村工作领导小组(市乡村振兴领导小组),形成《工作规则》《职责清单》以及工作报告、工作考核、工作表彰、监督检查、工作交办督办等"1+1+5"闭环管理制度。实施乡村振兴战略实绩考核,全市有4个乡镇、48个村被列入全国乡村振兴示范乡镇、示范村创建名单。推进科技强农、机械强农"双强"行动,启动建设省级"双强"项目25个。实施以集体经济为核心的强村富民集成改革,全市农村集体资产总额2830亿元,村集体经济总收入182亿元,经营性收入173亿元。全市1906个村总收入62.69亿元,村均328.92万元;经营性收入39.40亿元,村均206.71万元。全市所有村实现总收入50万元、经营性收入30万元的目标,东部地区90%的村经营性收入100万元。全市农村居民人均可支配收入45183元,增长5.8%,城乡居民收入倍差缩小至1.71。

【工业经济增长提速】2022年,杭州市规模以上工业增加值4185.1亿元,比上年增长0.3%;工业投资增长21.1%,高于全省2.1个百分点,其中制造业投资增长26.4%,高于全省9.4个百分点,居全省第四位。规模以上工业企业营业收入超过2万亿元。规模以上工业利润总额1543亿元,增长1.8%;规模以上工业百元营业收入成本81元,低于全省4.3个百分点;研发费用占营业收入的3.6%,创历史最高水平。高新技术产业、装备制造业、战略性新兴产业增加值增长1.2%、0.4%、4.2%,均快于规模以上工业平均增速。全市规模以上工业亩均增加值220.9万元、亩均税收57.7万元。制造业高质量发展指数连续4年居全省首位。5个集群入围第一批"浙江制造"省级特色产业集群核心区创建名单;7个集群入围协同区创建名单;3个产业群入围省第二批"新星"产业群,"核心区""协同区"入围数均居全省第一位。国家专精特新"小巨人"企业数累计208个,总量居全国城市第六位。全市有工信领域1000亿元企业9个、3000亿元以上3个、世界500强企业8个、中国民营企业500强41个、中国制造业企业500强27个。

【数字经济提质增效】2022年,杭州市数字经济核心产业营业收入16393亿元,比上年下降0.5%,占全省比重为49.9%;增加值5076亿元,增长2.8%,占全市地区生产总值比重为27.1%。电子信息制造业增加值1299亿元,增长4.7%。集成电路产业增加值124亿元,增长10.2%。机器人产业增加值46亿元,增长13.4%。信息软件业增加值3835亿元,增长2.1%。数字内容产业增加值3415亿元,增长2.3%。电子商务产业增加值1929亿元,增长3%。云计算与大数据产业增加值1686亿元,增长2.2%。全年全市新增"未来工厂"培育企业386个,评定58个。杭州市产业数字化工作首次获国务院督查激励表彰,居2022年数字经济城市发展百强榜第四位,数字经济发展综合评价继续居全省第一位。

【民营经济持续增长】至2022年年末,杭州市有民营企业79.97万个,注册资本(金)7.14万亿元,比上年分别增长7.7%和5.3%。其中:第一产业8396个,增长4.3%;第二产业10.85万个,增长6.9%;第三产业68.26万个,增长7.8%。有个体工商户79.56万个,资金总额1098.13亿元,分别增长11.7%和13.6%。全年民营经济增加值占地区生产总值的61.0%。民间投资占固定资产投资总额的50.7%,比上年提高1.1个百分点。民营企业货物出口3689亿元,增长12.4%,占全市货物出口的71.8%。民营企业对外投资稳步增长,8个新增入选"中国民营企业500强"企业的对外投资项目13个,中方投资额1.99亿美元,占全年新批对外投资项目中方投资额的7.4%。有41个企业进入"2022中国民营企业500强"行列,占全国入围企业的8.2%,占浙江省入围企业的38.3%。杭州入围"中国民营企业500强"的企业数连续20年蝉联全国城市第一位。

【房地产业平稳发展】2022年,杭州市完成房地产开发投资3889.1亿元,比上年增长7.2%,占全市固定资产投资的48.0%;房地产开发投资增速高出全省增速2.8个百分点,高出全国平均增速17.2个百分点;房地产开发投资额占全省的30.1%。新开工商品住宅面积1217万平方米,下降0.3%。新建商品房批准预售12.71万套,批准预售面积1638.7万平方米,分别下降30.7%和22.8%。全市新建商品房成交11.46万套,成交面积1443.6万平方米,成交金额4649.5亿元,分别下降45.5%、38.4%和32.3%。二手住宅成交5.86万套,成交面积575.7万平方米,成交金额1486亿元,分别下降33.0%、33.4%和35.0%。全市完成房地产税收(剔除上交中央部分)638.2亿元,下降6.5%,占一般公共预算收入的26.0%。全年全市新增市场租赁房源3.46万套(间),把93个租赁从业企业纳入市住房租赁公众服务平台统一管理,完成网签备案住房租赁合同41.7万份,租赁从业企业运营的租赁住房月平均租金63.06元/平方米,下降0.2%。杭州市贯彻实施新修订的《杭州市物业管理条例》,推进业主委员会和物业管理委员会"应建尽建",开展"无物业管理小区'清零'行动",推动全市住宅小区物业管理全覆盖。全年排查自建房177.10万幢,有关做法在全国自建房安全专项整治工作推进现场会上做交流发言。

(年鉴编辑部)

政治建设

【党的二十大精神学习宣传贯彻】2022年,杭州市抓好党的二十大精神学习宣传贯彻，召开全市领导干部会议、市委常委会（扩大）会议、市委理论学习中心组专题学习会、市委务虚会，推动市委常委和市级领导干部先学一步、学深一层。贯彻《中共中央关于认真学习宣传贯彻党的二十大精神的决定》和省委通知要求，组织全市各级党组织全方位开展学习研讨、全覆盖组织宣讲、全媒体开展宣传、全领域研究阐释、全体系开展调查研究。推进领导干部专题学、党员干部示范学、线上线下全员学、青年群体创新学、“追随足迹”现场学，深化双“百千万”宣讲活动，市领导带头到学校和基层联系点宣讲，开展各类宣讲1.5万场，推出党的二十大专栏专题80多个，刊发各类报道1.4万篇，把党的二十大精神传达到每个支部、每名党员。抓好省第十五次党代会精神学习贯彻，召开市委十三届二次全会，做出《中共杭州市委关于深入学习贯彻省第十五次党代会精神，奋力推进“两个先行”在杭州生动实践的决议》。

【改革开放深化】2022年，杭州市实施35项重大改革项目和100项重大应用，迭代升级杭州城市大脑2.0，推出“医检互认”“智慧安保指挥平台”“城市运行管理服务平台”等特色应用，提升数字化改革实战实效。国家营商环境创新试点建设成效显著，政务服务“一窗通办”、“一网通办”、商事“共享法庭”、社会投资项目“用地清单制”等经验做法被全国推广，入选国家知识产权强市建设示范城市，连续4年蝉联“万家民营企业评营商环境”全国城市首位。推进新一轮市属国有企业深化改革优化布局，组建杭州科创基金、杭州并购基金。推进高水平对外开放，唱好杭甬“双城记”，长三角一体化区域协同十大标志性成果加快推进。产业链供应链韧性与稳定国际论坛举办，发出《产业链供应链韧性与稳定国际合作》的“杭州倡议”。释放浙江自贸试验区杭州片区与跨境电商综试区叠加效应，举办首届全球数字贸易博览会，全市出口总额占全国的2.2%。

【法治杭州和平安杭州建设】2022年，杭州市研究制定《中共杭州市委关于践行全过程人民民主重大理念推动新时代人大工作高质量发展的实施意见》，推进全过程人民民主基层单元建设。支持市政协拓展协商民主的广度深度效度，启用全省首个新时代协商民主实践中心，深化民生议事堂、委员工作室、协商驿站等平台建设，开展“同心智库”“百荟联动”等活动。抓好党管武装工作，深化全国双拥模范城市创建。出台全面建设法治政府实施意见，获评全国法治政府建设示范项目。深化“大综合一体化”行政执法改革，推进权责统一、权威高效、高度集成的依法行政体制建设。开展审级职能定位改革全国首批试点，推进“凤凰智审”“案件码”等建设，提升适应数字时代的司法审判能力和水平。发挥“五四宪法”历史资料陈列馆等阵地作用，实施“八五”普法规划。开展除险保安百日攻坚行动，完成中共二十大维稳安保任务并总结形成“十大机制”，开展打击电信网络诈骗、矛盾纠纷“大排查大起底大化解”等专项行动，实现“六严防、六确保、六个零发生”目标。创新“小脑+手脚”基层治理工作体系，常态化开展扫黑除恶斗争，推进城郊接合部专项整治。常态化数智化开展“城市体检”，聚焦道路交通、建设施工、城市运行、危化品、消防等重点领域，实施安全生产综合治理三年行动，各类生产安全事故起数、死亡人数分别下降29.4%、25.5%，三级重复信访和积案综合化解率99.6%。加大政府隐性债务处置力度，实现橙色风险等级地区“清零”。健全食品安全“两个责任”落实体系，成功创建国家食品安全示范城市。

【民生实事项目完成】2022年，杭州市全面完成市第十四届人大第一次会议确定的2022年度十件民生实事项目，统筹解决群众“急难愁盼”问题和基本公共服务优质共享，连续16年获最具幸福感城市称号。新建中小学幼儿园85所，新增学位70680个。完成回迁安置13213户，新增公租房货币补贴保障家庭4.7万户，新开工保障性住房137.3万平方米。新增群众身边体育健身设施308处，开放免费或低收费全民健身场地11933片。实施政策性特色农业保险扩面，惠及农业主体16482户。新建社区级公园71个，新增乡村（社区）博物馆50个。规范化改造避灾安置场所300个，新增应急救护持证人员9.9万人。完成城镇老旧小区改造242个、老旧小区住宅加装电梯1070台、二次供水设施改造69个。新辟优化地铁接驳公交线路50条，新增地铁出入口非机动车停车位14695个。新增普惠托位8358个、婴幼儿成长驿站185个、老年大学（学堂）16所、康养联合体24个。完成重要公共服务场所无障碍改造145处，规范化残疾人之家68个。西部区县

2022年9月，杭州市江晖小学投入使用　（市教育局 供稿）

（市）属公办普通高中名校集团化办学实现全覆盖，基本医保同城同待遇覆盖全市域，杭州获评全国健康城市建设样板市。成功创建省级未来社区147个、美丽乡村272个、美丽城镇样板55个、城乡风貌样板区37个，村集体经济收入“5030”目标全面完成。（年鉴编辑部）

【“信用杭州”建设】2022年7月1日起，《杭州市社会信用条例》实施，是浙江省首部社会信用条例，杭州也是全省唯一省市信用平台一体化试点城市。全市信用核查嵌入政府采购、公共资源交易、积分落户等29个部门的42项应用，日均核查量4.41万次。“钱江分”开通490万人，推出医疗、健身、出行等51个场景、160多项守信激励措施。实现与厦门、宁波等34个城市信用互认，数量居全国第一位。“杭州e融”平台注册用户超过22万个，累计授信总额超过2070亿元，信用服务实体经济能力显著提升。企业无违法违规证明改革被全省推广，实现证明秒开具，为企业节省190多万个小时。通过“府院衔接”的方式，开展破产重整企业信用修复改革。市公共信用信息平台共享53个市级机关、所有区县（市）和9个公用事业单位3273项信息，实际有效数据9.15亿条。

（市发改委）

【综合考评】2022年2月8日，市委、市政府召开全市深化作风建设暨综合考评大会，总结点评2021年度综合考评情况，部署2022年度工作任务。4月21日，市考评委将2021年度综合考评结果提交市委常委会会议审议通过。4月29日，市委、市政府印发《关于2021年度综合考评结果的通报》。4月，市委办公厅组织制定社会评价意见重点整改目标186条，其中市直单位80条、13个区县（市）106条，陆续在市政府门户网站和当地门户网站进行公示。5月9日，市委办公厅、市政府办公厅印发《杭州市2022年度综合考评实施方案》。5月11—31日，分区县（市）开展“诊断式”专题走访调研，共收集13个区县（市）的意见和建议52条，作为优化完善综合考评机制的重要参考。5月24日，在《杭州日报》等媒体上公布市直单位向社会公开承诺的79项社会评价意见重点整改目标。6月20日，市委办公厅印发《2022年度综合考评相关考核办法及细则》。5—7月，在“绩效杭州”微信公众号陆续刊发各区县（市）创新创优、争先晋位的先进经验和典型做法13期；7月，刊发各区县（市）群众获得感强的社会评价整改典型案例3期，强化示范引领作用。7月13日，市委办公厅向98个市直单位和16个市属国企下达职能目标762条，比上年增加215条，其中反映单位核心职能的数字化指标332条。8月3—4日、9—10日，市委办公厅分别组织2022年度市直单位和区县（市）综合考评工作培训会，市直单位、区县（市）考评工作人员参加培训。9—11月，在“绩效杭州”微信公众号陆续刊发各区县（市）在综合考评工作中的典型做法13期。11月1日，“政府绩效考评中的数字化改革——数智考评”获评中央党校党政信息化最佳实践案例。11月28日，市委办公厅印发《2022年度杭州市综合考评工作方案》，启动2022年度综合考评工作。12月2日，在《杭州日报》等媒体公示2022年度46个市直单位制定的79项社会评价意见重点整改目标完成情况。12月底，各区县（市）对106条重点整改目标完成情况和整改项目明细进行公示，接受群众评议。至年末，向60多万个手机用户发送社会评价邀请短信，征集到社会评价意见和建议1.5万条。

【“公述民评”面对面问政活动】2022年，杭州市组织实施第14次“公述民评”面对面问政活动，坚持“小切口、大民生”原则，以问题为导向，围绕市委、市政府中心工作，梳理“民呼我为”平台、综合考评社会评价意见等市民普遍反映的热点难点问题，确定“一老一小”和“二次供水”两大问政主题。11月17日、22日，“公述民评”面对面问政活动分两场在杭州文广集团演播厅进行现场直播，以“找问题—找原因—找办法”为主线，以“问—答—评”为主轴开展问政。问政活动受到社会各界关注，直播收视率比上年提高51.4%，比前3年平均收视率提高65.6%；各新媒体直播平台观看量超过155万人次，媒体刊播报道140篇，总阅读量超过1800万人次。现场问政结束后，市委办公厅印发《关于做好2022年“公述民评”面对面问政活动问题整改的通知》，要求限期对各曝光点位问题即知即改，并以点带面、举一反三，深入剖析问题根源，推进同类问题整改，强化多方协同，推动问题解决。民意互动平台工作专班及时组织实地核查，跟踪问题整改，整改情况通过媒体及时向社会公布，接受群众监督，回应群众关切。

（姜来祥）

文化建设

【理论学习】2022年，市委宣传部转发省委宣传部《关于印发〈2022年全省县级以上党委（党组）理论学习中心组学习安排〉的通知》。市委理论学习中心组围绕习近平总书记系列重要讲话精神、党的二十大精神和省市党代会精神等重大专题组织专题学习会18次，邀请省委宣讲团成员、省纪委有关负责人、省委网信办有关负责人等做主题辅导报告。推动理论学习中心组学习制度化规范化建设，开展2022年度市和区县（市）两级理论学习中心组学习情况通报，把全市县处级以上党委（党组）理论学习中心组学习纳入全省“学习在线”数字化场景应用管理。开展2022年度党委（党组）理论学习中心组学习巡听旁听，完成上城区、拱墅区等7个区（县）的党委理论学习中心组巡听旁听。举办第十二届杭州学习节，“书香名城”微信公众号发布学习型城市建设宣传报道140篇。

【理论宣讲】2022年，杭州市制定印发《加强新时代理论宣讲工作行动方案》，对加强新时代理论宣讲做出部署。深化重大主题宣讲，以“六讲”为载体，开展党的二十大精神宣讲活动，组建市委宣讲团赴各地宣讲。组织开展党的十九届六中全会精神和省、市党代会精神，“共同富裕”等主题宣讲。注重发挥“青春力量”杭州宣讲团等青年理论宣讲团作用，推

2022 年 11 月 18 日，“2022 宋韵文化节”开幕暨南宋德寿宫遗址博物馆开馆仪式在杭州举行　　（市委宣传部 供稿）

动“百支宣讲团，千名宣讲员”进基层宣讲，全市开展各类宣讲 1.5 万场次。成功举办 2022 年杭州市微型党课大赛暨“共同富裕·青年说”宣讲大赛，组织参加全省微型党课大赛和全省“共同富裕·青年说”宣讲挑战赛。建德“堂前燕”宣讲团获中宣部基层理论宣讲先进集体称号，姜丽娟的《心无百姓莫为官，一枝一叶总关情——习近平与下姜村的小故事》宣讲报告获评优秀理论宣讲报告。制作并推出 8 集“三分钟理论快讲”第五季·青春版，点击量 5500 万人次。在《杭州日报》理论版《学与思》开设《微党课》栏目，刊发 7 期。

【理论研究】2022 年，杭州市挖掘省会城市的理论富矿，聚焦习近平新时代中国特色社会主义思想在浙江的萌发和在杭州的实践重大课题，开展党的二十大精神、省市党代会精神的研究阐释工作。完成“‘八八战略’二十周年研究丛书”《杭州卷：奋进新时代 建设新天堂》的编撰和审稿工作。完善重大课题市委、市政府领导圈题（出题）制度，上报课题研究成果 19 个，得到市领导肯定性批示 6 件（次）。围绕“习近平新时代中国特色社会主义思想的杭州实践”主题，举办系列理论研讨会。发挥杭州中国特色社会主义理论体系研究中心的作用，围绕党的二十大和省、市党代会精神等方面，在《杭州日报》理论版开设《深入学习宣传贯彻党的二十大精神》《探索共同富裕一周年》等栏目，刊发各类理论文章 120 多篇。遴选杭州市中国特色社会主义理论体系研究中心调研基地 22 个、研究基地 6 个。深化“我们的价值观”主题实践活动，举办“‘我们的价值观’·大型报网互动思辨论坛”、研讨会等 24 期。　　（解小雨）

【杭州文艺再创佳绩】2022 年，杭产电视剧《外交风云》《问天》入选全国“五个一工程”，17 部作品入选省“五个一工程”，36 个优秀文艺创作项目入选 2022 年度省文化艺术基金，数量均居全省第一位。评选表彰 48 部市“五个一工程”优秀作品，明确电影《热烈》等 16 个市文艺精品工程重点扶持项目和 40 个一般扶持项目。艾伟中篇小说《过往》获第八届鲁迅文学奖，董其峰获第十二届中国曲艺牡丹奖表演奖、《抢“地盘”》获节目奖。电影《万里归途》在国庆期间上映，电视剧《运河边的人们》在中央广播电视总台综合频道黄金时段播出，电视剧《我们这十年》在 4 个主流卫视和 5 个网络平台播出，廉政题材舞台剧《清清白白》在全市巡演。　　（方　波）

【全国文明城市创建】2022 年，杭州市组织市领导、专项组、城市文明督导员、新闻媒体等多层面的督查，推动解决全国文明城市创建的热点难点问题。制定下发《2022 年杭州市打造“国内最清洁城市”工作要点》，新命名一批打造“国内最清洁城市”示范点，新聘任一批市人大代表、市政协委员担任城市文明督导员。

【公民道德建设水平提升】2022 年，杭州市开展“发现‘最美杭州人’、争做‘最美杭州人’”宣传活动，挖掘报道“最美”典型。选树“杭州好人”71 名，入选“浙江好人”30 名，入选“中国好人”3 名。开展杭州市第十九届邻居节活动，推动爱国主义教育基地向未成年人免费开放。举办第十七届杭州市“公民爱心日”活动，募集资金 108 万元。

【“浙江有礼·最美杭州”市域文明新实践】2022 年，杭州市制订印发《关于推进“浙江有礼·最美杭州”市域文明新实践的实施方案》，明确全年 10 项重点工作项目清单，做好新一轮文明单位、文明村镇、文明校园培育申报工作。实施“十百金名片”培育行动，实现“一县一品”，打造百个文明新实践金名片。

【新时代文明实践】2022 年，杭州市新时代文明实践中心（所、站）覆盖率 100%，打造上下贯通的“杭州市新时代文明实践在线”数字综合服务应用。完善新时代文明实践志愿服务队伍和工作体系，组织基层文明实践活动 22 万场次。

【城市公共空间共享】至 2022 年年末，杭州市有 654 所学校室外体育场地和 202 所学校室内体育馆向社会开放。有 200 个单位和小区参与停车泊位共享工作，综合利用停车泊位 1 万余个。开展“破墙透绿”行动，惠及市民群众。

【“复兴少年宫”建设】2022 年，杭州市建成“复兴少年宫”566 个，全年开展活动 7200 多场次，受益青少年 38 万人次。桐庐县作为全国 50 个“复兴少年宫”建设试点县，被《新闻联播》《共同关注》等报道，在全国形成示范效应。推出“共富有我，携手同绘童心圆——云游杭州乡村复兴少年宫”主题宣传活动。

（王立超）

社会建设

【共富型大社保体系建设】2022年1月起，杭州市企业职工基本养老保险政策落实全国统筹制度要求，统一缴费比例、统一缴费基数、统一计发基数、统一待遇项目、统一待遇调整。11月，杭州市作为全国36个先行试点城市（地区）之一，启动实施为期一年的个人养老金先行试点，推动多层次养老保险体系建设。推进机关事业单位养老保险制度改革，除部队所属单位外，剩余原试点参保单位均按规定转企、衔接。1月，市人力社保局会同市邮政管理局明确邮政快递业工伤保险缴费标准、经办管理、待遇处理及工作要求，推动基层快递网点快递员参加工伤保险。至年末，纳入全市实行社会化管理的企业退休人员180.8万人。

【社会保障水平提高】至2022年年末，杭州市职工基本养老保险、工伤保险、失业保险参保人数分别达到823.23万人、712.44万人、576.29万人，比上年年末分别净增参保23.65万人、5.00万人、12.80万人，全市基本养老保险参保率99.6%。从2022年1月1日起调整基本养老金待遇，调整比例为4%，惠及全市机关企事业退休人员177万人。其中，杭州市区企业退休人员调整后人均基本养老金水平为3240.19元/月。根据国家和省有关要求实施社会保险费缓缴政策，杭州市对22个困难行业企业、中小微企业等实施养老保险、失业保险和工伤保险单位缴费缓缴，惠及企业4318个，缓缴金额12.77亿元。经国家批准，企业养老保险2022年度单位缴费比例由15%调整为14%，减轻企业缴费负担31.5亿元，惠及企业49万个。实施阶段性降低工伤保险费率政策，惠及企业38.2万个，减征社保费3.52亿元。

【“人才强市”政策加强】2022年，杭州市开展高层次人才分类认定，新认定A~E类高层次人才22568人，其中A类1人、B类121人、C类409人、D类1554人、E类20483人。举办“创客天下·杭向未来2022杭州海外高层次人才创新创业大赛”，19个项目在杭州签约落户。举办“2022年杭州国际人才交流与项目合作大会”等重点活动30多个，签约项目162个、金额95亿元。评审资助2022年度高层次留学回国人员在杭州创新创业项目54个，资助金额1051万元。3个项目入选“2022年中国留学人员回国创业启动支持计划”项目，其中重点类项目1个、优秀类项目2个。2名海外人才入选“2022年度高层次留学人才回国资助”项目，获人力和社会资源保障部资助60万元。实施人才引育工程，以高层次青年人才为重点加快专业技术人才队伍建设，16人入选省高层次人才特殊支持计划青年拔尖人才，5人入选省有突出贡献中青年专家，选拔享受市政府特殊津贴人员50名，结合全市重点发展产业领域选聘钱江特聘专家100名。实施博士后倍增计划，新建国家级博士后工作站17个，省级博士后工作站74个，新进站博士后686名，获省博士后科研项目择优资助42个。培育工程培养高技能人才5.02万人，开展职业技能培训28.87万人次。举办各类招聘活动146场，组织用人单位参会6.28万个（次），提供岗位123.48万个。

【就业形势稳定】2022年，杭州市出台企业复工用工服务保障一系列稳就业、保就业政策，就业形势总体保持稳定。全年城镇新增就业32.65万人，失业人员实现再就业10.67万人。全市新认定市级高质量就业社区（村）100个。促进城乡失业人员再就业，帮扶就业困难人员3.16万人实现就业。加强就业创业平台建设，举办“钱投·2022杭州创业马拉松”等活动，上线“浙里好创业”创业服务综合应用平台，实现一站式创业资源供给。发布全国首个《大学生创业园服务规范》地方标准。实施创业陪跑品牌化建设，全市44个创业陪跑空间统一视觉标识、标准化管理制度和孵化服务台账，全年新认定市级创业陪跑空间11个，首期星级评定创业陪跑空间20个。全年引进毕业1年内大学生19.33万人，其中本科学历10.26万人、硕士研究生学历2.2万人、博士研究生学历2097人。全市资助大学生创业项目971个、资助资金8025.2万元，毕业5年内全日制大学生新创办企业7762个，带动就业1.52万人。全年举办招聘会1014场，推出岗位66.79万个，达成就业意向6.84万人。“杭州公共招聘平台”有效会员单位3.44万个，采集用工信息单位4.49万个（次），发布岗位信息66.05万个，求职登记2.54万人次，为2.50万人次提供职业介绍与职业指导服务。

【和谐劳动关系推进】2022年，杭州市推进劳动关系“和谐同行”三年行动计划，开展企业劳动用工体检和劳动关系协调员培训、和谐劳动关系创建活动，培育选树和谐劳动关系创建企业（园区），有5个单位被国家协调劳动关系三方会议办公室授予全国和谐劳动关系企业（园区）称号。5月12日，市人力社保局、市发改委、市交通运输局等10个部门联合印发《杭州市维护新就业形态劳动者劳动保障权益实施办法（试行）》，维护新就业形态劳动者劳动保障权益。

（年鉴编辑部）

生态文明建设

【生态环境质量优良】2022年，杭州市学习贯彻习近平生态文明思想，贯彻落实中共二十大、省委和市委全会以及全国、全省生态环境保护工作会议精神，推进污染防治攻坚和美丽杭州建设，获美丽浙江考核优秀、浙江省治水考核“大禹鼎”。全市市控以上断面水质优良比例100%，与上年持平，功能区达标率100%，与上年持平；跨行政区域河流交接断面考核结果优秀，县级以上集中式饮用水水源地水质达标率100%。全市环境空气优良率83.3%，下降4.6个百分点；市区空气中粒径小于等于2.5微米的颗粒物（PM2.5）年平均浓度30微克/立方米，上升7.1%；臭氧（O_3）浓度170微克/立方米，上升4.9%。

【美丽浙江和美丽杭州建设】2022年，杭州市分解落实“美丽浙江”建设任务，建立联席会议、动态调度、定期督查、定期通报和预警评估机制，推进年度各项重点工作。余杭区、淳安县、富阳区、临安区、建德市、滨江区获2022年度美丽浙江建设考核优秀区县（市）。12月22日，编制完成《新时代美丽杭州建设三年行动计划（2023—2025年）》。在综合考评中设置"美丽杭州建设"专项，全年印发实施《2022年生态文明（美丽杭州）建设目标责任书及考核办法》《杭州市新时代美丽杭州建设指标体系（试行）》《关于全面建立生态文明建设工作年度报告制度的通知》。余杭区、淳安县、富阳区、临安区、滨江区、西湖区获生态文明（美丽杭州）建设优秀区县（市），市发改委、市建委、市规划和自然资源局、市城管局、市林水局、市交通运输局、市公安局、西湖风景名胜区管委会获2022年度生态文明（美丽杭州）建设目标责任制考核优秀单位。2022年度淳安县生态环境满意度综合得分为92.46分，居全省区县（市）第一位。

【生态文明建设示范区创建】2022年，杭州市编制《杭州市生态文明建设规划（2021—2030年）》，深化生态文明示范创建，完成国家、省级生态文明建设示范区（县、市）创建申报和复检，萧山区创建成为国家级生态文明建设示范区，上城区创建成为省级生态文明建设示范区，全市累计创建国家生态文明建设示范区6个，省级生态文明建设示范区12个。11月23日，印发《关于贯彻落实市第十三次党代会决策部署全面推进国家生态文明示范创建工作的通知》，推进全域建成国家生态文明建设示范区，临安区、淳安县入选省级第一批生态文明建设实践体验地。

【自然生态监管】2022年，杭州市强化自然保护地监管，利用数字化手段对疑似问题开展核查整改销号，线上和线下结合，形成问题发现交办处置反馈的闭环管理机制。全年发现自然保护区及生态红线范围内疑似问题15条。开展"绿盾2022"自然保护地强化监督，全面完成遥感监测疑似问题排查和整改。

【淳安特别生态功能区建设】2022年，杭州市贯彻落实《杭州市淳安特别生态功能区条例》，推进完成保护措施和政策支持"两张清单"任务。完成《淳安特别生态功能区考核办法》修订，制定实施淳安县工业、农业、林业和生活4个年度污染防治计划。深化杭州市与黄山市合作，推进《新安江流域水生态环境共同保护规划》落地。11月10日，签订《杭州市黄山市跨省流域上下游突发水污染事件联防联控合作协议》，推进淳安"两山合作社"建设试点。

【生态补偿机制推进】2022年，市生态环境局修订《杭州市生态补偿专项资金使用管理办法》，拨付生态补偿专项资金1.6亿元。做好生态补偿资金优化分配，加强资金绩效管理和项目跟踪，建立项目储备。以"山、水、林、田、湖、草"等反映区域生态环境质量为基础因素，提高生态保护红线、绿地等自然生态因素权重，进一步向生态良好地区和生态敏感区倾斜。加强产业、交通、教育、人才等支持政策，推进多元化生态补偿。

【生态损害赔偿制度完善】2022年，杭州市完善生态环境损害赔偿制度。对《杭州市生态环境损害赔偿磋商管理办法（试行）》开展行政规范性文件后评估工作。5月25日，市生态环境局、市中级人民法院、市人民检察院联合印发《杭州市生态环境损害惩罚性赔偿制度适用衔接工作指引（试行）》，开展生态环境损害惩罚性赔偿试点。全年全市共启动生态损害赔偿案例73件，磋商结案73件，赔偿金额771.23万元，实现13个区县（市）生态损害赔偿案例全覆盖。

【绿色共富实践推进】2022年，杭州市开展生态共富实践。其中，《杭州市创新数字化手段实现高效服务与精准监管双向融合，为区域环境安全保驾护航》《淳安县"生态浮岛＋生物膜"生态修复项目实现净水富民》《地下净水、地上公园，临平净水厂变"邻避"为"邻利"》3个案例入选第二批全省生态环境系统共同富裕最佳实践名单，《萧山区推动"绿色沙漠"华丽变身，实施生物多样性公益保护，厚植乡村共富的生态优势》《余杭区青山村建立水基金促进生态富民》2个案例入选第三批全省生态环境系统共同富裕最佳实践名单，数量居全省第一位。评选推出12个全市第一批绿色共富与生态文明示范创建优秀实践案例。开设绿色共富专栏23期，推出生态共富采风活动。推进生态环境领域山海协作，11个结对地区全部完成合作协议签订。

【生物多样性保护力度加强】2022年，杭州市完成4个重点区域生物多样性调查评估，启动非重点区域的全网格、全物种的生物多样性本底调查，完成一轮冬季调查工作。5月22日，"5·22"国际生物多样性日杭州主题宣传活动以线下现场讲解与线上直播形式开展，总观看量101万人次。12月10日，在联合国《生物多样性公约》第十五次缔约方大会（COP15）第二阶段会议期间，中国角·浙江日活动现场与淳安千岛湖开展"共建绿色亚运 保护生物多样性"现场连线，展示浙江在绿色亚运和生物多样性保护方面的工作举措、特色亮点和丰富成果，交流大型赛会生物多样性保护工作经验。杭州植物园植物资源馆入选首批省级生物多样性体验地培育名单。

（市生态环境局）

责任编辑　金利权

6 中国共产党杭州市委员会

综　述

【全面推进各项事业】2022年，杭州市委坚持以习近平新时代中国特色社会主义思想为指导，把迎接党的二十大、学习宣传贯彻党的二十大精神作为首要政治任务，全面贯彻落实习近平总书记对杭州工作的重要指示批示精神，认真抓好省、市党代会确定的各项任务落实，高效统筹疫情防控和经济社会发展，各项事业取得新进步。全市实现地区生产总值18753亿元，城乡居民收入比上年分别增长3.1%、5.8%，连续16年获“中国最具幸福感城市”称号。

【学习宣传贯彻党的二十大精神】2022年，杭州市扎实开展“六学六进六争先”“五全三做实”学习实践活动，全面深化双“百千万”宣讲活动，开展各类宣讲1.5万场，切实把党的二十大精神传达到每个党支部、每名党员。

【做好疫情防控工作】2022年，杭州市坚决落实中央和省委关于疫情防控决策部署，稳妥推动疫情防控由“防感染”向“保健康、防重症、降病亡”转变，全力抓好医疗救治能力建设，落实重症床位，为60岁以上老人免费发放防疫包，保障人民群众生命健康和城市正常运行。

【推动经济稳进提质】2022年，杭州市制定实施“杭十条”等一揽子助企纾困政策，深入开展企业大走访活动，累计为企业减负降本1000亿元以上、兑现政府补助资金302亿元。上市企业新增27个、总量居全国第四位，入选中国民营企业500强企业数量连续20年蝉联全国城市第一位。西险大塘达标加固、城西南排等重大项目开工，铁路杭州西站、杭州萧山国际机场三期等建成投用，城市轨道交通运营里程达516千米。以“一园一主业”为导向促进开发区（园区）提升发展，调整优化城西科创大走廊、杭州临空经济示范区体制机制。实施重塑全国数字经济第一城“1248”计划，启动建设“中国视谷”。抓实“五大产业生态圈”建设，以“两地四中心”为重点加快构建现代服务业体系，入选国家服务业扩大开放综合试点。

【实施创新强市人才强市首位战略】2022年，杭州市实施科技成果转移转化“145”行动，构建包括1个国家实验室、2个大科学装置、7个省实验室、16个国家重点实验室的高能级创新平台矩阵。全市有国家高新技术企业1.3万个，专精特新“小巨人”企业208个，全年技术合同交易额突破1000亿元，蝉联省“科技创新鼎”，在世界知识产权组织发布的科技集群创新指数中排名全球第14位。举办首个“杭州人才日”系列活动，创新“三定三评”人才分类评价机制，新认定高层次人才2.52万人。

【全面深化改革开放】2022年，杭州市实施35项牵一发动全身重大改革项目和100项重大应用，迭代升级杭州城市大脑2.0，实施新一轮市属国有企业深化改革优化布局，组建科创、产业两支千亿级规模基金，连续4年蝉联“万家民营企业评营商环境”全国城市首位。成功举办产业链供应链韧性与稳定国际论坛、首届全球数字贸易博览会，全市出口总额占全国比重达2.15%。

【深入推进法治杭州和平安杭州建设】2022年，杭州市委支持和保障市人大及其常委会依法履职，支持市政协拓展协商民主的广度深度效度，获评全国法治政府建设示范项目。开展除险保安百日攻坚行动，圆满完成党的二十大维稳安保任务，扎实推进城郊接合部专项整治，全市治安、刑事警情、生产安全事故数和死亡人数均大幅下降，三级重复信访和积案综合化解率达99.6%。

【持续打造一流的历史文化名城】2022年，杭州市着力放大三大世界文化遗产综合带动效应，扎实推进宋韵文化传世工程，南宋德寿宫遗址博物馆、杭州国家版本馆建成开放，以西湖龙井、径山茶宴为代表的“中国传统制茶技艺及其相关习俗”入选世界“非遗”名录。打造“诗路文化·三江两岸”黄金旅游线，之江文化产业带、大运河文化产业带和“三条诗路文化带”建设有序推进。杭州“最美”群像选树和“礼让斑马线”等引领文明风尚，“15分钟新时代文明实践圈”加快形成。

【扎实推动共同富裕】2022 年，杭州市高质量完成十方面民生实事，以“一老一小”为重点健全公共服务体系，启动人才共有产权房保障制度试点，基本医保同城同待遇覆盖全市域。全面完成村集体经济收入“5030”目标，城乡居民收入倍差缩小为 1.71。优化西溪湿地管理运营体制机制，实施全国首部生态“特区”条例，全市森林覆盖率达到 66.9%，连续 6 年获得省“五水共治”工作“大禹鼎”。

【有序推进亚运会筹办】2022 年，杭州市健全完善指挥运行体系，迭代升级“亚运在线”2.0 版，56 个竞赛场馆、31 个训练场馆全部竣工并完成赛事功能验收。深入开展“迎亚运”城市基础设施建设百日攻坚行动和“美丽杭州迎亚运”城市环境品质提升行动，妥善应对延期举办带来的风险与挑战，获批全国足球发展重点城市，推动亚运场馆惠民开放和综合利用，全民迎亚运氛围日益浓厚。

【加强党的全面领导和全面从严治党】2022 年，杭州市坚持和完善“第一议题”制度，建立贯彻习近平总书记对杭州工作重要指示批示精神闭环管理机制，全面加强党对意识形态、统一战线、民族宗教等工作的领导，圆满完成市和区县（市）换届。深入推进以案促改、以案促治，出台构建亲清政商关系“一细则、三清单”，在全省率先构建“一把手”抓清廉建设工作体系，持续纠治腐败和作风问题。（市委办公厅）

市委重要会议

【市第十三次党代会】2022 年 2 月 23—26 日，中国共产党杭州市第十三次代表大会在杭州召开。大会批准了刘捷代表中共杭州市第十二届委员会所做的题为《高举习近平新时代中国特色社会主义思想伟大旗帜 奋力打造世界一流的社会主义现代化国际大都市》的报告，选举产生了新一届中共杭州市委、市纪委领导班子和杭州市出席省第十五次党代会的代表。大会的主题是：高举习近平新时代中国特色社会主义思想伟大旗帜，认真落实党的十九大和十九届历次全会精神，深入学习贯彻习近平总书记对杭州工作的重要指示批示精神，围绕忠实践行“八八战略”、奋力打造“重要窗口”，奋进新时代、建设新天堂，向着世界一流的社会主义现代化国际大都市阔步前进。

【市委全会】2022 年 2 月 26 日，市委十三届一次全会召开。会议选举产生市委常委、书记、副书记，对贯彻市第十三次党代会精神和做好当前工作进行了研究部署。

7 月 27 日，市委十三届二次全体（扩大）会议召开。会议坚持以习近平新时代中国特色社会主义思想为指导，深入学习贯彻省第十五次党代会精神，围绕忠实践行“八八战略”、坚决做到“两个维护”，奋进新时代、建设新天堂，高水平推进共同富裕幸福杭州建设，加快打造世界一流的社会主义现代化国际大都市，率先探索具有普遍意义的共同富裕和现代化路径，在稳进提质中扛起省会担当，在“两个先行”中展现头雁风采。刘捷代表市委常委会做了题为《扛起省会担当 展现头雁风采 奋力推进“两个先行”在杭州的生动实践》的报告。

12 月 26 日，市委十三届三次全体（扩大）会议暨市委经济工作会议召开。会议高举习近平新时代中国特色社会主义思想伟大旗帜，深入学习贯彻党的二十大和中央经济工作会议精神，认真贯彻落实省第十五次党代会、省委十五届二次全会暨省委经济工作会议精神，全面总结市委十三届一次全会以来的工作，审议通过《中共杭州市委关于全面学习把握落实党的二十大精神，加快打造世界一流的社会主义现代化国际大都市，努力成为中国式现代化城市范例的决定》，推动全市上下更加深刻领悟“两个确立”的决定性意义，坚定不移沿着“八八战略”指引的路子前进，全面深化“奋进新时代、建设新天堂”系列变革性实践，在以“两个先行”打造“重要窗口”中展现头雁风采，努力为全面建设社会主义现代化国家、全面推进中华民族伟大复兴贡献杭州力量。刘捷代表市委常委会做了题为《全面学习把握落实党的二十大精神，加快打造世界一流的社会主义现代化国际大都市，努力成为中国式现代化的城市范例》的报告。

【市委常委会会议】2022 年，市委常委会召开会议 41 次。市委常委会以习近平新时代中国特色社会主义思想为指导，全面贯彻党的十九大、二十大精神，按照党委“总揽全局、协调各方”原则，议大事、把方向、掌全局、用干部，充分发挥在同级党组织中的领导核心作用，就事关杭州经济社会发展的重大问题进行研究。

2022 年 2 月 23 日，中国共产党杭州市第十三次代表大会在杭州开幕
（郑承锋 摄）

2022年杭州市委重要文件一览表

表3

序号	文件标题
1	中国共产党杭州市第十二届委员会第十四次全体会议关于深入学习贯彻党的十九届六中全会精神 坚定不移做“两个确立”忠诚拥护者“两个维护”示范引领者的决议
2	中共杭州市委印发《关于规范领导干部廉洁从政从业行为 进一步推动构建亲清政商关系的实施细则（试行）》《杭州市亲清政商交往“正面清单”“负面清单”“倡导清单”》的通知
3	中共杭州市委关于印发刘捷同志在中国共产党杭州市第十三次代表大会上的报告的通知
4	中国共产党杭州市委员会工作规则
5	中共杭州市委 杭州市人民政府关于加快推进杭州城西科创大走廊 高质量融合发展打造创新策源地的实施意见
6	中共杭州市委 杭州市人民政府关于完整准确全面贯彻新发展理念 做好碳达峰碳中和工作的实施意见
7	中共杭州市委 杭州市人民政府关于印发《杭州市推进“大综合一体化”行政执法改革方案》的通知
8	中共杭州市委 杭州市人民政府关于进一步推进新时代杭州民营经济高质量发展的实施意见
9	中共杭州市委关于深入学习贯彻省第十五次党代会精神 奋力推进“两个先行”在杭州生动实践的决议
10	中共杭州市委关于高水平推进全域文化繁荣 全民精神富有 高质量建设一流历史文化名城的实施意见
11	中共杭州市委关于进一步加强新时代党史工作的实施意见
12	中共杭州市委关于推进新时代人民法院现代化建设 争当护航“两个先行”生动实践法治排头兵的意见
13	中共杭州市委关于认真学习宣传贯彻党的二十大精神的通知
14	中共杭州市委 杭州市人民政府关于进一步支持杭州师范大学争创国家“双一流”建设高校的若干意见
15	中共杭州市委关于全面学习把握落实党的二十大精神 加快打造世界一流的社会主义现代化国际大都市 努力成为中国式现代化城市范例的决定

【市委重要专题会议】2022年，市委召开的重要会议有：市委务虚会，杭州市党史学习教育总结会议，杭州城西科创大走廊高质量融合发展打造创新策源地推进会，杭州临空经济示范区建设动员大会，杭州数字自贸区高质量发展推介会暨数字贸易高峰论坛，全市民营经济发展大会，全市经济稳进提质攻坚行动推进会暨制造业高质量发展大会，全市推进现代服务业高质量发展大会，全市营商环境建设推进大会，全市数字经济高质量发展大会，全市招商引资暨项目促进大会，全市基层党建工作会议暨“争星晋位、全域建强”行动推进会，全市深化作风建设暨综合考评大会，全市清廉杭州建设推进会，杭州市科技创新大会暨科技成果转移转化首选地推进会，全市平安创建暨亚运安保风险隐患和信访积案化解“清零”攻坚大会，全市经济稳进提质工作调度会，全市新型冠状病毒肺炎疫情防控工作推进会，全市深化“千万工程”建设新时代美丽乡村现场会，杭州市推进林长制（河湖长制）、创建国际湿地城市暨重大水利项目建设工作会议，深化全国文明城市创建动员会，市属国有企业改革动员部署会，市委人大工作会议，市委文化工作会议，市委法院工作会议，杭州市各界青年代表座谈会等。

（市委办公厅）

组织工作

【概况】2022年，市委组织部根据市委和上级组织部门要求，落实组织工作高质量发展规划纲要，抓好组织工作主责主业，为争当共同富裕示范区的城市范例提供有力组织保证。做好护航保障和学习宣传贯彻中共二十大各项工作，开展“聚力学习贯彻二十大·勇当护航争先排头兵”六大专项行动，聚焦亚运筹办、经济稳进提质等中心大局，发挥党建引领保障作用。实施干部新能力提升计划，加强领导班子和领导干部政治素质考察、专项考察、政治家访，从严从实加强年轻干部队伍建设，推进重大改革领域人事调整，强化干部监督管理和巡视反馈问题整改，推进干部队伍系统性重塑。以“争星晋位、全域建强”行动为牵引，打造现代社区杭州样板，推动“两新”党建提质增效，构建党群服务立体矩阵，建设先锋模范党员队伍，推进基层党建全域建强、全面过硬。健全党管人才工作格局，深化人才发展体制机制改革，提升人才创业创新平台能级，营造近悦远来的人才发展环境。加强人才引育工作，健全党管人才工作格局，推动人才集聚不断加快、人才结构不断优化、人才平台不断提档、人才服务不断升级。把握组织部门自身建设要求，贯彻落实中共中央总书记习近平批示指示精神工作闭环管理，锻造模范部门过硬队伍。推进组织工作数字化改革。在全省2022年度基层党建工作述职评议、全省人才工作目标责任制考核中，杭州的评分位居前列。

【亚运会筹办护航】2022年，市委组织部护航亚运会筹办，配备充实21名亚组委内设机构负责人，完成45个竞赛场馆、21个独立训练场馆和指挥层及74个志愿者管理团队组建工作，按计划分批抽调到岗5170名干部人才。深化“支部建在项目上”“支部建在场馆上”，推动市、县两级亚运指挥部和所有竞赛场馆建立临时党组织438个、党员示范岗1866个、党员攻坚班1415个。发动基层党组织和广大党员参与“红色领杭·奉献亚运”大考大赛，发挥基层党组织和党员作用。亚运会延期后，制定《人员优化调整方案》《赛会志愿服务工作应对方案》，研究实施人员优化留用“一馆一策”，纳库管理6966人。

【共同富裕示范行动助跑】2022年，市委组织部实施“组织振兴引领乡村振兴，助跑共同富裕示范行动”，分层、分类举办新时代基层干部共同富裕主题培训。全年选派各类援派挂职干部260名，实施西部区县（市）公务员队伍建设“一县一策”计划，倾斜招录公务员、选调生371名。深化强村富民集成改革，落地乡村振兴党建联建共富项目849个，建成“共富工坊”709个，带动农民就业4.5万人、收入增加7.39亿元，全市村集体经济总量和村均值均居全省第一位，全面消除“5030”以下薄弱村。深化“人才西进”工程，开展“人才山乡荟”等活动，推进金融助力乡村振兴人才“春雨计划”“春暖计划”，授信159.88亿元，提供风险保障资金142.06亿元。

【经济稳进提质服务保障】2022年6月，市委组织部出台《组织工作服务保障经济稳进提质的若干意见》，开展“千名干部助千企”活动，3587名干部走访企业3.16万个（次），收集并办结企业问题1.59万个，办结率99.7%。相关工作被列入国务院第九次大督查浙江省典型经验做法，并在全省推进会上做经验交流。落实各区县（市）、涉企要素部门责任，制定区县（市）晾晒比拼考核办法、领导班子和领导干部推进经济稳进提质专项考核办法，实施每月一次晾晒比拼、两月一次专项考核等“六个一”工作机制，与1300多名干部进行个别谈话，了解领导班子和领导干部实绩表现。6月，出台《“两新”党建聚力赋能稳企助企十项举措》，开展“百所进园、千师进企”行动。

【巡视反馈问题整改】2022年2月，市委组织部出台《加强对“一把手”和领导班子监督的若干意见》《关于进一步完善领导干部个人有关事项报告制度“三个办法”》，提出24项加强政治考察、政治监督的细化举措。深化以案促治、以案促改工作，强化近亲属从业监管，组织全市副厅级以上领导干部进行自查，全覆盖签订承诺书，对3名存在禁业冲突的市管干部提出规范要求。动真碰硬抓好中央、省委巡视反馈问题整改，37个问题全部完成整改。做好对13个区县（市）巡视反馈相关问题的对账检查和15个单位新一轮选人用人专项检查，参加对拱墅、萧山、桐庐三地纪委监委机关和党委组织部的提级巡察，逐个列出问题清单、提出整改建议。

【市、县两级换届工作接续落实】2022年，市委组织部按照市、县（区、市）两级换届工作导图和行事历，接续落实各项任务，完成市、县两级换届，做好新一届全国、省、市人大代表和省、市政协委员推荐提名和考察联审工作。做好市政协十一届六次会议、市党代会、市“两会”和市十四届人大二次会议选举组织工作，指导区县（市）开好“两会”。抓好换届“后半篇”文章，开展区县（市）换届“回头看”，对市直单位、市属国企领导班子全覆盖走访，分条线、分领域定期开展领导班子和干部队伍综合分析研判，通过调结构、补短板，实现班子功能整体提升。

【干部新能力提升计划实施】2022年，市委组织部实施干部新能力提升专项行动，出台《奋进“两个先行”干部新能力提升计划的实施意见》，推动干部队伍“七种力”建设。组织区县（市）四套班子正职、党委班子成员以及市直有关单位和市属国企“一把手”共计220多人参加“学全会精神、提履职能力”专题班，市委主要领导主讲“第一课”。开设“未来工厂”建设等10个专题班，培训干部近500人次，提升干部服务高质量发展本领。

【领导班子和领导干部考察识别加强】2022年，市委组织部出台《进一步加强领导干部政治素质考察的若干意见》，重点了解急难险重任务中的政治表现，细化负面清单，优化改进考察方法，考准考实领导班子和领导干部政治素质。出台健全优化大党建考核体制机制，把贯彻落实中共中央总书记习近平批示指示精神情况作为评价领导班子和领导干部的首要标准纳入党建考核，增设政治素质考核专项，推动党建考核与巡视巡察等结果相互印证、相互运用。开展政治家访，市委主要领导带头，分层、分级对有关领导干部进行走访，了解干部“八小时以外”“两圈”（生活圈、社交圈）情况，既对日常掌握的苗头性、倾向性问题“入户提醒”，也为干部送去组织关怀。探索领导班子领导力和领导干部执行力指数评价，开展稳进提质、亚运攻坚专项考核，到一线考察了解领导班子和领导干部服务中心工作、承担急难险重任务的政治表现、工作实绩、口碑评价。树牢实干实绩导向，推荐表彰省、市“担当作为好干部”114名，全市9名干部获评全国、省“人民满意的公务员”。

【年轻干部队伍建设】2022年，市委组织部出台《关于进一步从严从实加强年轻干部选育管用工作的实施意见》，开展优秀年轻干部专题调研，分层、分类建立各级优秀年轻干部名单。开展“干部点将培养一线攻坚”行动，市本级选派89名优秀年轻干部到助企服务、亚运会筹办等十大重点平台一线攻坚培养、蹲苗历练。推动全市优秀年轻干部制度性交流，4名“80后”干部交流到省直机关，32名市、县干部联动交流，推动干部通盘使用、多岗历练，相关做法在全省会议上做交流发言。

【公务员队伍管理】2022年，市委组织部推进公务员职务与职级并行、参公单位认定、公检法职务序列职级管理等体制机制改革，完成5个行政区划调整区、全市公安系统人民警察序列和部分市直单位职级职数重新核定，涉改区107个单位和执法改革85个单位参公重新认定工作。抓好源头管理优化队伍结构，全年通过四级联考和院校生招考市级公务员1098名，面向“双一流”高校招录选调生120名。深化年轻公务员成长培养“助跑行动”，开展新录用公务员初任培训、“三访集训”活动，实现“一人一档”培养纪实。

【重大改革领域人事调整】2022年，市委组织部围绕“大综合一体化”行政执法改革需求，加强组织人事资源协同，出台加强乡镇街道执法队伍建设意见，明确各方权责和机构设置、编制设置、力量下沉等各项要求，因地制宜指导各地推进“一支队伍管执法”。全市整合撤销专业执法队伍50支，执法力量县乡、镇街下沉率89%和73%。做好国企改革人事调整，组建深化国企改革工作专班，对17个市属国有企业开展领导班子和干部队伍建设专项调研，研究提出进一步加强市属国有企业领导班子建设和财务总监队伍建设等方案，一企一策提出领导干部、年轻干部和专业干部调配意见。统筹全市干部资源，选配11名市直单位和区县（市）干部充实进国有企业领导班子。加强市属国有企业董事会建设，首次选聘21名退出市属国有企业领导岗位干部担任外部董事，实现市属国有企业董事会“外大于内”。落实重点平台体制机制改革，聚焦服务保障杭州城西科创大走廊、杭州临空经济示范区等重点平台产业发展需要和西溪湿地公园管理体制优化等改革任务，反复研究论证、提出优化调整总体方案，选配具有战略视野、专业背景的干部进班子、强队伍，增强班子整体活力。

【干部监督管理】2022年，市委组织部制定加强监督信息收集、负面信息库建设、监督信息定期维护、动议前人选预审、受处理处分干部综合研判“五项举措”，建立监督信息“一季一会”定期会商研判机制，强化动议初步人选负面信息筛查，落实“凡提四必”。出台市管干部个人重大事项及时报告要点，组织领导干部个人有关事项报告集中填报，市管干部随机抽查一致率首次达100%。11月，出台《关于进一步加强因私出国（境）管理工作的通知》，规范人员备案和证照管理。落实信访转办协办机制，强化与纪检监察机关工作协同，提高信访查核质效。

【“争星晋位、全域建强”行动】2022年5月，市委组织部召开全市基层党建工作会议，出台《关于深入实施“红色根脉强基工程”全面开展村（社区）党组织“争星晋位、全域建强”行动的意见》，部署“争星晋位、全域建强”行动，构建“评村社、抓镇街、促部门”考评机制，对3179个村（社区）党组织开展“两级过堂、两轮起底”，40%以上村（社区）达到四星标准，推动161个软弱后进村（社区）全面整转。深化“阳光治理”行动，出台“一肩挑”后村干部监管10项规定，明确12种底线情形，推动村（社区）干部规范用权、干净干事。

【现代社区杭州样板打造】2022年，市委组织部试点开展82个融合型大社区大单元强基行动，完成29个超大规模社区优化调整，推动构建“1+6+N”（“1”是党建引领，“6”是“六社联动”，“N”是N项服务）现代社区建设工作体系。6月，出台“党建统领网格智治规范指引二十条”，规范优化设置1.45万个网格，配齐配强“1+3+N”（“1”是党建引领，“3”是“三方联动”，“N”是N项服务）队伍5.7万人，全市10.6万个楼道（楼栋）全覆盖配备楼道（楼栋）长。开展无物业管理小区“清零”行动，创新“区域化大物业”、“小区管家”、国企兜底等模式，实现全市住宅小区物业管理全覆盖。新招录专职社工4230名，达到每万人配备18名社工标准。加强“一老一小”服务配套，实行党建统领多方协同助力“浙里康养”十项举措，建成村（社区）级居家养老服务中心2600多个，全市每千人拥有托位数3.7个，超额完成省定目标。

【“两新”党建提质增效】2022年，市委组织部健全完善“两新”工委“五个一”（领办一个重点项目、联系一批“两新”组织、打造一个党建品牌、填补一批工作盲点、建立一项考评机制）制度，推广“红领头雁”“两新”党组织书记资质认证，提升“两新”党建支撑保障水平。深化新业态新就业群体党建，成立市委互联网企业工委、市交通运输行业党委，统筹抓好货运、网约车企业和司机群体党建工作，推动新建货运企业党组织33个，相关做法在全省会议上交流发言。推动新就业群体融入基层党建格局，建成新就业群体综合服务站点1800多个、服务2.2万人次。

【党群服务立体矩阵构筑】2022年，市委组织部系统构建党群服务中心矩阵与基层服务阵地融合发展体系，策划推出“主题党日套餐”“春训冬训套餐”“红色研学套餐”等活动载体，联动市、县两级党校师资到基层授课353场次，服务近50万人次。打造“名家有约”“小哥你好”“青年成长营”等品牌项目，开展“为老为小”服务70万余场次，全年线下人流量超过2000万人次。

【先锋模范党员队伍建设】2022年，市委组织部开展农村发展党员违规违纪问题排查整顿，过筛认定四大类重点问题人员1280人，做好处理、追责等工作。11月，出台《关于进一步提升新时代发展党员工作质量的指导意见》，规范“审核审查审批”全过程把关十项机制，新发展党员队伍结构进一步优化。开展流动党员“安家”集中攻坚行动，纳管流入党员2.6万名。举办全市党员教育电视片观摩交流活动，储备一批优质党员教育电视片，在第十六届全国党员教育电视片观摩交流活动中获9个奖项。

【党管人才工作格局健全】2022年5月，市委组织部召开市委人才工作会议，出台《关于加强和改进新时代人才工作 打造创新创业新天堂的实施意见》《杭州市人才分类操作办法》《杭州市“杭帮彩”人才服务机制》等“1+6”政策体系，推动人才发展体制机制、人才引进培育体系、人才创新创业生态等方面系统重塑。聚焦授权松绑，推出目录认定、授权认定、专才认定与行业评判、市场评价、社会评议的“三定三评”人才分类评价新模式，授权740多个用人主体开展人才自主评价，授权名额超过1.26万个。将紧缺实用人才纳入人才分类评价范围，在落户、购买首套房、车牌竞价补贴等待遇上给予政策支持。全市累计认定“A至F类”高层次人才8.16万人。坚持“一周一盘点，一月一例会”，建立健全人才工作述职评议和重点人才工作推进例会制度。7月，出台《人才工作考赛机制（试行）》，推进各项重点工作落实。

【人才创业创新平台能级提升】2022年，市委组织部以城西科创大走廊为核心，争创“3+N”（“3”是建设北京、上海、粤港澳大湾区人才高地，“N”是建设N个区域人才创新高地）人才高地，提出六大高地目标定位和七大行动、21项重点任务。出台大走廊专项人才政策，成立大走廊高层次人才综合服务中心，探索实施人才自主认定（评审）授权、首台套实现转移转化等一系列创新举措，打造城西科创大走廊人才高地先行区。大走廊集聚浙江大学、西湖大学、之江实验室等重点平台68个，吸引全省60%的“鲲鹏行动”专家、80%的国家杰出青年和优秀青年、60%的国家和省级科技奖获得者，共50多万名人才。助力提升创新载体能级，服务新型实验室体系建设，第二个大科学装置（杭州极弱磁场重大科技基础设施）落地，白马湖、天目山、湘湖3个省实验室完成挂牌，之江、西湖、湖畔、良渚等省实验室建设加快。推进“名校名院名所”工程，中国科学院基础医学与肿瘤研究所、中国科学院大学杭州高等研究院、智元研究院等一批新型科教融合平台和研发机构加快建设。西湖大学引育211名高水平学术人才。

【人才引育工作加强】2022年，市委组织部优化整合市级人才计划，推动人才称号回归学术本质。推进国家和省级人才工程，前三批入选省“鲲鹏行动”计划专家12名，累计入选31名，占全省的42.5%。入选国家海外引才计划76名，入选人数逐年上升，近两批国家、省级海外引才计划建议人选到岗率在80%以上，持续居全省第一位。入选国家高层次人才特殊支持计划14名，居全省第一位。加快青年人才集聚，举办“新春纳才，杭向未来”长三角高层次人才招聘大会、“青春潮创，杭向未来”大学生潮创季、“金秋纳才”大学生招聘会等活动，新引进35岁以下大学生36.4万人，其中应届生占比44.7%、增长6.4个百分点，在新增社保中大学生比例提高12.5个百分点。营造近悦远来的人才发展环境，做精做优人才品牌活动，打造首个“杭州人才日”，开展“杰出人才”“杰出青年人才”和“钱江友谊使者”评选，市、县两级领导干部集中走访服务重点人才440多名。举办2022年杭州国际人才交流与项目合作大会，内设“十年硕果·杭向未来”人才创新成果展、“揭榜挂帅·全球引才”科洽会等30多项重点活动，全市签约人才项目162个、总金额95亿元。推出“一码六服务，人才杭帮彩”服务机制，打造线上和线下相结合服务体系，领码112.80万人，提供服务1056.80万人次，兑现政策补贴39.60亿元，帮助解决人才的医疗保障、子女入学等问题。

【“杭州数智组工”赋能提质】2022年，市委组织部承接完成“浙里干部之家”全功能试点开发任务，接入市、区两级子场景43个，制定地市频道建设杭州标准，为全省提供公务员心理健康、党群服务等通用子场景，累计用户数、使用量均居全省首位。“浙里”系列数字组工场景贯通使用走在全省前列。推动杭州数智组工迭代升级，围绕组工核心业务提供技术保障和数据支撑，完成大党建考核系统、公务员面试考官管理、人才码服务2.0、党群中心IOT矩阵等年度场景建设。加快完善全市3700多个党群中心线上矩阵建设，服务2040万人次；面向省直机关开发党员“双报到”平台，报到服务市内在职党员15.8万人。“杭州数智组工”累计注册用户超过250万人，最高日活跃用户超过22万人次。

【组织部门自身建设加强】2022年5月，市委组织部贯彻市委《学习贯彻习近平总书记对杭州工作重要指示批示精神的工作闭环管理机制》有关精神，制定组织部门《贯彻落实习近平总书记重要指示批示精神闭环管理工作细则》。对标中共中央总书记习近平关于组织工作指示要求，从严落实“第一议题”制度。出台部机关学习贯彻党的二十大精神10项具体举措，召开“学习二十大，奋进谱新篇”学习心得交流会和“走红色路线看绿色共富”活动。制定《市委组织部机关党委工作规则》，优化支部设置，对27名新任书记、委员进行党务培训。出台《关于加强全市组工干部队伍建设的实施办法》《市委组织部部内干部人事工作办法（试行）》等，坚持从严把关、好中选优，分批次开展部机关干部提拔晋升、交流轮岗。常态化组织党员干部对照《浙江省组工干部言行“负面清单”》自查自纠，印发《关于进一步加强部机关纪律作风建设的通知》，形成责任清单271条，推行岗位风险报告制度，健全全面从严治党主体责任闭环管理机制。

（程建全）

宣传工作

【概况】2022年，市委宣传部把学习宣传贯彻党的二十大精神作为重要政治任务，发挥媒体力量，在全市营造学习宣传贯彻党的二十大精神的氛围。围绕“新时代新征程新伟业”主题采访活动，结合“奔赴新征程”全媒体采访行动、唱好杭甬“双城记”新闻行动等重点任务，制定印发新闻宣传工作方案，指导市级媒体推出迎接、学习宣传、贯彻落实党的二十大精神等专栏专题70多个，各类报道1.4万篇，总阅读量超过1.7亿人次。杭报集团加强统筹谋划和选题策划，集中优势资源刊发系列理论评论、推出专栏专题专版、开展主题采访活动、打造融媒精品，刊登各类相关报道1.3万篇，总阅读量超过1.1亿人次；杭州文广集团发挥频道、频率等资源优势，推出特别策划、专题专栏等，刊播系列报道560多条，推出新媒体图文视频内容1110多条，总阅读量超过6000万人次。

市委宣传部根据“加强全媒体传播体系建设，塑造主流舆论新格局”的要求，推动市级媒体进一步整合资源、融合服务、聚合用户，确保把市级媒体打造成为主流舆论阵地、权威信息渠道和综合服务平台。稳妥推进市、县媒体融合，重点推进国家（杭州）短视频基地建设等一批项目，集中力量打造两大集团重点客户端，培育打造一批有较强影响力的特色品牌栏目、网络名嘴。推进微融媒体中心建设，推动市、区县（市）、乡镇（街道）三级融合，基本实现全市微融媒体中心（站）全覆盖。举办全市微融媒体优秀案例评选暨展演等活动，评选出7个优秀案例和19件优秀作品。

市委宣传部根据全省宣传文化系统"理论引领、舆论引导、文化惠民、文旅融合、文明培育"五大数字化改革任务要求，加大舆论引导数字化改革力度。完善舆论引导机制，依托"舆论引导在线"数字化改革平台，在全市范围开通各类账户300多个，形成纵向、横向全域贯通。开发"杭州舆论引导在线"，突出正面传播、舆情联处、媒体观察、亚运宣传、海外传播、能力画像6个场景建设，其中媒体观察、亚运宣传、海外传播3个场景为杭州特色创新，并在全省媒体深度融合发展推进会暨舆论引导在线推广现场会上做经验介绍，同时获"2022年浙江省改革突破奖"。

市委宣传部协调中央、省级媒体，发动市级媒体，做好亚运会宣传工作。办好"中国新时代，杭州新亚运"等专题专栏，围绕城市侧百日攻坚、亚运会场馆惠民开放等重点，营造"美丽杭州迎亚运"氛围。4月1日，杭州亚运会筹办"决胜攻坚"誓师动员大会召开，中央、省、市媒体刊发相关报道600多篇，总体阅读量超过1亿人次。9月23日，杭州亚运会延期后倒计时一周年活动，在中央、省、市等各级媒体刊发相关报道超过300篇，阅读量超过2000万人次。开设"相约杭州@亚运""Hi亚运"等20多个亚运国际传播专栏，推出1.8万条亚运资讯。杭州亚运会官方海外社交账号总粉丝数达47万人，华春莹和赵立坚等多名外交官通过个人海外账号为亚运城市点赞并转发相关帖文，日本爱知名古屋亚组委、国际壁球联合会、亚洲电子体育联合会等转发亚运城市动态。

市委宣传部组织策划共同富裕集中报道，讲好共同富裕新成就，反映全市争当共同富裕示范区城市范例的建设成效。市级媒体开辟21个相关专栏，刊发主题报道570多篇，总阅读量超过3650万人次。贯彻"正能量、好杭州"的新闻宣传主基调，办好"最美杭州人"栏目，做好正能量、暖新闻宣传报道，形成强大宣传声势。8月13日，联合中央广播电视总台浙江总站及省、市摄影家协会等单位共同策划组织"飞进杭州瞰发展"大型直播活动，108名航拍摄影师、300架次无人机不间断直播15小时，全网共300多个平台实时转播分发，总观看量超过2048万人次。

（李雨蓁）

【"最美杭州人"学习宣传活动】 2022年，市委宣传部常态化开展"发现'最美杭州人'、争做'最美杭州人'"宣传活动，挖掘报道日常身边涌现的"最美"典型，《杭州日报》报道90多名先进典型人物的事迹。开展第十届"最美杭州人"选树活动，吴惠芬等20名个人被选树为第十届"最美杭州人"，郑云等7名个人和集体被选树为第十届"最美杭州人提名奖"，陈金洪等4名个人被选树为第十届"最美杭州人特别奖"。加强行业"最美"人物选树，支持有关部门做好"最美科技工作者""最美助残人""十佳残疾人""最美退役军人""最美拥军人物""最美建设人""最美教师"等系列选树活动。宣传"最美"，发挥先进典型的示范引领作用，年初第九届"最美杭州人"发布后，在全市开展社会宣传，编印《最美杭州人——2021年度发现我们身边的最美典型》并发放到全市村镇文化礼堂和街道社区文化家园。全市"打造'最美'品牌 弘扬'最美'精神"的典型材料被推荐为省《忠实践行"八八战略"百法百例》最佳实践案例。

【全市窗口行业"双美"选树活动】 2022年，市委宣传部以"喜迎二十大'双美'展风采"为主题，开展全市窗口行业"最美窗口""最美办事员"选树活动，动员全市行政审批、地铁公交、机场火车站、水电气、通信运营、金融、卫健、商务文旅等各窗口行业参与。华数传媒网络有限公司黄龙营业厅等20个集体被确定为2022年度杭州市"最美窗口"，杭州新华书店解放路店组长王静等20名个人被确定为"最美办事员"。9月下旬，结合窗口行业文明礼仪展示，举办"双美"发布仪式，并通过"杭州之家"、快手、新华现场云等平台播出，点击量达86万人次。通过"双美"选树活动，推进窗口行业服务水平的提高，使窗口成为展示杭州城市文明形象的金名片。

【群众性宣传教育活动】 2022年，杭州市各地各部门因地制宜，坚持线上与线下相结合，统筹各类资源、找准群众视角，增强群众参与度，开展文艺会演、知识竞赛、展览展示、学习宣讲等群众性宣传教育活动。"七一"前夕，以"喜迎二十大"为主题，举办"强国复兴有我·红旗飘飘"全市群众性歌咏活动，所有节目均由群众自编、自导、自演。活动通过电视台、电台等传统媒体和"杭州之家"、今日头条"杭州24小时"等新媒体加强传播。至7月10日，新媒体播放量超过22万次。做好社会宣传，结合国庆"五星红旗升起来"活动，组织升国旗仪式，全市主要道路、机关、企事业单位、学校、车站码头、游船等公共场所悬挂国旗13万面，做好杭州"奋进新时代，建设新天堂"主题成就的展示和宣传，营造欢度国庆、喜迎党的二十大的浓厚氛围。党的二十大召开后，及时部署学习宣传贯彻党的二十大精神的社会宣传，注重公益宣传的规范性、公益广告与周边环境的协调性，将党的二十大精神主题宣传与杭州亚运会、文明城市创建的宣传相结合，市区主要道路、地铁公交站点、工地围挡等公共场所布置平面公益广告，地铁车厢及公交车的移动电视、户外大屏等播出宣传视频，主题宣传全面铺开。

【全市宣传文化工作创新奖评选】 2022年，杭州市宣传思想文化战线学习宣传贯彻习近平新时代中国特色社会主义思想和党的二十大精神，各项工作涌现新亮点。市委宣传部、上城区委宣传部的"宋韵文化系统培塑的杭州实践"项目获评2022年浙江省宣传思想文化工作创新项目，富阳区委宣传部的"'富春风尚汇'数字化应用场景"等10个项目获2022年杭州市宣传思想文化工作创新奖。

（高建军）

【杭州获评"2022中国国际传播综合影响力先锋城市"】 2022年12月29日，参考消息报社与新华社新闻信息中心发布《中国城市海外影响力分析报告（2022）》，杭州等 10 个城市获“2022 中国国际传播综合影响力先锋城市”称号。该报告显示，在“中国新兴城市”排行榜中，杭州排名榜首；在中国“机遇之城”排行榜中，杭州在“文化与生活”“可持续发展”“经济影响力”等维度评分靠前。杭州以亚运会筹办为契机，为打造社会主义现代化国际大都市营造良好的外部舆论环境。通过举办国际短视频大赛，推出杭州三大世界文化遗产国际传播系列宣传片，开展“杭州国际青年创意营”活动，展现新时代杭州新形象。命名第二批 9 个对外交流人文体验点，为外籍人士感知、融入杭州提供便利。深化以杭州外宣厨房为龙头的“1+N”国际传播全媒体矩阵建设，至年末，杭州外宣官方海外社交账号 Hangzhoufeel（韵味杭州）等平台总粉丝量超过 320 万人，全年净增粉丝数 85 万人。

【“第三只眼看中国”国际短视频大赛】2022 年，杭州市与中国外文局联合举办“第三只眼看中国”国际短视频大赛，征集到来自 70 多个国家和地区短视频制作团队和个人的 6.5 万部参赛作品。大赛把“精彩亚运，韵味杭州”设为年度征集单元，分享以第三方视角、短视频载体，对外讲好杭州故事的新成果。大赛颁奖典礼新闻稿通过美联社、德新社等 5 个重点通讯社发布，被 14 个国家和地区的 439 个主流新闻网站落地转发，海外总阅读量超过 1280 万次。市委宣传部获大赛组委会大奖与优秀组织奖，全市报送的 16 部作品获大赛一、二、三等奖。9 月 26 日，大赛颁奖典礼系列活动在杭州举行。

【杭州三大世界遗产国际传播系列宣传片推出】2022 年，市委宣传部策划出品《在西湖遇见爱》《在大运河走出美》《在良渚看见光》三大世界文化遗产系列宣传片，分别在文化和自然遗产日以及运河、西湖、良渚古城遗址申遗成功之日进行全球联动传播，以外国友人的视角向世界展示杭州的历史文化。经中国外文局、新华社等中央、省、市涉外媒体平台在全球各大洲 230 个国家和地区传播。据不完全统计，海外社交账号平台传播浏览量超过 2200 万次，被《波士顿先驱报》《彭蒂克顿先驱报》等外媒转发 87 次，在国内新媒体浏览量超过 8000 万次。《浙江宣传信息（第 105 期）》推广杭州以“世遗”为媒，推动三大国际传播系列片海内外热播的经验做法。

【印度尼西亚《罗盘报》整版刊文聚焦杭州】在中共中央总书记习近平出席印度尼西亚 2022 年 G20 领导人峰会以及泰国曼谷亚太经合组织第二十九次领导人非正式会议之际，市委宣传部策划国际传播专稿，在印度尼西亚主流媒体《罗盘报》整版刊文《聚焦杭州：办一场赛，识一座城》，“隔空对话”曾经的 G20 峰会举办城市杭州，并在泰国主流英文网站《曼谷邮报》网站刊发文章，聚焦后峰会时期杭州惊人的城市发展以及亚运筹办“绿色、智能、节俭、文明”的理念，提升亚运城市杭州的国际美誉度。

【“杭州国际青年创意营”系列活动】2022 年，市委宣传部指导杭州英语广播节目推出“杭州国际青年创意营”系列活动，面向在杭高校留学生等外籍年轻群体，招募 100 多名“Z 世代城市体验官”，体验城市地标，传播杭州好声音。举办 2022 年杭州市民摄影节，推出“艺术的永恒：秀出你的摄影作品”海外社交平台互动活动，调动民间达人摄制优质图片和短视频，参与国际传播。

【杭州发展故事对外宣传】2022 年，市委宣传部依托杭州“1+N”国际传播全媒体矩阵推出“杭州新篇章”“奋进新时代”等专栏与话题，对外报道杭州经济社会发展成就。将国际传播报道列入 2022 年度全市创新重大主题报道评选，在记者节表彰 17 件优秀国际传播作品。推出“飞进杭州瞰发展”直播活动，300 架（次）无人机历时 15 小时，展现杭州发展成就和山水之美，阅读互动量超过 30 万次。开展“当代马可·波罗打卡杭州”等系列国际传播活动。全年杭州外宣官方海外社交账号 Hangzhoufeel（韵味杭州）推出 52 次慢直播，让全球网友实时领略杭州城市风光，见证城市发展，直播内容阅读量超过 595 万人次，视频播放量超过 203 万次。

【宋韵文化国际传播】2022 年，市委宣传部与新华社合作，配合德寿宫遗址博物馆开放，策划组织国际传播专稿，通过美联社、美通社、埃菲社、共同社、韩联社等通讯社以六国语言在全球 36 个国家 601 个主流媒体网站传播，海外覆盖阅读量超过 3.8 亿人次，向海外受众展示杭州宋韵文化。与中国外文局合作推出宋韵文化主题国际短视频，邀请美籍主播到杭州深度走读南宋御街，品味宋韵文化魅力。视频在 420 个外媒网站转载，通过海内外社交平台推送，总浏览量近 968 万次。推出“韵味杭州”宋韵手绘版与摄影版中英双语明信片，受到国际友人好评。

【杭州第二批对外交流人文体验点】2022 年，市委宣传部命名塘栖古镇、西溪国家湿地公园、杭州奥体中心、青山村、和睦社区、中国数字音乐基地、富文乡中心小学、艺创小镇、临安博物馆为杭州市第二批对外交流人文体验点，至此，全市有对外交流体验点 21 个。做好体验点的宣传推广，为外籍人士感知、融入杭州提供便利，促进大外宣格局的构建。全年杭州外宣共享平台采纳市直单位和区县（市）上传的相关短视频 6300 多个，全市 13 个区县（市）均开展形式多样的国际传播活动，钱塘区推出双语外宣电视节目《看钱塘》。（刘　抗）

【“学习强国”杭州学习平台内容建设】2022 年，“学习强国”杭州学习平台推出“喜迎二十大”“二十大时光”等栏目。中共中央宣传部“学习强国”学习平台工作简报先后 3 期推广杭州学习平台工作经验，《浙江宣传信息（第 78 期）》推广“学习强国”杭州学习平台学习课堂进校园相关做法。全市激活学员 224.2 万人，约占全省的 48.1%，日均活跃数约占全省的 30.1%；刊发稿件 3.57 万篇，被浙江学习平台录用 7253 篇，被全国平台录用 4411 篇（被首页“推荐”频道录用 784 篇），各项指标均居全国地方学习平台前列和全省第一位。

【"学习强国"杭州学习平台体制机制建设】2022年，市委宣传部召开全市建好用好"学习强国"学习平台工作会议和市领导小组办公室主任会议，制定出台《上线稿件审读管理办法（试行）》，印发《关于表彰2021年"学习强国·学习之星"和"学习强国·供稿之星"的通知》。开展"学习强国"学习平台运行体制机制建设的调查研究，并提出杭州学习平台体制建设的建议。

【"学习强国"杭州学习平台主题活动】2022年9月，在全市开展"喜迎党的二十大·'学习强国'推广月"活动。举办2022年杭州市"学习强国"知识竞赛，并选派人员代表杭州参加浙江学习平台"学习达人"挑战赛。摄制上线杭州学习平台成立3周年创意微电影以及系列纪录片《向上吧！逐梦者》。启动"学习争先，智迎亚运"系列活动，包括"学习主题日""杭州结对地区3V3少年篮球赛""喜迎亚运青春快闪接力"3场主题活动。制作"亚运场馆""五湖四海迎亚运，同心共筑强国梦"等亚运专题。

【"杭州优秀传统文化丛书"编纂出版】2022年，市委宣传部主持召开杭州优秀传统文化丛书编纂出版工作第四次领导小组会议，举办丛书书名策划雅集和编委办与编辑部工作会议，健全"七组联审"机制，分类严格把关各图书的编纂出版质量，完成108种图书出版。9月27日，举行丛书编纂出版工作总结发布仪式，集中向社会全面发行和推介。起草《杭州优秀传统文化丛书宣传总体方案》，制订丛书赠阅方案，开展丛书相关宣传推广"六个一"活动。《光明日报》、人民网、《浙江日报》、《杭州日报》等主流媒体分别刊登推介文章，公交、地铁移动电视和城市户外大屏进行宣传。

【社会舆情信息工作居全省第一位】2022年，市委宣传部报送中共中央宣传部信息4314条，反馈录用796条（其中单独录用4条、综合录用792条），每月绩效居全国社会直报点第一位。报送省委宣传部信息2874条，反馈录用815条。完成各类约稿任务近300次，有213篇约稿被中共中央宣传部采用。各市级工作室和省级直报点作用发挥明显，社会舆情工作指数居全省第一位，获评2021年度全国、全省社会舆情信息工作先进单位。建立涉及杭州社会舆情风险分析提示机制，加强社会舆情和思想态势分析研判，撰写4期《社会舆情专报》。举办4期全市特约舆情信息员笔会活动。（方杨勇）

统战工作

【概况】2022年，市委统战部贯彻落实中央和省委、市委统战工作会议部署要求，围绕"之江同心"品牌矩阵，以"抓好'663'、画好同心圆"为工作主线，推动新时代统战工作提质增效，统战工作呈现团结奋斗、奋发有为的良好局面。

深化统一战线各领域主题教育，增进政治共识。7月8日，市委制定印发《中共杭州市委关于认真贯彻落实〈中国共产党统一战线工作条例〉及省委实施细则精神的通知》。7月，联合《杭州日报》推出"书记谈统战"专栏，刊发文章18篇，邀请各区县（市）和市直属有关单位、市属高校党委书记谈统战工作思路举措，推动条例在杭州落地落深落细。支持各民主党派开展"矢志不渝跟党走、携手奋进新时代"主题教育，举办相关宣传教育活动30多场次。支持宗教界以社会主义核心价值观为引领深化宗教中国化实践，举办"之江问道·杭州宗教文化讲堂"11场，新培育市级宗教中国化场所30个。强化非公有制经济人士思想政治引领，举办"品质杭商"研修班4期、杭商大讲堂6期。召开港澳台代表人士庆祝香港回归25周年座谈交流会，举办"2022年杭州市海外侨领走进淳安县暨海外侨领研习班"。

【多党合作制度效能提升】2022年11月14日，市委统战部协助市各民主党派形成《2022年度民主党派市委会机关工作评价座谈会纪要》，支持各民主党派进一步加强自身建设。从19个方面提出打造彰显中国新型政党制度优势城市之窗的具体举措，推动新型政党制度优越性在杭州市域范围得到更好彰显。瞄准"多党合作"跑道培育多跨应用场景，做好应用贯通工作，知情明政发布需求984个；社情民意上报信息5167条；"议政直通车"报送48条，建立健全多党合作整体智治新模式。

【民族宗教工作扎实有效】2022年，杭州市推进民族乡村振兴和民族团结进步事业创新发展，开展"浙里石榴红·石榴籽家园"品牌创建工作，上线"同心共富石榴红"应用。5月6日，开通56路"民族团结号"公交专线。6月16日，西湖区在全国民族团结进步创建工作经验交流视频会议做题为《打造"浙里石榴红"工作矩阵 创设民族团结进步"西湖模式"》的交流发言。深化宗教中国化的杭州实践，实施"宗教团体建设年"暨"宗教界人士素质提升年"活动，6月，杭州市佛教协会第七次代表会议召开，选举产生新一届领导班子。12月22日，举行"之江问道·杭州市宗教中国化"论坛，以"打造宗教中国化和宗教事务治理现代化城市之窗"为主题，聚焦新时代宗教工作的重要任务，研讨新形势下推进中国宗教中国化杭州实践的路径、方法和载体等。创设"之江问道·杭州宗教文化讲堂"，举办12场讲座。《杭州灵隐寺上线"智慧寺院应用"提升宗教活动场所数字化管理服务水平》在省数字化改革动态第22期刊登。

【"两个健康"建设成效明显】2022年，杭州市推进非公有制经济和非公有制经济人士健康成长。5月27日，召开全市民营经济发展大会，推出杭州"1+X"惠企政策体系。畅通政企意见直通渠道，召开"亲清直通车·政企恳谈会"2期30场。7月14日，杭州市清廉民营企业建设推进会在富阳区召开，会议发布"杭州市清廉民营企业创建培育试点单位"名单，打造清廉民企建设2.0版。杭州41个民营企业入围全国工商联发布的2022中国民营企业500强榜单，入围企业数连续20年居全国城市第一位。在全国工商联组织的"万家民营企业评营商环境"活动中，杭州连续4年居全国重点城市首位。

【党外知识分子和新的社会阶层人士工作推进】2022年，杭州市推进党外知识分子和新的社会阶层人士工作。11月12日，2022年中国留学生论坛在杭州举行。开展“同心荟”精品工程，推动“同心荟”由量向质的提升。启动“百荟联动”系列活动，推进“数智同心荟”应用全面贯通，一站式服务广大新的社会阶层人士，有164个新的社会阶层人士联谊组织、105个“同心荟”、1.1万名新的社会阶层人士入驻“数智同心荟”。9月22日，在省委统战工作会议上，省委常委、市委书记刘捷代表杭州市围绕新的社会阶层人士统战工作做经验交流发言。

【港澳台及海外统战工作拓展深化】2022年，杭州市推进港澳台青年伙伴计划，11月14日，“凤凰行动”香港金融专项服务启动仪式暨浙港科创产业伙伴战略峰会在杭州举行。开展在杭州的港人杭州亚运会宣传活动、浙港澳台青年伙伴行活动等。7月20日，以“新格局、新机遇、新发展”为主题的2022年浙江·台湾周在杭州开幕，现场签约投资总额66.63亿元。11月8日，2022年侨界精英创新创业峰会举行。9月，“海外华文媒体杭州行”采访活动举行，29个海外华文媒体发表稿件200多篇。开展“今年中秋不回家，侨干代您看家人”等活动，走访慰问重要侨领、侨商和困难归侨侨眷。做好“三侨”考生身份认定、华侨回国定居审批等涉侨事项审批工作。

【统战工作主线明确】2022年6月15日，市委召开统战工作领导小组会议，明确此后一段时期“抓好‘663’，画好同心圆”的统战工作主线。6月28日，市委统战工作领导小组印发《关于打造“六个城市之窗”的实施方案》，通过打造彰显中国新型政党制度优势城市之窗、民营经济“两个健康”城市之窗、新的社会阶层人士统战工作创新实践城市之窗、铸牢中华民族共同体意识城市之窗、宗教中国化和宗教事务治理现代化城市之窗和新侨创新创业城市之窗，彰显杭州统战工作特色优势。围绕打造“六个城市之窗”，实施队伍建设、阵地培育、固本强基、数字赋能、宣传引导和除险保安“六大工程”，强化作风建设、工作机制、评价体系“三项保障”，推进工作落实，形成工作闭环。

【大统战工作格局完善】2022年10月14日，市委统战工作领导小组印发中共杭州市委统一战线工作领导小组工作职责和制度相关文件，系统重塑市委统战工作领导小组及其下设议事协调机构工作职责和制度，构建“1+6”组织体系，建立宗教、侨务、民营经济发展等6个专项议事协调机构。新增市委统战工作领导小组成员单位述职评议机制，督促各成员单位落实任务，形成“共同来做”的合力，完善大统战工作格局。

【统战资源优势发挥】2022年，市委统战部协助市委制定并实施2022年度政党协商计划，开展政党协商12次。完善聘请特约人员工作制度，新推荐50多名党外代表人士担任特约监察员、特约审计员、特约检查员等职务。优化党外人士建言献策工作机制，举办2期“同心智库论坛”，刊发《建言直通车》18期。支持市各民主党派、工商联和无党派人士开展“聚焦共富示范，高质量打造共享幸福新天堂”专项民主监督，1000多人次参加，收集意见和建议338条，提出工作意见125条。加大结对帮扶力度，发动100个民营企业（商会）与临安、桐庐等4个区县（市）100个村开展结对帮扶；建立全市统一战线22个单位和团体与19个民族村结对制度；开展“侨智助力人才振兴”“侨资助力文化振兴”等活动，结对79个，投资金额13.8亿元。

【党外代表人士队伍建设】2022年，市委统战部加强党外代表人士发现、培养、使用、管理，开展全市党外代表人士摸底调研，建立健全“双走访”等8个方面工作机制。在市社会主义学院举办8个党外人士主体班次培训，培训学员近400人次。完成省、市政协换届相关工作，市政协委员中非中共委员占63.6%，十二届杭州市政协一次会议顺利选举产生新一届领导班子。加大对党外干部的培养使用力度，党外干部数量和梯次结构优化。

【基层统战工作规范提升】2022年，市委统战部进一步将统战工作融入基层党建和社会治理体系，实现216个建立党委的民营企业统战工作全覆盖。推进新乡贤“同心共富”工程，10月28日，在建德市召开新乡贤“同心共富”工程推进会，构建“杭贤+”同心共富品牌体系，选树典型案例13个，成立新的社会阶层、新乡贤“新联新”服务团，贯通“同心共富·乡贤通”重大应用。全年引导7299名新乡贤参与家乡建设，投资1000万元以上项目97个，成立爱心基金41个。

【数智统战建设推进】2022年，市委统战部建立数智统战建设专班，将市委办公厅等12个成员单位纳入协作机制，下设“1办6组”。构建“1+6+N”工作体系，聚焦核心业务梳理“三张清单”和“V字”模型，滚动推进杭州数智统战重点应用、实践创新应用“两张清单”建设，上线贯通“数智同心荟”“同心共富石榴红”等特色应用。承担党外代表人士全链条服务管理重大应用培育任务并在全省贯通使用，该应用获评全省数字化改革最佳应用、浙江省改革突破奖银奖。建设“浙统云”杭州数智统战应用，实现市、县、乡三级数据融合、一屏掌控，18个子场景应用纳入全省数字化改革“一本账”和全省数字统战多跨场景目录。（黄雷雷）

机构编制

【概况】2022年，杭州市机构编制系统深化重要领域体制机制改革。优化完善党政职能体系和机构编制配置，服务保障经济高质量发展、城市高水平治理、公共服务高品质供给。推进开发区（园区）管理机构改革创新，实现“大综合一体化”行政执法改革方案实施，深化基层管理体制改革。开展事业单位数字化改革，加强机构编制评估试点、编外聘用人员管理、机构编制监督检查和机关事业单位网站标识管理等工作。

【开发区(园区)管理体制机制创新】2022年,市委编办在完成开发区(园区)管理机构清理规范的基础上,对重点园区体制机制做进一步改革创新。贯彻省委、省政府关于城西科创大走廊打造创新策源地的要求,推动城西科创大走廊"一个平台、一个主体、多块牌子"的管理体制调整优化工作,形成青山湖科技城、未来科技城、紫金港科技城管理机构由大走廊党工委管委会和所在区党委政府"双重管理"、以大走廊管理为主的体制;青山湖科技城、未来科技城、紫金港科技城3个管委会分别加挂杭州城西科创大走廊管委会青山湖科技城、未来科技城、紫金港科技城管理局牌子。围绕加强西溪湿地保护管理的要求,优化杭州西溪国家湿地公园一体化管理体制。落实省委、省政府关于杭州临空经济示范区高质量发展的部署,调整优化杭州临空经济示范区管理体制,推动钱江新城管委会、杭州临空经济示范区管委会一体化运行。

【"大综合一体化"行政执法改革推进】2022年,市委编办会同综合执法、司法等部门推进"大综合一体化"行政执法改革方案实施,完成市、县、乡三级行政执法机构调整、编制划转、人员下沉等改革任务,全市撤并行政执法队伍50支,市、县两级执法队全部控制在"1+8"以内。市委编委批准13个区县(市)更名组建综合行政执法局(挂城市管理局、综合行政指导办公室牌子)。市场监管、文化市场、农业3个领域主城区执法机构由市本级管理下放至属地城区;全市191个乡镇(街道)都组建综合行政执法队,实施"一支队伍管执法"。加强基层一线执法力量,县、乡两级执法人员占全市比重为89.8%,乡镇(街道)执法人员占区县(市)比重为71.8%。5月20日,市委编办、市委组织部、市综合执法办联合印发《关于深化"大综合一体化"行政执法改革,加强乡镇(街道)执法队伍和执法能力建设意见(试行)》,各区县(市)都出台"县属乡用共管"配套制度。

【基层管理体制改革编制管理】2022年8月30日,市委编办、市委组织部、市人力社保局联合印发《杭州市深化基层管理体制改革实施意见》,深化基层管理体制改革。完善县乡综合指挥体系,指导13个区县(市)在统筹整合社会矛盾纠纷调处化解中心等各类机构平台基础上,设立县级社会治理中心,并及时划转职能、优化机构编制资源配置。推行乡镇(街道)分类管理,研究制定乡镇(街道)分类测算模型,根据地理区位、人口规模、产业特点和经济社会发展水平,将全市乡镇(街道)分为一般、较大、特大3类实行管理,差异化配置机构编制资源,推动编制向任务重的乡镇(街道)倾斜。创新乡镇(街道)编制管理,指导各区县(市)建立乡镇(街道)编制"周转池",探索乡镇(街道)"编制分类管理、人员统筹使用"模式。

【事业单位改革深化】2022年,市委编办开展事业单位数字化改革,推进市民政局"数智养老院"、市机关事务局"公务仓一件事"等首批应用场景试点工作。在纪检、交通、金融、市场监管等系统实施事业单位局部调整,市属事业单位布局进一步优化。开展市属事业单位政事权限清单制定工作,完成首批50个事业单位政事权限清单审核。在2021年全面完成科教文卫领域事业单位章程制定、核准(备案)的基础上,推进市本级其他领域事业单位章程"全覆盖"工作。创新事业单位登记管理,实施事业单位法人登记、年度报告、章程制定等事项全流程网上办理,探索"容缺受理""容缺办理"模式,提升事业单位登记服务水平。

【党政机构职能优化】2022年,市委编办制定《杭州市市级党政部门职责管理办法》,加强部门职责配置管理,协调优化全市文物及博物馆管理、住宅区及楼宇命名更名审批、应急物资保障综合管理、邮政业安全服务保障、招投标职责管理,以及银行保险、未成年人保护等领域的部门职责分工,调整市地名办设置,理顺部门履职协同体系。在市民政局、市审计局开展"小三定"试点,推动单位内设机构职责分解、岗位优化、人员编制配备更加精准合理。设立城西科创大走廊签证服务机构,推动城西科创大走廊创新策源地建设。开展疾控体制改革试点,完成滨江区、钱塘区疾病预防控制局设置。落实生态文明建设和"碳达峰碳中和"部署要求,市委编委批复淳安县林业局加挂县森林碳汇管理局牌子。

【机构编制资源优化配置】2022年,《杭州市市级机关行政编制周转使用管理办法(试行)》《杭州市市属事业单位编制周转管理办法》实施,完善编制周转使用,拓宽编制资源空间和使用方式。实施全市中小学教职工编制统筹调剂,全市中小学教职工编制实现达标配备。采取提高招考遴选用编比例、年龄结构老化单位提前补员、加大专业人员引进力度等措施,优化行政事业人员专业年龄结构,市本级行政机关在编人员平均年龄从47.02岁下降至46.66岁。

【编外聘用人员管理】2022年,市委编办制定《杭州市市级机关事业单位编外聘用人员管理办法(试行)》《杭州市市级机关事业单位编外聘用人员经费保障办法》和《杭州市市级机关事业单位编外聘用人员公开招聘工作的指导意见》,建立全市机关事业单位编外聘用人员管理联席会议制度。开展编外聘用人员清理规范,编外用工岗位设置更加科学,编外聘用人员学历年龄结构进一步优化。制定编外聘用人员3年核减计划,明确"十四五"期间全市核减编外聘用人员员额3%以上。

【机构编制评估试点】2022年,市委编办根据中央编办《关于深化地方机构编制执行情况和使用效益评估试点工作的指导意见》及省委编办《浙江省机构编制执行情况和使用效益评估试点工作方案》,开展机构编制执行情况和使用效益评估试点工作。对市应急管理局、市商务局、市体育局3个市直部门及市社会保险服务中心、杭州图书馆等6个市属事业单位开展综合评估,形成各类机构评估指标体系和评估操作规程等试点成果,汇编形成《杭州市机构编制执行情况及使用效益评估试点工作资料》。

【新型研发机构登记管理和服务保障】2022年，市委编办支持新型研发机构建设，推动杭州华大生命科学研究院登记落户杭州，做好杭州市北京航空航天大学中法航空研究院登记服务工作，完成天目山实验室、湘湖实验室登记设立事业单位工作。研究制定新型研发机构登记为新型事业法人管理办法，服务保障人才和科技创新发展。至年末，市、县两级登记为新型事业法人的新型研发机构有28个。

【机构编制监督检查】2022年，市委编办结合市委巡察、经济责任审计，对19个市级单位开展机构编制工作情况和纪律要求执行情况检查；通过各类检查查找发现问题、发放《监督检查事项通知书》、推动限期按规定整改，推进机构编制规范管理。开展“条条干预”问题专项检查，向省委编办反馈9个省直部门涉及的“条条干预”事项。

【机关事业单位网站标识管理】2022年，市委编办开展党政机关和事业单位网站开办资格审核和资格复核工作，规范网站域名和网站名称，推进完善网站标识规范使用工作。至年末，全市党政机关和事业单位完成门户网站标识挂标823个，注册政务和公益中文域名4699个，全市开办网站的党政机关和事业单位中文域名和网站标识工作实现中文域名注册和申领加挂网站标识，与机构编制部门批准文件或事业单位登记注册内容相一致的“两覆盖、一准确”目标。

（市委编办）

信访工作

【概况】2022年，杭州市信访工作以《信访工作条例》施行为契机，以“积案‘清零’、清单销号和源头治理攻坚年”活动为抓手，以信访“一图一指数”（信访工作五色图和重大信访问题清单指数）为载体，推进信访工作现代化，完成各项工作任务，信访生态持续向好。全市受理诉求类信访总量18.9万件（不含电话），初次信访事项化解率96.5%，群众满意率95.78%。杭州市“12345”受理群众来电1239.05万件，受话满意率97.86%，按期办结率99.69%。

【“积案‘清零’、清单销号和源头治理攻坚年”活动】2022年，市委办公厅、市政府办公厅印发《关于开展“积案‘清零’、清单销号和源头治理攻坚年”活动的实施意见》。市四套班子领导包案209件疑难信访积案，市领导下访接访181件信访事项，市委信访联合督导组2次联合督查，以上率下推动全市信访积案攻坚，积案化解数据按期实现9月底动态清零目标，国重件化解率和再访率始终保持全省前列。市委常委会和市委专题会议4次研究积案“清零”等工作，带动清单销号、源头治理等工作。34个省交办涉及杭州重大信访问题清单销号33个，清单指数得分92.47分，居全省第二位。

【市域信访工作现代化建设】2022年8月23日，为贯彻落实中共中央、国务院《信访工作条例》，市委、市政府印发《贯彻落实〈信访工作条例〉推进信访工作现代化的实施意见》，集中开展宣传月活动，在全社会营造尊法、学法、守法、用法的良好氛围。领建省“民呼我为”“一本账”、“基层事项一件事”、“信访事项一件事”核心应用，迭代升级“民呼我为”驾驶舱，推进“一图一指数”特色应用场景建设，打造“民呼我为”数智应用平台。“民呼我为”综合应用入选浙江省数字化改革“最佳应用”，获全省2022年度改革突破奖银奖。2月22日，市委办公厅、市政府办公厅印发《杭州市人民建议征集工作实施办法》，创建“杭州市民意研析基地”，建立与“湖滨晴雨工作室”联动机制，民意归集和研判分析提质增效，两次开展人民建议专题活动，20个案例入围2022年度全省35个“金点子”案子评选名单。启动“双查三建议”（对信访事项根源成因及办理过程复盘溯源，对违反信访工作有关规定等情形的，提出改进工作、完善政策、追究责任建议）试点工作，全年提出“三项建议”105项、追究责任57人，复查申请率从年初的3.97%上升至26.58%。

【“12345”政务服务提升】2022年，健全完善杭州市“12345”与“110”高效联动、并线接入“96225”人才热线、实现与“96345”便民热线互联互通、升级“12348”司法热线7×24小时服务。依托“民呼我为”数智平台，围绕疫情防控和助企纾困双线作战，推动百姓“急难愁盼”问题办理提速提级，完善现场督办协调、重复件打包发函、热点预警提醒、热点宣传联动等举措，发布受理质量晾晒20期、4466件，问题件预通报2430件、正式通报901件，黄牌警告11个单位、24次，报送重要信息41篇、受理情况分析112期，获市领导批示70多件（次），压实事权单位责任。

2022年8月，杭州市开展《信访工作条例》宣传月活动 （市信访局 供稿）

12月18日，杭州市受邀参加由中国社会科学院、中共北京市委、北京市政府主办的党建引领接诉即办改革论坛，浙江省委常委、杭州市委书记刘捷在主论坛开幕式上致辞；杭州市“12345”就“民呼我为”综合应用做主题发言，并作为“基层治理实践创新典型案例”展示。杭州市“12345”在全国334个城市服务质量综合评价排名中居省会城市、副省级城市、计划单列市全国第一位，获评“全国十佳杰出热线典范”“抗疫专业典范”，连续3年获评总体评估“A+”优秀单位。（娄山斌）

党校教育

【概况】2022年，杭州市委党校（杭州行政学院、杭州市社会主义学院）坚持党校姓党、质量立校、人才强校、制度管校、从严治校，发挥干部培训、思想引领、理论建设、决策咨询作用，服务中心工作，坚持攻坚克难，推动校院工作科学化制度化规范化建设，打造与“重要窗口”头雁风采相匹配的一流红色学府。各类教育培训有序开展，教学评奖再获佳绩，4门课程在全省党校系统精品课评选中全部获奖；获全国党校（行政学院）系统第十四届科研和决策咨询工作先进单位奖；立项国家课题1个、省部级课题16个，系统重点课题立项数量居全国同类前列；《中共杭州市委党校学报》是唯一获评AMI和RCCSE双核心期刊的副省级党校学报，全文转载量、转载率和综合指数排名均列副省级城市党校第一位；咨政研究成果高层次领导批示有新突破。

【干部教育培训】2022年，市委党校围绕习近平新时代中国特色社会主义思想和省市决策部署，推进具有杭州特色的实践教学。全年举办各类班次115期，培训1.07万人次。其中：党校主体班和计划内班次47期，学员3600多人次；社会主义学院主体班次和计划内班次16期，学员728人次；计划外班次52期，学员6300多人次。党的理论教育和党性教育占总课时比例为83.1%。其中，党性教育占比为28.1%，习近平新时代中国特色社会主义思想课程占比为75.1%。市领导进校授课人次创历史新高，22位市领导到校授课30次，领导干部授课占党校（行院）主体班总课时的24.7%。邀请重庆市原市长黄奇帆等知名人士，以及省市领导、市直部门“一把手”、科学家、企业家等118名外请教师到校授课177次。围绕“习近平新时代中国特色社会主义思想的理论渊源、精神实质、杭州实践和典型案例”核心课程体系，开发新教学专题42个。其中，开发学习贯彻中共二十大精神专题课程18门，《杭州市未来社区建设的探索与思考》等案例教学课程6门。挖掘习近平新时代中国特色社会主义思想杭州生动实践，新开发“追随总书记的脚步”现场教学基地12个。4门课程在全省党校系统精品课评选中全部获奖，创历史最佳成绩，其中2门课程获精品奖、2门课程获优秀奖。“学习贯彻习近平总书记关于加强和改进民族工作的重要思想”获评全省社会主义学院统战理论“精品课程”，“创新国际传播，讲好中国故事”获评全省社会主义学院统战理论“精品培育课程”。遵循校院合一办学规律，推动社会主义学院工作规范化发展。聘请国学等方面5名专家担任市社会主义学院（杭州中华文化学院）客座教授。开设文化夜学堂，开展以中华优秀文化为主要内容的主题教育，全年开办11期、20讲，参训学员1200多人次。

【科研咨政和理论研究成果】2022年，市委党校围绕科研精品培育、深化杭州研究、加大学术团队建设，获得全国党校（行政学院）系统第十四届科研和决策咨询工作先进单位奖。立项国家课题1个、省部级课题16个，系统重点课题立项数量居全国同类前列。全年公开发表论文67篇，其中核心期刊20篇，出版专著5部。获中央党校科研成果奖、中央社会主义学院科研成果奖等各类科研评奖27个。在全市党校系统设立共同富裕的专项研究课题，共同策划《共同富裕“双城记”》。聚焦习近平新时代中国特色社会主义思想及其杭州实践的理论阐释，组织出版《党校好文章》。承办由中共杭州市委与学习时报社联合主办的“杭州人才日”专题研讨会，《学习时报》整版刊登研讨会理论成果。与中国社科院马克思主义研究院共同举办“走共同富裕的中国式现代化之路”第七届习近平新时代中国特色社会主义思想高层论坛。学报全年转载量、转载率和综合排名均居副省级城市党校学报前列，刊发文章被二次文献转载17篇（次），其中《新华文摘》2篇、《中国社会科学文摘》3篇、人大复印资料12篇。

市委党校围绕市委、市政府中心工作，以深化教研咨一体化为核心竞争力，建立健全决策咨询管理机制，及时跟踪课题研究进展。全年编发《领导参阅》17期，获市委、市政府领导肯定性批示12篇、16人次。全校各类咨政研究成果中，《提升地方政协“两个全覆盖”工作质效的杭州实践与思考》获副国级领导批示；6篇咨政文章获8位省级领导批示；21篇咨政文章获市级领导批示28人次。5篇研究成果被《人民日报》主管的《思想理论动态参阅》《党建参阅》等高层次内刊录用，6篇报告被相关省级内参录用。

【社会宣讲】2022年，市委党校围绕习近平新时代中国特色社会主义思想、中共十九届历次全会精神、中共二十大精神等重要内容，选派教师到基层开展社会宣讲303场次，受众2.8万人次。编印《社会宣讲·参考阅读》4期。市委党校供稿中心报送的稿件被“学习强国”杭州学习平台录用17篇；市委宣传部主办、市委党校承办的杭州学习平台“学习前线”栏目成为全国学习平台知名理论宣讲节目。（市委党校）

史志编研

【概况】2022年，市委党史研究室（市志办）聚焦市第十三次党代会和中共中央执委会西湖会议召开100周年、中共杭州小组成立100周年等重大党史纪念活动，做好史志编研、年鉴编纂、史志宣传教育、红色资源挖掘利用、干部队伍建设和杭州党史馆（方志馆）建设等工作。市委党史研究室（市志办）获“浙江省党史和文献部门数字化改革工作成绩突出单位”称号，2件作品获中央党史和文献部门优秀科研成果奖，1人被评为浙江省党史和文献系统先进个人。10人入选省级方志专家、5人入选省级方志青年英才。1个处室获“浙江省地方志工作先进集体”称号，2人获“浙江省地方志工作先进工作者”称号。

【“十四五”时期史志发展规划制定】 2022年，市委党史研究室（市志办）根据省委办公厅《关于印发〈浙江省2021—2025年党史和文献工作规划〉的通知》和省政府办公厅《关于加快推进新时代地方志事业发展的意见》，结合杭州实际，起草《杭州市“十四五”时期党史事业发展规划》和《杭州市“十四五”时期地方志事业发展规划》，分别于1月14日和2月22日印发。7月，全省党史工作会议召开后，根据《中共浙江省委关于进一步加强新时代党史工作的意见》，杭州市出台《中共杭州市委关于进一步加强新时代党史工作的实施意见》。

【史志宣教数字矩阵打造】 2022年，市委党史研究室（市志办）发挥好“学习强国”供稿中心作用，继续办好“杭州红色日历”等特色栏目，利用好网站、抖音、快手、微信等平台官方账号，助力党史学习教育常态化、长效化。全年被“学习强国”杭州学习平台录用稿件568篇，阅读量797万人次。其中，被“学习强国”全国平台录用9篇，被“学习强国”省平台录用26篇；被“浙里学史”录用稿件108篇。在“杭州党史与地方志”网站和“今日头条”，以及“杭州党史方志”微博、微信、抖音、快手上发布图文或视频信息3400多条，阅读量314万人次。深化“杭州红色日历——杭州历史上的今天”品牌，发布文章365篇，阅读量超过10万人次的3篇。制作传播“红色基因传承传播工程”专题片12个。开展“杭州城市记忆”之“宋读杭州”系列视频制作，摄制传播“杭州城市记忆”短视频第二期19个。开展“动漫讲好杭州故事”活动，与杭州电视台影视频道联合推出的《畅游杭州丨杭城三月春》单篇最高阅读量389.5万人次；《家事平和，端午安康》阅读量151万人次。“红色基因传承传播工程”入选全市年度网信工作创新实践案例。

【红色资源保护研究利用长效机制健全】 2022年，根据市委提出要实施“创新理论引领行动”，用活用好杭州“家门口的红色资源”的要求，市委党史研究室（市志办）结合杭州工作实际，制定《杭州市党史胜迹保护专项资金管理办法（试行）》，向区县（市）红色资源建设项目下拨保护资金200万元，指导推动富阳党史馆等一批红色场馆建成开放。利用数字技术整合全市红色资源，开发“杭州红色资源”小程序，设计IP“杭小红”和“杭小源”，将全市109处革命遗址遗迹和红色纪念场馆汇聚在数字平台，推动党史学习教育线上传播。“杭州市健全红色资源保护利用长效机制”的简讯在浙江省委办公厅《浙江信息（每日简报）》第8期上刊载。

【《杭州年鉴（2021）》获“浙江省精品年鉴”称号】 2022年，由市委党史研究室（市志办）编纂的《杭州年鉴（2021）》获“浙江省精品年鉴”称号。《杭州年鉴（2021）》是自1987年开始编纂以来的第35卷，全书设类目50个、分目332个，收入条目2496个、照片233张，记录2020年杭州经济、政治、文化、社会和生态文明等方面的大事要情。该卷年鉴开篇卷首彩页设置“杭州新貌”“抗击新冠肺炎疫情”“亚运会倒计时”“市域社会治理现代化建设”“智慧城市建设”“文化名城”“重大工程”“数字杭州”8个板块。全书框架结构在上卷基础上，结合年度热点和杭州实际情况做适当调整，增设“抗击新冠肺炎疫情”“学习贯彻习近平总书记在浙江考察时重要讲话精神”“中国（浙江）自由贸易试验区杭州片区挂牌”“杭州云城建设”“杭州东西部扶贫协作地区全部脱贫摘帽”“淳安县入选‘绿水青山就是金山银山’实践创新基地”等特色板块。

【“最忆杭州”系列丛书编纂出版】 2022年，由市委党史研究室（市志办）编纂的“最忆杭州”系列丛书——《宋词带你游杭州》《追寻良渚》出版。

《宋词带你游杭州》，作者闫赵玉。该书分自然风光、历史遗迹、佳节良辰、风雅生活和市井风情5个篇章，精选提炼40多首宋词作为优质文化材料，选配100多幅宋画，以“宜融尽融、能融则融”的原则，将宋词融入历史文化，助力“宋韵文化传世工程”实施。该书登上2022年8月浙版好书榜。

《追寻良渚》，作者王心喜。该书以田野考古发掘材料为依托，以杭州良渚物质遗留（包括遗迹、遗物、遗址、遗存）为基础，用考古学、历史学的方法，从宏观着眼，记述良渚文明兴起、发展、繁盛、衰落、消失的全景，归纳良渚文明模式和特点，揭示良渚文明在中华文明多元一体过程中的作用、价值和地位。

【地方党史研究成果编纂出版】 2022年，由市委党史研究室（市志办）编纂的《中国共产党杭州百年大事记（1922—2022）》《一枝一叶总关情——杭州市脱贫攻坚与对口帮扶口述史》《建设“一城”“一窗”的生动实践——中共杭州市第十二次代表大会以来》由杭州出版社出版。

《中国共产党杭州百年大事记（1922—2022）》以编年体和纪事本末体相结合的体例，反映杭州人民在中国共产党的领导下，在革命、建设、改革过程中的重大事件和历史进程。该书与2021年出版的《中国共产党杭州简史》构成姊妹篇。

《一枝一叶总关情——杭州市脱贫攻坚与对口帮扶口述史》征集22名改革开放以来不同时期杭州市脱贫攻坚及对口支援、帮扶合作、山海协作等工作的主要决策者、组织者、执行者及先进典型人物等留存的史料。全书收录照片100多幅，成书40多万字。

《建设“一城”“一窗”的生动实践——中共杭州市第十二次代表大会以来》系统研究中共杭州市第十二次代表大会以来5年间杭州市在经济、政治、文化、社会、生态文明和党的建设各方面的决策、执行和取得的成就，收集梳理、分析研究记载市直各部门工作业绩、经验教训的文字图片等原始素材，加以总结提炼，形成专著。

【《杭州纪事（2021）》出版】2022年11月，由市委党史研究室（市志办）编纂的《杭州纪事（2021）》由浙江大学出版社出版。《杭州纪事》每年编纂一卷，以编年体大事纪要的形式，反映杭州城市发展历程。《杭州纪事（2021）》成书48.4万字，采用小16开，双色印刷。记录时间为2021年1月1日至12月31日。卷首设置“数字杭州2021”“十件民生实事2021”2个小栏目。内文按月分为12个部分，按时间顺序，记载一年内杭州市自然、经济、政治、文化、社会、生态文明等方面的大事、要事、新事、特事。（年鉴编辑部）

机关党建

【概况】至2022年年末，市委直属机关工委有直属机关党组织96个，基层党组织2644个，党员4.1万名。全市机关坚持以习近平新时代中国特色社会主义思想为指导，学习贯彻中共二十大和省、市党代会精神，以模范机关、清廉机关建设为总牵引，围绕中心工作做实机关党的建设。

【机关党员干部思想政治建设】2022年，市委直属机关工委完成市委交给的中共二十大、省党代会代表候选人推荐及148名市党代会代表选举任务。部署“六学六进六争先”学习实践活动，落实中共二十大和省、市党代会精神学习宣传贯彻，开展理论学习中心组学习巡听旁听，征订发放学习用书3.72万册，“线上+线下”集中培训机关党员11班（次）、5万余人次，推动多渠道、多领域宣讲5200多场次、受众51.6万人次。开展“喜迎二十大，奋进新时代，建设新天堂”主题宣讲活动，专题组织市直机关中共二十大精神宣讲业务辅导暨政治理论骨干培训，开展“聚焦二十大，青年有话说”“我们这一天”青年短视频博客比赛等活动，制作网上宣讲音视频1421个，网络宣讲点击量420多万次。加强机关政治文化氛围营造，设立党建文化展示区，制发2000多份宣传品。

【机关党组织基层组织建设】2022年，市委直属机关工委以“双建争先”为牵引，推动基层组织建设变革提升。实施“红色根脉强基工程”，出台《全面实施“红色领杭·双建争先”工程，着力打造新时代机关党建高地的实施意见》，开展“七大争先”行动，引领机关党建整体跃升。聚焦变革型党组织建设，推行支部组织建设月报管理，梳理制定支部建设任务清单，迭代升级党支部建设提升工程2.0版。实施“党建双强双优”工程，推荐评选“最强党支部”“最强领头雁”“最优排头兵”和“最优工作法”，认定机关党建“一单位一品牌”30个，征集编发40个优秀党支部工作法。制定《市直机关党支部书记全周期管理办法（试行）》，探索党支部书记上岗、在岗全周期管理新模式。推动专兼职党务工作经历纳入干部履历。组织机关党员干部开展大教育、大轮训，1万余名机关党员开展春训冬训。制定《纵深推进清廉机关模范机关建设重点任务及评价标准》，建立健全“党建统领—问题整改—比学晾晒—挂账销号”机制，推动机关党建质效评价体系变革重塑。开展重点问题全面排查、问题整改，常态化组织机关党建专项督查和跟踪复核。开展“一把手谈双建”活动，对机关党建品牌进行集中宣传展示，营造“双建争先”浓厚氛围。上线“e点通”业务应用、“双建争先”质效云图等数字系统，强化各类信息场景应用，在推进机关党建高质量发展中不断叠加、扩大数字赋能效应。深化机关党建课题研究和经验提炼，报送的《教育引领机关党员干部深刻领悟“两个确立”决定性意义研究》获全国机关党建优秀课题研究成果一等奖，《关于加强新时代机关党员干部对党忠诚教育的研究》获全省机关党建优秀课题研究成果一等奖，《精准发力“破难题”，全力攻坚“助共富”》入选《奋进的十年——新时代机关党建巡礼》一书。

【机关党组织服务中心大局】2022年，市委直属机关工委开展“喜迎二十大，奉献亚运会，奋进共富路”主题活动，发挥机关党组织战斗堡垒和党员干部先锋模范作用。组织全市机关党组织开展“破难题、促发展、助共富”活动，首批签约40个重点攻坚难题，300多个领办项目取得进展。履行市级帮扶临安清凉峰镇牵头单位职责，筹集资金274万元。全市机关192个联合党支部（小分队）近2000名助企服务员开展“企业大走访”“千名干部助千企”精准服务活动，为企业解决难题5000多个。构筑“亚运机关党建圈”，实施“红色领杭·奉献亚运”联考联赛，开展“志愿同行、‘益’起亚运”志愿服务等活动。创设市直机关“平战一体”急难险重“114”快响体系，3000多名机关党员干部组成快响“常备队”“突击队”，建成6个区域快响“战备库”，推行急难险重“五力”快响争先指数，推动在职机关党员纳入基层网格化管理，助力现代社区建设。

【清廉机关建设】2022年，市委直属机关工委以“风清气正”为目标，多措并举推进清廉机关建设。启动“红雁清风”清廉机关典型培树计划，首批37个市直单位50个单元被列为培树点，5个清廉机关建设实践案例被确定为清廉杭州建设优秀实践案例。常态化开展法纪教育、警示教育、廉政教育，联合市纪委市监委机关开展“廉洁好家风”主题教育，推动清廉文化进机关。开展以案促改以案促治，推动问题整改、作风优化和质效提升，构筑拒腐防变思想防线。突出重大节日，常态化开展正风肃纪明察暗访1131次，组织为基层减负情况专项检查。支持市纪检监察工委加强对市直单位机关纪检工作的领导，审理审核案件，查处违纪违法党员干部。出台《关于进一步加强和规范市直机关部门机关纪委建设的实施意见》，推动机关纪委建设整体提升。建设“数字机关纪检”应用模块，实现机关纪委履职“一表通”，以“数字清单”量化管理推动机关纪委经常性工作，加强机关纪委队伍建设和作用发挥。

【机关作风建设】2022年，市委直属机关工委常态化开展文明机关暗访检查690个（次），为困难家庭送去慰问金和慰问品2000多万元，帮助2.8万人次解决实际困难，开展志愿服务近80万小时。组织“人民满意的公务员”“担当作为好支书”“新时代好党员”“巾帼文明岗”“道德模范”“最美杭州人”等评选和先进典型事迹宣传。落实关心关爱，下拨专项党费200多万元，走访慰问奋战疫情一线的机关党员和困难党员。举办市直机关三人制篮球赛、足球赛等“喜迎亚运”系列文体竞赛赛事，组织书香机关评选、“最美家庭”评选、“思·享”读书会、知识竞赛、机关妇女“妍·学”活动、青春交友、技能培训、劳模先进宣讲观摩交流会，丰富机关文化生活。落实谈心谈话制度，开展上门走访慰问、心理健康培训、公益讲座咨询等活动，组织好干部职工疗休养、困难劳模救助、困难干部职工慰问。

（市委直属机关工委）

2022年6月22日，杭州市“共富示范　银耀助力”专项行动推进会召开

（市委老干部局 供稿）

老干部工作

【概况】至2022年年末，杭州市有离休干部1414人，比上年减少261人，平均年龄92岁。按区域划分，市直单位890人，区县（市）524人；按革命时期划分，红军时期3人，抗日战争时期144人，解放战争时期1267人；按机构性质划分，机关单位368人，事业单位416人，企业单位630人。有退休干部9.46万人，在册党员4.35万名，其中市直单位1.26万名、区县（市）3.09万名；成建制离退休干部党支部1485个，市直单位491个，区县（市）994个。

【老干部学习教育】2022年，市委老干部局以学习贯彻落实《关于加强新时代离退休干部党的建设工作的意见》为抓手，坚持党建统领，以建强离退休干部党支部为基础，引导广大老干部始终做到政治坚定、思想常新。组织全市4.2万名离退休干部党员收听收看中共二十大开幕会。指导市直单位和区县（市）老干部工作部门举办情况通报会、主题党日活动等2352场次、7.4万人次参与。开展“支书讲堂”和“银领”红色讲师精品思政课103节，印发《杭州市离退休干部金秋驿站选培行动计划（2022—2025年）》，全市新建、提升“金秋驿站”196个，推进离退休干部党建融入城市基层党建工作。举办市直单位离退休干部党支部书记“银领示范班”，探索创新离退休干部党员骨干教育培训新模式。

【老干部作用发挥】2022年，市委老干部局完善志愿服务体系，打造各类品牌工作室，鼓励老干部积极建言献策，参与社会治理，助力乡村振兴，弘扬传统文化。开展各类志愿服务活动3668次、5万余名老干部志愿者参与。开展“共富示范 银耀助力”专项行动，聘任15名退休干部为全市首批“银耀助力”发展指导员。组建政策宣讲、产业升级帮扶、文化艺术服务3支市级共富帮扶团队，选培重点品牌团队和工作室28个、品牌老干部矛盾调解工作室3个。开展“双结对”工作，全市有48个离退休干部党支部与48个农村基层党组织进行结对并开展活动，229名离退休干部党员结对237名农村基层干部或创业青年。开展“银尚达人”“银尚之家”典型选树活动，选树“银尚达人”“银尚之家”770个。市老干部活动中心开展第十七届“情系乡村振兴”助力共富活动，老干部到村（社区）、学校、企业写春联、送福字和书画1000多件，参加基层演出188场次。

【老干部服务保障】2022年，市委老干部局为484名离休干部落实社区“四就近”（就近学习，就近活动，就近得到关心照顾，就近发挥作用）服务，为412名省市离休干部做好社区医生签约服务，为1936名在杭离休干部换“一卡通”（IC卡版）优待证，为164名居家离休干部配备“安全四件套”。开展“亲情问候，幸福颐养”大走访活动，全年走访慰问离退休干部8000多人。杭州老干部大学统筹发展网络、电视、线下3种教学模式，开设“金秋在线”直播课20门，直播课课时达1071小时，点击量近46万次。“名师讲堂”栏目上线9门课程，“精品课程”栏目上线16门课程，达406个课时，点击量148万余次。创新成立杭州老年教育联盟及指导委员会，在临平区、临安区开展老年教育资源整合省级试点工作。推进“云上老年大学”建设，开展家门口老年大学（教学点）建设，全市有5所老年大学分校入选全省优质老年大学分校（教学点）。

（黄士亮）

责任编辑　金利权

7 杭州市人民代表大会

综 述

【市人大及其常委会组织机构】至2022年年末，杭州市有各级人民代表大会112个，包括杭州市人民代表大会和13个区县（市）人民代表大会、98个乡镇人民代表大会。在杭州的浙江选举产生的全国人大代表第一小组代表13人，省十三届人大杭州中心组代表97人，市人大代表510人。市十四届人大常委会有组成人员54人，其中主任1人、副主任5人、秘书长1人、委员47人。市十四届人大设有法制委员会、监察和司法委员会、财政经济委员会、城乡建设环境保护委员会、教育科学文化卫生委员会、农业和农村委员会、民族宗教华侨委员会、外事委员会、社会建设委员会9个专门委员会（其中民族宗教华侨委员会与外事委员会合署办公）。市十四届人大常委会设有法制工作委员会、监察和司法工作委员会、财政经济工作委员会、城乡建设环境保护工作委员会、教育科学文化卫生工作委员会、农业和农村工作委员会、民族宗教华侨工作委员会、外事工作委员会、社会建设工作委员会9个工作委员会（其中民族宗教华侨工作委员会与外事工作委员会合署办公），以及办公厅、研究室、人事代表工作委员会等工作机构。

【市委人大工作会议】2022年12月28日，市委人大工作会议召开。省委常委、市委书记刘捷出席会议并讲话，市委常委、组织部部长马小秋主持会议，市四套班子领导出席会议。会上，上城区委、桐庐县委、西湖区人大常委会、余杭区人大常委会、萧山区河上镇人大、钱塘区白杨街道党工委负责人做交流发言。会议印发《关于践行全过程人民民主重大理念推动新时代人大工作高质量发展的实施意见》，与会人员观看《人民民主的力量——全过程人民民主的杭州人大实践》视频短片。会议强调，要深入学习贯彻习近平法治思想和中共中央总书记习近平关于坚持和完善人民代表大会制度的重要思想，全面贯彻中共二十大、中央人大工作会议和省委、市委有关精神，推动新时代杭州人大工作高质量发展，打造全过程人民民主市域典范。

【全过程人民民主平台载体建设】2022年，市人大常委会深化全过程人民民主重大理念理论研究和实践探索，制定出台关于充分发挥全过程人民民主重要制度载体作用的意见以及迭代升级人大代表联络站打造全过程人民民主基层单元等配套制度，形成“1+N”制度体系。建立常委会组成人员围绕常委会会议重要议题进代表联络站听取意见制度，出台国家机关进人大代表联络站工作办法。总结固化预算草案“三审”制工作、预算审查小组等经验做法，开展常委会会议、专题询问网络直播，组织公民旁听常委会会议，组建新一届市人大常委会咨询专家库。完善常委会主任会议成员和专职委员直接联系、走访基层代表制度，完善代表列席常委会会议、常委会主要领导与列席常委会会议代表座谈、常委会会议情况向代表通报等制度。打造践行全过程人民民主基层单元，构建“1+13+191+N”市、县、乡、村四级“线上＋线下”代表联络体系，深化“联、商、督、促、智”五大功能。

【民生实事项目人大代表长效监督机制】2022年，市人大常委会深化民生实事项目长效监督机制，组成市人大常委会机关部门牵头、区县（市）人大常委会协助、市人大代表参与的10个代表监督小组，分别对市政府10件民生实事项目开展专项监督。5月，召开民生实事项目专项监督部署会，对项目监督及实施工作提出具体要求。6月，开展“代表监督周”活动，204名市人大代表、155名区县（市）人大代表参加监督活动，监督发现问题112个，提出意见和建议199条。8月，召开“一府两院”工作报告会，听取市政府关于民生实事项目推进情况的报告。8—10月，全市30名市级领导干部人大代表全部走进代表联络站开展活动，推动代表建议办理，听取并解决民生实事项目推进中的问题。11月，各代表监督小组结合项目特点，开展一系列监督工作，重点督查“代表监督周”活动查出问题的整改落实情况。12月19日，市十四届人大常委会第七次会议听取和审议市政府关于2022年民生实事项目实施情况的报告。会后，近400名市人大代表通过线上测评方式，对民生实事项目实施情况进行满意度测评，结果均为“满意”。

【讨论决定重大事项制度化常态化】 2022年，市人大常委会依法用好重大事项决定权，推进讨论决定重大事项制度化常态化。做出促进杭州城西科创大走廊创新发展的决定，推动城西科创大走廊高质量融合发展。做出加快推进新型农村集体经济发展壮大的决定，增强村级集体经济发展活力。做出深化预算草案“三审”制工作的决定，完善全过程预算监督制度。做出推进数字检察加强新时代法律监督工作的决定，推进全市数字检察赋能法律监督工作。做出进一步深化党建引领下“四治融合”推进基层治理体系和治理能力现代化建设的决定，提升社会治理效能。做出古树名木保护和管理的决定，加强古树名木管理、强化保护意识、落实管护责任。做出加强儿童友好城市建设的决定，推动加快建设国内领先、国际知名的儿童友好城市。

【宪法宣传教育阵地建设】 2022年，市人大常委会贯彻落实中共中央总书记习近平纪念现行宪法公布施行40周年署名文章精神和中共中央总书记习近平对“五四宪法”历史资料陈列馆的重要指示精神，围绕宪法宣传教育这一核心，建好宪法宣誓、史料保护、研究交流、巡回展览4个平台，发挥“五四宪法”历史资料陈列馆主阵地作用。“五四宪法”历史资料陈列馆组织纪念现行宪法公布施行40周年暨国家宪法日系列活动和“法治大讲堂”“宪法十进”等活动，开展宪法宣传教育场馆建设及展陈研究，全年接待观众超过23万人次，接待宣誓活动495批次、13万余人次。“五四宪法”历史资料陈列馆入选全国首批国家级“大思政课”实践教学基地，宪法宣誓墙照片入选中共中央宣传部“奋进新时代”主题成就展，并成为首批浙江省法治文化标识培育对象、省司法厅首批省级公民法治素养观测点。

【人大数字化改革】 2022年，市人大常委会统筹做好全市人大数字化改革工作，以“1512”体系架构为引领，坚持数字化改革和践行全过程人民民主有机融合、一体推进，形成一批具有杭州人大辨识度的应用成果、理论成果、制度成果。在“浙里办”上线运行杭州数智人大一体化平台，实现“浙政钉”代表履职端、“浙里办”群众服务端有效对接。建成推广各类应用场景25项，并在13个区县（市）推广应用，其中财经综合监督、法治政府建设监督、街道人大工作、代表在线4项应用场景在全省人大数字化改革创新暨第三届“浙江人大工作与时俱进通报表扬”活动中分获特别奖、一等奖等奖项。开展数字化改革理论研究，4篇相关理论文章获省人大工作研究会理论研讨会优秀论文奖。

【市人大常委会自身建设】 2022年，市人大常委会以政治建设为统领深化自身建设。及时向市委请示报告人大重要会议、重要立法、重要工作和重大事项，全年向市委常委会专题汇报8次、向市委请示报告事项29件。实施“红色根脉强基工程”，拓展党史学习教育成果，完成机关“两委”换届选举，制定《关于进一步加强和规范党支部主题党日活动的实施意见》。巩固巡视、巡察反馈问题整改落实成果，建立机关党委、机关纪委与派驻市人大常委会机关纪检监察组会商机制。对照新修改的地方组织法，修改市人大常委会会议事规则，决定废止市人大常委会授予“杭州市荣誉市民”称号的办法、修改市人大及其常委会讨论决定重大事项的规定。

【基层人大工作指导】 2022年，市人大常委会加强对基层人大工作指导，组织召开全市人大常委会主任学习会、全市基层人大工作交流会，改进和规范基层人大工作。总结推广开发区（园区）人大试行试点工作经验，召开开发区（园区）人大工作交流会，推进开发区（园区）人大工作全覆盖。贯彻落实《浙江省乡镇人民代表大会工作条例》和《浙江省街道人大工作条例》，对全市乡镇、街道人大工作开展专题调研，总结经验做法，发现问题短板，提出对策建议。制定《杭州市街道居民议事工作规定》，提升街道公共事务民主法治水平。

【区域人大协同发展】 2022年，市人大常委会加强与周边区域的交流合作。贯彻落实中共中央总书记习近平重要指示精神，唱好杭甬“双城记”，与宁波市人大签订关于唱好杭甬“双城记”两地人大增合力的协议，携手助力两市打造高水平协同样板。首次主办长三角G60科创走廊九城市人大工作交流会，为数字赋能发展、科创助力共富、高水平共建G60科创走廊贡献人大力量。深化与四川广元、甘孜等地人大交流，举办广元市人大系统“新时代人大工作创新”高级研修班，助力东西部人大协调发展。（市人大常委会办公厅）

市人大及其常委会重要会议

【概况】 2022年，市人大及其常委会召开代表大会会议2次、常委会会议11次、主任会议19次，审议法规草案10件、表决通过7件，听取审议专项工作报告22个，开展专题调研12次，检查7部法律法规的实施情况，开展专题询问1次，做出决议、决定14项，任免国家机关工作人员152人次。

【市十四届人民代表大会】 2022年，杭州市第十四届人民代表大会召开会议2次，即市十四届人民代表大会第一次会议至第二次会议。

3月26—30日，杭州市第十四届人民代表大会第一次会议召开。市十四届人大正式代表510人，出席会议的正式代表495人。会议期间，举行3次全体会议、5次主席团会议和计划预算审查委员会会议、代表议案处理协调工作会议等。

会议听取和审议杭州市人民政府工作报告；审查和批准杭州市2021年国民经济和社会发展计划执行情况与2022年国民经济和社会发展计划草案的报告，批准杭州市2022年国民经济和社会发展计划；审查和批准杭州市及市本级2021年预算执行情况和2022年预算草案的报告，批准市本级2022年预算；听取和审议杭州市人民代表大会常务委员会工作报告；听取和审议杭州市中级人民法院工作报告；听取和审议杭州市人民检察院工作报告；选举杭州市第十四届人民代表大会常务委员会主任、副主任、

2022 年 3 月 26 日，杭州市第十四届人民代表大会第一次会议开幕

（市人大常委会办公厅 供稿）

秘书长和委员，杭州市人民政府市长、副市长，杭州市监察委员会主任，杭州市中级人民法院院长，杭州市人民检察院检察长；通过杭州市第十四届人民代表大会各专门委员会组成人员人选名单；票决杭州市人民政府 2022 年度民生实事项目。

会议收到代表提出的议案、建议、批评和意见 417 件。其中，10 人以上代表联名提出的议事原案 11 件，代表建议、批评和意见 406 件。大会主席团决定，将 5 件内容均为在全市开展“发挥代表作用、建设新天堂”活动的议事原案归并，由大会做出相关决议。其他 6 件议案，按照市人大有关专门委员会职责，分别交由有关专门委员会审议，提出审议结果的报告，经市人大常委会审议通过后答复代表，并在下次市人民代表大会时印发全体代表。406 件代表建议中，涉及法制司法类 22 件，财政经济类 95 件，城乡建设环境保护类 95 件，教育科学文化卫生类 76 件，农业农村类 32 件，民族宗教华侨外事类 10 件，社会建设类 41 件，其他 35 件。市人大常委会将这些建议、批评和意见分别交市人民政府和其他有关机关、组织研究处理，并负责答复代表。

12 月 28—29 日，杭州市第十四届人民代表大会第二次会议召开。市十四届人大正式代表 510 人，出席会议的正式代表 434 人。会议期间，举行 2 次全体会议、4 次主席团会议等。会议学习贯彻中国共产党第二十次全国代表大会精神；选举杭州市人民政府市长；选举杭州市出席浙江省第十四届人民代表大会代表。会议采用无记名投票方式，依法补选姚高员为杭州市人民政府市长。会议以无记名投票和差额选举的办法，选举产生杭州市出席浙江省第十四届人民代表大会代表 99 人。

【市十三届人大常委会会议】2022 年，杭州市第十三届人民代表大会常务委员会召开 4 次会议，即市十三届人大常委会第四十一次会议至第四十四次会议。

1 月 25 日，市十三届人大常委会第四十一次会议召开。会议审议并表决有关人事事项。

2 月 18 日，市十三届人大常委会第四十二次会议召开。会议听取和审议市政府关于 2021 年度生态环境状况和生态环境保护目标完成情况的报告；审议并表决市人大常委会关于召开杭州市第十四届人民代表大会第一次会议的决定（草案）；审议关于 2021 年度市人大常委会规范性文件备案审查情况的报告（书面）；审议关于对杭州市政府重大投资项目全过程监督工作情况的报告（书面）；审议并表决市人大常委会主任会议关于提请补选杭州市第十三届人民代表大会常务委员会代表资格审查委员会副主任委员、委员的议案；审议并表决有关人事事项。

3 月 7 日，市十三届人大常委会第四十三次会议召开。会议表决《杭州市社会信用条例（草案）》；表决《杭州市国有土地上房屋征收与补偿条例（草案）》；审议市政府关于提请审议《2021 年政府重大投资项目计划执行情况和 2022 年第一批政府重大投资项目计划（草案）》的议案；审议并表决市十三届人大常委会代表资格审查委员会关于杭州市第十四届人民代表大会代表资格的审查报告；听取和审议关于市十四届人大一次会议筹备工作情况的报告；审议并原则通过市十四届人大一次会议议程和有关名单草案等；审议并原则通过市人大常委会工作报告，征求对政府工作报告、市中级人民法院工作报告、市人民检察院工作报告的意见；审议并表决有关人事事项。

3 月 22 日，市十三届人大常委会第四十四次会议召开。会议审议并表决市十三届人大常委会代表资格审查委员会关于个别代表的代表资格审查报告；审议并表决有关人事事项。

【市十四届人大常委会会议】2022 年，杭州市第十四届人民代表大会常务委员会召开 7 次会议，即市十四届人大常委会第一次会议至第七次会议。

3 月 30 日，市十四届人大常委会第一次会议召开。会议学习贯彻习近平法治思想、中共中央总书记习近平对地方人大及其常委会工作做出的重要指示精神；通过市人大常委会 2022 年工作要点。

5 月 30 日，市十四届人大常委会第二次会议召开。会议审议并表决《杭州市人民代表大会常务委员会关于废止〈杭州市邮政通信管理条例〉的决定（草案）》；审议并表决关于提请审议杭州市第十四届人民代表大会常务委员会代表资格审查委员会组成人员名单（草案）的议案；审议并表决有关人事事项。

6 月 28—29 日，市十四届人大常委会第三次会议召开。会议学习贯彻省第十五次党代会精神；审议《杭州市街道居民议事条例（草案）》；审议《杭州市非道路移动机械排气污染防治规定（草案）》；审议并表决《杭州市人民代表大会常务委员会关于促进杭州城西科创大走廊创新发展的决定（草案）》；听取和审议市政府2021年度法治政府建设情况的报告及政府工作部门主要负责人依法履职情况的报告；听取和审议市政府关于《中华人民共和国节约能源法》和浙江省实施办法贯彻实施情况的报告，市人大常委会执法检查组关于《中华人民共和国节约能源法》和浙江省实施办法执法检查情况的报告；听取和审议市政府关于市本级2022年预算调整的报告；审议市人大常委会调研组关于《杭州市西湖龙井茶保护管理条例》实施情况的调研报告（书面）。

8月29—31日，市十四届人大常委会第四次会议召开。会议审议并表决《杭州市非道路移动机械排气污染防治规定（草案）》；审议《杭州市街道居民议事条例（草案）》；审议《杭州市历史文化名城保护条例（草案）》；审议并表决《杭州市人民代表大会常务委员会关于深化预算草案“三审”制工作的决定（草案）》；审议并表决《杭州市人民代表大会常务委员会关于加强古树名木保护工作的决定（草案）》；审议市政府关于提请审议《2022年第一批政府重大投资项目计划执行情况和2022年第二批政府重大投资项目计划（草案）》的议案；听取和审议市政府关于杭州市本级2021年决算草案和2022年上半年预算执行情况的报告；听取和审议市政府关于2021年度杭州市本级预算执行和全市其他财政收支的审计工作报告；审议市政府关于2022年上半年国民经济和社会发展计划执行情况的报告（书面）；听取和审议市政府关于《中华人民共和国就业促进法》贯彻实施情况的报告，市人大常委会执法检查组关于《中华人民共和国就业促进法》执法检查情况的报告，并对就业促进工作进行专题询问；听取和审议市政府关于《浙江省综合行政执法条例》贯彻实施情况的报告，市人大常委会执法检查组关于《浙江省综合行政执法条例》执法检查情况的报告；听取和审议市政府关于《中华人民共和国环境保护法》贯彻实施情况的报告，市人大常委会执法检查组关于《中华人民共和国环境保护法》执法检查情况的报告；听取和审议市政府关于全市新型研发机构建设情况的报告；听取和审议市政府关于全市“米袋子”“菜篮子”保供和农民“钱袋子”增收工作情况的报告；审议并表决有关人事事项。

10月31日至11月2日，市十四届人大常委会第五次会议召开。会议学习贯彻中国共产党第二十次全国代表大会精神；表决《杭州市街道居民议事工作规定（草案）》；审议《杭州市历史文化名城保护条例（草案）》；审议《杭州市优化营商环境条例（草案）》；审议《杭州市乡村建设条例（草案）》；审议《杭州市湿地保护条例（草案）》；审议并表决《杭州市人民代表大会常务委员会关于召开杭州市第十四届人民代表大会第二次会议的决定（草案）》；审议并表决《杭州市人民代表大会常务委员会关于推进数字检察 加强新时代法律监督工作的决定（草案）》；审议并表决《杭州市人民代表大会常务委员会关于加快推进新型农村集体经济发展壮大的决定（草案）》；听取和审议市公检法关于打击治理电信网络诈骗违法犯罪工作情况和部分法官依法履职情况的报告；听取和审议市政府关于推动全市平台经济规范健康持续发展工作情况的报告；听取和审议市政府关于2021年度全市国有自然资源资产管理情况的专项报告；审议2021年度全市国有资产管理情况的综合报告（书面）；听取和审议市政府关于市本级2022年预算调整情况的报告；听取和审议市政府关于促进民族共同富裕建设工作情况的报告；听取和审议市政府关于《中华人民共和国乡村振兴促进法》《浙江省乡村振兴促进条例》贯彻实施情况的报告，市人大常委会执法检查组关于乡村振兴“一法一条例”执法检查情况的报告；审议并表决市十四届人大一次会议主席团交付市人大有关专门委员会审议的代表议案审议结果的报告（书面）；听取和审议市政府关于市十四届人大一次会议代表建议、批评和意见办理情况的报告；审议市法院、市检察院关于市十四届人大一次会议代表建议、批评和意见办理情况的报告（书面），市人大常委会主任会议关于市十四届人大一次会议代表建议、批评和意见处理情况的报告（书面）；审议并表决有关人事事项。

11月15日，市十四届人大常委会第六次会议召开。会议审议并表决有关人事事项。

12月19—20日，市十四届人大常委会第七次会议召开。会议表决《杭州市历史文化名城保护条例（草案）》；审议并表决《杭州市湿地保护条例（草案）》；审议《杭州市优化营商环境条例（草案）》；审议《杭州市乡村建设条例（草案）》；审议《杭州钱塘新区条例（草案）》；听取和审议关于市十四届人大二次会议筹备工作情况的报告，审议并原则通过市十四届人大二次会议议程和有关名单草案等；审议并表决《杭州市人民代表大会常务委员会关于召开杭州市第十四届人民代表大会第三次会议的决定（草案）》；审议通过《杭州市人民代表大会常务委员会关于充分发挥全过程人民民主重要制度载体作用的意见（草案）》；审议并表决《杭州市人民代表大会常务委员会关于修改〈杭州市人民代表大会常务委员会议事规则〉、废止〈杭州市人大常委会授予“杭州市荣誉市民”称号的办法〉、修改〈杭州市人民代表大会及其常务委员会讨论决定重大事项的规定〉的决定（草案）》；审议并表决《杭州市人民代表大会常务委员会关于进一步深化党建引领下“四治融合”推进基层治理体系和治理能力现代化建设的决定（草案）》；审议并表决《杭州市人民代表大会常务委员会关于加强儿童友好城市建设的决定（草案）》；审议《杭州市国土空间总体规划（2021—2035年）》；听取和审议市政府关于2022年民生实事项目实施情况的报告；审议市人大常委会民生实事项目专项监督组关于对2022年市政府民生实事项目开展专项监督情况的报告（书面）；听取和审议市政府关于审计发现问题整改情况的报告；审议市政府关于提请审议运河新城运河景观带（石祥路—电厂河）建设项目的议案；听取和审议市政府关于2022年市人大常委会审议意见、意见建议函办理情况的报告，并开展满意度测评；审议关于《杭州市旅游条例》立法后评估的报告（书面）；审议并表决市十四届人大常委会代表资格审查委员会关于个别代表的代表资格审查的报告；审议并表决有关人事事项。（市人大常委会办公厅）

2022 年杭州市十四届人大一次会议代表议案一览表

表 4

议案号	提议案人	案　由	主 办 部 门
1	董宇澜	关于尽快制定《杭州市优化营商环境条例》的议案	市人大财经委
2	汪　洋	关于制定《杭州健康城市促进条例》的议案	市人大教科文卫委
3	李　悦	关于尽早修订《杭州市生态文明建设促进条例》 助力“独特韵味新天堂”的议案	市人大法委
4	陈向红	关于修改《杭州市安全生产监督管理条例》的议案	市人社会委
5	张　炜	关于设立“中国（杭州）‘运河日’”的议案	市人大教科文卫委
6	潘曙龙	关于制定《杭州市乡村建设条例》的议案	市人大城建环保委

2022 年杭州市人大常委会重要文件一览表

表 5

序　号	文件标题
1	关于全面落实宪法宣誓制度的决定
2	关于修改部分常委会工作制度的决定
3	关于批准 2022 年杭州市本级收支预算调整方案的决议
4	关于促进杭州城西科创大走廊创新发展的决定
5	关于深化预算草案“三审”制工作的决定
6	关于加强古树名木保护工作的决定
7	关于批准杭州市本级 2021 年决算的决议
8	关于批准 2022 年杭州市本级收支预算调整方案的决议
9	关于推进数字检察 加强新时代法律监督工作的决定
10	关于加快推进新型农村集体经济发展壮大的决定
11	关于加强儿童友好城市建设的决定
12	关于进一步深化党建引领下“四治融合”推进基层治理体系和治理能力现代化建设的决定
13	关于修改《杭州市人民代表大会常务委员会议事规则》、废止《杭州市人大常委会授予“杭州市荣誉市民”称号的办法》、修改《杭州市人民代表大会及其常务委员会讨论决定重大事项的规定（草案）》的决定
14	关于同意运河新城运河景观带（石祥路—电厂河）建设项目的决定

立法工作

【概况】2022 年，市人大常委会坚持党的领导，自觉主动围绕党委中心工作，发挥人大主导作用，聚焦重点领域立法，拓宽民主立法路径，完善立法工作机制，提高地方立法质效。编制五年（2022—2026 年）立法调研项目库，统筹做好年度 10 部法规“立、改、废”工作。

【重点领域立法】2022 年，市人大常委会统筹做好年度立法工作。制定《杭州市社会信用条例》《杭州市国有土地上房屋征收与补偿条例》《杭州市非道路移动机械排气污染防治规定》《杭州市街道居民议事工作规定》《杭州市历史文化名城保护条例》（《杭州市历史文化街区和历史建筑保护条例》同时废止）《杭州市湿地保护条例》，审议《杭州市优化营商环境条例》《杭州市乡村建设条例》《杭州钱塘新区条例》，废止《杭州市邮政通信管理条例》。

【民主立法路径拓宽】2022 年，市人大常委会深入践行全过程人民民主，推进基层立法联系点规范化建设，出台《杭州市人民代表大会常务委员会关于加强基层立法联系点规范化建设的意见》，统一联系点标志标识，开发联系点数字化应用场景，开展联系点换届工作，新增联系点至 34 个。推进各方参与立法常态化建设，完成立法咨询委员会换届工作，充实调整组成人员，拓宽代表参与立法路径，每次常委会会前带法规进代表联络站听取代表意见和建议，历史文化名城保护条例、乡村建设条例、优化营商环境条例等重要法规征求政协委员意见。

【立法工作机制完善】2022 年，市人大常委会坚持人大主导，健全完善法规起草审议机制和法规实施监督机制。优化营商环境条例采用大会立法形式，成为杭州市首个实体类大会立法项目。街道居民议事工作规定由市人大人事代表工委起草，主任会议提请市人大常委会会议审议。深化运用重要法规起草领导小组、"双组长"等制度，钱塘新区条例实行起草领导小组制，优化营商环境条例、历史文化名城保护条例实行"双组长制"，协调解决法规草案重要制度设计和重大问题。完善立法后评估机制，探索制定地方性法规立法质量评估指标（试行），开展旅游条例立法后评估。市人大常委会主任会议听取钱塘江综合保护与发展条例、电梯安全管理条例2件法规实施情况报告。加强法规宣传工作，西溪国家湿地公园保护管理条例（修订）、大型群众性活动安全管理规定、非道路移动机械排气污染防治规定3件法规召开新闻发布会。

【规范性文件备案审查强化】2022年，市人大常委会把备案审查作为法律监督的重要内容和维护国家法治统一的重要抓手，实现有件必备、有备必审、有错必纠。将备案审查工作列入常委会监督工作计划，审查各方面报送备案的规范性文件37件。常委会会议听取年度备案审查专项工作报告。加强备案审查能力建设，开展业务学习和调查研究，参加全省规范性文件备案审查研讨会，委托第三方法学院校对规范性文件进行合法性预审，通过组织备案审查专题讲座等形式加强对区县（市）人大规范性文件备案审查工作的指导。

（市人大常委会办公厅）

人大监督工作

【财政经济领域监督】2022年，市人大常委会听取审议经济社会发展计划执行情况、政府重大投资项目等报告，针对性提出意见和建议。听取审议平台经济规范健康持续发展情况、新型研发机构建设情况等报告，听取市政府拟出台有关促进集成电路、生物医药、软件和信息技术服务业、智能物联等产业高质量发展意见的报告，助推构建现代化产业体系。按照全口径审查、全过程监督要求，认真做好预算审查，听取审议预算审计和审计发现问题整改情况的报告，开展专项资金绩效调查，听取政府债务管理情况报告，确保财政支出重点支持和保障稳住经济一揽子政策落地落实。加强国有资产管理监督，听取审议全市国有自然资源资产管理情况报告、国有资产综合报告，率先开展"森林资产价值化"探索，实现对各类国有资产专项监督全覆盖。开展《中华人民共和国节约能源法》及省实施办法贯彻实施情况执法检查，督促落实节能减排主体责任。开展《中华人民共和国乡村振兴促进法》《浙江省乡村振兴促进条例》贯彻实施情况执法检查，推动乡村振兴战略实施。

【法治建设领域监督】2022年，市人大常委会听取审议法治政府建设情况、36个政府部门主要负责人依法履职情况的报告，开展房屋（土地）征迁领域行政机关败诉（纠错）案件专项调研、市法院审判工作调研，推动依法行政和法治政府建设。听取审议公检法机关关于打击治理电信网络诈骗违法犯罪工作情况的报告并进行满意度测评，同时对市法院部分法官履职情况进行监督，助力遏制电信网络诈骗违法犯罪多发高发态势，维护人民群众财产安全与合法权益。开展《浙江省综合行政执法条例》贯彻实施情况执法检查，推动"大综合一体化"行政执法改革。

【历史文化保护领域监督】2022年，市人大常委会开展历史文化名城风貌管控实施情况专题调研，对西湖文化景观、大运河（杭州段）、良渚古城遗址3项世界遗产在法定规划层面落实风貌管控措施情况开展监督，审议同意运河新城运河景观带（石祥路—电厂河）建设项目。围绕亚运会筹办，听取市运保指挥部关于杭州亚运会运行保障工作情况的报告，就城市环境品质提升、赛事组织保障、场馆综合利用和开放等情况开展跟踪监督。

【社会民生领域监督】2022年，市人大常委会听取审议"米袋子""菜篮子"保供和农民"钱袋子"增收、促进民族共同富裕建设等情况报告。听取义务教育"双减"工作、拟出台加强新时代老龄工作打造"健康老龄、幸福颐养"宜居天堂的实施意见等工作情况报告，开展《杭州市西湖龙井茶保护管理条例》贯彻实施情况专题调研，推动解决群众的操心事烦心事揪心事。听取对台民间交流工作情况报告，助力推动海峡两岸互动、增进同胞感情、共谋民众福祉。开展《中华人民共和国就业促进法》贯彻实施情况执法检查，并对就业促进工作进行专题询问。深化政府民生实事项目人大代表票决制，抓好民生实事项目监督"代表监督周"、满意度测评及"回头看"等工作，助推2022年市政府10件民生实事项目完成。

【生态文明领域监督】2022年，市人大常委会审议《杭州市国土空间总体规划（2021—2035年）》，提出优化城镇空间格局、加强规划传导与实施监管等审议意见，助力打造宜居韧性智慧城市实践样本。听取审议环境状况和环境保护目标完成情况报告，对第二水源千岛湖配水供水工程管理条例实施情况开展专题调研，依法守护美丽杭州。开展《中华人民共和国环境保护法》及省实施办法贯彻实施情况执法检查，将整改落实情况作为年度环境状况审议内容，助力打赢生态环境保护持久战。

（市人大常委会办公厅）

人事任免

【概况】2022年，市人大常委会规范做好人事任免工作，落实法律知识考试、表态发言、颁发任命书、宪法宣誓等制度，全年任免国家机关工作人员152人次，组织61名常委会任命或决定任命人员进行宪法宣誓。

【市十三届人大常委会第四十一次会议人事任免事项】2022年1月25日，市十三届人大常委会第四十一次会议决定任命：刘嫔珺、孙旭东为杭州市人民政府副市长。任命：张宏伟为杭州市中级人民法院副院长、审判委员会委员、审判员，叶伟忠为杭州市人民检察院副检察长、检察委员会委员、检察员。通过关于接受斯金锦请求辞去杭州市中级人民法院院长职务的决定。决定:张宏伟代理杭州市中级人民法院院长职务。通过关于接受陈海鹰请求辞去杭州市人民检察院检察长职务的决定。决定:叶伟忠代理杭州市人民检察院检察长职务。

【市十三届人大常委会第四十二次会议人事任免事项】2022年2月18日,市十三届人大常委会第四十二次会议免去:陈伟民的杭州市人大常委会人事代表工作委员会主任职务,骆寅的杭州市人大常委会财政经济工作委员会主任职务,王辉的杭州市人大常委会社会建设工作委员会主任职务,俞雪坤的杭州市人大常委会法制工作委员会副主任职务,奚国强的杭州市人大常委会教育科学文化卫生工作委员会副主任职务,钱建中的杭州市人大常委会社会建设工作委员会副主任职务。任命:陈伟民为杭州市人大常委会办公厅主任,杨雪强为杭州市人大常委会副秘书长(兼)、人事代表工作委员会主任,吴志明为杭州市人大常委会财政经济工作委员会主任,魏丹英为杭州市人大常委会社会建设工作委员会主任,钱建中为杭州市人大常委会人事代表工作委员会副主任,汤海庆为杭州市人大常委会法制工作委员会副主任(正局长级),黄旼为杭州市人大常委会法制工作委员会副主任,杨焕然为杭州市人大常委会社会建设工作委员会副主任。决定免去:马杭军的杭州市人民政府办公厅主任职务,柴世民的杭州市农业农村局局长职务,周澍的杭州市人民政府外事办公室(杭州市人民政府港澳事务办公室)主任职务,鲍一飞的杭州市人民政府研究室(杭州市人民政府参事室)主任职务。决定任命:鲍一飞为杭州市人民政府办公厅主任,陈建华为杭州市林业水利局局长,金恒为杭州市人民政府外事办公室(杭州市人民政府港澳事务办公室)主任。免去:陈建华的杭州市监察委员会副主任职务,沈海军的杭州市监察委员会委员职务。任命:徐承坪、毛建标、汪盛华为杭州市监察委员会委员。批准:王晓光辞去杭州市拱墅区人民检察院检察长职务,陈平祥辞去杭州市西湖区人民检察院检察长职务,任平辞去杭州市富阳区人民检察院检察长职务,冯晓音辞去桐庐县人民检察院检察长职务。批准任命:江波均为杭州市上城区人民检察院检察长,冯晓音为杭州市拱墅区人民检察院检察长,王晓光为杭州市西湖区人民检察院检察长,夏涛为杭州市滨江区人民检察院检察长,王玉珹为杭州市萧山区人民检察院检察长,鲍键为杭州市余杭区人民检察院检察长,桑涛为杭州市富阳区人民检察院检察长,李军为杭州市临安区人民检察院检察长,祝红雨为桐庐县人民检察院检察长,许哲丰为淳安县人民检察院检察长,邱生权为建德市人民检察院检察长。

【市十三届人大常委会第四十三次会议人事任免事项】2022年3月7日,市十三届人大常委会第四十三次会议免去:朱华的杭州市监察委员会副主任职务。任命:王伟平为杭州市监察委员会副主任。

【市十三届人大常委会第四十四次会议人事任免事项】2022年3月22日,市十三届人大常委会第四十四次会议决定免去:王翀的杭州市投资促进局局长职务。决定任命:王越剑为杭州市投资促进局局长。

【市十四届人大常委会第二次会议人事任免事项】2022年5月30日,市十四届人大常委会第二次会议决定任命:胥伟华为杭州市人民政府副市长,丁狄刚为杭州市人民政府秘书长,鲍一飞为杭州市人民政府办公厅主任,孔春浩为杭州市发展和改革委员会主任,冯伟为杭州市经济和信息化局局长,沈建平为杭州市教育局局长,周扬为杭州市科学技术局局长,邵根松为杭州市民族宗教事务局局长,罗杰为杭州市公安局局长,何凌超为杭州市民政局局长,徐前为杭州市司法局局长,谢建华为杭州市财政局局长,叶茂东为杭州市人力资源和社会保障局局长,陈祥荣为杭州市规划和自然资源局局长,孙国方为杭州市生态环境局局长,楼建忠为杭州市城乡建设委员会主任,王进为杭州市住房保障和房产管理局局长,高小辉为杭州市园林文物局局长,郑翰献为杭州市交通运输局局长,陈建华为杭州市林业水利局局长,姚吉锋为杭州市农业农村局(杭州市乡村振兴局)局长,孙璧庆为杭州市商务局(杭州市粮食和物资储备局)局长,楼倻捷为杭州市文化广电旅游局局长,方健国为杭州市卫生健康委员会主任,郑洪彪为杭州市退役军人事务局局长,王震为杭州市应急管理局局长,王剑为杭州市审计局局长,金恒为杭州市人民政府外事办公室(杭州市人民政府港澳事务办公室)主任,王希为杭州市人民政府国有资产监督管理委员会主任,范建军为杭州市市场监督管理局局长,朱崇敏为杭州市地方金融监督管理局(杭州市人民政府金融工作办公室)局长(主任),金承龙为杭州市体育局局长,宦金元为杭州市统计局局长,石连忠为杭州市医疗保障局局长,李磊为杭州市城市管理局(杭州市综合行政执法局)局长,韩卫为杭州市机关事务管理局局长,裘新谷为杭州市人民防空办公室(杭州市民防局)主任(局长),马骏为杭州市人民政府研究室(杭州市人民政府参事室)主任,徐青山为杭州市数据资源管理局局长,王越剑为杭州市投资促进局局长,杨钊为杭州市对口支援和区域合作局局长。免去:凌涛的杭州市中级人民法院审判员职务。任命:吴建峰、聂伟杰、李涛为杭州市中级人民法院审判员。

【市十四届人大常委会第四次会议人事任免事项】2022年8月31日,市十四届人大常委会第四次会议任命:聂江为杭州市人大常委会副秘书长(兼),洪玉宇为杭州市人大常委会研究室副主任。决定任命:钮俊为杭州市教育局局长,王永芳为杭州市商务局(杭州市粮食和物资储备局)局长。决定免去:沈建平的杭州市教育局局长职务,孙璧庆的杭州市商务局(杭州市粮食和物资储备局)局长职务。免去:徐丹的杭州市中级人民法院民事审判第二庭副庭长、审判员职务,袁正茂、叶学超、翁婷、宋晓玲的杭州市中级人民法院审判员职务。任命:邬秀君为杭州市人民检察院副检察长、检察委员会委员、检察员,毛建中、史笑晓为杭州市人民检察院检察委员会委员。免去：沈建光的杭州市人民检察院副检察长职务，张洪阁的杭州市人民检察院检察委员会委员、检察员职务，金少华、金燕萍的杭州市人民检察院检察员职务。

【市十四届人大常委会第五次会议人事任免事项】2022年11月2日，市十四届人大常委会第五次会议任命：朱春根为杭州市监察委员会委员。免去：金伟的杭州市监察委员会委员职务。任命：陈叶影、李奕、陈颖、俞春伟、徐鸣卉、施迎华、陈辽敏、朱敏明为杭州市中级人民法院审判委员会委员；倪德锋、杨琦、汤琰为杭州市中级人民法院审判员。免去：吴献平的杭州市中级人民法院减刑假释审判庭副庭长、审判员职务，陈群、朱小萍、徐洁的杭州市中级人民法院审判员职务，倪德锋的杭州互联网法院（杭州铁路运输法院）副院长、审判委员会委员、审判员职务，何淼的杭州互联网法院（杭州铁路运输法院）综合审判第一庭庭长职务。任命：屈宇鹏、陈申骁为杭州市人民检察院检察员。

【市十四届人大常委会第六次会议人事任免事项】2022年11月15日，市十四届人大常委会第六次会议决定任命：姚高员为杭州市人民政府副市长。通过关于接受刘忻请求辞去杭州市人民政府市长职务的决定。决定：姚高员代理杭州市人民政府市长职务。

【市十四届人大常委会第七次会议人事任免事项】2022年12月20日，市十四届人大常委会第七次会议任命：刘宏水为杭州市中级人民法院刑事审判第一庭副庭长，韩骏为杭州市中级人民法院减刑假释审判庭副庭长，沙丽为杭州互联网法院（杭州铁路运输法院）审判委员会委员，陈蓦为杭州互联网法院（杭州铁路运输法院）审判委员会委员、立案庭庭长，肖芃为杭州互联网法院（杭州铁路运输法院）互联网审判第一庭庭长，卢忆纯为杭州互联网法院（杭州铁路运输法院）互联网审判第二庭副庭长，曾宪未为杭州互联网法院（杭州铁路运输法院）综合审判第一庭副庭长，叶胜男为杭州互联网法院（杭州铁路运输法院）综合审判第二庭副庭长。免去：刘宏水的杭州市中级人民法院刑事审判第二庭副庭长职务，韩骏的杭州市中级人民法院刑事审判第一庭副庭长职务，孙伟、孙辉、闫向荣的杭州市中级人民法院审判员职务，郭彤的杭州互联网法院（杭州铁路运输法院）立案庭副庭长职务，肖芃的杭州互联网法院（杭州铁路运输法院）互联网审判第一庭副庭长职务，叶胜男的杭州互联网法院（杭州铁路运输法院）互联网审判第二庭副庭长职务。

（市人大常委会办公厅）

人大代表工作

【概况】2022年，市人大常委会遵循代表工作规律，深化"两个密切联系"，发挥代表主体作用，优化代表工作机制，支持保障代表依法履职。拓展代表参与常委会工作的重要载体与平台，协调代表参与立法监督，服务代表建言献策。

【代表主题活动】2022年，市人大常委会以开展"奋进新时代、建设新天堂，人大有担当、代表作示范"活动为总载体，发动全市各级人大代表参与"六防六促"（防情感纠纷、促人际和悦，防家庭纠纷、促家人和睦，防邻里纠纷、促社会和谐，防债务纠纷、促经营和顺，防物业纠纷、促小区和谐，防涉疫涉灾纠纷、促群众安全和康）、助力"八大攻坚行动"等主题活动，推动全市经济稳进提质、亚运会筹办、共富示范等决策部署落实。

【代表联系机制完善】2022年，市人大常委会完善常委会主任会议成员和专职委员直接联系走访基层代表、常委会主要领导与列席常委会会议代表座谈、常委会会议情况向代表通报等制度。创新建立常委会组成人员围绕常委会会议重要议题进代表联络站听取意见制度，出台国家机关进人大代表联络站工作办法，全市各级国家机关进站2800多次，收集意见和建议1.42万条。推进代表分专业、有重点、常态化参与常委会工作，全年市人大代表参与立法、监督等活动1300多人次。

【代表议案建议办理】2022年，市人大常委会完善事前调研沟通、精准分类交办、加强重点督办等机制，办好代表议案建议。市十四届人大一次会议主席团交付审议的6件议案和406件代表建议已全部限时办结，代表建议问题解决率75.4%，为近年新高。改进代表视察服务，科学划分29个市人大代表小组，组织定向视察活动26次，提出意见和建议127条，并督促有关部门研究处理，发挥好代表在闭会期间的作用。开发议案建议"提交、审核、分办、答复、评价"全流程闭环的"杭州市人大代表议案建议系统"，在市十四届人大一次会议上首次面向全体代表推广应用。

【代表服务保障加强】2022年，市人大常委会强化代表履职服务保障，制定代表培训五年计划，组织初任培训班，加强代表履职数字应用培训，提升代表履职专业化、智能化水平。落实代表活动经费、履职积分等制度机制，规范代表履职管理，保障代表依法履职。做好浙江选举产生的全国人大代表第一小组、省人大代表杭州中心组履职服务保障工作。

（市人大常委会办公厅）

责任编辑　金利权

8 杭州市人民政府

综述

【经济社会统筹发展】2022年，杭州市坚持以习近平新时代中国特色社会主义思想为指导，全面贯彻中共十九大、十九届历次全会和二十大精神，认真落实中共中央总书记习近平“疫情要防住、经济要稳住、发展要安全”重要指示，在市委领导下，围绕“奋进新时代、建设新天堂”，统筹做好疫情防控、稳进提质、除险保安。全市生产总值18753亿元，比上年增长1.5%；一般公共预算收入2450.61亿元，增长2.7%；研发投入强度3.86%；城乡居民人均可支配收入分别为77043元和45183元，分别增长3.1%和5.8%，城乡居民收入比缩小至1.71；连续16年获“中国最具幸福感城市”称号。

【经济稳进提质】2022年，杭州市落实助企纾困政策，落实国家和省稳经济政策，出台“杭十条”“服务业四十条”“抢先机、拼经济30条”等举措，开展企业大走访活动，为企业减负降本1196亿元。在册市场主体167.8万户，比上年增长9.7%，新设企业数和增速均居全省首位。新增境内外上市公司27个、总数283个，总数和总市值均居全国第四位。41个企业上榜中国民营企业500强名单，连续20年居全国第一位。优化产业结构，实施数字经济“1248”计划，启动中国视谷建设，数字经济核心产业增加值5076亿元，增长2.8%，占地区生产总值的27.1%。以“链长制”为牵引打造五大产业生态圈，规模以上工业增加值4185亿元，增长0.3%，战略性新兴产业增加值、高技术产业增加值分别增长4.2%和6.6%，数字安防产业集群入选国家先进制造业集群名单，战略性新兴产业集群发展工作获国务院督查激励。发展现代服务业，服务业增加值12787亿元、增长2%。推动乡村产业提质增效，优势特色产业产值占比89.7%。粮食生产喜获丰收，“菜篮子”考核再获全国优秀。推进项目建设，全年落地1亿元以上产业项目396个，其中制造业项目289个，带动制造业投资增长26.4%、工业投资增长21.1%、固定资产投资增长6%。105个省重点项目完成投资1388.8亿元、完成率142.4%。新增建设用地指标2301.15公顷、增长24%；出让工业用地853.76公顷、增长9.9%，盘活批而未供、供而未用、低效土地1.10万公顷。发行地方政府专项债券303亿元，争取政策性开发性金融工具额度67亿元，保障重点项目建设资金需求。促进消费市场回暖，出台首店经济等12项促消费政策，发放10轮、5.5亿元数字消费券，举办数智生活节、杭州仲夏夜、宋韵杭州奇妙夜等248场促消费活动。全市社会消费品零售总额7294亿元、增长5.8%。

【创新发展动能强劲】2022年，杭州市推动技术创新，浙大脑机智能实验室被列入首批20个全国重点实验室，飞机复合材料等3个技术创新中心启动建设，参加国家重点研发项目84个，承担省“尖峰”“尖兵”等重大科技攻关项目130个，技术合同交易额超过1000亿元，全社会研发投入强度3.75%。巩固企业创新主体地位，实施科技企业“双倍增”计划，国家高新技术企业数三年翻一番、总数1.27万个，省科技型中小企业数三年翻一番、总数2.3万个，培育专精特新“小巨人”企业208个、“独角兽”企业39个、“准独角兽”企业317个。增强人才吸引力，实施“西湖明珠工程”等重点人才计划，举办首个“杭州人才日”系列活动，人才净流入保持领先，新认定高层次人才2.5万人，新引进35岁以下大学生36.4万人，连续12年入选外籍人才眼中最具吸引力的中国城市。

【城市发展能级增强】2022年，杭州基本完成亚运会、亚残运会筹办工作，优化完善场馆运行等方案编制，推进智能亚运建设，迭代升级“亚运在线”平台，亚运村、无障碍环境完成建设，举办各类测试赛14个，做好亚运会、亚残运会延期后各项工作。深化亚运会场馆惠民开放，参与健身人数660万人次。挖掘城市“金角银边”，新增嵌入式体育场地设施2243片，覆盖所有乡镇（街道）。提升城市品质，编制完成《杭州市国土空间总体规划（2021—2035）》，“三区三线”划定方案经自然资源部审查通过。开展城市基础设施建设百日攻坚行动和城市环境品质提升行动，完成入城口改造项目39个，复绿闲置空地301块，新增绿地1043万平方米。推进现代社区建设，实施“五社联动”提质增效攻坚行动，完成首批29个、5000户以上大社区规模优化调整，建成社区服务综合体220个。建成未来社区40个、美丽乡村特色村30个、数字乡村100个、未来乡村38个、城乡风貌区25个。

【城市软实力提升】2022年，杭州市推动新时代精神文明建设，弘扬红船精神、浙江精神和杭州人文精神，巩固提升礼让斑马线、孝心车位、红十字“救”在身边等品牌，新时代文明实践中心实现市域全覆盖，新建“15分钟品质文化生活圈”862个、城市书房33个、文化驿站18个。做好千年文脉传承保护，深挖三大世界文化遗产内涵，推进钱塘江古海塘、新登古城墙、天目窑遗址等综合保护和申遗工作。实施宋韵文化传世工程，南宋皇城遗址考古工作取得重大突破。以西湖龙井、径山茶宴为代表的“中国传统制茶技艺及其相关习俗”入选联合国人类非物质文化遗产代表作名录。促进文旅融合发展，“诗路文化·三江两岸”水上黄金旅游线启动建设，之江艺术长廊、之江文化产业带、大运河文化产业带和诗路文化带建设加快，西湖博览会、中国动漫节、杭州文化创意产业博览会、宋韵文化节等活动举行，文化产业增加值2420亿元，比上年增长4%。

【绿色低碳转型深化】2022年，杭州市攻坚污染防治，打好“蓝天、碧水、净土”保卫战，开展全国“无废城市”建设试点，市区PM2.5年平均浓度30微克/立方米，市控以上断面水质Ⅲ类以上比例100%，重点建设用地安全利用率保持100%。生活垃圾分类工作成效居全国大型城市第三位，“无废指数”居全省第一位，连续6年获得省“五水共治”大禹鼎，连续7年获美丽浙江考核优秀，萧山区被命名为全国生态文明建设示范区、桐庐县被命名为全国“绿水青山就是金山银山”实践创新基地。第二轮中央生态环境保护督察问题14项、长江经济带警示片涉及杭州3项问题均完成整改。提升生态系统承载力，推进西溪湿地管理体制改革，提高湘湖综合保护和利用水平，加强钱塘江综合保护与发展，在淳安特别生态功能区实施全国首部生态特区条例。完成废弃矿山生态修复28个、全域土地综合整治项目14个。推进碳达峰碳中和，加强能源绿色低碳发展和保供稳价工作，建德、桐庐抽水蓄能电站开工建设。应对持续高温干旱天气，保障电力供应。在全国率先开展现代化国际大城市减污降碳协同创新试点和碳排放监测试点工作。

【民生保障改善】2022年，杭州市按时完成新建中小学幼儿园、回迁安置、新增群众身边体育健身设施、实施政策性特色农业保险扩面、新建社区级公园、避灾安置场所改造、城镇老旧小区改造、优化地铁接驳公交线路、新增普惠托位和重要公共服务场所无障碍改造10个方面的民生实事。构建公共服务共享体系，落实稳就业举措，城镇新增就业32.65万人。启动个人养老金制度先行试点，城乡居民基础养老金、基本医保实现同城同待遇，社会救助实现市域同标。加强困难群众兜底保障，低保、特困及孤儿养育标准提高10%以上。深化美好教育建设，22所“公参民”学校顺利转公办，西部区县（市）公办普通高中名校集团化办学实现全覆盖，获评教育部基础教育综合改革实验区。推进健康杭州建设，获评全国健康城市建设样板市、健康中国年度标志城市，获批建设浙江省中医药综合改革示范区，城乡居民“三免三惠三提升”健康行动全面铺开。共有产权房保障制度试点启动，无物业管理小区“清零”，成功创建全国足球发展重点城市。推进城乡协调发展，启动新一轮区县协作、联乡结村活动，开展“百社百企结百村”活动，安排协作资金4.1亿元、协作项目85个。深化强村富民乡村集成改革，累计培育强村公司500个，实施“飞地抱团”项目112个，村集体经济收入“5030”目标全面完成。

（年鉴编辑部）

【公文处理】2022年，以市政府及市政府办公厅名义制发公文304件。其中市政府令3件、杭政54件、杭政函89件、杭政办1件、杭政办函77件。收到批办性公文1548件、阅知性公文4333件。（市政府办公厅）

市政府重要会议

【概况】2022年，杭州市政府召开全体（扩大）会议2次，召开常务会议20次，研究讨论全市社会经济发展有关事项。

【市政府全体会议】2022年4月15日，杭州市十四届人民政府全体（扩大）会议召开。会议由市长刘忻主持并讲话。会议强调要学习贯彻中共中央总书记习近平对杭州工作的重要指示批示精神，落实省委、省政府决策部署和市第十三次党代会要求，围绕《政府工作报告》明确的各项目标任务，分析第一季度经济形势，部署后三季度工作

2022年12月30日，杭州市十四届人民政府全体（扩大）会议召开。会议由常务副市长柯吉欣主持，市长姚高员讲话。会议强调要高举习近平新时代中国特色社会主义思想伟大旗帜，学习贯彻中共二十大和中央经济工作会议精神，认真贯彻落实省委十五届二次全会暨省委经济工作会议、市委十三届三次全会暨市委经济工作会议精神，总结2022年政府各项工作，进一步深化政府自身建设，实现2023年一季度“开门红”，为加快打造世界一流的社会主义现代化国际大都市、努力成为中国式现代化城市范例夯实经济社会发展基础。

【市政府常务会议】2022年，杭州市政府召开20次常务会议，即十三届市政府第八十八次常务会议至第九十二次常务会议和十四届市政府第一次常务会议至第十五次常务会议。

1月5日，十三届市政府第八十八次常务会议召开。研究讨论《加快中小企业“专精特新”发展行动计划（2021—2025年）》《春节期间外省留杭员工电子消费券实施方案》《杭州市药品安全事件应急预案》及2021年市政府质量奖评审工作等事项。

1月24日，十三届市政府第

八十九次常务会议召开。研究讨论《关于持续深入推进依法行政全面建设法治政府的实施意见》《关于促进我市建筑业高质量发展的若干意见》《杭州市物业管理委员会组建运行实施办法（试行）》等事项。

2月18日，十三届市政府第九十次常务会议召开。研究讨论《关于加快推进城西科创大走廊高质量融合发展打造创新策源地的实施意见》、2022年政府投资项目和重点建设项目安排及第一批政府重大投资项目计划、“开门红、开门稳”赛马激励工作、《杭州市高中学校建设攻坚行动工作方案（2022—2025年）》等事项。

3月9日，十三届市政府第九十一次常务会议召开。研究讨论《2022年政府工作报告》、2022年市政府民生实事候选项目、《2021年国民经济和社会发展计划执行情况与2022年国民经济和社会发展计划草案的报告》、《关于杭州市及市本级2021年财政预算执行情况和2022年财政预算草案的报告》以及2022年市本级财政预算安排建议、《杭州市2022年政府立法计划》等事项。

3月24日，十三届市政府第九十二次常务会议召开。研究讨论2021年度第二期积分落户总量指标划定等事项。

3月31日，十四届市政府第一次常务会议召开。研究讨论《杭州市人民政府工作规则（修订）》《政府工作报告》任务分解情况等事项。

5月13日，十四届市政府第二次常务会议召开。研究讨论市政府2022年度重大行政决策事项目录编制、《杭州市突发事件总体应急预案》、《杭州市食品安全事故应急预案》、加强电动自行车综合治理工作、规范民办义务教育发展专项工作等事项。

6月7日，十四届市政府第三次常务会议召开。研究讨论杭州市文明城市创建工作、《关于贯彻落实〈杭州市物业管理条例〉的实施意见》、《杭州市非道路移动机械排气污染防治规定》及废止《杭州市公路水运工程质量和安全生产监督管理办法》等事项。

7月1日，十四届市政府第四次常务会议召开。研究讨论《杭州市基本公共服务标准（2022年版）》《杭州市市场主体住所（经营场所）登记申报承诺制实施办法》《杭州市促进智能物联产业高质量发展的若干意见（2022—2025年）有关问题》《关于促进集成电路产业高质量发展的实施意见》《杭州市行政复议员任命管理办法（试行）》等事项。

7月15日，十四届市政府第五次常务会议召开。研究讨论2022年上半年全市经济运行情况、《杭州市高质量推进现代农业发展项目实施方案》、《杭州市新一轮美丽乡村建设项目管理实施方案》等事项。

8月10日，十四届市政府第六次常务会议召开。研究讨论《杭州市历史文化名城保护条例（草案）》、《杭州市推动公立医院高质量发展行动计划（2022—2025年）》、修订《杭州市人民政府质量奖评审管理办法》、《杭州市深化农村公路管理养护体制改革实施意见》等事项。

8月24日，十四届市政府第七次常务会议召开。研究讨论《杭州市人工影响天气工作高质量发展行动计划（2022—2025年）》、2022年第一批政府重大投资项目计划执行情况和2022年第二批政府重大投资项目计划、《杭州市消防安全责任落实实施办法》、《杭州市生产经营单位安全生产主体责任规定（草案）》等事项。

9月6日，十四届市政府第八次常务会议召开。研究讨论有关事项。

9月15日，十四届市政府第九次常务会议召开。研究讨论经济稳进提质攻坚行动工作、政府系统除险保安工作、农业生产和粮食安全工作、《关于杭州市加快生物医药产业高质量发展的若干措施》、《杭州市涉企补偿救济实施办法（试行）》等事项。

9月28日，十四届市政府第十次常务会议召开。研究讨论安全生产工作、《杭州市优化营商环境条例（草案）》、《杭州市乡村建设条例（草案）》、《杭州市湿地保护条例（草案）》、《杭州市推进软件和信息技术服务业高质量发展的若干政策》、《打造高能级产业集群推动产业平台高质量发展的实施方案（2022—2025年）》、重要民生商品保供稳价工作等事项。

10月20日，十四届市政府第十一次常务会议召开。研究讨论2022年三季度全市经济运行情况、《杭州市“一老一小”整体解决方案》、《关于强化用地保障助推制造业高质量发展的实施意见》、推进杭州市动漫游戏和电竞产业高质量发展政策意见等事项。

10月25日，十四届市政府第十二次常务会议召开。研究讨论《杭州市深化数字政府建设的实施方案》、《杭州市“弱有所扶”社会救助综合改革试点实施方案（2022—2024年）》、《杭州市构建因病致贫返贫防范长效机制实施办法》、《关于优化创新耕地保护机制，促进全市共同富裕的若干意见》、2022年度行政奖励计划等事项。

11月25日，十四届市政府第十三次常务会议召开。研究讨论《杭州市人才共有产权保障住房实施方案》《杭州市城市燃气管道更新改造实施方案》等事项。

12月13日，十四届市政府第十四次常务会议召开。研究讨论《关于促进开发区（园区）高质量发展的实施意见》《杭州市钱塘新区条例（草案）》《关于加强新时代老龄工作 打造“健康老龄 幸福颐养”宜居天堂的实施意见》《杭州市优化生育政策 促进人口长期均衡发展实施方案》《杭州市统筹推进能源绿色低碳发展和保供稳价三年行动方案》《杭州市推进实施个人养老金先行工作方案》《关于废止〈杭州市企事业档案工作管理规定〉等8件市政府规章的决定》等事项。

12月23日，十四届市政府第十五次常务会议召开。研究讨论“抢先机、拼经济”实现开门红集成政策及《杭州市政府投资项目审核控制标准》《杭州市与恩施州（湘鄂渝黔革命老区）对口合作工作实施方案（2022—2025年）》《关于进一步推动平台经济健康持续发展的实施细则》《杭州市政府立法听证规定》《杭州市深化全域“无废城市”建设工作方案》《杭州市国家知识产权强市建设示范城市创建工作方案（2022—2025年）》《关于加快推进标准强市建设的实施意见》等事项。

（市政府办公厅）

政务公开

【概况】2022年,杭州市政府坚持数字化驱动,构建全领域公开、全方位解读、全环节强基、全链条督导的政务公开新格局。在2022年浙江省政务公开指数报告和政务公开第三方评估报告中,杭州市均列全省第一位。

【政府信息主动公开】2022年,杭州市全年制发政府规章1件、行政规范性文件592件,处理决定行政许可956.69万件、行政处罚1142.15万件、行政强制43.56万件。《杭州市人民政府公报》出刊13期,各网络平台公报阅读量437.35万次。

【政府信息依申请公开】2022年,全市各级行政机关共受理政府信息公开申请件1.11万件,受理的申请件均按规定在法定期限内予以答复。因政府信息公开引起的行政复议和行政诉讼392件,复议诉讼率3.5%。

（市政府办公厅）

政务督查

【概况】2022年,杭州市政府办公厅围绕党委政府中心工作,贯彻落实《政府督查工作条例》,聚焦"疫情要防住、经济要稳住、发展要安全"重要要求,自觉提高站位、着力数字赋能、突出联动协同,完成政府督查各项工作任务。全年办理省政府主要领导办件44件、市政府主要领导批示件2213件,编辑《政务督查》24期。

【重点工作督查】2022年,杭州市政府办公厅围绕省、市《政府工作报告》,牵头制定印发重点工作责任分解,172个责任单位拆解任务1762项,并创新建设"政在干"重点任务管理场景应用,实现一屏展示、在线督查、实时更新、全程监管。聚焦"疫情要防住",集中力量狠抓疫情防控督查,在春节、清明节、国际劳动节、国庆节等假期,以"四不两直"方式,查找并督促整改各类问题200多个。全年编报疫情防控督查专报52期,为市领导决策提供重要参考。聚焦"经济要稳住",牵头强化政策集成落地攻坚,贯彻落实省、市经济稳进提质攻坚行动工作推进会精神,助推国家、省、市稳经济一揽子政策举措集成落地、及早见效。坚持第一时间摸清市区涉企政策资金底数、第一时间晾晒通报兑现进度、第一时间开展专项实地督查、第一时间组织开展政策落地实效跟踪。聚焦"发展要安全",开展隐患排查集中整治,围绕城市现代化治理短板,实施十大重点行业55个领域的隐患排查集中整治工作;围绕防汛防台风险隐患,对全市125个点位进行暗访,发现并督促整改问题113个;中共二十大召开期间,开展"除险保安"督查,对13个区县（市）的26个乡镇负责人进行政治谈话,压实责任。

【民生实事项目推进】2022年,杭州市政府办公厅修订完善民生实事项目专项考核细则,在"红黄黑榜"三榜问效的基础上,将市人大代表满意度测评和社会评价运用到项目整体评价之中。牵头制定省、市民生实事责任清单、区县（市）任务清单,贯通运用"民生实事"场景,实现民生实事点位信息在民生地图管理系统中全量录入。开展省、市民生实事半年度和前三季度情况通报,采取暗访、检查、座谈等方式督查民生实事点位125个,均现场交办、即知即改。配合做好省民生实事专项审计工作,对审计发现的问题及时交办整改,提升完善。至11月末,市政府十件民生实事19个子项目全部完成,完成项目3.47万个,整体完成率127.8%。

（市政府办公厅）

建议提案办理

【概况】2022年,市政府办公厅加强对人大建议和政协提案办理的质效管理,加强和完善工作机制,准确分办、及时交办、全程督办、跟踪落实,完善建议提案网上办理系统,畅通与市人大和市政协的沟通渠道。全年办理全国人大代表建议1件、全国政协提案2件,省"两会"建议提案44件,市"两会"建议提案1009件（人大建议406件、政协委员提案603件）,当年全部办结,办结率、面商率、上网率均为100%,满意率99%。

【建议提案办理成效提升】2022年,市政府办公厅强化建议提案办理责任落实,完成24件市领导领办的重点建议提案办理,建议提案办理成效提升。11月,市政府办公厅会同市人大代表工委、市政协提案委专门举办全市建议提案办理工作培训班。深化对重点建议提案实施承办方（承办单位）、监督方（市人大常委会工作部门或市政协工作部门）、审核方（市政府办公厅）"三方面复"制度和代表委员、承办部门、市人大常委会

2022年杭州市主动公开政府信息情况表

表6

第二十条第（一）项			
信息内容	本年制发件数（件）	本年废止件数（件）	现行有效件数（件）
规章	1	9	75
行政性规范文件	592	1196	3193
第二十条第（五）项			
信息内容	本年处理决定数量（件）		
行政许可	9566920		
第二十条第（六）项			
信息内容	本年处理决定数量（件）		
行政处罚	11421480		
行政强制	435609		
第二十条第（八）项			
信息内容	本年收费金额（万元）		
行政事业性收费	226365		

2022年杭州市收到和处理政府信息公开申请情况表

表7 单位：件

项目			申请人情况						
			自然人	法人或其他组织					总计
				商业企业	科研机构	社会公益组织	法律服务机构	其他	
一、本年新收政府信息公开申请数量			10611	391	0	46	55	21	11124
二、上年结转政府信息公开申请数量			283	18	0	3	0	1	305
三、本年度办理结果	（一）予以公开		5161	165	0	43	13	10	5392
	（二）部分公开（区分处理的，只计这一情形，不计其他情形）		1364	39	0	1	2	0	1406
	（三）不予公开	1. 属于国家秘密	8	0	0	0	0	0	8
		2. 其他法律行政法规禁止公开	24	1	0	0	0	0	25
		3. 危及“三安全一稳定”	4	0	0	0	0	0	4
		4. 保护第三方合法权益	42	3	0	0	0	0	45
		5. 属于三类内部事务信息	47	0	0	0	0	0	47
		6. 属于四类过程性信息	46	2	0	0	0	0	48
		7. 属于行政执法案卷	149	0	0	0	0	0	149
		8. 属于行政查询事项	122	4	0	0	0	0	126
	（四）无法提供	1. 本机关不掌握相关政府信息	2417	132	0	2	39	10	2600
		2. 没有现成信息需要另行制作	87	5	0	0	0	0	92
		3. 补正后申请内容仍不明确	41	1	0	0	0	0	42
	（五）不予处理	1. 信访举报投诉类申请	176	3	0	1	0	0	180
		2. 重复申请	91	5	0	0	0	0	96
		3. 要求提供公开出版物	3	0	0	0	0	0	3
		4. 无正当理由大量反复申请	48	0	0	0	0	0	48
		5. 要求行政机关确认或重新出具已获取信息	1	2	0	0	0	0	3
	（六）其他处理	1. 申请人无正当理由逾期不补正、行政机关不再处理其政府信息公开申请	170	10	0	0	0	0	180
		2. 申请人逾期未按收费通知要求缴纳费用、行政机关不再处理其政府信息公开申请	8	4	0	0	0	0	12
		3. 其他	582	15	0	1	0	2	600
	（七）总计		10591	391	0	48	54	22	11106
四、结转下年度继续办理			303	18	0	1	1	0	323

说明：表中数据的钩稽关系为第一项加第二项之和等于第三项加第四项之和

机关或市政协机关与市政府办公厅“四方联动”制度，严格落实定职责、定任务、定人员、定时限、定要求的“五定”原则。更加注重办理过程中的督查，重点对办理时限、办理质效等方面存在的问题短板，找准症结、压实责任、破题求解，提高建议提案的解决率。（市政府办公厅）

数据资源管理

【概况】2022年，市数据资源局围绕省第十五次党代会、市委十三次党代会确立的“打造数字变革高地”目标，助推杭州打造数字治理标杆城市，形成一批具有全国和全省影响力的标志性成果。在全省率先探索开展数据全量全要素归集，组织3批次集中攻坚，归集数据目录2787个，新增归集176.66亿条。政务服务便利化程度提高，市本级依申请政务服务事项2573个，公共服务事项543个，全市“一网通办”率97.98%。完成淳安县政务服务便利化省级试点工作，淳安县农商行网点100%实现政务服务“就近办”“上门办”“自助办”“掌上办”。建立首席数据官制度，在全市120个市直部门、市属国企确定244名首席数据官、数字专员，在数字化改革的各项重点工作中发挥重要作用。数据基础制度构建成效初显，推动成立杭州国际数字交易有限公司。杭州国际数字交易中心在首届全球数字贸易博览会上揭牌，举办国际数字服务与数字产品论坛，成立数字交易联盟、数字交易专家委员会、数据协同创新未来实验中心，推动数据要素市场合规有序发展。杭州国际数字交易中心与215

个企业建立合作关系，上架产品428件。“杭州市依托城市大脑推进法治政府数字化转型”被列为中央依法治国办第二批全国法治政府建设示范项目；杭州的城市一体化政务服务能力总体评价指数持续保持全国领先水平；杭州的中国城市资源数字化配置指数列全国第一位；杭州的“2022年度中国开放数林指数”列全国第二位，获城市“数开繁盛”奖；杭州列全省一体化智能化公共数据平台综合评价年度第一位；“亚运在线”平台、杭州城市大脑分别被评为2022年浙江省数字化改革“最佳应用”和“最强大脑”。

【“杭州城市大脑”2.0建设】2022年，“杭州城市大脑”2.0建设聚焦数字社会领域的“一老一小”“智慧交通”“数智宜居”首批3个应用场景。“一老一小”应用场景被列为浙江省基层治理大脑试点项目，相关改革经验入选民政部、财政部“居家和社区养老服务改革试点工作”优秀案例，全省高质量发展共同富裕示范区最佳实践。“一老”方面，“全城通”智慧助餐场景上线，覆盖73个老年食堂，实现“全城通吃、优惠通享”。“一卡通城”全国首创养老服务电子津贴，累计为36.8万名失能失智的困难老年人和80周岁以上高龄老人发放“重阳分”。“一小”方面，“舒心托育”应用在全市推广应用，“浙里办”累计访问量16万余次，单次入托体检由原来的2.5小时缩短到0.5小时，全市乡镇（街道）覆盖率94.3%。“智慧交通”应用场景的大数据仓归集交通数据13.21亿条，初步实现商业出行与公共服务数据高效融合供给。识别全市排名前100位堵点，优化升级“丁桥小蓝巴”、强化地铁接驳，提升效率20%以上。“数智宜居”应用场景基本完成大数据仓建设，归集治理15.25亿条数据，盘清全市10个区、103万幢、448多万套房屋，开发上线“人房地一体化智慧平台”，建构“人房地一张图”，全国首创房屋身份证体系，在住房管理等11个业务中应用。建构“人房匹配、职住平衡、公服匹配”指标体系，为城西科创大走廊的购房摇号政策、萧（山）滨（江）协同治理发展提供决策支撑。

【“亚运在线”应用场景建成】2022年，“亚运在线”应用场景建成。按照“123366”架构，为组织管理者、普通市民、志愿者、运动员、媒体记者以及残障人士6类用户群体提供杭州亚运一站式在线服务，在“浙政钉”、“浙里办”、微信、支付宝、亚运官网、“亚运钉”等多个平台上线，在杭州、宁波、温州、湖州、绍兴、金华6个亚运承办城市推广使用。助力保障598个亚运工程项目、688个城市环境品质提升项目按期推进，在桐庐马术比赛等4个测试赛中实战应用，服务市民游客超过2000万人次。“亚运在线”12个子场景上线运行，其中“亚运场馆在线”实时汇聚场馆基础数据、场地资源数据、订单信息等上线运动场馆312个（其中亚运场馆45个），产生订单75万笔，参与健身超过665万人次。

【数字赋能疫情防控】2022年，杭州市实现“健康码”到“疫情防控数字化工具及平台体系”，探索形成以“10个率先”为标志线上和线下联动的疫情防控工作新模式。杭州首创的“健康码”在国内外广泛推广应用。此后，杭州又率先开发上线“场所码”（辅助快速流调）、“行业码”（用于医护、家政、快递、航空等20多个行业从业人员核酸检测提醒）；率先推出“全员核酸，检测频次动态调整”模块，杭州成为第一个可动态调节核酸检测频次的城市；率先实现快速在线查找全市1万余个检测点位、导航及忙闲提示；率先应用人工智能算法，精准识别公交车、商场等公共场所未佩戴口罩及隔离宾馆人员异动；率先开发上线人工智能“数字社工”，可快速核实待纳管人员信息，为基层节约一半以上的人力；率先开发疫苗接种数据产品，赋能各地提升疫苗接种率。通过数字赋能，杭州疫情防控的精密智控水平大幅提升。同时，通过“企业复工数字平台”、创新“亲清在线”政策直达、城市活跃指数监测等工作，最大限度保障城市经济社会复苏。

【一体化智能化公共数据平台完善】2022年，市数据资源局持续完善一体化智能化公共数据平台，形成自然人、法人、信用、电子证照、地理空间5个基础库和26个专题库，共享6319个数据接口，调用258.24亿次，开放数据57.78亿条，下载1309.30万次，省级各部门回流杭州数据287.42亿条。强化组件共建共享，全市累计梳理并上架组件184个，覆盖应用数565个，组件调用成功数2234.90万个（次），全市1109个应用申请组件249个，应用调用4.16亿次，全年新建应用统一组件使用率99.5%，推荐组件使用率95.1%。深化应用集约建设，参与省应用工厂试点建设，建立1个市级专区，完成40个共享应用代码托管，支撑“一地创新、全省受益”共享机制落地。加强基础设施保障，按照“最低初配、按需升配、动态降配、及时释放”的原则，为81个市级部门的507个政务信息系统提供云资源9493台，降配云资源251台，释放云资源1862台，云资源“智能化”自动开通审批申请单1592个，平均开通时长从76.3小时缩短到7.1小时。

【信息化项目集约管理深化】2022年，杭州市构建项目立项评审多部门协同“结构性联审”机制，编制实施《杭州市本级政务信息化项目建设指南》《政务信息化项目综合评价指标体系》，发布《政务信息化项目建设运行绩效评价规范》（DB3301T 0373—2022）地方标准。采用系统取数和人工调研方式完成55个单位、102个信息化项目的专项绩效评价。超过65%的指标实现线上取数，提升评价的客观性和效率。

【数据安全常态监管加强】2022年，杭州市推进数据安全制度规范、技术防护、运营管理三大体系建设。依托数据安全管控平台，常态化进行“三高一弱”（高危漏洞、高危端口、高危外联、弱口令）安全隐患监测，发现并下发工单3704个，整改安全隐患1.08万个，为60个市级部门的196个应用系统提供统一等保服务。开展挖矿病毒专项治理，发现矿池地址291个，每周拦截约500万次。全年组织网络安全攻防演练2次，发现并下发整改安全隐患207个。

（朱文阳）

应急管理

【概况】2022年，杭州市全力防范化解重大安全风险，推动各项工作落实。全市发生各类生产安全事故127起，比上年下降29.4%；死亡111人，下降25.5%。其中：建设施工领域发生事故26起、死亡19人，分别上升18.2%、下降9.5%；工业企业领域发生事故10起、死亡8人，分别下降28.6%、27.3%；城市运行领域发生事故1起、死亡2人，分别持平、增加2人；道路运输领域发生事故80起、死亡69人，分别下降43.3%、40%；水上运输领域发生事故1起、死亡1人，分别增加1起、1人；生产经营性火灾事故2起、死亡5人，分别增加2起、5人；其他领域发生事故7起、死亡7人，分别增加5起、5人。发生较大以上生产安全事故1起：临平区杭州冰雪大世界"6·9"较大火灾事故，死亡6人。全市亿元地区生产总值安全事故死亡率0.0061（按2021年统计数18109亿元），下降24.7%。自然灾害领域未发生人员伤亡事故。全市安全生产和自然灾害领域形势总体平稳。

【应急管理基层基础建设】2022年，杭州市推进基层应急管理体系和能力建设。3月15日，市安委会、市消安委会联合印发《杭州市达标应急消防管理站规范化创建评定办法》。5月15日，召开全市基层应急消防管理站规范化建设现场会，推进应急消防管理站规范化建设。至年末，建成达标应急消防管理站54个。

推动乡镇（街道）综合应急和消防救援队伍建设。1月25日，市应急管理局、市消防救援支队联合印发《关于印发杭州市乡镇（街道）综合应急和消防救援队标准化建设规范和训练大纲的通知》，明确队伍规范化建设要求。全市191个乡镇（街道）完成综合应急和消防救援队伍建设。11月8日，杭州市首届乡镇综合应急和消防救援队伍技能竞赛在桐庐县举行。

深化防灾减灾工作，开展综合减灾示范社区创建。创建省级综合减灾示范社区10个，完成2022年市政府民生实事项目规范化改造避灾安置场所300个，建设示范化室外临时避灾安置场所18个、县（区）级标准化避灾安置中心25个。推进自然灾害风险普查，临安区作为国家级试点地区顺利通过验收。开展野外火源整治和查处违规用火行为专项行动，防范森林火灾发生。

规范应急物资管理保障。市减灾委办、市防指办、市森防指办、市安委办联合印发《杭州市应急物资储备调拨使用工作规程》，明确生活减灾、防汛防台、安全生产和森林防火四大类应急物资参考标准，规范市级应急物资调拨使用流程。

【安全生产责任体系健全】2022年6月2日，《中共杭州市委办公厅 杭州市人民政府办公厅贯彻落实〈关于进一步强化安全生产责任落实坚决防范遏制重特大事故的实施意见〉的通知》印发，清单化落实工作举措，推动政府领导、部门、镇街、村社网格员照单履责，构建完善"市、县、乡、村、企"全覆盖责任体系。市安委会印发《杭州市安全生产委员会若干工作措施实施办法（试行）》，运用通报、警示、约谈、巡查、组团服务等手段压实安全生产责任。

聚焦行业部门监管责任，落实"三管三必须"（管行业必须管安全、管业务必须管安全、管生产经营必须管安全）要求，优化专委会设置，新增道路交通专委会，推动11个专委会明确成员单位工作职责和工作规则。建立杭州市非营运大中型客车安全监管协作机制，加强部门联动和协同监管。

聚焦企业主体责任，9月16日，市政府出台《杭州市生产经营单位安全生产主体责任规定》，督促企业落实安全生产主体责任。推进安全生产风险排查，全市普查企业5.08万个，2.79万个工业企业常普常新率99.3%。运用"逢查必考""浙政钉"应用工具，对全市8851个企业、1.88万人次进行考试，考试合格率94%。开展安全生产标准化工作，全市达标企业5246个，其中一级达标2个、二级达标262个、三级达标4982个。开展全市安全文化建设示范企业创建，15个企业被评为2022年杭州市安全文化建设示范企业。

【危化矿山烟花爆竹领域安全生产监管】2022年，杭州市开展危险化学品安全风险集中治理，完成高危细分领域安全专项整治、危化品生产使用企业老旧装置安全风险防控专项整治和危险化学品重大危险源专项整治等。编制《危险化学品生产领域行政合规指导清单》，推进危化品生产企业"低、小、散"专项治理，危化品生产企业数量减少至87个。完成两轮危险化学品重大危险源专项督导，对2个企业、2个重大隐患挂牌督办。对钱塘区、建德市、临安区开展危化品全生命周期指导服务，服务企业

2022年6月8日，杭州市开展应急管理执法比武活动（市应急管理局 供稿）

（高校）21个，查处隐患228个，立案5起。开展两轮钱塘区国家级危化品重点县、建德市省级危化品重点县专家指导服务。按照“一园一策”原则推进化工园区整治提升。

推进尾矿库、矿山安全风险管控，完成“头顶库”综合治理，推进回采库闭库清运，完成3座尾矿库清库销库。开展矿山安全大检查，完成采掘施工企业清理整顿。推动矿山企业执法监管，立案查处企业11个，罚款84.76万元，责令停产停业整顿9个。

落实《杭州市禁止销售燃放烟花爆竹管理规定》，严厉查处违法违规生产、经营、销售、存储、运输烟花爆竹等行为。对全市所有取得许可的烟花爆竹零售点（店）、批发企业和生产企业开展安全大排查。应急管理、公安等部门成立联合执法队伍，开展联合检查，依法查处违规销售和非法燃放行为。春节期间，全市检查各类烟花爆竹批发经营单位526个，查处非法经营、运输和储存62起，收缴烟花爆竹5753箱，行政拘留29人。

【安全生产隐患整治】2022年，杭州市深化“60日隐患暗访督办闭环法”，建立“七张问题清单”安全生产重大隐患举一反三整改常态化运作机制，市安委办会同杭州电视台《今日关注》《民情观察室》等栏目曝光重点行业领域重大隐患5期，组织重大隐患整改“回头看”复核复检6轮，推动隐患闭环管控；区县（市）开展隐患曝光79期，投入整改资金1.14亿元。紧盯省、市隐患挂牌督办，省级挂牌道路交通事故多发点（段）10处、市级98处，省级挂牌工矿商贸隐患2个、市级30个全部完成整改。

发挥“七张问题清单”之重大安全生产问题清单抓手作用，多跨协同解决安全生产和自然灾害重大问题、重大隐患。全年纳入省级清单问题42个、市级179个，整改销号40个、174个。《西湖区专委会履行安全生产监管问题》入选浙江省委“七张问题清单”示范榜案例。开展除险保安“百日攻坚”整治暨集中服务指导、“除风险、保平安，护航二十大”等专项行动，全市查处隐患39万个，罚款8300万元，停产停业整顿771个。安全生产综合治理三年行动收官，2020—2022年累计市级777项任务、区县（市）4439项任务全部完成。

推进重点领域专项整治，聚焦深基坑、建筑起重机械、高大支模架等重大安全隐患风险，检查建设工程项目5.4万次，整改隐患8.5万个，实施信用扣分1189个（次）、1672分。治理道路隐患8.2万个，宣教1212.4万人次，查处网约车非法营运1500起、违法超限超载1.6万起。开展室内剧本娱乐场所专项整治，对全市113个景区200多个新业态旅游高风险项目进行安全巡查。使用“云治火”对全市2.5万余幢高层建筑施行“一码通管”，整改隐患7.8万处。完成999个有限空间作业安全整治、1772个工贸25项重点任务“清零”整治、5706个重点企业防范火灾爆炸事故整治和208个自建燃气整治。开展道路塌陷隐患整治，完成检测2271千米，整改空洞228处、脱空1055处。排查自建房177.1万幢，发现隐患房屋6650幢，鉴定C级、D级危房1724幢并落实管控，完成整治1706幢。

【安全生产监督执法】2022年，杭州市推进应急管理执法规范化建设，制定安全生产分类分级监管执法办法，实施差异化监管执法。制定《杭州市安全生产行政处罚自由裁量适用细则》，细化常用事项处罚档次，明确首违不罚事项。全市应急管理系统检查企业5781次、实施行政处罚3006次，检查处罚率52%；罚款8342.01万元，比上年增长6%。其中：非事故罚款8114.37万元，增长16%；非事故罚款额占比率97.3%。建立安全生产联合执法协调机制，推动负有安全生产监督管理职责的部门执法办案5289件、线索移送34件。市应急管理局、市公安局、市中级人民法院、市人民检察院联合出台《杭州市安全生产涉刑危险物品先行处置办法》，市应急管理局、市公安局联合出台《关于完善生产安全事故行刑衔接快速处置机制的意见》，强化行刑衔接工作，全年办理非事故行刑衔接案件58个。出台《杭州市工矿商贸领域安全生产举报处理和奖励实施细则》，鼓励社会公众和生产经营单位内部人员举报安全生产事故隐患和非法违法行为。

【应急管理数字化建设】2022年，杭州市推进应急管理数字化改革，构建应急管理多跨场景应用体系。丰富应急管理数据资源池，推动市级部门数据归集增至22个，共享数据106.5亿行，提供相关领域数据专题服务功能680万次。迭代升级防汛防台应急联动场景，接入水雨情监测站点3788个、物资储备库213个、避难场所2056个、救援队伍1255支、山洪灾害风险点2245个、地质灾害风险防范区5952个、城市内涝点360个。深化危化品事故防控“看得见”场景，接入全市重大危险源生产装置、仓库、储罐监测监控数据，实现对重大危险源温度、压力、液位和有毒、可燃气体泄漏监测报警等物联监测设备数据和重点部位视频监控的实时监控，并对企业中控室和构成重大危险源的储罐区、生产装置、装卸场所安装视频监控进行视频捕捉和智能分析。建设完成极端天气灾害短临预警分析应用，经验成果在应急管理部召开的智慧应急建设成果培训会上做交流。打造突发事件应急处置和救援场景应用，推动紧急信息报送及时率从25%提升至80%，实现突发事件接报后30分钟内现场可视化。

【防汛抗台应急救援】2022年，杭州市有效防御应对梅汛期多轮强降雨、台风“梅花”等。市防汛防台抗旱指挥部开展15轮防汛大检查和专项督查，全市检查重点部位10.8万处，发现度汛安全问题9000个，全部整改或落实度汛措施。开展会商研判112次，发布各类预警信号2560次，发送提醒短信150万条，启动防汛应急响应5次。出动各类救援队649队（次）、救援人员6397人次。利用短临预警应用叫应县乡责任人1724人次、村级责任人7888人次，开放避灾安置场所348个，转移安置44万人次。

【应急救援能力提升】2022年，市防汛防台抗旱指挥部印发《关于加强极端天气风险防范应对工作若干措施的意见》《杭州市应对极端天气灾害“五停”工作指导意见（试行）》《杭州市应对“五断”等极端情况应急联动指导意见（试行）》《杭州市灾害性天气公众防御指引》，明确极端天气判定标准和具体防范应对工作措施。制定杭州市防汛基层责任人应急响应期间工作职责，细化乡级、村级、网格责任人工作职责，完善基层应急管理组织体系。建立杭州市防汛防台指挥部机制、应急指挥机制、会商研判机制、防汛防台抢险救援机制、突发险情灾情报送机制、防汛防台抗旱工作组组派统筹机制、重大洪涝台旱灾害复盘评估机制和“防汛防台在线”信息共享机制8项，规范防汛防台抢险救援指挥调度。推动13个区县（市）和西湖风景名胜区完成基层防汛防台体系“5+1”（组织责任网、风险防控网、抢险救援网、灾后恢复网、运行保障网＋数字化平台）标准化建设，其中5个区县（市）通过省级标准化验收。完成《杭州市突发事件总体应急预案》修订。建立扑救森林火灾现场指挥机制，完成西湖区应急救援直升机临时起降点停机坪项目建设。加强应急队伍建设，全市建有各类应急救援队伍1254支、5.39万人。5月31日，2022年浙江省暨杭州市防汛防台综合演练举行；11月2日，杭州市2022年森林消防技能竞赛与实战演练在淳安县举行；12月16日，杭州市2022年抗雪防冻应急演练在上城区举行。

【应急管理宣传教育】2022年，市应急管理局制订《杭州市应急文化建设方案》，统筹推进安全生产和应急文化宣传教育。编写学生应急安全教育系列辅导教材，推出“安全第一课”活动。打造杭州应急户外媒体，做好《安全365》《应急300秒》等栏目。推出杭州应急卡通形象“杭小应”及系列衍生品。完成新建（改扩建）各类应急（安全）体验馆45个，参与体验63万人次。

全市有登记安全生产培训机构30个，其中特种作业考试点17个。全年特种作业和高危行业安全考试合格发证5.78万人，其中特种作业考试合格发证5.21万人、高危行业主要负责人和安全管理员考试合格发证0.57万人。一般性生产经营单位主要负责人和安全管理员考试合格发证2.37万人。推进企业百万员工安全大培训，完成线上和线下培训19.7万人次。“杭州市安全生产培训云平台”网络培训学员2.64万人次。

（蒋梦捷）

消防管理

【概况】2022年，全市发生火灾4902起（草皮、垃圾、树木等火灾除外），10人死亡，40人受伤，火灾直接财产损失11585.53万元，比上年分别下降9.4%、上升400%、上升90.5%、上升120.6%，发生1起较大亡人火灾，为杭州市临平区东湖街道望梅路588号杭州湾建材装饰城二层冰雪大世界发生的火灾，共造成6人死亡（含消防救援人员2人）、19人受伤。全市消防部门共接警1.80万起，出动2.53万次，出动消防车3.99万辆（次），消防人员24.24万人次，抢救被困人员1031人，疏散被困人员844人，抢救财产价值2509.1万元。其中：火警5996起，占33.3%；抢险救援7824起，占43.5%；社会救助2917起，占16.2%。成功处置“1·8”萧山国际机场货机火灾、“2·15”萧山万向一二三锂电池厂房火灾、“5·12”钱塘区金沙湖地铁透水事故、“9·21”上城区九堡街道远大生物制药厂房火灾等急难险重任务。市消防救援支队西湖消防救援站获评一星级全国青年文明号。

2022年11月2日，杭州市2022年森林消防技能竞赛与实战演练在淳安县举行

（市应急管理局 供稿）

【消防指挥调度水平优化】2022年，市消防救援支队在全省消防救援队伍中率先建立专家值守制度，出台“一体化”战备值班值守与遂行出动工作规定，完成全省消防救援队伍“一短三快”（调派时间短、闻警出动快、力量到场快、战斗展开快）初战机制改革试点任务，建立应用警情播报倒计时提醒、队站活动区域合理划分等机制，固化途中指挥和到场展开模式，实现接警“一键调派”，出警“一路护航”，整体初战效率提升20.7%。3月，浙江省消防救援总队在市消防救援支队召开全省“一短三快”初战机制改革试点现场会，相关工作经验被《中国应急管理报》和国家消防救援局简报刊发。

【“火焰蓝”全员岗位大练兵比武竞赛】2022年11月14—16日，浙江省消防救援总队举办2022年全省消防救援队伍第三届“火焰蓝”全员岗位大练兵比武竞赛，12个支队的336名指战员同场竞技。比武设置灭火救援、指挥中心、信息通信3个岗位，包含理论测试、体技能项目、班组操法、实战化考核4项内容。经过3天角逐，市消防救援支队获得应急通信岗位第一名，实战指挥项目第四名和团体总分第四名。

【消防救援队伍技能比武竞赛】2022年11月22日，市消防救援支队联合市政法工会举办2022年全市多种形式消防救援队伍技能比武竞赛，全市15支专职队、90名队员参加，设置综合体能操、单人攀登6米拉梯操、一人三带、建筑物内攻出两支水枪操4个项目，萧山区金利浦专职消防队、钱塘新区义蓬专职消防队、萧山区新塘专职消防队、余杭区仁和专职消防队获得专职消防队团体总分前四名。

【消防基础设施建设和器材装备保障】2022年，市消防救援支队搜救犬基地揭牌进驻，钱江世纪城指挥中心、萧山亚运村、淳安界首消防站等6个项目完成建设，上城南星、西湖三墩等14个消防站以及余杭大队部、富阳公寓楼等4个项目施工有序推进。全市采购65米多节臂举高喷射车、粉剂联用车等消防车24辆，器材装备2.10万件（套）。杭州市政府投入6625.10万元装备专项经费，分批配备队伍急需、国内领先、高性能的消防救援装备。市消防救援支队升级改造智能化装备仓库和泡沫充装系统，形成以重型机械工程救援大队为中心，富阳场口消防救援站为补充的物资仓储新模式。

【消防安全管理文件修订出台】2022年8月24日，市消防救援支队、市应急管理局、市建委、市文化广电旅游局、市体育局4个部门联合印发《杭州市室内冰雪活动、剧本娱乐场所消防安全监督管理协作机制》，对定期会商研判、基础信息共享、联合实施监管、隐患抄告闭环、推进数字治理5个方面进行明确。9月8日，市政府办公厅印发《杭州市落实消防安全责任制实施办法》，建立函告、约谈、督查、通报警示、挂牌整治、考核等制度，明确消防部门承接政府火灾调查处理权。9月29日，市委办公厅、市政府办公厅印发《杭州市消防安全责任制规定》，明确各级政府、40个部门单位、基层乡镇（街道）、村（居）民委员会消防安全工作职责。

【消防安全专项整治】2022年，市消防救援支队紧盯“控大火防小火”的目标，推进高层建筑、大型商业综合体、城郊接合部、工业企业等专项整治。通过“云治火”数字系统对全市2.50万幢高层建筑施行“一码通管”，发现隐患7.89万处，隐患整改率92.9%；对120个大型综合体开展达标建设“回头看”；对84个城郊接合部开展常态化整治，排查自建房3.90万栋，督促整改隐患2.80万处；排查工业企业1.35万个，整改隐患1.22万处；开展畅通“生命通道”整治，办理电动车违规充停处罚4725起；省、市级挂牌重大火灾隐患单位（区域）43个，完成整改31个。全市消防救援机构共检查单位5.68万个，发现火灾隐患或违法行为3.77万处，督促整改3.66万处，下发责令改正通知书2.21万份、行政处罚决定书4521份、临时查封决定书613份、行政强制决定书3份，责令“三停”单位840个，罚款4455.84万元，在杭州网开设消防火灾隐患曝光台，发布消防隐患曝光报道120条。

【划转、委托、赋权消防执法】2022年，市消防救援支队融入全省“大综合一体化”行政执法改革，与市、区两级综合执法部门建立监管执法协同机制，将占用、堵塞、封闭消防车通道等6个权力事项划转综合执法部门实施，全年综合执法部门办理消防处罚案件3194起。与全市150个乡镇（街道）签署协议开展委托执法，重点整治电动自行车私拉充电、私家车占用消防通道及登高场地等违法行为，全年办理处罚案件473起。在全市11个区县（市）推行赋权执法，将高频多发、易发现易处置、专业要求适宜的14个消防救援领域执法事项权下放到乡镇（街道）处置，全年办理处罚案件91起。

【消防技术服务和产品监管】2022年，市消防救援支队开展消防技术服务领域专项整治，实地核查检测、维保项目235个，处罚80起，上报违规“挂证”21名。开展使用领域消防产品质量监管，检查消防产品使用单位2.07万个，开展消防产品监督抽查14批次，对使用单位开展消防产品抽样送检70批次，办理消防产品质量问题消防产品行政处罚案件53起，处罚金31.03万元，消除消防产品类隐患501处，与全市市场监管部门开展联合检查51起，通报涉嫌生产不合格消防产品54个。

【消防宣传和培训】2022年4月，市消防救援支队联合杭州电视台影视频道推出民生消防交互式访谈节目《蓝朋友请回答》，为市民普及消防知识，该节目每月推出1期，共9期。5月，结合杭州市常态化核酸检测实际情况，探索“消防一米线”宣传新渠道，将各核酸检测点“一米线”设置成消防安全知识科普地贴，方便群众在等待之余同步学习消防安全知识。2—6月，市消防救援支队开启亚运志愿者培训工作，通过“定课程、定课件、定师资、定档期、定标准、定费用”，覆盖8.20万名亚运赛会志愿者、城市志愿者。10月17日，市消防救援支队开展全市大型广场、社区集中宣传活动，在全市27个广场类场所开展定点宣传，基层消防救援站、微型消防站力量每日外出宣传。10月13日，浙江传媒学院建成全国首个高校消防工作站。10月29日，杭州钱江新城“灯光秀”上演消防主题，“杭州消防”抖音、微博账号全程直播，《钱江晚报》等4个媒体同步直播，全网超过10万人观看。11月8日，在市消防救援支队特勤大队举行浙江省暨杭州市“119”消防宣传月启动仪式。宣传月期间，市消防救援支队开设9条地铁、公交“消防专线”，上线“消了个消”小游戏，3.30万人次通关。（高正达）

气象服务

【概况】2022年，杭州市贯彻落实《气象高质量发展纲要（2022—2035年）》和全国全省气象高质量发展工作推进会精神，召开全市气象高质量发展工作推进会，制订《杭州市人工影响天气高质量发展行动计划（2022—2025年）》，推进钱塘区设立气象工作机构。以市、区县（市）政府领导谈气象等形式刊发署名文章，推动形成气象高质量发展的良好氛围。萧山区“数智气象”高质量发展获批全省先行试点。完成“十四五”气象事业发展规划投资的

47%。年内新建X波段天气雷达3部，建成自动站846个、辐射站和国家站北斗系统8套，大明山新增温室气体观测设备1套。省自然基金项目立项实现“零”的突破，新立市科技计划项目数比上年增长75%。

【气象防灾减灾】2022年，杭州市完善气象防灾减灾新机制，调整气象防灾减灾组织指挥体系，修订发布《杭州市气象灾害应急预案》，进一步明确气象灾害防御职能分工和职责边界。市防灾减灾指挥部制定加强极端天气风险防范应对工作若干措施和应对极端天气灾害“五停”（停课、停工、停产、停运、停业）工作指导意见。市气象局与市林水局等部门联合印发灾害性天气公众防御指引，形成6类58个指引产品，并在汛期得到规范应用。其中，重点单位和协理员、信息员实现100%转载直达网格。依法实施社会化管理，全市有5个处罚案件移交综合执法部门查处，1件执法案卷获评全市“示范优案”。富阳气象科普公园被确定为首批市级公民法治素养观测点。普法微视频《一只系留气球的自述》获全省气象部门法治微视频作品大赛一等奖。全年完成暴雨、高温等重大天气过程的预报服务30次，发布各类预警信号1337次，暴雨、大风临灾警报信息4.50万条。全市暴雨预警平均提前时间102分钟、强对流提前88分钟。启动全媒体发布72次，新增覆盖21万人次。开展面向村级责任人的临灾警报推送、面向公众的气象灾害红色预警信号靶向发布，临安区在全省率先开展“六阶段+四类别”的梯次化叫应业务，建德利用“建村钉”实现气象预警信息发布全覆盖。实施火箭人工增雨作业113轮次，增水8388万吨；完成省内首次无人机人工影响天气低空合成试验；桐庐制定全国首个市级人影作业点选址规范地方标准。全市气象防灾减灾标准化创建率95.9%、提标升级率21.2%，居全省第一位。余杭区气象局被列为中国气象局气象灾害风险预估业务体系建设唯一县级试点。“杭州天气”新媒体影响力、传播力居全国前列。打造“天气小e”杭州气象科普动漫IP形象品牌，16人次在各级科普大赛中获奖。临安区及桐庐县、萧山区分别创建全国、全省气象科普基地。

【乡村振兴气象保障】2022年，市气象局完成杭州智慧农业气象服务一体化平台建设，新增西湖龙井茶、农产品质量安全和水稻种植气象服务场景并融入数字农业平台。建成34个气象服务示范村。全年为886个农业主体提供点对点的气象服务，1324个种粮大户实现气象预警信息全覆盖。牵头推动全省旅游气象服务联盟建设，建成康养乡村5个，联合制定气候标志应用指引，全市有68个单位挂牌应用。推进茶叶、杨梅、水稻、山核桃等气象指数保险，全市民宿（农家乐）气象保险参保面86.4%。推出综合气象干旱指数保险，助力水稻等受影响农户获理赔6300万元。“国家设施农业气象服务标准化示范区”获国家标准委员会立项，制定团体标准2个，3个市级地方标准通过专家评审。完成13个区县（市）气象灾害风险普查。

【气象数字化建设】2022年，市气象局推进大城市气象保障服务，完成年度任务26项。联合市林水局发布山洪气象风险短信9万条，联合市规划和自然资源局发布地质灾害预警短信近3万条。多场景融合集成服务提升城市治理效能，气象信息、产品、组件融入“东站未来枢纽”“滨江数智治水”等10多个部门的多跨协同应用场景。“天气预报”功能组件被市数字化改革办公室作为“组件共建共享”优秀案例推荐至省平台。研发短临预报、实况和极值告警平台，并在“健康驿站”建筑工地、西湖风景名胜区进行试点。新建气象应用服务接口139个，外部门调用数据达到8.40亿次。编纂出版《杭州晴雨录（1723—1773年）》。杭州基准站获评“中国百年气象站”。参与编制《杭州市排水（雨水）防涝综合规划（修编）》。城市气候规划基础研究成果获中国气象局评定，并在中国气象现代科技博览会展出。

【亚运会气象保障筹备】2022年，市气象局加强工作汇报，积极争取中国气象局、省气象局支持，形成国家、省、市三级联动推进亚运会气象筹备工作合力。完善亚运会气象保障领导机构，建立年度计划、季度攻坚、月度例会、每周督办工作机制。做好亚运会延期举办后风险应对，调整重点任务安排。建立“立体化、多要素、分钟级”亚运会综合气象观测体系，全市44个场馆（亚运村）气象监测设施全覆盖。引进国家级和北京冬奥最新技术产品并本地化应用，初步建立“百米级、分钟级”亚运会气象预报产品体系，智能亚运预报预警服务平台获全省推广应用。上线“数智气象亚运”专版，气象数据全面接入MOC（亚运会、亚残运会主运行中心）、INFO（赛事信息发布系统）等多个智能亚运平台。协调亚组委落实开幕式人工消减雨作业经费1500万元，聘请国家级气象专家2名。编制《亚运会、亚残运会期间气候风险分析》报告。全面参与亚运会开幕式全要素模拟演练，亚运气象台开展赛事同期气象保障服务实战演练。完成16项测试赛和5项重要活动气象保障。推出《亚运气象科普看台》等作品20期。亚运会气象工作被新华社、人民网等媒体宣传56次。

（麻碧华）

责任编辑　金利权

9 中国人民政治协商会议杭州市委员会

综 述

【市政协组织机构】至2022年年末，杭州市有政协组织机构14个，即中国人民政治协商会议杭州市委员会和13个区县（市）政协。有各级政协委员4178人，其中市政协委员506人、区县（市）政协委员3672人。市十二届政协常务委员会组成人员89名，由主席1名、副主席8名、秘书长1名和常委79名组成。市十二届政协设办公厅、研究室及提案委员会、委员工作委员会、经济委员会、农业和农村委员会、城市建设和人口资源环境委员会、教育科技卫生体育委员会、社会法制和民族宗教委员会、港澳台侨和外事委员会、文化文史和学习委员会9个专门委员会。

【政协思想政治建设】2022年，市政协贯彻落实中共中央和省委、市委决策部署，始终把思想政治建设摆在首位。学习贯彻中共十九届六中、七中全会和中共中央总书记习近平在省部级主要领导干部专题研讨班上的重要讲话精神，开展“喜迎二十大、同心跟党走”系列活动。组织收听收看中共二十大，召开党组会议、主席会议、常委会会议组织传达学习。开展“学习二十大、建功新时代、展现新作为”主题活动，举办全体政协委员学习贯彻中共二十大精神培训班，召开区县（市）政协主席和全市政协系统学习交流会，市政协党组和主席会议成员带头深入委员会客厅、委员工作室宣讲。

【政协系统党建推进】2022年，市政协坚持以政治建设为统领推进党的各项建设，发挥政协党组把方向、管大局、保落实作用，坚持重大事项及时向市委请示报告，党组工作要点、年度协商计划、政协重点履职工作等报请市委批准后实施。开展党建规范提升年活动，组建新一届专委会分党组和党员委员履职临时党支部，制定市政协系统党的组织架构图及党员委员履职临时党支部工作办法、党员委员联系党外委员工作办法等制度，召开全市政协系统党建工作经验交流会，表彰发布20个全市政协系统党建工作精品案例，形成“一区（县、市）一品牌、一专委一特色”。

（袁彩霞）

市政协重要会议

【概况】2022年，市政协召开十一届六次会议、十二届一次会议和常委会会议6次，就有关议题进行建言资政，凝聚共识，共同协商。

【市政协十一届六次会议】2022年1月27日，市政协十一届六次会议召开。同意潘家玮辞去第十一届市政协主席职务。会议选举马卫光为第十一届市政协主席。潘家玮、马卫光、陈新华、马小秋、张仲灿、叶鉴铭、谢双成、毛溪浩、王立华、周智林、冯仁强、陈国妹、滕勇出席会议。

2022年10月28日，市政协召开党的二十大精神专题学习交流会

（孙 奕 摄）

【市政协十二届一次会议】2022年3月25—28日，市政协十二届一次会议召开。会议审议批准市政协主席马卫光代表政协第十一届杭州市委员会常务委员会所做的政协第十一届杭州市委员会常务委员会工作报告，以及市政协副主席冯仁强所做的政协第十一届杭州市委员会常务委员会关于提案工作情况的报告。会议选举产生政协第十二届杭州市委员会主席、副主席、秘书长、常务委员，马卫光当选为十二届市政协主席。会议收到提案610件，经审查，立案587件，其中集体提案102件。会议表彰市政协2021年度优秀提案，《关于进一步加强我市新型智慧城市建设的建议》等50件提案被评为2021年度优秀提案。马卫光、许明、陈新华、冯仁强、陈国妹、郭清晔、宦金元、林革、柴世民出席会议。

【市政协常委会会议】2022年，政协第十一届、第十二届杭州市委员会常务委员会召开6次会议，就有关议题进行协商。

1月20日，市政协十一届二十五次常委会会议召开。会议免去谢春风的市政协副秘书长职务、谢惠芬的市政协港澳台侨和外事委员会副主任职务；任命徐亚娟为市政协港澳台侨和外事委员会副主任；增补马卫光、毛溪浩为市政协委员。市政协主席潘家玮主持会议，市政协领导马卫光、张仲灿、叶鉴铭、谢双成、毛溪浩、王立华、周智林、冯仁强、陈国妹、滕勇等出席。

1月27日，市政协十一届二十六次常委会会议召开。会议听取小组讨论情况汇报；审议通过潘家玮辞去市政协主席职务的决定（草案）；审议通过大会选举办法（草案）；审议通过政协第十一届杭州市委员会主席候选人名单，总监票人、副总监票人、监票人名单。市政协主席潘家玮主持会议，市政协领导马卫光、张仲灿、叶鉴铭、谢双成、毛溪浩、王立华、周智林、冯仁强、陈国妹、滕勇等出席。

3月14日，市政协十一届二十七次常委会会议召开。会议免去金翔的市政协秘书长职务、刘秋敏的市政协专职副秘书长职务、周定炎的市政协农业和农村委员会主任职务、吴持瑛的市政协委员工作委员会主任职务、朱国的市政协提案委员会副主任职务、王洁的市政协城市建设和人口资源环境委员会副主任职务；任命吴静为市政协专职副秘书长、吴持瑛为市政协农业和农村委员会主任、卢晓为市政协委员工作委员会主任、周方为市政协提案委员会副主任、袁先立为市政协城市建设和人口资源环境委员会副主任。市政协主席马卫光主持会议，市政协副主席张仲灿、叶鉴铭、谢双成、许明、毛溪浩、王立华、周智林、冯仁强、陈国妹、滕勇等出席。

3月28日，市政协十二届一次常委会会议召开。会议免去郑冰的市政协副秘书长职务；任命郭初民、陈国兴、孙建刚、吴静、朱铮、申屠敏、张琳、陈月利、倪晓娟、陈安为市政协副秘书长，任命杨建华为市政协提案委员会主任、卢晓为市政协委员工作委员会主任、杜国忠为市政协经济委员会主任、吴持瑛为市政协农业和农村委员会主任、何明俊为市政协城市建设和人口资源环境委员会主任、肖锋为市政协教育科技卫生体育委员会主任、方中勇为市政协社会法制和民族宗教委员会主任、孙月红为市政协港澳台侨和外事委员会主任、王利民为市政协文化文史和学习委员会主任、周方为市政协提案委员会副主任、唐文胜为市政协委员工作委员会副主任、张治毅为市政协经济委员会副主任、李生荣为市政协农业和农村委员会副主任、袁先立为市政协城市建设和人口资源环境委员会副主任、邬莲平为市政协教育科技卫生体育委员会副主任、倪素浓为市政协社会法制和民族宗教委员会副主任、徐亚娟为市政协港澳台侨和外事委员会副主任、李鹏为市政协文化文史和学习委员会副主任。市政协主席马卫光主持会议，市政协副主席许明、毛溪浩、陈新华、冯仁强、陈国妹、郭清晔、宦金元、林革等出席。

9月2日，市政协十二届二次常委会会议召开。会议学习贯彻《中国共产党政治协商工作条例》和省第十五次党代会、市委十三届二次全会精神。听取2022年以来全市经济社会发展情况通报，市委副书记、市长刘忻做情况通报。围绕“放大亚运综合效应，提升城市国际化水平”协商建言，市政协港澳台侨和外事委做主题发言，11名子课题调研组代表和委员、专家代表做口头发言，3个党派代表和1名专家代表做书面发言，市发改委代表做回应发言，副市长孙旭东到会听取协商意见。会议审议通过《政协第十二届杭州市委员会专门委员会兼职副主任名单》。市政协主席马卫

2022年3月25日，中国人民政治协商会议第十二届杭州市委员会第一次会议开幕 （孙 奕 摄）

光主持会议，市政协副主席许明、毛溪浩、陈新华、冯仁强、郭清晔、宦金元、林革等出席。

11月3日，市政协十二届三次常委会会议召开。会议学习贯彻中共二十大精神。围绕“促进农村低收入群体共同富裕”开展协商建言，市政协农业和农村委做主题发言，8名子课题调研组代表和委员、相关代表做口头发言，5个党派代表和2个界别组代表做书面发言，市发改委代表、市农业和农村局代表做回应发言。副市长刘嫔珺到会听取协商意见。会议免去陈安的市政协副秘书长职务。市政协主席马卫光主持会议，市政协副主席许明、毛溪浩、陈新华、冯仁强、陈国妹、郭清晔、林革等出席。（袁彩霞）

2022年杭州市政协十二届一次会议重点提案一览表

表8

提案号	提案者	案　由
158	民革市委会	关于深化公共服务供给侧结构性改革，推进城乡共同富裕的建议
162	民革市委会	关于推动杭州都市圈与杭甬“双城记”融合发展的建议
225	民盟市委会	关于深化杭州医联体建设，构筑“共同富裕”健康防线的建议
296	民盟市委会	关于传承展示宋韵文化，推动城市历史文脉薪火相传的建议
15	民建市委会	关于加大“专精特新”企业扶持，厚植创新活力之城新优势的建议
21	民建市委会	关于推进农业面源“零直排”，加强农业污染治理的建议
32	民进市委会	关于深化高能级人才平台建设，助力打造全球人才蓄水池的建议
197	民进市委会	关于强化数字赋能，提升智慧养老服务水平的建议
176	农工党市委会	关于强化数智赋能，完善食品安全监管体系的建议
370	农工党市委会	关于数字赋能小微企业园区发展，助力打造产业兴盛新天堂的建议
150	致公党市委会	关于提升优质农产品供给能力，进一步提升城市保供水平的建议
447	致公党市委会	关于加快我市数字化养老水平，提升养老服务成效的建议
7	九三学社市委会	关于加快城西科创大走廊“产城人”融合发展的建议
27	九三学社市委会	关于完善我市地下管线数字化管理机制的建议
57	市工商联	关于利用大数据推进交通智能化的建议
99	市工商联	关于促进农民、农村集体经济收入“双增长”的建议
350	科技界别小组	关于健全科技成果转化服务体系的建议
583	教育界别小组	关于推进城区优质教育资源下沉，提升县域普高教育质量的建议
182	社会福利、少数民族、宗教界别小组	关于进一步加大困难群众兜底帮扶力度的建议
366	牟剑委员	关于抢抓亚运机遇，释放商圈活力，促进消费繁荣的建议
514	王莉委员	关于加强亚运场馆赛后综合开发和运营的建议
379	汤丽菲委员	关于进一步加快杭州共有产权保障性用房建设与管理的建议
52	刘晓东委员	关于开放新能源货车路权，完善“城市绿配”体系的建议
74	乔小燕委员	关于打造新型共享停车平台，助力解决城市停车难的建议
381	周伟东委员	关于推进杭州市集成电路产业高质量发展的建议
102	朱师钧委员	关于完善民营企业参与社会捐赠政策的建议
241	曹国熊委员	关于加强协同创新，促进生物医药产业发展的建议
95	隋永枫委员	关于加快推进中国工业汽轮机博物馆建设的建议
503	沈啸委员	关于加强我市工业遗存保护和利用的建议
474	陈万翔委员	关于主城区与郊县设立产业联动基金实现共同富裕的建议
254	彭晓东委员	关于加强“印”文化传承，提高城市文化辨识度的建议
173	李瑛委员	关于加强外卖小哥权益保障的建议
328	林孝爽委员	关于进一步加强残疾人特殊艺术事业发展的建议
64	邓旻委员	关于推进护工职业化教育，培养专业陪护技术人才的建议
320	陈建芬委员	关于进一步加快普惠性婴幼儿照护服务发展的建议
304	钟怡媛委员	关于加快建设儿童友好城市的建议
18	唐彩斌委员	关于完善义务教育招生办法，优先保障三孩在同所学校就读的建议
430	胡蓉委员	关于加强香港青少年教育，深化杭港青少年交流的建议

协商议政

【概况】2022年，市政协围绕杭州市“奋进新时代，建设新天堂”发展目标，对照年度协商计划节点，推进专题议政性常委会会议协商2次、专题协商5次、月度协商6次。完成重点调研课题5个，向市委、市政府报送各类建议报告20份。

市政协十二届一次会议确定重点提案38件。其中：各民主党派和工商联提交的16件，各界别小组提交的3件，政协委员提交的19件。全年市委常委会4次听取市政协工作情况汇报，市委、市政府领导出席政协重要会议和活动118人次，市委、市政府领导领办政协重点提案14件。

【经济稳进提质建言】2022年，市政协引导委员投身“战疫情促发展助企稳企”活动，深入基层和企业开展调研走访，向市委、市政府报送相关意见和建议。开展推动杭州数字经济跃升发展专题协商，就做强高端数字制造业、数字经济和实体经济融合发展等开展调研议政。开展促进旅游业高质量发展月度协商座谈，组织“构建产业服务链，推进高端装备制造业持续快速发展”“发挥杭州茶都优势，促进茶文化茶产业茶科技高质量发展”等重点课题调研。参加长三角地区9个城市政协共商G60科创走廊更高质量发展论坛，建言助推区域重点产业稳链强链工作。组织“企业大走访”“千名干部助千企”等活动。

【全面深化创新改革开放助推建言】2022年，市政协围绕专精特新企业发展、创建综合性国家科学中心、科技创新成果转化等开展课题调研和协商议政。开展“打造全国最优营商环境，增强杭州城市核心竞争力”调研协商，召开部门、园区（产业平台）、行业协会、中介服务机构等50多场座谈会，提出用足用活用好国家先行先试政策、加快升级项目审批系统等8个方面35条意见和建议，市委主要领导到会听取意见，给予充分肯定。紧扣数字化改革推进情况开展专项集体民主监督，政协委员参与409人次，实地调研改革项目107个，提出相关建议215条。贯彻落实“唱好杭州、宁波‘双城记’”部署要求，与宁波市政协签署合力唱好“双城记”工作备忘录。在杭州举办两市政协首次协商交流会，围绕共推文旅产业和国际会展业发展、共同打造现代大物流体系、“三首产品”两地推广应用等主题建言献策，助力杭甬两地协同发展。

【提升城市综合能级建言献策】2022年，市政协落实市委“办好一个会、提升一座城”要求，聚焦“亚运攻坚、城市品质提升”开展联组会议协商，发出《齐心聚力迎亚运 同心共建新天堂》倡议书，提出《关于抓住亚运机遇，提升城市品质的建议》全会建议案。围绕“放大亚运综合效应，提升城市国际化水平”主题举行专题议政性常委会会议，提出打造高辨识度城市IP、建设国际赛事之城等5个方面16条意见和建议。开展“迎亚运城市品质提升”调研协商，全市两级政协委员参与3056人次，开展监督活动176次，提出建议1215条。顺应亚运会举办延期的情况，及时调整工作安排，把协商重点转到竞赛场馆对外开放利用上去，组织政协委员专题调研亚运会场馆建设和赛前利用工作，并提出相关建议和意见。

【城市管理、公共服务和社会治理建言协商】2022年，市政协开展“探索‘低碳城市’路径，助推‘碳达峰、碳中和’战略实施”专题协商，组织“全面提升生活垃圾分类处理质量，推进无废城市建设”专项集体民主监督。组织政协委员围绕《杭州市网络餐饮外卖配送监督管理办法（草案）》开展立法协商。举行市法院、市检察院、市公安局工作通报协商会，组织政协委员开展法律服务和反诈骗宣传活动，围绕交通治堵、未来社区建设、乡村基层治理等内容提出建议。深化全国政协调研基地建设，完成全国政协交办的“居家和社区适老化改造”调研课题，选送的典型案例视频在全国政协主席会议上播放，得到全国政协领导充分肯定，并作为全国政协专项民主监督报告内容报送中共中央办公厅、国务院办公厅。

【文化传承发展协商助力】2022年，市政协召开“加强杭州瓷文化及窑址遗存保护利用”月度协商座谈会，就杭州瓷文化发掘与保护、传承与传播、活化与利用提出建议。开展“加快非国有博物馆发展”专题协商，围绕深化三大世界遗产联动保护与利用开展专项集体民主监督，围绕六和塔和德寿宫保护利用、泗洲造纸遗址保护开发、地图上的杭州开展专题调研，举办2022年杭州文史论坛暨“两宋社会——文化之韵”学术研讨会，助力杭州打造国家宋韵文化高地。组织编撰《杭州申报世界文化遗产纪实》《浙江城市名片》（杭州部分）等“三亲”（亲历、亲见、亲闻）史料和文史图书。支持杭州茶文化研究会举办中华茶奥会、径山茶文化挖掘传播等活动。

【城乡共同富裕携手助力】2022年，市政协围绕促进农村低收入群体共同富裕举行专题议政性常委会会议，形成调研报告14份和共富案例65份，提出拓宽低收入群体增收来源、持续深化有效帮扶等6个方面15条意见和建议。开展“农文商旅融合赋能乡村发展，推进共同富裕”专题协商。组织“助力共同富裕示范区建设”专题协商议事月活动，全市两级政协集中开展协商活动660次，政协委员参与3237人次，界别群众参与5479人次，提出意见和建议3248条，采纳意见和建议1840条，助推解决一批群众“急难愁盼”问题。组织“迎亚运、促共富”市、区两级政协“六送”服务基层和群众活动，开展服务活动114场次，受益群众1.78万人。开展“智汇乡村·助推共富”活动，政协委员点对点服务山区乡镇，服务基层群众2万余人次。深入做好桐庐莪山畲族乡结对帮扶工作，促进落地一批项目。

【民生福祉改善协商聚力】2022年，市政协围绕“推进托育机构发展，建设育儿友好型社会”开展月度协商座谈，围绕“深化老旧小区改造，推进城市有机更新行动”开展民主监督，聚焦“完善高中规划布局，助推美好教育建设”、推进共有产权住房建设等进行调研助推。突出民生实事“政协议”特色，开展2023年民生实事项目协商，多渠道征集选题建议212条，梳理形成7个方面14条建议，为市政府确定民生实事候选项目提供决策参考。（袁彩霞）

民主监督

【概况】2022年，市政协坚持“协商式、帮助式”民主监督的性质定位，以专项监督工作机制为纲，发挥集协商、监督、参与、合作于一体的协商式监督特色优势，围绕中心工作开展好民主监督工作。全年通过部门走访、集中调研、专项视察、专题座谈、问卷调查等开展“推进城市环境品质提升行动”等4项专项民主监督。

【推进城市环境品质提升行动民主监督】2022年，市政协党组和主席会议十分重视环境品质提升工作，市政协主席马卫光专题研究民主监督实施方案，率先带队到余杭区开展专题督导。7名市政协副主席分别联系督导7个区县（市）城市环境品质提升行动。区县（市）政协主席会议成员带领政协委员到项目现场、镇街村社开展监督调研。全年各监督组开展专题监督176次，实现行政区域监督全覆盖。市政协采用数字化手段开展“码上监督”，并将政协委员在监督调研中发现的284个问题、提出的186条意见，反馈给亚运城市环境保障专班办理落实。4月24—26日，市政协城建委与亚运城市环境保障专班联动，组织21名政协委员到城市环境品质提升“赛马”项目、重点工程现场，开展为期3天的实地检查监督。

【老旧小区改造民主监督】2022年，老旧小区改造被首次列入省政府民生实事项目。从7月开始，市政协城建委、上城区政协、西湖区政协、萧山区政协分别成立专项民主监督小组，组织委员实地查看老旧小区改造情况，走访相关部门，召开座谈会，听取意见和建议。全年市、区两级政协委员有293人次参与，发现问题22个，提出意见和建议80条。

【城市数字化改革民主监督】2022年5—6月，市政协围绕全市数字化改革“1612”体系架构，集中开展专项集体民主监督活动，市政协主席马卫光，副主席许明、毛溪浩、陈新华、冯仁强、陈国妹、郭清晔、宦金元、林革，秘书长柴世民，分别带领9个监督组到市委改革办、市政府办公厅、市经信局、市发改委、市委宣传部、市委政法委、市数据资源局和13个区县（市）开展民主监督。各区县（市）政协也分别成立监督组，组织形式多样的监督活动。活动期间，两级政协开展监督活动48次，参与政协委员409人次，实地调研有关数字化改革推进情况项目107个，发现问题157个，提出相关建议215条。

2022年7月5日，市政协领导到西湖区，就亚运会场馆建设和赛前利用工作进行调研（孙　奕　摄）

【三大世界遗产联动保护与利用民主监督】2022年，深化西湖文化景观、中国大运河（杭州段）、良渚古城遗址等杭州市三大世界遗产联动保护与利用，是市政协的重要协商监督议题。市政协主席马卫光专门审定工作方案、多次听取工作汇报。由市政协副主席许明、毛溪浩、陈新华、冯仁强、陈国妹、郭清晔、宦金元、林革等分别率8个监督组，于11中旬至12月上旬到市园文局、西湖风景名胜区管委会、良渚遗址管理区管委会、拱墅区、西湖区、萧山区、余杭区、临平区等开展民主监督。相关区县（市）政协也分别成立监督组，开展形式多样的监督活动。两级政协开展监督活动28次，参与政协委员210人次，实地调研遗产保护与利用项目46个，发现问题78个，提出建议123条。（袁彩霞）

凝聚共识

【概况】2022年，市政协发挥人民政协作为统一战线组织化、制度化、专门化平台的作用，把加强思想政治引领、广泛凝聚共识作为履职工作中心环节，坚持大团结大联合，组织各党派团体和各界人士共商国是、传播共识，加强与港澳台同胞、海外侨胞团结联谊，汇聚杭州高质量发展强大合力。

【合作共事深化】2022年，市政协完善市政协领导联系民主党派、工商联及其成员制度，走访民主党派、工商联，与党外委员开展谈心谈话，听取对政协工作的意见和建议。坚持和完善政协重点工作充分听取党派意见、年度履职重点任务由主席会议成员一起分工领衔、民主党派和工商联领衔政协重点调研课题的工作机制，支持和保障市各民主党派、工商联和无党派人士开展履职活动，在大会发言、专题协商、视察调研中优先安排党派团体发表意见，彰显党派团体的特色和优势。

【团结联谊加强】2022年,市政协建立健全走访界别机制,到工会、共青团、青联、妇联、文艺等界别走访调研,看望政协委员,听取意见和建议。利用委员工作室、民生议事堂、协商驿站、社情民意联系点等平台载体,加强与界别群众的联系,做好宣传政策、协调关系、理顺情绪、化解矛盾工作。加强与少数民族界、宗教界委员和代表人士交流,组织少数民族界、宗教界委员开展“走进亚运”“走进余村”履职活动,联合举办“喜迎二十大、感党恩、话共富”少数民族界委员讲堂和“宗教中国化”研讨会。加强同党外知识分子、非公有制经济人士、新的社会阶层人士的联络联系。完成政协之友联谊会、企业家联谊会、公共外交协会、中华文化促进会、文史研究会、书画研究院换届工作,支持政协各社团开展形式多样、各具特色的团结联谊活动。

【港澳台同胞交流交往】2022年,市政协举办港澳委员履职周活动,组织视察亚运会场馆、杭州国家版本馆,听取全市经济社会发展情况通报。以“携手港澳台侨、建设创新创业新天堂”为主题,举办第五届杭港澳发展论坛。支持香港、澳门杭州政协之友联谊会和特邀两组委员工作室开展活动,召开庆祝香港回归25周年暨市政协香港委员座谈会。走访在杭州的台企,召开台企负责人座谈会,帮助解决企业发展难题。

【书香政协建设】2022年,市政协进一步修订完善习近平新时代中国特色社会主义思想学习座谈会制度,围绕“学习习近平总书记关于加强和改进人民政协工作的重要思想”、“学习习近平新时代中国特色社会主义思想 争当政协履职排头兵”、学习《干在实处 勇立潮头——习近平浙江足迹》、“深入学习贯彻党的二十大精神,奋进新征程,建功新时代”主题,组织4期委员读书活动和2次读书交流会。全年邀请来自不同领域的专家学者举办9期“杭州政协·求是讲堂”讲座。建设“文史在线”应用,上传市政协编辑出版的文史图书和文史普及文章,接入电子书和有声读物以及数量不等的政协委员原创视频、摄影书画作品。在新时代协商民主实践中心展陈中专设“存史鉴今”展区,在实践中心杭州书房中设置文史资料专区,展示文史工作成果。　(袁彩霞)

文史研究

【概况】2022年,市政协坚持围绕中心、服务大局,多层次、多形式开展文史工作,凝心聚力服务杭州文化建设,取得一系列成果。举办2022年杭州文史论坛暨“两宋社会——文化之韵”学术研讨会、首届杭城悦读文化节、展览2场、文史讲堂7期、文史沙龙2场。编辑出版《杭州文史》(第29—32辑)等文史图书。开展“6世纪以来杭州与亚洲各地文明交流互鉴”专项课题研究。

【杭州文史论坛】2022年,杭州文史论坛以“两宋社会——文化之韵”为主题,梳理两宋社会文化,挖掘以南宋皇城为代表的都城文化,旨在加强宋韵文化挖掘研究、丰富宋韵文化展示、促进宋韵文化传播、擦亮宋韵文化品牌,为杭州打造世界一流的社会主义现代化国际大都市贡献文化力量。论坛有来自全国19所高校和8个研究机构的专家学者参与研讨,收到相关学术论文48篇,相关信息在《人民政协报》、《文汇报》、“澎湃新闻”等中央和省、市媒体做专题报道。

【杭州文史小讲堂】2022年,市政协秉持“大家说小史”的方式,聚焦红色文化、宋韵文化以及杭州地域文化。举办范立舟《从〈宋画全集〉看宋代社会生活》、陈志坚《“上有天堂下有苏杭”的来源和内涵》、刘墉《刘墉带你看宋画》、包伟民《南宋“定都”及对杭州城市的影响》、仲向平《寻找乡愁——以西湖北山老房子为例》、周东华《俞秀松和施存统:两位“小镇做题家”的梦想与志业(1919—1922年)》、张学勤《金衙庄主人和金薯的故事》、姜青青《天下印书,以杭州为上——最美宋版书》、毛剑杰《满江红——岳飞的杭州地理》等文史讲座。

【文史沙龙】2022年,结合市政协调研课题和学术热点,先后以“瀛涯星槎 览胜杭州——亚洲文明交流互鉴”“一抹瓷韵传千年——杭州瓷文化遗存保护”为主题,举办文史沙龙2场。与会专家学者提出诸多意见和建议。

【“文史在线”栏目上线】2022年,“文史在线”栏目试运行,上传市政协编辑出版的文史图书91册、文史普及文章3700多篇,接入电子书和有声读物2000多本,另有政协委员的原创视频、摄影书画作品。“文史在线”栏目在“杭州数字政协”掌上履职平台和“杭州政协”微信公众号上线,为政协委员提高履职能力、社会公众了解杭州历史文化、海内外观察“城市之窗”“人文之窗”提供便捷的数字化渠道。　(袁彩霞)

责任编辑　金利权

10 中国共产党杭州市纪律检查委员会杭州市监察委员会

综 述

【市纪委市监委机构】2022 年，市纪委市监委机关设 21 个内设机构和机关党委。市纪委市监委设派驻（出）机构 30 个，其中综合派驻 20 个、单独派驻（出）6 个、派驻市属金融企业纪检监察机构 2 个、委托管理 2 个。经市纪委市监委授权，履行党的纪律检查和国家监察两项职责。市纪委市监委下属杭州市廉政教育中心、杭州市纪检监察事务服务中心 2 个事业单位，负责做好执纪监督的服务保障工作。

【“两个维护”监督】2022 年，市纪委市监委坚持把“两个维护”作为政治监督根本任务，围绕贯彻落实中共中央总书记习近平重要指示批示精神，制定年度政治监督工作指引，项目化推进 11 个重点监督任务。会同市“两办”督查室、市委组织部开展联合调研督导，对 13 个区县（市）和 9 个市直单位在亚运会场馆、环保项目、新建中小学等 38 个具体任务点位中贯彻落实习近平总书记重要指示批示精神情况开展监督检查，发现并督改 6 个方面 20 个具体问题。

【以案促改、以案促治推进】2022 年，市纪委市监委落实中央纪委国家监委纪检监察建议要求，推进周江勇案以案促改、以案促治，协助市委制定在全市开展警示教育坚决肃清周江勇案件影响的意见，召开全市领导干部警示教育大会，部署全市各级党组织召开专题民主生活会（组织生活会），逐级通报有关情况。牵头对周江勇在杭州期间出台的各类政策进行全面梳理排查，针对查找出的土地出让、人才政策、金融领域、财政扶持、企业扶持 5 个方面 12 个具体问题，按照“谁主管、谁负责、谁整改”的原则，逐一印发“以案促改任务交办单”，督促相关问题按要求落实整改。严格区分普惠政策与一企一策、量身定制政策，实事求是、依法依规提出整改意见，肃清案件影响、净化政治生态。

【亚运会筹办专项监督】2022 年，市纪委市监委编印《杭州亚运会和亚残运会监督工作指引》，上线亚运“在线监督”模块，围绕省委、市委主要领导批示落实，省、市亚保办重点项目任务推进等，开展各类督导 129 次，制发问题意见书 37 份。认真履行市运保指挥部督查督导组成员单位职责，会同亚组委监审部、市“两办”督查室、市审计局等相关职能部门抓好任务推进，开展联合督导 4 轮，全年发布任务推进单 118 份，涉及子任务 174 个。针对亚运会延期情况，从纪检监察角度出发，梳理工程建设、合同管理、场馆运行团队运行 3 个方面 12 项风险点及防范建议，均被亚保指挥部吸收采纳。

【除险保安督导检查】2022 年，市纪委市监委从严从快抓实除险保安专项监督，召开全市生产安全责任事故调查和追责问责审查调查工作业务指导会议，开展除险保安工作中网格员作用发挥点题监督。会同市“两办”督查室、市安委办、市网信办等部门组建专项督导组 4 支，对 13 个区县（市）和西湖风景名胜区进行 3 轮督查检查，发现各类隐患问题 317 个，即查即改问题 309 个。督促有关职能部门开展 13 轮风险隐患排查，妥善处置重大风险隐患问题 80 多个。

【护航稳进提质专项监督】2022 年，市纪委市监委围绕贯彻落实中共中央总书记习近平“疫情要防住、经济要稳住、发展要安全”重要指示精神，研究部署护航稳进提质专项政治监督工作。专门成立市纪委主要领导牵头负责的工作专班，制订工作方案、细化责任分工，明确 36 个重点监督事项和 15 个具体监督举措，并印发“两张清单一个政策索引”，开展监督护航工作。市纪委主要领导带头到 2 个区县（市）开展“企业大走访”活动，深入 7 个企业提供“三服务”，指导企业做精做强项目。组建市纪委市监委领导班子带队的 6 个督导调研组，到市直部门和各区县（市）开展下沉式调研监督。开展明察暗访 300 次，发现问题 104 个，督促整改问题 67 个，提出意见和建议 123 条，推动国家和省、市一揽子稳经济政策措施落实落地落细，梳理形成“1+4”监督工作报告。建立问题线索快查快办、信访举报直达和通报曝光等机制，受理涉企不正之风和腐败问题举报，优先办理、从速查处、严肃问责。

【中央和省委巡视“回头看”反馈问题整改监督】2022年，市纪委市监委把握中央和省委巡视整改的政治责任，抓好中央和省委巡视“回头看”反馈问题整改监督，督促各级党组织落实问题整改。推进纪检监察自身整改任务落实，中央巡视涉及纪检监察方面的15项整改任务、省委巡视涉及纪检监察方面的13项整改任务全部完成。

【清廉杭州建设】2022年，市委构建“一把手”抓清廉建设的“一组一办两专班”组织架构及工作体系，即在市委、市政府落实党风廉政建设责任制领导小组基础上，优化调整设立由省委常委、市委书记任组长的清廉杭州建设领导小组，下设领导小组办公室、清廉单元建设工作专班和清廉杭州建设监督推动工作专班，各清廉单元建设任务由分管市领导领衔、市直主责部门“一把手”具体组织实施，并明确各区县（市）党委同步建立相应组织架构和责任体系。市纪委市监委优化调整由市纪委书记总负责的清廉杭州建设监督推动工作专班，下设“一办四组”，形成上下联动、横向贯通的全市“一盘棋”监督推动架构，当好清廉建设一线的“督战队”。率先探索制定清廉建设主体责任、监督责任“双清单”，分单元明确年度主体责任工作任务、预期目标、主要举措及完成时限，列出配套监督任务清单。协助市委召开全市清廉杭州推进会，通报112个全市清廉建设优秀实践案例，命名42个全市廉洁文化教育基地，以重点项目任务书的形式，由市委书记交办市直牵头部门“一把手”，实行清单式管理、项目化落实。2022年度列入“双清单”的154项具体任务均完成或达到预期目标。举办清廉杭州建设主题成果展，以“线下＋线上”模式，展示近五年清廉杭州建设成果，接待观展120多批次、5400多人。开展清廉建设优秀实践案例选树，编印清廉杭州建设“百法百例”，12个单位获评全省清廉建设成绩突出单位。抓好全省统一部署的5个新拓展单元谋划推进，制定出台《关于监督推动清廉杭州新拓展单元建设的指导意见》，指导推动市直牵头部门制定本单元清廉建设实施方案，细化明确建设目标、工作体系、重点举措等。深化清廉“N+”，在市本级探索建设清廉城管、清廉银行，相关区县（市）开展清廉园区、清廉站所、清廉粮仓建设。

【“一把手”和领导班子监督加强】2022年，市纪委市监委协助市委出台《关于进一步加强对“一把手”和领导班子监督的若干意见》《关于领导干部违反规定插手干预重要事项备案报告的实施意见（试行）》。协助市委主要领导专题听取五大党组落实全面从严治党主体责任情况和每位市委常委履行“一岗双责”工作情况报告，协助做好市委书记开展政治家访和政治谈话工作。深化市纪委书记走访市四套班子领导制度，通过情况通报会、专题调研、上门走访等形式，全年与市四套班子领导面对面谈话48人次。以“点名＋点题”方式召开落实全面从严治党主体责任报告会，围绕省委巡视反馈问题整改、推进高质量发展共同富裕示范区建设、构建亲清政商关系打造全国最优营商环境和杭州亚运会、亚残运会筹办4个主题，听取2个区县（市）、6个单位党委（党组）“一把手”专题报告履责情况，以清单交底方式反馈全面从严治党主体责任评议意见及重要廉政风险，并抄告分管市领导，压实“一岗双责”。组织全市30多名新任市管正职领导干部到省法纪教育基地接受现场警示教育，向全体市直部门党政主要负责人赠送“廉政关爱礼包”，加强对“关键少数”的日常教育提醒。全年问责处理履职不力、监管不到位的党员领导干部175名。

【亲清政商关系构建】2022年，市纪委市监委协助市委制定出台规范领导干部廉洁从政从业行为实施细则、构建亲清政商关系实施细则和亲清政商交往“正面清单”“负面清单”“倡导清单”。开展公务员违规经商办企业、违规持有非上市公司股份、违规职称挂靠专项监督，出台处置意见，给予组织处理103人。开展市、区两级服务企业不到位、不规范、不落实问题调研监督，走访企业126个，抽查信访反映137份，开展问卷调查101份，编发问题清单3期，督促所有发现问题销号清仓。试点探索非公有制企业纪检组织监督工作提质增效，富阳区试点探索民企纪检组织“协同办案机制”改革，打造护航民企发展的“亲清管家”。

【纪检监察干部队伍建设】2022年，市纪委市监委学习宣传贯彻中共二十大精神，部署推进全员覆盖大学习等“八大行动”。研究制定纪检监察干部队伍建设“五年规划”，实施政治建设统领、队伍结构优化、能力素质提升、严管厚爱激励“四大工程”，开展全市纪检监察系统干部大走访，部署开展“筑基提能”专项行动，推动干部队伍系统性重塑。坚持分层、分线、分类实施全员培训，探索打造线上培训平台，集中发布首批精品课程，定期举办“金钉子”业务实训营，创新开办《冲锋号》学刊。全年市本级举办主体班次9期，完成培训1403人，实现培训覆盖率100%。加强巡察机构队伍建设，出台“定期定岗培养”实施办法，明确参加市委巡察工作视同基层工作经历。开展全国、全省纪检监察系统先进集体和先进工作者评选推荐，1名干部获评纪检监察系统全国先进工作者，2个部门获评全省先进集体、5名干部获全省先进个人表彰、14名干部获省级嘉奖，4个党支部获评五星级基层党组织。开展“六个一”警示教育活动，落实省纪委“九个严禁”要求，制定出台全市纪检监察干部“六坚决、六严禁”。处置纪检监察干部问题线索53件，立案3件，党纪政务处分3人。

（市纪委市监委办公厅）

市纪委市监委重要会议

【概况】2022年，杭州市纪委市监委召开全体会议2次，召开常委会会议35次，研究讨论全市纪检监察有关工作。

【市纪委十二届七次全体会议】2022年2月15—16日，市纪委十二届七次全体会议召开。会议回顾全市2021年纪检监察工作，部署2022年任务。市委主要领导出席全会并讲话。市委常委和有关市领导出席会议。有关方面负责人参加会议。会议审议通过题为《强化政治担当、忠诚履职尽责，奋力推动杭州全面从严治党走在前列》的工作报告。会议指出，坚持以习近平新时代中国特色社会主义思想为指导，全面贯彻中共十九大和十九届历次全会精神，按照中央、省市委和上级纪委全会部署，坚定捍卫“两个确立”、坚决做到“两个维护”，坚持稳中求进工作总基调，立足新发展阶段，完整、准确、全面贯彻新发展理念，构建新发展格局，推动高质量发展。深化运用中共百年自我革命、管党治党的宝贵经验，坚持全面从严治党战略方针，以清廉杭州建设为抓手，坚定不移深化党风廉政建设和反腐败斗争，深化不敢腐、不能腐、不想腐一体推进。惩治震慑、制度约束、提高觉悟一体发力，努力取得更多制度性成果和更大治理成效，更好发挥监督保障执行、促进完善发展作用，为高水平建设社会主义现代化国际大都市、争当浙江高质量发展建设共同富裕示范区城市范例提供坚强有力保障，以实际行动迎接中共二十大胜利召开。全市各级纪检监察机关必须深刻把握以伟大自我革命引领伟大社会革命的变革性意义，保持全面从严治党永远在路上的政治自觉，不断深化正风肃纪反腐规律性认识，增强工作的系统性、预见性、创造性；深刻把握坚决捍卫党的先进性纯洁性的政治要求，始终坚持严的主基调和人民至上的根本立场，坚决同一切侵蚀党的肌体健康的病毒做斗争，坚决整治漠视侵害群众利益的突出问题，为保证党不变质、不变色、不变味做出更大贡献；深刻把握纪检监察工作在推进党的自我革命中的职责定位，坚持实事求是生命线，与时俱进、守正创新，知重负重、克难攻坚，推动杭州全面从严治党走在前列。

【市纪委十三届一次全体会议】2022年2月26日，市纪委十三届一次全体会议召开。会议选举产生中共杭州市第十三届纪律检查委员会常务委员会委员和书记、副书记。经过选举，陈一行、童定干、邬月培、张慧娟、王伟平、沈海军、金伟、徐恒辉、俞振、王伦、邵艳当选为中共杭州市第十三届纪律检查委员会常务委员会委员。陈一行当选为书记，童定干、邬月培、张慧娟、王伟平当选为副书记。选举结果报请中共杭州市第十三届委员会第一次全体会议批准。

【市纪委常委会会议】2022年，中共杭州市纪律检查委员会召开常委会会议35次。市纪委常委会准确把握纪检监察机关作为政治机关的定位，按照决策科学化、民主化、制度化要求，就全面从严治党、党风廉政建设和反腐败工作重大问题进行研究。

（市纪委市监委办公厅）

纪检监察体制改革

【概况】2022年，市纪委市监委贯彻落实党中央、省委、市委和上级纪委监委全面深化改革决策部署，坚持将改革创新作为一项重中之重的工作来抓。先行先试、大胆探索，制发深化纪检监察体制改革、公权力大数据监督应用建设“两个要点”，一体融合推进35项改革任务，打造具有杭州辨识度的标志性成果。

【纪检监察机构建设】2022年，市纪委市监委严格落实省纪委《关于加强开发区（园区）纪检监察机构建设的指导意见》，开展开发区（园区）纪检监察机构建设改革调研与“回头看”检查，指导市、区县（市）两级16个开发区（园区）完成改革调整。强化对机关纪委履职情况的监督指导，参与起草《关于加强市直机关部门机关纪委建设的意见》，夯实机关纪委规范化建设制度基础。加强“家门口的纪委监委”建设，开展基层监督规范化建设检查，推动基层监督真落地、见实效。深化事业单位改革，将事务服务中心和网络中心合并成立新的纪检监察事务服务中心，统筹优化市廉政教育中心编制职数，同步完成编制划转核增与“三定”规定修改。聚焦护航新一轮市属国资国企改革，提出完善国企监督意见和建议，增设第七监督检查室，同步调整监督检查室联系分工，提升监督质效。

【公权力大数据监督】2022年，市纪委市监委按照省纪委省监委统一部署，在基层公权力大数据监督和省纪委“一本账”S0的7个试点项目探索基础上，调整优化数字化改革工作专班架构，出台红色预警处置操作办法和试点场景建设考评指标体系，坚持日会商、周例会、周通报等工作推进机制。推进10个领域（系统）24个公权力大数据监督子场景建设，并探索打造清廉杭州数智监督平台。推动所有子场景应用列入全省重大改革应用“一本账”S2、全省公权力大数据监督“一本账”S1试点，萧山区“用印智慧监督应用”入选省委改革办首批“一地创新、全省共享”“一本账”S0；推动21个子场景在全省推广，实现“应推尽推”。被列为中央纪委浙江试点的“监督一点通”应用在全市农村（社区）100%覆盖，群众满意率99.8%。全年依托大数据碰撞产生预警2万余条，通过预警核查对1460人采取处理措施，留置6人，挽回经济损失8000多万元，推动国企部门盘活闲置房产582宗，涉及资产15亿余元。在省纪委对设区市2022年度考核中列全省第一名。8个场景获评2022年度“最佳场景”，3个单位和4名干部获评2022年度“成绩突出建模单位和个人”，68个监督模型获评省纪委“最佳模型”，数量均居全省第一名。作为省纪委协同单位，公权力大数据监督应用获评2022年浙江省数字化改革“最佳应用”“最强大脑”，获2022年度浙江省改革突破奖金奖；相关经验做法获省部级领导批示5次，被省级以上主流媒体宣传报道90多篇。6个相关应用入选杭州城市大脑运营指挥中心“2050”厅优秀场景。

（市纪委市监委办公厅）

执纪审查和监察调查

【概况】2022年，全市各级纪检监察机关始终保持惩治腐败高压态势，受理检举控告2222件（次），处置问题线索8493件，立案3376件，党纪政务处分3254人，其中厅局级干部8人、县处级101人、乡科级187人，移送司法机关124人，采取留置措施134人。通过执纪审查和监察调查，为国家和集体挽回直接经济损失13.06亿元。

【重复举报“清零”专项行动】2022年，市纪委市监委围绕平安护航中共二十大召开，营造和谐稳定社会环境，聚焦“多年、多层、多头”举报，开展重复举报专项“清零”。年初，全市起底排摸209件“清零”件纳入专项治理。6月，开展重复举报“清零”行动，再次排查梳理15件前期未办结件、中央纪委典型件作为攻坚重点。全市各级纪检监察组织通过领导包案、提级办理、复查复核、交叉办案等方式，集中力量打好信访积案化解歼灭战。处置过程中，各地注重检举控告问题查深查透，人员处理到位，把推进澄清保护、查处诬告陷害行为与“护航稳进提质”等中心工作一体考虑，推动案结事了，扩大“清零”工作综合效果。两批次“清零”件均办结，党纪政务立案数和留置29人次，其他问责处理12人，澄清5人，打击诬告陷害1起、1人，签订息访承诺书52件。

【信访举报受理办理】2022年，市纪委市监委紧扣信访举报处置的关键环节，研究制定《关于做好市委主要领导交办的信访举报件办理工作的通知》《关于明确信访举报办理和问题线索处置有关事项的通知》《杭州市纪委市监委机关纪检监察干部定期接访工作办法（试行）》，健全主要领导交办件办理机制，固化委领导和新晋“两新”干部接访工作制度。强化业务规范，围绕“总体要求、接收受理、登记办理、检查督办、权益保护、统计分析”6个主要板块，编印《杭州市纪检监察机关信访举报工作制度汇编》，收集36个纪检信访工作中常用的制度规范，做到不同层级纪检干部的即查即用。开展信访举报扫描录入流转月检查，发现系统录入问题157个，予以立整立改，推动质量提升。在2022年度全省纪检监察机关检举控告处理质量评查中，杭州在全省11个地市中居第一位。

【重点领域案件查办】2022年，全市各级纪检监察机关立案查办同级党委管理干部案件87件。其中，市本级立案16件，涉及“一把手”案件9件、占56.3%。紧盯权力集中、资金密集的重点领域和关键岗位，查处邵某某、裘某某案等严重违纪违法案件，查办张某某、韩某等一批上级交办、有较大影响力的金融领域案件。全市查处国有企业案件206件，比上年增长30.4%；查处发生在农村（社区）的案件1968件，增长37.5%。抓深抓实查办案件“后半篇文章”，深化重点领域以案促改、以案促治，全市提出纪检监察建议566份。针对经济合作社、渣土运输领域和专家型干部违纪违法问题，开展调研并形成专题剖析报告，协助市委制定新时代加强村经济合作社规范管理若干意见，推动各地举一反三深化专项整治，时任省委、省纪委主要领导和市委主要领导先后7次给予批示肯定。

【惩治涉黑涉恶腐败和“保护伞”问题】2022年，市纪委市监委总结运用扫黑除恶专项斗争实践经验，巩固线索移送与会商研判、异地交办、指定管辖、挂牌督办、联点督导等工作机制。全市纪检监察机关发现（收到）涉黑涉恶腐败和“保护伞”问题线索90件，办结57件，立案19件，采取留置措施3人，给予党纪政务处分20人，诫勉5人，责令检查、批评教育等组织处理19人，移送司法机关7人。

【首批杭州市纪检监察系统执纪执法指导性案例发布】2022年11月，参照中央纪委国家监委执纪执法指导性案例制度，市纪委市监委发布首批杭州市纪检监察系统执纪执法指导性案例。所发布的案例聚焦全市执纪执法实践中较为突出的问题，围绕利用职权购买一手限价房、投资拟上市公司股份、隐瞒入党前严重错误、“四种形态”精准把握、违规借贷、违规接受宴请、行贿受贿一起查、事业单位工作人员政务处分依据等主题，通过12个案例具体阐释执纪执法要点、政策策略把握、定性量纪理由、纪法条规适用等内容，统一认识，明确口径，推进同类案件查处的规范化、正规化、法治化。

【《杭州市纪检监察系统案件审理人才培养管理办法》出台】2022年11月，市纪委市监委研究制定《杭州市纪检监察系统案件审理人才培养管理办法》，按照政治过硬、业务精通、建管并重、动态调整的原则，将全市两级纪检监察机关案件审理室在编在岗人员纳入专职审理人才管理，在市纪委市监委各派驻（出）机构、市属国有企业纪委、市属高校纪委工作人员中择优挑选兼职审理人才，通过业务培训、以案代训、专项锻炼、协同联审、专题研讨、线上交流等载体和措施分层分类开展培训、管理和使用。经推荐、审核，确定首批全市纪检监察案件审理专职人才38人、审理兼职人才48人。

（市纪委市监委办公厅）

作风建设

【概况】2022年，杭州市连续9年召开深化作风建设大会。全市查处违反中央八项规定精神问题315起，批评教育帮助和处理394人，党纪政务处分269人；查处享乐主义、奢靡之风问题216起，处理257人，党纪政务处分193人；查处形式主义、官僚主义问题99起，处理137人，党纪政务处分76人；查处“三不”问题722起，处理1101人，党纪政务处分191人。

【违规建设楼堂馆所督导检查】2022年，市纪委市监委印发《监督推动违规建设楼堂馆所专项整治工作责任分工》，汇编《违规建设楼堂馆所专项整治行动监督工作指引》，召开违规建设楼堂馆所督导检查工作会议，制定《违规建设楼堂馆所专项整治行动督导检查组工作分工方案》，召集7个职能部门，组成3个督导检查组对8个区县（市）的38个具体问题开展督导检查，对整改情况开展“回头看”。根据省纪委交办、省审计厅审计发现的7个具体问题，督促拱墅区、西湖区、富阳区、临安区、桐庐县和淳安县全面落实整改。

【漠视侵害群众利益问题专项治理】2022年，市纪委市监委开展新一轮漠视侵害群众利益问题专项治理，在承接落实好全省统一部署的10个治理项目基础上，结合杭州实际确定二次供水改造、征地养老保险指标分配、村集体经济发展有限公司（强村公司）监管3个小切口问题作为全市个性项目开展治理。全市纪检监察机关查处专项治理领域腐败和作风问题45个，处理党员干部69人，推动整改问题646个，建立健全制度150项。开展困难群众救助补助资金审计发现问题专项治理，健全通报研判、联动监督、情况沟通、"三单"交办、线索督办和整改督查6项工作机制，建立专项监督发现问题、督促整改、责任追究、建章立制工作闭环。实地督导检查129次，约谈函询77人，问责相关责任人48人，追回违规救助补助资金58.28万元。

【村社集体经济组织规范化管理监督】2022年，市纪委市监委制定《村社集体经济组织廉洁风险防范工作指引》，开展"补短板、促规范、提质效"经济合作社运行问题点题监督，纠改民主决策、章程规范、资产处置等方面问题1252个，推动经济合作社财务管理规定列入2023年市人大立法计划。深化农村（社区）"三小"管理监督，推进基层小微权力大数据监督平台与农村集体经济数字管理系统支付模块对接，实现事前审批、支付审批全过程网上纳管。召开全市清廉村居建设推进会，发布第二批共26个市级清廉村居特色样板。全年有2个农村（社区）入选全省清廉建设成绩突出单位，17个农村（社区）入选全市清廉建设"百法百例"。

【容错免责机制深化】2022年，市纪委市监委深化运用容错免责机制，推进容错免责备案机制向行业领域贯通，支持出台《杭州市行政执法尽职免责和容错纠错实施办法（试行）》《杭州市市场监督管理行政执法人员尽职免责若干规定》，保障"大综合一体化"行政执法改革，全市办理容错免责备案事项9个。在建德"澄清门"承办全省澄清正名发布会，集中对全省11个地市的21位党员干部进行公开澄清，公布10个查处诬告陷害典型案例，省市纪委监委领导、澄清对象和所在单位代表、社会各界代表160多人参加，32.6万人同步线上观看，得到中央纪委网站客户端、《中国纪检监察报》、央视新闻客户端等28个主流媒体报道。

（市纪委市监委办公厅）

巡察工作

【概况】2022年，市委巡察机构贯彻中共中央和省委、市委关于巡视巡察工作决策部署，巩固深化"市级巡察机构在上下联动中发挥更好作用"全国试点成果，探索创新市域巡察组织方式和机制手段，全市巡察工作取得新成效。市本级组织3轮巡察，对13个单位党组织开展常规巡察、8个单位首次实施提级巡察，并对32个市直单位和13个区县（市）开展"亚运攻坚"专项巡察。区县（市）完成对206个县管党组织、478个农村（社区）党组织和47个经济合作社党组织的巡察。市、区县（市）两级发现问题1.37万个，提出意见和建议2533条，移交问题线索446条，推动给予党纪政务处分105人，移送司法机关16人，组织处理1243人，督促挽回经济损失1.88亿元。

【全国试点成果巩固】2022年，市委巡察机构巩固深化全国试点成果，创新组织方式，探索上下联动"亚运攻坚"专项巡、以上带下民政系统巡、市域统筹重点单位提级巡、下借上势国有企业延伸巡，采取因村施策、分类施巡，指导区县（市）探索农村（社区）巡察有效方式，推进市域巡察全覆盖。紧盯重大政治任务，市、区县（市）一体开展"亚运攻坚"专项巡察，围绕"三个对标对表"监督重点，查找和纠正政治偏差，发现问题672个，推动相关问题整改652个，助力亚运筹办工作推进。统筹组织巡察任务，市、区县（市）联动对全市民政系统开展归口联动巡察，发现问题384个，提出意见和建议57条，移交线索14条，探索合力推动系统性领域性突出问题一体解决。对经济体量较大、情况较为复杂的萧山经济技术开发区和余杭经济技术开发区首次开展提级巡察，并同步要求所在区对下属2个国有企业党组织开展延伸巡察。其间，督促收回垫付工程和承租单位水电费1133.22万元。统筹贯通市、区县（市）力量，首次对拱墅区、萧山区和桐庐县3个区县纪委监委机关和党委组织部开展提级巡察，坚持典型问题马上改、突出问题督促改、共性问题全面改"三向发力"，落实党内监督无禁区、全覆盖。

【巡察整改和成果运用】2022年，市委巡察机构制作整改工作流程图，并分别梳理形成整改主体任务清单、纪委监委监督任务清单、组织部监督任务清单以及有关职能部门任务清单"四张清单"，织密巡察整改"责任网"。以"重大巡视巡察问题清单"为牵引，创新建立清单指数分析报告、每月工作推进例会等制度，开展联合督查，推动问题整改销号，助推清单排名升至全省前列。深化巡察成果运用，督促相关职能部门结合职责，针对巡视巡察发现的共性问题，从制度机制上举一反三、查漏补缺，推动以巡促改、以巡促建、以巡促治。市纪委市监委、市委组织部根据提级巡察县级纪委监委机关和党委组织部发现的共性问题，强化对全市纪检监察干部和组工干部业务培训，探索实施执业考试、持证上岗制度，促进提升业务能力。

【巡察队伍建设】2022年，市委巡察机构制定教育培训"五年规划"，结合巡察任务有针对性地组织专题培训，定期汇编政策文件，促进干部拓宽视野、提升能力。启动新一轮三年期定岗培养，从全市范围选调15名优秀年轻干部参与市委巡察工作。优化干部选派机制，出台《关于选派优秀干部到市委巡察机构实践锻炼的实施办法》，通过市域统筹轮岗、年轻干部挂职、专业人员选派等方式，更好发挥巡察岗位"平台"和"熔炉"作用。（市纪委市监委办公厅）

党风廉政宣传教育

【概况】2022年，市纪委市监委围绕迎接、宣传、贯彻中共二十大主线，围绕宣传推动新时代杭州纪检监察工作高质量发展任务，推进纪检监察舆论宣传、廉政教育、廉洁文化建

2022 年 6 月，市纪委市监委组织党员干部参观市级廉洁文化教育基地中国共产党杭州历史馆 （市纪委市监委办公厅 供稿）

设、舆情管理等工作。其中，全市纪检监察机关在省级以上主流媒体刊（播）新闻稿件 6000 多篇次，居全省第一位。中央纪委国家监委新闻传播中心杭州记者站获评优秀记者站，全市纪检监察机关有 5 人分别获评中央纪委国家监委新闻传播中心优秀记者、优秀通讯员。

【廉政宣传传播影响力提升】2022 年，市纪委市监委坚持“全省第一、全国前列”的目标，突出迎接、宣传、贯彻中共二十大主题主线，着重宣传阐释好习近平新时代中国特色社会主义思想特别是关于全面从严治党重要论述和决策部署，强化对全市纪检监察机关监督保障中共中央重大决策部署落实情况的全面报道。组织学习宣传贯彻中共二十大精神，推进全员覆盖大学习等“八大行动”，全市纪检监察系统学习贯彻中共二十大精神情况被中央广播电视总台综合频道《新闻联播》报道，为全国地方纪检监察系统首个。整合重塑“清廉杭州”新媒体宣传矩阵，推出“清廉杭州”视频号，调整《清风窗》为双月刊发行模式，调整《廉政经纬》为两周一期播出模式，优化后的主要阵地为“一站两微双号四阵地”。“清廉杭州”微信公众号获评“2022 年度中国优秀政务新媒体”，传播力、影响力指数排名持续居全市市直机关前列。

【廉政教育精准性增强】2022 年，市纪委市监委落实警示教育常态化机制，聚焦重点群体，突出以案施教，丰富载体形式，提升教育效果。针对“一把手”等关键少数，市纪委联合萧山区在省法纪教育基地开设“一把手”违纪违法案例警示展，开展新任市管正职领导干部专题廉政教育，向全体在职市管干部的配偶、子女寄送“廉洁好家风”温馨提醒卡。针对年轻干部，在省法纪教育基地开设年轻干部违纪违法案例警示展；启动全市年轻干部“青廉工程”建设，编辑出版《廉心向未来——年轻干部廉洁教育导读》，制作专题警示教育片《扣好廉洁从政“第一粒扣子”》。抓紧抓实典型案例的“后半篇文章”，编发《忏悔与警示——2021 年杭州市纪检监察系统查处的严重违纪违法党员干部忏悔书选编》，制作完成《国企反腐警示录》《剑指经合社腐败》《擅权妄为必自毁》等一系列重点专题警示教育片。

【廉洁文化建设】2022 年，市纪委市监委协助市委出台《关于加强新时代廉洁文化建设的若干措施》，明确 5 个方面的重点工作 19 项具体举措，压实全市各级党组织廉洁文化建设主体责任。举办第四届“玉琮杯”清廉微电影微视频大赛、“藕花洲”第六届中国（浙江）廉洁故事大赛、第二届“钱潮杯”清廉微作品大赛，“打造三大廉洁文化全国性赛事，大力弘扬崇廉拒腐社会风尚”入选“2022 年度杭州市精神文明建设十件大事”。市纪委、市委宣传部联合开展首批“杭州市廉洁文化教育基地”评审，命名 42 个“杭州市廉洁文化教育基地”，其中 8 个单位获评“浙江省廉洁文化教育基地”。市纪委、市城投集团、市公交集团联合打造“清风廉运，杭甬廉动”廉洁文化教育专线，并推动“小莲清风廉运”向区县（市）延伸。大型廉政题材滑稽戏《清清白白》、越剧《却金亭》被纳入 2022 年“西湖之春”艺术节展演，并深入基层巡演。 （市纪委市监委办公厅）

责任编辑　金利权

11 民主党派

民革杭州市委会

【概况】至2022年年末，民革杭州市委会（简称民革市委会）下辖建德市委会1个县级地方组织，上城区、拱墅区、西湖区、滨江区、萧山区、余杭区、临平区7个城区基层委员会，卫生健康、教育2个行业基层委员会，临安区、杭州师范大学2个总支部，11个市直属支部，及46个市直基层组织下辖支部。全市有党员1370人。全年发展新党员90人，平均年龄36.92岁，其中研究生以上学历33人、中高级职称29人。

2022年，民革市委会开展“矢志不渝跟党走、携手奋进新时代”政治交接主题教育，强化政治学习，推进自身建设，提升履职质效，各项工作取得新进展。民革市委会被民革中央授予“民革全国宣传思想工作先进集体”称号，被民革省委会授予民革全省机关工作、参政议政工作、社情民意信息工作等先进集体称号。

【民革市委会学习中共二十大精神】2022年，民革市委会引导全市各级组织和民革党员学习贯彻中共二十大精神。7月，市委会与市文联举办“喜迎二十大，奋进新征程”农民画、剪纸、书画艺术展；9月，市委会举办“盛世如画卷，复兴续华章”喜迎二十大书画作品展；11月，市委会组织理论学习中心组和常委会专题学习中共二十大精神，印发《民革杭州市委会关于学习贯彻中国共产党第二十次全国代表大会精神的通知》，举办学习贯彻中共二十大精神辅导报告会。开展重点学习读本《干在实处 勇立潮头——习近平浙江足迹》《习近平在浙江》专题研读活动。在“杭州民革”微信公众号开辟“学习贯彻二十大精神”专栏，推出“我读·初心”“言为心声”“开卷有益”等栏目，摘登学习体会文章91篇，获《团结报》和团结网转载5篇。全市各级组织开展学习讲堂、研读会、学习会、书画交流等活动。

【宣传思想建设】2022年，民革市委会贯彻落实民革中央和民革省委会部署，围绕主题教育，强化“大宣传”理念，推动主题教育和宣传思想融合。印发《民革杭州市委会开展“矢志不渝跟党走、携手奋进新时代”政治交接主题教育工作方案》，召开主题教育动员部署会，开展“矢志不渝跟党走、同心共富巾帼行”主题参观活动。协同拓展“三位一体”宣传矩阵影响力，改版优化《杭州民革》杂志，开通“杭州民革”视频号，提升微信公众号传播力。在《团结报》《联谊报》《杭州日报》《杭州统一战线》等媒体刊发稿件108篇，其中报刊等传统媒体刊发51篇。推进杭州民革史料收集，完成9名基层组织负责人和老党员代表口述视频访谈。实施杭州民革“党员之家”展陈内容升级，助益“党员之家”发挥学习园地、活动阵地、交流场所作用。

【“两会”履职】2022年，在市政协十二届一次会议上，民革市委会提交的《关于抓住亚运机遇，提升城市品质的建议》入选市政协全会建议案。提交的6篇大会发言、13件集体提案中，《加快公共服务供给侧结构性改革，推进城乡共同富裕》《推动杭州都市圈与杭甬“双城记”融合发展》被列为重点提案，并分别由市委、市政协主要领导领办；大会口头发言《推动乡村产业高质量发展，努力实现城乡共富》获中共杭州市委主要领导批示。3件集体提案、1件个人提案获2021年度市政协优秀提案表彰。

【协商建言】2022年，民革市委会领导参加中共杭州市第十三次代表大会报告、中共杭州市委全会报告和决定、政府工作报告、市法院和市检察院工作报告、党风廉政建设等协商会、情况通报会、座谈会10次，综合运用前期调研成果，提出意见和建议，得到中共杭州市委的重视和肯定。完成中共杭州市委委托市各民主党派重点调研课题1篇、与市发改委合作课题2篇。全年向市政协专题常委会、专题协商会、月度协商座谈会提交调研成果7篇，其中6篇被选为口头发言。12篇调研文章入选《第五届莫干山会议论文集》，其中3篇与市农业农村局合作完成；31篇调研文章在2022年民革全省参政议政研讨会、工作会议上交流。

【专项民主监督助力城乡共富】2022年，按照《中共杭州市委关于支持各民主党派、工商联和无党派人士开展“聚焦共富示范，高质量打造共享幸福新天堂”专项民主监督的通知》部署，民革市委会对口余杭区和市农业农村局，聚焦“实施政策性特色农业主体综合保险扩面，大力推进城乡共富”开展监督调研。6—10月，民革市委会领导带队，组织市政协委员、民革相关专委会和专业人士组成的监督调研组，到市农业农村局、余杭区听取政府部门、农业主体、村集体负责人、保险公司等各方面的情况介绍和意见与建议，到萧山区、临安区、淳安县、建德市等开展比较调研，形成专项民主监督报告在中共杭州市委民主监督协商座谈会上建言。

【“同心智库”论坛承办】2022年10月26日，由市委统战部主办、民革市委会承办，以“发展壮大视觉智能产业，推进‘中国视谷’建设”为主题的杭州市统一战线首期“同心智库”论坛举行。论坛分主旨演讲和集智建言环节，邀请北京大学信息技术高等研究院专家、民革党员数据科技企业代表做主题分享，5名民革党员围绕政策配套、人才引育、网络安全、技术应用、法律规制等议题展开对话交流。论坛形成的成果《关于推进我市“中国视谷”建设的建议》被市委统战部《建言直通车》录用，获中共杭州市委、市政府主要领导批示。会上，杭州市统一战线“同心智库”民革分论坛成立。

【对台联谊交流】2022年，民革市委会以文化、体育为联络纽带，推进对台交流交往。4月、9月，民革市委会主要领导先后参加第十四届“西湖·日月潭”两湖论坛、“月老情牵，福满两湖”月老像安奉5周年纪念活动、“迎亚运，话共富”暨“心连心，两岸情”书画作品展。6月，民革市委会与市台胞台属联谊会、市台湾同胞投资企业协会联合举办“心心相融@未来”杭台青年趣味运动会。9月，民革市委会与民革省委会举办“月圆两岸·情满钱塘”中秋联谊活动。民革市委会走访在杭州创业的台湾企业，帮助项目落地。在市政协十二届一次全会上提交集体提案《关于进一步建好台青设计师工作驿站的建议》，报送涉台信息6篇，2篇被民革中央、民革省委会和市政协、市委统战部录用。

【社情民意信息】2022年，民革市委会举办参政议政专题培训班，促进知情明政和提高调研文章、信息撰写水平。全年收到党员报送的社情民意信息485篇，整理报送信息169篇，被中央、省、市等各级部门录用106篇（次），其中：获省政府领导批示1篇，获市委、市政府领导批示6篇。民革市委会获评2022年度全市党委系统信息工作考核优秀单位、全市统战信息工作成绩突出单位。

【民革人才队伍建设】2022年，民革市委会按照保持特色、提升质量的发展要求，推进人才队伍建设。推荐党员参加民革省委会、市委统战部举办的骨干培训班18人；举办基层组织负责人培训班、新党员培训班和参政议政、宣传业务专题培训会，参训党员306人次。做好新一届人大代表、政协委员推荐工作，民革党员中担任省人大代表3人、省政协委员2人，市人大代表6人、市政协委员30人。开展新一届民革中央、省委会委员人选推荐工作，2人当选十四届中央委员，1人当选十四届省委会副主委、6人当选省委会委员、1人当选省委会内部监督委员会委员。1名党员获评“第八届中国工艺美术大师”，1名党员获评浙江省第三届“最美浙江人·最美政协人”，2名党员获评“2022年度浙江民革骄傲人物”。

2022年6月26日，“心心相融@未来”杭台青年趣味运动会举行

（民革市委会 供稿）

【同心迎亚运助共富】2022年，民革市委会围绕“同心同行·共筑亚运”主题，以基层组织为单位组建164名党员参与的志愿服务队，分批到西湖景区柳浪闻莺公园一带开展迎亚运文明劝导活动，志愿服务时长110小时。聚力“同心共富”工程，与淳安县文昌镇开启新一轮“联乡结村”帮扶工作，与桐庐县百江镇金塘坞村做好“共富石榴红”结对工作，发动市、区民革组织与乡镇（街道）、村（社区）结对共建，其中：建德市委会助力春茶采摘视频登上“学习强国”杭州学习平台；余杭区基层委员会联合中泰街道共建“同心·共富”服务基地，成立“同心·公益”科普团、举办科普夏令营，线上和线下受众超过50万人次；钱塘区支部与河庄街道新围村结对共建打造“同心共富试验田”、共种“围垦稻香米”，获人民网、新华网等媒体报道。

【“同心·博爱”10周年活动】2022年，民革市委会以“同心·博爱”社会服务品牌建设10周年为契机，拓宽“社会服务+”新路径。贯彻落实省、市重大部署，将社会服务与重点工作结合，响应“杭州市关心关爱货车司机十条举措”，与民革省委会联动发起“送一份热餐，献一份真情”微心愿活动，200多名省、市民革党员参与认领，为绕城高速下沙东出口货车司机及相关司乘人员送餐1000份。以民生需求为关注点，探索以公益直播的方式开展社会服务，推出有关医疗、保健、法律、文化、生活等小常识短视频8期，开展“直播周”活动讲座4

场;全市各级组织开展文化惠民、敬老爱幼、法律调解、义诊咨询、送教助学等活动140多场次。（陈丽莎）

民盟杭州市委会

【概况】至2022年年末,民盟杭州市委会(简称民盟市委会)下辖萧山区、建德市2个地方委员会,杭州师范大学、上城区、拱墅区、西湖区、滨江区、余杭区、临平区、富阳区、淳安县、综合、直属教育11个基层委员会,杭州科技职业技术学院1个总支,104个支部。全市有盟员2260人,全年发展新盟员75人。

2022年,民盟市委会落实“人才强盟,活力兴盟”战略,各项工作取得新进展,获民盟中央“社情民意信息工作先进单位优秀奖”,被民盟省委会评为“盟务工作先进单位”。

【民盟市委会学习中共二十大精神】2022年,民盟市委会把学习贯彻中共二十大精神作为首要政治任务,领导班子带头集中学习,撰写学习体会、理论文章,到基层开展宣讲。市委会开辟学习专栏,刊登盟员学习心得,分发学习辅导材料,通过与中国杭州低碳馆联合承办“喜迎二十大,奋进新征程——共富路上的光影”摄影展、开展中共二十大精神主题宣讲、摄制《之江同心,学习二十大——浙盟青年说》等活动,引导全市各级盟组织和盟员学习贯彻中共二十大精神。

【思想引领强化】2022年,民盟市委会领导班子和常委在主委会议、常委会会议、市委委员读书班组织学习中共中央总书记习近平系列重要讲话精神,全国及省、市重要会议精神,民盟十三大会议精神,提升政治学习实效。引导全市盟员结合实际开展各种形式的学习实践活动,提升盟员政治思想素质。形成政治理论学习常态化制度,推动全市各级盟组织班子成员定期开展学习,列入年度考核。全年印发各类学习资料10多种、8000多份。

【政治交接主题教育】2022年,民盟市委会推进“矢志不渝跟党走、携手奋进新时代”政治交接主题教育暨凝聚共识专项活动,把加强凝聚共识作为主线,与参政履职、自身建设一体谋划、一体部署、一体落实。开展纪念杭州民盟组织成立75周年相关活动,在“杭州民盟”微信公众号开辟“75周年·致敬”专栏,举行“薪火相传、携手共进”接力跑,拍摄杭州民盟先贤崔东伯纪录片,召开入盟40年以上老盟员座谈会,举办盟史宣讲员培训。发动基层组织开展“在我‘盟’家开讲”政治交接主题宣讲等活动。强化参政党理论研究工作,7项课题在民盟省委会2022年度参政党理论研究课题评比中获奖。继续推进盟员传统教育基地建设,抗日战争胜利浙江受降纪念馆升格为民盟中央传统教育基地。

【宣传工作深化】2022年,民盟市委会加强平台安全管理,对杭州民盟网站进行改建并迁移到省集约化平台。扩大对外宣传,在中央、省、市各级媒体刊发稿件20多篇。挖掘先进典型,开展“优秀基层组织大走访”活动。推进宣传队伍建设,对基地讲解员、盟史宣讲员进行培训,到基层进行思想政治建设和宣传工作指导。联合主办“苏东坡和他的朋友们——两宋文人书迹拓片展”,传承与创新宋韵文化。发挥杭州民盟艺术团作用,参与策划中华传统龙舟全球竞演端午龙舟·奋勇大典活动。组织华夏书画学会书画专家开展喜迎中共二十大等主题创作,盟员李菲菲作品《欣欣向荣》入选民盟中央“矢志不渝跟党走、携手奋进新时代”盟员书画作品展。

【“教育共富”落实】2022年,民盟市委会落实中共杭州市委、市政府“共富示范”重大部署,促进“教育共富”。根据中共杭州市委部署,民盟市委会开展主题为“推动优质教育资源全市域布局、促进城乡教育均衡发展”专项民主监督,对口杭州市教育局和建德市,重点围绕县域高中城乡优质均衡发展,到临安区、桐庐县、淳安县、建德市开展实地调研。市委会就当前优质教育资源全市域布局、城乡教育均衡发展等问题形成调研报告,在中共杭州市委专项民主监督座谈会上建言。为实现城乡教育资源均衡配置,保障和实现教育公平,实现“教育共富”,6月,民盟市委会以“共同富裕与教育正义”为主题,主办首届“教育与空间”杭州论坛,《光明日报》等媒体做报道。9月,以“深化评价改革,促进教育公平,实现‘教育共富’”为主题,承办民盟浙江省委会第七届“盟声议政”教育论坛。11月,围绕“推进城乡义务教育优质均衡发展”,主办“助推‘美好教育’,促进共同富裕”专题研讨会。12月,以“持续巩固‘双减’成效、扎实推进素质教育”为主题,承办杭州市第二期统一战线“同心智库”论坛。拓宽社会服务领域,启动“培英公益·豆蔻女孩”项目德令哈站,为浙江省东西部协作的青海省海西州德令哈市、天峻县农村学校470多名青春期女生长期提供生理卫生用品及心理辅导;项目甘孜德格站覆盖范围扩展至多所学校。在项目基础上拍摄的公益短

2022年11月24日,民盟杭州市委会“助推‘美好教育’,促进共同富裕”研讨会举行
（民盟市委会 供稿）

片《看见·看见的力量》，被“杭州发布”、市对口支援局等单位官方账号发布。全年，“培英公益·豆苞女孩”项目受益学生1.13万人次，发放物资价值118.3万元。拓展淳安县安阳乡中心小学“培英社会服务实践基地”教育帮扶。在连续16年奖教奖学的基础上，启动“点亮心希望，同筑共富梦”儿童心理成长行动，通过为期1年的系列活动，帮助学校共同解决留守儿童“陪伴缺失、家庭教育缺失”等导致的心理问题。深化“农村教育烛光行动”示范学校建德市新安江中学建设工作。省、市、县三级民盟组织联动，推动“农村教育烛光行动”示范学校第三轮帮扶签约完成，将帮扶范围由新安江中学扩展至建德市义务教育阶段。新安江中学送教活动获民盟省委会领导批示。

【“两会”建言】2022年，民盟市委会提交市政协十二届一次全会大会发言8篇，团体提案17篇。大会口头发言《传承展示宋韵文化，推动城市历史文脉薪火相传》被中共杭州市委主要领导批示，由中共杭州市委领导领办。《关于深化杭州医联体建设，构筑“共同富裕”健康防线的建议》等2篇提案被评为重点提案，3篇提案被评为优秀提案。

【协商议政】2022年，民盟市委会围绕中共杭州市委、市政府中心工作，参加各类协商会议，关于中共杭州市委党代会报告、市委全会报告、政府工作报告、市两院工作、党风廉政建设、新型政党制度建设等议题建言献策，助力杭州经济社会发展。向市政协专题常委会、专题协商会、月度协商会等各类会议提交调研报告8篇，向民盟中央、民盟省委会提交调研报告14篇，向中共杭州市委政研室提交调研报告1篇。1篇调研报告获中共浙江省委、省政府领导批示。

【社情民意信息工作推进】2022年，民盟市委会推进社情民意信息工作，参与撰写社情民意信息的盟员658人，参与率29.6%，比上年提高4个百分点。收到信息1719篇，报送各级各部门960篇，被采用471篇。其中，2篇被全国政协采用并转送有关部门，3篇被全国政协“每日社情”采用，27篇被民盟中央采用。1篇获中共杭州市委主要领导批示，1篇获市政府主要领导批示。4名盟员被评为民盟中央反映社情民意信息工作先进个人。

【基层组织建设加强】2022年，民盟市委会加强基层组织建设。杭州师范大学基层委员会完成换届工作，民盟淳安县总支部完成届中调整并成立基层委员会。民盟华夏书画学会杭州分会召开换届大会，选举产生第三届理事会。民盟市委会修订完善基层考评细则，推进“星级”支部创建，评选出五星级支部32个，在星级支部创建的基础上评选出示范性基层组织23个。试行监督工作向基层组织延伸机制，成立建德市委会监督委员会，指导已建立监督小组的富阳、临平、西湖、余杭等基层委员会开展工作。实行委员联系指导基层制度，强化换届工作的监督指导，开展基层组织活动经费使用情况的专项督查，提升监督工作实效。

【人才队伍建设加强】2022年，民盟市委会对照民盟省委会发布的指标，加大分析研判，突出质量优先，促进组织发展在新阶段实现巩固提升。全市新发展盟员平均年龄36.8岁，大学以上文化程度占98.6%，中上层人士占87.8%。聚焦界别特色，切实加强在文化、教育及相关的科技领域的组织发展，尤其是民盟在高校的传统特色。发展重点领域盟员55人，占74.3%。举办市委委员读书班和新盟员学习班，提升履职能力。注重人才队伍建设，召开专题座谈会，分析研判人才队伍建设情况，并形成专题报告。

【民盟助力数字化改革】2022年，民盟市委会推进盟务工作数字化改革，建立杭州民盟数字化管理平台，参与省委统战部“浙统云”工作平台，运用数字化赋能，提高盟务工作水平。助推党外代表人士全链条管理服务等应用落地，以数字赋能促进人才队伍建设。围绕数字化改革开展调研，在2022年课题招标活动中，将助推“数字化改革”作为重点选题方向，收到相关课题近20篇。其中：《完善政务服务标准化建设，助推打造最优政务营商环境》在市政协“打造最优营商环境，增强杭州核心竞争力”专题协商会被作为会议发言，《关于加快推进传统制造业数字化转型，进一步打响“杭州智造”品牌的建议》在市政协“助推杭州数字经济高质量发展”专题协商会被作为会议发言。全年收集《关于数字赋能社区“一老一小”健康场景的建议》《加快数字农业发展，保障粮食生产安全》《提升市场监管数字化变革引领创业创新的建议》等数字化改革相关社情民意信息40多篇，其中11篇被民盟省委会采用、1篇被市委统战部采用。

【培英公益品牌深化】2022年，民盟市委会推动淳安县宋村乡获批民盟省委会“助力乡村振兴实践基地”，邀请省“非遗”专家团队开展“非遗”文化保护开发调研指导，开展送文化、困难群众慰问等活动。参与杭州市“联乡结村”帮扶团，筹措资金10万元支持淳安县里商乡帮扶建设项目。响应民盟中央号召，发动各级组织及盟员参与消费帮扶助力乡村振兴活动，据不完全统计，各级组织、盟员及盟员企业采购相关农副产品价值68万余元。建德市委会“同心·教育基地”智教助教、杭州师范大学基层委员会“一言一世界”线上科普讲座、上城区基层委员会助力旧城改造、临平区基层委员会“以盟护萌”项目、富阳区基层委员会“圆梦助学”暑假爱心课堂等均多次开展活动。民盟市委会参与东西部协作与对口帮扶，承接民盟中央帮扶毕节项目“点亮龙凤计划”，投入近20万元为贵州省毕节市七星关区龙凤村安装路灯。启动“培英有声书屋”甘孜康定站，为杭甘共建的康定图书馆新馆“浙里·情歌书房”捐赠喜马拉雅有声图书馆系统及听读机设备和60万码洋近2万册图书。（李国栋）

民建杭州市委会

【概况】至2022年年末，民建杭州市委会（简称民建市委会）下辖地方组织1个（建德市委会）、城区基层委员会7个、总支部2个、支部85个、专委会6个、横向组织3个。有会员2437

人，平均年龄54.2岁。其中：经济界会员占会员总数的85.3%，新的社会阶层人士占15.9%，非公有制经济人士占26.1%，公有制经济人士占33.5%。全年发展新会员90人，平均年龄36.2岁，其中：本科及以上学历89人，中高级职称29人，新的社会阶层人士27人，民营经济人士22人，公有经济19人，机关事业单位22人。

2022年，民建市委会被评为“民建中央定点帮扶工作先进集体”，获民建省委会评选的参政议政先进集体一等奖、信息工作先进集体一等奖、宣传工作先进集体一等奖、对外新闻宣传先进集体一等奖、理论研究工作先进集体一等奖等，杭州民建艺术院被评为“杭州市三八红旗集体”。

【民建市委会学习中共二十大精神】 2022年，民建市委会学习贯彻中共二十大精神，召开主委会议、常委会会议、理论学习中心组专题学习会。贯彻《中共中央关于认真学习宣传贯彻党的二十大精神的决定》，印发学习贯彻中共二十大精神的通知，采取专题宣讲、培训辅导、研讨交流等形式开展学习。坚持把中共二十大精神与中共中央总书记习近平对杭州工作系列重要指示精神贯通起来，一体学习，一体贯彻，一体落实。坚持把学习贯彻中共二十大精神与贯彻落实中共省、市党代会精神结合起来，推动学习落实。

【主题教育深化】 2022年，民建市委会研究制定政治交接主题教育工作方案，召开主委会议、常委会会议，推动主题教育上下联动、全员参与。举行杭州民建办公旧址“浙江省多党合作传统教育基地”揭牌仪式，接待省、市、区民建组织开展会史教育和“寻根铸魂”主题活动，进行旧址展陈提升相关筹备工作，申报民建中央爱国主义教育基地。举办中共浙江省第十五次党代会精神专题宣讲会，开展传承多党合作优良传统现场教学。发动全市民建组织开展“初心传递，使命接力”主题活动，通过“翰墨寄深情”“红歌颂党恩”“签名献祝福”等方式，让会员在重温历史和实践体验中回顾初心，弘扬传统，8部优秀主题视频短片被浙江民建微信公众号录用。在全市开展“喜迎二十大，奋进新征程”“同心同行，同筑亚运”等主题作品征集活动，选送节目参加浙江省统一战线“永远跟党走·奋进新征程”喜迎二十大经典展示活动，组织参展民建省委会“喜庆二十大，翰墨绘同心”书画作品活动，展现多党合作取得的新成就，展示各级组织和会员的风貌。

【参政议政】 2022年，民建市委会和会员中的市人大代表、市政协委员向市“两会”提交大会发言、议案、建议和提案81件，包括大会发言7件、集体提案13件，其中2件集体提案被市政协确定为重点提案。大会口头发言《培育新业态，激发新动能，构筑新优势，促进我市数字经济健康发展》获中共杭州市委主要领导批示。民建市委会集体提案《关于深化“米袋子”工程建设，持续做好保供稳价和市域粮食安全工作的建议》《关于进一步提升杭州医疗国际化水平的建议》和委员郭清晔个人提案《关于进一步推进我市绿道建设的建议》被评为市政协2021年度优秀提案。市委会《关于做强宋韵文化品牌，打造浙江历史文化金名片的建议》等3篇调研报告转化为2022年省“两会”民建团体提案、界别提案，其中2件提案被列为省政协重点提案。《关于智能制造发展的建议》转化为民建中央团体提案，《关于强化短视频平台审查监管，减少对青少年不良影响的建议》《关于完善我国游戏行业监管立法的建议》等4篇调研报告转化为全国“两会”人大代表建议和政协委员提案。

民建市委会完成中共杭州市委委托的重点调研课题，围绕“提升公共设施和服务能力”到街道和社区开展实地走访、座谈交流，形成多篇调研成果，在中共杭州市委召开的重点调研课题专题协商会上发言。组织春、冬两季调研课题招投标工作，收到各级组织和会员申报的课题134件，立项并结题92件，课题经转化后报送民建省委会28篇，报送中共杭州市委、市政府、市政协10篇。其中《推动农村金融发展，支持未来乡村建设》等7个课题被民建省委会立项。

民建市委会加大培训力度，抓好信息员骨干梯队建设，建立新会员交流群，挖掘新生力量，完善反馈机制，向会员发送喜报，激发荣誉感和责任感。邀请专家辅导，搭建学习交流平台，提升会员履职能力。全年编发专报和信息245篇，被全国政协、民建中央以及省、市相关单位采用163篇，其中被全国政协采用20篇、民建中央采用46篇，获中共杭州市委主要领导、省政府分管领导批示2篇。1名会员被民建省委会评为参政议政先进个人，2名会员被评为优秀信息员，1名会员被评为优秀信息工作者等。

【民主监督和政治协商推进】 2022年，民建市委会围绕“促进农村低收入群体增收，助力形成橄榄型社会结构”主题，开展新一轮专项民主监督，组建专家团队，制订实施方案和年度工作计划，与市发改委和淳安县建立对接机制，实地走访低收入农户，现场调研特色产业基地，先后与市发改委、淳安县、乡镇和村四级召开座谈会3次，到外地调研1次，开展主题议政2次，120多人次参与。收集相关意见和建议40多条，提交相关信息专报12篇，其中1篇被省政府办公厅录用并报送国务院办公厅。

民建市委会在中共杭州市第十三次党代会报告征求意见座谈会、中共杭州市委全会报告和政府工作报告征求意见座谈会、党外代表人士座谈会、党风廉政建设和反腐败工作情况通报座谈会、市两院工作情况通报座谈会等各类政党协商会上，分别就中共杭州市委、市政府中心工作和重大决策部署及其他重要事项提出有针对性的意见和建议。在“助推杭州数字经济高质量发展”“推进托育机构发展，建设育儿友好型社会”“放大亚运综合效应，提升城市国际化水平”等政协协商会议上发言。建立市政协十二届民建界别委员工作室，界别组（委员工作室）全年开展专题学习、监督调研、协商议政、公益服务等活动12次，发挥委员主体作用，开展杭州市政协新时代协商民主实践中心履职活动13场次。深化对口联系单位交流合作，开展联合调研，完成《以数字化转型推动服务业创新发展的路径研究》等调研报告。

【参政党理论研究】 2022年，民建市委会加强统一战线、参政党建设和会史理论研究，编发《民建杭州市委会理论研究工作手册》和《民建杭州市委会2022年度理论研究优秀成果集》。聚焦“中共百年奋斗的历史经验为参政党建设提供的重要启示”“中国新型政党制度学习与研究”“人民政协和全过程人民民主”等主题，形成理论研究课题成果26项，报送市政协理论研讨会征文3篇。其中：1篇获民建中央理论研究课题优秀成果二等奖，8篇获民建省委会优秀理论研究成果奖，1篇获省政协深化“民生议事堂”平台建设征文优秀论文三等奖，1篇被市政协信息专刊录用刊发。

2022年11月10日，民建杭州市委会“共富石榴红 助力浪山畲族村”实践活动在临安区太阳镇浪山畲族村开展 （民建市委会 供稿）

【基层组织建设】2022年，民建市委会完成滨江区基层委员会班子调整，开展上城区和拱墅区所辖支部、部分市属支部班子调整和人员增补。开展2022年度先进支部评选，74个支部申报参与，占全市在职支部的98.7%。经考核，44个支部获先进支部称号，14个支部获鼓励支部称号。建好、管好、用好“民建会员之家”，健全长效运营维护和管理机制。修订基层组织活动经费管理办法，组织业务培训，提高基层组织经费使用规范化水平。

【会员队伍建设】2022年，民建市委会落实年度会员发展规划，修订完善《会员发展工作规定》，举办1期新会员读书班和8期民建之友学习座谈会。

民建市委会举办市委委员读书班，开展代表人士队伍建设调研，建成代表人士数据库并实行动态管理。有各级人大代表、政协委员273人，有65名会员担任各级政府和司法部门县处级以上职务。拓宽渠道，加强后备干部培养锻炼，推荐8名会员参加市委统战部党外干部中青班，推荐8名会员参加民建全省基层工作研讨班，推荐7名会员参加民建中央第八期骨干会员培训班。1名会员被评为浙江省“人民满意的公务员”，4名会员被评为“浙江省优秀企业家”，2名会员被评为“2022年浙江省社会组织领军人物”，2名会员被评为“浙江省优秀女律师”，1名会员被评为“杭州市担当作为好干部”，3名会员被评为“杭州市三八红旗手”等。

【内部监督制度建设】2022年，民建市委会制定“同心同廉”工程实施方案，召开“清廉杭州·同心民建”专题部署推进会，市委会领导班子集体和基层组织代表共同签订承诺书。修订完善《民建杭州市委会内部监督委员会工作规则》，推动内部监督与会内各项工作有机衔接。强化机关廉政教育，实施岗位风险防范制度，排查廉政风险，明确防范措施。组织新会员培训，提升会员素质。加强基层组织经费管理监督，形成年度监督报告。落实执行《中国民主建国会内部监督工作条例》《中国民主建国会纪律处分办法（试行）》，查处违法违纪行为。完成《中国民主建国会杭州市委员会机关管理制度汇编》《中国民主建国会杭州市委员会规章制度汇编》修订，确保各项工作规范高效开展。

【专委会和横向组织建设】2022年，民建市委会召开各专委会会议，调整优化专委会组成结构，完善工作简则，激发履职活力。各专委会结合自身优势，以各种活动推动工作开展。完成会员律师联谊会和艺术院换届，充实新生力量，搭建交流沟通平台，服务会员、服务会员企业、服务社会。会员企业家联谊会团结带领会员企业家围绕省、市中心大局开展工作，开展会员企业系列走访，做好助企纾困，发动会员共同完成帮扶任务。

【数字化应用建设】2022年，民建市委会加强数字化应用建设，推进党外代表人士全链条管理服务应用落地、整体贯通，明确组织架构、工作职责和运行机制。深化“民建会员之家”和“线上民建会员之家”建设，创新活动内容形式，发挥履行参政党职能、展现参政党形象的平台作用。

【民建助力共同富裕和乡村振兴】2022年，民建市委会制定《关于推进杭州民建助力共同富裕实践基地建设的方案》，注重发挥基层首创精神，引导杭州民建各级组织和全体会员参与共富基地挖掘、培育、建设工作，通过完善评比体系、强化示范引领，形成比学赶超的氛围。至年末，全市有省级基地5个、在培育基地13个。紧扣“共富石榴红”“共富实践基地”主题，到临安区天目村、浪山村，淳安县富文乡开展调研，帮助当地厘清思路、制定规划、选准产业，为乡村振兴赋能助力。会员企业家联谊会响应号召，带领会员企业家考察产业项目，与浪山村签订战略合作协议，开展消费帮扶认购农产品活动。1名会员被评为民建中央定点帮扶工作先进个人，5名会员被评为省社会服务工作先进个人。

持续对口帮扶贵州省黔西市、河北省丰宁满族自治县，发挥工作机制优势，精准对接，助力巩固拓展脱贫攻坚成果。到黔西市实地调研走访，制订帮扶计划，组织会员中相关领域的专家线上为化屋村提出意见和建议，经过多轮协商，在会员企业“米果·共赋未来谷”建设“杭州民建·化屋苗绣展示设计中心”，帮助苗绣产业对接设计和市场资源。发动各级民建基层组织和会员参与“我为共同富裕买一单”消费扶贫活动，购买黔西和丰宁两地产品10万余元。为丰宁的爱心超市组织货源，会员捐赠物品折合6万余元。（王浙名）

民进杭州市委会

【概况】至2022年年末，民进杭州市委会（简称民进市委会）下辖萧山、临安、建德3个区（市）级委员会，杭州师范大学、上城区、拱墅区、西湖区、滨江区、余杭区、临平区7个基层委员会和钱塘区、桐庐县2个总支部，105个基层支部，设参政议政、团结联谊、学习研究和社会服务4类18个工作机构。有会员2493人，其中各级人大代表、政协委员293人（全国人大代表政协委员3人、省人大代表政协委员7人、市人大代表政协委员45人）。全年发展新会员107人。

2022年，民进市委会开展政治交接主题教育，加强组织建设，参政议政、民主监督、社会服务等活动均获得实效。

【“矢志不渝跟党走、携手奋进新时代”政治交接主题教育】2022年，民进市委会以理论学习中心组、主委会议、常委会会议为主体，召开中共二十大精神，中共中央总书记习近平系列重要讲话精神，中共省、市党代会精神等专题学习活动35次。发挥领导班子示范带头、领学促学的作用，开展新一轮“常委走基层”活动，其中领导班子带队走访各级组织40多个，走访代表性人士90多人。建立“逢会必学”“第一议题”制度，以学习会、推进会、宣讲会等多种载体丰富教育形式，提升学习效果。以“一刊一网一微”为平台，推出“学习二十大”“三化四力”等专栏，刊发学习体会和履职经验文章594篇。

【庆祝杭州民进成立70周年活动】2022年，民进市委会以杭州民进成立70周年系列活动为契机，一体推进中共党史和民进会史教育。编纂完成《杭州民进70年》《杭州民进先辈录》等书籍，组织全体常委到嘉兴瞻仰红船、参观南湖革命纪念馆，到绍兴、宁波参观民进会史教育基地，传承民进红色基因和优良传统。以庆祝杭州民进成立70周年书画巡展、“同心筑梦，奋进新时代”主题作品征集等活动为载体，在上城区、萧山区、临平区、拱墅区举办书画巡展5场次，展出会员书画作品100多幅，征集主题作品28件，评选并展出获奖作品20件。12月28日，民进市委会举行杭州民进成立70周年庆祝大会。

【参政议政成果】2022年，民进市委会编发参政议政选题目录50多条。组织会内外专家召开研讨会5场，审定年度立项课题36个。探索市委会班子领衔重点课题制度，由班子成员领衔，协同对口联系部门共同开展“体育城市”“文化标识”等课题调研；围绕经济稳进提质、共富示范等主题组织“开明议政沙龙”7次；《加快艺术互联网学校推广应用》等11篇征文分别获第六届浙江民进开明教育论坛一等奖、二等奖和优秀奖，市委会获省委会开明教育论坛优秀组织奖。全年完成省、市课题60多项，报送社情民意信息236篇，其中获民进中央录用36篇、民进省委会录用79篇，在民进省委会和市委统战部的信息考核中均列第一位。《建议积极稳妥推进元宇宙技术和产业发展》被民进中央转化为全国“两会”集体提案，《“双减”背景下进一步增强中小学生体质健康的对策研究》等3篇调研报告转化为省政协十二届五次会议提案和发言材料，《产业创新协同，联动共赢唱好杭甬“双城记”》等4篇调研报告获中共杭州市委主要领导批示。

【民主监督活动】2022年，民进市委会落实中共杭州市委“聚焦共富示范高质量，打造共享幸福新天堂”专项民主监督实施方案，围绕“提升新型消费中心城市能级”的重点监督调研课题，到上城区、市商务局开展监督调研活动10次，150多人次参与，在监督调研活动中收集报送相关社情民意信息50多条，其中27条获省、市各级各部门录用。市委会总结监督调研成果，向中共杭州市委提出“核心商圈”“社区商业”“夜间经济”3个方面建议，得到中共杭州市委主要领导重视。结合专项民主监督宣传贯彻杭州市助企纾困“52条”，推进“街头演艺”等课题调研，并联合市人力社保局等对口部门举办“涉企政策解读会”，惠及企业60多个。

【政治协商实效】2022年，民进市委会围绕中共杭州市委、市政府重大决策部署，开展政党协商，在中共杭州市委全会、政府工作报告意见征求等协商工作中建言献策。召开“迎两会，献良策”培训动员会，组织新一届市人大代表、政协委员走访市教育局、市文化广电旅游局、市财政局、市人力社保局和市商务局等部门，提升知情明政能力。全年民进界别在市政协全

2022年12月28日，杭州民进成立70周年庆祝大会举行

（民进市委会 供稿）

会上提交集体提案12件,《关于深化高能级人才平台建设,打造全球人才蓄水池的建议》被列为重点提案;在市政协专题常委会、月度协商会上提交调研报告11篇,围绕"打造赛事之都""文商旅促进农村产业共富"等主题做大会发言9次。在余杭区径山镇建立民进界别委员工作室,举办"学习二十大,共话乡村富"民生议事庭院会,在杭州市新时代政协协商民主实践中心组织"民进周"活动,开展参政议政活动4场、公益讲座2场。

【组织建设加强】2022年,民进市委会制定《民进市委会全面加强组织工作实施意见(2022—2024)》,实施组织建设"1433"工程(引雁筑巢、雏雁启航、鸿雁远航、头雁领航"四雁"工程,建星级、建品牌、建阵地"三建"工程,激发机关发展动能、提升会员管理效能、用好会内监督功能"三能"工程)。以"星级组织"为抓手,探索建立科学的履职评价体系,全年创建五星示范型组织6个、四星规范型组织7个。以品牌化为手段,提炼在自身建设和履职服务方面的创新做法与典型经验,提升基层组织工作质量。提升会员管理效能、激发机关发展动能、用好会内监督功能,着力增强综合服务保障能力。

【队伍建设强化】2022年,民进市委会坚持主委会议预审查制度,开展入会前谈心谈话150多人次,全年发展会员107人,其中主界别与特色界别占比超过70%。在全会推广"青蓝工程"师徒结对活动,开展第一期"雏雁启航"新会员联谊培训、新会员信息挑战赛等活动。举办基层组织负责人培训班,促进基层组织负责人互学互促。建立民进代表人士库、全市校(园)级领导干部人才库、省特级教师人才库和企业界会员业务范围信息库等,筛选700多人次入库。密切与统战、组织部门的沟通联系,向相关部门中共党委推荐优秀会员代表。

【基层基础强化】2022年,民进市委会成立民进浙大城市学院支部,实现杭州民进基层组织在市属本科高校的全覆盖。对市直属综合支部进行再重组和再孵化,拓宽组织发展空间。支持新一届工作机构加强纵横联动,搭建学习交流、履职服务的广阔平台,拓展教育、医卫、法律等专家服务团模式,挂牌成立6个"开明讲堂"活动基地、3个"开明艺术中心",开展"线上+线下"公益讲座、文化艺术交流活动26场。提升市委会机关"民进之家",打造数字化的"民进e之家",引领全市3.0版"民进之家"阵地建设。

【制度建设深化】2022年,民进市委会根据民进中央规章制度制定条例,结合工作实际,修订12项会内制度,完善8项机关制度,明晰工作流程并据此形成5项内部工作表单。市委会依托内部监督委员会,于5—8月对市委会制度学习、宣传情况和贯彻执行情况开展专项监督,提高制度的执行力和依规办事的自觉性。

民进市委会贯彻民进中央"信息化建设"主题年部署,以"中央、省、市、区"民进四级联动的形式,承接民进中央社会服务信息化系统的试点建设任务,推动该系统于10月投入运行。市委会和余杭区基层委员会获评民进全国信息化建设工作先进集体,3名会员获评民进全国信息化建设先进个人。推进党外代表人士全链条服务管理、多党合作在线等重大应用的部署,落实首席数据官、数据专员制度,创建"规范化数字档案室",推动杭州民进数据归集和整合,加强杭州民进数据安全管理,用数字化赋能"三化建设""四力提升"。

【服务社会推进】2022年,民进市委会指导有条件的城区成立区级社会服务机构。至年末,全市有区级社会服务机构11个。以"开明·正道杭行"品牌为统领,举办助企对接会、创新论坛等各类活动5场,教育、文化艺术、医卫领域主题公益讲座22场,围绕"喜迎二十大""喜迎亚运会"主题,举办书画巡展,到亚运村开展送文化送温暖活动。推进东西部协作,到新疆阿克苏、阿拉尔、温宿等地开展"文化润疆"公益活动;组织参与"安龙农产品走进民进"消费助农活动、"彩虹·助学"公益捐赠活动,筹集帮扶资金5万余元。完善中央、省、市、区民进四级联动工作机制,承办民进中央乡村振兴专题培训班和金沙县人才干部专题培训班,在萧山区、拱墅区、建德市建立民进"共富创新实践基地"。深化民族村共富,到建德市小溪源村开展"共富石榴红·助力民族村"系列活动,组织课间小食堂捐赠,认领学生微心愿,创建杭州民进开明书房和开明健身苑,捐赠物资20多万元。（钱　凯）

农工党杭州市委会

【概况】至2022年年末,农工党杭州市委会(简称农工党市委会)有各级组织110个,其中区级委员会1个、基层委员会12个、总支部4个、支部93个。全市有党员2184人,其中:主体界别党员1366人,占62.5%;高中级职称以上党员1825人,占83.5%。全年发展新党员102人,平均年龄37.91岁。

2022年,农工党市委会围绕中共杭州市委、市政府中心工作,推进自身建设,履行参政党职能,各项工作获得成效。农工党市委会被农工党中央评为"2018—2022年先进集体",被农工党省委会评为2022年度宣传思想工作先进集体、参政议政工作先进集体、反映社情民意信息工作先进集体和社会服务工作先进集体。

【思想政治建设强化】2022年,农工党市委会坚持把学习贯彻习近平新时代中国特色社会主义思想作为首要政治任务,结合主委会、常委会、理论学习中心组学习会议、专题报告会、读书班等,学习贯彻中共二十大精神、中共中央总书记习近平关于新型政党制度的重要论述、《中国共产党政治协商工作条例》、中共中央统战工作会议精神、农工党十七大精神,以及中共浙江省、杭州市党代会和全会精神。开展"矢志不渝跟党走、携手奋进新时代"政治交接主题教育,强化政治引导。

【农工党市委会学习中共二十大精神】2022年,农工党市委会将学习贯彻中共二十大精神作为重要任务,组织多场次专题学习活动。10月16日,市委会组织全体机关干部集中学习观看中共二十大开幕会;10月,市委会召开机关工作会议和理论学习中心组

（扩大）会议，传达学习中共二十大精神；11月，市委会举办中共二十大精神专题报告会，邀请农工党中央研究室负责人做题为《深入学习贯彻中共二十大精神，发挥统一战线凝聚人心、汇聚力量的强大法宝作用》的专题讲座。

【宣传工作加强】2022年，农工党市委会通过"一刊一网一号"展示党派成员履职实效，宣传优秀党员事迹。"杭州农工党"微信公众号全年推送信息250多篇，其中：170多篇报道被人民网、中新网、人民政协网及《团结报》《联谊报》《浙江日报》《杭州日报》等市级以上媒体录用刊登，100多篇被农工党中央、省委会，省委统战部、市委统战部等采用。全年出版《杭州农工》杂志4期。制作《同心跟党走，同行共富路》宣传短片1部，编印《2022年参政议政文稿选编》1册。8月26日，联合农工党省委会举办新闻宣传沙龙活动，邀请《联谊报》《杭州日报》资深记者做专题辅导。农工党市委会被市委统战部评为"2022年度全市统战宣传工作成绩突出单位"。

【协商建言成果】2022年，农工党市委会领导班子成员参与政党协商、政府协商、政协协商等11次，就各方面工作提出意见和建议，"加快盘活存量用地""推动绿色建筑高质量发展"等多项建议被中共杭州市委、市政府及有关部门采纳。市委会拓宽协商途径和机制，用好各级"两会"、常委会专题议政会、"请你来协商"、月度协商等平台，7个调研报告在市政协全会上做发言，5个课题报告在市政协月度协商会做发言。农工党市委会被市政协评为"2022年度杭州市政协新时代协商民主实践中心活动优秀组织奖"。

【调查研究】2022年，农工党市委会召开重点课题选题协商论证会、课题协商座谈会等，围绕土地利用、绿色建筑、科技孵化器、托育机构、城东智造大走廊等研究方向，会同市规划和自然资源局、市卫生健康委和市发改委、市科技局、市建委等部门，到12个区县（市）、16个孵化器园区、13个代表性企业、16个托育机构开展实地调研，召开各类协商研讨会28次，形成4个重点专题报告，为中共杭州市委、市政府重要决策提供参考。全年征集调研报告67个，完成24个调研报告和集体提案，其中：11个调研报告分别由农工党中央、省委会提交全国、全省"两会"，被列为团体提案和书面发言；5个集体提案分别被评为市政协优秀提案和市政协重点提案；5个调研报告得到11位（次）市委、市政府领导批示肯定；7个调研报告被选为农工党省委会2022年度立项课题；4个调研报告分别获2022年度农工党中央优秀调研报告三等奖，农工党省委会优秀调研报告一等奖、二等奖；5个调研报告分别获农工党省委会优秀成果一等奖、二等奖、三等奖。

【民主监督】2022年，根据中共杭州市委统一部署，农工党市委会围绕"聚焦共富示范高质量打造共享幸福新天堂"专项民主监督活动，抽调党员专家成立专班，采取"沉下去""走出去""请进来"3种方式分批到临平区、市规划和自然资源局开展活动。7—11月，组织140多人次参与民主监督，开展实地调研与座谈10次，走访共富和土地资源点位27个，发现梳理问题23条（次），反馈意见和建议20条（次）。围绕"盘活低效工业用地，加快推进城市有机更新"课题，拓宽民主监督调研渠道，到余杭区、萧山区、西湖区等地，与市、区两级经信、规划资源部门等开展座谈交流，掌握问题实情；10月，到上海市张江高科技园区、苏州市高新区等地，考察盘活低效工业用地方面经验做法。邀请省、市城乡规划院和经济规划研究院以及法律领域专家，参与课题研讨，吸纳专业性意见，形成专题调研报告，为杭州加快推进城市有机更新提供参考。

【社情民意信息质量提升】2022年，农工党市委会注重社情民意信息质与量，举办13期社情民意信息沙龙，邀请省级组织党员专家授课，300多人次参与听课。全年报送各类社情民意信息584条，其中：96篇（次）被全国政协、农工党中央等各级部门采用，《关于加快生物育种产业发展，打造"种业强国"的建议》《关于杭州成立物联网应用型高校的建议》等3篇信息获省、市领导批示。2名党员被农工党中央评为反映社情民意信息工作先进个人。农工党市委会被中共杭州市委办公厅评为"2022年度全市党委系统信息工作优秀单位"。

【基层组织规范化建设】2022年，农工党市委会召开全会、基层组织工作会议、暑期读书班等，加强交流学习、推动基层组织规范化建设；召开工作委员会主任会议和区县（市）组织工作会议等，聚焦基层组织班子建设、代表人士队伍建设，查找短板，研究对策。制订换届调整工作计划，规范换届调整程序，加强与统战部门等沟通，完成8个基层组织换届、调整工作。运用前一轮支部考核结果，指导基层组织健全工作制度，发挥基层组织对党员的教育、管理、监督和服务作用。加强基层组织工作经费使用管理，出台《农工党杭州市委会下拨经费使用管理细则（试行）》，修订经费管理手册，举办2期经费管理人员培训会，形成年中自查和年末内部监督委员会核查的闭环管理工作措施。农工党淳安县基层委员会被农工党中央评为2018—2022年先进集体。

【人才队伍建设】2022年，农工党市委会制定《农工党杭州市委2023年—2032年组织发展和代表人士队伍建设规划》，明确今后队伍发展方向。向市委统战部更新推荐32名市级层面代表人士和代表人士培养对象、248名市委会层面代表人士。完成50名市人大代表、政协委员推荐，4名农工党十七大代表和31名省十三次代表大会代表推选工作。推进组织工作数字化建设，更新全体党员数据库数据和"浙统云"平台1518名党员数据，将304名代表人士和118名代表性人士培养对象纳入全链条管理库。推荐20名骨干党员参加省委统战部、省委会和市委组织部、市委统战部举办的培训班。加强入党前后管理，制定初始教育制度，举办7期初始教育培训班和1期新党员培训会。1名党员获"全国名中医"称号，2名党员参与的课题分别获省

2022年6月6日，农工党市委会举行2022年“环境与健康宣传周”服务基层和群众活动 （农工党市委会 供稿）

科技进步奖一等奖、二等奖，多位党员获“杭州市三八红旗手”“杭州工匠”“杭州市最美医师”“杭州市优秀校长”等称号。

【惠民服务】2022年，农工党市委会结合重要时间节点开展多类型惠民服务活动。1月10日，市委会联合钱塘区基层委员会开展“致敬警察节，寒日送健康”义诊活动，向区公安分局捐赠4000只口罩等防疫物资。1月26日，联合临安区委会在农工党中央新农村建设服务点——临安区天目山镇徐村开展“同心同行，携手共富”送福送春联活动。6月6日，在富阳区场口镇举行“聚力高质量，同行共富路”暨“环境与健康宣传周”服务基层和群众活动，组织农工党医疗专家、救护培训专家、法律专家为群众提供现场义诊、医疗咨询、急救知识培训、法律知识宣讲等服务，现场发放价值5000多元的暑期常用药品、特色制剂以及普法、环保知识宣传册300多份。9月30日，市委会杭州东站“同心实践”服务基地开展“喜迎二十大，共富向未来”系列志愿服务活动。市委会杭州东站“同心实践”服务基地成功申报为农工党省委会社会服务基地。

【结对帮扶】2022年，农工党市委会落实农工党中央“大方不脱贫，农工党不脱钩；大方脱了贫，农工党不断线”的工作要求，持续开展结对帮扶。8月11—13日，市委会领导率队到贵州省大方县开展帮扶调研活动，向结对的三元乡捐资16万元，用于资助困难学生5名及乡村振兴工作，为三元乡卫生院医护人员、乡村医生开展能力提升专题培训。8月21—22日，市委会助力贵州省大方县党政考察组到杭州开展产业招商推介活动，联系走访相关企业，召开招商推介座谈会，变“输血”帮扶为互动合作“造血”帮扶。11月，市委会号召农工党党员参加“我为大方下一单”消费帮扶活动，购买大方县特产价值6万余元。6月，市委会组织部分农工党党员专家到桐庐县富春江镇大庄畲族村开展帮扶调研工作，实地考察村庄硬件设备、人居生活环境等，上门走访慰问2家困难户，送去大米、油等慰问品。12月，市委会捐资10万元，助力淳安县王阜乡垃圾分类设施提升改造项目，接续新一轮“联乡结村”工作。

【农工党助力共同富裕】2022年，农工党市委会按照《杭州争当浙江高质量发展建设共同富裕示范区城市范例的行动计划（2021—2025）》要求，助力共同富裕。5月，在临安区天目山镇举行助力共同富裕系列活动启动仪式，为首批3个助力共同富裕社会服务基地和5个助力共同富裕帮扶队授牌、授旗。

农工党市委会首批3个特色服务站工作取得阶段性成效。富阳区基层委员会医疗健康服务站举办“环境与健康宣传周”“名医专家下基层”“慢病管理规范化培训”等市、区联合的大型活动；开展门诊惠及1600多人次，胃镜、彩超等检查惠及2500多人次，查出恶性肿瘤病例21例，实施手术33台。余杭区基层委员会文化教育服务站开设公益课85课时，受益学生2600多人次；筹资10万余元，在学校建立“梦想长廊”；捐赠价值6000多元的体育用品；开展“院士进校园”活动。临安区委会生态科技服务站全年开展送科技、送医疗、送文化等服务5次，捐赠割草机5台，价值1万元。 （方　佳）

致公党杭州市委会

【概况】至2022年年末，致公党杭州市委会（简称致公党市委会）下辖上城、拱墅、西湖、萧山、余杭5个基层委员会，滨江、临平2个总支部，钱塘、富阳、杭州师范大学、杭州市第一人民医院、文艺5个支部，城市建设和生态环境委员会、教育文化卫生体育委员会、数字经济和科技委员会、社会发展和法制委员会、社会服务工作委员会、海外联谊工作委员会、妇女工作委员会7个专门委员会，明志法律服务团、明志海创联盟2个团体。全市有党员698人，全年发展新党员49名。

2022年，致公党市委会坚持以习近平新时代中国特色社会主义思想为指导，深入学习贯彻中共二十大和省、市党代会精神，以庆祝致公党杭州组织成立40周年为契机，开展“矢志不渝跟党走、携手奋进新时代”政治交接主题教育。致公党市委会获评中国致公党社会服务工作先进集体、宣传思想工作优秀集体，致公党省委会宣传思想工作、参政议政工作、组织工作、侨海联络工作4项先进集体，“明志·悦读”图书捐赠项目获评中国致公党社会服务工作优秀成果。余杭、滨江、拱墅、钱塘、临平、西湖、萧山获评致公党省委会先进（优秀）集体。

【履职成果丰富】2022年，致公党市委会参加市各民主党派、工商联负责人和无党派人士代表座谈会、市两院工作情况通报协商会、政府工作报告征求意见座谈会、党风廉政建设和反腐败工作协商座谈会、市党代会报告征求意见座谈会等政党协商座谈会议8次，参加市政协专题议政性常委会、专题协商、月度协商等协商座谈会议5次。梳理38篇年度调研成果，《稳步优化能源结构，推进双碳目标实现》等5篇材料被选为致公党中央提交全国政协的团体提案内容，《关于以文化铸魂赋能乡村振兴的建议》等7篇材料被选作致公党省委会提交省政协的团体提案或大会发言主要内容，其中《科学构建知识产权服务链，提升服务产出供给质量》等3篇材料被选为省政协重点提案。提交市政协十二届一次会议大会发言7篇、集体提案12篇，市人大代表党员提交个人建议4篇，市政协委员党员提交个人提案35篇，其中2篇集体提案被选为市政协重点提案。获致公党中央参政议政优秀成果3篇、优秀论文2篇，省委会参政议政优秀成果一等奖5篇、二等奖7篇、三等奖8篇，市党政系统优秀调研成果优秀奖1篇。完善社情民意信息工作管理制度，全年报送各类调研报告、社情民意、信息专报131篇（次），包含意见和建议723条（次）。围绕“推动数字经济持续健康发展”等全国政协协商议政主题，报送各类素材16份。组织党员报送中国发展论坛参政议政论文材料2篇、长三角论坛交流材料3篇。完成中共杭州市委委托重点调研课题1项，与市发改委联合完成调研课题1项，1篇调研报告被市委政研室采用。全年有8篇（次）参政议政成果获省、市领导批示肯定，其中《以数据驱动长三角生物医药产业协同发展，探索全国统一大市场建设的长三角样板》建言材料获中共浙江省委主要领导批示，《坚持一体化保护，推进融合式发展，高水平建设新天堂大美“湿地水城”》《关于杭州自贸片区制度创新的若干思考》获中共杭州市委主要领导批示，《关于补齐我市“残疾人之家”建设短板的建议》获市政府主要领导批示。

【外联功能强化】2022年，致公党市委会依托“一联盟一论坛六基地”平台，发挥侨海特色优势。完成明志海创联盟换届，召开第二届明志海创联盟全体成员大会，组织明志海创联盟成员到微泰医疗器械（杭州）股份有限公司参观交流。线上举办“海创聚力·建成果转移转化首选地”论坛暨第五届致公明志论坛，围绕“人才领航，融合护航，建科技成果产业生态圈”主题进行探讨交流。“同心·传承”文化基地开展“非遗”进校园、进“残疾人之家”等公益活动，接待各类学校、机构的师生研学、体验活动150多批次。“同心·国际社区”基地就2022年“同心共富”“同心众创”等涉侨活动进行宣讲。中非友好杭州致公驿站组织“迎亚运·家门口看世界”——ZASC非凡之星足球队与临平区足协队的中非足球友谊赛。“一带一路”杭州致公驿站开展线上和线下电商人才培训20多次，550人参训。“同心·海创”基地举办“国际人才交流及职业发展规划”主题分享会。参与致公党浙江省委会举办的“侨声传二十大”宣讲活动。协助市人民对外友好协会、市文化广电旅游局开展“一秒入宋画·宋韵体验之旅”之“瓶花清韵”活动。

【宣传效能提升】2022年，致公党市委会开展宣传报道撰写专题业务培训，利用多种新媒体渠道开展业务学习和工作部署。微信公众号转发中央和省、市重要会议精神报道64期66篇，推送中共二十大精神学习微体会12期78篇、致公党市委会和基层组织的学习活动报道22篇，推送中共省、市党代会精神学习微体会13期、49篇。《杭州致公》杂志推出封面人物4期，微信公众号推出党员风采34篇。全年编发《杭州致公》杂志4期，推送微信公众号宣传报道338期、633篇，阅读量18.7万人次，被《联谊报》《浙江新闻》等媒体采用91篇（次）。

【自身建设加强】2022年，致公党市委会召开主委会议15次，常委会会议5次，集中开展理论学习中心组学习5次。领导班子成员在“走亲连心集智聚力”党员大走访活动中走访骨干党员73人次。全年发展党员49名，全部具有侨海关系。坚持多措并举，深化内部监督，在余杭区仁和街道普宁村于谦清廉文化陈列馆设立“普宁于谦馆·致公明志廉政教育基地”“廉政教育共建基地”，开展廉洁文化建设。制定或修订《基地管理办法》《基层组织财务管理办法》等制度5项、84条，完善和贯彻落实机关学习制度，组织理论学习18次。

【社会影响增强】2022年，致公党市委会联合西湖基层委员会第9年在浙江工业大学附属实验学校举行“明志·悦读”暨庆祝“六一”儿童节爱心义卖活动，党员张帆为学校捐赠价值2万元的图书2158册。联合余杭基层委员会结对百丈镇实施“六送”行动计划，开展“科学家走进乡村小学”活动，牵线杭州师范大学东城第二小学与百丈镇中心小学结对签约。各“致公明志讲堂”组织召开中共二十大报告学习、法律讲座、主题分享等

2022年5月31日，致公党杭州市委会“明志·悦读”活动举行

（致公党市委会 供稿）

活动5次，在市委会微信公众号上开辟“致公明志‘云’讲堂”专栏，联合明志法律服务团推送“云讲堂”8期。推进明志法律服务团“护航亚运”法律志愿服务，为亚运村一线工人提供200多人次的法律咨询服务，协助解决3次工地伤亡纠纷。落实致公党中央“西好货”消费帮扶任务，动员党员消费5.3万元。结合“六送”活动推进“共富石榴红”民族村“一月一主题”结对帮扶，为建德大慈岩镇双泉村赠送书画作品6幅，消费帮扶、慰问困难户4.2万元，购买大米2500千克，价值2.7万元。参与新一轮“联乡结村”活动，为安阳乡捐赠书卡等价值1.2万元。（张洋莉）

九三学社杭州市委会

【概况】至2022年年末，九三学社杭州市委会（简称九三学社市委会）下辖上城区、拱墅区、西湖区、滨江区、萧山区、余杭区、临平区、钱塘区、杭州师范大学、杭州市第一人民医院10个基层委员会，84个支社，设有10个工作委员会和“两会两团一院”。全市有社员2294人，主体界别占比74.1%。全年发展新社员92人，平均年龄39岁，其中国家级领军人才1名、省级领军人才6名。

2022年，九三学社市委会切实履职尽责，加强自身建设，各项工作再创佳绩，被九三学社中央评为全国组织工作先进集体、宣传思想工作先进单位、2021—2022年社会服务先进集体；被九三学社省委会评为2022年度优秀地方组织、参政议政先进市级组织、社会服务先进市级组织，获信息工作先进单位一等奖、新闻宣传先进集体一等奖。九三学社市委会机关获“九三学社全省机关建设先进集体”称号。

【思想政治建设实效提升】2022年，九三学社市委会以主委会、常委（扩大）会、理论学习中心组、新社员培训班等为载体，线上学和线下学相结合，学原文和谈体会相结合，提升学习的针对性和实效性。召开主委办公会议16次、主委会议19次、常委会会议7次，学习习近平新时代中国特色社会主义思想，学习贯彻中共二十大精神、中共中央统战工作会议精神，以及中共浙江省委、杭州市委全会精神，夯实多党合作共同思想政治基础。开展“矢志不渝跟党走、携手奋进新时代”政治交接主题教育，将学习教育、履职尽责贯穿全过程，丰富形式载体，注重活动实效，巩固政治共识。

【庆祝九三学社市委会成立40周年系列活动】2022年，九三学社市委会以“薪火相传，点亮星河”为主题，举办庆祝九三学社市委会成立40周年系列活动，拍摄制作视频特辑，举办庆祝晚会、书画名家邀请展等，回顾40年发展创新的奋斗历程和珍贵记忆。庆祝晚会通过直播平台进行现场直播，23万余人在线观看。

【九三学社助力杭州亚运会】2022年，九三学社市委会制定印发《九三学社杭州市委员会“同心同行·共筑亚运”助力服务杭州亚运会活动实施方案》。挖掘宣传亚运冠军背后的功勋教练社员事迹，举办“逐梦亚运·精彩有我”亚运知识网络竞赛，联合钱江晚报社开展外文标识“捉虫”活动，打造“亚运马术主题彩色油菜花梯田艺术”景观项目，到亚运保障工程工地为一线工人义诊，开展“武术进校园”活动13场次。

【组织建设】2022年，九三学社市委会领导班子走访区（县）委统战部10个、市卫生健康委等有关单位党委10多个、骨干社员和新社员55人，指导和推动社务工作开展。重视代表人士队伍建设，加强梳理和分析研判，形成社内代表人士总名单178人、市级代表推荐人士名单12人、市级代表培养对象名单18人。开展省、市两级人大代表和政协委员推荐，社员中有全国和省、市、区各级人大代表和政协委员215人次。推荐进入新一届九三学社省委会各工作机构78人次。对西湖区基层委员会及所属支社等12个基层组织进行换届，对高新区（滨江）基层委员会等3个基层组织进行届中调整，优化基层组织班子结构。完善考核评价体系，修订星级支社创建、单项社务工作量化计分、社员活动经费使用管理等制度，举办基层工作培训班、城区工作联席会议，内部监督委员会开展社费收缴整改和组织发展、经费使用专项检查，基层组织规范化标准化建设有序推进。关心关爱退休社员，对14名社龄40年以上老社员开展上门慰问，对80岁以上社员进行暑期和新春慰问700多人次，走访调研退休社员占比高的市直属支社，探索退休社员管理模式，提升组织动能。强化基层阵地建设，全市有“九三之家”20个。7名社员被九三学社中央评为先进个人；9个基层组织被九三学社省委会评为组织建设先进集体，10个基层组织被评为社会服务先进基层组织，74人次社员被评为各项社务工作先进个人。

【协商议政成果】2022年，九三学社市委会主要领导多次参加中共杭州

2022年11月20日，庆祝九三学社杭州市委员会成立40周年晚会举行
（九三学社市委会 供稿）

市委、市政府召开的民主协商会、征求意见座谈会和通报会等，就重点工作议政建言。班子成员带队走访5个对口联系部门，组织社员专家参与对口部门的协商议政活动。市“两会”期间，九三学社市委会提交《数字赋能助力我市乡村高质量发展的若干建议》等大会发言8篇、《关于完善城西科创大走廊“热带雨林式”人才生态的若干建议》等集体提案7件，其中《关于完善我市地下管线数字化管理机制的相关建议》等2件集体提案被列为市政协重点提案，《关于运用区块链技术完善我市信用体系建设的建议》等3件集体提案被评为优秀提案。社内各级人大代表政协委员提交全国人大议案建议6件，省“两会”建议2件、提案2件，市“两会”建议19件、提案44件，区“两会”建议27件、提案131件。

【课题调研】 2022年，九三学社市委会领导班子成员聚焦共同富裕、营商环境等主题领衔重点课题15个，组织调研49场次，近800人次社员专家参与。《〈婴幼儿托育保障法〉立法研究》获国家卫生健康委立项，4篇成果被九三学社省委会采用提交省政协全会。1篇课题报告获2021年度全市统战理论政策研究优秀成果一等奖。出台《关于进一步提升参政议政工作水平的若干意见》，立项并完成课题43项，召开线上课题立项评审会5场，举办参政议政培训班和成果交流会，提高参政履职成果质量。《抓住亚运契机提升国际传播力，加快构建具有全球识别度的杭州国际形象》等9篇成果在市政协常委会、专题协商会、月度协商会上交流发言。

【专项民主监督助力乡村振兴】 2022年，九三学社市委会以“支持大学生乡村创业创新，为城乡共富提供人才支撑”为主题，对口桐庐县和市科技局开展专项民主监督。领导班子成员和相关领域社员专家20多人组成监督调研组，通过“专家+社员”“网上+网下”“明察+暗访”“点上解剖麻雀+面上问卷调查”相结合的方式，围绕乡村创业创新政策扶持、人才队伍建设、创新载体和环境建设3个主题开展课题研究。开展调研座谈15场次，调研相关部门和园区27个、企业26个，参与社员专家260人次，发放调查问卷400多份。形成调查问卷分析报告1篇、子课题3篇，调研材料《关于支持大学生乡村创业，助力乡村振兴的建议》获中共浙江省委主要领导批示。

【九三学社助力创新策源地建设】 2022年，九三学社市委会以九三学社杭州城西科创大走廊创新服务联盟为载体，整合省、市专家资源，聚焦产学研合作新路径、科技成果转移转化首选地建设、新材料产业发展等主题，实地调研9次，走访部门、企业和科研院所20多个，近200名社员专家参与。调研成果《加快建设高水平科创策源地，推动全面转入创新驱动发展模式》等2篇被选为省政协常委会、市政协全会口头发言，相关成果获中共杭州市委主要领导批示。组织联盟专家组成员到临安等地开展科技服务助企活动，为10多个企业的技术难题提出专业建议。承办“科技创新·材料先行”经济圆桌论坛，主办“同心论见”暨城西科创大走廊创新服务联盟余杭行等产学研交流活动，在西湖大学城设立首个法律服务基地，推动大走廊高质量融合发展。

【社情民意信息工作成效明显】 2022年，九三学社市委会探索专业化、精深化信息之路，创新组建9个信息工作站，5个支社达到星级支社创建晋档条件实现“升星”。围绕实体经济稳进提质、大健康产业发展等主题举办议政活动6场，举办信息骨干培训会和信息培训巡回课堂7场，培训社员2500多人次。全年报送信息246篇，被各级部门录用164篇，其中《关于建立检察机关劳动就业公益诉讼机制的建议》等2篇被全国政协录用，《中医医院对DRGs医保支付“水土不服”，亟待加快本土化改革》等15篇被九三学社中央录用，111篇被省级部门录用。《开展孕前优生检测，降低出生缺陷，跑好共同富裕第一程》等3篇信息获中共浙江省委主要领导等批示，《关于加快布局钱塘江国际产业带的建议》等4篇信息获中共杭州市委主要领导等批示。九三学社市委会获2021年度全市统战信息工作先进单位一等奖。

【宣传工作推进】 2022年，九三学社市委会网站发稿350篇，微信公众号“杭州九三”推送微文245篇，阅读量25.6万人次，居九三学社中央年度全国地市级十佳微信公众号首位。九三学社市委会在《人民日报》《人民政协报》等主流媒体发表文章近100篇（次）。全年编印社刊《杭州九三》4期，入选市新闻出版局评选的综合质量、编校、出版规范十佳内刊。“金牌背后的汗水”宣传活动与《杭州日报》官方抖音号合作全网直播，点击量200多万人次。

【结对帮扶助力共同富裕】 2022年，九三学社市委会汇聚社内30多名专家成立“乡村振兴服务团”，以团队智库形式服务农业农村发展。以“九桐合作”为平台，以“联乡结村”对口帮扶桐庐百江镇、“共富石榴红”帮扶桐庐莪山村为抓手，提供产业规划与技术指导服务，打造畲族迁徙图彩色水稻观赏项目，促进当地农产品销售。开展调研，为结对单位提供服务供给清单。在西湖区“泗乡之家”建立九三学社在浙江省内首个省、市、区三级共建“助力乡村振兴实践基地”，以点带面，打造乡村振兴有效载体。丰富“九广合作”内涵，企业家社员捐建四川省广元市学校数字化设备及服务价值1000万元，首期价值约280万元的设备和服务落实到位；萧山区基层委员会和西湖区基层委员会分别结对旺苍县、青川县，从医疗、教育等方面开展支援帮扶。据不完全统计，全年全市社员及社员企业通过各种渠道捐款捐物560多万元。

【“九三讲堂”品牌打造】 2022年，九三学社市委会打造“九三讲堂”品牌。邀请中国科学院院士、地球物理学家杨文采等学者及社内专家做学术讲座，围绕信息技术、医疗健康、法律普及等主题，推出线上和线下讲座40多场，其中2场在杭州电视台播出。举办教育沙龙6场，以数字人民币、元宇宙、医疗健康等为主题推送“九三E讲堂”12期。 （陈　欣）

责任编辑　郦　晶

12 人民团体

杭州市总工会

【概况】2022年年末，市总工会下辖13个区县（市）总工会、10个产业工会和5个直属事企业单位。全市有基层工会组织2.7万个，涵盖单位10.7万个，工会会员447.99万人。

市总工会带领全市职工群众，推动构建新时代和谐劳动关系，在思想政治引领、建功立业、深耕主责主业、深化改革建设等方面发挥积极作用，获得时任全国总工会党组书记、副主席、书记处第一书记陈刚及省委、市委主要领导批示肯定。全年共获全国五一劳动奖状单位1个、省五一劳动奖状单位1个；获全国五一劳动奖章5人、省五一劳动奖章2人；获全国工人先锋号班组3个、省工人先锋号班组12个。表彰市级劳模300人、模范集体150个。认定“杭州工匠”30人，推荐77人入选“浙江工匠”培育计划。成立杭州新时代劳动教育研究联盟，其弘扬劳模精神、劳动精神、工匠精神的做法在全国工匠创新大会上得到展示推广。

【市总工会第十六次代表大会】2022年11月24—25日，市总工会第十六次代表大会在市职工文化中心召开，来自全市各行各业的457名工会会员代表参加。会议回顾市总工会第十五次代表大会5年的工作，明确以构建新时代和谐劳动关系为统揽，推动工会工作高质量发展的工作目标，部署未来5年工会工作的重点任务。会议审议通过关于市总工会第十五届委员会工作报告、财务工作报告和经费审查委员会工作报告的决议，选举产生市总工会第十六届委员会和经费审查委员会及新一届市总工会领导班子。

【新时代和谐劳动关系工作体系完善】2022年，市总工会在市、区县（市）两级工会成立构建新时代和谐劳动关系工作领导小组，先后出台《关于开展“构建新时代和谐劳动关系助力经济稳进提质大行动”实施方案》《关于构建新时代和谐劳动关系的实施意见》等政策性文件，明确全面实施“思想引领、组织建设、协商协调、权益维护、素质提升、困难帮扶、品质服务、数智赋能”八大工程，以“推进工运事业高质量发展”为全年工作主线，打造职工和企业“利益共同体、事业共同体、命运共同体”，形成“领导小组＋专班统筹＋项目化运作＋清单化执行”工作机制，建立与相关市直部门的联系制度，完善构建新时代和谐劳动关系工作体系。

【“共富示范”工会作为】2022年，市总工会开展能级工资集体协商，推动技术工人“以技提薪”的做法，被列为全市高质量发展建设共同富裕示范区城市范例第二批机制创新类试点，覆盖技术型职工14.84万人，8个新业态领头企业率先签订集体合同。完善“城乡统筹、全面覆盖”的“春风行动”助学助医帮扶救助体系，“春风行动”市本级募集资金6446万元，向3.63万户（人）次困难群众发放救助金7108.42万元。对912人次建档困难职工家庭和困难劳模，拨付809.36万元实施精准救助。

【经济稳进提质工会助力】2022年，市总工会开展“三重一新”项目立功竞赛和“十百千万”职业技能竞赛活动。向1.8万名高技能人才发放奖励金931万元，选树高技能人才（劳模工匠）工作室30个，其中8个入选省级高技能人才（劳模）创新工作室。通过招聘活动发布就业岗位9712个，开展就业技能培训1.2万人，为1万余名职工提供错时返岗车票补贴。率先在全省启动职工免费疗休养，惠及职工1.5万人。发布全国首个疗休养基地评价市级标准，新建市级疗休养基地55个。全年缓缴工会经费7.35亿元，返还小微企业工会经费7000万元。

【新就业形态工会组建】2022年，市总工会促进数智赋能，全面推广“组织共建”应用场景，首创培育对象智能筛选、组建程序在线流转、数据管理自动同步等制度举措，建成工会数据底座，形成线上组建、智能管理的工会组建新模式。通过“单独建”“联合建”“区域建”“覆盖建”等方式，全年在新业态领域组建工会组织187个，涵盖企业1899个，发展会员5万余人。市总工会“创新组建方式，优化服务功能，探索把新就业

2022 年 11 月 12 日，以“爱在杭州·情满亚运”为主题的新杭州人新婚盛典在奥体中心体育场举行　　（市总工会　供稿）

形态工会建在‘爱心驿家’上”的做法被评为全省第二届工会改革创新十佳成果。

【工会“三项改革”融合推进】2022 年，市总工会实施产业工人队伍建设改革（简称产改）提质扩面，推进省非公有制企业产改试点，市级产改试点单位扩展 10%，获评全省“推进非公有制企业产改十大样板”2 个，获评全省“非公有制企业产改十大案例”2 个，入选省“幸福共同体企业领头雁行动”榜单企业 16 个，被评为“新时代浙江产业工人队伍建设改革成绩突出集体”企业（集体）6 个。市总工会强化数字化改革，推动数智群团、数智工会融合发展，完成线上“工会主席一件事”等重点场景开发。强化工会自身改革，市总工会开展“县级工会加强年”专项工作，认定市级优秀工会工作者 120 名，输送基层工会“推优入党”人选 1581 名。

【职工实事项目服务深化】2022 年，市总工会投入 1016.5 万元，为 8.9 万名职工开展“送清凉”慰问活动。为 2.6 万名一线职工提供免费健康体检。职工“医疗互助”参保 217.65 万人次，补助 7 万余人次，补助金额 8354.38 万元，创历史新高。新建“爱心驿家”61 个、“妈咪暖心小屋”108 个，开办职工子女暑期“爱心托班”580 个。为单身青年职工提供婚恋交友服务 3 万余人次。11 月 12 日，在奥体中心体育场主办“爱在杭州·情满亚运”新杭州人新婚盛典。　　（刘　娜）

共青团杭州市委员会

【概况】2022 年年末，杭州市有团员 42.72 万人，基层团（工）委 1386 个，团总支（团支部）1.95 万个，各级团干部 4.04 万人。全年新发展团员 1.79 万人，新建非公有制企业团组织 1046 个，推动阿里巴巴集团控股有限公司、浙江新华移动传媒股份有限公司等 15 个重点数字经济领域企业、11 个重点货运企业建立团组织。在年度浙江共青团工作考核评价中，共青团杭州市委列全省第一名。

团市委制定《深化团干部作风建设三年行动“巩固深化年”重点任务清单》，开展“我为青年办件事”主题实践活动，为青年办实事 847 件，查摆作风建设问题 240 个。市、区县（市）两级专门委员会全年形成专项调研报告 22 篇。举办“共青讲堂”3 期，落实团员发展、团内激励、日常管理等制度规定，团的建设呈现新面貌。

【全国青年发展型城市建设试点】2022 年，团市委推进中长期青年发展规划实施，萧山区获评中长期青年发展规划县域全国优秀试点。6 月，杭州入选首批全国青年发展型城市建设试点。省委常委、市委书记刘捷在《中国青年报》头版和《中国共青团》杂志发表《杭州对青年更友好　青年在杭州更有为　打造青年心生向往人生出彩情感归属的梦想城市》署名文章，出席全市青年发展型城市建设试点工作部署推进会并讲话。团市委牵头起草《杭州市青年发展型城市建设试点实施方案》，并以市委、市政府名义印发，推出预期成果、重点政策、实事项目 3 张清单，杭州的经验做法在青年发展型城市建设试点长三角片区会议上做交流发言，并在《中国共青团》杂志专版刊登。在浙江青年发展综合指数（2022）中，杭州及 11 个区县（市）获评优秀等次，综合排名列全省第一位。

【青少年思想引领】2022 年，团市委举办中共中央总书记习近平在庆祝中国共产主义青年团成立 100 周年大会上重要讲话精神学习座谈会。全市团员青年组织专题学习 2 万余场，开展“学习二十大，永远跟党走，奋进新征程”“红领巾喜迎二十大，争做新时代好队员”等主题教育实践活动，81.3 万名青少年参与。编纂出版《杭州百年团史》丛书，开展“党领导下的杭州青年运动史”百场巡展。举办“杭州青年说”宣讲大赛，开展理论宣讲活动 720 多场，覆盖青少年 160.2 万人次。团市委被省委宣传部评为基层理论宣讲成绩突出集体。

【亚运志愿服务筹备】2022 年，团市委推进亚运志愿服务筹备，赛会志愿者全球招募首批报名人数超过 22 万人。赛事延期后，11 月启动补充招募，报名人数 9.17 万人，两批招募预录用志愿者 5 万人。组建由 396 名通用培训师组成的师资队伍，分层、分类培训预录用赛会志愿者 1.26 万人。组织 14 所高校 2422 名志愿者，完成 11 场“韵味杭州”系列测试赛志愿服务。发布杭州亚运赛会志愿者纪念物资“小青盒”，开发并上线“赛会志愿服务数字化平台”和“志愿者在线平台”。打造“亚运青年 V 站”288 个，动员青年投身亚运文化

2022 年 12 月 21 日，中国共产主义青年团杭州市第二十次代表大会开幕

（团市委 供稿）

宣传、文明创建等城市志愿服务，完成中国国际动漫节、杭州国际人才交流大会等 13 场大型会议活动的志愿服务保障。

【共青团杭州市第二十次代表大会】2022 年 12 月 21 日，共青团杭州市第二十次代表大会在之江饭店开幕，省委常委、市委书记刘捷出席开幕式并讲话，市领导李火林、马小秋、黄海峰、陈瑾、冯仁强出席，团省委副书记周苏红到会指导并讲话。团市委书记汪杰代表共青团杭州市第十九届委员会做《高举旗帜跟党走奋楫争先立潮头为加快打造世界一流的社会主义现代化国际大都市贡献青春力量》的工作报告。12 月 23 日，共青团杭州市第二十次代表大会闭幕，市委常委、副市长陈瑾出席闭幕式并讲话。大会选举产生共青团杭州市第二十届委员会，选举汪杰为团市委书记，周妙荣、许江晨、马君雅（挂职）、许珊（兼职）、雷迅（兼职）为副书记。发布《“向亚运出发”倡议》，号召全市团员青年投身杭州亚运会、亚残运会志愿服务。

【团工作服务杭州大局】2022 年，团市委助力共同富裕工作。举办第十七届“振兴杯”全国青年职业技能大赛（学生组）决赛和第六届“创青春”中国青年创新创业大赛（互联网组）。新建杭州全球青年人才中心城西科创大走廊、临平区、钱塘区 3 个分中心，全年引进人才 715 人、项目 53 个。深化“号手岗队”创建，命名 2021—2022 年度杭州市级青年文明号集体 178 个；评选 2022 年度市级“杰出青年岗位能手”62 人、“优秀青年岗位能手”580 人、“青年安全生产示范岗”163 个；推荐 1 人获评“全国青年岗位能手标兵”、2 人获评“全国青年岗位能手”；参加浙江省第五届青工创新创效大赛，获金奖、银奖、铜奖各 1 个、优胜奖 2 个；市、县两级举办青工技能比武 323 场，参与青年 2 万余名；组建疫情防控类、抢险救灾类等青年突击队 2800 多支，参与青年 7.1 万人。实施青春助力乡村振兴带头人“青牛奖”寻访暨杭州市“村村都有好青年”培养计划，举办杭州市第三届“农创客”大赛，吸引 139 个项目参赛。助力对口帮扶，组织杭州 43 所学校与四川省甘孜州所属学校结对。举办第六届杭州市—阿克苏市青少年民族团结“手拉手”夏令营。成立杭州市青年企业家协会共同富裕专项基金，协会会员认筹捐赠超过 160 万元。开展“西湖金奖进青年·2022”活动，征集城市治理“金点子”1339 个。举办青春社区系列沙龙活动 6 期，培训社区治理青年骨干 400 多人。

【青少年综合服务】2022 年，团市委开展大学生“返家乡”社会实践活动，提供岗位 3006 个，富阳区、临安区被团中央列入全国重点开展区县（市）名单；举办线上和线下高校招聘会 5 场，提供岗位 1.2 万个，对有就业意愿的离校未就业毕业生全部帮扶。关心青年婚恋，配合中央广播电视总台《向幸福出发》栏目组做好杭州专场嘉宾海选及节目录制；开展“在杭州遇见你”相亲交友活动 143 场、服务青年 1.4 万人。启动“青春助减·护‘杭’童伴”暑期托管志愿服务行动，服务全市 274 个托管点位。杭州青少年活动中心完成综合楼建设，新增活动场地 2.7 万平方米。推动青少年宫向社区延伸服务，服务青少年超过 600 万人次。资助“精实助学计划”学生 85 名、金额 42.5 万元。摸排重点困难青少年 2695 人，帮扶 5390 人次。青荷公益基金会全年募集善款 258.8 万元。举办市级青少年模拟政协提案征集活动，获评全国优秀模拟政协提案 1 件。开展“共青团与人大代表、政协委员面对面”活动，市、县两级形成调研报告 19 篇。

【青少年阳光成长行动】2022 年，团市委履行杭州市青少年阳光成长行动领导小组办公室职责，牵头成立市儿童青少年心理健康诊疗促进专家联盟。组建心理健康守护员队伍与 32 所学校结对，进学校开展活动 98 场，服务 3.6 万人次。开展“阳光成长 · 开学团队第一课”活动 597 场，覆盖 54.6 万人次。迭代升级杭州“12355”青少年服务台小程序，心理服务热线全年接听咨询 4538 次，服务 3372 小时。开展“轻松备考 · 12355 与你同行”中考和高考减压活动 65 场，服务 1.8 万人次。

【共青团工作改革】2022 年，团市委推进“县域共青团基层组织改革”“社区青春行动”“行业团建”等全国试点，杭州县域共青团基层组织改革评估结果列浙江省第一位，其中上城区、拱墅区、临安区获评全国试点优秀；上城区青年路社区获批全国共青团城市基层组织改革试点。深化青年联合会、学联学生会、少先队等各领域改革，市团校“四名工程”建设成效明显。推动少先队学科在中小学教师职称评审德育系列中与心理老师、班主任并行单列。共青团系统中设立小学教师中级职称评审委员会，开创校外教育职称评审新路径。数字化改革走在全省前列，"浙爱童"应用场景入选"一地创新、全省共享"项目；市、县两级迭代更新上线应用场景16个；"红领巾争章"被纳入市第一批重点培育场景应用。

（王　亮）

杭州市妇女联合会

【概况】2022年年末，杭州市妇联有2个直属事业单位，辖13个区县（市）妇联，2个直属妇工委。全市乡镇（街道）、村（社区）妇联组织3320个，市本级妇联团体会员10个。

市妇联团结带领广大妇女围绕中心、服务大局，为建设杭州现代化国际大都市发挥妇女工作的独特作用。全国人大常委会副委员长、全国妇联主席沈跃跃，全国妇联副主席、书记处书记张晓兰、吴海鹰先后到杭州调研或参加活动，给予杭州市妇联充分肯定。全国妇联党组书记、副主席、书记处第一书记黄晓薇对杭州的妇联工作做出重要批示。市妇联获2022年度全省妇联工作考评第一名。

【"千鹤巾帼"大宣讲】2022年，全市妇联组织通过"千鹤巾帼"大宣讲平台，开展"巾帼心向党，喜迎二十大""巾帼心向党，奋进新征程"等群众性主题教育宣传活动。11月3日，承办"红船女儿心向党"浙江省暨杭州市妇联系统党的二十大精神学习宣讲活动，通过领导干部专题学、党员干部示范学、青年群体创新学等落实党的二十大精神，组织各级三八红旗手、妇女代表、妇联执委、巾帼志愿者和各行各业优秀女性开展宣讲活动。全年线上与线下开展大宣讲2554场次，受众160.8万人次。

【红色基地合作共建新模式】2022年5月28日，建德市千鹤妇女精神教育基地举办韶山毛泽东同志纪念馆、杭州"五四宪法"历史资料陈列馆、建德千鹤妇女精神教育基地合作共建活动启动仪式。活动以"传承红色基因，同奔共富新路"为主题，通过3堂思想政治课程，展示3个基地承载的珍贵历史记忆和一脉相承的红色基因。3个基地本着"优势互补、资源共享、务求实效、合作共赢"的原则，以红色旅游、红色研学等多领域合作为载体，在红色资源、红旅研学、红色品牌、学术研究等方面开展全面合作，聚力探索红色基地合作共建新模式。

【儿童友好城市建设】2022年，杭州市加快推进儿童友好城市建设并取得进展，入选全国首批14个儿童友好城市建设名单。杭州市成立儿童友好城市建设工作领导小组，出台儿童友好城市建设方案和3年行动计划，推出5个友好领域的87项具体举措，并将其纳入全市高质量发展建设共同富裕示范区城市范例大框架和"一老一小"整体解决方案，发布《2022年杭州儿童友好10条》，助推杭州市人大常委会制定《关于加强杭州市儿童友好城市建设的决定》。制定儿童友好重点单元建设指引，推动建设儿童友好医院、学校、场馆等基本单元257个。

【妇女儿童服务驿站建设】2022年11月14—15日，浙江省妇女儿童驿站建设现场会在杭州召开，举行"巾帼爱·妇女儿童驿站爱心基金"成立仪式，发布《妇女儿童综合服务驿站运行服务标准》。市妇联围绕建设标准，在城市、农村、未来社区和未来乡村建设中科学布局妇女儿童综合服务驿站。联合市农业农村局、市文广旅游局在全市17个"美丽乡村国际旅游体验点培育单位"中配备妇儿驿站，全年创建省级三星级妇儿驿站14个、市级二星级妇儿驿站60个。

【疫情防控和助企纾困推进】2022年，市妇联贯彻中央"疫情要防住、经济要稳住、发展要安全"指示精神，发动全市各级妇联干部、执委、女企业家及巾帼志愿者投入新冠疫情防控。推出杭州援沪医疗队员家庭暖心关爱"五个一"行动。发挥妇联组织优势，宣传普及疫情防控新政策、新要求，引导广大妇女群众践行健康文明的生活方式。助力女大学生就业，举办"杭州市女大学生就业·见习空中双选会"，提供岗位8500多个。助力企业纾困，开展"大走访、大调研、大服务、大解题"活动，走访企业138个，反映生产经营相关困难和问题，助力企业打好经济翻身仗。

【巾帼科技创新行动】2022年，市妇联引领广大女性以科技创新助推共富工程。3月8日，"西湖女性科学家发展支持计划"正式启动，举办"科学她力量"首届西湖女性科学家发展论坛。6月26日，杭州女科技

2022年6月26日，杭州女科技工作者协会成立大会暨第一次会员代表大会召开

（市妇联　供稿）

工作者协会成立，推动女企业家协会和女科技工作者协会结合共建，为女科技工作者、女企业家对话交流和产研合作提供更便利的平台。11月7日，“智汇巾帼，科创未来”长三角巾帼科技创新浙江行暨浙江省首届巾帼科技创新周活动在杭州开幕，“长三角女科技工作者联盟”和“长三角梦想小镇巾帼科创联盟”成立，构建区域资源互补、共同提升的格局，为区域女性科技工作者、女企业家对话交流和产研合作提供新的集聚平台。11月22日，杭州市举办“巾帼心向党，创新筑芳华”长三角G60九城市新兴产业菁英女性风采展示杭州分会场活动，公布九城市首批科技与产业巾帼创新基地榜单。

【乡村振兴巾帼行动】2022年，市妇联结合美丽乡村国际旅游体验点培育，建成省级美丽庭院特色村10个、市级美丽庭院示范村20个、美丽庭院1000户、美丽阳台200户，选树省级绿色家庭10户、市级绿色家庭200户，全市创建美丽庭院示范户10万余户。获评全国巾帼现代农业科技示范基地1个、浙江省巾帼农创基地2个。“巾帼共富工坊（淳安伊加工）”获评省数字政府最佳应用案例在全省推广。在全市首批17个美丽乡村国际旅游体验点中推广“妈妈的味道”专属品牌，淳安县参加“山乡26味”活动，以短视频分享“美食故事”“手作故事”，扩大品牌影响力。

【新时代家庭家教家风建设】2022年1月6日，市妇联出台《杭州市关于加强新时代家庭家教家风建设的工作方案》，推进“家家幸福安康工程”。1月12日，联合市纪委、市委宣传部开展党员干部“廉洁好家风”主题活动，举办“奋斗百年再出发，永葆清廉展风采”主题晚会。全市开展“千村万户亮家风”和“好家庭助清廉”家风活动768场，参与家庭1.81万户。联合杭州市援疆指挥部、新疆阿克苏市妇联开展“杭阿一家亲·同心创美好”最美家庭结对走亲活动，促进民族文化交融。联合市教育局、市民政局开展“青少年美好成长阳光行动”，整体推进上城区、钱塘区的全省家庭教育综合试点，以心理健康为重点，开展线上和线下讲座7726场，培训覆盖126万余人次。全年“好家庭信用贷”服务71户家庭，提供贷款1842万元。开展最美家庭和快递物流等新业态新领域行业特色家庭的寻找和宣传，全年选树全国五好家庭5户、全国最美家庭5户、省级最美家庭24户、市级最美家庭1613户。

【平安家庭建设】2022年，市妇联注重婚姻家事纠纷的排查化解，实现婚姻家庭调解工作室市、县、镇、村4级全覆盖。联合市中级人民法院共同设立婚姻家事“共享法庭”，联合市公安局开展打击拐卖妇女儿童专项行动。全年组织平安创建活动1.57万场，服务130万余人次。全年接待处理信访件1883件，接到并处理“110”应急联动平台和“和睦e家”推送的家暴案件1.98万件，有效调解处理1.79万件，签发人身安全保护令27件。9月22日，浙江省“巾帼反诈”行动启动仪式暨巾帼精准反诈经验现场推广会在萧山举行，萧山区义桥镇开展巾帼反诈试点工作，探索建立全网格反诈体系。全市成立“巾帼义警”队伍1648支，创作反诈文艺作品30多个，开展“巾帼反诈进万家”活动1600多场。

【妇联基层组织建设】2022年，全市加快基层妇联组织建设，完成全市191个乡镇（街道）妇联换届，换届后平均年龄36.9岁，本科及以上学历占比84.7%。临平区首创选配镇（街道）挂职副主席做法实现全市全覆盖；“两新”领域、市属高校妇联组织实现全覆盖；网上妇联阵地逐步建立。市女企业家协会顺利完成换届。开展国有企业妇女工作摸底调查，实现36个清廉民营企业先行示范单位妇女组织全覆盖。市属高校妇联开展“护航春蕾”女大学生自我安全防护意识提升活动。数字经济行业妇联举行杭州市第二届“代码女神节”，快递物流行业妇联开展“喜迎盛世亚运，展我巾帼风采”活动，凝聚新业态新就业群体女性力量。

（周玲燕）

杭州市科学技术协会

【概况】2022年年末，市科协有3个直属事业单位，辖13个区县（市）科协及西湖风景名胜区科协。全市有市级学会87个，园区科协36个，企业科协208个，高等院校科协7个，科研院所科协2个。全市有乡镇（街道）科协191个，区县（市）级学会335个，科协主管的区县（市）农村专业技术协会28个，形成覆盖理、工、农、医和相关综合学科领域的多层次科技群团网络。

市科协引领科技工作者众心向党，动员、组织广大科技工作者和科协组织弘扬科学家精神，在科技助企、科普惠民等方面促进经济与科技融合。钱学森故居被中国科学技术协会等7个部门联合认定为首批全国科学家精神教育基地；西湖大学等6个单位被省科协认定为浙江省科学家精神教育基地。实施创新驱动助力工程，全年新建院士工作站10个、专家工作站68个、博士创新站148个。开展群众性科普系列工作获喜人成果。改进杭州市“网上科协”功能模块，新建院士专家工作站管理系统，升级学会学术、科普、决策咨询3个项目管理系统。

【创新驱动助力工程实施】2022年，杭州市推进创新驱动助力工程。市科协新增4个国家级学会杭州服务站，引入中国建筑节能协会、中国药物滥用防治协会、中国造纸化学品工业协会、中国生物物理协会。联络中国生物工程学会、中国睡眠研究会等相关专家走访对接企业创新需求，帮助企业纾困解难。起草《国家级学会杭州服务站管理办法（试行）》，规范完善国家级学会杭州服务站建站流程。引进中国科技新闻传播学会举办元宇宙科技传播大会，引进中国生物物理学会举办体医融合大会等。深化院士专家工作站常态化管理，评估建站运行绩效。修订《杭州市院士专家工作站管理办法》等制度，出台《杭州市博士创新站管理办法》。11月17日，举办第十九届京沪杭高科技论坛——杭州市院士专家科创联盟成立仪式暨杭州市“一家三站”工

2022 年 5 月 30 日，杭州市首届“最美科技工作者”受到表彰

（市科协 供稿）

作交流会。11 月 19 日，举办首届中国低碳城市发展论坛，邀请低碳领域权威院士专家共议碳中和的杭州经验与中国道路。

【“最美科技工作者”选树宣传活动】 2022 年，市科协联合市委宣传部、市科技局开展首届杭州市“最美科技工作者”选树宣传活动，覆盖理、工、农、医各行各业。活动遴选产生 10 名“最美科技工作者”和 10 名提名者，于“5 · 30”全国科技工作者日举办发布仪式，并组建宣讲团，向全市科技工作者发出“弘扬新时代科学家精神，投身科技自立自强”的倡议，展现新时代科技工作者精神风貌，营造尊重劳动、尊重知识、尊重人才、尊重创造的社会氛围。

【民间科技交流活动】 2022 年 6 月 7—8 日，浙江省国际民间科技交流工作会议在杭州召开。6 月 10 日，以“农业有‘数’，共富有‘术’”为主题，举办杭州国际科技工作者年会暨现代农业高质量发展论坛。落实中国科学技术协会、教育部要求，对接省科协、省教育厅，组织实施 2022 年港澳台大学生走进杭州暑期实习活动。11 月 15 日，联合中国国际科技交流中心、浙江大学创新创业学会、省国际民间科技交流中心，会同杭州创业发展促进会举办第十七届海外英才杭州项目对接会，集中交流国际科技项目 100 个。

【科经融合助力经济发展】 2022 年 9 月，市科协、市教育局、市科技局、市市场监督管理局、团市委联合举办以“科技梦助推共富梦”为主题的第八届杭州市大学生科技创新大赛，征集到电子信息、化工环境与生物医药、智能制造等领域的项目 150 多个。继续开展“千名专家进千企”专项行动，带动区县（市）科协、乡镇（街道）、园区的积极性，收集企业科技需求 113 个，协调专家为企服务 121 人次，解决实际问题 94 个。杭州数字经济联合会实施“元宇宙数字人分身技术在亚运会落地应用”项目，开展“科创中国数智共富十二月赋能行动”。市护理学会参与杭州市白马湖方舱医院筹建。市交通运输学会与浙大城市学院合作共谋交通科技创新。

【智库科技资政】 2022 年 9 月 23 日，杭州市举办“两个先行城市实践”院士座谈会，17 名院士与市领导面对面坦诚建言，为杭州高质量发展把脉问诊、出谋划策。市科协系统立项决策咨询项目 31 个，报送科技工作者建议和院士建言等 10 篇，其中《探索双碳目标实践路径，建设新时代美丽杭州》《关于杭州发展氢能产业的建议》《加快区域协同发展，着力打造杭州生物医药科创产业高地》3 篇院士建议获市委主要领导批示肯定，1 篇被市府办录用，4 篇被市政协专题协商会采用，1 篇被市政协十二届一次大会采用。政协科协界别组委员参政议政，提交政协提案 39 个、调研报告 5 篇，其中 2 个提案被列为市政协重点督办提案。中国杭州低碳科技馆在省政协第三十四次民生协商论坛上做题为《打造高质量低碳科普教育基地》的交流发言。

【科普下乡活动】 2022 年，市科协组织杭州创新讲堂走进桐庐县，农民科学素质讲堂走进临安区青山湖街道和板桥镇，举办生态农业和杨梅凋萎病防治等讲座，并提供现场专业技术指导，帮助农民科技致富。到淳安县、建德市等地开展文化、科技、卫生“三下乡”，为山区群众免费提供健康科普科技志愿服务。到余杭区永安村、淳安县安阳乡、建德市杨村桥镇等地开展流动科技馆、科技嘉年华、主题巡展等活动。专门面向杭州市山区四县开展 50 场实践类科技课程教学活动。4 月 7 日，举办农村科普示范基地建设研讨班和互学共促活动。在建德市杨村桥镇举办“科学与人”网络直播活动，观众超过 9 万人次。

【全域式立体化科普服务体系构建】 2022 年，“科普中国”App 平台杭州市注册科普员新增 6 万余人，累计超过 37 万人，占全省总数的 63%。市科协获中国科学技术协会发文肯定。9 月，浙江（杭州）全国科普日主场活动在中国杭州低碳科技馆举办。杭州市第 36 届科普宣传周各地开展科普活动 1766 场，全市 191 个乡镇（街道）全覆盖，参与公众 50 万余人次。市科协被中国科学技术协会评为全国科普日活动优秀组织单位。举办第 37 届杭州市青少年科技创新大赛。举办科学大讲堂 11 期，召开科学大讲堂 15 周年座谈会。社区科普讲师团开展科普讲座 433 场。推进“银龄跨越数字鸿沟”科普专项行动，累计培训老年人 39 万余人次，列全省第一位。举办“喜迎亚运，助力共富”杭州市公民科学素质知识大赛（第二季）。中国杭州低碳科技馆等 5 个单位被中国科学技术协会命名为全国科普教育基地；萧山机器人小镇等10个单位被省科协等部门认定为浙江省科普教育基地；临安区博物馆等18个单位被认定为杭州市青少年科普教育基地。市科协会同团市委、市教育局、市科技局成立杭州少年科学院工作联盟并强化体系建设，认定并命名杭州少科院分院14个、杭州少科院分站29个。

【科协助力“双碳”“双减”】2022年，中国杭州低碳科技馆落实市科协与滨江区政府签订的馆地合作共建框架协议，探索“一馆多点”工作模式。中国杭州低碳科技馆举办“低碳十年，我们再出发”开馆十周年访谈活动；举办“喜迎二十大，低碳新征程”等大型主题展和临展14场；举办中小学“低碳改变环境”科学主题活动，参与学生4万余名，获“美丽杭州·你我共建”最佳公众参与案例奖。开展“爱科学、促双碳——低碳环保系列宣教活动”，举办公益科普课程286场，组织“流动科技馆”进校园活动30场、科普讲座进校园活动35场。举办“世界地球日”科普宣教和“小小志愿者”暑期体验营活动。中国杭州低碳科技馆、杭州科技交流馆全年接待观众60万余人次，放映特效电影1100多场。

【科技工作者服务】2022年，市科协慰问院士351人次。《杭州院士名录》及时增录新当选院士、新建站院士和在杭州院士信息36人，收录院士增至185人。“5·30”全国科技工作者日期间，发布《杭州院士说》4期。编辑《杭州院士》第二册，采编35名院士的成长故事和研究成果。拍摄《杭州院士风采录》视频，记录4位院士风采。拓展“院士路”三期，添置27名杭州院士手模铜雕，人数增至60人。跟进落实5名全职在杭州的院士人才政策兑现，到位资金200万元。组织院士专家杭州行，举办院士沙龙和院士进校园活动。

开展杭州市十大青年科技英才认定工作，举荐杭州女科技工作者协会会长韩喜球和浙江宇视科技有限公司研究院院长周迪当选全国人大代表。依托“青科汇”平台，开展“创新讲堂”“健康大讲堂”等活动38场。协办第十届“西湖论健”健康管理学术论坛。举办“情由科缘，杭向未来”青年科技工作者交友联谊活动。举办“众心向党，自立自强——党领导下的科学家主题展”。以科技工作者知识产权保护为主题，为科技工作者免费提供法律咨询服务。举办各类学术交流、培训、沙龙等活动200多场。6月26日，杭州女科技工作者协会成立大会暨第一次代表大会召开，发展来自高校、科研院所、学术团体、科技型企业、新型研发机构等单位首批会员538名。该协会与市科协等单位联合承办以“科技自强，巾帼责任”为主题的首届“西湖科技‘她’论坛”。

【科协工作数字化改革】2022年，市科协依托浙江省“数字科协”平台，改进杭州市“网上科协”功能模块，新建院士专家工作站管理系统，升级学会学术、科普、决策咨询3个项目管理系统。建立杭州市科协学会专家库，首批入库专家1220名。依托学会秘书处对接科技需求端与供给端，探索学会业务“上云”服务。对标省、市数字化改革6个方面，召开市科协数字化改革应用场景交流会，按“迭代升级、启动实施、谋划推进”3个大类，确定推进11项重点应用场景构建。（王砚青）

杭州市归国华侨联合会

【概况】2022年，杭州市归国华侨联合会围绕全市中心工作，履职尽责、担当作为，较好地完成年度各项工作任务，获全省侨联系统综合评价第一名。坚持“党建带侨建”，推动区县（市）侨联基层组织建设。至年末，市侨联有直属事业单位1个、团体协会10个、海外联络处116个，有区县（市）侨联13个。全市有侨联组织740个，其中街道（乡镇）侨联组织134个、社区（村）侨联组织525个、企业和园区等侨联组织61个、高校侨联组织5个。

【侨界精英创新创业峰会】2022年11月8—10日，“2022侨界精英创新创业（中国·杭州）峰会”在杭州举行。峰会以“侨智创未来，筑梦新征程”为主题，发挥侨界联通国内外的资源优势和人才荟萃的智力优势，推进侨界助力共同富裕工作，深化“创业中华”品牌活动，为杭州建设汇集侨智，为“两个先行”凝聚侨力。峰会征集引进产业和人才项目107个，签约项目25个，签约金额21.9亿元；为杭州未来科技城推荐7名侨领担任海外招商顾问。

【32个单位获评省“星级侨胞之家”】2022年3月，根据《浙江省侨联系

2022年11月8日，“2022侨界精英创新创业（中国·杭州）峰会”召开。图为杭州未来科技城的海外招商顾问受聘仪式（市侨联 供稿）

统“星级侨胞之家”选树管理实施办法》，经市侨联报审，杭州有杭州市华侨服务中心等8个单位获评浙江省“五星级侨胞之家”，杭州市拱墅区银泰城侨胞之家等10个单位获评“四星级侨胞之家”，杭州市拱墅区连心侨等14个单位获评“三星级侨胞之家”。

【“侨心向党、侨助共富”活动】2022年，市侨联推进“侨心向党、侨助共富”系列活动，开展“百家侨企（团）助百村”活动，落实83个侨界企业与村庄结对；认定“新侨美宿”33家，鼓励侨界人士、留学归国人员开办乡村民宿，助力乡村振兴；推进“侨助工坊”工作，支持淳安县来料加工产业发展，签订3000万元货值的加工订单；引导区县（市）侨联、侨界企业、归侨侨眷和留学回国人员投身乡村振兴事业，涌现萧山区“侨创未来·共富团”、临安区“侨亮乡村”计划、余杭区“万企兴万村结对”、临平区“侨爱共富”等典型事例，发挥侨界优势，助力全市共同富裕示范区建设。

【第五批杭州市华侨国际文化交流基地确认】2022年12月，经杭州各区县（市）侨联推荐申报，市侨联研究，决定确认杭州都锦生织锦博物馆等13个单位为第五批杭州市华侨国际文化交流基地。华侨国际文化交流基地发挥平台作用和资源优势，开展主题宣传、文化交流、华文教育、社会公益等活动，弘扬中华文化，讲好中国故事和杭州故事，为杭州打造世界一流的现代化国际大都市贡献力量。

【华侨华人新生代杭州行活动】2022年5月26—27日，根据中国侨联“两个拓展”工作要求，培育、涵养、凝聚新生代侨界资源和力量，市侨联联合上城区侨联、滨江区侨联举办“相约杭州，共赢未来”华侨华人新生代杭州行活动。由海外侨团和侨领推荐，来自美国、英国、泰国、喀麦隆、阿根廷、澳大利亚等20个国家和地区的36名侨界新生代代表参加活动。活动根据华侨华人新生代群体的特点和需求，结合浙江优势和杭州特色，参观走访“创新创业基地”杭州绿谷科技园、“杭州市华侨国际文化交流基地”胡庆余堂中药博物馆；探访亚运会主场馆“大莲花”，近距离感受场馆的建设特色、科技内核、文化内涵；参观杭州海康威视数字技术股份有限公司展示中心，感受企业在多维感知、人工智能、大数据等方面的先进科技成果。

【新侨创新创业工作现场会】2022年9月6—8日，由杭州市侨办和市侨联主办，临安区侨办和区侨联承办的杭州市新侨创新创业工作现场会暨海外华文媒体杭州行走进临安活动举行。来自美国、日本、西班牙、澳大利亚等15个国家和地区的29名海外华文媒体负责人参与活动，采访报道杭州新侨“创新创业”“侨助共富”故事，向海外华侨华人宣传杭州亚运会筹备情况。活动介绍临安新侨创新创业工作情况，推介青山湖科技城创新创业环境和杭州市侨界创新创业基地（临安大创园）。海外华文媒体与杭州市各区侨办负责人参观海归留学生创业市集、青山湖科技城海创驿站。活动期间，海外华文媒体一行实地考察高虹镇“侨亮乡村”示范点“龙门秘境”村落景区、虹心侨之家，参观省华侨国际文化交流基地临安博物馆和市华侨国际文化交流基地昌化鸡血石博物馆。

【侨界创新创业基地建设】2022年3月2日，市侨联召开侨界创新创业基地建设现场交流推进会，推进侨界双创基地建设，发挥平台作用和资源优势。会议认定市侨界创新创业基地18个，推荐6个申报浙江省侨界创新创业基地。杭州城西科创大走廊集聚区获评中国侨联新侨创新创业基地称号；市侨联和滨江区海创园新侨创新创业基地建设经验在中国侨联经济科技工作会议上做交流发言；杭州市侨界人才尚越光电科技股份有限公司任宇航、杭州华澜微电子股份有限公司骆建军获中国侨联“侨界贡献奖”一等奖。

【“亲情中华·为你讲故事”网上夏令营】2022年7月11日，由中国侨联主办，浙江省侨联、杭州市侨联联合承办的“亲情中华·为你讲故事”网上夏令营杭州营举办“云”上开营仪式。来自北美华人华裔寻根协会、旅比华人专业人士协会的80名海外华裔青少年、老师和营员家长参加开营仪式。网上夏令营杭州营安排杭州市华侨国际文化交流基地和宋韵文化等特色内容，营员们录制视频进行自我介绍，观看短视频《最忆是杭州》，感受杭州作为历史文化名城、生态文明之都和创新活力之城的独特魅力。夏令营期间，营员们通过微信和打卡形式开展学习及互动交流，课程内容包括古典名著、成语寓言、先锋人物、安全知识等。

【杭州侨史馆试行开放】2022年，市侨联推进杭州侨史馆建设和市华侨活动中心大楼改造，通过近6个月的施工建设，完成建设和改造任务。杭州侨史馆于上半年启动史料和实物征集，得到广大归侨侨眷和海外侨胞的积极响应，海外侨胞通过各种途径发动侨团和各种组织广泛宣传参与，为侨史馆收集到不少珍贵史料和展陈实物。市侨联计划把侨史馆打造成侨胞讲好中国故事和杭州故事的重要阵地，留住侨胞“根、魂、梦”的精神家园。侨史馆于年末对外试行开放。（谢唯宜）

杭州市青年联合会

【概况】2022年，杭州市青年联合会部署各区县（市）青联、市青联各界别组和青联委员，开展学习宣传党的二十大精神有关工作，确保1500多名市、县两级青联委员学习全覆盖。八一建军节，市青联组织委员们到烈士毛景荣所在的杭州市消防救援支队特勤大队开展八一慰问，捐赠价值5万元的物资。

【团中央金砖国家青年峰会杭州分会场活动】2022年9月14日，市青联承办的团中央金砖国家青年峰会杭州分会场活动举行，全国青联副主席傅振邦出席活动并致辞。市青联代表在峰会上围绕“城市发展与青年就业创业”主题，与51个国家和29个国际组织的300多名中外青年代表分享杭州经验。

2022 年 8 月 1 日，市青联到杭州市消防救援支队特勤大队开展“八一”慰问

（市青联 供稿）

【市青联十二届五次常委（扩大）会议】2022 年 7 月 8 日，市青联召开十二届五次常委（扩大）会议。传达学习中共中央总书记习近平在庆祝中国共产主义青年团成立 100 周年大会上的重要讲话精神和浙江省第十五次党代会精神，青联委员代表分享学习体会。会议表彰 2021 年度优秀集体和先进个人，审议市青联有关人事事项。

【市青联界别组活动】2022 年，市青联开展界别组活动 15 场，深化委员间交流。承办“强国志·青春说”省青联大讲堂暨全国青联技能人才界别走进基层宣讲活动，举办青联大讲堂活动 4 期。

【“助企纾困”“助青就业”双助行动】2022 年，市青联开展“助企纾困”“助青就业”双助行动，到委员企业实地走访，了解发展现状、宣介惠企政策、给予防疫指导、督促安全生产。发动市、县两级青联委员企业提供就业岗位 200 多个，助力大学生就业。（王 亮）

杭州市工商业联合会

【概况】2022 年，杭州市工商联系统聚焦“亚运攻坚，共富示范”目标，促进非公有制经济健康发展和非公有制经济人士健康成长，引领广大民营企业和企业家同心助力共富，齐心稳进提质，凝心高质量发展，助推新时代民营经济新飞跃取得明显实效，完成全年各项工作任务，为促进非公有制经济领域“两个健康”发挥积极作用。杭州市工商联被评为年度全省工商联服务“两个健康”工作成绩突出集体，获年度工作评价优秀等次。至年末，市工商联有直属商会 151 个、工商联会员 4.46 万人。

【工商联工作政治引领】2022 年，市工商联把学习贯彻党的二十大精神作为首要政治任务，结合工作实际，做好“六联”文章。成立由 44 名企业家组成的杭州市新时代民营企业家宣讲团，通过《杭州日报》《每日商报》和市工商联《听见·杭商》栏目、微信公众号等平台开展全媒体宣传。采取市区联合、部门联动、线上和线下联用模式，以让企业家讲、让党代表讲、让专家学者讲等形式，开展学习贯彻党的二十大精神系列宣讲。系列宣讲会共吸引 270 名企业家到场参加，“杭商直播间”平台同步线上直播，观看者 5 万人次。

【品质杭商打造】2022 年，市工商联与中国人民大学合作举办 7 期线上“杭商大讲堂”，直播观看 174.1 万人次。举办“品质杭商”培训班 5 期，250 名企业家参加。组织召开杭州市民营企业家座谈会，及时收集民营企业家意见和建议，在主流媒体刊发专题报道。杭州工商联系统全年在国家级、省级以上媒体刊登宣传信息 290 篇，市工商联在《杭州日报》、“杭 + 新闻”等媒体刊登信息近 100 篇。制作全市民营经济大会宣传片《逐梦高质量》，推出杭州市民营企业高质量发展案例汇编，48 个企业入选。起草《杭州市打造民营经济“两个健康”城市之窗的实施方案》，提出“杭商心向党”“杭商名家培育”“高质量发展再出发”“营商环境共建”“强基固本”五大行动、17 项措施，由市委统一战线工作领导小组发文完成任务分解，做好落实情况督查，定期提供经验做法和典型案例。

【“助企纾困·走进金融”活动】2022 年，市工商联先后与中国建设银行、中国工商银行等 7 个金融机构签署“金融惠企”战略合作协议，组织“助企纾困·走进金融”对接活动 38 场，参加活动企业家 1200 人次。全年金融机构走访企业 3811 个、商会 510 个，新增授信企业 1131 个，受惠企业 90% 以上是中小微企业。“助企纾困·走进金融”系列活动授信金额 157.04 亿元，新批贷款 109.59 亿元。

【民营企业经贸合作平台搭建】2022 年，市工商联加强与国（境）内外工商联、商会、社团组织以及有关部门的联系合作，组织各类经贸活动 45 场次、1770 人次，接待活动 33 场次、278 人次。参与长三角地区一体化建设，参加第三届长三角商协会资源对接会，签署《助力打造长三角地区产业链供应链生态体系合作协助》，成立长三角地市商会联谊会。助力稳外贸、拓市场，引导企业开拓国际视野，参与国际竞争。

【工商联参政议政】2022 年，杭州市政协十二届一次会议期间，工商联界别立案提案 32 件，其中 3 件提案被列为重点提案、3 件提案被评为 2021 年度优秀提案。参加市政协议政性常委会及月度协商会 4 次，发言 4 次，提交调研材料 6 篇；开展联合调研重点课题 7 个；参与政党协商 12 次。围绕“建立健全民营企业参

2022年5月27日，全市民营经济发展大会召开　（市工商联 供稿）

与社会捐赠政策机制”开展专项民主监督。调研报告《杭州与国内主要城市营商环境对比分析研究》获2021年度杭州市党政系统优秀调研成果三等奖和全国工商联优秀调研成果一等奖；《杭州市民营经济发展白皮（2021）》获全国工商联优秀调研成果二等奖；《2022年杭州市亲清政商关系和清廉民企建设调查报告》等2篇获全国工商联优秀调研成果三等奖；《促进非公有制经济“两个健康”路径研究——以杭州为例》获省工商联系统优秀调研成果一等奖。市工商联全年上报社情民意78篇，其中全国工商联录用41篇，被评为反映社情民意基层先进单位。

【共同富裕示范区建设助力】2022年，市工商联引导民营企业参与“百社百企结百村”和新一轮“联乡结村”帮促活动，向帮促地区捐赠673万元，帮促当地农产品消费647万元，帮扶项目52个，结对乡镇及村159个。组织有意向的企业家分别到长春、宿州地区开展考察招商。主动对接市部分高校和市人力社保局等部门，动员企业为大学生就业开展线上和线下招聘活动，解决就业3927人。引导企业建设定向招工式“共富工坊”，推动农民增收、企业增效、集体增富。全年杭州民营企业和商（协）会开展活动52次，向社会捐赠（包括自然灾害、疫情、地震、台风等）7866.68万元。民营企业消费帮扶1.26亿元，爱心捐赠1390.1万元。引导311个民营企业和商会组织参与“万企兴万村”行动，投资314.3亿元，“兴村”总数351个。6个民营企业获评省工商联助力共同富裕“民企样本”。

【新生代企业家培育】2022年，市工商联协助全国工商联、省工商联、市委统战部开展民营经济人士的人事推荐和考察工作。完成市新生代企业家联谊会换届，组织新生代企业家到新疆阿拉尔市三五九旅纪念馆、韶山毛泽东主席故居、建德千鹤妇女教育基地等场馆开展爱国主义教育。成立“8090”新时代宣讲团，引导新生代企业家投身共同富裕示范区建设，向四川省广元市团市委、郑州市灾区、杭州市残疾人联合会等捐款。杭州市新生代企业家联谊会获全国工商联“四好”商会、“抗击新冠肺炎疫情先进商会组织”称号。

【直属商会组织建设】2022年，市工商联做好会员发展工作，按照“四好”商会建设要求，规范商会组织架构。开展2021—2022年度全国“四好”商会评选。完成“社会团体分支（代表）机构专项整治行动”和“协会商会经营服务性收费清理规范”工作。制定《杭州市工商联支持直属商会（团体会员）开展各类活动经费支持办法》，按“业务＋党建”模式，将直属商会按照地域相近、行业相关的原则划分成13个商会片组，开展党建结对和片组活动。完成杭州市总商会的年检登记，指导140个直属商会完成社团年检登记。

【商会党建工作加强】2022年，市工商联在直属商会党委所属基层党组织中开展党建积分制考核试点，补强党建短板。全年直属商会党委新批复成立党支部17个，新发展预备党员28人。至年末，市工商联直属商会党委下属党委1个、党总支3个、党支部92个、党员788名。开展商会党员政治摸排，严肃查处严重违法违纪党员企业经营者。坚持以案促改、以案促治，开展身边案例警示教育活动。　（吴　炜）

责任编辑　汤　峻

外事·侨务·港澳台事务

外　事

【概况】2022年，杭州市外事部门贯彻落实中共中央和省委、市委对外工作决策部署，服务国家总体外交大局和地方经济社会发展。全年发放外国人到华邀请函194批、272人，到华邀请核实单18批、26人，服务企业申办APEC商旅卡（亚太经合组织商务旅行卡）223批、312人，全年审批因公出国（境）团组56批、181人。全年处置各类涉外案（事）件279件，完成外国驻华使领馆和国际组织人员在杭州活动审批管理28批、144人次，处置海外领保事件20件。全年接待外宾到杭州访问18批、170人次。

做好境外输入新冠疫情防控工作，完成乌克兰撤侨包机、上海分流国际航班、商务包机、央企包机、尼日利亚临时包机、英国留学生包机等入境和转运协调工作。

【杭州国际日】2022年9月5日，主题为“以城兴产，共享融光”的第五届杭州国际日开幕。市委副书记、市长刘忻出席开幕式并致辞。韩国驻沪总领事金胜镐现场致辞，中国对外友好协会会长林松添视频致辞。杭州国际友城代表、美国波士顿市市长吴弭，德国德累斯顿市市长德克·希尔伯特，国际机构代表、C40城市气候领导联盟执行主席马克分别视频致贺。杭州市与哥伦比亚卡塔赫纳市、德国克雷费尔德市线上签署友好交流备忘录。

杭州国际日开幕式邀请西湖大学校长、中国科学院院士施一公做主旨演讲，并发布杭州城西科创大走廊打造全球创新策源地邀约。与会代表实地走访参观西湖大学云谷校区和阿里巴巴集团西溪园区。

【C40全球市长峰会】2022年10月21日，以“携手共进”为主题的C40全球市长峰会在阿根廷布宜诺斯艾利斯市举行，杭州市副市长孙旭东以视频方式参加会议。中国城市参与峰会多个议题，市长代表们围绕绿色交通、绿色繁荣社区、气候金融等议题贡献中国方案。视频分享中国城市气候行动的经验和亮点，向世界展现中国城市在应对气候危机中的积极行动。

【“一带一路”地方合作委员会年度会议】2022年6月9日，“一带一路”地方合作委员会2022年度会议暨“城市低碳发展故事”专题会议以视频连线形式在杭州召开。世界城地组织亚太区主席、尼泊尔杜利凯尔市市长、尼泊尔城市协会主席拜安居，中国人民对外友好协会副会长鄢东，世界城地组织亚太区秘书长博纳蒂娅·坦德拉德薇，委员会联合主席、芬兰奥卢市前政治市长贵迪·奥凯宁，特邀嘉宾C40全球气候领导联盟代表出席会议并发言。来自杭州市、武汉市、尼泊尔杜利凯尔市、芬兰奥卢市、英国利兹市、瑞士卢加诺市、马尔代夫马累市的相

2022年9月5日，“2022第五届杭州国际日”活动开幕　（市外办 供稿）

关领域专家和行业、企业代表60人参加会议。

【中欧非绿色能源发展论坛】2022年9月7—8日，以"和合共生，绿色同行"为主题的中欧非绿色能源发展论坛在杭州举办。论坛由中国欧盟协会、浙江省人民对外友好协会主办，中国人民对外友好协会指导，杭州市人民对外友好协会、正泰公益基金会、四达时代集团承办。中欧非政要、驻华使节、国际组织嘉宾及业界100多名代表参加论坛，围绕中欧非三方绿色投资方向、合作模式、融资渠道等议题，探讨中欧非在清洁能源领域合作的空间和机遇。

【杭州市当选世界城地组织执行局成员】2022年10月10—14日，世界城地组织第七届会员大会在韩国大田召开，杭州市受邀参加。80多个国家的3200多名政府官员、专家学者、企业界人士通过线上和线下方式参与。会议进行管理机构换届选举，杭州市当选2022—2026年世界城地组织执行局成员，连任理事会成员。

【"新时代杭州市外事参访点"遴选】2022年12月，经杭州市外事、文旅、跨文化传播等领域的专家评选，杭州市遴选出首批"新时代杭州市外事参访点"，西泠印社、中国茶叶博物馆、龙坞茶镇等14个单位入选。

【主要到访活动】2022年7月7日，省委常委、市委书记刘捷会见联合国教科文组织驻华首席代表夏泽翰，就联合国教科文组织在杭州举办《保护世界文化和自然遗产公约》颁布50周年庆祝活动等有关事宜进行商讨。

8月26日，新加坡丰益国际集团董事局主席、益海嘉里金龙鱼粮油食品股份有限公司董事长、新加坡鹏瑞利置地有限公司董事长郭孔丰到访。省委常委、市委书记刘捷会见代表团一行。双方就集团在杭州发展状况及未来投资规划进行商讨。

8月31日，德国采埃孚集团董事柯皓哲到访。市委副书记、市长刘忻会见代表团一行，双方就采埃孚集团未来到杭州投资规划进行商讨。

9月30日，市委副书记、市长刘忻会见辉瑞中国区总裁彭振科一行，就辉瑞中国整体业务发展状况和钱塘区辉瑞数字创新中心项目推进情况进行商讨。

10月19日，市委副书记、市长刘忻线上会见俄罗斯塞斯特玛集团董事局副主席菲利克斯一行，双方就该集团投资杭州事宜进行初步探讨。

11月9日，省委常委、市委书记刘捷会见英国奥歌诗丹迪集团执行董事、总经理亚伦·希尔曼一行，就奥歌诗丹迪集团在淳安投资项目事宜进行洽谈。

【亚运会筹办助力】2022年1月，中国驻韩国大使邢海明和中国驻科威特大使李名刚接受《杭州亚运》杂志采访，科威特、伊朗、韩国、越南、日本、印度尼西亚等国驻沪总领事参与"贺新春、迎亚运"活动，录制新春祝福视频。2月，南非开普敦市、澳大利亚兰德维克市、瑞士卢加诺市、日本福井市、美国波士顿市等杭州国际友城共同参与杭州电视台青少·体育（亚运）频道推出的"五洲四海同期待——杭州亚运会倒计时200天新闻特别策划"活动。

3月，以"心中的亚运，眼中的杭州"为主题的杭州第19届亚运会GoodTalk国际青少年双语演讲大赛举行。大赛由市外办与市教育局联合举办，共收到来自韩国、日本、德国、俄罗斯等9个国家的国际友城的参赛视频80个，为中外青少年搭建起学习中国优秀传统文化的交流平台。

全年杭州市外办助力亚运会筹办，在全市域开展公共区域外语标识规范化联合检查19次，审核标识语4000多条，推进全市公共服务领域外文译写规范化建设，提升城市形象。

【友城交流】2022年2月14日晚，杭州市复兴大桥亮起墨西哥国旗色灯光，作为杭州国际友好城市的墨西哥坎昆市于当地时间早晨6时以红色灯光点亮市政厅大楼，两地友城共同庆祝中国与墨西哥建交50周年纪念日。

3月，杭州市与韩国西归浦市开展的结好10周年青少年线上交流系列活动圆满结束。活动由杭州市政府外事办公室、杭州青少年活动中心与韩国西归浦市自治行政课、韩国西归浦市教育基金会联合举办，两地青少年围绕"城市发展""共度新年""杭州亚运会""可持续发展"等主题开展多场线上讨论，通过年轻一代的交往增进两座城市之间的友谊。

美国时间5月1日，杭州市与美国波士顿市举办结好40周年庆系列活动。波士顿市市长吴弭宣布5月1日为波士顿"杭州日"，中国驻纽约总领事馆总领事黄屏、波士顿议会议长爱德华·费连等嘉宾出席活动。市外办协同市文广旅游局、市文联、西泠印社、市运河集团和杭州图书馆等单位，共同参与在波士顿市儿童博物馆举办的波士顿"杭州日"暨双城文化艺术节活动。

7月25日，市委副书记、市长刘忻线上参加岐阜·杭州"日中不再战"碑文交换60周年纪念活动并发表视频致辞。中国驻日本大使馆公使施泳、驻名古屋总领馆代总领事季文斌、驻日本大使馆参赞聂佳参加现场活动。岐阜市市长柴桥正直、岐阜市议会议长浅野裕司、岐阜县日中友协会长杉山千夫、杭州市荣誉市民、岐阜杭州友好学校师生等各界人士和华侨华人出席活动。

11月26日，杭州市举办杭州青少年书画作品国际友城交流展优秀作品展暨表彰仪式。活动精选青少年画作200多件，参与杭州市与美国波士顿市、印第安纳波利斯市友城周年庆祝活动，以及与日本岐阜市、韩国水原市和西归浦市的友城青少年书画作品交流展等活动。（骆　珍）

侨　务

【概况】2022年，杭州市侨务部门围绕"凝聚侨心、汇集侨智、发挥侨力、维护侨益"的目标任务，整合资源，扩大海外联谊"朋友圈"，提升为大局服务和为侨服务水平，发挥海外侨胞和归侨侨眷在杭州"重要窗口"建设中的独特优势，助力杭州市对外开放和经济发展。

全年市侨办举办重要侨务活动2场。开展为侨服务，走访慰问重要侨领、侨商80人和困难归侨侨眷20

2022 年 9 月 6 日，市侨办组织“海外华文媒体杭州行走进临安”活动

（市侨办 供稿）

户，发放慰问金（慰问品）9.8 万元。对 16 名因孤、寡、病、残、无退休金收入等原因造成生活困难的归侨每月进行补助，累计补助 5.76 万元。开展“今年中秋不回家，侨干代您看家人”暖侨慰问活动，走访慰问侨眷家庭 300 个。

贯彻落实涉侨法规政策，树牢为侨服务理念，优化办事环境，开展“三侨”考生身份认定、华侨回国定居等涉侨事项审批工作，认定“三侨生”高考生 65 名、中考生 47 名。办理、审批、转办归侨证 9 人，转办侨务信访 5 件。

【侨界人士思想引领】2022 年，市委统战部（市侨办）强化侨界人士的思想引领。浙江省第十五次党代会召开后，组织侨商会成员 50 多人学习省党代会精神，引导侨界人士听党话、感党恩、跟党走。团结带领杭州侨商，力争以优异成绩迎接中共二十大召开，组织杭州市侨商协会成员学习中共二十大精神座谈会 2 场，侨商们结合自身体验和企业发展在座谈会上交流。

【海外华文媒体杭州行采访活动】2022 年 9 月 5—8 日，由杭州市侨办、市侨联主办，高新区（滨江）、临安区侨办和区侨联共同承办海外华文媒体杭州行采访活动。来自法国《欧洲时报》、日本《中文导报》、美国华人网、印尼《国际日报》、西班牙“欧华传媒”等 15 个国家和地区的 29 位海外华文媒体代表齐聚杭州，走进高新区（滨江）、临安区，用镜头和文字聚焦杭州在共同富裕示范区建设中实干奋进的故事，发表稿件 200 多篇。

【杭州市海外侨领研习班】2022 年 12 月 6—9 日，市委统战部（市侨办）在淳安县举办“杭州市海外侨领走进淳安县暨海外侨领研习班”，邀请 60 名杭州侨界人士及侨商国内代表参加。研习班采取课堂教学和实践教学相结合形式，通过研修学习，让侨领们了解杭州市和淳安县经济社会发展情况和城市发展规划，结合自身事业发展，发挥出侨胞独特的作用；引导带动更多侨胞参与杭州经济社会建设，展现杭州侨界的担当作为。

【侨务工作数字化改革】2022 年，市委统战部（市侨办）推进侨务工作数字化改革，指导区县（市）侨务部门有序推进为侨服务“全球通”的融会贯通，以及浙江省基层侨情信息管理的日常维护和数据更新。加强浙江政务服务网涉侨事项的维护，认领省侨办下放“华侨身份证明”“华侨捐赠备案”等涉侨事项的上线事宜，推进侨务工作数字化全链条日常数据维护和登录工作。

【侨界人士关爱服务】2022 年，市委统战部（市侨办）把元旦、春节前送温暖作为关爱侨界人士和侨界困难群众的重要工作，做好重要侨领和困难归侨侨眷家庭的走访慰问。根据国际形势，做好海外重点国家的杭州籍侨胞滞留情况排摸工作，尽最大力量为在乌克兰、巴基斯坦、斯里兰卡的杭州籍侨胞提供相应帮助。在中国新冠疫情转入常态化防控情况下，向海外侨胞宣传国内防疫政策，做好侨胞回国的服务工作。及时了解海外有意向回国的侨领，主动联系计划回杭州的侨领 8 人，提前告知有关防疫政策及入境后的相关服务事项。

（孙云新）

港澳事务

【概况】2022 年，市外办（市港澳办）适应港澳内外环境变化，加强与香港特别行政区政府驻浙江联络处、浙江省香港商会等机构联络对接，准确把握香港回归 25 周年重要历史机遇，举办港澳青年交流活动、城市规划建筑设计成就暨杭州·香港双城图片展等活动，推进杭州与港澳在建筑、文化等领域的合作，深化杭港澳青年交流，帮助港澳在杭州企业纾困解难。

【港澳青年交流活动】2022 年 6 月 11 日，“FUTUREHOLDINGS FROM NOW·从现在开启 2022”港澳青年交流活动在萧山国际人才俱乐部举行。该活动由市港澳办、香港特别行政区政府驻浙江联络处、萧山区政府联合主办。活动面向在杭州港澳学生、创业就业港澳精英及港企、澳企等展开，是香港特别行政区成立 25 周年的庆祝活动之一。

【香港嘉里控股公司董事长到杭州交流】2022 年 11 月 4 日，省委常委、市委书记刘捷会见香港嘉里控股有限公司董事长、嘉里建设有限公司主席兼行政总裁郭孔华，就嘉里建设有限公司在杭州发展及投资规划等事宜进行商讨。

【杭州·香港双城图片展】2022 年 8 月 29 日至 9 月 30 日，香港特别行政区成立 25 周年城市规划建筑设计成就暨杭州·香港双城图片展在杭州天目里城市综合体举行。该图片展由香港建筑师学会主办，香港特别行政区政府赞助，在杭州、北京、纽约、香港4个城市巡回展出。在杭州站展览中，香港与杭州进行以“越界”与“在地”为主题的双城对话，香港特别行政区行政长官李家超视频致辞。

（骆 珍）

台湾事务

【概况】2022年，杭州市对台事务秉持“两岸一家亲”理念，以“聚梦启杭”品牌为抓手，强化惠台服务，推进杭州与台湾各领域交流合作，深化经济社会融合发展。

全年举办涉台活动12场，包括第十四届“西湖—日月潭”两湖论坛、浙江·台湾周（杭州）主场活动、“公望两岸·相约春天”杭台邻里节、“心心相融·筑梦杭州”亚运主题亲子活动、公望富春文化周暨“公望两岸圆缘园”开园活动、“钱塘潮头觅宋韵”中华文化研习营活动、“同迎中秋·共盼团圆”杭台两地中秋活动、杭台青年“自媒体+电商”沙龙等活动。

全年因公到台团组28批、45人次，均为商务考察团组。全年接待台湾知名人士郁慕明、洪秀柱、夏立言3个批次。新增台资企业135个，增资31个，实到台资3亿余美元。受理处置各类涉台投诉、信访求助件98件，处置涉台突发事件11起。

【“西湖—日月潭”两湖论坛线上举行】2022年4月22日，第十四届“西湖—日月潭”两湖论坛以视频连线方式在浙江杭州与台湾南投同步举行。杭州市委副书记、市长刘忻出席开幕式并致辞，南投县政界人士林明溱视频致辞。海峡两岸体育界、文化界人士及社区（乡镇）产业发展领军人物等近200人参加交流活动。论坛以“激发两湖活力，共筑美好未来”为主题，围绕体育运动、社区产业发展、中华书法艺术传承等议题交流分享经验。

【浙江·台湾周（杭州）主场活动】2022年7月20日，以“新格局、新机遇、新发展”为主题的浙江·台湾周在杭州开幕。活动由国务院台办、浙江省政府共同主办，海峡两岸企业家峰会大陆方面副理事长张平、台湾方面副理事长陈瑞隆，浙江省委常委、常务副省长徐文光，中央台办、国务院台办副主任龙明彪，全国台企联会长李政宏等出席开幕式并致辞，来自海峡两岸的工商界代表350人出席。开幕式上，台湾光阳机车物联网、微影光刻机、新光商业3个投资项目现场签约，总投资6.6亿美元。杭州作为主会场，以“两岸携手·共创荣耀”为主题，主办杭台电竞产业论坛和海峡两岸青年电竞手游赛“一会一赛”专场活动。海峡两岸媒体发布活动相关信息6432篇，海峡两岸全媒体平台阅读量超过1.5亿人次，台湾覆盖量超过412万人次。

【“公望两岸·相约春天”杭台邻里节】2022年3月5日，以“公望两岸·相约春天”为主题的“浙”里共绘“现代版富春山居图”活动在杭州举办。市台湾同胞投资企业协会、在杭州台胞代表、海峡两岸艺术家等60多人在富阳区龙门镇观看非遗表演，在思源堂聆听姓氏渊源，到龙门“走亲”，游阳陂湖踏青，在黄公望村联欢，海峡两岸企业家和艺术家共叙情谊。

【“心心相融·筑梦杭州”亚运主题亲子活动】2022年4月29日，杭州市举办“心心相融·筑梦杭州”亚运主题亲子活动。30多名台湾青少年及家长参观杭州亚运会轮滑馆（钱塘轮滑中心），在专业教练的指导下体验轮滑运动，多角度、沉浸式打卡杭州亚运会比赛场馆。活动采取线上直播方式，海峡两岸在线观看1.5万人次，“抖音”点赞2.1万人次。

【“爷爷的水稻田”音乐节特别节目】2022年5月21日，首届“爷爷的水稻田”音乐节特别节目在杭州举办。活动采取线上和线下相结合方式，由袁隆平农业科技奖励基金会、联合国粮农组织驻华代表处、中国水稻研究所、中国作物协会物用作物专业委员会、杭州市富阳区政府联合主办。两岸学生60人相聚杭州富阳的“爷爷的水稻田”东洲基地，现场播种水稻，认领水稻田，成立“守护水稻一生”志愿服务团，并以音乐会的方式将种粮情怀代代相传，表达海峡两岸民众对袁隆平院士的思念。

【公望两岸圆缘园开园】2022年6月1日，杭州市在富阳区举办公望富春文化周暨公望两岸圆缘园开园活动。海峡两岸知名人士、专家学者和青年等近100人参会。公望两岸圆缘园以《富春山居图》为纽带，寓意“以画为缘，共盼团圆，共建家园”，首期引进艺术家陆蓉之授权的“元宇宙”体验馆、漫画家蔡志忠授权的“湾湾漫画吧”、设计师蔡美月授权的“蔡美月”婚纱馆、花卉艺术家高意静授权的“珍爱时刻”花艺等5个文创

2022年6月1日，公望两岸圆缘园开园活动在富阳区举行 （市台办 供稿）

项目，成立“公望两岸，乡村振兴”台湾青年志愿服务队，吸引汇聚海峡两岸青年共同参与建设公望两岸圆缘园，助力台湾青年参与高质量建设共同富裕示范区发展新格局。

【“悠悠宋韵味·浓浓两岸情”摄影展】2022年7月20日，以“迎亚运，话共富”为主题的“悠悠宋韵味·浓浓两岸情”摄影展在杭州开幕。吸引海峡两岸摄影艺术家及民间摄影爱好者参与，共征集摄影作品489件，展出72件。海峡两岸同胞以光影呈现宋韵传世之美，用镜头讲好杭州“迎亚运，话共富”盛会的故事，促进海峡两岸文化交流。

【“钱塘潮头觅宋韵”中华文化研习营】2022年8月29日，“钱塘潮头觅宋韵”中华文化研习营在杭州启动。30多位台湾青年在西子湖畔开展宋韵文化体验活动，着宋服、品宋宴、焚香操琴、点茶插花。活动采取线上和线下相结合方式，围绕宋代团扇制作、官窑青瓷鉴赏、宋代文化赏析等开展互动活动。海峡两岸青年参观杭州西站枢纽和梦想小镇，分享创业心路历程，提升台湾青年参与浙江高质量建设发展的信心。

【“同迎中秋·共盼团圆”活动】2022年9月9日，以“同迎中秋·共盼团圆”为主题的杭台两地中秋系列活动以视频连线方式在浙江杭州市和台湾南投县同时举行。著名书画鉴定家、艺术史学者傅申的“傅申中国书画鉴定论著全编”之《黄公望研究》《书画鉴定研究》新书发布会在富阳公望两岸圆缘园举行，海峡两岸艺术家、台湾青年及社会各界人士近100人参会。发布会后，海峡两岸青年参加“同迎中秋·共盼团圆”中秋音乐联谊会。南投县台胞发来祝福视频，表达海峡两岸同胞期盼团圆和早日实现中华民族伟大复兴的美好愿景。

【月老像安奉5周年纪念活动】2022年9月28日，以“月老情牵·福满两湖”为主题的杭州赠南投月老像安奉5周年纪念活动，以视频连线方式在杭州玉皇山老玉皇宫和南投日月潭文武庙同步举行。杭州市道教协会会员、在杭州台商台胞近40人参会。活动为与会者赠送月老法印，举办祈福法会。双方以月老文化为红线，赓续传统文化，共祈幸福生活，推进海峡两岸道教文化合作。

【“心连心·两岸情”书画展】2022年9月30日，“迎亚运，话共富”暨“心连心·两岸情”书画展在杭州开幕。海峡两岸书画家以中国书法、中国画为主的近100幅作品参加展出，台湾书法家章厚伦的正楷微书《红军长征史》引发热议。海峡两岸书画家以墨铭志、以画叙怀，表达对杭州亚运盛会的期待，擘画同心共筑中国梦的未来，增进海峡两岸同胞民族认同和文化认同。

【杭台青年“自媒体+电商”沙龙】2022年11月20日，以“直播通两岸·电商共发展”为主题的杭台青年“自媒体+电商”沙龙在杭州举办。在杭州的台湾青年博主、主播、电商行业专家及台企代表等50人参加。与会专家分别就台湾青年关注的电商行业发展、自媒体与电商融合、电商从业须知法律等主题进行授课，分享“网红达人”的奋斗故事，并实地研学，提升学员能力，吸引台湾青年到杭州创业就业。

【台湾青年主播“聚梦启杭”项目】自2020年7月起至2022年年末，由杭州市台湾同胞投资企业协会主办，韶倾科技（杭州）有限公司明星学院承办的“千名台青主播培养计划”完成。3年来，通过“聚梦启杭”小程序向海峡两岸招募1000名台湾青年，开展线上和线下相结合的直播培训。学习内容包含短视频制作、秀场直播、“网红”打造、直播带货等，最终通过遴选推荐台湾青年与直播平台、电商企业签订就业协议，帮助他们在大陆实现创业就业梦想。该项目培养出100多名台湾青年网红主播，李乔昕（抖音名：台湾表妹）的企业于2022年落户杭州，全网关注者超过400万人，最高单周视频播放量超过3亿次。

【杭州对台宣传】2022年，杭州市邀请中央广播电视总台、海峡卫视、台湾“中视”、“中国台湾网”等媒体到杭州采访拍摄“大陆寻奇”“大陆台企这十年”“台湾青年游德寿宫”“台湾青年迎亚运”4个专题节目，拍摄杭州西湖、中国大运河（杭州段）、良渚三大世界文化遗产，分享在杭州台商和台湾青年“业有所精、干有所成”的创业奋斗故事，宣传惠台措施在杭州的落地成效。采访视频在中央广播电视总台《海峡两岸》栏目、台湾“中视”社教栏目、海峡卫视、微博、抖音等平台播出。拍摄“台湾青年亚运原创歌曲MV”“台湾青年亚运探馆”等5个短视频参与格莱美奖“第三只眼看中国”国际短视频大赛，其中杭州台胞虎年祝福视频“穿越海峡的新春祝福”获“抖音”点赞4.1万人次。邀请台湾媒体12批、72人次到杭州采访，海峡两岸主流媒体多次报道“奋进新时代，建设新天堂”杭州故事。市台办被中央台办评为“两刊”宣传工作先进单位。

（*颜君芝*）

责任编辑　汤　峻

14 法 治

地方立法

【概况】2022年,杭州市人大常委会推进科学立法、民主立法、依法立法,全年审议法规草案10件,表决通过其中7件,为杭州市争当浙江高质量发展建设共同富裕示范区城市范例提供法治保障。

【《杭州市社会信用条例》制定】2022年3月7日,杭州市第十三届人大常委会第四十三次会议通过《杭州市社会信用条例》。该条例经2022年5月27日浙江省第十三届人大常委会第三十六次会议批准,自2022年7月1日起施行。条例共6章、38条,对社会信用信息管理与应用、信用主体权益保护、法律责任等做出规定。

【《杭州市国有土地上房屋征收与补偿条例》制定】2022年3月7日,杭州市第十三届人大常委会第四十三次会议通过《杭州市国有土地上房屋征收与补偿条例》。该条例经2022年5月27日浙江省第十三届人大常委会第三十六次会议批准,自2022年8月1日起施行。条例共46条,就国有土地上房屋征收工作的职责分工、征收范围、征收补偿方案、征收决定、补偿安置等事项做出规定。《杭州市城市房屋拆迁管理条例》同时废止。

【《杭州市邮政通信管理条例》废止】2022年5月30日,杭州市第十四届人大常委会第二次会议通过《关于废止〈杭州市邮政通信管理条例〉的决定》。该决定经2022年7月29日浙江省第十三届人大常委会第三十七次会议批准,自2022年8月12日起施行。

【《杭州市非道路移动机械排气污染防治规定》制定】2022年8月31日,杭州市第十四届人大常委会第四次会议通过《杭州市非道路移动机械排气污染防治规定》。该规定经2022年9月29日浙江省第十三届人大常委会第三十八次会议批准,自2022年12月1日起施行。条例共22条,对法规适用对象、部门职责、非道路移动机械编码登记管理制度、分类管理、使用管理等做出规定。

【《杭州市街道居民议事工作规定》制定】2022年11月2日,杭州市第十四届人大常委会第五次会议通过《杭州市街道居民议事工作规定》。该规定经2022年11月24日浙江省第十三届人大常委会第三十九次会议批准,自2023年1月1日起施行。规定共20条,对街道居民议事会成员数量及构成、议事内容及方式等做出规定。

【《杭州市历史文化名城保护条例》制定】2022年12月20日,杭州市第十四届人大常委会第七次会议通过《杭州市历史文化名城保护条例》。该条例经2023年3月31日浙江省第十四届人大常委会第二次会议批准,自2023年5月1日起施行。条例共7章、55条,对保护对象、保护规划和风貌管控、保护措施以及历史建筑、传统风貌建筑的合理利用等历史文化名城保护工作的重要事项做出规定。《杭州市历史文化街区和历史建筑保护条例》同时废止。

【《杭州市湿地保护条例》制定】2022年12月20日,杭州市第十四届人大常委会第七次会议通过《杭州市湿地保护条例》。该条例经2023年3月31日浙江省第十四届人大常委会第二次会议批准,自2023年5月1日起施行。条例共5章、33条,对湿地资源管理、湿地保护、利用与修复、法律责任等做出规定。

【《杭州市优化营商环境条例》完成二审】2022年10月31日,杭州市第十四届人大常委会第五次会议对《杭州市优化营商环境条例》进行初次审议。12月20日,杭州市第十四届人大常委会第七次会议对该条例完成第二次审议。

【《杭州市乡村建设条例》完成二审】2022年11月1日,杭州市第十四届人大常委会第五次会议对《杭州市乡村建设条例》进行初次审议。12月20日,杭州市第十四届人大常委会第七次会议对该条例完成第二次审议。

【《杭州钱塘新区条例》完成初审】2022年12月20日,杭州市第十四届人大常委会第七次会议对《杭州钱塘新区条例》完成初次审议。

（市人大常委会办公厅）

依法治市

【概况】2022年，杭州市加强党对法治工作的领导，推进科学立法、严格执法、公正司法、全民守法，深化法治杭州建设，为加快建设社会主义现代化国际大都市提供法治保障。

杭州市第十三次党代会提出“打造良法善治的新天堂”目标，市委第十三届三次全会提出推进现代化民主法治建设新实践，建设全过程人民民主市域典范、法治中国示范城市、更高水平的平安杭州。市委召开法治杭州建设工作会议、法院工作会议，市委常委会专题听取法治杭州建设情况，研究深化全面依法治市工作。开展“法助共富、法护平安”行动和法治杭州建设8个专项行动，制定年度法治杭州建设重点清单、法治人才培养重点清单、市县法治建设重点清单等，明确各领域工作举措，压实责任。

制定《全面推进乡镇（街道）法治化综合改革行动计划（2022—2025年）》，全市域推进乡镇（街道）法治化综合改革，构建市、县、乡三位一体、全面贯通的依法治市总体格局。落实领导干部年度述职述法工作。市委依法治市办、市纪委市监委联合出台《关于加强法治督察与纪检监察监督协作配合的工作办法》，建立法治督察、纪检监察和党委巡察常态化协作机制。将法治建设纳入市领导带班督查内容，对区县（市）开展全面检查。市人大常委会出台落实宪法宣誓制度的决定，全市实行新任领导宪法宣誓仪式。全市评选出36项有辨识度、有影响力的法治建设成果。建立市法治人才库，首批227名立法、执法、司法、法律服务、法学研究、涉外法治人才入库。

【地方立法新特色】2022年，杭州市人大常委会制定5年（2022—2026年）立法调研项目库，提高地方立法的系统性、科学性和前瞻性。聚焦优化营商环境、生态保护、共同富裕、民生改善等重点领域，制定《优化营商环境条例》《非道路移动机械排气污染防治规定》《街道居民议事工作规定》《历史文化名城保护条例》《乡村建设条例》《湿地保护条例》《钱塘新区条例》7件地方性法规，制定《生产经营单位安全生产主体责任规定》《网络餐饮外卖配送监督管理办法》《政府立法听证程序规定》3件政府规章。清理并废止8件共同富裕城市范例建设政府规章。巩固运用重要法规起草领导小组制度、“双组长”等制度。发展全过程人民民主，发挥人大代表、专家学者、法律顾问和基层单元、立法联系点的作用，发挥政协委员、无党派人士、民主党派、工商联、人民团体和社会组织在立法协商中的重要作用，广纳民意民智。

【法治政府建设新成果】2022年，杭州市委常委会、市人大常委会专题听取法治政府建设情况报告，政府对审议提出的问题全面整改。开展全市行政规范性文件全面清理。推行轻微违法行为不予行政强制清单、不予行政处罚清单和企业行政合规指导清单制度。在全市推行行政执法“公述民评”。开展基层行政执法规范年行动，全市行政诉讼发案量比上年下降5.3%，行政机关败诉率5.3%，均为历史新低；行政诉讼调撤率33.2%；全市行政机关负责人出庭应诉率97.6%。加强对食品药品、公共卫生、环境保护、危化品、安全生产、劳动保障、交通运输、地方金融、教育培训等重点领域的执法监管。全过程、全领域推进数字法治政府建设，“依托城市大脑推进法治政府数字化转型”项目获评全国法治政府建设示范项目。开发重大行政决策管理系统和“智慧复议”平台，推出电子执法证。违法建筑查处“一件事”闭环治理应用、执法监管“一件事”协同应用等获评全省“数字法治好应用”。推进综合行政执法改革，梳理执法事项总目录5861项，编制综合执法清单1933项、专业执法清单3034项、乡镇（街道）执法清单2337项。191个乡镇（街道）综合执法队全部挂牌，综合执法事项占比33%，执法力量区县（市）、乡镇（街道）下沉率分别为89.8%和71.8%。市、县两级成立行政执法协调指挥中心，市、区两级建立综合行政执法法制保障中心。市、区共建立改革配套制度130个，涵盖队伍建设、人员管理、执法规范、执法协同、数字执法等方面。优化移动端一体化执法应用，实现“一部手机全执法”。

【公正司法加强】2022年，杭州市推进政法队伍教育整顿常态化，制定全市政法能力建设的实施意见，落实8个实施方案。强化对各类市场主体平等司法保护，采用信用修复、“活扣”、“活封”等手段帮助企业恢复正常生产经营。深化小额诉讼改革，为当事人节约70%的诉讼成本。打造涉营商环境案件审执智能化系统，涉企纠纷平均耗时缩短22.1天。强化互联网司法审判职能，规范新业态经济发展。推进“执行一件事”集成改革，加大失信被执行人曝光力度和拒执犯罪打击力度。建成“共享法庭”3782个，指导调解7.91万件（次），化解纠纷5.35万件。研发“凤凰智审”系统，实现金融借款、买卖合同、民间借贷等纠纷审判全流程自动化。推进办案质量监管智能化，实现庭审情况智能巡查、审判活动在线监管、关联案件智能推送、裁判偏离自动预警。构建“杭州数字法院大脑”。设立杭州国际商事法庭，上线“跨境贸易司法解纷平台”，入选2022年度世界互联网大会实践案例。杭州知识产权法庭获评“全国人民满意的公务员集体”。坚持“少捕慎诉慎押”，全面适用认罪认罚从宽制度。依法审慎办理涉企刑事案件，推进涉企刑事案件“挂案”清理，开展合规整改。成立驻亚运村知识产权检察官办公室，推进知识产权刑事、民事、行政检察一体履职，依法惩治侵犯知识产权犯罪。开展环境保护、护航亚运、个人信息保护等领域公益诉讼专项监督。开展全域数字法治监督体系建设，推进全国大数据法律监督创新实践基地建设，在42个领域开展数字检察监督专项行动。

【基层社会治理强化】2022年，杭州市参与国家宪法宣传教育馆建设，发挥“五四宪法”历史资料陈列馆、宪法公园（广场）作用，开展宪法宣传。组织“美好生活·民法典相伴”主题宣传活动，开展宣讲活动1120场。针对青少年、新经济新业态从业人员、村居民等6类重点群体分别制定“应知应会法律法规清单”。各村（社区）普遍配备法律顾问，培育“法治带头人”3043名、“法律明白人”902名，创建全国民主法治示范村（社区）30个、省级民主法治村（社区）445个、市级民主法治村（社区）2306个。建成西湖区民法典宣传教育馆、富阳区黄公望村民法典馆等宣传阵地。助企纾困，市场法律顾问服务网格化覆盖市场主体152万个，“法治体检”民营企业3.1万个。制定公共法律服务体系建设“一图二清单”，创新推出“二手房自主交易公证”等惠民举措。迭代升级县级矛盾纠纷调解中心，将其打造成集运行监测、矛盾调处、分析研判、协同流转、应急指挥、督查考核于一体的社会治理中心，各级调解组织化解各类矛盾纠纷55.34万件。推进司法所、人民调解组织与“共享法庭”载体互通、人员共享。推进全国律师调解市场化试点，律师调解收案2.06万件，调解成功6665件，成功率32.4%。 （彭志芳）

政法委与综治

【概况】2022年，杭州市委政法委以平安护航党的二十大为主线，围绕“平安考核进全省前列”目标，抓好防风险、保平安、护稳定各项工作，平安杭州、法治杭州建设取得新成效。

完成党的二十大、省第十五次党代会、市第十三次党代会等重大活动维稳安保任务，做到重大政治事件、严重暴力恐怖事件、重大个人极端事件和重大公共安全事件4个“零发生”。建立“4+X”分级会商机制，实现“每日会商、动态报送、落地处置、核查反馈”的闭环管理。对党的二十大维稳安保工作进行复盘总结，固化形成《杭州市重大活动维稳安保十项机制》，推动形成点面结合、平战一体、群防群治、科技赋能、督导推动的维稳安保技战手法。

【平安杭州建设提质增效】2022年，市委政法委组建市除险保安工作专班，建立完善除险保安晾晒通报机制，强化“平安督”“平安法治实时报表”场景应用，开展除险保安百日攻坚行动。深化“平安校园”“平安工地”“平安村社”“平安企业”等创建，开展道路交通、消防安全、食品药品、生态环境等重点领域突出问题整治，加大电信网络诈骗和跨境赌博违法犯罪打击力度，常态化推进扫黑除恶斗争，夯实平安创建安全基础，全市查处各类隐患39万余个，整改重大隐患4000多处。全年刑事案件总数比上年下降22.8%；电信网络诈骗立案数下降32.3%，涉案金额下降35.1%；各类生产安全事故下降29.4%，死亡人数下降25.5%；火灾起数下降9.4%；交通死亡人数下降6.9%；诉讼案件总收案数下降6.5%；信访走访总量比前三年平均值下降45.7%，全市未发生“一票否决”事项，未发生“较大”以上事故，平安杭州建设提质增效。

【基层社会治理体系迭代升级】2022年，市委政法委依托“大综合一体化”和数字化改革成果，在乡镇（街道）建立“小脑+手脚”工作体系，实现“乡镇（街道）小脑发出指令—综治手脚快速响应—职能部门协同处置—村社网格跟进落地”的工作闭环，推动基层治理数据贯通、力量整合。相关做法得到中央政法委和省委领导的肯定，杭州市被评为首批争当浙江高质量发展建设共同富裕示范区城市范例最佳实践。

全市191个乡镇（街道）“小脑+手脚”体系全部建成，2500多名综合信息指挥人员进驻，基层各类事件处置时间从平均17.8分钟/件优化到8.7分钟/件，纠纷类警情比上年下降8.8%。做好全国首批市域社会治理现代化试点城市评估验收自评自查，其中“防范化解政治安全、社会矛盾、网络安全风险”3项做法在全国市域社会治理现代化试点工作交流会上做重点发言；“防范化解社会矛盾风险”经验做法在《长安》杂志刊登；“智治支撑”项目被中央政法委指定交流。聚焦社会治安、道路交通、环境卫生、公共服务、视频监控等方面的突出问题，在全市城郊接合部84个问题突出的村社（区块）开展专项整治，拆除违建1491处，整治违规经营1208处，修复破损道路2.03万平方米，新增停车泊位1056个。完善党建统领网格智治运行机制，推动网格团队常态进网入户、收集信息、排查隐患，全市1.4万个网格和9.3万个微网格（楼道长）均配强力量，共32.5万人。深化“共享法庭”建设，开发并上线“共享法庭”集成应用2.0版，全年指导调解基层矛盾纠纷4.8万件，开展网上立案、诉讼，协助执行案件4万余件。

【执法司法监督效能提升】2022年，市委政法委坚持平安杭州、法治杭州一体推进，以司法监督能力提升为重点，全面促进社会公平正义。牵头协调40多件重大疑难案事件，推动300多件涉法、涉诉重复信访问题化解“清零”，实现法律效果、社会效果、政治效果相统一。制定《杭州市落实八个多跨制度实施方案》，建立市滥诉联合甄别专业委员会，推动“应收未收、判实未执”清理工作取得实效，查处虚假诉讼700多件（次）。创新打造全域数字法治监督平台，迭代形成“两舱（仓）三中心”总体框架，通过贯通关联数据、建立监督模型、AI辅助决策、前置预警预测，提升司法监督的及时性、穿透性和可靠性。平台归集政务、政法数据信息4014万条，对接接口数据信息7.2亿条，国土资源、社保基金、特定行业准入、法治营商环境等12个子场景实现市、县两级贯通运行，论文《共同富裕示范区建设语境下数字赋能法治保障的检察路径——以杭州“全域数字法治监督体系”为观察范式》获“法治浙江论坛”优秀论文一等奖。

【数字法治建设实现突破】2022年，杭州市117个应用被纳入《2022年省数字法治系统一本账S3》。“平安风险预测预警防控应用”等3个应用获评省“数字化改革最佳应用”，“刑事强制措施人员数字化监管”等10个场景获评省“数字法治好应用”，数字法治“一屏两端”等7个场景获省数字赋能社会治理场景揭榜认领项目，数量均列全省第一位；承接“全链条要素式审判技术攻关的创新应用”“区块链+检察”等国家级试点6个。“个人极端暴力犯罪模型应用”获公安部部长批示肯定，“网格

2022 年 10 月 1 日，杭州市开展国庆武装巡逻，强化平安杭州建设

（市公安局 供稿）

疫管通”经验做法在省《数字化改革（抗疫篇）》刊登。统一地址库共调用 4.9 亿次，日均调用 45 万次。全年杭州在省数字法治 4 次阶段性综合评价中均为 5 星，年度考核居全省第一名。

【政法队伍建设】2022 年，市委政法委深化政法队伍教育整顿成果，出台《关于巩固政法队伍教育整顿成果加强新时代全市政法能力建设的实施意见》，提升党对政法领导力、政法统筹协调力、风险隐患预见力、基层基础承载力、执法司法监督力和重大任务落实力等政法能力。开展全市乡镇（街道）政法委员政治轮训，迎接中央政法委《政法工作条例》专项督查，相关工作得到督查组肯定。开展市直政法系统处级领导干部跨部门交流，推进政法干警依法履职保护试点建设，建成保护委员会 14 个、保护工作办公室 76 个，办理政法干警依法履职受侵害案件 400 多件。及时奖励党的二十大召开期间维稳安保工作，在全市政法系统常态化开展选树英模工作，激发广大干警干事创业的热情与活力。成立市级“平安卫士关爱基金会”，全年发放救助救济慰问金 100 多万元。

【平安宣传大格局构建】2022 年，市委政法委利用各地、各部门的平安宣传资源，提高平安宣传共建、共治、共享的宣传氛围。集中在省市行政中心、主要交通要道、车站码头、电子大屏、人流量较大的地铁站投放“除险保安，共创平安”公益宣传灯箱广告；举办以“平安杭州”为主题的灯光秀，89 万余人次观看；通过微信朋友圈投放《平安杭州》宣传片，点击量超过 82 万人次。

【法学会建设推进】2022 年，杭州市法学会举办“法治浙江论坛”，承办浙江省“2022 年青年普法志愿者法治文化基层行”启动仪式，开展送法入社区（村）、入校园、入企业宣讲 50 多场。建设市法学会法律专家库和首席法律咨询专家库，聘任首席法律咨询专家 50 名。深化“一县一品”特色法学会建设，形成拱墅区“红茶议事会”、淳安县青少年法治教育基地、建德市“网格法官”等一批特色法学会品牌，在诉源治理、矛盾纠纷化解和法治宣传等方面发挥作用。

（李 良）

法治政府建设

【概况】2022 年，杭州市统筹推进法治政府建设，学习宣传习近平法治思想，形成制度化、清单化的杭州贯彻方案。出台《杭州市关于持续深入推进依法行政全面建设法治政府的实施意见》《杭州市 2022 年法治政府建设工作要点》等文件。全市各级政府和部门在党委统一领导下落实法治政府建设各项工作任务，主动向党委报告重大问题。“依托城市大脑推进法治政府数字化转型”项目获评全国法治政府建设示范项目，培育一批县乡法治政府建设“最佳实践”项目。加大法治政府建设考评力度，执行年度报告制度。开展市政府常务会议会前学法 8 次。举办全市领导干部法治建设能力提升培训班，94 名新任市管领导干部参加任前法律知识考试。全市各级政府和部门全面落实宪法宣誓制度。实施“八五”普法规划，开展公民法治素养提升专项行动，打造具有杭州辨识度的“法治文化带”，建立全市首批 43 个公民法治素养观测点，推进国家宪法宣传教育馆建设。

【法治杭州建设第一责任人职责落实】2022 年，杭州市第十三次党代会提出“打造良法善治新天堂，建设法治中国示范城市”的目标。市委召开法治杭州建设工作会议，省委常委、市委书记刘捷强调，要高水平推进新时代法治杭州建设。市委理论学习中心组举行专题学习会，集中学习研讨《习近平法治思想学习纲要》。市委常委会会议专题听取法治政府建设情况汇报。市政府和 36 个政府工作部门主要负责人向市人大常委会报告法治政府建设及依法履职情况并做好问题整改。市政府主要领导就法治政府建设多次做出批示并提出具体要求。市领导带班全面督察区县（市）、乡镇（街道）法治建设工作。召开全市府院联席会议。出台《关于加强法治督察与纪检监察监督协作配合的工作办法》，建立法治督察和党委巡察常态化协作机制。

【经济社会发展法治保障】2022 年，杭州市以法治服务经济稳进提质，出台“助企开门红杭十条”“服务业四十条”等举措，助企纾困解难。依法科学精准防控新冠疫情，因时因势调整优化防控政策，最大限度降低疫情对经济社会发展的影响。多措并举提升法律服务供给质效，为亚运会筹办筑牢法治屏障。运用法治方式和手段夯实平安稳定防线，打好“除险保安”攻坚战，完成平安护航党的二十大等各项任务。办好老旧小区住宅加装电梯、二次供水设施改造等10个方面民生实事。开展乡镇（街道）法治化综合改革和基层行政执法规范年行动，提升基层治理法治化水平。

【营商环境法治化】2022年，杭州市动态调整政府部门和乡镇（街道）权责清单。深化“无证明化”改革，证明事项告知承诺制增至22项，涉企经营许可告知承诺制增至106项；实现企业办事251个事项凭营业执照“一照通办”，全市政务服务“一网通办”率96%。推进“互联网+监管”，“掌上执法”检查率99.9%，“双随机、一公开”抽查事项覆盖率100%。推进国家营商环境创新试点城市建设，商事“共享法庭”等改革经验在全国推广。杭州市实施“信用报告代替企业无违法违规证明”，被国家市场监管总局确定为“重大政策措施公平竞争审查会审试点”城市，入选全国首批国家知识产权强市建设示范市。

【依法行政制度体系优化】2022年，杭州市制定《杭州市优化营商环境条例》等11件法规、规章。发挥立法联系点、立法志愿者作为“民意直通车”的重要作用，对82件市政府规章涉“共同富裕示范区建设”等内容进行专项清理，废止8件。加强对规范性文件的合法性审查，对247件区县（市）政府和市级部门规范性文件备案审查。

【行政决策机制完善】2022年，杭州市推进重大行政决策事项目录化管理全覆盖，市、县、乡3级均制定公布重大行政决策事项标准。全市行政机关法律顾问覆盖率100%，建立公职律师统筹调配使用机制。落实重大行政决策法定程序，强化决策合法性审查和集体讨论决定制度。开发运用“重大行政决策数字化管理系统”，获评全省“法治好应用管理系统”。

【公正文明执法规范】2022年，杭州市全面推进“大综合一体化”行政执法改革，整合执法职责，综合执法事项覆盖62.5%，执法领域精简专业执法队伍50支，执法力量到区县（市）和乡镇（街道）的下沉率分别为89.8%、71.8%。加强行政执法规范化、标准化建设，发布轻微违法行为不予行政处罚、不予行政强制措施和企业行政合规指导“三张清单”，实现“电子亮证执法”全市覆盖。加大重点领域执法力度，实施民生领域案件查办“铁拳”行动、食品安全“守底线、查隐患、保安全”行动、保障环境质量“绿剑2022”行动等。

【矛盾纠纷调处化解】2022年，杭州市完善社会矛盾纠纷多元化解机制，出台《杭州市社会矛盾纠纷多元化解办法》，推进司法所、人民调解组织与“共享法庭”载体互通、人员共享，深化律师调解市场化试点，全市信访积案动态清零。推进行政复议应诉工作，实施复议员任命、分级管理，开发“浙里复议”数字应用。全市办结复议案件4878件，直接纠错147件，纠错率5.7%，比上年下降2.49个百分点；调解结案2127件，调撤率43.6%。全市发生一审行政诉讼案件2072件，下降5.3%；审结案件1999件，败诉105件，败诉率5.3%，下降0.32个百分点。出台行政应诉工作指引，全市行政机关负责人出庭应诉率97.6%，上升2.54个百分点。

【行政权力运行制约监督】2022年，杭州市依法加强和规范政府督查，围绕贯彻稳经济一揽子政策举措等开展专项督查，针对“预付式消费”等隐患集中开展专项整治督查。加强行政执法协调监督，在全市推广行政执法“公述民评”，开展“体检式”执法评议，出台执法尽职免责和容错纠错实施办法，开展乡镇（街道）执法、涉亚运执法专项监督，创设行政执法监督新闻媒体和行业协会联系点，开发的“行刑衔接”执法监督场景在全省推广。推动政务公开，完善政府门户网站集约化建设，运用大数据分析群众电访、信访咨询的高频事项，有针对性进行信息公开；规范政府信息依申请公开办理流程。 （叶建丰）

公 安

【概况】2022年，杭州市公安机关深化“公安大脑”建设，锻造“三能”标杆铁军，全力战疫情、防风险、保安全、护稳定、促发展。全年全市刑事、治安警情比上年下降27.4%和23.9%，现发命案连续9年全破。“预警机制”“杭州义警”等工作得到公安部主要领导批示肯定并推广全国，市公安局获评全省各市公安机关综合实绩评估优秀单位。全年杭州市公安机关有23个集体、37名个人在全国、全省公安系统功模表彰大会上受到表彰，3个集体立一等功，11个集体、21名个人立二等功，总数居全省第一位。

【党的二十大杭州安保工作】2022年，市公安局围绕党的二十大“守好杭州阵地、控住进京通道、拱卫北京主场”目标，分“夯基除患、夏季攻势、决战决胜、收官巩固”4个阶段压茬推进，运行风险隐患“双想”机制、涉稳处置平战机制、“四个一批”推进机制，制定20多个系列方案，细化推进72类、249项任务，发现并整改问题隐患7700多处，助力完成党的二十大安保工作。

【亚运安保筹备】2022年，市公安局搭建“一办八组20个专项组”安保组织体系，与省公安厅安保办、市亚组委安保部融合办公，建立“一书一图牵总、六张清单抓实、日周月次推进、比拼亮晒落地”等任务闭环机制，组织筹办市公安局亚运安保领导小组会议9次、安保例会61次，编发日报292期、周报专刊63期。围绕亚运会延期后工作变化调整，动态更新任务清单1700多项，制订167个方案预案，明确173项重点任务，梳理235项指标导引，完善亚运安保工作体系，确保各项安保筹备工作扎实推进。

【电信网络诈骗打击整治】2022年，市公安局升格市级打击治理电信网络诈骗犯罪工作领导小组，组

2022 年 10 月 1 日，市公安局完成国庆节安全保卫任务　（市公安局 供稿）

建“百日行动”反诈专班，开展反诈会战。开展“两卡”专项治理，建立健全例会推进、在线指挥、晾晒通报、督导考核 4 项工作机制，确保反诈整治系统化、制度化、高效化运作，案件受理数、案损数比上年分别下降 40.1% 和 36.1%，100 万元以上案件数下降 76.1%，返还被骗资金 2.8 亿元，返还量居全省第一位。侦办涉养老诈骗案件 232 起，追赃挽损 2.3 亿元，工作成效得到全国打击治理电信网络诈骗专项办督导组肯定。

【交通管理“吹哨”机制】2022 年，市公安局建立交通管理重大事故警情响应“六个一（医）”机制（一哨群应、警医联动、一案四查、一案十快、以一促十、举一反三），启动 600 多次，5 分钟到警率 89.3%，救治伤员 300 多人，交通事故死亡人数连续 4 年大幅下降，普通道路、高速公路交通事故死亡人数比上年下降 7.3%、4.8%，死亡人绝对数降至全省第五位。建立堵情“六快”响应机制（警情快发布、指挥快协同、警力快投入、诱导快同步、措施快调整、警情快复盘），对城市大脑拥堵预警 1 分钟内“吹哨”后，交警支队、大队、中队 3 级快速响应、协同处置、快速疏堵，启动 366 次，在交通量增长 12.6% 的情况下，主城区高峰干道车速平均达 25.8 千米 / 小时，提升 7.8%。

2022 年杭州市交通事故（含高速）统计情况表

表 9

时间	交通事故（含高速）			
	次数（起）	死亡（人）	受伤（人）	经济损失（万元）
1 月	201	50	140	213.80
2 月	131	27	110	119.09
3 月	220	49	170	340.20
4 月	198	59	174	590.37
5 月	178	48	165	392.33
6 月	183	43	174	105.71
7 月	178	45	172	628.85
8 月	188	37	185	271.25
9 月	189	44	215	336.05
10 月	232	49	225	167.01
11 月	246	46	198	79.66
12 月	168	51	133	200.48
合计	**2 312**	**548**	**2 061**	**3 444.80**

【现代警务智能应用打造】2022 年，市公安局按照“浙警智治 2.0”建设标准，迭代建成“浙警智治·杭州警务操作系统”，形成 5 个跑道专属平台（处突跑道、打击跑道、治理跑道、服务跑道、保障跑道），建立杭州公安大脑“1+5+1”运行机制（市局“公安大脑”建设专班、市局领导领衔的“公安大脑”5 个跑道攻坚组、派出所工作体系攻坚组），组建由分管局领导挂帅的跑道攻坚组和派出所工作体系攻坚组，汇聚指标指数、集成实战应用。搭建数据标准体系、运营规范体系和安全管理体系，修订完善 40 多项标准规范，提供“可视化引擎、建模工具、业务引擎、指标中心、布控服务、地图服务”等 40 多类应用服务。“数字安保指挥平台”“大型交通枢纽整体智治”项目获评全省“数字化改革最佳应用”。

【数字化监管应用“案件码”研发】2022 年，市公安局推进执法规范化建设，研发数字化监管应用“案件码”，实现非羁押人员、在押人员的精密智控和精细管理，实现业务流程多跨、管理监督智能、制度规则重塑，审前羁押率降至 40%，取保候审转逮捕率下降 60%，被评为全省“数字法治好应用”。数字化监管应用“案件码”受到中央政法委、最高人民检察院、公安部相关领导肯定，被全国法学界誉为刑事强制措施“中国之治”。

【“杭州义警”品牌打造】2022 年，市公安局整合“西子义警”“尚和义警（公民警校）”“青枫义警”“东哥东姐”“公羊义警”“武林大妈”等义警队伍 1412 支，义警平台在册义警 126 万余人，带动建立 111 个义警服务驿站、2000 多个社区警校，融入社会治理共建共治共享格局。“杭州义警”品牌被公安部部长在署名文章《新时代公安工作的历史性成就和变革》中点赞。

【非警务警情联动分流】2022年10月8日，市公安局出台《全市公安机关非警务报警分流处置工作指引（试行）》，完善源头分流、分级处置、闭环管理、督导考核等工作机制，优化完善“110”警情与“12345”市长热线双平台转办、日常联动、应急联动和会商交流等机制，推动两网互通、一键转接和数据共享应用，全年分流警务报警58.6万起，比上年上升86.7%，占警情的30%。全市处警8分钟到场率90%以上，平均现场处结率70%。

【重大风险隐患预警处置机制】2022年，市公安局推进公安工作数字化改革，研发“雷震子”“听风者”“觅天使”3个系列、15类预警模型。全年产生预警指令1.08万条，成功预警处置欲实施个人极端行为、预谋实施抢劫杀人分尸等现实危害类线索89起，流转外地线索65起；“觅天使”学生自杀预警模型预警70批次，挽救学生59人。重大风险隐患预警处置机制得到公安部、省公安厅主要领导批示肯定并予以推广。

【夏季“双百日”行动】2022年6月29日起，市公安局开展夏季治安、除险保安“双百日”行动，以“挂牌整治、挂牌督办”“收拘收押”等为手段，常态开展“零点行动”“护点行动”以及风险隐患动态清零，挂牌整治的30个市级、172个区（县）级重点部位和81个城郊接合部村（社区），刑事、治安警情比上年下降70%，全部顺利摘牌。行动期间，全市刑事、治安警情分别下降29.3%、29.8%；采取刑事强制措施上升11.1%；寻衅滋事、殴打他人、故意伤害等夏季突出治安案件下降15.1%；交通事故死亡人数下降28.3%。

【外籍人才签证服务】2022年，杭州市公安局聚焦保障国家营商环境创新试点任务，加快全市移民事务服务中心体系化建设，为180多名外籍人才办理永久居留及国籍申请。助力“千企万团拓市场抢订单”行动，建立“一件事”专窗，优化并联审批，重塑办证流程，构建联席会议、信息互通、联合审查、联合执法、并联并审5个机制以及涉外单位、外国人的信用等级评价体系，实现申请人在大厅现场通过政务外网平台提交工作许可证办理申请，所需材料从25项减至16项，办证时间由25个工作日缩短至7个工作日。全年有外籍申请人4156人次通过“一件事”专窗顺利办证。

【特大涉赌团伙案】2022年6月1日，市公安局治安支队在地铁公安分局支持下，会同临平区公安分局、西湖区公安分局，抓获一个长期盘踞杭州市、因赌债引发伤害致死、从事参股和放抛资形成固定赌博圈的特大涉赌团伙。该案被列入全国夏季治安打击整治“百日行动”第一批黄赌督办案件。行动抓获涉案人员98名，其中采取刑事强制措施38名、治安拘留45名；抓获地下流动开设赌场犯罪团伙5个，涉案金额500多万元。该案例获公安部贺电表彰。 （许周庆）

2022年6月29日起，杭州市公安机关开展夏季治安、除险保安“双百日”行动

（市公安局 供稿）

检 察

【概况】2022年，杭州市检察机关依法履行法律监督职责，构建政治建检、党建统领工作格局，建立党组每季度专题研究党建工作等5项工作机制，创设党建任务与业务任务同步部署等“五同步”模式，提出第一书记工作法，各项工作取得新进展。

维护国家安全和社会稳定，依法批准逮捕各类犯罪嫌疑人2284人，提起公诉9795人。严惩恐暴枪、黄赌毒、盗抢骗等危害国家安全、社会安定和人民安宁的犯罪，起诉5674人。严惩严重暴力犯罪，起诉736人。推动常态化扫黑除恶斗争走深走实，办理省级督办案件5件、78人。打造法治营商环境，制定《高质量服务保障杭州国家营商环境创新试点城市建设意见》，出台纾困解难“十条意见”，开展助企惠企专项行动。依法审慎办理涉企案件，不批捕52人，不起诉234人。完善涉案企业合规改革，创新“菜单式”合规模式，对10个涉案企业完成合规工作。

推进知识产权刑事、民事、行政检察一体履职，出台加强知识产权检察“八条意见”，成立驻亚运村知识产权检察官办公室。依法惩治侵犯知识产权犯罪，起诉相关犯罪174人，比上年上升61.1%。办理涉及杭州海康威视数字技术股份有限公司等被侵犯商业秘密案件的15人，起诉侵犯“西湖龙井”地理标志证明商标系列案件的28人。起诉金融诈骗、破坏金融管理秩序犯罪291人，上升52.1%，其中非法吸收公众存款、集资诈骗犯罪229人，占78.7%。出台金融从业人员涉刑事案件风险信息查询协作机制，惩治操纵证券市场、内

2022年12月8日，浙江大学、杭州市检察院博士后工作站启动暨专家(团队)工作室挂牌仪式在市检察院举行 (市检察院 供稿)

幕交易等犯罪16人，办理全国首例非上市公司违规披露和不披露重要信息案，入选中国证监会依法从严打击证券犯罪典型案例。

合力推进清廉杭州建设。起诉市监委移送职务犯罪118人，上升9.3%。提前介入监委调查案件95件，占受理起诉件数的74%；退回补充调查7件。立案侦查司法工作人员利用职权实施的侵犯公民权利、损害司法公正犯罪18人。推进群众信访“件件有回复”，创新电话回访和满意度调查机制，组织检察公开听证282件。共建清朗网络空间，起诉涉互联网犯罪2173人，构建“法律监督+行业监管”协同治理模式。办理司法救助案件444件，开展“护薪惠民”农民工工资支付管理专项监督，建立旅馆业涉妇女权益侵害主动报告工作机制。在全省检察监督质量效果综合考评中，杭州市检察机关居全省第一名，其中全部8项检察业务中有6项居全省第一位；有263个集体和个人获省级以上荣誉表彰，其中国家级荣誉102项。

【诉讼监督】2022年，杭州市检察机关深化刑事诉讼监督，监督立案139件，比上年上升43.3%；监督撤案106件；提出抗诉32件，上升14.3%。贯彻落实“宽严相济”刑事司法政策，不批捕724人，不起诉6115人。加强刑事执行监督，办理减刑、假释、暂予监外执行监督案件的2.15万人；监督纠正708人，上升35.4%。办理民事诉讼监督案件1507件、虚假诉讼监督案件143件，推进民事支持起诉工作，为67名当事人向法院发出支持起诉意见书。推进行政诉讼监督，办理行政生效裁判监督案件113件。探索行政违法行为检察监督，提出检察建议41件，化解各类行政争议40件。

【公益诉讼】2022年，杭州市检察机关聚焦钱塘江、西湖等重点区域保护，督促回收和清理固体废物5000多吨，索赔环境损害赔偿金和治理修复费用1800多万元。建立“林长、河湖长、田长、检察长”协作机制。办理新领域案件195件，深化无障碍环境公益诉讼工作，推动在“无障碍环境建设法”草案中专设检察公益诉讼条款；研发“国土智护”“数智护水”“社保基金守护”等多跨应用场景，推动优化调整和整治耕地1000公顷，追回社保基金800多万元。以起诉形式提起公益诉讼155件，办理“森林碳汇”补偿公益诉讼案，通过多平台直播等方式，以案说法助力提升群众法治意识。

【数字赋能法律监督模式变革】2022年11月2日，杭州市人大常委会出台《关于推进数字检察加强新时代法律监督工作的决定》。设在杭州市检察院的“全域数字法治监督应用平台”成为省委19个“牵一发动全身”重大改革项目之一，杭州市检察院成为全国首批4个大数据法律监督创新实践基地之一。开展多领域数字办案专项监督行动，在42个领域成案800多件，其中2件案件被收入全国大数据办案指引教程；15个场景被列入省委“数字法治系统一本账”，其中3个获评全省“数字法治好应用”；2个基层检察院获评全省“数字检察示范院”。会同有关部门打造互联网检察“非羁码”2.0版本，推进“区块链+检察”国家试点，搭建“微检察”线上办案平台。

【法律监督力建设】2022年，杭州市检察机关明确将法律监督力作为检察建设的根本和唯一标准。设立检察机关博士后工作站，打造专家(团队)工作室，全市有82人入选全省检察专业人才库，占全省人才的1/6。搭建案例研究中心，开展“检察官教检察官”实案实训，2件案件被评为全国指导性案例，24件案件被评为全国典型案例，分别占全省的33.3%和23.5%。实行“目标引领、问题导向、过程推动”的闭环管理模式，开展基层检察院分类考评，建立“推先脱薄”工作法，实现整体提升。

【检察英模精神弘扬】2022年，杭州市检察机关学习“双百政法英模”先进事迹，弘扬检察英模精神。杭州市检察院原检委会专职委员、第一检察部主任桑涛，杭州市检察院第七检察部原主任蒋春尧入选中央政法委“双百政法英模”。7月1日，最高人民检察院和浙江省委在杭州联合召开追授蒋春尧荣誉称号表彰大会，最高人民检察院党组书记、检察长张军，浙江省委书记、省人大常委会主任袁家军分别向蒋春尧家属颁发“全国模范检察官”“浙江省优秀共产党员”证书。

【全面从严治检推进】2022年，杭州市检察机关出台全面从严治检“6张责任清单”等规定，建立健全纪律作风状况经常性分析研判和督查巡查机制,对3个基层检察院进行政治督察。开发应用检察人员禁业识别监督系统,建立常态化约谈、述职述廉和监督检查机制。

自觉接受人大监督,完善落实代表委员意见和建议工作机制,办结市人大代表建议3件。开展“听建议、求谏言、促发展”面对面走访联络人大代表工作活动,每周推送“杭检一周通”短信栏目。自觉接受民主监督,向市政协、各民主党派、工商联、无党派人士通报检察工作,对有关意见和建议逐条落实、反馈。

【全国首例儿童个人权益保护公益诉讼案】2022年,杭州司法机关办理的全国首例儿童个人权益保护公益诉讼案入选最高人民检察院第三十五批指导性案例。某知名短视频App是北京某公司开发运营的一款应用类软件。2018年1月至2019年5月,犯罪嫌疑人徐某某收到该App后台推送的含有儿童个人信息的短视频,通过其私信功能联系多名儿童,并对其中3名实施猥亵犯罪。2020年7月,杭州市余杭区检察院在办理徐某某案时,发现北京某公司侵犯儿童个人信息民事公益诉讼案件线索,遂开展调查。余杭区检察院认为,北京某公司的短视频App在收集、存储、使用儿童个人信息过程中,未遵循正当必要、知情同意、目的明确、安全保障、依法利用原则,其行为违反《中华人民共和国民法典》《中华人民共和国民法未成年人保护法》《中华人民共和国网络安全法》相关规定,违反国家互联网信息办公室《儿童个人信息网络保护规定》的内容。

2020年9月,余杭区检察院对该线索以民事公益诉讼案件立案。12月2日,余杭区检察院向杭州互联网法院提起民事公益诉讼,请求判令北京某公司立即停止实施利用App侵犯儿童个人信息权益的行为,赔礼道歉、消除影响、赔偿损失。北京某公司接到检察机关送达的诉前公告后,表达愿意整改并希望调解结案的意愿,对所运营App中儿童用户注册、儿童个人信息储存、使用和共享等提出细化整改措施34项,表示愿意接受网信等部门审查,公开赔礼道歉,赔偿损失。

2021年2月7日,杭州互联网法院公开开庭审理此案。北京某公司对公益诉讼诉求均予认可,对检察机关依法履行公益诉讼职责、促进企业完善管理表示感谢。经30天公告后,杭州互联网法院于3月11日出具调解书结案。 (管梅子)

法 院

【概况】2022年,杭州市两级法院坚持服务大局、司法为民、公正司法,忠实履行宪法法律赋予的职责,推动各项工作取得新进展。全市法院受理各类案件24.65万件,办结25.04万件,比上年分别下降6.5%和6%,其中市中级人民法院受理各类案件3.12万件,办结3.13万件,下降3.4%。全市一线法官人均结案315.3件,超过全省平均数43.5件,办案质量、效率、效果均居全省法院前列。

全市法院树立“没有走在前列也是一种风险”的忧患意识,举办年轻干部素质能力提升班等各类培训84场、9784人次,提升法院干警政治素养。贯彻落实法官职前培训制度,159名法官助理与导师结对。加强法院理论研究成果转化,中标国家级课题6项。开展“双十佳”“最美杭法人”等先进选树活动,激励法官创出更优工作业绩。全市法院21个集体、37名个人获省级以上荣誉表彰,杭州市中级人民法院知识产权审判庭(杭州知识产权法庭)获全国“人民满意的公务员集体”称号,系全省和全市法院唯一;杭州互联网法院沙丽获评全国优秀法官、全省“人民满意的公务员”。

【法治化营商环境方案优化】2022年,杭州市两级法院发挥全国首批营商环境创新试点改革先行优势,升级优化法治化营商环境方案3.0版,牵头推进“破法式”改革落地落实,仅“小额诉讼”一项改革为当事人节约诉讼成本70%。打造涉营商环境案件审执智能化系统,涉企纠纷审理平均耗时缩短22.1天,入选全国政法智能化建设创新案例。审结涉企纠纷8.08万件,采用“活封”“活扣”“信用修复”等手段,帮助6365个企业恢复正常生产经营。审结金融借款、证券及票据纠纷9723件,执结涉“五洋建设”全国首例公司债券欺诈发行案,12.4亿元债务本息全部执行到位。审结破产案件684件,清理债务784.1亿元,盘活土地148.31公顷、房屋258.6万平方米,安置职工6417名,帮助13个困境企业重获新生。稳妥处理东风裕隆汽车公司预重整转重整案。对涉盾安集团特大债务风险系列案实行集中管辖,一揽子化解债务350亿元,其中“中国信达资产应收账款质权系列案”入选2022年度全国十大商事案件。开展“破产管理人选任”“重整企业信用修复”等营商环境创新试点改革。

【知识产权司法保护】2022年,杭州市两级法院审结涉关键核心技术、种源种业、生物经济等各类知识产权案件9478件。具有知识产权案件管辖权的基层法院增至8个,通过打造知识产权纠纷解决优选地,助力打造科技成果转移和转化首选地。加大对金石篆刻和“西湖龙井”“王星记”等具有鲜明杭州印记文化IP的司法保护力度,杭州西湖景区旅游法庭入选全省地理标志保护联系点,助力杭州打响特色文化品牌。

【互联网司法审判】2022年,杭州市两级法院围绕“重塑全国数字经济第一城”目标,强化互联网司法审判职能,审结涉“区块链”“大数据”“元宇宙”等数字经济案件1.35万件,“元宇宙第一案”入选“2022年度中国网络治理十大司法案件”。审结“平台算法误判责任否定案”,判定平台使用算法模型防范风险的行为合法有效。审结首例涉平台算法机制下的“自动抢红包案”,规制“寄生型”软件合法性边界,获全国法院优秀案例一等奖。加强对网络直播、短视频创作等新业态司法保护,严惩“流量造假”“非法刷机”等不正当竞争行为,维护数字经济市场秩序。“杭州互联网法院成立5周年”入选浙江省数字经济创新发展十大标志性成果,被列入最高人民法院“非凡十年看法院”系列成果展。

【市中级人民法院新机构设立】2022年,市中级人民法院设立杭州国际商事法庭，依法平等保护中外当事人合法权益，审结涉外民商事案件850件；发布10年涉外民商事审判中英文双语白皮书。杭州互联网法院上线“跨境贸易司法解纷平台”，入选“2022年度世界互联网大会实践案例”。设立杭州亚运村人民法庭，并在全市有亚运场馆的区县（市）设立亚运“共享法庭”12个，保障亚运筹备，化解涉亚运纠纷65件。与上海、苏州、黄山等地法院共建跨域协作机制，服务保障长三角地区一体化发展，2个案例入选“长三角金融审判十大典型案例”。

【刑事案件】2022年，杭州市两级法院审结一审刑事案件6901件、9732人，比上年分别下降19.2%和25.6%。重拳打击毒品犯罪，判处10年以上有期徒刑直至死刑案件占13.1%。审结危险作业、重大责任事故等犯罪案件16件。审结危害食品药品安全、醉酒驾驶、高空抛物等犯罪案件1515件。严惩非法获取、贩卖、泄露个人信息行为，判令泄露18万条个人信息的当事人在接受刑罚后，承担民事赔偿、赔礼道歉等公益诉讼确定的责任。严惩电信网络诈骗、跨境网络赌博等经济犯罪案件885件。

【除险保安】2022年，杭州市两级法院审结一审黑恶案件27件，黑恶财产执行到位1亿余元。审结贪污贿赂、渎职等职务犯罪案件97件、110人，其中原县（处）级以上20人。加大赃款赃物追缴力度，最大限度挽回职务犯罪造成的经济损失。

【行政案件】2022年，杭州市两级法院支持监督行政机关依法行政，反映全面依法治市的各项指标持续向好。全年新收一审行政案件2072件，比上年下降5.3%；行政机关负责人出庭应诉率97.6%，上升2.5个百分点；行政机关败诉率5.3%，下降0.3个百分点。出台服务保障“大综合一体化”行政执法改革意见，发送行政审判白皮书、典型案例、司法建议等108份。

【民生权益保障】2022年，杭州市两级法院聚焦《中华人民共和国民法典》人民权利保障，审结婚姻家庭、赡养抚养等民生案件6.05万件。反对家庭暴力，发出人身安全保护令53份。高效审结劳动争议案件4179件，为5764名务工人员追回欠薪9540.3万元。保护平等就业权，判决地域、性别等就业歧视行为违法，“闫某某平等就业权案”入选最高人民法院指导性案例。审结不动产纠纷6319件，依法保障“住有宜居”。助力企业债务处置，护航“保交楼、保民生、保稳定”。发挥司法救助“托底”作用，依法救助132人、483.3万元。

【环境保护案件】2022年，杭州市两级法院审结一审环境资源案件3786件，其中3个基层法院制定专门意见，保障现代化生态治理。发挥环境资源技术调查官制度优势，精准核算生态价值损失。推动碳汇认购交易，判决352吨碳汇在全省落地履行，助力“碳达峰”“碳中和”。审结破坏野生动植物资源犯罪案件23件，加强生物多样性保护。举办首届新安江—千岛湖流域跨省环境资源司法协作会议。

【“执行难”综合治理】2022年，杭州市两级法院深化“基本解决执行难”成果，集中开展“百日暖春”等执行专项行动，保持执行力度只增不减。兑现胜诉权益，全年执结案件10.5万件，执行到位272.6亿元。加大失信惩戒力度，曝光失信被执行人6.6万人次，以拒执罪判处59人，使守信者受益、失信者受限。加大涉民生、涉小微企业权益保护，10万元以下小标的案件执行到位3.6亿元。“涉众案件管理平台”向170万人线上发放资金101亿元，被最高人民法院向全国推广。审结个人债务集中清理案件51件，让“诚信而不幸”的债务人个人权益得以保障。

【社会主义核心价值观保障】2022年，杭州市两级法院通过司法断案保障社会主义核心价值观。依法审结涉戍边英烈肖思远名誉、荣誉公益诉讼案，捍卫英烈尊严荣光，入选最高人民法院实施《中华人民共和国民法典》典型案例。对以偷拍隐私视频实施威胁的行为做出首个人格权侵害禁令，避免损害后果在信息网络时代无限放大。审结“地铁萌娃”肖像权纠纷案，入选2022年度最高人民法院十大案件。打击虚假诉讼，查处数居全省首位，其中判处虚假诉讼罪等92件。

【“共享法庭”建设】2022年，杭州市两级法院发挥“共享法庭”首发优势，召开全市“共享法庭”推进会，迭

2022年11月9日，首届新安江—千岛湖流域环境资源司法协作会议在杭州召开。图为框架协议签约仪式（市中级人民法院 供稿）

代建成乡镇（街道）、村（社区）全覆盖，有重点行业特色的“共享法庭”3782个，指导调解案件7.91万件，化解纠纷5.35万件，发布普法资源1.25万条；升级“共享法庭”集成应用，获全省法院推广。推进全国市场化解纷机制试点，调解成功率36.2%。打造“枫桥式人民法庭”，把司法服务延伸到社会治理的每一个角落。

【数字法院建设】2022年，杭州市两级法院坚持数字赋能，46个项目被列入全年全省重大改革（重大应用）“一本账”，获评“全省数字化改革最优规则”等省级以上荣誉22项。拓展法院“凤凰智审”系统的应用范围，打通审判多跨堵点，实现数据共享的“一件事”综合集成改革。

【司法体制综合配套改革】2022年，杭州市两级法院全面落实司法责任制，压实院长、庭长监督管理责任，被纳入“四类案件”数字监管2746件。市中级人民法院新增审判委员会委员8人，覆盖审判执行全领域。全市两级法院一审判决案件瑕疵率为0.08%，较试点前下降0.42个百分点。开展审判质效大提升专项行动，建立“红黑榜晾晒”等比赛机制，超12个月长期未结案的案件，从历史高峰的8000多件降至66件，同期结案率、存案工作量等效率指标达到历史同期最高水平。

【诉讼制度改革深化】2022年，杭州市两级法院落实“在线诉讼、在线调解、在线运行”三大规则，确保新冠疫情期间司法始终“在线”。深化以审判为中心的刑事诉讼制度改革，对7958名被告人适用认罪认罚从宽制度，确保刑事案件律师辩护全覆盖，以程序公正保障实体公正。严格落实减刑、假释案件实质化审理，对64人裁定不予减刑、假释，对703人裁定变更减刑幅度，杜绝“纸面服刑”“提钱出狱”现象。

【“五洋债”案12.4亿元执行完毕】2022年3月，市中级人民法院执行完毕203名债券持有人申请执行五洋建设集团股份有限公司实际控制人陈某某、德邦证券股份有限公司等证券虚假陈述责任纠纷系列案，已立案件的债务本息共12.4亿元全部执行到位。

“五洋债”案系全国首例公司债券欺诈发行案，也是由中介机构承担债券承销连带赔偿责任的判例，被最高人民法院列为2021年十大商事案件之一。2019年以来，债券投资者陆续起诉至杭州市中级人民法院称，五洋建设集团股份有限公司通过制作虚假财务报表、欺诈发行公募债券，导致投资者受损，请求该公司偿付债券本息及逾期利息，实际控制人、承销商、中介机构承担连带赔偿责任。2020年12月31日，市中级人民法院做出一审判决，确认该公司对投资者损失应负赔偿责任，实际控制人陈某某、某证券公司、某会计师事务所存在重大过错，对投资者损失承担连带赔偿责任。某评级机构、某律师事务所存在一定过错，酌定分别在10%与5%范围内承担连带赔偿责任。浙江省高级人民法院二审维持原判。

判决创立的“比例连带责任”，国内尚无相关执行经验，涉及当事人众多、金额大、被执行人市场地位特殊等情况。判决生效后，市中级人民法院坚持善意文明与强制威慑并重，启动执前督促程序，多次传唤被执行人约谈履行方案、贯彻比例原则，根据被执行人的履行情况和表现，精准采取相应的执行措施，最终债务本息共12.4亿元全部执行到位。2022年1—3月，市中级人民法院先后4次通过“涉众案款发放平台”向申请人发放资金完毕，保护中小投资者权益。

（蒋冰倩）

司法行政

【概况】2022年，杭州市司法行政系统实施“法迎亚运、法助共富、法护平安”三大行动，为杭州市加快打造社会主义现代化国际大都市提供法治保障。召开市委法治杭州建设工作会议和市委全面依法治市委员会第四次会议，牵头制定法治保障全过程人民民主、共同富裕制度体系建设、“法助共富、法护平安”专项行动等。压实党政主要负责人履行推进法治建设第一责任人职责，推动实现市领导带班全面督察区县（市）、乡镇（街道）法治建设工作。出台行政复议员任命、分级管理、执业规范等制度，加快推进行政复议引流工作。

制定法治化营商环境方案，出台专项行政执法监督报备制度。实现“电子亮证执法”全市覆盖，在全市推广行政执法“公述民评”。推进行政执法协调监督工作体系建设全国试点，牵头组织行政执法“示范优案”“典型差案”评选，规范公正文明执法。配合推进“大综合一体化”行政执法改革，“行刑衔接”执法监督子场景上线并在全省推广。编制实施公共法律服务体系建设“一图二清单”（杭州市推进现代公共法律服务体系建设总体架构图及其招标清单和工作任务清单）。优化律师进村（社区）机制，市、县联动开展第九届“法治惠民服务月”活动。组织实施国家统一法律职业资格考试。深化法律援助全市通办优办、智能指派等机制，探索审查起诉阶段刑事辩护法律援助全覆盖工作。实施“八五”普法规划，发布6类重点普法人群应知应会清单。开展国家宪法日、宪法宣传周等普法宣传活动，协同做好国家宪法宣传教育馆建设。

全年，杭州市5个区县（市）司法局建成部级“智慧矫正中心”。网络安全相关成果获评市数字化改革网络安全案例，其中2项多跨场景应用获评省“数字法治好应用”，3项获评省“数字司法好应用”，3项获评市数字法治系统标志性成果，6项获评市有辨识度有影响力法治建设成果。

【司法部门依法行政】2022年，市司法局组织实施《中华人民共和国宪法》和《中华人民共和国民法典》2个主题宣传月活动，印制发放30多万份宣传册。有序推进《杭州市优化营商环境条例》等11件立法项目进程。清理82件政府规章中妨碍统一市场和公平竞争的规定，废止8件规章。对46件市政府规范性文件、34件市委和市政府联合发文文件进行合法性审核。主动公开信息2537条。开展执法证清理和换证工作，注销执法证1468本，转换或新申领国家统一执法证9586本。行政处罚立案13件，其中做出处罚4件、移送省司法厅处罚8件。新增告知承诺制证明事项9项，市级告知承诺制证明事项22项。市行政复议局办结复议案件1676件，调解结案719件。

【社区矫正安置帮教】 2022年，市司法局做好社区矫正对象的监督管理和教育帮扶工作，全年未发生社区矫正对象重大恶性案件和影响社会稳定的重大事件，实现连续19年社区矫正安全稳定。加快推进社区矫正委员会建设，指导全市13个区县（市）和191个乡镇（街道）建立社区矫正委员会，实现县、乡两级全覆盖。推进“智慧矫正中心”创建，创建4个部级中心，其余县级社区矫正中心全部通过省级验收。开展社区纪律作风专项巡查、执法规范化提升、除险保安等专项行动，提升队伍作风和能力建设。研发“浙里安帮”“浙里可信云调解”“智慧司法所”等数字项目，“浙里安帮项目”获评省“数字司法好应用”和“数字法治好应用”。

【普法宣传】 2022年，市司法局开展习近平法治思想专题普法活动408场、《中华人民共和国民法典》主题宣讲1120场，举办纪念现行《中华人民共和国宪法》公布施行40周年系列宣传活动。出台公民法治素养提升工程实施方案，针对6类重点群体分别制定应知应会法律法规清单，在全市设置43个公民法治素养观测点。新创建市级法治宣传教育基地40个，培育拱墅区运河法治文化带、西湖区西溪法治文化带、富阳区富春江法治精品文化带。创建全国民主法治示范村（社区）9个、省级民主法治村（社区）121个。全年制作公交地铁视频普法节目《阿普说法》52期、广播普法节目《空中阿普》87期、电视普法节目《学法小课堂》50期。市司法局普治处被评为全省司法行政系统民主法治村（社区）创建工作先进集体。

【诉源治理】 2022年，市司法局依据《杭州市社会矛盾纠纷多元化解办法》，推进矛盾纠纷多元化解工作。全市有各类人民调解组织3569个、人民调解员1.69万人。全年调处各类矛盾纠纷74.2万件，其中行政调解64.2万次、人民调解10万次。指导开展老旧小区加装电梯矛盾纠纷化解工作，排查并化解加梯纠纷1.6万起。“和谐加梯”杭州方案被列为全国第四次市域社会治理现代化试点创新研讨会内容。参与建设杭州“共享法庭”3680个，其中乡镇（街道）“共享法庭”192个、村（社区）“共享法庭”3158个、特设“共享法庭”330个。全年创建省级“枫桥式司法所”9个，被评为省级金牌人民调解工作室3个。在上城区、桐庐县试点开展司法所改革，全市26个司法所探索创新合法性审查合议机制。

【公共法律服务体系建设】 2022年，市司法局系统打造现代公共法律服务体系2.0版。构建全时空、全业务的公共法律服务网络，以“线上+线下”方式优化法律咨询服务，建立“12348”法律咨询热线和在线即时法律咨询全天候服务模式，全年提供法律咨询17.24万人次，在线即时咨询接通率和意见采纳率均在95%以上。依托省司法厅统建的“浙里办”公共法律服务专区，在线提供法律咨询、法律援助、普法学法、法律服务机构人员查询、在线公证、司法鉴定等服务。全年杭州市公共法律服务总体满意率保持在96%以上。杭州“二手房自主交易提存公证服务”获评“2021年中国公证十大影响力新闻”和“2021年度中国公证十大典型案例”。杭州“公证+慈善”创新案例入选中国十大慈善热点事件和“2022年中国公证十大影响力新闻”。

【律师服务业】 2022年，杭州市有律师事务所671个，比上年增长4.5%，

2022年12月4日，为纪念现行宪法公布施行40周年，各区县（市）组织国家公职人员举行宣誓仪式

（市司法局 供稿）

占全省的38.2%。其中:合伙所417个,占62.6%;分所112个,含省内律所在杭州市设立分所22个,省外律所在杭州市设立分所90个,增长12.5%。全市有律师1.44万名,增长17.9%。市司法局及市律师协会全年收到各类投诉举报506件,行政处罚立案10件,做出行政处罚4件;移送省司法厅吊销律师执业证9件,6名律师执业证吊销。全市有基层党组织315个,覆盖律所309个,中共党员律师6380人,占律师总数的43.2%。杭州开展律师调解市场化探索,试点经验获得司法部领导批示肯定。全年全市律师调解收案2.06万件,调解成功6665件,市场化调解成功1889件。全市律师担任各类法律顾问的单位2.82万个,占全省的27.6%。办理各类案件28.77万件,占全省的35.4%。律师行业收入80.24亿元,下降2.4%。

【法律援助】2022年,市司法局深化法律援助便民服务体系建设,完善村居法律顾问代办、经济困难承诺制等便民服务举措。全年提供律师代办服务1752件,占申请案件数的26.5%。与市检察院联合印发《杭州市关于积极开展审查起诉阶段律师辩护全覆盖工作的补充意见》,消除辩护盲区,实现审查起诉阶段律师参与率100%。试点开展后,审查起诉阶段法律援助案件数比上年增长84.9%。在建德、桐庐、淳安、富阳、临安、余杭等地,选择部分中心司法所建立法律援助分中心,实现法律援助服务向偏远乡村的有效供给。全年全市办理各类法律援助案件1.35万件、法律帮助案件1.45万件,提供法律咨询22.58万人次,挽回经济损失2.9亿元。 (周雅婧)

仲 裁

【概况】2022年,杭州仲裁委员会受理案件1.24万件,受案标的额169.39亿元,办结案件1.18万件,涉及案件纠纷类型80多种。杭州仲裁委员会本部及国际仲裁院、互联网仲裁院迁入“中节能·西溪首座”新址办公。杭州仲裁委员会以萧山仲裁分会为样板,稳步推进余杭仲裁分会建设,打造区域仲裁品牌,实现“以点带面、以面带全”的杭州仲裁整体发展新格局。

【专业仲裁院协调发展】2022年,杭州仲裁委员会走访多个上市公司、科技与文化传媒公司,宣传仲裁对经济贸易发展的服务与促进作用。与浙江省投融资协会签订战略合作框架协议,共同搭建仲裁防范化解金融纠纷平台。与多个律师事务所深入交流房地产和建设工程法律实务,助力房地产民生领域高质量发展。坚持杭州仲裁国际化建设,完善外籍仲裁员管理与保障体系,提升涉外法治配套服务便利化水平。挖掘特许经营、商标、专利等知识产权领域市场需求,开拓知识产权仲裁发展的新模式。

【仲裁智能化建设】2022年,杭州仲裁委员会启用线上“立案登记平台”和“仲裁员办案平台”,实现当事人、代理人、仲裁员在线完成立案登记、案件办理等业务。启用“中国杭州智慧仲裁平台”,实现立案、组庭、审理、结案程序一网通办,全年受理互联网案件572件,实现市场主体参与仲裁程序“数智化”。

【仲裁公信力提升】2022年,杭州仲裁委员会巩固仲裁体制机制改革成果,明确“三级会议”职责,确保决策科学性、民主性。印发《杭州仲裁委员会组庭规范》《杭州仲裁委员会仲裁秘书管理办法》等制度性文件,利用信息化平台实现仲裁员“智选”,规范专家论证程序,落实案件调度制度和办案月通报制度。执行信访案件结案报告制度,多次组织专家研讨并制发《杭州仲裁委员会律师代理民商事仲裁业务指引》,提升仲裁效率及服务质量。

【多元纠纷解决机制建立】2022年,杭州仲裁委员会调整各保险受理处的布局及人员配备,形成6个保险受理处覆盖主要城区的科学化便利化布局。发挥批量案件快速处理中心案件审理快速化、专业化的独特优势,全年受理案件2116件,发挥有效截流诉源,为法院减轻诉讼压力的作用。

【杭州仲裁文化品牌打造】2022年,杭州仲裁委员会打造“杭仲论坛”线上直播活动,招募12名青年法律从业者担任活动主持人,增强“杭仲论坛”作为仲裁学术、实务交流常设平台的影响力。改版“杭州仲裁”官方微信号,制作《杭州仲裁委员会品牌视觉识别手册》,展现杭州仲裁的服务理念和文化气韵。 (俞家瑶)

责任编辑 汤 峻

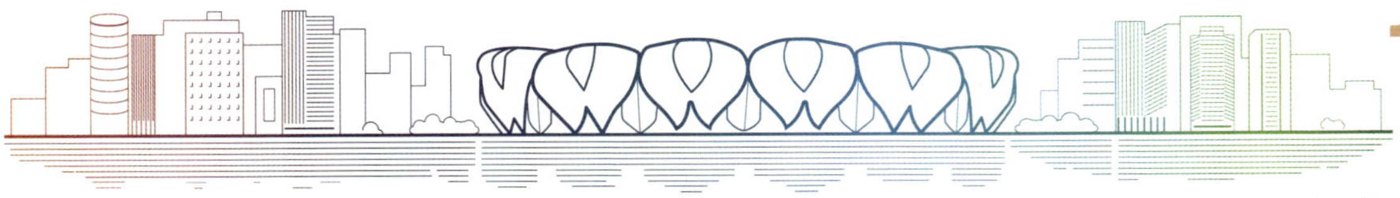

15

2023
杭 州 年 鉴

军　事

杭州警备区

【概况】2022年，杭州警备区坚持以习近平强军思想为指引，贯彻省军区党委和杭州市委的决策部署，开创建设全面过硬一流警备区新局面，部队全面建设取得新成效、实现新发展。推进深化国防动员体制改革，依令按时完成机构调整、职能移交等任务。按照杭州市民兵建设“十四五”规划，加强民兵建设，优化结构布局，完善新质力量，深化岗位练兵，年度拉榜排名居全省第二位。提质兵员征集，征兵“五率”（报名率、上站率、合格率、择优率和退兵率）考评居全省第一方阵。

杭州警备区以学习宣传贯彻中共二十大精神为主线，以学习贯彻中共中央总书记、国家主席、中央军委主席习近平系列重要讲话精神为内容，坚持读原著、学原文、悟原理、知原义，坚持学思用贯通、知信行统一，坚持领导带头、以上率下牢固立起新时代好学风标准，推动理论武装走深走实。中共二十大召开以来，杭州警备区采取授课辅导、体会交流、理论测试、观摩学习、氛围营造等形式深化大会精神解读，领导干部、班子成员先学一步、带头宣讲，研究蕴含其中的道理学理哲理，掌握科学世界学观方法论，领会新观点新论断新要求，把准抓全面、谋全局政治方向，提升抓建设、谋发展政治能力，推动理论学习向工作指导转化。

【警备区党委八届八次全体（扩大）会议】2022年1月29日，杭州警备区党委召开八届八次全体（扩大）会议，传达学习军委国防动员部、省军区党委扩大会议精神。总结分析年初以来建设形势，研究部署年度重点工作。杭州警备区领导分别做工作报告和讲话。会议要求各级围绕迎接中共二十大召开、学习贯彻中共二十大精神这一主线，始终坚持高标准高质量抓好工作落实，突出思想政治建设，永葆对党忠诚的政治本色；突出练兵备战主责，砥砺强军兴军报国的使命担当。

【警备区本级部署调整完成】2022年，根据中央军委《关于杭州警备区机关基本部署调整批复》和省军区首长指示批示，杭州警备区机关部署由浙江省杭州市拱墅区调整至上城区。3月31日，杭州警备区机关举行基本部署调整升旗仪式，省军区和中共杭州市委主要领导共同为警备区新营区揭牌。拱墅区原驻地见证杭州警备区39年（1983年移驻）奋斗历史。

【驻杭部队官兵随军家属就业安置】2022年3月，杭州警备区启动驻杭部队官兵随军家属就业安置协调推进工作。按照“严密组织、严肃认真，按章办事、不出差错”总体要求，按照“逐级负责、属地管理、分批安置、专业对口”的原则，统合军地力量，稳步有序实施，确保年度安置任务完成。

（刘书傲）

武警杭州支队

【概况】2022年，武警杭州支队聚焦迎接中共二十大主线，贯彻总队党委决策部署，推进部队高标准高质量建设发展，完成各项任务。

围绕迎接中共二十大，聚焦防卫作战、执勤安保、反恐维稳等任务，开展战法研究、方案修订、能力评估、实案演练，贯彻新时代执勤安保集训精神。加强数据收集、战法研究、实兵演练，完成中共二十大社会面武装巡逻、“两会”安保等任务。

贯彻落实《军队基层建设纲要》，优化科队挂钩机制，改进纲要考评办法，激发官兵争先创优热情。包片挂钩干部定期参加基层按纲建队形势分析会，提升基层党组织自建能力。开展“聚力迎盛会、扎实保稳定”活动，组织涉网涉密集中教育整治，采取警示教育、逐人表态、以案说法、公开忏悔、沉浸体验的方式深化酒驾醉驾警示教育，夯实安全基础。开展“大谈心、大走访、树典型”活动，加强部队内部建设。

聚焦服务任务抓保障，组织专业兵集训轮训、“四考一评”、会操考核。构建“一中心五网点”保障体系网络，探索“一组五队”编组新模式。

贯彻新时代军队党建法规，落实民主集中制，组织专题民主生活会，开展“加强政治建设、纯正政治生态”专题教育，组织党员定期过政治生日。

以学习贯彻中共二十大精神为

重点，开展主题教育。推进文化基础设施建设，坚持以文化人、以文育人，组建文艺轻骑兵到基层巡演，编排的2个节目入选武警部队文化活动优秀作品。重视新闻宣传工作，全年在省级以上媒体刊稿326篇。

【主题教育和专题业务培训】2022年，武警杭州支队加强主题教育和专题业务培训工作。2月7日，参加武警部队“学训词、迎盛会、谱新篇”开年教育。3月4日，召开思想政治教育工作暨主题教育动员部署会。3月31日，组织官兵到杭州革命烈士纪念馆举行祭扫蔡永祥烈士活动；10月10日，举行纪念蔡永祥烈士牺牲56周年祭扫活动。4月3日，参加总队新闻舆论业务骨干和“红肩章”队员网上培训。5月26日，组织团员青年参加武警部队庆祝建团100周年主题团日活动。8月1日，组织参加2022年警士选晋、士兵退役工作动员部署会。12月15日，举行2022年秋季新兵宣誓授衔仪式。

【军事训练与考评考核常态化】2022年，武警杭州支队常态化开展军事训练与考评考核。推进“三学一进”活动、首长机关前指带任务分队战备拉动演练等。开展2022年度冬季大练兵“创破纪录”会操考核、训练法规知识竞赛、秋季士官晋升预选对象军事素质考核、干部全员军事训练会操考核、2022年度群众性创破纪录竞赛暨军人运动会和年终军事训练考核等。

【武警安保执勤】2022年，武警杭州支队担负多次安保执勤任务。1月16—21日，担负浙江省“两会”警卫安保任务。1月31日至2月7日，完成春节期间联勤武装巡逻任务。5月1—5日，完成国际劳动节期间社会面联勤武装巡逻任务。12月，完成2批次高考命题入围点安全警戒任务。

【文化体育活动】2022年，武警杭州支队推进文化基础设施建设，开展文化体育活动。1月25日晚，武警杭州支队与市文化广电旅游局共同举办“军民鱼水情、相伴贺新春”联欢晚会。5月初，组织“三会一好”政治教员暨红肩章宣讲员考评。5月15日，武警杭州支队文艺轻骑兵集训队举办开训动员会。7月8日，举办“士兵日记”主题文艺晚会。7月18—27日，举办“钱塘卫士杯”篮球赛。

（陈锦华）

人民防空（民防）

【概况】2022年，杭州市人防部门围绕“加强国防动员和后备力量建设”部署，履行新时代人民防空使命任务。推动国防动员体制改革，构建国防动员新格局，加快国防潜力转化国防实力。完成国家人防办赋予的人防军事斗争准备检验评估项目研究，填补国内空白。“杭州城市大脑”人防驾驶舱和“民防码”项目，在全国重要经济目标防护主题研讨活动上做重点展示。杭州市地下管廊建设工作得到国防动员部肯定，人防指挥通信体系建设经验做法得到国家人防办肯定。重要经济目标落实关键部位地下化、加强在建项目案件移交推进“大综合一体化”改革、共同富裕背景下人防工程统筹建设研究等被评为全省人防最佳实践案例。人防训练演练、融合城市发展、融入基层治理等创新做法，成为浙江乃至全国人防工作的示范样板，得到推广。

【人防工作机制常态化建设】2022年，杭州市人防指挥部会议、报告、备勤、演练等工作机制常态化落实，在防空警报试鸣、实战化演习演练、专业力量整组演训、重要经济目标防护等方面协同配合，指挥顺畅高效。推进人防工程音源警报建设，完善立体报知体系。组织“5·12”防灾减灾日、“9·18”全市防空警报试鸣，发放警报信号实现全方位立体化。组织全市人防机动指挥车应急通信保障拉练。启动市本级人民防空方案编制工作，推进行动方案数字化、智慧化，成员单位编制完成专项方案。开展实战实训，组织2022年度人民防空检验性演习，提升平时应急、战时应战的核心能力。按照指挥所规范化建设三年行动方案，落实提升改造和建设任务，确保人防指挥所始终保持良好战备状态。市本级指挥所结合人防数字化改革推动信息化建设，组织实战条件下的开设保障演练，为指挥所战时运转自如积累经验、探索方法。依托人防指挥工程，推进军地“两所联用”融合建设，提升国防动员组织指挥效能。按照稳定规模、增加专业、提高能力的思路，抓好人防专业队伍的依法整组，强化部门单位的主体责任，全市人防专业队伍达到2‰城镇户籍人口的比例要求。依托“三通一达”快递优势组建人防运输保障专业队，拓展人防专业力量。实名实时开展人防专业队机动式点验，联合市地铁集团开展平战转换应急应战演练，提升平时应急、战时应战的能力。

【重要经济目标防护】2022年，杭州市推动重要经济目标防护规范化管理落地落实，二级重要经济目标单位完成防护方案修订，新确定重要经济目标防护建设示范单位。重要经济目标项目关键部位地下化取得进展，新建项目中重点抓好防护措施精准落地，推动杭州电信大数据处理中心在建设中同步落实关键设施地下化等防护工程。依托“杭州城市大脑”人防驾驶舱，完善重要经济目标单位信息，强化重要经济目标通信联训，人员参训率在93%以上。

【工程防护体系夯实】2022年，杭州市聚焦规划引领，提升城市综合防护能力。《杭州市人民防空“十四五”规划》实施，《杭州市人民防空专项规划（2021—2035年）》编制完成，全市193个控规单元人防设施专项规划获批复。在重大基础设施建设中刚性落实国防要求，推进人防工程建设，人均防护面积处于全国领先水平。以指挥部为核心，以轨道交通线网为骨架，防护片区为重点，地铁站点和人防综合体为节点，结建和兼顾工程为支撑的人防体系夯实巩固。

【人防与城市建设融合发展】2022年，杭州市注重人防资源平战结合开发利用，推动人防与城市建设融合发展。人防综合体项目建设推进，实现相互兼顾、互联互通。服务保障杭州亚运会场馆项目人防工程完成竣工验收。开展人防工程安全隐患排查整治。

【人防改革推进】2022年，杭州市人防数字化改革推进，打造“数字人防”，拓展完善杭州“民防码”功能，建设完成人防工程维护管理、人防工程全生命周期管理、内控数字化应用场景。人防工程产权制度改革推进，坚持“人防国有资产是国防资产组成部分”，打造“资产人防”。人民防空法治建设加强，打造“法治人防”，推动“大综合一体化”行政执法改革，加强建设质量监督和维护管理，确保人防工程良好战备效能。全民人防宣传教育立体推进，打造“宣传人防”，营造多部门联动、多平台推动、多维度报道的立体式宣传氛围。

【“国际民防日”宣传活动】2022年3月1日是第50个“国际民防日”，杭州市人防部门开展专题宣传活动。全市有22个机关、50个企事业单位、62个乡镇（街道）、393个社区、80所学校，2.6万人参与活动。在市、县两级人防办网站和微信公众号推送宣传文章50多篇，在报纸、电台、电视台播发信息12条，3月1日新华社线上刊发《为国设防、为民铸盾，杭州持续加强现代人防体系建设》，浏览量超过68万人次。《杭州日报》《都市快报》《每日商报》等媒体集中报道相关内容，宣传全市人防建设成就。在杭州之声广播电台、3.3万块地铁电视屏幕、公交移动电视巡回播放杭州人防公益广告。在华数智能电视设立“国防人防教育”栏目，受教育覆盖面达到90万户家庭，点播数超过57万次。

【人防工程全生命周期管理系统上线】2022年3月7日，杭州市人防工程全生命周期管理系统上线试运行。该系统聚焦人防工程建设管理领域的核心业务，梳理形成工程规划、建设管理、维护管理和法治人防4项一级任务，进一步细化分解为8项二级任务。围绕每一项任务，按照数据回流、业务监管、事项网办、法治支持4个方面要求，构建以已有人防法规、政策体系和建管模式为基石的数智管理工作体系。通过“规划一张图，审批一条线，质监一个环，维管一张网，档案一个库，法治一条链”打造强监管、重服务的全生命周期管理平台。该系统的上线，推动规划指标的动态更新、刚性落地，构建全链条、跨部门的监管网络，质监事项实现全网办、“双随机”，开启工程建设“无事不扰”“无处不在”的线上监管新模式，为民服务实现精准达、便民办。

【人防机动指挥车通信应急保障训练】2022年3月23—25日，2022年第一季度人防机动指挥车通信应急保障训练在淳安县举行。该次演练着眼人防指挥通信保障标准化、规范化建设，旨在落实《杭州市指挥通信建设工作手册》，组织完成应急机动集结、机动指挥所开设、便携式卫星通信等科目，强化人防跨区域支援通信保障能力，提升人民防空应急应战组织指挥能力和协同保障水平。

【警报试鸣人防宣传活动】2022年5月12日，市人防办组织全市防空防灾警报试鸣，首次利用数字化改革成果，通过“人防警报管理”场景应用，实现警报数字赋能、精准补盲。协同市城管局、华数数字电视传媒集团等18个单位，依托中国电信、移动通信、联通通信三大运营商和新媒体、广播电视、各大报刊、突发公共信息发布平台，实时发放警报信号，拓展地上和地下一体的警报报知体系，鸣响率100%，警报信号覆盖率达到规定要求。围绕“助力共同富裕示范区建设——人防在行动”主题，开展人防宣传周活动，以全方位立体式的模式、线上和线下相结合的形式，宣传人防知识技能，增强民众的防空防灾意识，提高灾害应对能力，扩大人防社会影响力。9月18日，组织全市防空防灾警报试鸣，警醒市民铭记历史、勿忘国耻，同步开展以“居安思危、警钟长鸣、开拓未来、助力共富”为主题的人防宣传活动。

【《人防工程数据管理规范》编制完成】2022年9月15日，市人防办编制完成《人防工程数据管理规范》，并被纳入浙江省地方标准。该规范主要包括人防工程数据标准编制、人防工程数据字典生成及数据安全等大项，具体章节包括总则、数据质量要求、数据结构、数据存储、数据更新、数据安全等，以及数据表结构、地理信息要素等附录。适用于非涉密人防工程（含兼顾人防工程）的数据管理，规定人防基础信息数据内容、要素分类代码、空间要素分层、要素属性结构数、数据交换格式和元数据等内容，实现人防工程信息规范化管理，打通数据底层的互通性，提升数据的可用性，实现数据整合，推动现有人防工程与数字化的有效融合。

【《杭州市人民防空专项规划（2021—2035年）》实施】2022年12月14日，《杭州市人民防空专项规划（2021—2035年）》实施。该规

2022年3月1日，第50个“国际民防日”，市人防办开展宣传教育活动

（市人防办 供稿）

划贯彻“长期准备、重点建设、平战结合”的人防建设方针，坚持人防建设与经济建设相协调、与城市建设相结合、与地下空间开发利用相统筹的原则，从市域、市区、区县（市）、乡镇（街道）4个空间维度系统分析杭州市各类人防设施状况特征，明确短板弱项；从战略定位、威胁环境、安全威胁等级、省市域协调防护等角度提出总体防护规划，明确核心防护区、支撑防护区和支援防护区，划定重点防护片区；以体系防护的思路对重要经济目标与重要区位防护、人口疏散、人防工程、通信警报、地下空间兼顾人防、早期人防工程、重点区域等人防各系统进行全要素、全周期规划；强化规划传导和管控，提出实施保障建议。

2022年7—9月，市人防办开展避暑纳凉活动，开放早期人防工程为民服务。图为市民在人防工程内接种新冠疫苗　（市人防办 供稿）

【“杭州金盾－22”演习】2022年10月31日，市人防指挥部举行2022年全市人民防空指挥部指挥长会议暨代号为“杭州金盾－22”的杭州市人民防空检验性演习。各区县（市）人防指挥部围绕等级响应、指挥筹划、组织实施等方面开展实战化演习，训练演练坚持战备导向，突出实战实训，依托“杭州城市大脑”人防驾驶舱，实现全市联网、实演实传、同步演练。利用大数据进行情况分析判断、决策指挥，强化演训实效，规范演训机制，提高人民防空实战能力。

【人防宣传教育】2022年，市人防办优化“云上”载体，推进“五进”模式，营造“护盾”氛围，落实“宣教结合、服务民生”。创新“掌上人防”，依托杭州“民防码”，实现“扫一扫”寻找身边最近的人防工程。丰富“人防四库”，更新国防人防知识库、信息库、图片库、视频库，拍摄人防主题公益宣传短片，发放《公民防灾手册》《中华人民共和国人民防空法》等资料。推进区级人防教育体验馆建设，开展知识课堂、行业培训、演习演练系列宣教活动，丰富宣教形式、拓宽受教育面，在全市200多所中小学开设人防知识教育课，全年受教育学生超过10万名。结合“5·12”防灾减灾日、“9·18”防空防灾警报试鸣，报网微端屏同步实时宣传，增强民众自危意识。举办“百年防空史”展览，让市民实景体验中国人民防空发展。

【警报建设“三年计划”推进】2022年，市人防办运用数字化改革成果，推进警报建设“三年计划”，警报总量实现翻番。印发《杭州市人民防空警报设施建设管理实施细则》《关于加强全市人民防空警报建设工作的通知》，优化建设管理方式，市、区县（市）两级联动强力推进。横向扩面、纵向延伸，警报统控更加精准高效。着眼实战需求，建立“一主多备”警报发放系统，建设方向及要素保障向实战聚焦。数字化推动警报通信系统现代化变革，在《杭州城市物联感知体系基础设施配套建设标准》《地下市政基础设施数字化建设技术导则》中明确人防要素指标，警报建设实现数字赋能、精准补盲。

【共同富裕示范区建设和美好生活助力】2022年，市人防办把握“大杭州、高质量、共富裕”的发展要求，探索人防服务共同富裕美好社会的举措。坚持民生导向，做好平战结合工作，实现人防发展成果由人民共享。开展共同富裕背景下人防工程统筹建设课题研究，通过科学规划统筹、合理资金统筹、项目建设统筹，强化人防高质量发展和城市规划深度融合、护航城市安全发展的新动能，为创建共同富裕示范区城市范例提供保障。打造共同富裕现代化基本单元，创建新型人防未来社区，提高幸福安全指数，开展未来乡村人防设施配建标准研究，探索“人防＋乡村”融合发展的新模式。连续19年参与《民情热线》节目，就群众关心的人防建设热点问题与听众进行交流，线上倾听诉求，现场解答问题。高温天气开放避暑纳凉场所，接待市民8万余人次；“962790”人防热线处理各类信息2200多件，服务城市治理现代化。

（郑祝龙）

责任编辑　金利权

16 经济管理

综合经济管理

【概况】2022年，杭州市地区生产总值18753亿元，比上年增长1.5%。其中，第一产业、第二产业和第三产业增加值分别增长1.8%、0.4%和2.0%。三次产业增加值结构为1.8∶30.0∶68.2。人均地区生产总值15.26万元（按年平均汇率折算为2.3万美元），下降0.2%。

固定资产投资增长6.0%。分产业看，第一产业投资下降53.3%，第二产业投资增长21.2%，第三产业投资增长4.4%。社会消费品零售总额7294亿元，增长5.8%。货物出口总额5141亿元，增长10.6%，占全国总额的2.15%。实际利用外资78.1亿美元，占全国比重4.13%。数字经济核心产业增加值5076亿元，占全市地区生产总值的27.1%，增长2.8%，在"2022数字经济城市发展百强榜"中列第四位。12月11—14日，首届全球数字贸易博览会在杭州举行。全市在册市场主体167.76万户，增长9.7%。新增境内外上市公司27个，总数283个。国家实验室实现"零"的突破，2个大科学装置加快推进，11个全国重点实验室获批建设，10个省实验室中杭州占7席，"1+2+11+7"的新型实验室体系不断健全。全球创新指数城市排名升至第14位。

【经济体制改革】2022年，杭州市实施新一轮市属国有企业深化改革，设立杭州科创基金、创新基金、并购基金3支单个规模超过1000亿元的基金。产业链供应链韧性与稳定国际论坛在杭州举行，并发布《产业链供应链韧性与稳定国际合作倡议》（杭州倡议）。在首届全球数字贸易博览会上，签约项目89个，投资总额1100亿元。入选服务业扩大开放综合试点，新增国家级特色服务出口基地2个，新增钱塘科学城核心区等省级现代服务业创新发展区4个。成功获批科创金融国家改革试验区。城西科创大走廊、临空经济示范区管理体制和建设模式调整完善，城东智造大走廊加快发展。"一区多园"建设模式复制推广，杭州高新区（滨江）富阳特别合作区模式迭代升级，杭州高新区（滨江）萧山特别合作区挂牌。

【营商环境优化】2022年，杭州市推进国家营商环境创新试点城市建设，153个改革全部取得阶段性成效并获省改革突破金奖，多项改革举措获国务院办公厅复制推广。企业年报"多报合一"、企业办事"一照通办"、商事"共享法庭"等改革成效7次在国务院《政府职能转变和"放管服"改革简报》上刊登。出台涉企补偿救济实施办法，实施《杭州市社会信用条例》。杭州市入选国家知识产权强市建设示范城市，连续4年蝉联全国工商联万家民营企业评营商环境城市第一名。

【固定资产投资和重点项目建设】2022年，杭州市优化固定资产投资结构，工业投资增长21.1%。其中：制造业投资增长26.4%，高新技术产业投资增长30.7%，民间项目投资增长14.1%，生态环保、城市更新和水利设施投资增长23.1%。全市确定重点项目699个，其中实施类项目624个、预备项目75个；完成投资3333.3亿元，为年度计划的144.7%。计划开工项目299个，实际开工289个，开工率96.7%。扩大杭嘉湖南排后续西部通道工程、东苕溪防洪后续西险大塘达标加固工程、铁路杭州萧山机场站枢纽及接线工程、海康机器人产品产业化基地建设项目、杭州市第一人民医院新院区建设工程等项目开工建设。杭州医药港和达药谷（四期）、杭州体育馆改造提升工程等项目建成。"5433"综合交通大会战完成，三大交通枢纽落地，杭州西站、杭州萧山国际机场三期建成并投用，京杭运河二通道实现全航道贯通。全市城市快速路开通里程480千米，高速公路运营里程824千米，高铁运营里程376千米，城市轨道交通运营里程516千米。杭州第19届亚运会筹办基本就绪，56个竞赛场馆、31个训练场馆全部竣工并完成赛事功能验收。

【产业转型升级】2022年，杭州市转型升级步伐加快。确定"五大产业生态圈"发展方向，实施链长制，优化重点产业集群培育，战略性新兴产业增加值、高技术产业增加值分别为1874亿元、1407亿元，分别比上年增长4.2%、6.6%。规模以上工业新产品产值7523亿元，增长7.9%；新产品产值率41.0%，提高0.7个百分点。新增国家专精特新“小巨人”企业155个，累计208个，居全国城市第六位；新增单项冠军示范企业（产品）8个，累计34个，居全国城市第五位。杭州市入选全国首批“建设信息基础设施和推进产业数字化成效明显市”。有“独角兽”企业39个、“准独角兽”企业317个。

【社会民生保障】2022年，杭州公共服务水平增强。“一老一小”保障进一步完善，创建全国示范性老年友好型社区9个、市级老年友好型社区50个。新建成社区婴幼儿成长驿站185个，新增普惠托位8358个。教育资源精准优化，建成中小学、幼儿园85所，3所市属高中投入使用。创新建设嵌入式体育场地设施，新建“三大球”、“三小球”、门球等场地7类、2243片，面积78.9万平方米。筹措保障性租赁住房14.6万套（间），城镇住房保障覆盖率24.8%。3月，《杭州市“扩中”“提低”行动方案（2021—2025）》出台，加快构建橄榄型社会结构。全市居民人均可支配收入70281元，比上年增长3.8%。城镇居民人均可支配收入77043元，增长3.1%；农村居民人均可支配收入45183元，增长5.8%，城乡居民收入倍差缩小至1.71。实现低保、低边认定和补贴、特困标准、困境儿童补贴标准市域统一。全年向11.2万名困难群众发放各项救助资金19.9亿元，减免各类费用3.6亿元，低保、特困及孤儿养育标准提高10%以上。城乡居民养老保险基础养老金实现市域统一标准。

【“双碳”和“双控”工作】2022年，杭州“1+N+X”碳达峰碳中和政策体系基本建立，开展现代化国际大城市减污降碳协同创新试点和碳排放监测试点。推进新一轮制造业“腾笼换鸟、凤凰涅槃”攻坚行动，全年完成整治销号高耗低效企业1449个，盘活工业用地1357.4公顷，腾出用能49.5万吨标准煤。加强节能降碳技术改造。加快绿色低碳转型，全市新认定国家级绿色工厂4个、绿色工业园区1个，培育打造国家级绿色供应链管理企业2个、工业产品绿色设计示范企业2个。开工重大能源项目9个，天然气储气能力7200万立方米，成品油储备能力23万立方米，新增变电容量305万千伏安。新增光伏装机60万千瓦，累计213万千瓦。对511个高耗能行业企业开展用能预算管理工作，监督企业用能不超过年度预算。

【价格管理和监测】2022年，杭州市居民消费价格比上年上涨2.4%。《杭州市本级电力接入工程费用分担机制实施办法》出台，实现企业电力接入“零成本”。落实清费减负，出台水电气优惠政策，10多万个企业在水电气上享受优惠金额3.58亿元。开展交通物流、水电气、财经、金融、行业协会商会、行政审批中介6个领域涉企违规收费专项整治行动，为企业节省费用1.2亿元，企业缓缴有关费用3.54亿元。完成监审项目15个，涉及13个企事业单位，涵盖教育、供水、污水、天然气等重点领域，核定定价成本44.87亿元，核减不合理费用5.18亿元。对全市222个农产品成本调查点的11类、21项品种开展成本收益调查。《杭州市重要民生商品价格调控机制的实施方案》印发实施。全年向全市困难群众发放价格补贴3224万元，向150多万名企业退休人员发放浮动价格补贴7366万元。在国家价格监测质量考核中，价格监测数据上报考核获满分。（李　檬）

国有资产监督管理

【概况】2022年，杭州市人民政府国有资产监督管理委员会（简称市国资委）监管企业15个，分别为杭州市城市建设投资集团有限公司、杭州市地铁集团有限责任公司、杭州市交通投资集团有限公司、杭州市临空建设投资集团有限公司、杭州市国有资本投资运营有限公司、杭州市商贸旅游集团有限公司、杭州市金融投资集团有限公司、杭州市实业投资集团有限公司、杭州银行股份有限公司、西湖电子集团有限公司、杭州市水务集团有限公司、杭州市公共交通集团有限公司、杭州市能源集团有限公司、杭州市安居集团有限公司、杭州市农业发展集团有限公司。

市国资委全面落实“疫情要防住、经济要稳住、发展要安全”的要求，贯彻落实中央和省委、市委决策部署，做好国有资本国有企业改革发展和党的建设各项重点工作，国有经济稳定器、定盘星作用发挥。全年市国资委监管的市属国有企业营业收入3731.20亿元、利润总额300.78亿元，分别比上年增长3.5%和5.6%；年末资产总额为26181.63亿元、所有者权益为4935.96亿元，分别增长13.7%和8.5%。

【国有资本布局优化】2022年，市国资委以服务推动高质量发展为目标，以增强国有经济功能作用为主线，优化国有资本布局，进一步突出战略引领。加强顶层设计，拟订杭州市国有经济布局优化和结构调整实施意见，调整存量结构，优化增量投向，进一步聚焦基础保障、产业引领、社会责任、带动发展、资产优化等功能。按照“定方向、定功能、定领域”原则，重新核定市属国有企业功能定位和主业目录，严控非主业投资，引导市属国有企业做精主业做强实业，进一步把准战略方向，深耕优势领域，优化资源配置。

聚焦杭州市战略性新兴产业发展规划和需求，打造规模超过3000亿元的“3+N”杭州基金集群，发挥政府引导和基金撬动作用，带动各类社会资本投向重点产业和未来产业。发挥杭州创新基金“产业发动机”功能，围绕智能物联、生物医药、高端装备、新材料、绿色低碳5个产业生态圈开展投资。至年末，杭州创新基金组建基金规模700.93亿元，其中总规模100亿元、首期规模50亿元的中信城西科创大走廊基金专项投资服务大走廊“互联网+”、生命健康、新材料3个科创高地建设，总规模280亿元、首期规模96.85亿元的红杉科创基金专注投资高科技企业、优质创业项目。

《杭州市国资委关于支持城西科创大走廊高质量融合发展的通知》印发，推出专项举措7条，通过基金集群、平台打造、园区孵化、产业招引等方式，助力城西科创大走廊发展。新设临空建设投资集团，专注临空经济示范区投资、建设、运营和临空产业培育与发展，为临空经济示范区高质量发展注入力量。推进与央企中国林业集团有限公司合作，“双碳”公司落户杭州，打造碳汇经营实体和生态产品价值实现重要运营平台。打造国际数字交易中心，组建杭州国际数字交易有限公司并开展实质性运营，探索数字交易、数据确权等领域交易。

【国资国企改革深化】2022年，市国资委深化国有资本国有企业改革，突出增强动能，统筹推进区域综合改革试验和国有企业改革三年行动。聚焦“功能战略化、机制市场化、治理现代化”改革目标，推进各项改革任务，实现国有企业改革三年行动高质量完成。推进区域综合改革试验，印发《杭州区域性国资国企综合改革试验实施工作任务分工清单》，项目化、条目式围绕2022—2023年任务目标，提高改革综合效能，有效做法在国务院国资委区域综合改革专题视频调研会、全省国资国企改革三年行动高质量收官攻坚工作等会议上交流推广。推进市级行政事业单位所属企业纳入集中统一监管，实现市级经营性国有资产统一监管。

实施新一轮国有企业改革。通过杭州市城市建设投资集团有限公司与杭州市钱江新城投资集团有限公司、杭州市商贸旅游集团有限公司与杭州市运河综合保护开发建设集团有限公司等战略性重组，企业集团内部业务板块专业化整合，组建杭州市临空建设投资集团有限公司、杭州市能源集团有限公司、杭州市安居集团有限公司、杭州市农业发展集团有限公司、杭州市科创集团有限公司，升格杭州市国有资本投资运营有限公司、杭州市公共交通集团有限公司等措施，推动国有资本与国有企业做强做优做大，提升国有企业核心竞争力和国有经济战略支撑力。

对标先进全力打造世界一流企业。推进混合所有制改革，印发《市属国有企业混合所有制改革操作指引》，指导企业全年完成混合所有制改革项目10个，推动混合所有制改革企业转变管理理念和运营机制，激发内生动力。加大资本运作力度，推动产业向专业化集中、资产向上市公司集中，指导杭氧集团股份有限公司成功发行11.37亿元可转换公司债。协调杭州市城市建设投资集团有限公司、杭州市交通投资集团有限公司投资83亿元受让澳大利亚联邦银行持有的10%杭州银行股权。杭州市实业投资集团有限公司、杭州市城市建设投资集团有限公司连续两年入围中国企业500强名单，杭州制氧机集团股份有限公司、杭州汽轮动力集团有限公司入围中国机械工业百强名单，杭州制氧机集团股份有限公司获评国务院国资委“科改示范企业”。

优化公司治理机制，突出董事会建设，推行外部董事制度，印发董事会和董事评价办法，公开遴选90名专家建立兼职外部董事人才库，协助完成委派44个外部董事岗位，建立董事会的子企业全面实现董事会“外大于内”。加快推进企业瘦身健体，处置相关企业低效无效资产482个，盘活资产59.77亿元；完成50个四级企业管理层级压缩，提升市属国有企业管控效率。突出合规管理，印发市属国有企业合规管理办法，指导企业构建分级分类的合规管理制度体系，及时预警合规风险并妥善应对。推进公司律师建设，5个国有企业获省司法厅批复同意设立公司律师。

【国有资本监管职能强化】2022年，市国资委进一步完善制度建设。制定24个监管制度，涵盖考核、党建、投资等方面。改革市属国有企业考核模式和考核办法，制定市属国有企业高质量发展综合绩效考核办法，突出党的建设、经营业绩、工作奖惩3类模块考核，加强对市属国有企业的战略管理、主业管理、投资管理，引领市属国有企业战略归位、功能归位、主业归位。研究市属国有企业2023年度及2023—2025年任期考核核心指标，对市属国有企业开展综合考核、分类考核、对标考核。印发市属企业违规经营投资问题和线索移送办理工作规则，构建问题线索移送、核查、处理、整改工作链条，推动企业健全完善责任追究工作体系。

强化专项监督，聚焦11个方面的重点制度，开展市属企业制度建设和执行情况专项检查，组织检查团队到5个市属国有企业进行现场检查，形成问题反馈单和213条具体问题清单。开展大宗商品贸易风险排查、参股管理调查等，摸清底数梳理问题，提出规范业务发展、加强风险管控建议。推动国有企业领域突出问题专项检查问题整改，修订完善制度33个，收回问题资金3.63亿元。细化动态监管制度，以问询函、提示函、监管函形式针对日常监管中企业风险事项、违规事项等开展动态监管。

在“1+3+N”数字监管体系的基础上，深化智慧国有资本平台建设，完成智慧国资一期上线试用，实现对全级次企业、账户、资金、房产等经营性数据资源统一管理。固化行政权力事项运行流程，实现发债、捐赠等财务重大事项审批、国有资产交易线上一站式集成办理，提升国有企业运行效能。运用数字技术探索新型监管机制，建立风险预警模型，定期开展风险监测分析，落实国有资本监管。

【国资国企服务保障能力提升】2022年，杭州国资国企主动承担重大战略任务，推进重点工程建设，做好民生保障服务，助推社会和谐稳定。落实助企纾困政策，全市国有企业为承租国有企业房屋的3.01万户小微企业和个体工商户减免租金19.55亿元。推进杭州西站枢纽、地铁、大运河国家文化公园等标志性重大工程项目建设。其中，地铁第一期至第三期及杭临、杭富城际铁路全部建成，杭州成为全国第5座地铁总里程数超过500千米的城市。9月，湖杭铁路暨杭州西站枢纽运行，西站枢纽站区、站东、站西、站南疏解通道及综合配套项目全线贯通。

市属国有企业全年供水8.84亿立方米，处理污水6.11亿立方米，清洁直运垃圾218.72万吨，处置垃圾195.5万吨，供应天然气16.1亿立方米。优化城市出行服务品质，提升乘车体验，公交客运量7.99亿人次，地铁线网运送乘客8.68亿人次。杭州市成立全市国资系统助力共同富裕领导小组和工作推进小组，助推共富建设，印发国资国企助力共富示范行动方案、国资国企促富专项行动方案，推进需求对接、技术对接、要素对接，实施"百企结百村"行动，因地制宜开展消费促富、金融带富、产业带富、文旅创富等专项行动，形成"山地变粮仓"技术助农、"薪金+租金+股金"文旅共建等一批实践成果。"坚持三路并进、探索国企助力共富路"项目入选浙江国资国企服务共富最佳实践、全市共同富裕最佳实践案例；"国资国企助力共同富裕机制模式研究"课题入选全市24个优秀课题之一。加快"扩中提低"重大改革推进，印发规范市属国有企业实施企业年金的补充意见，指导鼓励具备条件、经营状况良好的企业制定企业年金制度，市属国有企业年金覆盖率超过50%。（朱静帆）

土地资源管理

【概况】2022年，杭州市获各类新增建设用地指标2300公顷，比上年增长24%，居全省第一位。完成23个省级以上重大项目用地报批，总用地面积近1.84万公顷，西险大塘达标加固工程用地审批全部流程仅用时9天。全市公告成交工业用地275宗、856.44公顷，成交额68.58亿元，工业用地出让面积占全市土地出让面积总量的54%。全年市区新供保障性住房用地144.82公顷。其中：出让集中配建公租房用地18宗、53.88公顷；250万平方米专项公租房用地15宗、50.82公顷；共有产权房用地12宗、32.84公顷；人才专项租赁住房用地2宗、7.28公顷。消化"批而未供、供而未用、低效用地"1.10万公顷。完成2009—2018年批而未供用地消化年度处置任务，消化处置完成量居全省第一位，获新增建设用地奖励指标563公顷，占全省的22%。全市完成经营性用地收储296宗、985.27公顷。其中：宅地181宗、804.6公顷；市区经营性用地收储238宗、848.67公顷；全市工业用地完成收储294宗、883.07公顷。全年全市经营性用地成交249宗、736.53公顷，出让金2164.90亿元，其中主城区73宗、197.8公顷，出让金989.70亿元。完成垦造耕地（含旱地改水田）1054.58公顷，异地有偿调入676.30公顷，补充耕地1730.88公顷。推进"百亩方、千亩方、万亩方"整治项目，完成连片耕地面积整治4500公顷。（李妍 肖岚 章怡 张晟伟 沈磊）

【自然资源调查监测】2022年，市规划和自然资源局完成2021年度国土变更调查，开展城市国土空间监测，明确自然资源和人文地理要素的类型、面积、范围、分布和变化等情况，支撑国土空间规划编制及实施监督、城市体检评估和用途管制等国土空间治理工作。开展城市地下市政基础设施普查，查清城市地下市政基础设施的种类、数量、位置、属性及分布情况，建成地下市政基础设施普查数据库，准确掌握城市地下市政基础设施现状及变化情况，为地下市政设施规划、建设、管理、更新等提供智能化信息服务。

【测绘管理】2022年，杭州市基础测绘投入8500多万元，市本级和各区县（市）统筹实施基础测绘，支撑耕地保护、执法督察等自然资源管理工作。全市完成321项乙级测绘资质审查，其中资质申请51个、新单位注册46个、专业类别变更38项、基本信息变更71项、补充和修改数据115项。（缪哲莹）

【要素保障政策完善】2022年1月25日，市规划和自然资源局印发《关于强保障促发展优服务助推扩大有效投资的通知》，强化要素保障，增强保障用地对扩大有效投资的拉动作用。12月2日，市政府办公厅印发《关于强化用地保障助推制造业高质量发展的实施意见》，出台强化工业用地保障、创新供地模式、完善创新型用地管理、加大低效工业用地整治、支持提高工业用地开发强度等18条具体措施，助推制造业高质量发展。

【集约节约用地经验获推广】2022年，杭州市推进集约节约利用土地，临平区净水厂项目成功入选自然资源部《节地技术和节地模式推荐目录（第三批）》，萧山区盘活利用存量工业用地典型案例入选自然资源部《盘活存量用地保障工业项目落地典型案例》。滨江区、临平区成功创建首批自然资源节约集约示范区县（市）。杭州市低效用地再开发工作考核获全省第一名。

【工业用地出让占比54%】2022年，杭州市推进工业用地出让，全年工业用地出让占比54%，工业用地出让量自2016年起实现"六连增"。推进100万平方米标准厂房建设，探索实施混合产业用地，支持园区范围内，以工业为主的"工业+商服""工业+旅游"等混合产业用地出让，促进产业融合发展。（肖岚）

【"土地码"应用拓展】2022年，市规划和自然资源局对2019年出让的260宗土地进行补码，补录归集材料992份，土地带码数提高38%。流程重塑探索审批提速空间，试点取消出让合同履约情况证明材料，有关改革成果和典型做法在省委改革办《竞跑者》杂志上刊登。推进"土地利用"通道建设，梳理业务流程，明确34件材料可信息共享，通过整合数据，进一步打通业务流程，加快数字化转型。（李妍）

【土地储备三年滚动计划】2022年，杭州市首次编制市区经营性用地土地储备三年滚动计划。根据国民经济和社会发展规划、国土空间规划、土地征收成片开发方案等，按照"规划引领、需求引导、滚动开发、职住平衡、数智赋能"原则，结合土地市场供需状况、土地储备资金保障能力、存量建设用地盘活等因素，分年度确定未来三年土地储备规模、区域、结构和开发时序，排定滚动做地地块，分解落实任务，保障全市土地市场有效供应与调控。

【"用地清单制"改革】2022年，社会投资项目"用地清单制"改革完成，制定服务清单30多个，形成经营性用地、工业用地两张清单。在现行经营性用地和工业用地收储标准基础上提高收储要求，提前办理前期审批等手续，减少土地受让单位的审批事项，实现拿地即可开工，提高

投资效率。（章 怡）

【耕地保护监管制度建立健全】2022年3月25日，市规划和自然资源局、市农业农村局印发《关于加强设施农业用地管理有关事项的通知》，明确正面、负面清单，规范设施农业管理。6月16日，市委、市政府出台《关于落实最严格的耕地保护制度全面推行田长制的实施意见》，全面构建“市—县—乡—村”四级田长责任体系。7月29日，杭州市田长制办公室印发《杭州市田长制会议制度》《杭州市田长制成员单位协作制度》等6个配套制度。11月13日，市田长制办公室会同市检察院等单位印发《杭州市“林长+河湖长+田长+检察长”四长工作机制的实施方案》。5月13日，杭州市政府连续3年被省政府评为年度耕地保护考核优秀。

【“耕地智保”场景贯通应用】2022年7月，“耕地智保”场景在杭州市贯通应用。全市5095名村级田长和巡查员应用“浙政钉”“耕地智保”场景开展巡查和问题核查，安装2860个铁塔探头并接入场景应用，建立“人防+技防”的耕地保护监管体系。推进耕地“非农化”整治，11月，提前1个月完成存量“非农化”处置目标。

【耕地保护补偿力度加强】2022年10月28日，1.04亿元市级补贴资金发放到各区县（市），连续6年以市财政转移支付的方式对全市耕地和永久基本农田予以市级资金补贴，激发农村基层组织和农民保护耕地的积极性。11月11日，市政府印发《关于优化创新耕地保护机制促进全市共同富裕的实施意见》，确保资金向种植粮食的优质耕地和耕地保护绩效好的区县（市）倾斜。建立空间指标交易机制，基于“空间智治”数字化平台搭建全市国土空间指标统一交易平台，通过强化市级统筹和区县（市）协调，推进补充耕地等空间指标市场化高效配置。（梁学彦）

【乡村单元详细规划编制管理完善】2022年，杭州市加快推进乡村地区规划管控全覆盖。2月18日，全市农村居住空间和产业空间信息排摸启动。4月27日，全市乡村单元详细规划（村庄规划）“一评估两覆盖三提升”专项行动方案制定，完成村庄规划科学评估，制定村庄规划管控全覆盖工作计划。以乡镇（街道）行政管理为原则优化乡村单元划分方案，并纳入空间智治“一张图”，开展乡村单元详细规划编制，确保乡村地区国土空间用途管制和建设管控有规可依，重点满足乡村地区“十四五”期间各类建设项目落地的合规性。

【土地综合整治推进】2022年，杭州市完成14个乡村土地综合整治工程，整治工程主要涵盖农用地整治、建设用地整治和生态环境修复及特色整治等4类。4月15日，省保护耕地和全域土地综合整治与生态修复领导小组办公室印发通知，2021年度杭州市全域土地综合整治工程绩效评价在全省设区市中列前三位。桐庐县富春江镇等11个项目被评为满分工程，优秀等次占比92%。6月2日，桐庐县实施全域土地综合整治工程取得成效，获省政府督查奖励。10月28日，建德市大同镇、富阳区永昌镇、萧山区宁围街道、临安区太阳镇4个工程入选2021年度“省级精品工程”。11月2日，省保护耕地和全域土地综合整治与生态修复领导小组办公室印发通知，公布首批跨乡镇土地综合整治项目名单。杭州临空经济示范区、萧山区浦阳镇、桐庐县横村镇等6个乡镇，以及临安区G329沿线4个跨乡镇土地综合整治项目入选省级首批试点。

【废弃矿山修复整改】2022年，第二批中央生态环境保护督察废弃矿山修复治理问题整改涉及杭州市28处，总修复治理面积150公顷。市规划和自然资源局通过统筹谋划、综合施策、以智提质，强化监管等举措，开展“百日攻坚”行动和“回头看”。10月，修复治理工程完成市、县两级联合验收；11月，工程完成销号。（李 挺）

【地质灾害风险隐患双控工作全市域试点】2022年，杭州市通过规划引领、源头管控、制度创新、规范防控、数字赋能、精密智控等手段，把地质灾害隐患点、易发区、重点防治区、风险防范区等矢量数据纳入国土空间总体规划和乡村规划管控范围，设置限建区、管控区、引导区，尽量降低工程活动对地质环境的扰动和影响，从源头提升区域地质灾害安全韧性。出台多项防灾工作制度，建立以市、县两级预报预警工作预案，乡镇地灾避险预案，行政村防灾避险手册，受威胁户防灾避险明白卡为重点的市、县、乡、村、户5级防灾避险预案体系，最终形成以风险调查为基础、以数字赋能为手段、以预报预警为关键、以撤离避险为核心和以防灾管理制度为约束的杭州双控管理体系。通过数字化、智能化方式，打破自然资源、应急、交通等部门和各乡镇（街道）之间的信息壁垒，打通基层防灾管理“最后一公里”，实现现场可视、指挥前移。（俞伯汀）

【矿产资源管理制度完善】2022年5月23日，市规划和自然资源局印发《杭州市规划和自然资源局关于进一步加强矿产资源管理工作的通知》，从9个方面对矿产资源管理工作进行规范细化，明确基层管理工作职责，梳理矿业权出让前期工作流程，为推进全市矿产资源开发利用的高质量发展和高水平监管提供依据。杭州市做好智能化绿色矿山试点工作，5个项目入选全省第二批智能化绿色矿山试点建设名单，富阳区板壁山脱硫用石灰石矿等3个项目通过现场验收，试点总数和建成数量均居全省第一位。富阳全域绿色矿业发展示范区建设稳步推进，建德洞山石灰石开采绿色矿业发展示范区初步形成规划引领、政策扶持、政府主导、优化布局和以点带面、整体推进的一套绿色矿业发展示范区建设经验。（张尹军）

【国有自然资源资产管理】2022年，全民所有自然资源资产清查和自然资源资产负债表编制完成。推进自然资源资产保护和利用规划编制，完成杭州市全民所有自然资源资产保护和利用规划导则研究和淳安县、临安区全民所有自然资源资产保护和利用规划编制。编写《杭州市2021年度国有自然资源资产管理情况专项报告》，通过杭州市人大常委会审议。余杭区青山村建立水基金促进市场多元化生态保护补偿案例被列入自然资源部生态产品价值实现案例（第三批）名单。

【全民所有自然资源资产委托代理试点】2022年，杭州市自然资源资产产权制度改革推进，开展全民所有自然资源资产所有者职责委托代理试点。8月，试点中期评估报告完成，通过自然资源部、省自然资源厅中期成果检查。8月30日，市委、市政府印发《杭州市全民所有自然资源资产所有权委托代理机制试点实施方案》；10月14日，市规划和自然资源局印发《杭州市人民政府代理履行全民所有自然资源资产所有者职责的自然资源清单》，推进试点各项任务落实。（吴丽梅）

【全类型确权登记推进】2022年4月，市规划和自然资源局开展集体土地所有权登记成果更新汇交，制定《全市集体土地所有权登记成果更新汇交工作实施方案》，组织对2.89万宗、133.68万公顷集体土地所有权确权成果更新汇交。推进自然资源登簿前主体工作，动态调整全市自然资源确权登记三年计划，分区域、分层级落实年度任务。市本级制定半山国家森林公园等项目实施方案，并完成公告登簿前主体工作。

【土地权属争议调处规范化试点】2022年6月，土地权属争议行政裁决示范化建设试点工作完成，评查杭州市争议裁决案卷，梳理争议调处主要问题，制定完善土地权属争议调处规则及工作制度。试点成果在全省自然资源重要法治建设成果发布会暨自然资源法治工作座谈会上交流展示。（周　敏）

【二手房掌上即办"带押过户"】2022年12月12日，市规划和自然资源局联合6个部门发布《关于推行二手房"带押过户"便民利企服务的通知（试行）》，在全市范围内推行二手房"带押过户"登记服务。该服务适用于在银行、公积金中心等设立抵押，且当前仅存一次有效抵押的二手房，买方以贷款方式购买的情形，实现"跨行带押+掌上即办"。

【杭甬不动产登记"双城记"2.0版】2022年11月3日，杭州、宁波两地规划自然资源部门签署《杭甬"双城通办"合作协议》。在不动产登记信息查询、不动产抵押登记注销及设立3个事项"双城通办"的基础上，新增预购商品房预告登记、新建商品房预转现登记、个人新建商品房买入（无预告）、个人二手房转移登记、企业购买新建商品房、查封登记、解封登记7项业务，进一步实现平台互融、窗口互通、业务扩面通办。

【《杭州市不动产登记若干规定》实施】2022年2月1日，浙江省及全国省会城市第一个不动产登记地方立法、市政府规章《杭州市不动产登记若干规定》实施。7月25日，市规划和自然资源局出台规范性文件《杭州市不动产登记操作规范（试行）》，细化实务操作规则，抓好规章贯彻实施。9月1日起，该规范施行。

【不动产登记历史遗留问题化解】2022年10月，市规划和自然资源局成立不动产登记历史遗留问题"办证难"专班，着眼拆迁安置房等重点项目，合力化解不动产登记历史遗留问题。全市累计完成1080个历史遗留问题项目发证，涉及11.67万套房屋，历史遗留问题化解率100%。（姚　叶）

【回迁提速加快】2022年，市规划和自然资源局推进回迁安置整改工作，在完成依法征收项目的基础上，推进集体土地城中村改造、危旧房改造等协议搬迁项目未安置问题治理。全年完成集体土地在外过渡5年以上1.46万户、3~5年1.08万户的回迁安置整改，实施征地项目1246个，涉及征地面积1743.47公顷。6月，全市域范围数智征收场景上线推广应用，进一步规范征收业务，促进征地提速增效。6月6日，市人大常委会印发《杭州市国有土地上房屋征收与补偿条例》，以地方性法规形式规范全市国有土地房屋征收补偿工作。9月1日，市政府印发《杭州市人民政府关于公布杭州市区国有土地上房屋征收临时安置费和搬迁费标准（2022—2024年）的通知》，根据实际情况适当上调搬家费标准，与市场标准衔接，妥善衔接新老政策，充分保障被征收人的合法权益。

（李　晓　缪周仙　徐　磊　蒋全峰）

【土地成片开发方案编制】2022年，杭州市推进土地征收成片开发方案编制审核。4月，杭州市中心城区内成片开发方案（涉及8个城区、28个片区）由市政府上报省政府审批。7月，中心城区外成片开发方案获市政府批复，涉及10个区县（市）、303个片区。9月，中心城区内成片开发方案获省政府批复。（徐　磊）

【违法用地行为整治】2022年，市规划和自然资源局以大综合一体化行政执法改革为契机，以卫星遥感影像图片执法监督检查、农村乱占耕地建房专项整治、扫黑除恶专项斗争、违建别墅问题清查整治等工作为抓手，开展自然资源执法监察工作。全市系统立案查处475宗，涉及土地面积288公顷、耕地面积176公顷。（叶　浩）

【土地资源保护督察】2022年，市规划和自然资源局发挥督察机构实体运行优势，抓好2021年耕地保护督察问题整改，整改完成率居全省前列。落实2022年耕地保护及矿产资源督察疑似问题核查举证，问题数量比上年明显下降。构建自主督察机制，开展耕地保护常态化督察，并纳入全市耕地保护"天巡地查"应用场景，落实数字化耕地保护实时监管。全年开展11批次督查，通知区县（市）变化图斑3986个、面积2886公顷，其中合法（未变化）图斑2874个、面积1704公顷。各地第一时间即查即改并消除违法状态的图斑476个、面积194公顷，核查确认636个问题、面积320公顷。（乔丽萍）

财　政

【概况】2022年，杭州市财政总收入4590.08亿元，比上年增长0.6%。全市一般公共预算收入2450.61亿元，增长2.7%。其中：市区一般公共预算收入2333.19亿元，增长2.2%；市本级一般公共预算收入382.21亿元，增长14.1%。全市一般公共预算支出2542.09亿元，增长6.2%。其中：市区一般公共预算支出2307.66亿元，增长5.4%；市本级一般公共预算支出442.78亿元，增长4.3%。全市各级财政收支平衡，预算执行情况良好。

杭州市加强对重点行业、重点企业税源监测，以及对各区县（市）财政部门的指导。全市一般公共预算收入与地区生产总值之比为13.1%；一般公共预算收入占财政总收入的53.4%；税收收入占一般公共预算收入的88.5%，全市一般公共预算收入规模列全国城市第四位，收入增幅和税收占比在全国15个副省级城市中均列第一位。深化非税收入征管信息互联互通改革，启用国有土地使用权出让保证金“一键申报”缴费功能，典型经验在全国财政工作会议上交流。全市完成非税收入3543.19亿元，其中按规定纳入一般公共预算管理的非税收入280.76亿元。

【财政改革深化】 2022年，杭州市财政管理工作第三次获省政府督查激励，财政管理绩效考评列全省第一位。完善基本公共服务领域转移支付制度，推进“钱随人走”制度改革。完善普惠型托育机构、养老机构等补助政策。推动“浙里公益仓”试点，省、市联合建立“浙里捐赠”数字平台，探索“三次分配”领域财税改革。深化财政数字化改革，加强杭州财政驾驶舱建设管理，健全长效机制，规范流程职责。深化差旅费“掌上报”、政府采购“掌上淘”等“掌上+”场景应用，构建区县（市）画像、部门画像、政策画像等数字画像智能模块，推进预算管理一体化系统全流程应用。市委、市政府出台《关于深化集中财力办大事预算绩效管理改革

2022年杭州市公共财政收支情况表

表10

收入项目	发生额（万元）	为上年（%）	支出项目	发生额（万元）	为上年（%）
一般公共预算收入	24506119	102.7	一般公共预算支出	25420894	106.3
一、税收收入	21698557	97.1	一、一般公共服务支出	2100067	105.5
增值税	7292040	93.1	二、外交支出	—	—
企业所得税	5334604	108.4	三、国防支出	21039	145.6
个人所得税	2278680	100.0	四、公共安全支出	1493817	110.4
资源税	24668	92.1	五、教育支出	5000916	107.3
城市维护建设税	1494955	105.7	六、科学技术支出	2077342	115.6
房产税	882311	125.4	七、文化旅游体育与传媒支出	572354	127.1
印花税	439685	108.8	八、社会保障和就业支出	2890618	100.8
城镇土地使用税	144040	126.8	九、卫生健康支出	2632981	153.5
土地增值税	1554055	68.6	十、节能环保支出	392344	96.7
车船税	145335	104.4	十一、城乡社区支出	3142869	85.5
耕地占用税	130397	132.5	十二、农林水支出	969527	98.1
契税	1973916	92.6	十三、交通运输支出	957864	171.2
烟叶税	—	—	十四、资源勘探信息等支出	1052232	72.3
环境保护税	1545	84.5	十五、商业服务业等支出	686731	115.6
其他税收收入	2326	37.6	十六、金融支出	28928	175.2
二、非税收入	2807562	183.5	十七、援助其他地区支出	81095	107.4
专项收入	1483593	139.9	十八、自然资源海洋气象等支出	193586	90.3
行政事业性收费收入	226365	110.9	十九、住房保障支出	486674	102.4
罚没收入	364705	108.7	二十、粮油物资储备支出	41582	91.0
国有资本经营收入	-220580	46.2	二十一、灾害防治及应急管理支出	129323	114.7
国有资源（资产）有偿使用收入	828020	265.4	二十二、其他支出	36357	117.0
其他收入	125459	132.5	二十三、债务付息支出	431033	103.3
			二十四、债务发行费用支出	1615	80.8

2022年10月17日，市财政局举办全省财政系统数字化改革创新应用大赛杭州赛区选拔赛　　（市财政局 供稿）

的实施意见》，梳理明确改革重点任务清单，抓好推动实施，构建预算绩效管理新机制。预算绩效管理“以前评估为突破口严控财政增量”和“重大政策（项目）全生命周期绩效管理”两项做法入选省财政厅试点改革优秀案例，并在全省推广。

【惠民利民政策落实】2022年，杭州市出台稳岗、纾困、补强等配套政策和措施，全市联动加快涉及企业的资金兑付进度。落实组合式税费支持政策，全市落实增值税留抵退税546.7亿元，发出留抵退税专项资金170.05亿元和调度资金227.56亿元。市财政投入39.12亿元，优化数字经济和制造业产业政策体系，支持实施新一轮制造业“腾笼换鸟、凤凰涅槃”攻坚行动，培育智能物联、生物医药、高端装备、新材料和绿色能源5个产业生态圈。市财政投入52.35亿元，支持科技创新和人才投入，深化“名校名院名所”工程，助力关键核心技术攻关和科技成果转化，推进城西科创大走廊发展，支持省级实验室建设。市财政投入20.7亿元，支持稳外贸拓市场，落实扩大出口、参展补助、出口信用保险、新开国际航线等政策，助力服务贸易和跨境电商发展，支持举办首届全球数字贸易博览会。

【城市建设统筹保障】2022年，杭州市财政投入191.66亿元，助力扩投资优结构攻坚行动，推进“5433”综合交通大会战，支持打通“断头路”，推进西险大塘达标加固、海塘安澜等水利项目，以及学校、医院、文化体育场馆等建设。市财政投入31.88亿元，推进生态文明示范创建、生态系统治理和生物多样性保护，助力空气、水质优良率提升和湿地保护，支持绿色、低碳、无废亚运行动。推进未来社区创建，支持城市道路、背街小巷、景观绿化整治提升，建设美丽城镇、美丽乡村。强化城市现代化治理。市财政投入41.73亿元，完善城市数字化治理体系，开展常态化“城市体检”，围绕道路交通、建设施工、公共设施及地下管网等重点，推进安全生产、防灾减灾、应急保障、消防等领域除险保安。推动城乡协调发展。全市投入超过20亿元，支持对口帮扶、对口支援和山海协作工程等。支持新一轮区县协作、联乡结村活动，统筹资金支持淳安特别生态功能区建设。

【民生事业支出保障】2022年，杭州市一般公共预算用于民生方面支出1965.94亿元，民生投入占比77.3%。市财政投入61.67亿元推动“健康杭州”建设，完善区域一体、中西并重、医防协同、整体智治、功能完善、运行高效的医疗卫生服务体系。市财政投入62.54亿元建设大社保体系，加强困难群众兜底保障。聚焦重点人群，优化就业创业支持体系，统一城乡居民养老保险基础养老金标准，构建共富型社保政策体系。落实阶段性降低失业保险、工伤保险费率等政策，全市向企业返还、发放、减征社保相关资金120.21亿元，惠及企业182.46万个（次）。市财政投入78.6亿元，推动基础教育全域优质均衡发展，推进职业教育“提质培优”。推动“双减”工作扎实落地，支持市属高校创新办学体制机制。市财政投入23.6亿元，实施文化体育为民惠民行动。加强文物保护，加快南宋皇城遗址综合保护工程，支持宋韵文化打造。

【财政监管强化】2022年，杭州市优化财政监管机制，构建人大、审计、财政“三位一体”的绩效监督新机制，加强转移支付、直达资金、“三公”经费等重点领域监管。深化预算报告宣传解读和预决算信息公开。市财政局强化财会监督，研究起草关于全面加强财会监督工作的实施意见，明晰财会监督工作的职责定位、框架体系和重点领域。推进楼堂馆所、财经秩序、项目招引等专项行动；开展政府产业基金、道路建设资金等重点领域专项监督调查。加强风险防控，严格“三公”经费管理使用，优先保障“三保”（保基本民生、保工资、保运转）支出。完善“能增能减、有保有压”的预算分配机制，盘活存量资金资产资源。开展新一轮专项资金政策清理整合，加强地方政府债务风险防范制度建设，确保财政平稳运行。　（刘　准）

税　务

【概况】2022年，杭州市税务部门组织税费收入8958.6亿元，比上年增长50.6%（扣除增值税留抵退税因素还原后），自然口径增长47.9%。其中：税收收入4265.6亿元，增长5.4%（扣除增值税留抵退税因素还原后）；非税收入3157.3亿元，增长7.3倍，剔除土地出让金因素后增长14.3%；社会保险费收入1535.7亿元，增长12.6%。税收规模列全国省会城市第二位。

【税费支持政策】2022年，杭州市税

务部门落实组合式税费支持政策优惠957.06亿元。其中:办理增值税留抵退税546.67亿元,落实新增减税降费223.03亿元,办理缓税缓费187.36亿元。杭州市税务系统采取“跑快一步”工作法,落实国家税务总局“快退税款、狠打骗退、严查内错、欢迎外督、持续宣传”5个举措。全年新增纳税人22.87万户,比上年上升2.1%。配合杭州慈善信托试点工作,慈善信托执行人直接向委托人开具捐赠票据。在企业所得税年度汇算中,落实研发费用加计扣除1377.19亿元,办理高新技术企业税收减免219.33亿元,激发企业创新动能。推广出口退税备案单证“无纸化”管理,加速出口退税,全年办理出口退(免)税551.76亿元。

【税收营商环境优化】2022年,杭州市获全国纳税人满意度调查省会城市第一名。杭州市税务系统深化税收领域“放管服”改革,8个涉税营商环境创新试点举措被国务院办公厅发文推广。推进涉税(费)事项网办、掌办,全市综合网上办税率97.5%,民生事项掌办率73.7%,不动产登记网办、掌办实现全覆盖。推行“自然人下沉式办税辅导体系”,解决自然人“上门不方便、自己不会办”难题。与市规划和自然资源局、市住保房管局合力推出“交房云办证”,被评为杭州市“民呼我为”最佳改革案例。深化“多报合一”改革,实现“一表填报、信息共享”。优化企业所得税、财产和行为税“十一税合一”申报,被评为2022年杭州自贸区改革试点经验项目。连续9年开展“便民办税春风行动”,推出6类、26项、135条便民办税服务措施。开展“春雨润苗”专项行动,为企业“送优惠、优流程、解疑难”。联合市工商联举办“亲清直通车·政企恳谈会”15次。深化“银税互动”,为企业发放贷款608.66亿元。

【税收治理】2022年,杭州市税务系统落实中共中央办公厅、国务院办公厅《关于进一步深化税收征管改革的意见》,涉及的65个改革任务完成,参与的21个“揭榜挂帅”任务推进。“企业所得税税前扣除凭证管理机制”“应用AI调查员完成未办税户摸底工作”2个项目获评全国优秀征管改革案例,“综保区一般纳税人资格试点精准化服务模式”获评2022年第一批中国(浙江)自贸试验区最佳制度创新案例。运用现代化信息技术手段,加快推动杭州智慧税务建设进程。推进建设市本级和区县(市)“两级集中处理”机制,发票领用、发票代开等简单业务实现自动处理。引入“RPA(Robotic Process Automation)数智员工”,7项业务实现自动化处理。探索“办问协同”,咨询服务采用“智能+人工”模式,智能语音解决率75%。加强对外联系,探索数字赋能税源联动管理机制,联通市场监管部门数据,深化个人股权转让“数智化”分级分类管理。联通市审管办的招投标信息,畅通外埠建安企业全生命周期动态治理。加强跨部门协同,实现国有土地使用权出让收入、矿产资源专项收入征缴信息“全市域、全项目、全口径”联通。打造“杭州税务大数据风险管理e站”,推进全税种风险一户式统筹分析。立足反避税服务确保跨境关联交易确定性,完成全国首批、浙江省首例适用简易程序的单边预约定价安排。践行“枫桥经验”,指导区县(市)税务局强化新时代“枫桥式”税务分局(所)建设。深化非强制性执法试点,探索欠税风险约谈警示工作机制。 (尤少文)

2022年4月19日,杭州税务系统开展税费政策宣传活动

(市税务局 供稿)

行政审批服务（公共资源交易）

【概况】2022年,市行政审批服务中心受理各类事项231万余件。市公共资源交易中心成交项目23.28万个(笔、宗、次),成交金额1876.49亿元,平均资金节约率1.9%。其中:土地成交项目103宗,成交额996.21亿元,溢价率6.5%;产权成交项目921个,成交额69.15亿元,溢价率为1.0%;建设工程项目435个,成交额147.83亿元,平均中标价下浮率12.6%;政府采购(含电子卖场)项目23.09万个(次、笔),成交额29.1亿元,平均资金节约率4.4%;综合交易项目396个,成交额22.87亿元,平均资金节约率11.2%;其他交易项目71个,成交额611.33亿元,平均资金节约率0.03%。

市行政审批服务管理办公室(简称市审管办)以深入开展全市政务服务大提升专项行动为抓手,牵头抓好“杭州市国家营商环境创新试点实施方案”相关改革事项,深化“分钟制”“小时制”集成式改革,构建线上和线下相融合的行政服务体系,助力杭州打造世界一流营商环境。杭州在全国重点城市一体化政务服务能力(政务服务“好差评”)调查评估中列“非常高”第一等次,在全省“放管服”年度考核中居第一位。市审管办下属单位市公共资源交易中心连续5年被评为"全国十佳公共资源交易中心","远程异地多点评标项目"获全国公共资源交易科技成果大赛一等奖。

【企业办事"一照通办"推行】2022年,杭州市组织26个具有涉企审批服务事项的部门单位进一步精减办事材料,以政府部门内部数据共享等方式归集或核验企业基本信息。3月4日和5月31日,分别公布两批企业办事"一照通办"事项清单,实现251个企业办事事项凭营业执照"一照通办",涉及21个单位,减少企业申报材料753件,精简率41.6%,其中687件由政府部门产生的证照、批文等材料可共享获取或核验,无须申请人提交。

【电子证照、电子签章应用范围扩大】2022年,杭州市组织农业银行杭州分行、杭州联合银行等19个银行试点企业贷款领域电子证照、电子签章应用。招标投标、项目审批、政府采购、货物报关等领域实现全流程电子化,超过65%的本地认证机构实现证照电子化。至年末,全市归集电子证照413类、851种,基本实现存量证照数据"应归尽归",累计调用1.7亿次。杭州市区块链电子签章平台完成2.0版迭代升级,累计上线应用场景45个。

【政务服务2.0平台落地应用推进】2022年,杭州市推动政务服务向村(社区)延伸。至年末,全市"一网通办"收件率95.9%,其中市本级"一网通办"收件率94.5%。开发建成全市政务服务数智测评指标体系,设置6个维度、13个二级指标、62个三级指标,对全市"中心"进行标准化、规范化、数字化无感监测管理。

【为企服务优化提升】2022年,市审管办开展全市政务服务大提升专项行动,市本级平台分别设置"启航工作室""人才综合性服务窗口""不动产登记服务工作室"。全市设立各类"为企服务工作室"52个,为企业提供个性化的咨询解答、靠前服务。建立改革政策实施监督机制,选取企业设置监测点85个,跟踪审批制度改革政策实施情况。移动审批车常态化发车,以重大投资项目、老旧偏远小区、特殊群体和人流集中场所为服务重点,全年派出279名工作人员开展上门服务活动90场次。

【电子招投标和远程异地多点评标推进】2022年,房建市政、交通、林水、园林绿化、政府采购5个行业实现全流程电子招投标。全年完成电子招投标项目3363个。其中:工程建设项目2584个,电子化覆盖率74.2%;政府采购项目779个,电子化覆盖率100%。全年组织远程异地评标项目537个,并实现与四川、山东、安徽的跨省域应用。项目获全国公共资源交易科技成果大赛一等奖,相关经验做法被国务院办公厅政府职能转变办公室简报专刊刊发。

【亚运项目保障】2022年,市、区两级联动,创新推出"分中心开标、市中心评标"的工作模式,主动上门对接古海塘工程、天网工程、地铁综合类项目等亚运会重点项目,加强指导服务,落实服务保障,确保项目交易工作高质量按时完成,全年市本级服务保障迎亚运项目98个。深化重大投资项目代办服务,全年服务项目322个,总投资额3820亿元,其中亚运项目21个。（王坚武）

市场监督管理

【概况】2022年,市市场监管局推进改革创新,杭州市入选国家知识产权强市建设示范城市,世界知识产权组织全球创新指数排名升至第14位,2件专利获中国专利金奖。成功创建国家食品安全示范城市,连续7年获省食品(药品)安全考核优秀等次。连续3年在全国百城消费者满意度测评中排前两位,连续8年获全省质量工作考核A等。国家营商环境创新试点27项改革任务完成,5项原创性改革经验被纳入国务院办公厅首批复制推广清单,在全市优化营商环境推进大会上做经验交流。"安心充电"数治平台被纳入"一地创新、全省推广"项目,获评首届全球数贸会银奖和省市场监管局改革创新最佳实践。"数治瓶安"列第四届全国市场监管领域社会共治十佳政府优秀案例榜首。涉企年报"多报合一"试点经验全省推广,信用监管经验做法入围国务院真抓实干督查激励公示名单。

市市场监管局助力纾困帮扶,出台《杭州市市场监督管理局关于优化监管服务举措激发市场主体创业创新活力的若干意见》《杭州市市场监督管理局关于优化监管执法服务经济稳进提质的指导意见》《关于新形势下发挥民营企业协会、个体劳动者协会作用助推经济高质量发展的实施意见》等政策,推进"小微企业三年成长计划",建立扶持个体工商户发展工作联席会议制度和纾困发展机制。协调电商平台出台为商家减负和免责措施,提供专属流量等帮扶服务。提前3个月兑付涉企补助资金4.04亿元,推动非国有市场减免摊位费7483.4万元。开展重点领域涉企收费检查,清退规范违规收费1.12亿元。强化包容审慎监管,明确不予行政强制、不予处罚或从轻处罚事项清单,适用不予行政处罚案件1135件,减轻处罚552件,对3.37万个逾期年报市场主体实行"首违不罚",为5.13万个市场主体提供信用修复服务。

市市场监管局开展"企业大走访""博士进厂入企"等活动,建立"质量专家库",提供组团式公益性技术服务。强化落实食品药品安全领域惩罚性赔偿制度,牵头制定《关于进一步强化落实食品药品安全领域惩罚性赔偿制度的实施办法(试行)》。全流程服务药械注册申报,新增钱塘、萧山2个省级医药创新和审评柔性服务站,56个新药获批开展临床试验,1个创新药、7个化学仿制药、12个二类和三类创新医疗器械获批上市,1429个医疗器械和1.46万个化妆品获批或备案上市,11个"杭潮美妆"品牌入选浙产十大美妆和新锐品牌名单。

至年末,全市在册市场主体167.76万户,比上年增长9.7%。全年新设市场主体28.85万户,新设企业总量和增速均列全省第一位。全年新增发明专利授权量3.01万件,增长31.2%;全市有效发明专利拥有量

12.28万件，增长29.0%；每万人高价值发明专利拥有量42.86件，增长28.3%。

【商事制度改革】2022年，市市场监管局巩固商事制度改革，推进许可审批服务再优化。巩固开办企业“一网通办”“一日办结”要求，全市开办企业全环节业务“一日办结”实现率99.4%，设立登记网上办比例99.99%，“零见面”比例96%。2021年度全省营商环境评价“开办企业”指标列全省第一位，持续保持全国第四名。实施市场主体住所（经营场所）登记申报承诺制，被列入2022年度市政府重大行政决策，进一步简化住所登记材料，提升商事登记便利化水平，自2022年9月1日全域全覆盖实施。构建完善市场主体歇业制度，制定《杭州市实施市场主体歇业制度执行方案》，强化跨部门信息协同共享、建立完善一站式服务体系、强化政策扶持助力主体复苏等相关制度配套，共计整合、出台或明确市场主体歇业制度政策配套（管理要求）33条。“一照多址”改革在全市范围内常态化实施，至年末，全市近1300户市场主体享受“一照多址”改革红利。推进工业产品（含食品相关产品）生产许可“一证多址”改革，全市办理工业产品生产许可“一证多址”13户。简化港澳投资者商事登记，全市87个港澳投资者适用简化公证认证文件，11个适用境内公证认证文书互认。率先实施股权转让“一件事”改革试点。推进餐馆经营、食品销售、林草种子（普通）生产经营、广播电视节目制作经营等15项准入准营“一件事”改革应用和集成落地。至年末，全市餐馆经营、食品销售“准入准营一件事”办理超过1400件。

【年报“多报合一”改革】2022年，市市场监管局贯彻落实国务院关于“推进市场监管、社保、税务等年报多报合一”工作部署，以入选国家首批营商环境创新试点为契机，启动年报“多报合一”改革，率先整合涉及企业范围最广、数据融合程度最高的市场监管和税务年报，进一步减少企业多头、重复填报，同时实现市场监管、税务、人力社保、海关年报财务数据同源，减少企业信用风险。至年末，改革惠及42.5万个企业。年报“多报合一”相关内容被纳入《杭州市优化营商环境条例》地方立法，杭州做法获全省推广。

【建立市场主体除名制度探索】2022年，根据国家营商环境创新试点改革要求，杭州市出台《杭州市市场主体除名试点工作暂行办法》，填补长期未经营的合伙企业、非公司企业法人等类型市场主体无法通过吊销手段实现有效退出的政策空白，促进释放名称、住所资源。将1184个长期未经营的合伙企业、非公司企业法人纳入首批除名范围。出台《关于建立市场主体阶梯式出清机制的指导意见》，构建出清阶梯，统筹经营异常名录管理、长期未经营企业吊销、个体户依职权注销、市场主体除名及吊销未注销企业强制注销等一系列出清政策，明确不同政策的适用范围，有序开展市场主体出清。全年吊销企业7374个，强制注销企业8390个。

【市场主体年度报告和信息公示监管】2022年，全市完成2021年度报告的企业72.1万个，年报率94.6%；个体工商户59.78万个，年报率89.11%；农民专业合作社3126户，年报率94.2%。全市被列入经营异常名录企业10.84万个，其中10.17万个因未按时申报年度报告被列入；1.4万户企业被列入严重违法失信名单。全市移出经营异常名录办件量2.44万件。全市线上出具无违法违规证明9200个（次）。72个企业被公示为2022年度杭州市信用管理示范企业。

【质量强市建设】2022年，市质量强市工作领导小组办公室印发《关于认真学习宣传贯彻习近平总书记重要贺信和中国质量（杭州）大会精神的通知》。杭州质量工作年度考核连续8年获A等。杭州市印发《杭州市贯彻落实〈国家标准化发展纲要〉的实施方案》，并开展《质量强国建设纲要》集中宣传贯彻。在全省率先印发《质量状况白皮书》，发布全国首个“同线同标同质”团体标准，并立项杭州市地方标准。38个建设工程获评省“钱江杯”优质工程，4个工程通过“鲁班奖”优质工程评选。杭州市在2021年度全国公共服务质量监测中排名第二，列全省第一位，生态环境质量公众满意度连续7年稳步提高。

【质量提升行动】2022年，市市场监管局推进12个特色产业质量提升和14个质量攻坚任务，全市建设并投入使用质量基础设施一站式服务平台20个，政府投入建设资金2586.25万元，服务企业1.7万个。印发《关于进一步深化杭州市质量提升服务团工作相关事宜的通知》，依托各地质量基础设施一站式服务平台，在全省率先成立以质量专家和优秀首席质量官为核心的质量提升专家团，重点对全市中小企业提供组团式、导师式、咨询式质量服务。深入推广首席质量官制度，成立首席质量官联盟西湖区养老产业分会、滨江区集成电路产业分会和拱墅区质量分会，全市政府质量奖和“品字标”企业首席质量官聘任率100%，规模以上制造业企业聘任率超过65%。发布企业首席质量官地方标准，对企业首席质量官的岗位要求、资格管理、优秀首席质量官评选等进行规范。

【“千企创牌”计划】2022年，市市场监管局推进“千企创牌”计划，政府质量奖和“品字标”企业培育库累计纳入390个“品字标”培育企业和386个政府质量奖培育企业。至年末，全市有9个（次）组织、1名个人获中国质量奖提名奖，17个企业获省政府质量奖，13个（次）企业获省政府质量管理创新奖，均列全省首位。市市场监管局牵头印发《关于开展中国质量奖和浙江省人民政府质量奖预申报推荐工作的通知》，动员杭州市的组织（个人）申报第五届中国质量奖和2022年省政府质量奖。重点实施“品字标”培育计划，全市有“品字标”浙江制造认证企业新增215个，累计533个。加大质量激励力度，联合市财政局印发《杭州市“品字标浙江制造”品牌建设资助经费管理办法》。至年末，给予专项资助1040万元。

2022 年 4 月 28 日，市市场监管局在临安大明山景区举行客运索道应急演练
（市市场监管局 供稿）

【标准强市建设】2019 年 12 月 9 日，杭州市被授予第三批全国“百城千业万企对标达标提升专项行动”试点城市。市技术标准推进领导小组印发《贯彻国家标准化发展纲要的实施意见》，市委、市政府印发《关于加快推进标准强市建设的实施意见》，明确未来 3 年在科技创新、数字化改革、共同富裕、生态环境、乡村振兴、标准国际化等重点领域开展“标准化 +”行动计划。推动全市智能物联、集成电路等重点产业企业开展对标达标活动。全市有 4692 个企业完成对标结果 4843 个，新增企业 1010 个，对标结果增加 1035 个。新增主导和参与国际标准 16 个、主导国家标准 33 个、行业标准 59 个、地方标准 51 个、“浙江制造”标准 81 个，新增国家级标准化试点 4 个、省级标准化试点 14 个、市级标准化试点 18 个。培育《公共数据资源开放分类分级指南》等地方标准立项 71 个。《关于推行企业标准化总师制度的实施意见》印发。至年末，全市有重点企业建立标准化总师制度 112 个。

【电子商务国际标准化】2022 年，杭州市标准化院发挥国际和国内两个 TC 平台作用，围绕电子商务领域开展标准研制工作。成功推动全国电子商务质量管理标准化技术委员会（SAC/TC563）发布实施《跨境电子商务产品质量评价结果交换指南》等国家标准 5 个，新立项《社交电子商务平台管理规范》国家标准 1 个。7 月 5 日，金砖国家电子商务标准化专家研讨会举行，来自巴西、俄罗斯、印度、中国、南非等金砖国家标准化机构代表、电子商务领域专家学者共 40 多人参会。杭州市标准化院获浙江省标准创新贡献奖组织奖。

【放心消费示范创建】2022 年，市市场监管局推进“放心消费迎亚运”行动，全市建成放心消费单位 4.8 万个，打造全国首个“放心消费”核心城区，实现投诉举报处置效能提升，消费维权“一件事”改革、“消保在线”工作成效连续 8 个月保持全省第一位。《放心消费直播间管理规范》《放心消费商圈创建与管理规定》杭州地方标准发布，推出放心直播间示范体验点 15 个、放心消费直播间 137 个、放心消费商圈 147 个。建立高校放心商圈联盟，强化政府、学校、企业三方合作，发挥高校和放心工厂资源优势，建立放心消费教育基地和实践基地，培养大学生科学、理性、绿色的消费习惯和依法维权的消费意识。建成基层维权联络站点 408 个，打通消费维权“最后一公里”，夯实“消费维权在身边”放心消费社会共建体系。全年受理投诉 5289 件，落地“老幼小”等特殊人群的消费权益保护政策。

【消费者权益保护】2022 年，全市市场监管系统接收处理举报投诉 113.7 万件，解答咨询 16.8 万件。其中网购投诉举报 94.3 万件。投诉按时初查率、投诉按时办结率、举报按时核查率分别为 99.99%、99.99% 和 99.97%，高于全国、全省平均水平。牵头预付式消费营商环境改革，推动各行业落实完成年度改革任务。推进 ODR（在线纠纷解决）机制建设，全市发展在线调解 ODR 企业 164 个，全年处理投诉件 14.93 万件，占消费投诉总量的 16.5%。全市在商店和超市、商圈（街区）、村（社区）、快递站点等人流集中场所共搭建放心消费基层维权联络站 408 个，推动引导消费纠纷就近解决、源头化解。

【合同格式条款规范】2022 年，市市场监管局加强法定备案领域格式合同监管。全市有企业报备合同 8412 个，确认备案 1.29 万份，立案查处不公平格式条款案件 134 件。联合市供销社制定《杭州市初级农产品买卖合同（示范文本）》。联合市住保房管局发布杭州市共有产权保障住房买卖合同系列示范文本，是省内首个共有产权保障住房交易合同示范文本。

【特种设备安全监管】2022 年，市市场监管局深化特种设备安全监管，推进“护航二十大”“特种设备三年行动收官年”“除险保安”和阶段性“亚运安保”等专项活动。全年出动安全监察人员 1.77 万人次，检查生产、使用单位 8270 个（次），签发特种设备安全监察指令书 767 份，立案调查 248 起，罚没款 509.48 万元。完善特种设备安全监管体制机制，推进“浙江特种设备在线”“数字特监”“电梯智管”“数治瓶安”4 类特种设备安全监管数字化平台应用。特种设备安全专项整治三年行动结束，全市未发生特大、重大、较大特种设备安全事故，累计消除特种设备安全隐患 1.4 万个，万台事故率指标控制在 0.20 以内。深化电梯智慧监管，电梯物联感知接入 3.7 万台，组织 11 个电梯维保单位开展按需维保试点，开展项目 84 个。颁布实施《重大活动电梯保障性检验规范》《在用电梯风险评价规则》《液化天然气瓶充装站安全技术条件》特种设备地方标准。全年9.63万台电梯应急处置平台发送超期检验、超期维保预警8759条，消除隐患7300多台（次）；接到电话3.25万个，通过“96333”热线电话处置故障困人报警8709起，解救被困人员8658人；救援人员平均到达现场时间10.78分钟。

【市场监管领域案件查办】2022年，杭州市市场监管部门办结各类案件1.59万件（大案、要案1987件，罚没款2.11亿元，移送公安机关83件）。其中，“铁拳”“亮剑2022”保障民生安全和维护市场秩序综合执法行动立案查处违法案件1.08万件，罚没款1.56亿元。市市场监管局牵头开展全市涉企违规收费专项整治行动，立案查处41件，清退规范各类违规收费1.12亿元，罚没款242.98万元。查办药械化案件647件，罚没款总额2294.08万元。查处广告违法案件1604件，罚没款2471万元。查处食品安全违法案件6897件，罚没款3117万元。捣毁非法加油站点13个。核查传销线索89条，立案查处15件，罚没款4749万余元。查处不正当竞争案件总数876件，罚没款2666万元；查价格监督检查案件660件，罚没款3339万元。开展漠视侵害群众利益问题网络直播营销违法行为专项治理，全市排摸直播营销主体1.74万个，制定各类规范文件65个；监测网络直播2899场次、4619.76小时，发现涉嫌违法线索94条（次）；办理案件473件，罚没款总额758万元，移送司法机关处理3件，曝光典型案件45件。

【“守合同重信用”企业公示】2022年，市市场监管局推进“守合同重信用”企业梯级培育，指导和培育592个企业获浙江省市场监管局AAA级“守合同重信用”公示，占全省总数的1/4。市市场监管局公示AA级“守合同重信用”企业632个。新增小微企业申报“守合同重信用”单独建库、单列推荐和公示，分别新培育79个、216个小微企业获AAA级、AA级“守合同重信用”公示。

【公平竞争审查】2022年，市市场监管局牵头成立杭州市公平竞争审查和反垄断委员会，将成员单位由28个扩充到36个。5月，杭州获国家市场监管总局批复成为重大政策措施公平竞争审查会审试点。6月，《杭州市重大政策措施公平竞争审查会审制度》出台。组建公平竞争审查专家人才库，其中专家库14名、人才库43名。建设完成公平竞争审查智慧管理平台。对40件以市政府名义出台的重大政策措施及合作框架协议进行会审，对其中25件涉嫌含有地方保护、行业壁垒等有违公平竞争问题的文件提出调整意见并被采纳。开展全市破除地方保护和市场分割专项行动，审查新增文件1252件，清理存量文件3789件，废止、修订问题文件295件。组织市内272个企业参加经营者集中反垄断合规辅导培训，提升企业反垄断合规意识，预防垄断行为，倡导公平竞争文化。

【国家食品安全示范城市创建】2022年，杭州市获“国家食品安全示范城市”称号，拱墅、西湖、萧山、钱塘、桐庐完成“浙江省食品安全示范县（市、区）”创建，全市新增乡镇（街道）食安办五星级14个、四星级42个、三星级1个。牵头推进食品安全“守查保”专项行动、“GM2D”示范区建设、食品安全“两个责任”等重点工作。全市完成食品监督抽检4.74万批（次），检出不合格1537批（次），不合格率3.3%，协调办理不合格食品案件2391件。建立运行风险预警“1+14+11+N”交流体系，覆盖市、县、企业三级的食品安全风险监测网络基本形成，常态化开展日常风险预警交流工作。推进食品安全监督协会建设，会员累计6128人。推进食品安全主体责任行政约谈工作，全年约谈食品企业7934个（次）、递交整改报告6303个（次）、列为重点监管对象1296个。

【亚运食品安全保障专班】2022年1月18日，市市场监管局组建亚运食品安全保障专班，召开全市亚运食品安全保障工作部署会议。《2022年第19届亚运会和第4届亚残运会杭州市食品安全保障工作实施方案》《2022年第19届亚运会和第4届亚残运会食品安全保障工作任务书》《亚运会食品安全保障监管工作内部实施方案》制定发布，明确责任分工。遴选确定杭州联华华商集团有限公司下属的浙江农华优质农副产品配送中心有限公司承接运动员食材专仓。至年末，食材专仓建设完成。亚运食品安全保障智慧监管系统开发完成，并上线运行。运用该系统保障“韵味杭州”系列赛事24场。完成食源性兴奋剂检测资质提升和实验室检测方法建立，具备60种指标的检测能力。选派业务专家和骨

2022年9月9日，杭州市暨上城区食品安全宣传周启动仪式举行

（市市场监管局 供稿）

干参与60个亚运食品安全保障指南编写。遴选确定大家庭饭店4个、官方接待饭店58个、要人保障酒店31个、集体用餐配送单位21个，并对亚运保障单位开展食品安全责任行政约谈及培训，要求按照“一店一方案”督查提升保障能力，推动“智能阳光厨房”建设率100%。5月16日，根据《2022年第19届亚运会和第4届亚残运会食品安全驻点监管方案》，组建亚运食品安全驻点保障队伍386人。编制《驻点监管人员工作手册》《快检操作手册》《亚运会测试赛餐饮服务食品安全保障工作规范》《亚运会食品安全事故应急处置工作预案》等系列指导性文件。

2022年6月14日，市市场监管局开展美容美发行业专项执法检查行动
（市市场监管局 供稿）

【食品生产、流通、餐饮环节监管】2022年，杭州市“浙食链”激活食品生产企业2064个，其中正常在产食品生产企业1744个，100%激活并使用“浙食链”，完成总数居全省第一位。全市创建“阳光工厂”1744个，在产食品生产企业“阳光工厂”安装率100%。全市建设“CCP智控”食品生产企业171个。全市完成大米、挂面、乳制品、酱油、食盐、食醋、味精等21类重点在产食品转码工作。制定地方标准《集中隔离医学观察场所餐饮管理规范》（DB3301/T 0359—2022），规范隔离点食品安全保障工作。推广在商业综合体建立市场监管、属地镇街村社网格、综合体运营公司、餐饮单位互助联合体和第三方监督服务机构“五位一体”管理的做法，全市新建杭州远洋乐堤港、大悦城等29条“阳光餐饮街区”。推进全市外卖商家“外卖封签”常态化使用。“杭州网”建立餐饮红黑榜专栏，公示餐饮商家“红黑榜”211期，公示红榜商家716个、黑榜商家1910个。

【食品小作坊综合治理】2022年，市市场监管局推进全市小作坊规范提升，全市创建小作坊集聚园区2个，新增“5S”管理小作坊61个，文旅化小作坊32个。制定实施《新合索面加工工艺规程》《新合索面技术要求》两项团体标准，建成桐庐县新合乡索面作坊集聚园并召开全市小作坊“五化”工作现场会，现场推广“1+N”索面作坊园区建设经验。通过“园区＋农户”的模式，助力共同富裕示范区建设。至年末，实现“1+15”的规模。

【电动汽车“安心充电”数治平台开发】2022年，杭州市开展电动汽车充电桩检定新模式国家试点，开发电动汽车“安心充电”数治平台，形成“远程在线＋双重铅封＋虚荷检定”的检定新模式。整合全市29个充电桩运营结算平台、207个运营商、1571座充电站、2.09万台充电桩、2833万笔交易数据，累计交易金额6.4亿元，在线监测并处置预警2799次，提升监管效能。参与制修订国际指南1个、国家计量技术规范2个、省技术规范1个、浙江制造标准4个、充电信息交换服务地方标准1个，取得发明专利、软件著作权等13件，3个产品在申请认定国内首台（套）产品。“安心充电”数治平台获首届全球数字贸易博览会先锋奖银奖、全省市场监管系统改革创新最佳实践，入选全省数字政府系统优秀应用案例集（第一批），被列入浙江省“一地创新、全省共享”“一本账”S0，在全省复制推广。

【产品质量监督管理】2022年，杭州市开展产品质量监督抽查3481批（次），不合格208批（次），不合格发现率6.0%。其中：生产领域抽查1025批（次），不合格33批（次），不合格发现率3.2%；流通领域抽查2456批（次），不合格175批（次），不合格发现率7.1%。推进电动自行车综合集成改革落地见效，开展备案非标电动自行车提前淘汰置换，全市开展集中淘汰置换活动603场，淘汰车辆264.42万辆，淘汰注销车辆总数居全省第一位。新车上牌106.58万辆，发放财政补助产品（消费券）3329.9万元，带动消费26.65亿元。推进“质安校园”场景建设应用，关注儿童学生用品产品质量安全，扩面校服、床上用品“浙品码”赋码应用，在临平区、临安区探索推行“质安校园”场景建设，完成235所中小学、幼儿园相关信息及40个供应商信息录入，对校服、床上用品全覆盖实施“浙品码”赋码管理，确保辖区内各学校校服、床上用品安全供给。在萧山区开展危险化学品包装物及容器获证企业质量风险管控和隐患排查治理“双预防”机制建设试点，对全区41个危险化学品包装物及容器获证企业实施全覆盖“双预防”监管。

【药品安全监管】2022年，杭州市新增民生药事服务站45个，提供用药指导、个人药物使用档案（个人药案）等30个免费药事服务，共计服务150万人次。全市有13人入选省“双百尖兵”优秀检查组长及骨干培养对象，列全省第一位。指导杭州市食品药品检验研究院获超过60个食源性兴奋剂指标检测资质，全面覆盖国家反兴奋剂中心指定项目。组建“技术＋规范”服务团队，联动开展“博士进厂入企”“企业大走访”“药品检查浙里帮”等活动。开展线上和线下药品生产质量管理规范提升及不良反应监测培训，线上参训人员800多人次，线下带教培训23人次，开放实验室检验检测426批（次）。指导大下姜地区艾草产业发展，带动区域内200人就业，实现农户增收近500万元。全年完成药品检验3071批（次），其中监督抽检2223批（次）、省级基本药物评价抽检118批（次）、国家药品抽检51批（次）、委托检验679批（次）。

【医疗器械安全监管】2022年，市市场监管局组建“技术＋法规”帮扶团队，全流程服务药械注册申报，新增钱塘区、萧山区2个省级医药创新和审评柔性服务站，新批新药临床试验56个、创新药1个、化学仿制药7个和医疗器械1429个，新进入国家、省创新医疗器械审批通道17个，新获批注册创新医疗器械12个，国家创新医疗器械获批数量列副省级城市第一位（与深圳市并列）。新开办第二类、第三类生产企业61个，新备案第一类生产企业106个，新批准第三类经营企业1230个，新备案第二类经营企业3035个，完成第三类医疗器械唯一标识赋码466个。市市场监管局推进医疗器械风险隐患排查整治，全市开展生产企业现场检查821个（次），医疗器械抽检667批（次），上报医疗器械不良事件5589例，清理规范第一类备案产品209个，责令整改243个（次）。

【化妆品安全监管】2022年，市市场监管局全面承接省药监局国产普通化妆品备案工作，推进化妆品“百千万”示范工程创建，创建示范街2条、示范商场30个、示范经营单位150个。全年完成化妆品监督抽样385批（次），以亚运保障酒店等为重点场所整治，抽检重点品种70批（次），合格率100%，完成27个化妆品注册人、备案人生产质量管理体系运行情况的“双随机、一公开”检查工作，完成34个化妆品生产企业的飞行检查。推进化妆品“线上净网线下清源”专项行动、儿童用妆“金盾护童”及“除险保安百日攻坚行动”3个专项行动，办结案件248件，比上年增长57.39%，罚没款649.74万元，增长19.96%。全年完成化妆品不良反应监测报告2128例，完成率177.9%。制定化妆品生产经营6类主体责任清单，推进化妆品安全责任“一条链”改革。化妆品“黑匣子”试点工程上线应用，4个企业上线“黑匣子”应用。以桐庐县为试点，搭建智慧监管平台“美丽溯颜”，推进化妆品数字化治理水平。

【检验检测机构规范管理】2022年，市市场监管局持续深化检验机构资质认定改革，对机构首次获证或复评实施告知承诺机制，对法定代表人、最高管理者、技术负责人等人员信息变更事项实施机构自我声明制，惠及286个机构。至年末，杭州市有各类检验检测机构630个，比上年增长4.3%，机构数占全省总数的27%，居全省首位；通过“浙里检”平台上传54.64万份检测报告，占全省总数的64.1%。开展年度检验机构能力比对，督促机构保持检验能力。开展交通工程、室内空气两个检测门类考核比对，包括授权签字人及实验能力两个方面，全市71个（次）的检验机构、136人次的授权签字人参加。

【广告监测监管】2022年，市场监管总局监测杭州互联网广告1042.67万条（次），发现涉嫌违法广告1839条（次），涉嫌违法率0.02%。市市场监管局自行监测全市广告184.75万条（次），发现涉嫌违法广告314条（次），涉嫌违法率0.02%。其中：监测传统媒体广告149.26万条（次），发现涉嫌违法广告184条（次）；监测互联网广告34.95万条（次），发现涉嫌违法广告80条（次）；监测全市范围内户外广告5371条（次），发现涉嫌违法广告50条（次）。全市系统查处各类广告违法案件1352件，罚没款2184.84万元。开展借重大活动从事违法违规商业广告宣传专项整治，办结国家市场监管总局、省市场监管局交办相关案件9批、173条相关广告线索；立案查处相关广告案件14件，罚没款45.49万元。

【金水滴奖广告大赛】2022年6月，市市场监管局举办杭州市第十三届“创意杭州”金水滴广告大赛，共收到平面、短视频、微电影等广告作品899件，评选出金奖8件、银奖18件、铜奖21件、优秀奖173件。11月25日，颁奖仪式举行，获奖优秀公益广告作品通过杭州文广集团和杭报集团下属媒体展播。

知识产权保护

【概况】2022年，杭州市新增专利授权量12.12万件。其中：发明专利授权量3.01万件，比上年增长31.7%；有效发明专利拥有量12.28万件，居全国省会城市第一位，增长29.0%，比全国平均水平高8.17个百分点；每万人发明专利拥有量102.9件，增加23.3件；拥有高价值发明专利5.12万件，占全省高价值发明专利总量的51.2%；每万人高价值发明专利数量42.9件，增长28.4%，居全省首位；PCT国际专利年申请量2305件，增长11.78%，占全省总量的53.4%。在第二十三届中国专利奖评选中获金奖2个（占全国总数的1/15），获奖20个。至年末，全市办理知识产权质押融资登记企业1779个，质押金额300.66亿元，增长62.7%，普惠贷款惠及企业数居全省第一位。新增国家级示范企业5个、优势企业36个、省级示范企业137个，全市累计培育国家、省、市优势示范企业1266个，累计托管中小微企业3421个，通过知识产权管理体系贯标认证企业1317个。在2021年浙江省创造力百强企业榜单中，杭州54个企业上榜，前十强中杭州占8席。全市面向重点产业共布局建设国家和省级产业专利导航服务基地2个、国家级知识产权运营中心2个、国家和省级产业知识产权联盟4个，建设企业专利特色库18个、行业专利特色库13个，实施各类专利导航项目26个。

【知识产权运营】2022年，市市场监管局牵头建设专利许可项目资源库，

2022 年 7 月 19 日，首届“创新杯”杭州市青年知识产权专业技能大赛决赛举行
（市市场监管局 供稿）

共征集发明专利 9050 件，面向全市企业推广发布专利清单 10 批（次）。杭州知识产权交易服务中心深化建设，全年对接服务企业 500 个，转移转化知识产权 848 个，交易金额 3.78 亿元。杭州上线知识产权交易系统，实现信息同步挂牌、交易实时联网等功能，通过系统成交项目 274 个，涉及 606 件知识产权和科技成果，成交金额 2.2 亿元。全市办理知识产权质押融资登记企业 1779 个，质押金额 300.66 亿元，比上年增长 62.7%，普惠贷款惠及企业数居全省第一位。落地全国首单基于区块链的数据知识产权质押，全年度存证知识产权 3781 件，参与存证企业 202 个，5 个企业从金融机构获数据知识质押贷款 2000 万元。落地全省首单知识产权证券化项目，首期规模 1.1 亿元，单户每年融资成本降低 50%。设立杭州市专利权质押融资风险补偿基金，首期规模 3000 万元，将符合条件的担保业务列入“风险池”分散风险，破解企业“融资难”问题。至年末，全市被纳入“风险补偿基金”项目 1061 个，帮助企业实现质押融资金额 151.8 亿元。

【知识产权保护监管】2022 年，全市市场监管部门查办电商展会专利侵权案件 2250 件、假冒专利案件 8 件；受理线下专利侵权案件 50 件，其中做出专利侵权纠纷行政裁决 22 件，比上年增长 120%，平均办理周期 58.2 天，压缩 1 天；办理涉网专利侵权纠纷案件 2285 件，增长 2.7%，平均办理周期缩短至 1.5 天，提高 45.2%。深化知识产权以信用为基础的分级分类监管试点，全年检查 223 个（次）代理机构，检查结果被纳入市场主体全生命周期信用联动监管平台。建立国家、省、市、区四级专利非正常申请快速处置联动机制，约谈机构 115 个（次），核查非正常专利 2.3 万件，非正常专利申请撤回率 96.6%。

【知识产权服务】2022 年，市市场监管局建设知识产权公共服务“一个地”“一件事”“一张网”。发布集专利申请、商标注册、发明专利资助等 55 个事项的《杭州市企业知识产权服务事项工作清单（2.0 版）》，打通市、区数据信息链，27 个事项直接链接到浙江省政务服务网。杭州市知识产权保护中心建设国家新一代专利检索和分析系统地方增强版子场景，向全市知识产权示范试点企业、重点领域企业免费提供专利高级检索查询账号 2000 个。在全市各产业园区布局品牌指导服务站 53 个。滨江区获批建设首批国家知识产权服务出口基地。

【专利预审与确权服务】2022 年，市知识产权保护中心快速审查 IPC 分类号扩展至 86 个，在原有智能制造、医疗器械、汽车等相关装备制造领域基础上，新增覆盖生命健康相关产业领域。开发具有自主知识产权的专利智能审查辅助机器人，实现对常规专利撰写问题的自动解析识别，提升审查效能，缩短审查时限。全年备案各类创新主体（企业、高校科研院所）1091 个，完成代理机构联系登记 391 个，审查预审案件 2047 件，授权发明专利 1051 件。

【商标品牌培育】2022 年，杭州市新增申请注册商标 21.31 万件，有效注册商标 17.78 万件，商标申请注册有效通过率上升 5.0%，累计有效注册商标 118.32 万件，增长 15.4%。马德里商标国际注册新增 73 件。新申请区域公共品牌 45 件，新申请地理标志证明商标 3 件。全年商标质押融资企业 400 个，质押商标 764 件，质押金额 62.23 亿元，增长 95.3%。新建成商标品牌指导站 14 个。

【西湖龙井茶品牌管理和保护】2022 年，市市场监管局牵头推动市政府设立西湖龙井国家地理标志产品保护示范区筹建工作小组。以西湖龙井国家地理标志产品保护示范区筹建小组的名义印发《西湖龙井国家地理标志产品保护示范区建设 2022 年度实施方案》和《杭州市筹建“西湖龙井”国家地理标志产品保护示范区工作目标任务分解（2022—2024）》。印发《关于开展“西湖龙井”地理标志保护行动的通知》，组织成立督察组，开展专项行动的督察指导。全年出动执法人员 2000 多人次，检查市场主体 1856 个，对 10 个重点电子商务平台的 1476 个网店经营户开展整治，改善市场环境，打击西湖龙井地理标志假冒侵权行为。（李 甜）

统 计

【概况】2022 年，市统计局聚焦市委和市政府办好亚运会、经济稳进提质、数字化改革以及“两个先行”等中心工作，谋划确定“8341”年度统计工作布局和推进机制，落实统计监测调查、统计监督、统计服务、统计改革等 8 项重点工作。组织“基层基础建设提升年”“数字化改革提级年”“组织建设提效年”3个主题年行动，构建强有力的工作抓手。建立工作专班4个，对重点工作实施项目化管理、专班化运行。围绕“以高质量党建引领统计事业高质量发展”主题主线，以创新举措和务实行动，高水平开展统计工作。12个专业在全省统计局系统2022年度共富型统计监测体系考核中取得优秀评价。

【统计监测分析强化】2022年，杭州市加强地区生产总值以及工业、农业、服务业、投资、批发零售业、住宿餐饮业等主要经济指标测算，实时监测、深入分析、精准研判全市经济运行状况。及时反馈政策调节成效，助力保障产业链、供应链循环畅通。加强“扩中”“提低”统计指标监测，做好共同富裕、区域竞争力等专题分析。推进市本级及区县（市）的能源消费总量及碳排放测算工作。完成“全省民营企业发展环境调查”“创业创新环境满意度调查”等24个社情民意调查。全年提交统计分析报告120多篇。《基于网络搜索数据和深度神经网络的社会消费品零售总额预测研究》建模项目及《杭州碳达峰影响因素及实现路径研究》等课题，在全省首届统计建模大赛、统计重点研究项目评比中分别获一等奖、二等奖。

【统计领域改革创新深化】2022年，市统计局研究建立智能物联、生物医药、高端装备、新材料和绿色能源5个产业生态圈统计监测分析和评价体系。建立健全城西科创大走廊主要经济指标体系，完善地区能耗核算方法，探索建立先进制造业和现代服务业融合发展统计监测体系，完善知识产权产品投资统计。健全完善共同富裕、城乡区域发展、乡村振兴等统计监测体系。完成国家“法产并重”统计试点、省数智贸易统计试点、重点电子商务交易平台（季度调查转月度调查）调查试点、新业态从业人员（快递）统计试点以及省农业统计现代化改革试点等工作。推进“全面覆盖+精准画像”，全方位展示“数库”“智库”能力水平。

【统计数字化改革推进】2022年，杭州市加快推进基层统计网格智治、浙企“最多报一次”、“浙江民调在线”等上线项目的承接应用。“统计大脑”贯通率100%。全市划分统计智治网格1157个，企业激活率100%；浙企“最多报一次”活跃率90%以上；利用“民调在线”开展10多个调查。“杭数统”整体智治平台被纳入杭州市“1612+N”数字化改革体系架构“数字政府”系统迭代升级项目，完成46个部门和统计专业480多万条基础数据的归集工作。及时回流国家统计局联网直报单位数据，实现2.6万个规模以上企业的实时直报监测。提供市公共数据开放平台经济指标133个，提供市长驾驶舱一体化数据资源系统IRS平台经济图表42份，各类经济指标1600多个。“统计e家”“数字员工”等首创应用被提级为“一地创新、全省共享”应用。杭州市推进省统计局重大应用工作被评为五星级。统计数字化改革成果被《中国信息报》、“浙江在线”、“浙江统计”、“学习强国”学习平台、“杭加新闻”等国家、省、市媒体宣传报道。

【统计监督职能作用发挥】2022年，市统计局健全完善统计机构与纪检监察机关、巡察机构和组织人事、审计等部门的协作配合工作机制，推动统计监督与纪律监督、监察监督、巡察监督、审计监督等统筹衔接。配合杭州市委巡察工作领导小组办公室做好10个市级有关部门统计工作情况的巡前通报工作。完成国家统计督察反馈意见的整改落实和统计造假不收手不收敛专项纠治行动。每月召开数据质量评估会议，加大数据核查和统计执法力度，确保源头数据真实准确。“掌上核查”和执法检查总量达到“四上”企业的10%。全市完成“掌上核查”1295个、执法检查1082个，办结统计违法案件64件。

【统计基层基础建设强化】2022年，市统计局组织实施“统计基层基础提升年”行动。杭州市13个区县（市）均成立统计执法（法治监督）机构。累计建成统计之家（统计驿站）198个，开展线下网格活动1897次。利用“统计e家”平台开展企业走访调研1444次。研究制定《杭州市统计基层基础工作内部管理办法》和《统计工作台账参考目录》，进一步推进基层统计工作标准化、规范化。在全市统计局系统内贯彻落实行政执法公示、执法全过程记录和重大执法决定法治审核“三项制度”。加强网站、微信公众号等统计普法阵地建设，开展普法宣传“六进”活动。分层分级、梯次推进，开展区县（市）党政领导、部门负责人、统计部门负责人和统计干部、乡镇（街道）统计及企业（项目）统计工作人员的专题培训。培训内容涉及7个重点专业，分9批次，覆盖各区县（市）政府领导、部门负责人以及统计人员330多人，重点骨干企业（单位）730多个。（许剑峻 吴 晶）

审 计

【概况】2022年，杭州审计机关完成审计项目239个。查出主要问题金额528.68亿元，其中违规金额18.84亿元、管理不规范金额509.64亿元；出具审计报告和专项审计调查报告306篇。移送司法机关、纪检监察机关和有关部门处理事项86件，移送处理人员105人。审计提出建议1082条，被采纳897条；推动被审计单位制定整改措施388项；促进被审计单位建立健全规章制度41个；提交审计信息1060篇，被批示、采用699篇次。组织实施的杭州市公共卫生服务体系专项审计调查获评全国优秀审计项目，市本级连续5年获该荣誉。

【财政资金审计】2022年，市审计局围绕大资金、新政策，以大财政视角系统实施市本级预算执行和决算草案审计、区县财政决算审计等项目，并嵌入实施招商引资优惠政策执行等专题审计，促进出台深化集中财力办大事预算绩效管理改革等多项制度。起草预算执行和其他财政收支审计结果报告、审计工作报告，全面反映15个方面、41类问题。钱塘区审计局以“核心+专题”大项目实施模式、“大兵团作战、小兵团攻坚”审计组织模式、“大数据+”审计方法模式开展首次区本级预算执行和决算草案审计。余杭区审计局实施余杭区楼宇经济服务“全域创新”绩效情况专项审计调查，推动区发改局、财政局出台《余杭区楼宇（总部）经济发展财政政策实施细则》。

【民生审计】2022年，市审计局聚焦保障共同富裕示范区建设，重点审计储备粮管理、全民健身公共服务体系建设、就业补助资金和失业保险基金、“四好农村路”建设等情况，推动相关政策、资金和项目落实。其中：储备粮管理情况专项审计调查实施，促进收回多支付工程款和违约金460多万元，修订完善制度14个；就业补助资金和失业保险基金相关审计实施，推动市政府整合全市就业政策，并于12月出台《杭州市人民政府关于推进高质量就业工作的意见》。临安区审计局实施垃圾治理情况专项审计调查，推动收回多支付生活垃圾清运费445.36万元。

【重大公共投资项目审计】2022年，市审计局围绕护航亚运会，组织实施亚运会跟踪审计，以及杭州西站枢纽、轨道交通工程、钱塘健康驿站等亚运保障类项目跟踪审计，促进扣回多支付工程款3.57亿元。推动编制《健康驿站施工质量验收导则（试行）》，得到浙江省住房和城乡建设厅认可，于8月在浙江省范围内颁布实施。拱墅区审计局开展拱墅区安置房建设管理情况专项审计调查，重点覆盖“三村”连片改造、“四村”建设、百井坊巷原地回迁等49个建设项目。桐庐县审计局会同县纪委县监委、县招管办开展亚运马术赛事应急工程专项督查工作。

【经济责任审计】2022年，全市审计机关对100个单位的143名各级领导干部开展经济责任审计，提交审计报告和审计结果报告177篇；提出审计建议577条，被采纳508条。市本级对杭州市9个国有企业的17名主要领导人员同步实施经济责任审计，创新开展审计全过程与组织部门沟通会商；首次对部门主要领导实施自然资源资产责任审计。12月，出台《杭州市市管领导干部经济责任审计工作2022—2026年规划》。萧山区审计局分类编制适用党政部门和群团组织领导干部、乡镇（街道）党政领导干部、国有企业领导人员履职的《重点领域风险防范清单》。建德市审计局构建“六维一体”乡镇领导干部经济责任审计评价指标体系。

【内部审计】2022年，杭州市内审机构完成审计项目8307个，其中贯彻落实国家重大政策措施审计24个、财政财务收支审计1099个、固定资产投资审计2198个、经济责任审计1040个、内部控制和风险管理审计1060个、信息系统审计191个、境外审计1个、其他2694个。审计发现问题1.97万个，金额181.26亿元，审计发现问题整改（金额类）101.62亿元，审计发现问题整改（非金额类）1.03万个，根据审计建议给予党纪、政务和内部纪律处分23人，向司法机关移送或报告案件线索1件。深化国家审计和内部审计协同，全年安排20个协同审计项目。10月，制定《杭州市关于建立“驻镇（街）审计师”制度助力村（社区）“一肩挑”干部监督试点实施方案》，探索村（社区）“一肩挑”干部内部审计监督制度。同月，在钱塘、临安、桐庐、建德4个区县（市）开展试点。淳安县将内部审计项目实施纳入县综合考评。

【审计数字化改革】2022年，市审计局优化远程非现场审计等工作模式，通过大数据审计发现问题占问题总数的61.7%，发现问题金额占问题金额总数的77.4%。12月，《杭州市审计局大数据审计项目管理办法（试行）》出台，推进大数据审计标准化管理。8月，干部管理数字化应用平台被浙江省审计厅列入浙江省审计系统数字化改革“一地创新，全省共享”优秀应用培育名单（第一批）。承接并完成浙江省审计厅数字化改革13个试点任务，列全省审计机关第一位。12月，建成国有企业在线审计监督应用，实现对国有企业远程监督。10月，西湖区审计局上线公共投资项目“三审融合”智慧监管系统，实现结算审核“最多跑一次”。富阳区审计局建成并投入使用杭州市审计系统首家区县级电子数据分析室。

【审计整改督查】2022年4月，市审计局制定省、市“重大审计问题清单”问题筛选整改跟踪和销号工作流程，实现省、市重大审计问题清单全过程闭环管理，全年推动各整改责任单位完善或制定制度机制66个。开展整改问题示范案例提炼，全年组织向浙江省审计厅和杭州市委报送示范案例52个，其中3个整改案例被“省委驾驶舱”采用。至年末，审计工作报告反映问题事项整改率96.1%，促进出台完善各类制度办法132个。滨江区将“重大审计问题清单”纳入区大党建考核。

【审计内部管理】2022年5月，县级党委审计委员会重大事项请示报告制度出台。以“政治—政策—项目—资金”为主线开展研究型审计，并于9月在长三角审计机关联席会议上做经验交流发言。12月，《审计科研工作助力研究型审计发展的指导意见》出台。4月，市审计局与统计部门建立协同配合工作机制。10月，开展“走基层，解难题”审计干部队伍建设调研，推动优化各区县（市）审计机关班子结构。上城区审计局构建“向心、奋斗、传承、成长、清廉”5个文化体系，培育上城审计特色文化。临平区审计局建立“计划研判会、方案评审会、事项分析会、业务商议会、结果交流会”5个会议机制，健全审计项目质量全过程控制体系。

（张静婷）

责任编辑　秦文蔚

17 西湖风景名胜

综 述

【西湖风景名胜布局与特点】杭州之美，美在西湖。以西湖为中心的西湖风景名胜区总面积约60平方千米，其中西湖水面面积6.38平方千米，是国务院首批公布的国家重点风景名胜区，也是全国首批十大文明风景旅游区和国家AAAAA级旅游景区，素有“东方文化名湖”之誉。2011年6月，“杭州西湖文化景观”被列入世界遗产名录下的“世界文化景观遗产”，遗产面积43.3平方千米。

地理区位优越，人景交融相得益彰。城景交融。西湖风景名胜区位于杭州市中心，中涵秀丽的西湖，东临市中心城区，南、西、北三面海拔不超过400米的内外两圈群山环绕，内圈有飞来峰、南高峰、玉皇山、凤凰山、吴山、葛岭、宝石山等，外圈有北高峰、天马山、天竺山、五云山等，呈现“三面云山一面城”的空间格局。西湖风景名胜区管委会下辖受委托管理的西湖街道，有9个村、6个社区、3个经济合作社，常住人口5991户、3.27万人。

自然景观精致，湖光山色如诗如画。西湖湖中被孤山、白堤、苏堤、杨公堤分隔，按面积大小分别为外西湖、西里湖、北里湖、小南湖及岳湖5片水面，其中外西湖面积最大。西湖常水位水面面积达到6.38平方千米，西湖平均水深2.27米。2022年，引水1.28亿立方米，配水1.3亿立方米；湖心平均透明度83.9厘米，水质保持地表Ⅲ类标准，其中小南湖均值达到Ⅱ类水标准。环湖四周，绿荫环抱，山色葱茏，画桥烟柳，云树笼纱，名胜众多。有三秋桂子、六桥烟柳、九里云松、十里荷花等100多处各具特色的公园景点，其中最为著名的，分别是：苏堤春晓、曲院风荷、平湖秋月、断桥残雪、柳浪闻莺、花港观鱼、雷峰夕照、双峰插云、南屏晚钟、三潭印月“西湖十景”，云栖竹径、满陇桂雨、虎跑梦泉、龙井问茶、九溪烟树、吴山天风、阮墩环碧、黄龙吐翠、玉皇飞云、宝石流霞“新西湖十景”，灵隐禅踪、六和听涛、岳墓栖霞、湖滨晴雨、钱祠表忠、万松书缘、杨堤景行、三台云水、梅坞春早、北街梦寻“三评西湖十景”。

历史文化厚重，人文景观浑然相融。西湖在近千年的自然与人文历史的演变过程中，融汇和汲取中国传统佛教文化、儒家文化、道教文化。西湖周边，文物荟萃，古迹遍布，拥有全国重点文物保护单位16处、省级24处、市级51处，有博物馆（纪念馆）20多个，湖山胜景、文化遗迹交相辉映，自然人文、历史艺术融为一体，是中国著名历史文化游览胜地。“南宋皇城遗址”“五四宪法与西湖”入选浙江省优秀文化基因解码项目，“西湖文化”被确定为首批100项“浙江文化标识”培育项目。

【景区经济发展】2022年，杭州西湖风景名胜区管委会统筹推进经济社会发展，推动业态转型升级。景区财政总收入17.58亿元，比上年增长40.3%，其中：一般公共预算收入8.83亿元，增长34.9%；一般公共预算支出16.52亿元，增长1.1%。西湖景区客流量1326.73万人次，收费公园客流量816.72万人次。西溪湿地接待游客462.83万人次，其中收费区104.18万人次，旅游经营收入6149.31万元，下降38.3%。管委会与大家保险集团有限公司联合打造黄泥岭康养品牌，做大做强南宋御酒“醉西湖”品牌；与网易网络有限公司战略合作打造西湖文旅特色IP。全年完成92处物业对外招商工作，公开招标3次，成交47处，增加租金收入2571.36万元，创造税收2400万元。招商租金5266.26万元，增长74%；总税收6615.6万元，增长23%。

【景区法治建设】2022年，杭州西湖风景名胜区管委会按照市委、市政府关于西湖西溪一体化保护提升要求，做优西湖西溪保护顶层设计，推进景区法治建设。3月18日，省十三届人大常委会第三十五次会议批准市十三届人大常委会第四十次会议修订通过的《杭州西溪国家湿地公园保护管理条例》。6月1日，该条例正式实施。是日，《中华人民共和国湿地保护法》施行。景区通过微信公众号、海报、学习讲座、现场问答等形式，开展线上和线下“一法一条例”宣传普及活动。修订完善《西湖风景名胜区总体规划（2021—2035年）》，报省政府审查。推进《西溪国家湿地公园总体规划》报送市规划委员会审查工作。全面启动西湖9个景区控规编制，完成基础资料汇编。

【“中国传统制茶技艺及其相关习俗”申遗成功】2022年11月29日，中国申报的“中国传统制茶技艺及其相关习俗”，在联合国教科文组织保护非物质文化遗产政府间委员会第十七届常会通过评审，被列入联合国教科文组织人类非物质文化遗产代表作名录。2020年11月，文化和旅游部确定浙江为“中国传统制茶技艺及相关习俗”申遗牵头省份。12月，省文化和旅游厅指定西湖风景名胜区下属中国茶叶博物馆配合完成申遗任务，并承担牵头单位和秘书处职责，推动全国15个省44个涉茶国家级非物质文化遗产代表性项目联合申报。西湖风景名胜区组织力量参与该遗产申报文本撰写、翻译等核心工作，累计撰写文本4万余字，拍摄收集视频素材3957段、图片1828张，精准翻译申报文本、知情同意书以及各类辅助材料、视频解说词、图片说明等。2021年3月31日，遗产申报文本提交联合国教科文组织。“中国传统制茶技艺及其相关习俗”是有关茶园管理、茶叶采摘、茶的手工制作，以及茶的饮用和分享的知识、技艺和实践。

【《中国国家地理》介绍西湖西溪】2022年6月24日“杭州西湖日”，杭州西湖风景名胜区管委会联合《中国国家地理》杂志，推出浙江杭州副刊，向世界传播西湖诗意山水与宋韵文化，展现西溪湿地隐逸风雅与都市乡愁，深度挖掘西湖与西溪湿地自然人文资源，让全世界人民感受到具有独特韵味的西湖西溪文化魅力。副刊深度挖掘西湖与西溪湿地的自然人文资源，从历史、景观、文韵3个角度对西湖进行解读，从生态、野趣两个角度对西溪湿地进行诠释。

【西溪湿地管理体制改革】2022年12月25日，杭州市举行西溪湿地转隶挂牌仪式，中共杭州西溪国家湿地公园工作委员会、杭州西溪国家湿地公园管理局揭牌，新机构为市委、市政府派出机构，委托西湖区委、区政府管理。西溪湿地公园自2023年1月1日起按新模式管理运营。

（杭州西湖风景名胜区管委会）

西湖文化景观保护

【景区全域提升工程】2022年，杭州西湖风景名胜区管委会推进迎亚运全域提升工程，完成环西溪绿道及5个出入口景观提升、杭州城西休闲公园地下停车库及配套服务等重点建设项目。全年完成4个宾馆、9条重点保障道路、15条新增保障道路沿线和12个公厕提升工作，北山街被评为“浙江省高品质示范街区”。完成梅灵路18个公交港湾式站点改造。龙井路、南山路、北山街、玉皇山路、灵隐路路面翻建、管网改造、井盖修复提升工程完工。在孤山和满觉陇景区推广灵隐景区实行的机动车预约通行、停泊模式，取得成效。改造提升环西溪绿道及出入口环境景观，实行人车分流，解决西溪湿地北门拥堵问题。

【环西溪绿道及5个出入口景观提升工程竣工】2022年12月9日，环西溪绿道及5个出入口景观提升改造项目通过竣工验收。该项目于2021年9月开工建设，主要对西溪国家湿地公园文二西路北口、紫金港路东口、天目山路周家村口、龙舌嘴口、访溪路邬家湾口5个出入口景观提升；绿道沿线建筑物修缮、基础设施完善、环境整治，设置文化驿站，融入周边文化，整合绿道景区功能，形成集休憩服务于一体的多功能复合型驿站，提升西溪湿地公园周边基础服务设施和特色景观。

【双西绿道建设基本完成】2022年3月，双西绿道开工建设，线路全长5.05千米，高度落差185米，连接杭州西湖风景名胜区和西湖区，步行时长约1小时。绿道北起西湖区老东岳社区，经王家坞社区和马家坞社区，沿山路穿过山林区，在南侧进入西湖风景名胜区，最终到达九里松停车场。从景区金沙洞穿山林游步道登纳福云台，过城西休闲公园，沿线设置7个景观节点，其中纳福云台可从不同视角远眺西湖、西溪。双西绿道是全市首条山岭架空生态文化绿道，采用主体钢结构、栈道微架空、观景平台临空方式设计建造。至年底，项目建设基本完成。

【景区道路改善】2022年，杭州西湖风景名胜区管委会采用新材料、新工艺对北山街（葛岭路西口—断桥）1.2千米路段，铺设厚度仅为1.5厘米的高韧超薄沥青磨耗层，有效减少行车对道路的损耗，提高道路使用寿命，降低行车噪声3~7分贝。新材料具备优越的抗裂、抗渗性能，抗开裂能力高于传统磨耗层，优异的防水性能可最大程度缓解雨水对沥青路面产生侵蚀，减少道路坑洞与“补丁”，提高行车舒适度。

2022年3月，双西绿道开工建设。图为绿道纳福云台

（杭州西湖风景名胜区管委会 供稿）

【西湖西溪文化项目推进】2022年，杭州西湖风景名胜区管委会推进6个文化项目。宋韵留芳项目南宋皇城遗址综保工程正式启动皇城土地置换与考古工作，"西方三圣"造像保护罩建设、周边环境整治工程完成招投标。爱情诗路项目推进世界爱情文化公园建设，完成长桥溪水生态修复、公园提升改造、环境绿化提升、"水南半隐"周边环境改造工程。胡雪岩故居、明宅修缮工程完工。完成丁鹤年墓亭、湖心亭牌坊石质文物修缮、大麦岭摩崖题记维护保养工程和花港观鱼、苏堤春晓御碑及御碑亭维护保养工程。

【"石窟寺造像的保护和艺术价值"论坛】2022年6月24日，由中国文化遗产研究院和浙江省文物局指导的"石窟寺造像的保护和艺术价值"论坛在杭州举行。与会专家学者通过网络云端，围绕"石窟寺造像的保护和艺术价值"深入交流、分享经验，探索石窟寺保护新途径，同时对杭州西湖边延续千年的石窟造像进行价值肯定。西湖西溪景区管委会坚持"保护第一"原则，加强辖区内石窟寺保护工作。开展吴越石窟寺遗址（神尼塔、烟霞洞、圣果寺）考古工作，实施烟霞洞排水整治工程，完成景区石窟造像、摩崖石刻、碑刻文物专项调查。

【"中国传统制茶技艺及其相关习俗"申遗成功庆典仪式】2022年12月18日，"茶和天下，共享非遗"——"中国传统制茶技艺及其相关习俗"列入人类非物质文化遗产代表作名录庆典仪式在杭州小百花越剧场举行。庆典仪式由文化和旅游部、浙江省政府主办，浙江省委宣传部、浙江省文化和旅游厅、杭州市政府承办。仪式现场，"中国传统制茶技艺及其相关习俗"保护工作组的47个成员单位共同发布《迈向可持续发展新未来——"中国传统制茶技艺及其相关习俗"保护传承杭州宣言》。各成员单位将积极开展协作，共同采取行动落实既定保护措施，开启中国传统制茶技艺及其相关习俗保护的新篇章。

【"中国传统制茶技艺及其相关习俗"保护论坛】2022年12月18日，由文化和旅游部、浙江省政府主办，浙江省委宣传部、浙江省文化和旅游厅、杭州市政府承办"中国传统制茶技艺及其相关习俗"保护论坛在杭州举行。论坛以"保护、传承、发展、融合"为主题，旨在增强"中国传统制茶技艺及其相关习俗"遗产在全球范围的可见度，引领国内非物质文化遗产保护热潮，共享非物质文化遗产保护成果。论坛采取线上和线下相结合的形式进行。国内顶尖茶专家、非物质文化遗产保护专家、"中国传统制茶技艺及其相关习俗"项目相关社区和传承人代表，以及来自英国、日本、秘鲁等国茶专家出席论坛。

2022年12月18日，2022年"中国传统制茶技艺及其相关习俗"保护高峰论坛在杭州举行
（杭州西湖风景名胜区管委会 供稿）

【中国（徐州）国际园林博览会"杭州园"】2022年11月6日，第十三届中国（徐州）国际园林博览会开幕。由西湖风景名胜区花港管理处承建、浙江理工大学设计、市园林绿化公司深化设计施工的"杭州园"面积7712平方米，是该园博会最大的城市展园。展陈以西湖"景中村"为蓝本、"家在钱塘"为主题，通过浙派园林的造园手法，营造"竹隐""云舍""湖居""问茶""寻香"5个展区，描绘一幅小桥流水人家与茶园竹林、南宋风情相交融的美丽画卷，展现宜居、宜业、宜游的诗画西湖和杭州韵味。"杭州园"被园博会评为：室外展园综合竞赛最佳展园、设计专项竞赛最佳设计展园、施工专项竞赛最佳施工展园、植物配置专项竞赛最佳植物配置展园、建筑小品专项竞赛最佳建筑小品展园、室内布展专项竞赛最佳室内布展展园、最佳园博会创新项目。

【西溪湿地生态环境提升】2022年，杭州西湖风景名胜区管委会坚持保护第一，生态优先，持续提升西溪湿地生态环境。完成西溪湿地珊瑚沙清水引水入城项目、西溪湿地水环境治理项目一期污水管网改造工程，湿地健康池塘水生态系统逐步健康运行。完成西溪湿地生物多样性保护展示项目一期，引入200多种乡土和珍稀濒危植物，朱鹮回归试验取得阶段性成功，推进朱鹮南方种群的重建。西溪湿地代表浙江省在全国湿地保护法宣传贯彻会上做交流发言，参加武汉《湿地公约》第十四届缔约方大会并代表全国湿地做经验交流。

（杭州西湖风景名胜区管委会）

景区综合管理

【景区政务服务】2022年5月，杭州西湖风景名胜区管委会新政务大厅投入使用。大厅将原有的"柜台式"窗口改造为"一对一"独立窗口。厅内配备24小时文件收取柜、全自助收办一体机等智能设备，强化网办、掌办、自助办效能，高频联办事项做到“一键直达”。首设“办不成事”反映窗口，专人专职全程跟进，解决办事过程遇到的“疑难杂症”，简单问题立等即办、不常见问题中心代办、复杂问题多部门联办。全年接待处理反映91件，办结率和群众满意率100%。“八一”崇军周期间，西湖西溪景区的杭州“老兵码”免费游园优惠政策升级，全国退役军人及“三属”人员均可凭退役军人优待证及“三属”人员证免费入园。

【西湖龙井茶叶保护管理】2022年，杭州西湖风景名胜区管委会辖区生产西湖龙井茶叶总产量176吨，产值2.58亿元。管委会制订《西湖龙井茶核心产区保护和发展行动计划（2022—2025年）》，实施资源保护、品牌打造、技艺传承、文化传播、茶旅融合、产业扶持、创新研究、数智赋能8个行动，推动茶产业高质量发展。宣传贯彻《杭州西湖龙井茶保护和管理条例》入社区（村）、入户，做到辖区茶农全覆盖。策划4条茶游线，打造茶游网红打卡点。举办“人在草木间·茶裳新视界”采茶服设计大赛，设计10套大众采茶服，制作大众采茶服1.2万件，在春茶采摘期间投入使用。实施“村村都有茶窗口，家家都有茶艺师”培训，开展第三届西湖龙井茶年轻人集训。完成西湖龙井茶统防统治、群体种保护和“狮龙云虎梅”品质研究工作。拓展西湖龙井茶红茶品牌，“西湖红”在第四届杭州名茶评比活动中获红茶金奖。成立杭州龙井村文化旅游有限公司，开设“龙之井”茶空间，开办西湖龙井茶学校。

【园林废弃物资源化利用】2022年，杭州西湖风景名胜区管委会开展园林废弃物资源化利用处置试点，通过分类加工，将废弃林木筛选后作为家具、堆肥生产原料；通过微生物发酵技术处理西湖水域植物废弃物。全年处置林木废弃物2400多吨，处理水域废弃物1400多吨，产生有机肥料超过200吨。经过多元处置的园林废弃物转化为肥料、燃料、土壤改良剂，供景区内循环使用，形成生态经济双循环，实现园林废弃物减量化、无害化。

【景区旅游秩序管理】2022年，杭州西湖风景名胜区管委会净化旅游秩序。开展各类专项整治84次。查处“野导”64人，留置教育“野导”2人次，治安处罚“野导”、违法散发旅游小广告及尾随揽客等103人次。查扣无证营运机动车71辆，查处网约车40辆，查处出租车违规营运扣分502辆，查处旅游大巴4辆，机动车占人行道贴单1.01万辆。查处涉旅商家68个，查处无证兜售48起。行政处罚偷钓54人，收缴保管各类渔具342件，处理手划船违规经营投诉10起，有效净化旅游秩序。

【景区平安创建】2022年，杭州西湖风景名胜区管委会创建“最平安景区”，圆满完成“护航党的二十大”行动。圆满完成46批次警卫任务、16批次高等级专项任务，景区公安分局获“全省模范公安局”称号。全年化解三级信访积案32件，列全省第一位。整改各级督导暗访组反馈隐患322条，实现国务院欠薪平台在办线索件“双清零”，办结率居全市第一位。进一步完善应急管理体系和制度机制，建立应急管理全责任覆盖体系。全年组织检查组1507个，出动人员1.26万人次，检查企业（单位）5812个，发现整改隐患1182个。景区连续35年森林安全无火灾。

【数字景区建设】2022年，杭州西湖风景名胜区管委会打造“数字第一景”，自上而下贯通管委会、属地管理单位（街道）和网格单元（村社）3级，完成整体数智体系搭建。街道和属地管理处实现专属网格管理，综治工作、监管执法、应急管理、公共服务4个平台事件处理实现全过程闭环管理，社会治理全要素动态更新，西湖西溪一体化管控平台与4平台双系统对接。形成物联感知“一张网”、数据资源“一片湖”、服务组件“一个箱”、应用资源“一本账”。完成“一网统管”6个中心构架，接入景区数字法治、数字社会、数字政府等16个应用子场景，提升各属地管理单位管理效能。“一网畅游”掌上西湖西溪小程序新增26项功能服务，提供51条特色游线，游客扫码体验手绘地图全景导览，实现数字化游园。“一网通办”利用一体化智能化平台数据资源体系，助力群众办事和政务服务工作。研发应用“智慧山体”“智慧救援”等数智应用，及时救助落水群众53人，寻回山体走失人员30多人。

（杭州西湖风景名胜区管委会）

特色活动

【“中国茶技艺及茶习俗非遗专题展·浙江篇”在杭州开幕】2022年1月21日，“中国茶技艺及茶习俗非遗专题展·浙江篇”在中国茶叶博物馆开幕。浙江篇以浙江省内国家级非物质文化遗产代表性项目名录绿茶制作技艺中的西湖龙井、婺州举岩、紫笋茶制作技艺、安吉白茶制作技艺4个技艺类项目和庙会（赶茶场）、径山茶宴2个民俗类项目为主要内容，展示项目的地理环境及历史渊源、技艺内容、茶叶品质特征、民俗特征、传承情况。除杭州外，该展览还在全国部分省、市巡展。

【宋六陵考古成果展】2022年7月15日，“国音承祚——宋六陵考古成果展”在杭州西湖博物馆总馆开幕。展览展出出土遗物159件（套），包括官用瓷器、瓦作构件、石制遗存等，涵盖龙泉窑、吉州窑、景德镇窑、建窑等当时中国南方重要的瓷窑。包括香炉、凤耳瓶、贯耳瓶、樽式炉、花盆、碗、盘、盏等器物，涉及祭祀、文房、日用等种类。作为南宋宫廷用瓷的重要代表，龙泉窑瓷器数量多、品质高。宋六陵埋葬宋徽宗、宋高宗等7位皇帝和皇后，是全国重点文物保护单位。展览是2022年度浙江省“宋韵文化传世工程”项目之一。

【壬寅元宵钱王祭】2022年2月18日，“壬寅元宵钱王祭”在钱王祠举行。杭州钱镠研究会理事和在杭州的钱氏宗亲代表海内外钱王后裔恭祭杭州城创始人——五代吴越国三世五王。“元宵钱王祭”是民众纪念钱王传统特色活动，2009年入选浙江省非物质文化遗产。

【杭州3个青少年大赛颁奖】2022年1月24日，杭州市第10届青少年西湖明信片大赛、杭州市第14届中小学生陶艺大赛、第12届童画杭州名人大赛颁奖典礼在杭州西湖博物馆总馆举行。3个大赛是市教育局、杭州西湖风景名胜区管委会、市园林文物局、杭州日报报业集团等单位主办,杭州西湖博物馆总馆承办的以“红色印记”为主题的青少年大赛。大赛得到全市青少年积极响应,收到万余幅参赛作品。经过专家初审和现场决赛,明信片大赛评选出获奖作品416幅,其中特等奖2名、一等奖22名、二等奖71名、三等奖87名、优胜奖234名。陶艺大赛评选出99件获奖作品,其中一等奖11件、二等奖27件、三等奖58件,以及最佳工艺奖、最佳创意奖、最佳组合奖各1件。童画名人大赛评选出一等奖15名、二等奖30名、三等奖75名、优胜奖90名。

【浙江省中小学生自然笔记大赛】2022年8—12月,第六届浙江省中小学生自然笔记大赛在杭州举行。大赛首次启动面向全国网友的线上直播课,直播内容不限于自然笔记创作本身,还延伸到自然笔记创作对孩子观察力、专注力培养的帮助,以及亲子关系如何在自然笔记创作中得以提升。大赛共收到全省11个地市200多所中、小学校万余名学生投稿,评选出一等奖8名、二等奖12名、三等奖30名、优胜奖50名。

【杭州西湖诗词大赛】2022年7月24日,2022年杭州西湖诗词大赛在西溪天堂艺术中心圆满落幕。赛事旨在共同携手赏西湖诗词之美,品杭州人文底蕴,弘扬宋韵文化,传承宋韵风雅,让更多热爱诗词朋友在湖光山色中以文相交,以诗会友,彰显历史文化名城杭州、世界文化遗产西湖的独特魅力。经网络初赛、线下复赛对决,评选出一等奖1名、二等奖2名、三等奖9名,大赛前3名选手推荐进入浙江诗词大会决赛。

【六和祈福主题文化活动】2022年1月1日,2022年六和祈福主题文化活动在六和塔开幕。活动以“六和祈福·钱塘共富”为主题,现场设置六和赐福、纳祥接福、绕塔祈福、撞钟迎福等环节,营造“人人有福”的节庆氛围,在“福”文化基础上表达共同富裕与精神富裕的双层理念。活动打破传统舞台的限制,以六和塔的山林花木为背景,设计开放式实景演出。

【杭州市民兰花节】2022年2月22日,2022年杭州市民兰花节暨第十届杭州春兰精品展在西湖郭庄开展。兰展共展出兰花精品200多种,400多盆春兰,包括“汪字”“绿云”“大富贵”“同荷素”等稀有名贵珍品。

【西溪“三节”举行】2022年3月26日,西溪花朝节开幕。西溪湿地公园在坚持生态保护与可持续性基础上进行花卉布展,除主题花卉外,还引进观赏性本土植物,增加湿地生物的多样性,并种有35味本土中草药。大量使用宿根类花卉和水生花卉,种植面积达50%;品种上充分考虑植物色彩、高度、季相等变化,打造西溪湿地“四季”花朝节和“永不落幕”的花朝节。院内特别设置“与亚运同框”打卡赢花籽盲盒活动,营造迎亚运气氛。9月23日,西溪火柿节在杭州西溪湿地公园举行。其间推出快乐“柿民”采摘体验、“柿”不可当国风游园会、西溪民俗表演等活动。11月19日,西溪干塘节开塘。干塘节推出干塘体验,开设西溪鱼市,定制“西溪全鱼宴”。

【西湖中秋拜月系列活动】2022年中秋节期间,杭州西湖风景名胜区管委会继续推出“我们的节日·中秋——2022西湖中秋拜月系列活动”。活动以西湖为核心多板块联动,分湖上区域的“风月无边”宋风夜游、吴山区域的“登高望月”城隍游园、岸上区域的“花好月圆”观光巡游3个板块。点亮氛围灯光,湖上、高处、临湖同步开启赏月模式,为市民游客送上一场中秋风采秀。2022年的中秋活动增加西湖游船赏月、“花好月圆”观光巡游,为游客提供上岛夜游体验和观光巡游。连续2年的中秋拜月系列活动均被中央广播电视总台《新闻联播》报道,西湖33艘“浪漫月亮船”居微博“同城热搜”榜单第一位。

【西溪听芦节】2022年11月2日,西溪听芦节开幕。西溪湿地秋雪庵举行两浙词人祭祀仪式,诚挚的祭文、庄严的仪式,传递出人们对两浙词人的崇敬之情。书画家现场泼墨,将一幅幅书画赠予游客。首次“西溪秋雪庵两浙词人祠堂宋韵诗词文化研讨会”也在西溪湿地举行,专家学者共同探讨宋代诗词对当时社会文化的影响,深入挖掘植根于西溪的宋韵诗词。西溪湿地共有芦苇24公顷,集中在秋雪庵周边,有荻芦、芦竹、芦苇等多个种类,每年11月中下旬,荻芦花絮如雪,每年此时都会举行西溪听芦节。

【飞来峰石刻文化展】2022年1月26日,“不畏浮云”飞来峰石刻文化展暨迎新春“飞来寻踪”导赏开幕。展览由杭州西湖风景名胜区管委会和省文史研究馆主办。展览分为室内、室外两个区域。室外展区在前次导赏基础上新增16组风格鲜明的园林景观小品,与“飞来峰文化”“宋韵文化”“迎亚运”“贺新春”主题融合,为游客带去不一样的视觉感受。展览还利用景区原生态落叶,以“虎年”“送福”等主题,设置“落叶小品”,增添景区生态活力。“不畏浮云”飞来峰石刻文化展首次对外亮相14幅拓片原品,真实展现宋代文人墨客“风雅”,同时推出省文史研究馆馆员、中国美术学院教授、书法界名家、佛教界高僧的优秀书法作品29件。

【菊花艺术展】2022年11月5日,两宋菊花精品展暨“西湖秋韵”2022年杭州第八届菊花艺术展开幕。展会以“菊舞宋韵”为主题,汇聚12个优秀菊花园林艺术小品和精心选送的品种菊。展览分3个展区:菊花小品展区以菊花为主元素,以两宋风韵为主题制作的相关小品12组;品种菊展区展示1000多盆精心选送的品种菊;室外环境布置区以塔菊、立菊、盆景菊、悬崖菊、造型菊、多头菊和小菊等7000多盆各色菊花点缀布置。

(杭州西湖风景名胜区管委会)

责任编辑　须同威

18 旅游业

综 述

【旅游总收入 1297.74 亿元】2022年，杭州市接待境内外游客 8105.56 万人次，比上年下降 11.4%。其中，接待境内游客 8095.92 万人次，下降 11.36%。全年旅游总收入 1389.17 亿元，下降 13.3%。其中，国内旅游收入 1385.90 亿元，下降 13.2%。旅游休闲产业增加值 929 亿元，下降 15.5%，占全市地区生产总值的 5.0%。

【入境旅游 9.64 万人次】2022 年，杭州市接待入境游客 9.64 万人次，比上年下降 46.9%。旅游外汇收入 4854.47 万美元，下降 43.2%。到杭州的外国人 7.00 万人次，下降 51.9%。其中：亚洲 2.68 万人次，欧洲 2.03 万人次，美洲 1.65 万人次，大洋洲 0.45 万人次，非洲及其他地区 0.2 万人次。到杭州旅游的十大客源国分别是美国、日本、韩国、英国、俄罗斯、德国、加拿大、法国、澳大利亚和新加坡。以上客源国的旅游人数占全年接待外国人总数的 74.9%。

【文化和旅游重大项目投资】2022 年，杭州市推动文化和旅游重大项目投资。全市纳入文化和旅游项目库的在建项目 413 个，总投资 1911.02 亿元，实际完成投资 523.88 亿元，完成年度计划的 141.57%。

（市文化广电旅游局）

旅游资源

【A 级旅游景区 116 个】至 2022 年年末，杭州市共有 A 级旅游景区 116 个。其中：AAAAA 级旅游景区 3 个，AAAA 级旅游景区 44 个，AAA 级旅游景区 59 个，AA 级旅游景区 10 个。

【旅行社 1000 个】至 2022 年年末，杭州市有旅行社 1000 个，比上年增加 41 个。其中：经营境内旅游业务、入境旅游业务的旅行社 882 个，经营出境旅游业务的旅行社 118 个。全市有星级旅行社 130 个，其中五星级 22 个、四星级 54 个、三星级 54 个。全市旅行社营业收入 69.49 亿元，下降 4.8%。

【星级饭店 97 个】至 2022 年年末，杭州市有星级饭店 97 个，比上年减少 8 个。其中：五星级饭店 22 个，四星级饭店 37 个，三星级饭店 28 个，二星级饭店 10 个。全市星级饭店有客房 2.12 万间，床位 3.40 万张，平均客房出租率 46.75%，比上年增长 0.4%；平均房价 401.70 元 / 间，下降 2.2%。

【旅游专项规划编制】2022 年，《杭州市宋韵文化旅游专项规划》和《杭州市营地专项规划》编制完成。《杭

2022 年杭州市游客量及旅游收入一览表

表 11

地　区	游客量（万人次）	比上年增长（%）	总收入（亿元）	比上年增长（%）
杭州市	8105.56	–11.43	1389.17	–13.25
上城区	1150.38	–33.81	197.57	–30.07
拱墅区	564.06	–7.53	119.61	–6.97
西湖区	1294.03	–17.09	177.10	–22.56
滨江区	254.89	3.64	51.10	0.42
萧山区	806.58	–13.84	139.53	–18.73
余杭区	795.33	19.92	127.51	14.35
临平区	402.87	17.43	67.22	8.12
钱塘区	272.03	–17.48	57.54	–16.94
富阳区	422.00	3.00	80.52	–1.41
临安区	450.50	–12.49	83.89	–16.25
桐庐县	537.53	–1.22	96.81	–3.21
淳安县	816.89	–11.69	135.34	–13.22
建德市	338.47	2.20	55.43	–4.80

2022 年杭州市接待入境游客量与旅游收入一览表

表 12

地　区	游客量（万人次）	比上年增长（%）	外汇收入（万美元）	比上年增长（%）
杭州市	9.64	-46.92	4854.47	-43.18
上城区	2.54	-41.07	1591.87	-27.76
拱墅区	0.78	-41.08	415.98	-44.19
西湖区	0.96	-42.70	575.13	-40.05
滨江区	0.25	-59.33	151.85	-59.92
萧山区	0.92	-20.77	532.21	-19.32
余杭区	0.32	-26.47	171.99	-26.07
临平区	0.26	-61.48	151.52	-63.47
钱塘区	2.71	-50.58	725.79	-45.53
富阳区	0.08	-35.41	49.32	-41.69
临安区	0.04	-95.89	21.50	-96.66
桐庐县	0.55	-35.50	346.51	-40.03
淳安县	0.23	-54.26	115.79	-56.45
建德市	0.01	-88.98	5.00	-88.90

2022 年杭州市接待国内游客量及旅游收入一览表

表 13

单　位	游客量（万人次）	比上年增长（%）	收入（亿元）	比上年增长（%）
杭州市	8095.92	-11.36	1385.90	-13.15
上城区	1147.84	-33.79	196.50	-30.09
拱墅区	563.28	-7.45	119.33	-6.84
西湖区	1293.07	-17.06	176.71	-22.51
滨江区	254.64	3.80	51.00	0.70
萧山区	805.66	-13.83	139.17	-18.73
余杭区	795.01	19.95	127.39	14.40
临平区	402.61	17.59	67.12	8.42
钱塘区	269.32	-16.92	57.05	-16.61
富阳区	421.92	3.01	80.49	-1.39
临安区	450.46	-12.34	83.88	-15.91
桐庐县	536.98	-1.16	96.58	-3.08
淳安县	816.66	-11.67	135.26	-13.18
建德市	338.47	2.22	55.43	-4.76

州市宋韵文化旅游专项规划》通过对全市宋韵文化资源的挖掘、梳理，全面分析杭州建设“宋韵文化传承展示中心”面临的机遇和挑战，突出“宋韵文化传世工程”在杭州旅游业中地位，明确宋韵文化旅游目标、路径和举措。《杭州市营地专项规划》通过对全市营地旅游资源的梳理整合，科学评估发展优势和不足，明确杭州营地旅游发展定位和目标举措，全面谋划业态布局，引导新业态、新产品有序发展。

【文化旅游资源普查】 2022 年，杭州市文化旅游资源普查工作领导小组建立，制定实施方案，组建普查队伍 400 多人，组织文旅资源普查培训 3 期。普查历时两年，形成总报告和分区报告、资源单体名录、图册等资源普查成果。杭州市域有文化和旅游资源单体 4071 个，其中五级资源 68 个、四级资源 240 个，覆盖 8 个主类、24 个亚类、93 个基本类型，主类拥有率 100%。

【“百城千镇万村景区化”工程】 2022 年，临安区被评为 AAAA 级景区城，拱墅区、临平区被评为 AAA 级景区城。建德市梅城镇、桐庐县合村乡被评为浙江省 AAAAA 级景区镇，余杭区良渚街道等 16 个乡镇（街道）被评为 AAAA 级景区镇，富阳区常安镇等 29 个乡镇（街道）被评为 AAA 级景区镇。全市创建浙江省 A 级景区村庄 315 个，其中 AAA 级景区村庄 87 个。至年末，全市景区镇覆盖率 75.9%，景区村覆盖率 77.1%。

【旅游业“微改造、精提升”项目实施】 2022 年，杭州市以“体验更精致、设施更精良、景观更精美、服务更精心、运营更精细”为导向，用“绣花”功夫全面实施旅游业“微改造、精提升”。认定杭州市 2022 年浙江省旅游业“微改造、精提升”示范点 400 个。至年末，全市实施“微改造、精提升”项目 1992 个，完成投资 75.02 亿元。

【“三江两岸”水上黄金旅游线开发】 2022 年 8 月，杭州市委成立“诗路文化·三江两岸”水上黄金旅游线工作领导小组，并组建工作专班。10 月，杭州“三江两岸”旅游运营有限公司成立，加快推进游船建造、重大项目招引、存量景区改造、码头建设等工作。12 月 1 日，省委办公厅牵头召开专题协调会，对“三江两岸”水上黄金旅游线开发予以支持。

【全域旅游示范区县（市）创建】 2022 年，拱墅区、富阳区成功创建浙江省全域旅游示范区。至年末，杭州市有国家全域旅游示范县 1 个（桐庐县）、省级全域旅游示范区县（市、区）9 个（淳安县、余杭区、临平区、建德市、西湖区、临安区、萧山区、拱墅区、富阳区）。

【文化和旅游服务场所无障碍环境建设】 2022 年，按照《杭州市 2022 年度无障碍环境建设重点工作任务》，市文化广电旅游局提升无障碍旅游线路 5 条。加强杭州图书馆“视障阅览室”信息无障碍建设，整改提升宾馆饭店无障碍环境，命名 40 个“杭州市无障碍文化旅游服务示范单位”，完成亚运“城市体验”任务。

2022年杭州市AAAA级以上旅游景区（景点）接待游客量及门票收入一览表

表14

景区（景点）名称	星级	游客量（万人次）	比上年增长（%）	门票收入（万元）	比上年增长（%）
杭州西湖风景区	AAAAA	1376.73	-25.86	14624.87	-35.67
淳安千岛湖风景名胜区	AAAAA	436.17	-49.81	9107.24	-50.00
西溪国家湿地公园	AAAAA	462.83	6.06	2556.31	-44.04
杭州市清河坊历史街区	AAAA	908.89	-63.62	—	—
萧山湘湖景区	AAAA	230.13	-3.95	—	—
杭州宋城旅游景区	AAAA	176.35	-67.72	14562.73	-68.20
杭州雷峰塔景区	AAAA	131.77	-51.74	4603.90	-52.58
桐庐江南古村落	AAAA	66.54	-43.67	0.00	—
杭州乐园	AAAA	226.70	-12.06	13683.80	-9.43
航空小镇	AAAA	103.04	-8.92	1815.43	-59.59
临平塘栖古镇（水北街）	AAAA	228.89	46.12	—	—
下姜景区	AAAA	93.67	12.63	—	—
杭州野生动物世界	AAAA	86.11	62.24	12076.00	61.38
杭州余杭超山风景名胜区	AAAA	50.00	-49.65	337.47	-42.13
余杭径山景区	AAAA	514.01	21.47	4152.13	-14.64
余杭梦想小镇	AAAA	47.63	-36.20	—	—
良渚博物院	AAAA	75.91	4.49	—	—
皋亭山景区	AAAA	53.52	-5.06	—	—
玉皇山南基金小镇	AAAA	51.49	2.77	—	—
兰里景区	AAAA	7.76	-27.78	23.71	119.49
杭州长乔极地海洋公园	AAAA	36.83	-11.77	7365.70	-25.69
桐庐垂云通天河景区	AAAA	37.38	34.09	5357.60	70.92
瑶琳仙境景区	AAAA	22.82	-34.86	1440.51	-38.40
杭州龙门古镇	AAAA	16.36	-42.38	268.85	-53.14
富阳富春桃源风景区	AAAA	19.14	-34.95	372.00	-25.36
临安太湖源景区	AAAA	10.70	-36.66	362.60	-37.53
临安大明山景区	AAAA	26.73	-5.14	693.70	-41.97
大慈岩景区	AAAA	8.35	-18.63	263.65	-38.53
千岛湖乐水小镇·文渊狮城	AAAA	9.61	-36.75	93.41	-40.46
杭州山沟沟景区	AAAA	6.60	-56.72	263.73	-53.66
灵栖洞景区	AAAA	11.23	-33.97	429.59	-27.69
杭州东方文化园	AAAA	3.15	-77.16	88.66	-73.79
余杭双溪竹海漂流景区	AAAA	10.59	0.99	—	—
富阳黄公望隐居地景区	AAAA	15.19	74.78	109.44	-3.73
桐庐天子地生态风景旅游区	AAAA	7.66	-57.19	210.94	-53.91
桐庐严子陵钓台景区	AAAA	13.95	-26.85	1008.80	-31.79
建德七里扬帆景区	AAAA	7.12	-5.53	150.40	-6.58
淳安县千岛湖石林景区	AAAA	1.53	-54.76	82.36	-50.01
桐庐浪石金滩风景区	AAAA	1.14	-64.48	39.50	-63.38
临安天目山景区	AAAA	6.34	-6.40	444.32	-9.70
浙西大峡谷景区	AAAA	2.02	—	105.69	—

说明：门票收入标示"—"的为不收费景区

【乡村旅游产业发展】2022年，杭州市搭建乡村旅游招商引资平台。全市75个文旅企业与81个乡镇（景区）签约文旅项目168个，引进乡村旅游项目投资66.48亿元。推广临安区乡村景区村落运营模式，认定萧山区戴村镇等首批杭州市“文旅赋能·乡村共富”乡村旅游产业集聚区9个。新评定26个省级民宿，其中白金宿1个、金宿3个、文化主题民宿2个、银宿20个。淳安县姜家村成功创建全国乡村旅游重点村，临安区月亮工坊民宿成功创建国家甲级民宿。

（市文化广电旅游局）

【“印象西湖”入选“2021年度国有企业品牌建设典型案例”】2022年6月2日，国务院国资委公布2021年度国有企业品牌建设评选结果，市商旅集团旗下的杭州印象西湖文化发展有限公司以《品牌视觉升级重塑，拓宽品牌应用延展性》为品牌建设成果参评，入选“2021年度国有企业品牌建设典型案例”。该评选活动在全国范围内选出100个品牌建设典型案例，32个地方国有企业入选，浙江有2个，“印象西湖”是其中之一，也是杭州唯一的典型。

【仁和酒店集团获“浙江省社会服务贡献奖”】2022年11月18日，第三届中国（杭州）提振服务业高质量发展论坛举行，市商旅集团旗下的仁和酒店集团获“浙江省社会服务贡献奖”。仁和酒店集团承办“爱在一起”公益行动，为环卫工人送上暖心服务；与杭州市无障碍环境促进会共同完成《轮嗨杭州》宣传片拍摄；举办“喜迎二十大·重阳公益行”活动，为社区老年人搭建“学、乐、养、为”一体化的服务平台；开展共建帮扶工作，缓解农产品滞销压力，帮助农户纾困增收。

（徐梦媛）

旅游节庆活动

【杭州都市圈夏季文旅惠民大联展活动】2022年7月16日，杭州都市圈夏季文旅惠民大联展活动在西湖文化广场举行。杭州都市圈6个城市推出近320项全新的节庆活动、旅游产品线路和惠民优惠举措。展会设展位121个，有52个旅游单位及135个涉旅企业参展。活动得到杭州都市圈外的宁波、温州、丽水缙云等城市的参与。

2022年11月6日，“2022中国·杭州大学生旅游节”在浙大城市学院开幕

（浙大城市学院 供稿）

【“中国旅游日”宣传活动】2022年5月19日，“中国旅游日”宣传暨促进文旅消费系列发布活动在杭州市举行。活动以“开启美好旅程，迈向共富未来”为主题，推出160多项惠民举措，发布“发现新天堂——18种感受东方文化魅力”主题游、“郊野微度假·潮流新体验”——杭州市帐篷露营地推荐点、杭州市“百县千碗”第二批旗舰店名单，宋“潮”奇妙云市集上线，杭州文旅“千人（推广）计划”启动。活动当天，推出“世遗之旅、乡村之旅、美食之旅、宋韵之旅、亚运之旅、非遗之旅”特色线路6条，并邀请杭州市金牌导游、金牌讲解员、非物质文化遗产传承人及民宿主人等10人，透过不同视角，解读杭州文化名片。直播带货活动通过精选各区县（市）特色文旅产品，为市民提供优质产品服务，拉动文旅消费。

【“2022文旅市集·宋韵杭州奇妙夜”活动】2022年5—11月，市文化广电旅游局牵头举办“2022文旅市集·宋韵杭州奇妙夜”活动，分设主会场、分会场、奇妙夜嘉年华和宋“潮”奇妙云市集4个板块，实现线上和线下文旅消费超过1.7亿元。其中：6月15—19日，在西湖景区开展的宋韵杭州奇妙夜主会场活动，设置“宋十二时辰、宋韵博物志、浙里宋韵游”等10个宋韵展示内容，采用特装展陈、户外市集、云上直播、舞台演绎等形式，吸引线下参观市民游客28.6万人次；5月19日，宋“潮”奇妙云市集活动上线，共吸引209万人次参与互动，拉动消费超过8500万元。联动各区县（市）推出11个奇妙夜分会场和34项奇妙夜嘉年华活动。活动获中央广播电视总台、中新社、新华网、浙江卫视等国内主流媒体和新媒体报道，总曝光量5.4亿次。

【苏东坡文化旅游节】2022年7月12日，市文化广电旅游局联合中国文保民族品牌文化委员会、中国民族书画院、中国民主促进会浙江省委员会、杭州日报报业集团、中国苏东坡品牌文化联盟共同举办的中国（杭州）苏东坡文化旅游节暨苏东坡文化论坛开幕。推出“写意苏东坡——书画名家精品展”等线下活动。线上联动6个苏东坡品牌文化联盟城市开展“来自苏东坡的邀请函”等系列推广活动。活动推出5条独具人文特色的苏东坡文化旅游线路，发布“东坡美食”，设置“宋韵文化”展示体验空间。

【大学生旅游节】2022年11月6日，由杭州市文化广电旅游局、杭州市教育局、共青团杭州市委、宁波市文化广电旅游局联合主办的“2022中国·杭州大学生旅游节”在浙大城市学院开幕。活动以“迎亚运盛会·展青春风采”为主题，开幕式围绕宋韵文化、亚运精神、文旅底蕴，通过国风走秀、活力健身操、歌舞表演等形式，展现大学生的青春活力。“2022中国杭州大学生旅游节”王者荣耀电竞争霸赛举行，来自全国86所大学的128支队伍报名参赛。经过179场比赛，最终贵州大学获冠军。为唱好杭甬双城记，旅游节重点项目——星空朗读活动于12月8日在宁波慈城举办。旅游节期间，全网媒体总曝光量3亿次以上，中央广播电视总台中文国际频道进行宣传报道。

【杭州市民艺术集市】2022年7月15—17日，艺术“典”亮生活·杭州市民艺术集市在拱墅区古运河开幕。在拱墅区小河街道举办“风情小河·艺创生活”，在上城区举办“社区HOME·艺趣生活”两场活动。活动采用“1+3+8”模式（1个活动、3幕场景、8个场次），共有60多个艺术品机构参与，集合“艺术+音乐”“销售+体验”的策划思路，打造一个包容性、趣味性、跨界性的社区市民艺术集市。

（市文化广电旅游局）

旅游推广

【杭州文旅“暖阳计划”】2022年1—3月，市文化广电旅游局组织在杭州的187个酒店、民宿及景区等文旅企业（场所）开展杭州文旅“暖阳计划”。“暖阳计划”策划推出近300个优质特惠文旅产品，组合包装100多个“酒店（民宿）+周边”深度游文旅新玩法，引导消费回流到酒店业。该活动直接拉动消费超过541万元。

【“杭州宝贝过大年”线上互动活动】2022年春节、元宵节期间，市文化广电旅游局联合市园文局及6个省级、市级博物馆策划开展“杭州宝贝过大年”线上互动拜年活动。活动以手绘宋韵画卷形式，展现宋人市集、文人雅集、吃年夜饭、观花灯等新春年俗，以博物馆吉祥宝贝为亮点，推出13款创意拜年福帖，为市民游客送上新年祝福。线上互动活动被央广网、新华网等30多个主流媒体报道，总曝光量超过1.9亿次。

【宋韵主题课程进酒店活动】2022年5—9月，以“文化分享+手工体验”的方式，市文化广电旅游局组织15个特色酒店和场所举办宋韵主题课程。该课程围绕宋氏点茶、插画等20个主题，举办40场体验活动，参与活动的市民游客1000多人次。

【“微观杭州”主题产品推出】2022年5—10月，杭州西子湖四季酒店、杭州千禧度假酒店、杭州新侨饭店、杭州运河祈利酒店、杭州科技城康得思酒店、杭州JW万豪酒店6个特色酒店，打造推出“定制杭州味道”“拓印杭州味道”“品鉴杭州味道”3款“杭州味道”主题产品。通过以巡展巡课、指导研发等形式，探索特定时间段内宋韵文化的常态化展陈。

【杭州文旅“千人（推广）计划”实施】2022年5—11月，市文化广电旅游局文旅实施“千人（推广）计划”。通过挖掘、整理、激活对杭州城市及城市文化有着深度理解的存量人力资源，遴选出包括文物考古、历史研究与遗产保护、城市规划、艺术创作、建筑设计、生态保护、风景园林、宋韵文化、旅游休闲、教育10个领域的首批100名专家。组织举办“寻访西湖群山摩崖题刻”“实地参访良渚水利系统”“探秘德寿宫”“从城市运河到运河城市”“飞羽秘境——从宋画到日常”等线下实地体验活动8场。

【“杭州文旅消费券”发放】2022年7—10月，市文化广电旅游局面向杭州市民和国内游客发放总额为3000万元的“杭州文旅消费券”，核销2968.2万元，核销率98.9%，直接带动文旅预定消费2.62亿元，间接拉动消费20.96亿元。采用在线派发、在线核销的方式，在“携程网”“飞猪”“高德地图”“大麦”“橙柿互动”5个平台进行派发，使用场景包含景区（点）、酒店住宿和餐饮、民宿住宿和餐饮、旅游线路及旅游演艺5类，覆盖杭州市区域内超过5000多个文旅商户的1万余个文旅产品。

【“宋韵杭博奇妙夜”活动】2022年8月26—28日，结合杭州博物馆“行在山水间——南宋视野下的杭州临安城”特展，市文化广电旅游局举办“宋韵杭博奇妙夜”活动。活动围绕宋人生活方式，设置文人趣物、宋代四雅、古代游艺、蟾宫折桂、宋人飨宴和文人空间6个板块，用近20个展陈与体验项目、16个消费场景，向观众展现从经世致用、格物致知的精神，到艺术与器物的极致之美。

【杭州数字经济产业旅游国际对话大会】2022年9月16日，杭州数字经济产业旅游国际对话大会在杭州滨江举行。大会搭建数字经济产业旅游国际合作交流与发展的对话平台，提升“杭州数字经济旅游十景”的影响力，推动杭州数字文旅品牌国际传播。大会现场，杭州市文化广电旅游局与全球智慧城市博览会（明日之城）签署“数字经济产业旅游”合作备忘录，共同发挥各自产业影响力和资源凝聚力，推进杭州数字产业旅游品牌国际传播。

【杭州文旅城市漫步活动】2022年9月16日，市文化广电旅游局启动第一季杭州文旅城市漫步活动（City Walk）。活动围绕“跟着名家、漫步杭州”主题，策划推出杭州文化体验系列主题线路，用“文化分享+现场体验”的方式，邀请行业内具有一定知名度的专家、学者、实践者等担任漫步导师带队讲解，让市民游客通过行走“丈量”城市的方式，品味杭州文化、体验杭州品质、感受杭州历史韵味与文化底蕴，推动旅游城市向城市旅游纵深发展。第一季推出活动20场，800多人参加。

【杭州“三江两岸”旅游线路设计大赛】2022年9—11月，市文化广电旅游局策划举办杭州“三江两岸”旅游线路设计大赛，面向市民游客征集“水岸互动”的旅游线路设计作品。11月3日，总决赛举行，正式推出30条“三江两岸”水上黄金旅游精品线路（产品）。“三江两岸”数字文旅平台推出沿线9个区县（市）400多个文化和旅游点。挖掘十大文旅共富体验场景，推出50个文旅共富体验点。邀请24位文化和旅游专家学者、9位区（县）文旅局局长，对“三江两岸”文旅资源进行深度解读和品牌推广。联动“携程”“飞猪”电商平台推出专题展销页面，成交额超过3000万元。联动全市18个旅行社上线30多条沿线文旅线路，吸引7500多人，成交额980万元。活动得到中央广播电视总台财经频道等主流媒体报道，总曝光量2.8亿次。

【杭州文旅海外新媒体营销活动】 2022年，杭州市文旅海外社交媒体平台运用短视频、互动漫画、直播、创意图片等方式，推出“杭州老外不见外”系列视频、“杭州姐妹城”投票、“我在杭州过新年”等互动活动，以国际视野展现宋韵、亚运、康养运动等杭州文旅热点。至年末，5个海外社交媒体平台总粉丝数超过134万人，总互动数（含视频播放量）超过158万次。

【杭州文广旅游网提升】 2022年，围绕杭州亚运、宋韵文化、乡村振兴等主题，市文化广电旅游局在中文、英文、德文、法文、西班牙语、韩语6个语种的杭州文广旅游网发布2206篇文章，网站总浏览量超过151万次。完成整合杭州民宿网、中文繁体网搬迁等工作，形成多语种网站合力。

【“最忆是杭州”文化旅游推介会】 2022年11月21—26日，市文化广电旅游局组织大型促销团，到昆明、三亚开展“最忆是杭州”文化旅游推介暨项目招商会。推介活动通过“杭州之印象”与“发现新天堂”两个篇章，从“山水杭州、非遗杭州、文化杭州、数智杭州、亚运杭州”5个角度，穿插宋韵舞蹈、情景旗袍秀、音乐脱口秀等特色演艺节目，呈现杭州独特的文旅资源。推介会还围绕杭州“三江两岸”主题进行旅游项目招商。活动在两地主流媒体进行预热和推介宣传，覆盖超过100万人次。

【《杭州旅游指南》升级】 2022年，市文化广电旅游局策划推出《千年宋韵，流连杭州》《发现新天堂——18种感受东方文化魅力主题游》主题手册。挖掘杭州文旅资源，升级《杭州旅游指南》综合手册，并制作39.5万册，通过全市宾馆饭店、旅游咨询点、交通枢纽等600多个网点免费派发给游客。

【《杭州亚运旅游地图》推出】 2022年，市文化广电旅游局制作推出《杭州亚运旅游地图》中英文版，展现杭州亚运环境下的城市新风貌。策划编制亚运场馆之旅、宋韵文化之旅、数字智慧之旅、文艺风尚之旅、品读人文之旅、夜游杭州之旅、城市迹忆之旅、远山近水之旅共8张“坐着地铁游杭州”手绘打卡地图，并在地铁《城报》刊登。

【登山地图和美食咖啡地图编印】 2022年，市文化广电旅游局挖掘露营点、登山线路、美食咖啡、艺术空间、美术馆等特色资源，编印《杭州露营登山地图》《杭州美食咖啡地图》。两种地图共制作10万份。

（市文化广电旅游局）

旅游管理与服务

【“发现杭州”文旅总入口上线公测】 2022年12月，“发现杭州”文旅总入口（亚运城市体验线上平台）上线公测。平台围绕精准把握游客需求提供一站式公共文旅服务，以贴近市场、贴近需求和贴近年轻群体为核心定位，以微信小程序作为服务端，整合亚运会主题线路、热门景点、文博场馆、亚运场馆、旅游攻略等内容，提供查询预约、在线传播、智能行程等数字化公共服务，让市民游客通过总入口实现“吃、住、行、游、购、娱”一站式全链路城市文旅体验。

【旅游设施建设】 2022年，杭州市新建和改建、扩建旅游厕所27座，其中新建17座、改建和扩建10座。通过AAA级旅游厕所质量等级评定35座，推荐全省示范性旅游厕所评比22座，发放市级旅游厕所专项资金补助300万元。开展旅游驿站建设，全年通过省等级旅游驿站评审21个，其中一级7个、二级6个、三级8个。

【金牌导游大赛】 2022年4—5月，市文化广电旅游局、市人力资源和社会保障局、市总工会、团市委联合主办的2022年杭州市第七届金牌导游大赛举行。大赛以“迎亚运，展风采，杭州欢迎您”为主题，突出亚运元素和宋韵文化，评选出15名“杭州市金牌讲解员”、15名优秀讲解员。授予3人“杭州市技术能手”称号、1人“杭州市杰出青年岗位能手”称号、5人“杭州市优秀青年岗位能手”称号。

【参加省级导游员、讲解员比赛】 2022年9月，杭州市推荐10名导游参加2022年浙江省导游大赛，杭州选手戴琛、陈婷婷、王萃容获一等奖，杨洋、张赫、郁敏敏获二等奖，周佳寅、张伟、应虞乐获三等奖。6月，组织6名讲解员参加浙江省第二届红色故事讲解员大赛，杭州选手丁露赟、胡俊超被评为“浙江省红色故事金牌专业讲解员”，余云建被评为“浙江省红色故事金牌志愿讲解员”。9月，组织7名讲解员参加浙江省第三届诗路文化带景区讲解员大赛，杭州选手林萍萍被评为“金牌讲解员”，陈晓栋、朱林涛被评为“优秀讲解员”，付国静被评为“优秀博物馆讲解员”。

【旅游目的地环境秩序综合治理】 2022年，市文化广电旅游局依托市旅游目的地管理工作协调小组，强化部门联动，开展春季、秋季西湖景区旅游目的地环境秩序集中整治，对发现的问题抄告至相关部门查处。聘请特保人员强化面上秩序管控，招聘启用旅游志愿者为游客提供面对面旅游咨询服务。全年开展旅游目的地联合执法检查行动50次，出动执法人员1.83万人次，处罚“野导”66人次，收缴各类非法涉旅宣传资料5000多份，处罚黑车24辆（次）。

（市文化广电旅游局）

责任编辑　秦文蔚

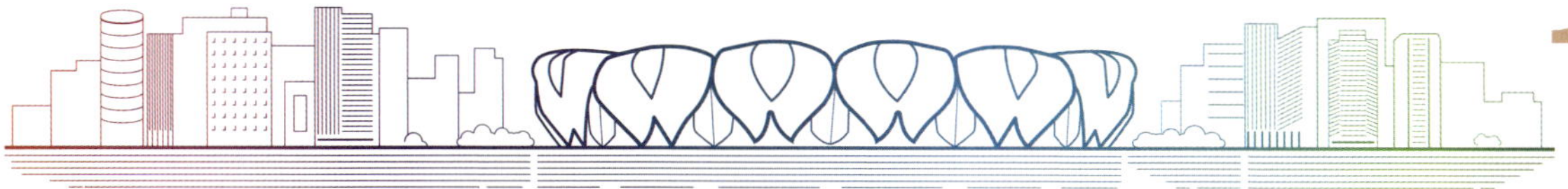

19

数字经济

综 述

【数字经济营业收入1.64万亿元】 2022年,杭州市数字经济核心产业实现营业收入1.64万亿元,比上年下降0.5%,占全省比重49.9%;增加值5076亿元,增长2.8%,占全市地区生产总值的27.1%。电子信息产品制造产业实现增加值1299亿元,增长4.7%。集成电路产业实现增加值124亿元,增长10.2%。机器人产业实现增加值46亿元,增长13.4%。软件与信息服务产业实现增加值3835亿元,增长2.1%。数字内容产业实现增加值3415亿元,增长2.3%。电子商务产业实现增加值1929亿元,增长3.0%。云计算与大数据产业实现增加值1686亿元,增长2.2%。

【数字经济系统建设】 2022年,杭州市产业智服、钱塘校融、尚小易应用、时尚e家获年度数字经济系统最佳应用;印制电路板行业产业大脑、生物医药大脑、山核桃产业大脑获年度数字经济系统产业大脑优秀案例;杭州投资项目管理平台(工业部分)、时尚e家入选数字经济系统地方特色应用目录。“供应链魔方一键订舱”出口服务规范系列标准、拱墅区公共资源交易开评标数字见证体系及服务规范入选2022年度数字经济系统优秀制度成果名单。数字赋能杭州投资项目管理的理论架构与改革经验、“一键找园”多跨应用场景平台获评2022年数字经济系统优秀理论成果。

【全省数字经济高质量发展大会在杭州召开】 2022年7月13日,全省数字经济高质量发展大会在杭州市召开。与会省领导为数字经济发展先进单位颁发证书、授牌。省经济和信息化厅负责人围绕“勇挑‘两个先行’使命担当,奋力打造数字经济‘一号工程’升级版”做汇报,杭州市、嘉兴市、江北区、乐清市和新华三技术有限公司负责人做交流发言。

【全市数字经济高质量发展大会】 2022年9月29日,杭州市委、市政府召开全市数字经济高质量发展大会,系统提出重塑全国数字经济第一城“1248”计划,明确下一阶段发展目标、任务、路径以及体制机制保障。会议发布《杭州市推进软件和信息技术服务业高质量发展的若干意见》,市商务局、市市场监管局做政策解读。市政府与省三大运营商、浙江铁塔、华数集团签署“十四五”战略合作协议。市领导为9个数字经济“共享法庭”授牌。阿里巴巴集团、杭州广立微电子股份有限公司、市经信局负责人发言。

【工业互联网获多项荣誉】 2022年,杭州市获评工业和信息化部工业互联网试点示范项目2个、App优秀解决方案7个、平台创新领航应用案例2个,获省级工业互联网认定平台12个、创建平台33个、重点工业互联网平台3个,入围数居全省领先水平。

【组织型制造新体系构建】 2022年,杭州市围绕“未来工厂”体系建设,开展组织型制造专题研讨,编制完成《杭州市加快构建组织性制造新体系研究》,首次提出组织型制造的定义。“推进制造业产业形态和组织形态变革”改革项目入围2022年杭州市改革突破奖。新增“未来工厂”培育企业386个、评定58个。其中“链主工厂”5个、“智能工厂”18个、“数字化车间”35个。新增省级未来工厂试点企业5个、认定企业5个。

【产业数字化工作获国务院督查激励】 2022年6月9日,国务院办公厅发布《对2021年落实有关重大政策措施真抓实干成效明显地方予以督查激励的通报》,杭州市入围“建设信息基础设施、推进产业数字化、加快工业互联网创新发展、促进网络与数据安全能力建设等工作成效明显的地方”督查激励。

【云栖大会展示数字经济成果】 2022年11月3—5日,由省政府指导,市政府、省经信厅、阿里巴巴集团共同主办,西湖区政府、市经信局、阿里云计算有限公司联合承办的2022年云栖大会在云栖小镇举行。大会以“计算·进化·未来”为主题,设置60多场主题峰会和论坛、近1000场主题演讲和4万平方米全球数字科技创新展,重点展示省、市数字经济发展、数字化创新系列成果,集成发布一批前沿技术和成果。大会采用线上和线下融合办会模式,3天会期吸引 4.7 万人次线下参会，开幕式主论坛入场近 1400 人次，各类主题峰会和论坛入场 5.4 万人次，展区入场 19 万人次。

【杭州居数字经济一线城市】2022 年 11 月 16 日，赛迪顾问发布《2022 中国数字经济发展研究报告》，形成“2022 数字经济城市发展百强榜”。百强榜排名中，杭州仅次于北京、上海、深圳，首次超越广州，居全国第四位，稳居数字经济一线城市。

【数字经济发展综合评价蝉联全省第一位】2022 年 12 月 29 日，省经济和信息化厅、省统计局发布《2022 浙江省数字经济发展综合评价报告》，杭州市继续以 133.3 分稳居榜首。全省 7 个区县（市）数字经济综合评价指数高于 100 分，其中杭州市占 5 个，分别为滨江区、西湖区、余杭区、钱塘区、拱墅区。（金子倩）

软件与信息服务产业

【概况】2022 年，杭州市软件与信息服务产业实现营业收入 9053.71 亿元，比上年增长 0.9%；实现软件业务收入 8258.81 亿元，增长 1.7%，居全国中心城市第四位（北京、深圳、上海、杭州）、副省级城市第二位（深圳、杭州）。其中：软件产品收入 1233 亿元，增长 1.6%；信息技术服务收入 6812.06 亿元，增长 1.4%；信息安全收入 20.2 亿元，增长 12.5%；嵌入式系统软件收入 93.54 亿元，增长 25.9%。实现利润总额 2117.43 亿元，增长 1.8%。在全市数字经济相关产业中，软件与信息服务产业营业收入 11939.86 亿元，下降 1.7%，占全市数字经济营业收入的 72.8%；增加值 3835 亿元，增长 2.1%，占全市地区生产总值的 20.4%。

2022 年杭州市数字经济核心产业增加值及增长情况表

表 15

产　业	增加值（亿元）	比上年增长（%）
电子商务产业	1929	3.0
云计算与大数据产业	1686	2.2
物联网产业	656	4.6
数字内容产业	3415	2.3
软件与信息服务产业	3835	2.1
电子信息产品制造产业	1299	4.7
集成电路产业	124	10.2
机器人产业	46	13.4
人工智能产业	558	11.3

2022 年杭州市区县（市）数字经济核心产业增加值及增长情况表

表 16

地　区	增加值（亿元）	比上年增长（%）
上城区	100	29.9
拱墅区	80	-3.5
西湖区	664	-5.2
滨江区	1723	3.5
萧山区	227	18.5
余杭区	1699	0.7
临平区	66	3.4
钱塘区	135	7.4
富阳区	106	3.0
临安区	84	5.7
桐庐县	52	3.8
淳安县	8	8.6
建德市	16	18.2

【产业发展质效并进】2022 年，杭州市软件行业研发投入 1064.09 亿元，研发强度（研发经费占软件营业收入比重）12.9%，保持高位投入。行业从业人员近 35 万人，比上年增长 3.3%，年度全员劳动生产力 258.4 万元 / 人，提高 53.96 万元 / 人，人效比突出。至年底，营业收入超 1000 亿元的软件企业 1 个，营业收入 100 亿元 ~1000 亿元的软件企业 14 个，营业收入 10~100 亿元的软件企业 53 个。营业收入 10 亿元以上企业占纳入规模企业统计申报数量的 8.1%，占全市软件和信息技术服务业营业收入的 87.4%。

【5 个企业入选百强榜单】2022 年，阿里巴巴集团、蚂蚁科技集团、网易（杭州）网络有限公司、浙江金科汤姆猫文化产业股份有限公司、杭州边锋网络技术有限公司 5 个企业入选 2022 年中国互联网企业综合实力百强。其中阿里巴巴集团、网易（杭州）网络有限公司连续 10 年入选榜单，27 个企业入选 2022 年浙江省软件业务收入前 30 位。浙江省软件信息服务业 20 个“亩产效益”领跑者企业中杭州占 14 个，入选 2022 年浙江省首版次软件目录软件产品 49 项，占入选数的 69%。阿里云计算有限公司、新华三技术有限公司等 7 个企业入选 2022 年度工业和信息化部工业互联网 App 优秀解决方案；浙江中控技术股份有限公司等 4 个企业入选 2022 年度工业和信息化部工业软件优秀产品名单；阿里云计算有限公司、支付宝（中国）网络技术有限公司、网易（杭州）网络有限公司、杭州海康威视数字技术股份有限公司等企业牵头参与的 10 个项目入选 2022 年国家网络安全技术应用试点示范项目名单。

【西湖论剑·网络安全大会】2022 年

2022 年 7 月 2 日，第十届西湖论剑·网络安全大会开幕　（市经信局 供稿）

7 月 2—3 日，第十届西湖论剑·网络安全大会在杭州、北京同步举行。大会以“构建安全可信的数字世界”为主题，设置开幕式及全体大会、2 场主论坛、8 场平行论坛、2 场网络安全展。论坛聚焦行业前沿话题、社会热点，开展 150 多场专题报告，首次提出“数字城市网络安全评价指标”概念及评价标准，从安全维度为数字城市发展评价指标体系建立提供参考，呼吁网络安全监管者、从业者、参与者为构建安全可信数字世界贡献力量。大会邀请国家部委、省市政府领导，两院院士，研究机构和企业负责人、专家出席大会，通过 20 多个媒体平台在线同步直播，直播当日浏览量超过 1521 万人次。发布新闻报道 1628 篇（次），其中媒体首发报道超过 260 篇（次）。

【网易未来大会】 2022 年，网易未来大会升级为“未来周”，于 12 月 19—23 日在杭州举办。“未来周”包括峰会、思想之夜、创新力论坛、元宇宙论坛、内容力论坛、智美之夜 F · F 盛典等，邀请近 60 名专家学者、企业家、投资人、艺术家参加。49 个媒体平台全程直播，覆盖媒介渠道 16 个，市场媒介推广曝光数据 1.04 亿次。产生全网热搜 13 个，全网话题阅读量超过 3.9 亿人次，视频播放量超过 6900 万次，直播观看 2490 万人次，单条视频播放超过 1000 万次。　（蔡俊杰）

云计算与大数据产业

【概况】 2022 年，杭州市云计算与大数据产业规模以上企业营业收入 4321.51 亿元，增长 3.7%；增加值 1686 亿元，增长 2.2%。产业规模继续增长，云服务助力冬奥会，云数据中心专用处理器发布，自研 CPU 云上大规模应用，自研智算平台入选世界互联网领先科技成果。龙头企业阿里云计算有限公司国内云基础设施服务市场份额居第一位，网易数帆团队的开源项目成为国际顶级项目，5 个项目入选工业和信息化部大数据产业发展试点示范项目，11 个企业入选浙江省第二批制造业“云上企业”，17 个企业成为浙江省第八批大数据应用示范企业。3 个区（市）成为浙江省首批企业数据管理国家标准贯标工作试点县（市、区）。

【新华三服务器刷新 SPECvirt 世界纪录】 2022 年 4 月 7 日，标准性能评估组织 SPEC（Standard Performance Evaluation Corporation）网站公布数据显示：新华三技术有限公司 H3C UniServer R4900 G5 服务器在 SPECvirt_sc2013 基准测试中创下 4725 分的纪录，刷新基于英特尔处理器的两路服务器性能世界纪录。SPEC 是一个由全球超过 120 个计算机软硬件供应商、教育机构、研究机构等共同组成的非营利组织，致力于建立、维护和认证一套应用于新一代计算机系统的标准化基准评测套件。SPECvirt_sc2013 是专为评估云数据中心虚拟化性能而打造的标准测试工具。

【云数据中心专用处理器发布】 2022 年 6 月 13 日，阿里云计算有限公司发布云数据中心专用处理器 CIPU（Cloud Infrastructure Processing Units）。CIPU 向下接入物理的计算、存储、网络资源，快速云化并进行硬件加速；向上接入飞天云操作系统，管控大量服务器，以新的架构体系，探索建立完整自研技术体系。

【5 个企业项目被列入部级示范项目】 2022 年 8 月 31 日，工业和信息化部办公厅公布 2022 年大数据产业发展试点示范项目名单，杭州广立微电子股份有限公司、杭州安脉盛智能技术有限公司、浙江核新同花顺网络信息股份有限公司、政采云有限公司、浙江图讯科技股份有限公司 5 个企业的项目被确定为 2022 年大数据产业发展试点示范项目，入选项目数量居全省第一位。

【大数据智能计算平台入选互联网领先科技成果】 2022 年 11 月 9 日，2022 年世界互联网领先科技成果发布活动在世界互联网大会乌镇峰会期间举办，阿里云计算有限公司自主研发的大数据智能计算平台 ODPS（Open Data Platform and Service）入选具有国际代表性的年度领先科技成果。ODPS 是支持十万级服务器并行计算、百万级 CPU 可扩展的大数据智能计算平台，具备提供实时离线一体、流批一体、湖仓一体、大数据 +AI 一体的多场景能力。

【浙江云计算数据中心开启服务】 2022 年 11 月 30 日，浙江云计算数据中心在杭钢半山基地开启服务。中心总投资 158 亿元，总用地面积 20.67 万平方米，是浙江省数字新基建重大标志性项目之一，为电商、金融、云计算大数据及互联网增值服务提供基础设施平台，为工业互联网、智能环保、智慧城市等应用提供基础算力保证。中心按北区和南区分期建设，开启运营的为北区。

【开源项目 Apache Kyuubi 成为国际顶级项目】 2022年12月22日，Apache软件基金会宣布Apache Kyuubi成为顶级项目。Apache Kyuubi是一个分布式和多租户网关，用于在数据仓库和湖仓上提供无服务器SQL。项目由杭州网易数帆科技有限公司开发并于2018年开源，2021年进入世界最大的开源基金会Apache软件基金会孵化器，2022年12月成为与Apache Spark、Apache Flink一样的Apache基金会顶级项目。

（周狄波）

物联网产业

【概况】 2022年，杭州市物联网产业实现营业收入2825.16亿元，比上年增长0.3%。全市有物联网产业重点企业1562个。杭州市围绕智能、融合、全域发展理念，推动产城人"物联、数联、智联"，构建以视觉智能为引领，集成电路、云计算大数据、高端软件和人工智能、网络通信、智能仪表为重点的万亿级智能物联产业生态圈。杭州市被列为首批开展产业链供应链生态体系建设试点城市。

【《杭州市促进智能物联产业高质量发展的若干意见》印发】 2022年7月29日，市委办公厅、市政府办公厅印发《杭州市促进智能物联产业高质量发展的若干意见》，提出以数字化改革为引领，加快构建万亿级智能物联生态圈。该意见包括总体要求、发展目标、任务举措、保障措施4个方面内容。到2025年，将杭州打造成智能物联卓越城市。提出培育先进制造业集群、优化产业发展生态、构建创新平台体系、支持智能物联新基建、赋能产业数字化转型和打造数字治理名城6项任务20项举措。围绕"链长＋链主"制，提出加强组织保障、制定政策细则等7个方面保障，引领杭州数字经济二次腾飞。

【《杭州市智能物联产业政策实施细则》印发】 2022年9月5日，《杭州市智能物联产业政策实施细则》印发，加快打造世界领先的万亿级智能物联产业集群。该细则从培育壮大链主企业、保障链主企业用地空间、支持关键核心技术攻关、支持智能终端首台（套）、加大产业基金支持、加大综合金融服务支持、支持重大数字新基建项目7个方面提出具体政策举措。

【"中国视谷"建设】 2022年11月8日，工业和信息化部、浙江省合作会议在浙江乌镇召开，"中国视谷"建设纳入部省新一轮整体合作协议。同日，"中国视谷"建设启动仪式暨专家研讨会在杭州湘湖院士岛举行，宣告"中国视谷"建设启动。11月10日，"中国视谷"新闻发布会在乌镇举行。现场发布"中国视谷"建设蓝图，倡议各方合力共建具有世界级影响力的"中国视谷"，推动杭州"数字安防—视觉智能—智能物联"产业跃迁，打造国家经济地理新地标和城市产业新名片。12月28日，在"2022年工业文化发展大会暨第六届中国工业文化高峰论坛"上，杭州市签约"区域（城市）产业名片打造计划"首批试点区域（城市），开展中国产业名片打造创新实践。"中国视谷"纳入工业和信息化部首批（区域）城市产业名片创建目录，共同打造"中国视谷"城市产业地标。

（裘　敏）

电子信息产品制造产业

【概况】 2022年，杭州市电子信息产品制造产业规模以上企业实现营业收入5949.61亿元，比上年增长4.2%；增加值1299亿元，增长4.7%。其中上城区、拱墅区、西湖区等10个区县（市）增速快于产业整体增速，产业整体呈现稳中有进的良好态势。

【7个企业入选电子信息百强企业榜单】 2022年9月2日，中国电子信息行业联合会发布2022年度电子信息企业竞争力报告及前100个企业名单。杭州海康威视数字技术股份有限公司、富通集团有限公司、浙江大华技术股份有限公司、新华三技术有限公司、浙江富春江通信集团有限公司、浙江万马股份有限公司、三维通信股份有限公司7个企业入选。杭州海康威视数字技术股份有限公司列第14位。

【数字安防产业链专场活动】 2022年7月8日，由省经济和信息化厅和市政府主办，以"提信心添动能，争进位共发展"为主题的浙江省"十链百场万企"系列对接活动之数字安防产业链专场在杭州高新区（滨江）萧山特

2022年11月8日，"中国视谷"建设启动仪式暨专家研讨会举行。图为"中国视谷"启动区块

（市经信局 供稿）

别合作园举行。会议围绕数字安防企业、科研院校、金融机构等领域梳理产业链上下游相关目录，编制《2022年浙江省数字安防产业链对接推介手册》，集中展示44个数字安防企业近100项新产品、新技术，发布产学研、产融对接需求，为数字安防产业链上下游多方主体提供对接空间。

【超高清视频活动实施方案出台】 2022年9月20日，市经信局等6个部门出台《杭州市“百城千屏”超高清视频活动实施方案》。该方案落实开展“百城千屏”超高清视频落地推广活动工作部署，推进杭州市超高清视频产业发展。

【中电集团与市政府签署全面深化合作协议】 2022年5月31日，杭州市经济稳进提质攻坚行动推进会暨制造业高质量发展大会召开。会议期间，中国电子信息产业集团有限公司与杭州市政府签署全面深化合作协议，推进中国电子与杭州市在网络安全、数字经济、金融科技等领域的全面合作，建立长期、稳定、共赢的全面战略合作伙伴关系，加快推动杭州创新发展，助力杭州打造全国数字经济第一城。（裘　敏）

集成电路产业

【概况】 2022年，杭州市有集成电路产业企业285个。其中，设计企业180个，制造企业36个，材料设备企业50个，其他企业19个（包含EDA、封测、IP）。全年集成电路产业实现营业收入786.9亿元，比上年增长16.5%，占全省的40%。射频电路、存储芯片、模拟芯片与功率器件、传感器、AI芯片、光电集成器件、EDA工具等领域技术水平国内领先。已建或在建集成电路制造产线14条，包含COMS、FinFET+SOI等特色工艺产线、化合物半导体产线、MEMS传感器产线以及12英寸大硅片晶圆制造等，在全省制造领域处于领先地位。设计制造一体化（IDM）国内有较强影响力和综合竞争力。

2022年7月1日，浙江省“十链百场万企”系列活动之集成电路产业链专场举行
（市经信局 供稿）

【集成电路专场活动】 2022年7月1日，由省经济和信息化厅、绍兴市政府主办的浙江省“十链百场万企”系列活动之集成电路专场在绍兴市越城区举行，杭州市27个集成电路行业重点企业参与。7月26日，由省经济和信息化厅主办，宁波市经信局、杭州市经信局、浙江省技术创新服务中心承办，慈溪市经信局、滨江区经信局协办的浙江省“十链百场万企”系列活动之集成电路产业链宁波专场活动在慈溪举行。

【集成电路专项政策出台】 2022年7月8日，杭州市发布《关于促进集成电路产业高质量发展的实施意见》。明确杭州集成电路产业新的发展目标，提出实施5项行动14条举措，打造万亿级智能物联产业集群。

【集成电路产业发展高峰论坛】 2022年7月21日，由中国半导体行业协会、浙江省经济和信息化厅、杭州市政府指导的集成电路产业发展高峰论坛暨中国RISC-V联盟浙江中心揭牌仪式在杭州市临平区举行。各级领导、集成电路领域专家学者、企业代表、投资人近200人参加活动。

【杭州晶华微电子股份有限公司上市】 2022年7月29日，杭州市集成电路重点企业杭州晶华微电子股份有限公司在上海证券交易所科创板挂牌上市。“晶华微”是一个高性能模拟及数模混合集成电路的研发公司，主要产品包括医疗健康SOC芯片、工业控制及仪表芯片、智能感知SOC芯片等。

【长三角芯机联动发展暨科技成果转移转化高峰论坛】 2022年12月16日，“中国芯”长三角芯机联动发展暨科技成果转移转化高峰论坛在杭州市临平区算力小镇举行。论坛以“共创机遇，芯链未来”为主题，各级领导、集成电路领域专家学者、企业代表及投资人参会，共谋芯机联动与科技成果转移转化新趋势、新应用、新举措。（裘　敏）

机器人产业

【概况】 2022年，杭州市工业机器人产业形成工业机器人、服务机器人、特种机器人等产业门类，覆盖机器人本体、关键零部件等产业链主要环节，技术研发和产业发展水平国内领先，尤其是在机器视觉、AGV等领域。代表企业有杭州海康机器人技术有限公司、浙江大华科技有限公司、浙江国自机器人技术股份有限公司、浙江钱江机器人有限公司等。萧山机器人小镇以“研发孵化平台、检验检测平台、产业公共服务平台、国际化合作平台”四大平台为核心，围绕机器人研发孵化、生产制造、工程服务、规模应用等环节构筑机器人产业生态圈。机器人产业有之江实验室、中国（浙江）机器人及智能装备创新中心、浙江大学机器人研究院等创新平台。中亚机械食品包装装备智能工厂入选省经济和信息化厅第一批智能工厂（数字化车间）名单，杭州杰牌传动科技有限公司主导的“大功率工程机械动力传动系统绿色节能关键技术及产业化项目”获科学技术进步奖二等奖。12月，由浙江瓯达机器人制造有限公司作为主起草单位的国家标准《基于视觉的机器人智能装卸车系统通用技术要求》获批立项。杭州市滨江区的浙江国自机器人技术有限公司、杭州迦智科技有限公司、浙江瓯达机器人制造有限公司、杭州景业智能科技股份有限公司入选2022年度浙江省机器人典型应用场景名单。

【4个企业参与移动机器人领域蓝皮书发布】2022年8月15日，第十一届中国（深圳）工业物流与仓储智能化发展工程大会发布《新能源（锂电/光伏）行业用移动机器人（AGV/AMR）解决方案蓝皮书（2022版）》。杭州海康机器人技术有限公司、新松机器人自动化股份有限公司、杭州蓝芯科技有限公司、杭州迦智科技有限公司参与联合发布。

【国自机器人公司项目获省科学技术进步奖一等奖】2022年，由浙江国自机器人技术股份有限公司自主研发的“复杂环境下物流巡检机器人感知与控制关键技术及产业化应用”获浙江省科学技术进步奖一等奖。自主研发的“面向特种行业的多模态机器人群智感知与协同关键技术”获吴文俊人工智能科学技术奖——技术发明三等奖。

【海康机器人公司产品升级】2022年，杭州海康机器人技术有限公司机器视觉新技术及新品发布会全球同步召开。发布全系列机器视觉新品、工业相机、智能相机、3D项目等硬件产品和升级版的VM4.2软件，促进机器视觉赋能产业全新升级。

【电力计量器具智能装卸载装置研发成功】2022年5月，浙江瓯达机器人制造有限公司与国网浙江省电力公司成功研发“基于AI立体视觉”的电力计量器具智能装卸载装置。该装置填补国内电力物资智能物流领域的空白。（王俊飞）

信息基础设施

【概况】2022年，杭州市5G网络覆盖进一步优化、5G分流比达到50.3%（5G分流比指5G流量占全网流量5G+4G的比重，是5G综合运营能力评估的重要指标）、“千兆城市”建设评估优秀、智算平台推出、交换中心跻身国际百强、算力储备推进，新型信息基础设施服务能力提升。全年主要通信运营商实现电信业务营业收入264.76亿元，比上年增长8.2%；城域网出口带宽达到17.1T，增长14.1%；累计建成5G基站3.21万个，增长18.6%；移动电话用户合计（出账用户）1886.09万户，增长2.9%；固定电话用户合计186.14万户；移动互联网用户（包含物联网用户）4379.78万户，增长25.3%；固定互联网宽带接入用户670.96万户，增长9.5%。

【5G网络覆盖优化】2022年，杭州市新增5G基站5020个，全市重点场所5G网络通达率100%，每万人拥有5G基站26.26个（按2021年末杭州市常住人口1220.4万人计），5G用户（按5G手机终端连接数计算）超过1041万户。核心主城区、县域核心城区、主要园区及重点乡镇实现精品网络全覆盖，5G网络成为杭州移动的主力承载网络。

【“千兆城市”建设评估优秀】2022年，杭州百兆宽带村覆盖率100%，千兆接入能力的FTTH家庭覆盖率247.6%，居全国前列，在工业和信息化部开展的2022年度“千兆城市”建设情况总结评估工作中获评优秀。

【中国电信杭州大数据中心开工建设】2022年3月31日，中国电信长三角区域核心数据节点——中国电信杭州大数据中心项目开工建设。项目位于杭州市萧山区，园区规划总用地面积约11万平方米，总建筑面积约23万平方米，远景规划8千瓦机架2万架，总投资50亿元。中心建成后，将推进长三角协同发展，为大数据应用提供算力支持。

【“飞天智算平台”发布】2022年8月30日，阿里云计算有限公司发布全栈智能计算解决方案“飞天智算平台”，并启动两座超大规模智算中心，为科研、公共服务和企业机构提供智能计算服务。“飞天智算平台”可将算力资源利用率提高3倍以上，AI训练效率提升11倍，推理效率提升6倍，并在阿里巴巴集团内部、广州小鹏汽车科技有限公司、北京深势科技有限公司、上海汽车集团股份有限公司、南方电网公司等企业投入应用。

【国家（杭州）新型互联网交换中心列国际百强】2022年10月，国家（杭州）新型互联网交换中心接入企业142个，总接入带宽7.67T，交换峰值流量1.89Tbps。业务规模居全国第一位，列交换中心领域国际百强。

【光环新网杭州云计算中心开工】2022年11月13日，光环新网杭州云计算中心项目在杭州市钱塘区举行奠基仪式并正式开工。中心位于钱塘区江东芯谷临空产业园，整体投资32.40亿元，占地5.80万平方米，规划总建筑面积17.25万平方米，预计于2023年投入运营，2024年全部建成。（卢　逊　周狄波）

通信服务

【概况】2022年，中国电信股份有限公司杭州分公司（简称杭州电信公司）有员工2807人。至年末，杭州电信公司完成主营业务收入83.87亿元，宽带用户净增19.2万户，移动用户净增37.2万户，DICT业务收入27亿元，比上年增长8.4%。4/5G基站数超过5.4万个，日均流量7600T。

中国移动通信集团浙江有限公司杭州分公司（简称杭州移动公司）下设13个区县（市）分公司、12个部门和工会，员工2800多人。全年通信服务收入131亿元，比上年增长

6.6%；通话用户1083万户，5G终端用户599万户，固网宽带用户294万户。杭州移动公司系统打造以5G、算力网络、智慧中台等为重点的新型信息基础设施，创新构建“连接+算力+能力”新型信息服务体系。

中国联合网络通信有限公司杭州市分公司（简称杭州联通公司）有在职员工近1800人，平均年龄约35周岁，本科及以上学历的专业人员占员工总数的70%以上，全年业务收入45.27亿元，比上年增长14.2%。杭州联通公司加快新型基础设施建设，推进5G网络共建共享，持续提升网络速率和覆盖面，5G基站累计达1.8万个，实现重点乡镇以上5G网络连续覆盖，人口覆盖率达93%，核心城区5G速率达700Mbps。

杭州电信公司、移动公司、联通公司全年为杭州市“两会”提供5G网络技术支持，完成世界互联网大会、省农业博览会、中国杭州文化创意产业博览会、中国国际动漫节、高考，以及抗击强台风“梅花”等通信网络保障任务。

【“双千兆”网络建设加快】2022年，杭州电信公司推进以千兆光网和5G为代表的“双千兆”网络新型基础设施建设，推动“千兆城市”建设与布局，助力数字经济高质量发展。XGPON端口能力建设比上年增长250%，完成城区全面厚覆盖、农村实现全面薄覆盖、重点区域100%覆盖。与杭州联通公司推进5G网络共建共享，城区完成精品区打造，大幅提升5G无线网络覆盖及5G网络流量，5G分流比达39.5%。

【助推数字经济发展】2022年，杭州电信公司深度参与全省数字化改革“1612”体系建设，参建政务云、政务灾备云和政务信创云，承建杭州市级党政机关整体智治平台“七张清单”“民呼我为”等重点应用。推进阳光厨房、数字乡村、环保危废、城管渣土、生安在线等应用场景。探索民生、工业、医疗、教育等领域，打造一批5G应用标杆项目，其中“金卡智能智慧燃气5G系统项目”获工业和信息化部第五届“绽放杯”5G应用征集大赛总决赛全国一等奖。

【亚运通信服务保障】2022年，杭州电信公司完成亚运场馆AGIS、互联网两张赛事网络的交付，推进专项通信网、电视转播网、视频会议系统等专网建设。提升光网、无线网络质量，启用亚运通信保障指挥中心，完成7场测试赛保障任务及ITCC试运营保障工作。9月，亚运通信保障指挥中心启动，该中心将在实时掌控亚运专网、城市大网、重要客户业务的运行情况，统一指挥调度各地市指挥中心和各竞赛场馆等方面发挥重要作用。

杭州移动公司稳步推进亚运保障各项工作，通过5G双频叠组网、分布式MIMO、超窄波束赋型天线，实现大型场馆超密组网场馆。构建覆盖杭州全城的F5G全光网络承载亚运AGIS专网，提供业务灵活接入能力，驱动政企专线网络升级。在新平台方面，打造全场景网络调度中台，建设大、中、小三屏联动运维支撑平台，大屏聚焦“运营+指挥”、中屏聚焦“作战+专家”、小屏聚焦“作业+指导”，完成态势感知、资源整合、监测预警、辅助决策与指挥调度等“一盘棋”智慧支撑。打造中国移动重大洲际赛事网络服务保障新体系，围绕亚运会保障建立新服务保障新流程、构建融合新团队、打造团队新能力。

【杭州“12345”热线运营】2022年，杭州电信公司运营的“12345”热线运营中心深化智能客服建设和大数据应用，打造“互联网+”政务型呼叫中心标准化管理模式，先后获2022年全国最佳政务/公共服务热线、全国十佳热线杰出典范、抗疫专业典范、中国客户中心专业外包推荐品牌（服务新锐）、全国政务热线服务创新优秀单位、“金耳唛杯”中国最佳客户中心、全国政务热线服务质量评估总体评估A+优秀单位等多项荣誉。在第六届“12345”政务服务便民热线大会上，第三方评估平台联合零点有数发布《全国政务热线运行质量年度评价报告》，杭州市“12345”中心综合排名居32个副省级城市、省会城市、计划单列市第一位。

【助企纾困解难】2022年，杭州电信公司通过减免宽带费用或延长使用期限，为杭州市110个酒店减少通信费用支出，降低运营成本约51万元。为59个有困难的中小企业缓收缓催账款151.6万元，缓解企业资金压力。为106个中小企业发放国资云礼券助力中小企业上云，优惠金额94.21万元。在企业专线单位速率价格下调17%的同时，为所有低速率专线的提速，助力企业数字化水平提升。

【数字乡村建设】2022年，杭州电信公司助建数字乡村455个，推进农村信息化。在统一数字乡村云平台基础上，根据乡村特点，提供可积木式选择场景、应用、工具等，形成“千村千面、一村一品”的数字乡村格局。助力3个村完成中央广播电视总台“共同富裕”慢直播专题建设，点赞数超过30万人次。其中临平区双桥村位列全省“最美乡村榜单”前列，获得3个月中央广播电视总台免费宣传推广，淳安县下姜村上线《浙江日报》新闻客户端。（孔　咏）

【5G精品网络打造】2022年，杭州移动公司聚焦5G新基建，巩固提升运营、技术、质量的领先优势，实现5G超清视话（VONR）商用，建立VONR语音保障体系、联动终端厂家，实现5G超清视话体验。实现城区、县城、村5G网络100%覆盖，打造湖滨精品示范区、城区精品路线和浙大精品校园在内的“三个精品”场景，铸造5G精品网络。在工业和信息化部全国移动网络质量地铁场景专项评测中，杭州测试成绩全国领先。

【助力数字化改革】2022年，杭州移动公司参与数字化改革，项目数超过120个，签约金额超过6亿元。打造全国首个市级“数智人大”、基于区块链技术的“5G云公证链执法系统”等标杆项目。在市农业农村局指导下，成立杭州市数字乡村发展促进会，首批会员单位共61个，杭州移动公司任会长单位。全年打造未来社区、未来乡村/数字乡村项目45个，其中17个项目入选全省共同富裕现代化基本单元。

【电信网络诈骗防范】2022年，杭州移动公司完善"责任压实＋宣传警示＋技术防范＋渠道管控＋警企协同"五位一体反诈体系，实现涉案举报量持续下降。推进雷霆反诈专项行动，开展警示案例教育10期，覆盖市场、政企、网格、渠道、直销条线关键岗位人员1.46万人次。加强警企联动，建立银行、运营商、互联网多方协作，处置高风险号卡68万张，配合公安机关查处诈骗案件近1600起，挽回损失近1亿元。

杭州联通公司落实诈骗骚扰号码整治工作，加强对诈骗、骚扰电话的监测、预警和拦截，提升"反诈云"等本地系统能力。运用大数据手段，根据问题用户的行为特征建立"红黄"预警监测模型，强化提前介入，对不同风险等级号码进行实时拦截。全年识别处置高危号卡12万个，黑名单惩戒1000多个。（周宇飞）

【赋能数字经济融合发展】2022年，杭州联通公司深化运营商"云＋网＋边缘计算"的创新技术运用，打造信创云、算力云、视频云等多领域云计算能力。为临平区、拱墅区政府打造政务云、算力云，助推数字政府建设。为杭州胡庆余堂集团有限公司、浙江万向精工有限公司等企业打造"智造云"项目，赋能生产型企业数字化转型，助力企业上云5110个。聚焦"大联接"主责主业，围绕"连接"核心场景，发挥Cat.1差异化优势，在车联网、智能门锁、共享经济等多领域深度应用。围绕部件应用融合产品，依托自主研发的公网数字对讲、智能门磁、沃天目等应用产品，在亚运保障、基层防疫等重点场景中发挥作用。围绕"连接＋部件＋应用"整体集成服务，服务余杭区公安分局移动执法、富阳区洞桥镇数字乡村建设、建德市广鑫塑业有限公司5G数字化工厂、杭州山亚南方水泥有限公司数字化矿山等智能化管理项目。为政府企事业单位提供数字加工、开发服务，打造余杭区数据安全保障体系、拱墅区城市指征监控系统、数智贸促、富阳数字人大平台等多个标杆项目。推出数睿广告、智慧信息、数言舆情、失联复联、旅游大数据等大数据应用产品，服务杭州机关及乡镇（街道）的社会基层治理。发挥联通算网一体能力，以人工智能结合5G高带宽、低时延特点和边缘云计算能力，落地浙江极氪智能科技有限公司生产车间AGV小车、杭州大和热磁电子有限公司AR眼镜巡检应用。

【联通5G应用成果】2022年4月，杭州联通公司与浙江大学医学院附属邵逸夫医院协同研发5G+AR远程云急救平台，在余姚市人民医院重症监护室首次应用，在杭州市淳安县枫树岭镇下姜村卫生院设立全省首个5G+AR云诊室。该项目在第五届"绽放杯"5G应用征集大赛中获浙江区域赛决赛一等奖、全国总决赛优秀奖。运用基层医生可佩戴AR设备，向省级专家发起远程"云会诊"，省级专家通过AR设备上传的实时画面为救治患者提供医学指导，帮助基层医疗体系建立标准化急诊急救流程，提升乡镇县域公共卫生服务质量。

5月，杭州联通公司依托5G技术赋能数字畲乡媒体融合发展，在村内相关点位设置监控设备，将村内美景直播接入移动用户端，用户可实时欣赏村景，促进对外旅游推广。设计搭建LED屏幕，展示智慧乡村综合视图、管理驾驶舱等应用，滚动播放近期乡村建设最新成果和最近工作动态。该项目在第五届"绽放杯"5G应用征集大赛获融合媒体专题赛应用创新奖。

9月，杭州联通公司围绕新型工业化发展战略，以数字化改造为核心，联合浙江普林艾尔电器工业有限公司全方面升级5G未来工厂、无人车间、企业上云等应用，推进5G+数据采集、5G+生产可视化、5G+能源管理、5G+机械臂、5G+智能仓储、5G+AGV等应用场景落地，提高企业产值和生产效能。杭州市国际商会共同富裕委员会与"普林艾尔5G+数字工厂"进行签约。

10月，杭州联通公司联合浙江省公安厅等，将5G蜂窝感知和TDOA技术融合升级为5G"侦测打一体"创新技术，该技术经专利机构查询被认定为国内首创技术，并合作研发5G智慧城市低空安全无人机反恐平台。该项目在第五届"绽放杯"5G应用征集大赛中获浙江区域赛决赛优秀奖。该项目在杭州市多个区县、重点目标单位完成部署工作，在宁夏、甘肃、山东等11省规模化复制应用，上线以后对无人机违法行为起到震慑和抑制作用。

（柴萍燕）

责任编辑　须同威　孙晟珂

20 文化产业

综 述

【文化产业实现增加值2420亿元】 2022年,杭州市文化产业实现增加值2420亿元,比上年增长4%,占地区生产总值的12.9%。全市1396个规模以上文化企业实现主营业务收入8076亿元。数字文化产业发展韧性强劲,新闻信息服务类文化企业实现利润1102亿元,内容创作生产类文化企业实现利润74亿元,分别增长16.4%、102.8%。

【文化产业政策服务体系完善】 2022年,杭州市修订出台《文化创意产业投资引导基金管理办法》,与杭州联合银行、南京银行继续合作组建文化产业信贷融资风险补偿基金,优化创新全方位多元化特色文化金融产品和服务,拓展文化企业融资渠道。联合清华大学、欧洲科学艺术和人文学院、中国传媒大学等高校和机构,加强国际文化创意中心建设,推进制定新一轮文化产业政策。深化文化产业数字化改革,迭代升级"文创e点通"数智应用服务平台。该平台入选省数字文化系统优秀应用,并作为全省宣传文化系统唯一市级应用入选"一地创新 全省共享""一本账"S0清单。

【之江文化产业带建设】 2022年,杭州市落实《之江文化产业带建设规划》和《杭州市之江文化产业带建设推进计划(2018—2022年)》,推进之江文化产业带建设发展。加强之江文化产业项目库动态管理力度,新增9个重点项目入库,使之江文化产业带重点项目增加到88个,比规划时增长176%。重点项目投资额1143亿元,其中投资规模10亿元以上的文化项目36个、50亿元以上的文化项目9个。白马湖生态创意城在国家文化与科技融合示范基地绩效评价中被评为优秀。中国(浙江)影视产业国际合作区、浙江数字文化国际合作区推出的"构建多层次多维度影视人才培养平台,着力提升数字文化出口和国际传播能力""'版钉'助力中国数字文化'走出去'""搭建'之江一号'平台,助力数字文化贸易提质升级"3个案例入选国家文化出口基地第二批创新实践案例。之江文化产业带上下游延伸区域发展迅速,"文创西进"步伐加快,全年实现文化产业增加值963亿元,主营业务收入2738亿元,超额完成省定目标任务。

【大运河(杭州段)文化产业带建设】 2022年,杭州市大运河(杭州段)文化产业带拓展创意设计、文化休闲旅游、数字文化等领域,打造兼具世界遗产文化风韵和文化创意魅力的文化产业发展带,增强产业辐射力和带动力。中国·杭州电竞中心投入使用,大运河1986文创园开园,浙数文化科技创新基地、米络星集团总部等一批数字文化平台建设推进。至年末,大运河(杭州段)文化产业带有重点项目27个、投资总额241亿元。

【文创产业创业投资引导基金投资项目299个】 2022年,杭州市文创产业创业投资引导基金新增投资项目38个,新增对外投资额8.89亿元。至年末,文创产业创业投资引导基金规模72.9亿元、投资项目299个,完成对外投资额49.9亿元。其中:引导基金参股设立的子基金规模50.5亿元,投资项目187个;投资额32.48亿元,投资杭州区域金额为引导基金出资金额的3.5倍。自有资金参股子基金规模22.4亿元。 (方杜衡)

文化产业园区(文化创意街区)

【概况】 2022年,杭州市文化产业园区(街区)稳步发展,市级文化产业园区规划建筑总面积1024.17万平方米,集聚各类文化企业6454个;文化创意街区规划建筑总面积114.43万平方米,入驻各类文化企业1007个。经新一轮市级文化产业园区、创意街区组织认定:天目里等50个园区为2021—2022年度杭州市文化产业园区;桥西历史文化街区等20个街区为2021—2022年度杭州市文化创意街区。

【天目里】 天目里(天目清水商业中心)集总部办公、美术馆、艺术空间、实验剧场、买手百货、设计酒店、独特商业集合等多元业态于一体,通过建筑、景观、庭院,营造充满生机的城市空间,由17个单体建筑组成,规划总建筑面积22.5万平方米。2022年,天目里总产值56.8亿元，有入驻企业26个，汇集艺术、建筑、设计、创意、自然、文化领域人才3000多名，成为西湖、西溪两大景区间联通文化与自然的城市综合体。天目里位于杭州市西湖区天目山路398号，是慧展科技（杭州）有限公司开发的城市商业和艺术综合体，由意大利设计师伦佐·皮亚诺设计。

【泰豪德必易园】泰豪德必易园以文创为主、科创为辅，包括影视、动漫、游戏、网络文学、互联网科技等业态，辅以服务配套，是一座集创意办公、人才培育、产业孵化、艺术展览和商业交流于一体的文科创融合高端综合体，总面积3.8万平方米。2022年，园区总产值2.02亿元，有入驻文化企业114个，楼宇去化率97%。入驻企业包括动漫、游戏、影视、文学、科技、软件等行业，其中文化创意、动漫产品、网络游戏、文学类文化企业占88%。长三角文艺评论发展联盟网络文艺智库中心、杭州师范大学国际网络文艺研究中心基地等文化机构落户园区。泰豪德必易园位于杭州市上城区秋涛北路332号，地处杭州东站枢纽的城东新城区域。

【LOFT49创意城市先行区】LOFT49创意城市先行区是集创意办公、总部集群、时尚街区、艺术展演于一体，兼具产、商、集、秀、展5项功能的创意城市先行区。2022年，LOFT49创意城市先行区总产值4.74亿元，有入驻企业30个。园区引进浙江安道设计股份有限公司、中南建筑设计院华东总部、思库（浙江）文化传播有限公司、丽尚国潮（浙江）控股有限公司等企业，形成文化及创意设计产业。园区创梦展演厅、活力广场等公共空间为企业开展会务、展览、活动策划、路演等提供服务，聚合优质文化资源，打造服务链与产业链。园区用地1.6公顷，建筑面积6.2万平方米，其中地上面积3.7万平方米，包含2幢高层办公楼和2幢类独栋办公楼，总投资4.9亿元。

【影天像素园】影天像素园创建之初设定园区规划时尚化、园区布局休闲化、园区配套人文化、艺术入园常态化的“四化”定位，吸引有相同属性带有文化艺术基因的企业入驻。2022年，影天像素园总产值2.75亿元，有入驻企业34个。园区设有专业画廊，经常性推出各类艺术作品展，咖啡馆等休闲设施为创业者提供休憩商务便利。建筑设计、室内设计、服装设计、视听设计、文化娱乐等文化艺术属性的公司不断入驻，使园区具有文化特色创业氛围。影天像素园由影天印业有限公司创建，影天印业是专门为艺术家、摄影家等艺术工作者服务的印刷企业。

【三江汇·创谷】三江汇·创谷是一个通过功能重置、交通重组、空间重构、建筑重塑、推进文化与科技融合发展的文创园区。2022年，三江汇·创谷总产值1.6亿元，有入驻企业91个。在园区南部文创板块聚焦新媒体数字文创产业，利用新媒体产业助推文创产业的年轻化和科技化，建设以新媒体产业为主导的“文化+科技”融合发展的文创产业园区。三江汇·创谷位于杭州市萧山区闻堰街道万达中路127号，地处钱塘江、富春江、浦阳江汇流区块，是杭州未来城市实践区的核心区域。

【桥西历史文化街区】桥西历史文化街区位于京杭大运河的最南端，因位于拱宸桥西岸而得名，面积7.29公顷。街区保存有完整的清末民初沿河民居建筑及近现代工业遗存，316户原住民仍在此枕河而居，是世界文化遗产点。2022年，街区总产值3.5亿元，有入驻企业80个。桥西历史文化街区内有京杭大运河博物馆、杭州工艺美术博物馆、中国刀剪剑博物馆、伞博物馆、扇博物馆等国家级博物馆，以及手工艺活态馆、中国大运河·拱宸桥桥西历史文化馆、方回春堂、天禄堂、大运河国医馆，杭城著名道教活动场所张大仙庙，展示“杭州评话”“小热昏”的老开心茶馆等。

【余杭瓶窑老街】余杭瓶窑老街位于杭州市西北郊，东苕溪北岸，瓶窑镇集镇区。老街内原住民与景区环境和谐共生，主街长约1800米，附街长约500米，有瓶窑电影院、非遗文化展示馆群、文化家园等公共设施，为省级AAAAA级景区镇。2022年，瓶窑老街总产值4000万元，有入驻企业60个。街区获评杭州市级高品质步行街、首个“非遗”街区、市中小学生研学旅行基地、杭州·浙西文旅融合示范项目、浙江省四星级旅游购物场所、浙江古镇文旅创新十佳实践案例。瓶窑老街被《人民日报》、光明网、新华社、《经济日报》等中央媒体关注报道60多次，《浙江日报》、《钱江晚报》、浙江新闻等省级媒体报道100多次。

【浙农·东巢艺术公园】浙农·东巢艺术公园由浙农东巢（杭州）文化创意有限公司开发运营，占地面积近5万平方米，建筑面积2.6万平方米，保留有20世纪特色建筑红砖房37处，通过改造修饰变身为“网红”打卡地。2022年，街区总产值1.2亿元，有入驻企业56个。街区以主干道为核心、客厅舞台区和艺术广场区为辅的特色文化艺术创意区有艺术展览场馆、音乐剧场、建筑设计展厅、亲子互动剧场等文创业态，不定期举办时装秀、时尚新品发布会、后备箱市集、废弃旧物装置艺术展等。街区创有“巢栖里”艺术家栖息地和官河市集两个创意主题集市，经常上演精彩创意节目。浙农·东巢艺术公园位于杭州市萧山区北干街道萧杭路689号，原为萧山火车西站的浙江农资仓库，是大运河杭州萧山火车西站段历史文化街区重要组成部分。（方杜衡）

文化品牌活动

【概况】2022年，杭州市举办第十六届（2022）杭州文化创意产业博览会、杭州国际工艺周、首届浙西（千岛湖）创意生活周等重点文化会展活动。依托杭州市设在英国、意大利的海外文创产业交流中心举办“宋韵文化生活方式展”等文化推介活动。新设立杭州瑞士文创产业交流中心，拓展国际文化产业交流阵地。

【杭州文化创意产业博览会】2022年12月30日，由市政府、浙江大学、中国美术学院主办，市委宣传部、市文化创意产业发展中心承办的第十六届（2022）杭州文化创意产业

2022 年 12 月 30 日,第十六届(2022)杭州文化创意产业博览会开幕
(市文化创意产业发展中心 供稿)

博览会(简称文博会)开幕。文博会以“创意杭州·联通世界——文化的力量”为主题,举办展览、论坛、商务、颁奖等 10 多项活动,40 个国家和地区的 3800 多个文化企业和文化品牌线上和线下参展。设在杭州国际博览中心的线下会场策展总面积 3 万平方米;线上会场首次运用元宇宙概念打造“云尚宋韵”平台,推出“创意精抖云”“宋韵江南·瑞兔迎新”等沉浸式文化消费体验场景。展会集中举办 2022 年杭州文创未来大会暨杭州文创产业投融资论坛、杭州—台湾“创意对话创意”雅集暨两岸文创产业交流对接会、公益文创推动共同富裕论坛、“数字引领播种未来”直播电商产业论坛等 7 个高峰论坛和行业指数发布活动,发布 2022 年度《杭州文化消费》白皮书、《直播短视频产业》白皮书、《文创产业投资指数报告》、年度十大文创新势力、杭州文创青云榜等权威指数报告和行业榜单,打造“思想的文博会”品牌。文博会期间线上和线下参与体验超过 1 亿人次,现场成交及项目签约金额 21.15 亿元。《人民日报》、新华社、《中国日报》、《上海日报》等媒体平台,以及百余个网络新媒体对文博会进行报道,刊发相关新闻 3000 多篇,网络转发信息 20 多万条。

【杭州国际工艺周】2022 年 8 月 18—22 日,由上城区委、区政府和市文化创意产业发展中心共同主办的 2022 年杭州国际工艺周在杭州创意设计中心举行。工艺周以“不‘纸’于此”为策展主题,分为 4 个主题展区、8 项体验活动。来自英国、法国、瑞士、摩纳哥、意大利、美国、韩国、日本等国家的 1000 多件展品参展,现场参展商 40 多个、展品 6000 多件。举办活动 24 场,近 3 万人次参观,意向及现场成交额超过 2000 万元。

【浙西(千岛湖)创意生活周】2022 年 7 月 15—19 日,由市委宣传部指导,淳安县委、县政府主办的 2022 年首届浙西(千岛湖)创意生活周在淳安县明豪国际会议会展中心举行。创意生活周以“文享未来·美好生活”为主题,邀请三省四市九区(县)共同参与。通过各地文创展览、文化推介、创客集市系列活动,集中展示乡村文化品牌和文创精品,深化省、市、县际文化产业交流合作。活动吸引 3 万人次参与,带动消费 2000 万余元,参加机构满意率 98%,观众满意率 99%。 (方杜衡)

文化企业

【概况】2022 年,杭州市围绕之江文化产业带、大运河文化产业带(杭州段)建设,培育领军企业,引进大企业(集团),重点扶持中小微文创企业发展,企业整体经济效益持续向好。全市有规模以上文化企业 1396 个,实现主营业务收入 8076 亿元。浙江出版联合集团有限公司、浙报传媒控股集团有限公司、华数数字电视传媒集团有限公司、浙江华策影视股份有限公司入选全国文化企业 30 强。19 个企业入选浙江省成长型文化企业,3 个文化企业入选浙江省规模企业“亩产效益”领跑者。新认定 71 个杭州市重点文化企业(数字文化示范企业)、63 个杭州市成长型文化企业。

【“文创新势力”和“文创青云榜”上榜企业(项目)获融资 8.1 亿元】2022 年 12 月 30 日,杭州市第八届(2022)“文创新势力”颁奖活动在杭州国际博览中心举行。经过初审、复评、决赛等程序,杭州老爸评测科技有限公司、杭州光粒科技有限公司、唯艺(杭州)数字技术有限公司、杭州引爆时空文化创意有限公司、杭州美锐潮品服饰有限公司、杭州造物云技术有限公司、浙江自然造物文化创意有限公司、杭州伯喜服饰有限公司、杭州两平米智能家居科技有限公司、杭州有耳文化创意有限公司获评 2022 年度“十大文创新势力”。根据参评标准,杭州无忧传媒有限公司、杭州面朝信息科技有限公司等 37 个企业入选 2022 年杭州“文创青云榜”,杭州翻翻文化传媒有限公司、杭州微拍堂文化创意有限公司、杭州老爸评测科技股份有限公司 3 个企业首次上榜。入围“文创新势力”20 强参评项目和“文创青云榜”上榜企业共获得融资或达成意向融资金额 8.1 亿元。

【华数数字电视传媒集团有限公司】2022 年,华数数字电视传媒集团有限公司作为国有文化传媒产业集团,全面实施新一轮发展战略,践行为用户提供“更丰富的内容供给、更便捷的智慧服务、更安全的网络传输”使命,打造中国智慧广电标杆企业、浙江文化传媒龙头企业。12 月 28 日,企业入选全国文化企业 30 强,成为广电网络传输主渠道、宣传思想文化主阵地、数字服务主力军。

【浙江华策影视股份有限公司】浙江华策影视有限公司成立于 2005 年。

2010年10月26日，在深圳证券交易所创业板上市。2022年12月28日，跻身全国文化企业30强，成为国内最大规模以影视内容创作为核心的华语影视上市公司，影视剧年产量、全网播出量、市场占有率、海外出口额居全国第一位。先后出品《国家命运》《外交风云》《绝境铸剑》《创业时代》《奔腾岁月》等精品剧，《我和我的祖国》《刺客聂隐娘》《听风者》《大唐玄奘》等经典影片，作品分获全国精神文明建设"五个一工程"奖、飞天奖、金鹰奖、戛纳电影金棕榈奖。（方杜衡）

文化人才队伍

【概况】2022年，杭州市贯彻落实《杭州市文化人才发展规划（2019—2022年）》《关于支持文化人才队伍建设的政策意见（试行）》等专项政策，按照市委文化工作会议部署要求，深化文化人才发展体制机制改革，完善贴合市场需求的人才培育体系，加强文化产业人才引育工作。杭州市全年举办各类文化产业人才培训活动240期（次），线上和线下覆盖人群近6万人次。

【文创人才培育载体创新】2022年，杭州市发挥市文创协会、市文创人才协会、杭州喜牛文化有限公司等文创人才服务培训机构作用，联动各区县（市），创新打造运河文创会客厅、西湖文化沙龙、影视名家分享、创意蓝海计划等各类人才交流培养服务平台，推动文创资源信息对接。通过"新杭线"巡展、"启航计划"杭州大学生文创人才创业就业助力计划等平台，以及杭州国际工艺周、宋韵文化节、亚洲设计管理论坛暨生活创新展十周年大展、首届浙西（千岛湖）创意生活周等活动，拓展文创人才展示机会，促进文创人才交流碰撞。实施"文创人才梯队培育工程"，全年线上和线下组织举办文创企业新锐人才培养班、文创企业领军人才班、文创产业投融资精品班、创意引擎研学营、创意力量大讲堂等培训分享类活动30多期（次），培训文创人才约4万人次。

【文创人才重点项目深化】2022年，杭州市围绕"传承+创新"主题，以师徒联展形式，举办第二轮"工艺美术大师带徒学艺"成果展，重点展现5名省级工艺美术大师和114名学员的优秀工美作品。启动第三轮"薪火传承计划——工艺美术大师带徒学艺"活动和扇艺短期传习班，开展个性化、针对性教学活动。组织工艺美术人才到四川省甘孜藏族自治州和浙江省桐庐深澳村等地开展技艺传承活动。推进"青少年文创人才新苗培养计划"，覆盖人群超过90万人次。发挥杭州工艺美术博物馆传承基地作用，秉持公众教育职能，推出线上和线下"工美课堂"，全年开展文创公益活动385场，辐射50.3万人次。启动"启航计划"杭州大学生文创人才创业就业助力计划，开展杭州大学生文创人才产教合作对洽会、杭州大学生文创人才职业规划导训营、杭州大学生文创人才暑期实践营等15项活动。对接20个产教合作项目，助推100名大学生专业能力与社会需求接轨，提升文创人才创业就业实践能力。（方杜衡）

文化市场监管

【概况】2022年，杭州市文化市场行政执法机构出动11.98万人次，检查场所5.66万个（次），行政处罚立案346件，罚款191万元，没收非法所得6万余元；删除涉冬奥会、亚运会版权侵权链接6000多条，下架侵权盗版出版物500多件，处置商家440多个。入选全国文化市场综合执法重大案件1个，获评2022年度全国文物行政处罚十佳案卷1个。

【文化市场疫情防控】2022年，杭州文化市场落实疫情防控工作要求和常态化管控。"1·27"疫情期间，督查发现并整改疫情防控不到位问题296个，督促整改场所136个。"3·13""4·9"疫情期间，增加一线巡查频次，组织执法人员开展KTV等场所夜查，筑牢文化市场疫情防控网。

【文化市场专项整治】2022年，杭州市行政执法部门线上清查、线下整治，启动文化市场"文旅护航双百日"行动。重点围绕营业性演出活动、娱乐场所禁止性内容、未成年人保护、出版广播电视电影市场、网络文化市场、旅游市场、文物、文物法人违法等开展专项整治，清除遏制各类风险隐患。强化文化领域意识形态安全，开展文化低俗化、印刷企业专项整治。组织旅游目的地环境秩序集中整治和专项行动。开展旅游团队规范用车、未经许可经营旅行社业务、不合理低价游、涉文旅行业养老诈骗等专项检查。组织文化市场安全大排查。

【文化市场数字化改革】2022年，杭州市文化广电旅游局以数字文化系统改革为契机，探索文化市场数字治理，推进执法监管数字应用建设。开发"文管在线"应用，聚焦文化市场监管难、执法难等问题，系统重塑网络文化监管、旅游团队监管、娱乐场所巡查等业务流程，构建文化旅游产业"全量监测—实时取证—智能预警—多跨处置"监管闭环。8月，"文管在线"上线，截至12月底，完成智能巡查监管104万次，自动生成风险预警9337个，立案1件、移交相关部门线索6条，发现风险隐患效率较改革前提升约40倍。"文管在线"被评为全省数字文化系统第三批优秀应用，被推荐参加全省数字化改革成果展。

【杭州广播电视安全播出"零事故"】2022年，杭州市各广播电视机构安全稳定运行，未发生广播电视安全播出事故，未监测到"黑广播"。完善安全播出应急预案，做好北京冬奥会、残奥会和全国"两会"等5个重要保障期，以及清明节、"五一"小长假广播电视安全播出保障工作。组织广电安全播出大检查，排查隐患进行整改，提升全市广播电视安全播出能力。（市文化广电旅游局）

责任编辑　须同威

21 农 业

综 述

【农林牧渔业产值增长】2022年，杭州市农林牧渔业总产值515.75亿元，比上年增长2.8%，增加值355.34亿元，增长1.9%。其中：种植业产值316.23亿元、林业59.89亿元、畜牧业58.98亿元，分别增长2.4%、5.4%、10.6%；渔业51.06亿元，下降6.6%。粮食产量53.01万吨，与上年基本持平；蔬菜产量351.22万吨，增长2.0%；水果产量81.23万吨，下降1.3%；水产品产量17.81万吨，下降1.6%；肉、蛋、奶产量分别为12.96万吨、8.64万吨和3.28万吨。杭州市农村居民人均可支配收入45183元，增长5.8%，城乡居民收入倍差缩小至1.71。

【乡村振兴战略实施】2022年，杭州市压实五级书记抓乡村振兴责任，建立市委农村工作领导小组（市乡村振兴领导小组），市委书记任组长、市长任常务副组长，形成《工作规则》《职责清单》及工作报告、工作考核、工作表彰、监督检查、工作交办督办等“1+1+5”闭环管理制度。实施乡村振兴战略实绩考核，建德市、临安区、余杭区、富阳区、临平区被评为杭州市实施乡村振兴战略实绩考核优秀单位。余杭区被列入全国乡村振兴示范县创建名单，全市有4个乡镇、48个村被列入全国乡村振兴示范乡镇、示范村创建名单。12月21日，市委办公厅、市政府办公厅印发《县域富民优势特色产业培育发展计划（2022—2025年）》。市农业农村局（市乡村振兴局）被评为浙江省高标准农田建设工作成绩突出集体。

【农业“双强”行动】2022年，杭州市推进科技强农、机械强农“双强”行动。8月17日，市委农办印发《杭州市实施科技强农机械强农行动高质量推进现代农业发展行动计划(2022—2025年)》。启动建设省级“双强”项目25个，杭州市获评全省农业科技奖励项目16个，申报农业与社会发展科研项目13个，被列入省级种业主导新品种18个，省重点实验室湘湖实验室落地杭州市，余杭区和临安区成为全省16个农业“双强”行动“赛马”激励地区，萧山党湾农事服务中心、临安於潜农事服务中心获评全省首批现代化农事服务中心。

【强村富民集成改革】2022年，杭州市深入实施以集体经济为核心的强村富民集成改革，推进“市场化改革+集体经济”“标准地改革+农业‘双强’”“宅基地改革+乡村建设”“数字化改革+强村富民”，全面激活乡村各类主体、资源要素和集体三资活力。全市农村集体资产总额2830亿元，村集体经济总收入182亿元，经营性收入173亿元。加强农村土地承包合同管理，推动土地承包管理与不动产登记有序衔接，推进土地流转和适度规模经营，土地流转率稳定在60%以上。全面推进省、市、县、乡、村五级联网的“浙农经管”贯通应用，率先推动与纪委“小微权力在线审批子应用”业务协同，加强基层公权力和农村集体经济管理的数字监督，实现“三资”管理过程全留痕、可追溯。逐步完善农村产权交易服务体系，全市农村产权交易1300多宗，总成交额超过9亿元，促进集体资产保值增值。10月31日，市委农办印发《杭州市农村闲置宅基地和农房盘活利用实施意见》，探索有偿退出、村级经营、平台运作、整治利用等方法路径，推动“共享村居”建设，全市新增盘活闲置农房3599宗，增加村集体和农民财产性收入5.76亿元。

【村级集体经济提升发展】2022年，杭州市1906个村总收入62.69亿元，村均328.92万元；经营性收入39.40亿元，村均206.71万元。实现全市所有村总收入达到50万元、经营性收入达到30万元的目标，东部地区90%的村经营性收入达到100万元。11月2日，市人大常委会出台《关于加快推进新型农村集体经济发展壮大的决定》，明确发展壮大新型农村集体经济的工作机制、工作举措和要素保障。

【新型农业经营主体培育】2022年，杭州市申报并新认定1个农业产业化国家重点龙头企业，累计9个。根据《杭州市市级农业龙头企业认定和监测管理办法》，开展第二十四批市级农业龙头企业申报认定，新认定41个市级农业龙头企业。组织对市级农业龙头企业动态监测，至年末，全市有市级以上农业龙头企业641个，其中省级骨干农业龙头企业87个（含9个农业产业化国家重点龙头企业）。继续开展农民专业合作社和家庭农场示范创建，新认定市级示范性农民专业合作社30个、市级示范性家庭农场51个。组织70个农民专业合作社和60个家庭农场负责人开展业务培训，提高知识技能和管理水平。淳安县全省家庭农场整体提升试点工作，富阳区、桐庐县全国农民合作社整县提升试点工作，临安区全国农业社会化服务创新试点县、杭州余杭益民农业生产服务专业合作社全国农业社会化服务创新试点组织等均进入中期评估。

【结对帮促深化开展】2022年，杭州市深化开展区县（市）协作、"联乡结村"活动、百社百企结百村帮促活动等帮促工作机制，推动临安区、桐庐县、淳安县、建德市4个区县（市）高质量发展。全年到位区县（市）协作资金4.10亿元、实施协作项目80个。按照省委、省政府新一轮结对帮扶工作部署要求，全年杭州团组在衢州市衢江区实施帮扶项目31个，投入帮扶资金5373万元。

【新一轮"联乡结村"活动开启】2022年7月15日，市委办公厅、市政府办公厅印发《关于开展新一轮"联乡结村"活动的通知》，开启新一轮"联乡结村"活动（2022—2025年），由市领导牵头组建37个帮扶集团，结对临安区、桐庐县、淳安县、建德市所辖37个相对欠发达乡镇，集团成员单位由各城区政府、市直机关、事业单位、国有企业、民营企业（商会）、学校、医疗机构、金融机构、旅行社、驻杭州团以上部队等组成。各帮扶集团围绕增强乡镇综合实力、壮大村级集体经济、保障低收入农户增收、提升基本公共服务水平和推进基层党组织建设等重点任务，开展帮扶活动，筹措落实帮扶资金1.26亿元，实施帮扶项目232个。

【百社百企结百村帮促活动】2022年3月11日，市乡村振兴工作领导小组印发《关于开展百社百企结百村帮促活动的通知》，由100个国有企业、100个民营企业（商会）、100个综合实力较强的城区村（社），以新型帮共体形式与临安区、桐庐县、淳安县、建德市4个区县（市）村级集体经济未达到"5030"（村集体经济总收入达到50万元，且经营性收入达到30万元）的100个帮促村进行结对，以发展村级集体经济、提升农副产品价值、促进低收入农户增收、提升民生服务保障、丰富农民文化生活、提升基层组织力为重点任务。全年帮促各方开展走访互访活动237次，解决农产品难销、民生服务建设滞后等各类问题113个，其中帮助销售农产品531.49万元，实施村级集体经济帮促项目59个，增加村级集体经济收入725.55万元。

【低收入农户保障提升】2022年，杭州市推进低收入农户和低保边缘户认定标准"两线合一"工作。至年末，全市有低收入农户6.82万户9.18万人。低收入农户人均可支配收入22849元，比上年增长13.5%，比全市农民人均可支配收入增幅高7.7个百分点。在全市开展低收入农户"春风行动"重大疾病医疗救助和"春风助学"活动，实施重大疾病救助190人，补助金额55.1万元，"春风助学"惠及37人，补助金额11.1万元。

【现代农业园区创建】2022年，杭州市推进现代农业园区创建。余杭区入选2022年全国农业现代化示范区创建名单。钱塘区现代农业园区、临安区板桥现代农业园区被列入省级创建名单，累计创建12个。

【农产品质量安全提升】2022年，杭州市地产农产品质量安全情况总体较好，农业农村部抽检杭州市农产品230批次，其中本地产农产品91批次，合格率100%；省级例行风险监测生产基地蔬菜、水果、畜禽、水产品734批次，种养殖环节总体合格率99.7%；市级监测3608批次，合格率98.8%；全市涉农乡镇（街道）快检样品23.81万批次，合格率99.97%。强化源头治理，加大生产环境监测和治理，加大投入品使用和管理，加大"肥药两制"改革，开展"治违禁控药残促提升"三年行动，突出对豇豆、韭菜、芹菜、鸡蛋、鳊鱼等14个重点治理品种1011个主体的监管。加强执法查处，全市出动执法人员1.40万人次，检查各类主体1.10万个（次），查处农产品案件35件。推进农产品质量安全乡镇网格化监管建设，146个涉农乡镇、1906个村基本建立监管员、协管员队伍。高质量建设"数智农安"平台，获评浙江省2022年度信用数字化改革应用场景十大优秀案例。杭州市承办农业农村部全国达标合格农产品亮证行动推进会。

【绿色优质农产品】2022年，杭州市加快绿色优质农产品发展，余杭区径山成为全省唯一的全国绿色食品原料标准化基地、国家现代农业全产业链标准化示范基地创建单位。全市新增绿色食品90个，有效期内绿色食品有345个企业共506个产品、监测面积8693.33公顷，居全省第一位，地理标志农产品18个，绿色优质农产品比例61.2%，居全省前列。

【农产品电商网络销售】2022年，杭州市农村电商实现销售额188亿元，比上年增长1.1%。"网上农博"杭州馆入驻商家2219个，上架商品7326个，订单80万单，实现销售额1.15亿元。

【农业行政执法】2022年，杭州市农业行政执法系统出动执法人员2.7万人次，检查各类主体1.74万个（次），出动各类执法船艇车辆3504艘（台）次，专项检查7219次，全市开展掌上执法检查2331次，"双随机"检查846次，运用"掌上"和统一处罚系统办案334起，任务完成率100%、事项覆盖率100%。全市办理农业行政处罚案件2869件，罚没款501万余元，移送公安机关案件70件，投诉举报及时处置率、监督抽查不合格产品执法查处率均为100%。其中，2件案件被评为全国农业行政处罚优秀案卷和典型案例，7件案件被评为全省农业行政处罚优秀案卷和典型案例，执法办案成效居全省前列。萧山区、临安区农业行政执法队分别获评全国农业综合行政执法示范单位、示范窗口。

【农业"大综合一体化"行政执法改革】2022年，按照省、市"大综合一体化”行政执法改革任务部署，杭州市农业行政执法队伍推进执法事项划转和执法力量下沉等工作。其中，市农业行政执法队原内设的西湖、滨江执法大队划归属地城区管理，人、财、物分别下放西湖区、滨江区管理。各区县（市）农业行政执法队65%以上执法力量下沉到乡镇（街道）。

【农业领域碳达峰碳中和】2022年6月28日，市农业农村局（市乡村振兴局）印发《杭州市低碳生态农场（试验区）建设行动计划（2022—2025年）》。年内创建2个国家级生态农场，首次创建41个省级低碳生态农场，并制定《杭州市低碳生态农场（试验区）建设规范》和《杭州市低碳生态农场（试验区）碳账户碳排放核算》。余杭区推进“凌碳田园”低碳循环的水稻生产模式，通过“田间工程”“环境治理”“数字协同”和“数字平台”等模块，数字赋能构建田间碳循环。建德市依托高校专业力量，通过对红美人、沃柑、旱稻、草莓4种产品全生命周期碳足迹调查，形成低碳生态农场产品碳标签，扫二维码即可溯源碳信息。

【农业事项“最多跑一次”改革】2022年，杭州市推进农业农村深化“证照分离”改革工作，落实“告知承诺”和“告知承诺制”。全市农业系统有13个许可事项实现告知承诺制，35个许可事项实现即办，所有许可事项实现网办，办理行政审批事项网上申请率和办事率均为100%。开展“无证明化”改革，清理权力事项库，取消无依据的证明材料20项。全年受理行政许可事项13.72万件。

（市农业农村局）

种植业

【概况】2022年，杭州市实现种植业产值316.23亿元，比上年增长2.4%。粮食播种面积9.30万公顷，增长1.8%；粮食产量53.01万吨，与上年持平。油菜种植面积2.42万公顷，增长1.4%；产量6.13万吨，增长5.9%。蔬菜种植面积10.07万公顷，增长1.6%；产量351.22万吨，增长2.0%。水果种植面积3.82万公顷，增长

桐庐县瑶琳镇省级绿色农田项目（摄于2022年） （市农业农村局 供稿）

0.4%；产量81.23万吨，下降1.3%；产值54.11亿元，增长7.8%。其中：果用瓜种植面积0.97万公顷，下降3.7%；产量32.67万吨，下降3.3%。中药材种植面积0.85万公顷，下降3.3%；产量5.76万吨，下降1.9%；产值17.18亿元，增长2.8%。花卉苗木种植面积1.7万公顷，下降15.2%；产值60.58亿元，下降3.0%。茶叶种植面积3.41万公顷，增长1.4%；产量3.0万吨，增长0.4%；产值38.17亿元，增长0.8%。桑园面积3795.7公顷，下降26.3%。

【西湖龙井茶保护管理】2022年3月1日，《杭州市西湖龙井茶保护管理条例》开始施行。全年核定西湖龙井茶园面积1466.95公顷，实现总产量502吨，第一产业总产值5.6亿元。生产经营主体包括西湖区、西湖风景名胜区5个街道62个村（社）的茶农1.0万户，授权经营茶企140个。“西湖龙井”品牌价值79.05亿元，第四年居“中国茶叶区域公用品牌评估报告”第一位。“杭州市西湖龙井数字化管理”获2022年浙江数字乡村“金翼奖”。西湖龙井“技防+人防，千年招牌今更亮”入选农业农村部全国农业品牌创新发展典型案例。“西湖龙井”作为“中国传统制茶技艺及其相关习俗”的组成部分，入选联合国人类非物质文化遗产名录。

【农作物新品种展示示范】2022年，杭州市创建省、市、县（市、区）级农作物新品种展示示范点（方）74个，面积465.5公顷。其中：水稻展示点15个、高产示范方25个，展示示范面积397公顷，包括甬优31、甬优69、甬优7823、华中优9326、浙禾香2号等50个品种；油菜展示点10个、高产示范方5个，展示示范面积40公顷，包括越优1510、越优565、越优577、浙油505、浙大649等27个品种；旱杂粮展示点8个，高产示范方2个，展示面积12公顷，包括杭糯玉21、浙鲜12、扬麦24、扬麦27等10个品种；瓜菜展示点9个，展示面积16.5公顷，展示品种85个。

【新技术新模式推广应用】2022年，杭州市推进绿色高效生产技术模式集成与示范应用。推广杂交稻精准播种机插技术、水稻叠盘出苗育秧技术、水稻机插侧深施肥技术、油菜稀植绿色栽培技术以及稻—豆轮作模式、优质稻产加销一体化模式等粮油主推技术、高效农作模式15项，应用面积7.83万公顷。推广蔬菜集约化育苗技术、设施蔬菜连作障碍生态防控技术等蔬菜主推技术5项，其中蔬菜集约化育苗技术应用7785万株；推广微灌与水肥一体化、病虫害绿色防控等蔬菜绿色生产技术5项，应用面积1.71万公顷；推广水旱轮作、旱地间作套种等瓜菜新型农作制度3项，应用面积0.48万公顷。

【水稻高产创建】2022年，杭州市

2022 年杭州市粮食作物生产情况表

表 17

项　目	播种面积（公顷）	总产量（吨）
早　稻	3278	20744
晚稻及迟中稻	41825	318344
大　麦	415	1514
小　麦	17272	69226
玉　米	8220	37146
大　豆	12230	35215
其他杂豆	2430	6923
薯　类	6955	39404
其他谷物	413	1549
总　计	93038	530065

说明：薯类产量按五折一计算

2022 年杭州市棉花、蔬菜、茶叶、水果、油菜籽生产情况表

表 18

项　目	种植面积（千公顷）	比上年增长（%）	总产量（吨）	比上年增长（%）	每公顷产量（千克）	比上年增长（%）
棉　花	0.14	-9.26	186.63	-13.60	1382	-4.77
蔬　菜	100.67	1.62	3512248	2.01	34889	0.38
茶　叶	34.09	-5.26	29969	0.40	879	3.44
水　果	38.21	0.42	812307	-1.31	21260	-1.72
油菜籽	24.19	1.37	61327	5.94	2535	4.50

说明：蔬菜产量包含食用菌，水果含园林水果及果用瓜

晚稻高产创建克服极端高温、干旱等不利天气的影响，取得较高的单产水平，品种特征特性、优良配套技术与增产潜力得到体现与挖掘，17 个市级优质高产高效示范区平均亩产 762.0 千克。其中，余杭区瓶窑镇“嘉禾香 1 号”优质稻示范方，单块田最高亩产 728.8 千克，创杭州市 2022 年常规稻亩产之最。

【种质资源保护】2022 年，杭州市开展种质资源提纯保护工作。新搜集地方种质资源 15 份，送省种质资源库保存。搜集的建德糯米丝瓜、桐庐乌豇豆、杭州油冬儿等 35 份地方种质资源品种的保护提纯工作取得进展，留存优良种子 2 千克。

【救灾应急种子储备】2022 年，杭州市储备农作物应急种子 83.03 万千克（折合常规稻 96.69 万千克），其中常规早稻 19.45 万千克、常规晚稻 42.25 万千克、杂交晚稻 1.50 万千克（折常规稻 7.49 万千克）、小麦 12.1 万千克、玉米 5.35 万千克（折合常规稻 10.7 万千克）、大豆 1.8 万千克、蔬菜 0.58 万千克（折常规稻 2.9 万千克）；储备油菜种子 0.96 万千克。根据需求按程序及时动用农作物储备种子 11.40 万千克，保障粮食生产种子需求，其中早稻 4.75 万千克、晚稻 6.43 万千克、玉米 0.09 万千克、蔬菜 0.13 万千克、油菜 0.09 万千克，补播面积 6220 公顷。

【种子执法年活动】2022 年，杭州市开展种子执法年活动。出动执法人员 548 人次，检查持证种子企业 97 个（次）、种子经营门店 559 个（次）、繁种基地 29 个（次），监督抽检种子样品 95 批次，受理种子投诉 8 件，对违法行为立案调查 9 起，罚没款 2.14 万元，移送公安机关案件 1 起。

【高标准农田建设】2022 年，杭州市通过多措并举、加大扶持、强化协作，推进农田建设工作，加强高标准农田示范性项目建设，引导农业产业由传统粗放型农业向高效高质量现代农业转型升级。全年建成高标准农田 2586.67 公顷，同步建成高效节水灌溉 442.47 公顷，分别占任务数的 173% 和 531%；新立项实施高标准农田 1593.33 公顷，为任务数的 107%，开工率 100%。新创建高标准农田示范性项目 8 个，其中省级绿色农田项目立项 3 个、市级高标准农田示范区项目 5 个。

【农作物病虫害监测与绿色防控】至 2022 年年末，杭州市创建省级及以上农作物重大病虫监测预警区域站 7 个，设立重点农作物病虫监测点 50 个。做好褐飞虱、草地贪夜蛾、稻瘟病等迁飞性害虫和流行性病害的监测预警和科学防控工作。全年发布病虫情报 126 期，全市农作物病虫害发生面积 53.75 万公顷（次），防治面积 60.81 万公顷（次），挽回损失 28.5 万吨。草地贪夜蛾中等发生，发生面积 500.03 公顷（次），比上年下降 82.8%，防治面积 566.70 公顷（次），发生和危害得到有效控制。

【植物疫情防控】2022 年，杭州市落实重大农业植物疫情防控责任，建立地方政府负责、部门分工协作、区域联防联控的工作机制。设立省、市级植物疫情监测点 45 个，构建重点疫情区域阻截带 5 条。开展以红火蚁、亚洲梨火疫病为重点的植物疫情专项普查 5.76 万公顷（次），及时发现和处置检疫性有害生物 3 种，发生面积 14.81 公顷。处置扑灭局部疫点 17 个，疫情总体控制在零星轻发生状态。强化植物检疫源头监管，创建无疫种子种苗基地 12 个。全市实施产地检疫 59 批次，调运检疫 1.68 万批次，调运种子 0.80 万吨、花卉苗木 19.38 亿株。

【农业外来物种普查】2022 年，杭州市开展农业外来入侵物种普查，包括杭州农业外来入侵植物、农作物外来入侵病虫害和外来入侵水生动物的种类数量、分布范围、发生面积等。调查农业外来入侵植物 115 种、外来入侵病虫害 30 种。开展外来入侵物种科普宣传，发放宣传资料 1000 多册。

【秸秆综合利用与禁烧】2022年，杭州市农作物秸秆可收集资源量80.90万吨，利用量79.30万吨，秸秆综合利用率96.8%。其中：肥料化利用73.42万吨（直接还田63.37万吨，离田肥料10.05万吨），饲料化利用3.98万吨，燃料化利用1.46万吨，基料化利用0.28万吨，原料化利用0.13万吨。通过多种途径宣传，引导民众树立利用秸秆、抵制露天焚烧的自觉意识，增强群众法治观念和环保理念。

【农田氮磷生态拦截沟渠建设】2022年，杭州市建设农田氮磷生态拦截沟渠系统12条，沟渠长度1.29万米，覆盖农田面积480.93公顷。两年累计建设农田氮磷生态拦截沟渠24条，沟渠长度2.76万米，覆盖农田面积874.66公顷。

【农业土壤污染防治】2022年，杭州市推进农业土壤污染防治与安全利用工作。继续与科研院校合作在富阳区常安镇筹建的土壤重金属污染治理试验站进行重金属治理研究工作，在富阳区和桐庐县实施省级受污染耕地安全利用试验研究与示范应用工作，建立180.0公顷安全利用示范区。根据全市耕地的污染类型精准施策，重点对水稻种植区全面实施以"原位阻隔治理、低积累品种替代、深翻耕、水肥优化调控"为主要技术的水稻等农产品安全生产技术措施，全面完成严格管控区种植结构调整，全市受污染耕地安全利用率95.9%。

【"肥药两制"改革】2022年，杭州市采取推广测土配方肥、商品有机肥、水肥一体化、统防统治、绿色防控等措施实现肥药减量增效，创建"肥药两制"改革试点区县（市）6个。全市60个"肥药两制"改革农资店通过省级认定。其中：临安10个，余杭、淳安各8个，富阳、萧山、桐庐、建德各7个，临平6个。推广应用"浙农优品"数字平台实现台账电子化和闭环化。完成第二轮中央生态环境保护督察涉农整改销号工作。

【农药减量增效】2022年，杭州市围绕农业绿色发展，集成推广统防统治、绿色防控、精准测报和科学用药等措施，农药使用量比上年减少445吨，下降8.6%。培育并通过认定县级以上示范性统防统治服务组织17个，实施主要农作物统防统治面积5.77万公顷。融合推进专业化统防统治与绿色防控，建立省级病虫害绿色防控（农药定额制）示范区21个，示范面积759.07公顷，绿色防控推广面积8.41万公顷（次）。通过示范区建设、科技下乡、培训班和现场会等多种形式，加强安全用药、绿色防控和植保器械操作等农药减量技术指导服务，开展科学用药培训96期，4716人次参加。

【化肥减量增效】2022年，杭州市融合测土配方施肥、有机肥替代化肥、水肥一体化等技术，推进化肥减量提质增效工作。全年举办化肥减量技术培训班45期，培训技术骨干和农民3524人。在主要农作物上推广应用配方肥4.89万吨（实物量）、9.32万公顷（次），测土配方施肥技术覆盖率91.5%；加大有机肥替代化肥力度，推广有机肥18.73万吨、5.14万公顷（次），资源化利用畜禽粪便65.6万吨；实施土肥水耦合技术，在经济作物上推广应用水肥一体化6927公顷。实现不合理化肥减量1601吨（实物），比上年下降0.7%。

【土壤普查】2022年，杭州市开展第三次土壤普查工作。市、区县（市）两级农业农村部门组建"三普"领导小组及办公室、专家组和工作专班，落实财政扶持资金，公开土壤普查招标采购意向，制定普查方案。富阳区作为杭州唯一的全国普查试点县，按计划进度完成689个表层样品和28个剖面样品的土壤类型、立地条件、利用情况等调查采样及检测工作任务。

【农业废弃物资源化利用】2022年，杭州市推进"无废城市"建设，加强秸秆、农药包装废弃物、废旧农膜等农业废弃物的综合利用。建立农药包装废弃物、废旧农膜有偿回收和集中处置工作体系，全市投入财政资金1860.9万元，设立回收点810个，回收农药废弃包装物512.96吨，回收率100.7%；无害化处置农药废弃包装物519吨，处置率113.3%；回收废旧农膜2411.2吨，回收率94%。临安区农民合作经济组织联合会、浙江农资集团临安惠多利有限公司通过农膜生产经营回收示范试点建设市级验收。（市农业农村局）

林 业

【概况】2022年，杭州市以全面推行林长制为抓手，立足区域森林资源优势，坚持山水林田湖草系统治理，加快推进林业高质量发展，构建布局合理、功能完备、效益显著的森林生态系统。全市实现林业产值59.89亿元，比上年增长5.4%。完成造林更新4424公顷，完成森林质量提升（不含健康森林）面积9211公顷，其中战略储备林5515公顷、美丽生态廊道3696公顷。创建省级森林城镇6个、省级"一村万树"示范村26个，新增省级林业特色产业示范县1个、省级森林康养名镇2个、省级森林人家21个、省级生态文化基地7个、森林氧吧42个。全年森林火灾受害率为零，松材线虫病监测覆盖率100%，防治面积4.09万公顷，占省计划任务的133.2%。

市林水局获"全国绿化先进集体""省关注森林活动15周年成绩突出集体""市国际营商环境成绩突出集体"等称号，获省2022年度林长制考核优秀。（朱家骑）

【新增百万亩国土绿化行动】2022年，杭州市林业部门围绕美丽中国杭州样本建设目标，推进新增百万亩国土绿化行动。全年完成绿化造林4424公顷，实现"五年任务三年完成"。（黄柏顺）

【"我为亚运种棵树"活动】2022年，杭州市开展以党政军义务植树、互联网+义务植树、共建亚运林等为主题的"我为亚运种棵树"活动1283场，298万人次参与。全年建设"第19届亚运会碳中和林"9处（片）、25.27公顷。（郭新保）

【现代林业经济示范区】2022年，杭州市开展现代林业经济示范区建设，推进第一、第二、第三产业融合发展。创建临安山核桃国家产业示范园区；新增省级现代林业经济示范区24个，其中省级特色产业示范县1个、省级森林康养名镇2个、省级森林人家21个。（李　皓）

【杭州参加中国义乌国际森林产品博览会】2022年11月5—8日，第十五届中国义乌国际森林产品博览会在义乌举行。杭州有90个企业参展，设展位132个。主要参展产品为萧山花卉、余杭竹（竹笋）产品、富阳甜柿、临安山核桃、建德山茶油、淳安林下道地药材等特色林产品。全市有57个产品获金奖、88个产品获优质产品奖。（邢筱蛟）

【森林防火】2022年，市林水局及时部署春节、清明、冬至及高温干旱天气等重要时段的森林防火工作。加强森林消防基础设施的建设，市级财政补助“山地抗旱”项目资金1500万元，新建蓄水池蓄水量8570立方米，购置并安装蓄水桶930只，购置高压水泵61台，维修塘坝3座。强化森林消防物资储备，采购森林防火应急物资装备118万余元。全市未发生森林火灾。

【森林防火防汛防台无人机联盟成立】2022年3月，市林水局成立森林防火防汛防台无人机联盟，开启无人机巡林护林模式。林水部门可使用的无人机从15架增加到100多架，在春节、清明、国庆、冬至等重要时段开展常态化巡林。11月，开展百架无人机巡林护林活动，提升巡查效率和宣传效果。在杭州西山国家森林公园布置全自动无人机机库，无人机可按照设定的巡林路线，定期自动开展巡林工作，并具有远程喊话、烟火识别、航线规划等功能。（叶　青）

【“3·19”浙江省森林消防日宣传】2022年3月，市林水局指导各区县（市）开展“3·19”浙江省森林消防日宣传活动，突出警示教育，强化以案说法，提高全社会森林防火意识。全市多样化开展宣传，制作安装横幅、标语等2.4万条，发送森林防火短信43万余条，制作宣传牌400多块，发放宣传品17万余份。

2022年10月26日，杭州市暨富阳区森林火情早期处置实战演练举行

（市林水局 供稿）

【火源管控专项治理】2022年，市林水局联合应急、公安等部门压实防火责任、制定行动方案，加强隐患排查，严管野外火源，开展宣传教育，做好早期处置。组织各区县（市）开展自查和交叉检查。区县（市）开展查处和打击农事生产用火、祭祀用火、游人用火等野外违法违规用火行为，遏制人为原因引发的森林火灾。全市形成见火就查、违章必究、失火必罚的森林防火严管格局。（陈青晖）

【森林火情早期处理队伍建设】2022年，杭州市加强森林火情早期处理队伍建设，做好森林消防物资装备日常维护，开展日常训练、实战演练，保持森林火情早期处理队伍战斗力。10月26日，杭州市暨富阳区森林火情早期处置实战演练在富阳区新登镇和山村森林消防训练基地举行，有6支队伍参加。在重要时段和节假日，全市364支森林消防专业和半专业队伍靠前布防，随时待命，确保一旦发生火情，能有效早期处置。建立并优化森林防火巡护队伍，全市3300多名护林员利用省护林巡查应用平台实施网格化管理，使用巡护App进行打卡、事件报告和任务接收，实现对护林员工作的即时追踪，发挥护林员在森林防火工作中的“前哨”作用。

【森林火灾风险普查】2022年，市林水局坚持“边普查、边应用、边见效”的原则，按照杭州市森林火灾风险普查实施方案，开展风险普查工作。全市完成483个标准地、49个大样地和13个县级单位的社会调查、调查成果质量检查和汇总，完成普查评估区划工作，按市普查办要求，完成数据成果的横向和纵向汇交工作，加强成果转化应用。（范　华）

【林长制推行】2022年，杭州市深化落实林长制，构建森林湿地保护发展长效机制，推动林业高质量发展，获评2022年度省林长制工作考核优秀单位。高位部署推动，市委、市政府召开总林长会议，2次发布总林长令。完善林长制度体系，建立市县两级林长会议、信息公开、部门协同、工作督查、工作考核等配套制度，林长制工作考核被列入市委、市政府2022年度督查考核计划，印发2022年度考核细则，推动林业重点工作落地见效。提升林长巡林实效，明确市级林长及联系点名单，编制杭州市级林长履职手册，市级林长带头巡林，各级林长巡林3万余人次，助力森林湿地资源保护。创新工作机制，建立“林长+河湖长+田长+检察长”四长协同机制，强化行政执法与检察监督衔接配合，提升依法管林治林能力。

（董建华）

【杭州新增3处省级重要湿地】2022年，根据《中华人民共和国湿

地保护法》《浙江省湿地保护条例》等有关规定，杭州市通过前期申报，专家实地核查，征求相关部门意见，经省政府同意，新增杭州钱塘大湾区、杭州富阳区阳陂湖、杭州淳安县千岛湖金竹牌库塘水面3处省级重要湿地。3处省级重要湿地总面积3084.17公顷。（孙品雷）

【国际湿地城市创建】2022年，对照《国际湿地城市认证提名办法》，杭州市成立由市政府主要领导担任组长的创建工作领导小组，完善市、县两级湿地保护管理机构。湿地面积、湿地保护率、湿地生态状况等重点指标被纳入2022年度市高质量发展考核内容。落实湿地生态保护补偿经费，对全市受保护的121.8万亩（8.12万公顷）湿地给予每亩20元的生态补偿。建成湿地保护小区18处，全市湿地保护率63.7%。（方鑫之）

【自然保护地融合发展镇（村）创建】2022年，杭州市建成省级自然保护地融合发展镇（村）6个，数量居全省第一位。包括西湖区西湖街道龙井村和杨梅岭村，余杭区径山镇和鸬鸟镇，临安区天目山镇和天目山镇月亮桥村。（曹彤彤）

【林业科研与推广】2022年，杭州市林业科学研究院获浙江省林业科技突出贡献集体称号，科研成果获浙江省科技兴林奖2项、“五小”科技成果1项，实施林业科研项目11项。完成林业科技富民模式“一亩山万元钱”五年行动，累计建成基地5.23万公顷，其中2022年建成1.03万公顷；打造11个高质量发展基地，其中2个入选全省十大共同富裕典型案例。开展“千村万元”林下经济增收帮扶工程，完成14个村示范基地面积280公顷，2个案例入选省林业十大共富案例。举办培训50多期，开展送科技下乡现场技术指导150多期，受训约1万人次。培育国家级乡土专家3名、省级乡土专家17名、市级乡土专家34名，发挥乡土专家示范带头作用，带动周边林农共同富裕。

【林业科技周】2022年11月29—30日，市林水局在建德启动以“展示林业科技成果助力共同富裕先行”为主题的林业科技周活动。开展科技赋能绿水青山转化金山银山主题讲座，展示杭州市10年林业科技成果，举办油茶高效栽培技术培训，组织参观寿昌油茶林套种茶叶示范基地，在富阳、临安、淳安等分会场开展林业科技周活动培训、咨询服务、实地指导等80场次，培训8000多人次，发放林业科技推广宣传资料1万余份。（陈丽华）

【林业科技成果展】2022年10—11月，市林水局举办“‘浙’林十年·两山领‘杭’”林业科技成果展。通过制作种业芯片、数字赋能、机械强林、绿色防控等现代基础建设，木本粮油、笋竹产业、林下经济、森林康养等产业发展，自然教育、人才培养等人才强林3个主题14块展板，展示10年来杭州市林业科技在乡村振兴、美丽杭州和现代林业建设的森林生态富美共享成就。组织“向深绿·共富裕”林业助推共同富裕示范区建设实践成果学术研讨会，征集调研成果、实践成果和科技论文30篇，为林业助推共同富裕新实践开拓思路。（赖相燕）

【花卉苗木进社区活动】2022年3—5月，市林水局在临安区河桥镇、淳安县枫树岭镇、拱墅区半山街道等地开展花卉苗木进社区活动。活动期间，在河桥镇蒲村的退化山核桃林下套种1000株油茶苗，种下“迎亚运·奔共富”示范林；在枫树岭镇白马村种植海棠、樱花、茶梅等发化苗木4650株；向半山街道田园社区和明德小学赠送铁皮石斛苗5000多株。（罗优波）

【林业有害生物防治】2022年，杭州市林业有害生物发生面积总面积4.22万公顷，防治作业面积5.92万公顷，无公害防治作业面积5.91万公顷，无公害防治作业率99.87%。全市开展松材线虫病疫情防治“百日攻坚行动”及“即现即清”行动，实际除治面积4.09万公顷，完成省下达任务的133%，清理枯死松树17.13万株，古松树及大松树免疫注射50.05万株，完成全市松材线虫病疫木集中清理任务，实现“双下降”目标。（赵丽涵）

【桐庐无规定马属动物疫病区维护】2022年，杭州市完成桐庐无规定马属动物疫病区野生动物调查监测工作，通过国家验收和国际认可。制定桐庐无规定马属动物疫病区维护行动方案，规范开展野外资源调查和易感野生动物取样，做好赛场周边野生动物防范演练，为杭州亚运会马术比赛提供保障。

【野生动植物保护工作联席会议制度建立】2022年5月31日，市政府办公厅印发《关于建立杭州市野生动植物保护工作联席会议制度的通知》。通知明确杭州市野生动植物保护工作联席会议制度主要职责、工作规则和工作要求，强化部门协调配合，建立跨部门联动长效机制，加大野生动植物保护工作力度。

【野生动植物保护宣传月暨“爱鸟周”活动】2022年4月，杭州市开展以“守护蓝天精灵，共享美好家园”为主题的野生动植物保护宣传月暨“爱鸟周”系列宣传活动。举办青山湖森林公园网络观鸟直播、鸟类自然笔记大赛等活动，发布《生态宜居杭州市林业水利局鸟类天堂》杭州市鸟类保护主题视频，通过电视台、公交系统开展爱鸟护鸟和禁食野生动物宣传。全年有113万人次参与杭州市野生动植物保护宣传月暨“爱鸟周”有关活动。（沈 冰）

畜牧业

【概况】2022年，杭州市以生猪稳产稳供稳价为重点，坚持稳中求进、变革创新、防疫优先，推进畜牧“双强”和数字化转型，推动畜牧产业高质量发展。开展生猪产能调控，加强全市能繁母猪监测预警，推动畜禽养殖场改造提升，深化绿色生态养殖和粪污资源化利用，推进各类试点示范创建。全市实现畜牧业产值58.98亿元，比上年增长10.6%。

【生猪稳产稳供】2022年，杭州市以“保优质种猪，保重点基地，保优势产

生猪养殖场（摄于 2022 年） （市农业农村局 供稿）

能”为重点，加强能繁母猪数量监测、预警、调控，推荐入选国家级生猪产能调控基地 39 个，认定市级“菜篮子”生猪生产基地 84 个。创建省级美丽牧场 12 个、数字牧场 3 个。探索“产业 + 金融”发展模式，通过金融手段化解市场风险，试点开展杭州市生猪价格指数保险，健全生猪稳产保供工作保障体系，余杭区、临平区等投保生猪 5.5 万头。至年末，全市生猪存栏 95.31 万头，比上年下降 13.1%；能繁母猪存栏 10.1 万头，下降 8.6%。全年生猪出栏 131.29 万头，增长 14.1%；猪肉产量 10.89 万吨，增长 19.3%。

【特色畜牧业发展】2022 年，杭州市推进湖羊产业发展。联合嘉兴、湖州等地成功申报立项浙江省湖羊产业集群，全年实施湖羊产业提升项目 7 个，总投资 4633 万元，中央补助资金 1059 万元，市级财政补助资金 780.65 万元。浙江华丽牧业有限公司获评农业农村部畜禽养殖标准化示范场。

【畜禽种业提升发展】2022 年，杭州市启动实施全市现代种业发展项目，加强对杭州市特有地方畜禽资源品种的保护和利用，加大优良品种的引进、筛选、示范、推广力度。浙江赛诺生态农业有限公司、浙江光大农业科技发展有限公司获评浙江省种业阵型企业，光大梅岭 4 号肉鸡配套系通过国家畜禽新品种配套系审定。

【重大动物疫病防控】2022 年，杭州市继续实行重大动物疫病强制免疫。全市使用牲畜口蹄疫疫苗 684.99 万毫升，使用高致病性禽流感疫苗 1327.15 万毫升，使用猪瘟疫苗 500.84 万头（份）；监测各类样品 8.86 万份（次）。以高致病性禽流感、牲畜口蹄疫和猪瘟为重点，推进“先打后补”强制免疫政策落地，“临安经验”在全省推广。开展非洲猪瘟无疫小区创建。强化生物安全宣传培训，开展高致病性禽流感、布鲁氏菌病等人畜共患病防控宣传，举办全市非洲猪瘟等重大动物疫病防控技术培训班，提升基层防控意识和技术水平。全市畜禽疫病总体平稳，未发生区域性重大动物疫病。

【畜禽屠宰管理】2022 年，杭州市继续推进屠宰企业标准化创建，临安深山坞里肉类有限公司成功获评省级生猪屠宰标准化厂。至年末，全市累计建成省级生猪屠宰标准化厂 3 个，其中国家级生猪屠宰标准化示范厂 1 个。

【桐庐无规定马属动物疫病区建设】2022 年 3 月 30 日，杭州桐庐无规定马属动物疫病区建设获世界动物卫生组织审查认可，自我声明发布。根据亚运会时间调整和马术比赛安排，及时进行无疫区应急预案等相关制度方案的修订，规范开展马属动物强制免疫、疫病监测、流行病学调查、虫媒调查监测、应急管理提升、无疫区综合管理信息平台维护、台账管理等工作，做好无疫区运行维护管理。

【饲料兽药监管】2022 年，杭州市推进兽用抗菌药减量化和饲料环保化创建工作，完成试点创建 56 个。开展畜产品及畜牧投入品兽药残留监测、畜产品安全例行检测、重大节假日前飞行检测等各类畜产品安全风险监测，全年监测各类样品 1889 批次，合格率 99.7%。推进畜牧投入品信息化管理工作，全市兽药经营企业

2022 年杭州市畜牧生产情况表

表 19

项目	单位	年内出栏	比上年增长（%）	年末存栏	比上年增长（%）
生猪	万头	131.29	14.1	95.31	-13.1
牛	万头	0.56	-19.8	1.21	-4.9
其中：奶牛	万头	—	—	0.69	3.5
羊	万只	17.54	-12.2	22.49	0.3
兔	万只	20.53	-24.3	5.93	-10.0
禽	万羽	1139.23	-8.9	934.10	2.0

2022 年杭州市主要畜产品产量一览表

表 20

项目	总产量（吨）	比上年增长（%）
肉类	129555	12.4
禽蛋	86366	13.7
牛奶	32757	15.7
蜂蜜	13820	-3.0

出入库管理系统活跃度100%。

【畜牧业专项整治】2022年，杭州市出动畜牧业专项执法人员1100多人次，检查各类农业经营主体405个（次），发现案源线索131个，处理投诉举报90多件，对涉嫌违法问题线索全部严格立案查处。办理兽药、饲料、屠宰、动物卫生监督等违法案件193起，罚没款共200多万元。全年监督抽检兽药、饲料、猪肉、猪肝、牛肉、鸡蛋等各类农产品120多批次，开展兽用生物制品经营、畜禽养殖场动物防疫条件等现场核查19个（次），其中18个（次）通过核查。开展两轮“双随机”检查工作，完成饲料兽药、种畜禽养殖场、生鲜乳等11个检查任务；开展掌上执法检查1000多次，检查单位100多个，任务完成率100%、事项覆盖率100%。

（市农业农村局）

水产业

【概况】2022年，杭州市以水产品稳产保供、渔业高质高效、渔民富裕幸福为目标，坚持生态优先、安全生产，实施渔业“双强”行动，推进现代渔业高质量发展。全市渔业产值51.06亿元，比上年下降6.6%。水产养殖面积5.20万公顷，下降2.5%；水产品产量17.81万吨，下降1.6%。

【渔业主推品种和主推模式与技术联合行动】2022年，杭州市开展渔业主推品种和主推模式与技术联合行动。重点推广中华鳖、大口黑鲈、南美白对虾等13个主推品种，及稻渔综合种养、池塘内循环流水养殖、大棚设施养殖等8项主推技术。建立科技示范户401户，示范面积2863公顷。组织渔业技术培训，2532人次参加。

【健康养殖示范建设】2022年，杭州市全域实施渔业健康养殖示范创建，规范渔业养殖行业管理，按生产条件标准化、生产操作规范化、生产管理制度化、示范辐射规模化等要求，继续推进健康养殖示范建设。全年创建省级渔业健康养殖示范县3个、国家级健康养殖和生态养殖示范区1个。推进渔业养殖尾水治理工程，全

2022年杭州市水产品产量一览表

表21

项 目	产量（吨）	比上年增长（%）
一、总计	178117	-1.62
淡水养殖	161812	-2.40
淡水捕捞	16305	6.88
远洋渔业	0	-100.00
二、养殖水域	161812	-2.40
池塘	83246	-9.72
湖泊	690	-4.17
河沟	416	2211.11
水库	18971	6.75
稻田	51969	6.46
其他	6520	4.20
三、主要养殖品种	153067	-26.42
青鱼	4706	6.91
草鱼	12453	0.84
鲢鱼	24749	-4.41
鳙鱼	25127	1.05
鲫鱼	17293	2.82
鳊鱼	7980	0.95
鲤鱼	2132	-23.45
罗非鱼	40	-2.44
鲇鱼	191	2.14
鳖	28059	-11.59
蟹	213	-23.10
虾类	27545	-0.39
加州鲈鱼	1857	20.19
乌鳢	292	1.39
鳗	12	9.69
鳜鱼	391	-11.94
黄鳝	27	17.39

2022年杭州市水产养殖面积一览表

表22

项 目	面 积	比上年增长（%）
一、水域养殖（公顷）	52036	-2.49
池塘	7446	-19.34
湖泊	385	0
河沟	25	257.14
水库	42933	-0.02
稻田（不计入总面积）	4985	8.37
其他	1247	55.29
二、网箱养殖（平方米）	200100	-25.00

2022 年 3 月 1 日，钱塘江禁渔期联合执法行动开展 （市农业农村局 供稿）

市 726 个规模以上主体养殖尾水零直排率 100%。

【水产品保供能力提升】2022 年，杭州市贯彻“大食物观”战略，落实“菜篮子”市长负责制，建设高标准、高质量、高效益的“菜篮子”水产基地，促进渔业稳产保供。经重新认定，全市有市级“菜篮子”水产基地 108 个，面积 2173.33 公顷，年可提供水产品 2.51 万吨。全年提升建设“菜篮子”水产基地 14 个、128.6 公顷，组织水产品参加“菜篮子”进社区活动 5 场。

【稻渔综合种养】2022 年，杭州市聚焦水产养殖面积、产量双减问题。创新发展稻渔综合种养面积 780 公顷，主要有稻鳖共生、稻蛙共生、稻虾共生或轮作、稻鱼共生等模式，经实施初步取得良好成效，实现亩均产值 8476 元、利润 3257 元，其中稻蛙模式增收增效显著，亩均产值在 2 万元以上，利润在 6000 元以上，实现“一水两用、一地双收、肥药双减、稳粮增效、稻渔双赢”。

【钱塘江禁渔期管控】2022 年，杭州市围绕钱塘江流域第四年禁渔，苕溪、运河首次禁渔，探索跨区域、跨部门、跨层级的三大水系禁渔联合执法工作机制，打造禁渔执法联合体。在禁渔期间，全市渔业执法机构实行 24 小时值班制度，强化与海事、公安、水政等部门执法协作，定期开展“三大水系”非法捕捞联合执法零点行动。全年组织辖区“三大水系”禁渔执法行动 1160 次，出动执法人员 7131 人次，出动执法船艇 1319 艘（次），没收渔获物 592.7 千克，取缔违禁渔具 4881 件，查扣涉渔“三无”船舶（筏）54 艘，办理行政处罚案件 726 件，行政处罚金额 86.2 万元，三大水系首次同步禁渔取得明显成效。

【水生野生动物保护】2022 年，杭州市开展以“保护水生野生动物，共建和谐生态家园”为主题的水生野生动物保护普法宣传活动，发放水生野生动物知识手册 300 多份、宣传单页 600 多张。以“清风”行动和“双随机”为抓手，联合市场监管、林水和属地部门，对全市养殖场展演馆和水族馆等经营利用主体进行检查，总体情况良好。开展各类水生野生动物保护救助工作，处置水生野生动物救助举报电话 15 起，救助江豚、大鲵、花龟等国家保护水生野生动物 41 头（只）。

【水产病害测报与防疫检疫】2022 年，杭州市设立水生动物病害测报点 31 个，开展对鲫鱼、鳖、南美白对虾、白条 4 个品种水生动物的病害测报，完成 9 期水产病害监测与预报工作并发布相关信息。全年完成 55 个批次、275 个项目的南美白对虾苗种及成虾的白斑病毒、对虾血细胞虹彩病毒、虾肝肠胞虫和急性肝胰腺坏死等病源检测。从获得的 39 株中华鳖主要细菌性病原中筛选出 16 株气单胞菌属的细菌，用 9 种抗菌药物进行最小抑菌浓度测定。

【主要渔业水域环境监测】2022 年，杭州市开展主要渔业水域环境监测。按鱼类种质资源保护区、增殖放流区、产卵索饵场和养殖区 4 类监测区域，设立监测站点 49 个，确定单水样检测指标 21 项，采样检测 216 批次，获取各类监测数据 4496 个，基本掌握全市主要渔业水域环境情况。

（市农业农村局）

农业科技

【概况】2022 年，杭州市实施科教兴农战略，加强农业科技体系建设和队伍建设，抓好农业科技创新、推广、管理和协作工作。全市基层农技推广体系健全，建有市、县级农技推广机构 46 个，乡镇级 123 个。全市有农业技术创新和推广团队 82 个，团队专家 732 人，其中市级产业团队 10 个、农技首席专家 19 人。

【农业科技创新】2022 年，杭州市加强科技项目建设，与中国农业科学院开展合作，立项并启动 10 个“市院合作”项目；启动 43 个市级首席专家工作室和产业团队项目。征集并报送省产业团队项目 14 项、市农社类项目 16 个、一般项目 5 个。加强科技基地建设，突出“绿色、科技、示范”，创建省级高品质绿色科技示范基地 28 个（累计 254 个）。做好“浙农优品”和“浙农技”数字系统推广管理工作。杭州市获 2021 年度全省农业科技奖励项目 9 项，其中省农业丰收奖 7 项、省农业农村厅科技进步奖 2 项，7 人获省农业技术推广贡献奖。杭州良渚麟海蔬果专业合作社何林海获“大国农匠”称号。

【农业科技推广】2022 年，杭州市深化科技下乡助农服务，市级首次发布推广 122 个农业主导品种和 77 项先进实用技术。重点依托市级 10 个产业团队，市、区县（市）、乡镇三级联动，多部门合作开展科技下乡服务月活动。全市开展科技下乡活动 2708 次，6051 人次参加，推广技术 781 项、品种 903 个，解决问题 1372 个，举办培训 96 期，服务 1.49 万人次。联合市政协农业和农村委员会、市科协在建德市寿昌镇、桐庐县百江镇、淳安县富文乡举办 3 场“智汇乡村，助推共富”科技志愿服务活动。推广应用“中国农技推广信息平台”，发布各类工作动态信息 26 项。

【农业科技管理】 2022 年，杭州市加强农业转基因监管，委托浙江省农业科学院农业农村部农产品及加工质量安全监督检验检测中心（杭州）完成主要农产品（包含农作物种子）及其加工品抽样检测工作，抽检样品 460 批次。加强农业知识产权保护，全面完成知识产权营商环境考核的各项工作。全市申请农业农村部植物新品种权 84 项，新授权 44 项。种业创新成果取得新突破，全市育成并通过审定（认定、登记）农作物新品种 35 个，其中以第一单位育成新品种 11 个、参与育成 24 个。2 个品种入选 2022 年国家粮油主导品种，6 个品种入选 2022 年浙江省种植业主导品种，20 多个品种入选地市级主导品种。2 个品种被农业农村部确认为超级稻品种，多个优良品种入选国家和省重点推荐品种以及各类评比金奖、特等奖等。引进农作物优良新品种 100 多个，筛选出绿色高产优质适种新品种 10 多个。开展种业知识产权专项检查行动，检查种子企业、经营门店 656 个，繁种基地 29 个，种子抽检样品 95 批次，出动执法人员 548 人次。开展知识产权宣传，培训全市农技专家和农业管理干部、新型农业经营主体负责人 218 人。

【农业科技队伍建设】 2022 年，杭州市制定出台《杭州市建设高水平农技人才队伍实施方案》《杭州市农技首席专家(工作室）建设实施方案》《杭州市农业技术创新与推广服务团队建设实施方案》《杭州市农业农村局（杭州市乡村振兴局）农业科技协作与创新攻关项目管理实施方案》等文件，加强制度保障，规范管理。认定首批市农技首席专家 19 名，相应组建 19 个“首席专家＋市县乡三级年轻农技骨干＋乡土专家”的市农技首席专家工作室，成员 147 人，平均年龄小于 39 周岁。壮大基层农技队伍，全市定向培养基层本科农技人员 17 人（钱塘区 2 人、富阳区 4 人、临安区 5 人、桐庐县 4 人、淳安县 2 人）。淳安县建立近 500 人的村级农技员队伍。提升农技人员素质，开展农技人员培训，通过异地研修、集中办班等线上和线下结合的方式，培训农技人员 676 人，其中市级培训 185 人。评选首届杭州市“最美农技员”并进行表彰。

【实用人才培训】 2022 年，杭州市以农民教育培训提质增效“1256”行动为主抓手，开展分层分级分类培训，培育“有文化、懂技术、善经营、会管理”的农村实用人才。全市培训农村实用人才 1.09 万人。其中，市本级抓好“125”高层次农村实用人才培训，培训 901 人（乡村振兴领军人才 126 人、新型农业经营主体带头人 230 人、农业农村兴业带头人 545 人）。

【高素质农民培训】 2022 年，根据部、省关于高素质农民培训的有关规范管理要求，杭州市、区县（市）两级围绕产业发展需求，创新培训方式，采取理论和实践结合、线上和线下培训相结合，培养经营管理型、专业生产型和技能服务型的高素质农民，全年培训 3023 人次。其中，市本级拓展培训模式，遴选 207 名新型农业经营主体，开展为期 3 年的“政产学研用”一体化全产业链人才培育，与浙江理工大学、浙江柑橘研究所等科研院所团队协作，通过政策咨询、专题培训、学术交流、点对点现场指导，从生产到加工到销售，进行系统性培育。该模式被认定为 2022 年农业农村部高素质农民培育优秀案例。

【“新农匠”遴选评定】 2022 年，杭州市被认定为省级“新农匠”57 人、市级“新农匠”175 人、区县(市)“新农匠”154 人，共 386 人。“新农匠”人选呈现技能拔尖、获奖荣誉高、持证率高、高学历和年轻人占比高等特点。在“大国农匠”全国农民技能大赛中，1 人获种养能手类一等奖。

【农业技能大赛】 2022 年，市农业农村局（市乡村振兴局）与市人力社保局、市总工会举办“迎亚运，促共富”杭州市农业职业技能大赛。设置茶叶加工、动物疫病防治、动物检疫检验和农产品质量安全检测 4 项赛事，12 名选手被核准授予“杭州市技术能手”称号，20 名选手获“杭州市职工经济技术创新能手”称号，82 名选手获高级工职业技能证书或技师职业技能证书。经市赛选拔的选手参加省赛获一等奖 2 名、二等奖 1 名、三等奖 2 名、优胜奖 4 名，其中 2 人被省人力社保厅认定为“浙江省技术能手”，3 人被省总工会命名为“浙江金蓝领”，8 人被省农业农村厅授予“浙江省农业技术能手”称号，4 人分别晋升为高级技师和技师。

（市农业农村局）

四维生态现代化数字农业植物工厂（摄于 2022 年）（市农业农村局 供稿）

农业机械化

【概况】2022年,市农业农村局(市乡村振兴局)实施农业"双强"行动,开展农业"机器换人"促进工程和农机购置补贴等工作,农业机械化水平进一步提升。至年末,全市有农业机械总动力188.75万千瓦(不含渔船),其中柴油机械动力65.84万千瓦、汽油机械动力22.89万千瓦、电动机械动力99.79万千瓦。有主要农机具35.89万台(套),其中大中型机械有拖拉机0.17万台(与其配套的各类农机具0.84万台)、收获机械0.71万台、植保机械3.02万台、排灌机械10.37万台、农产品初加工机械10.21万台,农机装备结构进一步优化。

【农业"机器换人"推进】2022年,杭州市安排市级财政补助资金1982万元,加快提升农业设施装备水平,推进农业"机器换人"促进工程。创建省级农业"机器换人"高质量发展特色产业先行县2个、农机服务中心19个、全程机械化应用基地30个、农机创新试验基地3个。

【农机购置补贴政策落实】2022年,杭州市通过落实中央、省、市、县(市、区)四级财政资金对农户购置先进适用的农业机械装备给予补贴,调动农户购买使用农机的积极性,促进农机装备信息化和智能化水平提升。全市补贴机具2.15万台(套),补贴资金5469.45万元,其中中央补贴资金2625万元、省级补贴资金300万元、市级补贴资金858.3万元、县级配套资金1686.15万元。

【新机具新技术引进】2022年,为适应智能化装备在农业生产领域广泛运用新形势,杭州市农机系统引进试验新机具,强化新技术培训,加快新机具示范推广应用。钱塘区引进全喂入稻麦联合收割机,富阳区引进无人驾驶拖拉机、无人驾驶收割机、无人驾驶插秧机、精量播种成套设备,临安区引进叶菜收割机(土上/土下)、手扶式叶菜收割机等,桐庐县引进穴盆流水线、四行移栽机、履带式全自动撒肥机、水稻机插精准条播机等新机具。

【农机安全监管】2022年,杭州市组织农机"安全生产月",举办活动12场次,现场宣传活动有820人参与,发放宣传材料2000多份,制作标语、横幅、展板等200多个,发送农机安全信息2.37万人次。办理农田作业拖拉机牌照登记341台,办理联合收割机牌照登记145台。开展免费实地检验工作,拖拉机和联合收割机年检率98%。加快推进报废更新工作,涉及中央农机报废补贴资金的部分,受理农机报废69台(套),使用资金54.13万元。(市农业农村局)

农业合作生产

【概况】2022年,杭州市供销社系统加强为农服务,推进高质量发展。全年实现总经营收入644.7亿元、利润4.85亿元,在全国供销总社、省供销社综合业绩考核中居第一方阵。

【为农服务推进】2022年,杭州市供销社系统完成农资应急储备任务,组织春耕支农促生产"五送"下乡活动。全市供销社系统赠送总价值300多万元的农资产品。因地制宜开展各种类型的农业生产托管服务,实现土地全托管5886.67公顷,新建农事服务中心9个、新建产业农合联10个。推动"醉忆杭鲜""天目山宝""禹上田园"等农产品公用品牌建设。至年末,杭州供销农信融资担保公司在保责任余额7.45亿,涉农比例80.9%。各区县(市)举办农事节庆活动,主办"醉忆杭鲜"供销市集等农产品展销对接活动20场、承办21场;举办农产品经纪人培训等农民职业技能培训68场,培训3595人次。6月21—22日,全省供销社基层组织建设现场会在临安召开;天目粮仓、金惠粮油项目成为全市农业高质量发展会议现场考察点。在富阳试点推进"快递进村"物流分拣中心建设,在萧山和临平抓好大件垃圾和建筑垃圾资源化利用实践探索。

【高质量发展共同富裕推进】2022年10月10日,市供销社在萧山召开共同富裕工作领导小组第二次会议暨区县(市)社主任会议,9个区县(市)供销社主任围绕特色亮点工作做交流发言。市供销社总结编发26个共富实践案例,出台助力高质量发展共同富裕"1+2+4"的方案计划体系。实施的打造产业农合联利益共同体激活共富产业新引擎项目入选杭州市争当浙江高质量发展建设共同富裕示范区城市范例第一批最佳实践,培育的"村社共建"示范点、打造强村富民新样板项目入选杭州市争当浙江高质量发展建设共同富裕示范区城市范例第一批试点。出台《全市村社共建建设工作指引》,培育形成萧山三围、余杭云会等首批10个村社共建典型示范。指导淳安县完成全省供富大篷车试点县任务,开通线路3条,覆盖8个乡镇、47个村,助农销售农产品600多万元,开展便民配送服务4000多件(次)。

【供销社综合改革深化】2022年,市供销社完成全市68个乡镇农合联、9个县级农合联和市本级农合联换届工作。推进基层组织建设,坚持提质扩面和改造提升并举,实施供销社基层组织"扶强培优消薄攻坚"三年行动。统筹安排900万元财政专项资金,重点支持5个区县(市)总投资额度4700多万元的"三位一体"为农服务项目。优化联合社治理机制,根据市委、市政府出台的《关于调整杭州市供销合作社联合社机关职能配置、内设机构和人员编制的通知》,对机关内设机构和职能配置进行调整优化。

【从严治社推进】2022年,市供销社以"五抓五提升"为目标,在系统范围内开展"作风建设年"和"创先争优年"活动。成立领导小组,细化责任分工17条,通过5项重点工作,把学习教育、调查研究、检视问题、整改落实贯穿活动全过程。针对系统内权力资源集中、廉政风险较高的关键岗位,常态化开展排查工作。全系统排查风险点345个,制定措施463条,形成靠制度管权、管事、管人,做到精准监督长效化。市本级开展社有企业突出问题专项治理,对下属6个企业围绕六大重点问题开展自查和抽查。(市供销社)

责任编辑　郦　晶

22 工业

综述

【工业经济发展提质增效】2022 年,杭州市工业增加值 4922 亿元,比上年增长 0.4%,其中规模以上工业增加值 4185 亿元,增长 0.3%。规模以上工业百元营业收入成本 81.0 元,低于全省 5 个百分点。新产品产值率 41%,工业产品产销率 98.2%。规模以上工业全员劳动生产率 39.3 万元 / 人;规模以上工业企业实现利润总额 1543 亿元。规模以上高新技术产业、装备制造业、战略性新兴产业分别实现增加值 2961.3 亿元、2102.4 亿元、1874.1 亿元,分别增长 1.2%、0.4% 和 4.2%。规模以上工业研发费用占营业收入的 3.6%,提高 0.3 个百分点。制造业投资额增长 26.4%,高于全省 9.4 个百分点。 （王莹莹）

【制造业"腾笼换鸟、凤凰涅槃"攻坚行动】2022 年,杭州市实施低效整治、创新强攻、招大引强、质量提升四项攻坚行动。编印"腾笼换鸟"典型案例汇编,印发《杭州市本级"腾笼换鸟"专项资金使用管理办法（试行）》,加速市本级"腾笼换鸟"专项周转经费使用进度,重点支持低效工业用地连片整治开发。加快推进高耗低效整治,完成高耗低效企业整治销号 1449 个,销号率 100%。腾出用地 13.6 平方千米,腾出用能 49.5 万吨标准煤。在全省新一轮制造业"腾笼换鸟、凤凰涅槃"攻坚行动考核中居第一位。

【"亩均论英雄"改革】2022 年,杭州市完成规模以上工业企业及占地 2000 平方米以上的规模以下工业企业亩均综合评价。全年杭州市规模以上工业亩均增加值 220.9 万元 / 亩、亩均税收 57.7 万元 / 亩,两项指标继续领跑全省。

【制造业高质量发展】2022 年 5 月 31 日,杭州市召开全市制造业高质量发展大会,发布"1+X"政策架构。推进传统制造业改造提升 2.0 版,分解年度关键性量化指标,加快传统制造业高端化、数字化、绿色化转型,制造业高质量发展指数全省领先。浙江南都电源动力股份有限公司等 4 个企业入选工业和信息化部第七批单项冠军示范企业,浙江永杰铝业有限公司锂离子动力电池结构件用铝合金板带等 4 个产品入选工业和信息化部第七批单项冠军产品,有单项冠军企业（产品）34 个,数量居全国城市第五位、非指标单列城市第一位。全年立项省级工业新产品新技术 699 项,新增"浙江制造精品"42 项。新认定企业技术中心省级以上 18 个、市级 128 个。至年末,有国家级企业技术中心 43 个、省级 229 个;国家技术创新示范企业 14 个,数量居全省第一位。 （刘 霜 夏俊杰）

【五大产业生态圈打造】2022 年,杭州市出台《杭州市产业链链长制实施方案（2022—2025 年）》,围绕智能物联、生物医药、高端装备、新材料和绿色能源五大产业生态圈,梳理"一链一图三清单",制定出台智能物联、集成电路、软件和信息服务业、生物医药等产业政策。召开五大产业生态圈专班会议,落实产业谋划、政策迭代、项目招引、企业培育、科技支撑、要素保障等各项工作举措。加快 415X 产业集群培育,5 个集群入围第一批"浙江制造"省级特色产业集群核心区创建名单,7 个集群入围协同区创建名单,3 个产业群入围省第二批"新星"产业群,"核心区""协同区"入围数居全省第一位。新增实施省产业链协同创新项目 20 个,组建产业链上下游企业共同体 16 个,涵盖集成电路、生物医药、高端装备等领域。举办对接会 36 场,参加企业 3205 个,对接订单额度 220 亿元,融资 362 亿元,对接项目 204 个、专业人才 786 人。 （陈小玲 夏俊杰）

【新获评国家级专精特新"小巨人"企业 155 个】2022 年,杭州市有 155 个企业被评为第四批国家级专精特新"小巨人"企业。至年末,杭州市累计有国家级专精特新"小巨人"企业 208 个,总量居全国城市第六位。

（黄 略）

【企业集团培育壮大】2022 年,杭州市实施"十百千亿"企业培育工程,全市拥有工业和信息化领域 1000 亿元企业 9 个,世界 500 强企业 8 个,中国民营企业 500 强 41 个,中国制造业企业 500 强 27 个。培育"鲲鹏企业"74 个,入选省"雄鹰企业"（100 亿元以上）32 个,编制第三批

"雄鹰行动"企业"一企一策"培育计划书,入选省"链主企业"11个、省"隐形冠军"企业64个。（陈颉权）

【助企服务全面升级】2022年,杭州市深化"云暖"服务行动和"数字引擎"行业党建,打造亲清直播间、"政灵通"、创新创业大赛、专精特新培育、"杭州经信观察"等特色服务品牌。举办各类服务活动113场,服务企业1.14万个（次）。其中,"亲清直播间"62场,服务企业9047个（次）;其他线上和线下主题活动51场,服务企业2331个(次)。开展"千名干部助千企"精准服务活动,规模以上工业全覆盖,停产减产重点企业全帮扶。市级层面选派200名处级以上干部担任助企服务员,带动县、乡两级选派助企服务员3587名。编印《助企纾困最新政策汇编》、助企政策《十问十答》等,建立"惠企政策精准推送"平台,为企业提供政策服务。

【小微企业园建设提升】2022年,杭州市围绕建设升级版小微企业园目标,实施绩效评价和星级评定,深化小微企业园建设,加强企业入园和培育服务。推荐6个园区申报浙江省园区精准服务中小微企业试点,通过工业和信息化部对华企业高科技产业园国家基地抽查测评,颐高科创园创建为国家级小型微型企业创业创新示范基地,正泰量测科技园、华立181社区获评省五星级园区,传化科创园、和达海聚中心创建为省四星级园区。（赵卫华）

装备制造业

【概况】2022年,杭州市装备制造业实现工业总产值9327.28亿元,比上年增长3.2%;实现增加值2102.42亿元,增长0.4%,占规模以上工业增加值的50.1%。其中,高端装备制造业实现工业总产值6355.85亿元,增长5.1%;实现增加值1567.62亿元,增长1.2%。总体规模居全省第二位。

【高端装备生态圈推进】2022年,杭州市实施《杭州市产业链链长制实施方案（2022—2025年）》,推进高端装备生态圈建设。建立工作专班,落实目标任务、重点领域和重点区域,梳理产业链图谱,优化产业布局,明确创新清单、招商清单、项目清单等。制定出台《关于加快推动高端装备制造业高质量发展的若干措施》,加大新能源及智能网联汽车、智能装备领域和轨道交通装备、航空航天装备产业、先进应急装备及自然灾害防治技术装备产业、仪器仪表和智能检测设备产业等重点领域扶持力度,优化发展环境。杭州市全年有54项产品入选省首台（套）装备名单,6项产品入选省首台（套）装备（清单引导标准认定）名单,22项首台（套）产品申报国家、省保险补偿项目,49项产品被列入省首台（套）工程化攻关项目,68项产品被列入省首台（套）产品推广应用指导目录。16个企业参加省质量发展大会首台（套）产品展示。

【招商引智新突破】2022年,杭州市招引落地高端装备领域1亿元以上项目45个,其中10亿元以上项目15个。总投资50亿元的吉利新能源汽车电子产业园项目预计2024年投产,重点研发生产整车智能驾驶控制器、充电机、充电桩、电池管理系统等汽车电子产品,预计年产值约160亿元。总投资51亿元的路特斯能源总部项目预计2025年投产,未来10年营业收入700亿元。总投资75亿元的年产12GWh吉利动力电池项目预计2023年投产,年产值约100亿元。加强与之江实验室沟通合作,推进机器人、增材制造等高端装备领域的重大前沿基础研究和关键技术攻关。推动浙江大学高端装备研究院与徐州工程机械集团有限公司、浙江春风动力股份有限公司、浙江铁流离合器股份有限公司等企业合作,加快科技成果转化,协同解决多项关键难题。推进浙江大学高端装备研究院、杭州市之科控股和杭州市光机所3个高端装备企业（机构）建立概念验证中心。

【产业链提升】2022年,杭州市围绕产业链关键环节,对接省"产业一链通"应用,梳理产业链图谱和重点企业布局。分批、分阶段将重点领域重点企业全部列入疫情防控"白名单"。组织召开铸造产能置换专题协调会,会同市发改委、市生态环境局现场核查,上报并落实富阳区、淳安县新引进的浙江创兴智能电机有限公司、浙江淳宇精密制造有限公司等25个企业、13.8万吨铸造产能置换事项,解决产业链配套问题。开展5场次省、市、区三级"十链百场万企"高端装备专场对接活动,组织高端装备制造业企业参加重大展会、产品推介会。

【产业集聚推进】2022年,杭州市构建"两廊并进、多园承载、集聚发展、协同推进"空间布局,确定滨江区、萧山区、钱塘区、临安区为1000亿元级核心发展区,余杭区、临平区、富阳区为500亿元级重点发展区。明确萧山区、余杭区、临平区、钱塘区、富阳区为节能与新能源汽车重点发展区,明确滨江区、萧山区、余杭区、钱塘区为机器人、增材制造重点发展区。明确其他8个领域重点发展区域,鼓励、支持其他区县（市）结合各自实际,发展具有地方特色的高端装备制造产业。

（王俊飞）

汽车产业

【概况】2022年,杭州市汽车产业规模以上企业有227个,其中整车、改装车及专用车企业18个,整车生产资质企业10个。有专精特新企业49个、国家级企业技术中心6个、省级企业技术中心15个。有上市企业12个。全年总产值862.77亿元,比上年下降2.2%;工业销售产值860.92亿元,增长1.3%;工业增加值147.96亿元,下降3.7%。年产整车23.3万辆,其中新能源汽车超过6万辆。新能源汽车产值超过150亿元。浙江吉利汽车有限公司杭州分公司年产7.05万辆,产值135.22亿元,增长400%以上。长安福特汽车有限公司杭州分公司实现产量6.05万辆,产值166.25亿元,下降50%。广汽乘用车（杭州）有限公司实现产量10.1万辆,增长38.5%,产值105.85亿元,增长57.0%。全市推广应用新能源汽车23万辆,增长57.1%。

杭州市汽车产业发展格局为"一极两翼",构建从关键零部件到整车的完整产业体系。"一极"即钱塘区,聚集以吉利、广汽、长安福特为代表的整车企业,是汽车产业的主平台。"两翼"即萧山区和临平区。萧山区构建汽车零部件制造、动力电池等新能源汽车核心零部件、智能网联汽车创新中心和核心零部件生产基地。临平区以余杭经济技术开发区为集聚地,重点构建新能源商用车、零部件制造基地。

杭州市乘用车企业主要有浙江吉利汽车有限公司杭州分公司、广汽乘用车(杭州)有限公司、长安福特汽车有限公司杭州分公司。商用车企业主要有比亚迪汽车工业有限公司杭州分公司、上万清源智动车有限公司。零部件企业主要有万向钱潮股份有限公司、中国重汽集团杭州发动机有限公司、浙江亚太机电股份有限公司。

【汽车产业重大项目推进】2022 年,杭州市推进汽车产业部分重大项目落地。万向创新聚能城动力电池项目、零跑钱塘项目等进展顺利。吉利桐庐年产能 12GWh 动力电池项目、萧滨合作区新能源汽车电子产业园项目、余杭区车规级功率半导体模块项目、吉利高端新能源车型、富阳路特斯能源项目落户杭州并开工建设。制定出台《杭州市新能源乘用车生产企业奖励操作流程》,对在杭州扩大生产和销售规模的新能源乘用车生产企业最高奖励 1000 万元。

【省政府与吉利控股集团签署战略框架协议】2022 年 11 月 18 日,省政府与浙江吉利控股集团签署战略框架协议,打造世界级先进制造业集群,支持吉利控股集团打造世界一流企业。2022 年,吉利控股集团汽车总销量超过 230 万辆,比上年增长 4.3%。其中新能源汽车销量超过 64 万辆,增长 100.3%,新能源渗透率达 27.9%。领克品牌全球市场的销量和品牌认可度不断提升,全年销售 18 万辆,累计销量超过 80 万辆,成为销量超过 80 万辆的中国高端汽车品牌。

【合创汽车在杭州投产】2022 年 6 月 6 日,合创 Z03 汽车在广汽乘用车(杭州)有限公司下线,正式落地杭州,广乘杭州公司产能优化完成。广乘杭州公司是以广汽生产方式体系构建的世界级智慧工厂,产能 20 万辆 / 年,通过对广乘杭州公司的生产、管理等进行全系统优化改造,实现燃油车与纯电车柔性共线生产。

【零跑科技公司在香港联合交易所上市】2022 年 9 月 29 日,浙江零跑科技股份有限公司在香港联合交易所主板挂牌上市。零跑科技公司是一个智能电动汽车公司,实现智能电动汽车所有核心系统和电子部件的自主研发设计与生产制造。

长安福特汽车有限公司杭州分公司生产线(摄于 2022 年)

(市经信局 供稿)

【春风动力公司入选工业和信息化部试点示范名单】2022 年 10 月 31 日,浙江春风动力股份有限公司入选工业和信息化部新一代信息技术与制造业融合发展试点示范名单,是浙江省汽车行业唯一入选企业。

【杭州汽车及零部件企业获多项荣誉】2022 年,浙江吉利控股集团有限公司以 558.6 亿美元营业收入列 2022 年《财富》世界 500 强第 229 位,比上年提升 10 位。吉利控股集团连续 11 年进入《财富》世界 500 强。在《2022 年中国汽车工业整车二十强企业名单》中,吉利控股集团列第六位。在《2022 年中国汽车工业零部件三十强企业名单》中,万向集团公司列第四位,中策橡胶集团有限公司列第九位。浙江铁流离合器股份有限公司被工业和信息化部认定为 2022 年度绿色工厂,杭州广安汽车电器有限公司上榜国家级专精特新重点"小巨人"企业名单,万向钱潮股份公司被工业和信息化部确定为工业产品绿色设计示范企业,浙江金固股份有限公司入选国家知识产权示范企业。 (陈昕儒)

节能环保产业

【概况】2022 年,杭州市节能环保产业实现总产值 1938.6 亿元,比上年增长 4.5%,高于全市工业总产值增幅 2.75 个百分点;实现工业增加值 429.9 亿元,下降 0.6 个百分点。节能环保产业总产值、增加值分别占全市工业的 10.7% 和 10.2%,基本与上年持平。

【绿色能源产业圈打造】2022 年,杭州市打造绿色能源产业圈,落实碳达峰碳中和目标任务,推进产业转型升级,走绿色低碳高质量发展道路。绿色能源产业圈聚焦储能、光伏、风电、节能环保等重点产业链,推动产业发展从"链"入"圈",市级部门相互协同、市区两级工作联动,开创工业经济高质量发展新局面。杭州市储能领域有规模以上企业 31 个,涉及抽水蓄能、电化学储能、熔盐储能等多个领域。抽水蓄能装备制造企业 7 个,主要生产水轮机及辅机装备，其中富春江水电设备有限公司是国内规模最大的民营水电机组专业制造商。电化学储能规模以上企业23个，产业链比较齐全，从上游电池正负极材料、电解液的生产到中游电化学储能本体制造，再到下游系统集成及运维服务均有涉及，尤其在电池组、电池管理系统（BMS）、变流器（PCS）制造环节优势突出。浙江南都电源动力股份有限公司储能电池在全球装机规模超过2兆瓦时，处于国内行业领先；杭州高特电子设备股份有限公司电池管理系统国内市场占有率30%以上，居全国第一位；浙江艾罗网络能源技术股份有限公司储能逆变器获省科技进步奖一等奖。熔盐储能上有先发优势，西子清洁能源装备制造股份有限公司有青海德令哈、绍兴绿电熔盐储能多个成熟项目经验，建成完整的光热生产线，具备大规模生产能力。杭州市储能产业全年实现产值185.5亿元，比上年增长59.8%；实现利润28亿元，增长197.8%。

【氢能领域优势企业】2022年，杭州市在氢气提纯、氢燃料电池系统等关键环节培育形成一批优势企业。杭氧集团股份有限公司在低温、气体纯化、压缩储运等领域具有全产业链技术储备，杭州中泰深冷技术股份有限公司是氢气液化设备头部供应商，浙江杭叉集团股份有限公司是国内氢燃料电池工业车辆最具竞争力的生产企业之一。浙江日风电气股份有限公司实现氢燃料电池发电系统国产化，在变换器生产制造上形成产业化能力；正泰集团股份有限公司布局绿氢制备、氢燃料电池、氢能发电业务，联合重塑集团发布绿氢制造装备及兆瓦级氢能发电系统、大功率燃料电池系统、大功率燃料电池电堆、碳化硅DC/DC变换器等创新技术产品。浙江润丰能源集团有限公司在余杭区投资50亿元的氢能源分布式发电系统项目开工建设，投产后可形成500万千瓦分布式氢能源发电系统产能；浙江氢途科技有限公司投资10亿元，在富阳区建设总部及氢燃料电池核心零部件研发制造项目有望年内签约落地；杭州春江阀门有限公司年产1万套氢能安全储存组合装置、一氢科技有限公司甲醇重整氢燃料电池动力总成年产5兆瓦发动机系统生产线2个技改项目正在实施。（刘元永）

生物医药产业

【概况】2022年，杭州市生物医药规模以上工业企业240个，比上年增加45个；工业总产值1150亿元，增长15%，呈加速增长态势。完成投资123.4亿元，增长58.8%。总体发展趋势良好，增长稳中有升，长期向好。

【生物医药政策迭代】2022年10月，杭州市根据生物医药产业生态圈工作要求，对标各地一流政策，制定《关于加快杭州市生物医药产业高质量发展的若干措施》。按照构建产业生态的思路，对生物医药研发、临床、生产、流通等各个环节提供政策支撑，与国内头部城市形成比较优势。

【研发创新成果】2022年12月21日，杭州康恩贝制药有限公司取得“黄蜀葵花总黄酮提取物”和“黄蜀葵花总黄酮口腔贴片”2个中药创新药的药品注册证书，注册分类为中药1.2类（原中药5类）。提取物为单味药有效部位，总黄酮含量达50%以上，制剂为国内首个纯中药双层贴片。华东医药股份有限公司与美国ImmunoGen公司合作开发的治疗铂耐药卵巢癌的全球首创ADC药物ELAHERE™，成为该年度唯一获得FDA批准的ADC药物；自主研发并拥有全球知识产权的糖尿病1类创新药HDM1002（小分子GLP-1受体激动剂），成功完成中美双报；引进Kiniksa公司的ARCALYST®为临床急需境外新药，纳入优先审评品种名单，有望在国内快速实现商业化。华东医药股份有限公司有高端医美产品近40个，明星产品Ellansé®伊妍仕®市场关注度和渗透率持续提升，在国内医美再生填充领域高端市场占据领先位置，全球营业收入规模和盈利水平创历史新高。

【泰格医药科技公司创新研发】2022年，杭州泰格医药科技股份有限公司参与中国1类创新药13个，涉及治疗领域包括抗肿瘤、抗感染、内分泌系统和代谢、免疫系统、心血管系统等。参与中国创新医疗器械（进入NMPA创新医疗器械审评审批通道的产品）7个，包括肿瘤电场治疗仪、经导管二尖瓣功能修复系统、心脏冷冻消融系统、脊柱外科手术导航定位设备、骨科手术计划软件、硬性巩膜接触镜、支气管镜操作控制系统。助力4个新冠疫苗获得海外、中国紧急使用授权。

【治疗糖尿病靶向药获国家药监局批准】2022年，杭州澳赛诺生物科技有限公司自主开发的GLP-1用于治疗2类糖尿病的一类创新药获国家药监局临床批准，实现同准替代进口产品。公司布局创新药医药中间体及原料药产品研发、生产以及药物制剂研发领域，获13项发明专利，6项实用新型专利，获省级研究院认定、浙江省专精特新中小企业认定。

【福斯特药业公司获省技术发明奖三等奖】2022年，杭州福斯特药业有限公司针对磷酸奥司他韦原有工艺中烦琐操作进行合成路线优化，形成“抗流感药物奥司他韦中间体合成及其关键催化技术开发”新工艺成果。该成果获浙江省技术发明奖三等奖。

【安旭生物科技公司承担社会责任】2022年，杭州安旭生物科技股份有限公司向杭州市上城区政府捐赠价值近1000万元的抗疫物资，获杭州市上城区红十字会颁发的“爱心企业”称号。公司品牌Ecotest获浙江出口名牌称号，Ecotest、Fastep获评中国出口商品品牌。安旭生物抗原检测产品（板）获美国FDA认证，抗原检测产品（笔）获日本PMDA认证。

【迪安诊断技术公司国际化建设】2022年，浙江迪安诊断技术股份有限公司在新加坡成立海外国际总部，通过参加有影响力国际展会，将“金迪安”产品外销至9个国家和地区，在国际市场建立品牌知名度。推进“医学诊断数字化”向“医学诊断智能化”升级，借力科技和数据/AI驱动，帮助客户建设大数据管理平台，原研发的病理人工智能系统在三甲医院投入使用。（李中韦）

食品工业

【概况】 2022年，杭州市有食品生产许可证企业2064个，被列入监管目录的小作坊2035个，添加剂生产企业106个。全年抽检食品产品（生产环节）7674批次，合格7641批次，合格率99.6%。杭州市食品工业有规模以上企业291个，工业销售产值947.17亿元，比上年增长2.5%；利税总额410.9亿元，增长4.1%；利润总额95.97亿元，下降1.6%。食品工业是杭州市重点产业，软饮料占据主导地位，其次为预制菜、方便食品、婴童食品、食用油、巧克力，以及具有区域特色的豆制品、休闲食品等，基本涵盖食品饮料产业的主要行业门类。其中饮料、乳制品、冷冻食品和肉制品在国内有较大影响力。

【娃哈哈集团入选中国品牌强国盛典十大国品之光】 2022年2月，由中央广播电视总台举办的第二届"中国品牌强国盛典"在北京举行，杭州娃哈哈集团有限公司入选2021年中国品牌强国盛典十大国品之光。娃哈哈以IP打造方式，精细化运营AD钙奶、非常可乐、营养快线等单品，用创新活力展现文化自信，引领时尚新潮流。布局"大健康""智能制造"两大赛道，先后推出20多款低糖、无糖版产品，自主开发拥有超过4500株菌株的菌种资源库，建设智能化菌种生产车间，成功打造国内一流智能化菌种生产线。

【娃哈哈集团获评助力共同富裕"民企样本"】 2022年1月12日，杭州娃哈哈集团有限公司获评省工商联发布的助力共同富裕"民企样本"。娃哈哈集团在全国17个省市欠发达地区投资87亿元，建立76个分公司，为慈善事业捐赠超过7亿元。在衢州、景宁、江山、文成投资11亿元建立4个生产基地。

【祖名豆制品公司服务亚运会】 2022年1月，祖名豆制品股份有限公司被正式核准为"杭州第19届亚运会官方豆制品供应商"。祖名豆制品始终贯彻"绿色、智能、节俭、文明"的亚运会办赛理念，打造绿色环保的豆制品工厂，被杭州亚组委和省全域"无废城市"建设工作专班办公室评为"无废亚运工厂"。

【杭州豆制食品公司绿色生态型企业建设】 2022年，杭州豆制食品有限公司将3蒸吨/小时沼气锅炉更新为5蒸吨/小时沼气锅炉，并新建热水回收系统、污水处理系统、沼气脱硫和增压系统等节能减排设施，每年可节约天然气30万立方米，节电8万千瓦时，节水1.7万吨。

【贝因美公司获中国乳制品工业协会"质量金奖"】 2022年，贝因美股份有限公司贝因美品牌婴幼儿配方乳粉在国家各项质量检测中达到100%合格，获中国乳制品工业协会"质量金奖"。同年，贝因美股份有限公司被评为"大国品牌"和"优秀乳品加工企业"，旗下产品贝因美可睿欣获新国标二次配方注册证。

【浙江益海嘉里食品工业公司项目投产】 2022年，浙江益海嘉里食品工业有限公司获评杭州市级龙头企业及市级未来工厂。5月，公司智慧物流配送中心项目、中央厨房项目投产。7月，鲜湿面项目投建，引进产业上下游合作伙伴入驻。预计全部项目建成投产后，园区总产值将达到70亿元。 （袁琼芳）

建材冶金工业

【概况】 2022年，杭州市建材冶金工业有规模以上企业1006个，占全市规模以上工业企业总数的15%。全年实现工业总产值2010亿元，比上年下降8.3%，占全市规模以上工业的11.1%；实现利税149.1亿元，下降21%，其中利润82.4亿元，下降32.6%；完成出口交货值151.2亿元，下降5.6%。非金属矿产采选业主营业务收入17.8亿元，下降25%；非金属矿物制品业主营业务收入726.7亿元，下降19%；黑色金属冶炼和压延加工业主营业务收入103.1亿元，下降19.3%；有色金属冶炼和压延加工业主营业务收入719亿元，增长9.9%；金属制品业主营业务收入747.1亿元，下降0.3%；有色金属矿采选业主营业务收入2.6亿元，增长0.6%。

【新材料产业生态圈打造】 2022年，杭州市按照《杭州市产业链链长制实施方案》，建立实施杭州市新材料产业链"链长制"，成立新材料专班，统筹协调全市各项资源，推动技术、产品、价值链升级，形成高质量、可持续的新材料产业发展格局。确定杭州市新材料产业生态圈功能膜材料、高性能金属材料、先进半导体材料、微纳材料、生物材料5个重点领域。8月11日，由市经信局、临安区政府主办，临安区经信局、杭州福斯特应用材料股份有限公司承办的杭州市产业链"百场万企"系列活动之新材料生态圈功能膜产业链专场活动举办。邀请浙江大学张林教授做"我国膜产业现状与发展趋势"主题分享，杭州福斯特应用材料股份有限公司、杭州科百特过滤器材有限公司、杭州高烯科技有限公司3个膜材料企业和杭州中欣晶圆半导体股份有限公司、浙江正泰新能源开发有限公司、浙江南都电源动力股份有限公司3个下游企业发布新技术、新产品、新需求。活动现场发布《2022年杭州市新材料生态圈功能膜产业链对接推介手册》，达成6个项目签约。《人民日报》、浙江新闻、今日头条等9个媒体平台报道，曝光量超过50万次。

【10个项目获省重点首批次新材料认定】 2022年，浙江万马高分子材料集团有限公司"110~220千伏超高压电缆用超净绝缘料"等10个项目获浙江省重点首批次新材料认定。其中杭州福斯特应用材料股份有限公司"共挤高反射封装胶膜"项目、浙江国泰萧星密封材料股份有限公司"氢能燃料电池双极板用柔性石墨材料"项目被认定为技术水平国内领先或打破国际垄断的省重点首批次新材料认定奖励补助项目。杭州永磁集团有限公司"高性能高一致性钐钴永磁材料"项目和建德鑫鼎纤维材料有限公司"高硅氧纤维材料制品"项目获省首批次新材料应用奖励。

【富冶集团子公司获评产业化示范工程】 2022年，浙江富冶集团有限公司子公司浙江江铜富冶和鼎铜业有限公司的“20万吨电解铜技术升级改造项目”被国家发展和改革委确定为“低碳技术创新及产业化示范工程”，成为业内有重要影响力的大型铜有色冶炼企业。富冶集团以793.7亿元营业收入排名“2022中国企业500强”第295位、“2022中国民营企业500强”第111位、“2022中国制造业企业500强”第135位。10月26日，富冶集团获省企业联合会、省企业家协会、省工业经济联合会发布的第五届“浙江省工业大奖企业奖”。

【永杰新材料公司获国家级荣誉】2022年，永杰新材料股份有限公司新能源产品占比超过50%，获批国家级博士后工作站，锂离动力电池结构件用铝合金获国家制造业单项冠军产品称号。公司全年授权国家发明专利10件、实用新型专利7件，4个新产品通过省级工业新产品鉴定，参与修订国家标准1项。（陈文娟）

丝绸和服装产业

【概况】2022年，杭州市有规模以上丝绸企业23个，全年实现工业总产值16.11亿元，比上年下降13.2%；完成营业收入16.90亿元，下降12.3%；销售产值16.33亿元，下降13.6%；实现利税总额0.23亿元，下降73.6%，其中利润-0.16亿元，下降143.3%，税金0.38亿元，下降20.8%。

杭州市有规模以上服装服饰企业227个，全年服装服饰业工业总产值212亿元，增长5.2%；销售产值204.11亿元，增长2.1%；出口交货值63.63亿元，增长5.2%；实现利税总额14.53亿元，下降20.8%，其中利润6.26亿元，下降39.9%，税金7.53亿元，增长4.2%。

【中国丝绸博物馆建馆30周年】2022年2月26日，是中国丝绸博物馆建馆30周年。30年中，中国丝绸博物馆承担大量的丝绸研究和科普任务，成为杭州丝绸对外宣传展示的重要窗口。1986年，中国丝绸博物馆开始筹建，1992年2月26日建成开馆。2004年1月1日起，向公众免费开放。2016年9月，完成改扩建。G20杭州峰会期间，新馆启用。

【中国工程院2022年战略研究与咨询项目在杭州启动】2022年4月28日，由浙江理工大学牵头的中国工程院2022年战略研究与咨询项目“‘一带一路’背景下丝绸产业高质量发展研究项目”启动会在浙江理工大学举行。项目负责人陈文兴院士从咨询项目立项背景依据、存在问题分析、研究框架结构、研究任务分工、研究计划等方面做全面深入介绍，并就丝绸产业的关键性问题、丝绸产品需求及产业链分析等方面提出建设性意见。

【万事利丝绸数码印花人工智能工厂奠基】2022年6月6日，万事利集团旗下万事利丝绸数码印花人工智能工厂奠基。该项目位于杭州市钱塘区，总用地约6.4万平方米，总投资近10亿元。项目计划引入具有国际领先水准的国内外先进生产智能设备，在互联网+环境下进行以丝绸为主的数码印花、个性化定制以及丝绸相关产品的制造生产与服务，规划年产能1000万米印花面料。

【“2022丝绸之路周”主场活动】2022年7月8日，“2022丝绸之路周”开幕式在中国丝绸博物馆举行。丝绸之路周是国家文物局和浙江省人民政府联合打造的弘扬丝绸之路精神、响应“一带一路”倡议的重大活动，已连续举办2届，吸引全球200多个文化机构参与。丝绸之路周主题为“民族融合，共同繁荣”，活动首次启用主宾省、主宾国概念，以深入挖掘青海特有的丝路文化资源，展示乌兹别克斯坦共和国丝路特色风情。杭州主会场举办“华彩重现：纺织品文物保护修复成果展”“锦衣远行：6—8世纪丝路服饰复原展”“显微镜下的国宝：文物保护与考古科学专题显微图片展”等一系列展览，以及学术研讨会和配套社教活动。

【“大宋锦院”国风活动】2022年7月，“杭州中国丝绸城首届丝绸文旅消费季”大型沉浸式国风活动——“大宋锦院”在湖滨步行街举行，37个展位42个企业参展。为期3天的活动，邀请万事利、凯喜雅、喜得宝等杭州丝绸品牌代表开设特色展区，现场展示“国礼丝绸”的独特魅力。杭州中国丝绸城联合故宫文创打造的全新街区IP——“丝丝”登台亮相。

【中国服装科技大会】2022年8月25日，2022中国服装科技大会在杭州市临平区召开。大会以“新技术·新产品——科技驱动创新发展”为主题，探讨智能制造对服装行业的作用，预判此后十年的市场趋势，构筑服装行业数字化产业的长远格局。

【2项技艺入选省级非物质文化遗产】2022年12月，杭州费庄华发织造厂“杭缎织造技艺”入选省文化和旅游厅第六批省级非物质文化遗产代表性项目目录。杭州费庄华发织造厂是国内较大规模杭缎织造企业，掌握“杭缎织造技艺”核心技术，有数十位传承人专职从事杭缎织造工作，是省级非物质文化遗产代表性项目保护单位。同年9月，杭州喜得宝丝绸有限公司“杭州丝绸传统练染印整技艺”入选杭州市第七批市级非物质文化遗产代表性项目名录。“喜得宝”作为杭州丝绸传统练染印整技艺保护单位，探究和推动传统练染印整技艺的创造性转化和创新性发展，成立杭州丝绸传统练染印整技艺非遗馆、喜得宝丝绸文化传承研学基地等展馆，开展各种传承传播活动，宣传丝绸文化。

【“奥罗拉”入选2022年亚洲品牌500强】2022年11月，第17届亚洲品牌盛典暨2022年亚洲品牌500强发布会在海南自贸港举行。杭州奥罗拉实业有限公司在亚洲品牌盛典上入选2022年亚洲品牌500强，奥罗拉创始人邓涛获评2022年亚洲品牌十大创新人物。

【5名杭州丝绸人获全国茧丝绸行业终身成就奖】2022年11月，2022中国丝绸大会在广西河池召开。会上，浙江省丝绸协会会长吴金根、浙江凯喜雅国际股份有限公司运营管理部部长卞幸儿、全国丝绸标准化技术委员会顾问周颖、杭州市丝绸行业协会副会长兼秘书长张祖琴、金富春

集团有限公司总工程师盛建祥5名杭州丝绸人被中国丝绸协会授予全国茧丝绸行业终身成就奖。

【杭州中国丝绸城成立35周年活动】2022年11月18日，“千年丝韵焕新，我在拱墅等你”杭州中国丝绸城成立35周年暨2022年金秋购物节开幕式在杭州中国丝绸城举行。中国丝绸城入驻丝绸企业400多个，有“喜得宝”“都锦生”等一批中华老字号以及众多省、市著名丝绸品牌。

【丝绸高质量发展国际智库论坛暨国际丝绸联盟主席会议】2022年12月21日，由国际丝绸联盟和浙江理工大学主办、国家纺织与日用化学国际科技合作基地承办的“2022丝绸高质量发展国际智库论坛暨国际丝绸联盟主席会议”以视频会议形式在杭州市召开。来自中国、意大利、法国、巴西、日本、印度、瑞士、泰国、越南、伊朗、菲律宾等国家和地区100多名代表参会，6400多人次观看会议直播。会议通过《2022国际丝绸联盟工作报告》。

【6个项目获中央外经贸专项资金（茧丝绸）资助】2022年，根据省经济和信息化厅、省财政厅相关文件，杭州市申报的“法国古丝绸样本数字化再造技术研究与高端化发展”“自动缫丝机提能增效专项技术研究”等6个中央外经贸专项资金（茧丝绸）项目通过省经济和信息化厅组织的专家验收，获专项资金资助。（郑璐华）

工艺美术产业

【概况】2022年，杭州市有规模以上工艺美术品制造企业59个，其中雕塑工艺品制造企业3个、金属工艺品制造企业7个、漆器工艺品制造企业2个、花画工艺品制造和天然植物纤维编织工艺品制造企业各1个、抽纱刺绣工艺品制造企业27个、地毯（挂毯）制造企业3个、珠宝首饰及有关物品制造企业5个、其他工艺企业10个。全行业拥有工艺美术大师195名，国家级工艺美术大师6名、省级工艺美术大师64名、市级工艺美术大师124名。

【杭州作品在中国（浙江）工艺美术精品博览会获奖】2022年6月17—20日，第十届中国（浙江）工艺美术精品博览会在绍兴国际会展中心举行。杭州朱炳仁·铜、临安昌化鸡血石、贵山窑陶瓷、王星记扇业、杭州刺绣等40多个单位109件精品在会上展出，品种涵盖金属工艺、陶瓷、石雕、木雕、花边、扇艺、刺绣、丝绸、家具及城市雕塑等。参展作品获金奖39个、银奖40个、铜奖30个。

【中国（杭州）工艺美术精品博览会】2022年11月14—16日，2022年中国（杭州）工艺美术精品博览会在杭州武林之星博览中心举办。来自北京、深圳、福州、扬州以及杭州、龙泉、绍兴、泰顺、温州、嘉兴、宁波、湖州、青田、东阳等地的1637件作品参展，涵盖陶瓷、漆器、玻璃、首饰、雕塑工艺（木、金、石等）、金属工艺、抽纱刺绣、纺织纤维、民画、皮雕、纸工、扇艺、民间工艺品、古典家具、珠宝玉石等。杭州展区参评作品294件，获金奖62件、银奖46件、铜奖30件。

【杭州参展中国（深圳）国际文化产业博览交易会】2022年12月29日，第十八届中国（深圳）国际文化产业博览交易会在深圳国际会展中心（宝安）举行。杭州贵山窑陶瓷艺术研究室、杭州水韵琴丝文化艺术有限公司、朱府铜艺、匠铜实业（杭州）有限公司、杭州泉季工艺品有限公司、杭州武备司文化创意有限公司、杭州雅尚造型艺术有限公司、杭州之江度假区延智文化创意工作室、杭州萧山美艺花边有限公司等单位参展，品种有杭州刺绣、萧山花边、金属工艺、根雕、陶瓷、泥彩塑等。参展作品获金奖6个、银奖9个、铜奖4个。

（刘文吉）

石油和化学工业

【概况】2022年，杭州市化工业有规模以上企业714个，占全市规模以上工业企业总数的10.8%。其中：石油加工业16个，化学原料和化学制品制造业312个，橡胶和塑料制品业386个。全年化工行业主营业务收入1887.56亿元，其中：石油加工业收入27.47亿元，比上年增长22.1%；化学原料和化学制品制造业收入1020.94亿元，增长2%；橡胶和塑料制品业收入839.16亿元，增长1.4%。利润总额127.63亿元，其中：石油加工业利润5.93亿元，增长260%；化学原料和化学制品制造业利润81.44亿元，下降11.5%；橡胶和塑料制品业利润40.2亿元，增长23.7%。利税总额为164.14亿元，其中：石油加工业利税6.77亿元，增长170%；化学原料和化学制品制造业利税104.03亿元，下降9.3%；橡胶和塑料制品业利税53.34亿元，增长15.8%。企业投入研发费用56.47亿元，其中：石油加工业0.3亿元，增长57.3%；化学原料和化学制品制造业29.84亿元，增长7.5%；橡胶和塑料制品业26.34亿元，增长5.3%。

【化工园区发展】2022年，建德市化工园区有14个化工企业，其中上市化工企业5个。全年化工产业实现规模以上工业总产值149.6亿元，比上年增长2.7%；利润28.6亿元，增长56.7%。钱塘区化工园区有规模以上化工企业165个，占全区规模以上工业企业总量的25.0%，实现产值800.78亿元，下降3.5%。临安区化工园区有规模以上化工企业11个，其中1亿元以上企业3个。全年实现规模以上工业产值17亿元，增长6.7%；实现规模以上工业增加值4.6亿元，增长5.7%，规模以上工业利税总额3.9亿元。

【新安集团营业收入首次超过100亿元】2022年，浙江新安化工集团股份有限公司建德本部营业收入首次超过100亿元，利润总额、出口创汇、税收等经营指标均创历史新高，进入中国制造业企业500强、全国农药行业销售TOP100第五名、中国民营企业社会责任100强、A股公司EGS百强榜，甲基乙烯基硅橡胶混炼胶获国家单项冠军产品。打造“数字新安”，建设总部智能园区，成为国家、省、市制造业数字化转型实践标杆。

【“7N超纯氨”获省重点首批次新材料认定】2022年，浙江建业微电子材料有限公司年产1.3万吨超纯氨项

浙江新安化工集团包装车间（摄于 2022 年） （市经信局 供稿）

目整体运行正常，项目产品“7N 超纯氨”入选 2022 年度浙江省重点首批次新材料，同准替代进口产品。该产品是超大规模集成电路制作过程中关键性基础化工材料之一，主要用于芯片的清洗、蚀刻、掺杂和沉淀工艺。

【新型无卤阻燃剂获国家知识产权密集型产品认定】2022 年，浙江新化化工股份有限公司引进优秀人才，投入数字化转型资金 1.5 亿元，5 项省级新产品试制计划申报项目均通过审查。通过攻关，解决阻燃剂核心技术“卡脖子”问题，新型无卤阻燃剂获国家知识产权密集型产品认定。

【浙江深蓝新材料公司获评国家级专精特新“小巨人”企业】2022 年，浙江深蓝新材料科技有限公司通过工业和信息化部的评审，被认定为第四批国家级专精特新“小巨人”企业。该公司全年承担国家火炬计划产业化示范项目 1 项，开发国家重点新产品 1 个、省级工业新产品 11 个、省重点高新技术产品 4 个。拥有发明专利 17 项，主持制定国家标准 1 项、行业标准 4 项，参与制定国家/行业/团队标准 30 多项。公司产品质量、技术、生产工艺行业领先，市场占有率、年产销量居行业前 3 位。

【杭州格林达电子材料公司获制造业单项冠军】2022 年，杭州格林达电子材料股份有限公司入选工业和信息化部认定的第六批制造业单项冠军示范企业。其核心产品超高纯湿电子化学品，聚焦半导体集成电路和新型显示领域市场，支撑半导体集成电路和新型显示领域全产业链高质量发展。

【浙江传化化学品公司获评省级未来工厂】2022 年，浙江传化化学品有限公司“传化高端纺织印染助剂未来工厂”被评为年度第二批省级“未来工厂”。传化化学“未来工厂”通过深度融合，应用先进制造技术、自动化技术、通信技术和新一代信息技术，突破关键制造装备和制造技术，构建全流程智能化生产模式、质量全生命周期数字化管控、高效供应链协同管控、数字化营销、网络化协同制造等新模式，迭代升级成为智能化程度高、创新能力强、拥有关键核心技术的智能制造新模式新标杆工厂。

（金　炼）

电力工业

【概况】2022 年，杭州电网有 35 千伏及以上公用变电站 454 座，变电容量 9793.78 万千伏安；35 千伏及以上输电线路（含电缆）1203 条，总长度 1.19 万千米。10（20）千伏配变（含用户）14.35 万台，总容量 8973.69 万千伏安；10（20）千伏配电线路（含电缆）7097 条（含用户），总长度 5.64 万千米。杭州电网发展总投入 56.90 亿元，完成固定资产投资 48.60 亿元；营业收入 576.80 亿元，增长 18.4%，利润 5.90 亿元；资产总额 569.7 亿元，增长 10.0%。

按电度表户为计算单位，电力用户 545.58 万户，全社会用电量 949.85 亿千瓦时，比上年增长 4.3%。售电量 897.7 亿千瓦时，增长 4.3%。最高负荷 1913 万千瓦，增长 4.3%。

【白鹤滩—浙江 ±800 千伏特高压直流工程试运行】2022 年 12 月 30 日，国家电网有限公司在北京主会场、浙江分会场召开白鹤滩—浙江 ±800 千伏特高压直流工程（简称白鹤滩—浙江工程）竣工投产大会。该项目每年可为杭州节约标准煤约 170 万吨，折合原煤 230 万吨，减少排放二氧化碳 300 万吨，相当于少建近 2 座年产 120 万吨大型煤矿。白鹤滩—浙江工程是中国“西电东送”战略的重大基础性工程、“十四五”期间中国开工的首个特高压直流工程，也是贯彻国家能源安全新战略、打造浙江“重要窗口”的重大能源工程。工程西起四川省凉山彝族自治州布拖县，终于浙江省杭州市临平区，途经四川、重庆、湖北、安徽、浙江 5 个省（市），线路全长 2121 千米（其中杭州段全长 7.276 千米），额定输送容量 800 万千瓦，新建白鹤滩（二期）、浙北（钱塘江）2 座换流站。

白鹤滩—浙江工程于 2021 年 7 月核准，同年 10 月开工建设，2022 年 11 月 27 日 13 时，钱塘江换流站双极低端换流器解锁，白浙特高压工程系统调试一次性解锁成功，首次实现功率传输，12 月 23 日结束试运行。浙北 ±800 千伏特高压换流站（钱塘江换流站）位于杭州市临平区塘栖街道梅家河村西侧，总占地面积 26.17 公顷，全站总建筑面积 3.02 万平方米，额定换流容量 8000 兆瓦。本期 ±800 千伏特高压直流 2 回，500 千伏超高压交流 8 回（高端 4 回，低端 4 回）。

【电网发展建设】2022 年，杭州市 110 千伏及以上输变电工程合计开工线路 375.8 千米、容量 320.3 万千伏安，投产线路（含电缆）397 千米、容量 1018.8 万千伏安。建成投产 ±800 千伏钱塘江换流站；扩建 500 千伏涌潮 #3 主变，瓶窑变 2 台主变增容至120万千伏安;新建220千伏变电站3座(西湖俞桥、钱塘沙南、余杭科创),110千伏变电站11座(上城丁居,西湖镇中、孙家,钱塘宏波,萧山光明,余杭师大、黄湖、金星,富阳栗园,桐庐高荷,淳安燕山),35千伏6座(余杭星桥临,临安三口、新溪、光辉、玉山,淳安下姜)。

出台《杭州市电网发展"十四五"规划》,发布杭州电网三年(2023—2035年)攻坚计划,编制城西科创大走廊电力专项规划。500千伏江南变、建德变送出等项目前期取得突破。国内首创城市管廊全流程电缆施工模式,完成紫金港科技城220千伏上改下单段最长1715米电缆敷设。建成"五个9"高可靠性拥江带,城区自动化实现全覆盖。制定实施"181N"落地方案,泛亚运综合示范获全省双碳十大优秀案例。在500千伏涌潮变首次应用高速开断技术抑制短路电流。投运钱塘氢电耦合示范项目,建成首个多能互补零碳柔直示范工程。打造首个零碳认证变电站。能源大数据中心业务市、县一体落地,实现多能数据全接入。

【电力安全生产】 2022年,杭州电网专项整治三年(2020—2022年)行动完成,307个问题整改"清零",形成制度经验70个。狠抓电力违章管理,全年自查严重违章581个。创新外包队伍"建档画像",建立积分评价和结果应用机制,政企协同开展除险保安"百日攻坚"。上线国家电网首个广域调控系统,科学高效均衡负荷,保持"三个零超限"。杭州电网完成设备隐患整治2217个,实现线路"三跨"隐患"清零"。收官老旧设备改造三年行动,完成220千伏崇贤变电站半高层改造等重大工程。国网杭州供电公司开发并实战应用应急指挥暨政治保电系统,全域推广配电房"下改上",成功抵御台风"轩岚诺""梅花"。完成中共二十大保电任务。杭州电网超前应对夏季保供严峻挑战,千方百计保安全、保电网、保民生、保经济,市、县两级电力负荷管理中心全部挂牌,打造萧山、滨江"千瓦可控、度电可调"典型场景,实现电量高增长。

2022年杭州市全行业用电一览表

表23

行 业	用户数(户)	用电量(万千瓦时)
一、农林牧渔业	45077	59718.91
二、工业	118425	4220419.80
三、建筑业	23473	254320.73
四、交通运输、仓储和邮政业	5204	296939.90
五、信息传输、软件和信息技术服务业	46994	366750.02
六、批发和零售业	151917	529938.69
七、住宿和餐饮业	19630	156937.01
八、金融业	2485	44568.88
九、房地产业	101788	436539.03
十、租赁和商务服务业	11743	423780.09
十一、公共服务及管理组织	118696	767191.70
总 计	**645432**	**7557104.76**

【供电服务优化】 2022年,杭州电网营商服务"获得电力"指标继续保持全国第四位,杭州全域供电可靠性城市达到99.9982%,农村99.9954%,户均停电时长城市0.1606小时,农村0.3997小时。综合线损率下降0.13个百分点,高损台区压减95%。推出"杭电十条"服务经济稳进提质,推行电费缓交并免收滞纳金,"电e金服"帮助产业链上下游获得金融服务10亿元。构建"三办一中心"营商服务体系。8月,组建营商环境办公室、电网发展建设和资源综合利用办公室、配电网建设管理办公室,优化营商服务中心。实现新一代集控系统市、县两级覆盖,"一键顺控"改造数量居全省第一位。建成"城区一体、市县联动"数智化供电服务指挥体系。

实施"六项工程""八项服务举措",打造新时代新农村新电力服务国网示范。基本建成数智型"六好"供电所,率先推广i国网"掌上数供"。助力乡村振兴和城市更新,完成农网提升和老旧小区配网改造412项。提前投产6座配套变电站和15项网架提升工程。完成在杭州的全部场馆接电任务,打造全省首个电力标准化建设示范场馆。建成萧山国际机场全国最大交通枢纽充电站。

【智慧电力建设】 2022年,杭州电网建设新型电力系统,迭代优化新型电力系统建设方案,实施"365+N"落地行动计划,打造"泛亚运高弹性电网"和"西部绿电大走廊"两大工程。泛亚运都市级低碳综合示范场景获评浙江省双碳科技发展十大优秀案例。国网杭州供电公司共计消纳绿电19.56亿千瓦时。3月31日,杭州第19届亚运会和第4届亚残运会全部竞赛场馆绿电供应全面接通,并将在亚运会历史上首次实现全部场馆100%绿色供电。

全市光伏发电总装机容量196万千瓦,成为本地最大电源。全市建成充电桩17.7万台。 (张学飞)

责任编辑 须同威 孙晟珂

23 建筑业

综 述

【建筑业总产值居全省第一位】2022年2月，市政府办公厅印发《关于促进我市建筑业高质量发展的实施意见》，意见规划未来5年杭州市建筑业发展蓝图，从4个维度推出10项改革举措，助推全市从“建筑大市”向“建筑强市”转变。年末，全市有建筑业企业1.15万个，比上年增加974个；有企业各类资质2.91万项，增加1778项。其中，施工总承包资质5589项、专业承包资质1.89万项。全年完成建筑业总产值5737.1亿元，增长2.9%。其中，省内建筑业总产值4535.3亿元，增长4.6%，总量居全省第一位；建筑业增加值700.8亿元，增长0.1%。（郭 超）

【新建项目实施装配式建筑】2022年5月11日，市建委印发《2022年度各区、县（市）装配式建筑（建筑工业化）目标任务的通知》《2022年杭州市装配式建筑工作要点》，明确各区县（市）年度发展装配式建筑任务。实施工作例会、层级督查、进度通报、服务指导等举措，参与21个市级装配式建筑项目方案及初步设计技术指导，对214个新开工装配式建筑项目网上报送信息进行复核。开展2022年度杭州市新型建筑工业化示范产业基地和项目申报、评审，认定示范基地和项目34个，推荐申报第三批国家装配式建筑生产基地2个。联合市财政局拨付新型建筑工业化专项资金810万元，对装配式建筑基地与项目建设等给予奖励补助。开展首批“浙里建”建筑工业化监管服务场景协同建设项目上线工作，8个试点项目完成工业化场景试点应用。加强装配式建筑各类管理人员及产业工人培训，开展各类培训40多次。举行全市“9·26”工匠日杯装配式建筑施工员职业技能竞赛，参加竞赛30多人。推进装配式建筑发展相关做法和案例在《中国建设报》《杭州日报》等媒体刊登。全年全市新开工装配式建筑2793万平方米，完成省建设厅下达的年度目标任务的121%。

【钢结构装配式住宅建设试点评估】2022年，杭州市开展钢结构装配式住宅建设试点评估工作，梳理总结钢结构住宅开发、设计、生产、施工、验收和运行维护等环节的做法，编制《杭州市钢结构装配式住宅建造技术指南》，加强对钢结构装配式住宅建设试点企业、试点项目日常管理，加快推进钢结构装配式住宅建设。全年全市新开工钢结构住宅建筑面积68.3万平方米，完成年度目标任务的171.1%。杭州钱塘健康驿站等钢结构装配式住宅项目成为全市钢结构装配式住宅样板。（朱文杰）

勘察设计

【概况】2022年，杭州市勘察设计“四库一平台”信息系统中有在库企业1179个，从业人员4.51万人，其中注册人员6077人。市建委运用“四库一平台”信息系统，采集勘察设计企业及人员信息，加强对企业和人员的资质、资格、市场行为及信用评价管理。

【勘察设计质量检查】2022年7月、9月，市建委组织2次全市勘察设计行业质量检查，重点检查施工图设计文件、勘察设计工程强制性标准执行情况和施工图质量。检查组分别抽查144个不同类型的项目和30个勘察设计企业，发现建筑工程施工图设计质量违反强制性条文的项目16个，涉及勘察企业1个、设计企业11个、图审单位8个，根据检查结果，市建委对存在一般性问题的项目责任单位发出指导意见书，对涉嫌违反强制性条文的责任主体单位发出整改通知书，对人员配备不符合资质标准的企业发出限期整改通知书。（张小玲）

【建筑师负责制试点】2022年，市建委在民用建筑工程领域开展建筑师负责制试点工作。建立统筹工作机制，成立杭州市建筑师负责制试点工作专班。会同市招标造价服务中心、市城建发展研究院完成《杭州市工程建设项目建筑师负责制服务招标文件示范文本（资格后审）》《杭州市工程建设项目建筑师负责制服务合同示范文本》《杭州市工程建设项目建筑师负责制服务收费指导意见》3个配套文件编制，于7月印发试行。将7个项目列入全市第一批建筑师负责制试点清单，试点项目涉及地下停车场统筹建设等。举办2期业务培训，市级专班成员单位、区县（市）住建局，设计单位、第一批试点项目建设单位相关负责人参加培训。开展《杭州市建筑师负责制建筑师标准服务内容与管理流程》等配套文件制定，年内有关配套文件形成初稿。

【香港城市规划建筑设计成就展在杭州举行】2022年8月30日至9月10日，由杭州市港澳办、杭州市建委、香港特别行政区政府驻浙办事处联合举办的城市规划建筑设计成就展在杭州、北京、纽约、香港4个城市巡回展出。8月30日，首站展出在杭州西湖区天目里商业综合体开幕。香港特别行政区行政长官李家超出席杭州站开幕式并致辞。其间，举办以"城市更新""可持续性""和合共生""共同富裕"为主题的两地建筑师学术研讨会，杭州市勘察设计协会并与香港建筑师学会签订合作框架协议。 （陆　珺）

【优秀青年建筑师选拔和培养】2022年5月，市建委与市勘察设计行业协会联合开展优秀青年建筑师选拔和培养工作，成立选拔和培养工作领导小组和评审专家组，制定选拔和培养实施计划，有10名建筑师入围后续重点培养计划。市勘察设计行业协会组织入围的青年建筑师参观香港城市规划建筑设计成就展，并与香港建筑师举行学术交流。开展由杭州市建委和建德市政府联合主办的杭州优秀青年建筑师"助力乡村振兴、实践共同富裕"建德公益服务活动，青年建筑师分别实地勘察建德大同镇溪口村和大洋镇庆丰村，根据不同村落的特点，进行村貌更新改造方案设计。年内，10名青年建筑师被市建委授予"杭州市优秀青年建筑师"称号。

【全过程图纸数字化管理】2022年，市建委开展"浙江省工程建设全过程图纸数字化管理系统"应用工作，通过管理系统实现工程建设项目"图审—设计变更—监管"全过程图纸数字化管理，进一步简化建设单位申报材料，优化施工图审查流程，压缩审批时间，实现审批服务再提速。年内，全市完成建设工程施工图联合审查项目8517个，审查项目建筑面积2.8亿平方米；完成设计变更项目1518条，变更项目建筑面积6918万平方米。（赵　宁）

【营商环境创新试点】2022年9月，国务院办公厅印发《关于复制推广营商环境创新试点改革举措的通知》，该通知将杭州市建委牵头实施的5项改革任务列入国务院首批在全国复制推广的试点清单。根据营商环境创新试点要求，市建委制订《杭州市房屋建筑和市政基础设施工程建设项目联合验收工作方案》，将联合验收事项范围扩大至房建和市政类项目，将纳入联合验收的事项范围调整为建设工程竣工规划核实、建设工程消防验收（备案）等7项，并印发《单位工程竣工联合验收实施方案（试行）》，对住宅项目以外的工程建设项目开展联合验收，验收合格的工程建设项目允许提前投入使用。年内，杭州市政工程接入审批、联合验收、资质下放、建筑师负责制等7项国家任务和优化工程建设项目图纸管理、工程质量保险等3项特色任务均完成试点。

【审批服务机制试点】2022年，市建委优化工程建设项目审批服务，开展"拿地即开工""竣工即备案""分阶段施工许可"等审批服务机制试点，助推投资项目早落地、早开工、早投产、早收益。推行企业投资项目审批承诺制，对符合条件的项目实行施工图后置审查、施工许可告知承诺等举措。按照"一件事"理念，建立健全行业主管部门、招商主管部门、项目审批部门联合组团服务机制，变"一个项目跑多个部门"为"多个部门为一个项目服务"，变部门"坐等审批"为"提前服务"，建立"拿地即开工"快速通道。以工业项目联合验收为突破口，将联合验收范围扩面至房屋和市政类项目，将规划核实、用地复核验收、消防验收备案、人防验收备案、建设工程档案验收、雷电防护装置竣工验收、一般工业项目竣工验收备案7个事项纳入联合验收范围，通过审批管理系统自动完成竣工验收备案，实现建设项目"竣工即备案"，一般工业项目竣工验收时间压缩至5个工作日以内，审批时间缩短80%。做深做细分阶段施工许可。市建委将分阶段施工许可适用范围由企业投资项目扩展至企业投资和政府投资的新建、改（扩）建工程，将阶段细分为基坑围护、主体工程底板以下（不含底板）、主体工程底板以上、专项工程（装饰装修、幕墙、机电），允许建设单位在确定项目施工总承包单位后，分别或组合申请施工图设计文件审查和办理施工许可手续。 （陈秋雯）

【勘察设计优秀成果评审认定】2022年，市勘察设计行业协会根据新修订的勘察设计优秀成果认定细则，开展营商环境优秀成果评审认定工作。协会收到各类申报项目766个，比上年增加30个。评审认定工作按照专业设置建筑、勘察、市政、综合工程技术、风景园林、建筑智能化、BIM（建筑信息模型）应用和环境照明8个类型的奖项。协会组织66名不同专业的专家参加评审认定，经过各专业组专家评议、投票，认定一等奖76项、二等奖223项、三等奖234项。协会对获评优秀成果的单位颁发荣誉证书和奖牌，并作为杭州市向上一级部门推荐优秀成果的依据。7—12月，市勘察设计行业协会组织建筑设计、工程勘察、风景园林、市政工程、BIM应用、环境照明6场不同专业的优秀项目讲评会，交流分享专家认定的优秀设计成果。 （顾　全）

建筑工程管理

【概况】2022年年末，杭州市有在建建筑工程2792个，比上年减少1784个。其中：房屋建筑工程2508个，在建建筑面积22769.1万平方米；市政基础设施工程（含轨道交通工程）284个，工程造价723.8亿元。全年新开工房屋建筑工程1455个，面积7434.7万平方米；新开工市政基础设施工程268个，造价179.4亿元。竣工房屋建筑工程1649个，面积7326.4万平方米；竣工市政基础设施工程394个，造价716.8亿元。开展省、市标准化优良工地和"钱江杯""西湖杯"优质工程推荐评选，全市有81个工程参加省标准化优良工地评审，37个工程获"钱江杯"奖（优质工程）。评出市标准化优良工地206个、"西湖杯"优质工程118个。

2022年，中国杭州电竞中心获第十五届“中国钢结构金奖”（市建委 供稿）

中国杭州电竞中心获第十五届“中国钢结构金奖”。

【工程安全质量管理】2022年，市、区两级建设行政主管部门加强对重点项目、重点企业、重点部位和重点内容的安全质量检查，排查施工企业和项目3.1万个（次），发现质量、安全和文明施工问题7.28万个，签发限期整改通知单1.62万份、停工整改通知单1010份，对企业信用扣分1051个（次）、1521分。加强建筑外墙安全隐患排查治理。组织“杭州市既有建筑外墙安全隐患排查检测标准”课题研究，开发既有建筑外墙隐患排查系统，建立问题楼栋“一楼一档”，实行隐患排查动态管理。全年排查既有建筑外墙隐患楼幢1.31万幢，整治既有建筑外墙楼幢337幢，超额完成市政府下达的整治任务29.6%。

【“迎亚运”工地环境整治】2022年，市建委对接“亚运城市环境在线”平台，通过申请城市环境在线数据接收服务接口，明确重点区域整治任务和要求，加大问题整改力度。全市“迎亚运”工地通过市建委实名制系统从问题发现到整改完成，形成问题线上处置反馈闭环。市建委制订《“美丽杭州迎亚运”建筑工地环境提升工作方案》，成立督察专项小组，对建筑工地进行现场踏勘和视频检测系统抽查，检查工地2.41万个（次），发现问题2.16万个，下发整改通知单1.27万份，实施行政处罚201起、信用扣分190分，责令停工项目213个。

【智慧工地建设升级】2022年，杭州市加强工地数字化管理，在省工程数字化管理系统上线运行项目库、质量安全监督、基坑检测管理、数据统计查询等模块，试运行质量检测管理、起重机械监督管理、预拌混凝土质量管理等模块。根据住房城乡建设部质量安全监管平台建设要求，市、区两级质量安全监督机构启用数字化平台并开展信息报送。结合地下隐患智防系统建设，将原有数据迁移至新平台，无缝对接“浙里建”系统。年内，全市在建2616个工程全部安装物联网视频监控并接入视频监控平台，实现“一张图”“一个平台”看工地物联网视频的目标。市建委印发《预拌混凝土企业试验室与资质动态管理联动专题会议纪要》，加强混凝土企业试验室数字化管理。推广应用混凝土动态监管平台，实现全年行业可追溯的智慧化监管。

【文明施工管理】2022年，杭州市开展建筑工地文明施工水平提升行动，完善建筑工程文明施工导则，推动现场文明施工全过程、标准化、精细化管理。全市建筑工地落实在线监测系统规范安装工作，年内5000平方米以上的建设工地均安装在线扬尘监控设备并接入杭州市扬尘在线监测数据系统。做好扬尘超标预警处置工作，实施扬尘监测设备与喷淋、雾炮等设施联动，实现建筑工地超标预警、远程控制与自动降尘。全市214个处于基础（出土）施工阶段的建筑工地道闸安装率、视频监控安装率均为100%，基本实现数智化管控设备安装全覆盖。（祝 竹）

建筑市场管理

【概况】2022年，市建委坚持“稳进提质”总基调，以数字化改革、智慧化管理为手段，以重点领域专项整治为载体，落实全市招投标“一盘棋”、信用监管“一体化”各项工作，全力打造一流营商环境，推动建筑业高质量发展。印发《关于促进我市建筑业高质量发展的实施意见》。围绕“建设统一大市场”目标，推出招投标监管系列组合拳，开展房建市政项目招投标领域层级督查，督促各地落实全市招投标“六统一”政策。开展现行招投标政策文件清理，废止招投标政策文件7个；从招标、投标、开标、评标四大核心环节入手，通过数字防控，压缩人为干预空间。公布并实施施工企业信用等级划分标准，该做法受到省建设厅肯定。印发《“迎亚运”道路建设项目市场主体信用评价工作指引》，推进服务保障“迎亚运”道路工程建设。开展房屋建筑、市政领域涉企保证金清理规范专项行动，最大限度减轻建筑业企业资金压力，全年为建筑业企业增加流动资金12.15亿元。

【建设工程招投标制度改革】2022年，杭州市围绕“建设统一大市场”目标，以全市招投标“一盘棋”和全流程电子化为着力点，深化招标投标制度改革，全年完成房屋建筑和市政基础设施项目发包4163个，中标金额2655.22亿元。其中：公开招标2217个，中标金额1390.22亿元；邀请招标26个，中标金额18.80亿元；直接发包1920个，中标金额1246.19亿元。发包项目中，市级项目277个，中标金额124.59亿元。市建委会同市纪委、市审计局、市公共资源交易中心等部门，开展房屋建筑、市政项目招投标领域层级督查，随机抽查工程项目130个，针对发现的问题，提出限期完成整改的要求。开展现行招投标政策文件清理，梳理各区县（市）招投标政策文件33项，废止7项。市建委印发

《杭州市"1+N"远程异地多点评标操作指南(试行)》《项目负责人陈述和答辩操作指引》等文件,完善招投标操作规则,推进电子招投标和远程异地评标工作。全年全市实行全流程电子招投标项目2506个,完成远程异地评标项目469个。

【建筑市场信用监管体系完善】2022年,杭州市聚焦信用体系建设,发挥信用评价"指挥棒"作用。全市房建市政工程领域采用省建设厅制定的施工企业和工程监理企业信用评价标准,实现市场主体信用评价结果与招投标活动挂钩。自4月1日起,杭州市将省建设厅印发的施工企业信用评价标准与房建市政项目招投标活动挂钩,杭州建设信用监管平台定期发布施工企业信用等级分数线。

【建筑业企业资质审批服务优化】2022年,杭州市围绕"打造一流营商环境"目标,深化建筑业企业资质审批"放管服"改革。市建委做好省建设厅有关企业资质审批权限下放工作,下放审批权限涉及电子与智能化工程、消防设施工程、防水防腐保温工程、建筑装修装饰工程、建筑幕墙工程和特种工程等,通过改造审批系统、规范审批流程,做到无缝衔接。依托全流程电子审批功能,将市级承担的"模板脚手架专业承包资质"和"施工劳务企业资质"行政许可审批事项的审批权限下放到各区县(市)建设行政主管部门。全年全市各区县(市)办理模板脚手架专业承包资质相关业务140件,办理施工劳务企业资质相关业务4570件。

【建筑工程总承包推行】2022年,杭州市根据省建设厅、省发展改革委联合印发的《关于进一步推进房屋建筑和市政基础设施项目总承包发展的实施意见》,推进项目组织方式向工程总承包、全过程咨询转变。市建委制定《杭州市房屋建筑和市政基础设施项目工程总承包项目计价指引》,组织编制工程总承包计价规则,加强房建市政工程总承包项目计价管理。全年全市完成浦乐单元培智学校项目设计采购施工(EPC)工程总承包等193个项目工程总承包招标,中标金额538.93亿元;完成高创世界产业园等80个全过程工程咨询项目招标,中标金额7.15亿元。(郭　超)

进杭建设者

【概况】2022年年末,杭州市有进杭建设者43.41万人,比上年增加9800人。人员分布于全市2700多个在建工程项目。从来源地看,进杭建设者中河南占20.4%,安徽占17.8%,贵州占11.7%,四川占10.3%,江西占6.0%,省内占8.3%。进杭建设者年龄偏大,29岁以下占12.3%,30~39岁占23.4%,40~49岁占25.4%,50~59岁占33.8%,60岁以上占5.2%。学历偏低,小学文化占23.2%,初中文化占38.3%,高中和中专文化占10.7%,大专及以上文化水平占3.2%。进杭建设者中男性居多,占88.2%;女性占11.8%。

【民工学校建设】2022年3月,市建委印发《2022年杭州市建设工地民工学校工作要点》,召开年度杭州市民工学校总校校长培训会,布置民工学校建设各项任务。完善建设工地民工学校信息管理平台,推进民工学校与智慧工地实名制管理平台信息互联互通,通过岗前培训自培自考、建设工地民工学校、智慧工地实名制管理三维互动,实现建筑工地现场工人岗前培训、三级安全教育全覆盖。全年全市新建工地民工学校735所,通过示范民工学校验收196所;累计有工地民工学校2713所。各类民工学校开展教学活动1.34万场次。其中,开展岗前培训和安全教育5425场次,工程质量、文明施工和操作技能培训2580场次。

【建筑产业工人队伍培育】2022年3月21日,市建委印发《杭州市新时代建筑产业工人队伍培育2022年工作要点》,明确年度产业工人队伍培育工作任务和各项举措。召开产业工人队伍培育工作座谈会,与杭州市职业能力建设指导服务中心开展培育工作交流。引导各区县(市)住建局、有关部门、建筑业企业、行业协会和建设职业院校,共同推进全市建筑产业工人队伍培育工作。年内,浙江省建工集团有限责任公司、浙江省三建建设集团有限公司、浙江东南网架股份有限公司、浙江华临建设集团有限公司、杭州建工集团有限责任公司5个建筑业企业被省建设厅命名为"浙江省建筑产业工人队伍培育先行企业"。杭州科技职业技术学院和浙江建设技师学院被省建设厅命名为"浙江省建筑业现代化杭州产业学院"。组织走访浙江耀厦控股集团有限公司和杭州中豪建设工程有限公司等特级、一级建筑业企业,引导其通过吸纳优秀班组长、优秀建筑工人、招聘建设职业院校大中专毕业生等途径,打造企业自有核心产业工人队伍。全年杭州市12个试点企业吸纳优秀建筑工人659人。至年末,全市1464个重点建筑业企业有各类技术工种工人和持有特种作业证书工人7.54万人,其中高级工1.56万人、技师3716人、高级技师794人。签订正式劳动合同、缴纳社保的建筑工人4.76万人。建筑业企业依托建设职业院校,开展双师制培训和订单式培训。浙江金鑫钢结构集团有限公司与浙江建设技师学院建立校企战略合作关系。市建委联合浙江建设技师学院等院校,举办建筑行业高技能人才校园线上招聘会,为建筑业企业输送高技能人才320多人。浙江建设技师学院与浙江省一建建设集团有限公司、杭州市设备安装有限公司开展的校企"双嵌"共培模式入选浙江省学徒制典型案例。杭州科技职业技术学院与杭州市政工程集团有限公司、浙江耀华建设集团有限公司、浙江富大工程管理有限公司等建筑业企业合作,分别成立智慧施工、数字建造和全过程工程咨询创新班。(俞　辉)

【根治欠薪"百日攻坚"行动】2022年8月4日,市建委会同市人力社保局印发《杭州市建设行业根治欠薪"百日攻坚"整治行动方案》,开展整治欠薪攻坚工作。市建委组建监督指导、隐患摸排、电话询问、应急处置等8个专班小组,发出欠薪隐患化解督办函33份,实地督办纠纷项目58个,对5个项目的重大欠薪问题进行督查、约谈。对根治欠薪行动成效明显的42个项目(企业)进行通报表扬,对根治欠薪制度落实不到位的40个项目(企业)予以通报批评。结合攻坚行动,建立质量安全事故项目、民工工资拖欠项目“一案双查”制度，立案调查涉嫌违法违规项目15个。全市处置民工工资投诉纠纷192起，涉及民工1522人，退还保证金4222万余元。（张　涛）

【进杭建设者关爱服务】2022年，市建委以工地民工学校为载体，开展建筑工人主题教育、“迎七一、送服务、送教育”进工地、“迎亚运·学雷锋·展建设风采”志愿服务等活动。联合浙江省三建建设集团有限公司、浙江省建工集团有限责任公司、宏润建设集团股份有限公司、中国建筑第三工程局有限公司、中天建设集团有限公司等企业，开展“小候鸟”关心关爱实践活动。全年开展各类关心关爱活动29场，参与活动志愿者190多人，受关爱的“小候鸟”320多人。

【“红色工地”创建】2022年，市建委贯彻落实省建设厅《关于开展全省“红色工地”建设质量提升行动的意见》，制定提升行动实施方案，召开建筑工地党支部书记培训会，在全市建筑企业全面推开“红色工地”创建活动。开展省级“红色工地”十大典型案例和“优秀红色工地”评选推荐工作。开发和升级完善“建筑工地项目党建服务应用平台”，实行工地项目党建活动、流动党员管理等事项网上一站式服务。全年全市创建建筑行业“红色工地”1162个，创建数量居全省第一位。宏润建设集团股份有限公司杭州文一西路提升改造工程EPC总承包项目党支部入选浙江省“红色工地”优秀典型案例名单，11个工地项目获评“全省优秀红色工地”，占全省总数的1/5左右。（俞　辉）

【先进典型选树】2022年9月28日，市建委联合市人力社保局、市总工会、市建筑业协会等单位，举行杭州市“9·26”工匠日杯架子工职业技能竞赛，对理论知识、操作技能均合格的14名选手颁发高级工职业技能等级证书；对竞赛成绩前三名的选手颁发技师职业技能等级证书并由市人力社保局授予“杭州市技术能手”称号；另有8名选手获得市总工会授予的“杭州市职工经济技术创新能手”称号。10月28—29日，市建委等单位举办杭州市“东南网架杯”装配式建筑施工员技能比武暨浙江省第五届装配式建筑职业技能竞赛杭州选拔赛，6名选手获省装配式建筑技术能手奖；市建筑行业获团体一等奖2个、团体二等奖1个、团体三等奖5个，获奖数量居全省第一位。年内，杭州市建筑行业有13名技能人才获评“浙江工匠”，68名青年技能人才被评为“浙江青年工匠”，16名技能人才分别被评为“杭州工匠”“浙江建设工匠”“杭州建设工匠”。（王　英）

建筑节能

【概况】2022年，杭州市围绕新建建筑低碳标准提升、绿色建造、可再生能源建筑应用、既有公共建筑能效提升、绿色生活五大行动，统筹推进建筑领域碳达峰碳中和工作，推动建筑领域绿色低碳高质量发展。全年办理新建民用建筑节能审查项目750个，建筑面积6424万平方米，其中二星级以上高星级绿色建筑占73.6%。新增高星级绿色建筑示范项目24个、超低能耗建筑示范面积29.1万平方米、近零能耗建筑示范项目8个、高比例可再生能源建筑应用示范面积139.9万平方米，实施公共建筑能效提升示范项目立项86.72万平方米，完成既有公共建筑节能改造166.35万平方米、既有居住建筑改造160.25万平方米、可再生能源建筑应用面积2223万平方米；新开工装配式建筑2793万平方米、钢结构住宅68.3万平方米。全市有7个案例入选2022年度省建设厅建筑领域碳达峰相关工作优秀案例，占全省优秀案例总数的33.3%，数量居全省11个设区市首位。市建委“公共建筑能效提升关键技术研究及杭州市重点城市示范”项目获浙江省建设科学技术奖二等奖。

【建筑领域碳达峰实施方案编制】2022年，市建委围绕“30·60”（指二氧化碳排放力争在2030年前达到峰值，2060年前实现碳中和）目标和愿景，设立杭州市建筑领域（含建筑业与公共建筑运行）碳排放达峰情景，按照“实事求是、因地制宜、以人为本、广泛参与”的原则，编制杭州市建筑领域碳达峰实施方案。实施方案涵盖减少建筑能耗和优化建筑用能结构两个方面，具体从标准提升、绿色建造、可再生能源应用、既有公共建筑能效提升、绿色生活5个方面展开碳达峰工作。根据实施方案，制订20项工作任务和举措。

【高星级绿色建筑发展】2022年，杭州市新建民用建筑网上办理“浙江省民用建筑节能审查意见书”项目750个，建筑面积6424万平方米，所有项目均达到一星级及以上绿色建筑标准。其中：二星级项目394个，建筑面积3351.05万平方米；三星级项目117个，建筑面积1379.65万平方米。全市二星级以上高星级绿色建筑占比达到73.6%。全年完成既有公共建筑节能改造166.35万平方米、既有居住建筑改造160.25万平方米，可再生能源建筑应用面积2223万平方米。（吴　锋）

【杭州市双碳目标引领建筑业高质量发展论坛】2022年7月12日，由市建委主办的“杭州市双碳目标引领建筑业高质量发展论坛”在之江饭店举行。论坛围绕浙江省节能宣传月活动“绿色低碳，节能先行”主题，设主旨演讲、行业倡议、标准发布、主题报告等环节。政府部门代表、行业协会负责人、专家学者等在现场分享、交流行业经验，共同探讨“双碳”目标下企业面临的挑战与机遇。

【杭州市获评省建筑领域碳达峰碳中和工作优秀设区市】2022年2月，杭州市被省建设厅、省财政厅评为2021年度建筑领域碳达峰碳中和工作及建筑节能与绿色建筑、建筑工业化“双优秀”设区市。获评建筑节能与绿色建筑考核优秀县（市、区）有拱墅区、钱塘区、富阳区、淳安县，建筑工业化考核优秀县（市、区）有拱墅区、钱塘区、萧山区、临安区。杭州市优化市、县（市、区）两级建筑节能目标责任考核工作，从配套政策出台、制度机制建设、目标任务完成情况等方面细化考核指标体系，加强对建筑节能的评价考核，全市城镇新建民用建筑100%执行节能强制性标准。（何建峰）

责任编辑　余显幕

24 商贸服务业

综　述

【社会消费品零售总额 7293.6 亿元】 2022 年，杭州市社会消费品零售总额 7293.6 亿元，比上年增长 5.8%。从总量来看，拱墅区、上城区、萧山区居前三位，占全市总量的 45.1%，其中拱墅区和上城区成为超过 1000 亿元级的消费大区；从增速来看，余杭区为 10.2%、萧山区为 9.7%、上城区为 8.8%，列前三位。从消费类型来看，批发和零售业增加值 1545 亿元，增长 4.1%；住宿和餐饮业增加值 226 亿元，下降 2.7%。

【家政服务数字化改革】 2022 年，杭州市加强"安心找家政"二期推广应用，推动社区家政网点入驻场景，加大"安心码"推广力度，引导更多家政服务员申领"安心码"，给予家政服务员信用评分，吸引更多消费者通过"安心码"选择家政服务员。入驻平台家政机构 216 个，入驻家政服务人员 6.21 万人，其中申领"安心码" 1.22 万人。二期拟建设的"改善营商环境"子场景，被省商务厅列入"一地创新、全省共享""一本账"。

【家政网点进社区】 2022 年 9 月 19 日，市商务局制定并发布《杭州市推动家政进社区政策实施细则》，并于 10 月 18 日开始施行。细则明确政策的内容和执行时间、申报对象和时间、资金安排、操作流程、职责分工 5 个方面内容。10 月 8 日，市商务局印发《关于开展 2022 年社区家政服务网点星级评定工作的通知》，明确评定依据及星级设置、评定对象与申报主体、评定流程与评定原则、申报流程、资金补助与星级管理以及《社区家政服务网点星级评价赋分表（试行）》，并以此为依据开展第一批社区家政服务网点星级评定的申报工作。

【洗染行业全过程信息共享与联动机制】 2022 年，杭州市按国家营商环境试点城市改革任务要求，简化洗染经营者备案登记手续，提出并发布《杭州市洗染行业事前事中事后全过程信息共享与联动机制实施方案（试行）》。探索政企合作模式，开发建设"商贸在线"平台，率先在洗染和美发美容行业试点，吸引上述行业经营者入驻该平台，通过跨部门数据核验方

2022 年杭州市社会消费品零售额一览表

表 24

行业（地区）	社会消费品零售额（亿元）	比上年增长（%）
全市总计	**7293.6**	**5.8**
一、分行业		
商品零售	6122.2	7.5
餐饮收入	1171.4	-2.5
二、分地区		
上城区	1073.1	8.8
拱墅区	1312.9	2.0
西湖区	845.7	5.8
滨江区	547.0	6.2
萧山区	905.7	9.7
余杭区	801.1	10.2
临平区	373.6	5.7
钱塘区	337.9	-3.3
富阳区	438.2	5.0
临安区	224.3	5.5
桐庐县	167.0	5.3
淳安县	94.0	4.5
建德市	129.0	2.3
杭州西湖风景名胜区	44.0	-4.1

式形成各经营户的信用档案和信用评级，给消费者提供选择参考，激励经营者加强信用建设和品牌维护，打造良好放心的消费环境。

【便民生活圈建设】2022 年，市商务局印发《杭州市商务局关于公布首批便民生活圈建设企业名单的通知》。首批认定 19 个便民生活圈建设企业，鼓励银行业金融机构对相关企业加大信贷支持。

【肉菜追溯系统】2022 年，杭州市肉菜追溯系统追溯节点数据覆盖提升。追溯管理平台每日同步蔬菜批发市场 600 条以上追溯农残检测源头数据，肉类批发市场进出场数据 1000 条以上。总计完成对农贸市场 600 个经营户的追溯布码，每日上传商务部追溯平台各类数据约 5 万条。

【联保联供服务】2022 年，市商务局担负主城区“菜篮子”重点商品保供和杭州市重要民生物资保供任务，主要依托“菜篮子”重点商品保供大户（企业）和杭州市联保联供企业两支队伍完成。全市共组织发放生活物资包 42.80 万份。全市各“菜篮子”保供企业对上海、嘉兴等地进行生活必需品援助，全年援助生活必需品 760 多万份、3.7 万吨，其中支援外地 680 多万份、3.02 万吨。

【节假日市场监测】2022 年，市商务局完成春节、元旦、清明、端午、劳动节、国庆节等法定节假日市场监测。其间，样本企业每天 11 时前上报价格信息，及时报送率 100%。重点零售、餐饮企业日报送率 100%。被纳入省级考核 3 个系统的企业新增 24 个、淘汰 26 个。商贸流通系统实有企业 100 个，其中生活必需品系统 35 个、生产资料监测系统 9 个。

【“数智消费嘉年华”主题系列促消费活动】2022 年 4 月 29 日，省、市、区三级联动，“浙里来消费·开门焕新消费季——2022 杭州数智新消费暨文三数字生活嘉年华”正式启动。杭州围绕数智消费嘉年华主题推出上城数智生活节、西湖车享节、余杭完美生活节、拱墅“618”消费嘉年华、“武林衣秀”、金秋消费节、西湖潮流夜等活动 248 场。中央广播电视总台《朝闻天下》《新闻直播间》《东方时空》等栏目及《人民日报》10 次报道杭州突出数智特色、创造消费热点、盘活消费市场的做法。杭州市促消费工作得到省政府表彰。

【5.5 亿元数字消费券发行】2022 年 6 月起，杭州市先后 10 轮在全市范围内发放 5.5 亿元数字消费券，包括通用券和餐饮、文旅、农业专项券，促进消费恢复。消费券关联订单金额 65 亿元。各区县（市）发放各类消费券 3 亿多元，带动消费近 40 亿元。

【促消费政策出台】2022 年，杭州市

2022 年杭州市主要商业特色街一览表

表 25

街区名称	入驻商家（户）	就业人数（人）	营业额（万元）	税收（万元）	客流量（万人）
湖滨路旅游商贸特色街	1199	9930	1257163.00	46019.00	3141.22
清河坊历史文化特色街	380	3118	82400.00	3075.00	908.89
四季青服装特色街	14000	30000	450000.00	—	2920.00
杭州中国丝绸城	650	1500	110254.00	434.42	150.00
武林路时尚女装街	487	2285	35800.00	480.00	400.00
胜利河美食街	20	274	8589.64	—	80.96
绍兴路汽车精品文化街	75	3000	1160577.00	12700.00	12.00
大兜路美食与历史文化特色街	69	300	1800.00	92.00	200.00
信义坊商业步行街	134	686	3534.83	—	72.10
桥西历史文化街	45	—	3137.47	—	228.35
石祥路汽车贸易街	165	6763	1293763.00	13281.00	23.00
青芝坞休闲旅游慢生活特色街	225	1205	13800.00	—	135.00
梅家坞茶文化村	130	560	7500.00	250.00	260.00
星光大道步行街	220	2500	115000.00	3650.00	1150.00
湘湖慢生活步行街	54	—	3606.23	—	—
塘栖老街	88	400	1578.74	46.00	227.36
瓶窑老街	56	300	2100.00	126.00	300.00
富阳达夫路	—	200	15000.00	830.00	25.00
淳安千岛湖秀水街	60	200	2400.00	15.00	60
淳安千岛湖骑龙巷	53	150	1400.00	41.00	150
建德严州古城步行街	180	600	4200.00	200.00	220
建德寿昌中山路	446	1270	15800.00	—	109.87

出台新能源汽车购车补贴、扶持批发零售业和住宿餐饮业等12个促消费政策。至年末，杭州市新能源汽车购车补贴政策惠及车辆5.45万辆，各区县（市）实现兑付资金2.89亿元，直接带动新能源汽车销售额（不含税）134.65亿元，撬动消费比例1∶46.6。

【智慧商圈建设】2022年，杭州市15个主要商圈依托大数据和"元宇宙"等先进技术，实现商圈线上和线下深度融合，加快智慧商圈迭代升级，构建更符合人民生活消费需要、更贴近商家经营需求、更适配机构运营和政府管理的未来智慧商圈。湖滨、武林商圈入选首批全国示范智慧商圈，吴山、文三数字生活商圈入选第二批省级示范智慧商圈。

【高品质商业特色街】2022年，杭州市完成瓶窑老街、严州老街申报省级高品质步行街试点，并获省级命名。完成2条步行街（余杭区闲埠步行街、滨江区星光大道步行街）和4条商业特色街（上城区运河映巷商业街、西湖区厚仁路商业街、萧山区河上老街商业街、钱塘区金沙湖休闲商业街）的评审验收，并报请市政府予以命名。改造提升文三路数字生活街区，打造杭州数字街区消费新场景。（申屠婉铃）

【市商旅集团营业收入385.68亿元】2022年，市商旅集团全资和控股、参股企业营业收入385.68亿元，比上年增长8.5%；利润总额32.36亿元，增长7.6%。合并报表营业收入166.21亿元，增长25%；利润总额20.01亿元，增长9.9%；国有净利润9.88亿元，下降1.4%（含房租减免）。系统控股以上企业全年减免租金1.61亿元。

市商旅集团建立领导领办、定期沟通、专题会商、调研对接、精准落地"五项工作机制"。"商旅直通车共富行"党建联建全年结对走访调研50多次，慰问困难群众300多户，解决产品滞销、旅游产业发展规划策划等问题50多个，捐赠各类帮扶资金420多万元，助销帮扶地区农特产品8320多万元。"坚持三路并进、做实三百帮促，探索国企助力共富路"实践案例，获"首批浙江国资国企服务共同富裕最佳实践"和"首批杭州市争当浙江高质量发展建设共同富裕示范区城市范例最佳实践"。"杭州商旅"官方微信及视频号获省级媒体"天目新闻"年度优秀企业创作者奖。"印象西湖"获评国务院国资委品牌建设典型案例。

【市商旅集团国有企业改革三年行动完成】2022年12月，市商旅集团国有企业改革三年行动完成。完成杭州旅游集散中心有限公司股权无偿划转；调整杭州商旅联丰供应链管理有限公司股权关系，强化重要子公司管控；优化杭州西湖国际博览有限公司等企业股权结构，促进经营机制转换；完成86个低效无效资产处置和5个企业管理层级压缩。完成杭州武林广场地下商城建设有限公司、杭州西溪投资发展有限公司和杭州黄龙饭店有限公司资产证券化，3个项目每年可节省财务成本3000万元。落实省、市、区纾困扶持和稳住经济大盘等一揽子政策优惠1亿元，整体用水比上年下降14.1%、用电量下降10.8%、使用天然气下降5.4%，完成空置房产招租2.27万平方米、年租金2300万元。完成集团全级次企业董事会"应建尽建""外大于内"，实现二级、三级子企业领导班子成员任期制和契约化管理100%覆盖。

【市商旅集团数字化赋能】2022年，市商旅集团"i商旅通"会员权益服务平台会员总量超过126万人，累计会员销售1.27亿元。"数字商旅"产业网业务流量入口建设日趋完善，酒店客户端小程序对接20多个酒店客房系统，餐饮客户端小程序实现"就餐即会员"。杭州大厦有限公司和杭州解百集团股份有限公司被商务部评为全国首批智慧商店。杭州市安保服务集团有限公司获国家高新技术企业资质。（徐梦媛）

【市商旅集团（市运河集团）再次入选"中国旅游集团20强"】2022年12月12日，中国旅游集团化发展论坛召开。论坛由中国旅游研究院、中国旅游协会主办，以"政策促进，产业创新与旅游复苏"为主题，采用线下和线上相结合的方式举行。论坛上发布"2022中国旅游集团20强名单"，市商旅集团（市运河集团）再次入选"中国旅游集团20强"名单。"旅游目的地提升改造项目：轻资产赋能，提升文旅投资效率"和"大运河杭钢工业旧址综保项目：依托工业遗存，创新场景化空间营造"2个项目入选"潮品牌，新势力——2022年中国旅游创业创新案例"。

【市商旅集团与市运河集团完成整合】2022年12月14日，根据《杭州市深化国有企业改革工作专班办公室关于下达市属国有企业改革任务的通知》，市商旅集团、市运河集团及市农发集团整合重组。市商旅集团接收市政府持有的市运河集团84.3%股权无偿划转，完成市商旅集团与市运河集团整合；以原杭州种业集团为基础，整合有关涉农企业，组建杭州市农业发展集团有限公司。

电子商务

【概况】2022年，杭州市网络零售额10496.3亿元，占浙江省网络零售额的38.8%，比上年增长5.5%；居民网络消费额3888.3亿元，占全省的29.7%，增长7.1%。网络零售额、居民网络消费额均继续保持全省首位。余杭区、滨江区、萧山区、钱塘区、西湖区、上城区、拱墅区7个区的网络零售额入围全省前十名。在重点监测第三方电子商务平台上共有活跃网络零售网店14.2万个，相当于当地网络零售网店总数的31.5%，活跃网络零售网店总数在浙江省列第一位。电子商务直接解决就业岗位32万个，间接带动就业岗位84.1万个。全市电子商务增加值1929亿元，增长3.0%，占全市地区生产总值的10.3%。

【新电商高质量发展政策出台】2022年，杭州市出台《关于促进杭州市新电商高质量发展的若干意见》。意见提出打造"新电商之都"的目标及17条政策举措，涵盖壮大新电商产业生态、构建新型产业链体系、打造全方位要素保障体系等方面。

2022 年 12 月，“2022 世界直播电商大会”举行　　（市商务局 供稿）

【数字生活新服务标杆城市创建】2022 年，杭州市秉持“美好生活数字新服务”理念，生活性服务业数字化进程不断加速，新服务带动新消费成效明显。杭州市获首批省数字生活新服务先行市称号。全市有数字生活新服务样板县 3 个、省级数字生活新服务特色镇 31 个、市级数字生活新服务特色镇 40 个、数字生活新服务应用场景 56 个。

【直播电商等新业态新模式发展】2022 年，杭州市有综合类和垂直类头部直播平台 32 个、主播超过 5 万人，直播相关企业注册量超过 5000 个，数量列全国第一位，带动就业超过 100 万人。直播电商产业链覆盖直播平台、MCN 机构、直播电商园区基地、供应链系统等多个环节，直播电商发展生态良好。

【新零售示范之城建设】2022 年，杭州市落实《杭州市新零售发展五年行动计划（2019—2023）》，推动线上和线下双向融合发展。认定新零售企业 106 个、新零售服务企业 20 个，评定省、市新零售示范企业 80 个。开展“千家企业云化”行动，全市近 100 个大型商店超市实现“云化”，超过 4000 个传统便利店实现数字化运营。推进新零售标准和统计体系建设。

【电商直播式“共富工坊”建设】2022 年，市商务局落实“数商兴农”行动要求，深化电商示范村培育，推动电商直播式“共富工坊”建设，16 个典型案例入选《首批百家电商直播式“共富工坊”典型案例》。在“直播电商共富工坊”短视频大赛中，杭州市项目获金奖 1 个、银奖 1 个、铜奖 5 个。

【世界直播电商大会】2022 年 12 月，杭州市在首届数字贸易博览会期间，举办“2022 世界直播电商大会”。大会以“电商数字化·直播共发展”为主题，邀请知名专家、电商平台、MCN 机构、新锐国潮品牌代表做主题分享和圆桌对话，为直播电商发展搭建发布权威信息、展示发展成果、开展交流合作的重要平台。会上发布《世界直播电商发展报告（2022）》《首批百家电商直播式“共富工坊”典型案例》。

【农村电子商务推进】2022 年，杭州市农村电商销售额 188 亿元，比上年增长 1.1%。全市培育电商村 320 个、电商镇 44 个，培育省级电商示范村 139 个、示范服务站 236 个。打造“网上农博”平台，该平台的杭州馆入驻商家 1547 个、商品 4503 款，带动经营主体交易额 9027 万元。淳安县、建德市、桐庐县获评国家电子商务进农村综合示范县项目。开展各类电子商务相关沙龙活动，各类电商、直播电商及村播等培训，为传统农业企业转型培养专业电商人才，全年开展培训 80 多场，培训 1 万余人次。　　（申屠婉铃）

批发和零售业

【概况】2022 年，杭州市批发和零售业增加值 1545 亿元，比上年增长 4.1%。限额以上汽车类、石油及制品类、中西药品类和文化办公用品类零售额分别增长 26.1%、10.6%、27.8% 和 36.8%；计算机及其配套产品、新能源汽车和可穿戴智能设备零售额分别增长 346.2%、119.8% 和 120.2%。各类商品市场 532 个，全年交易额 3220 亿元。

全市有 18 条商业特色街和 13 条高品质步行街。9 条商业特色街区被中国步行商业街工作委员会授予“中国著名商业街”“中国特色商业街”称号，10 条商业特色街区被授予省级示范街称号，6 条商业特色街区被授予省级高品质步行街称号。其中：湖滨步行街被商务部授予首批全国示范街称号；四季青服装特色街区被中国商业联合会授予“中国服装第一街”称号，文三路电子信息街区杭州数字娱乐产业园被文化和旅游部授予全国首个“国家数字娱乐产业示范基地”称号，丝绸特色街区被授予“全国百强批发市场”称号，杭州武林商圈获“中国最具竞争力中央商务区”称号。

【再生资源回收体系建设】2022 年，杭州市基本建成再生资源回收体系，提升建设分拣中心 51.49 万平方米，回收网点 2876 个，城镇生活垃圾回收利用率 61.9%。开展对申报再生资源回收骨干企业、对全市享受政府补贴资金分拣中心和回收网点开展核查。配合相关部门开展淘汰置换报废电动自行车回收工作。

【供应链建设试点推进】2022 年，杭州市完成 2022 年度省级供应链创新与应用专项激励申报和评审工作，获省级资金拨付 1800 万元。推荐报送 2022 年全国供应链创新与应用示范企业，菜鸟智能物流控股有限公司、浙江泰普森（控股）集团 2 个在杭州的企业入选本年度全国示范企业。组织各区县（市）参与农产品供应链建设，19个企业申报的项目入选省农产品供应链建设试点，获中央服务业扶持资金5235万元。

【商业特许经营备案管理】2022年，市商务局完成商业特许经营相关审查150多件，杭州市备案企业总数369个，转送市场监管部门处理投诉件13件，根据特许经营条例撤销若干商业特许经营企业备案资格并上报省商务厅。（申屠婉铃）

【文明规范市场创建】2022年，市市场监管局推进文明典范城市创建，牵头全市商品市场面貌整顿规范工作，开展信用承诺、诚信经营、食品安全等教育。结合杭州市城郊接合部专项整治行动，加大城郊、乡村农贸市场治理力度。坚持“便利化、智慧化、人性化、特色化、规范化”导向，采取现场督导、一场一次、量化评比等方式，新创建“五化”市场13个，累计178个，占全省总数的1/5，居全省第一位。推动放心农贸市场创建满意度提升，创建省级放心农贸市场67个。推进星级市场创建提档升级，创建三星级以上文明规范市场71个。

【网络市场监管】2022年，国家市场监督管理总局正式批复同意杭州市创建全国网络市场监管与服务示范区。杭州市有平台128个，在线检查网站（网店）4.02万个，实地检查1103个，行政指导和约谈电商企业366个（次），下架商品356.16万个（批），关闭店铺9688个，查办网络案件4053件，罚没款2433万元；办理网络消费投诉举报94.31万件。利用以“一渠一桥一宝两中心”为核心的跨区域、跨部门、跨企业、跨层级监管平台，通过“红旗渠”网络消费投诉快速处理和平台先行处置通道化解网络消费投诉举报11.1万件；在“红盾云桥”平台交互39万条（次）政企数据，协查案件线索19.5万件；在“监管宝”平台处理网络违法案源6100多件。依托市场监管总局“电子商务‘12315’投诉维权（杭州）中心”和“网络商品质量监测（杭州）中心”处置网络消费投诉举报94.31万件，监督抽检网络产品超过3000批（次）。（李　甜）

2022年5月23日，世纪联华滨江江晖路店成为全店部署运营智能购物车的超市　［市商旅集团（市运河集团）供稿］

【市商旅集团消费新经济模式培育】2022年，市商旅集团组织下属企业开展“商旅直通车”进企促销活动，拓展企业68个，成为30多个企业福利供应商，关联300多个单位食堂原料供应商，销售额超过1亿元。开展“消费抽奖”活动营业收入18.49亿元；消费券活动营业收入10.18亿元。工会优惠活动带动销售2084.29万元。杭州解百集团股份有限公司在营销节点启动“会员欣计划”，加强独有品牌招商。杭州饮食服务集团有限公司加大预制菜研发力度，研发新品30多款。“知味观”净菜营业收入增长40.8%，“绿马定胜糕”系列全网播放量116万次、增长粉丝10万人次，销售额2846万元。杭州联华华商集团有限公司打造10个消费场景，场景商品销售比上年增长113%。“鲸选”App新增用户126万人，线上销售额增长19.9%，社群超过26万人。

【杭州大厦入选浙江省亩均效益领跑者名单】2022年3月9日，浙江省深化“亩均论英雄”改革工作领导小组办公室公布《2021年浙江省分领域分行业亩均效益领跑者名单》，杭州大厦入选浙江省服务业重点行业亩均效益领跑者。全年杭州大厦完成会员体系转轨，开启会员“欣计划”，新增会员近18万人，年度消费30万元以上高端会员人数增长50%。“嘉年华”活动3天销售额2.2亿元，“年中庆”活动4天销售额3亿元，“生日庆”活动3天销售额4亿元，“内购节”活动销售额5亿元。全年销售额超过100亿元，居杭州商场单店全年销售第一位。

【运营智能购物车超市部署完成】2022年5月23日，杭州市滨江区占地1.8万平方米的连锁业星级门店——世纪联华滨江江晖路店升级，成为全店部署运营智能购物车的超市。滨江江晖路店使用的iCart4.0智能购物车是“超市运营+营销数字化工具”。它采用软件硬件一体化设计，集装载、营销、结算、数据分析于一体，将AI专项技术与智能传感算法技术及摄像头系统、大数据平台无缝链接，利用室内定位技术对传统卖场进行数字化改造升级。顾客可通过刷脸、扫码、手输等多种方式推车入店，领取卖场、品牌商优惠券，实时同步会员信息，实现边选边扫条形码的自助购物。（徐梦媛）

住宿和餐饮业

【概况】2022年，杭州市住宿和餐饮业增加值226亿元，比上年下降2.7%。限额以上住宿业和餐饮业企业1325个。其中：住宿业法人企业576个，包括旅游饭店304个、一般旅馆253个；餐饮业法人企业749

个，包括正餐服务企业647个、快餐服务企业47个、饮料及冷饮服务企业37个。限额以上住宿企业营业额124.47亿元，其中客房收入69.29亿元、餐饮收入36.59亿元、商品销售收入0.99亿元。限额以上餐饮企业营业额286.91亿元，其中客房收入2.80亿元、餐饮收入266.88亿元、商品销售收入9.98亿元。

【"数字美食藏品馆"建设】2022年，杭州市与"饿了么"平台合作在杭州建立"杭帮博物馆"和"知味小馆"藏品馆，发布鳕鱼狮子头、绿马定胜糕、知味小笼、龙井虾仁等23个数字美食藏品，在安徽、广州等地发行数字美食藏品106个。数字美食藏品利用区块链技术实现美食文化与数字科技的创新融合，实现杭帮菜数智化升级和网络化推广的新模式。

【杭帮菜研发和预制菜产业发展】2022年，市商务局牵头成立杭帮菜研发和预制菜产业发展工作专班，开展预制菜产业专题调研，形成《杭州预制菜产业高质量发展的实施意见（初稿）》，推动杭帮菜研发和预制菜产业发展。6月28日，第二十二届中国（杭州）美食节暨中国国际预制菜品牌大会杭州峰会开幕式及主论坛举行，市商务局与中国饭店协会共同发布《预制菜产业高质量发展杭州宣言》及全国餐饮业"温暖同行·共富未来"杭州助企行动，启动2022年度"六名"工程评选，以及"名街千店壕送全城"行动和"数字食代，嗨吃一夏"系列美食促消费活动等。有450多人参加活动，20多万名观众线上观看，20多个全国餐饮业预制菜产品骨干企业参展。

【中国杭帮菜国内城市推广交流活动】2022年，市商务局到潮州、广元、成都开展中国杭帮菜国内城市推广交流活动。杭州分别与三地以杭帮美食为载体，通过美食推介、厨艺交流、座谈对接、企业走访等形式，交流两地饮食文化、分享餐饮发展经验、共享行业优势资源。三地餐饮业、零售业在产业互促、消费帮扶、区域协作等方面签订合作协议，共促产业发展。

【暑期餐饮专项消费券发放】2022年，市商务局分两期发放"食在杭州"餐饮专项数字消费券7000万元，核销消费券6031.06万元，核销率86.2%。消费券关联订单金额2.60亿元，撬动消费比例1∶4.31。

（申屠婉铃）

【知味观食品获"年度生活品质奖"】2022年11月6日，第四届"品牌杭州·产品品牌评选"活动颁奖典礼在拱墅区运河文化发布中心举行。市商旅集团旗下杭州知味观食品有限公司特色杭帮糕点产品获"年度生活品质奖"。活动现场设立品牌市集，有杭州知味观食品有限公司（知味观·杭帮糕点）、慕派客（杭州）音乐文化有限公司（MPK·蓝牙音响）、杭州翔鸣化妆品有限公司（"醒&寐"100毫升香水）、杭州龙冠实业有限公司（钱江源开门红工夫红茶）、杭州梅是电子商务有限公司（梅是·梅酒）等18个品牌企业参与市集展示。

（徐梦媛）

粮油供应

【概况】2022年，杭州市粮食总产量53.00万吨，与上年基本持平。全市粮食消费总量320.04万吨，比上年增加6.7万吨；食用油消费总量23.00万吨，减少2.74万吨。全年粮食产需缺口267.04万吨，增加6.7万吨，增幅2.6%；食用油产需缺口20.82万吨，减少2.73万吨，减幅11.6%。至年末，社会粮食库存增加32.09万吨。

【粮食应急保障供应能力提升】2022年，市商务局起草《杭州市粮食安全应急预案》，并报市政府办公厅印发。落实应急供应网点394个，应急加工企业34个，大米日加工能力3561吨，油脂日加工能力1693吨，小麦日加工能力1650吨；应急运输企业14个，车辆265辆，日运输能力5220吨；应急配送中心11个，车辆57辆，日运输能力1392吨。实行社会应急周转粮油制度。市本级社会应急周转粮油规模1.7万吨、食用油规模1500吨。

【仓储布局完善】2022年，杭州市"十四五"期间新库建设规划项目落地。至年末，在建项目有：市本级杭州市仁和粮食储备库建设工程（投资概算20.29亿元）、富阳区第二粮库（投资概算2.2亿元）、桐庐县中心粮库四期工程（投资概算4008万元）。正在筹建的有：萧山区新开河中心粮库迁建工程（计划投资1.7亿元）明确选址；余杭区舟枕粮库迁建项目（计划投资1500万元）等5个项目被区政府列入2022年项目计划；临安区青山湖粮库（计划投资1.85亿元）、富阳区第二粮库二期（计划投资2.2亿元，大米加工线）、钱塘区粮食储备中心仓库一期（计划投资5.7亿元）被列入项目计划或前期审批阶段。

【信息化监管推进】2022年，杭州市推进市、县级储备粮和其他地方事权政策性粮食的信息化系统改造，与"浙江粮仓"应用对接并落地。组织全市参加"浙江粮仓"应用督导推进暨粮食购销领域监管信息化工作部署视频会议，邀请"浙江粮仓"研发单位到杭州市进行技术指导，到省试点地市学习取经，召开现场培训推进会，发文要求落实保障资金，要求全市具备条件的中心粮库信息化系统于2022年底前完成与"浙江粮仓"的对接与应用。市本级、余杭、富阳、淳安等10个中心库完成出入库系统对接，9个中心库完成粮温采集系统对接，其余区县（市）中心库均完成方案送审。

【粮食安全责任考核】2022年，市粮食和物资储备局落实省粮食安全责任制各项要求，坚持把粮食安全放在全市经济社会大局中统筹推进，督促有关部门把保障粮食安全作为一个重要的政治任务和民生工程来抓，确保粮食安全各项工作任务落实到位。经综合考评，萧山区、余杭区、富阳区和建德市获评2021年度粮食安全责任制考核优秀等次。

【粮食监管】2022年，市粮食和物资储备局严格库存和仓储监管。开展全市库存检查，抽调23名人员组成检查组对市本级、萧山、淳安、临安等区域内的所有粮食储备库点（含省级）进行全面检查，共检查粮食货位

302个、34.92万吨，油罐10个、1.58万吨，检查中发现不规范问题4个，全部整改到位。落实定期巡查制度并制定巡察计划时间安排，从2022年下半年起，每月开展1次粮食安全检查。联合中国农业发展银行等单位对衢州、丽水、金华、舟山、嵊州等12个库点的市级代储粮开展监督检查，代储库点制度健全、管理规范，代储粮食数量实、质量好、粮情正常、储粮安全。会同市农业农村局、市市场监管局、中国农业发展银行省分行营业部等单位和部门对全市政策性粮食出入库情况进行专项检查（复查）暨粮食购销定期巡查，并根据储粮仓库实际进行质量抽检，抽检结果全部合格。对杭州市粮食收储有限公司南星桥中心粮库等11个单位开展规范化管理水平评价，11个单位均被评价为优秀等次。萧山区益农粮站被认定为省“三星级粮库”，杭州市高星级粮库累计15个。

【“放心粮油”示范创建】2022年，杭州市开展“放心粮油”示范创建工作，对余杭、临安、建德、富阳等地“放心粮油”企业创建（门店）进行实地核查和质量抽检，质量抽检合格率78%。22个企业（门店）被列入培育名单，并于年底完成评价工作。

（申屠婉铃）

专项经营

【概况】2022年，杭州市加强专项经营管理。杭州市烟草专卖局强化“数智导侦”，全年查获各类涉烟违法案件6343件。市商务局做好成品油日常审核审批及变更换证有关工作。杭州市盐业有限公司推进各项经营管理工作，营业收入9573万元。

【烟草专卖】2022年，杭州市查获各类涉烟违法案件6343起，比上年增长13.8%；查获违法卷烟1.48万件，增长20.6%。其中：私假烟6548件，增长14.6%；省外真烟3612.5件，增长15.6%。破获国标网络案件9起，其中公安部督办案件2起，追究刑事责任331人。

杭州市烟草专卖局严厉查处烟草制假售假和走私贩私行为，形成有效线索213条，发现疑似窝点131个、嫌疑人218人；查处专车运假案件60起，卷烟24.6万条，烟丝12吨。修订《杭州市烟草制品零售点布局管理规定》，加强许可证管理。升级改造杭州市烟草法治宣传教育基地，增强普法宣教的社会影响力。

市烟草局加强电子烟管理，做好政策培训、行政许可、属地服务、物流仓储等工作，共核发零售许可证513本。查处向未成年人销售电子烟案件3起，侦破涉毒电子烟案件5起，采取刑事强制措施58人；清退校园周边电子烟零售点58个，清理自动售卖机11台，处置各类网络销售和广告等链接257条。（余碧瑶）

【成品油市场秩序规范】2022年，市商务局做好成品油日常审核审批及变更换证有关工作。全年办理各类变更237起，加油站新建竣工验收并申领证书15座，新建规划实施确认9座，迁建规划实施确认1座，原地扩建立项9座。“杭州市成品油智慧综合监管服务平台”上线试运行，平台上线注册企业673个，上线率85%。

（申屠婉铃）

【盐业经营】2022年，杭州市盐业有限公司推进各项经营管理工作，促进企业提质增效。全年营业收入8950万元。围绕省盐业集团公司打造“健康浙盐、科技浙盐、数字浙盐”的战略目标，公司在保障食盐质量供应安全的前提下，提升渠道掌控力和市场占有率；推进“雪涛”精品食盐战略，调整优化产品结构，满足市场和消费者的各类食盐需求。全年销售各类盐产品4.2万吨，其中小包装口食盐1.8万吨、食品加工用盐2.04万吨、工业用盐0.31万吨。根据《浙江省盐业体制改革实施方案》要求，加强食盐储备体系建设。根据杭州市食盐市场销售情况及具体文件要求，负责执行并完成全年市级食盐储备计划5000吨，其中小包装食盐储备量3100吨，大包装食盐储备量1900吨。

杭州市盐业有限公司践行“增品种、提品质、创品牌”的“三品”战略，以亚运会系列新品上市和“浙食链”推广为契机，在“雪涛”孕妇专用碘盐新品发布会、“5·15”碘缺乏病宣传日、“6·18”联华年度折扣节、2022年“双十一”购物狂欢节等活动中开展健康用盐宣传。全年投入广告费24万余元，累计开发亚运新品重点终端590个，投放“雪涛”精品食盐品牌专柜240多个，设立“浙食链”产品专柜28个。组织开展食盐放心消费“四进”（进机关、进学校、进企业、进社区）活动269场，参加活动800人次，覆盖人数1.3万人。

杭州市盐业有限公司推进以“放心浙盐”食盐质量追溯系统为主的食盐智控平台、以业务财务一体化项目为主的经营管控平台、以商业分析系统为主的数据分析平台、以“365外勤系统”为主的渠道管理平台、以视频会议系统和办公自动化系统为主的智慧办公等平台建设，优化管控模式、增强运行效率、提升治理能力。公司推进“放心浙盐”食盐质量追溯系统、入驻“浙食链”食盐电子防伪追溯平台，实现“袋—箱—垛”数据绑定。通过每包小包装食盐上的二维码，可查询到该包食盐从原材料采购、生产加工、质量体系、产品销售等全链路信息，实现来源可追溯、流向可查询、风险可防范、责任可追究。（全向群）

责任编辑　秦文蔚

25 会展业

综 述

【会展规模扩大】2022 年，杭州市发挥城市区位优势、产业优势和营商环境优势，以加快打造知名的国际会议目的地城市、会展之都、赛事之城为目标，推进会展经济和办展主体协同发展，全市有 9 个会议集群、6 个大型专业会展中心、10 个会议设施完备的特色小镇、30 多个面积 1000 平方米以上的专业展览场馆。全年杭州国际博览中心、杭州武林之星博览中心、浙江展览馆等专业展览场馆举办各类展览 90 个，展出总面积 89.01 万平方米。其中，特色会展有全球数字贸易博览会、杭州西湖国际博览会、中国（杭州）国际电子商务博览会及在线数字贸易展览会。举办云栖大会、万物生长大会等大中型专业会议 1.25 万个，比上年减少 2937 个。专业会议中，企业主办的 9555 个，占会议总数的 76.2%；政府机构主办的 1864 个；社团组织主办的 770 个；高等院校主办的 350 个。中国国际茶叶博览会、中国杭州西博车展和中国国际安全生产与职业健康展览会获国际展览联盟（UFI）认证。杭州在全球 100 个国际会议目的地城市排名中居第 32 位。

【“数字会展码”推出】2022 年 4 月 26 日，市商务局召开“杭州会展在行动”——2022 年首场新闻通气会，对《杭州市会展业发展扶持政策实施办法》进行解读，并率先推出集防疫和管理于一体的“数字会展码”。“数字会展码”通过多部门数据协同，融合 5G、视频直播、大数据等技术，实现注册码、行程码、核酸检测报告和疫苗接种信息等多种数字信息集成。用户通过微信小程序一键亮码，无须再分别展示健康码、行程码等多个页面，提高办会效率，提升用户参展体验。年内，“数字会展码”成功应用于首届全球数字贸易博览会的筹备工作。

【中国（杭州）城市会展发展大会】2022 年 8 月 18 日，以“潮会江海，城展未来”为主题的第十四届中国（杭州）城市会展发展大会在杭州西湖博览会博物馆举行。大会由杭州市政府、商务部外贸发展局、中国会展经济研究会主办，国内外会展行业专家、先进场馆运行机构、知名会展主办单位参会，共同探索会展为城市和区域经济发展带来的更多可能性。大会以杭州大会展中心建设为契机，推介杭州会展业发展优势和营商环境，发布华东国际健身及运动用品展、浙江美业博览会暨中国杭州美妆展等 5 个杭州大会展中心首批合作意向签约项目，举办“2022 年度杭州十大会展品牌”授牌仪式，十大会展品牌包括中国杭州国际汽车工业展览会、中国（杭州）数字安全博览会等。杭州市商务局与香港贸易发展局、杭州市钱投集团与长三角会展联盟、杭州市会展旅业有限公司与英富曼集团分别签订战略合作协议，共同推进杭州会展业高质量发展。

【会展业促进活动】2022 年，杭州市开展国际合作发布、会展品牌项目推介、专家主题演讲、《我们圆桌会》专场录制等国际会展文化活动，并发布市商务局与全球数字会展创新（研究）中心合作倡议。杭州国际博览中心加强与国际展览业协会、国际大会及会议协会、国际展览和项目协会等国内外会展组织对接，引进上海第三十九届国际婚纱摄影器材展览会（杭州）、国际染料工业及有机颜料和纺织化学品展览会等 10 个重要展览。策划推出“会展人故事”系列专题报道，编印《杭州会展在行动》《开会观展到杭州》工作手册、《城市会展》杂志、《会展业发展报告（2021）》。

【会展业人才培训】2022 年 8 月 18—19 日，由市商务局指导，市发展会展业服务中心主办，杭州休闲文化传媒有限公司承办的杭州市会展业人才培训班在杭州星都宾馆举行。来自会展场馆、会议型酒店、组展服务企业、在杭高校、社团组织代表和媒体人员等会展管理人才 210 多人参加。培训课程设置杭州会展业备案及政策宣讲、元宇宙会展的发展趋势与商机、疫情后会展业发展研究、会展数字化转型实践等。其间，学员与授课专家面对面实时交流，参观考察杭州国际博览中心 G20 峰会主场馆、亚运村有关场馆等。培训结束后，举办单位为学员颁发结业证书。（王苏宁）

西湖国际博览会

【概况】2022年11月3—7日，第二十四届中国杭州西湖国际博览会（简称西博会）在杭州武林之星博览中心举行。西博会以“奋进新时代，乐享消费美生活”为主题，围绕“稳增长，促消费，助力提振消费信心，激发消费活力，带动经济增长”总要求，推出设计、潮流、出行、知味四大场景，招引文创、设计、汽车、潮玩、美食、特色农产品等参展品牌468个，展出规模4万平方米。西博会期间，举办展览、论坛、线上营销等活动80多场，5万余人次参观展览，实现意向成交额3000万元。

【亚洲设计管理论坛暨生活创新展】2022年11月3—7日，“亚洲设计管理论坛暨生活创新展”在杭州武林之星博览中心举行。论坛聚焦设计带给生活的创新变化，构建深度互信、链接、协作的生态体系，为品牌、企业、产业、政府、大众等提供不同维度的产品、服务和解决方案。论坛推出数字、感觉、潮流、社群、场景、文化、户外、可持续、跨界及居住设计10个板块内容，以数字化手段实现跨界链接，推进传承与创新有机结合。220多个参展商、60多位专家及合作单位代表参加展会，举办50场沉浸式互动体验活动，500多个主流媒体、新媒体参与报道，曝光量超过1亿次，微信朋友圈同城覆盖超过50万人次。

【中国（杭州）国际美食博览会】2022年11月3—7日，“知味中国·第四届中国（杭州）国际美食博览会”在杭州武林之星博览中心举行。美食博览会以“数字食代，悦享消费”为主题，邀请政府部门、餐饮协会、重点餐饮企业、数字平台及预制菜产业的代表参加，聚焦预制菜产业发展趋势、品牌创新、产业布局、平台赋能等问题，以主旨演讲、报告发布、团体标准发布等形式，共同探讨激发城市消费新活力、促进餐饮行业加快复苏和转型升级的途径。美食博览会融合美食、音乐、赛事等多元文化，举办沉浸式的美食文化交流新场景“巡味环游”，国内外100多个餐饮企业参加，观众超过5万人次。博览会组委会联动中国农业银行浙江省分行发放消费券1万份，拉动线上和线下实现消费210多万元。

【行野行也（杭州）出行&户外展】2022年11月3—7日，行野行也（杭州）出行&户外展在杭州武林之星博览中心举行。户外展聚焦出行方式与户外生活，围绕“三江三湖”进行展览场景布置；以“产业展览+户外体验+社群活动”为主要板块，设置“悠然野行”“城市新生”等4个室内展区及“房车露营季”“行野运动公”“行野晒车节”3项户外体验。户外展占地面积1.5万平方米，集结近100个出行、户外和运动品牌，观众超过3万人次，其中专业观众超过1万人次，各品牌展商收获3000多组意向客户。现场举办30多场露营运动和亲子活动，3300多人参与，成交房车近100辆。（徐梦媛）

2022年11月3—7日，第二十四届中国杭州西湖国际博览会在杭州武林之星博览中心举行。图为博览会户外体验区（市商旅集团 供稿）

中国国际动漫节

【概况】2022年11月24—27日，由国家广播电视总局、中央广播电视总台和浙江省政府主办，杭州市政府、浙江省广播电视局和浙江广播电视集团承办的第十八届中国国际动漫节在杭州国际博览中心举行。动漫节以“共富新时代，动漫创未来”为主题，通过线上和线下结合，举办会展、论坛、商务、赛事、展览等活动24项。57个国家和地区的292个中外企业机构通过线上和线下途径参与，参展客商和专业人员1420多人，产业博览会观众3.2万人次，通过抖音、微博、微信、“云上国漫”等线上平台参与动漫节互动4.3亿人次。其中，首次推出的“云上动漫”线上平台为现场动漫迷提供沉浸式的逛展机会。动漫节举办“一对一”洽谈4073场，实现意向签约金额5.54亿元。

【“金猴奖”大赛】2022年8月，“金猴奖”大赛面向全球征集原创动漫作品。大赛组委会收到来自19个国家和地区的近1000部原创动漫参赛作品，包括2022年国家广播电视总局优秀国产电视动画片推优作品、当下热门的动漫作品等。最终91部原创动漫作品入围终评，《姜子牙》《熊猫和奇异鸟》《下姜村的共同富裕梦》等34部作品获奖，11月24日在杭州举行颁奖仪式。

【动漫游戏商务大会】2022年11月23—24日，第十八届中国国际动漫节动漫游戏商务大会在杭州国际博览中心举行。商务大会线下举办13场专业活动、618场“一对一”商务洽谈；线上吸引37个国家和地区的125个国内影视动漫企业和130个国内

2022年11月26日，第十八届中国国际动漫节彩车巡游活动在拱墅区新天地街区举行
（市动漫游戏产业发展中心 供稿）

外买家参会，线上和线下达成合作意向638个，意向金额6300万美元。

【动漫高峰论坛】2022年11月24—25日，第十八届中国国际动漫节高峰论坛在杭州国际博览中心举行。高峰论坛聚焦“共富新时代，动漫创未来”年度主题，推出主论坛、大师班和“数字文化”“元宇宙”等分论坛，邀请来自中国动画学会、国内知名高校及中央广播电视总台动漫集团、上海美术电影制片厂、浙江中南卡通服饰有限公司、华特迪士尼（中国）有限公司等国内外知名动漫企业和机构代表开展交流。其间，市委宣传部、市商务局联合发布《关于推进新时代杭州动漫游戏和电竞产业高质量发展的若干意见》。

【动漫产业博览会】2022年11月24—27日，第十八届中国国际动漫节产业博览会在杭州国际博览中心举行。博览会集聚292个国内外动漫游戏骨干企业、328个知名动漫游戏IP，推出中国动漫产业展、“金猴奖”主题展、国漫十八年回顾展、动漫模型展、“动漫扬清风”主题展及“玉琮杯”动漫展6个主题展览，集中展出《姜子牙》《良渚寻梦夜》《科学家故事：呦呦有蒿》等动漫作品。参展企业、机构中，ShopDisney官方旗舰店为首次参加，境外品牌机构占总数的15.3%。

【国内外媒体宣传】2022年，第十八届中国国际动漫节吸引31个主流媒体和49个新媒体557名记者参与报道。中央广播电视总台派出新闻频道、国际频道、少儿频道、电影频道等9路记者驻场报道，《新闻联播》《焦点访谈》等品牌栏目累计发稿135条，相关报道跨媒体触达2289万人次，“学习强国”全国学习平台开设专题重点推荐动漫节相关活动（包括在拱墅区新天地街区举行的动漫节彩车巡游活动），“浙江宣传”微信公众号以国漫为主题发布专稿。动漫节在抖音、微博、小红书等新媒体平台的相关话题阅读量达3.1亿人次，“国潮千年，我们有约”的抖音话题浏览量超过1亿次。动漫节推出《主题航班》《动漫地铁》等专题栏目，市区250块户外大屏、动漫灯箱滚动播放动漫节实况，并通过CGTN、《中国日报》等平台，运用英语、法语、俄语、西班牙语、阿拉伯语等多种语言，向海外传播动漫节盛况和杭州城市风采。 （全杭婷）

其他重要会展

【概况】2022年，杭州国际博览中心、杭州白马湖会展中心、杭州武林之星博览中心等6个主要专业展览场馆室内总面积22万平方米。在建的杭州国际博览中心二期和杭州大会展中心建设进度加快。全年主要场馆举办各类展览90个，展出总面积89.01万平方米。举办会议1.25万个，比上年减少2937个。其中：企业举办9555个，政府机构举办1864个，社团组织举办770个，高等院校举办350个。

【云栖大会】2022年11月3—5日，以“计算·进化·未来”为主题的云栖大会在杭州云栖小镇举行。大会由300多个企业共同策划，设置2场主论坛，70多场数字技术、产业和生态分论坛，以及4万平方米智能科技全景展览，涵盖6个技术领域的32个技术方向、5个数字化领域的25个产业议题和人才、投资、开源3个数字生态中的重点领域。中国工程院院士、中国科学院计算技术研究所学术委员会主任孙凝晖，中国科学院院士、“脑图谱”大科学计划联合发起人骆清铭等院士、知名学者、企业和行业领军人物1100多人参会，共同探讨云计算、芯片、下一代网络、云边端一体化、人工智能等前沿科技话题。智能科技全景展览涵盖云计算、达摩院、前沿科技、数字化、元宇宙、消费电子、自动驾驶、机器人等主题展览。大会发布科技新产品1080多项。展览内容包括30平方米的杭州城市大脑大屏、达摩院XR实验室制作的大明宫数字复原、由无影云电脑驱动的国产大飞机模拟飞行舱、全长9米的一汽红旗繁荣工厂微缩生产线、北京冬奥的“明星”冰壶机器人等。云栖大会从2009年首次举办起，见证中国科技从网站、移动互联网到云计算和数字科技的全过程。

【全球数字贸易博览会在杭州举行】2022年12月11—14日，首届全球数字贸易博览会（简称数贸会）在杭州国际博览中心举行。数贸会是以数字贸易为主题的国家级、全球性专业展会，由浙江省政府、商务部主办，杭州市政府、浙江省商务厅、商务部外贸发展事务局共同承办。数贸会涵盖“一会”“一馆”“一展”“一平台”“一系列成果和体验活动”5个板块内容，吸引爱尔兰、比利时、新加坡、美国、日本、新西兰等50多个国家的政要、学者、客商参会参展，32位驻华使馆和驻沪总领馆代表，商务

2022 年 12 月 11—14 日，首届全球数字贸易博览会在杭州国际博览中心举行。图为博览会 3C 综合馆国家馆展区（市商旅集团 供稿）

部、中共中央宣传部、文化和旅游部等数贸会组委会成员单位领导在线上和线下出席相关活动，全国 11 个省、市组团参会。数贸会以“数字贸易，商通全球”为主题，汇聚境内外 800 多个数字贸易上规模企业，设置综合馆和数字物流、数字品牌、数字内容、数字消费、数字技术、跨境电商 6 个数字贸易主题展馆，推出数字展位 400 多个和数字展品 1400 多件，展出总面积 8 万平方米。举办之江数字贸易主论坛和 26 场高层次论坛，实现意向贸易成交额 374 亿元。数贸会聚焦“互联网 +”、新材料、生命健康三大领域，签约重大项目 89 个，总投资 1100 亿元。其中，杭州数字自贸区签约高质量发展项目 37 个，总投资 382 亿元。会上宣布数贸会永久落户杭州。（王苏宁 徐梦媛）

【万物生长大会】2022 年 6 月 27 日，以“新数书九章——大风起兮云飞扬”为主题的第六届万物生长大会在杭州国际博览中心举行。第十三届全国政协副主席、民建中央常务副主席辜胜阻发表视频讲话，浙江省政协副主席、民建浙江省委会主委陈小平出席大会并致辞。会上，中国投资发展促进会创投专委会、杭州市创业投资协会联合发布“2022 年杭州市独角兽（准独角兽）榜单”和中国未来独角兽榜单，39 个“独角兽”企业和 317 个“准独角兽”企业上榜，分别比上年增加 2 个和 108 个。“独角兽”（“准独角兽”）企业主要集中在智能制造、元宇宙、企业服务、金融科技、汽车交通、医疗健康、新消费等领域。5100 多位国内外行业领袖、专家、创业者、投资人现场或在线参加大会。大会通过颁奖典礼、闭门会议、定制路演等系列活动，共同搭建创业者、投资人、政府的无障碍平台，展示杭州建设“创新之窗”新形象。

【TOPS 它博会】2022 年 7 月 23—24 日，第二届 TOPS 它博会在杭州国际博览中心举行。它博会是杭州国际博览中心与上海大中型国际会展场馆等单位合作引进的萌宠类项目。它博会设置 5.3 万平方米空间，吸引批发零售商、电商卖家、宠物医院门店、宠物品牌商等参展企业 460 个，参会专业观众 3.43 万人、消费者 8.25 万人。

【中国（杭州）国际纺织服装供应链博览会】2022 年 7 月 28—30 日，中国（杭州）国际纺织服装供应链博览会在杭州国际博览中心举行。博览会由浙江省针织行业协会等单位主办，展出面积 5.3 万平方米，展位分面辅料、印花工业、服装贴牌、设计师、流行服饰、品牌内衣、帽子围巾等类别，吸引 4.9 万名业内采购商和个人买家参展，其中服装品牌商制造商和贸易进出口公司采购商占 73.4%。博览会于 2009 年首次举办，至 2022 年聚集国内外品牌、电商 8200 多个，服装贸易公司 5300 多个，服装连锁、代理、集合店 3100 多个，直播、多频道网络、供应链机构 860 多个。（王苏宁）

【中国（杭州）国际电子商务博览会】2022 年 8 月 3—5 日，电商中国·第九届中国（杭州）国际电子商务博览会在杭州国际博览中心举行。电子商务博览会以“看趋势、找服务、选产品”为导向，通过举办会议论坛、展览展示、交流座谈等活动，展现杭州数字经济与电商产业发展的新优势、新成果。电子商务博览会举办会议论坛 20 场，近 200 个企业在展会上进行精准对接，签约战略合作项目 12 个，150 多个媒体参与报道，接待观众 2.5 万人次。（王苏宁 徐梦媛）

【杭州国际人才交流与项目合作大会】2022 年 11 月 12 日，第十三届杭州国际人才交流与项目合作大会举行。大会由浙江省委、浙江省政府、欧美同学会主办，浙江省委组织部、浙江省人力社保厅、杭州市委、杭州市政府承办。来自 27 个国家（地区）的 7100 多名海内外人才参加。自 2009 年起，杭州连续 14 年举办国际人才交流与项目合作大会，累计吸引 58 个国家（地区）的海内外人才携 5900 多个项目参会，签订项目近 2000 个，签约金额 380 多亿元。第十三届大会举办中国留学生论坛、中国（杭州）外国人才招聘大会等活动 30 多场；聚焦生命健康、互联网 +、新材料等重点领域，推出特色项目 1446 个。（市人才办）

责任编辑 余显幕

2023
杭州年鉴

26 金融业

综 述

【金融业运行稳健】2022年，杭州市金融业总体稳中有进，金融总量继续在国内保持优势地位。全年实现金融业增加值2407亿元，比上年增长7.5%。金融业增加值占杭州市地区生产总值的12.8%，提高0.7个百分点；占第三产业增加值的比重为18.8%，提高1个百分点。杭州市新增社会融资总量8699.5亿元。其中：以人民币贷款为主体的间接融资7343.5亿元，以债券、股权融资为主体的直接融资1356亿元。

【钱塘江金融港湾建设提质】2022年，杭州市加快建设“一核”（以杭州金融城、钱塘江金融城为主的钱塘江金融港湾核心区）、“三镇”（玉皇山南基金小镇、西湖蚂蚁小镇、运河财富小镇）、“多点”（湘湖金融镇、黄公望金融小镇、白沙泉并购金融街区等若干金融集聚区）。招引落地新华基金管理有限公司浙江分公司、中韩人寿浙江分公司，开工建设省交投金融中心。至年末，杭州金融城、钱塘江金融城聚集省级以上持牌金融机构104个，玉皇山南基金小镇等3个金融特色小镇集聚各类服务机构3200多个，管理资产规模超过1.5万亿元。

【金融领域政策保障加强】2022年，杭州市金融领域加强政策保障，促进经济稳定发展。制定《推进全市融资担保行业持续健康发展实施意见》《落实省金融支持激发市场主体活力意见的若干措施》《关于抓好金融支持稳经济促发展工作的通知》，印发《杭州市金融机构（组织）“引新育强”三年行动计划》《杭州市银行保险业同心共促三年行动计划》《杭州市绿色金融支持碳达峰碳中和行动计划》《杭州市“凤舞九天”三年行动计划》。

【金融服务实体经济】2022年，杭州市实施融资畅通工程，聚焦重点领域和薄弱环节，推动民营经济、普惠小微企业和制造业企业贷款增速加快，新增民营经济贷款3683.6亿元、普惠小微企业贷款2159.5亿元、制造业企业贷款972亿元，比上年分别增长17.6%、28.5%、16.5%。新拓展小微企业首贷户2.45万个，增长11.9%。全市企业贷款平均利率3.9%，下降0.66个百分点。至年末，杭州金融综合服务平台注册企业22.6万个，撮合融资金额2826亿元。

【多层次资本市场利用水平提升】2022年，杭州市新增境内外上市公司27个、“新三板”挂牌企业13个、在浙江股权交易中心挂牌企业40个、股份制公司151个。至年末，杭州市有境内外上市公司283个，仅次于北京、上海和深圳，居全国大中城市第四位。其中：境内上市公司216个，境外上市公司69个（有2个企业同时在境内外上市）。至年末，杭州市有市级重点拟上市企业250个、“新三板”挂牌企业187个、在浙江股权交易中心挂牌企业2869个、股份制公司2240个。

【社会融资渠道多元化拓展】2022年，杭州市企业通过资本市场实现股权融资340.06亿元。其中：境内外首次公开募股融资222.45亿元，境内上市公司定向增发107.98亿元，“新三板”挂牌企业定向增发9.63亿元。全年杭州市企业在各类市场发行债券2650.54亿元。其中：银行间市场发行债务融资2269.2亿元，可转换债173.14亿元，企业债208.2亿元。

【金融改革创新深入】2022年，杭州市深化金融科技创新监管试点，2批9个创新应用项目入箱检测，其中2个项目出箱应用。推进浙江区域股权创新试点，推动实施创投股权与私募基金份额转让平台筹备建设。3月，杭州获批人民银行数字人民币试点，推进数字人民币在亚运会、民生服务等重点场景应用。11月，杭州获批建设科创金融改革试验区。加大跨境企业融资力度，全年全市实现跨境人民币结算量7953.2亿元，比上年增长26.5%，占全省跨境人民币结算量的54.8%。实施《杭州市合格境外有限合伙人试点暂行办法》，培育合格管理人，杭州安丰私募基金管理有限公司获批杭州首批合格境外有限合伙人（QFLP）试点企业资格。

【地方金融业稳健发展】至2022年年末，杭州市有小额贷款公司51个，注册资本94.64亿元，比上年增加4.07亿元。全年发放贷款1.6万笔

（普惠贷款占98.2%），金额213.6亿元（普惠贷款占79.6%）。杭州市有典当行77个、分支机构2个（不包括年审未通过企业），注册资本55.77亿元，典当余额49.63亿元；典当机构全年典当笔数4.37万笔，发放金额281.7亿元。杭州市有融资性担保机构83个，注册资金157.3亿元。年内新增担保笔数3.6万笔，融资担保金额865.8亿元；年末融资担保责任余额745.2亿元。

【金融风险防范化解】2022年年末，杭州市银行业不良贷款率0.77%，比年初下降0.03个百分点。非法集资案件高发态势得到有效遏制，新增非法集资案件和涉案金额比上年大幅下降。推进私募基金行业风险处置工作，出清一批不符合展业条件的私募机构，压降存量风险规模。投融资领域信访问题化解工作成效显著。开展各类宣传活动3000多场，受众约100万人。（王舒绮）

银行业·保险业

【概况】至2022年年末，在杭银行业金融机构有86个，其中政策性银行3个、大型国有商业银行6个、股份制银行12个、城市商业银行14个、民营银行1个、农村中小金融机构18个、外资银行12个、金融资产管理公司4个、信托公司4个、财务公司8个、金融租赁公司1个、汽车金融公司1个、消费金融公司1个、商业银行理财子公司1个。杭州市银行业金融机构本外币各项存款余额6.52万亿元（占全省的35.0%），比上年增长17.2%；本外币各项贷款余额6.27万亿元（占全省的33.1%），增长10.8%；实现利润667.39亿元，增长7.6%；不良贷款率0.77%，下降0.03个百分点。

至年末，在杭保险机构有86个，其中财产险公司38个、人身险公司48个。杭州市保险机构实现保费收入1076.22亿元（占全省的34.4%），增长11.1%。其中：财产险公司实现保费收入337.04亿元，增长11.3%；人身险公司实现保费收入739.18亿元，增长11.0%。全年发生赔付支出338.83亿元（占全省的31.5%），增长7.2%，其中：财产险公司赔付支出204.96亿元，增长14.9%；人身险公司赔付支出133.86亿元，下降2.8%。

【稳经济金融政策落实】2022年，浙江银保监局贯彻落实稳经济一揽子政策措施，推动在杭银行业金融机构运用延期还本付息、“双保”助力融资、“连续贷+灵活贷”、联合会商帮扶等金融政策，支持服务困难企业，稳住融资预期。至年末，杭州市银行业金融机构的企业“连续贷+灵活贷”机制贷款余额8112.60亿元，发放“双保”助力贷446.99亿元；小微企业、民营企业贷款余额分别为1.88万亿元、2.46万亿元，比上年末分别增长23.9%、18.5%。

【重点领域金融服务保障】2022年，浙江银保监局强化制造业、科技创新等重点领域金融服务保障，引导信贷资金向高端制造业领域倾斜，加强对企业投资、技改和并购的信贷支持。至年末，杭州市银行业金融机构制造业贷款余额8424.96亿元，比上年末增长23.7%，其中中长期贷款占47.5%。4月18日，浙江银保监局、省科技厅联合印发《关于联动开展科技企业专项金融服务 助力建设共同富裕示范区的通知》，建立协同服务科技企业机制。至年末，杭州市银行业金融机构科技型中小微企业贷款余额2695.22亿元，增长39.9%。推动在杭保险机构扩大首台（套）产品保险覆盖面，加大知识产权、科研物资装备和科研成果质量的保障力度。

【共同富裕金融支持深化】2022年，浙江银保监局持续完善共同富裕金融支持体系架构，推动金融资源向薄弱领域倾斜，深化农村信用体系建设，推广农户家庭资产负债表融资模式。至年末，“农户家庭资产负债表”建档覆盖率64.4%，户均授信额度32.72万元。强化新型农业经营主体综合保险服务供给，满足新型农业经营主体财产、收入、责任等方面风险保障需求。6月6日，浙江银保监局、中国人民银行杭州中心支行联合印发《关于优化新市民金融服务的通知》，推动在杭银行和保险机构针对新市民群体分层分类开展金融服务。推进长期护理保险试点和专属商业养老保险试点；推广普惠型商业补充医疗保险“西湖益联保”，2022年度参保496.2万人，参保率44.8%。

【信用风险防控】2022年，浙江银保监局进一步完善信用风险防控长效机制。加大对重点领域风险监测，强化信用风险源头治理，凝聚风险防控工作合力，提高风险防范化解质效。督促杭州市辖区农村中小金融机构加强信用风险防控，强化村镇银行流动性风险监测。规范商品房预售资金监管，配合地方政府落实“稳民生、保交楼”任务，推动“保交楼”专项借款落地，促进房地产平稳健康发展。

【银行业保险业改革创新深化】2022年，浙江银保监局持续推进金融改革创新，配合地方重大改革创新工作。迭代升级浙江省金融综合服务平台，建成金融行业标准化公共数据专用指标库，累计服务企业和个人近900万个（次）。推进法人机构改革，指导浙江农商联合银行挂牌开业。3月17日，印发《关于在部分区域推广复制自由贸易试验区银行业保险业市场准入简化政策的通知》，简化准入事项办理。支持科创金融改革创新探索，推动“科技—产业—金融”良性循环。支持国家营商环境创新试点城市创建，推动“两电”（银行贷款领域电子证照、电子签章）应用改革试点增量扩面。推动个人养老金先行工作，规范和促进个人养老金融业务发展。推动信托财产登记、慈善信托税收优惠政策落地试点，年内开出首张捐赠票据。（马雅恬）

证券·期货

【概况】2022年，杭州市新增境内上市公司15个（全市IPO上市新增15个，其中IPO新增15个，顺发恒业迁入增加1个，*ST天马迁出减少1个，合计新增15个），占全省新增总数的29.4%，居全省第一位。至年末，杭州市有境内上市公司216个，其中主板上市公司123个、北京证券交易所上市公司4个、创业板上市公司63个、科创板上市公司26个；“新三板”挂牌企业187个；浙江股权交易中心挂牌展示企业2869个。全市有拟境内上市企业133个，其中辅导期企业91个、已报会待审核企业371个、已过会待发行企业5个。杭州上市公司数量在省内各地级市中居榜首。

【融资渠道拓展】2022年，杭州市有15个公司在境内A股市场完成首发融资共165.65亿元，比上年下降51.2%。其中：2个公司在主板上市，融资10.67亿元；5个公司在创业板上市，融资60.93亿元；5个公司在科创板上市，融资88.95亿元；3个公司在北京证券交易所上市，融资5.10亿元。除首发融资外，有51个上市公司实施再融资共533.09亿元，融资额下降12.4%。其中：39个上市公司增发融资154.00亿元，融资额下降26.5%；13个上市公司通过可转债、公司债及ABS（资产证券化）融资292.64亿元，融资额下降26.6%；2个上市公司通过配股融资86.45亿元。有46个企业发行公司债券78只，融资835.90亿元，融资额下降18.9%；新增1单REITs（不动产投资信托基金）发行，募集资金14.04亿元。

【证券基金行业综合竞争力提升】至2022年年末，杭州市有证券公司3个、分公司71个、营业部261个，证券资产管理公司2个，证券投资咨询机构3个，公募基金管理公司2个；全市证券投资者开户数891.18万户；证券经营机构托管市值2.75万亿元，客户交易结算资金余额755.91亿元。2022年，全市证券经营机构实现代理交易额32.47万亿元、手续费收入49.48亿元、利润总额8.41亿元；全市证券公司实现营业收入87.11亿元，实现利润总额29.52亿元。年末，公募基金管理公司管理规模643.05亿元。全省证券公司与地方政府、国有企业、金融机构深化战略合作，推荐优质企业进入资本市场；多措并举提供股权融资和债券融资服务；围绕浙江“共同富裕示范区建设”，将资本市场服务网络覆盖各区县（市）。

【期货行业平稳发展】至2022年年末，杭州市有期货公司10个、分公司42个、营业部71个；全市期货投资者开户数43.43万户，客户保证金余额1036.31亿元。2022年，全市期货经营机构实现代理交易额66.65万亿元、手续费收入21.64亿元、利润总额13.30亿元；期货公司实现代理交易额65.54万亿元、营业收入36.08亿元、利润总额13.22亿元。全市期货公司服务大宗商品保供稳价，加强农

2022年杭州市境内上市公司情况表

表26

指标名称	单位	2021年年末数	2022年新增数	2022年年末数
境内上市公司	个	201	15	216
主板	个	121	2	123
创业板	个	58	5	63
科创板	个	21	5	26
北京证券交易所	个	1	3	4
募集资金①	亿元	5577.22	698.74	6275.96
首发募资	亿元	1487.37	165.65	1653.02
主板	亿元	950.91	10.67	961.58
创业板	亿元	314.64	60.93	375.57
科创板	亿元	221.01	88.95	309.96
北京证券交易所	亿元	0.81	5.10	5.91
再融资②	亿元	4089.85	533.09	4622.94
过会待发企业	个	3	—	5
已报会企业	个	31	—	37
辅导期企业	个	103	—	91

注：1. 募集资金包括州境内上市公司首发融资、交易所股票市场再融资（增发融资、优先股融资和配股融资）和交易所债券市场融资（公司债、可转债、可交换债和资产证券化产品）

2. 再融资包括杭州境内上市公司交易所股票市场再融资（增发融资、优先股融资和配股融资）和交易所债券市场融资（公司债、可转债、可交换债和资产证券化产品）

2022年杭州市证券期货经营机构情况表

表27

指标名称	单位	2021年年末数	2022年新增数	2022年年末数
证券公司	个	3	0	3
证券资产管理公司	个	2	0	2
证券分公司	个	63	8	71
证券营业部	个	265	-4	261
证券投资咨询机构	个	3	0	3
公募基金管理公司	个	1	1	2
证券从业人员	人	6707	310	7017
期货公司	个	10	0	10
期货分公司	个	36	6	42
期货营业部	个	71	0	71

2022 年杭州市证券期货交易情况表

表 28

指标名称	单位	2021 年年末数 / 2021 年全年	2022 年年末数 / 2022 年全年
证券经营机构代理交易金额	亿元	324665.70	324698.71
A、B 股交易额	亿元	210975.49	179971.03
基金交易额	亿元	6941.80	6206.41
证券经营机构代理交易手续费收入	亿元	59.65	49.48
证券经营机构利润总额	亿元	16.53	8.41
证券经营机构托管市值	亿元	29352.41	27457.66
证券经营机构客户交易结算资金余额	亿元	687.15	755.91
证券投资者开户数	万户	908.69	891.18
期货经营机构代理交易金额	亿元	702580.90	666455.67
期货经营机构代理交易手续费收入	亿元	25.49	21.64
期货经营机构利润总额	亿元	21.85	13.30
期货经营机构客户保证金余额	亿元	951.92	1036.31
期货投资者开户数	万户	35.66	43.43

业经营主体服务，推广生猪等农产品“保险＋期货”助力乡村振兴。

【私募基金管理规模增长】2022 年，杭州市私募基金管理机构投融资活跃，管理规模持续增长，在支持企业股权融资、促进创新资本形成、服务居民财富增长等方面发挥积极作用。杭州市、区两级政府重视私募基金集聚发展、规范发展，打造玉皇山南基金小镇、湘湖金融小镇等特色金融小镇，加强私募基金规范治理和风险防范化解，推动形成良好的金融投资和发展环境。至年末，杭州市有 1448 个私募基金管理人完成登记，发行私募基金产品 9263 只，管理资产规模 8138 亿元，比上年下降 3.8%。

【资本市场服务经济高质量发展】2022 年，浙江证监局支持优质企业上市取得新进展。引导“硬科技”、先进制造业和专精特新企业对接多层次资本市场，推动上市公司质量再提高，对照新一轮《推动提高上市公司质量三年行动方案》明确落实举措。公司治理专项行动自查整改完成率 98%，治理水平明显提升。拓宽股债融资服务新渠道。围绕支持上市公司运用多元化融资工具、优化民企债券融资机制、加快发展基础设施 REITs 等向地方政府建言献策。助力地方特色战略见成效。支持共同富裕示范区建设，提高山区县上市公司覆盖率。指导区域性股权市场与北京证券交易所、“新三板”共建浙江基地，筹建“专精特新”培育专板，争创私募股权份额转让试点。推动期货公司加强农业经营主体服务，推广生猪等农产品“保险＋期货”助力乡村振兴。

【金融领域重大改革推进】2022 年，浙江证监局围绕重大金融领域改革目标，推动改革举措落地见效。加强与地方政府沟通汇报，传导注册制改革理念，推进注册制改革。引导地方政府把握好上市企业数量和质量的关系，督促指导企业合理选择申报窗口和板块。完善辅导监管工作流程，做实做细辅导验收，压实中介机构责任。向地方政府传导改革政策，围绕浙江专精特新企业对接北京证券交易所建言献策。会同地方有关部门举办专题培训会，指导做好创新型中小企业分类培育。调研拟申报企业，实地指导企业上市准备工作。推进上市公司治理，督促公司整改自查发现的问题。与浙江省国资委在国有拟上市公司培育、上市公司监管、债券监管、风险防控等方面开展全面合作，共同指导国有上市公司发挥好高质量发展引领作用。

【重点业务领域金融风险防范化解】2022 年，浙江证监局聚焦重点业务领域，防范化解金融风险。督促上市公司及其大股东通过转让股权、并购重组、破产重整等方式化解风险。督促上市公司按期自查自纠资金占用和违规担保问题。制定退市监管指引，及时向地方政府通报上市公司潜在退市风险。推进私募基金风险整治，推动地方政府成立风险整治领导小组，细化整治工作任务表和进度管理。全覆盖完成疑似风险类私募机构风险摸排以及未备案机构排查工作。跟踪推进纳入整治机构的分类处置工作，针对高风险机构逐家制定“一企一策”风险处置方案，稳妥化解风险。做好债券违约风险防控，定期向地方政府通报债券市场形势和风险防控动态，推动制定加强国有企业债券融资监管相关指导意见。对本年度到期和回售的债券进行全面风险摸排，对存在潜在违约风险的发行人进行现场检查督导。整治互联网平台涉非风险，开展约谈核查，督促相关平台公司全面清理非法证券期货活动相关商品信息。制定涉非活动和互联网平台两张清单，督促平台公司签订承诺书并全面自查自纠。

【金融市场良好生态营造】2022 年，浙江证监局贯彻违法行为“零容忍”方针，营造辖区市场良好生态。从严查处财务造假、内幕交易等重大违法行为，严惩“关键少数”，压实中介责任。建立重大违法案件通报制度，加强与地方政府信息互通。开展投教“四进下基层”活动，推动纳入国民教育体系，探索构建“精准投教”格局。发挥好辖区投教基地服务投资者学知识、防风险的作用。开展群体性纠纷“示范判决＋集中调解”工作。多渠道做好资本市场重大法规政策宣传，引导辖区市场主体和投资者稳定预期。多渠道做好重点案件通报宣传，强化警示教育作用。做好行政处罚、行政监管措施信息公开，发挥舆论监督作用，督促市场主体树立崇法守信理念。（唐成伟 钱晓丽）

责任编辑 郦 晶

27 房地产业

综　述

【房地产市场发展平稳】2022年，杭州市坚持“房住不炒”定位，围绕“抓开工、促在建、盯入统、保增速”四大关键环节，推进房地产投资和项目开工建设，支持市场刚性和改善性住房需求，实现“稳地价、稳房价、稳预期”目标，房地产市场总体保持平稳健康发展。全年全市完成房地产开发投资3889.1亿元，比上年增长7.2%，占全市固定资产投资的48.3%；房地产开发投资增速高出全省增速2.8个百分点，高出全国平均增速17.2个百分点；杭州房地产开发投资额占全省的30.1%。新开工商品住宅面积1217万平方米，下降0.3%。新建商品房批准预售12.71万套，批准预售面积1638.7万平方米，分别下降30.7%和22.8%。其中，新建商品住宅批准预售10.74万套，批准预售面积1334万平方米，分别下降29.5%和23.4%；非住宅批准预售1.96万套，批准预售面积304.7万平方米，分别下降36.2%和20.2%。全市新建商品房成交11.46万套，成交面积1443.6万平方米，成交金额4649.5亿元，分别下降45.5%、38.4%和32.3%。其中，新建商品住宅成交9.40万套，成交面积1172.4万平方米，成交金额3950亿元，分别下降46.5%、41.4%和33.4%。非住宅成交2.06万套，成交面积271.1万平方米，成交金额699.6亿元，分别下降40.9%、20.5%和25.4%。二手住宅成交5.86万套，成交面积575.7万平方米，成交金额1486亿元，分别下降33.0%、33.4%和35.0%。　（陈哲敏　范国强）

【房地产企业资质管理】2022年，杭州市根据《房地产开发企业资质管理规定》，加强房地产审批服务事项管理。将房地产开发企业按照规模分为一级、二级2个资质等级，全年为二级房地产开发企业办理资质证明1054本，其中核准1021本、变更33本。至年末，全市有具备房地产开发资质的企业1077个，其中一级23个、二级1054个。　（郦柯伊）

【联合验收优化】2022年10月28日，市建委印发《杭州市房屋建筑和市政基础设施工程建设项目联合验收工作方案》，将联合验收事项扩面至房屋建筑和市政基础设施工程建设项目，联合验收内容调整为建设工程竣工规划核实等7项，申请材料精简至26份，申请表单填报减少2/3，实现审批事项办理一体化。全年全市工程建设项目通过联合验收在线审批监管平台3.0申报28个，其中办结16个。　（高昊旸）

房地产市场

【概况】2022年，杭州市根据市场变化，通过精准施策，支持刚性和改善

2022年8月25日，市住保房管局工作人员在富阳区檀境里售楼部开展“养老住房”防诈宣传　（市住保房管局 供稿）

性需求,促进房地产市场平稳健康发展。市、区适时出台支持房地产发展新政,包括优化二手住房交易政策、实施差异化购房政策、调整住房信贷政策等。市、区县(市)两级专班围绕"保交楼、保民生、保稳定"目标,多措并举筹集资金,协调推进工程进度和竣工交付。加强工程质量监督,建立四方沟通平台和信访联动机制,强化房地产风险项目化解处置。全年房地产投资保持增长态势,新建商品住宅销售价格指数和二手住宅销售价格指数总体平稳。全市完成房地产税收(剔除上交中央部分)638.2 亿元,比上年下降 6.5%,占一般公共预算收入的 26.0%。

【房地产调控】2022 年 5 月 17 日,杭州市房地产市场平稳健康发展领导小组印发《关于进一步促进房地产市场平稳健康发展的通知》,明确本市户籍可直接购买二手住房,非本市户籍连续缴纳城镇社保或个人所得税满 12 个月可购买二手住房;转让家庭唯一住房,增值税免征年限从 5 年调整为 2 年;三孩家庭限购的住房套数增加 1 套,参照"无房家庭"优先摇号。自 5 月起,富阳区、钱塘区、临平区相继实施差异化购房政策,区级人才在所在城区购房时享受高层次人才的购房资格认定和优先摇号政策。9 月,萧山区、余杭区、临平区、钱塘区、富阳区、临安区、淳安县、建德市出台"一区一策""一镇(街)一策",采取降低限购条件和实施购房补贴、契税补贴、团购优惠等支持措施。11 月 11 日,杭州实施"认房不认贷"、二套首付比降至 40%、下调房贷利率下限的信贷新政。11 月 21 日,市住保房管局、杭州城西科创大走廊管委会联合印发《关于城西科创大走廊实施差异化购房的通知》,明确实施范围内预售新建商品住房项目应提供不少于 50% 的房源定向供应廊内就业或落户家庭。

【商品房资金监管】2022 年,杭州市实施商品房预售资金监管新模式。市住保房管局与中国人民银行杭州中心支行、浙江银保监局等部门联动完善监管体系,明确监管额度内的资金专款专用,并规定房屋在不动产首次登记前,监管银行不得扣划监管额度内的资金,房地产开发公司不得抽调商品房资金。实施监管银行公开招标,通过公开招标方式,综合评定资金监管银行监管能力、信用等级等情况,选录 25 个银行纳入市监管银行库,并实行动态监督管理,保障预售资金安全。至年末,全市有 226 个预售项目通过资金监管系统签订三方协议,按照新的监管模式实施监管,商品房预售资金入账总额 1174.72 亿元。

【房地产市场秩序规范】2022 年,市住保房管局开展房地产市场乱象整治工作,维护房地产市场交易秩序。全年围绕房地产开发、房屋交易、房屋租赁、物业服务、房地产评估 5 个方面,检查房地产企业和中介机构 7706 个(次),责令整改违规违法问题 1561 个,警示约谈房地产企业和中介机构负责人 547 次。针对商品房销售中以"养老"名义虚假宣传涉诈问题,在全市在售项目的售楼部及中介门店中张贴宣传海报,设立举报电话,开展养老反诈宣传;组织排查在售商品住房项目 1491 个(次)、房地产中介机构门店 1401 个(次),对违规违法问题进行通报处理。

【房地产经纪行业监管】2022 年,市住保房管局以"数字 + 信用"为手段,实现对房地产经纪行业的全过程闭环式精准监管,将"双随机"抽查监管要求与"掌上查"数智监管系统相结合,实现对中介机构门店日常检查的实时记录、实时保存和上传检查影像,全过程跟踪记录检查、整改、回访情况,并将检查结果全面公示。全年发布经纪行业通报 3 期,通报批评中介机构 9 个,4 名经纪从业人员被列入"行业惩戒名单"。开展不规范二手房源问题整治,督促指导全市房地产中介机构排查 18 万余条挂牌房源信息,确保对外挂牌房源真实合法有效。

【人房地一体化智慧平台建设】2022 年 4 月,杭州市启动人房地一体化智慧平台建设。按照房地产全生命周期管理要求,建立以房屋为主题的人房地大数据仓,年内完成涉房数据全量全要素归集,实现在建工程、人口、企业、水电气数据的房屋关联。推出"房屋身份证号"体系,建立房屋唯一身份识别机制。开展人房匹配、职住平衡、公服配套等场景的模型研究,完成平台原型系统相关功能开发。

(范国强)

住房租赁市场

【概况】2022 年,市住保房管局以中央及市级财政支持住房租赁市场发

杭州市首个投入使用的保障性租赁住房项目——明石公寓(摄于 2022 年)

(市住保房管局 供稿)

2022 年，杭州市新建成公租房小区——山畔晟庭 （市住保房管局 供稿）

展为契机，落实培育和监管各项工作，通过扶持优秀住房租赁从业企业、多渠道增加房源供应、全面落实租赁资金监管政策、优化智慧租赁监管平台等举措，加快培育和发展住房租赁市场，满足新市民、青年人的租住需求。全年全市新增市场租赁房源 3.46 万套（间），将 93 个租赁从业企业纳入市住房租赁公众服务平台统一管理，完成网签备案住房租赁合同 41.7 万份，租赁从业企业运营的租赁住房月平均租金 63.06 元 / 平方米，比上年下降 0.2%。

【财政资金奖补支持】2022 年，市住保房管局完成中央财政资金支持住房租赁市场发展试点及市级财政资金扶持住房租赁市场发展工作，推动住房租赁市场健康平稳有序发展。经法人申报、部门审核、评审论证、公示等程序，市住保房管局向 50 个住房租赁从业企业拨付 2021 年度中央财政专项资金 8.8 亿元，累计拨付 2019—2021 年度中央财政奖补资金 23.47 亿元。向 26 个住房租赁从业企业拨付市级财政资金 3190.8 万元，累计拨付 2018—2021 年度市级财政奖补资金 8777 万元，助力租赁企业开展规模化、品牌化运作。

【住房租赁资金监管】2022 年 6 月 2 日，市住保房管局印发《关于组织申报 2021 年度杭州市住房租赁资金监管对象分类管控的通知》，启动租赁资金监管对象分类管控申报工作。根据通知要求，对全市“托管式”住房租赁企业进行分类管控，加大对优秀企业的支持力度。12 月 15 日，从企业经营情况、财务情况、监管政策落实情况等方面对“托管式”住房租赁“白名单”企业进行综合评审，根据评审结果降低 3 个租赁企业的风险防控金缴交比例。落实租赁资金监管制度，督促住房租赁从业企业纳入租赁资金监管，并按月核查“白名单”企业，对未落实资金监管要求的“白名单”企业实行退出机制，全年有 160 个企业开设资金监管专户，住房租赁“白名单”企业动态调整至 49 个。

【智慧住房租赁管理平台上线】2022 年，市住保房管局运用大数据、云计算、区块链等信息化、智能化手段，研究开发“一库”（住房租赁基础数据库）、“五平台”（住房租赁市场监管平台、租赁资金监管平台、奖补资金监管平台、公众服务平台、监测分析平台）、“一中心”（房屋智慧管理中心）的一体化综合性智慧住房租赁管理平台，重点从租赁数据管理、市场动态监测、提供租赁服务等方面打造亮点功能，为政府、企业、个人提供多层次、差异化的智能服务。12 月 23 日，智慧住房租赁管理平台经调整完善后上线。至年末，平台管理的市场租赁房源 35.7 万套（间），网签备案住房租赁合同 41.7 万份。

（范国强）

物业管理

【概况】2022 年，杭州市贯彻实施新修订的《杭州市物业管理条例》，推进业主委员会和物业管理委员会“应建尽建”，开展“无物业管理小区清零行动”，推动全市住宅小区物业管理全覆盖。实施“美丽杭州迎亚运”住宅小区环境品质提升行动，深化“美好家园”住宅示范小区建设，促进住宅小区软硬件提升。完善党建引领三方协同机制，推动形成管理规范、服务优良、环境宜居、安定和谐的物业管理新格局。

【《关于贯彻落实〈杭州市物业管理条例〉的实施意见》出台】2022 年 7 月 4 日，市政府办公厅印发《关于贯彻落实〈杭州市物业管理条例〉的实施意见》，自 8 月 3 日起施行。该意见提出要坚持党对物业管理工作的全面领导，把物业管理作为加强基层治理的重要内容来抓，具体提出 5 类、18 项任务及各地、各部门贯彻落实条例的工作职责和工作要求。市住保房管局采取多形式，开展物业管理条例宣传活动，主要宣传业主、业主大会、业主委员会、物业服务人员在物业管理中的权利与义务等。

【物业管理委员会组建】2022 年 2 月 8 日，市政府办公厅印发《杭州市物业管理委员会组建运行实施办法（试行）》，自 3 月 11 日起施行。实施办法对物业管理委员会的组建运行工作要求、工作程序做出明确规定。3 月 1 日，市住保房管局印发《杭州市物业管理委员会组建运行操作手册》，明确物业管理委员会组建的具体工作流程、工作示范文本等，为基层实际操作提供实用依据。年内全市组建运行 2083 个物业管理委员会。

【物业服务监管】2022 年 4 月，市物业综合管理工作领导小组印发《杭州市住宅小区物业管理项目考核评价实施方案（试行）》，市物业综合管理工作领导小组办公室同步印发相配套的考核评价指标内容、计分标准，明确依托智慧物业平台，建立全市统一的住宅小区物业管理项目考核评价体系和行业主管部门牵头负责、乡镇（街道）和社区参与实施、业主广泛参与的考核评价工作机制。全年全市完成2429个住宅物业管理项目的日常考核、专项考核和实地检查。考核评价结果在市、区两级物业主管部门官网上公布。

【住宅小区环境秩序治理】2022年3月，市住保房管局印发《“美丽杭州迎亚运”住宅小区环境品质提升行动方案》，与市物业管理协会联合印发《关于开展“美丽杭州迎亚运”物业服务品质提升专项行动的通知》，组织各区县（市）和物业企业开展住宅小区环境品质提升行动和物业服务品质提升行动。6月28日，市住保房管局印发《关于在全市住宅小区开展“扮靓家园”和社区宣传设施整治行动深化小区环境品质提升的通知》，将扮靓家园和社区宣传设施整治提升两个专项行动纳入住宅小区环境秩序治理的重要内容，开展“日检查、周排名、月评比”，督促整改发现的问题。全年发现各类环境秩序问题6.15万件，均落实整改。

【无物业管理小区“清零”行动】2022年，市住保房管局根据全市现代社区建设工作要求，推进“无物业管理小区‘清零’行动”。开展起底排摸，厘清321个“清零”问题底数；根据底数具体分析无物业管理小区实际情况，逐个研究提出“清零”工作思路；组织居民、业主参与“清零”行动，拓展小区经营性收益来源，加强对相关公共管理经费的整合；通过采取物业企业专业管理、小区业主自行管理、所在社区兜底管理等方式，完成321个无物业管理小区的“清零”任务。

【“美好家园”住宅示范小区建设】2022年4月21日，市物业综合管理工作领导小组印发《2022年杭州市“美好家园”住宅示范小区建设实施方案》，并将本市“美好家园”建设工作与省建设厅的“红色物业”创建工作结合，全市参与创建小区1702个。通过市、区两级的验收评审、集中公示，评出2022年杭州市“美好家园”住宅示范小区142个，其中商品房示范小区81个、老旧住宅示范小区31个、保障房示范小区30个。杭州市“美好家园”住宅小区建设工作3次被列入市政府民生实事项目，通过多种途径接受市人大代表、市政协委员监督，并根据监督意见加以完善。住宅示范小区建设兼顾设施改造“硬件”建设和物业综合管理“软件”建设，加强过程性管理，突出居民满意度，同步开展线上和线下监督。

【小区经营性收支信息公示】2022年8月31日，市住保房管局印发《关于开展2020年度和2021年度住宅小区物业经营性收益监管奖励资金申报工作的通知》，经乡镇（街道）申报、所在区域住建局审核确认，对纳入“杭州市智慧物业管理服务平台”并经过审计的11个街道发放2020年度、2021年度奖励资金410.17万元。通过正向激励，推动街道落实集中记账核算工作。至年末，全市有2204个物管项目完成物业经营性收支信息平台开户，其中1650个项目在平台录入小区经营性收支信息，在平台记账的小区业主通过“电子业主卡”便可查询本人所在小区物业经营性收支情况。

【物业专项维修资金和物业保修金归集管理】2022年，市住保房管局健全物业专项维修资金和物业保修金归集管理制度，督促指导各区县（市）有关部门开展维修资金管理问题自查自纠，推动维修资金管理规范化。全年市住保房管局办理物业专项维修资金交存137件，归集资金9.38亿元；拨付2181个物业专项维修资金使用项目，金额1.12亿元，其中涉及公共安全的维修项目按简易程序拨付维修资金4716.21万元；拨付543个物业应急维修专项资金使用项目，金额1026.52万元。办理物业保修金交存84件，归集资金6.82亿元；拨付3个物业保修金使用项目，资金335.75万元。办理物业保修金到期退还54件，退还资金1.64亿元；物业专项维修资金退还19件，退还资金8.64万元。（范国强）

房屋安全更新

【概况】2022年，杭州市加强房屋安全管理，推进更新领域制度体系和工程建设，实现房屋安全和更新事务管理事业健康有序发展。开展第三次城镇房屋调查登记，重点推进城镇危房解危三年行动、危房治理攻坚行动和自建房安全专项整治行动，消除房屋隐患。全年排查自建房177.1万幢，有关做法在全国自建房安全专项整治工作推进现场会上做交流发言。推进建设老旧小区加装电梯工程，相关做法被列入杭州市争当浙江高质量发展建设共同富裕示范区城市范例最佳实践案例（第一批）。

【老旧小区住宅加装电梯】2022年，杭州市老旧小区住宅加装电梯工作连续6年被列入市政府十大民生实事项目，同时被纳入杭州市社区公共服务优化提升攻坚行动、“一老一小”建设场景整体解决方案重点推进。市住保房管局会同市财政局修订《杭州市区老旧小区住宅加装电梯与管线迁移财政补助资金使用管理办法》，该办法延续原政策文件框架和补助标准，对文件适用范围、申请补助条件、政策有效期等内容进行调整。12月15日，市既有住宅加装电梯工作领导小组办公室印发《杭州市老旧小区住宅加装电梯公开听证工作指南（试行）》，明确加梯公开听证的工作定位，调整加梯公开听证的适用情形，细化加梯公开听证的人选来源，规范加梯公开听证的实施流程，并提供全流程公开听证的示范样本。全年全市加装电梯1070台，在全省住宅加装电梯工作考核排名中居第一位。实施和谐加梯，全市组建144支“加梯帮帮团”，参与调解加梯矛盾纠纷560多起，助推334个加梯项目通过联审。探索实施加梯公开听证制度，全市有38个街道召开226场加梯听证会，助推182个难点堵点项目达成加梯意愿。加大加梯项目与老旧小区改造、未来社区建设的结合力度，全市结合老旧小区改造实施加梯量约占全年项目总量的50%，实现27个小区所有单元加装电梯“全覆盖”。推进加梯工作长效管理，探索实施小区物业企业代管、委托第三方机构管理及购买电梯综合保险等模式。

【自建房安全专项整治】2022年，市住保房管局推进自建房安全专项整治，完成自建房排查、鉴定和信息汇总入库工作。全市排查自建房177.1万幢，排查发现存在隐患的家庭均落实安全鉴定；鉴定发现的危房均落实安全管控措施。杭州自建房经住房和城乡建设部专家抽检，获10个A的综合好评。7月8日，全国自建房安全专项整治工作推进会在杭州召开，杭州作为唯一的地方城市在会上介绍经验做法，杭州市本级及余杭区的经验做法获全国推广。

【城镇房屋第三次调查登记】2022年，市住保房管局会同市教育局等8个部门联合开展城镇房屋第三次调查登记并取得阶段性成效。调查登记依托省城镇房屋安全信息系统，以自然灾害普查图斑为基数，将2021年底前竣工交付使用的全市城镇国有土地上的房屋建筑单体作为调查对象，重点排查2000年前建造的简易结构、混合结构多层住宅房屋、用作防疫隔离点的住宅房屋、使用建筑幕墙的住宅房屋、2014年大排查中被认定为乙类的住宅房屋，以及2018年大排查中被认定为丙类但经鉴定不属于C、D级的住宅房屋。至年末，全市排查城镇房屋19.65万幢。

【房屋安全鉴定】2022年1月10日，《杭州市房屋安全鉴定管理实施细则》实施。市住保房管局开展房屋安全鉴定机构和区县（市）管理部门的业务培训，并印发《关于进一步加强房屋安全鉴定管理的通知》。4月，杭州完成房屋安全鉴定应急响应队伍确认就位工作，征集并确认应急响应队伍29支，应急响应队伍包括技术人员280人、仪器设备362台（套）。5月12日，召开全市房屋安全鉴定工作会议，督促鉴定机构落实自查自纠工作。开展自建房鉴定项目现场抽查检查，创新实施鉴定项目“飞行检查”，加大鉴定工作质量检查和现场核查力度。杭州完成房屋安全鉴定1277万平方米，出具鉴定报告1.6万份，根据鉴定情况开展危旧房治理。6月29—30日，市住保房管局应邀参加全国房屋安全鉴定机构及从业人员管理制度研讨会，介绍杭州房屋安全鉴定情况和做法，获住房和城乡建设部肯定。

2022年，滨江区迎春区块完成电梯加装工程　（市住保房管局 供稿）

【城乡危房治理】2022年，市住保房管局推进城镇危房解危三年行动、危房治理攻坚行动和自建房安全专项整治行动，消除房屋安全隐患。对全市历年登记入库的城乡危房进行全面梳理、逐一核查，并同步按照省、市最新的治理管控要求深化处置；自建房安全专项整治行动发现并鉴定出的自建房危房，均第一时间按要求落实安全管控措施。根据省、市数字化改革要求，市住保房管局完善城乡危房解危管理流程，建成包含治理端、采集端、管理端的危房数字化管理系统并投入试用，以萧山区、上城区为试点推进危旧房安全隐患在线监测预警，该做法被列为市数字政府系统“一部门一应用”典型案例。住房和城乡建设部主要领导对杭州创新房屋安全智慧管理系统、实现“一个身份号码统领，一个智慧平台统管，一个应用场景统抓”的做法予以肯定。

【白蚁防治】2022年，杭州市开展传统村落、历史文化名城名镇名村、文物保护单位白蚁防治工作，以及实施“护航亚运”白蚁防治专项行动。全年市级受理新建房屋白蚁预防项目233个，总面积1890.3万平方米；完成预防白蚁施工面积1648.31万平方米。完成杭州游泳馆、杭州体育馆、拱墅运河体育公园、中国杭州电竞中心等亚运会场馆的白蚁危害情况调查，结合各场馆实际制订白蚁防治方案，为亚运会场馆提供白蚁防治服务保障。余杭区白云村白蚁综合治理项目被评为2022年“一村三名”（浙江省传统村落和历史文化名城名镇名村）省级示范项目，萧山区戴村镇尖山下村白蚁综合治理项目被评为第一批“一村三名”全国示范项目。（范国强）

责任编辑　余显幕

28 交通运输·邮政

综 述

【交通建设投资 893 亿元】 2022 年，杭州市完成综合交通建设投资 893 亿元，总量居全省第一位，比上年下降 20.4%。其中：公路、水运和民用机场完成投资 444 亿元，完成年度目标（公路、水运、民用机场计划投资 466 亿元）的 95.3%，下降 15.8%；完成公路投资 391 亿元，下降 7.2%，公路站场完成投资 4.4 亿元；完成水运投资 30 亿元，下降 11.9%；完成民用机场投资 23 亿元，下降 67.8%。

亚运交通保障重点工程沪杭甬高速公路市区段改建、三墩互通、留下互通、彭埠互通改建工程建成通车。千黄高速全线贯通。临建高速先行段通车。杭州都市区中环余杭区两段高架建成通车。104 国道河庄至衙前段获批复，5 个项目完成立项，中环全线除东北段外全部纳入“三区三线”。京杭运河“四改三”段基本建设完成，新开挖段（杭州侧）和“八堡船闸”段进入收尾阶段，杭甬运河新坝二线船闸工程桥梁工程开工；杭州萧山国际机场三期工程新建 T4 航站楼人防工程投入使用，配套东区国内货站工程开工建设。申报货运枢纽补链强链试点，提前谋划钱塘江“四改三”、杭甬运河“四改三”等一批新项目，推动国际性综合交通枢纽城市建设，为后亚运时期稳投资、促增长奠定基础。

全社会营运性综合客运量（公路、水路、铁路、民航）9809.9 亿人次，下降 28.6%，高于全省均值（下降 31.0%）。其中：公路运输完成客运量 4100.0 万人次，下降 18.7%；水路运输完成客运量 242.6 万人次，下降 44.3%；铁路运输完成旅客发送量 4448.7 万人次，下降 14.6%；民航旅客发送量 1018.4 万人次，下降 28.9%。

综合交通运输（铁路、公路、水路、民航）完成营业性货运量 4.3 亿吨，下降 8.2%，低于全省均值 2 个百分点。其中，公路完成货运量 3.5 亿吨，下降 9.6%；水路完成货运量 7538.9 万吨，下降 1.4%；铁路运输完成货运发送量 412.91 万吨，下降 4.2%；航空运输完成货邮吞吐量 82.98 万吨，下降 9.2%。 （卫 青 孙钰夏）

【邮政业务平稳发展】 2022 年，杭州市邮政行业寄递业务量完成 40.18 亿件，比上年下降 2.8%。其中：快递业务量完成 34.85 亿件，下降 5.1%；邮政寄递服务业务量完成 5.33 亿件，增长 15.1%。全市邮政行业业务收入（不包括邮政储蓄银行直接营业收入）430.3 亿元，下降 15.2%。其中：快递业务收入 335.6 亿元，下降 19.4%；邮政寄递服务业务收入 18.7 亿元，增长 6.6%。全市邮政函件业务完成 5340.7 万件，下降 11.9%；包裹业务完成 46.2 万件，增长 8.4%；报纸业务完成 2.63 亿份，增长 14.1%；杂志业务完成 919.9 万份，增长 7.2%；汇兑业务完成 13.7 万笔，下降 31.7%。全市同城快递业务量完成 4.3 亿件，下降 8.4%；异地业务量完成 26.57 亿件，下降 3.4%；国际 / 港澳台业务量完成 3.98 亿件，下降 12.2%。 （刘 琴）

【交通规划编制推进】 2022 年，杭州市交通运输部门理顺交通规划体系，落实国土空间规划总体框架，按照“两级三类三层”综合交通规划体系推进规划编制。加强顶层谋划，与交通运输部规划研究院达成战略合作，共同开展《杭州市打造国际性综合交通枢纽规划》《杭州市国家综合货运枢纽补链强链三年实施方案》等专项研究，从战略高度为杭州交通谋划发展思路，助力杭州市争取国家政策红利。《杭州市普通省道选址规划》于 12 月 9 日获得市政府批复，有效指导新普通省道建设，打造“覆盖广泛、结构合理、畅通便捷、安全可靠、绿色智慧”的普惠性干线公路网。12 月 15 日，《杭州市临空经济示范区综合交通规划》正式发布，强力支撑杭州临空经济示范区蝶变跃升新实践。开展《杭州港总体规划》报送工作，5 月，规划材料报送交通运输部和省政府审查。11 月，规划环评报告提交省生态环境厅。12 月，开展环评报告征求意见、专家咨询和审查论证。完成《杭州市打造国际性综合交通枢纽规划》送审稿，提出客货运枢纽总体布局方案，以及国际联通、区域辐射、资源配置、融合共生、运行服务五方面枢纽城市高质量发展路径。完成《杭州市渣土码头布局规划》送审稿，研究提出杭州市中转渣土码头优化调整方案及永久渣土码头布局方案，保障杭州市重点片区开发、重大项目建设顺利推进，缓解工程项目渣土产生与消纳阶段性矛盾。牵头开展杭州市区至萧山机场快速直达方案、萧山机场东向通道、钱江三桥（西兴大桥）改建方案、杭州湾出海航道等研究，促进交通引领城市高质量发展。开展“三区三线”划定项目申报，组织、督促区县（市）交通运输局集中完成项目建议书及工程可行性转报、项目立项，收集上报项目矢量数据，中环全线除东北段外全部纳入“三区三线”，省道项目基本实现应报尽报，为后续项目实施创造有利条件。（杨　烁）

【平安交通建设】2022年，杭州市交通运输部门开展全市交通运输系统除险保安百日攻坚，牵头落实“7+1”重点领域整治，完成“平安护航二十大”54项任务，全年查处案件2.97万起。全行业安全水平呈现“4升5降6‘清零’”：安全监管力量比上年增长53%、隐患排查治理数量增长111%、执法检查处罚案件增长47%、应急处突能力明显提升；亡人事故下降14.6%、亡人数下降21.8%，普通公路超限率下降75%、水上交通事故下降30.5%、直接经济损失下降30%；危货挂靠、“两外”车辆、高速公路超限、“百吨王”车辆、“无证网约车”和“失联”普通货运企业基本“清零”。开展三年行动专项整治、交通运输强化年、夏季安全生产隐患排查、除险保安百日攻坚、安全生产隐患大排查大整治、冬季暨春运安全生产专项整治6项行动，获“杭州市平安示范单位”称号。依托“数字打非”平台，开展客运行业专项整治3次、“亮剑”指挥联动5次，查处客运违法案件305起；危化品生产企业扫码率98.6%，车辆智能视频监控上线率96%、2575名危货驾驶员蓝码率100%，企业重点线索处置率99.9%、监管部门处置率100%。清理普货年审车评双逾期828辆，整改“两类人员”不合规企业568个，146个重点货运企业车辆动态监控全覆盖；推动港口危货动火作业闭环管控，完成75个危货储罐风险评估、19个码头结构检测评估、23个码头技术状态评定，装车作业扫码率95%以上。开展渣土运输整治“风暴”行动，建立建筑垃圾运输船舶准入机制；开展商渔船防碰撞、农林船、“三无”船和内河脱检船整治，推进千岛湖和钱塘江沿线50个客位以上客船签单发航制。推进信用治超、大件运输、车籍地处罚办理和桥下空间整治，牵头完成4个省级、2个市级事故多发点段整治任务。开展安全生产综合检查和农村公路督查，实现建设工程“零死亡”，“平安工地”全覆盖。轨道交通领域处罚数量和案由覆盖面大幅提升，组建“公交运营协管大队”“应急处突联合指挥中心”，实现公交领域常态化监管。开展各类实战演练1200多次。（黄　洁）

【疫情防控保供保畅】2022年，杭州市交通运输部门建立工作机制，采用数字化精准管控措施，落实高速入杭通道疫情防控和保供保畅工作，做到道路通行安全通畅，物资运输安全通畅，货车司机确保安全。市交通运输局牵头成立杭州市保障物流畅通促进产业链供应链稳定专班，与市防控办合署办公，调度全市物流保通保畅工作，有效处置“1·26”滨江大转运，四季青、良渚等突发疫情，落实“两区一站一通道，四车两货七枢纽”重点防疫任务。制定《全市交通运输系统深化“无疫单元”建设工作的通知》，推进“无疫单元”创建。在全国率先出台关心关爱货车司机“杭十条”，推出货车防疫服务站，为司机、船员提供食宿、“双检”服务。实施重点物资、重点企业“白名单”制度，获国务院办公厅表扬。疫情防控进入新阶段后，全面落实“二十条”“新十条”等措施。12月下旬开始，征募公交、长运等单位近200名司机火线支援“120”急救运输工作。（赵应华）

【法治交通建设】2022年，杭州市交通运输系统开展《杭州市农村公路条例》《杭州市公共汽车客运管理条例》立法修订调研，《杭州市农村公路条例》申报2023年市人大立法正式项目。征集完善行政规范性文件制定计划与年度重大行政决策项目，落实重大行政决策事项目管理要求，执行《重大行政决策程序暂行条例》、合法性审查与公平竞争审查工作规定，促进依法科学决策。参与各类立法需求调研座谈30多次、审查反馈立法征求意见80多项，出具合法性审查意见386条。按照行业发展实际及行政规范性文件清理要求，废止《杭州市公路水运工程质量和安全生产监督管理办法》，清理以市政府名义发布的14件交通行政规范性文件，修订2件，清理公平竞争审查等行政规范性文件5次。向市人大专题汇报《杭州市城市轨道交通管理条例》实施情况，牵头建委、规划与自然资源、公安、城管等部门落实市人大反馈意见，完成市交通运输局牵头制定条例的立法后评估工作及宣传贯彻实施。参与《杭州市钱塘江综合保护与发展条例》《杭州市旅游条例》等地方性法规立法后评估工作。深化法治交通建设，推进执法能力建设与执法效能提升，全年办理行政处罚案件8915件，罚款金额2127.7万元。其中，简易案件数2252件，一般案件数6553件，非现治超案件数110件，告知承诺2557件。连续3年获得全省交通运输执法能力评比第一名，连续2年在全省交通运输行政执法比武中获得团体第一名。市交通运输局获司法部“全国行政执法先进集体”称号，是全省交通运输系统和全市执法单位中唯一获此荣誉的执法单位。

【交通“大综合一体化”行政执法改革】2022年，杭州市交通运输部门贯彻落实中央和省、市关于“大综合一体化”行政执法改革部署，根据《杭州市推进“大综合一体化”行政执法改革实施方案》文件精神推进改革工作。4月15日，新组建成立杭州市交通运输行政执法队，将交通领域陆上、水上两支执法队伍合二为一，统一行使公路路政、道路运政、交通工程质量安全监督管理、城市轨道交通运营管理、水路运政、航道行政、港口行政、地方海事行政、船舶检验等执法门类的行政处罚以及与之相关的行政检查、行政强制等执法职能。改革后新组建的杭州市交通运输行政执法队核减编制139个、内设机构7个，实现执法队伍机构和执法人员“双下降”。4月20日，成立杭州市公路与港航管理服务中心、杭州市道路运输管理服务中心，标志着市本级“大综合一体化”行政执法改革及有关事业单位改革全面落地。改革中推进“机制大理顺、业务大培训、技能大提升、风险大排查、作风大督查、形象大展示”6项专项行动，做好改革“后半篇文章”，梳理健全改革后新单位工作职责边界和执行机制。结合交通“大工程、大动脉、大流域、大枢纽”特点，推动执法力量下沉，以建立“派驻镇、街道（管委会）联络员”队伍为着力点，强化联络员纽带作用。建立健全下沉执法力量“市属街用共管”新机制，22个基层执法中队、135名执法人员下沉17个中心镇、街道和2个管委会，辐射杭州主城区全域。（舒陈慈）

【《关于深化农村公路管理养护体制改革的实施意见》施行】2022年10月7日，市政府《关于深化农村公路管理养护体制改革的实施意见》施行。该意见是根据浙江省政府《关于深化农村公路管理养护体制改革实施意见》要求，结合杭州市农村公路情况出台的农村公路管理养护政策指导文件，包括管理体制、资金保障、专业水平、长效机制等方面内容，建立符合杭州实际，权责清晰、齐抓共管的农村公路管理养护体制机制。计划到2035年，杭州市将全面建成体系完备、运转高效的农村公路管理养护体制机制，实现城乡公路交通基本公共服务均等化。（雷　杰）

【交通强国示范城市数字交通建设】2022年，市交通运输局成立数智交通工作领导小组，制定印发《杭州市交通运输局数智交通工作管理暂行办法》《杭州市交通运输局网络安全管理暂行办法》《杭州市交通运输局数据资源管理暂行办法》等制度规范，建立完善数智交通全生命周期管理制度机制。聚焦城市交通系统化综合治理，牵头组建智慧交通工作专班，研究制定《杭州交通治理在线平台建设方案》并经专家论证，初步构建4类118项内容的城市交通综合评价指标体系，搭建交通治理在线平台架构，初步完成交通监测决策支持平台部分功能研发，智慧公交试点应用成效初显。成立交通强国示范城市数字交通建设试点项目（二期）领导小组，下设项目管理组及7个场景推进组，编制项目管理方案，建立例会及晾晒工作机制，做好一期项目应用跟踪，推进二期项目建设，打造交通强国示范城市数字交通建设精品试点项目。（冯佳伟）

【春运发送旅客601.78万人次】2022年1月17日至2月25日春运期间，杭州市城际交通（公路、水路、铁路、民航）客运发送总量601.78万人次，为上年同期的78.2%。道路旅客发送量33.14万人次，为上年同期的30.1%。铁路旅客发送量464.2万人次，为上年同期的92.1%。民航旅客发送量97.67万人次，为上年同期的83.6%。水路旅客发送量6.77万人次，为上年同期的17.6%。市内公共交通（公交、轨道）旅客运输总量1.24亿人次，为上年同期的96.1%。其中：城市公交运送乘客4677.70万人次，为上年同期的84.4%；地铁运送乘客7757.1万人次，为上年同期的105.0%；出租汽车（含网约和巡游车）日均客运量108.5万人次，为上年同期的106.3%。杭州辖区内高速公路总流量3479.1万辆（次），为上年同期的97.8%。（陈　磊）

【“数字驾校”样板试点】2022年，杭州市交通运输部门推进驾培行业智慧化转型，指导杭州翔力机动车驾驶员培训有限公司联合中电海康开展“数字驾校”试点。围绕“浙里学车”、智慧驾培模拟器、智能教学辅助系统、一体化监控中心、五维一体安全防控保护等新型智慧化产品，从安全、标准、智能、品质方面对传统教学进行数字化升级，对招生报名、资金监管、模拟器学习、科目二驾培机器人教学等进行管理模式创新。“浙里学车”入驻“浙里办”“浙里畅行”模块，累计通过App报名学员18.6万人，监管学驾资金7.8亿元。科目二考试一次性通过率81.7%，高于全市平均水平10个百分点，试点驾校营业收入比上年增长6%。系统被列为省交通厅基层和社会谋划数字化改革38个应用场景，是杭州市发改委数字社会多跨场景之一。（朱晓宇　康　琦）

【“四好农村路”建设】2022年，杭州市交通运输部门高质量推进“四好农村路”建设，提前完成迎亚运600千米美丽农村公路提升改造。深化农村公路管养体制改革，加快构建符合杭州特点的农村公路管理养护体系。启动《杭州市农村公路条例》立法调研，推动该条例列入2023年度立法正式项目。余杭区获评2021年度“四好农村路”全国示范县，萧山区、临平区入选2022年度“四好农村路”全国示范县。富阳区获评2021年度浙江省“四好农村路”省级示范县，余杭区漕雅线获评浙江省首届“十大最美农村路”。（雷　杰）

【城市交通治堵】2022年，杭州市交通运输部门关注民生热点，深化交通堵点综合治理，组建实体化运作专班，完善协调联络、通报晾晒、检查督办、验收考评等工作机制，牵头开展城市交通系统化综合治理10项行动，细化行动指标，依托“交通治理在线”实行线上管理。市、区两级交通运输部门联动，分级分类开展10处重大堵点、122处常发堵点综合治理，总体效率提升5%以上。全年高峰时段拥堵延时指数1.552，在全国50个主要城市中排名第33位，比上年上升1位。（陈　磊）

【关心关爱货车司机“杭十条”发布】2022年4月6日，市新冠肺炎疫情防控工作领导小组办公室发布《杭州市关心关爱货车司机十条举措》。该十条举措以人为本，围绕货车司机“吃、住、行”三要素，在全市93个高速公路入城口，全天候为货车司机免费提供开水，正餐时间为滞留货车司机免费提供餐食，市域范围有条件的高速公路服务区和物流园区，优先为货车司机提供休息、热水、热餐、淋浴等服务。全市高速公路收费站点为运输防疫物资、农副产品等重点民生保障物货车开辟绿色通道。对符合标准的集装箱货车给予通行费六五折优惠，安装浙江省ETC装置的合法装载货运车辆给予部分路段通行费八五折优惠。针对货车司机最关心的核酸检测难问题，明确凡是持中华人民共和国道路运输从业人员从业资格证的货运从业人员，均可在全市255个核酸检测点免费核酸检测。同时提供131个收费检测点信息，方便有需要的货车司机就近选择。推出隔离司机货物转运、轻微违章首错免罚、违章处理预约服务、防疫消杀政府补贴、医保和公积金暂缓缴纳等举措。至年末，服务货运车辆12.43万辆（次）、货车司机15.21万人次。

（康　琦）

【公路水路运输企业防疫补助政策发布】2022年9月2日，市交通运输局联合市财政局发布《公路水路运输企业防疫补助政策实施细则》助企纾困，为公路水路运输企业提供政策支持。凡在杭州市行政区域内依法登记、经交通运输部门许可经营、具有独立法人资格、2022年1—6月严格落实疫情防控措施并积极投入复工复产、至申报日经营状态为"营业"的公路水路运输企业（含个体工商户），可向交通主管部门提交防疫补助申请。至年末，向公路水路运输企业发放防疫补贴资金1708万元，惠及企业1322个；向出租车行业发放纾困扶持资金4369.8万元，涉及53个企业、307个个体户。（卫　青）

【交通在建项目全域安全监管平台建立】2022年，杭州市交通运输部门以"数字赋能"，从"人、机、物、环、管"多维度建成交通在建项目全域安全监管平台，并入选2022年全省交通数字化改革基层和社会"最佳实践"。平台设立建设单位监管中心和现场分中心2个层级，通过人工智能检测+线上电子巡检+线下App巡检，实现安全监管全域覆盖，形成一套"隐患事件监测→事件跟踪、自动报警→主动广播告警→隐患现场处置→隐患反馈"的安全隐患事件处置闭环流程，实现隐患排查治理全过程处置。平台投入使用后智能设备采集占比76.7%，在线巡查占比19.3%，现场巡查占比4%，隐患数量环比下降26.7%，提升安全隐患识别及处置效率，实现智能化隐患巡查。该平台被应用于沪杭甬高速公路杭州市区段改建工程南段，陆续在杭甬运河新坝二线船闸工程和104国道杭州河庄至衙前段工程推广应用。

（林思宇）

【交通职业教育与培训】2022年，杭州技师学院开设汽车、飞机、轨道、机电和商务5类专业群、26个专业，其中汽车运用与维修、汽车检测与维修、汽车钣金与涂装、数控技术应用、数控加工（数控铣方向）、汽车营销、数控加工（车工）7个专业是省级示范（品牌）专业，有在校生4630人。全年录取新生1359人。组织612名学生参加成人高考，本、专科上线率分别达到82.5%、91.4%；858名实习生进入300多个用人单位实习，毕业生就业率和就业满意度分别为99.4和96.3%，用人单位对学生满意度98.87%。学院有校内实训基地66个，校外实训基地350个。学院在编职工281人，高级职称教师占30.3%，一体化教师占50.7%。其中全国和浙江省技术能手、浙江省"万人计划"高技能领军人才、省级专业（学科）带头人等63人，"省级工匠"3人、"浙江杰出工匠"1人，省级技能大师工作室领办人1人，省特级技师2人，省首席技师1人，获记省政府个人一等功3人、嘉奖2人，杭州市D类及以上高层次人才38人。承办各级各类职业技能大赛9次。师生获省级及以上技能大赛奖项72人次，其中国家级大赛冠军8人次。杨金龙连任第十四届全国人大代表、当选杭州市总工会兼职副主席，蒋应成当选杭州市第十四届人大常委会委员，杨广入选2022年"浙江工匠"、桐庐县首届杰出人才，5名教师入选浙江青年工匠。黄涛获县级大师工作室领衔人，项万明获评桐庐县首席技师。学院完成教学资源制作中心建设，设立校级共享型专业教学资源库，参与编写教材27人次、编制题库38人次，发表论文18篇；申报课题立项13项、课题结题24项、专利9项、各类教材6本、试题库3个。教科研成果获10个奖项，其中国家级5项。增设航空游艇系，完成A320大飞机采购项目。申报国家优质专业3个，新开设汽车运输管理等5个新专业。汽车技术与服务和机电一体化技术2个专业群入选省高水平专业群建设。学院省一流技师学院获批立项，全面完成年度验收要点任务143个，新增12个验收要点任务。全年完成社会培训1.1万人次、职业技能等级认定4520人次。完成驾驶专业学生驾驶技能培训56人次，其中C1车型46人次、A1车型10人次。获评全省年度考核优秀。新增铁路车辆制修工、互联网营销师2个认定职业工种。至年末，认定职业12个、工种16个。完成一流技师学院建设系列师资培训744人次。新增全国技术能手1人、D类人才1人、E类人才10人、桐庐G1类人才4人，省技工院校省级专业（学科）带头人4名，获评正高级讲师2名。举办"数字经济背景下技能共富发展大会暨70周年校庆庆典大会"、校庆文艺会演等活动。办学成果被中央广播电视总台、《人民日报》、"学习强国"学习平台等20多家主流媒体专题报道70多次。

杭州汽车高级技工学校招收12个班级，录取512名学生。2022届毕业生438名，持高级技校毕业证和技能等级证毕业的"双证率"达到97%，234名学生被成人大专录取。加强实习单位准入及实习过程管理，与51个本地知名企业签订校企合作协议，共建校外生产实习实训基地，通过双向选择安排13个班级364名学生进入顶岗实习阶段。与吉利集团、北汽集团、海康威视公司合作，组建企业冠名班。与杭州中测科技有限公司、嘉兴灵米智能科技有限公司合作，指导2018届数铣班学生研制视觉检测设备；与利星行合作，将奔驰品牌课程作为2018届汽运班技师研修课程，技师班工学交替教学模式更加成熟定型。与百一腾集团合作，完成2018届百一腾班工学交替教学，学生进入顶岗实习阶段，"现代学徒制"教学模式受到企业认可。与宁德时代合作，启动"新能源动力电池拆检实验室"建设。校属交通培训考试服务中心组织培训考试7.34万人次、出租汽车驾驶员从业资格考试

6.8万人次、巡游出租汽车驾驶员继续教育5202人次、出租汽车驾驶员职业道德教育182人次、客货运驾驶员从业资格考试27人次。职业技能培训鉴定中心组织社会学员开展职业技能等级认定179人,其中高级工及以上46人;完成全日制学生职业技能等级认定887人,其中高级工及以上299人。学校原有计算机辅助设计与制造专业调整升级为数字化设计与制造专业,在原汽车技术服务与营销专业基础上新开设汽车技术服务与营销(共享出行管理)专业。开设首个汽车维修专业高职考试实验班,与浙江同济科技职业学院合作,开设数控加工(数控车工)专业中高职一体化五年制班。“百一腾汽车检测专业学徒制试点实践”“企业新型学徒制汽车维修工培养实践”2个案例在浙江省学徒制典型案例评选中分别被评为A类案例和C类案例。（沈 妤 高超颖）

公路运输

【概况】2022年,杭州市境内建有公路6727条、总里程1.66万千米。其中:国道省道干线里程1977.14千米、农村公路1.47万千米、城管路段382.87千米(干线公路101.32千米)。公路密度98.66千米/百平方千米,公路通乡率和通村率100%。公路桥梁7140座69万延米,新增1002座19.3万延米。其中:高速公路桥梁1987座45万延米,占全市公路桥梁总数的28%;普通干线桥梁936座8万延米,占全市公路桥梁总数的13%;农村公路桥梁4217座16万延米,占全市公路桥梁总数的59%。公路隧道337道24.5万延米。其中:高速公路隧道178道,占全市公路隧道总数的53%;普通干线隧道78道,占全市公路隧道总数的23%;农村公路隧道81道,占全市公路隧道总数的24%。

高速公路节假日期间(春节、清明节、“五一”节、国庆节)小客车免费通行1518.4万辆(次),免收通行费超过4.5亿元,总流量5098万辆(次)。收费公路农副产品免费通行47.6万辆(次),免费金额3.7亿元。

全市有从事道路运输的经营业户(含个体运输户)5489户,营运客货汽车10.62万辆。其中,营运货车10.15万辆、151.40万吨位,营运客车4702辆、20.20万座。从事道路运输相关业务经营业户7115户。

全市有从事道路旅客运输的经营业户94户(其中道路运输客货运输兼营业户数3户)。其中班车客运31户,旅游、包车客运85户。开行客运线路753条,其中:一类客运班线228条,日发班次266个;二类客运班线197条,日发班次739个;三类客运班线109条,日发班次380.5个;四类客运班线219条,日发班次1688个。杭州市区(不含萧山区、余杭区、钱塘区、临平区、富阳区)开行道路客运线路388条,其中:一类客运班线195条,日发班次212个;二类客运班线135条,日发班次574个;三类客运班线54条,日发班次222个;四类客运班线4条,日发班次16个。全年完成道路旅客运输量4100.3万人次,旅客周转量45亿人次千米,分别比上年下降18.7%和增长1%。

全市有城市公共客运综合客运枢纽7个,公交调度指挥中心19个,从事公共汽电车经营户19户,运营车辆1.09万辆,运营线路1495条,线路总长度3.05万千米,其中BRT总长度30.1千米,无轨电车总长度27.7千米,年完成客运量5.31亿人次。轨道交通站252座,运营线路总长度516千米,运营车数548列。完成客运量9.64亿人次,旅客周转量81.65亿人次千米。

全市有公路货物运输业户(含个体运输户)5398户(其中道路运输客货运输兼营业户数3户),拥有营运货车10.1万辆、151.39万吨位。其中市辖区(不含萧山区、余杭区、钱塘区、临平区、富阳区)1749户拥有营运货车3.2万辆、42.68万吨位。全年完成货物运输量3.51亿吨、货物周转量552.71亿吨千米,分别下降9.6%和增加0.1%。全市有等级客运站22个,其中一级站7个、二级站4个、三级站11个,简易及招呼站748个。

全市有巡游出租汽车经营业户543户,经营车辆1.45万辆。其中:企业户95户,经营车辆1.39万辆;个体户448户,经营车辆534辆。杭州市区(不含萧山区、余杭区、临平区、钱塘区、富阳区)客运出租汽车经营户367户,经营车辆1.14万辆。其中:企业户58户,经营车辆1.10万辆;个体户309户,经营车辆389辆。主城区有出租车服务区8个,停车位1934个。

全市有机动车驾驶培训机构121个,从业人员7756人。其中:一级驾培机构10个,二级驾培机构44个,三级驾培机构62个,残疾人驾培机构1个。道路客货运输驾驶员从业资格培训机构18个,危险货物运输驾驶员从业资格培训机构7个。有各类教学车辆6091辆,教练员6142人,全年培训驾驶员24.71万人。

全市有机动车维修企业4724个,从业人员5.34万人。其中:一类机动车维修企业205个,二类机动车维修企业1164个,三类机动车维修业户2952个,摩托车维修业户150个,全年维修各类车辆809.4万辆(次)。汽车综合性能检测站35个,从业人员985人,全年检测车辆17.04万辆(次)。备案登记机动车配件经销业户1.04万个,备案登记汽车租赁企业497个,备案租赁车辆3.44万辆,从业人员1万人。

（雷 杰 康 琦）

【公路建设】2022年,杭州市完成公路建设投资391.3亿元,比上年下降7.2%。其中:高速公路全年完成投资172.7亿元,普通国(省)道完成投资119亿元,农村公路(含规划省道和重要县道)完成投资95.2亿元,公路站场完成投资4.4亿元。全年新改建高速公路5条60.8千米、普通国省道项目4个40.62千米、农村公路283.94千米。实施干线公路大中修养护488千米,农村公路养护812千米。总里程近1.5万千米的农村公路中,较大自然村100%通等级公路,97.9%的乡镇通三级及以上公路,82.9%的村通双车道公路。至年末,农村公路灾毁保险赔付案件382起,赔付金额1876.01万元。

【公路养护管理】2022年,杭州市高速公路路面技术状况指数(PQI)值为94.68。全年投入养护资金7.17亿元,其中养护大中修(含预防性养护）工程3.59亿元。完成高速公路预防性养护里程177.43千米，修复性养护148.45千米。普通国道、省道PQI值92.91。全年完成普通国道、省道公路大中修工程项目163千米，总投资4.8亿元。投入公路桥隧养护资金1.36亿元，其中：高速公路4030万元，维修改造桥隧89座；普通国道、省道2648万元，维修改造桥隧17座；农村公路7000万元，维修改造桥隧53座。高速公路投入资金2262万元，检查桥隧408座。普通国道、省道投入资金约280万元，检查桥隧248座。农村公路投入资金1161万元，检查桥隧1389座。（雷　杰）

【杭州绕城高速公路整治】2022年5月5日至7月15日，杭州市交通运输部门按照“美丽杭州迎亚运”城市环境品质提升总目标，以及迎亚运公路“三化一平”要求，全面推进全长123.5千米的绕城高速整治。整治工程总投资2.3亿元，重点解决绕城高速路面通行质量低、路域环境质量差、交安附属设施老旧、标识标线清晰度不足、桥头跳车现象等问题，实行全线单向分段断流施工。采用新研发的预防性养护技术方案（GTTECH高韧超薄沥青磨耗层）和同步摊铺技术，以高性能改性沥青和高黏改性乳化沥青为热拌沥青混合料和黏结层材料，处治完成不达标路段87.9千米、不合格路段6.9千米、桥头跳车26处、病害25万平方米、罩面20千米、中分带综合清理156千米，实现洁化、美化、绿化和道路平整。（卫　青）

【沪杭甬高速公路杭州市区段改建工程通车】2022年9月28日，沪杭甬高速公路杭州市区段改建工程全线通车。项目北起乔司枢纽，南至红垦枢纽，改建里程21.31千米，是集高速公路、轨道快线、慢行系统于一体的综合立体交通走廊，串联起萧山国际机场、钱江世纪城、钱江新城、杭州东站、城西及杭州西站，为杭州市城市东扩、拥江发展的城市发展战略提供支撑。全线在原沪杭甬高速原位进行抬升改建，上层高架桥部分和下层地面道路部分分别命名为空港高架路和空港大道。该项目控制性工程新彭埠大桥是多跨长联公轨两用钢桁梁桥，全长1350.8米，是空港高架路的过江通道。采取双层布置，上层为双向8车道跨江快速道路，下层为机场轨道快线，慢行步道供非机动车和行人过江。新萧山收费站位于沪杭甬高速红垦枢纽处，设置7入9出16条车道。

【杭州彭埠互通改建工程建成通车】2022年9月28日，杭州彭埠互通原位改建工程建成通车。工程采用单苜蓿叶+涡轮型方案，由艮山东路主线和互通匝道两部分组成，主线长1.7千米，新建互通匝道长7.5千米，设桥梁17座，其中主线高架桥1座、匝道桥梁13座、地面桥梁3座。项目按一级公路（兼顾城市道路功能）技术标准实施：艮山路主线高架双向四车道，设计时速80千米，桥梁宽度18.6米；艮山路地面道路双向六车道，设计时速60千米，路基宽度48米；互通匝道采用单/双车道匝道，设计时速40千米。概算总投资16.34亿元。于2020年3月开工，是亚运村区块对外联系的枢纽线路和重要集散通道。

【杭州绕城高速公路留下互通改建工程建成通车】2022年9月28日，杭州绕城高速公路留下互通原位改建工程建成通车。改建内容包括拼宽杭州绕城高速公路0.62千米，改建天目山路（含02省道）1.3千米，新建互通匝道5.6千米（含匝道隧道1.2千米），新建及拼宽桥梁1803.3米（9座），匝道隧道1167.5米（3座），地面辅道桥梁164.2米（4座）；改建收费站1处（6进10出）。项目概算总投资10.36亿元。杭州绕城高速公路为双向四车道，设计时速100千米；地下隧道双向四车道，设计时速60千米；匝道设计时速40千米，下穿隧道设计时速60千米。（林思宇）

【三墩互通、235国道先行保通段通车】2022年7月31日，三墩互通、235国道先行保通段正式通车。开通试运行道路为留石高架路（杭州绕城高速三墩互通至运溪高架路段）、振华西路匝道以及蒋墩路跨线桥剩余匝道，全长约10千米，双向六车道，设计时速80千米。该工程是杭州西站枢纽和西站高铁新城规划交通保障工程，也是实现杭州快速路网体系与绕城高速公路交通体系转换的枢纽工程。

【沪杭高速公路临平段全线通车】2022年8月10日，沪杭高速公路临平段改建工程全线通车。该工程西起杭浦高速，东至运河二通道，与沪杭高速桥相接，全长3.04千米，设计时速120千米。项目改建包括沪杭高速高架式抬升、临平互通改建、新增东湖路互通，同步实施主线高

2022年9月28日，新彭埠大桥开通运行　　（市交通运输局 供稿）

架桥下双向六车道地面道路（浦运路）及2条南北向被交路改造等，总投资18.3亿元。工程新建临平（东湖）收费站，4进4出，承担杭州至临平、临平至上海方向高速公路流通功能；改扩建临平（迎宾路）收费站，6进9出，解决临平收费站上海方向回临平需绕行杭州北的难题。该工程是2022年杭州亚运会重大交通基础保障项目。（雷　杰）

【临建高速公路先行段通车】 2022年12月30日，临建高速公路先行段（於潜枢纽至千秋关隧道）通车。临建高速公路是联通浙皖的省际通道，服务于长三角区域一体化和浙江省共同富裕示范区建设。项目起于千秋关隧道，经临安、桐庐、建德3地，终于杭新景高速安仁枢纽，全长85.5千米，双向四车道，设计时速100千米。其中先行段长24.1千米，全部位于临安境内，设有横路互通、於潜北互通、於潜互通和於潜服务区。北与安徽高速相接，南与杭徽高速相接，是全省首个完成数字验收评分的试点项目。建成通车后安徽宣城、芜湖、宁国等地车辆可直达临安，结束安徽宁国到杭州临安之间没有高速公路的历史。（张　磊）

【杭淳开高速公路与湖杭铁路交叉节点工程完工】 2022年11月，杭淳开高速与湖杭铁路交叉节点工程完工，12月完成桥梁荷载试验，具备开展交工质量评定条件。项目为上跨湖杭铁路的桥梁工程，长200米，宽39米，为杭淳开高速公路的先行节点工程，设计时速100千米，双向六车道，概算总投资1.29亿元。杭淳开高速公路是连接浙西和赣东的重要通道，于富阳区与湖杭高铁相交。工程利用湖杭高铁建设窗口期，在公路主体实施前建成控制节点。

【下沙东收费站综合整治工程通过竣工质量评定】 杭州下沙东收费站综合整治工程起点位于杭州绕城高速公路下沙枢纽中心以东250米处，与下沙枢纽现状Y、Z匝道相接，终点位于江东大桥西桥头处，总长2.35千米。综合整治工程将原下沙东收费站和江东大桥收费站拆除，在绕城下沙枢纽东侧新建下沙东收费站，设5进11出16个车道，概算1.68亿元。2022年7月26日，新建收费站通过竣工质量评定，解决过江车辆“取卡通行、模拟收费”老大难问题，实现进出高速车辆与江东大桥过江车辆分流，增强杭州主城与钱塘新区的交通联系。（林思宇）

【“杭州—义乌”定制客运班线开通】 2022年1月15日，由杭州长运运输集团有限公司、义乌恒风长途客运有限公司联合运营的“杭州—义乌”班线开通，这是继“杭州—安吉”定制客运班线后开通的第二条小型化定制客运班线。班线开展医疗、交通、景区等定制服务，在义乌主城区设幸福湖国际会议中心、后宅街道办事处、义乌中学、党校、孔村5个固定停靠点；在杭州市区设浙医二院滨江院区、省儿保滨江院区、浙医二院解放路院区、浙医一院庆春院区、省儿保湖滨院区（凤起路地铁站）、省妇保、省中医院（龙翔、湖滨商圈）、省人民政府、邵逸夫医院庆春院区、火车东站汽车站、四季青服装市场等10多个停靠点。

【杭州增投4万个小客车增量指标】 2022年6月2日，杭州市小客车总量调控管理办公室发布《关于举行新增投放4万个小客车指标专项摇号活动的公告》，通过专项摇号方式向累计摇号48次（含）以上“久摇不中”和“无车家庭”人群一次性增配4万个小客车指标。6月20日15时，专项摇号举行，21.93万名符合条件申请人参加，中签率18.24%，拉动汽车消费超过30亿元。摇号产生购车指标有效期6个月。

【巡游出租车“油改电”】 2022年1月，市交通运输局出台《杭州市推广应用新能源巡游出租汽车实施意见》，巡游出租汽车“油改电”工作全面启动。2月，出台《杭州市巡游出租汽车车辆技术标准》，明确纯电动车辆、400千米续航、2700毫米轴距、400升行李箱容积、车载设备等软硬件要求。3月，市交通运输局、市财政局联合发布《关于做好杭州市推广应用新能源巡游出租汽车专项补助资金拨付管理工作的通知》，明确2022年至2024年市本级巡游出租车更新合规新能源车辆单车一次性给予3万元专项补助。5月30日，“油改电”专项补助线上申请系统上线，实现申请、审核、公示全程线上办理。同时优化调整车辆调控指标申领、许可办证流程机制，做好车载设备数据测试和平台接入，发布符合标准车辆、车载设备名录。至年末，1835辆巡游出租车“油改电”，发放财政补贴5256万元，推动出租车领域碳达峰碳中和工作。

【交通运输电子证照推广应用】 2022年，杭州市交通运输部门制订实施《全市道路运输领域电子证照推广应用方案》，全年发放电子证照27.15万张。实现电子证照在交通及相关行业共享共用，形成客运行业电子证照二维码、电子证照融合监管、巡游出租车“一码通”、电子证照第三方应用等初步应用。通过向公安交警、市场监管、税务等市直部门发函，实现全市跨区跨部门互认。与全国各省（自治区）、直辖市建立互认机制，实现全国范围互认。客货运电子证照跨区域互认检验作为首批全国推广的杭州原创试点改革项目，获国务院办公厅肯定。（康　琦）

【公路防汛应急抢险演练】 2022年11月22日，杭州市交通运输防汛应急抢险实战演练在省交通战备应急勤务杭州训练基地举行。演练模拟受强对流天气影响持续暴雨、水位暴涨，引发城市内涝，导致西湖区云河街下穿路段积水严重，道路大面积塌方，公路桥梁被洪水冲毁。杭州交通应急抢险队接到指令后赶赴现场，架设51米应急机械化桥、利用龙吸水排水车开展现场救援。演练检验51米应急机械化桥的实践应用效果，提升杭州交通应急抢险队应对公路洪涝灾害的快速反应能力、应急处置能力和协同作战能力。（姚晓飞）

水路运输

【概况】 2022年，杭州市完成水路运输建设投资30亿元，比上年下降11.8%，其中重点航道工程投资20.5亿元、港口工程投资9.2亿元、航道养护工程投资0.34亿元。杭州港货物吞吐量0.88亿吨，下降39.7%；集装箱吞吐量11.63万TEU（集装箱），下降12.7%。内河船舶平均吨位620.1净载重吨，增长20.1净载重吨。

全航区完成水路旅客运输量242.6万人次、旅客周转量3658.9万人千米，分别下降44.3%、49.1%。三堡船闸运行2.37万闸（次），过闸船舶7.9万艘、过闸量5850.53万吨，分别下降6.4%、2.8%，普通货船平均待闸时间1.26天。新坝船闸运行1.44万闸（次），过闸船舶5.24万艘、过闸量2960.5万吨，分别下降5.5%、2.2%，普通货船平均待闸时间0.44天。富春江船闸运行4401闸（次），过闸船舶4.11万艘、过闸量2920.06万吨，分别增长23.1%、22.58%，普通货船平均待闸时间0.83天。全年有26艘（次）外贸急运物资船舶、119艘（次）电煤船舶优先过闸。开展水路运输企业经营资质检查，全年检查水路运输企业239个（次）。

全年航道巡航里程16.38万千米，检验船舶3683艘（次）、93.26万吨。行政处罚5215件，下降12.3%。完成非现场执法3190件，占总数的62.2%，增长8%；异地处罚269件，下降120.5%。水运行业行政服务事项网上办理比例100%，发放《内河船舶综合证书》1298本。所有事项办理实现“跑零次”，满意率100%。全年发生水上亡人事故1起，死亡1人。组织水上救助136起，救助船舶161艘（次）、遇险人员314人次。杭州航道养护工作完成投资3517万元，其中例行养护1431万元、专项养护2086万元。

（雷　杰　黄　洁）

【水运行业发展】2022年，杭州市完成水路客运量242.6万人次、旅客周转量3658.9万人千米。本港籍船舶全年完成水路货运量7538.9万吨、货物周转量494.1亿吨千米。全年完成京杭运河待泊锚地疏浚、杭甬运河维护疏浚、淳安航区遥测遥控灯器更新、杭州市跨航非交通桥梁安全隐患核查评估、年度三堡及新坝船闸例行养护、杭州航区骨干航道交叉河道警示标志工程等项目。杭州港新改扩建港口项目11个，完成交工验收5个，新建码头岸电设施14套，超额完成年度任务。其中，钱塘港区下沙综合作业区项目完成投资10.2亿元，整体形象进度完成82.99%。通过函询、实地调研，调查“十四五”期间全市建设项目渣土产生量和现状渣土码头消纳能力，按“就地消化优先、市内调度为主、资源化利用”原则，开展《杭州市渣土码头布局规划》编制工作。《杭州港总体规划（2035年）》上报交通运输部，推进环评工作。外贸集装箱精品航线（东洲—乍浦—宁波）延伸至十里埠港和富春江船闸，承运船舶由12艘增加至20艘，每日优先过三堡船闸船舶增加到12航次，富春江船闸每日优先过闸船舶6航次。“品味宋韵——运河钱塘江联游”航线及“拱宸邀月号”船舶作为杭州市唯一精品航线项目，入选交通运输部“打造国内水路旅游客运精品航线试点单位及试点内容”。结合“诗路文化·三江两岸”水上黄金旅游线规划，开展“水上交旅融合示范区”试点建设。

（雷　杰）

【水上运输监管】2022年，杭州市交通运输部门开展水上交通执法检查（包括海事、航道、防疫检查）20.4万次，比上年下降18.7%。其中，现场检查3.9万次，非现场检查16.5万次，查处违章行为6008起，增长4.3%。落实入杭船舶截面提醒、中高风险来船管控、外地船舶船员落地检、港口作业严格防控等举措，有效防范和遏制疫情通过水路传播，保障疫情期间各航道及船闸应通尽通，维护水上运输通畅。开展渣土（泥浆）运输整治“风暴”行动，除险保安百日攻坚整治，商渔船防碰撞，农林船、三无船整治，内河脱检船整治等，消除水上安全隐患。开展京杭运河二通道通航条件及安全评估、航区应急搜救能力防污染应急能力风险评估。开发支线航道主动预警系统、桐庐渔船进入主航道碍航预警系统、钱塘江涌潮期间冒险航行预警等数字化场景建设，以及渣土船舶全过程监管预警系统，设立“无准运证进入码头”“AIS未正常开启”“未进行电子报港”“未按规定进出港报告”等预警规则。推进“小海狮”党建品牌战略走深走实，开展水上安全进校园宣讲课堂活动21次，发放安全宣传教材1000多册。少年海事学校渗透式普法教学获评2022年度全省交通运输系统法治政府部门建设“最佳实践”。

【水上运输污染治理】2022年，杭州市交通运输部门强化船舶燃油检测，开展长江经济带船舶污染问题举一反三大排查大整治，处罚40艘次问题船舶并做盲断处理，完成生态环境督察整改销号。联合市市场监督管理局印发《2022年杭州市船舶燃油质量联合执法专项行动方案》，出台《杭州市船用燃油质量信息通报和案件移送制度》，制定船舶燃油质量监督执法规范手册和行政处罚指引。

对全市码头船舶污染物接收设施及船舶生活污水截污纳管情况摸排，实施智能化改造，推进船舶水污染物产生、接收、转移、处置的全链条闭环管理。全年“船E行”产生船舶污染物接收单证16.4万单，接收船舶垃圾336.7吨、生活污水2.26万吨、含油污水2418.6吨，船舶污染物转运处置率95%以上。完成9艘100总吨及以下船舶生活污水防污染设施设备改造。落实河长制，推进余杭塘河2022年水环境治理工作项目实施，牵头完成余杭塘河健康河湖评价工作。制作印发《船舶使用硫含量超标燃料油的危害》宣传册6000份。推广应用岸电及清洁能源，新增岸电设施14套，使用岸电7823次，接电总时长9.75万小时，用电量62.33万千瓦时。

（黄　洁）

【“浙闸通”获中国水运建设行业科技进步奖二等奖】2022年1月10日，市交投集团下属交投船闸管理有限公司开发的《“浙闸通”智慧船闸系统研发与示范应用》项目，被中国水运建设行业协会评为年度水运建设行业科技进步奖二等奖。该项目打破浙江省各地船闸信息系统和过闸规则各自为政的壁垒，实现全省主要骨干航道所有船闸使用统一过闸调度系统，为船户提供便捷高效的一站式过闸服务，有效提高船闸运营效率和行业管理水平。至年末，“浙闸通”App注册船舶5500多艘，日启动活跃数2万次以上，覆盖全省所有过闸船舶。

（丁姝婷）

【美丽航道建设】2022年,杭州市交通运输部门根据浙江省交通运输厅《万里美丽经济交通走廊创建》和《浙江省"美丽航道"创建指南》,将绿色生态与资源节约的理念贯穿于航道规划、养护、运营全过程,推进绿色、智慧航道建设和养护。创建完成以自然风景走廊为主题特色的26.5千米美丽航道。其中渌渚江美丽航道起于打石山,终于渌渚江与富春江交汇口,全长4.5千米,沿线主要涉航设施有4座桥梁、6处码头,为天然Ⅴ级航道;浦阳江美丽航道起于新坝船闸口门,终于兰头角,全长22千米,沿线主要涉航设施有12座桥梁、1处锚泊区,为Ⅳ级航道。

【"品味宋韵——运河钱塘江联游"精品航线】2022年,"品味宋韵——运河钱塘江联游"精品航线全年接待游客55.74万人次。该航线从塘栖古镇出发,途经钱塘江,终至武林门码头,设站点14个,沿途可享受良渚文化、大运河文化、宋韵文化、新时代杭州水路文化及城市景观。航线有"拱宸邀月号"江河两用新型新能源船舶、餐饮主题船"汉宫号"、水上巴士1号线"运河号"亚运元素主题船舶。杭州提升港口客运站和停靠站点服务品质,改造武林门码头滨水公共空间,优化码头站点及完善配套设施,建设"智慧水上"综合平台,实施拱宸桥码头等处无障碍设施建设,推出与亚运会相结合的特色班线。该联运项目串联大运河和钱塘江城市观光游线,形成水上休闲产品谱系。

（雷　杰）

【运河二通道3座桥梁通过交工验收】2022年6月14日,运河二通道新开挖航道段绕城高速大桥、过军桥、丁塘村桥通过交工验收。绕城高速大桥桥梁总长1200米、线路总长1669米;过军桥桥梁总长875米、线路总长1327米;丁塘村桥桥梁总长544.3米、线路总长1112米。运河二通道建成后,有助大宗货物"公转水"、交通运输绿色低碳转型。

【东洲旅游码头工程(水工部分)通过交工验收】2022年9月16日,北支江(亚运)旅游集散中心建设项目富阳东洲旅游码头工程(水工部分)通过交工验收。东洲旅游码头采用高桩+趸船结构形式,顺岸布置4个500吨级泊位,总长200米,是杭州港总体规划"20个水上客运中心"之一,助推富阳水上旅游发展和"三江两岸"水上黄金旅游线建设。

（张　磊）

【320国道跨运河二通道特大桥建成通车】2022年8月20日,320国道跨运河二通道特大桥建成通车,有效缓解杭州市与海宁市交通压力,提供净空7米、净宽60米的航道通航空间,保证千吨级货船通航。该大桥为现有320国道路改桥工程,起点与临平境内320国道相接,终点接海宁境内320国道,主线全长1886米,主桥结构采用161米跨钢管混凝土拱桥,设计时速80千米。

2022年5月27日,运河二通道八堡船闸主体工程完工

（市交通运输局 供稿）

【八堡船闸主体工程完工】2022年5月27日,运河二通道连接钱塘江的终端——八堡船闸主体工程完工。八堡船闸闸室有效长度300米,宽23米,水深4.2米,为Ⅲ级双线船闸,是浙江省规模最大的水运枢纽之一。建成后年单向通过能力可达4200万吨。

（雷　杰）

【杭甬运河新坝二线船闸工程建设用地完成批复公示】2022年12月8日,杭甬运河新坝二线船闸工程完成批复公示,批准建设用地21.49公顷、概算19.27亿元,计划2025年建成。该工程为现有一线船闸复线工程,拟建Ⅲ级船闸1座,设计过闸船舶1000吨级,年单向过闸货运量通过能力2820万吨;改建闸首公路桥、茅山运河桥、万安桥;拆复建防洪堤670米,新坝河改线(含箱涵)380米,上、下游远调锚地各1处;文物迁移保护工程及相应配套设施。至年末,完成投资7.02亿元,完成总体形象进度的5.1%。

（林思宇）

【杭绍甬高速杭绍段项目曹娥江特大桥主桥合龙】2022年11月30日,杭绍甬高速杭绍段项目曹娥江特大桥主桥合龙。杭绍甬高速杭绍段项目总长52.81千米,是浙江省推进"四大建设"的重点项目和浙江省智慧高速公路建设标志性工程。曹娥江特大桥为项目唯一一座跨江特大桥,全长1356米,由通航孔桥和东西侧非通航引桥部分组成,大桥通航孔桥采用波形钢腹板箱梁,其结构新颖、自重轻、跨度大,主跨跨径188米,为目前国内跨径最大的波形钢腹板桥梁。全桥分146个节段,悬臂箱梁采用8套异步挂篮同时施工(RW工法)。至年末,杭绍甬高速杭绍段项目完成投资71.2亿元,完成形象进度的87%,计划2023年建成。

【千岛湖水上突发事件应急搜救演习】 2022年9月21日，2022年千岛湖水上突发事件应急搜救演习在千岛湖夜游码头附近水域举行。来自市交通运输行政执法队淳安大队、淳安县公安局水警大队、浙江千岛湖旅游股份有限公司、淳安千岛湖卓越游艇有限公司、公羊搜救队、浙江民安公益救援中心淳安大队、淳安县勇士公益搜救队、淳安县千岛湖红十字公益救援队、飞鹰救援队的300多名一线应急救援人员参演，出动交通执法艇6艘、社会救助船3艘、冲锋舟4艘、公安艇1艘、无人机2架、水面救援机器人2架、智能水下机器人1架。通过治安处置、弃船逃生、人员搜救、人员转移、消防灭火等情景模拟，检验各单位相互配合、协同作战的能力，呈现空中、水面、水下全方位立体救援，提升千岛湖航区深水打捞应急处置和水上救助突发事件综合应急反应能力。 （卫 青）

【游艇登记证书"多证合一"改革试点】 2022年11月25日，市交通运输局与市海事局联合发布《杭州市游艇登记证书"多证合一"改革试点工作实施方案》，游艇登记"减证便民"工作正式启动。杭州市是国务院营商环境创新首批试点城市，内河游艇保有量和活动频率均居全省首位。市交通运输局和市海事局贯彻落实《国务院关于开展营商环境创新试点工作的意见》，实行各办事网点（窗口）"通办受理"服务，申请人可以向"两局"任一办事点提供游艇登记证书"多证合一"纸质申请材料，办结后即可申领相关证书。 （雷 杰）

铁路运输

【概况】 2022年，杭州市境内营运铁路725.3千米，其中高铁377.9千米、干线铁路421.3千米、支线铁路39.2千米。高铁中杭黄高铁208千米、沪杭高铁17千米、杭甬（杭台）高铁5.6千米、宁杭高铁9.3千米、杭长高铁25千米、合杭高铁湖杭段113千米，均为全立交铁路。干线铁路中沪杭线49.9千米、浙赣线132千米、宣杭线93.2千米、萧甬线33.2千米，均为全封闭电气化铁路，铺设60千克无缝钢轨。除宣杭线外，其余设施为电力网线、信号自动闭塞双线铁路，站内通过计算机联网控制。金千线为支线铁路，境内长39.2千米，为信号半自动闭塞的单线铁路。

杭州市境内有铁路车站33个，分别由中国铁路上海局集团有限公司杭州直属站、乔司直属站、嘉兴车务段、金华车务段和宁波车务段分管。杭州站、杭州东站属一等客运站，由杭州直属站管理。杭黄高铁线上的杭州南、富阳、桐庐、建德、千岛

2022年杭州铁路客货运量情况表

表29

单位	站名	旅客发送量（万人次）	旅客到达量（万人次）	货物发送量（万吨）	货物到达量（万吨）	运输收入（万元）
杭州直属站	杭州	350.83	355.50	—	—	45364.90
	杭州东	3566.32	3531.01	—	—	479123.55
	杭州南	253.29	290.34	—	—	25856.83
	杭州西	26.27	26.07	—	—	4550.56
	盈宁	—	—	—	—	—
	钱塘江	—	—	—	—	—
	萧山西	—	—	—	—	—
	萧山	—	—	—	—	—
	富阳	30.14	30.11	—	—	1787.42
	富阳西	0.71	0.87	—	—	67.27
	桐庐	79.40	77.14	—	—	4464.76
	桐庐东	0.95	0.35	—	—	61.30
	建德	46.02	47.00	—	—	3101.30
	千岛湖	61.23	62.06	—	—	5040.65
乔司直属站	乔司	—	—	1.02	2.88	103.7
	良山门	—	—	—	—	—
	南星桥	—	—	5.7	6.34	66.7
	杭州北	—	—	67.94	492.00	15595.2
	临平	—	—	15.88	51.55	3897.8
	笕桥	—	—	0.47	4.15	0
	行宫塘	—	—	—	—	—
	沈家塘	—	—	—	—	—
	星桥	—	—	—	—	—
	仓前	—	—	—	—	—
嘉兴车务段	临平南	50.3	47.7	—	—	3835.75
金华车务段	排塘	—	—	—	—	—
	功塘	—	—	9.5	674.7	1054.0
	寿昌	—	—	—	—	—
	新安江南	—	—	138.1	61.3	5813.5
	新安江	—	—	—	—	—
	朱家埠	—	—	89.1	22.3	7713.8
	千岛湖南	—	—	85.2	6.6	7688.1
宁波车务段	夏家桥	—	—	—	—	—
合计		4465.46	4468.15	412.91	1321.82	615187.09

说明：各站货物发送量、到达量和运输收入数据均由杭州、金华货运中心提供

湖站，普铁线上的盈宁、钱塘江、萧山西、萧山站也归杭州直属站管理。2022年新增合杭高铁湖杭段，其中杭州西、富阳西、桐庐东为新增车站，也归杭州直属站管理。乔司直属站分管乔司、艮山门、南星桥、杭州北、临平、笕桥、行宫塘、沈家塘、星桥、仓前10个车站。其中，乔司站为综合自动化编组站，二级四场配置，承担杭州地区货物列车编解作业任务，为一等编组站。艮山门站为动车所的一部分，主要为杭州枢纽开行更多高铁动车组提供保障。南星桥站承担零担货物和部分集装箱运输，并负责杭州客车底的整备工作。排塘、功塘、寿昌、新安江南、新安江、朱家埠、千岛湖南7个车站由金华车务段管理。临平南站由嘉兴车务段管理。夏家桥站由宁波车务段管理。除上述车站外，涉及铁路运营的单位还有：杭州客运段负责旅客列车乘务；杭州机辆段负责辖内机车乘务，机车、客车整备和检修；杭州北车辆段负责货车的整备和检修；杭州工务段负责高铁线路、普速铁路、桥梁、隧道的维修养护；杭州电务段负责铁路信号设备的维修和养护；杭州供电段负责铁路电网的调配和维修；杭州房建公寓段负责铁路房产及乘务员公寓的管理运营。全年杭州地区发送旅客4465.46万人次，到达旅客4468.15万人次；发送货物412.91万吨，到达货物1321.82万吨。运输收入61.52亿元。

【《浙江省铁路安全管理条例》施行】2022年7月1日，《浙江省铁路安全管理条例》正式施行，这是浙江省首部铁路地方性法规。截至2021年，浙江省境内铁路运营里程达到3230千米，发送旅客1.82亿人次。同时，铁路安全面临外部风险日益增多，亟须立法完善相关法律法规。5月27日，《浙江省铁路安全管理条例》经浙江省第十三届人民代表大会常务委员会第三十六次会议审议通过。7月5日，杭州铁路部门与省、市相关单位在杭州东站候车厅联合举办该条例线下宣传贯彻活动，向旅客发放宣传册，解读重点条文，宣传铁路安全知识、明确铁路沿线禁止性行为，开展铁路安全事故案例警示教育。

【合杭高铁湖杭段开通运营】2022年9月22日，合杭高铁湖杭段开通运营，杭州西站启用，杭州西站光伏电站同日并网发电。合杭高铁湖杭段是杭州第19届亚运会重要交通保障项目，线路全长129千米，设计时速350千米，项目总投资370.27亿元。从既有湖州站引出，经湖州市南太湖区、吴兴区、德清县，杭州市余杭区、西湖区、富阳区、桐庐县，跨富春江后引入杭黄高铁桐庐站。全线设湖州、德清、杭州西、富阳西、桐庐东、桐庐6座车站，其中新建杭州西、富阳西、桐庐东3座车站。开通运营首日开行动车组列车6对，运营初期计划开行动车组列车19对。铁路杭州西站集地铁、综合开发、城市配套、站城融合一体化设计。站房1.5万平方米屋面铺设7540块单晶硅光伏组件构成光伏电站，年均发电量231千瓦时、节约标准煤830多吨。合杭高铁湖杭段北连宁杭、合杭高铁，南接杭黄、杭温铁路，远期可衔接规划建设沪苏湖、沪乍杭、杭衢等多条铁路，激活杭州铁路枢纽西线大动脉，完善长三角城际铁路网和浙江省1小时交通圈，打造一条“名城、名湖、名山”黄金旅游线，为杭州亚运会交通服务提供运输保障。（徐卫宁）

2022年9月22日，铁路杭州西站投入运营。图为西站候车大厅

（市交投集团 供稿）

【杭州萧山国际机场高铁开工】2022年1月5日上午，杭州机场铁路枢纽及接线工程（杭州机场高铁）开工，总投资383亿元，是浙江省“十四五”期间第一个开工的高速铁路项目，也是沟通沪浙皖苏核心区域、构建轨道上长三角的重要项目。杭州机场高铁全长85千米，自桐乡站引出，经嘉兴桐乡市、海宁市，穿越钱塘江后向南，经杭州市钱塘区、萧山区和绍兴市柯桥区，终至绍兴北站。其中正线长约72千米、萧山机场至杭州南站联络线长约13千米，全线新设海宁南站、钱塘站、萧山机场站，由市交通投资集团有限公司牵头建设，工程预计2027年完工。（丁姝婷）

【杭台高铁开通运营】2022年1月8日，杭州至台州高铁开通运营。杭台高铁北起杭州东站，至绍兴段利用既有杭深高铁杭甬段，新建杭台高铁绍兴至台州段线路从绍兴北站引出，经绍兴市越城、上虞、嵊州、新昌和台州市天台、临海、椒江、路桥、温岭等区县，引入既有杭深高铁温岭站，连接杭州、绍兴、台州三市。全线266千米，其中既有杭州东站至绍兴北站线路长43千米；新建绍兴北站至温岭站线路全长223千米，设计时速350千米。新建线路设绍兴北、上虞南、嵊州北、嵊州新昌、天台山、临海、台州、温岭8个车站，其中绍兴北、临海、温岭为既有站。杭台高铁开通运营后，联通沪昆、商合杭、宁杭、杭黄、

杭深高铁，接入长三角地区高铁网，使杭州至台州最快出行时间缩短至63分钟，有效打造浙江省1小时交通圈，结束嵊州、新昌、天台等地不通铁路的历史，对沿线经济社会发展和旅游资源开发具有重要意义。

【宁杭高铁全线实行票证“验检合一”】2022年7月1日，宁杭高铁全线实行票证“验检合一”，即旅客进站乘车检票闸机增加人脸比对功能，通过人脸识别和身份证验证同时完成人、证、票核验，全过程30秒就可完成。“验检合一”作业模式为旅客提供省时、省环节旅途体验，优化客运岗位设置，提高旅客进站速度，减少入口处作业人员数量。

【杭衢铁路新安江特大桥主塔封顶】2022年4月10日，杭衢铁路控制性工程新安江特大桥双主塔完成封顶。新安江特大桥为矮塔斜拉桥，主跨224米，是全线重难点控制性工程。杭衢铁路正线长约131千米，设计时速350千米，设建德、建德南、龙游北、衢江（预留）、衢州西、江山6个车站，是浙江省大通道建设十大标志性项目和衢州市在建“一号工程”。

【杭温铁路一期隧道贯通】2022年1月25日，杭温铁路项目西山隧道贯通。隧道位于台州、温州市境内，全长9.3千米，设计时速350千米，是杭温铁路一期最长隧道和控制性工程。其中：一期义乌至温州段新建正线201千米，设车站7座；二期杭州至义乌段新建正线59千米，设车站3座。建成后是连接杭州、金华、义乌、温州的最快通道，仙居、磐安、东阳、浦江将进入高铁时代。

【“浙江号”中老铁路国际货运列车暨“铁路快通”专列首开】2022年6月29日，载有70个标箱出口货物的货运列车从金华南站启程，驶向老挝万象，“浙江号”中老铁路国际货运列车暨“铁路快通”专列首发成功。该专列装载有来自杭州、宁波、金华等地的家用电器、农用机械、园林设备等出口物资。专列从云南磨憨铁路口岸出境，全程运行里程3327千米，4天后抵达万象南站。这是浙江省首趟整列采用“铁路快通”专列模式办理的国际货运列车。

【列车招聘会】2022年2月18日，浙江省总工会与中国铁路上海局集团有限公司杭州客运段在K210次旅客列车上联合举办列车招聘会，9个企业的代表在餐车车厢设立招聘接待处，向旅客推出56个工种、4269个就业岗位，并在列车内给旅客发放招聘信息资料，为乘坐该次列车旅客提供就业服务。K210次列车途经广东、江西、浙江3省革命老区和山区，每年春节后都有大量务工人员乘坐该次列车到浙江等地求职。列车招聘会为旅客和企业间牵线搭桥，助力企业节后复工复产，让有需求的旅客坐火车就能找到工作。宁波中大力德有限公司在列车招聘会上一次招入12名员工。（徐卫宁）

民用航空运输

【概况】杭州萧山国际机场位于浙江省杭州市东部，距市中心27千米，是国务院确定的国内区域性枢纽机场、国家一类航空口岸，也是浙江省门户机场和中国·杭州临空经济示范区、中国（杭州）跨境电子商务综合试验区的重要依托。机场于2000年12月28日建成通航，2006年12月与香港机场管理局合资合作，是整体合资机场。2009年跻身全球机场百强。2022年，杭州萧山国际机场列国内前十大客运机场、前五大货运机场和航空口岸，至年末，杭州萧山国际机场占地面积10平方千米，拥有总面积近99万平方米的4座航站楼，建有2条跑道（分别为3600米长、45米宽和3400米长、60米宽）和等长的滑行道，机位209个，飞行区等级4F级，可保障世界最大民航客机A380全重起降。

2022年，杭州萧山国际机场完成旅客吞吐量2003.81万人次，比上年下降28.9%，完成货邮吞吐量82.98万吨，下降9.2%，完成航班起降19.04万架（次），下降20.1%。客、货、航班分别为2019年的50.0%、120.2%和65.5%，恢复程度居内地机场首位。全年客、货总量列内地机场第五位，其中客运排名为历史最好名次。全年新增5个内地航点，客座率列内地机场首位；港澳台地区及国际客运航点20个，周均入境航班量约60班，增量列全国第一位。新开莫斯科、河内2条国际全货机航线，引进8个货代企业入驻，保障20多个航空公司恢复国际腹舱航班运营。优化国内转国际中转运输流程，拓展高时效性货物出口业务，延伸国际卡班业务，空空中转货量增长近200%，新设立嘉兴异地货站。至年末，杭州萧山国际机场共有通航点162个，定期运营的航空公司60个。

▶资料：2022年杭州萧山国际

2022年9月22日，杭州萧山国际机场T4航站楼启用（谭申捷 摄）

机场定期航点

共162个，其中内地135个、港澳台地区2个、国际25个。

1. 内地：北京首都、北京大兴、深圳、广州、昆明、成都双流、成都天府、重庆江北、巫山、仙女山、万州、黔江、西安、贵阳、哈尔滨、青岛、沈阳、长春、海口、乌鲁木齐、南宁、郑州、厦门、大连、三亚、武汉、太原、兰州、石家庄、泉州、揭阳、天津、丽江、呼和浩特、银川、长沙、珠海、烟台、西双版纳、西宁、泸州、绵阳、威海、宜宾、阿克苏、赣州、襄阳、临沂、拉萨、运城、恩施、惠州、柳州、赤峰、湛江、济南、广元、济宁、榆林、遵义、延吉、毕节、福州、汉中、桂林、日照、南充、临汾、宜昌、东营、十堰、长白山、呼伦贝尔、通辽、张家口、安康、潍坊、怀化、乌兰浩特、衡阳、包头、佳木斯、荆州、昭通、遵义、文山、承德、岳阳、韶关、鸡西、菏泽、南阳、牡丹江、西昌、邯郸、常德、通化、琼海、锦州、玉林、喀什、北海、延安、乌兰察布、铜仁、阿拉尔、邵阳、乌海、九寨沟、稻城、洛阳、张家界、庆阳、信阳、嘉峪关、陇南、温州、忻州、兴义、南昌、满洲里、康定、鄂尔多斯、库尔勒、唐山、阜阳、敦煌、阿尔山、天水、黎平、大理、锡林浩特、长治、图木舒克、达州。

2. 港澳台地区：香港、澳门。

3. 国际：荷兰阿姆斯特丹，西班牙马德里，比利时列日，俄罗斯莫斯科、符拉迪沃斯托克、克拉斯诺亚尔斯克、新西伯利亚，德国法兰克福，美国洛杉矶、纽约，葡萄牙里斯本，埃及开罗，意大利罗马，卡塔尔多哈，韩国首尔，日本东京、大阪，马来西亚吉隆坡，新加坡，菲律宾马尼拉，文莱斯里巴加湾，印度尼西亚雅加达，越南河内、胡志明市，泰国曼谷。

【**机场疫情防控**】2022年，杭州萧山国际机场因时因势优化调整防控措施，做到管得住、放得开。动态清零阶段，联合属地政府建立齐抓共管机制，优化国内风险区旅客到港流程流线，全年闭环处置“点对点”转运航班378架（次）、旅客3.52万人次。优化疫情期间国际航班保障流程，最大限度降低旅客等待时长，单个航班保障用时压缩至2小时以内，效率居全国前列。保障央企包机、乌克兰撤侨等重要入境任务航班26架（次），承接上海分流国际航班47架（次），妥善处置阳性事件169起。国家“二十条”和“新十条”措施发布后，根据航班量快速回升态势，妥善做好各项工作，运行秩序稳定，旅客进出港顺畅。

【**机场安全运行**】2022年，杭州萧山国际机场运行安全平稳有序，不安全事件万架次率0.053，比上年下降36%，在华东地区航空安全绩效考核中列优秀等次，评分居华东地区15个大型运输机场第一位，实现第22个安全年。开展除险保安，妥善处置“1·8”货机起火事件，完成残损航空器搬移，获民航华东地区管理局表

2018—2022年杭州萧山国际机场主要生产指标一览表

表30

年份	旅客吞吐量（万人次）	比上年增长（%）	货邮吞吐量（万吨）	比上年增长（%）	航班量（万架次）	比上年增长（%）
2018	3824.16	7.5	64.09	8.7	28.49	5.1
2019	4010.84	4.9	69.03	7.7	29.09	2.1
2020	2822.43	−29.6	80.20	16.2	23.74	−18.4
2021	2816.38	−0.2	91.41	14.0	23.83	0.4
2022	2003.81	−28.9	82.98	−9.2	19.04	−20.1

2022年杭州萧山国际机场直达通航流量前十位城市一览表

表31

位次	城市	客流量（万人次）	出港平均客座率（%）
1	广州	203.3	82.6
2	深圳	174.2	74.4
3	成都	142.7	77.7
4	重庆	115.3	81.7
5	北京	110.2	62.0
6	昆明	101.0	81.4
7	贵阳	82.6	85.2
8	西安	73.5	78.1
9	沈阳	53.8	73.1
10	哈尔滨	49.2	77.4

说明：以上数据不含经停航线

2022年杭州萧山国际机场新开通的部分国内航线一览表

表32

航空公司	航线	开通日期	航班号	机型
浙江长龙航空公司	杭州—鸡西	5月11日	GJ8821	A320
四川航空公司	杭州—西宁—吐鲁番	8月13日	3U3181	A320

2022年杭州萧山国际机场新开通的部分国际航线一览表

表33

航空公司	航线	开通日期	航班号	机型
北京首都航空公司	杭州—里斯本	8月26日	JD435	A330
杭州圆通货运航空公司	杭州—新西伯利亚—莫斯科	9月1日	YG9009	B767
顺丰航空公司	杭州—河内	9月8日	O37627	B757
越南太平洋航空公司	杭州—河内	9月15日	BL6909	A320

扬。以T4航站楼投运为主题，开展重点领域安全大检查，发动职工争当安全隐患“吹哨人”，全年闭环整改一般隐患540项、自愿报告问题1039条。完善安全管理体系和应急救援体系，完成SMS审计全部整改项，通过平安民航考核。完成中共二十大、全国“两会”等重大航空运输保障任务。

【机场服务品质提升】2022年，杭州萧山国际机场机场ASQ得分4.87分，向社会公布的46项服务承诺100%达标（疫情影响除外）。航班放行正常率94.17%，比上年提高7个百分点，增幅列国内前十大机场首位。践行真情服务理念，开展“民航服务规划实施年”活动，通过“空轨联动”，推出特殊旅客全链条爱心服务；针对“黄牛”拉客，成立现场联合执法指挥所，形成线上和线下精准化查控整治模式；提升服务供给质量和竞争力，获评2022年航旅纵横旅客甄选最佳交通服务机场。

【机场枢纽三期投运】2022年9月22日，杭州萧山国际机场三期投运仪式在新建T4航站楼举行。杭州萧山国际机场三期项目是浙江省迄今最大的机场建设项目、浙江省大通道建设标志性项目、杭州亚运会重要基础配套项目，2018年全面开工建设，建筑总面积150万平方米。其中，T4新航站楼面积约72万平方米，是原有3座航站楼面积总和的2倍，设计年旅客吞吐能力5000万人次；应用多种新技术、新设备，通过智慧云数据中心，打造资源最优化、治理更高效、出行更美好的数智机场。交通中心建筑面积48万平方米，包含地铁、快线、巴士等多种交通方式，实现空、公、铁“零换乘”，是全国换乘最便捷的机场综合交通枢纽之一。配套的能源中心拥有亚洲机场单机规模最大、最先进的分布式能源系统，一次能源综合利用率在90%以上，每年可节约近6000吨标准煤，减排3.15万吨二氧化碳。三期投运后，杭州萧山国际机场终端年旅客吞吐能力达到9000万人次，年货邮吞吐能力达到360万吨。推进数字化改革，“一码通”“一证通”全面投用，“一脸通”进入试运行阶段；在航站楼和交通中心内探索无人驾驶摆渡车应用场景；完成多关融合、航班保障流程节点自动采集应用和智慧航显服务建设，全流程无纸化出行具备投用条件；完成“空港疫智控”迭代升级，获评中国（浙江）自由贸易试验区最佳制度创新案例、浙江国资国企“一件事”优秀改革实践案例。

【机场助力共富建设】2022年，杭州萧山国际机场履行社会责任，助企纾困，承担国企推进共同富裕使命。先后为机场区域范围内188个小微企业及个体工商户落实租金减免；利用航站楼商业优势，以“短期展销”形式在航站楼6个专柜设立浙江山区26县商品售卖点，助力山区26县实现经济跨越式发展；在T4航站楼推动嵊泗海鲜百年渔场全国首店率先营业，支持省级共同富裕县域综合试点建设。（曾宪武）

城市公共交通

【概况】2022年，是杭州第一条公共交通营运线路——7路开通运营100周年。100年里，杭州城市公共交通发生了翻天覆地的变化，营运线路从百年前的1条发展到1175条，营运车辆达到1.02万辆；还有出租车3480辆、公共自行车12.4万辆（服务点5237处）。初步形成以普通公交线路为主体，旅游线、定制线、接驳线、社区微公交、出租车、公共自行车为补充的公共交通服务体系，线路覆盖杭州十城区，并开通杭州至德清、海宁等县（市）的公交线路。2012年11月，杭州开通地下铁路1号线，使杭州公共交通发生质的飞跃，更加快速、便捷、舒适。10年后，杭州地铁运营线路达到12条，分别为杭州地铁1~10号线、16号线、19号线，共设车站262座、换乘站44座，运营里程516千米，实现十城区全覆盖。

2022年，杭州坚持公共交通优先发展。市公交集团实施“两网融合”战略，初步形成互补协调发展机制，新辟优化地铁接驳公交线路50条、城乡公交线路60条，公交地铁50米“零距离”换乘站点达到82.2%，150米近距离换乘比例99.2%，117条公交线路与地铁运营时间同步，大客流轨道站点全覆盖。创新“准时公交”“响应停靠”“同步接驳”模式，针对通勤、通学、就医、旅游等开展个性化服务，累计开通心动巴士、求知专线1125条。推出公交进学校、企业、园区、医院、小区、中心“六进”服务，提升公交分担率，倡导市民绿色出行，缓解道路拥堵状况。至年末，市公交集团总资产178.84亿元，下属14个分公司、40个子公司，员工2.37万人。市地铁集团围绕轨道交通可持续高质量发展目标，积极应对新冠疫情等不利因素，统筹抓好工程建设、亚运保障、地铁运营、地铁经营开发等各项工作，建成开通运营9段174千米地铁线路，完成投资额355.22亿元；全线网运送乘客9.65亿人次，工作日日均客流量325万人次，单日全网总客运量最高398.62万人次，地铁客运量在主城区公共交通中占68%，基本形成与杭州城市国际化发展水平相匹配的轨道交通线网，杭州成为全国第五座轨道交通线网里程超过500千米的城市。

（傅方明　陈　磊　市公交集团）

【“百年公交”系列活动】2022年，市公交集团以“与城市共生，与未来共创”为主题，结合市城投集团“管理深化年”“重大赛事保障年”“作风建设年”3项专项行动，开展纪念杭州公交运营100周年（1922—2022年）系列活动。编撰《杭州公交百年纪实访谈录》《画说杭州公交100年》书籍、画册，拍摄《车辙印记·城市记忆——杭州公交100年回顾与展望》宣传片，建设公交博物馆，举办公交保障誓师大会暨岗位技术练兵大比武、公交100年文艺会演等活动。

【杭州公交支援抗疫】2022年，市公交集团落实防疫举措，勇担社会责任，先后组织200多人次到滨江高新区、笕桥同心社区、笕桥黄家社区、拱墅文晖街道等地开展防疫宣传、物资运送等，为社区、居民防控疫情提供帮助，贡献公交力量。1月27日凌晨，集团安排3辆大巴车运送120多名医护人员至滨江区长河街道开展核酸检测；抽调120辆出租车组成疫情防控保障车队，参与运送医护人员、送检核酸样本等工作。3月16日，在杭州火车东站承担转运进杭非绿码、带星号人员任务的公交车队中，成立“战疫橙意暖巴”临时党支部。12月23日，市公交集团驰援“120急救中心”临时党支部在市急救中心成立，90多名公交司机转岗开上救护车，为救治患者提供运输保障。

【公交地铁联手应急】2022年5月18日17时，下沙金沙湖公园下沉广场出现管涌，致使金沙湖地铁站形成涝水，地铁1号线金沙湖站飞站运营。17时52分，九堡站至高沙路站5个地铁站暂停运营，乘客滞留。18时，根据上级指令，市公交集团紧急启动应急预案，调动80辆公交车负责地铁1号线文泽路站至九和路站路面接驳，疏散乘客。至5月19日，市公交集团出动公交车517辆（次）、管理人员600多名，安全运送乘客6.3万人次，完成地铁1号线应急短驳任务。

【公交线网优化】2022年，市公交集团优化丁桥、转塘、三墩、九堡区域公交线网。在丁桥区域实现通学线普线化，开启创新型“一老一幼”公共交通服务模板，创新推出“招手即停、响应运营、车跟人走、场景服务”运营模式的社区穿梭巴士。11月30日，开通330路公交车，解决康桥和三墩间没有公交衔接问题。12月4日，转塘社区穿梭巴士“之江小蓝巴”正式运营。根据九堡区域特征，开通社区穿梭巴士、31路假日线，推出通勤快线、通学快线、准时公交等系列举措，优化区域客运服务。随着地面公交与轨道交通两网融合日趋紧密，杭州公交打造多条主题特色服务专线。开通87、180、508H路等人气景区线路，增开4W路与7W路无缝衔接地铁线路，方便乘客换乘直达各大景区。开通苏堤至城站火车站、黄龙体育中心地铁站至满陇桂雨（石屋洞）、黄龙体育中心至灵隐、胜利剧院至灵隐、黄龙洞至上天竺（法喜寺）、武林广场至灵隐专线。

【“民族团结号”专线发车】2022年5月6日，公交56路“民族团结号”专线发车，成为杭州市移动的民族团结宣传教育重要窗口，这是市委统战部丰富党的民族政策宣传形式，铸牢中华民族共同体意识，以优质、舒适交通环境服务亚运会的创新举措。将56路命名为“民族团结号”出于数字56正好契合中国民族的个数，线路走向呈圆环状，象征民族大团结；车身以中国红为主基调，环绕着56个民族卡通人物。负责营运的公交五分公司党支部成为杭州“石榴籽党建联盟”第15个成员单位。

【清风廉运双城联动】2022年9月26日，杭州和宁波两市纪委监委、公交集团等单位携手推出“清风廉运，杭甬廉动”活动启动仪式在杭州举行，喷绘着“清风为道，携手同行”标识的“杭州号”“宁波号”主题巴士分别驶向杭、甬两地廉洁文化阵地。升级后的“小廉清风专线”通过杭州、宁波两市各推出的8条学习线路，将红色足迹、优秀家风、清官廉吏、亲清政商、共同富裕等元素的30多处廉洁文化阵地串联起来，结合车身形象、广告亭牌等载体为市民带去沉浸式廉洁文化教育体验，推动两地廉洁文化阵地共建共享，为全省“浙里廉风”注入活力。

【公交站点“响应式停靠”举措推出】2022年7月1日开始，市公交集团借助大数据支撑，调整部分线路运营模式，在60路、61路、100路、103路、137路等20条线路推出公交站点“响应式停靠”举措。即公交车进站前，要下车的乘客需要按下车铃，公交车便会在此站停靠；如果没有乘客按铃且停靠站内也没有乘客等候，公交车辆便减速越站通过。结合丁兰街道地面公交服务整体提升，8月25日起，丁桥区域的85路、99路、125路等6条线路上也推出“响应式停靠”服务。“响应式停靠”的实施，既缩短乘客公交出行在途时间、提高行车效率，又有效缓解城市交通拥堵状况。

【公交车全生命周期维保】2022年开始，市公交集团陆续在中车品牌824辆运营车辆中推行新车全生命周期维保，为此制定《运营车辆全生命周期维保场地及设备使用标准》和《全生命周期运营车辆维保操作流程》。经中国中车集团有限公司确认，选定九和路停车场、萧山北干停车场、七堡停车场为存量车维保场地，做了车间调整、设备设施及信息系统调试，确定存量车维保作业规范、维保人员选定工作、各维保场地驻点代表及驻点检验员，按单车每5000千米一次保养的计划实施。至年末，完成全生命周期维保作业5331次，其中集团本级3189辆（次）、控股子公司2142辆（次），保养执行率100%；车容车貌达标率99.6%、日均故障率0.19%、途中故障率0.18%、车辆完好率99.9%、车辆延误率0.03%。

【公交数字人民币支付新方式实施】2022年12月14日，工商银行数字人民币杭州公交场景应用发布会在杭州召开，中国工商银行杭州分行与杭州公交集团共同启动杭州公交数字人民币场景，杭州公交曾是全国公交行业内第一家推行IC卡刷卡试点的企业，也是第一家推出扫码支付应用的公交企业。这次在原有现金、支付宝、IC卡支付方式基础上，增加工商银行数字人民币扫码支付，不仅拓宽支付新渠道，而且有利于打破支付垄断，减轻乘客额外出行成本。数字人民币在公共交通的运用让市民进一步共享数字经济发展成果和便利，在一定程度上促进绿色低碳出行生活方式的普及。

【《公交数字化改革理论与应用》出版】2022年10月，由市公交集团组织编写的《公交数字化改革理论与应用》由中国城市出版社出版发行。该书是市公交集团在总结内部数字化改革历程、经验和成果基础上，结合实际工作组织编写的。全书分为概论、公交数字化建设的需求分析、公交数字化建设的框架搭建、数字运营、数字服务、安全保障、公交数字化的未来发展、公交数字化的应用案例8个篇章，对推动公交数字化转型升级、提升公共交通服务质量、引导公众优先选择公交出行、助力城市交通可持续发展、促进现代化智慧城市发展、助力数字经济做强做优做大有指导和示范作用。（市公交集团）

【地铁疫情防控保持“双零”目标】2022年，市地铁集团始终把常态化疫情防控作为一项重大任务，严格落实省、市疫情防控相关要求。在严防严控阶段，开展“无疫单元”创建，筑牢车站“验码、测温”防线，全媒体宣传佩戴口罩，开发试点乘客不规范佩戴口罩报警系统；加强联防联控，配合街道、专班、疾控中心妥善处置异常乘客近5万人次；牢牢守住杭州地铁疫情防控“主阵地”，未发生一起员工或地铁内乘客感染导致疫情扩散事件，实现“双零”目标。12月，随着防疫政策的调整，及时制订减员保运应对方案，加强员工关怀，实行动态调度，保障地铁安全运行。

【地铁四期建设规划获批】2022年11月14日，杭州地铁四期建设规划获国家发展和改革委员会批复，线路里程共计152.9千米，总投资额1387.91亿元。包括3号线二期、4号线三期、9号线二期、10号线二期、10号线三期（由德清县纳入杭德城际铁路建设）、12号线一期、15号线一期、18号线一期、5号线五常停车场9个项目。四期项目建成后将进一步加强杭州市核心区域轨道交通覆盖，促进城西科创大走廊、临平经济开发区等重点区域发展。

【亚运会保障推进】2022年，市地铁集团聚焦保障举办一届成功的亚运会核心工作，全面提升保障城市服务能力。全年建成包括天目山路快速路在内的58条“迎亚运”道路、16条代建道路，总计82千米。开展8条线路、23个站点无障碍试乘体验活动，全方位便利特殊人群出行。增设、改造提升母婴室154个，增购爱心便民伞2.5万把。完成地面4小件、独立立杆路引、既有线中译英等整改及出入口美化工作。杭州地铁App新增“便民伞”租借、末班车查询、失物招领等功能，优化列车LCD动态地图及换乘站客流引导，建立共管站公交信息共享机制。开展迎亚运运营服务专项培训，建立手语、双语服务小队，全线网车站增加外语实时翻译软件。深化地铁文明乘车及“彩虹服务”“贴心服务”活动。利用地铁灯箱广告、站内和列车视频发布亚运宣传广告/视频，全线网车站出入口地徽张贴亚运会宣传标语，宣传办赛理念、城市形象。

【轨道交通多元发展推进】2022年，市地铁集团配合市规划和自然资源局完成《杭州市轨道交通TOD综合利用城市设计技术规程》编制。全年新增TOD开发项目5个，各类在建上盖项目17个，总计容建筑面积约326万平方米。溪悦云和园、苏荷汇、九堡共有产权房3个自主开发项目主体结构封顶，五常车辆段未来天空之城项目住宅售罄，9个在售项目年内实现销售面积24.45万平方米。助推完成海潮路站等7个TOD示范项目城市设计深化成果。开发轨道交通商业资源，完成24个衍生资源项目招商，37个自营广告招商。（傅方明）

【杭州地铁多段线路开通运营】2022年2月21日，地铁3号线首通段、4号线二期、10号线首通段3段线路同步开通运营，运营总里程401千米。3号线首通段自星桥站至潮王路站线路长约21千米，设车站13座。4号线二期自彭埠站至池华街站线路长约26千米，设车站15座。10号线一期首通段自逸盛路站至翠柏路站线路长约12千米，设车站11座。4月1日，地铁7号线江北段和9号线南段同时开通运营，运营总里程419千米。7号线江北段（吴山广场站—观音塘站）长约6千米，设车站4座，实现钱塘区“一键直达”西湖景区。地铁9号线南段（九睦路站—观音塘站）长约12千米，设车站10座。6月10日，地铁3号线后通段开通运营，线路全长约31千米，设车站22座，起自文一西路站，止于潮王路站。9月22日，地铁19号线、3号线北延段（吴山前村站—龙舟北路站）、10号线黄龙体育中心站同步开通运营。19号线全长59千米，自苕溪站至永盛路站，设车站15座，其中4座高架站。地铁19号线也称机场轨道快线，采用大站间距，最高运行时速120千米，连接杭州西站、杭州东站、萧山国际机场三大交通枢纽。地铁3号线北延段（吴山前村站—龙舟北路站）全长约5千米，设车站4座。地铁10号线黄龙体育中心站开通后，实现逸盛路站直达黄龙体育中心。12月14日，杭州地铁9号线五堡站、六堡站开通运行。五堡站位于上城区钱江路与同协南路交叉口，为地下两层结构，一层站厅层、二层站台层，设有A、B两个出入口。六堡站位于上城区钱江路与三官塘路交叉口南侧，地下两层结构，一层站厅层、二层站台层，设A、B、C三个出入口。至此，杭州地铁一期至三期建设项目全面建成贯通，运营里程516千米。（傅方明 卫 青）

邮政·快递

【概况】2022年，杭州市有邮政局、所287个，其中邮政支局97个、自办邮政所184个、代办邮政所6个。有报刊零售网点47个（含邮政报刊亭46个）、“邮乐购”站点3749个。“中邮驿站”注册1536个，集邮专业网点19个。有一级干线邮路43条、二级干线37条、邮区内邮路549条；投递道段2862条，其中城市投递道段1895条，农村投递路线967条。村通邮率100%，城区每日平均投递3次。

【邮政快递合作建设“共富驿站”】2022年，市邮政管理局联合市交通运输局、市商务局等7个部门出台《杭州市快递业“两进一出”工程行动计划（2022—2025年）》，推动“快递进村”工程。开展邮政快递合作，建设完成100个“共富驿站”，评定22个星级“共富驿站”，推动“共富驿站”建设列入杭州市2022年促进消费十件实事。12个快递品牌参与合作，代投递3401万件，全市13个区县（市）邮政快递合作率84.3%。与交通、供销等部门合作建设三级物流体系，形成具有杭州特色的县、乡两级物流配送中心和村级物流示范站。

2022 年杭州市邮政行业发展情况表

表 34

指标名称	单位	2022 年	12 月	比上年同期增长（%）	
		累计	当月	累计	当月
一、邮政行业寄递业务量	万件	401797.66	41380.53	-2.83	9.45
1. 快递业务	万件	348459.47	36967.24	-5.09	13.01
其中：同城	万件	43008.28	4135.40	-8.39	-5.88
异地	万件	265666.17	26564.14	-3.35	7.33
国际 / 港澳台	万件	39785.02	6267.71	-12.21	75.74
2. 邮政寄递服务	万件	53338.19	4413.29	15.09	-13.43
其中：函件	万件	5340.65	469.52	-11.87	-6.46
包裹	万件	46.17	3.38	8.41	-15.71
订销报纸	万份	26347.14	2105.89	14.14	5.80
订销杂志	万份	919.93	75.31	7.18	7.69
汇兑	万笔	13.71	1.49	-31.66	-10.24
二、邮政行业业务收入	亿元	430.25	45.83	-15.16	-7.56
其中：快递业务	亿元	335.55	37.90	-19.39	-7.02
邮政寄递服务	亿元	18.68	1.50	6.63	-16.49

说明：邮政行业业务收入中未包括邮政储蓄银行直接营业收入

【行业绿色转型推动】2022 年，市邮政管理局推进减污降碳，实施“9917”工程。继续整治过度包装和随意包装，加大新能源、清洁能源车辆推广应用，开展绿色网点、绿色分拨中心建设。加强污染物源头治理，规范包装操作行为，强化上下游协同治理。全市邮政快递网点 45 毫米以下的“瘦身胶带”使用比例达 96% 以上，电商快件不再二次包装比率超过 96%，电子运单使用率接近 100%，可循环快递箱（盒）使用量达到 25.1 万个，各项指标居全国同行前列。

【杭州邮件处理新中心建成】2022 年 8 月 18 日，新的杭州邮件处理中心通过中国邮政集团有限公司验收。新杭州邮件处理中心位于钱塘区大江东区块，占地 18.2 公顷，由中国邮政集团有限公司投资 10 亿元（含土地成本）规划建设，设计邮件处理能力超 1000 万件 / 日。新中心全面建成投产提升杭州及全省进出口邮件处理能力，使杭州邮政基础设施跻身全国先进行列。新中心投入运行经压力测试，各项指标达到或超过设计水平。

【快递员生活工作关怀】2022 年，市邮政管理局从工作和生活上关心快递员。推出快递员新冠疫情免费专项保险等政策，配合人社部门出台《杭州市新就业形态劳动者规范管理及劳动保护权益维护实施办法》，与市人社部门联合发文落实单险种购买工伤保险工作，推动快递员工伤保险应买尽买。利用节假日走访慰问一线快递员工，组织 600 名快递员疗休养、健康体检。开展快递小哥职业技能培训和高层次人才职称评定，全市邮政快递行业有 16 人获评快递业工程师，7 人获评高级工程师。开展全市第二届“最美快递小哥”评选表彰活动，提升快递员职业归属感。

【城市邮政普遍服务情况调查】2022 年，市邮政管理局出台《建筑工程配置智能信报箱末端设施建设标准》，规范城市小区建设信报箱配置。开展城市普遍服务相关问题问卷调查，对接民政、建设和规划等部门，精准获取服务人口、服务面积等基础资料。统计营业、投递处理场所信息，现场核查营业、投递处理场所情况，夯实城市邮政普遍服务情况调查基础，确保调查情况全面、真实、准确。

【杭州机要通信居全省第一位】2022 年，市邮政管理局督促各级邮政企业增配监控摄像头，实现机要处理流程监控全覆盖。重新梳理机要设施基础信息档案，完善机要邮件交接作业规范化操作。全年组织两轮保密安全专项检查，督促邮政企业做好机要邮件处理全流程监控全覆盖、管理制度全面落实，完成复查的闭环管理。在国家邮政局组织的机要通信抽查中，市邮政管理局总分列全省第一位。

【邮政服务“三农”助力共同富裕】2022 年，市邮政公司发挥自身优势，完善乡村振兴馆供应链体系，依托“邮乐网”平台，加大本地产品宣传推广力度，全年销售各类农产品 6000 多万元，线上零售交易规模居全省第一位。各区县（市）通过推进三级物流体系建设，完善农村电商中心建设运营，完成 5 个镇级共配中心建设。淳安、富阳等县、区扎实开展助农项目，千岛湖、富阳农产品品牌馆的线上和线下活动，成为当地助农惠农重要宣传销售平台。“中邮驿站”累计注册 1536 个，覆盖面不断扩大，入库邮件月均 300 万件，方便群众用邮，促进农产品进城、工业品下乡。

【富阳龙门登上特种邮票】2022 年 5 月 19 日，《中国古镇（四）》特种邮票首发仪式在富阳区龙门古镇举行。《中国古镇（四）》特种邮票一套 4 枚，图案分别为江西浮梁瑶里镇、浙江富阳龙门镇、福建晋江安海镇、山东微山南阳镇，全套邮票面值 4.80 元。全国 799 座历史文化名镇名村，仅有 22 座古镇登上过邮票。富阳龙门古镇，是富阳题材第二次亮相于国家名片，也是浙江第三个入选古镇系列邮票的城镇。首发式现场举办“喜迎二十大·2022 富阳龙门古镇集邮展”，古镇主题邮局于当日在古镇义门风景区揭牌开业。（刘　琴）

责任编辑　须同威

29 产业投资促进

产业链精准招商

【产业项目招引工作提升】2022年，杭州市深入贯彻落实全省经济稳进提质决策部署，坚定实施精准化、专业化招商，推动产业项目招引工作新提升。全年落地总投资1亿元以上固定资产投资类项目396个。其中，制造业项目289个，服务业项目107个，分别完成年度目标的109.1%和142.7%。落地总投资10亿元以上固定资产投资类项目99个。其中，制造业项目57个，服务业项目42个，分别完成年度目标的126.7%和140.0%。

【产业招大引强】2022年，杭州市聚焦智能物联、生物医药、高端装备、新材料、绿色能源五大产业生态圈，以产业招大引强专班为抓手，引领全市产业链精准招商工作。智能物联、高端装备产业专班聚焦集成电路、网络通信、智能网联汽车等领域，对接目标企业60多个，重点推动与中国机械工业集团有限公司等中央企业的合作。生物医药产业专班围绕创新药物、高端医疗器械等领域招大引强，推动碧迪医疗大中华区创新中心等项目落地，全市落地总投资1亿元以上生物医药产业项目76个，比上年增长28.8%。新材料产业专班聚焦功能膜材料、高性能金属材料、半导体材料等领域，推动幄肯新材料高端碳素材料制造基地等项目落地。绿色能源产业专班推动中国林业集团有限公司与杭州市政府签订战略合作框架协议并落地双碳管理平台项目，加快推动中国东方电气集团有限公司光伏全球总部及长三角创新研究院等项目合作洽谈。

【招商引资百日攻坚行动】2022年5月，杭州市启动招商引资百日攻坚行动，重点聚焦数字经济、生物医药、芯片制造、汽车及零部件等产业及高端生产性服务业，争先抢前、聚力出击。攻坚行动期间，各区县（市）“一把手”外出招商20多批次，市级产业招大引强专班外出招商30多批次，全市对接目标企业1000多个（次），生成项目320多个；签约注册重点产业项目171个，其中，总投资1亿元以上项目132个，占签约项目的77.2%。

【项目策划路径拓宽】2022年，杭州市加强与行业重点中介咨询机构、投资机构的招商合作，通过重构绩效评价体系，激发11个市级部门和10个市属国有企业参与招商的动力，拓宽项目信息来源。年内，杭州市吸引中兴新通讯有限公司、千年健康中国高科控股集团等行业重点企业到杭州考察对接。以举办中国医药企业家科学家投资家大会、杭州产业互联网投资促进专题活动、杭州低空经济产业发展专题研讨会等活动为契机，主动对接参会企业，挖掘项目信息。

（任明锋）

引进和利用外资

【实际利用外资总量居全国第一方阵】2022年，杭州市开展稳外资攻坚行动，加强招商合作，深化为企服务，优化外资结构，确保外资总量稳定。全年新设外商投资企业840个，实际利用外资78.12亿美元，完成年度目标的101.2%，规模总量继续保持全省第一位，稳居全国第一方阵。至年末，杭州市累计引进外商投资企业1.80万个，投资总额2986.41亿美元；合同外资1615.06亿美元，实际利用外资超过1000亿美元，达1038.23亿美元。

【高技术产业利用外资】2022年，杭州市利用外资结构不断优化，高技术产业利用外资总量持续增长，实际利用外资45.88亿美元，比上年增长14.2%，占全市利用外资总量的58.7%，提高9.57个百分点。其中：高技术服务业实际利用外资36.2亿美元，增长20.0%；信息传输、软件和信息技术服务业实际利用外资25.39亿美元，占高技术产业的32.5%；科学研究和技术服务业实际利用外资11.03亿美元，增长173.0%。

【重大外资项目带动作用明显】2022年，杭州市面对全球疫情反复带来的不确定、不稳定因素，深化与戴德梁行房地产咨询（上海）有限公司等专业中介机构合作，联合开展重大外资项目招商。主动承接中国国际进口博览会等国家级活动的溢出效应，瞄准重要外商开展靶向招引，全力链接全球项目信息和资源。全年杭州市引进投资总额3000万美元以上的外资项目97个，投资总额180.03

2022 年杭州市各区县（市）利用外资情况表

表 35

单 位	项目（个）	到位资金目标数（亿美元）	到位资金完成数（亿美元）
上城区	77	10.9	10.9
拱墅区	101	10.9	2.7
西湖区	98	7.0	7.0
高新区（滨江）	117	8.0	8.2
萧山区	127	10.6	10.6
余杭区	152	8.5	9.6
临平区	11	2.1	2.1
钱塘区	69	10.6	10.6
富阳区	34	3.5	3.5
临安区	14	2.0	2.0
桐庐县	8	1.7	2.0
淳安县	9	—	0.6
建德市	11	1.4	1.4
市 属	12	—	7.0
合 计	**840**	**77.2**	**78.1**

亿美元，合同外资 118.23 亿美元，投资总额和合同外资分别占外资项目的 98.1% 和 86.8%。引进投资总额 5000 万美元以上的外资项目 56 个、1 亿美元以上的外资项目 29 个。引进美国强生公司、德国西门子公司、荷兰飞利浦公司等 6 个世界 500 强企业投资项目 9 个。至年末，全市累计有 134 个世界 500 强企业在杭投资项目 234 个。

【开发区实际利用外资贡献度提升】2022 年，杭州国家高新技术产业开发区、萧山经济技术开发区、余杭经济技术开发区等 5 个国家级开发区实际利用外资 34.48 亿美元，比上年增长 22.4%，占全市实际利用外资总量的 44.1%。其中：富阳经济技术开发区实际利用外资 2.7 亿美元，增长 162.0%；杭州国家高新技术产业开发区实际利用外资 14.61 亿美元，增长 71.8%；余杭经济技术开发区实际利用外资 2.28 亿美元，增长 28.2%。

（任明锋）

投资促进活动

【杭州组团参加中国国际投资贸易洽谈会】2022 年 9 月 7—9 日，第二十二届中国国际投资贸易洽谈会在福建厦门举行。市投资促进局组织 5 个区县（市）及 3 个产业平台招商人员参加，与深圳澳睿新能源科技有限公司、深圳市瑞达科技有限公司、金琥新能源汽车有限公司、沃民高新科技股份有限公司等 10 多个企业进行对接，走访厦门市伟屹投资集团有限公司、厦门建发集团有限公司、厦门欣天地医疗科技有限公司、厦门市浙江商会等企业和商会，与外商外资企业洽谈合作项目。

【杭州低空经济产业发展专题研讨会】2022 年 11 月 9 日，由市投资促进局主办的杭州低空经济产业发展专题研讨会在广东珠海举行。杭州以第十四届中国国际航空航天博览会举办为契机，邀请来自中国航空规划设计研究总院、中国民航局第二研究所、北京鸢飞科技有限公司、常州启赋安泰复合材料科技有限公司、江苏亨睿航空工业有限公司等航空领域企业、机构的 30 多位嘉宾参会。会上，市投资促进局负责人推介杭州航空产业投资环境，余杭区、建德市有关产业平台推介当地低空产业发展基础、优势及布局。

【产业链供应链韧性与稳定国际论坛】2022 年 9 月 18—20 日，产业链供应链韧性与稳定国际论坛在杭州国际博览中心举行。国家主席习近平向论坛致贺信。论坛以“同舟共济，共克时艰，务实推动构建富有韧性的全球产业链供应链”为主题。市投资促进局以国际论坛为招商平台，组织区县（市）投资促进部门参加，并对接企业 70 多个，向企业宣传杭州产业投资环境。

【杭州市产业互联网投资促进专题活动】2022 年 9 月 22 日，由市投资

2022 年 11 月 9 日，杭州低空经济产业发展专题研讨会在广东珠海举行

（市投资促进局 供稿）

促进局主办的杭州市产业互联网投资促进专题活动在上城区举行。阿里云计算有限公司、华为技术有限公司、北京凌宇智控科技有限公司、北京思特奇信息技术股份有限公司、上海仙途智能科技有限公司、北京慧拓无限科技有限公司、北京航空航天大学杭州创新研究院等20多个产业互联网领域的知名企业和机构参会。活动安排闭门对接、主题演讲和恳谈交流等环节，高新区（滨江）、萧山区、余杭区有关负责人做投资环境推介。

【杭州生物医药“产投结合、共话未来”研讨沙龙】 2022年10月18日，由市投资促进局主办的杭州生物医药“产投结合、共话未来”研讨沙龙暨投融资对接活动在钱塘区举行。市投资促进局有关负责人在研讨会上做生物医药产业投资环境推介，与会企业、投资机构、科研机构嘉宾围绕“产投结合”主题展开讨论。对接活动期间，北京康抗生物技术有限公司、上海辉启生物医药科技有限公司等6个生物医药企业开展项目路演。

【参与举办德国展团商务晚宴交流会】 2023年11月7日，市投资促进局联合德国工商大会主办方在上海举办德国展团商务晚宴交流会，德国展团成员和德国工商大会主办方、德国联邦州代表等90多名国际客商参加。市投资促进局负责人在会上做投资环境推介，并与参会嘉宾交流探讨合作机遇。德国展团商务晚宴交流会为第五届中国国际进口博览会配套活动。

【参与举办“携手启杭、合作共赢”戴德梁行高端客户闭门交流会】 2023年11月8日，市投资促进局联合戴德梁行房地产咨询（上海）有限公司在上海举办“携手启杭、合作共赢”戴德梁行高端客户闭门交流会。市投资促进局与施耐德电气（中国）有限公司、罗氏诊断产品（上海）有限公司、罗克韦尔自动化有限公司、丹纳赫（上海）企业管理有限公司、贝克休斯（中国）油田技术服务有限公司等20多个世界500强企业、跨国公司中国总部负责人进行对接交流。会上，市投资促进局负责人做投资环境推介，上城区钱塘智慧城、萧山科技城、余杭区梦想小镇分别做产业平台宣传推介。

2022年11月11—12日，第二届浙江省数字医疗健康产业杭州峰会在拱墅区举行。图为峰会主会场 （市投资促进局 供稿）

【浙江省数字医疗健康产业杭州峰会】 2022年11月11—12日，由浙江省商务厅、浙江省卫生健康委、浙江省药品监督管理局主办，杭州市投资促进局、拱墅区政府承办的第二届浙江省数字医疗健康产业杭州峰会在拱墅区举行。峰会以“融新聚力、数创未来”为主题，围绕“数智应用、数策驱动、数字革新、数创未来”四大板块，携手政府、企业、学校、研究机构、医疗机构、投资机构的代表就数字医疗产业发展机遇和趋势进行交流探讨。峰会现场，举行碧迪医疗大中华区创新中心项目落地仪式。

【中国医药企业家科学家投资家大会】 2022年12月2—4日，由中国医药企业管理协会、中国医药生物技术协会、中国农工民主党中央办公厅、杭州城西科创大走廊管委会、杭州市投资促进局联合主办的“2022中国医药企业家科学家投资家大会”以线上形式举行。大会以“制胜新周期”为主题，设开幕式、主论坛及核酸药物、生产工艺、细胞与基因治疗等系列论坛。市投资促进局负责人在“BT+IT”（生物技术＋信息技术）杭州生态沙龙上推介生物医药产业投资环境。大会发布“中国医药创新企业100强”“中国医药创新种子企业100强”等榜单。大会全程吸引近20万人次在线观看。 （任明锋）

责任编辑 余显幕

30 对外经贸

货物贸易

【概况】2022年，杭州市货物进出口总额7564.8亿元（1138.3亿美元），比上年增长2.7%（以美元计算下降0.1%）。其中：出口5140.6亿元（773.9亿美元），增长10.6%（以美元计算增长7.6%）；进口2424.2亿元（364.4亿美元），下降10.8%（以美元计算下降13.3%）。按不含省级公司进出口实绩统计，全市外贸进出口总额7066.0亿元（1063.3亿美元），增长3.6%（以美元计算增长0.8%）。其中：出口4875.7亿元（734.1亿美元），增长10.9%（以美元计算增长7.8%）；进口2190.3亿元（329.3亿美元），下降9.5%（以美元计算下降12.0%）。全年一般贸易出口4290.4亿元，增长12.6%，占出口总额的88.0%；加工贸易出口534.4亿元，增长7.0%，占出口总额的11.0%。机电产品出口2151.0亿元，增长6.5%，占出口总额的44.1%；高科技产品出口1017.9亿元，增长14.7%，占出口总额的20.9%。对“一带一路”共建国家出口1588.0亿元，增长12.9%，占出口总额的32.6%；对《区域全面经济伙伴关系协定》的国家出口1153.6亿元，增长16.6%，占出口总额的23.7%。杭州市有进出口实绩企业1.52万个、出口实绩企业1.3万个。

【外贸融资服务】2022年，杭州市加大“杭信贷”融资模式（“信保＋担保”融资）推广力度，发挥政策性担保融资兜底作用，扩大惠及面。全年为47个（次）企业授信3.96亿元，放款3.07亿元。自2020年4月以来，累计授信外贸企业176个（次），授信总额12.79亿元，累计放款6.78亿元。

【融合办展模式推广】2022年，“海外杭州”利用“数字＋实体”创新模式举办展会16场，976个企业参展，设展位2151个。“海外杭州”自办展获商务部、外交部、银保监会、移民局、民航局、中国贸促会6个部门发文推广。其中，2022年3月在印度尼西亚举办的首届展会，是《区域全面经济伙伴关系协定》生效后中国首次在该区域国家自主举办的展会。展会采用“展会＋包机”模式，实现311个（次）企业、826人次、近50个商务团参与出境参展，破解外贸企业新冠疫情期间难以出国抢订单问题。

【出口名牌培育】2022年，杭州市开展2022年度杭州市级出口名牌企业评审认定工作。按照《杭州市商务局关于组织开展2022年度“杭州出口名牌”认定工作的通知》要求及有关认定办法，在企业自主申报、属地初审推荐和第三方事务所审核打分的基础上，市出口名牌评审小组通过核查确认、会议联审、征求意见和网络公示，认定2022年度“杭州出口名牌”60个，其中新增13个、通过复评47个。

【国际贸易摩擦应对】2022年，杭州市组织区县（市）商务局和相关预警点做好相应的贸易救济案件应对工作。共排查案件138起，涉案企业2063个，实际涉案总金额10.6亿美元。全年《区域全面经济伙伴关系协定》地区发生摩擦28起，涉及企业368个，涉案金额3.2亿美元。

【外贸风险防范】2022年，杭州市与中国出口信用保险公司浙江分公司创新服务模式，通过“杭城出口风险直播间”模式开展培训15场次，覆盖2万余人次。鼓励各地开展各具特点的信用保险形式，防范企业，特别是中小企业的出口风险。全年中国出口信用保险公司承保企业3373个，通过直接赔付和海外追偿为企业挽回损失超过17.5亿元，比上年增长36.0%。

【杭州交易团参加中国进出口商品交易会】2022年4月15—24日，第131届中国进出口商品交易会在线上举行。杭州市有702个企业参展，其中品牌企业47个，参展展品类别涵盖纺织服装、鞋帽、医疗保健、家电、电子信息、机械设备、工程机械、礼品、餐厨、园艺、装饰品、家具等51个展区中的46个展区。参展企业在云展厅上传展品7万余件，300多个企业搭建直播间，开展直播洽谈，参与申请直播和洽谈人员1800多人。

10月15—24日，第132届中国进出口商品交易会在线上举办。杭州市有754个企业参展，其中品牌企业47个，参展展品类别涵盖纺织服装、鞋帽、医疗保健、家电、电子信息、机械设备、工程机械、礼品、餐厨、园艺、装饰品、家具等50个展区中的46个展区。参展企业在云展厅上传展品9万余件，300多个企业搭建直播间，开展直播洽谈，参与申请直播和洽谈人员1800多人。

【杭州交易团参加中国国际进口博览会】2022年11月5—10日，第五届中国国际进口博览会（简称进博会）在上海举行。杭州市组织3125个单位、7066人参加采购，场内意向采购成交金额5.34亿美元，涵盖消费品、医疗器械、技术设备等领域。其中，迪安诊断技术集团股份有限公司与罗氏集团、华东医药股份有限公司与阿斯利康（制药公司）、杭州汽轮动力集团股份有限公司与西门子能源有限公司在浙江省、长三角G60科创走廊的重大项目签约活动中签订采购协议，采购金额1.06亿美元。在浙江省重大项目签约仪式上，杭州市签订“拜尔作物科学杭州”“福布斯中国”“涂鸦信息增资”等项目的有关协议，总投资额6.92亿美元，与吉利德科学公司签署1项战略合作协议。“西泠印社文创”“九曲红梅”“铜雕技艺”“绸伞制作”等13个杭州的非物质文化遗产、老字号企业代表参加人文交流活动展示。杭州跨境电商综试区作为独立元素在“中国这十年”对外开放成就展中央展区展示，G20杭州峰会史料、亚运会火炬及7个企业的10个高科技产品在浙江展区展出。亚运会筹办工作成果展重点展示吉祥物、会徽、口号、核心图形和色彩系统等亚运美学，优秀亚运歌曲及各类亚运特许商品等。

【“海外杭州”迪拜展】2022年12月19—21日，由杭州市政府主办的“海外杭州”迪拜展在迪拜举行。全国10个省、30个地市参加，参展企业1040个，设展位1500个，展会面积超过3万平方米。其中，杭州组团参展企业126个，设展位285个，展会面积7000平方米，签订意向订单4.5亿美元。（申屠婉铃）

服务贸易

【概况】2022年，杭州市服务贸易出口额169.90亿美元，比上年增长11.4%。知识密集型服务贸易出口额135.71亿美元，增长4.5%，占全市服务贸易出口额的79.9%。其中，个人类、文化和娱乐类增速较快，增速均为12.7%。全年杭州市服务贸易对《区域全面经济伙伴关系协定》成员国出口额68.27亿美元，占全市出口额的40.2%。其中，出口新加坡、日本量最大，分别占《区域全面经济伙伴关系协定》成员国出口总额的33.1%、25.9%。重点区县（市）引领发展，出口规模前三位的是滨江区、上城区和西湖区，出口额分别为51.08亿美元、21.99亿美元和21.42亿美元，3个区出口额合计占比超过全市的50%。

全年杭州市签订技术出口合同350份，合同金额11.32亿美元，增长16.4%。技术出口合同中，技术咨询、技术服务出口合同264份，合同金额9.17亿美元，占技术出口合同金额的81.1%；计算机软件出口合同71份，合同金额1.15亿美元，占技术出口合同金额的10.2%。

【创新案例全国推广】2022年，杭州市3个案例入选国家文化出口基地第二批“创新实践案例”，数量列全国各大城市第一位。入选案例分别是中国（浙江）影视产业国际合作区报送的“构建多层次多维度影视人才培养平台，着力提升数字文化出口和国际传播能力”，浙江数字文化国际合作区报送的“‘版钉’助力中国数字文化‘走出去’”和“搭建‘之江一号’平台，助力数字文化贸易提质升级”。5个案例入选2022年服贸会服务示范案例，数量列全国副省级城市首位，分别是“浙江天猫技术有限公司——天猫新品牌孵化实践”入选中国服务实践案例，“浙江华策影视股份有限公司——华语影视海外新媒体传播宣发矩阵‘华剧场’”入选业态创新示范案例，“浙江南都能源互联网有限公司——南都湖南韭菜坪22.5兆瓦/45兆瓦时储能电站项目”和“蚂蚁科技集团股份有限公司——蚂蚁集团绿色计算技术创新与实践”2个案例入选绿色发展示范案例，“浙江影视产业国际合作实验区西溪实业有限公司——C-dramaRights全球影视交易云平台”入选发展潜力示范案例。

【服务贸易市场主体建设】2022年，杭州市国家级基地不断扩容，基地建设成效突出。3月，商务部会同有关单位发布两批国家级特色服务出口基地名单，杭州市滨江区入选知识产权特色服务出口基地，浙江中医药大学入选中医药特色服务出口基地。杭州市累计培育产生4类、5个国家级服务出口基地，占全省的62.5%。数字服务出口基地围绕共同探索数字贸易高标准规则，重点打造“多跨协同”数智通关平台，形成以物联网、云计算、大数据、网络信息安全为主导的高精尖数字产业链。在首届全球数字贸易博览会上发布的2022年度浙江省数字贸易百强榜中，杭州市数字识别、人工智能、区块链、大数据、云计算等领域的86个企业入选。全年新认定服务贸易示范园区4个、示范企业27个和成长型企业18个。累计认定29个示范园区和169个示范企业、88个成长型企业。

【服务外包】2022年，杭州市承接服务外包合同签约额215.05亿美元，服务外包合同执行额166.00亿美元；其中离岸服务外包合同签约额102.64亿美元，离岸服务外包合同执行额88.17亿美元，比上年增长6.3%。离岸执行额中，信息技术外包（ITO）合同接包执行额44.68亿美元，占总执行额的50.7%，增加2.34个百分点；业务流程外包（BPO）合同接包执行额3.95亿美元，占总执行额的4.5%，增加0.28个百分点；知识流程外包（KPO）合同接包执行额39.54亿美元，占总执行额的44.9%。

（申屠婉铃）

对外经济合作

【概况】2022年，杭州市境外企业总投资额45.46亿美元，境外企业中方投资额26.83亿美元。其中，新批境外投资项目301个，总投资29.01亿美元，中方投资额16.42亿美元。新批境外投资增资项目61个，增资额10.42亿美元。全年实现国外经济技术合作营业额14.41亿美元。对外承

2022年9月30日，“丝路护航”浙江—泰国绿色高新产业对接活动在杭州举行
（市商务局 供稿）

包工程新签合同额21.01亿美元，完成营业额14.40亿美元；对外劳务人员实际收入总额101.00万美元。

【境外经贸合作区建设和培育认定】 2022年，杭州市推进境外经贸合作区建设，实施1个国家级境外经贸合作区、5个省级境外经贸合作区的建设，引导杭州市境外投资企业入驻园区。至年末，泰中罗勇工业园有入驻企业180个，钱塘中心有入驻企业40个，北美华富山工业园有入驻企业21个，文莱大摩拉岛石油炼化工业园区有入驻企业4个，中柬国际农业合作示范园区有入驻企业3个、华立柬埔寨农业园有入驻企业101个。

【“一带一路”共建国家经贸合作】 2022年，杭州市对“一带一路”共建国家完成对外承包工程营业额6.24亿美元，占对外承包工程总营业额的43.3%；非洲地区完成营业额3.70亿美元，占总营业额的25.7%，拉美地区完成营业额0.91亿美元，占总营业额的6.3%。全年对“一带一路”共建国家投资项目68个，总投资4.40亿美元，中方协议出资3.98亿美元，主要投资领域为太阳能光伏、纺织业、汽车及零部件等。

【对外经贸促进活动】 2022年，市商务局组织各区县（市）商务局对外经贸工作人员、重点对外经贸企业代表20多人参加浙江—印尼新能源与医疗健康产业对接会等对外经贸促进活动，帮助获取境外投资合作信息，密切双边经济往来。与美国芝加哥招商局、南非开普敦市等举行视频交流会，密切经济双边往来。9月30日，市商务局承办“丝路护航”浙江—泰国绿色高新产业对接活动，中国建设银行浙江省分行、上海兰迪律师事务所等机构和杭州市“走出去”企业代表150多人通过线上和线下形式参会，帮助企业抢抓《区域全面经济伙伴关系协定》投资机遇，促进“一带一路”建设高质量发展。

（申屠婉铃）

国际贸易促进

【概况】 2022年，市贸促会聚焦“两个先行”实践，聚力经济稳进提质，深入拓展贸易投资促进，增强国际商事法律服务，做好稳外贸、稳外资工作，服务杭州市高水平对外开放。杭州市贸促系统签发各类单证15.55万份。其中：签发一般原产地证10.18万份，签发优惠原产地证2.78万份，出具商事证明书2.38万份，出具自由销售证书22份，代办领事认证2089份，办理ATA单证册16份。自贸协定优惠原产地证为企业减免关税7097.20万美元。在13个区县（市）设立商事调解工作室，推动基层商事纠纷化解。

市贸促会全年接待走访26个国家和地区、组团44批次，举办2期驻杭国际商务机构季度会商活动。与伊朗德黑兰工矿农商会签署友好合作备忘录。新设立南非约翰内斯堡、日本东京2个海外联络处。

市贸促会围绕企业需求和关注热点，举办“DTC独立站核心实操方法论”“跨境电商新势力”“RCEP原产地规则解读与申办实务”“助力企业品牌出海开拓分销市场和TikTok抢占海外新商机”“AI+供应链，破局大消费行业转型升级”“知识产权与涉外商事调解业务”等11场“贸促课堂”培训活动，帮助企业提高国际贸易摩擦防范、应对能力和国际化经营水平，861人次参加培训。

市贸促会探索数字贸易新模式，组织100多个企业参加农机园艺行业（东南亚）、家具行业（中东欧）、纺织服装（美国纽约）等14个线上展览会，以及浙江名品箱包鞋服（英国伯明翰）展览会、浙江名品礼品（日本东京）展览会、浙江名品眼镜行业（法国巴黎）展览会等8个代参展项目。

【市国际商会共同富裕委员会成立】 2022年9月22日，市贸促会组织浙江盘石信息技术有限公司、浙江华策影视股份有限公司、万事利集团有限公司等45个企业成立杭州市国际商会共同富裕委员会。中国联合网络通信有限公司杭州市分公司担任共同富裕委员会首届主席单位。共同富裕委员会企业与富阳区、临安区、桐庐县、淳安县、建德市5个区县（市）签订“携手外贸平台助推海外销售合作项目”“5G+AR院前急救平台项目”“共建同富学院助力农村电商人才培养项目”等11个合作项目，通过产业投资、贸易带动、民生帮扶，助力杭州西部区县（市）乡村振兴与共同富裕。

【市国际商会元宇宙专委会成立】 2022年6月8日，市贸促会组织网易（杭州）网络有限公司、华为技术有限公司、浙江商汤科技开发有限公司等47个企业成立杭州市国际商会元

2022 年 9 月 22 日，市国际商会共同富裕委员会成立仪式举行

（市贸促会 供稿）

宇宙专业委员会。中国移动通信集团浙江有限公司杭州分公司担任元宇宙专业委员会 2022 年执行主席单位。4.5 万人次线上和线下同步参与成立大会，30 多个新闻媒体进行宣传报道。市贸促会与杭州移动公司就加快推进"杭州数字经济未来产业发展"签订战略合作框架协议，推动元宇宙等未来产业发展。

【中国（杭州）知识产权·国际商事调解云平台功能提升】2022 年，由市贸促会主办，市法院指导建立的中国（杭州）知识产权·国际商事调解云平台深化国际国内合作，与新加坡国际仲裁中心、新加坡国际调解中心、北京融商"一带一路"法律与商事服务中心及市互联网法院分别签署合作备忘录。至年末，在平台上向公众提供调解服务的调解机构 83 个、调解员 1200 多名；平台受理案件 1.93 万件，调解完结 1.63 万件，调解成功 5951 件，调解成功率 37%，涉案金额 26.1 亿元，履行率 100%。

【《在线商事调解服务规范》团体标准获批】2022 年 11 月 28 日，市贸促会主导提出、牵头起草，联合中国贸促会调解中心、中国贸促会商业行业委员会等共同制定的《在线商事调解服务规范》团体标准获批准，并在"全国团体标准信息平台"上公开发布。该标准于 2023 年 1 月 1 日起实施，是全国首个在线商事调解服务规范团体标准。

【"杭州品牌出海培育"项目实施】2022 年，为帮助企业建立对外贸易新渠道，市贸促会推进实施"杭州品牌出海培育"项目，为企业提供一体化外贸 B2B 独立站自主营销解决方案。帮助 50 多个企业完成海外独立站建站，品牌曝光量 37 万余次，国际询盘率高于 75%。

【《区域全面经济伙伴关系协定》政策宣介推广】2022 年，市贸促会围绕《区域全面经济伙伴关系协定》（RCEP），加强 RCEP 等自贸协定宣传推广和服务，设立服务专窗为企业提供政策咨询、关税筹划等一站式服务。办理 RCEP 原产地证书 1914 份，帮助企业减免关税 149.92 万美元。

【中非经贸西湖论坛】2022 年 11 月 18 日，市贸促会联合浙江工商大学、中非民间商会共同主办"2022 中非经贸西湖论坛暨首届浙商对非经贸合作论坛"。其间，"杭派好品"出海非洲倡议发布，中非民间商会中小优企服务基地揭牌仪式、知名浙商企业与国际青年"拉非客"精英聘任结对等活动举行。来自全国中非经贸研究及实践领域的专家学者、企业家和青年创客等 150 多人以线上和线下形式参会。（郑慧颖）

钱江海关

【概况】2022 年，钱江海关围绕杭州市"奋进新时代、建设新天堂"，扎实推进各项工作。全年钱江海关监管进出口货物 223.2 万吨，价值 783.7 亿元，其中出口 178.6 亿元、进口 605.1 亿元。受理报关单 8.78 万份，其中出口报关单 4.49 万份、进口报关单 4.29 万份。监管进出口邮件和快件 3131.1 万件。全年完成税收征管入库 83.03 亿元。

【国门安全监管】2022 年，钱江海关加强国门生物安全防控，深入开展"国门绿盾 2022"行动，针对性地开展昆虫、杂草、病害等外来有害生物监测及外来入侵物种普查，查获禁止进境物 390 批次，截获植物有害生物 194 种次、外来入侵物种 173 批次；自 10 月开展跨境电商寄递"异宠"综合治理专项行动以来，查获"异宠" 6 批次、42 只。推进"口岸危险品综合治理"百日专项行动，梳理危险品企业 59 个，有效甄别危险品检验监管风险点 25 个。开展进口食品"国门守护行动"，监督抽检样品 115 批，检测 1864 项（次）；完成监测样品 37 批，检测 303 项（次）。

【跨境贸易便利化】2022 年，钱江海关推进落实营商环境创新试点改革事项，牵头国家改革事项 5 个和杭州特色事项 3 个。至年末，均初步完成。实施促进跨境贸易便利化专项行动，与杭州市跨境电商综试办研究推出涉及海关业务措施 12 个。进口、出口通关时间分别为 28.22 小时和 0.68 小时，分别压缩 20.4% 和 55.6%。推进"两步申报""船边直提"等业务改革，"两步申报"率 40.5%，进口、出口提前申报率分别为 30.9% 和 89.1%。指导企业开展进口货物"船边直提"业务 67 票。试点推广真空包装等高新技术货物协同查验模式，推动 5 个企业纳入协同查验机制，被布控查验的高新技术产品通关时间平均减少 5~7 个工作日。

2022 年 6 月 10 日，钱江海关人员在出口危险化学品企业进行产地检验监管
（钱江海关 供稿）

【打击走私行动】2022 年，钱江海关按照杭州海关关于开展打击走私“国门利剑 2022”联合行动的要求，以专项稽查为突破口，开展“全员打私”，推进综合治理。联合缉私部门开展打击多晶硅、废纸、海南离岛免税“套代购”走私等专项行动。开展减免税风险筛查暨专项行动，梳理辖区减免税货物存量企业名单，初步风险筛选减免税企业 118 个，查发减免税违规情事 5 起。开展禁止“洋垃圾”入境、打击象牙等濒危动植物及其制品走私等工作，推进“蓝天 2022”专项行动，强化邮件快件渠道监管。全年查获濒危动植物及其制品 87 件、毒品 16.85 千克、枪支配件及弹药 73 件、非法出版物 6055 件。

【“杭州自贸片区”建设】2022 年，钱江海关深化杭州综保区、自贸试验区和跨境电商综试区政策联动、优势叠加。推广“增值税一般纳税人资格”试点，杭州综保区区内“增值税一般纳税人资格”试点企业完成保税与非保货物入区货值 10.3 亿元，比上年增长 127.6%，其中非保入区货值 9.0 亿元，增长 181.1%。该试点获评 2022 年第一批中国（浙江）自由贸易试验区最佳制度创新案例。试点入境特殊物品安全联合监管机制，4 个试点企业入选杭州入境特殊物品安全联合监管机制“白名单”企业。探索加工贸易边角料网上拍卖，助力加工贸易企业降低成本增加收入。支持空港综保区申请建设被列入海关总署和浙江省政府合作备忘录。完善租赁进口飞机多地海关联动监管模式，指导辖区货航采用联动监管 + 保税租赁模式引进大型宽体全货机，全年支持民营航企引进大型客货飞机 6 架。围绕省内唯一大型飞机维保基地探索自贸区内飞机保税维修项目，配套批准航材专用保税仓库并指导开展智慧化仓储建设，支持省内唯一民航最高等级飞行员培训基地运营，助力航空高端服务业“运、修、训”全产业发展。杭州综保区在 2021 年度全国综保区发展绩效评估中蝉联全国和东部地区双 A 类，获评浙江省“年度先进海关特殊监管区”。

【跨境电商监管服务】2022 年，钱江海关推进跨境电商进口退货商品“上链赋码”项目建设。该项目是杭州海关整体智治首批应用场景之一。8 月 22 日，完成跨境电商进口退货商品“上链赋码”实单测试。联合余杭区政府共同打造“跨境电商质量监管服务一体化应用”，构建海关、市场监管部门、地方政府、电商平台、检测机构等多方共治的商品质量新体系，以监测中心智慧监测平台为蓝本，升级打造 6 个场景，实现跨境电商商品质量闭环监管、科学评估和社会共治，入选浙江省数字政府系统第一批优秀案例集。联合国外专家与跨境电商出口平台开展跨境电商出口产品符合性调查研究，助力平台企业提升出口产品安全把关水平。

【企业管理服务】2022 年，钱江海关开展“我为群众办实事”“三走进”“三找准”专项调研工作，以及“十地百团助千企”活动。落实钱江海关促进外贸保稳提质细化落实 22 条举措，在“十地百团助千企”活动中召开企业座谈会、恳谈会 81 次，调研企业 317 个，处置问题 241 个。打造“关企直通车”的钱关服务品牌，举办“关企直通车”平台宣讲互动 22 期，惠及企业 1800 多个。夯实企业注册备案管理基础工作，共备案 110 个进出口食品企业、7 个出口食品原料种植基地，办理时限由 5 个工作日压缩为 3 个工作日。专项检查 19 个境外注册食品企业，扶持出口宠物食品等农产品生产企业向国外注册推荐，促进地方特色优质农产品扩大出口。压缩内部流转时限，开具资信证明 375 份，为企业上市融资提供便利支持。

【国家税收优惠政策落实】2022 年，钱江海关落实减免税政策，共审批减免税表 3603 份，减免税货值 6.62 亿美元，减免税款 4.7 亿元。11 月 25 日，为辖区企业出具首票征免性质为“外资研发中心”的减免税确认通知书，减免税款 19.14 万元，实现“十四五”期间支持科技创新进口税收优惠政策出台后杭州关区“外资研发中心”减免税业务正式落地。围绕高质量共建“一带一路”的新形势新要求，依托原产地签证业务实训教学示范点，设立钱江海关《区域全面经济伙伴关系协定》工作站。设立《区域全面经济伙伴关系协定》现场签证专窗 7 个，为企业提供优惠原产地证书办理、业务流程、进口享受优惠等一站式咨询和培训服务。新增《区域全面经济伙伴关系协定》经核准出口商 4 个，签发各类原产地证书 33.5 万份，自贸协定项下进口出口享受优惠 71.6 亿元。其中，《区域全面经济伙伴关系协定》项下原产地证书 1.59

万份，货值6.6亿美元，享受优惠超过4000万元。

【加工贸易提档升级】2022年，钱江海关推进海关总署3项加工贸易改革和试点。承担杭州海关牵头的天然橡胶轮胎加工贸易单耗管理改革试点工作，实现由单耗标准管理向定额参数核销管理的转变，帮助试点企业产品生产效率提升15%，不良率降低40%。推进加工贸易残次品管理改革试点，解决传统加工贸易残次品管理长期存在的折料征税成本高、退运难等痛点，共销毁400多吨残次品，为企业节省135万元。推进跨关区企业集团加工贸易监管模式，将多个企业组成的集团视为一个整体进行监管，实现保税料件在企业间自主存放和自由调拨，减免部分环节担保，降低制度性交易成本。

【"数字监管赋能未来工厂"保税应用项目建设】2022年，钱江海关针对浙江省高科技"未来工厂"保障产业链、供应链韧性和安全的需求，以浙江大华技术股份有限公司为样板引导企业在"家门口"设立数智保税仓，帮助企业推进供应链系统集成、数据连通，实现申报自动化、智能化。运用"上链赋码"手段，探索"远程、实时、在线、智能"的数字化监管新模式，推动流程再造、制度创新，初步实现海关精准监管、企业高效运作的"双目标"。"数字监管赋能未来工厂"保税应用项目是杭州海关重点建设的智慧海关项目之一，被列入"杭州市创新优化营商环境重点措施项目"和"浙江自贸区杭州片区重点改革事项"。（张淑敏）

中国（浙江）自由贸易试验区杭州片区

【概况】2022年，中国（浙江）自由贸易试验区杭州片区（简称杭州片区）围绕国家战略部署和省委、省政府工作部署，履行"为国家试制度、为地方谋发展、为企业营环境"的使命担当，以目标、举措、责任"三张清单"推动各项工作的落实，差异化打造具有鲜明辨识度的数字自贸试验区。全年杭州数字贸易额2462.6亿元、服务贸易额2945亿元、跨境人民币结算量7953亿元，分别占全省总量的38.9%、57.8%、54.8%；"四至"范围内实现外贸进出口额1397.3亿元、税收收入396.3亿元、实际利用外资18.26亿美元，以仅占全市0.22%的面积贡献全市18.5%的外贸进出口、18.3%的税收收入和3.4%的实际利用外资。

以数字为标识，推进杭州片区发展。设立全省首个数据安全实验室，发布一批数字贸易、数字知识产权等领域全国引领的数字标准。聚焦生物医药、临空经济等领域开展集成创新，形成"数智保税仓、入境特殊物品安全监管机制"等137个创新举措，其中4个成果入选国家级案例、39个入选省自贸区十大进展、13个入选省自贸区制度创新案例，数量列全省第一位。

【本外币合一银行账户体系试点】自2021年7月26日在杭州开展本外币合一银行结算账户体系试点以来，杭州片区组织中国工商银行等4个试点银行的51个银行网点开展本外币合一银行结算账户业务。至2022年年末，累计开立试点规则下的账户超过2.59万户，办理人民币资金收付业务超过2.8万亿元，外币资金收付超过145.1亿美元。12月12日，浙江省本外币合一银行结算账户体系试点范围由杭州扩大至宁波、温州、金华、台州、舟山5个地区，实现自贸试验区全覆盖。

【"全球数字变革策源地"打造】2022年，杭州片区落地浙江省数据交易平台，上线并实质运营杭州国际数字交易平台，交易规模超过10亿元。设立全省首个数据安全实验室，探索数据出境安全评估。落地"数字人民币试点"，推进数字人民币在亚运场馆落地应用，钱包开设数、交易笔数和金额、线下场景数在全国新获批城市中名列前茅。跨境支付服务网络覆盖全球90%以上国家（地区），服务市场主体占比70%以上。

【科技创新能力增强】2022年，杭州市新增白马湖、湘湖、天目山3个省实验室。杭州片区、联动创新区所在区的省实验室累计6个，占全省的60%。超重力离心模拟与实验装置、超高灵敏极弱磁场和惯性测量装置2个国家大科学装置加速推进，助推杭州在2022年全球创新指数报告中排名升至全球第14位。5月20日，基于自主创新的昇腾AI基础软硬件平台建设的杭州人工智能计算中心落地滨江区块。7月18日，中国（浙江）智能计算产业创新园在浙江自贸试验区杭州联动创新区未来科技城揭牌，浙江"脑机"交叉研究院项目、京东方产业基金项目、石原子科技总部项目、之科云启科技总部项目等智能计算战略合作项目落地。钱塘区块元宇宙产业园开园，围绕数字孪生、人工智能等"元宇宙"核心底层技术，以及游戏、社交、教育等"元宇宙"新型应用场景，引进培育一批创新型中小企业。萧山区块依托机器人小镇，推进人工智能与数字经济建设，赋能产业数智化升级，打造高标准高质量产业集群。北京航空航天大学杭州创新研究院、浙江大学杭州国际科创中心、浙江省智能感知技术创新中心等研发机构落地杭州，支撑覆盖基础层、技术层和应用层，贯穿核心技术研发、智能产品制造到行业智能化应用的人工智能完整产业生态。

【新招引落地项目93个】2022年，杭州片区实施产业链链长制，智能物联、生物医药、高端装备、新材料和绿色能源5个产业链均由市主要领导和分管领导担任"链主"。推动自贸试验区强强联合，以萧山—滨江一体化合作建设"中国视谷"。5个产业链均有全球、全国行业骨干企业项目落地，世界500强企业拜耳集团项目落地联动创新区，与"顺丰速运"达成华东区域总部、数字产业化项目等战略协议。全年新招引落地项目93个，总投资额586.02亿元，其中外资项目15个，总投资额212.16亿元。

【杭州片区制度集成创新】2022年，杭州片区聚焦跨境电商、生物医药、临空经济、知识产权、智能制造5个领域开展制度集成创新，累计形成137个制度创新成果。"海关未来工厂保税仓库"智慧监管等模式获批全国首批知识产权服务出口基地，空港数字防疫智控体系向全国复制推广。7个制度创新成果入选2022年第一轮全省自贸试验区制度创新案例。落地全省首个生物医药产业园基础设施公募REITs项目、首单包含数据资产的知识产权证券化产品等成果。先行先试的企业外联App等创新模式向全省自贸试验区复制推广。学习借鉴上海自贸区的经验，复制入境特殊物品安全联合监管机制。

【贸易环境提升】2022年，杭州片区通过多项举措提升自由便利的贸易环境。创新数字综保平台、跨境电商进口退货监管在线、供应链魔方等数字化服务场景，形成推动贸易自由便利的数字化服务矩阵。落地全省首条第五航权国际货运航线，启动全省首个航空电子货运试点，稳定18条国际航空货运专线，与省内机场实现异地货站联动，探索"空空转关"等便利模式，保障跨境货物高效便捷进出。推出18条跨境贸易便利化举措，形成杭甬"2+2+X"合作协调机制，跨境贸易自由便利排名进入"全国标杆"行列。

【服务业扩大开放综合试点】2022年12月20日，国务院批复同意在杭州开展服务业扩大开放综合试点，杭州成为浙江首个试点城市。商务部印发《杭州市服务业扩大开放综合试点总体方案》，进一步推动市场准入放宽、监管模式改革及市场环境优化，支持杭州片区打造全球数字贸易中心，探索建立数字交易规则、标准，支持以市场化方式推进eWTP全球布局，高标准建设滨江物联网产业园、国家数字服务出口基地建设。杭州片区发挥eWTP秘书处作用，eWTP商业试点落地墨西哥，助推全市布局108个跨境电商海外服务点，283个海外仓覆盖主要贸易国。

（申屠婉铃）

杭州综合保税区

【概况】2022年，杭州综合保税区规模以上工业总产值105.62亿元，比上年下降1.6%；规模以上工业企业利润总额3.93亿元，增长14.5%；税收总额25.32亿元，增长23.6%；货物进出口总值255.30亿元，下降5.4%；全年跨境零售进口额76.95亿元，下降24.6%。实际利用外资1000万美元，完成10亿元以上服务业固定资产投资类项目1个，签约1亿元以上项目4个，完成外出走访及接洽企业90个。在海关总署发布的综合保税区发展绩效评估结果中，杭州综合保税区在全国137个海关特殊监管区中居全国第16名和浙江省第2名。

【一般纳税人试点政策推广】2022年，杭州综合保税区推广一般纳税人试点政策，累计叠加试点政策企业14个。通过打通国内增值税"免抵退"链条，降低企业税负成本、提升企业经营效益。全年试点企业内销金额3.82亿元，合计降低经营总成本约1137万元。

【进口超期退货商品"上链赋码"】2022年，经海关总署批准杭州片区对"跨境零售进口超过30日退换货"开

2022年杭州综合保税区主要经济指标完成情况表

表36

指标名称	计量单位	2022年	比上年增长(%)
一、招商引资			
外资项目批准数	个	2	100.0
仓储物流企业	个	0	—
外资项目投资总额	万美元	2249.81	-55.0
增资额	万美元	0	—
合同利用外资	万美元	2239.41	148.8
增资额	万美元	0	—
实际到位外资	万美元	700	-72.5
内资项目审批数	个	5	150.0
仓储物流企业	个	0	—
内资项目注册资本数	万元	42600	674.6
二、工业经济			
工业总产值	万元	1056164	-1.6
工业产品销售产值	万元	1019879	-5.1
工业企业利润总额	万元	39338	14.5
税收总额	万元	253249	23.6
海关税收及代征税	万元	233300	18.5
税务部门税收	万元	19949	147.7
进口值	万美元	1651657	-0.7
出口值	万美元	901306	-13.1
三、仓储物流业			
营业收入	万元	9244.4	5.8
工商税收	万元	346.7	-17.2
四、保税业务			
保税物流	万元	1209448	14.7
保税加工	万元	866825	-8.9
保税电商	万元	434235	-32.7
五、基本建设			
固定资产投资	万元	47264.5	-42.9
投产企业数量	个	2	400
从业人员	个	7019	3.4

说明：投产企业数量为拿地和租赁类项目投产

展探索，实施探索进口超期退货商品“上链赋码”项目，构建流程监控体系，创建目标打造“跨境电商进口超期退货中心”。打通系统上线测试，预计投用后的杭州综保区进口退货商品监管能力将由每月5万件升至30万件。

【品类合规存储拓展】2022年，为支持跨境电商进口零售业务发展，做大业务规模，杭州综试区根据企业需求会同钱塘区应急管理局、钱塘区商务局、钱塘区白杨街道、钱江海关驻下沙办联合发文出台跨境电商进口酒类、香水香氛、喷雾美妆等商品试点文件，支持企业通过提升仓库防火等级，满足存储的合规要求。

（谢　斌）

跨境电子商务

【概况】2022年，杭州综试区跨境电商出口1013亿元，比上年增长18.8%；跨境电商进口190.8亿元，下降23.2%；杭州跨境电商进出口占本地进出口的16.3%。全年杭州综试区跨境电商企业对企业（B2B）出口709.1亿元。培育年交易额2000万元以上的跨境电商企业832个，有355个高新技术企业和61个上市企业布局跨境电商。杭州综试区内阿里巴巴国际站、“全球速卖通”、“WHOLEE”、杭州思亿欧外贸快车、“集酷（KiKUU）”等本土跨境电商平台年度出口额4200亿元，覆盖200多个国家和地区，服务中小企业68万个以上。杭州综试区内“天猫国际”和“考拉海购”跨境电商零售进口平台交易额约占全国总额的50%。

11月，在第五届中国国际进口博览会开幕式上新设“中国这十年——对外开放成就展”综合展示区。杭州综试区作为全国132个跨境电商综试区的唯一代表，在中央展区展示成果。在2021年度全国跨境电商综试区考核中列第一档“成效明显”类。

【亚马逊全球开店亚太区卖家培训中心落成】2022年12月，亚马逊全球开店亚太区卖家培训中心在杭州落地。作为亚马逊全球首个综合性卖家培训中心，为卖家提供专业的培训和指导通过提供知识和技能，帮助卖家了解国际市场的需求和规则，掌握跨境电商的最佳实践。预计至2024年，亚马逊杭州公司员工450人，未来3年线上和线下培训超过100万人次，并围绕中心逐步形成亚马逊跨境电商出海生态圈。至年末，举办活动28场，覆盖学员4000多人。

【第五航权国际货运航线获批】2022年，杭州萧山国际机场开通美国纽约—中国杭州—韩国首尔—美国纽约国际货运航线。该航线是浙江省引入的首条第五航权全货运航线，标志着杭州成为国内继北京、上海、广州、深圳、郑州、西安等重点口岸之后，又一个航空运输市场第五航权开放的城市。杭州萧山国际机场开启“跨国公交”的空中带货新模式。

【“一库两码”复合型监管模式探索】2022年，杭州保税物流中心（B型）发挥自贸试验区先行先试优势，通过设立复合型监管场所，突破保税物流中心围网内不得开展“9610”业务和邮快件业务的限制，实现“一库两码”（两个关区代码）多功能，样本意义突出，对全国海关特殊监管区域以及保税监管场所具有可借鉴性。

【“暖心助企·产业共富”15条举措出台】2022年，杭州跨境电商综试区围绕跨境电商发展的痛点、难点问题，出台“暖心助企·产业共富”15条举措，联合监管部门、区县（市）、平台、服务商组建10支以上政企服务小分队，走进跨境电商产业带企业，点对点帮助企业排忧解难，全年协调解决物流费减免、供应链融资担保、保税仓租赁等问题共300多个。

【跨境电商支付机构资金结算额近6000亿元】2022年，培育“连连”“Ping Pong”“珊瑚支付”等全国第三方跨境支付收款的领军企业。专做东南亚市场的“珊瑚支付”，全程与银行系统直连，全年跨境资金结算额890亿元。“培育连连”会同美国运通公司出资成立的连通公司获批全国第二块银行卡机构清算牌照，并获泰国、新加坡两国数字支付牌照。“Ping Pong”获得由卢森堡大公国颁发的卢森堡EMI电子货币机构牌照。在杭州的跨境电商支付机构服务全国150万个卖家，完成资金结算额近6000亿元。

【入选省级跨境电子商务产业园11个】2022年，11个跨境电商园区入选浙江省商务厅2022—2024年度省级跨境电子商务产业园，分别为中国（杭州）跨境电子商务综合试验区·下沙园区、空港园区、西湖园区、萧山园区、临安园区，华立·181社区、全球速卖通电子商务园、运河（国际）跨境电子商务园、建德浙西跨境电商产业园、起梦跨境电子商务产业园、杭州钱塘智慧城。入选数量居全省第一位。

【全国大学生跨境电商实战赛】2022年7月16—17日，第十二届全国大学生电子商务“创新、创意及创业”挑战赛跨境电商实战赛综合赛在浙江工商大学杭州商学院举行。比赛历时8个月，从全国31个省、市高校的9872支团队中选出40强选手。最终产生特等奖团队8支、一等奖团队12支、二等奖团队20支。

（申屠婉铃）

责任编辑　秦文蔚

31 区域合作

东西部协作

【概况】2022年，杭州市深入贯彻落实中共中央总书记习近平关于深化东西部协作的重要指示精神，按照全省对口工作领导小组会议部署，统筹实施东西部协作各项工作。市对口和山海协作工作领导小组印发《杭州东西部协作2022年度工作任务书》，明确年度目标任务。市委常委会专题研究巩固脱贫成果同乡村振兴有效衔接暨乡村振兴重点帮扶县工作。市领导到四川甘孜藏族自治州（简称甘孜州）、广元市对接东西部协作工作。召开全市对口办公室负责人会议，研究落实各项协作事项。全年杭州投入财政资金9.53亿元，在甘孜州、广元市两地实施帮扶项目174个；投入社会帮扶资金和物资价值1亿元。组织90所学校、53个医院、300个企业和45个社会组织到对口地区结对帮扶，构建全社会力量参与新一轮东西部协作新格局。

【产业合作】2022年，杭州市组织125个企业到四川投资105.2亿元，实施产业合作项目33个，吸纳农村劳动力5872人；参与共建产业园区34个，吸纳农村劳动力2059人；援建帮扶车间77个，吸纳农村劳动力2144人。加快发展传统产业。钱塘区在甘孜州理塘县建立牦牛标准化生产基地100公顷、牲畜圈舍2万平方米，养殖牦牛4.93万头，带动120户农牧民户均增收21.6万元。西湖区与甘孜州九龙县打造“九龙天香”县域茶叶公共品牌，与广元市青川县打造“白茶一号”产业示范基地。萧山区在甘孜州康定市实施万亩高原有机茶项目，一期种植面积约200公顷，人均增收4000~5000元。余杭区在广元市苍溪县建成川北最大的红心猕猴桃初加工基地，基地种植红心猕猴桃面积2.63万公顷，综合产值60.66亿元。滨江区借助数字化技术手段，助力广元市朝天区发展高山露地蔬菜产业，实现高山露地蔬菜全生产流程的可视化感知和智能化控制。建德市利用“数据云”服务，在甘孜州乡城县建成数字果园2个、数字猪场3个，实现农业资源信息远程统一发布。富阳区探索文旅产业融合新路径，在甘孜州德格县以317国道为旅游黄金轴线，投入资金3800万元，布局实施国道沿线乡村振兴示范村建设项目。拱墅区围绕广元市昭化区文旅资源禀赋和产业发展优势，打造两省首个东西部协作和对口支援城市旅游展厅。在昭化区开发古城时光隧道、药博园百禽游乐园等4个文旅项目和“女皇窑”等20多个系列工艺品，助推昭化文旅产业发展。

【消费帮扶】2022年，杭州市发挥电商与商场、线上与线下双重优势，推进政府单位、企事业单位直接采购协作地区农副产品，拓宽协作地区农副产品团购市场。余杭区铺设“亚丁集市”“苍溪特产馆”等线上销售网络，邀请9名网红主播为广元市苍溪县直播带货，销售额近1000万

2022年3月，青川县举办首届“白茶一号”采摘节。图为西湖区与青川县打造的白叶一号产业示范基地（市对口支援和区域合作局 供稿）

2022年6月1日，临平滴水公益"石渠行"彩虹小分队到四川省甘孜州石渠县开展"护苗行动·彩虹盒子"爱心助学活动

（市对口支援和区域合作局 供稿）

元。打通"苍品入杭"等线下销售渠道，建成余杭苍溪农特产品展销馆，设立苍溪农产品代销点22个，两地联办苍溪红心猕猴网络采摘节2期、苍溪农特产品展销活动7次，销售额2880多万元。钱塘区举办"杭州文旅集·杭州奇妙夜""塘塘合作消费帮扶，爱心助力乡村振兴暨塘塘真甄爱心选品会"等促销活动10多场，利用理塘县丁真的网红效应，将消费、品牌推广与旅游相结合。临安区扶持杭州闻远科技公司发展农村电子商务，在全国60个县域建立50多个服务中心和6000多个乡村服务站点。全年杭州通过多渠道直接或间接帮助销售对口地区畜牧产品和特色手工艺品金额14.5亿元。

【人才帮扶】2022年，杭州市选取4所重点高中分别与甘孜州4所中学进行教学结对，选派16位教育骨干到结对学校担任校长、专业课教师。杭州第二中学在甘孜州康定二中打造"杭成班""萧山班"，通过"杭成班"+"萧山班"模式打造组团式教育帮扶工作品牌。杭州学军中学在甘孜州泸定中学开展"全员德育"行动，利用学科课堂进行民族团结教育和爱国主义教育。杭州高级中学在甘孜州雅江中学建立"云互动平台"，实现两地师生远程网络互动交流。萧山区第二中学在甘孜州九龙中学成立"365教育基金"，用于激励优秀教师和资助困难学生。全年全市选派279名专业技术人才开展支教支医，帮助协作地区培训乡村干部1.16万人次、专业技术人才1.29万人次。

【特殊人群帮扶】2022年，杭州市发挥数字产业优势，帮助协作地区低收入人群稳岗增收。西湖区为甘孜州九龙县3388名脱贫女性及家庭成员赠送补充公益保险，帮助该县培养30名"AI妈妈"成为高原"人工智能训练师"；借助蚂蚁科技集团有限公司"星云系统"平台，开创"线上+线下"灵活就业新模式，解决以当地女性为主的就近就业难题。上城区为广元市剑阁县培训残疾人、脱贫人口、重点监测户等低收入人群，引导其参与发展地摊经济、小店经济，通过驻点销售、流动销售等方式，带动人均月增收3000元。滨江区聚焦广元市朝天区低技能农村留守群众就近就业需求，盘活村集体闲置资产，引导留守群众进村建立"家门口"的帮扶车间，村内100多名群众实现照顾家庭、增加收入两不误，月人均增收3000元。淳安县利用社会资金在甘孜州巴塘县建立公益性社区学堂——"浙里学堂"，通过复制杭州"第二课堂"做法、开展"塘伴千岛"红色故事交流分享会等走亲交流、助学帮教活动，将爱国主义教育从学校课堂延伸到校外活动场所，打造全天候的红色教育基地。协助巴塘县引入智能化设备，打造集能源小屋、裸眼3D、陨石标本于一体的沉浸式教育体验，服务少年儿童3600多人次。

【社会力量参与协作】2022年，临平区发挥区慈善总会桥梁纽带作用，发动杭州滴水公益服务中心等专业化社会组织，对甘孜州困境儿童开展"护苗行动"，打造"阿拉丁爱心助学"项目，为212名特困生制订一对一帮扶计划。根据两地学校、医院建设需要，实施"阿里净水""九阳公益厨房"和校服定制等项目30多个。针对妇女大病就医难题，在甘孜州石渠县实施"加油木兰"女性公益保险项目，为全县1.33万名女性提供每人保额2万元的医疗保险。萧山区在甘孜州康定市发起关爱妇女健康"格桑花计划"，协助当地医院开展"两癌"筛查的专业技能培训、女性健康科普培训，提升甘孜州妇女健康水平。（王力洲）

对口支援

【概况】2022年，杭州市加强对口支援新疆阿克苏市、西藏那曲市色尼区、青海德令哈市工作，带动对口支援地区实现共同富裕，促进对口地区长治久安和长足发展。全年选派干部人才141人，比上年增加30人。统筹安排对口支援资金3.96亿元，增加1100万元。实施以民生保障为重点的援建项目74个，其中援疆项目35个、援藏项目16个、援青项目23个。浙江与新疆签署城乡建设用地增减挂钩节余指标跨省调剂合作协议，其中阿克苏市为杭州增加建设用地挂钩指标466.7公顷。

【项目援建】2022年，杭州农夫果园农产品加工、国乾（浙江）新能源科技发展有限公司充电桩、浙江省经济发展中心、中泰海鸿纺织印染有限公司、杭州萧山盛元纺织有限公司等企业（项目）落户阿克苏市，带动补齐当地产业链。7月，杭州萧山友盛新材料科技公司5万吨锦纶项目

2022 年 8 月 11 日，市对口支援和区域合作局会同杭州亚组委在对口地区举办杭州结对地区 3V3 少年篮球赛决赛。图为赛后合影

（市对口支援和区域合作局 供稿）

在阿克苏纺织工业城开工，至年末，萧山辖区有 13 个规模以上企业在阿克苏纺织工业城投资兴业，带动就业 6030 人。阿克苏市电子商务产业园创建成为自治区级创业孵化示范基地，获国务院督查激励。年内，杭州为阿克苏市举办电商培训 3 期，参加培训 543 人次，促进该市电商企业发展。阿克苏市销售额 1000 万元以上电商企业增至 30 多个。推进“十城百店”工程建设。杭州·阿克苏城市空间店在杭州河坊街开业，“新疆礼物——阿克苏好礼”对口支援特色农产品馆在杭州市民中心开馆，全年杭州助力阿克苏市实现农产品销售 11.02 亿元。青海海西蒙古族藏族自治州最大的牦牛繁育养殖项目——援青德令哈牦牛科技产业园一期、二期基本完工。

【民生支援】2022 年，杭州市深化组团式教育帮扶工作。“海亮援藏班”探索社会力量参与对口支援办学模式，招收学生 190 名。推动名师工作室结对共建，杭州在阿克苏市成立“杭阿美好教育青蓝工作室”16 个，实施“一个带一群”“团队带团队”的结对帮带机制。推进“百校十万石榴籽”融情工程。杭州与阿克苏市结对共建学校 36 所，并常态化开展“智慧＋空中丝路课堂”同课异构等活动。推进组团式医疗援疆工作。选派 6 名援疆医生对口支援阿克苏市人民医院骨科等 5 个科室，形成“多院帮科·专科联盟”帮扶机制，全年实施手术 450 多台（次）。支持阿克苏市、色尼区 2 个人民医院开设特色专科，富阳中医骨伤医院在阿克苏市成立“张玉柱全国名老中医阿克苏工作站”，萧山区中医院在阿克苏市实施“重塑人生脊梁”等医疗帮扶项目，帮助阿克苏市和色尼区 4769 名患者解除病痛之苦。富阳日月电器有限公司扩大生产规模，累计接收 438 名阿克苏等地区人员稳定就业。首批 28 名那曲籍高校毕业生被 8 个杭州高新技术企业录用。

【民族交往交流交融】2022 年，杭州市协助德令哈市筹措近 100 万元帮扶资金和物资，帮助民族地区 3 个街道和 4 个乡镇开展疫情防控，并为西藏那曲市色尼区送去价值 106.24 万元的防疫物资。发挥建德千鹤妇女精神阿克苏实践基地作用，开展“最美家庭”结对走亲、“巾帼创业致富”、“美丽庭院”文明示范、美容美发和电商创业培训等活动，探索文化润疆、富民兴疆的新路径。6 月 17 日，全国妇联党组书记、书记处第一书记黄晓薇在《传承千鹤妇女精神贡献共富巾帼力量》专报上批示，肯定杭州与阿克苏市“最美家庭”结对共建活动。《中国妇女报》连续 3 天刊发“杭阿最美家庭结亲融情系列报道”。12 月，千鹤妇女精神阿克苏实践基地入选“全国妇女爱国主义教育基地”，成为新疆维吾尔自治区第三个、阿克苏市首个获此荣誉的基地。年内，杭州市对口支援和区域合作局举办第二届“西湖水·多浪情”集体婚礼，新疆维吾尔自治区等 20 对新人以集体婚礼的形式弘扬中华优秀传统文化。举办第六届杭阿青少年民族团结手拉手夏令营、阿克苏首届中小学生书法大赛。会同杭州亚组委在对口地区举办少年篮球赛、亚运文化进校园和青少年迎亚运画展，并邀请甘孜州的孩子到杭州参观亚运场馆。（卞平华）

对口合作与帮扶

【概况】2022 年，杭州市根据国家发展改革委《关于苏浙结对合作帮扶皖北城市实施方案》和省委、省政府关于加强浙吉合作的统一部署，与吉林省长春市、长白山市和安徽省宿州市在重大产业项目实施、创新创业共同体建设、农业产业发展、民生事业发展等方面开展合作，促进各地经济互补发展。市委、市政府专题研究对口合作帮扶工作，印发《杭州市与宿州市合作帮扶工作计划》，提出全市要用更高标准推进与长春、长白山对口合作，高起点开展杭州与宿州合作帮扶工作。

【合作帮扶机制优化】2022 年 7 月 14—15 日，省委常委、市委书记刘捷参加浙江省党政代表团到吉林考察。在吉林与浙江对口工作座谈会上，萧山区与吉林公主岭市、临平区与中韩国际合作示范区签署对口合作框架协议，并有杭州聚溪科技有限公司、杭州实在智能科技有限公司、杭州鑫峰维网络科技有限公司等 7 个企业的合作项目在会上签约。开展干部互派挂职，杭州选派 19 名干部到长春、宿州党政机关挂职，长春、长白山、宿州选派 28 名干部到杭州跟班学习。推进市直部门、功能平台、市场主体等参与对口合作与帮扶，建立横向联动、纵向衔接、全面深化的合作体系。

【产业合作】2022年,杭州与长春合作共建的裕新科技(长春)工业机器人与智能装备产业园、中通快递东北智能电商产业园、"启明皓月新型生物瓣膜合作项目"等重点项目有序推进。万丰智能机器人装备制造产业园、修正(杭州)大健康产业园、安恒集团东北亚总部、柳桥晨雨牧业屠宰加工等项目建成并投产(开园)。长春一汽奥迪销售事业部落户杭州,形成长春、杭州两地汽车产业"南北联动"和整车"北产南销"的新格局。杭州长光产业技术研究院有限公司依托中国科学院长春光学精密机械与物理研究所科研实力,推动光电技术成果落户杭州高新区(滨江)。杭州长光辰芯微电子有限公司生产的工业级CMOS图像传感器在长春工业园区实现销售额2.07亿元。长春光华微电子设备工程中心有限公司与杭州芯云半导体技术有限公司开展晶圆探针台业务合作。年内,杭州长光产业技术研究院有限公司引进入驻企业7个,其中有股权关系企业2个,实现产值2.5亿元。长春引进云仰科技(杭州)有限公司等企业参与城市智能体建设。借鉴杭州城市大脑赋能城市精细化管理的做法和经验,编制《城市智能体应用接入工程方案》,开展"一网统管"应用场景的建设及应用。年内,长春有19个行业应用场景、6个综合应用场景、2个统一门户上线试运行。加强粮食产销合作。杭州晓生农产品有限公司与长春农嫂食品公司签订合作协议,投资500万元建设鲜食玉米加工项目。浙粮集团与吉林省松江佰顺米业有限公司达成产销合作,代收储稻谷4600吨,销售大米4455吨。

【社会民生互动】2022年,杭州市第七人民医院、杭州市儿童医院、杭州市妇产科医院和杭州市急救中心与长春市相应的医疗卫生机构建立合作关系,围绕精神卫生、妇产科及院前急救等学科建设开展密切合作。7月,杭州市红十字会医院选派2名妇产科和消化内科医生,到长白山中心医院开展为期半年的专家坐诊、临床诊疗、教学培训等医疗援助活动。长春市首次吸纳3位杭州人才为长春市教育学会专家库成员,并与杭州市教育学会达成协议,通过线上分享两地教育学会的协作成果,以及参与在杭州举办的第五届全国小学"创课"博览会暨重大课题成果发布会。杭州市民政局组织4名养老行业专家为长春市民政系统和一线养老机构开展线上专业培训,长春有400多个养老机构的5100多名养老从业人员参加。(卞平华)

【合作帮扶项目统筹实施】2022年,市政府办公厅印发杭州与宿州两市结对合作帮扶实施方案和年度工作计划,明确8个方面重点任务和22项年度重点工作;明确杭州8个区与宿州4个县、1个行政区、3个开发区(园区)结对,形成"8对8"点面结对合作帮扶格局。双方8个县(区)同步制定结对合作帮扶工作方案或签订合作协议。杭州市委书记刘捷、常务副市长柯吉欣、副市长刘嫔珺等领导与安徽省、宿州市领导举行3次交流对接。两市有关部门开展对接和招商活动50多次,围绕产业园共建、文旅产业合作、金融合作、医联体建设等达成一批合作意向,主要合作项目有:浙商银行在宿州市设立分支机构,投资20亿元建设传化智联宿州公路港项目。投资19.8亿元实施11个农业产业互链项目。浙江明康汇生态农业集团有限公司、浙江天顺生态农业开发有限公司等企业与宿州开展特色优势农产品产销合作,共建杭州宿州绿色农产品生产加工供应基地。开展共建医联体、发展职业教育等合作。设立中国科学院大学附属肿瘤医院(浙江省肿瘤医院)协作医院和专家工作站,开展专家门诊、病例会诊等医疗合作。杭州技师学院在宿州泗县设立分院。浙江大学光学研究所与宿州高新区建设产学研合作基地。(吴慧珊)

长三角区域一体化发展

【概况】2022年,杭州市全面落实党中央和浙江省长三角区域一体化发展工作部署,统筹抓好一体化推进各项工作。加强与上海交流联动,借力上海科创资源,新设立长三角G60浙江(临平)科创基地、"拱墅·上海飞脑中心"等创新"飞地"。成立"沪杭人才之家",浙江人才大厦服务全省入驻企业81个,"长三角人才云市场"覆盖长三角地区的26个节点城市,服务企业近20万个。将唱好杭甬"双城记"纳入长三角区域一体化发展总体框架,建立"双城记"四级工作协同机制,印发落实"双城记"杭州行动方案。杭州参与宁波及长三角地区其他城市举办的交流活动,探索激发城市合作新动力,提升城市合作能级新路径。(孙 强 吴慧珊)

【重点产业链合作】2022年,杭州做好疫情影响下长三角区域协同保供稳链工作,梳理完善断供断链企业"风险清单"和产业链供应链企业"白名单"两张清单,组织167个企业开展跨市、跨省供应链协作,完成上海疫情医疗生活物资和生产物资保供任务。推动与浙江华瑞航空制造有限公司联合设立中国商飞复合材料华瑞(杭州)联合研发中心,与杭州艾美依航空制造装备有限公司联合设立卓越创新中心。发挥G60生物医药产业联盟牵头作用,建立全国第一家MAH(药品上市许可持有人)持证转化先行示范产业园。

【科创策源能力提升】2022年,杭州对接上海、合肥综合国家科学中心,完善战略科技力量布局,新增国家实验室、国家重点实验室、大科学装置实验室各1个和省级实验室3个,之江实验室承担上海浦江国家实验室2项重大任务,浙江大学牵头建设上海临港国家实验室浙江基地。杭州与上海交通大学共建杭州系统肿瘤技术创新研究院,共同设立长三角G60科创走廊科技成果转化基金,新设钱塘区张江生物医药产业园、长三角G60浙江(临平)科创基地(松江)等在上海的创新"飞地"。与中国科学院上海分院共建的杭州中科国家技术转移中心引进孵化中科系企业18个,中国科学院上海光学精密机械研究所杭州分所累计孵化高精尖项目18个。沪杭创新中心入驻企业10个、进驻未来科技城项目26个。合杭梦想小镇入驻企业32个,引进未来科技城项目12个。全年杭州与长三角区域实现技术合同交易额622.61亿元,比上年增长2倍。杭州会同上海、南京、嘉兴、合肥共同建设国家科创金融改革试验区总体方案获批复。

【数字长三角共建联盟成立】2022年，浙江、江苏、安徽3个省10个市共同发起成立数字长三角共建联盟，协同推进长三角区域5G产业合作，高标准建设城市大脑产业协同创新基地。至年末，长三角区域累计建成5G基站3.1万个，国家新型互联网交换中心接入企业142个，数据中心新增设备2.2万台。长三角（杭州）制造业数字化能力中心启用，supET工业互联网平台在全国“双跨”工业互联网平台中排名升至第九位。杭州涂鸦信息技术有限公司、浙江凌迪数字科技有限公司等重点企业助力长三角区域传统制造企业产品智能化升级。杭州参与开发长三角区域智能网联汽车一体化测试认证体系，发放智能网联车测试牌照7张，开展90千米拟开放测试道路评估。

【长三角区域城市中心城区高质量发展联盟成立】2022年5月，长三角区域城市中心城区成立高质量发展联盟。成立仪式上，杭州市上城区牵头上海市黄浦区等长三角地区的9个城市中心城区联合发布《长三角商务楼宇一体化评价体系》，会同无锡、南京、宁波、合肥等城市6个中心城区推出“长三角五城六区品质消费节”，联动建设国际消费中心城区群。对接虹桥国际开放枢纽，承接上海国际会展资源溢出，引进国际化展览10个。借鉴上海自由贸易试验区开放经验，在浙江自由贸易试验区杭州片区落地合格境外有限合伙人（QFLP）试点业务。

【基础设施联通水平提升】2022年，杭州铁路西站、杭州萧山国际机场三期两大枢纽工程建成并投用，杭州机场轨道快线开通运营，沪杭甬高速公路市区段改建项目竣工，京杭运河二通道建成。杭温铁路、杭衢铁路、金建铁路和杭绍甬智慧高速公路杭州段、临金高速公路临安至建德段加快建设。沪乍杭铁路、杭州机场高铁项目前期准备提速。杭甬运河三级航道整治杭州段开展工程可行性方案编制。“东洲—乍浦”集装箱精品航线、铁路萧山站、杭州北站海铁联运班列开通，提升杭州联通上海港、宁波港的多式联运能力。

【文旅一体化进程加快】2022年，长三角区域举办“亚运倒计时一周年”主题活动、“亚运走十城”南京站活动，完成“智能亚运一站通”三期建设，“亚运PASS”如期上线。杭州发挥“三世遗”城市示范作用，牵头成立大运河古镇联盟，举办“杭州良渚日”系列活动，联动南京、苏州、宁波等地开展世界遗产宣传推广。共建宋韵文化传承高地，联合温州、绍兴、衢州、台州等市共同举办宋韵文化节，联动宁波、温州、绍兴、丽水等市推出“宋韵杭州奇妙夜”项目，打造全省首个宋韵主题线上融媒体平台“宋韵迹忆”。加强文旅交流，举办第三届长三角水上运动节、第二届“杭州上海”双城街头艺术节，杭州与宁波共绘“双城记”文旅消费线路地图。

【公共服务共建共享拓展】2022年，长三角区域加强人才共育互通，联合开展区域骨干教师交流研修，启动杭州与宁波教师协同培养。举办长三角区域高层次人才招聘大会，参会单位覆盖长三角区域所有城市。深化杭州与上海新华医院、上海第十人民医院合作，两市共建高级代谢病中心。至年末，两市医疗合作和科研合作项目增至13个。151项居民服务事项纳入社保卡“一卡通”应用，实现长三角区域养老保险跨省转移全程线上办理、5个病种门诊慢性病和特殊疾病费用跨省直接结算。

（孙　强）

杭州都市圈

【概况】2022年，杭州都市圈合作发展协调会聚力长三角区域一体化发展国家战略，锚定基本建成现代化都市圈目标，深化交通共联、产业集群、人文魅力、绿色生态和智慧民生五大主题都市圈建设。全年都市圈实现生产总值3.97万亿元，按可比价格计算，比上年增长2.5%。都市圈第一、第二、第三产业增加值分别为1066亿元、1.61万亿元和2.25万亿元，分别增长3.0%、2.7%和2.3%。三次产业增加值结构为2.7∶40.6∶56.7。都市圈固定资产投资增长8.0%，其中高新技术产业增长116.4%。社会消费品零售总额1.52万亿元，增长4.3%，其中杭州市社会消费品零售总额7294亿元，增长5.8%。杭州、湖州、嘉兴、绍兴、衢州5个城市的网络零售额1.53万亿元，增长6.7%；快递业务量63.7亿件，占全国总量的5.8%。进出口总额1.80万亿元，增长11.0%。其中，出口总额1.38万亿元，增长15.1%，高于全国4.6个百分点，占全国份额的5.7%。

【产业共兴】2022年，杭州都市圈加快发展先进制造业及云计算、大数据、视觉智能、电子商务、信息软件等数字经济产业。杭州城西科创大走廊构建以国家实验室为龙头的新型实验室体系，加快建设大科学装置群，杭州国家实验室实现零的突破。杭州白马湖实验室和天目山实验室、湖州太湖实验室和莫干山实验室、嘉兴南湖实验室、南湖研究院和北理工长三角研究院（嘉兴）、绍兴绍芯实验室和鉴湖实验室等省级重大创新平台加快建设。浙江清华柔电院国家重点实验室主体部分建设基本完工。浙江大学医学院附属第一医院国家医学中心、西湖大学国家未来产业研究中心等高能级创新平台获批建设。联动推进城西科创大走廊北翼中心建设，联合国全球地理信息知识与创新中心落户德清，成为联合国秘书处在中国设立的首个直属专门机构。浙江工业大学莫干山研究院落地湖州。微纳公共技术平台、隐形冠军国际研究中心等国际性研究平台落户嘉兴。

【交通共联】2022年，杭州都市圈围绕现代化综合交通体系打造，推进杭嘉、杭湖、杭绍一体化交通衔接，制定轨道网、道路网、水运网布局方案，完成《杭州都市区衔接规划》《杭州市综合立体交通网规划》等规划编制，沪乍杭铁路、水乡旅游线等重大项目被纳入《长江三角洲地区多层次轨道交通规划》。完善城市轨道交通网络，杭州建成城市轨道交通运营里程516千米，总里程居全国第六位，都市圈轨道交通线网总里程610千米。实现杭海城际、杭绍城际票制票价一致、车票（码、卡）兼容互通、信息系统互联、安检互信互认和接驳公交互通，两地居民实现一体化便利出行。

绍兴轨道交通1号线、绍兴风情旅游"连甬进杭"新干线通车，杭德城际铁路加快建设，杭州下沙至长安城际铁路项目、杭海城际西延项目和沪杭城际铁路项目完成预可行性研究。临安区和宣城市绩溪县签订"构建毗邻地区城乡公交一体化运输服务网络"合作框架协议，杭州临安至宣城绩溪毗邻公交线路开通。

【文化共融】2022年，杭州都市圈城市共同推广"江南绝色·吴越经典"等文旅特色品牌，以世界文化遗产和江南水乡古镇为主要载体，成立大运河古镇联盟，共同打造"走运之旅"等自然生态和文化旅游廊道。联合发布"世界遗产精华之旅""诗路文化寻踪之旅"等12条精品旅游线路。联动推出"宋韵杭州奇妙夜"，打造全省首个宋韵主题线上融媒体平台"宋韵迹忆"。协同推出"大运河文化带""潮文化""皖浙1号线""中国东部自驾游天堂""新安江山水画廊""书香福韵""美丽古镇"等旅游品牌。开展职工疗休养客源互送。共同举办夏季文旅惠民大联展、诗画浙江夏日文旅巡回推介会、文化旅游推介会等活动。

【生态共保】2022年，杭州都市圈城市共同编制《新安江流域水生态环境共保规划》，推进新安江—千岛湖生态补偿试验区建设，完成新安江流域生态补偿机制三轮试点。全面实施亚行贷款新安江流域生态保护和绿色发展项目，新安江流域首例工业水权交易完成签约。开展穿越省级水域延伸湖区垃圾打捞、杭黄和杭衢两地监测技术交流培训、跨界水质断面联合监测等工作。建立健全都市圈边界环境联合执法机制，实现应急人员、应急监测力量、应急专家等信息共享。嘉兴、湖州2地23条交界河道全部被纳入联防联控工作机制管理范围，并设立40名联合河长。德清县与余杭区、桐乡市建立跨界生态环境应急联动机制。印发亚运会环境保障工作推进计划和亚运会延期后工作计划，落实《杭州亚运会绿色行动方案》《杭州亚运会、亚残运会碳中和工作方案》，打造首届碳中和亚运会。结合全省空气污染监测预警数字孪生试点，开发亚运会环境质量保障指挥平台，该平台接入长三角区域26个城市的空气质量监测数据。

【民生共享】2022年，杭州都市圈各区县（市）以跨地区学校教育共同体为载体，开展同步课堂、集体线上教研、线上拓展课程等活动。杭州学军中学与德清高级中学签订全面合作协议，重点推进优质资源共享、特色成果互通、教研工作同步等合作。杭州师范大学发挥基础教育的品牌优势，与嘉兴市秀洲区附属油车港中学、湖州市南太湖新区合作共建附属鹤和小学。支持在杭高校跨区域设立分院（校），浙江理工大学柯桥研究院开院运行，浙江财经大学东方学院（海宁）等开工建设。加强医疗机构合作及卫生人才交流，浙江大学医学院附属儿童医院莫干山院区、浙江大学医学院附属邵逸夫医院绍兴院区、中国科学院大学附属肿瘤医院绍兴院区等项目加快建设，浙江大学医学院附属第二医院歙县院区挂牌成立。都市圈全域实现基本医疗保险转移接续和异地就医费用实时刷卡结算。协同编制长三角区域政务地图，做深做实长三角区域政务服务"跨省通办"、都市圈政务服务互通互办。临平、钱塘、海宁三地共同推进智慧税务信息共享、跨城通办、统一执法、联合监管等70个涉税事项跨区域通办服务。（俞宏陵）

山海协作

【概况】2022年，杭州市完善山海协作合作机制，按照"山海互济、合作共赢、带动共富"总要求，深化产业项目合作，推进山海协作"产业飞地"建设，全面超额完成省下达的5个大类14项考核指标任务，杭州连续19年获全省山海协作考核优秀等次。杭州结对帮扶的缙云县、龙泉市在全省山区26县跨越式高质量发展实绩考核中名列前茅。阿里巴巴集团、杭州市九阳小家电股份有限公司帮扶工作被国家乡村振兴局评为社会帮扶典型案例。

【"飞地经济"建设】2022年，杭州市按照省政府印发的《关于进一步支持山海协作"飞地"高质量建设与发展的实施意见》，与新结对的9个县签订"科创飞地"建设协议。推进钱塘—淳安、钱塘—龙游、临平—柯城、萧山—龙泉、富阳—缙云5个省定"产业飞地"建设。省定"产业飞地"入驻产业合作项目18个，总投资151.1亿元，"产业飞地"获省级空间建设用地规划指标500公顷，落实省财政补助资金1.44亿元。钱塘区与淳安县合作共建"共富产业飞地"5.2平方千米，帮助淳安337个村庄增加村集体经营性收入1.5亿元。

【产业项目合作】2022年，杭州市围绕省委、省政府做强"一县一业"要求，重点在数字经济、高端装备制造、新材料、新能源、绿色农业等领域与协作结对单位加强合作，把产业转移和项目承接结合起来，引导杭州重点企业深化与协作地区产业协作。全年杭州与衢州、丽水等协作地区新签合作项目123个，到位资金288亿元（含续建项目）。其中总投资1.7亿元的产业合作项目——衢州杰丰服装创新综合体项目一期开园。

【乡村帮扶】2022年，杭州市培育援建乡村振兴示范点47个，落实援助资金6008万元，实现消费帮扶4.11亿元，推动乡村面貌变化、农旅产业融合、群众消薄增收。临安区协作帮扶的龙游县浦山村获批全国少数民族特色村寨；余杭区和柯城区联手打造"余东画村""瓷画碗窑"金字招牌，实现所在村集体经济增收；滨江房产集团在淳安县胡家坪村投资5亿元，开发以乡村振兴、共同富裕为主题的滨江云顶桃源旅游综合体项目。

【社会事业合作共享】2022年，杭州市推动与协作地区教育、医疗等资源共享，建立教育共同体，深化"互联网+"智慧教育，创新开展组团式教育、组团式医疗服务，扩大杭州优质教育、医疗资源覆盖面，与衢州市龙游县、常山县、开化县、江山市、柯城区，丽水市缙云县、龙泉市，温州市泰顺县，杭州市淳安县9个结对山区县开展智慧互联网医院合作。推动杭州科技成果面向协作地区"先用后转"，年内杭州与协作地区达成合作项目97个。（余志刚）

责任编辑　余显幕

32 开发区·产业平台

杭州钱塘新区

【概况】2022年，杭州钱塘新区实现地区生产总值1226.03亿元，比上年增长0.1%；规模以上工业总产值3525.11亿元，下降0.8%；财政总收入230.45亿元，下降4.2%；固定资产投资542.21亿元，增长17.5%。全社会研究与试验发展（R&D）经费支出63.32亿元，增长14.0%，占地区生产总值的5.1%。杭州经济技术开发区在全国217个国家级经济技术开发区综合考评中列第九位。临江高新技术产业开发区在全省高新区综合评价中列第三位。

杭州医药港、大创小镇等产业平台建设推进，“链式+集群”模式深化。生物医药、“芯智造”产业链上榜省“链长制”优秀示范试点，杭州医药港获评现代产业最佳实践案例，大创小镇获评省级特色小镇。生命健康、半导体、智能汽车及智能装备、新材料、航空航天5个主导产业产值占工业总产值的85%。中策橡胶集团股份有限公司、顾家家居股份有限公司、杭州金鱼电器集团有限公司入选中国制造业500强名单。新增“浙江制造品牌”企业9个。

坚持制度创新，综合保税区一般纳税人资格试点等4个项目入选省级最佳制度创新案例，生物医药全产业链服务新模式入选第二批中国（浙江）自贸区制度创新案例。推进省级营商环境集成改革试点，推广商事主体登记确认制，实现企业注册登记“零干预”，企业开办平均用时不到30分钟。商事主体登记确认制改革等3项内容被列入全市国家营商环境创新试点，全区在册市场主体超过11万户。迭代升级“投资之家”一站式服务平台，完善产业项目推进机制，“拿地即开工”等经验做法在全省推广。推行“首席数据官”“数据专员”制度，组建国企大数据公司，19个应用入选全省数字化改革“一本账”S2清单，数量居全市第一位。数字化改革工作保持全省“五星”等级，获评省级改革突破奖；“钱塘技工”场景获评全省最佳应用；“生物医药产业大脑”入选全省数字经济系统“产业大脑”优秀案例。全年货物进出口总额1030.19亿元，下降0.7%，其中货物出口总额618.38亿元，增长4.9%。服务贸易出口额13.39亿美元，增长7.8%。合同外资金额14.4亿美元，实际利用外资金额9.38亿美元。新批外资项目69个，其中工业项目8个、服务业项目61个。新批外资项目投资总额5000万美元以上项目5个。浙江自贸区杭州片区钱塘区块在全省首推生物特殊物品一体化通关平台项目，打造跨境电商进口超期退货中心，推行长三角地区协同查验试点政策，实现保税区特殊产品进口查验环节便利化通关。设立杭州市自贸钱塘区块“共享法庭”，落地全省首个生物医药产业国际职业资格比照认定试点。

【杭州经济技术开发区综合考评进入全国十强】2022年1月27日，商务部公布2021年国家级经济技术开发区综合发展水平考核评价结果，杭州经济技术开发区在全国217个国家级经济技术开发区中列第九位，是全省唯一一个进入全国前十的经济技术开发区。该开发区坚持推进外资外贸、平台建设、产业发展等重点工作，制定区级商贸政策，组织企业完成中央和省级进口贴息，开展区域自贸协定宣介推广培训。通过在线中国贸易数字展览会等引导企业开拓海外消费市场；推动综合保税区与上海浦东机场形成属地申报、数据互认、口岸放行区港联动模式，打造高能级开放平台。推进浙江非洲服务中心、美国硅谷钱塘中心等载体国际产业合作。推行“链长制”工作机制，“芯智造”、生物医药、汽车3条产业链入选浙江省产业链“链长制”示范试点，其中“芯智造”和生物医药获评全省经济技术开发区“链长制”优秀示范。

【杭州医药港获评“现代产业最佳实践案例”】2022年12月14日，杭州医药港获评浙江省发展和改革委员会公布的“现代产业最佳实践案例”。杭州医药港坚持创新、协调、绿色、开放、共享发展理念，找准产业定位，挖掘产业特色，推进“生产、生活、生态”融合发展，促进小镇发展能级和核心竞争力稳步提升。至年末，杭州医药港集聚各类生物医药企业1500多个，每年新招引落户企业200多个。全球十大知名医药企业落户7个，入选杭州市“准独角兽”榜单企业26个，拟上市企业19个，8个企业获评省级企业研究院、研究开发中心。引进中国科学院基础医学与肿瘤研究所、浙江大学智能创新药物研究院、中国药科大学创新药物研究院等创新平台29个，集聚高层次人才1300多人，生物医药从业人员约3万人。

【“钱塘技工”应用获评省数字社会系统“最佳应用”】2022年12月23日，省发展改革委公布数字社会系统2022年度“最系列”评选结果，钱塘新区“钱塘技工”应用获评省数字社会系统“最佳应用”。钱塘新区直面技术工人成长成才不通畅、公共服务不充分、认同感归属感不强3个难题，开发“钱塘技工”数字化应用项目，设立钱塘工人专属积分体系、政策体系，构建“成长成才、关心关爱、融在钱塘”3种场景。其中，“成长成才”场景聚焦技术工人全过程成长需求，整合高校、社会、企业三方资源，开发个人、企业两端入口，打通技术等级“报名—学习—评定—认证”全链条，构筑一站式成长平台；“关心关爱”场景聚焦公共服务供给精准化，链接“家庭码”应用场景，打通家庭数据、精准匹配需求，及时预测子女入学、住房保障、医疗健康等需求，实现一人得分、全家共享；“融在钱塘”场景提升技术工人归属感，按照“社会认可个人、个人奉献社会”思路，通过政府荣誉评定、企业评优评先、个人主动奉献，促进技术工人与全社会良性互动。

【德琪（杭州）生物有限公司生物研发及产业化基地落户】2022年8月2日，德琪（杭州）生物有限公司研发及产业化基地开工奠基仪式在杭州医药港举行。项目计划总投资15亿元，占地4.53万平方米，建筑总面积11万平方米，按照GMP标准设计建造，主体工程包含综合车间2栋、中试车间1栋、研发办公楼1栋，力争打造成为国际一流、工艺领先的多功能生物“科研+生产”产业一体化平台，预计2025年竣工投入使用。项目投资主体德琪医药科技有限公司于2020年在香港联合交易所上市，专注于血液及实体肿瘤领域同类首款和同类最优疗法的早期研发、临床研究、药物生产及商业化，是以研发为驱动，并进入商业化阶段的生物制药领先企业。

【杭州松下家电（综合保税区）有限公司智能新工厂启用】2022年8月5日，杭州松下家电（综合保税区）有限公司智能新工厂在钱塘新区启用。新工厂总投资3亿元，用地2万平方米，建筑面积3万平方米，涵盖洗衣机零部件、洗碗机和电饭煲生产线，建成后5年预计工业总产值80亿元。新工厂致力于创新全球零部件供应及跨境出口业务模式，重点推进智能制造，构建供应商协同、品质检查、仓库管理等环节的数字化闭环，实现物流仓储数字化和仓储智能化，成为松下集团集成智能制造和进出口贸易创新基地。

【13个项目入选省级“尖兵”“领雁”计划立项名单】2022年12月22日，省科学技术厅公布浙江省“尖兵”“领雁”研发攻关计划项目立项名单，钱塘新区有13个项目获立项，包括杭州嘉因生物科技有限公司、杭州和利时自动化有限公司、浙江传化功能新材料有限公司等企业，涵盖生命健康、智能制造、新材料等重点领域。“尖兵”“领雁”研发攻关计划由省级财政资金设立，是面向世界科技前沿、经济主战场、国家和浙江重大需求、人民生命健康，开展重点技术领域前沿科学问题研究、重大关键核心技术攻关、重大社会公益性研究、重大国际科技合作等研究活动的科技计划。项目最高可获1000万元的省科技专项资金补助。

【杭州钱塘元宇宙新天地开园】2022年5月21日，杭州钱塘元宇宙新天地开园活动在钱塘新区大创小镇举行，来自政府部门、高校、科研院所、金融机构和企业100多名专家代表参加。项目位于大创小镇，占地7.67公顷，重点围绕数字孪生、人工智能等元宇宙核心底层技术，以及游戏、社交、教育等元宇宙新型应用场景，引进培育创新型中小企业。中国科学院院士崔铁军，中国工程院院士邬江兴、陈文兴，中国移动通信联合会执行会长倪建中及中国移动研究院首席科学家刘光毅5位专家被聘为元宇宙产业顾问。元宇宙协同应用创新实验室、元宇宙产学研联盟2个创新平台成立，一批元宇宙项目和金融合作项目签约。

【21个企业入选省高新技术企业创新能力500强】2022年12月31日，2022年浙江省高新技术企业创新能力500强榜单公布，钱塘新区的浙江三花汽车零部件有限公司、杭州奥泰生物技术股份有限公司、中策橡胶集团有限公司等21个企业入选，数量居全省第四位。其中，杭州奥泰生物技术股份有限公司入选子榜单“生命健康高地十强”榜单，中策橡胶集团有限公司入选子榜单“营业收入单指标十强”榜单和“新产品销售收入单指标十强”榜单。榜单评价指标从创新投入、创新产出两个方面设置7个核心指标对企业的技术创新发展进行测评。核心指标涉及研发人员占从业人员比重、新产品（工艺、服务）销售收入率、千名研发人员拥有知识产权量等，注重企业在资金配置、人员配置、综合经济效益等方面发展与成效。

【浙江药学大会】2022年11月12日，由浙江省药学会、杭州钱塘新区管理委员会主办的第六届浙江药学大会在钱塘新区举行。大会对年度浙江省药学会科学技术奖进行表彰，对杭州医药港进行重点推介。国家药品监督管理局药品审评中心副主任王涛、中国工程院院士丁健、中国科学院院士谭蔚泓分别做“中国生物制品审评审批改革进展”“肿瘤免疫治疗的机遇与挑战”“癌症靶向药物研发”专题报告。大会设生物制药前沿论坛、临床药学与临床研究前沿论坛、医疗器械法规与创新论坛、研发转化模式创新论坛4个专业论坛，搭建高层次高质量医药学术与产业交流平台。（曹文慧）

杭州国家高新技术产业开发区

【概况】2022年,杭州国家高新技术产业开发区(简称杭州高新区)实现地区生产总值2184.8亿元,比上年增长1.8%,总量居全市第三位。财政总收入433.62亿元,增长6.5%,其中一般公共预算收入214.65亿元,增长5.8%。一般公共预算支出167.75亿元,增长17.2%。其中:民生保障支出111.39亿元,增加0.4%;教育、科学技术分别支出30.98亿元、40.13亿元,分别增长14.7%、16.5%。固定资产投资首次超过300亿元。规模以上工业增加值754.89亿元,总量居全市第一位。规模以上服务业营业收入3235.3亿元。

全区数字经济核心产业增加值1723亿元,占地区生产总值的78.9%。数字安防、网络通信、生命健康产业分别实现营业收入1740亿元、2086亿元、336亿元。未来网络产业入选首批省级未来产业先导区,集成电路产业入选省级“新星”产业集群。新引进项目95个,其中1亿元以上项目42个。工业投资、高新产业投资、制造业投资分别增长14.7%、28.7%、15.8%,省重大项目投资完成率居全市第一位。杭州高新区(滨江)富阳特别合作园、杭州高新区(滨江)萧山特别合作园落地项目15个,协议总投资182亿元。全年实际利用外资14.6亿美元,居全省第一位。新增上市企业6个,累计69个。新设政府引导基金子基金2个,累计参股37个,带动社会资本225亿元。新增注册企业1.7万个,增长8.7%。新增国家高新技术企业539个、有效数2200多个。新增国家专精特新中小企业22个,累计71个,总量均居全市第一位。杭州极弱磁场重大科技基础设施研究院获评省级新型研发机构。白马湖实验室基地开工建设,获批国家重点研发计划2个。省智能感知技术创新中心、浙江工业大学网络空间安全研究院挂牌成立,量子实验室主体完工。北京航空航天大学智能无人系统、德诺集团高端医疗器械入选市首批概念验证中心。科创平台获批省市创新联合体7个、市级以上研发载体134个;省级以上研发载体累计500多个,居全省第一位。全年新认定瞪羚企业401个,新增国家级孵化器、众创空间9个,创业孵化载体累计130个,在孵企业3820个。

全区引进人才3.8万人,增长5.9%;自主培育市级以上人才计划专家70人,其中新入选国家级省级特殊支持计划专家19人,居全市第一位。交付人才房935套,开设“杭帮彩”服务点位65处。新增专利授权量2.32万件,增长30%。新增发明专利授权量8369件,有效发明专利拥有量3.11万件,每万人发明专利拥有量598.2件。完成技术交易额370亿元,增长53%;知识产权质押累计60.3亿元,增长32.8%,居全市第一位。推进省“尖兵”“领雁”研发攻关计划项目36项、市人工智能重大科技创新项目38个。入选省首台(套)产品工程化攻关项目11个,居全省首位。2个国家标准化试点、1个省级专利融入标准试点通过验收;新获批国际标准5个、国家标准18个、行业标准17个。省政府质量奖数量保持全省第一位,获评省制造业高质量示范区县(市)创建优秀单位。获批全国首批知识产权强国建设示范园区、知识产权服务出口基地。获省“科技创新鼎”。

杭州高新区举办首届全国少儿沉浸式剧本高峰论坛、创客天下·杭向未来杭州市海外高层次人才创新创业大赛(留学人员创新创业项目专场互联网+组决赛)、第十一届中国创新创业大赛浙江赛区暨第九届浙江省“火炬杯”创新创业大赛总决赛、第十一届中国创新创业大赛生物医药全国赛、2022年西湖论剑·网络安全大会、杭州高新区(滨江)硅谷精英沙龙暨硅谷人才活动周等大型赛事活动。

【杭州高新区(滨江)萧山特别合作园建设】2022年3月3日,杭州高新区(滨江)萧山特别合作园揭牌仪式在湘湖未来产业社区举行。杭州市、区两级负责人为合作园揭牌。园区规划面积13.48平方千米,包括三江创智新城、未来产业社区、湖头陈产业园及紫橙蓝橙产业园3个区块,其中先行区面积4.5平方千米。合作园聚焦高新技术产业和数字经济,重点发展信息通信技术及应用创新产业、生物医药及大健康产业、先进制造业和现代服务业。围绕打造世界一流高科技园区目标,按照优势互补、权责清晰、创新机制、合作共赢原则,协同配置两区产业资源、空间资源,推动先进制造大项目和产业链关键制造环节跨区域落地,构建市域内闭环的“研发总部+合作园核心制造+周边配套制造”的先进制造业集群生态。杭州莱和生物技术有限公司、杭州永谐科技有限公司、杭州尚健生物技术有限公司、德施曼机电(中国)有限公司首批入园签约。10月8日,合作园重大项目签约暨“中国视谷”建设启动仪式举行。“中国视谷”以视觉智能产业为核心,按照“一园窗口、双核引领、全域联动”的空间布局思路打造。

【108个企业入选企业创新积分制首批试点名单】2022年5月10日,科学技术部火炬中心公布企业创新积分制首批试点国家高新区“创新积分500企业”名单,杭州高新区108个企业入选,居全国13个试点高新区首位。其中,35个企业入选“初创期创新积分企业”,41个企业入选“成长期创新积分企业”,32个企业入选“稳定期创新积分企业”。企业创新积分制是科技金融新型政策,通过企业创新积分识别和发现创新能力强、成长潜力大的科技企业,为企业增信授信,引导技术、资本、人才等各类创新要素资源向企业集聚,助力科技企业快速成长。首批试点国家高新区“创新积分500”企业,是根据13个试点高新区积分企业数据和20项核心指标,从2.23万个积分企业中依据标准量化和积分排序得出。

【4个孵化器获评国家级科技企业孵化器】2022年5月24日,杭州高新区大华·江虹国际创新园、杭州京安创科孵化器、杭州人工智能产业园、上峰科技创新孵化器入选科学技术部年度国家级科技企业孵化器名单。大华·江虹国际创新园2016年4月投入运营,打造“贸易产业链+数字化”产业生态圈。杭州京安创科孵化

器2012年1月成立运营，依托京安交通工程设施有限公司智慧交通背景和资源，孵化智慧交通领域企业。杭州人工智能产业园2017年11月开园，以人工智能、大数据集成电路等高科技领域高成长性中小型科技企业为主。上峰科技创新孵化器成立于2014年5月，从事物联网、电子信息、与电商有关各类程序研发平台的孵化。

【杭州人工智能计算中心上线】2022年5月20日，杭州人工智能计算中心上线启动仪式在杭州高新区举行。杭州人工智能计算中心位于海外高层次人才创新创业基地，一期机房占地2000平方米，建设规模40P Flops算力并逐步扩容。计算中心采用自主可控的昇腾AI集群，为政府、企业、科研机构、高校等提供公共普惠算力；支持AI重大应用的模型训练及推理，用于智慧医疗、智慧金融、智能制造、智慧交通等应用场景，助力区域人工智能企业发展。杭州人工智能计算中心是杭州市首个公共服务性质的人工智能算力基础设施。

【滨江国际人才节】2022年5月26日，“滨朋远至·江成大业”第五届滨江国际人才节暨区委人才工作会议举行。人才节发布《关于加强和改进新时代人才工作，推进天堂硅谷人才行动的实施意见》，提出人才体制机制改革行动、人才雁阵格局拓展行动、引才育才品牌锻造行动、人才生态提质升级行动和人才工作整体智治行动5个行动，并为引才育才做出突出贡献的单位颁奖。北京航空航天大学杭州创新研究院、浙江大学滨江研究院、杭州电子科技大学滨江创新中心、杭州国家芯火双创基地获“远至奖”；网易（杭州）网络有限公司、杭州海康威视数字技术股份有限公司、阿里巴巴集团控股有限公司、新华三技术有限公司、浙江吉利控股集团、华为技术有限公司杭州研究所、浙江大华技术股份有限公司 、恒生电子股份有限公司获“大业奖”。人才节开展专题活动18场，分“产业报国、高峰论坛”“创新驱动、快乐创业”“一流生态、幸福生活”“乐享竞赛、大赛竞技”4个部分，吸引线下2000多人、线上13万余人参与互动。2022年起，滨江国际人才节于每年5月26日举行。

【杭州极弱磁场重大科技基础设施研究院揭牌】2022年5月26日，杭州极弱磁场重大科技基础设施研究院在杭州高新区揭牌。该研究院是省、市、区三级政府共建的高能级新型研发机构，设滨安路、天马路2个院区，有科研场地3万余平方米，配备食堂、体育馆、游泳馆等设施，在建的量子传感实验楼建筑面积8940平方米。中国科学院院士、北京航空航天大学学术委员会主任房建成教授任理事长、首席科学家和总设计师。研究院依托北京航空航天大学大科学装置研究院和“仪器科学与技术”一级学科开展建设，设技术创新中心4个、研究所1个，配有“超高灵敏极弱磁心脑磁成像测量科学研究装置”“基于SERF的超高灵敏极弱磁场测量研究装置”等科研仪器装备。研究院作为浙江省极弱磁空间及应用技术重点实验室，与北京航空航天大学惯性技术国家级重点实验室、量子传感技术工业和信息化部重点实验室、极弱磁测量技术教育部重点实验室开展共建。

【白马湖实验室成立】2022年6月7日，白马湖实验室（能源与碳中和浙江省实验室）在杭州高新区成立。白马湖实验室是经浙江省政府批准、由浙江省能源集团有限公司、浙江大学、西湖大学联合共建的新型科研机构，按照“一总部、多基地”空间布局，以杭州为中心向外辐射，建设集基础研究、技术研发和成果孵化于一体的创新型产业集群。首批建设氢能储运技术、太阳能转化与催化、能源清洁低碳、电化学储能技术、新能源材料5个研究所，聚焦绿色能源能质转化与传递，太阳能转化与催化、零碳能源转化与存储、能源低碳转化与多能耦合等方向开展研究，构建多元协同发展清洁能源供应体系。12月15日，白马湖实验室总部基地开工建设，一期占地面积8.9万平方米。

【北京航空航天大学杭州创新研究院（白马湖院区）建成投用】2022年9月，北京航空航天大学杭州创新研究院（白马湖院区）建成投用，400多名研究生入驻。研究院建设用地6.4公顷，建筑面积14.8万平方米，由综合组团（科研楼）、学生宿舍组团和体育馆食堂组团3个部分组成，设人工智能、网络空间与安全、大数据与脑机智能、综合交通大数据、微电子与信息材料、量子精密测量与传感器6个研究中心。至年末，研究院与领域优势企业共建16个联合实验室或联合研发中心，签署企业合作项目92个。

2022年9月，北京航空航天大学杭州创新研究院（白马湖院区）建成投用

［杭州高新区（滨江）地方志编研室 供稿］

【3个企业入选中国医药创新种子企业100强】2022年9月17日,《E药经理人》杂志发布中国医药创新种子企业100强名单,杭州高新区鸿运华宁(杭州)生物医药有限公司、杭州尚健生物技术有限公司、英百瑞(杭州)生物医药有限公司3个生物医药企业入选。鸿运华宁(杭州)生物医药公司于2010年创立,致力于心血管、代谢系统及癌症等重大疾病领域临床研究。杭州尚健生物技术公司于2015年设立,从事恶性肿瘤等重大疾病创新抗体药物开发与商业化。英百瑞(杭州)生物医药公司于2014年设立,专注于肿瘤和免疫类疾病的细胞免疫疗法。中国医药创新种子企业100强榜单以创新根基、创新过程、创新成果为主要评价体系,通过对授权专利数量和专利施引总量、在研临床试验数量、获批与上市新药数量指标对比遴选企业。入选企业属于中国医药创新潜力第一阵营。

【新增6个国家知识产权示范、优势企业】2022年10月31日,国家知识产权局发布2022年度国家知识产权示范企业和优势企业名单,杭州高新区6个企业入选。聚光科技(杭州)股份有限公司被认定为国家知识产权示范企业,杭州长川科技股份有限公司、杭州景业智能科技股份有限公司、税友软件集团股份有限公司、杭州万高科技股份有限公司、易思维(杭州)科技有限公司被认定为国家知识产权优势企业。至年末,杭州高新区累计有国家知识产权示范企业15个,国家知识产权优势企业8个。

【中国创新创业大赛生物医药全国赛】2022年11月21日,第十一届中国创新创业大赛生物医药全国赛在杭州高新区举行,全国3.8万个企业参赛,其中生物医药行业参赛企业5905个。经选拔,329个企业入围第十一届中国创新创业大赛生物医药全国赛,130个企业入选中国创新创业大赛优秀企业。入围项目涉及医疗器械研发、新药制备、基因编辑、基因检测、中医药创新、现代种业创新等领域。中国创新创业大赛2012年首次举办,累计参赛主体28万余个,带动银行、创业投资等金融资本1000亿余元,近200个参赛企业上市。

[杭州高新区(滨江)地方志编研室]

萧山经济技术开发区

【概况】2022年,萧山经济技术开发区(简称萧山开发区)以跻身国家级开发区第一方阵为目标,持续推进"兵团化会战、专班化运作"工作机制,加快发展数字经济,稳增长、强动能、促发展。全年萧山开发区本级规模以上工业增加值138.23亿元,比上年增长5.2%。固定资产投资168.94亿元,增长51.6%,其中:工业投资52.17亿元,增长81.3%;服务业投资116.78亿元,增长41.3%。限额以上社会商品零售额118.96亿元,增长10.9%。财政总收入141.85亿元、一般公共预算收入82亿元,分别下降4.92%、1.08%。完成政府采购2612.78万元,其中涉及中小企业2218.78万元,占采购总额的85%。公司总资产919.60亿元,净资产499.26亿元。招商引资落地1亿元以上制造业项目21个、10亿元以上制造业项目7个、10亿元以上省外内资制造业项目2个、1亿元以上服务业项目14个,包括总投资51亿元的吉利新能源汽车电子产业园项目、总投资56亿元的浙江传化益迅新材料有限公司年产68万吨有机硅新材料、高端精细化学品项目。全年实际利用外资4.5亿美元。新认定国家高新技术企业88个。6个企业获省级及以上科技进步奖,1个企业获"中国专利优秀奖",3个企业入围省级专利示范企业。成功举办2022年中国数字化肿瘤诊疗产业高峰论坛、第六届万物生长大会——生物技术创新论坛、第五届中国医疗器械创新创业大赛等大型活动。加大对外宣传力度,提升开发区形象,全年在《人民日报》、"学习强国"学习平台、《浙江日报》、《杭州日报》等媒体发表文章410多篇,在《中国开发区》、省开发区杂志多次刊发文章,获评中国开发区协会2022年度宣传信息工作先进单位。

【自贸区萧山区块建设加速】2022年,中国(浙江)自由贸易试验杭州片区萧山区块建设加快,由萧山开发区承建的浙江自贸试验区展示中心启动,是全省唯一集宣传、招商、交流、活动、孵化等功能于一体的自贸试验区综合性展示平台。圣戈班集团、千石科技磁性材料总部等一批项目集中签约。长龙航空"航空发动机MRO"国际航空再制造中心入选杭州市级创新案例。杭州启函生物科技有限公司入选杭州市入境特殊物品安全联合监管机制首批试点企业。

【数字化改革转型升级】2022年,萧山开发区实施"未来工厂""6个行动",推动企业数字化改造,发展壮大雁阵型数字企业梯队。实施工业企业数字化改造项目50个,服务业数字化转型项目14个,杭州大王椰智环装饰新材料有限公司进入浙江省工业互联网平台以及杭州未来工厂创建培育名单。成功上线"开发区数智楼宇系统",完成22幢楼宇信息录入和更新,6950个企业详细信息分类。加快产业大脑建设,萧山"机器人行业产业大脑"成功入选省第二批工业领域行业产业大脑建设名单,成为杭州唯一入选项目。推进以项目全周期服务管理为重点的"企安心"数字化改革,聚焦"招商选商、亲商安商、暖商助商"等应用场景,对产业项目实施链条化管理、闭环式推进、全过程服务。探索同步植入项目"开竣投"、人才公寓管理等应用,推进项目全链式管家服务和公权力行权全过程监管"协同融合"。

【存量用地盘活】2022年,萧山开发区完成开发区内"三区三线"项目举证工作,积极争取科技城、桥南、益农区块和三江创智新城发展空间指标。加大盘活存量用地力度,全年完成批而未供土地172.42公顷,供而未用土地85.07公顷,低效用地再开发98.87公顷。加大资金保障力度,创新融资方式,成功发行全区首单CMBS产品(光大天风—萧山经开信息港资产支持专项计划)。各类科技指标量质齐升,专利质押融资5.6亿元,商标质押融资4300万元,有效发明专利拥有量2448件。推进"亩均论英雄"改革,坚持连片原则,高绩效推动"腾笼换鸟、凤凰涅槃"。实现桥南区块连片收储低效土地超过20公顷,工业用地改变用途处置6.97公顷，完成率104.6%；新增产业空间中完成建成面积22.25万平方米，完成率74%；规模以上工业企业税收增长7.5%。

【科技平台建设加强】2022年，萧山开发区加强科技平台建设，浙大杭州国际科创中心一期CMOS平台启动器件验证芯片流片工作。协同推进浙大杭州科创中心合成生物学孵化平台建设，借助浙大合成生物学公共平台引入产业链上下游项目。西安电子科技大学杭州研究院围绕集成电路科学与工程创新中心、国家安全创新中心、电磁空间一体化创新中心3个平台完成12个实验室搭建，组织开展产学研活动200多次。西安电子科技大学杭州研究院院士工作站授牌成立。11月，西安电子科技大学数字经济产业园开园，储备产业及科研成果转化项目百余个。由浙江省农业科学院牵头建设的湘湖实验室（现代农学与生物制造浙江省实验室）落地创业谷，获批浙江省博士后工作站。欧美同学会海归小镇（杭州·数字医药）揭牌落地。杭州湾信息港被评为全国和谐劳动关系创建示范工业园区，连续6年获评国家级科技企业孵化器考核A类优秀。各类人才培育稳步推进，自主培育市级以上领军人才13人，“5213”计划等人才项目落地28个，C类及以上人才认定19人。新增职业技能等级认定试点企业2个，新增高技能人才589人。

【产业创新发展加快】2022年，萧山开发区制订科技型企业梯队建设3年行动计划、知识产权培育3年行动计划，出台开发区企业知识产权工作室认定管理办法（省内首创），提升开发区知识产权创造、运用、保护和服务水平。建立健全重点人才科技载体、企业特派员挂职锻炼机制。在线上直播企业拉动引领下，规模以上营利性服务业营业收入和增加值比上年增比超过20%。做好“两业融合”文章，鼓励服务业企业赋能制造业，推动产业融合发展。开发区信息技术服务创新发展区被列入第二批浙江省现代服务业创新发展区，成为招商引资、集聚信息技术服务、数字贸易等重点企业的“金字招牌”。

【重大项目建设推进】2022年，萧山开发区制定《开发区产业项目“开竣投”全流程服务管理制度》，推动项目早开工、早投产，全年促动新项目开工14个。重大项目建设进度良好，吉利新能源汽车电子产业园项目、浙报融媒体发展中心项目一期开工建设，万向创新聚能城、浙大杭州国际科创中心、电信大数据中心和智联国际生命科学科创中心等项目建设加快推进。推进重点区块电力配套、蒸汽管网建设和环境综合整治。临江新材料产业园萧山益农板块获得命名批复，解决园区合法合规性、益农拓展区规划环评等一系列问题。支持企业进行省重大产业项目申报，传化有机硅新材料项目及超淳金刚石项目被列入省重大产业实施类项目清单。

【“千名干部进千企”活动】2022年，萧山开发区继续推进“千名干部进千企”活动，帮助企业及时解决发展过程中的困难和问题，协助企业对接新增厂房需求，帮助企业对接产业链上下游资源，实现规模以上企业走访全覆盖，狠抓安全生产，开展各类事故举一反三排查（临平火灾专题、高层建筑火灾专题以及化工企业专项检查）、工厂仓库排查治理、节假日期间巡查等。排查企业294个，发现隐患80处，年内整改完成。抓好整改监管，指导企业开展隐患自查、常普常新三个月一自查。完成规模以上企业安全生产3级标准化达标自评、小微企业安全生产风险管控体系建设和开发区园区风险评价工作。抓好教育培训，完成线上培训1554人次，线下培训1052人次，组织200多个企业参加安全生产法、特种作业专题培训。确保产业政策落地见效，审核兑付扶持资金4.4亿元，惠及企业315个。落实房屋租金减免政策，累计减免国有房屋租金3901.69万元，惠及小微企业和个体工商户236个。减免蓝领公寓租金87.05万元，受益企业29个，切实减轻市场主体负担。发挥政府采购政策导向，落实面向中小企业预留采购份额等条款，完成政府采购2612.78万元，其中涉及中小企业2218.78万元，占企业总数的84.9%，帮助中小企业纾困解难。

（张　琼）

位于萧山开发区的杭州湾信息港小镇（摄于2022年）　（市经信局 供稿）

余杭经济技术开发区

【概况】2022年，余杭经济技术开发区（简称余杭开发区）应对复杂多变宏观发展环境，统筹经济社会发展，总体保持稳进提质发展态势。全年规模以上工业总产值1141.32亿元，比上年增长1.0%。工业增加值317.88亿元，增长0.1%。完成制造业投资75.42亿元，增长40.2%。完成地方财政收入36.99亿元，增长20.1%。规模以上高新技术产业增加值281.10亿元，增长0.1%。实现有效投资166.73亿元，增长7.1%。其中制造业投资75.42亿元，增长40.2%，创历年新高。财政总收入91.82亿元，增长37.8%；地方财政收入48.20亿元，增长37.0%。引进固定资产总投资1亿元以上制造业项目17个，其中10亿以上项目5个。

全年125个亿元企业产值贡献率92%，50个亿元企业增幅超过10%。杭州微策生物技术股份有限公司、杭州福斯达深冷装备股份有限公司、杭州民生健康药业股份有限公司、杭州安杰思医学科技股份有限公司4个企业上市过会。新增杭州慧翔电液技术有限公司、万通智控科技股份有限公司等8个工业和信息化部专精特新"小巨人"企业，汉尔姆建筑科技有限公司、浙江迪谱诊断技术有限公司等26个省级专精特新中小企业。杭州中为光电技术有限公司被认定为浙江省隐形冠军企业。完成杭州永创智能股份有限公司、杭州微光电子股份有限公司等8个项目落户，供地32.2公顷。浙江运达风电股份有限公司入选2022年省"未来工厂"试点，新增杭州西奥电梯有限公司、浙江铁流离合器股份有限公司2个国家级绿色工厂。杭州西奥电梯有限公司被认定为杭州市"链主工厂"，浙江铁流离合器股份有限公司被认定为杭州市"智能工厂"。浙江春风动力股份有限公司入选全国首批"数字领航"企业榜单，成功揭榜工业和信息化部2022年度智能制造示范工厂。规模以上工业企业100%上云、数字化应用全覆盖，重点企业数字化管理普及率100%、数控化率90%以上。杭州小林高科创新中心、杭州永创智能股份有限公司、杭州倍特生物医药有限公司等"152"项目全部开工。新供浙江嘉熙科技股份有限公司、杭州科汀光电技术有限公司、杭州微光电子股份有限公司等9宗、2.68公顷工业用地，供地总量和速度明显提升。浙江嘉熙科技股份有限公司从拿地到开工仅用18天，创临平区制造业项目拿地到开工新纪录。

全年新引进外资总额1.62亿美元，完成率124.6%，占全区引进外资总额的77.4%。引进投资1亿元以上制造业项目17个，其中10亿元以上5个。集中签约项目51个，落地率超过80%。引进浙江晶盛机电股份有限公司研发中心、德诺电生理医疗科技有限公司总部项目、中以数字医疗器械产业创新中心、杭州徐工智能科技研究院，优化半导体上下游全产业链布局、助力高端医疗器械产业发展、实现高端核心零部件及系统自主可控、技术引领促进海内外高端人才集聚。

出台大孵化器建设（早鸟计划）三年行动方案，成功申报省级孵化载体1个、市级孵化载体3个，"早鸟计划"培育企业105个，合作共建浙江省高端装备产业专利导航服务基地获批。激活企业创新主体，杭州东华链条集团有限公司获中国专利优秀奖，杭州科汀光学技术有限公司、杭州汽轮机股份有限公司、杭州胡庆余堂药业有限公司等7个企业获浙江省科学技术进步奖和浙江省技术发明奖，150个企业完成国家高新技术企业申报。做优高层次人才生态，制定实施未来智造领雁工程，成立全省首个工程师协同创新中心"临里汇"。累计新增F类及以上特色人才667名，柔性引进顶尖人才4名、国家级领军人才12名，培育国家级海外高层次人才3名。完成双林单元详细规划报市规划和自然资源局审查。根据杭州市新划分控规单元，推进东湖新城单元、东湖新城北单元、兴旺单元、兴旺北单元、山北单元控规编制，深度参与"三区三线"划定，新增规划用地空间近400公顷。有序实施64个政府投资和国有产业建设项目。建成交付浙江理工大学临平校区、城西第一初级中学等教育项目，完成振兴西路、塘宁路、年轮公园等有机更新提升工程。

【德诺·临平数字医疗器械产业创新中心揭牌】2022年6月17日，浙江中以产业合作园——德诺·临平数字医疗器械产业创新中心在余杭开发区揭牌。首批入驻创新中心的优质项目有Cardiovalve公司的心脏主动脉瓣膜产品E-vavle项目、医疗应用光纤导航和成像系统开发公司Fibernova项目，以及全耗材式血管介入手术机器人公司Endoways等。德诺医疗集团与临平区政府合作，聚焦国家亟须解决的医学技术难题，着力攻克数字医疗、医用传感等领域"卡脖子"技术，打造中以双方高度合作和技术交流的产业创新平台，加速落地、培育一批高端医疗器械项目。该中心按照"海外研发孵化、国内引进产业加速"的思路，通过引进海外创新医疗器械项目和成熟技术项目落地，打造配套医疗器械公共服务型平台，加强产业集聚效应，建成省级乃至国家级医疗产业创新标杆。

【浙江国际生命健康产业发展交流会在余杭举行】2022年7月26日，第三届浙江国际生命健康产业发展交流会在余杭开发区举行，浙江省医学科技教育发展中心与浙江省科技评估和成果转化中心签署合作备忘录，协同打造"中国浙江卫生健康技术市场"，以科技赋能健康生活。会议举行了健康产业智库专家聘任仪式，以及中国（浙江）卫生健康科技研发与转化平台引进的12个企业入驻仪式，该平台成立后累计为开发区引进项目20多个，投资额超过20亿元。专家智库与企业入园是开发区整合创新资源、广纳贤才的重大举措，致力于汇聚创新力量，打造专业"智囊团"，谋划开发区未来生物医药产业蓝图，推动区域生命健康产业高质量发展。

【杭州徐工智能科技研究院揭牌】2022年9月6日，杭州徐工智能科技研究院有限公司在浙江大学高端装备研究院揭牌启用。徐州工程机械集团有限公司是国内工程机械行业领军企业，浙大高端装备研究院是临平区政府和浙江大学校地共建创新共同体，双方合作共建杭州徐工智能科技研究院，着力构建新型研发模式，实现创新链、价值链、产业链精准对接，重点开展智能机电系统及零部件、新能源智能化零部件等方向技术研究。吸引海内外高端人才，实现高端核心零部件及系统自主可控和技术引领，发挥"智力库""动力源""主力军"作用，努力探索高端装备前沿科研领域，提升临平区高端装

2022年10月14日，余杭开发区、浙江理工大学、云墨智谷新材料公司共建“浙江先进碳材料产业创新服务综合体”签约仪式在余杭开发区举行

（余杭经济技术开发区 供稿）

备制造业竞争力和数字化水平，为全省先进制造业基地和制造强省建设提供强大动力。

【校地共建浙江先进碳材料产业创新服务综合体】 2022年10月14日，余杭开发区、浙江理工大学、云墨智谷新材料科技发展有限公司三方签约，在团队建设、专家智库、人才引进、产学研合作等方面深化合作，发挥各自优势，为临平新材料产业发展注入新动能，合作共建浙江先进碳材料产业创新服务综合体。位于余杭开发区的浙江先进碳材料产业创新服务综合体以碳材料技术产品研发应用为核心，运营面积3.7万平方米，入驻企业42个，有创新服务机构9个、教授领衔创新团队5个，引领多个企业成功打通碳材料产业链上下游产品间瓶颈。

【创享·奥蜜尔生物医学创新加速产业园开园】 2022年11月23日，余杭开发区与杭州禾丰奥蜜尔家私有限公司、银江孵化器股份有限公司签署共建合作协议，创享·奥蜜尔生物医学创新加速产业园正式开园。开发区通过“零运营费、争奖励资金、享绩效分成”模式引进专业化运营商15个，去化空间60万平方米。创享·奥蜜尔生物医学创新加速产业园项目通过“产业+平台+基金”孵化模式，聚焦企业“中试”环节，推动企业产业化进程，促进区域产业加速发展，打造开发区特色生物医药产业园区。 （沈晓燕）

富阳经济技术开发区

【概况】 2022年，富阳经济技术开发区（简称富阳开发区）“四上企业”（规模以上工业企业、资质等级建筑业企业、限额以上批零住餐企业、规模以上服务业企业）营业收入2184亿元，比上年增长7.7%。规模以上工业总产值1102.4亿元，占全区的74.6%；规模以上工业增加值211.9亿元，增长2.6%，占全区的74.2%；高新产业增加值160.4亿元，增长3.3%，占全区的84.2%。制造业投资额39.4亿元，占全区的39.9%；高新产业投资额32.8亿元，占全区的34.9%。税收56.5亿元，下降3.6%。

全年实际利用外资5800万美元，其中制造业利用外资695万美元。招商引资产业项目69个、总投资额186亿元，其中高新产业项目51个、总投资额170亿元。招引10亿元以上项目6个。2022年度推进产业项目103个，完成投资32.17亿元，其中新建项目24个、续建项目79个。新竣工项目34个、申报“152”项目1个。完成新开工项目24个，其中制造业项目18个、服务业项目6个。制造业项目平均开工时间4.72个月，土地成交后3个月内开工项目6个，商办项目平均开工时间10.17个月。全年竣工项目34个，其中制造业项目26个、服务业项目8个。

全年完成集体土地征用51.97公顷，拆迁农户244户、签约主体企业32个、搬迁承租企业331个。政策处理土地63.69公顷，腾出可开发利用产业用地空间184.93公顷。完成供地项目47宗，出让面积90.99公顷。其中：工业用地36宗、64公顷；住宅用地4宗、20.75公顷；商业商务用地6宗、5.93公顷；公建配套用地1宗、0.31公顷。平台外工业用地8宗、9.55公顷。

至年末，富阳开发区有经营企业8405个，其中工业企业1618个。有规模以上工业企业376个，占全区的53%，其中：年产值100亿元以上企业2个、10亿元以上企业11个、1亿元以上企业134个；制造业企业500强3个，上市企业6个，重点上市后备企业16个；国家专精特新“小巨人”企业18个，省级专精特新企业37个，省智能工厂5个，省绿色低碳企业2个。有科技孵化器8个，其中国家级1个、省级1个、市级6个。有众创空间15个，其中国家级2个、省级3个。

富通集团有限公司和浙江富春江通信集团有限公司2个企业在全省数字经济高质量发展大会上受到表彰。爱丽芬两岸文创园被评为杭州市文化产业园区。杭州老鹰教育科技股份有限公司、杭州环宇集团有限公司、浙江永翌网络科技有限公司被评为杭州市重点文化企业（数字文化示范企业）。杭州君岭教育科技股份有限公司、杭州之艺文化艺术有限公司被评为杭州市成长型文化企业。浙江利安特新型墙材有限公司、杭州富阳中恒电气有限公司、杭州富生电器有限公司、光大环境能源（杭州富阳）有限公司、杭州鹏成新能源科技有限公司、杭州环宇玩具有限公司、杭州东南吉通网络有限公司、杭州广安汽车电器有限公司、浙江九本环保技术有限公司、杭州金固环保设备科技有限公司、杭州图南电子股份有限公司被评为杭州市绿色低碳工业园区工厂。杭州巨骐信息科技股份有限公司、浙江金火科技实业有限公司、浙江金固股份有限公司、浙江三方控制阀股份有限公司、杭州星帅尔电器股份有限公司产品入选省经济和信息化厅“浙江制造精品”名单。

【富阳开发区获评省级绿色低碳工业园区】 2022年12月，富阳经济技术开发区获评2022年浙江省省级+绿色低碳工业园区，浙江江铜富冶和鼎铜业有限公司、杭州中策清泉实业有限公司被评为省级绿色低碳工厂。开发区严格实施能源“双控”制度，通过预算化管理、淘汰落后产能、企业能效提升，提高能源绩效；加快推进光伏项目建设，提高可再生能源使用比例，优化能源结构；利用热电联产替代分散燃煤小锅炉，实施集中供热，提高清洁能源使用比例，实现能源利用绿色化。优化开发区空间布局，集约高效利用土地，提升土地产出率；建立循环经济健康发展模式，构建循环产业链，实现资源利用绿色化。园区内实现污水管网全覆盖，“污水零直排区”年度工作完成率100%。依托国家光纤光缆产业园先发优势和优质企业，以5G关键技术及应用作为主攻突破口，推进开发区5G产业链培育发展。围绕提高“三废”集中治理水平，通过固废处置设施建设、污水处理厂完善、强化监督检查，提高园区环境综合管理水平，实现污染物有效治理。提高绿化用地比例，加大绿化建设投资力度，开展多项绿化工程，提高园区绿化覆盖率。

【富阳开发区通过省级循环经济示范试点验收】 2022年11月24日，富阳开发区通过浙江省发展和改革委员会2022年省级循环经济示范试点验收，成为全省4个验收等次优秀园区之一。开发区以优化发展空间、体制机制、产业结构为重点，进行园区整合提升，形成直管区与托管区“共建共享、联动错位”发展的“1+5”格局。规划面积106平方千米范围内产业布局集聚高效，企业与绿色景观和谐呼应，文化体育配套设施完善。开发区基本建立铜冶炼及深加工、光电通信、橡胶轮胎综合利用、生物医药等循环产业链，利用废旧原材料生产产品，对副产物进行综合利用，对末端的“三废”进行综合治理，探索循环经济发展模式。在招引项目中严格按照园区准入标准，注重补链项目、高精尖项目、新业态项目。引进培育杭州金固新能源开发有限公司、杭州中恒电气股份有限公司、杭州索乐光电有限公司等光伏企业，加快新能源技术推广，开发清洁能源，调整优化开发区能源结构。推进“污水零直排”“五废共治”“五水共治”，提升区域环境质量。完善优化交通物流、能源信息、供水排水配套基础设施，健全公共服务设施，打造银湖科技城商业核心区，提供高品质商业配套。成立园区循环化改造管理机构，统筹园区循环化各项工作，推动政府“放管服”改革，推进数字化管理进程。

【硅谷小镇入选浙江省城乡风貌样板区试点名单】 2022年9月15日，富阳硅谷小镇特色产业风貌区入选浙江省城乡风貌样板区试点名单。硅谷小镇位于富阳开发区银湖科技城核心区域，其特色产业城市风貌区规划范围115公顷。小镇围绕“数字领航，创新高地”“产城共融，宜居宜创”“生态示范，山水智谷”风貌特色，实施数字经济“一号工程”，坚持做好“硅谷有硅”“依硅建谷”两篇文章；坚持产城融合理念，创宜业、宜创、宜居、宜游特色小镇；小镇北靠午潮山森林公园，南依黄公望森林公园，区内山体、水系、园林、溪流共存，有国家AAA级旅游景区银湖公园、华东地区最大的杭州野生动物世界等旅游休闲资源，着力打造“未来数字城、双创共富区”。

【吉利控股集团路特斯能源总部项目签约】 2022年11月8日，吉利控股集团与富阳区政府签署协议，在新能源汽车领域开展全面合作。其中代表性合作项目路特斯能源总部项目，在富阳经济技术开发区落地能源总部运营项目、充电场站运营项目和产业化制造项目，总投资额超过50亿元，计划2025年建成投产。该项目

富阳经济技术开发区（摄于2022年） （富阳经济技术开发区 供稿）

选址开发区金桥园区阳陂湖南侧地块，处于富阳城市"黄金轴线"金桥北路附近，紧邻地铁6号线，总用地面积7.6公顷。能源总部运营项目集中路特斯与吉利的优势资源，打造对外展览展示、市场营销、行政管理等职能的管理总部，同时提供成熟的软硬一体充电系统解决方案，以及电动车充电终端市场的硬件、软件、运维管理服务。充电场站运营项目规划运营管理约1000个充电场站，实现全球充电网络布局。路特斯与中国汽车技术研究中心达成意向，合资建设新能源和能源相关实验验证平台，作为国内新能源汽车综合验证中心。产业化制造项目主要研发和制造大功率充电堆及自动充电终端、中高功率手动终端、小功率交流桩、智慧能源系列产品。

【2个10亿元以上项目落地】2022年3月17日，富阳开发区分别与杭州航天电子技术有限公司、浙江一亿中流富星科技有限公司举行项目签约仪式，2个10亿元以上产业项目正式落地。其中杭州航天电子技术有限公司项目总投资约13亿元，占地约6公顷，选址在开发区高尔夫路智能装备产业带，建设连接器、电缆网、检验测试、智能制造4项核心业务的电子产业园。杭州航天电子技术有限公司隶属于中国航天科技集团第九研究院，是上市企业航天时代电子技术股份有限公司的全资子公司，有60多年研制和生产航天军用连接器历史，为国家航天事业发展做出巨大贡献。浙江一亿中流富星科技有限公司是国内一流上市企业孵化平台，由浙江清华长三角研究院杭州分院与和梓创实集团共同发起成立。一亿中流"富春星球"数字产业基地项目总投资额约10亿元，占地3公顷，选址开发区银湖科技城。基地聚焦数字信息产业，承接和引入一批技术新、产品硬的亿元级企业，打造标杆级数字经济创新高地。

【浙江首届体外诊断产业发展峰会】2022年6月16日，浙江首届体外诊断产业发展峰会在富阳开发区举行。峰会以"创新活力 才聚富春"为主题，旨在加强政府部门、科研机构、社会资本、骨干企业以及高端人才间交流合作，推动体外诊断产业高质量发展。开幕式后，浙江（富阳）医学检验检测研发与转化中心揭牌仪式和中国卫生健康创新转化联盟—检验检测专业联盟成立仪式举行。大会下半场举办了体外诊断行业优选项目路演交流活动。

【抗体药物生产线项目签约】2022年7月17日，富阳开发区与浙江海正生物制药有限公司举行抗体药物生产线项目签约仪式，浙江海正生物制药有限公司投资10亿元，其中固定资产投资约5亿元。项目利用胥口园区存量工业用地建设高标准生产车间，用于研发创新型抗体药物产业化以及未来可能开发项目的产业化。新产线投用后，海正生物制药公司预计到2030年总产值可达50亿元。杭州市、富阳区以及海正药业公司、博锐生物公司领导出席签约仪式。浙江海正生物制药有限公司是富阳区重点企业，主要研发生产治疗自身免疫及肿瘤疾病的生物药，其中阿达木单抗获浙江省科学技术进步奖二等奖。

【杭州天铭科技股份有限公司上市】2022年9月2日，杭州天铭科技股份有限公司在北京证券交易所正式挂牌上市，股票简称"天铭科技"，股票代码"836270"，发行价格是18.96元。杭州天铭科技股份有限公司位于开发区东洲新区，是国内知名汽车越野改装件生产企业，主要从事绞盘、电动踏板等汽车越野救援及改装件设计、研发、生产和销售。公司深耕行业20多年，是浙江省隐形冠军企业、浙江省专精特新中小企业。

【杭州润歌互动有限公司上市】2022年10月17日，杭州润歌互动有限公司在香港联合交易所主板正式挂牌上市。股票简称"润歌互动"，股票代码"02422.HK"，发行价格是0.64港元。公司主要经营业务分为两大板块：营销及推广服务，包含推广及广告服务和虚拟商品采购及交付服务。主要是通过整合广告出版商的媒体资源，提升广告服务供应链价值，使广告商能够以更具成本效益的方式进行营销活动，构成公司核心业务板块；同时为客户提供IT解决方案服务，主要提供手机游戏和软件开发及维护服务、彩票相关软件系统及设备解决方案。

【岩土科技股份有限公司总部大楼启用】2022年12月14日，银湖科技城岩土科技股份有限公司总部大楼（科创中心）正式启用。岩土科技股份有限公司总部大楼（科创中心）占地0.7公顷，建设规模2.45万平方米。公司由杭州实业投资集团和潘金龙、吴世明等行内专业人士共同组建，是国内较大的从事建筑物加固改造的民营企业，也是集勘察、咨询、设计、施工、服务于一体的国家高新技术企业，业务遍及全国20多个省（自治区、直辖市）。岩土科技股份有限公司总部大楼所在的银湖科技城向阳产业园落地项目13个，竣工3个、结顶8个，全面建成后预计年营业收入约37亿元、税收约3亿元，入驻人员1.3万人。（沈丽洁）

杭州城西科创大走廊

【概况】杭州城西科创大走廊东起浙江大学玉泉校区，西至浙江农林大学，东西长约39千米，下辖紫金港科技城、未来科技城、青山湖科技城和云城，规划总面积416平方千米。2022年，面对复杂严峻的外部形势和超预期因素的冲击，城西科创大走廊推进经济稳进提质攻坚行动，确保主要指标继续走在前列，经济运行呈稳中有进、进中承压、结构优化、动能增强态势。全年实现产业增加值、规模以上工业增加值、企业税收、固定资产投资等主要经济指标增幅均高于全市1.5倍以上的目标。其中：产业增加值3119.8亿元，比上年增长5.8%；规模以上工业增加值322.6亿元，增长12.0%；税收833.5亿元，增长19.1%；固定资产投资增长16.4%。城西科创大走廊青山湖科技城获评"浙江省节水型标杆园区"。

【杭州城西科创大走廊党工委、管委会成立】2022年4月14日，杭州市委编委批准设立杭州城西科创大走廊党的工作委员会与管理委员会。

明确杭州城西科创大走廊党工委与管委会实行合署办公、一套机构，规格为正厅级。由市委书记兼任大走廊党工委第一书记，市政府常务副市长兼任大走廊党工委书记，西湖区、余杭区、临安区委书记兼任大走廊党工委副书记。设大走廊党工委副书记、管委会主任1名，设副主任5名。主要职责负责推动大走廊体制架构、重大规划、科技创新、产业发展、行政审批、资源要素、公共服务、基础设施等8个方面高质量融合发展。大走廊党工委管委会设办公室、党群工作部、财政局、科技和人才服务局、招商和产业发展局（市统计局城西科创大走廊分局）、市规划和自然资源局城西科创大走廊分局（大走廊规划建设局）6个内设机构。

【高质量融合发展打造创新策源地推进会】2022年5月18日，杭州城西科创大走廊高质量融合发展，打造创新策源地推进会在未来科技城学术交流中心举行。会议发布《关于加快推进杭州城西科创大走廊高质量融合发展，打造创新策源地的实施意见》《杭州城西科创大走廊规划发展战略规划》，以及杭州城西科创大走廊产业、人才、科技专项政策，提出建设面向世界、引领未来、带动全省、服务全国的创新策源地和高水平现代化引领示范区。

【杭州城西科创大走廊创新策源能力增强】2022年7月11日，全省科技创新大会发布2021年度306个浙江省科学技术奖，城西科创大走廊获奖89个，约占全省总数的30%。其中包揽科技大奖、一等奖成果32个，占全省科技一等奖的73%。城西科创大走廊坚持以重大创新平台为支撑，加快推进"3+2"国家实验室基地、国家重大科技基础设施集群和省实验室建设，创建光学仪器国家技术创新中心等国字号创新平台。有省实验室5个，占全省总数的50%，有国家重点实验室13个，国家级科研平台（基地）119个。坚持优良双创生态，打造"头部企业＋中小微企业"协同联动的创新创业微系统，坚持人才引领发展，有效增强科技创新"硬实力"。至年末，城西科创大走廊有全职院士50名、"鲲鹏行动"专家29名、国家级海外高层次人才101名、省级海外高层次人才314名、海外高层次人才近1万名。

【天目山实验室成立】2022年6月6日，天目山实验室挂牌成立，成为继之江、西湖、良渚、湖畔实验室后第5个落户城西科创大走廊的省级实验室。实验室将根据超声速绿色民机新原理，在超声速绿色民机智能设计、绿色民用航空发动机一体化设计、高性能航空材料与先进制造、智能飞行管理与高效机载能量综合4个方向，开展前沿基础研究和应用基础研究。实验室下设高性能航空材料与先进制造研究中心等4个研究中心、跨速域多场测试平台等5个公共研究平台，打造领先创新基地、重大瓶颈攻关基地、高端人才引育基地、学科交叉试验基地、重大成果转化基地。

【城西科创大走廊4人获中国青年科技奖】2022年11月12日，在温州举行的2022世界青年科学家峰会开幕式上，第十七届中国青年科技奖揭晓。全国有48所高校的68人获奖，浙江省获奖的4人均为城西科创大走廊的专家，分别是浙江大学2人，西湖大学、浙江农林大学各1人。中国青年科技奖设立于1987年，面向全国广大青年科技工作者，由钱学森等老一辈科学家提议，中共中央组织部、人力资源和社会保障部、中国科学技术协会共同设立并组织实施。

【城西科创大走廊与国网杭州供电公司签署合作框架协议】2022年10月26日，城西科创大走廊管委会与国网杭州供电公司签署合作框架协议。双方根据合作框架协议，在"双碳"落地、新型电力系统建设等领域加强合作，联合建立电网建设专项协调机制、全面提升电力服务水平、统筹城市规划与电网建设、合作打造能源数字治理标杆、全面加强能源创新产业合作等。双方共同投资大走廊电网，建设可复制、可推广、国际领先的中国新型电网策源地，打造电力示范区、"双碳"示范区、电力创新数字化改革示范区。

【杭州全球青年人才中心城西科创大走廊分中心启用】2022年7月28日，杭州全球青年人才中心城西科创大走廊分中心在海创园正式启用。分中心充分依托海内外青年人才资源，助力城西科创大走廊人才招引工作，实施青年人才工作鸿鹄计划、菁英计划、青牛计划、筑梦计划，构筑青年人才创新发展"热带雨林"、全球人才"蓄水池"、人才生态最优城市，吸引全球更多青年人才到杭州创新创业。

【医学装备人工智能平台落户城西科创大走廊】2022年5月14日，国家级医学装备人工智能联盟专家委员会落户城西科创大走廊，落实人工智能发展规划等国家战略，构建政产学研用金合作体系，推动人工智能与医学装备融合发展，加快大走廊建设具有全球影响力的医疗人工智能研发与产业高地。大走廊聚焦发展高端影像、远程诊疗等"互联网+"健康服务产业，通过整合之江实验室、良渚实验室等优势科研力量，引进国家卫生健康委超声大数据创新应用中心，建设数字健康小镇等创新平台，构建以医学大数据为驱动的人工智能健康产业链，推进人工智能细分产业发展。

【国际首台6抛光盘CMP设备问世】2022年8月14日，国际首台6抛光盘CMP设备首发仪式在杭州城西科创大走廊青山湖科技城举行。由杭州众硅电子科技有限公司研发的6抛光盘CMP设备，是半导体晶圆表面处理的关键设备之一，也是全球唯一的多工艺兼容CMP设备，具备可维护性强、生产效率高、综合使用成本低的优点，比国际先进设备产出率高20%~60%。

【之江朱雀智能图计算平台获OGB挑战赛冠军】2022年9月5日，之江朱雀智能图计算平台在国际顶级图学习标准OGB（Open Graph Benchmark）挑战赛上，获OGB挑战赛全球冠军，刷新尘封近一年的成绩，彰显之江智图"朱雀"在图机器学习领域的国际领先优势。夺冠的ogbl-ddi属于边性质链接预测，需要在130多万个药物—药物相互作用中，精准预测具有联合作用的药物。AI辅助制药能够

2022 年 7 月 31 日，留石高架路西延段通车　（杭州城西科创大走廊 供稿）

大大提升药物研发效率与成功率，有效降低研发费用和试错成本，是分子性质预测、蛋白质结构预测、药物靶点亲和力预测等领域新热点。

【“飞天智算平台”推出】 2022 年 8 月 30 日，阿里云宣布正式推出全栈智能计算解决方案“飞天智算平台”，并启动两座超大规模智算中心，提供强大的智能计算服务。通过体系化技术创新，中心改变智能计算损耗难题，将千卡并行计算效率提升至 90% 以上，计算资源利用率提高 3 倍以上，AI 训练效率提升 11 倍，推理效率提升 6 倍，为大走廊智能计算产业实现高质量发展提供核心支撑，推动大走廊加速成为云计算协同创新标准输出地。

【城西科创大走廊“职住平衡”持续改善】 2022 年，城西科创大走廊落实省委巡视整改、巩固阶段性评估问题整改成果，“职住平衡”问题持续改善。对整改进展进行大数据分析，大走廊“钟摆现象”改善明显。跨区职住占比降低，“工作在廊内，居住在廊外”工作人口占 15.7%，比 2020 年的 22.1% 下降了 6.4 个百分点，降幅 29%；“工作在廊外，居住在廊内”占常住人口稳定工作群体的 21%，比 2020 年的 23.3% 下降 2.3 个百分点，降幅 10%。通勤效率提升，大走廊工作人群平均通勤时间 29 分钟，比 2020 年的 39 分钟下降 10 分钟，降幅 26%；平均通勤距离 7.9 千米，比 2020 年的 8.1 千米下降 0.2 千米，降幅 3%。住房空置现象改善，上半年大走廊住房空置率 12%，比 2020 年的 13.6% 下降 1.6 个百分点，降幅 12%。

【文一西路隧道通车试运行】 2022 年 6 月 30 日，文一西路隧道（东西大道—荆长大道）开通试运行，标志着文一西路（东西大道—荆长大道）提升改造工程全线贯通，实现全城快速路直达，是城西科创大走廊的“主轴线”，全长 7.28 千米。隧道的通车运行，使车辆从东西大道至西湖区只需 6 分钟。

【留石高架西延段通车】 2022 年 7 月 31 日，留石高架路（杭州绕城高速三墩互通至运溪高架路段）、振华西路匝道以及蒋墩路跨线桥剩余匝道同步开通运行。留祥路西延项目是杭州城西快速路网体系的重要部分，构建起云城东西向快速通道，连接快速路网和铁路枢纽。项目起于花蒋路以东，终于余杭区科技大道与 235 国道交叉口，全长 11.3 千米，投资额 102 亿元，包含留祥路提升工程、三墩互通改建工程和 235 国道改建工程。

【未来科技城入选知识产权强国建设试点园区】 2022 年 8 月 24 日，城西科创大走廊未来科技城成功入选国家知识产权局知识产权强国建设试点园区名单。城西科创大走廊把知识产权保护作为城市创新发展的核心要素和关键环节，围绕知识产权创造、运用、保护、管理和服务，全链条创新构建知识产权运营服务体系，实现知识产权与经济社会发展“双向赋能”。

【11 个项目入选省制造业首台（套）产品工程化攻关项目名单】 2022 年 8 月 19 日，省经济和信息厅公布 2022 年浙江省制造业首台（套）产品工程化攻关项目名单，城西科创大走廊的三维激光哨兵、6 万等级空分用离心式原料空气压缩机等 11 个项目成功入选，其中重点项目 7 个。

【扩大杭嘉湖南排后续西部通道工程开工】 2022 年 11 月 2 日，扩大杭嘉湖南排后续西部通道南北线工程在城西科创大走廊开工。工程北起余杭塘河与九曲洋港交汇处，南至钱塘江九溪段，包括九曲洋港、顾家桥港、留下河 3 个进水口，长约 17.94 千米的排涝深隧及九溪出水口枢纽。工程建成后，城西区域洪水将通过骨干河道及深隧排至钱塘江，使城西区域防洪排涝标准从不足 20 年一遇提升至 50 年一遇，保障杭州城西科创大走廊防洪排涝安全，改善城西区域河网水生态环境。

【单段 220 千伏陆地电缆敷设完成】 2022 年 5 月 13 日，单段 220 千伏陆地电缆敷设在城西科创大走廊紫金港科技城完成。工程包含临时架空线、沿杭长段架空线、沿绕城段架空线改造工程，是省内工作井最深的、采用自动化监测系统、采用双重管控体系的电力管廊。管廊建成后将为西湖大学（云谷校区）、紫金科创小镇、云谷小镇等创新科技产业示范区块提供稳定的能源供应。（毛志华）

责任编辑　须同威

33 民营经济

综　述

【民营经济快速增长】至2022年年末，杭州市有民营企业79.97万个，注册资本（金）7.14万亿元，比上年分别增长7.7%和5.3%。其中，第一产业8396个，增长4.3%；第二产业10.85万个，增长6.9%；第三产业68.26万个，增长7.8%。有个体工商户79.56万个，资金总额1098.13亿元，分别增长11.7%和13.6%。2022年，杭州市新设民营企业12.04万个，下降2.3%，注册资本（金）0.73万亿元，下降29.2%，新设量和注册资本（金）分别占全市新设内资企业的91.1%和74.0%。

全年民营经济增加值占地区生产总值的61.0%。民间投资占固定资产投资总额的50.7%，比上年提高1.1个百分点。民营企业货物出口3689亿元，增长12.4%，占全市货物出口的71.8%。（李　甜　吴　炜）

【民营企业对外投资增长】2022年，杭州市民营企业对外投资稳步增长，企业"走出去"持续推进。新增入选"中国民营企业500强"的8个企业的对外投资项目13个，中方投资额1.99亿美元，占全年新批对外投资项目中方投资额的7.4%。（申屠婉铃）

【41个杭州企业入围"2022中国民营企业500强"】2022年9月7日，全国工商联公布"2022中国民营企业500强"榜单（根据2021年度数据评出）。进入"2022中国民营企业500强"的营业收入总额门槛由上一年度的235.01亿元提高到263.67亿元，杭州市有41个企业进入"2022中国民营企业500强"行列，入围企业数比上年增加5个，占全国入围企业的8.2%，占浙江省入围企业（107个）的38.3%。杭州入围"中国民营企业500强"的企业数再次居全国城市第一位。

全国工商联同时发布"2022中国民营企业制造业500强"名单（入围门槛为125.72亿元）和"2022中国民营企业服务业100强"名单（入围门槛为301.16亿元）。杭州有27个企业进入"2022中国民营企业制造业500强"行列，占全国入围企业的5.4%，占浙江省入围企业（94个）的28.7%；有11个企业进入"2022中国民营企业服务业100强"行列，占全国入围企业的11.0%，占浙江省入围企业（16个）的68.8%。

在"2022中国民营企业500强"杭州入围企业中，单个企业首位度由上年的第五位上升到第二位，在全国前50名中的数量从上年的4个增加到6个，其中有4个进入世界企业500强。入围企业的营业收入、税后利润均比上年有较大幅度增加。

在浙江省入围企业分布的9个行业中，杭州全部涉及。其中制造业企业有21个，比上年增加6个，有多个综合服务企业下含制造企业。全市13个区县（市）中有10个区县（市）有企业入围，覆盖面扩大。有6个区县（市）的入围企业数量居全省区县（市）前10位，其中萧山区（9个）、上城区（8个）、滨江区（6个）居全省区县（市）前3位。

杭州入围企业中前10位企业共吸纳就业51.82万人，比上年前10位企业增加3.59万人。有3个企业纳税额居全国入围企业前20位。入围企业通过加大研发投入，持续保持核心竞争力，呈现出排名越靠前研发投入强度越大的特点。全省入围企业中研发投入前8位的全部为杭州企业。入围企业在集聚产业、吸引人才、参与乡村振兴、社会捐赠等方面有突出贡献，紧跟国家重大战略布局，实现企业稳健发展。（吴　炜）

【10个企业被新认定为省隐形冠军企业】2022年，杭州市推进中小企业专精特新发展，遴选一批专注深耕细分行业、细分市场、细分领域的隐形冠军企业。杭州有10个企业被新认定为浙江省隐形冠军企业，累计64个，总量居全省第一位；597个企业被新认定为浙江省专精特新中小企业，累计907个。（黄　略）

【小微企业园提质增效】2022年，颐高创业园创建为国家级示范基地，正泰量测科技园、181社区创建为省五星级小微企业园，传化科创园、和达海聚中心创建为省四星级小微企业园，西子智慧产业园等6个园区获评省级数字化示范小微企业园。市经信局对经县、市、省三级审核认定的208个小微企业园进行绩效评价，按照亩均税收、亩均产出、企业培育、安

2022 年杭州市民营企业登记注册情况表

表 37

行业分类	年末实有数		全年开业数		全年注销数（个）
	企业数（个）	注册资本（金）（亿元）	企业数（个）	注册资本（金）（亿元）	
合　计	**799738**	**71371.75**	**120406**	**7311.23**	**62756**
农、林、牧、渔业	8396	415.06	811	34.02	455
采矿业	207	35.59	25	5.94	26
制造业	60613	3918.15	3740	213.78	3244
电力、热力、燃气及水生产和供应业	1315	248.32	304	44.55	78
建筑业	46371	5660.98	7284	740.45	2568
批发和零售业	229857	9941.62	28818	1503.59	20365
交通运输、仓储和邮政业	11621	551.17	1401	45.76	755
住宿和餐饮业	15019	372.85	2025	22.34	1516
信息传输、软件和信息技术服务业	110963	5583.24	22389	706.41	8736
金融业	6186	3131.10	464	282.57	368
房地产业	16425	2411.46	1719	166.72	1758
租赁和商务服务业	124189	28732.71	21047	2403.32	10175
科学研究和技术服务业	90628	6478.87	17115	785.21	6138
水利、环境和公共设施管理业	3277	318.16	479	46.87	159
居民服务、修理和其他服务业	24798	943.91	3004	109.84	2249
教育	6223	127.89	299	2.61	620
卫生和社会工作	3416	214.95	524	13.71	232
文化、体育和娱乐业	39979	1419.75	8944	176.37	3300
其他	255	865.97	14	7.17	14

全生产管理、公共服务配套、数字化园区建设等评价指标，重点对相关园区的安全生产管理、公共服务配套设施及数字化园区建设进行现场核验，确定杭州湾信息港等 208 个小微企业园绩效评价和星级评定结果。其中：52 个小微企业园被评定为 A 档（三星级），65 个小微企业园被评定为 B 档（三星级）。（赵卫华）

民营经济发展环境

【《关于进一步推进新时代杭州民营经济高质量发展的实施意见》发布】 2022 年 5 月 26 日，市委、市政府发布《关于进一步推进新时代杭州民营经济高质量发展的实施意见》，推动“1+X”惠企政策体系出台。该意见提出推进民营经济高质量发展的目标要求，从强化推动民营经济高质量发展的创新支持体系、要素保障体系、成长激励体系、权益保护体系、环境支持体系、工作保障体系 6 个方面明确工作举措。

【《杭州市民营经济发展白皮书（2021）》发布】 2022 年 7 月 15 日，杭州市民营经济发展联席会议召开，会上发布《杭州市民营经济发展白皮书（2021）》。该白皮书由市工商联与浙大城市学院联合编制，利用数据与案例对杭州市民营经济的发展状况进行分析，盘点发展现状，总结发展经验，提炼特色亮点，发现问题瓶颈，提出有针对性和可操作性的对策，为党委、政府出台惠企助企政策提供决策参考，受到市政府主要领导批示肯定。

【民营企业高质量发展】 2022 年，市工商联发挥职能优势，推动民营企业高质量发展。开展在杭建设中国民营企业高质量发展集聚平台专项调研；成立杭州市工商联中小微企业工作委员会，推动中小微企业健康发展；开展“千名干部助千企”活动，为企业提供精准服务；推荐 14 个企业参与全省“高质量发展领军企业”评选；聚焦民营企业高质量发展案例专报工作，将走访过程中发现的民营企业高质量发展典型以案例专报形式报送市领导。

【民营企业发展服务】 2022 年，杭州市工商联系统会同税务、商务等部门召开“亲清直通车 · 政企恳谈会”51 场，640 名企业负责人参加会议，提出各类问题建议 320 个，全部通过领导批示和“三服务小管家”反馈和解决。牵头召开全市民营经济发展联席会议，修订联席会议制度，对企业反映的问题做好跟踪督办和闭环管理。开展年度民营企业评议党政部门活动，推荐 3178 名民营企业负责人参加。

2022 年杭州市个体工商户登记注册情况表

表 38

行业分类	年末实有数		全年开业数		全年注销数（个）
	个体工商户（个）	资金数额（亿元）	个体工商户（个）	资金数额（亿元）	
合　计	**795565**	**1098.13**	**154942**	**222.48**	**67302**
农、林、牧、渔业	13079	49.16	1987	7.76	352
采矿业	60	0.46	16	0.08	5
制造业	25827	40.64	2320	4.42	975
电力、热力、燃气及水生产和供应业	60	0.08	12	0.02	2
建筑业	12982	34.65	2760	6.68	683
批发和零售业	488347	576.68	84784	117.13	36622
交通运输、仓储和邮政业	8776	15.87	1312	2.40	804
住宿和餐饮业	106367	172.47	23734	33.51	15001
信息传输、软件和信息技术服务业	10934	14.96	5417	6.07	1194
金融业	53	0.07	17	0.02	6
房地产业	305	0.37	80	0.13	45
租赁和商务服务业	34638	68.50	10464	14.35	2918
科学研究和技术服务业	5467	7.73	2568	3.55	513
水利、环境和公共设施管理业	316	0.80	90	0.20	15
居民服务、修理和其他服务业	75917	95.39	15151	19.51	6873
教育	426	0.42	50	0.05	29
卫生和社会工作	728	1.57	85	0.30	52
文化、体育和娱乐业	11140	18.24	4050	6.29	1194
其他	143	0.07	45	0.01	19

【法治营商环境建设】2022 年，市工商联与 14 个部门联合开展杭州市涉案企业合规第三方监督评估工作，印发实施细则和选任管理办法，组建 250 名专业人员名录库，推动全市企业合规工作开展。与市公安局、市检察院联合开展“护航 2022”助企惠企提升企业风险防范能力专项行动，举办法律专项培训班 2 期。与市法院开展多元纠纷调解协作，在线多元纠纷调解平台处理线上调解 101 起。开展“送法律服务、送法律知识、送法治意识”的“三送”服务。在全市工商联系统推进特色“共享法庭”建设。做好民营企业涉法纠纷化解相关工作，形成事前事中事后全方位服务体系，全年受理企业涉法相关调处 25 起。

【清廉民营企业建设】2022 年，杭州市清廉民营企业建设工作领导小组成立。7 月 14 日，杭州市清廉民营企业建设推进会召开。选树清廉民营企业创建培育试点单位，首批 27 个试点单位在杭州市清廉民营企业建设推进会上授牌，逐步形成覆盖各区县（市）、分布多行业、辐射全领域的“1+8+27+X”清廉民营企业示范点矩阵。在微信公众号开设《清廉民企·风清气正》专栏，出版《杭州商会》杂志《清廉民企》专刊，依托“杭商直播间”平台组织清廉民营企业主题宣讲。在《每日商报》开辟的《清立企·廉兴业》系列报道，受到省纪委主要领导批示肯定。杭州市以《推进清廉民企建设，助力最优营商环境》为题在全省清廉民营企业建设现场推进会上做交流发言。（吴　炜）

【商务惠企政策出台】2022 年，市商务局出台 17 项惠企政策，并汇编成册，印制发放《助企纾困稳进提质》汇编 1500 册。8 月 25 日，市商务局举办商务惠企政策培训会，全市各区县（市）商务系统 70 多名相关负责人及工作人员参加培训。会上，市商务局 7 个相关处室负责人对新出惠企政策进行解读，对相关问题进行解答，提升各区县（市）商务部门对政策的熟悉度。（申屠婉铃）

【小微企业纾困帮扶】2022 年，市市场监管局推进“小微企业三年成长计划”。全市新设小微企业 11.21 万个、“个转企” 2562 个、“雏鹰”计划企业 862 个，全市小微企业和个体工商户劳动者技能提升培训 3.03 万人次。落实 2022 年浙江省民营企业 100 强申报核实工作，全市 38 个企业入选浙江省民营企业 100 强；6994 个企业被认定为科技型小微企业，3039 个企业被认定为高新技术企业。至年末，小微企业培育库入库企业累计 12.43 万个，累计认定小微企业园 263 个。

杭州市入围“2022 中国民营企业 500 强”企业一览表

表 39

序号	企业名称	地区	营业收入总额（万元）	全国排序
1	阿里巴巴（中国）有限公司	余杭区	83640500	2
2	浙江荣盛控股集团有限公司	萧山区	44831822	10
3	浙江吉利控股集团有限公司	滨江区	36031587	12
4	浙江恒逸集团有限公司	萧山区	32879978	17
5	蚂蚁科技集团股份有限公司	西湖区	18872127	35
6	万向集团公司	萧山区	16284367	45
7	传化集团有限公司	萧山区	14444414	51
8	中天控股集团有限公司	上城区	13121409	59
9	网易（杭州）网络有限公司	滨江区	8760603	94
10	杭州锦江集团有限公司	临安区	8056432	107
11	浙江富冶集团有限公司	富阳区	7937051	111
12	浙江明日控股集团股份有限公司	上城区	7450577	125
13	巨星控股集团有限公司	上城区	6909181	138
14	富通集团有限公司	富阳区	6018029	169
15	广厦控股集团有限公司	西湖区	5806410	174
16	杭州娃哈哈集团有限公司	上城区	5191451	191
17	浙江新湖集团股份有限公司	西湖区	4538615	232
18	新华三信息技术有限公司	滨江区	4397298	247
19	浙江东南网架集团有限公司	萧山区	4345631	251
20	金田阳光投资集团有限公司	上城区	4309381	254
21	杭州东恒石油有限公司	拱墅区	4020492	284
22	杭州滨江房产集团股份有限公司	上城区	3797636	303
23	西子联合控股有限公司	上城区	3484743	325
24	华东医药股份有限公司	拱墅区	3456330	326
25	海外海集团有限公司	拱墅区	3405564	333
26	浙江大华技术股份有限公司	滨江区	3283547	351
27	浙江中南建设集团有限公司	滨江区	3271844	353
28	华立集团股份有限公司	余杭区	3171703	370
29	浙江富春江通信集团有限公司	富阳区	3096663	386
30	中通快递集团	桐庐县	3040584	397
31	浙江协和集团有限公司	萧山区	3032000	400
32	农夫山泉股份有限公司	西湖区	2969641	412
33	兴惠化纤集团有限公司	萧山区	2960233	416
34	泰地控股集团有限公司	拱墅区	2939723	423
35	胜达集团有限公司	萧山区	2882662	434
36	浙江建华集团有限公司	拱墅区	2816509	457
37	西子国际控股有限公司	临平区	2813559	460
38	浙江国泰建设集团有限公司	萧山区	2800437	466
39	百世物流科技（中国）有限公司	滨江区	2775020	469
40	万事利集团有限公司	上城区	2754454	472
41	浙江宝利德股份有限公司	西湖区	2753124	473

【个体工商户纾困帮扶】2022年，市市场监管局建立健全扶持个体工商户发展联席会议制度，激活个体工商户发展活力。开展个体工商户服务月活动，全市线上和线下举办宣传活动510场，面向个体工商户27.04万个；走访调研个体工商户8612个，收集整理个体工商户反馈的意见和建议1572条，协调解决个体工商户问题诉求和实际困难513个。以变更登记模式实现“个转企”，至年末，支持5.25万个个体工商户转为企业，其中转为公司制企业4.8万个。开展信用融资破难行动，发布信用融资“白名单”企业70万余个并全部完成对接，为4.08万个市场主体发放贷款763.98亿元，其中为1.42万个小微企业和个体工商户发放信用贷款140.63亿元。全年全市在册个体工商户比上年增长11.7%。（李 甜）

【中小企业发展环境评估居全国第六位】2022年6月9日，工业和信息化部发布《2021年度中小企业发展环境评估报告》，将4个直辖市、5个计划单列市和27个省会城市共36个典型城市作为评估对象。杭州中小企业发展环境综合排名列上海、深圳、南京、广州、北京之后，居全国第六位。（黄 略）

【助企服务推进】2022年，杭州为企业减负降本1196.3亿元，金额居全省第一位，比上年多减负降本269.22亿元。围绕开展稳企业强主体攻坚行动，推动经济稳进提质，根据省委、市委部署，市经信局会同市委组织部开展“千名干部助千企”精准服务活动，通过抓统筹、抓重点、抓实效、抓落实，推动助企服务工作。在市政府办公厅开展“企业大走访”的基础上，市级层面精选200名处级及以上干部担任助企服务员，带动县、乡两级选派助企服务员3587名。建立每月一次晾晒比拼、两月一次专项考核、一季一次企业评价等“六个一”工作机制，落实各方责任；抽调发改、规划和自然资源、文化广电等部门10名业务骨干，组建工作专班集中实体化办公，形成“一级抓一级、层层抓落实”的工作格局；举办2期全市助企服务培训交流会，做好“线上+线下”专题培训；编印《助企纾困最新政策汇编》、助企政策《十问十答》等，部署助企服务员与企业负责人、业务部门主管人员“双见面”，解读惠企政策，提高政策知晓率；建设“惠企政策精准推送”平台，为政策和企业贴上“标签”，以“一图读懂”等形式向企业展示政策内容，变“企业找政策”为“政策找企业”；制定《企业诉求闭环协调解决机制》，组建“助企帮帮团”、建立工作联系人制度，明确助企服务员、派出单位、要素部门、区县（市）四方责任；压实首问责任和办理责任，推动各级各部门“只为解决问题想办法，不为拖延推脱找借口”，为企业解决一批“急难愁盼”问题。全市各级助企服务员服务企业6489个，收集问题1.60万个，办结1.59万个。（黄 略 赵卫华）

企业活动

【全市民营经济发展大会】2022年5月30日，杭州召开全市民营经济发展大会。会议以视频形式召开，各区县（市）设分会场，1000多名企业家在主会场和分会场参加会议。会上发布杭州市优秀民营企业榜单、推进民营经济高质量发展有关政策。娃哈哈集团、传化集团、万向集团、贝达药业股份有限公司和市发改委负责人做交流发言。

【杭州民营经济发展论坛暨新生代企业家论坛】2022年12月16日，杭州民营经济发展论坛暨新生代企业家论坛举行。会上发布“2022杭州市民营企业100强”等系列榜单，为上榜“2022中国民营企业500强”的民营企业代表、新老杭商新时代“青蓝接力”代表授牌。参会者围绕“奋进新时代，展示新未来，接力新征程”共商民营经济高质量发展。

【民营企业调研】2022年，市工商联组织7次全市民营企业大调查，1.68万个（次）企业参与调研，市工商联被全国工商联评为调查点工作先进单位。做好“2021年度全国上规模民营企业调研”工作，41个企业进入“2022中国民营企业500强”行列。做好全国工商联“万家民企评营商环境”工作，组织4999个民营企业参评，杭州连续4年评价得分居全国城市第一位。组织发动1011个企业参与民营企业社会责任调研，梳理5个优秀企业报送全国工商联优秀社会责任案例。撰写全市民营企业运行情况分析报告，受到市委、市政府主要领导批示肯定。（吴 炜）

【第七届“创客中国”中小企业创新创业大赛全国总决赛在杭州举行】2022年11月16—17日，由工业和信息化部、财政部主办的第七届“创客中国”中小企业创新创业大赛全国总决赛在杭州举行，经项目路演、现场问答、专家评分、现场公证，产生大赛全国总决赛一、二、三等奖和优胜奖。杭州有8个项目进入全省30强，4个项目进入全国500强。其中，赛德半导体有限公司的“可折叠超薄柔性玻璃（UTG）生产加工项目”获全国创客组一等奖（第一名），浙江赛区创客组一等奖。（赵卫华）

【民协个协换届】2022年12月26日，杭州市民营企业协会第六次会员代表大会和杭州市个体劳动者协会第九次会员代表大会召开。一批专精特新企业和规模以上企业入选协会理事单位候选名单，充实协会领导机构和议事决策机构。经推荐和选举，杭州市民营企业协会有理事144名，副会长由43名代表担任，其中执行会长10名；杭州市个体劳动者协会有理事72名，副会长由16名代表担任，其中执行会长5名。聘任4名民营企业家为名誉会长。

【民营经济领域获全国荣誉】2022年3月2日，中国个体劳动者协会印发《关于对在2021年度调查工作中作出突出贡献的单位和个人给予表扬的通报》。杭州市上城区个体民营企业协会获评先进单位，淳安县个体民营企业协会陈艳琴获评先进个人。（李 甜）

责任编辑 郦 晶

34 城乡建设

国土空间规划

【概况】2022年,杭州市强化规划统筹引领,推进各类空间规划编制,进一步优化布局、拓展空间。推进国土空间总体规划编制,“三区三线”(“三区”指城镇空间、农业空间、生态空间;“三线”指城镇开发边界、永久基本农田、生态保护红线)划定方案经自然资源部审查通过,划定永久基本农田967.73平方千米、生态保护红线4694.47平方千米,城镇开发边界1647.9平方千米,推动形成科学、适度、有序的国土空间格局。统筹城西科创大走廊、临空经济示范区等重点区域规划编制,推动空间资源要素向重要战略承载地倾斜。编制大运河国家公园建设规划、良渚古城遗址周边景观控制规划,强化历史风貌管控。围绕详细规划编制全覆盖工作,合理确定详细规划单元划分方案,加快推进市域详细规划一体化管理。完善市规划委员会运行机制,实行“一张底图编规划、一个平台审规划”,完成国土空间总体规划、大运河国家公园建设规划、良渚古城遗址保护等重要规划审议。《杭州市轨道交通TOD综合利用专项规划》《杭州市排水(雨水)防涝综合规划》等专项规划获市政府批复,为提升城市综合能级提供重要支撑。谋划规划编制攻坚年行动,杭州通过一年时间基本实现重点地区规划编制全覆盖。

2022年杭州市政府批复同意的规划项目一览表

表40

序号	批复项目	批复时间
1	杭州市区高中学校布局规划(2021—2035)	2022-01-14
2	杭州市轨道交通TOD综合利用专项规划	2022-02-18
3	杭州市排水(雨水)防涝综合规划	2022-09-22
4	杭州市第八批历史建筑保护图则	2022-11-18
5	大运河杭州萧山火车西站段历史文化街区保护规划	2022-11-29
6	杭州市普通省道选址规划	2022-12-13

【国土空间规划编制】2022年,杭州市开展市级国土空间总体规划编制攻坚工作,完成“三区三线”划定,并于9月获自然资源部批复,为国土空间开发保护利用提供依据。传导实施“三区三线”和市级总体规划,统筹推进分区规划、县(市)总体规划、乡镇总体规划编制工作。聚焦城市发展难点堵点,开展杭州市规划建设评估,提出关注人群个性化需求,补齐设施短板等8个方面举措和建议。协同推进城西科创大走廊、临空经济示范区、云城、钱塘江两岸等重点区域国土空间规划编制,促进东西并进、南北互动。全年完成项目用地审核1294个,新增项目建设用地1300公顷。

【国土空间规划统筹管理】2022年2月18日,市规划委员会出台《杭州市规划委员会工作规则》,完善规划议事决策机制,增强规划的科学性、权威性、可实施性。8月2日,市政府办公厅印发《关于进一步加强国土空间规划统筹管理的通知》,提出全市国土空间规划实施的具体要求。强调坚持“一张底图”编规划,统筹推进各级各类国土空间规划编制,加快构筑“三级三类”(“三级”指市、区县、乡镇三个层级;“三类”指总体规划、详细规划和相关专项规划)国土空间规划体系。年内,杭州市国土空间规划立法提上议事日程,《杭州市国土空间规划条例》被纳入2022年立法调研项目。(陈　龙)

【城乡规划管理】2022年,杭州市编制《全市详细规划编制计划项目清单》,完成详细规划单元划分,全市划分城镇单元101个、乡村单元82个、功能单元30个。修订《杭州市控规编制技术规程》,明确控制性详细规划需要承接总体规划的核心要素,以及统筹专项规划空间管控的相关要求。加强城市设计对控制性详细规划的全过程支撑,按照详细规划分层管控办法,提出单元、街区、街坊、地块4个层级的管控意见,重点突出

"街区"一级的平衡协调和差别化管控作用。

【公共配套补短板行动】2022年,杭州市结合未来社区创建工作,深化公共配套补短板行动。以住宅项目出让为抓手,通过调研明确区域公共配套短板内容,并将补短板内容纳入规划条件,逐级传导至规划审批和验收环节,形成公共设施配套补短板行动管理闭环。制订《关于进一步完善出让地块配套设施的工作方案》,为后续地块出让的配套补短板工作提供组织机制保障。 (丁增贡布)

【《杭州市第八批历史建筑保护图则》公布】2022年11月18日,市政府批准公布《杭州市第八批历史建筑保护图则》,蕲王路18号建筑、澄心堂等34处历史建筑被列入该图则。该图则按照"统一规划、分类管理、有效保护、合理利用、利用服从保护"的历史建筑保护基本原则,划定历史建筑保护范围和建设控制地带,并提出相应的保护利用要求。市政府要求各级各部门各司其职,加强保护、管理和宣传。 (董巧巧)

【驻乡镇(街道)规划师制度建设】2022年,杭州市探索建立驻乡镇(街道)规划师制度,推动基层国土空间治理提档升级,助推城乡共同富裕。1月和9月,市规划和自然资源局分两批公布57名驻乡镇(街道)规划师名单,全市有59个乡镇(街道)完成规划师配备,规划师覆盖率30%。驻乡镇(街道)规划师工作在基层片区,为乡镇(街道)提供"一对一"规划编制指导。 (陈 龙)

城乡基础设施建设

【概况】2022年,杭州市综合实施水环境治理、生活垃圾分类、道路桥梁建设、园林绿化、水资源利用等工程项目,提升城乡基础设施建设水平。杭州市地下基础设施建设管理信息系统平台完成开发并投入使用,全市纳入基础设施建设系统平台统筹推进的重点区域15个、重点项目56个。完成河道治理项目40个,治理河道总长46.55千米,总投资2.7亿元;新(扩)建城镇污水处理厂6个,完工2个;完成清洁排放提标改造项目7个,新建(改造)污水管网98千米。西塘河"河长制"工作考核积分在全省239条市级河道中排名第13位。建成海绵城市项目147个,其中示范项目50个;全市35平方千米区域达到海绵城市建设要求。

【道路桥梁建设】2022年,杭州市优化城市路网结构,提升城市交通互联互通能力。6月,莫干山路提升改造(石祥路—绕城北线104国道收费站)工程主线高架贯通。该工程为杭州市城市快速路网"两环八横五纵八连"总体规划(2021—2035年)中的重要"一连",总投资18.16亿元。9月,备塘路(艮山西路—德胜路)改建工程开通试运行。改建工程沿线联通明月桥路、新塘路、同协路、明石路等市政道路,并跨越杭州地铁1号线、4号线的5个隧道轨洞。10月,九堡大桥北侧过江慢行交通系统全线桥梁贯通。该慢行交通系统工程上行坡道桥长618米,下行坡道桥长627米,骑行道标准段宽4米。推进区域路网更新,萍水东路、长木路、洋湾路等城市次干道开通。 (魏 洁)

【综合管廊建设】2022年,杭州市编制管廊建设三年(2022—2024年)行动计划,开展留祥路西延等新开发区域地下管廊建设前期研究。加快推进钱塘区、钱江世纪城亚运村、西站枢纽等区域综合管廊建设。年内,西站枢纽、观潮路、备塘路二期、富春湾、下沙路与12号路等地下综合管廊工程主体结构完工。10月,钱江世纪城亚运村片区地下综合管廊建成并投入使用,该片区管廊全长21.5千米,采用综合性一体化一次性开发方式,历时3年建成,是保障亚运村片区运行的重要基础设施,是全国新建区域配置成网最完善的地下综合管廊系统之一。全年全市建成综合管廊24.8千米。

【电力设施建设】2022年,杭州市全力保障亚运场馆电力设施建设,按照亚运场馆分布及用电需求,建成并投运富阳区射击射箭馆、富阳区水上运动中心、桐庐县马术场馆、淳安县亚运分村、萧山区亚运村、杭州师范大学体育馆6个110千伏的输变电工程,新增变电容量58.6万千伏安,供电线路长109.1千米。6月,亚运村10回高压电力架空线完成"上改下"。12月,白鹤滩—浙江±800千伏特高压直流工程临平换流站基本建成,杭州开始使用白鹤滩清洁水电。 (徐林华)

【水务一体化改革】2022年,杭州市以实现全市水行业规划布局、资源调配、服务标准、管理政策"4个统一"为目标,推进水务一体化改革,年内完成《杭州市供排水专项(一体化)规划(2021—2035年)》编制和审议。水务一张网建设加快。杭州市取水口上移工程(二期)开工,之江线(之浦路—复兴路)西段取得施工许可证,江南线工程平原段建成并通过竣工验收,过江段修复方案获初步设计批复。 (冯嘉琦)

【停车场(库)建设】2022年,杭州市围绕住宅小区、学校、医院等停车矛盾突出区域,加快推进公共停车场(库)建设。通过利用公园绿地、学校操场、市政广场等地下空间的复合开发,以及运用智能机械设施拓展停车空间等方式,加大公共停车泊位有效供给。全年全市新增停车泊位10.36万个,其中公共停车泊位1.18万个,市级拨付公共停车场(库)建设专项资金7000万元。 (徐攀峰)

【新能源汽车充电设施建设】2022年,杭州市建成公共充(换)电站251个、充电桩4394个,为建桩数量最多的一年,全市累计建成公共领域充电设施2.5万个。完成个人充电桩报装7.1万个;分布全市的9对18个高速公路服务区实现快速充电桩全覆盖,充电车位约占总车位的10%。杭州市新能源汽车充电设施的总体规模、建设密度、服务覆盖率等均居全省首位。汽车充电设施建设"以自用为主,社会公用快速补电为辅",杭州覆盖全市、适度超前、布局合理、功能完善、方便快捷的充电基础设施网络基本形成。 (王宇波)

共富基本单元建设

【概况】2022年，杭州市共同富裕现代化基本单元建设以城乡风貌整治提升为突破口，联动推进未来社区、未来乡村、城乡风貌样板区和美丽城镇建设、老旧小区改造等工作，实施人居环境提升、道路提升、历史文化建筑修复等工程。结合城市体检，制定社区公共服务设施补短板计划，补齐基础设施等方面短板，增强公共服务均衡性和可及性。各区县（市）成立工作专班，推进乡村振兴战略，做好共富单元建设各项工作。

【未来社区建设】2022年，市建委会同各区县（市）工作专班，协调联动市规划、财政、民政、市政、卫生健康等部门，推动未来社区建设由点及面、全市域有序展开。全年开展未来社区创建185个，实施面积5720公顷，涉及居民168万人。建成并通过省（市）验收未来社区40个，其中省级29个，创建数量和建成数量均居全省第一位。组织各区县（市）完成城镇社区公共服务设施调查和《城镇社区建设专项规划》编制，全市调查录入公共服务设施信息1.40万条，其中包括344个“15分钟生活圈”、1690个“5分钟生活圈”信息。探索未来社区党建分类试点，出台未来社区验收办法、资金奖补办法、数字化建设指南等文件，发布未来社区建设优秀服务商名单，未来社区建设形成全域推进的新格局，涌现一批党建治理、老幼友好、长效运营、数字赋能等不同模式、不同类型、不同场景的丰富案例和典型经验，并在全省复制推广。拱墅区和睦社区、余杭区良渚文化村社区等5个社区入选省级未来社区场景运营“最佳实践”案例，占全省9个入选社区的50%以上。年内，国家统计局杭州调查队对杭州市未来社区创建情况进行抽样调查，97.8%的被调查居民认为所在社区创建未来社区以来，幸福感和获得感显著提升。（黄一成）

【未来乡村建设】2022年，杭州市出台未来乡村建设指南，分两批推进85个未来乡村建设，其中被列入省级未来乡村创建44个，建成省级、市级未来乡村37个，富阳区黄公望村、西湖区长埭村被选为省、市共富大会考察点。杭州创建工作注重数字技术与未来乡村建设深度融合，培育打造富阳“富春山居、公望智理”平台、建德“数智之江”平台、钱塘江东村“红星居”“共富通”等应用场景。围绕“三江两岸（新安江、富春江、钱塘江及沿江两岸的区域）”黄金线建设，以“山脉、水脉、文脉、业脉”为轴线，打造龙井茶香、富春山居、千岛环湖、新安诗路等市级未来乡村共富引领带12条。（宋云蔚）

2022年5月31日，余杭区仓前街道葛巷社区被评为浙江省首批未来社区

（市建委 供稿）

【数字城乡建设】2022年，杭州市风貌办建成全省城乡风貌首个数智化平台试点——城乡风貌智汇通，覆盖全市37个风貌区，涉及61个乡镇（街道），居住人口约110万人，服务人口约1000万人次，管理建设项目467个。全年全市提炼共性数字化城乡场景应用57个，开发个性化数字城乡场景应用7个，数智化平台集成小程序14个。未来社区全面部署“浙里未来社区在线”应用，梳理汇总人员、房屋数据和公共服务设施信息，以数字化手段织密全市未来社区基础信息“一张底图”。启动100个市级、区县（市）级数字乡村样板镇（村）建设，其中市级20个。数字乡村建设与特色产业发展相结合，推动乡镇（村）集约化发展。8月，省建设厅、省农业农村厅、省发展改革委组织“浙江省数字乡村金翼奖”评选，建德市和桐庐县被评为“十佳数字乡村整县制推进”案例，杭州市西湖龙井茶数字化管理和临安区山核桃特色产业云平台被评为“十佳数字化改革多跨应用场景”，萧山区枫桥村、余杭区西安寺村、淳安县下姜村等18个村被评为“百优数字化场景先行村”。西湖区、钱塘区、萧山区、临安区、桐庐县、建德市6个区县（市）获评全国县域农业农村信息化发展先进县。建德市“‘建村钉’敲开乡村数字治理大门”项目入选全国乡村治理典型案例。（吴　媛）

【城乡风貌样板区建设】2022年，全市城乡风貌整治提升工作以“自然、传统、现代、和谐”八字方针为引领，以系统谋划、完善政策体系、补齐功能短板为着力点，通过系统集成共塑杭州风貌样板区。全年开展37个风貌样板区试点建设，其中获评市级风貌样板区25个、市级“新时代富春山居图”样板区13个，创建省级城乡风貌样板区20个、省级“新时代富春山居图”样板区8个，杭州创建省级样板区数量居全省第一位，并完成全省首个跨区域风貌样板区——杭州“心相融·达未来”亚运风貌样板区打造。全年实施城乡风貌整治提升项目467个，完成总投资134.3亿元。创新开展城乡风貌整治“十大专项”行动，其

2022 年，建德三江汇流县域风貌样板区（杭派民居）建成　（市建委 供稿）

中实施“路美美、房整整”建设项目 440 多个。专项行动提升城乡邻里中心、老年食堂、老年活动中心硬件设施场所 69 个，人本化提升风貌区重要街区 65 个，完成农房突出问题整治 6950 处。上城区、萧山区、余杭区等 8 个区县（市）获全省城乡风貌整治提升工作年度考核优秀等次。　（储煜立）

城市更新

【概况】2022 年，杭州市细化城市更新项目立项、申报、审批流程，明确单元计划阶段城市更新范围、模式、类型、公益性用地等方面的任务和要求，完善城市更新政策体系，加强全市域城市更新项目规范化、透明化管理。全年实施老旧小区改造、海绵城市建设、综合管廊建设、公共停车场（库）建设等城市更新重点项目，城市居住环境和功能设施进一步完善。

【城市体检】2022 年 7 月，市建委根据住房和城乡建设部和省建设厅统一部署，牵头开展杭州市城市体检工作。制定以住房和城乡建设部 8 个大类指标体系为基础的 95 项指标体系，开展为期 1 个月的社会满意度调查，收回调查问卷 1.2 万份，通过部门填报、城市大脑提供、手机信令传送等手段，科学收集分析数据，形成自体检报告。会同市城管局、市园文局等部门，开展公共服务设施、防涝系统、燃气安全、供水与污水、园林绿化、历史文化保护 6 项专项体检，并在建德市试点开展县级市体检工作。通过综合体检、专项体检、县级市体检三者相结合的方式，发现问题短板，推动整改提升。　（黄明钗）

【城市路网建设】2022 年，杭州市建成通城大道（机场高速—通彩互通）、彩虹大道（萧山区界—新城路）、彩虹快速路西延（之江大桥—富阳区界）、余杭区东西向快速通道下穿杭徽高速公路（地面道路）等道路，完成风情大道（机场路—金城路）、莫干山路（石祥路—绕城北线 104 国道收费站）、江南大道（西兴立交—中兴立交）、江东大道（河庄大道—青六路）、235 国道杭州老余杭至五常段等道路改造提升，建成和改造提升道路总里程 86 千米。建成主次干道项目 60 个、79 千米。新建港湾式公交停靠站 10 个。打通西兴路、共联路等“断头路”28 条。建成九堡大桥北侧过江慢行交通系统、庆春路大学路地下通道、莫干山路祥符路人行天桥等设施。完成涉及地铁 3 号线、4 号线二期、10 号线、机场快线等地铁沿线 114 条道路重建，总里程 146 千米。开展道路移交接管工作，完成 287 条“迎亚运”道路 1756 个子项目移交。

【首轮老旧小区综合改造行动收官】2022 年，杭州首轮老旧小区综合改造四年行动（2019—2022 年）收官，该项工作获国务院办公厅城镇老旧小区改造督查激励。年初，市建委印发《关于全面推进城镇老旧小区改造工作的实施意见》《关于进一步规范和加强我市城镇老旧小区改造项目建设管理工作要求的通知》，进一步完善政策体系。老旧小区改造坚持民生为本，聚焦老旧小区功能完善、空间挖潜和服务提升，创新老旧小区改造“六有”（有完善设施、整洁环境、配套服务、长效管理、特色文化、和谐关系）的杭州模式。修订老旧小区改造综合考评办法，强化“考核棒”目标导向。坚持项目党建引领，建立老旧小区改造功能型党组织 216 个，设立实体化党建阵地 216 个。全年完成老旧小区改造 242 个，惠及住户 10 多万户；首轮累计完成 2000 年前建成的老旧小区改造 1057 个，竣工 883 个。杭州结合老旧小区改造加强闲置资源盘活利用和营造“一老一小”宜居环境的做法，入选住房和城乡建设部第五批可复制经验做法清单；上城区景芳社区和拱墅区大关西苑连片小区 2 个老旧小区改造项目被住房和城乡建设部列为老旧小区改造联系点，西湖区翠苑一区被省建设厅列为老旧小区改造联系点。全市评出市级老旧小区改造最佳案例 10 个、典型案例 20 个。　（杨静漪）

【“三改一拆”保持全省领先】2022 年，杭州市开展“治违除患促安全”、迎亚运“两路两侧”违法建筑等专项整治，全市拆除违法建筑 363.8 万平方米，完成“三改”882.48 万平方米。拱墅区、临安区和建德市创建成为省“无违建”创建示范县（市、区）；淳安县淳开线、临安区大鱼线创建成为“省级特色精品道路”，滨江区闻涛路、萧山区大泥线、余杭区漕雅线和建德市杨梓线创建成为“省级绿化美化精品道路”。　（林士磊）

【回迁安置】2022 年 7 月 27 日，市政府办公厅印发《关于进一步加强征迁安置管理工作的通知》，明确“新启动项目未安置户在外过渡时间不超过 5 年”的总体要求。全市按照“征迁后安置房 1 年开工、3 年建设、1 年回迁”的标准，建立从征迁至安置全过程闭环管理机制，并将回迁安置列入市、区县（市）两级政府民生实事项目，加快拆迁安置房建设进度。全年全市安置房开工612万平方米、3.32万套，竣工1343万平方米、7.39万套。推出拆迁安置房预安置模式，结合异地房源调剂安置、货币安置等方式，并联推进回迁安置提速，年内完成回迁安置1.32万户。新开工棚户区改造1.45万套，基本建成5.55万套，杭州市连续2年获国务院办公厅“棚户区改造工作真抓实干成效明显”地方激励。（何海珠）

钱江新城

【概况】2022年，钱江新城管委会发挥钱塘江流域统筹协调作用，协同推进钱塘江流域综合保护与发展工作。组织对《杭州市钱塘江两岸综合保护和利用实施导则》涉及的重点地区、重要节点风貌管控等内容进行评估，对实施过程中存在的重难点问题进行研判。配合市人大常委会开展《杭州市钱塘江综合保护与发展条例》立法后评估和执行情况调研。编制钱塘江综合保护与发展重点工作计划，推进钱塘江绿道工程建设，全年完成“三江两岸”（新安江、富春江、钱塘江两岸）66千米绿道主支线改造提升。挖掘钱塘江文化，推进“诗路文化·三江两岸”水上黄金旅游线建设及严州古城至严子陵钓台景区旅游品牌一体化建设。出版“钱塘江文献集成”第29册《钱塘江绘画图录（山水卷）》、第30册《钱塘江绘画图录（版画卷）》，完成《钱塘江通史》第1~3册编纂工作。

【核心区环境整治】钱江新城核心区东临庆春东路，南至钱塘江，西邻清江路，北靠秋涛路，总面积4.02平方千米。2022年，钱江新城管委会以举办亚运会为契机，对钱江新城核心区环境景观进行整治改造。根据有关专业景观设计院专家的意见，整治保留原有的设计特色和肌理，实施范围为核心区中轴线和城市阳台、森林公园、世纪花园及之江路沿线等周边主要道路、隧道，整治项目包括区域绿化提升、水池涂装更新、局部围墙彩绘、局部铺装路面破损维修等。年内，完成庆春隧道路面更新、隧道侧壁保洁，新增行车导视腰线等。完成博奥隧道出入口景观绿化。

【民生项目建设】2022年，钱江新城核心区29号、33号地块安置房项目完成主体施工，总建筑面积20多万平方米，可安置居民1266户。其中核心区29号地块安置房项目位于上城区顺福路和景芳路交叉口西南侧，由7幢高层住宅组成，总数642套。33号地块农转非居民拆迁安置房项目位于上城区顺福路和景芳路交叉口东南侧，由11幢高层住宅组成，总数624套。年内凯旋单元14号地块3.5万平方米公租房项目主体结构结顶，设计公租房288套。该项目位于上城区新塘路与昙花庵路交叉口西北侧，由3幢高层住宅组成。

【钱塘江博物馆新馆建设】2022年6月，钱塘江博物馆新馆完成主体结构验收，进入外立面幕墙和室内精装修施工。博物馆新馆位于世界文化遗产——京杭大运河南端起始点，杭州两大母亲水系——京杭大运河和钱塘江在此汇流，占地面积3386平方米，建筑面积1.15万平方米，地上4层，地下3层。建设内容主要包括陈列展览区、教育区、配套服务用房、管理用房、地下停车库等，总投资1.49亿元，于2019年开工建设。新馆建筑以“钱江潮”为形象，呈“水漩潮涌”形状，既寓意钱塘江潮水的奔流不息，又蕴含“弄潮儿勇立潮头”的浙江精神。（许　柯）

【钱塘过江隧道开通试运行】2022年7月30日，钱塘过江隧道开通试运行。过江隧道是钱江新城建设开发有限公司参与的首个PPP项目，为省内最大直径的市政工程盾构隧道，设计双洞双向六车道，行车时速80千米，全长4616米。隧道路面采用降噪沥青，比传统沥青降噪5~10分贝；隧道顶部采用“蓝天白云”图案喷绘，可有效缓解驾驶过程的视觉疲劳；灯光采用可调节亮度，节能效果好。过江隧道是杭州市快速路网东西向快速路的重要组成部分，通车后车辆穿越钱塘江最快只需4分钟。

【蜻蜓·公园未来停车楼启用】2022年12月8日，蜻蜓·公园未来停车楼投入试营业。停车楼位于秋涛北路和庆春东路交界口的庆春广场商圈，集新零售、娱乐休闲、科技展示于一体，是国内规模最大的潜入式AGV机器人停车项目，总建筑面积2.4万平方米。停车“塔”由10幢空间双曲面的沙漏形塔库构成，设4层地下室、500个社会公共停车泊位，其中AGV机器人停车泊位420个。停车楼引入先进的“夹持式”AGV智能停车设备，实行无人值守的智能化管理，并利用Q·Parking和城市大脑平台，与杭州市区近1万个停车泊位信息互通，实现停车泊位共享共用。

【江河汇城市综合体西岸公园工程地下停车库封顶】2022年12月28日，江河汇城市综合体汇中区块西岸公园工程地下停车库封顶。西岸公园位于景芳三堡单元内，用地面积8.4万平方米，总建筑面积1.3万平方米，西岸公园工程地下停车库项目包括西岸公园景观工程、西岸公园配套建筑（含地下停车库）、新塘河排涝河渠及附属配套工程等。项目设计以亲水为线索，融合生态、文化等元素，并配套设置生态游憩、休闲娱乐、亲水体验、儿童活动等功能。

【海塘安澜工程（三堡船闸段）开工】2022年10月21日，杭州市级海塘安澜工程（三堡船闸段）开工。项目位于钱塘江与京杭大运河交汇处，毗邻钱江新城核心区，是杭州市海塘安澜千亿工程的重要组成部分。项目按照300年一遇的防潮标准，提标加固海塘653米。在提高海塘安全性能的同时，兼顾市政设施、城市绿道、生态景观、文体游憩等功能。项目总投资1.7亿元，由杭州禹顺生态建设有限公司承建。（张敏华）

【钱塘江北岸灯光秀工程提升】2022年4月，钱江新城管委会实施钱塘江北岸灯光秀提升工程，其中基础性景观照明楼宇数量从45幢增加到83幢，并从城市阳台、杭州奥体博览中心、西兴大桥、江中游船、空中鸟瞰5个视角对核心区夜景灯光进行完善，

2022 年 11 月 2 日，中国（杭州）数字安防生态大会暨第十二届中国（杭州）国际社会公共安全产品与技术博览会在杭州国际博览中心开幕

（市城投集团 供稿）

对个别标志性建筑顶部进行灯具加密，以满足不同区域嘉宾的欣赏需要。按照三级等级保护要求，对照明控制管理平台软硬件设施进行升级，扩大中央控制机房面积，优化亮灯布局，项目亮灯效果按表演模式和基础模式实行分级控制。年内，灯光秀提升项目主体工程完成。（许 柯）

【“钱投·2022 杭州创业马拉松”开跑】2022 年 10 月 30 日，以“有梦想一起跑”为主题的“钱投·2022杭州创业马拉松”在杭州大剧院前广场鸣枪开跑。创业马拉松由市人力社保局、市经信局、上城区政府、原钱江新城投资集团联合主办。杭州有关企业、投资机构、高等院校、初创小微企业和创业服务机构的近 1000 名选手参赛。杭州浦沿就业创业中心跑团以 2 小时 24 分 43 秒的总成绩获冠军，亚军由杭州娃哈哈集团跑团获得。

【中国（杭州）数字安防生态大会】2022 年 11 月 2—4 日，由浙江省安全技术防范行业协会、杭州市安全技术防范行业协会、原钱江新城投资集团共同主办的 2022 中国（杭州）数字安防生态大会暨第十二届中国（杭州）国际社会公共安全产品与技术博览会在杭州国际博览中心举行。大会以“数字生态、聚势焕新”为主题，采取“展览展示 + 会议论坛”的形式，安排主题论坛、高峰论坛、专题论坛、专业研讨会、高端培训班等专业会议论坛 10 多场，并设置“智慧城市”“数字安防”“智慧应急”“机器视觉与智能物联”“智慧交通与现代停车技术”等特色展区，展出面积 1 万平方米，参展企业 150 个，线下参展专业观众超过 1 万人次。

（张敏华）

历史文化名城保护

【概况】2022 年，杭州市有世界文化遗产 3 处、全国重点文物保护单位 48 处、省级文物保护单位 93 处、市（县）级文物保护单位 576 处，其中市（县）级文物保护单位比上年增加 34 处；有市级文物保护点 489 处，减少 19 处；有历史文化名镇名村 27 处、历史街区和历史地段 28 处、历史建筑 1640 处；有国家级考古遗址公园 1 处、省级考古遗址公园 3 处。全年市财政投入历史文化名城保护资金 1.47 亿元，比上年增加 2100 万元。年内市人大常委会审议通过《历史文化名城保护（草案）》。市园文局编制完成《杭州市历史文化名城（世界文化遗产）保护委员会议事规则（初稿）》《杭州市历史建筑保护利用实录（住宅篇）》《杭州市历史建筑建档测绘经典案例项目汇报》。

【历史建筑测绘建档最佳案例评选】2022 年 2 月 15 日至 7 月 14 日，杭州市历史文化名城保护委员会举办杭州历史建筑测绘建档最佳案例评选活动。评选活动为期 4 个月，经过案例展示、网络投票、专家评选 3 个环节，举办方从 123 个案例中评选出历史建筑测绘建档最佳案例奖 16 例，其中居住类 5 例、公共类 5 例、工业类 3 例、构筑物类 1 例，最佳人气奖 2 例。

【历史建筑价值等级评定】2022 年 4 月 27 日，杭州市文物遗产与历史建筑保护中心组织召开历史建筑价值评定项目专家论证会，根据 5 个方面评价因素 18 项评价因子的价值评定体系，对王庄、玛瑙寺旧址、约园等 65 处历史建筑价值等级评定项目进行验收。获评定的历史建筑分布于上城区、西湖区和西湖风景名胜区，价值品质总体良好，评定一类保护建筑 5 处、二类保护建筑 34 处、三类保护建筑 26 处。全市累计完成主城区 292 处历史建筑价值评定工作。

【祥符桥传统风貌街区 4 处历史建筑修缮工程完工】2022 年 7 月，拱墅区祥符传统风貌街区范围内 4 处历史建筑保护修缮工程完工，分别为祥符茧行旧址、祥符桥粮仓、祥符直街 38 号、祥符直街 48 号，总建筑面积 2110 平方米。4 处历史建筑共同构成祥符桥周边历史文化、社会变迁的实物见证，具有较高的历史记忆价值与社会人文价值。修缮主要包括历史建筑的外立面门窗、墙体、屋面风貌恢复；梁柱、屋架结构体系整体加固；内部空间格局提升，相应配套设施功能性改造，周边景观环境配套整修 5 个方面，总投资 1645 万元。

【2 个历史建筑管理保护规范发布】2022 年 10 月 28 日，由杭州市文物遗产与历史建筑保护中心牵头主编的团体标准《历史建筑开放管理与服务规范》、地方标准《历史建筑保护利用导则编制规范》经浙江省产品与工程标准化协会公告发布，分别于 11 月 4 日、11 月 30 日起实施。服务规范将历史建筑保护与利用相结合，提出历史建筑开放应坚持“保护优先、有效

利用、服务社会、注重公益”的基本原则，首次对“历史建筑开放”和“开放责任人”进行科学定义，并规定不同类型的开放要求及相关管理与服务的具体要求，明确开放责任人和管理部门的责任。编制规范明确历史建筑保护利用导则编制“适用性、完整性、可读性、前瞻性”的基本原则，从导则编制的范围、规范性引用文件、术语和定义、基本原则和框架要求、编制流程、编制内容、文本格式等7方面做出具体规定。2个历史建筑管理保护规范发布，有助于加强全市域历史建筑活化利用工作的管理和指导。

【“杭州历史建筑保护利用标准化试点项目”通过国家级终期验收】2022年11月9日，浙江省市场监督管理局受国家标准化管理委员会委托，组织评估专家开展2022年度第三批国家级标准化试点项目验收，“杭州历史建筑保护利用标准化试点项目”以92.5分通过评估。杭州市遵照“排查公布—基础管理—建筑修缮—日常维保—活化利用”全生命周期管理要求，推进历史建筑保护利用标准体系建设。承担标准体系建设的杭州市文物遗产与历史建筑保护中心，从建档、测绘、修缮、利用、日常维护等方面建立健全历史建筑精细化管理体系，年内完成106项标准梳理、20项标准制定和参与制定。

【杭州市第八批历史建筑挂牌、建档、测绘完成】2022年12月，市政府公布第八批34处历史建筑。该批历史建筑分布于7个城区（包括西湖风景名胜区），其中上城区9处、拱墅区3处、西湖区5处、滨江区7处、萧山区6处、临平区1处、西湖风景名胜区3处。公布的历史建筑类型丰富、风格多样，体现杭州近代历史城区的变迁。其中，有时代特征明显的民国时期别墅建筑，有20世纪50年代的仿苏式建筑，有装饰简单素雅、内部格局紧凑有序的里弄式民居建筑，有结构完整的杭州市典型传统院落式民居，以及中华人民共和国成立后的近现代优秀建筑等。年内第八批历史建筑完成挂牌、建档和测绘。

（连亚娜）

运河保护开发

【概况】2022年，市运河集团营业收入39.08亿元；利润3.42亿元，其中国有净利润2.95亿元。完成固定资产投资88.29亿元，其中政府投资项目完成58.23亿元、经营性投资项目完成30.06亿元。投资项目中，19个市重点项目完成23.96亿元。市运河集团获评2021年度浙江省文化和旅游项目投资工作成绩突出集体。

推进大运河国家文化公园建设。迎亚运大运河水岸互动文旅融合提升工程、京杭大运河博物院一期工程完成，小河公园、大城北中央景观大道首开段（丽水路—拱康路）等项目建成开放，杭钢半山基地退役地块土壤和地下水污染风险管控与修复项目被生态环境部列为改革试点项目。“大运河杭钢工业旧址综保项目”获文化和旅游部“2022中国旅游创业创新案例”。杭钢工业旧址综保项目GS1303-04地块文化设施和GS1303-13地块公园绿地、武林门码头及文化公园改造提升项目获省诗路文化带建设资金补助1132万元。

加快水上产业升级。新建集游客服务、江河换乘、公园绿地、车辆停泊等功能于一体的江河换乘站；修缮艮山门码头、香积寺码头等沿线码头18个，新增“汉宫”号游船，完成7种船型22艘游船升级改造。“品味宋韵——运河钱塘江联游”航线和“拱宸邀月号”等船舶入选全国首批水路旅游客运精品航线试点项目。建成投用全市首个嵌入式体育设施场地——北星桥下体育公园及运河新城单元内最大幼儿园；完成运河老城区段30.4千米“四位一体”（指建筑景观、夜景亮化、文化呈现、水上产品）提升；打造23千米大运河滨水公共空间，丽水路、康园路等道路桥梁建设项目实现进度要求。

开展五大特色文化活动。以“千年运河”为品牌，推进“五大”［指中国（杭州）新年祈福走运大会、大运河国际诗歌节、中国大运河庙会、中国大运河国际钢琴艺术节暨郎朗杯钢琴大赛、中国大运河文化带京杭对话］特色文化品牌系列活动，挖掘郁达夫与拱宸桥、夏衍往事等123个历史文化碎片。第九届中国大运河庙会接待游客54.1万人次，比上年增长157.2%，景区实现营业收入1291万元；中国（杭州）新年祈福走运大会被授予“2022年度杭州十大会展品牌”。

【大运河杭钢工业旧址综保项目开工】2022年2月16日，浙江省文化和旅游重大项目集中开工仪式在杭州举行，市运河集团实施的大运河杭钢工业旧址综保项目作为杭州市重点文旅项目参加集中开工仪式。大运河杭钢工业旧址综保项目位于拱墅区杭钢单元内，是杭州大运河国家文化公园重点建设项目，总用地面积55平方千米，总建筑面积50万平方米，总投资61亿元。项目围绕“珍视杭钢历史、呵护时间痕迹、谦逊对托遗存、山水之间造园”的人文理念，依托杭钢工业遗存的保护和改造，导入艺术文化中心、简仓酒店、艺术画廊、特色餐厅、潜水馆、度假酒店、文创基地等文旅业态，旨在打造国内工业文化旅游展示和利用新地标。

【浙江省诗路文化带推进会】2022年3月10日，浙江省诗路文化带推进会及现场观摩在市运河集团举行，推进会贯彻落实省委、省政府“四大建设”（大湾区建设、大花园建设、大通道建设、大都市区建设）要求，总结诗路文化带建设工作，研究部署下一步重点任务。省发展改革委、浙江省诗路文化带建设单位、省旅游投资集团等单位负责人和诗路智库联盟代表等80多人参加会议。会前，与会人员实地考察大运河（杭州段）水岸互动文旅融合提升工程、大运河国家文化公园杭州项目群现场、大运河（杭州段）历史街（园）区。市运河集团参加会议并做交流发言，介绍参与诗路文化带建设、加快文旅融合等工作。

▶资料：诗路文化带

诗路文化带是浙江省“大花园建设”的标志性工程，是文化浙江建设的重要内容。具体指浙东唐诗之路、大运河诗路、钱塘江诗路、瓯江山水诗路4条诗路文化带。

【杭钢半山基地退役地块获批全国土壤治理修复改革试点】2022年3月27日，生态环境部复函杭州市政府，同意以杭钢半山基地退役地块土壤和地下水污染风险管控与修复为改革试点项目，探索钢铁企业原址腾退地块“环境修复+开发建设”模式和再开发利用中多部门联动监管机制。杭钢半山基地位于杭州城北半山国家森林公园西侧，总面积306.7平方千米，纳入土壤治理修复范围用地面积178.4平方千米，主要为焦化、炼铁和转炉功能区。至2022年年末，杭钢半山基地10个名录地块完成修复并移出名录清单，11个名录地块完成现场修复，13个名录地块分别开展现场修复、风险管控、修复前期准备。杭钢半山基地规划定位为大运河国家文化公园的杭州样板和世界级工业遗存改造利用的新地标。

【“京杭大运河·杭州景区旅游驿站”入选省一级旅游驿站（试点）名单】2022年4月8日，省文化和旅游厅公布全省第一批128个旅游驿站（试点）名单，其中一级旅游驿站30个、二级旅游驿站37个、三级旅游驿站61个。市运河集团打造的“京杭大运河·杭州景区旅游驿站”入选浙江省首批一级旅游驿站（试点）名单。该驿站位于杭州运河水陆交通集散服务中心，占地面积2万平方米，为集商业、旅游、文化休闲、交通换乘等功能于一体的综合性建筑。

【新年祈福走运大会入选“杭州十大会展品牌”】2022年8月18日，第十四届中国（杭州）城市会展发展大会在钱江新城万豪酒店召开。其间，“2022年度杭州十大会展品牌”授牌仪式举行，市运河集团策划执行的中国（杭州）新年祈福走运大会入选“2022年度杭州十大会展品牌”。自2017年起，市运河集团策划推出中国（杭州）新年祈福走运大会。每年1月1日，组织市民游客以运河边毅行走大运的形式迎接新年到来，寄托美好祝愿。2019年，走运大会被列入省发展改革委大运河国家文化公园标志性项目。

【小河公园开放】2022年10月1日，小河公园对外开放，杭州主城区30.4千米的运河沿线运道实现全线贯通。小河公园由市运河集团负责建设，是大运河国家文化公园（杭州段）的标杆项目之一，于2020年12月31日开工，历经600多天建设时长。公园由中国石油化工集团原小河油库改造而成，占地4.94平方千米，建筑面积2.4万平方米，其中保留历史保护建筑3700平方米，是集文化展示、休闲旅游、社会停车等功能于一体的文化地标公园。

【武林门码头及文化公园改造提升】2022年，市运河集团对武林门码头及文化公园进行改造提升，改造区域包括武林门码头、环北公园及码头南岸绿地，具体项目为改建原有水上巴士泊位，新建游船、水上巴士、游艇泊位及景观廊带，新建环北公园及码头南岸绿地区域绿化景观、园路及铺装、公园配套用房，改造滨水段整体景观空间等，总投资7797.3万元。10月1日，武林门码头改造提升工程西侧文化公园和水域部分完工，武林门码头恢复客船运营。12月，公园及游客中心主体完工。

【水路旅游客运精品航线打造】2022年10月17日，交通运输部公布“打造国内水路旅游客运精品航线试点单位及试点内容”，由杭州水上发展集团打造的“品味宋韵——运河钱塘江联游航线”及“拱宸邀月”号等船舶，共同作为杭州市唯一精品航线项目入选。“品味宋韵——运河钱塘江联游航线”路线为塘栖古镇—拱宸桥—武林门码头—钱塘江，航线串联运河与钱塘江水路。试点船舶包括“拱宸邀月”“馥桂汉宫”“凤山烟雨”“武林问渡”“香积梵音”“富义留馀”等。全国入选首批水路精品航线项目50个。

【市政协新时代协商民主实践中心建成开放】2022年10月27日，杭州市政协新时代协商民主实践中心建成开放，并举办联盟共建单位签约活动。协商民主实践中心是杭州市政协对社会公众和政协委员开放的“三位一体”协商民主实践综合体，位于钱江新城城市阳台，建筑面积5000平方米，由政协书院、委员议政、书画交流等功能区组成，以“江南烟雨，春江潮生”为设计理念，空间格局布置呈现“里弄巷坊”的特色，整体风格展现杭州独特的宋韵文化和勇立潮头的浙江精神。该项目由市运河集团代建管理。

【中国大运河庙会】2022年11月8—14日，以“北关老庙会，杭城新生活”为主题的第九届中国大运河庙会在京杭大运河杭州景区举行。庙会由市运河集团、市园林文物局（市运河综保委）、市文化广电旅游局、大城北规划建设指挥部办公室、拱墅区政府主办。庙会分设香积寺广场、大兜

2022年10月1日，小河公园建成开放　（董旭明　摄）

路历史文化街区、小河历史文化街区、桥西历史文化街区4个板块、234个展位，活动内容包括“水上集市”“国潮文创集市”“轻食美食集市”“素食集市”“非遗集市”等传统集市，以及新式城市露营、非物质文化遗产手作、灯谜互动等社交体验环节。为期7天，接待游客54.1万人次，实现展位营业收入368.2万元，带动京杭大运河杭州景区整体销售收入823.3万元。

【盛运公园开放】2022年12月，市商旅集团（市运河集团）“迎亚运大运河（杭州段）水岸互动文旅融合提升工程”的重点项目盛运公园通过验收，正式对外开放。公园位于杭州江河汇板块景芳三堡单元，北至城东粮库，西至京杭大运河，南至运新公园，总用地面积2.2万平方米，分为北园、昙花庵桥桥下通道、南园3个区块。园区内设有月季科普公园、休闲健身绿道、地下停车库、水上客运码头、公共卫生间等。盛运公园集全民共享、健康运动、寓教于乐、观光休闲、水上集散枢纽、科普教育等功能于一体，开放后风起路至石祥路段运河绿道的最后1处堵点被打通。

（沈琴晓）

城市公用设施

【概况】2022年，市城投集团根据市委、市政府关于国企改革发展部署，推进重组后的市城投集团一体化建设，实现“1+1远大于2”的改革成效。继续做好供排水、公共出行、能源（天然气）供应、垃圾清运处置、道路桥隧养护等保障工作。全年实施快速路网、地下综合管廊、燃气管道、供排水设施、公交场站建设等省、市重点项目17个，完成总投资516.19亿元，比上年增长9.1%。建成项目中，原北大桥地块项目获评中国建设工程“鲁班奖”（国家优质工程）。市公共交通集团退出“小莲清风，双城联动”活动，全年公共交通发送乘客7.99亿人次，市民和游客租用公共自行车6409.92万人次。清运生活垃圾218.71万吨。千岛湖原水配水9.48亿立方米，供水（生产水量）8.84亿立方米；处理污水6.11亿立方米。完成首单美元债券发行各项准备。市城投集团在“2022中国企业500强”“2022中国服务业500强”“浙江省百强企业”排名中分别居第392位、第137位和第45位。

2022年，杭州市公共交通集团推出“小莲清风，双城联动”活动

（市城投集团 供稿）

【扩大杭嘉湖南排后续西部通道工程开工】2022年12月2日，由市水务集团承建的扩大杭嘉湖南排后续西部通道工程开工。该工程是补齐杭州城西区域防洪排涝短板、保障杭州城西科创大走廊水安全的重要水利工程，项目建议书获省发展改革委备案后，市水务集团多渠道争取建设资金，完成11.35亿元专项债方案编制，落实农业发展银行投放的7.79亿元金融工具资金，并对接相关出资主体，落实建设资金2.23亿元。按照省政府开工目标，加快推进项目前期准备，完成用地预审组件上报、可行性研究报告批复、工程先行段初步设计批复，为该项目参加全省集中开工奠定基础。

【供水设施改造】2022年，市水务集团推进各类政府民生实事项目建设。按照“一次截断增量，逐步改造存量”要求，实施老旧高层住宅小区二次供水设施改造。全年杭州城区和富阳区完成二次供水改造项目现场踏勘492个、方案设计397个、施工图设计204个；进场施工项目176个，完工通水42个。配合有关部门加快老旧小区改造，完成19个老旧小区供水管道改造施工，安装供水管道37千米。修订用水报装制度，优化用水报装流程，完成接水工程项目1315个，用户满意率100%。

【2个天然气高压管道工程贯通】2022年2月26日，杭州市天然气利用工程S7-1（江东门站—梅仙桥）高压管道工程全线贯通。该管道工程长9千米，其中穿越河流及道路管道2878米，包括8处定向钻（穿）越、5处顶管穿越；沿线涉及2个区、1个街道、1个农场、7个村，途径艮山东路、中环路、杭甬高速公路、杭州会展新城港华大道等路段，并与国家管网西气东输二线、省天然气公司杭甬线并行和各种管路形成交叉。3月31日，杭州市天然气利用工程萧山机场分布式能源天然气高压管道支线工程全线贯通，管道支线工程长3.5千米，其中管道钻（穿）越河流与道路总长2.2千米。2个高压管道工程总投资1.14亿元。

【嘉兴液化天然气应急调峰储运站投运】2022年7月18日，杭州市燃气集团和嘉兴市燃气集团共同投资建设的浙江嘉兴液化天然气应急调峰储运站正式投运，为全国第三个省会城市燃气企业液化天然气接收站和浙江投入运营的第三座液化天然气接收站，是全省天然气产供储销体系的重要组成部分。储运站总投资24亿元，由库区工程、码头工程和外输管线工程组成，设计液化天然气年接卸量100万吨。储运站凭借自有码头、国际采购渠道和浙江海洋资源优势，成为杭州、嘉兴两地管道天然气供应的重要补充，并大幅度提高杭嘉地区的应急调峰能力。

【临安燃气公司实施一体化运营】 2022年12月31日，杭州临安燃气有限公司与杭州临安中石油昆仑有限公司完成5.68万户居民用户、129户非居民用户、13个贸易计量点的一体化运营交割，由杭州临安燃气有限公司统一运营临安区行政区域内所有管道燃气业务，全区管道燃气实现身份、品牌、服务、价格4个统一。临安燃气有限公司实行一体化运营后，公司有绿色能源站10座、燃气中压管道351.47千米、低压管网463.67千米，有居民用户7.31万户、非居民用户396户，年供气态天然气约1亿立方米，成为由中央企业、省属国有企业、市属国有企业共同整合的管道燃气一体化改革样板。

【钱塘健康驿站建成投用】 2022年8月，杭州钱塘健康驿站建成并投入运行，该健康驿站为杭州紧急建设的疫情防控配套应急工程。驿站建设过程中，市城投集团克服施工现场人员密集交叉、外围协调牵涉面广等难题，用4个月时间建成总面积20万平方米的38幢单体建筑，设置各类房间4232间。健康驿站投入运营后，由市安居集团负责消防及食品安全、涉疫垃圾收集转运、人员后勤保障等工作，整体运营平稳有序。

【杭州篮球公园开园】 2022年9月30日。市城投集团会同市城管局、拱墅区等建成的杭州篮球公园开园，实现体育公共服务设施优质共享。杭州篮球公园位于德胜路与石桥路交叉口南侧，是利用废弃公园建成的嵌入式篮球公园，总占地面积2.08万平方米，建有篮球场4.5片、篮球网球复合场2片和网球场、五人制足球场、气排球场各1片，辐射公园周边居民家庭约10万户。至年末，参加篮球公园健身活动的市民有2.5万人次。

【杭州第二水源输水通道工程江南线平原段竣工】 2022年9月15日，由市城建发展集团代建的杭州市第二水源输水通道江南线平原段工程通过竣工验收。江南线是千岛湖配水供水工程的重要组成部分，分山岭段、平原段和过江段3段。平原段工程于2018年11月开工，2022年1月全线贯通，总长6.42千米。项目推进过程中，市城建发展集团根据前期勘探资料，邀请专家多次论证下穿施工方案及保护方案，确保平原段工程安全贯通。江南线建成后，整个江南地区将形成以千岛湖、钱塘江互为备用的双水源供水格局，提高钱塘江南岸区域供水保障能力。

2022年9月30日，杭州篮球公园开园　　（市城投集团 供稿）

【中国垃圾焚烧大会在杭州举行】 2022年11月3—4日，第九届生活垃圾焚烧处理技术与设备研讨会（又称“中国垃圾焚烧大会”）在杭州举行，为国内固体废物领域最高规格的行业盛会。来自全国各地的专家学者、行业主管部门领导、企业代表300人，围绕“新发展格局下清洁焚烧的机遇与挑战”主题，开展交流探讨。与会代表认为，在传统的垃圾填埋遭遇环境污染、土地紧张、垃圾分解困难等因素限制下，垃圾焚烧应成为城市化进程中垃圾处理的有效方法。

（张敏华）

水　利

【概况】 2022年，杭州市加强规划引领，编制完成《杭州市解决防洪排涝薄弱环节实施计划（2022—2025年）》，围绕解决防洪排涝突出薄弱环节确定重点工作任务。编制完成《杭州市水资源节约保护与开发利用总体规划》并报送省水利厅复审，《杭州云城防洪专项规划》《苕溪上游分洪专题研究》分别通过市级技术审查和专家审查。加快水利重大工程建设，全年完成水利投资68.2亿元，投资额排名全省设区市第一位。加强水资源和水土保持监管，市林水局获评“全省水土保持目标责任制成绩突出集体”，临安区获评“国家水土保持示范县”，淳安县千岛鲁能胜地水土保持科技示范园被评为“国家水土保持科技示范园”，杭州数字孪生钱塘江流域建设被列入水利部“先行先试”试点。加强全域美丽河湖创建，《浙江杭州擦亮“共同富裕”底色，打造全域美丽河湖》案例入选《全面推行河长制湖长制典型案例汇编（2022）》，全域开展幸福河湖建设经验做法在全国推广。优化水利相关营商环境，市林水局完成“优化水利工程招投标手续”“部分重点领域建立全流程事前事中事后监管机制（水土保持）”两项营商环境创新试点城市改革任务。（朱家驹）

【水利行业监督】 2022年，市林水局加强水利工程风险差异化、精准化动

2022年8月31日，余杭区东苕溪西险大塘达标加固工程开工

（市林水局 供稿）

态管控，每季度开展水利安全风险状况评价，对全市827项水利工程4583处辨识危险源实行全面管控，全年水利工程实现安全无事故，市林水局获省水利厅安全生产目标责任制考核优秀等次。年内监督检查水利工程质量220次，发现和整改质量安全问题1500个；抽查水利工程项目14个，巡查水利工程项目11个，发现并整改质量隐患问题225个、安全隐患问题77个。水利行业创建市级文明标准化工地6个，获评省级水利文明标准化工地2个。萧山区蜀山片大治河排涝闸站改建工程获评“钱江杯”优质工程。（秦福华 马 骏）

【重大水利工程建设】2022年，杭州市推进重大水利工程建设，按计划实施的重大水利工程完成投资24亿元，完成年度目标任务的113.3%。围绕省水利厅“大干项目、大干民生”要求，各地各单位精心组织、靠前服务、抢抓工期，9个在建工程基本达到进度要求，其中八堡排水泵站、西湖区铜鉴湖防洪排涝、钱塘区东湖调蓄湖、滨江区沿江区域提升4个工程完工，青山水库防洪能力提升工程、富阳区北支江综合整治工程基本完成，临安区双溪口水库混凝土大坝浇筑工程完成工程量的50%。15个前期项目中，扩大杭嘉湖南排后续西部通道、余杭区东苕溪西险大塘达标加固、桐庐县富春江堤防提升等9个工程开工。北岸五堡排涝泵站、三堡至乔司段海塘一期、富阳区南北渠分洪隧洞、临安区里畈水库加高扩容、建德市“三江”治理等项目前期工作有序进行。全年创建省级示范泵站机埠、堰坝水闸、灌区灌片、农民用水管理主体和基层水利站64处，创建市级示范水利设施104处，市级和萧山区等6个区县（市）获省级考评优秀。农田水利灌溉工程更新升级被纳入省政府民生实事项目，全年完成农田水利灌溉工程更新升级229处，完成率133.5%。临安区《创新“四化”改革 杭州市林业水利局助力两个先行》案例入选全国50个农业水价综合改革典型案例。

（金姗姗 郑秀倩）

【节水行动】2022年，杭州市建成国家级县域节水型社会2个，总数6个。建成节水标杆园区、酒店、学校、小区、企业117个，完成年度计划的109.5%，其中省级节水标杆酒店15个、节水型学校27所、节水型小区31个、节水型企业44个。水利行业建成节水型单位13个，完成年度计划的120.2%。杭州华旺新材料科技股份有限公司获评国家“水效领跑者”企业，浙江杭州青山湖科技城获评国家“水效领跑者”园区。杭州市农田灌溉水有效利用系数0.611，农田灌溉水有效利用工作考评排名全省第一位。市节水宣传基地接待学习、实践、考察人员3200多人次，与属地单位开展“节水护水，点滴在心”等主题活动，发挥节水宣传窗口作用。（汪 健）

【河湖管理保护】2022年，杭州市推进全域美丽河湖建设，创建省级美丽河湖20条（个）、市级美丽河湖44条（段、个）、水美乡镇26个，治理中小河流127.63千米。建德市被列入2023—2024年全国水系连通和水美乡村建设试点县，新安江—富春江水利风景区入选国家水利风景区高质量发展典型案例。“浙江杭州擦亮共同富裕底色，打造全域美丽河湖”案例入选《水利部全面推行河长制湖长制典型案例汇编（2022）》。全年整改销号“清四乱”问题157个（含2021年6个遗留问题），整改销号妨碍行洪突出问题24个。全市公布市级重要水域38个，重要水域所在区县（市）均制定保护规划，进一步夯实河湖管护基础。（何 晴）

【钱塘江防潮】2022年，杭州市严格落实钱塘江潮前潮后各1小时巡防喊潮制度，推进以城市大脑为基础的钱塘江智慧防潮建设和管理，开展防潮安全公益宣传，打造“江潮壮观、观潮有序、防潮安全”的钱塘江防潮安全长效管理新格局。全年劝阻下堤下江观潮者6.7万人次，救起落水人员27人，完成农历八月十八日和中秋节、国庆节期间的防潮安保工作，未发生群死群伤责任事故。

（金晓剑）

【农村饮水保障】2022年，杭州市完成农村供水管网改造298千米、水站抽查与水质检测80处，率先完成省级民生实事项目，12.55万人饮水品质得到提升。淳安县王阜水厂等8个水厂获评省农村供水规范化水厂。加强抗旱保供工作，启用备用水源107处，新增应急水源376处，保障夏季和秋季连旱期间山区居民的饮水需求。（楼淑君）

【防汛防台抗旱】2022年，杭州汛情总体平稳，汛期经历2场洪水及“轩岚诺”“梅花”2个台风。市林水局加强监测预报预警，发布洪水预警16期、山洪灾害预警114期，发送预警

短信33.6万条。“梅花”台风期间，首次对4个区县56个乡镇党政负责人启动山洪灾害预警响应机制。开展7轮水利隐患大排查，全市派出工作组404组（次），出动4.1万人次，检查工程5.7万处（次），排查风险244项并落实动态闭环整改。科学调度水利工程，发出调度令356份，水库调蓄洪水21.82亿立方米，平原河网排涝6.5亿立方米。8月中下旬，市级和萧山、临安、桐庐、淳安陆续发布水利旱情蓝色预警。杭州全面部署抗旱保供工作，组织编制抗旱保供水预案9份、水源水库用水计划14份，发布旱情预警5次、工作提示单14份。聚焦农村饮水安全，启动备用水源107处，新增应急水源376处，投入抗旱资金4081万元。（孙映宏）

【水利建设工程应急演练】2022年6月6日，杭州市水利建设工程应急演练暨文明标准化工地创建现场观摩活动在青山水库举行。演练结合青山水库防洪能力提升工程建设，设置应对超标洪水、应急救援2个项目，具体分为水位预报预警、会商研判、应急响应启动、停工撤离、围堰充水、局部险情处置、现场应急救援处置等15个场景，演练历时40分钟，参演150多人次，出动大型设备7台(次)，达到提升技防、强化人防、夯实物防、完善预防的预期目标。（陈文波）

【水利科普宣传和文化研究】2022年，杭州市水利科普馆接待参观团组98批次、6200多人次，通过人民网、浙江新闻客户端等媒体发布水利科普知识，线上参与120多万人次。以“水利科普助力双减，童心筑梦绿色生活”为主旋律，打造“亲水之旅”品牌，开展研学活动21场。结合世界水日、科普日等节点，开展科普宣传进社区、进校园活动，发放宣传资料5600多册，其中“燃情亚运杭州市林业水利局河我同行”水利科普进校园活动获中央、省、市主流媒体连续报道。市水利科普馆聚焦杭州水文化研究，完成杭州13个区县（市）重要水文化遗产调查，编撰完成《浙水遗韵·诗画杭州》《杭州市“十四五”水文化建设规划》。年内，杭州市水利科普馆获评“2021—2025年第一批全国科普教育基地”“杭州市青少年科普教育基地”。（傅建英）

城市管理

【概况】2022年，杭州市城管系统推进“美丽杭州迎亚运”城市环境品质提升行动和“城市环境大整治、城市品质大提升”常态化工作，完成亚运会相关道路、场馆、宾馆和入城口、跨亚运工地等领域688项综合整治任务，整改各类问题390多万个。发挥城市运行专委会牵头抓总作用，落实城镇燃气、地质隐患及市政设施、城市河道及水设施、市容照明供电、生活固体废物处置、轨道交通运营期保护6个方面安全责任。年内完成4.75万个餐饮场所可燃气体报警器安装、3055条城市道路地下安全隐患整改，16座城市桥梁动态称重系统建成投用，107个存量道路积水点全部销号，289起严重影响公共安全的紧急事件得到处置。完成49项市级改革任务，行政执法事项总目录和综合执法、专业执法、乡镇执法“三张清单”成熟定型，综合执法事项拓展至25个领域、1933项。总结推广防汛工作方法，实现防汛问题第一时间发现、第一时间报警、第一时间处置，确保汛期市民出行安全。（裴帅）

【城市管理“大综合一体化”行政执法改革】2022年，杭州市“全场景”监管一件事、打造市域三大水系禁渔执法联合体、临安区打造“五级金字塔形”执法网络3个改革项目获评全省“大综合一体化”行政执法改革“最佳实践”项目。杭州市以精简执法队伍、下沉执法力量为重点推动体制改革，全年精简执法队伍50支，参照有关规定重新认定执法队伍85支，完成执法人员转隶199人，8241名行政执法人员下沉县（市）和乡镇（街道）。推进乡镇（街道）“一支队伍管执法”，全市191个乡镇（街道）均成立综合行政执法队。淳安县构建“一支队伍管千岛湖”模式入选年度浙江省改革突破奖提名奖。坚持执法事项“清单化”，厘清权责边界，综合执法事项涵盖25个执法领域。坚持执法监管“综合查一次”，实现“进一次门、查多项事、一次到位”，全年实行“综合查一次”单位1.65万个（次），执法扰企问题数量下降35.5%，实现检查人数和频次“双下降”。市综合行政执法局会同省和市发改、公安、网信、市场监管等部门，依法查处1起新型虚拟货币“挖矿”大案，涉及省内外企业及个人投资客1000多个，涉案虚拟货币原始价值1亿余元，是杭州市推进“大综合一体化”行政执法改革后查处的第一起发改部门划转事项案件。（蔡旺）

【重点领域执法】2022年，市城管局依托数字赋能，推进桥梁超限“非现场”执法工作。在北星桥等7座城市桥梁试点安装不停车动态检测系统，将现场获取的车货总重、车辆轴数、现场照片、视频、车辆牌照等信息推送至执法系统数据后台，执法人员通过网络平台即可查处车辆超限通行桥梁违法行为，有效解决执法人员不足、取证困难、执法安全三大问题。全年全市立案查处城市桥梁车辆超限违法行为近400起，罚款86万余元，安装该系统的城市桥梁车辆超限行为得到控制。推进燃气隐患治理，与市建委等部门常态化开展燃气管线保护情况联合检查。建立完善考核、通报和责任追究机制，编制《杭州市第三方施工损坏管道燃气设施执法指导手册》，规范执法办案行为。全年全市城管部门立案查处燃气管线第三方损坏管道燃气设施行为189起，罚款1170多万元。（申光）

【城市环境大整治】2022年，杭州市环境整治专班开展“迎亚运”城市环境大整治，通过问题排查整改日检查、周排名、月评比办法，督促各行各业开展自查自纠，提升城市品质，全年全市平均环境整洁指数为90.09。加强数字城管巡查，新增城市道路巡查面积3.2平方千米，数字城管总覆盖面积增至803.19平方千米，桐庐县莪山畲族乡成为全省首个乡级数字城管试点区域。建立“市区协同、部门联动”的“监管+执法”数字城管源头治理工作机制，开展重点区域源头治理，采集交办案卷373.55万件，问题解决率99.9%。扩容城市治理有奖举报平台，新增非法伐树、养老诈骗、"场所码"核验、废弃车辆处置等受理类别,将问题受理范围扩展至12个大类100个小类,受理范围涵盖建设、消防、交通、环保、教育、疫情防控等行业。全年参与举报居民4.15万人次,收到问题举报59.2万件,处理较大安全隐患问题700个,发放举报奖励183.9万元。

(邵寓静 邵汉星 吕方炜)

【街容街貌整治】2022年,杭州市围绕主干道路两侧、亚运场馆周边、交通枢纽周边等重点区域,通过实施提升改造或局部清洗、粉刷、修复、拆除等方式推进立面整治,结合地域文化特色、建筑功能特征,融合宋韵文化、钱塘精神和亚运元素,开展人文景观美化塑造,提升城市街容街貌。全年完成沿街建筑立面整治431处,规范整治遮阳(雨)棚1.47万个、店招店牌4315块,清除乱拉铁丝网2659处,清洗、粉刷、修复建筑立面628.9万平方米。按照城市街容示范街建设管理要求,采取自主申报和集中检查相结合方法开展评定验收,平海路(湖滨路—中河中路)、学院北路(申花路—石祥西路)等10条道路创建成为年度省级街容示范街。下放商业外摆事项审核权限,简化文化商业活动审批流程,试点探索特色街区"一街一方案",全市新增临时经营点摊位1587个、商业外摆摊位1212个,批复文化商业活动959场次。

(王　晶)

【城市交通设施管养】2022年,市城管局制定《杭州市既有城市桥梁桥头跳车整治导则》,使用新材料、新技术,完成339座城市桥梁桥头跳车整治。完成"迎亚运"道路修缮三年(2020—2022年)行动计划,179条(段)道路实现路面平整平顺、行车舒适平稳、无障碍设置规范的预期成效。构建杭州市道路、桥梁、隧道设施安全运行监测系统,数据覆盖全市2566座城市桥梁、53座人行天桥、159座隧道及下穿道、47座地道、3305千米城市道路。借助该监测系统,市政设施病害发现和处置效率提升58.3%,过桥车辆超过限高数量下降78.5%,积水点处置响应时间缩短75.5%。监测系统被纳入住房和城乡建设部城市基础设施安全运行监测试点示范城市建设、全省重大改革(重大应用)"一本账"S1重大应用、杭州市数字政府系统"一部门一应用"清单。开展城市地下安全隐患勘测检测,全年检测城市道路2270.69千米,发现地下空洞228处、脱空1055处、土体疏松1774处,采取注浆回填等措施进行治理,并将道路土体疏松纳入长效监测。依托智慧市政管理系统平台和桥梁隧道安全在线系统,运用"市政医生""云上坦途"等智慧化图像识别技术,加强道路、桥梁隐患管控。

(陈　杰 陈盛根 王荣彦 杜荣乐)

【城市河道管理】2022年,市城管局细化分解《杭州市城市河道碧水迎亚运实施方案》年度目标任务,完成15条河道生态清淤,建成"污水零直排小区"154个,改造雨污分流管网90千米,完成5条(片)省级美丽河道、20条市级美丽河道创建和上塘河、余杭塘河亚运场馆周边12.4千米绿道提升,完成智慧河道平台二期建设。根据市政府发文,钱塘江杭州城区段水面保洁工作转由杭州属地管理,市水设施河道中心加强与钱塘江流域中心对接,制定保洁工作下放承接方案,实现水面保洁下放工作平稳过渡。

(马良金)

【生活垃圾处置"三化"】2022年,杭州市推进生活垃圾处置减量化、资源化、无害化。建成临江垃圾焚烧厂等10个垃圾处置项目及相关配套设施,实现生活垃圾焚烧和易腐垃圾处理设施县(市)全覆盖及垃圾"零填埋"。加快垃圾清运与资源回收"两网融合",全年再生资源回收量257.12万吨,生活垃圾回收利用率61.7%。修订《杭州市生活垃圾处置费用结算管理办法》,完善生活垃圾处置费用收缴和支付系统,保障全市生活垃圾处置安全、运行稳定。至年末,全市93个街道、98个乡镇、4957个居住小区、1918个建制村及公共机构、企业实现垃圾分类全覆盖,累计创建省、市示范小区2949个,占小区总数的59.5%。全年城乡清运生活垃圾464.83万吨,比上年下降1.97%,实现总量"零增长"。

(邵金蔚 曲宜婷 李文翰 张　媛)

【城市保洁】2022年,市城管局开展迎亚(残)运会"公厕服务大提升"专项行动,按照"标识完善方便找、无味有纸全覆盖、舒适整洁服务好、服务场馆新布点"的目标,对全市195座亚运会相关保障公厕进行全面排查,整改标识标牌问题1463个,新增小厨宝235个、除臭设备217套、便民充电设备144套、日夜两用指示牌110块、立式烘手机197台。推行"礼让第三卫生间"活动,在全市1500多座设有第三卫生间或无障碍间的公厕张贴礼让标识,并在其中154座公厕内设置礼让语音播报系统。加强道路和公共广场保洁,在主要旅游景区、重要商圈、交通枢纽、重要活动场所、城市高架道路、隧道等区域,创建"保洁见本色可席地而坐、城市家具无污渍可随手擦拭、绿化绿地见景致可清新入目"的保洁区174个。

(李　洁 庄　琦)

【工程渣土长效治理】2022年,杭州市加强工程渣土转运码头规划、建设和管理,全年投入运营码头12座,码头转运的工程渣土量占全市渣土总量的27.3%。通过林地复绿、耕地复垦、矿山生态恢复、建设项目土方回填等举措,全市工程渣土综合利用率超过90%。各区县(市)工程渣土山坳堆填场地经营单位开展堆体稳定性评估并报备。修改完善市工程渣土监管服务平台,在出土工地、消纳场地分别设置数字化监管设备。全市工程渣土运输车卫星定位信号直连接入杭州市工程渣土监管服务平台,实现渣土从工地出土运输到末端消纳的全过程闭环监管。全年全市新增施工许可证工地2683个,经注册登记的运输企业586个,办理转运证书在有效期内的车辆8608辆,处置工程渣土(泥浆)9457万吨,处置拆房、装修垃圾390万吨。

(陈　星)

【停车服务"四化"管理】2022年6月30日,杭州市编制发布首个《社会停车场运营管理服务规范》地方标准,按照"精细化、标准化、规范化、智慧化”要求，规范停车场运营服务管理。推行基于网格化停车“巡管”制度，将全市1500多名停车收费员转换为有综合服务管理职能的“巡管员”，并在全市5.3万个道路泊位、108个政府投资建设停车场率先开展“巡管”工作。推进全市机关企事业单位闲时泊位资源对外共享开放，与有关单位联合开发“邻里停”共享平台，平台接入机关企事业单位320多个、共享泊位1万余个。升级完善城市大脑停车系统，全市5200多个停车场（点）、151万余个泊位统一接入城市大脑停车系统平台。全市开通“先离场后付费”功能的停车场（点）增至3760多个，涉及停车泊位83.1万个，基本实现对外开放收费停车场（点）全覆盖，“先离场后付费”注册用户330万户，累计服务车主1.57亿人次。（俞　虹）

【共享单车（电单车）管理】2022年，杭州市有共享单车25.48万辆。市城管局实行共享单车投放份额动态调整机制，有序调整全市共享单车投放数量。以“备案”为抓手，完成8.49万辆单车备案扫码，备案率99.6%，确保全市车辆本底清晰可控。为满足市民绿色出行多元化需求，推动共享电单车运行试点，共享电单车总量由上年末的6000辆增加至1.2万辆。建立共享电单车“负面清单”（禁停区），在试点城区设置“负面清单”60处，探索骑行人信用评价体系和应用机制，全年对用户乱停乱放、损坏车辆等行为实施提醒6486人、警告1971人、禁骑1088人，增强市民和游客文明安全骑行和规范有序停放意识。（洪炼杰）

【城市照明提升】2022年，市城管局围绕“办好一个会、提升一座城”的总体要求，开展城市夜景及发展定位研究，有序推进迎亚运会景观亮化提升工作。全年完成“一场三站”（杭州萧山国际机场、杭州东站、杭州城站、杭州南站）、“两线三桥”（钱塘江两岸、运河沿线，彭埠大桥、新彭埠大桥、之江大桥）和杭州奥体中心体育馆、黄龙体育中心体育馆等44个亚运会比赛场馆及39个入城口的景观亮化提升，营造简约大气、低碳高效、舒适怡人的夜景灯光。提升市心路、文三路数字生活街区2个商业街区夜景，增强夜间经济聚集效应。完成西溪路沿线、金沙大道沿线、钱江世纪城沿江景观带等8条特色景观大道及3个城市公园亮灯工程，丰富市民夜间生活。在火车东站区域东、西广场铺设太阳能智慧路灯200多套，并集合5G微基站接口、视频监控、LED照明等功能，进行应用场景定制化设计。按照“先副城、后县市，先沿江、后腹地”时序，推进市级统一管控平台升级完善和各区二级平台接入市级平台工作。至年末，市级智慧照明管理平台接入“一把闸刀”控制终端6618套，管控路灯照明时长607.5小时。（王　晶）

【城管民生实事】2022年，市城管局按照“应改必改”“愿改尽改”原则，实施新一轮二次供水改造计划。印发二次供水改造工作指南和技术要点，采取专班统筹协调、半月晾晒进度、支部建在项目、常态走访检查等形式加强督导。全年完成102个小区二次供水改造，二次供水改造满意度96.8%。推进无障碍环境示范区打造，整改市政设施问题4.94万个。开展“礼让盲道”标语施划与非机动车泊位清退工作，全市施划“礼让盲道”提示标语4349处，涉及道路331条；取消非机动车泊位占用盲道218处。会同市公安局交警支队、市城投集团，在对主城区道路摸排基础上，落实新型遮阳棚设计、生产和安装工作，20天内完成95个道路路口的185顶遮阳棚安装。采取道路改造、绿地改建、空间贯通、地铁口上盖建筑停车资源共享等举措，新增地铁出入口非机动车停放点104处、非机动车停车位1.47万个，并开展“光伏发电遮阳棚”安装试点和开设外卖车辆、残疾车辆专用泊位等工作。（马良金　沈　丹）

【城管系统精神文明建设】2022年，杭州市城管系统开展第九届最美城管人（集体）选树工作，评选最美城管人9人、最美城管集体8个。加强城管工作宣传，“杭州城管”微博在“全国十大城管政务微博排名”中居第二位，市城管局水设施和河道保护管理基地入选杭州中国特色社会主义理论体系研究中心首批调研基地名单。开展“贴心城管”志愿服务，全年城管系统组织各类志愿服务活动599场次，服务市民和游客17.2万人次，杭州“贴心城管”志愿服务总队五行巾帼服务队获评年度杭州市“最美志愿服务组织”。市城管局会同有关单位，利用桥下空间建成全省首个嵌入式篮球体育公园，使“闲置空间”变成“金角银边”的做法入选省高质量发展建设共同富裕示范区最佳实践名单、杭州市精神文明建设年度十件大事。全年全市利用城市桥梁桥下空间121处，其中停车场56

2022年，杭州黄龙体育中心体育馆亮化工程完成　（市城管局 供稿）

余杭区良渚运动公园段绿道（摄于 2022 年）（市建委 供稿）

处、应急物资仓库 28 处、市政环卫养护基地 22 处、公共活动场地 8 处。（裴 帅）

城市绿化

【概况】2022 年，杭州市根据亚运会、亚残运会八大绿色行动方案，加大扩绿提质、改善生态工作力度，提升全域绿色环境质量水平。优化园林绿化系统工程，推动《杭州市绿地系统专项规划（2021—2035）》与国土空间总体规划相衔接。完成《杭州市绕城生态廊道专项规划》评审和《杭州市林荫道设计导则》编制，开展“杭州市园林绿化与海绵城市融合研究”，实施“杭州市园林绿化专项体检”等项目。举办“杭州申报建设国家植物园高峰论坛”，邀请国内专家到会指导，推动国家植物园申报工作。坚持 24 年开展全市“最佳、最差”绿地系列检查评比，以严格的考核评比和奖惩问责机制，推动绿化品质不断提高。至年末，市区建成区绿地面积 311.93 平方千米，绿地率 37.61%，绿化覆盖率 40.96%，人均公园绿地面积 12.70 平方米。

【迎亚运会绿化专项行动】2022 年，杭州市以实施“复绿、林荫、生态”为抓手，开展迎亚运会绿化专项行动。全年全市完成地铁恢复道路绿化 185 条、260 多千米，建成快速路绿化 33 条、50 多千米，种植乔木 2.8 万株。推进高架“空中花廊”建设，全市域高架月季总量超过 200 万株。加强绿化精细养管，完善日常养护管理制度，编制《2022 年杭州市园林绿化养护月历》，检查全市域重点绿地 510 多处。推进城市树木保护工作，市人大常委会审议通过《关于加强古树名木保护工作的决定》，市园文局印发《关于进一步加强树木保护及管理的若干意见（试行）》《关于进一步规范树木迁移公示等相关工作的通知》《杭州市居住区树木修剪技术导则（试行）》，进一步规范树木迁移、修剪方案公示工作。加强柳树和悬铃木飞絮抑制、园林植物病虫害生物防治，推广应用石蒜新优品种 14 万个种球。开展“我为亚运种棵树”“我为亚运栽盆花”“社区植藤节”“公园小园长”“迎亚运立体花坛设计大赛”“园文艺术沙龙”“古树名木我来守护”“书香换花香”等大型绿化主题活动 20 多场。（袁彰欣）

【公园城市建设】2022 年 3 月 8 日，杭州公园城市建设三年行动工作专班办公室印发《杭州市区加快公园城市建设三年行动计划（2022—2024 年）》。该行动计划提出 2022—2024 年全市建设不少于 200 个具有改善生态、美化环境、体育健身、运动休闲、娱乐休憩、防灾避险等功能的公园。根据行动计划，杭州开展公园需求调查、精品公园展示、民间园长征集等活动，推动公园城市共建、共治、共享。全年市区建成多功能公园 71 个，总面积 356 公顷，多数公园融入亚运、体育等元素，其中禹上生态公园、北支江公园获评浙江省优质综合公园。11 月 2 日，市政府公布第三批城市公园名录，122 个城市公园上榜。入围第三批名录的主要为功能完善、特色鲜明、建管衔接到位的新建公园，并包括前两轮中未公布的市域内养护管理成熟的公园。

（市规划资源局 吴冬梅）

【绿道建设】2022 年，杭州市围绕“五道理念”（“五道”指生态之道、健康之道、智慧之道、文化之道、致富之道），根据“新建改造绿道 300 千米，实现省级绿道主线基本贯通”的年度目标任务，统筹推进绿道建设工作。全年全市新建和改造绿道 336 千米，完成年度目标任务的 112%。打通区县（市）与省级交界面绿道 35 处，实现省级绿道主线全线贯通。全市评出年度“杭州市最美绿道”15 条，其中杭州运道、千岛鲁能胜地绿道获评第六届“浙江最美绿道”。全市累计建成省级“最美绿道”14 条，总量居全省第一位。（戴雨轩）

【花事花展活动】2022 年，市园文局组织“国庆立体花坛、环境小品、自然花境、主题花园创作竞赛”、“江南国色韵杭州盛世风采迎亚运”长三角牡丹精品展、两宋菊花精品展暨“西湖秋韵”杭州第八届菊花艺术展、黎明公园杜鹃花节等花事花展活动 20 多个。选派优秀作品参加第十三届中国（徐州）国际园林博览会，博览会杭州展区设立“最佳展园”“最佳设计展园”“最佳施工展园”“最佳植物配置展园”“最佳建筑小品展园”“最佳室内布展展园”“最佳园博会创新项目”7 个区块，展现杭州“宋韵文化”和杭州园林技艺。杭州获 7 个大奖并获评“表现突出城市”，市园文局、杭州西湖风景名胜区管委会、市园林绿化发展中心、杭州园林风景名胜区花港管理处、杭州市园林绿化股份有限公司获评“表现突出单位”。

【城市绿化综合考核】2022 年，根据《杭州市人民政府办公厅关于

2022年度全市绿化、文物工作综合考核结果的通报》，上城区政府、余杭区政府、杭州西湖风景名胜区管委会、建德市政府被评为年度绿化工作最佳管理单位，西湖区政府、杭州高新技术开发区（滨江）管委会（政府）、临平区政府、富阳区政府、淳安县政府被评为年度绿化工作优秀管理单位，拱墅区政府、萧山区政府、临安区政府、钱塘区政府、桐庐县政府被评为年度绿化工作达标管理单位。

【“双最”检查评选】2022年，杭州市10个城区、3个县（市）、1个管委会参与“双最”（最佳、最差）检查评选，“双最”评选包括纳入考核的公园（景区）、绿道、道路绿地、高架绿化及施工养护期绿地。经评定，雷峰塔景区、杭州北部园区公园、杭州世纪公园被评为年度杭州市“最佳公园（景区）”，沿山河四期滨水绿地被评为“最佳滨水公园”，临平山绿道被评为“最佳绿道”，丽水路、丰潭路、高教路、黄龙路、东湖中路被评为“最佳道路绿地”，复兴高架立交被评为“最佳高架绿化”，运溪高架公路临平段被评为“最佳高架绿化工程”，文一西路西段、临平山体育公园被评为“最佳施工养护期绿地”。萧山区彩虹高架被评为年度“最差高架绿化”。

【园林城镇及园林式居住区（单位）、优质综合公园、绿化美化示范路评比】2022年，根据省建设厅有关通知精神，杭州市推荐一批园林镇及园林式居住区（单位）、优质综合公园、绿化美化示范路参加全省评比。经省级专家综合考查，富阳区新登镇、淳安县威坪镇、富阳区胥口镇、萧山区所前镇、建德市杨村桥镇、临安区湍口镇、建德市三都镇7个城镇被评为省级园林城镇。上城区杭风府、上城区春江花月、拱墅区武林壹号、萧山区桂冠东方城、余杭区桃花源南区、余杭区新明半岛（十里风荷）、钱塘区海名雅园、建德市江和城和风苑、建德市观澜府、桐庐县美伦美郡、桐庐县大奇山郡、淳安县近湖花苑、拱墅区杭州市文澜小学、建德市政府机关大院、西湖风景名胜区柳莺里酒店、西湖风景名胜区杭州市职工疗养院、西湖风景名胜区中国农业科学院茶叶研究所17个居住区（单位）被评为园林式居住区（单位）。上城区杨柳郡公园、拱墅运河体育公园、拱墅区大关公园、西湖区龙坞公园、滨江区北塘河儿童公园、萧山区新安公园、萧山区钱江世纪公园、余杭区禹上生态公园、临平区滨河公园、临平区世纪公园、钱塘区新湾新城公园、富阳区北支江公园、桐庐县瑶琳马术公园、杭州西湖风景名胜区云栖竹径、杭州西湖风景名胜区茅乡水情15个公园被评为“优质综合公园”。上城区富春路（三桥—三新路）、拱墅区小河路、西湖区科海路、萧山区风情大道（萧金路—晨晖路）、萧山区博奥路、余杭区文一西路、临平区东湖南路、钱塘区临鸿东路（青东二路—青西三路）、富阳区桂花西路、杭州西湖风景名胜区南山路（解放路至万松岭路）、杭州西湖风景名胜区万松岭路、桐庐县春江路、淳安县环湖北路13条道路被评为绿化美化示范路。（袁彰欣）

美丽城镇建设

【概况】2022年是杭州市美丽城镇建设“三年行动计划”收官之年，全市以“三生融合”（生态、生产、生活融合）和“六共”（蓝图共绘、交通共联、产业共兴、设施共建、服务共享、社会共治）为导向，围绕“环境美、生活美、产业美、人文美、治理美”目标，推动全域美丽城镇建设，实现建设规模与质量齐头并进。全年投入美丽城镇建设资金514.01亿元，实施建设项目1087个，完工983个。新增城镇道路858千米、公园绿地547.8公顷，改造提升绿道1424千米；改造污水管网1955千米，建成“污水零直排”区域551平方千米，改造提升历史街区或特色街区101条。68个乡镇（街道）被纳入省级、市级美丽城镇创建名单，21个乡镇（街道）获评美丽城镇省级样板，39个乡镇（街道）获评美丽城镇市级样板，杭州获评省级样板数量连续3年居全省第一位。（梁　俊）

【乡村详细规划编制管理】2022年4月，杭州市在开展农村居住空间和产业空间情况排摸基础上，制定全市乡村单元详细规划（村庄规划）“一评估两覆盖三提升”专项行动方案和村庄规划管控全覆盖工作计划，推进村庄规划评估，乡村地区规划和乡村数字空间治理两个全覆盖，系统提升村庄规划实用性、乡村地区景观风貌和乡村空间治理水平各项工作。对乡村单元划分进行优化，并将乡村单元纳入空间智治“一张图”，制定《杭州市乡村单元详细规划范例》《杭州市乡村详细规划（通则）编制技术指引》，引导乡村详细规划编制统筹兼顾居住、生态、公共服务、新型业态发展等功能，实现乡村国土空间用途管

城乡风貌整治后的富阳区黄公望村（摄于2022年）　（市建委 供稿）

2022 年，临安区玲珑街道被评为工业特色型美丽城镇省级样板

（市建委 供稿）

制和建设管控有规可依。

（市规划资源局 李 挺）

【新时代美丽乡村建设】2022 年，杭州市深化美镇集群、乡村小脑和“四师”（首席设计师、驻镇规划师、发展师、美丽城镇体验师）建设。开展“样板一对一·携手奔共富”结对帮促活动，有 19 个美丽城镇样板乡镇（街道）与 20 个创建乡镇（街道）结对，开展互帮互促。将“乡村小脑”平台融入城乡风貌智汇通平台，针对 6 种特色类型的美丽城镇进行打造。年内，西湖区、淳安县创建成为浙江省新时代美丽乡村示范县，西湖区、桐庐县、淳安县、临平区、钱塘区被评为全省深化“千万工程”建设新时代美丽乡村（农村人居环境提升）工作优胜县（市、区）。全市创建省级新时代美丽乡村示范乡镇（街道）15 个、特色精品村 35 个、美丽乡村达标村 282 个、美丽乡村风景线 7 条、新时代美丽乡村共同富裕示范带 3 条。围绕建设世界一流美丽乡村目标，在全市培育 17 个美丽乡村国际旅游体验点，建设 10 条美丽乡村风景线，展示杭州乡村精美画卷、独特神韵和创新活力。

（梁 俊）

【农村生活污水治理】2022 年，杭州市西湖、萧山、余杭、临平、钱塘、富阳、临安、桐庐、淳安、建德 10 个区县（市）被纳入农村生活污水治理攻坚计划，涉及污水排放设施治理村 1908 个、污水管控治理村 33 个，受益农户 98.61 万户。全市建立完善市级统筹、属地实施、多方参与的农村生活污水治理体系，综合采取“控源截污、整体解决、分级处理、分级利用”措施。全年开工农村生活污水处理设施建设改造项目 625 个，完成处理设施标准化运行维护项目 8005 个。建成城镇污水处理厂 51 个，新（改）建污水管网 96 千米。按照浙江省绿色设施评价导则，加快农村生活污水绿色设施建设，推进“零农村污水直排村”建设提档升级，全年新开工“零农村污水直排村”建设 36 个，累计建成 86 个。全市农村污水治理全系统、全生命周期的整体解决方案基本形成。至年末，杭州农村生活污水治理行政村覆盖率 92.7%，日处理污水 29.6 万立方米，监督性监测出水达标率 92.7%。

（邓 震 畦 峰）

【“无违建”区域创建】2022 年，杭州市探索旧厂房违建拆改结合新路径，推进“无违建”区域创建常态化。全年拆除违章建筑 363.8 万平方米，处置违章建筑 594 处、41.8 万平方米。开展城郊接合部区域环境集中整治，全市城郊接合部区域 50 个乡镇（街道）、84 个村（社区）通过拆除违章建筑、整治“飞线”（指乱拉架空电线）、修复道路等举措，环境面貌改善明显。其中，西湖区杨家牌楼社区等 19 个城郊接合部区域整治项目通过市城乡风貌整治提升工作专班首批验收。拱墅区、临安区、建德市创建成为省“无违建”示范县（市、区）。

（林士磊）

【清廉村居示范创建】2022 年，杭州市开展清廉村居示范创建工作，全年培育清廉村居建设特色样板 46 个，培育选树典型案例 53 个，全市累计创建清廉村居 619 个，淳安县枫树岭镇下姜村、萧山区益农镇群围村等 17 个村（社区）被评为省、市清廉村居突出单位和清廉建设优秀实践案例，239 个村（社区）申报省级善治（示范）村。推动乡村“智治”，全市 175 个涉农乡镇（街道）、2380 个经济合作社实现“三资”管理数字化全覆盖，“建村钉”、村级“智慧印章”和“网上派工”等数字化管理场景得到应用。全年完成农村宅基地审批 1.29 万宗，其中线上审批占 71.3%。

（吴 媛）

责任编辑 余显幕

35 生态环境保护

环境质量

【水环境质量】2022年,杭州市地表水环境质量状况总体稳定。全市市控以上断面的水环境功能区达标率100%;达到或优于Ⅲ类标准的水质比例为100%,与上年持平。钱塘江水环境功能区达标率100%,干流、支流水质达到或优于Ⅲ类标准比例为100%。运河水环境功能区达标率100%,水质达到或优于Ⅲ类标准的比例为100%。苕溪水环境功能区达标率100%,水质达到或优于Ⅲ类标准的比例为100%。西湖平均透明度1.25米,湖区内监测点位水质均达到Ⅲ类及以上标准。千岛湖平均透明度4.47米,湖区内监测点位水质均达到Ⅲ类及以上标准。全市集中式饮用水水源地水质状况为优,14个县级以上饮用水水源地点位水质达标率保持100%,与上年持平,水质稳定。全市7个国控地下水监测点位中,曲院风荷、龙井村2个监测点位为Ⅲ类水质,新开元和百井坊2个监测点位为Ⅳ类水质,临江高新区和建德高新产业园2个风险点位为Ⅳ类水质,虎跑监测点位为Ⅴ类水质。全年入海监测断面(七堡断面)水质保持Ⅱ类,优于Ⅲ类考核目标。

【环境空气质量】2022年,杭州市10个城区环境空气优良天数304天,优良率83.3%。与上年相比,优良天数减少17天,优良率下降4.6个百分点。PM2.5达标天数354天,达标率97.0%,达标天数减少8天,达标率下降2.2个百分点。二氧化硫(SO_2)、二氧化氮(NO_2)、PM10和PM2.5年均浓度分别为6微克/立方米、32微克/立方米、52微克/立方米和30微克/立方米,臭氧(O_3)日最大8小时平均浓度第90百分位数170微克/立方米,一氧化碳(CO)日均浓度第95百分位数0.9毫克/立方米。其中SO_2、NO_2和CO达到国家环境空气质量一级标准,PM10和PM2.5达到国家二级标准,O_3超过国家二级标准。与上年相比,PM10、NO_2年均浓度分别下降5.5%和5.9%,SO_2年均浓度、CO日均浓度第95百分位数持平,PM2.5年均浓度、O_3日最大8小时平均浓度第90百分位数分别上升7.1%和4.9%。其余3个县(市)(桐庐县、淳安县、建德市)环境空气质量优良天数分别为340天、359天和349天,优良率分别为93.2%、98.4%和95.6%。桐庐县和淳安县主要污染物为O_3,日最大8小时平均浓度第90百分位数分别为148微克/立方米和134微克/立方米。建德市主要污染物为O_3和PM2.5,O_3日最大8小时平均浓度第90百分位数为136微克/立方米,PM2.5年均浓度为23微克/立方米。

杭州市酸雨程度处于中等偏轻水平,大部分地区处在非酸雨、轻度酸雨区,其中余杭区、临平区、富阳区、建德市处在非酸雨区。全市酸雨率38.7%,下降2.3个百分点。降水pH年均值为5.35,pH值范围为3.84~7.72。

杭州市区降尘为2.99吨/(平方千米×30天),其余3个县(市)降尘为1.21~2.35吨/(平方千米×30天)。

【声环境质量】2022年,杭州市声环境质量状况良好,环境噪声的主要来源为交通和社会生活噪声。市区区域环境噪声为55.7分贝,质量等级为一般;其余3个县(市)区域环境噪声51.1~57.2分贝,其中桐庐县、淳安县质量等级为较好,建德市质量等级为一般。杭州市区及3个县(市)各类标准适用区昼间噪声均达标。市区道路交通噪声66.3分贝,质量等级为好;其余3个县(市)道路交通噪声64.9~65.0分贝,质量等级均为好。

【辐射环境质量】2022年,杭州市辐射环境质量总体良好,全市环境x-γ辐射剂量率位于全国天然放射性水平范围之内,环境空气中放射性比活度保持正常水平,无上升趋势。钱塘江(干流)、运河(杭州段)、千岛湖、西湖、地下水均未监测到人工放射性核素污染,天然放射性核素含量基本保持在本底水平。杭州市饮用水总α、总β放射性比活度均低于国家生活饮用水水质标准,符合饮用要求。绝大部分放射源或射线装置应用单位的放射性应用活动未见异常,未对公众造成超过标准的额外照射。环境中电磁辐射水平符合《国家电磁辐射防护规定》(GB 8702—2014),电磁辐射污染对公众造成的照射水平低于限值。电磁辐射环境总体上质量较好。 (叶 辉)

环境综合治理

【主要污染物总量控制】2022年，杭州市围绕改善环境质量和打好污染防治攻坚战的核心目标，实施主要污染物减排项目36个，完成化学需氧量减排2800吨、氨氮减排350吨、氮氧化物减排6300吨、挥发性有机物减排4037吨，完成省里确定的年度减排目标。杭州市有序推进排污许可证质量复核、执行报告抽查、现场检查等工作。全年全市办理发证、变更、重新申领、延续排污许可证单位1488个。年度排污许可证质量审核率、整改率、执行报告内容规范性质量整改率均为100%。杭州推进应对气候变化工作，完成市级和13个区县（市）年度温室气体清单报告的编制。开展76个碳交易纳入企业和308个碳交易非纳入企业的碳排放报告核查，组织全市23个电力行业企业参与全国碳交易，履约率100%。推进多层次低碳试点创建，48个低碳项目获批省级试点。

【水环境整治】2022年，市政府印发《浙江省八大水系和近岸海域生态修复与生物多样性保护杭州市行动方案（2021—2025年）》《杭州市城镇"污水零直排"建设提质增效行动方案（2022—2025年）》《杭州市深化"五水共治"碧水行动实施方案（2022—2025年）》，落实"碧水保卫战"各项工作。全年完成17个省控断面所在河道水质走航排查，制订实施"一河（湖）一策"方案。应对夏秋季节钱塘江蓝藻水华，加强饮用水源安全管理。创建城镇"污水零直排区"示范乡镇（街道）13个、工业园区"污水零直排区"2个，建德高新技术产业园和钱塘区医药港小镇入选浙江省工业园区"污水零直排区"标杆园区培育名单。实施城镇污水处理厂新（扩）建项目6个、清洁排放提标改造项目7个。新建农村生活污水处理设施513个，完成标准化运维8005个，行政村污水治理覆盖率91.8%。完成主要农作物统防统治面积5.77万公顷，建成农田氮磷生态拦截沟渠12条。完成钱塘江、苕溪、运河水生态环境健康评价，创建美丽河湖44条、水美乡镇26个，完成中小河流治理118.6千米，建成河湖生态缓冲带37.85千米。完成富春江、水涛庄、苕溪等8个饮用水水源保护区优化调整。完成全部9个县级以上饮用水水源保护区环境基础调查，开展勘界定标和电子围栏建设，安装标识牌516个、界桩78个、监控点156个、预警系统18个、电子界桩37个。按照"全省首个、全国一流"的标准，启动街口国控断面超级水质自动监测站建设。实施《杭州市重点海域综合治理攻坚战实施方案》《杭州市入海污染源（排口）分类监测、溯源、整治实施方案》《杭州湾—杭州段美丽海湾保护与建设行动方案》，推进入海河流氮磷治理管控，以钱塘区河庄街道四工段直河为试点，开展氮磷控制专项研究。推进入海排污口监测、溯源，实现杭州7个重点入海排污口在线监测全覆盖。完成钱塘区（西岸）现行段生态海岸带建设，钱塘江及周边湾区湿地建设加快推进。

【大气污染整治】2022年，市政府印发《关于〈杭州市重点领域机动车清洁化绿色积分实施细则（试行）〉的补充通知》，施行《杭州市非道路移动机械排气污染防治规定》，推进氮氧化物（NOx）和挥发性有机物（VOCs）等多污染物协同治理，完成水泥超低排放改造项目9个、VOCs治理改造项目434个，淘汰"国三"及以下柴油车1.77万辆，推广新能源非道路移动机械258台。建立健全日常和污染天气闭环管理机制，制定《杭州市污染天气应对工作机制》和大气污染防治双"20条措施"，推进市、区、镇、村四级纵向联动和同级部门横向协同。全年开展部门协同检查18万人次，发现处置问题1.7万个。发布污染天气预警41期，全市"一盘棋"落实大气污染防治各项管控措施。将梳理大气源清单、重污染天气应急减排清单与亚运会保障调度清单调查有机结合，开展企业清单整理及相关基础信息匹配，开发"多表合一"信息系统，完成全市4000多个涉气企业污染源调度清单基础信息调查，摸清涉气污染源排放情况。

【土壤污染防治】2022年，杭州市加强土壤污染防治，完成353个地块土壤污染状况调查。治理修复14个地块、77.1公顷污染土壤。在杭钢半山基地退役地块开展土壤地下水污染风险管控和修复改革试点。督促156个土壤污染重点监管单位完成自行监测、隐患排查和有毒有害物质排放报告提交。全面启动受污染耕地"源解析"和断源控源工作。推进钱塘区和建德市地下水风险点位规范化建设，编制指标筛选分析报告和水质巩固提升方案并开展水质跟踪监测。完成3个化工园区地下水专项调查及3个危险废物处置与填埋场地下水污染调查。全年全市重点建设用地安全利用率100%。

【固体废物安全处置】2022年，杭

杭州市第三固体废物处置中心（摄于2022年）　（市生态环境局 供稿）

州市工业固体废物产生量636.52万吨，处置利用率99.4%。一般工业固体废物产生量559.35万吨，综合利用量557.99万吨（含利用往年储存量4.76万吨），处置量4.34万吨（含处置往年储存量0.03万吨），综合利用率98.8%，处置利用率99.7%。危险废物产生量77.17万吨，处置利用量78.29万吨（含处置利用往年储存量3.09万吨），处置利用率97.6%。4.1万吨医疗废物产生量得到安全、规范、高效处置，无害化处置率100%。

（叶　辉）

环境监管执法

【固体废物安全监管】2022年，杭州市加强固体废物管理，编制《“无废亚运”实施指南》《“无废亚运细胞”建设指南》，推出“无废亚运”公众十条举措，推进全城“无废城市”建设。全年创建“无废细胞（单元）”30类、646个，建成“无废细胞（单元）”32类、1460多个，“无废细胞（单元）”占全省总数的1/3。入选省“无废之窗”典型案例15个、省百优“无废城市细胞”26个、全省第一批“无废细胞”示范点11个。“虎哥数字城市生活垃圾治理服务”案例入选生态环境部《“无废城市”建设先进适用技术汇编》。跨省移出危险废物88批次、移入343批次。指导4个危险废物经营单位完成提档升级改造、361个重点危险废物企业安装视频。杭州实现“趋零”填埋，“无废指数”列全省第一位。

【声环境管理】2022年，杭州市加强噪声管理。开展《杭州市环境噪声管理条例》修订调研，发布《杭州市2022年“迎亚运”噪声污染防治工作方案》。开展主城区和临安区、建德市声功能区划评估，完成47个声环境功能区监测点位噪声自动监测设备安装。4月26日，发布《杭州市人民政府关于加强2022年度中高考等特殊时期环境噪声管理的通告》，开展中高考期间“绿色护考”专项行动。加强全市夜间施工管理，做好建筑施工夜间作业证明的核准。全年出具夜间作业证明6889件，发布夜间施工公告241期。

2022年9月29日，浙江省“无废亚运”推进活动在杭州奥体中心举行。图为“无废亚运”公众十条举措展示　（市生态环境局 供稿）

【辐射环境管理】2022年，杭州市有放射源单位84个、在用放射源1158枚、核技术利用单位2141个。市生态环境局常态化开展辐射安全检查及放射源使用现场检查。推进放射源管理信息化，完善放射源在线监控系统，实现放射源使用单位全覆盖。加强辐射安全许可监管，市本级全年核发辐射安全许可证38批次（包括延续、变更、注销），完成放射性同位素转让审批156件。督促送贮闲置、废弃放射源61枚，送贮率100%。

【环境执法监察】2022年，杭州查处违法案件997件，罚款9588.91万元。加大行刑衔接力度，推进协同合作和机制创新，全年移送公安机关环境违法案件38件，其中涉嫌环境犯罪案件15件、适用行政拘留案件23件。破获全省首例环境检测第三方机构提供虚假证明案件。市生态环境局联合市总工会、团市委、市妇联开展执法大练兵活动，杭州市推荐的3个典型案例被生态环境部采纳。杭州市生态环境局余杭分局、富阳分局被生态环境部评为生态环境保护执法大练兵表现突出集体。杭州市生态环境保护行政执法队在城市环境大整治城市面貌大提升专项行动中成绩突出，获得集体三等功。

【生态环境法治建设】2022年，杭州市推动地方环境立法工作。10月13日，《杭州市非道路移动机械排气污染防治规定》颁布，自12月1日起施行。开展政府规章专项清理和立法后评估，对《杭州市扬尘污染防治管理办法》等规章进行清理，对《杭州市机动车排气污染防治条例》开展后评估。加强行政规范性文件管理，全年出具法律审查意见11份，出台行政规范性文件7个，对65件行政规范性文件提出清理意见和建议。规范行政执法行为，开展全市生态环境行政执法案卷评查，采用自评和互评相结合的方式，每月每件全覆盖，通过以案促教、以案促改，提升执法案卷质量。加强环保法治宣传，举办专题讲座，宣传贯彻《中华人民共和国噪声污染防治法》《排污许可管理条例》。在“环保e企管”应用场景中设置“学法积分”模块，推进精准普法工作。

【自然生态保护和修复】2022年，市生态环境局等5个部门联合开展“绿盾2022”自然保护地强化监督工作。利用卫星遥感等手段，通过“生态智卫”平台对疑似问题核查及整改销号情况进行实时反馈，形成自然保护地问题发现交办处置反馈的闭环管理。全年印发自然保护区及生态红线范围内疑似问题15个，杭州市突出生态环境问题曝光片中曝光自然生态保护领域问题14个，年内全部完成有关问题整改并销号。开展山体生态修复景观提升专项行动，加快治理修复受损山体、盘活闲置低效用地。实施钱塘江源头区域山水林田湖草生态保护修复，完成淳安、建德钱江源头地区生态修复终期准备和全域土地综合整治、矿山生态修复。西湖区双浦镇、临平区乔司街道、富阳区东洲街道红旗村等7个乡镇（街道）和村庄，以及钱塘区河庄街道、萧山区临浦镇等全域工程入选浙江省乡村全域土地综合整治与生态修复“11350工程”名单。萧山区宁围街道、富阳区永昌镇、临安区太阳镇、建德市大同镇等入选浙江省乡村全域土地综合整治与生态修复省级精品工程名单，桐庐县全域土地综合整治与生态修复工程获省政府督查激励。全年新增公园绿地71处、国土绿化1.04公顷，新建改造绿道336千米。

【生态环境保护区域合作】2022年，杭州市加强长三角区域、杭州都市圈生态环境合作，不断完善生态环境一体化合作机制。1月25日，杭州市生态环境局与衢州市生态环境局签署《“山海协作”生态环境共保联治合作框架协议》。5月30日，杭州市生态环境局与黄山市生态环境局联合印发《新安江流域水生态环境共保规划》。合作区域共同建立健全杭湖嘉绍边界环境联合执法、杭嘉环境信访联动、杭黄应急联动等机制，全面推动生态环境跨区域联防联控工作。

【生态环境保护督察整改】2022年，杭州市推进督察整改，落实5项工作机制，完成省委专项督察10个问题、36件信访处置。富阳区造纸行业腾退转型案例入选中央督察办督察成效典型案例。完成省委“七张问题清单”37项重大生态环保督察问题整改。杭州市重大生态环保督察清单指数列全省第一位，富阳区、临安区、桐庐县分别列全省前三位。萧山区龙山河截污纳管问题整改入选“七张问题清单”省级示范榜总榜，天子岭垃圾填埋场臭气扰民、富阳区毁林造地、钱塘区雨污混合水排入钱塘江、桐庐县存量石粉污泥处置4个问题整改入选“七张问题清单”省级示范榜分榜，钱塘区雨污混合水排入钱塘江问题整改作为正面典型案例在长江经济带生态环境警示片播出。杭州市构建问题发现整改闭环机制，全年曝光重大问题159个，完成整改147个。钱塘区、临安区开展“督察在线”平台基层贯通应用省级试点，打通实际应用“最后一公里”。

【环境应急管理】2022年，杭州市持续提升应急处置能力。按照“能同时打赢两场突发环境事件”要求，严格落实24小时环境应急值守制度，完成企业应急预案备案405个，增设市级环境应急物资库1个。组织突发环境事件演练31次。完善应急指挥系统，提升应急响应数字化水平，全市实现“智”守安宁。开展“除险保安”百日攻坚行动，突出重点领域，聚焦薄弱环节，排查整改环境隐患3601处。

2022年6月3日，2022年杭州市六五环境日活动在萧山区钱江世纪公园举行。图为青少年环保创意活动获奖代表上台领奖　（市生态环境局 供稿）

【建设项目环境管理】2022年，杭州市深化“区域环评+环境标准”改革，对在改革区域内除负面清单外的项目实施环评降级审批。全年降级审批项目509个；审批环评文件935份，其中环评报告书96份、环评报告表839份；登记表网上备案2625份。

【生态环境宣传教育】2022年，杭州市围绕绿色亚运、“无废城市”建设、生物多样性保护、减污降碳协同减排等主题开展生态环境保护宣传。6月3日，市生态环境局、市文明办、萧山区政府、阿里巴巴公益基金会、中华环境保护基金会在萧山区钱江世纪公园举办六五环境日活动，16个平台参与直播活动，27个主流媒体刊发活动稿件58篇。生态环境宣传片投放在6000多辆公交车、11条地铁线路的电子屏上和162块大型户外电子屏上。围绕浙江生态日、“无废亚运”等主题，开展系列宣传活动20多场。全年杭州生态环境保护工作在市级以上媒体报道1699篇，有关部门举行新闻发布7次。发布微博2654条，阅读量581.6万人次；通过微信发文603篇，阅读量71.08万人次。微博、微信、抖音、天目号总关注量26.4万人次，比上年增长51.4%。政务新媒体市级部门健康指数列全省第13位。制作《下姜村的共同富裕梦》动画片，获第十八届中国国际动漫节红色动漫奖特别奖。制作“生态文明进校园”系列动画短片，其中保护生物多样性主题动画获省广播电视公益广告作品二等奖。首次开发生态文明教育基地“绿优游”场景。全年创建省级生态文明教育基地4个、市级生态文明教育基地10个、市级绿色学校78所。

【环境信访受理】2022年，杭州市受理环境信访投诉9056件，比上年下降26.0%。其中：涉气占45.7%，噪声占35.1%，涉水占6.8%。所有信访件全部按时办结。办理省、市“两会”涉及生态环境系统的建议提案48

2022 年 1 月 17 日，“数智杭州·宜居天堂”场景入选浙江省数字化改革门户优秀应用场景
（市生态环境局 供稿）

件，其中：省人大建议 1 件、省政协提案 1 件，市人大建议 23 件、市政协提案 23 件，全部按时办结。

【环保信息公开】2022 年，杭州市修订生态环境政府信息公开指南，完善主动公开目录，规范信息公开申请答复函格式和答复用语。全年生态环境系统发布主动公开信息 2374 条。市级收到政府信息公开申请 70 件，年内基本完成办理。办结的申请件中，公开及部分公开 46 件，不予公开 2 件，结转下年度继续办理 2 件。全年发生政府信息公开行政复议 1 件。
（叶 辉）

环保科研监测

【环境信息化建设】2022 年，杭州市以数字化改革为契机，以数字赋能提升现代环境治理能力水平为目标，推进生态环境领域数字化改革，迭代升级“生态智卫”大场景，发现处置预警问题 2 万余个，查实环境犯罪案件 10 起。“数智杭州·宜居天堂”场景被评为全省数字化改革门户优秀应用场景，《环保 e 企管——实现高效服务和精准监管双向融合》的做法被评为第五届数字中国建设峰会优秀应用案例，1 篇理论成果被省委深化改革委员会《数字化改革》刊物录用，2 个子场景被全省推广使用。3 月 7 日，市生态环境局印发实施《杭州市生态环境应急指挥中心建设导则》，推进“生态智卫”场景向基层贯通，活跃用户 5980 多人次。完善数据资源，向浙江省“一体化数字资源系统”平台发布 4 项数据产品、2 个组件和 25 个数据接口，向省生态环境领域大脑提供智能模块 2 个、知识库 28 个。推进市数据资源一体化平台与省生态环境厅协同平台数据回流，全年实现共享数据 52 条。

【环境监测】2022 年，杭州市围绕环境应急监测、理化分析、生态环境评价等专题，举办业务培训 7 次、生态环境监测技术大比武 1 次，组织参加国家、省级各类培训 29 次。完成生态环境质量监测及重点排污单位监督性监测等工作，获取水、气、噪声、固废、辐射及生物等常规监测数据 8 万余个，大气复合污染综合监测数据 1460 多万个，交通污染监测数据 55 万余个，省控地表水交接断面监测数据 10.7 万个，饮用水源地水质监测数据 15.8 万个。上报并发布环境空气 AQI 日报和预报 365 份，编制环境质量分析专报和千岛湖水质专报各 5 期、污染源信息专报 12 期。完成 10 个企业执法监测，监测项目 41 个。“杭州生态环境监测无代码技术应用试点”项目入选中国环境监测总站《生态环境智慧监测创新应用试点工作先进示范项目推介会》典型案例，“碳监测试点”项目建立全市二氧化碳排放源的空间分布清单，协同中国环境监测总站编制完成《二氧化碳手工监测指南》，并在全国发布实施。

【环保科研】2022 年，杭州市加强环境保护基础科研工作，完成市科技局立项的《千岛湖典型流域农业面源污染削减与生态拦截》《钱塘江（杭州段）水环境承载能力评估及流域水质综合管理对策研究》《新安江水库集水区小流域面源防控技术集成研究》《杭州市地铁振动影响及传播规律测试分析研究报告》《新安江流域水生态环境共保机制对策研究》《杭州市涉水行业污染整治提升关键技术与管理规范研究》《工业园区污水零直排创建技术研究》《高质量发展视角下杭州市工业污染防治对策研究》8 个课题。完成市科学技术协会立项的《重点工业园区地下水污染扩散排查思路研究》决策性课题。
（叶 辉）

责任编辑 余显幕

2023
杭 州 年 鉴

36 科学技术

综 述

【科技创新引领杭州经济】2022年，杭州市坚持“创新制胜”工作导向，努力争创综合性国家科学中心，构筑科技成果转移转化首选地，全市科技创新实力提升。全市研发经费支出723亿元，投入强度3.86%，居全国副省级城市第三位。国家创新型城市创新能力评估排名居全国第三位；全球创新指数科技集群排名居全球第14位。

召开杭州市科技创新大会暨科技成果转移转化首选地推进会，明确首选地建设3个方面行动、16项任务。制定出台首选地12条政策措施，从科技成果转移转化供给侧、需求侧、服务侧突破。组建市技术转移转化中心，开展技术交易撮合、技术供需对接、科技金融支持等服务。围绕五大产业生态圈，认定首批15个概念验证中心。全年完成技术合同交易额1061.06亿元，比上年增长27.3%。

以杭州城西科创大走廊为核心，加速推进大科学装置建设，浙江大学超重力离心模拟与实验装置完成核心设备技术指标攻关和模型机大厅层模板铺设。北京航空航天大学超高灵敏量子极弱磁场和惯性测量装置通过工业和信息化部可行性研究报告预评审。新型实验室体系加速布局，新获批全国重点实验室11个，新挂牌天目山实验室、白马湖实验室、湘湖实验室；有省实验室7个、省级新型研发机构28个。科技创新成果涌现，在杭州的单位获190个省科学技术奖，占全省的63%。130个项目被列入2023年度省“尖兵”“领雁”研发攻关计划。

创新生态持续优化。杭州高新技术产业开发区、杭州临江国家高新技术产业开发区在全国高新区综合评价中，排名分别上升至第5位、第91位；新获批4个省级高新区。全年国家高新技术企业新认定3117个。历年累计建设国家级孵化器57个、国家级众创空间85个，均居全国省会城市第一位。全市运营孵化空间总面积超过530万平方米，累计孵化企业2.2万个，带动就业超过13万人。

增强科技支撑，全市1.9万个企业享受研发费用加计扣除政策，扣除额1377亿元；对研发投入增长较快的759个企业，给予研发后补助3.7亿元；为1304个国家高新技术企业减按15%征税，减免企业所得税115亿元；在省、市兑付平台保持年度涉企政策兑付率100%。科技金融加持助力，市引导基金新增批复子基金15支，基金批复规模89亿元；新增投资企业281个（次），新增投资金额63亿元；为1086个（次）企业提供融资担保服务，担保额28.93亿元。实施“两‘清零’一提升”行动，对全市主营业务收入1亿元以上制造业企业无研发活动“‘清零’销号”462个、5亿元以上制造业企业无研发机构“‘清零’销号”156个，206个规模以上工业企业建立市级研发中心。实施“人工智能重点专项”115个，带动企业研发投入28.6亿元，对生命健康领域16个获证新药和36个新器械的研发项目给予补助1.25亿元。 （王 骏）

【杭州国家新一代人工智能创新发展试验区建设】2022年，杭州市印发《2022年杭州市国家新一代人工智能创新发展试验区和创新应用先导区建设工作要点》《杭州市人工智能创新发展区建设工作指引》，推进试验区建设。开展核心技术攻关，组织实施国家级、省级人工智能重点研发项目100个、市人工智能重点专项115个、优秀智能亚运应用项目38个。加快开放创新平台建设，迭代升级城市大脑、视频感知国家新一代人工智能开放创新平台，获批建设智能金融风控国家新一代人工智能开放创新平台。推进应用场景建设，发布人工智能重点建设应用场景119个。加强人工智能伦理研判，围绕智慧城市、智慧教育、智慧养老等领域开展人工智能社会实验。全年全市人工智能产业主营业务收入2487亿元，比上年增长22%。在杭州单位和个人共获“吴文俊人工智能科学技术奖”6个。 （许蒙刚）

【杭州国家自主创新示范区建设】2022年，杭州国家自主创新示范区抓好科技支撑经济稳进提质工作。全年杭州自主创新示范区实现高新技术产业增加值1268亿元，占规模以上工业企业增加值的87%；高新技术产业投资230亿元，比上年增长46%；全社会研发投入248亿元，占全市总量的37.3%，其中杭州高新区研发投入强度9.6%、临江高新区研发投入强度4.5%。新获批设立中科院基础医学与肿瘤研究所、白马湖省实验室、智能感知和飞机复合材料省技术创新中心。做好科研助理岗位开发和招聘工作，落实岗位2095个，超额完成目标。杭州高新区发布建设世界领先科技园区行动方案，滨萧特别合作园揭牌，扩大企业创新积分试点；临江高新区探索开展“双自联动”试点改革，形成“科创一键贷”金融产品方案。自创区累计建设国家级孵化器20个、国家级众创空间29个，占全市1/3以上。杭州自创区受邀在科技部国家自主创新示范区建设工作推进会上做典型交流发言。

（刘海琳）

【科技创新数字化改革】2022年，市科技局推进“科技大脑+天堂e创+多跨应用场景”的科技系统数字化改革。科技大脑整合市科技局的“OA”“孵化备案平台”等9个系统，建设国家高新技术企业、孵化器等40个数据库，汇聚8.4万个科技企业数据，形成科技创新数据底座。“天堂e创”通过“要空间”等49个模块为创业者提供场地、政策、活动等综合服务。全年各类孵化载体举办线上和线下活动3304场，日均举办9场。以众创空间和孵化器为试点，开发“孵化在线”应用，将线下专家评审优化为线上智能计算，将企业申报变为智能遴选和培育，将阶段性管理升级为全过程监管，实现考核方式、认定培育和监督管理的改革。该应用场景是市数字经济8个重点应用之一，得到省科技厅的肯定并在全省推广试点，为科技部赋予杭州“关于国家级孵化器和众创空间信息变更管理模式创新试点”提供杭州实践。

（康智勇）

科技计划

【科技计划改革】2022年，杭州市围绕打造高能级创新平台矩阵、强化关键核心技术攻关、深化人才体制机制改革、构筑科技成果转移转化首选地等中心任务，协同推进改革创新，强化科技政策举措，完善“谁出题”“谁答题”“谁来用”的科技创新机制，从创新主体培育、科技攻关、重大平台、人才引育等方面统筹配置创新资源。围绕“互联网+”、生命健康、新材料3个科创高地以及“碳达峰、碳中和”技术制高点，组织征集、凝练关键核心技术攻关需求1200多个，其中推荐申报省级“尖兵”“领雁”攻关计划项目228个。通过“揭榜挂帅”“赛马制”等项目评审方式，145个项目被列入省重点研发计划并获得重大科技专项资助。组织实施市级重点科技计划“人工智能专题”项目115个、“双碳”重点研发项目15个、智能亚运项目21个、生物医药临床补助项目59个。争创省技术创新中心建设项目2个，新建省实验室项目3个，资助市共性技术平台建设项目3个。

杭州市牵头承担或参与实施的国家重点研发计划项目如“视频感知新一代人工智能开放创新平台”等90多个，项目合同补助金额3.2亿元；争取省级重点研发计划等项目资助资金7.28亿元，争取中央引导地方科技专项资金0.55亿元；拨付市本级财政科技专项资金10.35亿元。

【科技财政预算投入与支出】2022年，市本级科技发展专项资金年初预算5.85亿元，年度追加高新技术企业培育和科技型中小企业培育专项资金4.535亿元，实际执行10.348亿元。具体支出安排：市重点研发计划专项（包括国家级、省级科技项目配套）补助资金1.034亿元；科技型中小微企业研发费投入补助资金1.5亿元；农业和社会发展科研攻关0.379亿元；领军型创新创业团队引进培育专项补助资金0.155亿元；科技型中小企业培育（雏鹰计划）专项补助资金0.672亿元；科技成果交易转化项目0.334亿元；公共创新服务平台“创新券”补助0.197亿元；国家重点扶持领域高新技术企业认定补助和奖励资金3.863亿元；省实验室、浙江省集成电路创新平台和西湖大学基因编辑中心等重大研究平台建设专项1.395亿元；生物医药临床补助0.478亿元；其余0.341亿元专项用于双创孵化平台建设（科技企业孵化器、众创空间）、科技特派员等专项科技政策补助。

【关键核心技术攻关】2022年，市科技局围绕技术策源、科技攻关重点发力，支撑高质量发展。全年组织验收的省级、市级重点研发计划项目84个，带动企业研发投入36.4亿元，项目技术产品实现销售收入66.7亿元、利税14.5亿元。牵头制定国家标准27个，获得（授权和受理）发明专利675件。市政府对获得国家级、省级科技进步奖并在杭州产业化的科技成果兑现奖励政策，其中国家科技进步奖一等奖成果1个、二等奖成果3个，省科学技术进步奖一等奖成果9个，共奖励1800万元。（胡小庭）

【人工智能重大专项】2022年，市科技局实施创新驱动发展战略，推进杭州国家新一代人工智能创新发展试验区建设，实施一批关键技术攻关项目，以增强企业核心竞争力。项目主要围绕新一代人工智能试验区建设，聚焦智能计算基础技术、计算机视觉技术、语音识别技术、跨媒体感知技术、智能自主无人技术、群体智能构建技术等关键核心技术，重点征集人工智能芯片、传感器、核心算法、软硬件协同及专用系统等领域的“卡脖子”技术需求。项目立项后，通过验收并在两年内获标志性成果的，按照研发投入的一定比例给予经费支持。各区县（市）科技局推荐项目138个，其中115个项目获立项。

（俞　华）

【农业科研项目支持】2022年，市科技局强化科技项目支撑，强化农业农村科技创新能力和推进农村综合改革工作，为创建共同富裕示范区、打造乡村振兴杭州样本提供科技保障。在杭州市农业与社会发展科研项目中重点支持数字农业、农业双强、现代种业等领域，对“轻简化栽培直播水稻新品种选育”等10个农业领域重点项目以及“优质籼粳杂交稻品种选育及示范推广”等30个一般项目进行立项支持，总经费1500万元。对水稻新品种“甬优1538”引进和高效栽培技术研究与示范等80个科技特派员项目立项，划拨科技特派员项目经费 800 万元。助力特别生态功能区建设，对淳安县政府“珊瑚状猴头菇人工袋料栽培技术示范”等 14 个生态功能科技项目给予专项资助 130 万元。（储忝江）

【社会发展科技计划】2022 年，市科技局组织实施“重大传染病快速联检和 mRNA 疫苗研制”等 31 个社会发展科研项目，以及“miR-126 通过 MAPK/ERK 信号通路调控间充质肝细胞免疫调节及血管修复对颈动脉硬化的影响”等 153 个社会发展科研引导项目，重点支持医疗卫生、资源环境、节能减排等社会发展领域的科研攻关。开展“碳达峰、碳中和”领域杭州市重点科技研发计划项目，对“基于新型激光加热技术的塑料制品生产节能研发攻关”等 15 个项目予以立项，划拨项目资金 5653.37 万元。在生命健康领域组织实施 2 批杭州市生物医药产业高质量发展专项（新药和医疗器械研发）申报，对 16 个新药项目和 39 个医疗器械项目予以研发投入补助 1.25 亿元。（何若愚）

科技创新体系建设

【科技政策体系建设】2022 年，杭州市围绕建设创新强市、创新策源地、科技成果转移转化首选地目标，全年新制定出台 7 个科技领域规范性文件。贯彻落实国家、省关于科技体制改革攻坚工作有关意见精神，制定杭州市深化科技体制改革实施方案。落实杭州市第十三次党代会精神，制定《杭州市构筑科技成果转移转化首选地实施方案(2022—2026 年)》《构筑科技成果转移转化首选地的若干政策措施》，形成推动首选地建设指导性和实操性政策组合意见。杭州市形成引领性政策与专项性政策相结合的科技政策组合包，涵盖支持科技企业培育、核心技术研发、创新人才培育、产业创新发展、科技成果转化、科技金融支持、创新创业载体等科技创新政策体系。

【科技进步目标责任制考核】2022 年，市科技局做好 2021 年度市县党政领导科技进步目标责任制考核和区县（市）创新发展考核工作，杭州市本级和滨江区、西湖区、余杭区获评省科技创新鼎和 2021 年度省科技进步目标责任制考核优秀单位。高新区（滨江）、西湖区、余杭区、钱塘区获评 2021 年度区县（市）创新发展专项考核优秀单位，萧山区、上城区、桐庐县、临平区、富阳区、建德市获评考核良好单位。制定《2022 年度区县（市）创新发展专项考核实施细则》，推动形成“以担当善为跑出发展加速度论英雄”的考核激励导向。（刘海琳）

【新型研发机构培育】2022 年，市科技局印发《杭州市科研机构分级分类评价办法（试行）》，完善区域创新体系，实施新型研发机构分级分类管理，加快新型研发机构培育和发展。推荐 10 个研发机构申报省级新型研发机构，获认定 8 个，在杭州的省级新型研发机构累计 36 个。开展市级新型研发机构认定工作，首批认定 4 个。新增落户白马湖实验室、天目山实验室、湘湖实验室 3 个省实验室，累计占省实验室总数的 70%。（姚广稀）

【企业研发机构建设】2022 年，市科技局加强杭州市高新技术研究机构的建设和管理工作，组织专家到近 600 个市级和省级高新技术企业研究开发中心、省重点企业研究院的依托企业走访指导，引导企业加强研发投入，加快创新人才的培育，推动企业新技术、新产品、新工艺的研发，促进高新技术产业化。全年新认定市级企业高新技术研究开发中心 447 个，累计 3264 个。开展省级高新技术企业的申报、评审和推荐工作，新认定省级高新技术企业研究开发中心建设单位 262 个，全市累计 1952 个。完成省企业研究院的组织申报，新增 76 个省企业研究院，全市累计 614 个。开展省重点企业研究院的申报、评审、辅导及推荐工作，新认定年度省重点企业研究院 14 个，累计 132 个。（王晓燕）

【风险投资引导基金】2022 年，杭州市创业投资引导基金、杭州市天使投资引导基金和杭州市重点产业知识产权运营基金（以下合称“市引导基金”）新增批复合作子基金 15 支，子基金规模 89 亿元。累计批复合作子基金 203 支，子基金总规模超过 528 亿元。参股子基金 2022 年投资项目 281 个，投资金额超过 63 亿元。参股子基金累计投资项目约 1900 个，投资金额 230 亿元。其中，杭州项目 1031 个，占比 54%，投资金额 111 亿元，占比 48%。参股子基金投资的 1 个项目获 2021 年度浙江省技术发明奖三等奖，12 个项目分别获 2021 年度浙江省科学技术进步奖一等奖、二等奖、三等奖。全年参股子基金投资企业中 11 个上市（含已过会），市引导基金参股子基金投资企业中有 81 个上市（含已过会）或者被上市公司并购。市引导基金获得投中“2022 年度中国最受 GP 关注政府引导基金 TOP10”、清科“2022 年中国政府引导基金 50 强”以及融中研究“2021—2022 年度中国最佳政府产业引导基金”等荣誉。

【科技型中小企业融资支持】2022 年，杭州高科技融资担保公司融资担保业务总量 28.93 亿元，融资企业 1086 个（次），其中小微企业担保额占担保总额的 96.7%。围绕智能物联、生物医药、高端装备、新材料、绿色低碳五大产业链，累计为近 500 个（次）企业提供融资担保贷款超过 14 亿元。推进城西科创大走廊建设，累计为 409 个城西科创大走廊企业提供担保贷款 11.32 亿元。加大对科技型中小企业的融资周转力度，融资周转资金累计到位 1 亿元，全年为 117 个（次）科技型中小企业提供融资周转资金 8.9 亿元，财政资金放大倍数 8.9 倍，平均周转天数 7.5 天。全年融资周转为五大产业链的 60 多个（次）企业提供周转资金约 5 亿元。（林　旦）

创新主体培育

【高新技术企业培育】2022 年，杭州市构建完善高新技术企业“小升初、初升高、高成长”的培育机制，量质并举壮大高新技术企业集群。其中，全市高新技术企业新认定 3117 个，占全省新认定数的 37.4%，列全省第一位；有效高新技术企业1.27万个，占全省总量的35.8%，列全省第一位、全国省会城市第一位、全国第五位。全市高新技术产业投资增速30.7%，比固定资产投资增速高24.7个百分点，比上年高新技术产业投资增速高12个百分点。战略性新兴产业增加值1874.1亿元，增长4.2%；高新技术产业增加值2961.3亿元，增长1.2%，高于规模以上企业工业增加值增速0.9个百分点；高新技术产业增加值占规模以上企业工业增加值比重的70.5%，比上年高1.5个百分点。

【省科技型中小企业培育】2022年，杭州市以助力科技企业高质量发展为主线，实施浙江省科技企业"双倍增"行动计划，把浙江省科技型中小企业培育作为全市重点工作，纳入年度区县（市）创新发展专项考核。市、区县（市）两级科技部门发挥众创空间、孵化器和小微企业园等创新创业平台力量，加大政策宣贯和培训力度，全年新增省科技型中小企业6994个，占全省新增总数的34.5%，有效在库企业2.3万个，占全省在库企业总数的23.9%，全市新增数和有效在库数均居全省第一位。至年末，省级科技型中小企业有约50%成长为国家高新技术企业。巩固深化"创客—省科技型中小企业—国家高新技术企业—省科技'小巨人'企业—省科技领军企业"的梯队培育体系，科技型中小企业成为孕育大企业的重要力量。

【省科技"小巨人"企业培育】2022年，杭州在高新技术企业群体中选育一批创新能力强、成长速度快、发展潜力大的科技企业，打造其成长为助力经济高质量发展的省科技"小巨人"企业。全市培育首批省科技"小巨人"企业37个，其主营方向涵盖云计算与未来网络、大数据与信息安全、智能控制与先进技术、结构生物学及关键生物技术、功能材料、双碳与环保技术等战略技术领域，其高新技术产品（服务）收入平均占比85%以上。至年末，全市拥有省科技"小巨人"企业数占全省总数的30.8%，列全省第一位。（邵永新）

2022年11月9日，第十一届中国创新创业大赛（浙江赛区）暨第九届浙江省"火炬杯"创新创业大赛总决赛在杭州举行 （市科技局 供稿）

【孵化平台建设】2022年，杭州市新培育市级孵化器54个（含市级专业化孵化器6个）、省级孵化器12个，累计培育市级孵化器306个、省级孵化器127个、国家级孵化器65个。新培育市级备案众创空间31个、省级备案众创空间10个，累计培育市级备案众创空间207个、省级备案众创空间156个、国家级备案众创空间85个。累计培育国家大学科技园5个。至年末，全市有科技企业孵化器和众创空间共513个，带动就业超过15万人；在孵企业1.7万个，毕业企业7100多个，累计孵化培育高新技术企业2117个（其中国家高新技术企业702个）、省科技型中小企业3000多个、"雏鹰计划"企业1629个。孵化载体基金总规模818.7亿元，为2655个在孵企业提供投融资228.2亿元。全市科技企业孵化器面积490万平方米，众创空间孵化面积48万平方米。（李艳辉）

【创新创业大赛杭州成果】2022年11月9日，第十一届中国创新创业大赛（浙江赛区）暨第九届浙江省"火炬杯"创新创业大赛总决赛在杭州高新区（滨江）举行。浙江赛区自6月启动以来，聚焦科技创新"十四五"规划的高端制造、新能源、新能源汽车、新材料、生物医药、节能环保、新一代信息技术7个战略性新兴产业方向，有908个科技企业参赛，其中杭州企业270个。11个杭州企业历经初赛、行业半决赛、行业决赛等选拔，晋级省总决赛。最终杭州圣域生物医药科技有限公司获初创组一等奖，杭州华望系统科技有限公司获成长组一等奖。获初创组二等奖、三等奖的杭州企业各1个；获成长组二等奖、三等奖的杭州企业分别为3个和4个。（杨 瑾）

科技成果与合作

【科技成果创造与登记】2022年，杭州市以创建综合性国家科学中心为牵引，以杭州城西科创大走廊为核心，加快培育建设高能级战略平台，全市引进建设国家实验室1个，获批组建全国重点实验室11个，布局建设国家大科学装置2个、浙江省实验室7个，初步形成新型实验室研发体系。获批培育杭州高新区和钱塘新区2个省高能级战略平台，建设智能感知、集成电路、飞机复合材料3个省技术创新中心和36个省新型研发机构，构建技术创新体系，推动科技创新能级不断提升。

全年全市新增认定登记科技成果800个，比上年增加285个，年增长55%。其中：基础理论成果39个，增长160%；软科学成果29个，增长262%；应用技术成果732个，增长49%。新增有效发明专利拥有量2.78万件、高价值发明专利拥有量

1.13 万件、PCT 国际申请量 243 件。国际知识产权组织发布的 2022 版全球创新指数（GII）报告，杭州在全球科技集群中的排名居第 14 位。

【科技成果转移转化】2022 年，杭州市制定《杭州市构筑科技成果转移转化首选地实施方案(2022—2026 年)》和《构筑科技成果转移转化首选地的若干政策措施》，建立以市委书记为组长的领导小组，成立实体化运作的工作专班，召开全市科技创新暨科技成果转移转化首选地推进大会，聚焦全国颠覆性技术转移先行地、概念验证之都、创新创业梦想实践地、万亿级科技大市场 4 个目标，实施“创新提能、攻坚提质、服务提效”三大行动，推动科技成果转移转化。

组建杭州技术转移转化中心有限公司，打造“24 小时不打烊”的技术市场，开展线上和线下一体化发布、验证、评估、交易、登记、展示、投融资、知识产权等各类服务。设立 50 亿元的科技成果转化引导基金，支持“投早、投小、投科技”。新增培育专业化技术转移转化人员 360 人、技术合同登记员 40 人、合同登记点 12 个。全年全市技术输出 1.73 万项、650 亿元，全国排名第 10 位，比上年增长 56%；技术吸纳 1.91 万项、797 亿元，全国排名升到第 5 位，增长 44%。组建首批验证中心 15 个，为产业技术成果转化提供全方位、全流程服务。全年实现有效发明产业化 1367 件，新增产值 352.78 亿元、利润 35.41 亿元。

根据浙江省科技信息研究院《2022 浙江科技成果转化指数》显示，杭州市科技成果转化总指数 994.17，高出全省指数 668.54，比上年增加 184.77。其中创新研发、成果产出、成果交易、转化绩效 4 项分指数分别为 283.16、618.08、2026.92、1048.50。

【科技成果奖励】2022 年 2 月，浙江省启动 2021 年科学技术奖申报提名工作，严格前置审核。7 月，召开 2021 年度省科学技术奖大会。全省授奖 306 个，其中在杭州单位获奖 195 个，占全省奖项的 64%。浙江大学杨卫、西湖大学施一公获浙江科技大奖，占全省奖项的 100%；35 个成果获自然科学奖，占全省奖项的 80%，其中一等奖 12 个、二等奖 8 个、三等奖 15 个；14 个成果获技术发明奖，占全省奖项的 67%，其中一等奖 3 个、二等奖 4 个、三等奖 7 个；141 个成果获科技进步奖，占全省奖项的 60%，其中一等奖 25 个、二等奖 53 个、三等奖 63 个。浙江大学唐纳德·格里尔逊、乔治·克里斯塔科斯和浙江工业大学唐纳德·迈克尔·马克法兰德获国际科学技术合作奖，占全省奖项的 60%。杭州城西科创大走廊获奖成果 89 个，占全省奖项的 30%；一等奖 32 个，占全省奖项的 73%。阿里云计算有限公司、杭州华为企业通信技术有限公司、杭州科汀光学技术有限公司、浙江浙能迈领环境科技有限公司、歌礼生物科技（杭州）有限公司 5 个企业牵头完成的成果获一等奖。

2022 年 11 月 30 日，杭州市召开科技创新暨科技成果转移转化首选地推进大会，首批 15 个概念验证中心获授牌（市科技局 供稿）

【长三角 G60 科创走廊建设】2022 年，杭州市加强长三角区域城市对接，举办 G60 科创走廊 9 个城市人大“数字赋能发展、科创助力共富”交流大会，助力科技创新合作；举办“合作共赢、创新制胜”区域科技合作创新交流会议，发布区域科技合作创新杭州倡议。

加强区域创新融合，引进上海光机所建设富阳研究院。筹建临港实验室浙江基地。实现之江实验室与浦江实验室联合攻关。引进设立中国商飞复合材料华瑞联合研发中心。组建 G60 科创走廊科创路演中心联合体。组建 G60 科创走廊科技成果转化基金。实现 G60 技术交易 2365 项、45.78 亿元。加强跨区合作，推进长三角 G60 临平科创基地、合杭梦想小镇产业创新中心、梦想小镇沪杭创新中心“飞地”建设，宣城萧山新塘羽绒产业园实现高产高效。推动建设长三角（杭州）制造业数字化能力中心，组建专家库，引入 40 个优质智能制造服务商，接入 7 个省级产业大脑和 8 个省级未来工厂。

杭州发布《长三角 G60 科创走廊“一网通办”专窗管理规范》，实现 30 个行政服务事项跨区域办理。首批 90 个重点商标和 5 个杭州亚运会特殊标志被列入长三角 G60 科创走廊重点商标保护名录。联合开展电器和电线电缆类商标保护专项行动，推动知识产权全链条保护。联合举办长三角 G60 科创走廊高水平应用型高校协同创新联盟 2022 届毕业生就业推介会，推动毕业生跨区域就业。杭州完善《G60 科创走廊（浙江段）三年行动计划》，出台产业示范园区的专项扶持政策。

【区域交流与对口合作】2022 年 1 月，杭州、宁波持续谋划杭甬科技合作，提出杭甬温技术要素市场化配置综合改革实施方案上报国家发展和改革委员会。2月，杭甬“双城记”科技合作协议签署，明确资源共享、优势互补、协同发展、互利共赢原则和错位发展主基调，开展国家自主创新示范区联动机制、推进科创大走廊协同合作、共享科研仪器设备、合力开发人才资源等7个方面的合作。3月，杭甬形成服务业扩大开放综合试点总体方案并报送商务部获批。全年杭甬签署技术合同746个，比上年增长34.9%；技术交易额20.2亿元，增长2.3倍。

9月，组织杭州高校教授衢州行，对接衢州企业、院校，现场签约技术合同4个、金额423万元，场外协议133个、金额1.34亿元，深化两地科技交流和创新合作。11月，杭州举办长三角G60科创走廊、杭州都市圈、杭甬“双城记”三位一体的科技合作创新交流会议，实现区域科技创新的对接协调，发布《区域科技合作创新杭州倡议》。推进科技资源共享，杭州面向长三角区域城市开放大型仪器和科研设备1.02万台（套）。全年发放科技创新券2.47亿元，补贴平台券507.85万元、企业券4560.56万元。

杭州市落实对四川省广元市和甘孜藏族自治州的对口帮扶，开展对湖北省恩施土家族苗族自治州对口合作和安徽省宿州市的合作帮扶，推进与吉林省长春市及长白山保护开发区的对口合作工作。 （陈子法）

科技人才与服务

【科技人才工作】2022年，杭州市落实《关于加强和改进新时代人才工作打造创新创业新天堂的实施意见》，提升科技创新和人才培育政策体系，实施“西湖明珠工程”，新培育20支市领军型创新创业团队。实施高端人才专人服务机制，对重大平台、重点企业的高端人才实行点对点的服务。建立重点人才项目专家辅导机制，对进入上级人才计划候选的重点人才项目，邀请多行业专家对申报材料和面试技巧逐一进行培训辅导，以提高项目入选率。杭州在科技系统国家级海外高层次人才、国家级和省级人才计划中入选人数均居全省第一位。用好“揭榜挂帅”人才使用机制，新征集重大攻关榜单1238个，总标的24.5亿元；通过人才引进揭榜攻克重大难题240个，揭榜金额超5亿元；举办“揭榜挂帅·全球引才”科洽会，吸引高校院所和风投机构150名代表参会，重点项目向全球人才张榜发布。

【外国人才工作】2022年，杭州市细化“外国专家工作站”操作规则，1位外籍专家入选“中国政府友谊奖”，10位外籍专家在“杭州人才日”上被授予杭州市政府“钱江友谊使者”称号。争取外籍“高精尖缺”人才引进试点，实施《杭州市外籍“高精尖缺”人才认定标准》。全年审批“外国人来华工作许可”事项5870件，其中A类737件，审发《高端外国人才确认函》28件。

杭州持续擦亮“魅力城市”金名片，连续12年入选“外国专家眼中最具吸引力的中国城市”榜单，列第3位。在“2022杭州国际人才交流与项目合作大会”上发布《杭州外籍人才吸引力报告》。杭州参与海外人才用汇便利化试点，实施外国人到华工作“一件事”办理改革和外国人才“一卡通”服务，全年有1662名外籍人才享受“一件事”办理改革便利，累计2万余人被纳入市民卡办理人员库，享受市民待遇。启动实施特定国家专家到杭服务保障措施和“外籍人才家庭医疗保障”计划；发挥国际人才俱乐部特色优势，开展系列活动10多场，优化外国人才人文环境、创业环境和生活环境。 （陈 闻）

【科技服务业】2022年，《杭州市促进科技服务业发展三年行动计划（2023—2025年）》出台，明确发展研究与试验服务，做大做强技术转移服务，持续优化创业孵化服务，健全完善知识产权服务，推动科学研究与技术服务业发展。全市科技服务业企业2217个，营业收入1.2万亿元，比上年下降0.9%；营业利润2485.1亿元，增长36.1%；利润总额2537亿元，增长35.4%；期末用工人数49万人，下降2.3%。全市规模以上科学研究与技术服务业保持全面正增长，全年营业收入1248.3亿元，增长6.4%；营业利润106.7亿元，增长1%；利润总额109亿元，增长0.1%；期末用工人数13.5万人，增长3.1%。专业技术服务业取得营业收入1003亿元，增长5.9%；营业利润83.1亿元，增长4.8%；利润总额84.6亿元，增长4.2%；期末用工人数11万人，增长3.4%。中国电建集团华东勘测设计研究院、中国联合工程有限公司和杭州地方铁路开发有限公司是规模以上科学研究与技术服务业的龙头企业。 （陈子法）

【科技创新平台建设】2022年，杭州市开展共性技术研发平台建设，立项建设“核酸药物共性技术研发平台”和“芯片化量子传感器与系统共性技术平台”，解决产业发展的共性技术问题。继续推动市级科技创新服务平台建设，支持科技创新券在长三角地区使用，全年发放创新券2.47亿元，确认使用7995.43万元，发放创新券补助经费2216.81万元。开放共享大型仪器和科研设备1.02万台（套）。加强产业创新服务综合体建设，完成12个省级综合体考核和4个综合体期满验收工作。 （姚广稀）

【科技特派员创新实践模式探索】2022年，市科技局探索杭州特色科技特派员创新实践模式。以“五员领创”党建工作要求为指导，开展第9批科技特派员工作。选派70名个人特派员和10个特派员团队共185人，驻点70个乡镇和1个科创园区，其中市农科院刘辉团队服务范围覆盖桐庐县全域。科技特派员专业化程度提升，个人和团队首席合计80人。其中：博士研究生学历者40人，占比50%；硕士研究生学历者23人，占比28.8%；本科学历者17人，占比21.2%；具有高级职称者53人，占比66.2%。杭州市对2022年度80个科技特派员项目予以立项，划拨项目资金800万元。 （储忝江）

责任编辑 汤 峻

37 教　育

综　述

【杭州市入选教育部基础教育综合改革实验区】 2022年10月，市教育局牵头制定的《杭州市争创基础教育综合改革实验区建设行动方案》由市委办公厅、市政府办公厅联合印发。方案明确“红色根脉强基党建行动、五育融合美好成长行动、基础教育课改深化行动、教育治理攻坚克难行动、优培师资城乡共进行动、推进评价综合改革行动、规划先行资源优配行动、区域教育优质均衡行动、数智赋能场景助学行动、校园安全迭代升级行动”10个行动，推进基础教育综合改革，打造共同富裕示范区城市范例的教育样本。市委教育工作领导小组同步印发《杭州市创建基础教育综合改革实验区建设改革任务清单》，进一步明确改革目标，细化任务内容，压实责任主体。12月，杭州市入选第二批教育部基础教育综合改革实验区。

【“教育共富”推进】 2022年6月，杭州市委社会建设委员会印发《关于推进“美好教育”共同富裕促进山区4县基础教育优质均衡发展行动方案》，通过实施普通高中紧密型集团化办学、跨区域城乡教育共同体、组团式教育对口服务等政策组合拳，探索建立市本级及城区与临安区、淳安县、桐庐县、建德市4个区县（市）共建共享优质教育资源的常态化机制。8月，《杭州城西科创大走廊基础教育高水平均衡发展工作方案》发布，加快大走廊基础教育设施规划布局和建设，实施大走廊基础教育名校集团化办学深化行动，实施大走廊教师学生交流提升行动，加强大走廊区域学校招生统筹，推进高中招生一体化，综合施策提升城西科创大走廊重点区块的教育公共服务保障水平。

【地方教育经费总投入656.12亿元】 2022年，杭州市地方教育经费总投入656.12亿元，其中国家财政性教育经费投入540.81亿元（包括一般公共预算安排的教育经费526.3亿元、政府性基金预算安排的教育经费14.22亿元）。市本级地方教育经费总投入106.19亿元，其中国家财政性教育经费投入82.42亿元（包括一般公共预算安排的教育经费81.91亿元、政府性基金预算安排的教育经费0.37亿元）。全市普通小学生均教育事业性经费支出2.84万元，普通初中生均教育事业性经费支出4.63万元，普通高中生均教育事业性经费支出5.81万元，中等职业学校生均教育事业性经费支出5.78万元。

【教育乱收费专项治理】 2022年，市教育局印发《杭州市教育系统教育乱收费专项治理工作方案》，聚焦学科类校外培训机构乱收费、以学校名义强制或以家委会名义变相强制乱收费、市属高校继续教育乱收费、民办义务教育乱收费4个领域，开展教育乱收费专项治理工作。开展教育收费自查自纠，实现全市各级各类学校和学科类校外培训机构全覆盖。会同市场监管部门、发改部门联合开展重点检查，构建多部门协同治理机制和联合监管机制。组织开展各类教育收费检查102次，检查各级各类学校（含校外培训机构）2449所，发现并推动问题整改86个，通报曝光案件1个，批评教育帮助和处理1人，违规问题全部整改到位，退还及罚款金额327.90万元。

【中小学、幼儿园新建137所】 至2022年年末，杭州市新建中小学、幼儿园137所，新增学位11.12万个，建筑面积289.51万平方米，总投资190.54亿元。其中，市本级直属学校中新建成投用杭州中策职业钱塘学校、杭州第四中学江东学校、杭州市交通职业学校；继续建设杭州市电子信息职业学校双桥校区、杭州第十四中学青山湖学校；开工建设杭州高级中学临平新城学校、杭州第二中学富春学校。

【学生资助金额3.42亿元】 2022年，杭州市构建覆盖学前教育、义务教育、高中教育及高等教育的学生资助体系，认真履行“不让一个孩子因家庭经济困难而失学”的承诺。全市有学生（含幼儿）25.11万人次获各类资助，金额3.42亿元。其中：学前教育段有幼儿6413人次享受保育费1223.24万元；义务教育段有学生3.22万人次享受营养改善计划2849.19万元，3.19万人次享受生活

2022 年 9 月,杭州第四中学江东学校建成投用　（市教育局 供稿）

补助 989.56 万元;普通高中有学生 4419 人次享受免学费、代收费 582.45 万元, 4702 人次享受国家助学金 470.2 万元;中职学生 99 人获中等职业教育国家奖学金 59.4 万元, 1064 人次享受市政府奖学金 106.4 万元, 12.75 万人次免除学费 12707.81 万元, 7755 人次享受国家助学金 775.5 万元;市属高校有学生 3.51 万人次享受奖学金、助学金 1.45 亿元。

【名校集团化办学深化】至 2022 年年末,杭州市有中小学教育集团 245 个,成员单位 694 个,中小学名校集团化参与面 70%,在名校集团就读的学生 77.58 万人。市教育局深化新名校集团化战略,市属省一级重点高中以紧密型集团化合作办学形式持续帮扶桐庐县、淳安县、建德市等地高中。市、区(县)两级合作共建优质高中项目进程加快推进,新开工杭州高级中学临平新城学校、杭州第二中学富春学校。深化新时代城乡义务教育共同体建设,组织 70 所中小学参与跨地区教育共同体结对,开展师徒结对、课程共享、集体教研等线上和线下帮扶活动。

【新时代教育督导体制机制改革】2022 年 5 月 31 日,杭州市政府教育督导委员会召开 2022 年第一次全体会议,会议审议并原则通过《杭州市人民政府 2021 年度履行教育职责自评报告》《杭州市人民政府教育督导委员会对区、县(市)人民政府履行教育职责评价工作方案》并予以发布实施。市、区两级教育督导机构和队伍进一步健全,全市配备、聘任责任督学 1030 人,聘任 2022—2025 届市督学 116 人。

【教育品牌创建】2022 年,上城区、滨江区、钱塘区通过国家义务教育优质均衡发展县省级评估,余杭区、临平区通过国家学前教育普及普惠县省级评估。从 2019 年开始,累计全市通过省级评估区县(市)分别为 3 个和 7 个,均列全省第一位。全年获评省现代化学校 91 所,其中幼儿园 22 所、小学 28 所、初中 22 所、普高 6 所、中职 3 所、社区学校 10 所,比上年增加 10 所。2021 年度全市区县(市)教育现代化发展水平监测平均分 79.76 分,列全省第三位。2022 年度全市县域基础教育生态监测平均分 81.35 分,列全省第二位。

【教育发展和学校建设计划获批】2022 年 1 月,市政府批准实施《杭州市区高中学校布局规划(2021—2035 年)》。针对 2022—2025 年全市高中学位缺口情况,市教育局牵头制订《杭州市高中学校基本建设攻坚行动方案(2022—2025 年)》,于 2 月经市政府批准后公布实施。牵头完成《杭州城西科创大走廊中小学、幼儿园布局专项规划(2022—2035 年)》课题研究。

【校园“安澜”工程】2022 年,市教育局贯彻落实教育部、省教育厅进一步做好校园加装安全防护设施工作,开展“迎亚运·校园美化绿化行动”,部署杭州市中小学校园“安澜”工程。全市中小学共改造校园建筑物周边绿化 23 万平方米,安装雨棚等设施 37 万平方米,安装窗户限位器 60 万个,安装和加高栏杆 3.5 万米,安装隐形防护网、栅栏等设施约 9.20 万平方米,累计完成投资 2.6 亿元。

【3 所学校入选首批全国急救教育试点学校】2022 年,市教育局开展“救在身边·校园守护”专项行动,将应急救护教育普及作为学校卫生健康和学生军训等重点内容。落实初中学生参加应急救护培训不少于 10 课时,高一学生参加应急救护技能培训不少于 6 课时要求,宣传教育覆盖率 100%。1 月,教育部公布首批全国急救教育试点学校,杭州职业技术学院、杭州高级中学、杭州市人民职业学校 3 所学校入选。9 月,组织开展杭州市区高中学校学生应急救护技能检测, 51 所学校参加,参与检测学生的总体平均分 90.36 分。11 月,组织开展杭州市高中学校班主任现场救护师资培训,有 200 多人参加。

【《杭州市儿童友好学校标准(指引)(试行)》编制】2022 年,市教育局出台《杭州市儿童友好学校标准(指引)(试行)》和《杭州市儿童友好学校》评估细则。该标准挖掘学校制度中“儿童友好”的教育价值,建设覆盖全体儿童的学校心理服务系统,完善全过程普惠型的学校儿童援助系统。健全促进“五育并举”的学生综合素质评价服务机制,优化学生课后服务机制。提供公平公正的教育权、合法合规的人身权、独立自主的参与权和课内课外的表达权。建设安全、舒适、宜学、智慧的儿童校园生活空间,助力儿童健康快乐成长。12 月,经评估验收,市教育局发布首批 37 所杭州市友好学校名单。

【优质数字教育资源建设】2022 年,市教育局完善“杭州美好教育云”数字资源服务平台,丰富课程、名师、名校、家校、空间 5 个频道内容。推进优质数字教育资源建设及应用推广工作，新增“名师公开课” 100 节，总量 1302 节；新增同步课程 399 门，总量 1428 门；建设省级精品数字教育资源 75 门。6 所学校成为“名校上云”省级试点校，“名师金课” 38 门。新增省级专业教育精品教学空间 70 个，省级“基础教育精品课”148 节，其中 68 节入选部级“基础教育精品课”。启动全市中小学“共享优课”“赛课”“晒课”活动，评选出近 2200 节市级优课，通过电脑、平板、电视 3 个终端向学生和家长“晒课”共享。至年末，活动访问量超过 750 万次，点赞量超过 500 万人次。

【教育领域场景建设】2022 年，市教育局推进教育数据融通，归集全市学生、教师和学校等基础数据 340 多万条。完成上城区“星级家长执照”家长成长数字学习空间系统等 7 个区县（市）教育领域数字化改革省级试点项目。迭代升级杭州市“入学早知道”系统，提供入学预警、学区地图、学校查询、政策文件、入学报名等服务内容，实现入学信息红黄双色预警。该系统入选《浙江省数据产品案例集》。强化数据高效共享，构建多部门“多跨”场景，按照“一级部署、三级应用”的方式，为约 25 万名新生网上报名提供服务。完善教育网络安全防护体系，强化网络边界防护能力，实施数据安全保护措施，建立网站内容监测平台，落实信息安全等级保护。

【智慧教育试点】2022 年，市教育局实施推进“浙江省数字教育试点工作”。其中：滨江区教育局、杭州市学军小学教育集团等 13 个单位成为技术赋能智慧教育试点区（校），西湖区、萧山区和富阳区成为教育领域数字化改革实验区，杭州市中策职业学校等 10 个学校成为职业教育信息化标杆学校。建设国家级“基于教学改革、融合信息技术的新型教与学模式”实验区，上城区与萧山实验区取得阶段性成果。推进杭州市数字教育创新（标杆）校第一批 20 所学校的创建工作，启动并完成第二批 35 所创新校的遴选，示范引领杭州市中小学校智慧教育建设工作。

2022 年杭州市各类中小学、幼儿园情况表

表 41

学校类别		学校数（所）	毕业生数（人）	招生数（人）	在校生（在园幼儿）数	
					2022年（人）	为上年（%）
普通高中	全市	98	40685	48677	138603	105.91
	主城区	37	16020	21158	58614	108.79
	市属	19	11780	15918	43460	109.69
职业高中	全市	31	19619	22457	63407	103.92
	主城区	12	6675	8021	21714	105.89
	市属	9	5327	6803	17888	108.28
中等专业学校	全市	8	1348	1520	4601	102.40
技工学校	全市	21	6717	11749	34603	108.04
初中	全市	305	83118	97149	277234	105.05
	主城区	126	34038	42176	118401	107.12
小学	全市	507	97991	126159	710667	104.36
	主城区	183	42368	53997	303032	104.36
幼儿园	全市	1073	119283	121669	392703	102.09
	主城区	441	49935	50746	164148	100.89
盲聋哑学校	全市	2	80	85	345	112.75
智障儿童学校	全市	12	259	285	1447	107.19
工读学校	全市	1	273	230	406	90.42

【教育系统对外交流合作】2022 年 3—4 月，市教育局会同中国教育国际交流协会等组织开展杭州第 19 届亚运会 GoodTalk 国际青少年双语演讲大会，并会同市外办邀请部分友好城市的中小学生参与。由巴西驻华大使馆捐赠的 100 册《趣巴西》儿童绘本，送达杭州图书馆、杭州市青蓝小学和浙江师范大学附属丁蕙实验小学。9 月 29 日，浙江省与比利时西弗兰德省以视频连线方式举行交流活动，省教育厅与西弗兰德省经济及欧洲与国际事务厅签署中等教育合作谅解备忘录，杭州江南实验学校等 5 所学校与比利时西弗兰德省 4 所中学签订姐妹学校协议。11 月 1 日，余杭文昌高级中学与日本福井县立足羽高等学校举行线上交流会。9 月，杭州国际学校白马湖新校区启用。至年末，杭州市 8 所外籍人员子女学校有在校生 2722 名。

【迪拜中国学校】2022 年，迪拜中国学校按计划开设初中部。至年末，迪拜中国学校共开设 1~7 年级 21 个班，在校学生 461 人；教职员工 70 人，其中杭州教师 44 人、迪拜员工 26 人（含外籍教师 13 人）。8 月，第三批 32 名杭州选派教师启程前往迪拜，开展为期两年的工作。在中国驻阿联酋大使馆、驻迪拜总领事馆的支持下，迪拜中国学校举办 2022 学年开学典礼，组织师生参加中秋招待会、国庆节亮灯活动。学校会同驻迪拜的中资企业共同开展中华优秀传统文化建设和传播，与迪拜大学、孔子学院、哈里发大学等近 10 所学校开展文化交流互访活动。迪拜中国学校探索开设语言人文、数学科技、体育健康、艺术审美、实践探索等课后拓展课程和周末对外汉语课程班，满足更多迪拜华侨华人子女接受中国基础教育和汉语学习的需求。

【《山区 4 县组团式教育对口服务行动计划》实施】2022 年，市教育局出台《山区 4 县组团式教育对口服务行动计划》。从 2022 学年起，2 所直属学校及城区所属近 100 所中小学在临安区、淳安县、桐庐县、建德市各组建 1 个市教育对口服务团队、110 名教师，以农村义务教育学校为主要对象开展为期两年的组团式教育对口服务。深化优质师资城乡统筹，推动杭州第二中学、学军中学等 5 所市属名校集团核心学校选派不少于跨层级划转编制数30%的名师、骨干教师到淳安、桐庐、建德等县属高中任职任教1年。落实15名西部区县（市）教育人才到主城区跟岗锻炼，提升综合能力素质。

【“组团式”教育对口帮扶品牌】 2022年，市教育局先后开展第五批援青、第十批“组团式”援藏教育人才选派轮换工作。选派9名教师到青海省海西蒙古族藏族自治州德令哈市支教一年半、选派2名教师到西藏那曲市高中支教3年。选派4名杭州知名学校校级干部和12名普高优秀教师到四川省甘孜藏族自治州康定市第二中学、泸定中学、雅江县中学、九龙县高级中学开展支教工作。在杭州开设新疆阿克苏市中小学数学骨干教师杭州研修班，接收阿克苏市19名学校书记、校（园）长及40名中小学骨干教师在杭州跟岗挂职20天。做好甘孜藏族自治州教育系统的教育人才到杭州跟岗学习工作，落实70多位甘孜藏族自治州教育人才到杭州市13个区县（市）60多所中小学跟岗学习。接收省内山海协作地区衢州市教师到杭州集中培训学习和跟岗锻炼。组织杭州名师团队到新疆阿克苏市进行短期送教讲学。

【教师队伍建设】 2022年，杭州市中小学、幼儿园和中等职业学校（含特殊教育学校、工读学校，不含技校、成人中专）共有专任教师11.74万名。其中，幼儿园专任教师3.31万名，小学专任教师4.21万名，初中专任教师2.38万名，普通高中专任教师1.28万名，中等职业学校（不含技校、成人中专）专任教师0.51万名，特殊教育学校专任教师579名，工读学校专任教师51名。幼儿园、小学、初中专任教师具有高一层次学历比例分别为99.7%、99.9%、99.4%。普通高中教师中具有研究生学历（含硕士）以上的占28.1%，职业高中教师中具有研究生学历（含硕士）以上的占19.5%。全市有34名教师获正高级职务任职资格、54名教师获省第13批特级教师称号。除自主评聘学校外，有857名教师（讲师）获副高级职务任职资格，3758名教师获中级职务任职资格。

【师德师风建设】 2022年，市教育局印发《关于深入实施“燃灯，正风，洁身”三项行动进一步强化师德师风建设的通知》。开展“燃灯行动”，将师德教育活动贯穿全年、融入日常；开展正风行动，强化清廉学校建设，整治典型问题，完善教师荣誉制度；开展洁身行动，落实师德严重违规全行业禁止准入制度。3月，市教育局与市检察院、市公安局联合出台《关于推进杭州市中小学教职员工准入查询违法犯罪信息工作的若干意见》，采用线上和线下相结合的方式开展教职员工准入查询，通过政务网协同平台对所有在册教职工进行犯罪信息查询，未发现存在不得录用情形人员。

【“市域山区4县”中小学名师乡村工作室成立】 2022年，市教育局公布“十四五”期间“市域山区4县”中小学名师工作室名单，成立“市域山区4县”中小学名师工作室124个，涵盖特级教师94名、正高级教师54名。其中，高中工作室39个（含普高31个、职高8个），初中34个，小学42个，学前教育7个，特殊教育1个，培智教育1个，并给予每个工作室年度经费补助3万元。导师通过送教、交流、技能比赛、教学研讨等方式，提升学员专业能力。

【校园及周边安全防控“一件事”改革】 2022年4月，市教育局制发《杭州市教育局等8个部门关于深入开展“护校安园”专项行动的通知》，推进缓解上放学时段校园周边拥堵。8月，市教育局等13个部门联合印发《杭州市校园及周边安全防控“一件事”工作方案》，明确工作目标、阶段安排和工作要求，进一步优化学校“护校安园”工作组力量。确定46个小学（校区）作为试点运行学校重点推进，强化数字赋能、优化服务保障。借助“杭州市校园安全管理平台（浙教安全）”中钉钉端“校安一件事”相关应用模块，对学校进行常态化服务指导和问题隐患的协同处置，提升校园及周边安全防控水平。

【体育、美育、劳动教育“三育”并行提升素质教育】 2022年8月，市委办公厅、市政府办公厅印发《关于全面加强新时代学校体育、美育、劳动教育工作系列实施办法》，建立中小学“劳动周”主题实践活动机制，杭州中小学生家庭劳动清单和中小学体育家庭作业设计指引，受到中央广播电视总台、《人民日报》等中央媒体关注宣传。组织“迎亚运”系列中小学生体育、艺术比赛和各类宣传展示、文明实践、志愿服务活动，弘扬亚运文化，增强育人实效。全市新增19所全国青少年校园足球特色学校，累计136所。杭州籍大一新生连续13年居全省高校新生体质健康测试总成绩榜首。

【中小学生文化艺术节】 2022年3—12月，杭州市第十三届中小学生文化艺术节举行。活动围绕“童心向

2022年杭州市中小学、幼儿园教职工情况表

表42

学校类别		教职工总数（人）	其中：专任教师数（人）		达到规定学历的专任教师比例（%）	
			初中	高中	初中	高中
普通中学	全 市	42155	23751	12815	100.00	99.98
	主城区	17777	10493	5138	100.00	99.98
	市 属	4481	211	3795	100.00	99.97
职业高中	全 市	5607	5057		99.78	
	主城区	2153	1802		100.00	
小 学	全 市	43675	42051		100.00	
	主城区	19779	18785		100.00	
幼儿园	全 市	61242	33138		100.00	
	主城区	26027	14205		100.00	

党·艺启亚运——阳光下成长”主题，坚持面向全体学生，坚持课内与课外、校内与校外、普及与提高相结合。400多个节目，9000多人次参与为期14天的表演类专场比赛。900多名学生参加6场视觉类比赛、200多个普及类活动节目。

【中学生社团文化节】2022年4—11月，市教育局、团市委联合举办杭州市第二十一届中学生社团文化节。文化节以“喜迎二十大·青春迎亚运”为主题，组织开展中学生文学社团PK大赛、校园好歌声大赛、动漫作品大赛、街舞大赛、书画摄影作品大赛、校园心理剧大赛、诗歌节、“社团进社区”志愿实践项目评选等活动，将喜迎杭州亚运会主题融入丰富多彩的校园文化活动中，进一步加强学生社团的品牌化建设，发挥社团实践育人作用，营造中学生喜迎亚运的浓厚氛围。

【儿童青少年近视防控】2022年，市教育局持续推进实施儿童青少年防控近视“十大行动”，出台《杭州市儿童青少年近视防控光明行动工作方案》，会同市卫生健康委完善市级中小学生视力健康监测系统。结合日常卫生健康教育，抓好每学期一次的“近视防控宣传教育月活动”和“6·6”爱眼日等活动，使近视防控宣传教育制度化、经常化。全市儿童青少年总体近视率比上年下降1.25个百分点。9月，浙江省教育厅办公室等4个部门对2021年度全省儿童青少年近视综合防控工作评议考核情况进行反馈。杭州市为118.61分，在11个设区市中排名第三位，被评定为A级。

【学生心理健康服务体系完善】2022年，市教育局落实《杭州市推进儿童青少年心理服务体系建设的实施意见》及“五项行动”文件。3月，市教育局举行杭州市心理健康教育年会，线上和线下474名心理辅导站站长、心理教师、分管行政人员参与，总结典型经验、谋划重点项目。4月，召开区县（市）心理辅导中心工作推进会，并出台《杭州市各级心理辅导中心建设工作方案》，明确县级心理辅导中心建设思路。9月，开展验收会议，西湖、拱墅、滨江、萧山、富阳首批5个县级心理辅导中心建设任务初步完成。市教育局扩大心理专职教师数量，全市心理专职专业教师总数467人，比上年新增39人。配备专职的中小学校数占学校总数比例从32.8%上升到38.8%。2022年学校心理健康教育教师技能大赛举行，评出一等奖6名、二等奖7名。全年有23名教师获心理健康教育教师A级证书、479名教师获B级证书，并有1万人次的教师进行A证、B证、C证的续证。（市教育局）

2022年6月，杭州市第十三届中小学生文化艺术节开幕式演出活动在拱墅区体育公园举行（市教育局 供稿）

学前教育

【概况】2022年，杭州市有幼儿园1073所，在园幼儿39.27万人。杭州市学前三年户籍幼儿入园率99.3%，普惠性幼儿园在园幼儿人数占比为92.7%，公办幼儿园在园幼儿人数占比为78.4%。幼儿园园长及专任教师3.41万人，幼儿园教师持证率99.9%，学历合格率100%，大专及以上学历占比为99.7%。

【优质学前教育覆盖率提升】2022年，杭州市安吉路幼儿园锦绣园区等103所幼儿园（园区）被认定为浙江省二级幼儿园，杭州市笕桥花园幼儿园（花园园区）等31所幼儿园被认定为省一级幼儿园。全市等级幼儿园在园幼儿覆盖率100%，其中省一级、省二级幼儿园在园幼儿覆盖率（优质学前教育覆盖率）93.8%。

（市教育局）

义务教育

【概况】2022年，杭州市有小学507所，在校学生（含九年一贯制、十二年一贯制学校小学部）71.07万人；初中（含九年一贯制学校）305所，在校学生（含九年一贯制、十二年一贯制学校和完全中学的初中部）27.72万人。其中，民办小学7所，在校学生5.24万人；民办初中（含九年一贯制学校）49所，在校学生2.91万人。全市义务教育阶段接纳随迁子女28.63万人，占在读学生的29.0%，其中全市新招收一年级随迁子女2.82万人。

【民办义务教育发展清理规范推进】2022年，杭州市坚持专班化统筹领导，健全完善“1+2”政策体系，指导各区县（市）“一地一案”“一校一策”推进“公参民”学校清理规范；同步完善义务教育招生办法，做好“民转公”学校过渡期的招生工作衔接，探索实施“长幼随学”人性化服务，并优化政府购买学位操作程序。全市22所“公参民”学校转为公办学校，民办义务教育学校数降至82所；4.8万余名学生享受政府购买的公办学位；全市民办义务教育在校生比例压减至3.5%（要求为5%）。研制并落实“民转公”学校教师队伍配置方案，通过内部挖潜、区域调剂等方式，确保专项编制保障到位。1116名“民转公”学校非编制教师一次性“回流”，完成“双控”教师专项招聘。

【“长幼随学”新政实施】 2022年6月27日，市教育局制定《关于做好2022年义务教育阶段学校招生入学工作的通知》，明确试行“长幼随学”服务。对于在非学区公办学校就读的学生，允许其通过县域内跨校、跨县域转入现户籍地址或符合相关入学政策的居住地所在学区的公办学校，实现“长幼随学”；除小学、初中起始年级外，因“长幼随学”转学，允许公办学校根据各校实际办学条件适当突破基准班额；允许在民办学校就读的学生转入公办学校“长幼随学”，如果民办学校出现学位空额，可安排“长幼随学”转入学生，但须通过公开报名、电脑派位确定转入学生。该政策施行后，全市受惠的二孩学生家庭2400多户。9月1日，《南方周末》介绍杭州、上城区“长幼随学”的探索。

【城乡义务教育共同体建设】 2022年，杭州市推进跨地区城乡义务教育共同体结对帮扶，完成省民生实事跨地区城乡义务教育共同体结对70所的任务（其中支援校63所、受援校7所）。杭州市出台《杭州城西科创大走廊基础教育高水平均衡发展工作方案》，完成组建城西科创大走廊城乡义务教育共同体40个。

【学科类校外培训治理“回头看”】 2022年，杭州市“双减”工作专班围绕工作重点，加强机构运营、收费管理、培训内容、从业人员资质等排查整治，查找问题，即刻坚决整改。至年末，全市13个区县（市）共排查义务教育阶段学科类校外培训机构1911个，排查材料5264份，排查从业人员5332人。排查发现压减机构未消课或未退费金额1000万元，隐形变异情况44个，不合规培训材料4份，发现的违规情况全部完成整改。同时，13个区县（市）全部建立课程退费问题解决机制、校外培训监管执法机制、劳动用工风险防范机制、培训项目分类鉴别和专家鉴别制度。

【学科类培训机构“二次压减”推进】 2022年，市“双减”工作专班根据教育部、省教育厅工作要求，按照“清零”导向，加强合理引导，做好中小学学科类培训机构“二次压减”工作。至年末，全市中小学学科类培训机构由479个减少至22个，共压减457个，压减率95.4%。其中，上城区、拱墅区、萧山区、余杭区、临平区、钱塘区、富阳区、临安区、桐庐县、淳安县10个区（县）实现全域内中小学学科类培训机构全面“清零”。

【非学科类培训机构分类审批管理】 2022年5月5日，市“双减”工作专班印发杭州市《面向中小学生非学科类校外培训机构审批工作指引（试行）》。统筹教育、科技、文旅、体育、民政、市场监管等部门，加强政策宣讲和业务培训。按照分类审批管理要求，市本级、区县（市）两级科技、文旅、体育等部门根据职责分工，立足转登进度、检查频次、入库数量、风险管控4个维度，实施“有条件容缺”受理，对科技类、文化艺术类、体育类校外培训机构开展审批准入工作。至年末，全市非学科类校外培训机构审批受理2582个（科技类47个、文化艺术类1951个、体育类584个），全市非学科类校外培训机构审批通过596个（科技类29个、文化艺术类498个、体育类69个）。

【入驻全国平台的合规校外培训机构362个】 2022年，根据教育部学科类、非学科类机构入驻“全国校外教育培训监管与服务综合平台”需全部开通全流程监管的要求，市“双减”工作专班加强部门协调，督促指导区县（市）把握时间节点，高效推进。至年末，入驻该全国平台的合规校外培训机构362个，其中中小学学科类机构22个、非学科类机构340个（科技类145个、文化艺术类183个、体育类12个），机构“监管账户合格率”和“支付渠道开通率”均为100%。

【“监管护苗”暑期专项行动】 2022年，根据教育部“监管护苗”专项行动的要求，市“双减”工作专班制定《杭州市2022年暑期校外培训治理工作方案》，明确“监管护苗”专项行动的时间表、路线图、任务书和责任人。全市从严防学科隐形变异培训、规范非学科收费管理、全力破解“退费难”问题、加强从业人员和培训材料管理、全面检查校外培训安全5个方面，加强暑期校外培训治理。截至8月30日，发现学科类培训隐形变异问题69个，全部处置完成；未发现非学科类培训恶（随）意涨价行为；化解退费77人次，完成退费金额44.18万元；排查从业人员2722人，排查材料5347份，未发现存在问题人员与材料；发现存在安全问题培训机构272个，全部完成整改。市级层面，市“双减”工作专班监管执法组暑假期间共组织17次抽查，暗访校外培训机构214个，发放抄告单8份。

【校外培训机构“白名单”管理制度建立】 2022年12月16日，市“双减”工作专班制定并印发《杭州市“双减”工作专班关于建立杭州市校外培训机构“白名单”管理制度的通知》。通知要求各区县（市）业务主管部门切实加强面向中小学生开展学科类、科技类、文化艺术类、体育类校外培训机构管理，建立和完善“白名单”管理制度，实行动态管理，定期向社会集中公布符合条件的校外培训机构“白名单”，严防出现“退费难”“卷钱跑路”等损害群众利益问题，切实维护社会和谐稳定。

【课后服务优化】 2022年3月，市教育局聚焦校内教育提质，出台《关于进一步推进义务教育“减负提质”实施方案》，持续开展“轻负担高质量”教学改革实践，开展学生课业负担和家长满意度监测，提高教师教学和学生学习效率。优化课后服务，完善“1+X”课后服务机制，联合体育局推出“万堂体育课进校园”行动，被列入市政府年度十件民生实事项目。建设市级课后服务社会资源课程选课平台，丰富课后服务资源。扩大暑期托管服务面至全市，并延伸至学前段和初中段。杭州市被推荐入选教育部“双减”优秀案例及典型经验推广数量列全省第一位。（市教育局）

普通高中教育

【概况】2022年，杭州市有普通高中（含完全中学、十二年一贯制学校）98所，在校生13.86万人，专任教师1.28万人。全市初中毕业生升入各类高中比例为99.8%，高中段优质教育覆盖率为90.6%。全市普通高中所有年级均实施新课程新教材，继续深化普通高中课程改革，推进“五育融合”的课程体系建设。

【普高新课程新教材国家级示范区示范校建设推进】2022年，市教育局组织区县（市）教育部门和普通高中学校，继续在课程建设、教学改革、考试评价等领域开展探索，推进育人模式变革。完善普通高中新课程实施方案。构建完善以核心素养为中心、具有学校特色、贯通必修和选修的课程体系。完善与课程改革、考试改革相适应的选课指导、学分认定、选课走班、分层教学等教育教学管理制度。开展全覆盖的“双新”实施调研和指导，组织普通高中开展“双新”教学展示活动，总结和展示“双新”实施成果，深入研讨新课标新理念在教学中的落实。

【市域普通高中高质量均衡发展】2022年，市教育局印发《杭州市山区4县普通高中质量提升行动方案》，围绕建设高质量教育体系，着力加强教育薄弱环节，缩小高中教育区域差距。深化名校集团化办学机制，统筹市属高中名校资源。支持城西科创大走廊高中教育发展，余杭第一中学加入杭州第二中学教育集团、余杭中学和临安中学加入学军中学教育集团。推进临安区、淳安县、桐庐县、建德市的高中与市属高中合作办学，在校园文化、师资培养、课程资源、教研科研、考试检测等方面共建共享。扩大双向等额招生规模，主城区与5个区的部分公办普通高中双向等额招生计划比上年增长50%，总招生计划为1152名，推进市区高中招生一体化。

【直属高中学校建设】2022年，杭州中策职业钱塘学校、杭州第四中学江东学校、杭州市交通职业学校3所学校建成并投用，总投入23.3亿元，总建筑面积37.7万平方米，新增学位8400个。继续建设杭州市电子职业学校双桥校区、杭州第十四中学青山湖学校。开工建设杭州高级中学临平新城学校、杭州第二中学富春学校。启动杭州学军中学桐庐学校、皋亭山高中、浦乐高中项目前期工作。

（市教育局）

中等职业技术教育

【概况】2022年，杭州市有独立设置中等职业学校43所（不含技工学校），其中职业高中31所、普通中专8所、成人中专4所。在校生7.13万人（不含技工学校及成人中专非全日制学生），专任教师5603人。有国家中等职业教育改革发展示范学校4所、省中等职业教育改革发展示范学校14所、省中职名校建设单位6所、省现代化中职学校9所、省高水平中职学校建设单位6所、省高水平中职专业建设单位19个。

【现代职业教育体系建设完善】2022年，杭州市中职学校（不含中专、技校）与32所高职院校开展合作，制定“中高职一体化”五年制招生计划7129人。推进区域中等职业教育和高等职业教育一体化人才培养改革，杭州市中策职业学校钱塘学校和富阳区职业高级中学成为首批省级改革学校。继续推进中职与应用型本科一体化人才培养试点，9所中等职业学校（其中杭州6所）面向杭州招生215人，计划完成率100%。全市中等职业学校的学生通过多种渠道继续升学1.63万人，占全市中职学校毕业生的81.6%。持续鼓励职业院校联合中小学开展劳动和职业启蒙教育。11月，杭州首个“职业体验试点区”落地上城区，首批14个职业体验基地授牌。

【《杭州市职业院校社会服务收入奖励分配暂行办法》出台】2022年3月，市教育局、市人力社保局、市财政局联合印发《杭州市职业院校社会服务收入奖励分配暂行办法》。该办法明确职业院校通过社会服务取得的收入，在支付项目成本后，剩余部分可按不超过30%的比例用于教职工的绩效考核分配，实行绩效工资单列管理，进一步深化产教融合，强化开放办学，提升职业院校社会服务能力。

【职业教育教学改革取得成果】2022年，杭州市萧山区第一中等职业学校的“电子技术基础与技能—数字电路”、杭州市旅游职业学校的“园林植物识别与应用”入选2022年职业教育国家在线精品课程。19个职业教育成果获浙江省教学成果奖，获奖比例为86%，在全省5个特等奖中获3个。教师在全国职业院校教师教学能力大赛中获一等奖1个、二等奖1个、三等奖2个，学生在全国职业院校学生技能大赛中获一等奖5个、二等奖6个、三等奖8个，师生在浙江省中职学校职业能力大赛中获一等奖24个。5所“三全育人”典型学校、7个名班主任工作室、8个德育特色案例和6个在线精品课程入选浙江省职业教育提质培优行动项目。14个案例入选浙江省职业教育改革优秀典型案例和典型案例，入选数居全省第一位。

（市教育局）

高等教育

【概况】2022年，在杭全日制普通高校共40所，在校生（含研究生）61.40万人。其中，部属、省属高校33所，在校生（含研究生）52.72万人；市属高校7所，在校生（含研究生）8.68万人。全市高等教育毛入学率71.6%。另有2所参照市属高校管理的高水平研究院。

【“三名工程”重大项目建设】2022年，杭州市深入推进“三名工程”重大项目建设。完成西湖大学第一轮财政补助资金保障支持工作，协调确定省、市2023—2027年支持西湖大学发展的经费保障机制，推进云谷校区搬迁启用工作及三期建设项目工程，用地约49公顷。推进中国科学院大学杭州高等研究院主校区建设及一期建设用地等事项，协调确定主校区建设由西湖区负责筹资、建设，按照“责权利”一致原则实施“交钥匙工程”。协调推动市委机构编制委员会批复设立杭州市北京航空航天大学中法航空研究院，以更好地支持北航中法航空学院落地杭州发展并承接省、市、区的支持。推进研究院省、市经费保障机制确立，7月4日省政府专题会议印发纪要，明确北京航空航天大学中法航空学院办学经费缺口和社会捐赠资金配比的省、市分担比例。

【国科大杭州高等研究院建设】2022年，中国科学院大学杭州高等研究院三年累计招收硕士、博士研究生1280人，其中博士研究生120人；2022级研究生总计627人。研究院获批设立国家级博士后科研工作站，正式设立8个专业学位领域培养点。最新成果窄线宽激光器和飞秒光梳随“梦天舱”升空。空间微推进技术和惯性传感地面测试技术取得系列进展。

【北京航空航天大学与法国国立民航大学合作办学项目】2022年2月24日，教育部与浙江省政府进行会商，明确支持北京航空航天大学与法国国立民航大学在杭州举办非独立法人的中外合作办学机构“北京航空航天大学中法航空学院”（简称“北航中法航空学院”）。依托北航杭州创新研究院（余杭）平台，新建成高空航空动力模拟平台、空间非合作目标智能感知与评估平台、超精密微纳伺服操控平台、高性能计算中心等10个科研平台，累计建成一流科研平台27个。承担国家重点研发计划1个、国家自然科学基金项目3个、浙江省自然科学基金项目15个。初步建立知识产权管理体系，全年提交专利申请53件。在院研究生530名，其中博士生193人、硕士生337人。完成首批研究生的全流程培养，127名研究生毕业离院。6月6日，航空浙江省实验室“天目山实验室”成立大会举行。天目山实验室依托北京航空航天大学和北航中法航空学院，与北航中法航空学院“同步规划、同步建设、同步投入”。

【市属高校内涵式发展】2022年1

2022年杭州市普通高校本专科学生基本情况表

表43 单位：人

学校名称	毕业生数	招生数	在校学生数
合 计	**135966**	**155765**	**501150**
浙江大学	6179	6401	26549
杭州电子科技大学	4305	5574	18749
浙江工业大学	4482	5433	20536
浙江理工大学	4397	4778	18623
浙江农林大学	3655	5031	17265
浙江中医药大学	2366	4189	12981
浙江工商大学	4027	5001	17878
中国美术学院	1695	1729	7210
中国计量大学	4073	4887	17095
浙江科技学院	3834	4593	17027
浙江水利水电学院	3439	5037	13813
浙江财经大学	3687	5002	16545
浙江警察学院	857	1018	3782
浙江传媒学院	3427	3308	13493
浙江树人学院	5417	4952	17789
浙江交通职业技术学院	3992	3908	10720
浙江电力职业技术学院	0	0	0
浙江同济科技职业学院	3431	3666	10288
浙江机电职业技术学院	3775	3473	9706
浙江建设职业技术学院	3821	4631	12461
浙江艺术职业学院	1318	1690	4056
浙江经贸职业技术学院	4208	3996	11650
浙江商业职业技术学院	4731	5008	14196
浙江经济职业技术学院	3229	3475	9783
浙江旅游职业学院	5378	4835	13550
浙江警官职业学院	1229	1570	4068
浙江金融职业学院	3835	4146	12014
杭州医学院	2560	3405	10514
浙江长征职业技术学院	4676	7581	19105
杭州电子科技大学信息工程学院	2821	3432	10596
浙江中医药大学滨江学院	1039	189	3396
浙江工商大学杭州商学院	2958	3306	10120
浙江体育职业技术学院	216	280	613
浙江外国语学院	2180	2924	9064
浙江特殊教育职业学院	707	951	2688
浙江音乐学院	612	680	2739
杭州师范大学	4155	7441	23809
浙江大学城市学院	2587	3215	11552
西湖大学	0	59	59
杭州师范大学钱江学院	3158	0	3785
杭州职业技术学院	4620	4657	13174
杭州科技职业技术学院	3965	4326	11802
杭州万向职业技术学院	2288	2492	6933
浙江育英职业技术学院	2637	3496	9374

月，市教育局协调落实杭州师范大学2个博士点和2个硕士点、浙大城市学院3个硕士学位授予点建设经费。7月，协调推进杭州师范大学“创一流”落实情况评估工作。推进杭州广播电视大学更名为杭州开放大学。9月，《关于深化新时代市属高校、职业院校与民营企业校企合作的实施方案》印发。11月，市委、市政府出台《关于进一步支持杭州师范大学争创国家“双一流”建设高校的若干意见》。推进杭州科技职业技术学院“创一流”内涵建设行动计划一期（2020—2022年）绩效评价与二期方案（2023—2025年）专家论证等有关工作。12月，完成市属高校内涵建设工程系列项目终期评审验收。

（市教育局）

【浙江大学“双一流”建设】至2022年年末，浙江大学学科涵盖哲学、经济学、法学、教育学、文学、历史学、艺术学、理学、工学、农学、医学、管理学、交叉学科13个门类，设有7个学部、39个专业学院（系）、1个工程师学院、2个中外合作办学机构、7个直属附属医院。学校有全日制学生6.58万人、国际学生5123人、教职工9746人。教师中有中国科学院全职院士24人、中国工程院全职院士21人、文科资深教授14人、教育部特聘教授120人、国家杰出青年科学基金获得者193人。浙江大学入选第二轮“双一流”建设高校，21个学科入选一流学科建设名单。

推进一流本科教育。出台新一轮“双一流”拔尖创新人才培养专项实施方案，建设一流本科专业集群，累计91个专业入选国家级一流本科专业建设点。推进“国家级—省级—校级”一流课程体系建设，新增193门课程入选省级一流本科课程，建成39门校内高水平国际化课程。新建20门通识选修课程，推进中西部高校共享优质MOOC教学资源。启动“名师—名课—名教材”计划，推动院士、文科资深教授等编写教材44本，完成176个智慧教室和宜学空间建设。构建卓越研究生教育，实施“多学科交叉人才培养卓越中心”建设试点工作，设立“哲学社会科学重点实验室卓越研究生培养专项”。落实“卓越工程师教育培养计划2.0”，学校入选首批国家卓越工程师学院建设试点单位、首批国家高水平公共卫生学院建设单位。设立“浙江大学教育基金会卓越研究生培养基金”，支持基础学科拔尖人才培养及优秀博士生海外交流计划等。学校入选首批国家级创新创业学院和国家级创新创业教育实践基地，作为中国高校众创空间联盟发起单位，组织实施“育苗培优”专项行动，立项大学生创业项目20个。在第十七届“挑战杯”大赛中获特等奖2个、一等奖3个；在第八届中国国际“互联网+”大赛中获金奖13个，金奖总数并列全国高校第一位。本科毕业生深造率61.5%，其中到世界排名前50的高校深造人数占境外深造人数的71.4%。

浙江大学加大对基础学科的支持力度，成立物理学院。基础研究重大任务承载力提升，学校师生在轨开展中国空间站工程应用系统的首个干细胞项目，在超导量子芯片上首次实现光的量子拓扑态操控，实现以天然光合作用系统增强细胞合成代谢的突破，发现细菌帮助昆虫求偶的“成人之美”机理。建设超重力离心模拟与实验装置国家重大科技基础设施。推动之江实验室进入国家实验室体系，依托启用的浙江大学余杭脑机交叉研究院（筹），建设临港国家实验室浙江基地。加快良渚实验室的建设进程，推动东海实验室和白马湖实验室筹建，首次成为国家医学攻关产教融合创新平台医工结合方向“挂帅”高校。获批集成电路（制造）人才培养和协同创新基地，建设抗肿瘤创新药物教育部工程研究中心。

浙江大学成立文学院、历史学院和哲学学院。基本完成国家级重大文化工程“中国历代绘画大系”编纂工作。牵头推进《敦煌残卷缀合总集》编纂、《敦煌文献分类合集》整理出版两大项目，参与宋韵文化传世工程。加强与杭州市、宁波市、湖州市、嘉兴市等校地战略合作。长三角智慧绿洲创新中心首期开园。推进武义县安凤村、贵州省台江县帮扶任务，“浙江大学帮扶景东模式”入选第三届全球最佳减贫案例。实施“全球开放发展战略2.0”。启动世界顶尖大学学科合作计划、可持续全球合作计划。打造“在地国际化”教育品牌，建设海宁国际校区，启动建设浙江大学长三角未来技术研究院。

浙江大学深化改革重点项目11个，重点推进和深化本科生荣誉培养体系与模式改革、国家重点实验室运行管理体制机制改革等。推进数字化改革，深化“一网通办”工程，推进智慧总务、智慧财务、智能办会等多跨场景的“一件事”改革任务，启动“学科发展空间”“全球开放空间”建设。

【浙江大学思想政治教育改革深入】2022年，浙江大学加强以习近平新时代中国特色社会主义思想为核心内容的思政课程群建设，构建形成“思想铸魂”“课程思政与学科思政育人”“一体化培养”“全员育人领航”4个体系和12个工程。深化思政教育和专业教育一体化设计，推进本科生思想政治教育培养方案，建设思想政治教育特色示范基地14个、“一院一品”学生思政品牌项目31个、“在鲜红的党旗下”党建教育平台12个，成立“以身许国”爱国主义教育基地、“艺术+”大学生文化自信培育基地、“共同富裕”求是学子先行计划等品牌项目。优化研究生“学科思政”教育模式，实施“双引双提”工程，新增学科（专业）思政特色创新项目16个。支持院系结合学科、专业特色新建或深化建设“公共研习空间”16个、“导学育人空间”10个，优化师生共同成长的德育共同体。

【浙江大学科技创新能力增强】2022年，浙江大学强化有组织科研，实施“启真”“紫金”“领航”等重点科研发展计划，围绕能源、材料、人工智能、双碳、设计育种等领域，首批启动重大攻关培育项目11个，新增牵头“科技创新2030—重大项目”5个、国家重点研发计划85个。获2021年度浙江省科学技术奖70个。获第二十三届中国专利金奖1个。首次获中国标准领域最高奖项——中国标准创新贡献奖一等奖1个。提升知识产权质量，实施“先投后股方式支持科技成果转化”等揭榜任务，推动成立学校全资持股平台，完善科技成果激励机制，完成成果转化80个，孵化企业141个。

【浙江大学国家高端智库打造】2022年，浙江大学高质量完成区域协调发展研究中心高端智库评估工作，完善“一中心、多平台”的高端智库建设体系，标志性智库成果取得新突破。举办国家区域协调发展战略论坛、“共享与发展·浙大论坛”“雄安发展论坛”等高端论坛，启真智库获2021年度民盟中央参政议政工作特别贡献奖，数字出版研究中心入选2022年度出版智库高质量建设计划。承办金砖国家可持续发展高层论坛相关分论坛，联合主办“全球供应链外交倡议”活动。（熊晶蕾）

【中国美术学院稳步发展】2022年，中国美术学院（简称中国美院）校园总用地86.33公顷，总建筑面积54.17万平方米，地跨杭州、上海两市，有南山、象山、良渚、张江4个校区。学校设有19个直属院系（部）、1个中外合作办学机构及附属中等美术学校1所。有教职工1045人，其中专任教师730人、正高级职称122人、副高级职称220人。在校学生1万余人，其中本科生7231人、研究生3068人、继续教育学历生460人、留学生243人。

中国美院有艺术学门类下的美术学、设计学、艺术学理论、戏剧与影视学4个一级学科硕博点，工学门类下的建筑学一级学科硕士点，以及艺术、风景园林、文物与博物馆3个专业硕士学位点，艺术学理论、美术学、设计学3个博士后科研流动站。有国家动画教学研究基地、艺术造型国家重点实验教学示范中心、虚拟仿真国家实验教学示范中心。建有研究中心17个、研究所8个、研究院13个、协同创新中心2个。

推进新一轮“双一流”建设，完善“登峰学科”建设方案，美术学再次入选“双一流”建设名单。新增6个国家级一流本科专业建设点，93%的招生专业为国家级一流本科专业建设点，专业精度居全国高校第七位。学科专业布局动态优化，成立电影学院、动画与游戏学院，调整手工艺术学院、艺术管理与教育学院教学组织架构。根据新版学科目录凝练学科方向，梳理核心课程，完成博士、硕士学位授权点对应调整申报，推进“学科—人事—教学—研创—招生”一体化联合目录建设。完善制度机制及学术组织管理，修订《学术委员会章程》，制定《二级学术委员会建设指导性意见》，成立2个学科建设委员会，发挥学科建设“业务中台”的协同联动作用。

全年新增国家级和省部级人才8人，全职引进高层次人才9人、高水平创新团队2个；柔性引进人才31人，公开招聘各类师资67人。实施“资深教授”评聘制，留用有影响力的老教授和艺术家。打造国家重点文科实验室和艺术智库，持续举办中国设计智造大奖、之江国际青年艺术周等。建立健全以创新价值、专业能力、学科贡献为导向的教职工分类考核评价体系。打造以“哲匠奖”为标杆的国美人才荣誉体系。加大师德选树表彰力度，制定《师德师风负面清单》，推动师德师风建设常态化、长效化。

坚持“以人民为中心”“以乡土为学院”的艺术主张和教育方法，延展扎根中国大地办教育的社会网络。启动“完全学分制”改革，在设计学、艺术学理论、戏剧与影视学3个学科进行试点。调整联合培养目录，推进“招—培—毕”人才培养一体化，实施本科和研究室贯通式教育。完善以“冬查、夏展、春研、秋赛”为核心的艺术教育质量保障体系。在毕业季期间，联动省内12所高校，展出5000多件毕业创作，全网阅读量6.25亿次，获“互联网+”和“挑战杯”两项大赛国家级银奖1个、省部级金奖1个。入选第六届全国高校“礼敬中华优秀传统文化”系列活动特色展示项目1个，获评“中国大学生自强之星”2人，获国家级志愿服务团队和个人各1个。构建具有艺术院校特色的创新创业教育教学模式和人才培养体系，学校入选首批国家级创新创业教育实践基地建设单位。

全年获8个国家部委的“古文字与中华文明传承发展工程规划项目”、国家社科基金冷门绝学研究专项、国家社科基金艺术学重点项目、“十四五”国家重点研发计划项目等国家级重大和重点项目6个。完成杭州国家版本馆（文润阁）设计建筑。实施以“汉字”“山水”“器道”等为研究重点的中华文明基因工程，推出《宋画品汇》《史墙盘》等成果，发布国美字库首款标题字体“国美进道体”。全年推出“从呼捷玛斯到未来图景：苏俄设计历史——创造新世界”“特写：美丽中国的一百个艺术实践”等学术活动。成立融媒体中心，全年获中央级主流媒体报道100多次。

中国美术学院—法国南特设计联合学院成立。新增3所国际合作伙伴院校，与2所海外院校续签学生交换学习协议。“一品一世界”节展平台建设持续深化，覆盖国别持续增加，4个学术联盟组织初具雏形。践行社会美育，“乡村艺课”品牌持续深化，累计培育1000多名美育老师，线下教学惠及学生10万人次。打造事业共创、使命共当的“国美人发展共同体”，校友网络建设逐步完善，构建“一体两翼”校友组织体系。受捐赠3200万元，比上年增长44.5%。

中国美院南山校区美术馆完成改造提升，良渚校区一期二标段建设推进。“数字国美”建设深化，初步建成“国美钉”为核心的智能应用服务体系，形成核心业务“数据中台”。“低碳国美”入围2022年世界信息社会峰会奖项（WSIS）。

【中国美术学院文创设计智造实验室成立】2022年4月7日，中国美术学院文创设计智造（Design-AI Lab）实验室正式成立。实验室聘任清华大学美术学院院长鲁晓波、中国美术学院副院长韩绪为学术委员会主任，并下设3个方向：数化感知计算设计、艺术媒介混合现实和设计智造协同服务。实验室围绕数字时代文化艺术创作与文化创意设计的提升与进化，融合物联网、感知计算、混合现实、群智网络等关键智能技术，解决文化设计智造中的思想内容、技术方法、应用转化等关键问题，提升智能时代国家文化软实力，构建国际领先的智能时代的设计4.0实验室。2021年12月，该实验室入选首批教育部

2022 年 4 月 7 日，中国美术学院文创设计智造实验室成立

（中国美术学院 供稿）

哲学社会科学实验室培育名单。

【之江国际青年艺术周】2022 年 6 月 1—12 日，第四届“生活力·第四届之江国际青年艺术周”举行。艺术周以“生活力”为主题，在中国美术学院、浙江音乐学院两校毕业季的基础上，联动浙江大学等 13 所高校同步推出线上毕业展，线下展在浙江展览馆、浙江美术馆、西湖美术馆、西湖博物馆等 10 个场馆举行，展出总面积约 5 万平方米，累计展出 3000 多组作品，线上和线下共 5000 多名青年艺术家、设计师、作家、学者参与。开幕主题展演在海内外线上 25 个平台同步推出。

【“美丽中国研究院年度行动志”系列学术活动】2022 年 6 月 25 日，中国美术学院美丽中国研究院成立一周年之际，“美丽中国研究院年度行动志”系列学术活动举行。“美丽中国研究院年度行动志”包括“实践志”“人物志”“思想志”3 个板块。“实践志”从艺术实践出发，深入“美丽中国”建设的“核心现场”，汇聚成“特写——美丽中国的一百个艺术实践展览”。“人物志”以主题演讲为中心，聚焦宏大旅程的细微视角，以真实故事思考“美丽中国”、展示一己之力与万众之力。“思想志”以城乡论坛为形式，分为“城乡发展论坛”和“城乡问答闭门会”两个部分。论坛秉持“共享”理念，集结城乡建设专家、设计师集群、社会企业、媒体人等与城乡县市代表，围绕当代城乡建设新形势下的新理念、新实践，做出深切思考与深入探讨。

【“完全学分制”教学管理模式试点】2022 年 9 月，中国美术学院在设计学、戏剧与影视学、艺术学理论 3 个学科和工业设计专业试点“完全学分制”教学管理模式。该模式是一种打破学年界限，以学分来计量学习总量，以绩点来衡量学习质量，以人才培养方案为目标指向，由学生自主选择学习内容和进度，修满专业要求必要学分总数作为毕业标准的教育管理制度。完全学分制改革通过深化“本硕博贯通”的培养机制，实现弹性学制、优化课堂教学精度，强化学生自主学习，课时与学时分离、改革教学业绩激励和约束制度，在本科教育阶段增加导师制，实现学生自主选择学习内容和进度的“学的自由”。通过完全学分制，逐步优化教师评价体系，强化教学过程管理与过程评价，形成多元化的教育教学评价体系。

【中国美术学院国学院落户萧山区】2022 年 10 月 14 日上午，中国美术学院与杭州市萧山区签署合作协议，共建“中国美术学院国学院（湘湖校区）”。双方将根植湘湖深厚文化，依托中国美术学院学科、人才优势，以及萧山湘湖文化、资源优势，秉承美院办学传统，整体布局传承中华优秀传统文化、接续中国艺术古典脉络的办学构架，将宋代皇家画院、中国传统书院、现代美术学院的优势合而为一，重建“艺理相通、道术相济、学养相成”的中国艺术教育体系。

【“两岸艺术院校优秀作品联展”】2022 年 11 月 19 日至 12 月 17 日，由中国美术学院主办的“丛生——第四届两岸艺术院校优秀作品联展”在艺创小镇·凤凰创意大厦文创展厅举行。展览共有来自海峡两岸的 16 所艺术院校参与，参展人数 203 人，展出优秀作品 140 组（件），作品类型涵盖绘画、雕塑、装置、影像、设计和手工艺等。展览以公共参与形式征集作品 187 件。主题展为“不可见之物的蜜蜂”，两个特别单元为“学园与田野”和“艺术之花”。展览同期以线上和线下形式举办论坛，并打造同步线上展厅。（吴佳凝）

【杭州师范大学加快发展】2022 年，杭州师范大学（简称杭师大）是省重点建设高校，有仓前、下沙、玉皇山 3 个校区，占地 192.34 万平方米。下设教学机构 23 个、科研机构 1 个、国有民办独立学院（钱江学院）1 个、直属附属医院（杭州市第二人民医院）1 个。全日制在校生 2.95 万人（不含钱江学院本科生 3687 人），其中本科生 2.38 万人、硕士生 5375 人、博士生 80 人，有学历国际生 314 人。有教职员工 2669 人，其中专任教师 1864 人，国家级和省级人才 70 人。教师中具有副高级以上职称 1112 人、博士学位 1396 人。本科毕业生就业率 93.4%、升学率 24.6%；研究生毕业生就业率 97.1%、升学率 9.5%。

杭师大有一级学科博士学位授权点 1 个、专业学位博士授权点 1 个，服务国家特殊需求博士人才培养项目 1 个，一级学科硕士点 25 个、专业硕士授权类别领域 18 个、中外合作培养教育领导学硕士项目 1 个、非独立法人资格中外合作办学机构 1 个；省重点建设高校优势特色学科 1 个，省一流学科 A 类 4 个、B 类 10 个；ESI（基本科学指标数据库）排

杭州师范大学内的亚运会橄榄球场（摄于2022年）（杭州师范大学 供稿）

名前1%学科10个。有本科专业81个，其中国家级特色专业5个、国家级一流本科建设专业27个。新增教育部产学合作协同育人项目29个、省级教学成果奖14个，有省级实验教学示范中心8个、省级大学生校外实践教育基地建设项目5个；有省部级重点实验室9个、工程研究中心2个。本科生获一类学科竞赛国家级奖项102个。获评省优秀研究生教学案例7个，获批国家建设高水平大学公派研究生项目11个。新增省人民医院为第二临床医学院，市第一人民医院、树兰医院为教学医院。

杭师大获国家自然科学基金项目及其他国家级项目71个。杭师大申报的《纳米生物传感器探针材料》项目获资助。获教育部人文社科重大攻关项目1个、国家社科基金项目38个，其中重大项目1个、重点项目7个。杭师大经亨颐教育学院的《大中小一体化学生心理健康教育与服务体系研究》项目获2022年度教育部哲学社会科学研究重大课题攻关项目立项。12月8日，杭师大人文学院的《中国近代留学生文学群体文献辑考、整理与研究（1840—1927）》获国家社会科学基金重大项目立项。获省尖兵领雁计划4个、省基础公益计划项目61个、省软科学项目4个，其中重点项目1个；获省部级项目立项96个，其中教育部人文社科项目17个。发表SCI（科学引文索引）论文1164篇，其中TOP期刊论文345篇，IF > 20的论文10篇。入选ESI高水平论文213篇。发表人文社科类高水平论文515篇，其中文科权威期刊30篇、SSCI收录论文141篇、AHCI收录论文12篇、文科一级论文232篇。“杭州师范大学中国教育现代化研究院”入选省新型重点专业培育智库。“杭州师范大学婴幼儿发展与托育实验室”获省哲学社会科学培育实验室立项。杭州师范大学中国创新创业教育研究院入选省哲学社会科学重点研究基地。浙江省氟硅精细化学品与新材料协同创新中心验收评估通过，进入新一轮建设。获授权专利271件，其中发明专利184件，专利成功转化18件；技术转移转化160件；科技成果转化率提高至21.1%。获省部级科研成果奖5个，其中获教育部高等学校科学研究优秀成果奖（科学技术）科技进步奖一等奖1个、省科学技术奖三等奖4个。

杭师大围绕“三大科创高地”建设，支持生物学和教育博士两个博士学位点建设。生物学与生物化学、农业科学、数学相继进入ESI（基本科学指标数据库）全球排名前1%学科。19个学科入选“2022软科中国最好学科排名”，其中1个学科排名全国前5%、7个学科排名全国前20%。杭师大围绕区域重大战略，实施服务地方项目88个，拓展地方合作关系12个，新增附属学校18所。获批“浙江省首批现代产业学院建设点”“国家知识产权信息公共服务网点”，科技园“I·STAR”众创空间获评“国家备案众创空间”。依托“国家大学科技园”，推广高校科技成果939个，培育孵化科技型企业500多个，园区企业年产值超过15亿元。开展继续教育培训项目453个，合作经费7800多万元。按照亚组委要求高标准做好亚运会橄榄球场和排球馆运行保障，做好赛事各项准备工作。“杭州技术转移转化中心”落户学校科技园。

杭师大新增国家级人才6人、省级人才5人，引进学科带头人、学术方向带头人等高层次人才76人，海内外优秀青年博士98人，实施“院士结对培养青年英才计划”、“省高校创新领军人才培养计划”等人才培育计划，分别培育人才7人、45人。专任教师中博士学位比例提升至74.9%，具有6个月以上海外经历教师880人，比例为47.2%。加强海外高水平院校交流合作，与英国剑桥大学、美国加州大学伯克利分校等学校开展32个合作交流项目。

【杭师大ESI排名全球前1%学科增至10个】2022年9月8日，基本科学指标数据库（Essential Science Indicators，简称ESI）发布的最新统计数据显示，杭师大农业科学和数学首次进入全球前1%。学校ESI排名全球前1%学科增加至10个，数量列全国师范类院校第五位、浙江省高校第二位。

【循证医学研究成果发布】2022年8月21日，由杭师大附属医院副院长施军平教授牵头，全球首个以中国大陆脂肪肝患者为对象的国际注册RCT临床研究项目VENS在北京发布成果。该研究是关于维生素E治疗非糖尿病非酒精性脂肪性肝炎对照安慰剂的全国多中心、大样本随机双盲临床研究，考察受试者经天然维生素E胶囊治疗后的肝组织改善率。与全国东南西北15个研究中心的专家教授协同合作，采用国际最新病理评价方式评估疗效。研究数据显示，口服中等剂量天然型维生素E是针对中国非酒精性脂肪性肝炎（NASH）患者安全有效的基础治疗手段。

【杭师大新增8个国家级一流本科专业建设点】2022年6月7日，教育部公布2021年度国家级和省级一流本科专业建设点名单，杭师大共有8个专业入选国家级一流本科专业建设点、6个专业入选省级一流本科专业建设点。至此，学校共获批国家级一流本科专业建设点27个、省级一流本科专业建设点16个。

【创新创业大赛杭师大2个项目获金奖】2022年11月25日，第八届中国国际“互联网+”大学生创新创业大赛总决赛结果公布。杭师大《共同富郁——传统中药郁金良种培育及推广》《如果心选——利他共生的果业新生态构建者》2个项目获金奖，《智足科技——以数据赋能助力鞋靴厂商销售升级的领跑者》获铜奖。

【杭师大探索0~3岁儿童发展和托育服务优化研究】2022年11月11日，“杭州师范大学0~3岁儿童发展研究中心”“杭州师范大学0~3岁儿童托育综合服务中心”“杭师大—余杭区0~3岁儿童托育综合服务中心”挂牌成立。中心将依托学校教育特色和综合学科优势，探索3岁以下婴幼儿发展与托育综合服务的理论和实践问题，为杭州“一老一小”整体解决方案提供路径。

（刘伟伟　吴家浩）

【浙大城市学院】2022年，浙大城市学院推进科教创新综合体建设，探索“微校区”分布式办学，获批硕士学位授予单位，推进“十年创百强”跨越发展。探索“大思政”教育新模式，推进“行走的思政课”改革，开展新生进城市、进基地、进社区“三进”活动，获批浙江省课程思政示范校，开设各类创新班18个。新设立25个校外实践教育基地建设项目和14个深度实习试点项目，新增教育部产学合作协同育人项目28个，建成39个就业基地。开设年度星光大课、打造“墨香校园”书法美育品牌。推进分布式办学。学校贯通“政产学研用”，在西湖区、滨江区分别落地建设先进材料增材制造创新研究中心以及主攻“智慧交通”领域的滨江创新中心。与世界旅游联盟等组织携手，设立国际文化旅游产业学院。新增新华三集团等18个战略合作单位。与建德市合力打造共同富裕先行区·安仁联合体。优化校院两级协同引才机制，全年共录用各类人才211人。引入国家级和省级人才7人。新增省级科研平台4个、校设科研平台8个。获国家自然科学基金项目20个、国家社会科学基金项目10个，科研成果获省部级奖7个。科研成果转移转化服务中心成立，年度科技成果转化563万元，比上年增长300%。强化学科专业建设，围绕“城市数字治理”等8个领域布局建设科教创新综合体，打造“5+1”学科板块，与浙江大学、重庆大学、华东交通大学联合培养博士研究室。新设考古学、人工智能、德语等4个专业。成立国际文化旅游学院、新时代马克思主义宗教学研究院。推进数字化改革，打造27个数字驾驶舱和70多个应用场景。学校改扩建一期工程推进，建成全省高校首个“石榴红”民族餐厅。

【西湖大学】2022年，西湖大学签约学术人才33人。至年末，累计到岗170人，在岗学术人才中108人获国家级人才称号。至年末，在站博士后278人。面向浙江省开展“西湖大学创新班”本科招生试点，首届招收60人。2022级录取博士生352人，累计招收6期博士生1273人。经教育部批准，学校从2022级开始，生物学、化学、电子科学与技术3个一级学科独立招收培养博士研究生。与加州大学伯克利分校等签署本科生访学或交换协议，学生海外访学交换院校增至20所。1月29日，西湖大学未来产业研究中心获批建设。加快建设西湖实验室，与昌平国家实验室签署战略合作协议并承担科研任务。参与共建白马湖实验室，领衔太阳能转化与催化研发方向基地建设。与富阳区共建光电研究院，聚焦光电集成领域开展基础与应用研究。应急医学研究中心及P3实验室建设推进。全年立项国家自然科学基金项目76个、国家重点研发计划10个、科技创新2030重大项目1个。在顶级期刊和顶级会议上发表论文128篇，其中在《科学》《自然》《细胞》期刊发表论文8篇。细菌在乳腺癌转移中的关键作用、新冠小分子非共价抑制剂等重大理论和应用技术成果陆续产出。新增培育高科技企业12个，共计26个。校园建设改造加速推进。云谷校区一期、二期启用，完成3个学院及部分平台搬迁；云谷三期进行桩基和基础施工，预计2024年竣工交付。云栖校区品质提升和空间拓展开展，其二期、三期项目建设推进。与西湖区合力高标准推进“西湖大学城”建设，配套基础设施逐步完善。

【杭州科技职业技术学院】2022年，杭州科技职业技术学院下设智能制造学院、城市建设学院、物联网技术学院、汽车工程学院、艺术设计学院、商务管理学院、旅游管理学院、学前教育学院8个高职二级学院、1个新制造培训学院、1个马克思主义学院、1个继续教育学院、1个基础教学部，开设8个专业群、36个专业。有全日制在校生近1.2万人，成人学历教育在籍生超过2万人，教职员工920多人，高级专业技术人员占比34%，校园占地面积64.27公顷。完成学校“十四五”事业发展规划年度建设任务、国家职业教育提质培优行动计划年度承接任务（项目）、学校“创一流”内涵建设行动计划一期验收和二期建设方案编制及报批、杭州开放大学更名转型和建设方案编制及报批。“杭科院创一流”被列入市委全会报告。完成2个省级高水平专业群年度建设、杭州市新型专业（群）结题验收。立项教育部2022年度职业教育虚拟仿真技术应用专项课题1个，完成国家资源库子任务结题验收19个。学校入选教育部中德先进职业教育合作项目试点院校，3个专业立项为“第二批坦桑尼亚国家职业标准开发项目”。学生全年获117个国家级及省级一类技能竞赛奖项，以满分成绩获首届世界职业院校技能大赛工业机器人技术应用赛项金奖。学校在全国普通高校大学生竞赛中列第37位。制定出台高层次人才柔性引进管理办法，全年引进高层次人才29人。教师团队获全国职业院校技能大赛教学能力比赛高职专业组二等奖。全年签订各类校企合作协议

115个，获批省级及以上产教融合项目17个。与阿里巴巴（中国）教育科技有限公司等共建8所校级产业学院。推进学校数字化改革，与省教育技术中心试点共建“教育魔方”，2个数字化项目入选省级以上成果。大江东“智能制造”开放性公共技能实训基地基本建设任务按计划完成。

【杭州职业技术学院】2022年，杭州职业技术学院下设友嘉智能制造学院、商贸旅游学院、达利女装学院、生态健康学院、信息工程学院、吉利汽车学院、杭州动漫游戏学院、彩虹鱼康复护理学院、特种设备学院9个二级学院，开设42个专业（含方向）。建有国家级专业教学资源库4个，国家高水平专业群2个，中央财政支持专业1个，国家骨干（重点）建设专业4个，国家级现代学徒制试点专业3个，全国职业院校装备制造类、交通运输类示范专业点2个，省级重点、优势（特色）专业12个，中央财政支持重点建设实训基地2个，国家级示范性虚拟仿真实训基地1个，省级重点（示范）实训基地6个。举办职业教育高质量发展论坛暨杭州职业技术学院建校20周年办学62周年纪念大会、动漫游戏学院十周年毕业展、达利女装学院毕业作品秀、“看杭职十年蝶变”展览等活动。出版《奋进六十载匠心铸未来——杭州职业技术学院校史》，总结20年办学经验，展示20年办学成果。完成“双高”中期绩效评价自评报告。高分通过省级评价验收，获教育部中期绩效评价“优秀”等次。获评浙江省深化新时代教育评价改革综合试点校，7个成果获浙江省教学成果奖。立项国家虚拟仿真实训基地1个，2门课程获评国家精品在线课程。在省高职院校教学能力比赛中获特等奖2个、二等奖1个、三等奖5个，获全国职业院校教学能力比赛二等奖2个。

学校与安恒公司合作共建“杭州数智工程师学院”，探索实践混合所有制办学模式。与阿里巴巴教育科技有限公司共建数字商贸产业学院，以数字化改革赋能产教融合发展。与杭州医药港合作共建杭州医药港学院杭职院产教融合基地，成立“环杭州湾医药产业人才培养联盟”。新增国家自然科学基金1个，主持立项省自然科学基金项目2个，立项省部级以上项目17个。全年发明专利授权71件，完成率128%。科研经费到款3003万元，比上年增长12%。举办第三届科技成果竞价（拍卖）会，总成交价1316万元。与钱塘科学城签约，面向钱塘区小微企业实施专利开放许可和科技成果转移支付。省花卉苗木产业创新综合体杭职院技术转移中心成立。共建院士工作站1个。入选浙江省技能人才评价专家培养基地、杭州市创业培训定点培训机构及市职业技能定点培训机构。开展乡村振兴带头人、浙江省中小学教师专业发展、钱塘区“蓝领成才”企业职工技能等各类培训项目30多期，培训2000多人次。

2022届毕业生初次毕业去向落实率98.1%。举办浙江省2023届高校毕业生技能型人才专场招聘会和校友专场招聘会，发放求职创业补贴68.7万元，增设嘉兴“人才合作站”。获评“2022年杭州市优秀大学生就业创业指导站”，在省2022届普通高校毕业生就业创业工作视频会议上做典型交流发言。

【浙江育英职业技术学院】2022年，浙江育英职业技术学院有民航交通、信息技术、数字商贸、智慧旅游、创意设计、继续教育6个学院，1个公共教学部。开设空中乘务、城市轨道交通运营管理等27个专业。“外贸出口跟单实务”“Java程序设计”等5门课程分别立项为职业教育国家和省级在线精品课程。学校与深信服科技股份有限公司共建安全服务产业学院，民航交通学院“现代轨道交通运营综合实训基地工程项目”立项为2021—2022年度省产教融合工程项目，“‘碰撞亚运，传承非遗’社群文化特色课程”入选教育部职业教育与成人教育司社区教育“能者为师”“老年人智能技术运用”主题典型案例。4月，在第七届中国高校计算机大赛团体程序设计天梯赛中获全国高校特等奖；6月，在“链战风云”第四届全国大学生智慧供应链创新创业挑战赛总决赛中获金奖；在第十七届“振兴杯”全国青年职业技能大赛创新创效专项赛中获银奖。12月，在第八届OCALE全国跨境电商创新创业能力大赛中获一等奖、二等奖、三等奖若干；在第二届全国院校民航空中乘务专业技能大赛总决赛获全国第四名、团体三等奖。学校建成浙江省首个高教园区退役军人服务站——钱塘区高校退役军人服务站。《2021届浙江省高校毕业生职业发展状况及人才培养质量调查报告》中，用人单位对毕业生满意度评价的8项指标，学校居全省民办高职院校首位。学校综合实力排名全国民办第二名，教师教学能力全国排第三名。

【杭州万向职业技术学院】2022年，杭州万向职业技术学院获省民办教育协会教改创优优秀学校。“化学分析”课程入选国家级精品在线开放课程。《高职毕业设计“四多一全”评价改革新范式》入选浙江省第二批教育评价改革典型案例。学生技能竞赛获国家级一等奖1个、二等奖3个、三等奖3个、优胜奖2个；省级一等奖11个、二等奖18个。开展“数智赋能年”活动抓转型。初步建成万院大脑、万院广场、万院驿站。在浙江省教育厅《教育领域数字化改革》信息简报发表报道2篇。《数字化教育探索与研究》由浙江大学出版社出版。获发明专利2件、实用新型专利24件、外观设计专利1件。出版专著4部；参编教材4部；公开发表论文131篇，其中在SCI上发表3篇、北京大学核心期刊上发表1篇；立项省级课题4个。“三化杭州”“六美天堂”研究取得新进展。创新产教融合模式育人才。“现代学徒制”“课岗赛证达人”班等订单培养模式学生规模比上年增长22%。在淳安县临歧镇及溪口村开展“联乡结村”活动，建立“两中心、两基地”。服务乡村振兴与共同富裕，被杭州市中华职教社评为优秀团体社员单位。举办万向—鲍卡斯研究院“气候学者项目”研修汇报会，开展“十万强”校友云端聚会。联手中美“十万强”项目校友在2022年中美青年创客大赛全国总决赛中获“中美青年合作奖”和“优秀奖”。《基于“七彩核心素养”的职业院校学生全人发展指数评价体系构建与实践》获评浙江省深化新时代教育评价改革试点项目，《基于核心素养的新时代高校全人教育模式研究》入选浙江省教育厅2023年浙江省高校思想政治工作研究文库。学校举办元宇宙招聘会，获《中国教育报》、光明网报道。（市教育局）

成人教育

【概况】2022年，杭州市有全国社区教育示范区6个、全国社区教育实验区2个、省社区教育示范区1个、省社区教育实验区1个。萧山区开发区社区学校等10所乡镇（街道）成校（社区学校）被认定为省现代化成校。滨江区的《能者为师：全渠道师资队伍多维构建的彩虹样式》获省未来社区（乡村）教育场景建设示范案例；临平区的《“互联网+在地化”路径下未来社区泛在学习空间的构建——基于杭州市临平区海珀社区未来社区教育场景》、余杭区的《建设未来青山学堂，赋能儿童友好成长——余杭区黄湖镇青山村未来乡村教育场景建设典型案例》获省优秀案例。上城区的吴关荣获评全国“百姓学习之星”，西湖区的冯赞玉获评全国“事迹特别感人的百姓学习之星”。上城区的《五柳雅扇，宋韵传习》被评为全国“终身学习品牌项目”，杭州社区大学的《“杭学通”——一地创新 全省共享》被评为全国“特别受百姓喜爱的终身学习品牌项目”。全市有21门课程、5个案例入选教育部第一批社区教育“能者为师”特色课程、典型案例。

【《关于加快发展老年教育的实施意见》出台】2022年1月，市政府办公厅印发《关于加快发展老年教育的实施意见》。意见明确提出，到2025年，全市每个街道（乡镇）至少有1所老年教育机构，建设示范性老年教育机构100个，共学养老示范基地100个，老年教育品牌项目100个。完成“完善老年教育发展机制、加强老年教育阵地建设、提升老年教育服务能力”3个主要任务；建设“资源合建共享工程、共学养老建设工程、智能教育服务工程”3个重点工程，并推出“强化组织保障、落实经费投入、加大扶持力度、营造良好氛围”4个保障措施。

【老年大学（学堂）建设】2022年，“新增老年大学（学堂）15所”项目被列为市政府民生实事项目。市教育局将建设任务分解落实到13个区县（市）。对各地、各校的创建工作进行全程跟踪分析，指导各地充分整合利用乡镇成校（社区学校）、党群服务中心、文化礼堂（家园）、社区居家养老服务中心等资源，实现资源最大效益。至年末，杭州市实际新增老年大学（学堂）16所。

【老年人智能技术应用培训】2022年，市教育局贯彻落实国家、省关于开展老年人智能技术培训的文件精神，会同有关部门和企业，开展宣传推广和培训服务5814场次，服务32.51万人次。“三入”（入户、入社区、入养老机构）志愿服务3048次，服务9.49万人次，开设长学制班939个，就读6.16万人次，解决老年人在运用智能技术方面遇到的困难，消除“数字鸿沟”。

【社会人员学历提升】2022年4月，市教育局印发《杭州市社会人员学历提升工作实施方案（2022—2025年）》。指导各区县（市）开展学历情况调查摸底，落实相关工作经费，组织教学和考试。至年末，全市完成社会人员成人中等学历提升2.5万人，完成成人大专及以上学历教育提升7.3万人。

【全民终身学习活动周】2022年11月25日，杭州市暨钱塘区全民终身学习活动周启动仪式在杭州市钱塘区大创小镇国际创博中心举行。启动仪式以“深化全民学习，助力两个先行”为主题，通过线上直播、线下体验、现场展示的方式，呈现“享学、慧学”的终身教育氛围。活动期间，开展“艺术插花与经络养生”“宋韵剪纸之石榴团花”等13项直播，展示“悦秋”戏曲社、“纤指手工坊”等共同体的成果。表彰杭州市“百姓学习之星”、杭州市“终身学习品牌项目”等，并发布《杭州社区家庭教育宣言》。（市教育局）

特殊教育

【概况】2022年，杭州市建有培智学校12所、聋人学校1所、省属盲人学校1所、杭州市新苗学校（民政系统）1所、工读学校1所，形成“以特殊教育学校为骨干，以随班就读为主体，以特教班、‘卫星班’和送教上门为补充”的特殊教育发展格局。至年末，全市有市级合格资源教室474个（其中市级示范性资源教室102个）、特殊教育“卫星班”18个、特殊教育职教实训基地6个、特殊教育医教结合实验学校7个。全市持证残疾儿童少年学前教育入学率99.2%，义务教育段入学率99.97%，高中段入学率94.3%。

【特殊教育教学质量提升】2022年，市教育局加强特殊教育学位保障，推进融合教育，进一步规范随班就读、资源教室、“卫星班”等融合教育管理工作。全年建设69个市级合格资源教室，认定18个市级示范性资源教室，并对获评的资源教室开展“回头看”。通过培训、基本功大赛、工作实践案例征集活动等形式，提升教师专业素养，提高特殊教育教学质量。（市教育局）

责任编辑　秦文蔚

38 文化遗产保护

西湖世界遗产

【概况】2011年6月24日，在法国巴黎召开的联合国教科文组织第35届世界遗产委员会会议上，杭州西湖文化景观被列入“世界遗产名录”，成为中国第41处世界遗产。西湖是中国第一个正式以文化景观类别申报世界遗产的项目。

杭州西湖文化景观位于浙江省杭州市，总面积33.23平方千米。由西湖自然山水、“三面云山一面城”的城湖空间特征、“两堤三岛”景观格局、“西湖十景”题名景观、西湖文化史迹和西湖特色植物六大要素组成。

杭州西湖景观肇始于9世纪、成型于13世纪、兴盛于18世纪，并传承发展至今。在10个多世纪的持续演变中日臻完善，成为景观元素特别丰富、设计手法极为独特、历史发展特别悠久、文化含量特别厚重的“东方文化名湖”。

杭州西湖文化景观是中国历代文化精英秉承“天人合一”哲理，在深厚的中国古典文学、绘画美学、造园艺术和技巧传统背景下，持续性创造的“中国山水美学”景观设计的杰出典范，展现东方景观设计自南宋以来讲求“诗情画意”的艺术风格，为中国传承至今的佛教文化、道教文化及忠孝、隐逸、藏书、印学等中国古老悠久的文化与传统的发展与传承提供特殊的见证。

2022年，杭州西湖风景名胜区管委会按照依法依规保护、全域联动管理、人工巡查和科技监测相结合、科研和宣教促保护的工作总框架，开展西湖世界遗产的保护管理工作，西湖文化景观得到良好的保护。

【遗产本体要素监测】2022年，杭州西湖风景名胜区管委会继续加强遗产本体监测。推进“两堤三岛”“西湖十景”和14处文化史迹专业监测及评估。加强西湖文化景观遗产点本体病害监测，定期对文物周边环境因素、文物本体材料性质、文物病害状况及生物生长繁殖情况进行规范化勘测、评估和分子生物学检测。当文物本体突然遭到或可能受到侵害时，及时启动应急性监测，安排专业人员对文物本体进行检测评估，并迅速采取恰当处理措施，最大限度减少对文物的危害。继续实施保俶塔专项监测，最大限度采取前置措施，确保古塔安全。

【《杭州西湖文化景观2021年度监测报告》获评浙江省优秀监测年度报告】2022年，为提升浙江省世界文化遗产监测业务水平，加强专业技术队伍建设，改善全省世界文化遗产保护整体状况，根据中国文化遗产研究院中国世界文化遗产中心通知要求，杭州西湖世界文化遗产监测管理中心完成《杭州西湖文化景观2021年度监测报告》编制。该报告获评浙江省优秀监测年度报告。

【《杭州西湖文化景观保护管理规划（2021—2035）》草案公示】2022年10月17日，《杭州西湖文化景观保护管理规划（2021—2035）（修编）（评审稿）》专家评审会召开，来自文化遗产、规划、建筑、园林、文物、交通、地质等专业领域的9名专家，以及浙江省文物局、浙江省林业局、杭州市相关部门、京杭大运河（杭州段）综合保护中心、杭州良渚遗址遗产监测管理中心、西湖风景名胜区等成员参加。专家组及与会代表听取规划编制团队的汇报，一致通过《杭州西湖文化景观保护管理规划（2021—2035）（修编）（评审稿）》。《杭州西湖文化景观保护管理规划》修编于2021年启动，修编团队由中国建筑设计研究院有限公司和杭州市规划设计研究院联合组成。10月28日，规划草案公示。

【游客量监测】2022年，杭州西湖风景名胜区管委会持续对遗产区内各景点、重要遗产要素进行游客量监测，根据《杭州西湖景区游客最大承载量研究》成果，进一步优化遗产区各遗产点的游客监测管理方案。针对节假日可能出现的拥堵情况，继续在灵隐、九溪景区实施机动车预约通行、停泊模式，在南山路、孤山路、满觉陇等重点区域实行网约车及出租车定点上下车、区域单循环、卡口分流等措施。采用视频技术在开放场所进行客流监测，不断优化调整新技术新方案，为全面换装更新国产监测设备打下基础。对西湖博物馆、中国茶叶博物馆等4处场馆进行“一卡通”软硬件升级，优化公共场馆的预约功能，提高场馆的客流监测水平。

2022年12月15日，“湖山镌永——杭州西湖历代摩崖题刻拓本展”在浙江省博物馆孤山馆区西湖美术馆开幕。图为展厅内景

（杭州西湖风景名胜区管委会 供稿）

【西湖文化特使招募及培训】2022年6月，杭州西湖世界文化遗产监测管理中心启动第十届西湖文化特使招募工作，作为西湖世界遗产品牌宣教项目。招募吸纳西湖文化特使学员45人，于7月开展为期6天的西湖文化特使集训营。集训营以“宋韵”为主题，集中开展世界遗产讲座、实地教学、分小组实践等形式活动。“西湖文化特使”项目发起于2012年，每年从在杭高校中选拔优秀大学生，发掘和培养文化遗产志愿者，并通过志愿者的系列文化遗产专题活动，实现文化遗产的社会传播。

【“西湖文化特使计划”项目获“全球世界遗产教育创新案例奖”】2022年12月13日，作为联合国教科文组织纪念《世界遗产公约》50周年重点活动的2022年“全球世界遗产教育创新案例奖”国际分享会举行。会议揭晓2022年“全球世界遗产教育创新案例奖”获奖名单，由杭州西湖世界文化遗产监测管理中心、杭州市西湖文化特使协会报送的“西湖文化特使计划：青年视角下世界遗产价值的国际传播”获未来之星奖。获得未来之星奖的案例，以青年为主体的新锐实践，蕴含遗产教育模式创新的无限潜力与可能，代表未来的方向。

【杭州西湖历代摩崖题刻拓本展】2022年12月15日，杭州西湖风景名胜区管委会举办“湖山镌永——杭州西湖历代摩崖题刻拓本展”在浙江省博物馆孤山馆区西湖美术馆开幕，持续至2023年3月12日。展览主要展示浙江省博物馆所藏的清代、民国时期旧拓本，以及市园文局、杭州西湖风景名胜区管委会、西泠印社等机构及下属单位所藏的当代新拓本，共208件。分城内诸山、南山、飞来峰、北山和定山5个单元，覆盖杭州西湖周边群山，作为西湖文化基因解码工程主要载体，完整展示自唐代以来西湖摩崖题刻的全部精华。

【杭州西湖风景名胜区“非遗”项目评审】2022年，杭州西湖风景名胜区管委会首次建立名胜区非物质文化遗产保护四级体系，开展首批名胜区非物质文化遗产项目申报工作。经专家评审、公示等环节，7个项目被确立为首批杭州西湖风景名胜区非物质文化遗产代表性项目，24名传承人入选首批杭州西湖风景名胜区非物质文化遗产代表性项目传承人名单。

（杭州西湖风景名胜区管委会）

运河世界遗产

【概况】2014年6月22日，在卡塔尔多哈召开的联合国教科文组织第38届世界遗产委员会会议上，中国大运河被列入“世界遗产名录”。中国大运河由隋唐大运河、京杭大运河和浙东运河组成，沟通海河、黄河、淮河、长江、钱塘江五大水系。京杭大运河（杭州段）被列入遗产河道总长110千米，包括富义仓、凤山水城门遗址、桥西历史街区、西兴过塘行码头、拱宸桥、广济桥6个遗产点及杭州塘、上塘河、中河、龙山河、浙东运河西兴段5段河道。《杭州市大运河世界文化遗产保护条例》自2017年5月1日起实施。

2022年，大运河遗产日常巡查监测、标准规范制定、运河水体治理、运河文化研究和宣传、对外交流等工作均稳步推进。

【大运河遗产标准编制】2022年，由市运河综保中心持续推进大运河遗产标准编制工作。9月，《杭州市大运河世界文化遗产公共场所标识语中日译写导则》《杭州市大运河世界文化遗产公共场所标识语中法译写导则》通过专家评审。11月，《杭州大运河遗产河道历史环境保护控制导则》通过验收。

【大运河遗产保护管理规范】2022年12月，由市运河综保中心、浙江省长三角标准技术研究院起草编制的《中国大运河（杭州段）世界文化遗产驳坎保护管理规范》经市市场监管局批准发布。该规范规定中国大运河（杭州段）世界文化遗产驳坎保护管理涉及的驳坎分类、基本要求、巡查、危害评估和处置等内容，适用于中国大运河（杭州段）世界文化遗产中驳坎的保护管理。

【运河遗产巡查】2022年，市运河综保中心开展运河遗产巡查。开展运河游步道巡查251次，编发巡查简报23期，排查护栏断裂破损17处、游步道道板破损沉降33处、驳坎孔洞修复15处、管线清理4处、环境卫生6处、台阶损坏3处、绿化损坏4处、地面铺装损坏3处、桥面石板（望柱、护板）晃动5处、发现树干漂浮1次等问题91件，督促整改91件。

2022 年 11 月 8 日，第九届中国大运河庙会开幕　　（市商旅集团 供稿）

【运河水环境治理】2022 年，市运河综保中心加强水质监测通报督促，推进水质提升。发挥运河河长制的机制优势，完善“20+100”干支流全覆盖水质监测网络（对运河杭州段 20 个段面、100 条支流的水质进行监测），解决北星桥下空间“四乱”等重点问题。全年发现并督促整改岸上问题 80 多件、水环境问题 20 多件。运河干流断面水质全部达Ⅳ类以上，Ⅲ类达标率 95%，比上年提升 34%。

【数智运河】2022 年 10 月，数智运河——大运河（杭州段）世界文化遗产数智管理系统项目启动会在市运河综保中心召开。该项目在智慧园文平台成果基础上，建立大运河（杭州段）“空、天、地”三位一体实时监测预警体系，实现大运河（杭州段）5 类 11 项遗产要素活态影响因素及时防控、本体保护状态科学管控和杭州运河保护核心业务数字化，系统解决大型活态遗产多部门、跨区域管理背景下，世界遗产保护管理措施精准落实的问题。

【运河文化研究】2022 年，杭州市推进运河文化研究，取得成果。《江南运河杭州段（含浙东运河杭州萧山段）2021 年度监测年度报告》被评为浙江省优秀监测年报，《文物建筑监测体系模式研究及应用保护管理实践——以杭州富义仓为例》获 2022 年历史城市景观保护联盟优秀研究文章一等奖。“拱宸桥建筑考古研究与复原性展示”等 3 个项目报送中国世界文化遗产监测成果展特色案例，开展“杭州市大运河河长制经验总结与提升项目研究方案”“杭州市中河龙山河水生态（河道）健康调查评估”课题研究，其中，《浙江日报·理论周刊》刊发运河河长制的理论研究成果《以“河长制”赋能运河治理》。

【运河宣传活动】2022 年 6 月 27 日，2022 年世界运河城市论坛在扬州开幕。杭州市领导参加论坛并做主旨演讲。6 月，“世遗运河助力共同富裕”2022 年浙东运河“杭甬对话”活动举行，该活动在杭州衙前和宁波慈城同步举行。嘉宾通过直播对话，一同分享、探讨推动大运河世界文化遗产的保护、传承和利用，推进大运河文化带建设，进一步扩大“千年运河”的品牌影响力和知名度。12 月，由市运河综保中心以“寻访大运河的迷人之处”为主线打造的全网首季运河闯关实景体验活动启动。首场寻宝之旅活动名为“老影像中的运河”，地址选在桥西历史文化街区。以解答谜面的方式，寻访河边的大小商铺，收集宝藏拼图，在寓教于乐的游戏中，学习运河文化，体验桥西历史文化街区的独特人文魅力。

【杭州市大运河世界文化遗产保护宣传周】2022 年 6 月中旬，第五届杭州市大运河世界文化遗产保护宣传周活动举行。宣传周期间开展“七个一”活动，组建一支金牌文化特使队伍、举办一场文艺晚会、搭建一个文化传播新渠道、组织一场浙东运河杭甬对话、举办一场运河庙会、开展一次京杭对话、组织一场“走运”毅行。

（章珠裕 连亚娜）

良渚古城遗址世界遗产

【概况】2019 年 7 月 6 日，在阿塞拜疆巴库召开的联合国教科文组织第 43 届世界遗产委员会会议上，良渚古城遗址被列入“世界遗产名录”。2022 年 5 月 27 日，中共中央总书记习近平在主持中央政治局第三十九次集体学习时强调，中华文明探源工程提出文明定义和认定进入文明社会的中国方案，为世界文明起源研究做出原创性贡献。良渚作为中华文明探源工程四大都邑性遗址之一，实证中华五千年文明，为文明定义和认定进入文明社会的中国方案提供有力支撑。

2022 年，良渚遗址管委会获全国五一劳动奖状，良渚博物院获评一星级全国青年文明号、浙江省关心下一代教育基地。良渚遗址管委会建立健全良渚文化品牌授权机制，与知名品牌合作，推出联名产品 102 款。搭建文创多样矩阵，完成刻画符号、良渚风光、良渚小鹿等系列自主研发文创产品 113 款。

【《反山》《瑶山》考古报告修订本出版】2022 年 3 月 26 日，由省文物考古研究所编著、良渚博物院参与的《瑶山》《反山》考古报告修订本出版。《瑶山》《反山》考古报告，作为良渚遗址群考古报告之一、之二，分别于 2003 年、2005 年由文物出版社出版发行，为反山墓地、瑶山祭坛及良渚文化的研究提供资料。在组织翻译英文版时，因涉及重新校勘，且原报告近乎绝版，遂决定重新修订《瑶山》《反山》报告，各发行 1000 本。

【良渚遗址入选《“十四五”考古工作专项规划》重点任务】2022 年 4 月 22 日，国家文物局印发《“十四五”考古工作专项规划》，明确7个方面18项重点任务。其中，良渚遗址入选《“十四五”考古工作专项规划》2项重点任务：在重点任务1中华文明起源与早期发展综合研究中，以黄河中下游、长江流域及西辽河流域地区的良渚等核心遗址为工作重心，研究重点遗址所在流域及区域在文明演进中的形成过程、基本态势和发展流变的时空框架、区域差异、文明演进道路差异的表现与动因；在重点任务10考古报告出版工程中，编辑出版20~30部关于良渚等重要大遗址的考古报告。

【“良渚遗址5000+”数智应用平台启动】 2022年4月，“良渚遗址5000+”数智应用平台启动。平台聚焦大遗址保护利用全生命周期，建设空间管治、网格智治、价值共享、“文物+”4个子场景，推动形成“功能共用、协同共治、研究共享、生态共创”的文物保护传承和活化利用智治新体系。该平台获评浙江省2022年数字化改革“最佳应用”，相关经验做法在省委改革工作专刊《领跑者》刊发，面向全省推广。

【良渚古城外围水利工程遗址及瑶山遗址基础设施提升工程完工】 2022年6月30日，良渚古城外围水利工程遗址及瑶山遗址基础设施提升工程完工。该项目主要对良渚古城外围水利工程遗址（老虎岭遗址等）及瑶山遗址核心区实施本体保护和环境风貌提升，包括老虎岭遗址坝体保护、保护棚改造、游步道完善和景观绿化等，瑶山遗址出入口建筑改造、内部游步道优化、周边环境景观提升等，利用现状山体界面，整合景观功能定位，融入良渚文化元素，打造可游、可憩、可学的遗址公园。

【“杭州良渚日”系列活动】 2022年7月6日，在良渚古城遗址申遗成功3周年之际，杭州召开世界文化遗产保护传承利用座谈会，举办“杭州良渚日”系列活动。良渚古城遗址公园、瑶山遗址公园、老虎岭遗址公园连续1周免门票，邀请敦煌研究院院长苏伯民等专家参加良渚讲堂、良渚沙龙、“走进五千年”等公众体验活动。

【老虎岭遗址公园开园】 2022年7月6日，老虎岭遗址公园开放，展示世界最早的拦洪大坝工程。老虎岭遗址公园位于余杭区瓶窑镇彭公村，主要分为坝体保护棚、游客服务中心、绿化景观3个区块。在建设过程中，最大限度保持坝体及其周边生态系统原貌。作为中国最早的水利系统和世界上最早的拦洪大坝工程——良渚古城外围水利系统的老虎岭遗址公园是良渚遗址唯一展示水利系统剖面结构的遗址点，展示良渚先民在利用和改造自然环境中的创造性和科学性。

2022年7月6日，老虎岭遗址公园开园。图为园内良渚古城外围水利系统遗址剖面结构展示区外景（良渚遗址管委会 供稿）

【国家古代壁画与土遗址保护工程技术中心东南分中心揭牌】 2022年7月6日，良渚遗址管委会与敦煌研究院签署战略合作框架协议，成立国家古代壁画与土遗址保护工程技术中心东南分中心。双方将坚持“以保护为基础、以研究为核心、以弘扬为目的”的理念，围绕潮湿环境土遗址保护技术、土遗址遗产监测、数字再现等内容，共同开展项目建设、课题研究、人才培养等工作，打造世界遗产保护利用新典范。双方将建章立制，为常态化开展文物保护实验、研发文物保护技术、交流共享理论方法成果等实体化运行国家古代壁画与土遗址保护工程技术研究中心东南分中心提供保障。

【世界遗产保护管理专题研讨会】 2022年7月8日，良渚遗址管委会与英国剑桥大学遗产研究中心、英国威尔特郡博物馆开展世界遗产保护管理专题研讨会。中英双方成员以线上交流的形式，分别介绍欧洲和中国良渚在世界遗产保护、研究、传承、利用等方面的经验，就推动中华文明探源研究的国际化要求展开讨论，进一步扩大良渚古城遗址的影响力，增强东西方对于世界遗址的学术合作与探讨，加深公众对于文化遗产的兴趣与理解。

【2个项目入选浙江省文物保护科技项目】 2022年7月28日，“良渚遗址病害调查与病害关系模型研究”项目、“良渚遗址老虎岭水坝土遗址保护策略和技术研究”项目入选浙江省文物保护科技项目。“良渚遗址病害调查与病害关系模型研究”项目将为后续的病害防控和遗址保护提供科学依据和技术支撑。“良渚遗址老虎岭水坝土遗址保护策略和技术研究”项目将为南方潮湿环境土遗址的保护研究提供理论与技术支撑。至年末，2个项目完成立项，计划于2023年启动研究。“良渚遗址病害调查与病害关系模型研究”项目研究周期为3年（2023—2025年），“良渚遗址老虎岭水坝土遗址保护策略和技术研究”项目研究周期为2年（2023—

2024年)。

【"考古遗址的发展与未来"活动】 2022年9月12—25日,由良渚遗址管委会、联合国教科文组织亚太地区世界遗产培训与研究中心(北京)和北京大学考古文博学院共同举办的良渚讲堂之纪念《保护世界文化和自然遗产公约》50周年系列活动——"考古遗址的发展与未来"举行。活动分线上讲座与线下沙龙两个部分开展,邀请国内外专家围绕考古遗址的保护、管理、建设等方面,探讨考古遗址的发展与未来。

【良渚古城遗址监测年报获评2021年度浙江省优秀监测年报】 2022年11月3日,浙江省世界文化遗产监测培训班在嘉兴开班。培训班由省文物局主办,省文物考古研究所(浙江省世界文化遗产监测中心)承办。开班仪式上,《良渚古城遗址2021年度监测年度报告》获评浙江省世界文化遗产2021年度优秀监测年度报告,良渚古城遗址监测中心负责人围绕良渚古城遗址保护及"良渚遗址5000+"数智应用做题为《科技视野下的世界文化遗产监测》的主题讲座。

【老虎岭、南城墙遗址保护工程初步竣工验收】 2022年11月8日,良渚遗址管委会和敦煌研究院合作开展的老虎岭、南城墙遗址保护工程完成初步竣工验收。该保护工程修复老虎岭、南城墙考古剖面在展示过程中因水、风、温湿度等环境因素的影响出现的裂隙、冲沟、孔洞、表面风化、掏蚀、地下水管涌、坍塌及微生物生长等病害,分别通过开放环境干燥保护和封闭环境高湿保护的环境控制法,最大限度恢复南城墙和老虎岭遗址出土状态,为潮湿环境土遗址保护提供有效案例。

【良渚古城遗址被写入《关于加强浙江省文物保护利用战略合作协议》】 2022年12月8日,国家文物局、浙江省政府在杭州签署《关于加强浙江省文物保护利用战略合作协议》,是国家文物局与浙江首次签订全方位战略合作协议。根据协议,国家文物局将支持浙江省依托世界文化遗产良渚古城遗址打造展示中华文明的重要窗口,支持系统开展考古研究、保护展示等工作,持续攻坚长江下游区域文明模式研究及江南潮湿环境土遗址保护课题,支持良渚博物院二期建设、举办国际良渚论坛、成立长三角区域良渚文化遗址保护联盟,探索良渚文化遗址区域发展新格局。

【"一起:寻找文明之光"计划获"全球世界遗产教育创新案例奖"卓越之星奖】 2022年12月13日,亚太遗产中心(WHITRAP)公布2022年"全球世界遗产教育创新案例奖"获奖名单,良渚博物院"一起:寻找文明之光"计划获卓越之星奖,是全球获该奖项的10个案例之一。"一起:寻找文明之光"计划由良渚博物院在2022年"5·18"国际博物馆日发布,以"平等,互爱,携手"为核心理念,以遗产地与群体的相互赋能为指导方针,致力于推动全民化、无差别化的遗产教育服务,彰显文化凝聚力、影响力和辐射力。

【良渚文创产业】 2022年3月4日,"良渚文化&百泰精工"IP授权仪式暨新品发布会在良渚博物院举行。发布会以"来自远古的福佑"为主题,开展IP授权、新品发布、馆藏捐赠、主题论坛等活动,发布"尊琮""渚梦""玉鸟"等5个系列70多款产品。7月6日,由良渚博物院、中国美术学院、北京服装学院联合发起的"良渚MEI"生活美学联盟成立。现场发布联盟首批成果作品——良渚美服和良渚美饰,展示23款以良渚文化为主题的青少年服装、46款20套良渚文化与周大福联名合作的黄金配饰。11月21日,2022年中国(杭州)文旅赋能高峰论坛暨第十七届杭州·浙西旅游合作峰会在临安举行,"良渚文化&张小泉"联名产品神纹咖啡杯入选2021年杭州·浙西文旅特色伴手礼。12月,由省文物局、省博物馆学会主办的2022年浙江省博物馆文创产品大赛暨全国百佳文创展在浙江自然博物院杭州馆举行,"良渚王国系列盲盒""良渚古城贡米"分别获金奖、银奖。 (肖 丹)

非物质文化遗产

【概况】 2022年,杭州市继续加强非物质文化遗产法规建设、名录体系建设、非物质文化遗产载体建设,强化"非遗+旅游""非遗+互联网"探索,推进非物质文化遗产传承传播,推动非物质文化遗产融入现代生活。完成《杭州市市级非物质文化遗产代表性项目管理办法》和《杭州市市级非物质文化遗产代表性传承人管理办法》实施情况第三方评估,出台《非物质文化遗产主题特色酒店和民宿评价规范》地方标准。开展第六批国家级非物质文化遗产代表性传承人、第六批省级非物质文化遗产代表性项目评选推荐工作,开展第七批市级非物质文化遗产代表性项目申报认定工作。开展全市国家级非物质文化遗产代表性项目保护单位绩效评估等评估工作。至年末,杭州市入选联合国教科文组织人类非物质文化遗产代表作名录5项(7个子项);入选国家级非物质文化遗产代表性项目名录48项;入选省级非物质文化遗产代表性项目名录184项,入选数量居全省第一位;入选市级非物质文化遗产代表性项目名录428项。入选国家级非物质文化遗产代表性项目代表性传承人34人,省级非物质文化遗产代表性项目代表性传承人230人,市级非物质文化遗产代表性项目代表性传承人388人。

【绿茶制作技艺(西湖龙井)和径山茶宴入选人类非物质文化遗产】 2022年11月29日,由中国单独申报的"中国传统制茶技艺及其相关习俗"在摩洛哥拉巴特召开的联合国教科文组织保护非物质文化遗产政府间委员会第17届常会上通过评审,被列入联合国教科文组织人类非物质文化遗产代表作名录。杭州的2项国家级非物质文化遗产代表性项目绿茶制作技艺(西湖龙井)、径山茶宴是"中国传统制茶技艺及其相关习俗"的重要组成部分。

【杭州市非物质文化遗产保护发展指数居全省首位】 2022年6月,省文化和旅游厅发布《浙江省非物质文化遗产保护发展指数评估指标数据（2021 年度）》，杭州市在全省 11 个设区市中居第一位，杭州市拱墅区、富阳区、萧山区、临平区、上城区、余杭区 6 个区进入全省县（市、区）非物质文化遗产评估数据总得分前 10 名。该指数评价体系包含非遗保存保护、传承传播、创造创新、组织体系 4 个方面 67 个具体评估指标，较为全面地反映一个地区非物质文化遗产保护工作的基本情况。

【非物质文化遗产载体建设】2022 年，杭州市培育创建区级及以上传统工艺工作站 4 个、非物质文化遗产工坊 142 个。其中：4 个传统工艺工作站入选省级传统工艺工作站，22 个非物质文化遗产工坊入选省级非物质文化遗产工坊培育名单。临平区“塘栖百匠”非物质文化遗产工坊入选第三批浙江省文化和旅游厅文旅促进共富最佳实践案例；桐庐县新合索面非物质文化遗产工坊“新合索面：双手创造丰盛光景”和余杭区中泰竹笛非物质文化遗产工坊“中泰竹笛：奏响共富乐章”入选文化和旅游部、人力资源社会保障部、国家乡村振兴局联合评选的非物质文化遗产工坊典型案例。杭州市培育创建第二批“杭州市非物质文化遗产体验点”15 个、首批“杭州市非物质文化遗产特色酒店（民宿）”16 个。

【“文化和自然遗产日”活动】2022 年 6 月 9 日，文化和自然遗产日·杭州市系列活动启动仪式在拱墅区举行。活动由“一河串百艺”非物质文化遗产创新设计成果展、“非遗 + 旅游”融合典型案例展、大运河沿线优秀非物质文化遗产旅游商品展等板块组成，以线上和线下相结合的方式开展，展出 200 多项非物质文化遗产项目的 747 件（套）展品，媒体报道 200 多次。市、区县（市）两级开展“文化和自然遗产日”系列活动 42 场。

【非物质文化遗产主题活动】2022 年 6 月 8—30 日，中国大运河非遗旅游大会·第十四届浙江中国非物质文化遗产博览会（杭州工艺周）活动以线上和线下相结合的方式举行，主要包括中国大运河非遗与旅游融合发展论坛、薪传奖传统工艺（漆器髹饰工艺）大展、大运河非遗花伞市集活动。活动直播观看量 855 万次，各级媒体报道 61 篇，抖音短视频点赞量 1.93 万次，线上集市活动交易金额 660 万余元。

【“非遗 +”推广】2022 年，杭州市组织“诗出有茗，非遗杭茶”全球最美茶诗大赛、“我的幸福茶生活”全球短视频征集大赛、“茶和天下·共享非遗”宣传短视频等多矩阵杭州茶文化、茶技艺、茶生活宣传。推出“宋韵杭州”系列宣传短视频，“抖音”等平台播放量 732.6 万次，推出“非遗话节气”专栏，“杭州发布”微信公众号浏览量 45.85 万次。“探寻千年古都文脉——杭州记忆唤醒之旅”和“钱塘潮涌，萧然拾遗——多彩萧山之旅”2 条非物质文化遗产主题线路入选浙江非物质文化遗产主题旅游线路。

【非物质文化遗产研究培训】2022 年，市非物质文化遗产保护中心面向社会人员开设春季和秋季免费培训班，共 35 种非物质文化遗产课程、420 班（次），培训 6480 人次。在杭州市党群服务中心杭州非物质文化遗产大师工作室开设非物质文化遗产大师免费传习课，培训 2772 人次。富阳区、桐庐县、建德市组织 90 多名非物质文化遗产人才在浙江师范大学举办“2022 年钱塘江诗路（富春山水）文化传承生态保护区传承人群研培班”；拱墅区启动“2022 拱墅区非遗代表性传承人带徒学艺项目”，举行 49 名徒弟集体拜师仪式等。全市编撰出版《“城市记忆”杭州市非物质文化遗产丛书·传统戏剧卷》《“城市记忆”杭州市非物质文化遗产丛书·曲艺卷》《“城市记忆”杭州市非物质文化遗产丛书·民俗卷》等非物质文化遗产类书籍 18 册。（市文化广电旅游局）

西泠印社

【概况】西泠印社创立于清光绪三十年（1904 年），是中国成立最早的金石篆刻专业学术团体。西泠印社秉承“保存金石、研究印学、兼及书画”的宗旨，在国际印学界享有崇高地位。至 2022 年年末，西泠印社有在册社员 505 人（其中名誉社员 42 人），分布于全国 26 个省（自治区、直辖市）和香港、澳门、台湾地区，以及美国、日本、韩国、新加坡、马来西亚、法国、瑞典、加拿大等国家。2022 年，西泠印社获评第二批浙江省国际人文交流基地和第十批中国华侨国际文化交流基地。

【喜迎二十大系列展览】2022 年，西泠印社与省委宣传部、国家版本馆杭

2022 年 6 月 9 日，文化和自然遗产日·杭州市系列活动启动。图为大运河非遗融合案例展示
（市文化广电旅游局 供稿）

州分馆联合启动“重要窗口主题篆刻项目”，组织创作主题篆刻作品140件，在国家版本馆杭州分馆开馆日首展中展出。5月20日至6月20日，西泠印社与市政协文史委联合主办“奋斗·共富·向未来”西泠印社社员主题创作展，以“共同富裕”为主题，展出社员书画、篆刻作品50多件。7月13—26日，西泠印社与市文联等单位联合举办“奋进新时代，建设新天堂”杭州市喜迎二十大书画篆刻作品展，展出西泠印社社员主题创作作品100件。10月31日，西泠印社在金华书画院举办“献礼二十大，奋进新征程”浙江省书法篆刻主题评展，展出书法篆刻作品200件。

【迎亚运系列展览】2022年3月，西泠印社推出“艺迎亚运，印向未来”主题创作社员作品网络展，发布作品10多期，展出近100件作品；西泠社员以历届亚运主题和第19届亚运会主要项目为内容的篆刻作品在市民中心及萧山、临平、临安等区县（市）举行线下“西泠名家亚运主题篆刻巡回展”。3月，在湖滨举办“花笺钤朱迹，印艺传亚运”线下互动活动，与游客一起收集亚运主题钤印。西泠印社参与亚运村和相关酒店的文化布置工作，以金石艺术形式传播亚运精神，展示中国传统文化魅力。

【孤山系列特色展览】2022年，西泠印社在孤山的中国印学博物馆和遁庵举办系列特色展览：“人生只合住湖州”——湖州籍社员主题创作展、“闽海印风”——福建籍社员成果展、“求友声”——当代书画印兼修同人学术展、吴静初师生作品展、童衍方师生作品展、“孤山仰止”——西泠先贤遗墨淄砚铭刻展、“道在瓦甓”战国两汉瓦当艺术特展、“二八零”书法篆刻展、“雅谊铁笔”——湖上印社社员作品展等系列展览。展览期间举办“清代金石家艺术的鉴赏与市场”漫谈、曹锦炎古文字讲座等学术讲座，直播课程获10多万人次关注。

【西泠印社主题创作印章捐赠仪式】2022年7月，庆祝中国共产党成立100周年西泠印社主题创作印章捐赠仪式在北京的中国共产党历史展览馆举行。该批作品共36方，内容精选中共中央总书记习近平重要论述、名言金句和党的文献中有关论述，由国内篆刻界代表性篆刻家创作完成，兼顾政治性和艺术性。该批作品由中国共产党历史展览馆永久收藏，并拟列入党史展览中反映党的十八大以来社会主义文化繁荣发展的部分展出。

【壬寅春秋两季雅集】2022年，西泠印社在壬寅春季推出以“仰先贤景行风范，克时艰维新永康”为主题的线上雅集，设置壬寅祭文、先贤经典和时彦佳作3个单元的展示。壬寅秋季雅集期间举办以庆祝党的二十大召开为主题的西泠印社社员（50~60岁）新作展、“以篆入印——邓石如、吴让之、徐三庚、赵之谦篆刻典藏菁华展”精选社藏及其配套的“以篆入印——邓石如、吴让之、徐三庚、赵之谦当代印风创作研究主题展”3个系列展览。

2022年7月，西泠印社主题创作印章捐赠仪式在中国共产党历史展览馆举行。图为捐赠的篆刻作品（西泠印社社委会 供稿）

【“金石宋韵”主题篆刻活动】2022年，西泠印社开展“金石宋韵”主题篆刻活动。围绕“宋韵文化”及其有代表性的文化艺术标识，组织社员开展“宋韵杭州”篆刻主题创作活动，通过挖掘两宋文化中优秀的文明元素和内在精神，从政治、经济、文化、科技、艺术、民生等方面，展示宋韵文化气象。开展“杭·宋词韵”主题篆刻创作活动，集中选取具有代表性的词人流传于今的与杭州直接相关的宋代诗词为主要篆刻内容，再现杭州宋时文化风貌。举办“宋韵浙江——两宋文人书迹拓片系列展”，分别举办“苏东坡和他的朋友们：两宋文人书迹拓本展”“宋韵临平·两宋文人书迹拓片展暨西泠印社名家作品展”“湖山镌永：杭州西湖历代摩崖题刻拓本展”及陈振濂书学院“两宋文人书迹拓本展”等展览。

【文物资料收藏与交流】2022年，西泠印社接收捐赠及移交的藏品200多件（套）、资料1800多件（套），完成鉴定工作。全年应用社藏文物及资料实物680多件（套），策划、合作、支持展览20多个。其中：策划执行展览7个，合作主办展览5个，遴选提供展品的展览8个。

【西泠公益文化活动】2022年，西泠印社推出系列西泠公益文化活动。11月，“西泠公益行·西泠十家走进昭化古城”活动在四川省广元市昭化古城举行，开展书画篆刻展览、专题讲座、创作笔会、文化进校园等系列活动。社员固定活动日以“迎亚运”“颂清莲”等为主题，以面对面互动、主题创作和鉴赏讲座等形式开展文化服务。在纪念现行宪法公布实施40周年之际，40名社员创作专题作品捐赠给“五四宪法”历史资料陈列馆，并举办展览，以文化的形式推动普法。社员为中央团校、杭州市拱墅区朝晖社区、丁丙纪念馆等机构创作并捐赠书画篆刻作品，推进传统文化传播。

【“西泠学堂”系列活动】2022年，“西泠学堂”在香港、澳门开设42个班（次），学员约650人次。“西泠学堂”与香港教育工作者联会共同组织“广彩陶瓷体验工作坊”。申报的“西泠学堂书画篆艺术人才培训项目”入选国家艺术基金（一般项目）2022年度资助项目。“西泠学堂”在线上和线下举办“虎跃新程，艺缘西泠”首届西泠学堂师生优秀作品展、香港美术家书画专题作品展览、传承之美——爱新觉罗清宫廷书画展。举办10场校长论坛，出版专用教材。完成“西泠学堂Z世代艺修”项目。其中，“西泠杯”全港青少年书画篆创作大赛作为“艺文香港”活动的组成部分，于11月在香港会议展览中心的“文化传播、艺通中外”国际艺术论坛开幕式上举办颁奖典礼。

【合作办展】2022年，西泠印社以主办、承办、学术支持和指导等方式，与各地政府部门和文化团体合作举办各类活动和展览近30场，扶持当地对篆刻人才的培养，深化篆刻普及和推广，推动地区文化交流。支持各地举办西泠印社历史名家纪念活动，举办“郁重今95周年诞辰纪念展”“长松长歌·纪念经亨颐145周年诞辰暨寒之友金石书画作品展”。支持各地举办社员艺术展览，在北京、金华、常熟、青田、深圳等地举办“心迹双清——李刚田书法篆刻作品展”“‘百年之韵’归之春百岁书法篆刻作品展览”“‘大美浦江’尚天潇汉字意象作品展”“大开通——张爱国书法作品展”“‘溪间闲吟’林尔甲骨文篆刻展”，以名家名社推动文化传播。与曲阜、福建、广元、青田等各地方政府合作举办“中国（济宁）首届金石文化全国名家艺术展”“第七届海峡两岸中青年篆刻大赛”“第九届青田石雕文化节”等活动。

【学术研讨】2022年11月8—9日，西泠印社举办“大印学（2）——印学收藏史国际学术研讨会”，评出论文40篇并出版论文集。研讨会以线上和线下结合的方式召开，除来稿作者外，浙江大学、中国美术学院、杭州师范大学等在杭高校相关专业师生参加研讨会。举办“20世纪中国篆刻与西泠印社之关系研究课题论证会”，探讨20世纪中国篆刻史和西泠印社史研究的框架；与中国美术学院联合举办学术鉴赏会并形成学术文章；与浙大城市学院签订战略合作协议。

【对外宣传加强】2022年，《西泠艺丛》出版“清代金石书目研究”“诸乐三艺术创作研究”“古印谱研究”“娄东鉴藏研究”等专辑12期。《西泠艺丛》入选中国美术学院教师期刊目录（2022）版。全年摄制《林乾良》《张耕源》《黄镇中》《杜高杰》《丁茂鲁》《林剑丹》《袁道厚》7部社员纪录片。纪录片《朱颖人》入选2022年杭州市文艺精品工程。西泠印社官方网站、微信、微博发布信息1800多条，完成50多场线下活动报道，各平台粉丝近65万人次，全网浏览量超过1000万次。

【孤山社址保护提升工程】2022年，西泠印社推进孤山社址保护提升工程实施。土建方面，年初完成相关标段施工收尾工作，上半年完成各小项验收，下半年做好安防项目验收、档案资料收集等工作。展陈方面，上半年完成展陈各个标段施工，完成孤山社址及中国印学博物馆展陈、导览设施设备提升，重新梳理孤山社址游线和说明文案；新增遗产监测系统和白蚁防治监测预警系统，运用技术手段，对孤山社址和中国印学博物馆进行24小时监测预警；新增数字化展示平台，通过社址触摸屏和西泠印社官网，展示西泠印社百年社史及文物藏品。同步完成展陈项目相应验收、档案资料收集等工作，并做好相应后续维保监督工作。

【中国印学博物馆】2022年，中国印学博物馆完成提升改造工程，新增200多件文物，利用多种数字化手段，提升设施现代化水平。自2021年7月提升保护工程完成重新开馆至2022年年末，接待参观者1.5万人次。协办、承办临时展览11个；策划承办“献礼二十大，奋进新征程”浙江省书法篆刻主题评展。结对帮扶胡震纪念馆，以“博物馆结对共建”为抓手，推进文化共富，服务乡村振兴，提升胡震纪念馆办馆水平，帮助该馆通过浙江省乡村博物馆验收，中国印学博物馆获评“2022年度乡村（社区）博物馆优秀共建单位”。全年中国印学博物馆更新西泠印社微信、微博《云展厅》栏目12期。

（西泠印社社委会）

【西泠印社集团稳步发展】西泠印社集团成立于2008年，是市属一级国有文化产业集团。集团旗下有10多个一二级全资、控股或参股子企业（单位），形成以拍卖、出版、文创3个板块为龙头，以西泠印社美术馆、艺术品鉴定评估中心、西泠非物质文化遗产中心等公益平台为学术支撑，以展览展示、拍卖交易、图书出版、创作设计、非物质文化遗产传承等为一体的艺术品产业链。2022年，西泠印社集团保持良好发展态势，拍卖、出版、文创等业务稳步增长。

【西泠拍卖市场份额行业领先】2022年，西泠印社拍卖有限公司举办2021年秋季拍卖会、2022年春季拍卖会，每月大拍和每日网拍成交踊跃，全年总成交额超过21亿元，净利润4762.80万元。11月，中国拍卖行业协会发布《2021中国文物艺术品拍卖市场统计年报》，西泠印社拍卖有限公司实收拍品款、实收佣金、主营业务利润、企业总创税居全国文物拍卖企业前三位。

【西泠出版经营业绩增长】2022年，西泠印社出版社实现营业收入1.16亿元，净利润2004.91万元，比上年增长21.7%，获2021年浙江省服务业企业“亩产效益”领跑者称号。全年申报选题638个、出版新书324种、重印图书122种，《中国珍稀印谱原典大系（第一编）》获国家出版基金资助项目2021年绩效考评通报表扬及奖励，《国家图书馆藏陶文集成》入选国家新闻出版署出版

2022年8月17日，西泠印社春季拍卖会开幕　　（西泠印社集团 供稿）

业“十四五”时期发展规划，《独秀：陈巨来的艺术世界》获2022年度浙江文化艺术发展基金项目资助。西泠印社出版社书法教材拓展至全国20个省、97个地市、676个区县（市），使用人数超过1亿人。浙江省首个“西泠书房”落户淳安县，探索城市文化艺术与文物活化融合发展模式。

【西泠文创运营模式优化】2022年，西泠文创板块实现销售额1.54亿元，比上年增长26.6%。开设电商平台店铺7个、线下渠道店铺和专柜40多个。完成“西泠味道”“西泠艺居”等子品牌战略性布局，进入食品、家居软装等产业新领域。深化杭州地铁“一站一印”项目建设，创作站名印165枚，基本完成“苏体字”字库创作。完成湖州市安吉县山川乡文创产品设计、“奉化文旅”VI设计和桃花马拉松配套活动。完成湖州高铁站艺术设计、嵊州高铁站辅道景观设计安装等项目。保持与北京工美集团沟通联络，探索亚运主题等项目合作。

【党的二十大主题活动】2022年，西泠印社集团聚焦党的二十大，举办“庆祝二十大，我爱你中国——西泠印社社员篆刻中华人民共和国国歌作品网展”“喜迎二十大祝福祖国：西泠印社百位社员篆刻‘福’文化作品展”“‘喜迎二十大，艺术助共富’西泠印社社员篆刻作品展”等主题展览10多场，举办“喜迎二十大，奋进新征程”艺术培训、“喜迎二十大，建功新时代”职工书画篆刻培训班。

【亚运会筹办服务】2022年，西泠印社集团运用杭州第19届亚运会特许生产企业、特许零售企业资质，研发亚运徽宝、大铜章等系列产品94件，开拓亚运门店14个，参加亚运倒计时200天主题活动。策划《器与花：献给2022杭州亚运会》等主题出版物。举办“舞动的线条，艺起迎亚运——西泠印社社员金石拓片题跋展”“喜迎亚运，一起向未来——西泠印社社员‘虎’题材作品网展”等特色主题展览。西泠印社集团获2021年度杭州亚运会、亚残运会筹办工作突出贡献集体称号。

【宋韵文化传播】2022年，西泠印社集团组织宋韵流芳艺术系列活动之宋韵经典——中国宋代书画再现展等线下展览5场，“宋韵”主题展览和宋画鉴赏等线上推广活动16次。出版《两宋的金石世界——宋代金石学与印学：文献、实物、图像特展图录》《两宋流韵传千古》《宋雅——杭州南宋皇城探秘》《诗词里的杭州宋韵》等书籍。以“极简美学”“现代理念”设计2022年宋韵文化节标识。

【品牌影响力提升】2022年，西泠印社集团策划“先生归来——马衡和他的时代”系列活动，举办“马衡奠基‘现代金石学’于百年西泠的历史价值”等学术讲座，出版《先生归来——马衡和他的时代》作品集，故宫博物院、北京大学、上海交通大学等16个机构共同参与，刊发信息阅读量接近100万次。落实西泠印社孤山社址商业业态调整及形象提升工作。组织第五届“西泠春运会”，将8万副（幅）春联、福字送至杭州13个区县（市）、抗疫一线、合作单位、重点项目现场，邮寄到对口帮扶地区。推动国家文物局民间文物鉴宝活动试点，开展活动10场。第11年承办“期颐之贺”项目，赠送百岁老人专属姓名印章400多枚。举办“西泠清芬”社员捐赠展3场、“播芳六合”系列艺术特展3场，编辑《播芳六合》艺术专刊9期。（杨　柳）

责任编辑　郦　晶

2023
杭州年鉴

39
文化事业

公共图书馆

【概况】至2022年年末，杭州市有1个市级公共图书馆、12个县级公共图书馆、191个乡镇（街道）图书馆、2963个村（社区）图书馆（室）。其中，纳入通借通还系统的乡镇（街道）图书馆191个、村（社区）图书馆（室）2477个。

【“一键借阅”服务项目迭代升级】2022年，杭州市公共图书馆“一键借阅”服务项目以“城乡一体化、区域全覆盖”为目标进行升级完善。全年新增用户11.8万人，借还文献29.6万册，“杭图微阅读”小程序访问量77.1万次。4月23日，世界读者日当天推出“一键借阅”一体化平台线上借书首单免邮活动。该项目被列为市委宣传部数字文化系统建设重点应用场景。

【“中国阅读”5周年盛典系列活动】2022年5月29日，开卷知往·阅向未来——“中国阅读”5周年盛典启动仪式“阅启春晓”活动在杭州图书馆举行。活动采用视频录制+网络直播的形式，全国65个公共图书馆同步直播。活动期间，在国内联动开展“阅伴真稚”亲子类阅读、“阅咏河山”朗读作品征集等活动，发布第五届“中国阅读”图书推荐书目。

【“杭州·亚运文化空间”活动】2022年，杭州图书馆举办“杭州·亚运文化空间”活动。围绕“亚运文化系列展览”“亚运真人图书馆”“亚运美学沙龙”3个主题，开展“最美亚运赛会志愿者访谈”“看不到的TA——致敬亚运场馆工作者”和“云舒霞卷·展东方之韵”杭州亚运会礼服设计分享、杭州亚运会及亚残运会官方海报展等16场活动。通过线上和线下相结合的方式，将亚运文化展示和体验阅读进行融合，弘扬亚运理念，传播亚运精神，吸引87万余人次参与。

【少年儿童音频征集活动】2022年4月23日，由浙江省图书馆学会、杭州市文化广电旅游局主办，杭州图书馆承办的“2022魅力声音·运动少年说”浙江省少年儿童音频征集活动启动。活动面向全省公共图书馆、中小学图书馆、阅读推广机构开展，近50个单位报名，征集到589件音频作品。开展“运动有我·探访亚运场馆”直播、“走场馆、晒靓照”图片征集、“亚运场馆与运动项目线上推介”、“最忆是杭州·亚运文化小课堂”等线上和线下活动23场次，8.2万人次参与。

【“杭州邻里图书馆”项目启动】2022年12月14日，“杭州邻里图书馆”项目启动暨首批试点授牌仪式举行。该项目由杭州图书馆、杭州市图书馆事业基金会联合各区县（市）图书馆发起，通过打造扎根社区、楼盘的“杭州邻里图书馆”，聚焦周边居民尤其是“一老一小”等特殊群体需求，形成“即刻抵达、触手可及”的阅读文化圈，为市民提供家门口的公共阅读服务。至年末，在上城区、西湖区建成20个“杭州邻里图书馆”，并入选杭州市争当浙江高质量发展建设共同富裕示范区城市范例第二批机制创新类试点。

【主题图书馆建设】2022年，杭州图书馆分别与市卫生健康事业发展中心、中国动漫博物馆合作共建老年健康主题分馆和动漫主题分馆，进一步完善全市公共图书馆服务体系。在乾嘉书房开设杭州图书馆宋韵主题分馆，实现图书通借通还，传播宋韵文化。

【《杭州都市圈城市图书馆联盟2022—2023年行动计划》发布】2022年5月12日，杭州、湖州、嘉兴、绍兴、衢州、黄山六地以视频会议的形式，召开杭州都市圈城市图书馆馆长联席会。会上确定《杭州都市圈城市图书馆联盟2022—2023年行动计划》，明确今后两年联盟在文献资源协作、阅读推广活动联动、特色资源共建共享、学术交流和人才培养等方面的发展方向。

【“馆藏撷珍、交流互鉴”项目专栏上线“中国文化网”】2022年8月，“馆藏撷珍、交流互鉴”文化交流项目上线“中国文化网”，设立专栏并持续更新。杭州图书馆作为中国—中东欧国家图书馆联盟秘书处，负责联动联盟各成员馆，牵头策划实施。该项目通过文字、图片及视频相结合的方式介绍各成员馆的馆藏古籍文献，增进不同文化间的国际国内交流。

（市文化广电旅游局）

博物馆

【概况】至2022年年末，杭州市有公共博物馆87个（含省部级博物馆6个），其中一级博物馆7个、二级博物馆4个、三级博物馆1个。按类型分，综合性博物馆10个，专题性博物馆、陈列馆77个。按办馆对象分，国有博物馆54个，非国有博物馆33个。

2022年，全市启动博物馆高质量发展“一十百千万”计划。出台《杭州市博物馆藏品管理制度》。杭州博物院完成前置性研究工作及大纲编制，临平博物馆改扩建工程竣工开馆，萧山博物馆、中国印学博物馆完成陈列提升改造，茅湾里印纹硬陶博物馆建设和中国茶叶博物馆展陈提升进展顺利。推进乡村博物馆建设，新增乡村（社区）博物馆50个。

全年杭州博物馆新增馆藏92套、111件；杭州工艺美术博物馆新增馆藏319件（套），其中捐赠201件（套）；桐庐县博物馆新增馆藏52件（套）。

全市博物馆推出临时展览154个，接待游客593万人次。“‘红色印记1921—2021：潮起钱塘’建党百年展”入选第十九届（2021年度）全国博物馆十大陈列展览推介优胜奖，4个展览入选第十六届（2021年度）浙江省陈列展览精品项目。“宋韵·百工”系列公众教育项目入选2022年度全国文博社教百强案例；“发现杭州2021——杭州考古工作年度盘点暨出土文物展”海报获2021年中国博物馆美术馆海报设计年度推介活动全国第一名。杭州博物馆、杭州工艺美术博物馆、良渚博物院、杭州西湖博物馆总馆入选2022年度全国热搜博物馆百强，杭州工艺美术博物馆、良渚博物院入选第二届全国百强文创产品单位。

杭州市推进中华茶文化展览援非项目，“香远益清——中摩茶文化交流展”在摩洛哥展示。西湖文化特使代表队在由世界遗产城市组织亚太区域秘书处（OWHC-AP）举办的首届世界遗产城市线上青年论坛中获论文竞赛一等奖。

【南宋德寿宫遗址博物馆开馆】2022年11月22日，南宋德寿宫遗址博物馆对外开放。该馆位于望江路228—264号，项目用地面积2.14万平方米，建筑高度18.6米，总建筑面积1.23万平方米，露明展示面积约4590平方米。德寿宫遗址是南宋临安城内一处重要的宫苑遗址，其内宫殿与园林并置，宋高宗、吴皇后、宋孝宗、谢皇后等历史名人曾居住于此，是杭州现存并发掘的最重要的南宋历史文化遗存。

（章珠裕 连亚娜）

【杭州国家版本馆开馆】2022年7月23日，中国国家版本馆举行落成典礼，杭州国家版本馆（中国国家版本馆杭州分馆）落户余杭。7月30日，杭州国家版本馆开馆启用。杭州国家版本馆又名“文润阁”，总建筑面积10.31万平方米，包括主书房、南书房、文润阁、山体库房、附属用房等13个单体，核心功能为保藏、展示、研究和交流，是集图书馆、博物馆、美术馆、档案馆、展览馆等多种场馆功能于一体的综合性场馆，也是中央总馆异地灾备库、江南特色版本库及华东地区版本资源集聚中心。

（李景苏）

【临平博物馆启用】2022年5月15日，历时3年展陈改造的杭州市临平博物馆（中国江南水乡文化博物馆）启用。博物馆位于临平区人民广场，总建筑面积2.1万平方米。以玉琮造型为原型设计的西馆区用于展示地方历史；以江南民居为主题元素的东馆区为新建馆区，用于展示江南水乡文化，并融合文创书店、休闲吧、水乡工坊体验馆等新增功能区。当日，由省文物局主办的2022年浙江（杭州）“5·18”国际博物馆日主场活动暨杭州市临平博物馆开馆暨“诗画浙江宝藏游”系列活动启动仪式在博物馆举行。

【玉架山考古遗址公园（博物馆）一期遗址公园完工】2022年12月，玉架山考古遗址公园（博物馆）一期遗址公园建成完工。玉架山遗址地处余杭经济技术开发区，西距良渚古城遗址20多千米，由6个人工堆筑的环壕组成，包含人工堆筑的土台、居住址、广场、墓地等遗迹，出土石器、玉器和陶器等文物8000多件，是一处仅次于良渚古城地区的规模较大、等级较高的良渚文化中心聚落。玉架山考古遗址公园（博物馆）项目东至星河路、南至绿洲路、西至兴中路、北至五洲路，总用地面积12.47公顷。遗址公园的实景游览路线分为市民观光、科普研学、亲子互动3类，市民可根据需求进行空间、情感、知识的考古体验，了解玉架山遗址文化内涵。

（张婷婷）

2022年9月29日，“一木了然——宋式木作文化展”在杭州工艺美术博物馆开幕

（市园文局 供稿）

2022 年杭州主要博物馆特色临时展览一览表

表 44

博物馆	主要临时展览名称
杭州博物馆	“‘发靥的宋潮’青少年教育体验展”“‘行在’山水间——南宋视野下的杭州:临安城”“海上丝路的中国与英国:从杭州到伦敦”“丁丙与十九世纪的杭州”“第四届杭州纤维艺术三年展·特别项目——净因 Pure Reason”“伟大的历程——中国共产党历次全国代表大会回顾”
杭州工艺美术博物馆	“颂运——大运河诗路上的宋韵展”“宝刀未老——中国古代刀专题展”“薪火传承——第二轮‘工艺美术大师带徒学艺’成果展”“一木了然——宋式木作文化展”“大匠之风——金国荣宋韵雅器展”
杭州西湖博物馆总馆	“跟着苏东坡游杭州——青少年教育体验展”“他是谁——探秘兰若寺大墓”“国音承祚——宋六陵考古成果展”“宋韵千年——百馆联动展”“天堂之城印象——西方人眼中的近代杭州·西湖”“百年织锦绘西湖——西湖织锦精品展”“千帆之下——唐宋东亚海上丝绸之路的众生相”“三十·蜕变——南宋官窑博物馆建馆三十周年展”“湖上清风——西泠五友书法篆刻邀请展”“元启——中国美术学院影视与动画艺术学院网络与游戏系 2022 年毕业作品展”“喜迎二十大,颂扬新杭州‘五彩缤纷·中外艺术名家画杭州’交流展”“西湖之光——诗书画印大展”
中国茶叶博物馆	“啜英咀华——宋代茶文化展”“绿色黄金——海上丝绸之路上的茶叶贸易”“海上茶乡——舟山茶文化特展”“绿色黄金,美好生活——17—19 世纪中国茶叶的奇幻之旅”
韩美林艺术馆	“相与此处吟山湖·飞来峰主题艺术作品展”“2021 年韩美林艺术馆‘美育四进’成果展暨虎生肖绘画大赛优秀作品展”“灵静之美,宋韵参显:茶、香、画、花——致敬宋人的浪漫与诗性”“心向美,艺起来;童心绘,共美好”
杭州京杭大运河博物馆	“迎亚运,中外体育火花藏品展”“‘喜迎二十大·档案颂辉煌’——拱墅区‘旧貌换新颜’图文展”“‘喜迎二十大,礼赞新时代’邮花展”“如果·宋朝也有运动会”“笔墨长阳,青春杭州,践行党的二十大精神画展”“‘一心跟党走,砥砺向前行’主题书画展”“宋韵笔墨画展”
杭州海塘遗址博物馆	“古钱宋韵”“‘风华宋韵’博物馆文创展”“‘魅力亚运·展望未来’2022 杭州市少儿书画摄影大赛优秀作品展”“‘方寸华美’宋韵陶模展”“浙江铁路百年记忆”
杭州南宋德寿宫遗址博物馆	“德寿集珍,锦绣重华——宋代文物珍品展”
中国湿地博物馆	“草木有心——诗经湿地植物文化展”“发现身边的自然——百鸟科普展”“守护身边的生灵——濒危动物展”“以鸟为媒——鸟类芦苇画展”
临平博物馆	“繁简之间——宝鸡出土青铜器纹饰艺术展”“韵·动——两宋体育文化展”“永远的长安——陕西唐代文物精品展”
章太炎故居纪念馆	“‘与古为徒,助力亚运——2022 蒲公英计划’书法美育班教师作品交流展”“刀与笔——姚思铨与浙江抗日救亡展”“心雁杳杳——五人中国画作品联展”“‘重奏:当宋韵遇上亚运’书画展”“寻路——宋庆龄在重庆的战斗足迹展”
良渚博物院	“我从汉朝来——汉画像石与汉赋中的汉代世界”“文明之光的折射:特殊儿童艺术展”“巍巍如天——陶寺遗址考古成果精华展”“郁郁乎文哉——晋国博物馆周代玉器特展”
萧山博物馆	“潮上风华——海上四任人物画特展”“於越之光——越国青铜农工具陈列展”“潮生百艺——萧山非物质文化遗产展”“澎湃钱潮——钱江南岸的百年红色故事”“萧山文化基因解码成果展”“西泠名家亚运主题篆刻展”“青青陶记——青少年优秀陶艺作品展”
萧山跨湖桥遗址博物馆	“砚国明珠——上饶市博物馆藏砚山宋代戴家制砚作坊遗址出土文物展”“江汉荡荡,穆穆曾侯——来自古代曾国的宝藏特展”“华衣冠佩——北京民俗博物馆馆藏精品文物展”“大河上下——中国古代北方系青铜器精品文物展览”
桐庐博物馆	“观音的故事”“陶韵瓷魂——中国陶瓷文化巡礼”“跟着苏东坡游杭州”“丝路瑰宝,吉金鉴古——‘一带一路’中古铜器特展”
富阳博物馆	“富春山居,宋韵迹忆——富阳宋韵文化展”“宋纸新韵——纸文化特展与宋韵迹忆图版展全市联展”“苏东坡和他的朋友们——两宋文人书迹拓本展”“杭州这十年·富阳”“‘兰亭的故事’全国巡展富阳站”
临安博物馆	“陌上花开蝴蝶飞——蝴蝶与蝴蝶文化展”“宋韵传承——临安宋代历史文化展”“秘色重华——方成哲石屏越窑作品展”“蟾宫折桂——中国科举文化展”“会飞的花——中国蝴蝶图片展”“临安区生物多样性保护成果展”
淳安博物馆	“‘年味淳安’2022 年淳安春节民俗文化作品展”“书香宋韵——淳安宋代书院文化专题展”“宋韵迹忆——杭州的博物馆图片展”“‘喜迎二十大,匠心展风采’杭州市雕刻艺术作品展”
建德市博物馆	“创世匠心,雅韵严州”

【“宋韵迹忆”系列主题活动】 2022 年,市园文局开展宋韵文化宣传展示,建设宋韵文化主题全媒体传播平台“宋韵迹忆”,平台全年浏览量近 1000 万人次。举办专题讲座 20 多场,主题公共教育活动 250 多场次;发布 20 条宋韵精品研学线路和宋韵文化地图;组织宋韵文创产品大赛,参赛作品超过 500 件(套),获奖作品入选“最宋潮”杭州“宋韵迹忆”文创作品暨全国博物馆百佳文创作品展;“发靥的宋朝”配套文创产品获浙江省博物馆文创大赛金奖。以“宋韵迹忆”为主题开展西湖明信片大赛、青少年陶艺大赛、“童画杭州名人”等品牌活动。

【青少年创意剪纸大赛】 2022 年 4 月,由市教育局、市园文局、市文明办联合主办的第十二届青少年创意剪纸大赛启动。大赛设小学组、中学组,分别以“童心迎亚运,同行向未来”和“宋韵迹忆”为主题。小学组选手通过剪纸描绘杭城青少年喜迎亚运会的盛况,中学组选手以宋代杭州相关的文物、古迹、故事、历史、社会文化等为创作题材，结合各种剪纸艺术手段来表现宋韵文化精神内核。大赛收到1560件作品。8月，公布评选结果。大赛产生的优秀作品分别在杭州市民中心、杭州青少年活动中心和多所小学巡展，同步在市内及安徽、江苏、山西、甘肃等地开展剪纸文化推广活动。

【杭州市讲解员职业技能竞赛】2022年6月23—24日，市园文局举办2022年杭州市讲解员职业技能竞赛。比赛以“20条宋韵精品研学路线”设置专业组和志愿者组两个组别，分初赛和决赛，35个单位的269名选手报名参赛。初赛以视频方式进行评选，收到232个选手参赛视频，经过评委线上评比，最终专业组120名选手、志愿者组20名选手进入决赛。

（章珠裕 连亚娜）

文　物

【概况】至2022年年末，杭州市有世界遗产3处、全国重点文物保护单位48处、省级文物保护单位93处、市（县）级文物保护单位576处、市级文物保护点489处。2022年，市园文局推动《杭州市历史文化名城保护条例（草案）》立法工作并通过市人大审议。启动《杭州市文物保护管理若干规定》立法后评估和修订调研。制订杭州市文保单位记录档案编制五年计划，完成140处市级文保单位档案编制和测绘。开展全市文物安全大排查大整治大提升攻坚行动。

市园文局受理文物和历史建筑方案审查333件，办结行政许可163件、备案104件。实施乡土建筑保护工程，安排专项资金3021.8万元，修缮50处乡土建筑。推进实施革命文物保护工程，完成《杭州市革命文物保护工程（2018—2022年）实施情况报告》，安排专项资金277.9万元，修缮8处革命文物。

市文物考古研究所全年开展考古调查、勘探、发掘项目451项，发掘面积4.34万平方米，清理墓葬634座，出土文物标本5700多件（套）。启动考古出土文物标本中心建设。完成余杭李家塘遗址、密渡桥遗址、萧山老虎洞遗址等考古发掘报告初稿。富阳考古工作站挂牌成立，余杭工作站实体化运作，临平工作站建设加快推进。净慈寺遗址、萧山祝家桥遗址入选“2022年度浙江考古重要发现”。

【3个项目入选“新时代浙江考古十大发现”】2022年5月7日，由省考古学会举办的“新时代浙江考古十大发现”“新时代浙江考古重要发现”评选活动启动。6月，评奖结果揭晓。杭州余杭良渚古城外围大型水利工程、杭州良渚古城遗址、杭州南宋临安城址3个项目入选“新时代浙江考古十大发现”，杭州古海塘遗址入选“新时代浙江考古重要发现”。

【吴越国王陵考古遗址公园建设】2022年6月，临安区委托浙江省古建筑设计研究院完成《临安吴越国王陵考古遗址公园建设可行性研究报告》。12月，吴越国王陵考古遗址公园（功臣山区块）项目建设基本完成，预计2023年8月全面建成开放。

【泗洲造纸作坊遗址保护利用】2022年，富阳区推进泗洲造纸考古遗址公园、造纸博物馆建设相关前期工作。7—9月，完成泗洲造纸遗址66公顷区域范围考古勘探；10月，完成泗洲造纸作坊遗址保护范围及建设控制地带范围区划调整初稿并报送省文物局审核；11月，召开《泗洲造纸作坊遗址保护规划》《泗洲考古遗址公园专项规划、设计方案》部门征询会，完成初稿编制；12月，完成《造纸博物馆文物征集方案》初稿编制等工作。

【浙江图书馆旧址大学路馆舍修缮竣工】2022年11月，浙江图书馆旧址大学路馆舍修缮工程竣工。浙江图书馆旧址大学路馆舍为省级文物保护单位，修缮工程自2021年11月开工。修缮内容为对建筑整体进行加固，更新电气线路和消防设施、排水系统，整治周边环境。

【净慈寺遗址考古发掘项目】2021年5月至2022年5月，市文物考古研究所对位于西湖景区南屏山中峰慧日峰下的净慈寺遗址进行考古发掘。发掘面积3000平方米，发现五代至宋时期的4组建筑遗迹，出土陶瓷器、建筑构件等标本650多件。新发现3组建筑遗迹和1处庭院，保留由散水、明沟、暗沟和窨井等构成的完善的排水系统，在庭院区域发现开凿于北宋熙宁年间的圆照井遗迹。

【富阳新登古城遗址北城门考古发掘项目】2021年8月至2022年12月，市文物考古研究所对位于富阳区新登镇的古城遗址北城门进行发掘。发掘面积458平方米，发现唐代、南宋、明代3个时期城门遗迹，出土唐代至明清时期陶瓷器、建筑构件等。晚唐至明清城门保存结构较完整，沿革清晰，可与《东安镇新筑罗城记》《咸淳临安志》等文献相互印证，为研究唐代以来城门城墙结构和营造技术提供重要材料。

【南宋临安城定民坊遗址考古发掘项目】2021年9月至2022年6月，市文物考古研究所对位于上城区的南宋临安城定民坊遗址进行考古发掘。发掘面积600平方米，发现北宋至明清时期水井2处，以及塔基、道路、暗沟等遗迹，出土遗物有大量瓷片和少量建筑构件等。该遗址为研究南宋临安城坊巷布局、建筑形制、居民生活等提供重要实物资料。

【萧山祝家桥遗址考古发掘项目】2022年1—8月，市文物考古研究所对位于萧山区蜀山街道祝家桥社区的遗址Ⅱ、Ⅲ区开展发掘工作。发掘面积1500平方米，发现良渚文化时期土台，红烧土面、墓葬、灰坑、灰沟和柱洞等遗迹50多处，出土遗物以陶器为主，少量石器、玉器等。该遗址是一处钱塘江南岸地区文化面貌单纯、贯穿良渚文化始终、范围相对完整的最基层的大型聚落，填补钱塘江南岸良渚文化基层聚落的空缺。

【余杭故城遗址考古发掘项目】2022年3—12月，市文物考古研究所对位于余杭区余杭街道的故城遗址进行考古发掘。发掘面积6000平方米，发现遗迹300多处，出土小件5100多件，确定其为余杭故城（南城）。

萧山祝家桥遗址出土的鼎和豆（摄于 2022 年） （市园文局 供稿）

故城遗址发现从东周延续至今的古今重叠型城址，结构清晰、保存较好，是杭州城市发展的起点。该遗址与城外聚落、墓地、南苕溪水利设施、道路等组成庞大体系，对于研究古代城市选址和格局、人地关系变迁具有重要意义。

【文物安全管理】2022 年，市园文局开展文物执法检查，出动 2528 人次，检查文博单位 1955 个（次），立案查处文物违法案件 20 起，办结 19 起，罚款 81.5 万元。加强部门联动，开展野外不可移动文物、民居类文物建筑、文物流通市场、博物馆藏品等专项检查，通报文物安全隐患 568 个；挂牌督办有重大火灾隐患的文保单位 12 个。实施文物平安工程，完成余杭南山造像、龚佳育墓等 102 处文博场所消防、安防、防雷工程。飞来峰造像安防工程、岳飞墓消防工程等 14 个重点项目在省文物局立项。

【文物宣传活动】2022 年，市园文局开展多样化文物宣传活动。举办浙江（杭州）“5·18”国际博物馆日主场活动和杭州市 2022 年文化和自然遗产日“世遗之夜”主题晚会。开展“世遗杭州·应运而‘声’”系列宣传活动，举办杭州世界遗产文化特使大赛，组建杭州市世界文化遗产宣传队伍。与宁波市共同举办“同一条运河”杭甬对话活动。携手“杭州书房”共建世界遗产文化传播新阵地。

【文物数字化改革】2022 年，市园文局推动市级“钱塘 BAO 物”数字化平台建设，围绕文物保护、管理、传承，打造“数智考古”“文物安全智慧监管”“杭城迹忆”等特色应用场景。“钱塘 BAO 物”获评全省数字文化系统第四批优秀应用，“天目文保”“良渚 5000+”被公布为全市数字文化系统首批区县（市）优秀应用。市园文局启动“数智运河”项目，打造基于大运河遗产价值的监测预警平台。 （章珠裕 连亚娜）

档 案

【概况】2022 年，杭州市加强档案治理、资源、利用、安全体系和信息化建设，各项工作取得成效。档案工作数字化改革、档案治理体系建设工作分别在全国、全省档案局长馆长会议上做交流发言，市档案局受邀参加国家档案局《机关档案工作条例》（修订草案）修订工作。至年末，全市 14 个综合档案馆和 1 个专业档案馆，总馆藏纸质档案 502.4 万卷 418.6 万件、电子档案 9.2 万 GB、实物档案 9.4 万件，馆藏纸质资料 21.3 万册、电子资料 2094.4GB。市档案馆馆藏纸质档案 173.6 万卷 70.7 万件、电子档案 2925.4GB、实物档案 5.4 万件，馆藏纸质资料 2.7 万册、电子资料 1117GB。

全市档案新馆建设稳步推进。市城市档案中心建成，被列为绿色档案馆建设试点，获二星级绿色档案馆建筑设计标识。西湖区档案馆新馆实现主体结顶，钱塘区档案馆新馆进入内部装修阶段。

【重要主题档案管理】2022 年，杭州市级档案部门落实省委办公厅要求，做好专项档案工作，选编中共中央总书记习近平关心杭州工作重要指示等制作专辑。按照“一件一档”要求，协助市委办公厅就习近平总书记对杭州工作重要指示批示精神贯彻落实情况实行清单化闭环管理。开展全市红色档案资源数据库建设，梳理红色专题档案 6676 件，完成第一批 22 个红色专题档案上线。推进 2021 年疫情防控档案的接收进馆与数据归集，完成全市首批脱贫攻坚和疫情防控档案归集，汇集 11.5 万件，共 849.26GB。指导亚运赛时档案、亚运运行保障档案工作，选调专人到亚组委办公室负责亚运会筹备档案管理，参与制定《2022 年杭州亚运会和亚残运会赛时档案工作方案》。强化档案资政服务，精选 G20 杭州峰会有关文艺演出、卫生、志愿服务、环境提升等档案资料进行整理和分析研究，推出 5 期系列档案资政参阅。做好杭州市三大世界文化遗产档案归集管理工作，归集纸质档案 3752 卷 1.77 万件、电子档案 399.3GB、照片档案 833 张。市档案馆联合省档案馆、淳安县档案馆、建德市档案馆和新安江水电站申报的新安江水力发电厂建设档案入选第五批中国档案文献遗产名录。

【档案行政监管】2022 年，杭州市档案主管部门常态化开展新修订《中华人民共和国档案法》的培训、解读和宣传活动，开展“6·9”国际档案日档案法治宣传。主动融入“大综合一体化”行政执法改革，完成行政处罚事项的划转工作。联合市保密局、市综合行政执法局等部门开展跨部门联合执法检查，加大对市直各单位和档案服务企业的监管力度，全年开展档案安全专项执法检查 1 次、“双随机”抽查 1 次、即时检查 4 次，排查档案实体、档案信息、档案应急管理安全隐患，确保档案安全。优化完善档案行政监管平台，建立线上档案业务监督指导工作体系，基本实现立档单位档案工作日常督导、行政执法和年度评估考核全流程线上操作。开展《杭州市档案管理条例》修订调研，形成修订草案初稿。市本级在全省档案工作指数评价中列地级市第一位。

【档案数字化改革】2022年，市委办公厅、市政府办公厅贯彻实施《新时代全面推进档案工作数字化改革的实施意见》，推动档案工作融入全省数字化改革。市档案馆迭代升级市域一体化数字档案智慧服务平台，开发区县（市）指标体系构建功能，衔接省档案局"智能监管"场景，实现"档案工作智治门户"向区县（市）贯通。萧山区被列入省档案工作数字化转型示范区创建试点，市本级和滨江区、富阳区被列入省档案工作数字化转型先行区创建试点。党政机关电子公文在线归档提质扩面，政务服务事项电子文件归档率保持全省前列，市、区县（市）两级审批业务系统累计电子归档办件241.6万件，归档率99.47%，接收省级系统归档办件49.7万件。优化档案数据治理平台，"三合一综合归档计划报审工具"公共组件、富阳区"人生档案一件事"被列入全省"浙里数字档案"重大应用场景试点目录。杭州市加快数字档案馆（室）建设，市档案馆数字档案室通过"全国示范数字档案室"评价，传化集团、娃哈哈集团入选2022年全国企业集团数字档案室建设首批试点。临平区上线政务电子归档公共组件，对接全区政府投资信息化项目全流程管理系统，实现电子政务建设项目电子归档。

【档案公共服务】2022年，杭州市各综合档案馆和市城建档案馆共接待档案利用7.9万人次、54.5万卷（件）次，市档案馆接待档案利用5455人次、1.5万卷（件）次。

市档案馆提升档案查阅利用窗口服务水平，查档窗口被评为市模范集体，全年办理异地查档、跨馆服务66件，群众满意率100%。接待网上查档2564件，网上咨询103件，电话咨询1945人。与中国共产党杭州历史馆、杭州图书馆、韩美林艺术馆等合作举办"杭州历次党代会图片展""回味杭韵，聚焦共富——王巽庠摄影作品展""心向美，艺起来；一百年，共美好"等展览。上城区拓展浙江档案服务网和长三角民生档案跨区域一体化在线查档平台服务效应，深化"异地查档、跨馆服务"，全年接待异地跨馆1533人次。拱墅区出版《新拱墅，新征程——中国共产党杭州市拱墅区委第一次代表大会（2021）》，记录杭州部分行政区划优化调整后拱墅区首次党代会的会议议程、参会人员名单、成果与展望、媒体报道等方面内容。余杭区开发上线"掌上查档"应用，实现婚姻、户籍、农村建房、出生医学证明等高频查档事项"掌上办"。

【档案基础业务建设】2022年，市档案馆接收原市物价局、原中磁公司等16个单位1.32万卷、7.87万件档案，举办第十六届"杭州印象"纪实摄影作品征稿活动，征集到杭州喜迎党的二十大和筹办亚运会等重大活动照片7100多张。完成档案鉴定26.49万件，向社会开放包括市委办公厅、市民族宗教局等41个单位在内的档案2.71万件。整理编撰《杭城战疫口述实录》。萧山区在全区所有镇（街道）500多个村（社区）开展档案工作服务农村基层社会治理工作，实现镇（街道）村（社区）档案工作培训全覆盖。富阳区实施馆藏民国破损档案修复工程，被列入全省档案技术保护试点，完成35万件档案开放审核。临安区将馆藏重点珍贵档案资料的抢救修复工作列为区政府重点项目，核拨资金570万元，完成修复《民族日报》《浙西日报》等报纸3300多张。桐庐县开展馆藏档案全面质检维护工作，完成实体质检281.98万页、电子数据252.33万页，条目著录修正7.04万条，图像纠错补扫37.74万页。

【档案人才队伍建设】2022年，市档案局、市档案馆实施人才强档战略，成立档案人才工作领导小组，推进实施《杭州市档案人才"十四五"规划》，制定《杭州市档案专业人才管理办法（试行）》，组建档案法规标准、信息化和基础业务3个分类人才库，完成新一届杭州档案工作专家咨询委员会成员补充调整。组织全市档案管理岗位培训、档案继续教育培训、档案干部研修培训等，市直单位档案工作人员培训实现100%全覆盖。开展档案人才调查摸底，参与国家级档案专家、全国档案工匠型人才和全国青年档案业务骨干推荐人选申报工作，入选国家级档案专家领军人才1人、国家级档案专家1人、全国档案工匠型人才4人、全国青年档案业务骨干1人、国家档案局基础业务评价专家2人。市档案馆《新形势下综合档案馆职能定位研究》获2022年度国家档案局优秀科技成果三等奖。市城建档案馆《城建档案消防数据资源跨部门知识集成服务研究》获国家档案局立项，参与编制的《档案库房智能化建设规范》被列入国家档案局2022年档案行业标准制（修）订计划项目。萧山区、临平区、富阳区、建德市和市检察院共6项课题获浙江省档案科技项目立项。

（周道彩）

群众文化

【概况】2022年，杭州市建成"15分钟品质文化生活圈"862个、城市书房34个和文化驿站18个。16个项目入选首批百个浙江文化标识培育项目，10个项目获评首届浙江省最美公共文化空间大赛，杭州市在全省公共文化服务现代化发展指数（CMDI）评估中列第二位。全年送书下乡223.58万册，送戏下乡7663场，送展览和讲座8787场，开展文化走亲336场，在此基础上，市、区县（市）、乡镇（街道）开展群众文化活动7.43万场，村（社区）开展文化活动13.76万场。临平区文化艺术长廊建设和桐庐县的艺术乡村建设被文化和旅游部评为基层公共文化服务高质量发展典型案例，杭州市成为唯一有2个案例入选的地级市；"一键借阅"公共图书馆线上服务模式被文化和旅游部评为文旅数字化创新实践十佳案例；"杭州文旅惠民卡"被中国旅游研究院评为城市旅游优秀案例20佳。临平区和余杭区入选浙江省公共文化服务现代化先行县创建（培育）区，桐庐县艺术赋能乡村入选浙江省公共文化服务现代化"领航项目”创建项目;“邻里图书馆”“杭州书房”和“一键借阅”入选浙江省共同富裕试点项目和文旅赋能共富经典案例。

【文艺赋美工程】2022年,杭州市作为全省唯一试点率先启动实施“文艺赋美工程”。市文化广电旅游局与市城管委、市公安局治安支队等部门就街头艺术表演点位设置、简易审批等线下管理事项进行沟通协调,并达成一致意见,从“影响带动力”“适演可行性”等方面进行比选分析,结合各地工作开展基础条件,优选湖滨步行街等34个点位开展器乐演奏、歌曲弹唱、魔术杂技等不同形式的街头演艺展示活动近300多场。

【全民艺术普及】2022年,杭州市推进全民艺术普及。举办第十一届杭州市“风雅颂”民间舞蹈展演、2022年杭州有戏戏剧大赛,戏剧小品《我干的》入围全国第十九届“群星奖”决赛,越剧小戏《遥远的印迹》等4个剧目获浙江省第十一届群众戏曲小戏大赛金奖。

【新型公共文旅空间打造】2022年,杭州市新建“杭州书房”21个(累计建成115个),超额完成“3年100个”的建设任务。组织“杭州书房”开展“书房里的传统节日——元宵节、中秋节”“世遗丛书进杭州书房”等重点文化活动;在南宋德寿宫遗址博物馆举办杭州“十二Yuè”全民朗读跨年夜,吸引超过200万人通过各大直播平台在线参与。杭州图书馆茶文化主题分馆、钱塘区钱塘书房、富阳区湖源乡村播院、余杭区瓶窑老街等10个项目获评浙江省最美公共文化空间大赛50佳案例。

【“文旅惠民卡”发行】2022年,杭州市围绕打造数字人民币落地应用场景,联合农业银行杭州分行发行政府数字人民币“文旅惠民卡”,成为全省唯一的文化保障卡市级试点。用户持卡即可享有无限次畅游西溪湿地、瑶琳仙境等27个景区景点,可享受新华书店、42个电影院购书观影优惠折扣,“网易蜗牛读书”“咪咕阅读”“喜马拉雅”阅读福利,以及《最忆是杭州》《今夕共西溪》《如梦上塘》旅游演艺门票优惠等多项权益,总价值超过3000元。至年末,超过15万个用户领卡,直接拉动文旅消费超过3000万元,综合带动相关文旅消费1.4亿元,被中国旅游研究院评为城市旅游优秀案例20佳。

【文化基因解码和浙江文化标识培育工作推进】2022年,杭州市推进文化基因解码和浙江文化标识培育工作。宋韵文化、大运河文化、吴越国钱王文化3个项目入选全省文化标识建设成果交流展(全省共11个)。宋韵文化、大运河文化、吴越国钱王文化、富春山居文化入选首批浙江文化标识创新项目(全省共10个)。南宋德寿宫遗址博物馆、上塘古运河景区夜游《如梦上塘》、径山文旅IP转化利用3个项目入选省首批20个文化基因解码成果转化利用示范项目。杭州市开展跨区域的大运河文化基因解码工作,完成《大运河杭州段文化基因解码及其转化利用研究报告》。

【浙江省戏曲之乡创建】2022年12月28日,省文化和旅游厅公布第三批浙江省戏曲之乡名单。经专家评审,余杭区、淳安县屏门乡、临平区临平街道、余杭区余杭街道成功创建为第三批浙江省戏曲之乡。

【“旅游演艺集聚区”“旅游演艺精品项目”创建】2022年,经专家评审,宋城旅游演艺集聚区、“大运河·新天地”旅游演艺集聚区被命名为“首批省级旅游演艺集聚区”。“宋城千古情”“最忆是杭州”“今夕共西溪”“杭州X秀”“水之灵”被认定为“首批省级旅游演艺精品项目”。（市文化广电旅游局）

【文化惠民工程提质增效】2022年,杭州市以“我们的中国梦——文化进万家”为主题,开展“我们的村晚”“你点我演”“送戏下乡”“新春欢乐送”等文化活动1000多场,推动文化惠民工程提质增效。推进电影惠民工程,开展老年人观影、特定人群观影和农村数字电影放映等活动,完成农村公益电影放映2.6万场。

【农村文化礼堂建设】2022年,杭州市开展“喜迎二十大、奋进新时代”“我在礼堂学报告”“我与家乡共成长”“我为村庄做件事”等群众性宣传教育实践和主题活动6000多场。印发《2022年杭州市农村文化礼堂建设工作领导小组成员单位服务农村文化礼堂项目清单》,整合17个市直成员单位20项服务资源进礼堂。深化“高校联区县、院系结乡镇、师生进礼堂”长效机制,推动浙江农林大学等8所在杭高校到文化礼堂开展活动240多场次。推动“文化管家”社会化服务模式全覆盖,引入28个文化机构、409名“文化管家”,惠及143个乡镇(街道)。创建农村文化礼堂建设示范县(市、区)2个、示范乡镇(街道)9个,萧山区河上镇联发村等3个村的文化礼堂入选2022年度浙江省特色文化礼堂,余杭区“礼堂联盟·文化走亲”等2个项目入选浙江农村文化礼堂赋能共同富裕引领计划。（方　波）

【“书香杭州”系列活动】2022年,杭州市以“助力亚运会、促进共富裕、喜迎二十大”为主题开展“书香杭州”系列活动。活动由社会各界参与,市、县、乡镇、村四级联动,线上和线下融合,市级层面推出20项重点阅读推广活动,市直相关单位及各区县(市)结合实际开展各类阅读活动。根据“全民阅读在线”平台统计,全年全市开展各类线上和线下阅读活动3.67万场次(10人以上参加的活动视为有效活动),1264.88万人次参与。杭州市获多项省级全民阅读工作荣誉,团市委“青春悦读”、建德市大同书院、杭州图书馆“太阳风”朗诵团、西湖区“兰里悦读会”4个组织被省委宣传部评为第二批“最美阅读团队”。杭州市选送的4名选手获评省级“小小书香大使”,5名选手获评省级“小小书香达人”。贯彻落实省委宣传部建设开发“全民阅读在线”系统相关工作部署,厘清杭州全民阅读阵地、活动的贯通底数。杭州市全民阅读总指数得分94.9分,居全省11个地市前列。

【农家书屋效能建设】2022年,杭州

市加大农家书屋建设各类典型示范推荐工作力度，向省委宣传部推荐报送萧山区衙前镇文体中心、余杭区良渚街道安溪路杜城村老厅廊广场等8个点位作为省级高质量建设“农家书屋+新华书店（乡村书房）”示范点，报送“发现乡村阅读榜样”2人、“乡村阅读创新示范项目”2个。富阳区龙门镇龙门一村、萧山区衙前镇等5个村（镇）的农家书屋作为省级创新示范案例，助力乡村文化振兴。杭州市推荐余杭区等选送的12部作品参加浙里“山乡·书香”第三届农民故事微视频大赛，获优秀组织奖，其中余杭选送的作品《乡村书屋12时》获三等奖。（张 达）

文学艺术

【概况】杭州市文联实行团体会员制，至2022年年末，有团体会员51个，包括作家协会、美术家协会、书法家协会、戏剧家协会、音乐家协会、舞蹈家协会、摄影家协会、民间文艺家协会、曲艺家协会、杂技家协会、电影电视家协会、文艺评论家协会、网络作家协会、文艺志愿者协会14个直属文艺家协会，13个区县（市）文联，公安文联、公交文联、消防文联、城管文联、青年文联、城市学院文联、残联文联等行业和高校文联，以及17个其他团体会员。14个直属文艺家协会共有会员1.03万人。

2022年，杭州文广集团坚定“1+5+2+N”战略部署，在文艺精品创作、文艺人才培养、文化品牌提升、文化机制改革等方面稳步推进各项工作。杭州演艺集团建立以杭州大剧院为旗舰、辐射杭州都市圈范围、拥有23个成员单位的“文化共富联盟”，将国内外优秀剧目及各文艺院团精品演出输送到各成员剧场。推出“文艺辅导员”机制，选派优秀演职人员助力乡村文化振兴。全年开展杭州国际音乐节线上和线下演出及活动37场、杭州戏剧节演出及活动30场，启动“悦动杭州，艺路共富”系列活动，开展公益性文化惠民演出活动849场。杭州文广集团加强对院团艺术生产的论证、评估与把关，筹备组建文艺工作委员会（简称“艺委会”），与各文化单位签订《意识形态工作责任书》，制定《杭州文化广播电视集团关于加强文艺工作者管理的规定》。集团所属各文化单位创作大型交响音画《千里江山》、廉政滑稽戏《清清白白》、话剧《这街上的人》等作品50多部，启动创排大型舞台剧《苏堤春晓》。全年获国际和国家级奖项10个，省、市级奖项73个，入选国家级扶持项目1项和省、市级扶持项目7项。

（市文联 杭州文广集团）

【文艺生态优化】2022年，市文联加强思想政治引领，引导文艺工作者弘扬主旋律、传播正能量。围绕习近平新时代中国特色社会主义思想和党的二十大精神学习宣传贯彻，开展各类展演展览和学习活动，组织纪念《在延安文艺座谈会上的讲话》发表80周年活动。在文艺界开展文娱领域综合治理，发挥文艺工作者职业道德建设委员会作用，修订完善《杭州市文艺工作者职业道德公约》，倡导德艺双馨。

【文艺主题活动】2022年，市文联围绕喜迎党的二十大、亚运会筹备等重大主题和党政工作大局开展文艺实践。举办“奋进新时代、建设新天堂”书画篆刻作品展、“最忆杭州”——新风景摄影大展、第九届西湖合唱节暨首届中国大运河室内合唱节、第十九届“西湖”杯全国青少年文学征文、“钱塘江诗路文化”系列美术作品展、第二届杭州市杂技民间达人秀等活动，承办第十五届中国民间文艺山花奖颁奖盛典。“飞进杭州瞰发展”航拍活动获中央广播电视总台支持，15小时直播全网传播量超过3000万次。开展“我为亚运献才艺”活动，收到参赛作品1.5万件。

【文艺精品创作】2022年，杭州市加强文艺精品创作。12部（件）作品获13个全国权威性文艺奖项，175项（名）优秀作品（优秀艺术家）获省级以上重要奖项。电视剧《外交风云》《问天》获中共中央宣传部第十六届精神文明建设“五个一工程”奖，《中国农民城》获省“五个一工程”奖，5件作品获市“五个一工程”奖。3个项目入选“浙江文化艺术发展基金”资助项目，6件作品获评“市文艺精品工程扶持项目”。艾伟作品《过往》获第八届鲁迅文学奖中篇小说奖；钟求是作品《地上的天空》获第八届鲁迅文学奖短篇小说奖；麦家的有声剧《人生海海》入选国家广播电视总局优秀网络视听作品，长篇小说《暗算》入选“新世纪二十年长篇小说20部”；小品《抢“地盘”》获第十二届中国曲艺牡丹奖节目奖，董其峰获表演奖。

【文联基层组织建设】2022年8月23日，市文联印发《关于加强乡镇（街道）文联工作的实施意见》，以深化文联改革为抓手，织密文联组织网络，推进乡镇（街道）文联建设。全年新建乡镇（街道）文联120个，实现全市87%的覆盖率。市网络作家协会在民政部门注册登记，市书法家协会成立书法名城艺术交流中心，市摄影家协会成立全省首个地市级新摄影组织专委会。成立“文艺两新”党支部，成立首个“文艺两新”乡镇工作站，为“文艺两新”搭建新平台。

【文艺人才培养】2022年，市文联成立文学专业中级职称评审委员会，为“文艺两新”人员参评初级职称与市、区县（市）人力社保部门做好沟通协调。完成第12批35名青年文艺人才推荐认定工作。推荐216名会员加入省级文艺家协会、58名会员加入国家级文艺家协会。推荐优秀文艺人才申报各级人才计划，审核认定文艺类高层次人才59人。

【文艺志愿服务】2022年，市文联坚持文艺实践“送”与“种”的结合，到基层开展文艺培训、辅导讲座、文艺展演等活动。实施“文艺播种计划”和文化惠民活动310多场，惠及线下2.6万人、线上400多万人。在党群服务中心建立“名师工作室”，推出“名家有约”访谈、优秀传统文化进校园等活动。开展文化润疆活动，接待新疆阿克苏地区文艺工作者3批、40多人到杭州考察交流。在中央文明办二局、中国文艺志愿者协会开展的第二届宣传推选学雷锋文艺志愿服务“时代风尚”先进典型活动中，杭州文艺志愿服务者个人、服务组织、服务项目、服务村（区社）、服务组织者获奖。

推进“艺术乡建”工作，建立市与区县（市）联动工作机制，实施“艺术乡建”一会一品牌、一地一品牌战略。至年末，打造特色乡镇（街道）31个、特色村（社区）49个、创作基地42个，内容涵盖10多个艺术门类。“文艺村长”等特色经验和做法获媒体转载报道。（蒋卓斌）

【杭州戏剧节】2022年9月24日，杭州戏剧节开幕。戏剧节由市委宣传部、杭州文广集团主办，杭州蜂巢戏剧文化有限公司、杭州演艺集团、杭州话剧艺术中心有限公司承办，杭州演出有限公司协办，导演孟京辉担任艺术总监。戏剧节持续14天，推出12部作品、20场演出和20多场线下活动。戏剧节将现代美学融汇宋韵文化，在杭州主城区、余杭、富阳，以及德清等周边区县（市）多点覆盖，首次开展多地联动。

【“悦动杭州·艺路共富”系列活动】2022年6月16日，“悦动杭州·艺路共富”系列活动在萧山区横一村启动。启动仪式上，举办文艺演出，6个市属文艺院团派出6名“文艺辅导员”分别和萧山区的6个村结对共建。活动期间，演出范围覆盖13个区县（市）的乡镇（街道），艺术门类涵盖歌舞、越剧、曲艺、杂技、话剧等。全年，杭州文广集团所属文化院团推出专场演出200多场、公益惠民演出195场。

【交响音诗《千里江山》】2022年，在中国音乐家协会交响乐团联盟的牵头下，杭州爱乐乐团与全国各地23支交响乐团联合委托国内作曲家赵麟，以北宋画家王希孟的著作为蓝本，创作大型交响音诗《千里江山》。作品以管弦乐队与笙、琵琶、二胡、钢琴、笛箫等不同器乐协奏的方式，展现传统文化和审美意蕴，以及中华民族开放包容的精神世界。9月9日，杭州爱乐乐团首席指挥杨洋与笙演奏家钟之岳、琵琶演奏家于源春、二胡演奏家谭蔚、钢琴演奏家曹鹏、女高音歌唱家郭橙橙、笛箫演奏家王俊侃合作，在杭州大剧院完成《千里江山》浙江首演。

【廉政题材滑稽戏《清清白白》】2022年，在市委宣传部、市纪委市监委、杭州文广集团的支持下，杭州滑稽艺术剧院创新“清廉杭州，你我同行”的艺术形式，创排大型廉政题材滑稽戏《清清白白》。该剧以“西湖三杰”之一、明代名将于谦的廉吏故事作为创作内核，呈现当代家庭在廉洁问题上的冲突与坚守，宣扬良好家风和初心使命。该剧全年完成13场全城巡演，线上和线下观众超过8万人次。

2022年6月16日，“悦动杭州·艺路共富”系列活动启动

（杭州文广集团 供稿）

【歌舞剧《吴越风》】2022年5月18日，由杭州演艺集团和西湖明珠频道全程策划执行，杭州滑稽艺术剧院、杭州话剧艺术中心、杭州杂技总团等市属文艺院团参与演出的大型歌舞剧《吴越风》在临安青山湖畔首演。该剧以青山湖山水为背景，分为《吴越之王》《功勋钱王》《吴越盛世》《尊奉中朝》4个篇章，涵盖话剧、歌剧、舞剧、杂技等元素，讲述钱王的一生，颂扬钱王家训。

【宋词之韵书画展】2022年11月23日至12月4日，由浙江省美术家协会、杭州文广集团主办的“意与境浑——宋词之韵书画展”在杭州国画院美术馆举行。展览邀请95名浙江老中青艺术家，创作113件作品，展现宋韵文化的历史底蕴、地域特色，以及中华优秀传统文化之美。

【“艺术党课”展演】2022年，杭州演艺集团融合杭州滑稽艺术剧院和杭州话剧艺术中心的力量，围绕“无疫单元”“喜迎亚运”“共同富裕”3个主题，编排2022年系列主题“艺术党课”展演。“七一”前夕，“艺术党课”在临平区崇贤街道鸭兰村展演，100多名党员干部观看。8月，配合“万堂党课下基层”活动，在党群服务中心展演，包括“时代先锋”“鸭兰薪火”“红色记忆”3个篇章，来自各区县（市）党员教育中心、党群服务中心的100多名党员观看。

【“名家有约”品牌打造】2022年，杭州市党群服务中心联合杭州文广集团推出“名家有约”系列活动，由杭州演艺集团具体执行。活动于7月5日启动，杭州演艺集团调动艺术家在杭州市党群服务中心组建“名师工作室”，每周举办艺术沙龙，每月举办大型讲座，开展“名家有约”、《遇见党群》表演、越剧拜师仪式、非物质文化遗产的传承和保护讲座等活动。杭州演艺集团调动全国演艺资源，邀请话剧《林则徐》主创人员濮存昕、关栋天参加“名家有约”活动。（邹　争）

文化交流

【概况】2022 年，杭州市加强国内外文化交流，不断提升杭州文化影响力。举办以“迎亚运”为主题的新年书画展、书法美术展、“西湖之春”艺术节等活动，并以“文艺赋美工程”为载体，开展街头文艺交流活动 300 多场次。

【浙派新年书画展】2022 年 1 月 13 日，“绘共富，迎亚运——2022 浙派新年书画展”在杭州图书馆展览艺术中心开幕。书画展集中展出黄宾虹、马一浮、张宗祥、诸闻韵、顾坤伯、沙孟海、诸乐三、陆维钊、余任天、陆抑非等一批浙派艺术大师，以及他们的艺术传人和在杭州的艺术家的作品共 135 幅。（市文化广电旅游局）

【杭州国际音乐节】2022 年 4 月 12 日，杭州国际音乐节开幕。音乐节由市委宣传部、杭州文广集团主办，杭州演艺集团和杭州爱乐乐团共同承办，历时 7 个月。音乐节首次采用二阶段双主题的全新模式。第一阶段以“迎亚运”为主题，安排 7 场驻节演出、4 场“迎亚运·亚洲之声”线上音乐会、7 场“迎亚运·心随乐动”普及公益音乐会、3 场大师公开课、2 场音乐讲堂和 14 场音乐节·云舞台展播。其中，音乐节开幕音乐会在曲目安排中融入体育元素，设置“电竞交响”“艺术体操与交响乐”等跨界组合。第二阶段以“喜迎二十大”为主题，由乐团与杭州演艺集团合作，推出富阳阳陂湖草坪音乐会和惠民文艺演出。音乐节以邀请国内艺术家为主，融入国际元素，包括邀请国外艺术家线上演绎、提供高质量的古典曲目等。邀请获第 60 届格莱美奖“最佳当代古典音乐作曲家奖”提名的杭州籍作曲家周天参加，并举办作品专场音乐会。（邹　争）

【“西湖之春”艺术节暨新剧（节）目会演】2022 年 5 月 23 日至 6 月 21 日，最艺是杭州——2023 年“西湖之春”艺术节暨新剧（节）目会演举行。其间，来自杭州的 10 个文艺表演团体近 1000 名演职人员，为市民游客演出《却金亭》《梅妻鹤子》等 11 部舞台艺术代表剧目，涵盖传统地方剧种越剧、杭剧、绍剧、睦剧，以及舞剧、话剧等当代戏曲艺术门类。（市文化广电旅游局）

2022 年 9 月 9 日，第二届杭州·上海双城街头艺术节开幕

（市文化广电旅游局 供稿）

【“我爱浙疆”文化交流活动】2022 年 7 月 19 日，由杭州演艺集团、杭州杂技总团、杭州歌剧舞剧院、杭州越剧院参演的“我爱浙疆”杭州—阿克苏文化交流活动在新疆阿克苏市举行，开展一系列文化走亲活动。杭州艺术家表演魔术《牌·魂》、越剧《十八相送》、女声双重唱《茉莉花》《欢天喜地》、杂技《单手倒立·梦想起航》等节目。（邹　争）

【“西湖杯”硬笔书法邀请赛】2022 年 8 月 18—28 日，“迎亚运·书共富”第四届“西湖杯”硬笔书法邀请赛在杭州图书馆艺术展览中心进行表彰总结和入围优秀作品主题展。大赛于 5 月启动征稿，收到全国 31 个省（自治区、直辖市）以及意大利、澳大利亚、马来西亚等国家和地区寄投的有效稿件 1.91 万件，其中成人稿件 4779 件、少儿稿件 1.43 万件。经专家评审，300 件作品入围最终策展，1000 件作品分别获不同奖项。

【“迎亚运·绘共富”杭州市主题书法美术展】2022 年 9 月 2—15 日，“迎亚运·绘共富”杭州市主题书法美术展在杭州图书馆艺术展览中心举办线下巡展，9 月 16—30 日在杭州图书馆云展厅线上展出。美术展征集到书法（包括篆刻）、中国画、油画和其他形式的美术作品 400 多件（组）。经专家评审，包括特邀名家钱法成、鲍贤伦、徐家昌、宋柏松、白砥、何涤非、童亚辉等创作的 100 件作品参展。

【杭州·上海双城街头艺术节】2022 年 9 月 9—11 日，由杭州市文化广电旅游局主办的第二届杭州·上海双城街头艺术节在杭州 8 个点位同步举行。其间，来自杭州、上海、宁波，以及在杭高校留学生近 20 支队伍约 200 名街头表演者，在武林广场、武林银泰商场、国大城市广场、杭州大厦中央商城、新天地太阳剧场，以及活力 PARK 街区等演出点位为市民进行弹唱说唱、器乐演奏、魔术杂耍、炫酷街舞等街艺表演。（市文化广电旅游局）

责任编辑　郦　晶

40 社会科学

综 述

【社会科学服务社会】2022年，市社科联、市社科院围绕市委、市政府中心工作，做好咨政服务、理论研究、社科普及、传承宋韵文化、自身建设等各项工作。市社科院被评为全国先进社科组织，市社科联在浙江省各市社科联综合测评中保持第一名。

市社科联（院）发出《关于全市社科界认真学习宣传贯彻党的二十大精神的通知》，全市社科界学习宣传贯彻中共二十大精神。开展习近平新时代中国特色社会主义思想溯源研究阐释，编撰完成《习近平新时代中国特色社会主义思想在浙江的萌发与实践·杭州卷》《市域治理的杭州实践——善治六策》。举办“习近平新时代中国特色社会主义思想的杭州实践”系列理论研讨会、杭州市社科界学习宣传贯彻中共二十大精神座谈会，与市委党史研究室（市志办）联合举办中共杭州小组成立100周年学术研讨会。开展中共二十大和省、市党代会精神宣讲。整合全市社科界理论研究人才和专家，开展进企业、进农村、进机关、进校园、进社区、进网站宣讲活动。依托各级社科宣讲队伍和基层社科宣讲点，解读中共二十大精神。利用各级各类社科微信公众号、门户网站、社科讲堂等平台，通过开展中共二十大精神大家谈、网上竞答等活动，推动中共创新理论“飞入寻常百姓家”。全市社科界共组织中共二十大和省、市党代会和市委全会精神宣讲216场次。开展“企业大走访”，参与“千名干部助千企”活动，制定实施《市社科联（院）“企业大走访”活动方案》，组织4个小分队走访淳安县宋村乡区域内企业，宣传解读助企纾困政策，指导落实疫情防控政策，帮助协调解决企业困难。走访企业15个，推进宋村乡茶产业提升计划，帮助协调解决问题4个，办结农夫山泉（淳安茶园）有限公司提出的4项疑难问题。开展“联乡结村”工作，落实对建德大慈岩镇汪山村帮扶资金10万元。实施重大课题市委、市政府领导圈题（出题）制度，开展重大重点课题研究，全年编发《杭州社科成果（专报）》13期，获市领导批示8次。课题研究成果获市领导批示17次，其中市委、市政府主要领导肯定性批示8次。在2022年国家社科基金三类项目中立项22项，数量列全省第一位。2个项目入选浙江文化研究工程，是全省唯一入选的市级社科院。编辑出版《创意城市学刊》3期，约80万字。编辑出版《杭州蓝皮书》社会、经济、文化各1卷。加强市级社科重点研究基地建设，建成重点研究基地10个、培育基地7个，市社科重点研究基地考核合格率100%。

【社科规划课题研究】2022年，市社科联（院）围绕争当浙江高质量发展建设共同富裕示范区的城市范例、建设现代化国际大都市、加快经济高质量发展、宋韵文化传承与普及、清廉杭州建设等9个专题，编制年度杭州市哲学社会科学规划课题指南，组织申报、评审、立项常规性课题216项，其中重点重大课题39项。与市咨询办、市委统战部、市政协研究室、市工商联、市政协文史委合作招标立项专项课题31项。其中：市咨询办4项，市委统战部5项，市政协研究室9项，市工商联7项，市政协文史委6项。市哲学社会科学规划课题基地立项课题65项，市社科联立项课题60项。与市委组织部、市委统战部、市咨询办、市政协研究室、市工商联等合作开展专项课题研究31项。

【社会科学科研成果转化】2022年，市社科联编发《社科智库专报》9期，均获市委、市政府领导批示。《关于杭州市实施青少年阳光成长行动的对策建议》得到市委主要领导肯定，相关工作建议被写入市委全会报告，并转化为市委政策文件。《关于杭州加快建设全国概念验证之都的对策建议》被吸收纳入全市科技创新大会报告，转化为相关政策文件。

【社会科学人才队伍建设】2022年，市社科联（院）深化杭州社科智库建设，汇聚省内外知名专家72名，智库研究成果得到市委、市政府领导的批示肯定9次。制定实施《杭州市社科联2022—2023年人才工作实施方案》《杭州市哲学社会科学优秀青年人才认定实施意见》，通过设立人才专项培育课题、开展调研和培训等形式，加快优秀社科青年人才成长，有57人被授予“杭州市哲学社会科学优秀青年人才”称号。启动杭籍在外高层次社科人才调查摸底。

【社会科学普及活动】2022年，市社科联（院）开展第六批市级社科普及基地申报工作，接到40多项申报材料，立项13项，推动省、市、区（县、市）三级社科普及基地在各区县（市）实现全覆盖。开展名师、名家、名嘴宣讲，举办“钱塘大讲坛”20期，线上观看直播757.67万人次。举办“我们的价值观”主题研讨活动12场，线上和线下6万余人次参与。杭州市社科普及周、杭州社科能人讲师团、全市社科界学术和咨政年会等品牌影响力进一步提升。

【数智社科联建设】2022年，市社科联（院）制定实施《杭州市社科联数字化改革实施方案（2022—2023年）》，启动全省数字文化系统建设任务，对接省社科联数字化改革任务。优化数字驾驶舱，试运营业务综合管理平台，完成“杭州社科网”升级。改版升级“点课啦”应用场景，新摄制上线点课视频80个，完善“线上点课线下讲”配送模式，为基层送课156场次。“点课啦”平台获评浙江省社科普及工作创新奖，被确定为全市“数智群团”建设首批重点支持的12个应用场景之一。（市社科联）

【杭州国际城市学研究中心新发展】2022年12月17日，由南京大学、江苏省社会科学院主办，南京大学中国智库研究与评价中心承办的“2022新型智库治理论坛”发布2022年CTTI来源智库增补名单，杭州国际城市学研究中心（杭州研究院）入选CTTI来源智库。全国有187个智库申报CTTI来源智库，最终遴选出86个增补智库。中国智库索引（CTTI）是南京大学中国智库研究与评价中心联合《光明日报》智库研究与发布中心开发的智库数据管理与评价系统，是具有完整知识产权的智库垂直搜索引擎和数据管理平台，具有较强的权威性。2022年4月，杭州城研中心成功申报国家级博士后科研工作站。城市学智库博士后培养基地累计招聘12批博士后、31人进站工作，发表70多篇核心期刊论文，出版近10部专著；主持或参与60多项各级各类课题，其中国家社会科学基金项目3项、国家自然科学基金项目2项、中国博士后科学基金项目3项、中国国际经济交流中心基金项目2项。（杭州国际城市学研究中心）

杭州特色研究

【宋韵文化研究与传播】2022年，市社科联（院）把加强宋韵文化研究传承作为服务亚运会切入点，制定实施《全市社科界“服务亚运，传承宋韵”工作方案》，明确宋韵文化传承的主要方向。继续发挥南宋史研究先锋队的作用，完成省社科重点研究基地课题、浙江文化研究工程“宋史研究博士文库”项目《宋朝武官制度研究》（上、下）和《真德秀研究》出版，有24个课题被列入“浙江文化研究工程”。针对青少年群体，实施“大家写小书”计划，特邀复旦大学教授何俊编撰出版《写给孩子的宋韵百讲》分为“宋人”“宋词”“宋苑”“宋画”4个主题。人民日报客户端、“学习强国”学习平台、新华网等媒体给予关注报道。与市政协文史委联合承办“2022年杭州文史论坛暨两宋社会——文化之韵”学术研讨会，以加强宋韵文化挖掘研究、丰富宋韵文化展示、促进宋韵文化传播、擦亮宋韵文化品牌。来自清华大学、北京大学、浙江大学等全国19所高校和中国社会科学院、浙江省社会科学院等8所研究机构的专家学者参与研讨，收到学术论文48篇。

【《宋韵文化》辑刊】2022年11月，杭州市社科院南宋史研究中心继承和发扬传统文化优秀因素，出版《宋韵文化》辑刊第一辑，刊出文章14篇，内容涵盖宋代制度、经济、宗教、文学艺术等方面。其中：《略论宋高宗的书法艺术及其政治含义》等专题论文7篇，《杭州六和塔〈四十二章经题名〉撰作时间考》等札记3篇，人物访谈《梁太济先生访谈录》，译文1篇，书评2篇。

【“宋韵·杭州”系列讲座】2022年，市社科联（院）围绕打造宋韵文化金名片，继续举办“宋韵杭州”等两个系列专题讲座，以南宋人物为主线，讲述南宋故事。围绕南宋帝王举办“绍祚中兴——宋高宗新论”“乾坤独御——孝宗与道学士大夫”“沂邸风云——宋理宗继位之谜”3场讲座，邀请浙江大学历史系教授、杭州市社科院南宋史研究中心主任何忠礼，浙江省社科院研究员、文化所所长王宇，浙江大学副教授吴铮强分别讲述高宗、孝宗、理宗3位南宋皇帝的故事，线上和线下受众达230万人次。联合杭州市图书馆举办“宋韵之雅——琴棋书画系列讲座”之“画为心印——南宋临安的绘画”。

【“宋韵·思想”青年学者论坛】2022年8月13日，由市社科联、浙江大学哲学学院、浙江大学亚洲文明研究院主办的“2022年中国·杭州首届‘宋韵·思想’青年学者论坛”举行，来自中国清华大学、北京大学、复旦大学和荷兰莱顿大学等国内外高校与研究机构，以及《中国哲学史》《文史哲》《浙江学刊》等学术期刊的50多位专家学者线上和线下参会。中央和省、市媒体予以关注，总浏览量超过40万人次。专家学者围绕宋韵文化、宋代思想等主题，聚焦宋代理学经典与思想阐释、心学、浙学与地域学术传统、理学人物与文化诠释等话题展开讨论。

【“习近平新时代中国特色社会主义思想的杭州实践”系列理论研讨会】2022年6月21日，由市社科联（院）、杭州师范大学、市委党校联合举办“习近平新时代中国特色社会主义思想的杭州实践”系列理论研讨会召开。研讨会以“习近平新时代中国特色社会主义思想的杭州实践”为主题，抓住红色根脉、共同富裕、数字化改革、生态文明、城市治理、历史文脉等特色内容和当前、今后杭州经济社会发展重点领域、重点方面，举办5场理论研讨。来自中央党校、华东理工大学、浙江理工大学等单位的专家学者以“守好红色根脉的时代使命与杭州担当”为主题展开讨论。7月9日，第2场研讨会以“共同富裕的历史使命与杭州创新实践”为主题，来自党校、高校、相关部门的专家学者结合“重要窗口”要求和杭州在地方治理现代化中的特色亮点研讨。9月8日，在杭州国际城市学研究中心举办“立时代潮头 发思想先声——学习习近平总书记关于哲学社会科学重要论述”研讨会。9月28日，主题为“习近平总书记关于社会主义文化建设重要论述与杭州的生动实践”的第4场研讨会召开，20多名专家学者剖析新时代文化建设的中国特色、时代特征和杭州特点。10月15日，主题为“习近平总书记关于基层党建的重要论述与杭州实践”的第5场研讨会召开，专家学者剖析基层党建的中国特色、时代特征和杭州特点，以学术交流的形式带动基层党建相关理论提升和实践提炼。（市社科院）

【两宋论坛】2022年11月5日，由中国宋史研究会、杭州市政府、开封市政府、浙江大学、杭州国际城市学研究中心等单位主办的第七届“两宋论坛”在杭州举行。论坛以“宋韵文化遗产保护传承和活化利用”为主题，举行优秀研究成果颁奖仪式、宋韵数字影像馆上线仪式，举办优秀研究成果评选、学术研讨会和“两宋文物展”“两宋美食节”“两宋书画展”“两宋图书展”“两宋菊花展”“宋韵文化数字影像展”。

【“西湖会议的历史意义与当代价值”学术研讨会】2022年8月30日，由杭州国际城市学研究中心主办的“西湖会议的历史意义与当代价值”学术研讨会召开，来自北京大学、浙江省委党史和文献研究室、浙江工业大学、江苏省委党史工作办公室等单位的专家学者参会。会议线上和线下同时举行，聚焦西湖会议的意义、西湖会议与党的统一战线等主题开展研讨，收到来自23个省（自治区、直辖市）专家学者论文127篇，内容涵盖西湖会议与党的统一战线政策各领域各方面。

（杭州国际城市学研究中心）

社会科学成果

【市人大常委会调研成果】2022年，市人大常委会聚焦全市中心大局，发挥人大制度优势，开展调查研究，形成调研成果37篇，编印《调查研究》16期，编发《杭州人大》专刊1期，为制定重要文件、开展重要立法、召开重要会议等打下基础。开展以全过程人民民主重大理念提升地方人大工作系列理论研究，在浙江省人大工作研究会理论研讨会优秀论文评选中，杭州市、县两级人大有9篇论文获奖，列全省第一位，其中《关于以全过程人民民主重大理念提升地方人大工作，切实发挥重要制度载体作用的若干思考》获一等奖。紧跟人大数字化改革开展研究，在全省人大数字化改革创新暨第三届“浙江人大工作与时俱进通报表扬”活动中，4项应用场景获奖，其中财经综合监督系统获特别奖，均为调研成果转化。围绕共同富裕示范、经济稳进提质、乡村振兴、法治建设等中央和省委、市委重大工作部署，结合立法、监督、决定等履职活动开展调研，形成关于立法护航区域农产品公共品牌高质量发展、打造具有杭州特点创制性立法、房屋（土地）征收拆迁领域行政机关败诉（纠错）案件、历史文化名城风貌管控、乡村建设立法等调研报告，为经济社会发展科学决策提供参考依据。（市人大常委会研究室）

【市政府调研成果】2022年，市政府研究室（市政府参事室）围绕市委、市政府中心工作，加强调查研究，主动建言献策，发挥参谋助手作用，形成各类调研成果30项，获市领导批示22件（次）。全年编发《政府决策参考》34期、《调查研究》18期，获市领导批示31件（次），发挥服务科学决策、推进全市政府系统调研工作深入开展的作用。参与《杭州市贯彻落实国务院、浙江省扎实稳住经济一揽子政策措施的实施方案》《2022年杭州市推进现代服务业“两地四中心”建设行动计划》《杭州市轨道交通场站及周边用地综合开发实施意见》《杭州市经济稳进提质攻坚行动政策补强20条》等市政府重要政策起草。关注新冠疫情，形成《疫情给我市带来的挑战及相关建议》《一线抗疫的几点见闻及思考》《近期部分城市纾困政策举措》等调研成果。围绕亚运会筹办，形成《对杭州亚运会赛前工作的几点建议》《关于加强亚运会宣传力度 提升杭州城市形象的建议》等成果。持续关注城市生态，形成《关于杭州“双碳”工作的几点建议》《关于加强我市生物多样性调查等基础工作发掘生态价值的建议》等调研报告。围绕乡村振兴难点问题，形成《提升我市乡贤经济回归力的实践与思考》《关于杭州千年古城复兴试点的思考与建议》。围绕养老、医疗、安全等群众关心的民生问题，形成《关于为独居和空巢老人家庭优先加装燃气安全装置的建议》《关于推进AED急救设施建设和应用的建议》《加强对我市困境儿童特别是社会散居孤儿心理支援的建议》《提升我市电梯安全管理能力的对策建议》《杭州常住人口快速增长对公共服务优质均衡的影响及对策》等成果。开展市政府参事专题咨询，形成《参事建议》15篇。借助在杭州高校、研究机构等力量开展课题调研，完成对外委托课题6个。

（市政府研究室）

【市政协调研成果】2022年，市政协理论研究工作把更好发挥专门协商机构作用、强化凝聚共识职能、发展全过程人民民主等方面作为着力重点，开展理论与实践研究。在坚持设立“人民政协理论”专项规划课题的基础上优化区县（市）联动与激励机制，汇聚有关高校院所专家学者和市各民主党派、工商联，各区县（市）政协智慧，合力开展重点课题研究。编印《杭州政协信息》（理论与实践研究）等，加大展示交流力度，形成思想性与实践性较强的研究成果，为杭州政协事业高质量发展提供理论支撑。全年理论研究成果获省政协一等奖3篇、二等奖1篇、三等奖7篇，成绩居全省市、县政协首位，其中《人民政协在发展全过程人民民主中的功能作用研究》在会上做交流发言。（市政协研究室）

【市委党校科研成果】2022年，市委党校获国家哲学社会科学基金项目立项1个，获全国党校（行政学院）系统第十四届科研和决策咨询工作先进单位奖。《提升地方政协“两个全覆盖”工作质效的杭州实践与思考》获全国政协领导批示。全年出版专著5部。在副省级及以上刊物发表论文65篇，其中核心以上刊物19篇、省级刊物18篇、副省级刊物28篇，被《中国社会科学文摘》全文转载1篇，被中国人民大学《复印报刊资料》全文转载1篇，被新华文摘论点摘编1篇。全年立项国家课题1个、省部级课题16个，其中全国党校系统重点调研课题3个、中央社院统一战线高端智库课题2个，系统重点课题立项数量居全国同类前列。立项省规划课题1个，结项省规划课题5个。

依托浙江调研基地、杭州市社科重点研究基地、党建研究院、共同富裕研究中心等平台，推进相关杭州实践课题的样本研究。在全市党校系统设立共同富裕的专项研究课题，共同策划《共同富裕"双城记"》，组织出版《党校好文章》。

承办由中共杭州市委与学习时报社联合主办的"杭州人才日"专题研讨会，理论成果被《学习时报》整版刊登。主办"共同富裕的历史使命与杭州创新实践"第七届地方治理青年论坛、与中国社科院马克思主义研究院共同举办"走共同富裕的中国式现代化之路"第七届习近平新时代中国特色社会主义思想高层论坛。聚焦共同富裕和基层党建等杭州创新实践主题，举办两场理论研讨会。全年获各类优秀成果奖27个。其中：全国社会主义学院科研评比科研成果奖3个；2022年度全省党校系统学术年会暨"共同富裕先行和省域现代化先行"理论研讨会获奖9个，入选6个；浙江省法学会、中共浙江省委党校"百年历史进程中的党内法规制度建设"征文获奖2个；浙江省社会科学界联合会第六届浙江省社会科学界学术年会主论坛"走向共同富裕：浙江的实践与创新"优秀论文1个；浙江省哲学学会、浙江省《资本论》与社会主义经济研究会等"共同富裕美好社会：内在规律与实践路径"学术研讨会优秀论文2个。决策咨询报告获批示27次。其中：1篇获国家级领导批示，6篇获省领导批示，20篇获市委、市政府领导批示，5篇被高层次内参录用。（市委党校）

【杭州市团校（杭州青年运动史馆）科研成果】 2022年，杭州市团校（杭州青年运动史馆）编撰出版团青工作培训教材《扣好人生的第一粒扣子》。开展"党领导下的杭州青年运动史"百场巡展111场，覆盖人群20万余人次，获2022年浙江省社科普及创新项目。4月19日，市团校（杭州青年运动史馆）发布《杭州百年团史》《图说杭州百年团史》套书，获杭州市哲学社会科学研究基地"习近平新时代中国特色社会主义思想与杭州青年工作研究中心"课题成果资助。

全年完成厅局级以上课题4个、省规划办课题1个、省青少年和青少年工作课题2个，其中《新媒体背景下杭州青年的政治认同研究》获2022年度浙江省青少年和青少年工作研究课题优秀课题。完成年度杭州市社科联立项不资助课题1个、学校共青团课题4个。其中《近期青年学生心态认知报告》得到省委主要领导肯定性批示。《杭州市"大综合、一体化"行政执法改革研究》《2022年度杭州市民公共文明指数测评》《城市青年的婚育及家庭观调查分析》《转化与回馈：艺术催化乡村共同富裕的实践机制研究》《数字技术驱动社会共治的机制研究——以杭州市拱墅区"城市眼·云共治"为例》《当前我省未来乡村建设的问题与建议》获省委主要领导肯定性批示。5月，联合团市委、市教育局完成2021年学校共青团研究课题结题评审工作，结题课题53个，评出一等奖2个、二等奖3个、三等奖6个。2022年度杭州市学校共青团研究课题立项课题55项。杭州市青年研究会首次发布并结项研究课题27个。全年开展4次舆情调查，每季度数量平均1000份，形成"杭州青年参与亚运会""杭州青年参与社区疫情防控常态化管理工作""'让城市对青年更友好'杭州青年需求期盼""让青年在杭州更有为"4份青年舆情调查报告。编辑出版《杭州青年研究》4期，其中设有建团百年专栏和中共二十大精神学习专栏。

［杭州市团校（杭州青年运动史馆）］

【杭州师范大学科研成果】 2022年，杭州师范大学获国家社会科学基金立项38项，重大、重点立项数列省内高校第一位。其中国家社科基金重大项目1个、重点项目7个、中华学术外译项目立项4个，立项数列浙江高校第一位，与华东师范大学、暨南大学、上海大学、中山大学并列全国第五位。国家社科基金后期资助项目立项13项，创造校史最佳成绩，立项数列浙江高校第一位，全国第11位。国家社科基金教育学项目立项4个。获省部级项目立项71个，其中教育部人文社科项目17个。市厅级项目立项68个。全年发表人文社科类论文512篇，其中文科权威论文28篇、SSCI收录论文141篇、AHCI收录论文11篇、文科一级论文232篇、获省部级以上领导批示26次。全面梳理学校现有科研评价制度，制定、修订相关文件，完善科研管理与评价制度，构建完善科研创新治理体系。建立规划实施科研发展情况动态监测、及时反馈机制，开展项目及成果申报辅导、专家论证等工作，强化项目过程管理，规范科研项目经费管理，提升科技服务整体水平。组织交叉学科系列论坛，探索交叉学科建设新模式和新路径，推动学科在更广层面深度交叉与融合。强化科研宣传工作，依托科研公众号平台建设，宣传科研成果，助力科研事业发展，搭建沟通交流展示平台。

（杭州师范大学）

【浙大城市学院科研成果】 2022年，浙大城市学院承担各级各类人文社科类科研项目256个。其中纵向项目127个（国家级项目11个，省部级项目42个，地厅级项目45个，学校培育基金项目29个），企事业单位委托课题129个。科研项目总经费2929.15万元。科研项目数量和科研经费均创新高。发表学术论文193篇，其中权威期刊5篇、一级期刊12篇、核心期刊14篇、国际期刊57篇（含SSCI收录45篇、A&HCI收录2篇）。出版学术著作17部，其中专著11部、编著1部、译著3部。咨询报告19篇，其中获得中央领导批示1篇、被中央国家机关采纳2篇、获省部级领导批示11篇。学校聚焦韧性城市研究，"低碳城市建设水平指数"首次聚焦建设过程，创造性地从能源结构、经济发展、生产效率、城市居民、水域碳汇、森林碳汇、绿地碳汇与低碳技术8个方面，全面解析城市低碳建设水平的动态发展，有助于解决低碳城市建设水平，诊断"缺方法""少数据""难诊断"难题，也有利于对标对表，为城市管理和公众参与提供数据参考。《光明日报》、中新社、《中国科学报》、中国网、《钱江晚报》、浙江电视台新闻频道等媒体进行报道。举办国土空间规划与城市高质量发展国际学术会议、"碳达峰碳中和：城市的责任与行动"学术研讨会、第四届中国认知神经语言学高层论坛、战略传播与中国之治 / 第14届PRA学术论坛暨第六届PRSC学术年会等学术会议。

（浙大城市学院）

【杭州职业技术学院科研成果】2022年，杭州职业技术学院推荐的4个项目全部获省高校重大人文社科攻关计划立项。承担浙江省哲学社会科学规划课题4个，市厅级以上课题立项125个。完成《教科研高水平成果建设管理实施办法（试行）》《科技成果转化管理办法》等文件的修订。学校各项管理制度得到优化，科研管理流程不断规范。围绕学校"数智杭职，工匠摇篮"建设重点任务，实施浙江工匠精神研究重大课题，推进科普教育基地创建、工匠书院等建设。

（杭州职业技术学院）

【杭州科技职业技术学院科研成果】2022年，杭州科技职业技术学院立项各级各类纵向科研项目116个，其中浙江省社科规划等省部级课题6个、浙江省社科联等市厅级课题56个、校级科研课题42个、市教育科学规划办等其他纵向研究课题12个，横向科研课题立项45个。到账经费949.11万元。

全年出版学术著作12部，授权专利68个，其中发明专利29个。获软件著作权27个。在各类学术期刊发表学术论文175篇，其中《中文核心期刊要目总览》刊登27篇、美国《科学引文索引》收录14篇、美国《工程索引》收录3篇。研究成果《关于养老服务专业人才职业吸引力的调查分析及对策建议》在《浙江政务信息（参阅）》第37期刊登，获省领导肯定性批示。市哲学社会科学重点研究基地——高等职业教育（陶行知教育思想）研究中心，融合陶研与职教，助力打造陶研与高职教育有机结合的特色研究基地。基地负责人教学成果《走读山乡·生活课堂——非农高职院校培养乡村人才的创新与实践》获2021年浙江省职业教育教学成果一等奖。基地研究成果《教育改革的中国方案：聚焦发展核心素养的素质教育探索》一书由江西教育出版社出版，被《中国教师报》列入"推动教育局长发展的'十本书'"，被中国教育新闻网评为2022年度"影响教师的100本书"排名第一的图书。基地成员《从陶行知"生活教育"视角看高职劳动教育困境的三维超越》《高职院校高水平结构化教师教学创新团队建设研究》《杜威的劳动观及其对职业教育的启示》等5篇论文在核心期刊发表。12月21日，基地举办杭州市陶行知研究会七届一次会员代表大会暨"生活·实践"教育浙江中心揭牌仪式，中国陶行知研究会"生活·实践"教育专业委员会浙江中心落户基地。学校与分水镇政府共建桐庐分水模具精密检测技术应用中心，助力分水镇制笔产业转型升级；开发调研发掘传承富阳和杭州西部地区非遗技艺及饮食文化，完成新桐酒酿馒头制作、富阳纸伞等10多项乡村专项职业能力考核规范项目，促进地方传统特色技艺传承；与富阳区龙门镇、春建乡签订合作协议，挂牌成立"杭州乡村振兴学院'富春山居·美好生活'艺术乡建（春建）示范点"。承办第一届"浙里汇"杯职教助共富"山海协作·万人共播"直播挑战赛，销售对口地区和山区26县帮扶产品，形成"政府+企业+互联网+消费帮扶"的共富帮扶新模式。上线"杭州乡村振兴学院"在线金课82个课程视频，点击量超过1.6万人次；利用乡村振兴学院培训中心和实践基地组织专题培训班50多期，系统培训乡村各类人才2300多人次，其中针对杭州市对口支援地区举办14期培训班，培训510人次，培养一批"一懂两爱"高素质"三农"人才。学校乡村振兴工作案例入选省教育厅高校助力乡村振兴典型案例，被省教育厅推荐成为浙江省参选教育部第五届省属高等院校精准帮扶5个典型项目之一。

（杭州科技职业技术学院）

【杭州万向职业技术学院科研成果】2022年，杭州万向职业技术学院在国内外刊物发表论文127篇，其中核心期刊4篇、一般期刊123篇，被采纳研究决策报告2篇。出版专著4部。申请知识产权专利28个，其中发明专利2个、实用新型专利20个、外观设计专利1个。申报各类课题300多个，立项173个。其中省、市级纵向研究项目40个。完成各类科研项目及横向科研项目结题121个。有市属高校优秀创新团队2个，纵横向到账科研经费87万元。聚焦"数字万院·智慧校园"工作主线，组织教职工立足自我工作和科研成果，编写的《数智化教育探索与研究》由浙江大学出版社出版。杭州新时代城市品牌研究与开发中心形成有意义的研究成果18项，获市社会科学界第八届学术和咨政年会征文活动二等奖1项、三等奖2项，编写完成《2022年度杭州市新时代城市品牌专项课题研究成果汇编》。

（杭州万向职业技术学院）

【杭州市教育科学研究院科研成果】2022年，杭州市教育科学研究院立项课题评审1201个，其中综合课题242个、美好教育专项课题79个、课程建设与提质强校专项课题104个、教师小课题554个、教师教育课题222个。1个课题被教育部列为重点课题，26个课题成为省"双减专项"认定性课题。2022年教科研优秀成果评审综合类一等奖44个、二等奖143个、三等奖171个；教师小课题一等奖53个、二等奖133个、三等奖159个；职成教专项一等奖44个、二等奖115个、三等奖93个。出版发行2021年教科研优秀成果集（电子版）3000张。完成省、市各类课题结题工作，组织区县（市）教科室主任和教科院部分科研人员走访2022年省市规划（综合）课题。举行市教科研标兵工作室启动仪式，评选第二届科研标兵工作室28个。举办"云端"共享活动，400多人次在线观看。与宁波市教科所、衢州市教科所联合主办立项课题研究“共富”行动，3万余人次在线观看。11月，成立市教育科研共富联盟，13个区县（市）教科室主任和1000多位科研骨干教师线上和线下参加活动，上城—淳安、拱墅—桐庐、西湖—临安、萧山—建德分别举行各自联盟专场交流活动。完成《“美好教育”背景下杭州市中小学生幸福感调查研究》《“美好教育”背景下教师幸福感的调查研究》《“美好教育”背景下家长满意度的调查研究》3份调研报告。参与《杭州市教育高质量发展行动方案》《美好教育共同富裕行动方案》《促进山区四县基础教育优质均衡发展行动方案》等重要文件起草工作；研制的《浙江省课后服务工作指引》《浙江省学生课余生活指引》被省教育厅采纳。研制《杭州市儿童友好学校标准（指引）》《杭州市儿童友好学校评估细则》，起草《杭州市中小学班主任奖励办法》和《杭州市中小学班主任奖励评审条件》。研制并发布全国首个《教师家庭教育指导能力评定规范》，新华社、人民网等7个媒体做宣传报道，引起中央广播电视总台关注。

办好学生心理热线和家长指导热线，开展一年两期的“家庭教育指导乡村百校行”活动，组织线上讲座20场，覆盖桐庐、临安5万余人次的家长。举办中小学心理健康教育研究城市共同体首届学术活动，全国25个省、2万余名心理健康教育教师参与线上活动，总流量达180万人次。开展市中小学、幼儿园课程改革研讨培训活动，举办市教科研学术节活动，5万余人次线上和线下参与。青年教师教科研学术小组、数学元素项目组、教育科研方法项目组、“青春十课”青春期教育专题项目组4个项目组举行系列活动45次，1000多人次参与活动，20多名专家为项目组成员指导讲座。开发“智慧助老”教材——《智慧生活掌中宝》，开展杭州市“智慧助老”优质工作案例、教育培训项目及课程资源的征集评选活动，推荐优秀工作案例3个，优秀教育培训项目4个、优质课程资源16个共23个项目被纳入教育部职成教司名单。开展“智慧助老”好课堂评审。完善《杭州市社区学习共同体建设先进区评估标准》，组织开展杭州市示范社区学习共同体认定和选树活动，认定杭州市示范社区学习共同体60个、学习共同体建设先进社区3个、杭州市最佳示范社区学习共同体10个、社区学习共同体最佳核心成员10个。（杭州市教育科学研究院）

【档案工作科研成果】2022年，杭州市档案学会举办专题学术报告会5场，评选红色档案故事微视频10个、优秀档案编研成果10个、档案学优秀成果14个。利用档案专业“一报两刊”及省、市报刊和电视台等主流媒体，开展档案法、档案及档案工作的普及教育。举办档案修复、线装古籍培训4期。骆如明等4名会员分别入选国家级档案专家、全国档案工匠型人才和全国青年档案业务骨干。会员参与的《新形势下综合档案馆职能定位研究》《纸质档案等离子去酸技术应用效果评估研究》获国家档案局优秀科技成果三等奖。举办第十五个“国际档案日”系列活动，开展现场宣传服务，赠送档案工作相关图书资料800多册，参与余杭街道残疾人之家建设。（杭州市档案学会）

【杭州市检察学会工作成果】2022年，杭州市检察学会在知名期刊发表论文60篇，其中：《中国检察官》22篇、《检察工作》16篇、《人民检察》13篇、《检察调研与指导》6篇、《知识产权》1篇、《中国司法鉴定》1篇、《社会科学》1篇。立项课题54个，其中最高人民检察院课题12个、省级以上课题32个。《杭州市人民检察院关于进一步助企纾困解难的十条意见》得到6位省、市领导批示肯定，被《浙江法制报》刊载。《检察工作高质量发展示范窗口的能动创建——以杭州检察工作为观察范例》获省检察长批示肯定、省检察院《领导参阅件》刊登。《关于推进数字检察，加强新时代法律监督工作的决定》由市十四届人大常委会第五次会议通过，展示杭州数字检察的主要成果。全年有120多篇文章获省级以上奖项。在“生态环境领域公益诉讼理论创新与实践发展”全国论坛、全国检察官阅读征文、法治浙江论坛、全省检察理论研究年会、全省检察专题调研优秀成果、法治杭州建设优秀调研成果等评比中获6个一等奖，获市法学会2022年“十佳课题”第一名，连续2年获法治杭州建设调研工作组织奖。（杭州市检察学会）

区县（市）社科联工作成果

【上城区社科联工作成果】2022年，上城区社会科学界联合会（简称上城区社科联）助力全域宋韵建设，以柳营路为先期试点，开展“韵味百巷”宋韵转化应用研究。全区各街道开展宋韵项目建设研究。每月分发《钱塘江文化》月刊3000册，同步上线电子期刊。运营“钱塘江文化”微信公众号，每周推发原创文章5篇以上。出版《江南有条钱塘江》绘本，向全区小学赠阅1万余册，分众化开展科普宣传，成为省社科普及课题立项成果。持续更新“尚书房社科3分钟”专栏，策划亚运会和上城地名故事专题，推发稿件60多篇。系统梳理上城文脉，编撰完成《浙江文史记忆·上城卷》。坚持“学术数字化”理念，丰富“云上科普矩阵”，推进数字文化改革，联合开发“云上宋韵”应用场景，设置宋韵有道、宋韵有味、宋韵有承3个场景，着力构建研究、传播、转化三位一体发展矩阵。邀请专家走进直播间，开展“智者面对面——尚城社科直播间”活动8场次，场均收看10万余人次。与西湖之声电台合作，策划录播“夜听宋韵”栏目64期，同步进入上城小学校园广播站。开启宋韵通俗读物创作计划，编撰论文集《感悟宋韵文化》，启动创作《左手临安右手杭州——一座城市的千年宋韵》儿童绘本，联合出版《藏在宋画里的两宋史》丛书，成为省社科联社科普及课题立项成果。联合团区委，牵头打造“青研荟”青年社科人才学术活动品牌项目，首期活动以《宋韵文化简读》读书沙龙为载体，邀请省社科联专家与“青研荟”成员研讨互动，为基层学术发展破题，厚植社科人文土壤。联合杭州西湖国学馆，完成省科普及重大课题《唱享诗经》成果发布。

（上城区社科联）

【拱墅区社科联工作成果】2022年，拱墅区社会科学界联合会（简称拱墅区社科联）发挥宣传普及、咨询服务职能，团结带领全区社会科学工作者开展理论研讨、社科普及、文化研究交流活动，委托浙大城市学院进行《杭州市拱墅区电竞产业发展策略》研究，梳理拱墅电竞产业发展现状和优势，针对拱墅区电竞产业发展提出对策建议。委托浙江工商大学开展《杭州大运河与宋韵文化传承研究》课题研究，对拱墅大运河与宋韵文化传承提出对策建议。杭州城建陈列馆入选市级科普基地，省级科普基地京杭大运河博物馆“运河动起来”科普活动获评2022年度杭州市社会科学普及基地重点项目并立项资助，市级科普基地拱墅区图书馆“运河书房探索之旅”主题活动入选浙江省红色科普基地精品项目。举办社科普及周活动，推出“我们这十年——杭州城建成果展”、公益急救培训、“幸福学堂”《百年影像里的杭州建筑》讲座、“品读历史、乐享六一”、“同在蓝天下、携手共成长”、“小候鸟”特别关爱活动、“小小讲解员”等科普活动。区社科联与浙江工商大学、京杭大运河博物馆联合成立大运河文化协同创新发展基地，举行大运河文化高峰论坛。（拱墅区社科联）

【西湖区社科联工作成果】2022年，西湖区社会科学界联合会（简称西湖区社科联）结题社科联课题17个。会同区委宣传部、区文广旅体局、北山街道办事处举办“楮墨浙造宋韵千年”——宋代浙江造纸与印刷传承研讨活动，邀请省市区相关部门、有关专家嘉宾、媒体记者参会。以传统造纸和印刷文化为切入点，通过展览、研讨会、现场体验等多种形式，弘扬中华优秀传统文化，探讨传统造纸与印刷技艺未来发展之路。成立区铜鉴湖文化研究会，完成《浙江文史记忆·西湖区卷》编撰工作，推动西湖优秀传统文化的创造性转化、创新性发展。承办“新时代杭州精神文化共富图景与当代青年责任研讨会暨2022杭州发展报告蓝皮书（文化卷）编撰座谈会”；举办“二十大精神，西湖青年说”“共同富裕·青年说”等系列宣讲2000场次，受众5万余人次。推荐翠苑一区社区等22个单位申报全省首批基层理论宣讲点。在市微型党课大赛暨“共同富裕·青年说”宣讲大赛中获特等奖2个、一等奖1个，2人被评为杭州市金牌理论宣讲员、1人被评为杭州市优秀理论宣讲员。北山街道弥陀寺文化公园入选首批省级社科普及之家，为杭州市唯一入选单位。对9个区级社科普及基地的12个重点社科项目进行经费资助。联合杭州市城市品牌促进会举办“西溪人文荟·宋画里的生活”系列活动，推广西湖区宋韵文化基因。（西湖区社科联）

【高新区（滨江）社科联工作成果】2022年，高新区（滨江）社会科学界联合会（简称滨江区社科联）举办“2022杭州（滨江）首届国际体育幽默画展”，吸引全球48个国家和地区投稿3000多件，在杭州、金华、湖州等地举办近20场巡展、20多场延伸活动，受众超过100万人次。聚焦喜迎亚运会开展“滨”纷亚运“樱”你而来——2022年和滨滨一起樱花跑、“我为亚运献才艺”等活动。举办“浙东唐诗之路——从西兴出发”艺术家驻地创作影像展、两区管理体制调整20周年影像展、“传‘宋’经典·智像未来”——2022年滨江·浙艺金鸽电影节。承办“传承宋韵文化 喜迎党的二十大”2022年杭州市社会科学普及周活动，设立中国网络作家村分会场，举办“宋韵文化与杭州故事”主题分享会。联动全市42个市级社科宣讲点、社科普及基地开展活动，举办“滨江人文大讲堂”系列讲座60场、“薪火相传，亚运童行——亚运主题‘小小火炬手’拓展活动”50场、音乐大讲堂10场、“滨滨有课”社区文化活动110场。电视动画片《下姜村的绿水青山梦》、电视纪录片《数字里的中国》分别获省、市“五个一工程”奖。电影《猫鼠游戏》等5部作品获浙江省文艺基金扶持，《最亲的陌生人》入选杭州市文艺精品工程。沉浸式剧本《华妃墓》，连续两周居国内销售榜单第一位，进入国内113个城市和英国、美国、日本等海外市场。开展新老滨江人文化融合专题研究，“新时代滨江精神”大讨论活动和提炼研究，“习近平总书记对高新区（滨江）重要指示批示精神的理论阐释和创新实践研究”等3个课题研究。《学习时报》刊发区委书记署名文章《杭州高新区（滨江）：迈向世界领先科技园区》，发布宋韵文化主题沉浸式剧本体验项目《临安府·花灯奕》，编撰《浙江文史记忆·滨江卷》《滨江文化地图》，编发《学习参阅》12期。网易蜗牛读书馆、永禾艺术馆被评为“杭州市社科普及基地”。“传承经典少年起航”未成年人红色教育活动被评为浙江省社科普及创新项目。（滨江区社科联）

【萧山区社科联工作成果】2022年，萧山区社会科学界联合会（简称萧山区社科联）召开杭州市萧山区社会科学界联合会第二次代表大会，选举产生萧山区社科联新一届理事会理事、常务理事。与省委党校合作共同完成《“提升工业化，推进城市化，实现现代化”全力打造习近平中国式现代化道路重要论述的先行实践地》重点研究课题。面向全社会征集区级常规课题175个，确定立项课题39个，其中优秀课题9个、良好课题16个、合格课题10个。“宋韵文化与宋韵乡村的实践与思考——以进化镇欢潭村为例”等被杭州市列入年度课题。开展2022年萧山区社会科学普及周活动，以研究宣讲、宋韵传承、史料展陈3类活动集中宣传哲学社会科学研究成果。开展迎亚运——萧山体育活动文物史料展、纸短情长——萧山近现代名人手札展等展览，举办“萧山相国”朱凤标纪念座谈会。举办“五义之乡·宋韵欢潭”首届岳飞忠义文化研讨活动、“寻宋韵文化、话萧山精神”主题论坛暨“飞入寻常百姓家——宋韵文化在萧山”案例征集活动、萧山区纪念孔子2573周年诞辰祭祀典礼等大型社科普及活动。评选出浙江省现代陶瓷艺术博物馆、中国数字音乐基地等17个萧山区社科普及基地。组建社科宣讲团开展“八进”活动送课宣讲。开办“萧山与宋韵文化”“萧山经典历史文化故事”征文活动，出版《萧山文化大观》《宋韵萧山》《梵刹钟声鸣山水——宋时萧山》等社科书籍。（萧山区社科联）

【余杭区社科联工作成果】2022年，

余杭区社会科学界联合会（简称余杭区社科联）获年度“全国社科组织先进单位”，在全省社科年度测评中位居前列，获评全省区县社科联工作测评优秀单位。开展《余杭区推进未来乡村建设助推共同富裕的对策研究》等课题研究50个，相关研究成果获区级以上领导批示肯定20件（次），其中省领导7件（次）、市领导5件（次），20多项课题成果在市级以上期刊发表。获市社科联研究课题立项1项，向《杭州蓝皮书》推送并录用论文5篇。成立区级社科智库，统筹党校、高校、研究中心、学会和社会专家资源，吸纳省政府咨询委学术委员会、省委党校、浙江行政学院、浙江大学等专家20多名，打造聚焦重大实践创新需求的智库研究机构及人才队伍集群。实施地方历史文化研究工程，开展地方文化相关课题研究6个，开展宋韵文化研究课题3个，其中《余杭高水平打造宋韵文化传世工程的建议》获省领导批示肯定。举办“众人的事情由众人商量”理论研讨会暨余杭区“共同富裕研究联盟”成立仪式、共同富裕现代化基本单元建设研讨会、“亚运会与城市休闲”研讨会等8场研讨会，被人民网、《钱江晚报》等媒体报道。持续打造“新时代创客说”社科宣讲品牌，组织社科宣讲走亲系列活动，邀请省委党校、杭州师范大学青年学者组建博士宣讲团，围绕中共二十大精神到12个镇、街道开展专题巡回宣讲。组织智库和高校专家学者到基层一线、科研院所、非公有制企业开展宣讲，面向省属高校、科研单位、留学生、青年创客、网络主播、台湾爱国青年集中宣讲。全年举办区级宣讲会130场、宣讲活动1100多场，近60万人次参与。联合省级主流媒体，推出“空中社科”科普栏目，以“声音科普”形式宣传余杭之美。举办余杭区2022年度“喜迎二十大 奋进共富路”社科普及启动仪式，获人民网、新华网、央广网、腾讯新闻、浙江在线、新浪新闻客户端、网易浙江等媒体报道转载。以全区镇（街道）、社科普及基地和社科理论宣讲点为主阵地，开展社科普及周活动160多场，“意象良渚”——跨媒体艺术沉浸展被评为“省社科普及创新项目”。中泰竹笛展示馆、陈元赟纪念馆成功申报市级社科普及基地。

（余杭区社科联）

【临平区社科联工作成果】2022年，临平区社会科学界联合会（简称临平区社科联）在全省社科年度测评中位居前列，获评全省区县社科联工作测评优秀单位。全年开展《关于打造“古都副城，宋韵临平”品牌的建议》等课题研究41个，多项课题研究成果获区领导肯定批示。联合区妇联开展《失地女性精神共富的杭州实践与提升建议》重点课题，获市委领导肯定性批示。市社科联研究课题立项1个，向《杭州蓝皮书》推送录用论文3篇。举办“鸭兰精神 薪火相传——红色鸭兰与支部文化学术研讨会”“第二届俞樾文化学术研讨会”等研讨会，获人民网、《杭州日报》等主流媒体宣传报道。中国江南水乡文化博物馆举办的浙江省第二届“童梦水乡”杯少儿沙画艺术大赛获2022年度杭州市社会科学普及基地重点项目资助。指导何思敬纪念馆、临平智慧图书馆、南苑街道文化传承教育基地、中共临平党史馆、中共鸭兰村支部旧址成功申报市级社科普及基地。

（临平区社科联）

【钱塘区社科联工作成果】2022年，钱塘区社会科学界联合会（简称钱塘区社科联）开展《钱塘区技术工人群体“扩中提低”精准服务效应评估及完善路径研究》等10项课题研究。开展中共二十大精神宣讲20多场次，推出“习近平总书记调研钱塘时重要讲话指示精神的理论溯源和落地研究”课题。与浙江财经大学人文与传播学院联合成立“宋韵文化研究中心”，以“研究宋韵文化，服务地方建设，助推国学传播”为宗旨，利用学校的学术平台，结合钱塘区地方文化特色，打造“钱塘文化”精品工程，支撑和服务钱塘区经济文化发展，促进高校、政府与社会间交流合作。11月3—6日，联合中国历史文献研究会、中华朱子学会、浙江财经大学、区委宣传部举办首期宋韵文化大讲堂和首届宋韵文化国际学术研讨会暨中韩青年学者论坛，来自海内外知名高校的80多名专家学者以线上和线下相结合的方式参加会议，围绕宋韵话题展开主题演讲。实施历史文化研究工程，开展《钱塘区围垦历史中小学读本》《围垦口述史》等书目编撰，制作4集《围垦纪录片》，创作完成《围垦战歌》舞台剧，收集整理围垦照片、老物件等600多件。认定临江兵团知青文化园为区级社科基地，并推荐为市级社科基地，遴选并命名蜀南村乡村展陈馆、新湾民俗文化展示馆等8处为区级社科驿站。开展“社科普及周”系列宣传活动30多场次。与浙江省企业形象研究会签署全面战略合作协议，建立与之江经济战略研究院以及浙江理工大学、浙江工商大学、浙江财经大学等大学联络机制。6月24日，召开区社科联一届二次理事会，调整15个成员单位代表。制定社科组织管理和评估办法、社科课题管理办法等制度，理顺社科工作机制。

（钱塘区社科联）

【富阳区社科联工作成果】2022年，富阳区社会科学界联合会（简称富阳区社科联）继续打造“社科有卷”“社科有约”“社科有料”“社科有研”4个创新品牌，推进理论创新和实践创新，推进人才队伍建设和阵地建设。《深化泗洲造纸作坊遗址保护与活化利用，打造宋韵文化标志性工程的对策建议》被《浙江社科要报》第131期录用，得到5位省领导6次批示、市领导2次批示。“社科有卷”入选杭州市数智群团集市教育培训类专题板块。区社科联被省社科联评为2022年度测评优秀单位。坚持做好“社科有卷”等社科普及品牌，开展浙江青年社科学者读书会、《新登古城人家》读书会，以及《亲爱的租客们》、“云分享《图山溪山图》”等线上和线下读书活动8期，内容涉及社会管理、精神共富、企业管理、乡村振兴等主题，结合“迎亚运、展风采”探索微信、短视频等新型社科普及形式，强化对黄公望文化研究工程系列成果等内容的立体化推广，营造全社会良好读书氛围。在数字群团扩容“社科有卷”视频专栏19期，利用富阳发布、富阳宣传等新媒体持续扩大“社科有卷”社会影响力。6月8日，浙江省之江青年社科学者读书会在富阳举行。活动由浙江省之江青年社科学者协会主办，区委宣传部、区社科联、杭州电子科技大学社科联承办，10多名浙江省之江青年社科学者从专业角度为富阳高水平描绘现代版富春山居图献计献策。围绕“古、今、人、文”方向，挖掘和弘扬钱塘江诗路文化带（富春江段）、富春宋韵文化传世工程、“竹”“茶”“纸”“器”等富阳地域特色文化，推出《两宋时期富阳寺院存建概览与文化传播》《皮纸与竹纸之间：庙堂抑或丛林——兼论富阳泗洲宋代造纸作坊遗址的几点断想》《关于富阳泗洲宋代造纸作坊遗址的历史定位问题》《富阳造纸文明的前世今生》4期“社科有研”研究资料。“社科有研·富春宋韵文化研究”被列入2022年杭州市“宋韵文化传世工程·宋韵文化研究行动”项目。全区设立20多个宋韵文化体验点，开展宋韵文化体验活动300多场。2021—2022年印发“社科有研”资料13期，组织编纂出版“富春山居文化丛书”10本，出版钱塘江诗路文化研究《重走“富春山居 千年诗路”》。在《富阳日报》刊登“富春山居文化解码”文章13篇，推出“富春山居·宋韵流长”专栏文章24篇。发挥黄公望研究会、三国演义研究会矩阵作用，统筹东洲、春建、渌渚、场口等乡镇开展重走钱塘江诗路系列活动20期，组织“重游黄公望笔下富春山居”江上行，踏访“春建”“将台山”“新沙岛”“烟雨桐洲”“千年古村东梓关”“东安郡遗址”等活动。在“浙江社科”“杭州社科”“富阳社科”等微信公众号推送《揭开富阳三国吴国东安郡城的神秘面纱》等70期。选送时长54分钟的视频《千年古村东梓关》《将台山上论将军》《钱镠王的春建金矿》等上浙江电视台《文化浙江大讲堂》栏目宣传富阳。（富阳区社科联）

【临安区社科联工作成果】2022年，临安区社会科学界联合会（简称临安区社科联）围绕“在共同富裕中实现精神富有的临安实践研究”主题，确定重点委托课题，《临安打造全域文化繁荣全民精神富有推进高质量建设历史文化名城》入选并结题。课题成果工作信息《杭州市临安区打造吴越历史文化名城助力全域文化繁荣全民精神富有》被《浙江宣传（工作信息）》简报登载。组织区常规社科课题申报，其中：“乡村数字治理摆脱‘表面数字化’困境调查研究”课题，获杭州市社科联（杭州市哲学社会科学规划领导小组办公室）立项并资助，“乡村共富：基层党组织的领导作用及多元主体协同共治机制”“县域尺度下山区农村居民的收入结构与持续增收——以杭州市临安区为例”获2022年度杭州市社科规划专项课题立项并资助。确定区委党史研究室报送的《吴越根脉·宋韵源流——临安宋韵文化研究》等14个课题列为区级优秀课题并予以经费补助。推荐区烈士纪念馆、昌化镇南门弄古建筑群申报第六批杭州市级社科普及基地。与浙江省社会科学界联合会确定的“社科赋能山区26县”衢州市龙游县签订“山海协作”合作协议，计划就社科研究和普及、社科联组织建设等工作展开合作。以“传承优秀传统文化，喜迎党的二十大”为主题，在市级社科普及基地临安区图书馆举办2022年度社科普及周启动仪式。由区社科联作为指导单位，联合於潜镇、区竹文化研究会共同举办纪念苏轼於潜绿筠轩题诗九百五十年暨宋韵·绿筠轩苏轼竹文化论坛，国际竹藤组织派代表参加。举办宋韵记忆——临安宋代历史文化展，组织社团学会开展中共二十大精神宣讲和社科普及活动。组织社科工作者开展中共二十大精神宣讲50多场次，覆盖观众1000多人。联合临安印社篆刻中心举办“喜迎二十大，奋进共富路”主题篆刻展，参观群众5000多人次。临安区社科联被省社科联核定为2022年度区县（市）社科联测评优秀单位。联合区精神文明建设委员会办公室、区教育局，开展“听爸爸妈妈讲临安古代历史故事”微宣讲，面向小学生家庭征集到临安古代历史故事200多个，评审选出16个优秀故事，并指导亲子家庭进行故事改编。在区融媒体中心开设“听爸爸妈妈讲临安故事”专栏。编印《学历史·知文化·爱家乡——听爸爸妈妈讲临安古代历史故事集》读物1000册，发放到全区各中小学。联合区委党史研究室推出“天目心语”社科理论微讲堂之宋韵文化特别节目：“宋韵传承——临安两宋时期的名人故事”。自主编写的《读懂吴越国》出版，该书围绕五代吴越国72年历史和钱镠、钱元瓘、钱弘佐、钱弘倧、钱弘俶“三世五王”生平主要活动与功绩，总体以时间为序、以事件为链。联合省社科联、市委宣传部、临安区委、临安区政府、区政协文史和教文卫体委员会、浙江农林大学文法学院等单位举办第四届吴越文化论坛，来自全国的社科领域专家学者围绕“吴越国历史文化的当代价值”主题做主旨演讲。复旦大学教授葛剑雄，中国宋史研究会会长、中国人民大学历史学院教授包伟民，第五届茅盾文学奖得主、浙江农林大学教授王旭烽等名家以视频或现场方式参加学术交流。区社科联增设吴越文化研究室，编制《吴越历史文化研究三年计划（2023—2025年）》。

（临安区社科联）

【桐庐县社科联工作成果】2022年，桐庐县社会科学界联合会（简称桐庐县社科联）制定《桐庐县2022年度社科课题指南》，组织年度县级课题研究申报工作，全年完成立项课题34个，评选优秀获奖课题15个。开展省、市社科联课题申报工作，上报课题获省级立项资助课题7个、市级立项课题6个。编发《社科专报》5期，其中《“聚人兴城”战略背景下高校学生留桐就业意愿提升路径研究》等3期获县委书记批示。开展基地重点项目资助活动，“迎亚运，我助力”“清廉文化宣讲大赛”等4个项目入选县级重点项目并予以资助，桐庐县图书馆的“‘青蓝携手 书香致远’总分馆大联动”活动获市级立项资助。开展以“喜迎二十大，奋进共富路”为主题的2022年社科普及周活动，推出“桐图空中大讲堂”“桐你悦读”等线上科普活动。举办“喜迎二十大，科普向未来”有奖竞答活动、“金秋九月养生季”主题书展、诗歌文化鉴赏活动、“富春孺子系列”、“桐君芽儿系列”、“跟着苏东坡游杭州——青少年教育体验展”等近百场社科普及活动。会同县融媒体中心开设“品读桐江名人”栏目，邀请桐庐文化名家以访谈形式开展桐庐历史名人传颂。以“社科理论下基层”活动为抓手，开展“你点我送”理论宣讲活动40场。联合浙江电视台《文化浙江大讲堂》栏目拍摄播出桐庐篇“诗路明珠：严滩与王阳明”专题节目3期。（桐庐县社科联）

【淳安县社科联工作成果】2022年，淳安县社会科学界联合会（简称淳安县社科联）落实全省社科赋能行动要求，整合开展三级课题研究。《数字化改革推进山区县共同富裕的“大下姜”探索实践》《淳安促进生态富民的经验启示与发展建议》2篇成果获省委书记批示肯定，2篇成果入选第六届省社科界学术年会主论坛成果集，2个课题获省社科规划专项课题预立项，1个课题成果获杭州市社科学界第八届学术和咨政年会优秀论文二等奖，并获杭州市社科规划专项课题立项。与浙江农林大学教授团队合作推进县委重点课题《习近平生态文明思想在淳安的实践创新研究》，获省社科规划专项课题预立项。与县委办等联动策划选题20个，组织县哲学社科课题申报、评审，征集到课题65个，立项16个，其中1项课题获市社科联课题立项。编印2020—2021年度优秀社科课题成果集和全县社科普及基地简介书籍。实施县社科基地年度重点特色社科普及活动项目征集，征集到特色项目14个，其中1项获市基地重点项目立项。省、市、县三级54个社科普及基地和县社科之家全年常态开展各类社科普及活动246场，受众8万人次。2022年，县社科普及周以“传承宋韵文化，喜迎党的二十大”为主题，集中开展社科普及活动60多场次，受众3.5万人次。发挥社科团体的普及宣传作用，诗词楹联协会、传统文化研究会等社团开展“清调吟宋韵，清词歌亚运”诗词采风吟诵、千岛湖街舞大赛、喜迎二十大精品文艺作品创作等主题活动14场，1项活动获市社科联社团学术研讨交流活动立项。（淳安县社科联）

【建德市社科联工作成果】2022年，建德市社会科学界联合会（简称建德市社科联）激发基层社科队伍积极性和创造性，推进基层社科工作。结合习近平总书记在浙江考察时的重要讲话精神的学习及美丽建德建设实践，指导社科讲师团成员备课形成《2022年度社科讲师团课程菜单》，并以“西乡讲堂”“莓好播报”“百场社科讲座进基层”等宣讲活动为载体，将精选课程推送至新时代文明实践站所、村文化礼堂等基层阵地。指导社科宣讲点做好特色传承及互动宣讲。邀请杭州社科讲师“燕前堂·永成茶馆”、杨村桥“莓好播报”总站、新安江街道党群服务中心等杭州市级社科普及宣讲点专题授课。推动社科普及基地建设与管理制度化、规范化、科学化，形成市本级26个、杭州市级6个、省级3个社科普及基地格局。建德市博物馆围绕“严州宋韵”、严州中学实施“模拟导游培训与实践”、大同书院开展“学习亚运知识”等活动，申报杭州市社科普及基地重点项目，推荐建德航空小镇作为浙江省社会科学普及重点基地的遴选基地。建德市博物馆申报并被纳入杭州市级社科普及基地。发动市委党校、社科类社团等社科人才，参与省、市社科联课题申报。其中：“数字技术赋能乡村智治的实现路径研究——以建德市‘建村钉’治理实践为例”课题被纳入2022年度杭州市社科联课题并已结项；千鹤妇女精神教育基地的“传承‘严州宋韵’、讲好‘亚运故事’”被评为2022年度杭州市社科普及基地重点项目，获得项目资助。贯彻全省数字化改革和数智群团改革要求，持续推进社科管理和服务工作数字化转型，打造群众爱用管用的服务平台。完成“数智群团”注册数313人次，风采展示25条，活动集市14条。开展建德市“超集星期五”第15期——“我在建德迎亚运”亚运知识有奖竞赛活动。在群团集市平台推出博物馆“品宋”系列专栏和“宋韵严州”系列专栏。出台《关于推行“文艺村长”机制，深化共同富裕文化先行基层实践的通知》，推行“文艺村长”机制，在相关试点镇、村开展基础上，向全市各乡镇覆盖推广。相关做法得到新华社、中央广播电视总台《新闻直播间》、《光明日报》等肯定性报道；被省委宣传部《工作交流》刊登并获省委宣传部主要领导批示肯定；获评杭州共同富裕最佳案例，入选省委宣传部社会主义先进专班案例二十强。结合共同富裕工作主线，通过“互助长宁”新时代文明实践村级示范培育项目，启动资金补助，推动共同富裕文化发展先行示范重点工作和重要指标整合在该示范项目上优先予以落地。（建德市社科联）

社会科学活动

【杭州市社会科学界第八届学术和咨政年会】2022年12月13日，由市社科联、市社科院、市委市政府咨询委员会办公室、市政府研究室（市政府参事室）共同主办，杭州师范大学、浙大城市学院、市委党校协办的杭州市社会科学界第八届学术和咨政年会召开。年会以“学习贯彻党的二十大精神，为助力杭州奋进新时代建设新天堂贡献社科力量”为主题，来自市社科联、市直单位、市属高校、区县（市）社科联专家领导和市属各社科社团、市社科重点研究基地、市社科优秀青年人才代表、年会优秀论文作者参加会议。与会人员聚焦学术前沿问题和杭州经济社会发展重大理论现实问题，围绕市委、市政府中心工作和杭州当前重大工作任务，交流思想，建言献策，促进学术成果普及和提高决策咨询水平。年会设主会场和3个专题论坛，收到论文157篇，30篇论文获优秀论文奖。

【“宋韵杭州十大遗迹”评选】2022年，市社科联（院）联合市园文局、市政协文史委共同推出“宋韵杭州十大遗迹”评选活动。专家学者从杭州81个不可移动宋代文物中遴选出30个备选遗迹，通过市民网络投票从30个备选遗迹中选出15个。收到网络投票16.29万张。由考古、文史、社科等方面的专家学者评出“宋韵杭州十大遗迹”：南宋皇城遗址（含德寿宫遗址）、北山南宋名臣墓（岳飞墓、陈文龙墓）、南宋官窑遗址、杭州碑林（南宋石经）、飞来峰造像（含灵隐寺石塔经幢）、六和塔、西湖十景、洞霄宫遗址、泗洲造纸作坊遗址、南宋古桥（西山桥、忠义桥）。

【杭州市社会科学普及周】2022年

9月26日，由市社科联主办，杭州高新区（滨江）党委宣传部、区社科联承办的2022年杭州市社会科学普及周活动在滨江区党群服务中心举行。普及周活动主题为“传承宋韵文化，喜迎党的二十大”，分为启动仪式和主题分享会2个板块。启动仪式设置在高新区（滨江）党群服务中心，主题分享会设置在中国网络作家村。启动仪式上为29名新聘的杭州社科能人讲师团成员代表颁发证书，升级社科宣讲视频课程为“形势·政策”“历史·文化”“学法·用法”“教育·生活”“亚运·慕课”“宋韵·慕课”，为“我心中的社科普及基地”征集大赛（绘画和作文）获奖代表颁奖。征集大赛由市社科联、杭报集团联合主办，征集到绘画作品400多幅，作文近500篇。

【“我们的价值观”主题词研讨会】 2022年，市社科联（院）在杭州市党群服务中心围绕“民生”“文明”“诚信”“感恩”等12个词举办“民生暨数智为民理论研讨会”“亚运与文明研讨会”“感恩·战疫有你研讨会”“坚定伟大信仰，凝聚奋进力量理论研讨会”等“我们的价值观”主题词研讨会12场。来自高校、科研机构的专家学者参与研讨，线上和线下6万余人次参与。

【纪念中共杭州小组成立100周年学术研讨会】 2022年6月30日，市社科联（院）联合市委党史研究室（市志办）、上城区委在小营街道举办“牢记新使命，奋进新时代，建设新天堂”学术研讨会，纪念中共杭州小组成立100周年。来自学术界、社科界及党史地方志相关的专家教授参会。同日，举行纪念中共杭州小组成立100周年文艺晚会。

【宋韵文化研究传播工作成果展】 2022年2月，由市社科联（院）举办的宋韵文化研究传播工作成果展在杭州市政协新时代协商民主实践中心举行。展览依托市社科院南宋史研究中心近18年的研究成果，涉及出版书目、论文集、期刊等百余册，包含50卷“南宋史研究丛书”“南宋及南宋都城临安研究系列丛书”两套大型丛书，有10多项成果获省部级以上奖励和邓广铭奖、中国书法兰亭奖等专业奖项，囊括南宋政治、经济、军事、思想、文化、社会生活各个方面。

（市社科联）

【（中国）城市学年会】 2022年11月4—6日，由杭州国际城市学研究中心主办的“（中国）城市学年会·2022”暨第十二届城市学高层论坛在杭州举行，年会以“在高质量发展中促进共同富裕”为主题，聚焦高质量新型城镇化和共同富裕示范区建设。年会分为“‘两奖’（钱学森城市学金奖、西湖城市学金奖）征集评选活动”“杭州世界文化遗产国际会议”“历史城市景观保护联盟年会”“七大城市问题主题论坛”“天元教育论坛”“杭州城市学研究理事会常务理事会议”“杭州城市学研究会专项基金委员会主任会议”等30多场会议、活动。

【中国低碳城市发展论坛】 2022年11月19日，由市政府主办，清华大学全球共同发展研究院、中国碳中和五十人论坛、市科技协会、杭州城市学智库共同承办的首届中国低碳城市发展论坛在杭州低碳科技馆举行。来自气候、能源、生态、经济、公共政策、技术应用等领域的院士专家和业界代表，共议低碳城市建设与“双碳”目标实现的杭州经验和中国道路。

【中国（杭州）智慧城市产业峰会分论坛】 2022年11月5日，第七届中国（杭州）智慧城市产业峰会分论坛在杭州举行。论坛围绕产业社区（园区）创新发展、城市社区智慧治理及招商引资、招才引智等议题展开。浙江大学计算机创新技术研究院、杭州市政府研究室等单位相关负责人参加。论坛发布《未来社区产业引领的杭州倡议》。

【“推进浙江文化研究工程，深化考古成果转化”座谈会】 2022年7月10日，“推进浙江文化研究工程，深化考古成果转化”座谈会在浙江大学艺术与考古博物馆举行。省委宣传部、良渚博物院、浙江大学文化遗产研究院、省文物考古研究所、南京大学地球科学与工程学院等单位的60多名专家学者参加。会议举行第九届“钱学森城市学金奖”成果——《寻找失落的文明：良渚古城考古记》新书发布和赠书仪式。

（杭州国际城市学研究中心）

【杭州律师服务社会】 2022年，杭州市律师协会开展“六讲六做”大宣讲活动，开展中共二十大精神宣讲会、全市律师行业主题党日等政治轮训活动，2.5万人次参训。全市40个律所党组织分别获评省、市级“三强双进”律所党组织，10名律师获评第四届“十大律师先锋”之党员律师。大成杭州所“中国律师百年发展史料陈列馆”揭牌，为市律师行业首个党员教育基地。全市有150名律师担任“两代表一委员”，全年提交各类提案、议案、建议192件，15人次获“最美人大代表”“最美委员”称号。参与多部地方性法规草案的立法意见征集，提交立法及相关工作意见和建议500多条。市律协被确定为市十四届人大常委会基层立法联系点。组建“杭州律师服务亚运会亚残运会志愿团”，发布“法迎亚运，共向未来”杭州律师服务亚运会倡议书；审核涉亚运会合同及法律文件1200多份，参与亚运会市场开发赞助项目50多个，参加各类合同谈判100多场，为亚运会涉外法律服务、知识产权保护、亚运场馆建设运行等提供优质高效法律服务。持续推进“律师进社区（村）”法律服务，全市律师进驻3166个社区（村），6.12万人次值班，解答法律咨询7.18万人次、提供法律服务1091次。（市律师协会）

【警学研究优秀论文评审揭晓】 2022年6月21日，杭州市警察协会召开第二届钱塘警学论坛，通报2021年全市警学研究优秀论文评审结果。其中：6篇论文被评为一等奖，12篇论文被评为二等奖，18篇论文被评为三等奖，29篇论文被评为优秀奖。3个单位被评为组织奖，6人被评为市警察协会优秀特约研究员。

（市警察协会）

责任编辑　须同威

41 出版传媒

出版发行

【概况】2022年，杭州市1649个印刷企业参加年度核验工作，其中出版物印刷企业106个、包装装潢企业1028个、数字印刷企业96个、涉外印刷企业19个、其他印刷企业416个。全市出版物发行单位有2037个通过年度核验，其中批发单位344个、零售单位1693个。有发行网点6509个。做好印刷、发行单位从业人员的法规培训工作，举办第八届全国印刷行业职业技能大赛浙江初赛杭州选拔赛暨杭州市印刷行业职业技能大赛，选拔选手组队参加全省竞赛。配合做好第八届浙江省图书展分会场展演等工作。先后5次对部分区县（市）19个规模以上出版物印刷企业执行“五项承印制度”情况进行抽查。组织对全市出版物市场专项暗访检查，会同市文化市场执法队对各区县（市）从事出版物批发、零售的120多个单位进行检查。开展书报刊批发市场经销出版物的售前审读服务，抽查审读73个出版物发行单位160多批次、500多本（套）书。指导印刷行业协会、书刊发行行业协会开展工作。

【出版行政审批】2022年，杭州市本级办理各类出版行政审批事项248件，其中出版物发行类146件、印刷类45件、内部资料类53件、其他类6件。市本级政务服务办事事项调整为36个（许可10个、确认1个、其他10个、备案15个），按照政务办事“最多跑一次”工作规范、国家对杭州市政务类办事事项监测考核等要求，对每个事项的法律依据、申请条件、申报材料、办理流程、常见问题等进行不间断动态调整和完善，实现市本级事项“最多跑一次”及可网上办、掌上办，网上办结率90%以上。打造优质审批窗口，以“跑零次”为标准实施行政审批许可，通过线下窗口受理、网上申请、微信、QQ等渠道收取申请材料，即办即取。

【文化出版“扫黄打非”】2022年，市“扫黄打非”办公室每月召开公安、国家安全、网信、文化执法、邮政、海关等主要成员单位例会，对“扫黄打非”工作进行研究部署。印发《杭州市2022年度“扫黄打非”工作举措》，对各区县（市）“扫黄打非”工作进行部署和验收。各部门协作配合，开展“清源”“固边”“净网”“护苗”“秋风”5个专项行动，清理违规信息340多万条，其中关闭有害音频、视频100多万个、违规账号2.2万个，查处删除违规涉政出版物商品4.1万件、宗教有害出版物14.5万件。联合市网信办依法实施行政处罚21起，针对涉政有害、低俗色情、借领导人营销等问题，依法约谈“淘宝”“游侠网”“游戏369”“暖聊”等网站平台126个（次），督促落实主体责任。调查走访杭州市网络文学和网络游戏公司，加大属地网络小说平台的排查力度。全市办理“扫黄打非”行政案件134起，罚款27.7万元，没收违法所得2.81万元、违法物品1862件。联合市公安局办理“扫黄打非”类刑事案件93起，采取刑事强制措施144人；上报全国“扫黄打非”办和公安部联合挂牌督办案件19起，被挂牌督办2起；打掉“小白下载”等境外非法网站5个，查扣各类政治性非法出版物和涉政境外期刊300多种、电子数据总容量1500多TB。钱江海关查获涉政、涉淫、散发性宗教类等违禁印刷品音像制品2809件，其中反动书刊241件、散发性宗教印刷品353件、淫秽印刷品2185件、邪教类印刷品4件、淫秽音像制品16件。市邮政管理局全年出动检查2300多次，检查邮政寄递场所2200个（次），发现疑似非法出版物寄件9次。全市创建全国“扫黄打非”进基层示范点1个、省级示范点4个，累计创建全国“扫黄打非”进基层示范点6个、省级示范点37个，居全省前列。

（费翱翔）

【新闻出版行业监管】2022年，市新闻出版局（市版权局）着重对杭州出版社、西泠印社出版社、杭州日报社等13个出版社和报社进行社会效益评价考核，开展全市17种公开期刊、9种公开报纸、约200种连续性内部资料以及新闻单位驻地方机构的年度核验换证，完成全市图书出版数量统计填报、相关社团核验以及市级出版专业技术人员职业资格考试和出版专业人员编审职务任职资格咨询与初审工作。开展对市属9种公开报纸审读评议，每月按时向上级职能部门上报审读报告。完成2021年度杭州数字出版产业统计工作。加强辖区内已接入实名验证系统网络游戏企业的监督管理，全市实际在营运网络游戏企业实名验证系统接入率84%，接入实名验证系统的1330多款游戏均设置"未成年人防沉迷"宣传提示。联合市文化市场综合执法队接处游戏投诉信息45件，调查处置网络违规游戏线索25件。

【版权保护及管理】2022年4月，市新闻出版局（市版权局）落实省版权局开展"浙江省知识产权宣传周版权宣传活动"的通知精神，开展活动150多场次，组织线上和线下讲座培训260多场，发放宣传资料8万余份，刊播相关报道700多篇（条），提升公众的版权保护意识。抓好版权作品日常审理、审核、申报等服务工作。组织单位和个人参加2020—2021年度浙江省优秀版权作品评选活动，推荐的作品获一等奖4件、二等奖4件、三等奖6件、优秀奖17件，居全省首位。开展全国及全省版权示范创建，杭州湾信息港创建为浙江省版权示范园区，杭州朱炳仁铜艺公司、杭州万事利丝绸文化公司创建为浙江省版权示范单位，3个单位被省委宣传部推荐参加全国版权示范园区（单位）评选。电视剧《外交风云》、动画片《下姜村的绿水青山梦》2部作品，经省委宣传部提名参加中国版权金奖角逐。印发《2022年杭州市推进使用正版软件工作计划》，对全年软件正版化工作做出部署。明确《杭州市推进使用正版软件工作考评办法》并列入年度意识形态考核内容。组建专项工作检查组，抽取市农业农村局等4个市级机关部门和市商旅集团等5个市属国有企业总部，开展使用正版软件工作检查；抽取上城区、富阳区开展政府机关使用正版软件工作全覆盖检查。举办全市使用正版软件工作培训班，分3批次完成市级机关部门、市属国有企业和各区县（市）的第一轮培训。

【版权领域改革实践】2022年，市新闻出版局（市版权局）结合杭州市国家区块链综合试点城市建设，配合省版权局完成基于区块链技术的一站式数字版权服务平台——"版权桥"应用试运行试点工作。结合杭州市国家营商环境创新试点城市建设，推进便利动产和权利担保融资事项改革，争取国家版权局和省版权局支持，完成著作权质权登记信息查询共享改革工作。结合中国浙江自贸试验区杭州片区建设，与杭州银行合作组建原始本金为1000万元的"数字出版贷"风险补偿基金，重点针对数字出版和版权企业提供融资服务，拓宽版权企业融资渠道。

【中华版本资源征集完成】2022年，市新闻出版局（市版权局）做好中华版本资源征集后续工作，重点配合中国国家版本馆杭州分馆完成开馆展各类专题版本征集，配合国家总馆完成涉及杭州的文物典籍、库展古籍、新中国出版物等版本的征集工作。杭州市向国家总馆和杭州分馆呈缴中华版本资源16.31万件（册），完成中华版本资源征集阶段性工作任务。

【阅读推广】2022年，市新闻出版局（市版权局）推出20项重点阅读推广活动，全市组织各类线上和线下阅读活动3.7万场次，参与1265万人次，均创历史新高。共青团杭州市"青春悦读"团队、建德市大同书院、杭州图书馆"太阳风"朗诵团、西湖区"兰里悦读会"4个单位被省委宣传部评为第二批"最美阅读团队"；杭州市选送的4名选手获省级"小小书香大使"，5名选手获省级"小小书香达人"。向省委宣传部推荐萧山区衙前镇文体中心和余杭区良渚街道安溪路杜城村老厅廊广场的8个单位为"农家书屋+新华书店（乡村书房）"示范点，推荐富阳区龙门镇龙门一村和萧山区衙前镇的5个农家书屋为省级创新示范案例。推荐余杭区等区县（市）选送的12部作品参加浙里"山乡·书香"第三届农民故事微视频大赛，其中余杭区作品《乡村书屋12时》获三等奖。（张　达）

广播电视

【概况】2022年，杭州文广集团坚持以改革促发展，稳步推进"1+5+2+N"发展战略。其中5个战略项目和2个发展平台合计营收在集团经营大盘中占比66.4%，压仓稳盘、带动转型效应进一步凸显。

国家（杭州）短视频基地项目稳步推进，成立中央广播电视总台领导和市政府主要领导为组长的联合领导小组；与中央广播电视总台方签订《项目合作实施协议》，获拨首笔项目款9.55亿元，全面启动土地平整施工；启动首个业态项目"中国短视频大会"。全媒体项目（杭州华智传媒有限公司）全力配合"中国短视频大会"项目落地，节目在中央广播电视

2022年9月24日，中央广播电视总台在杭州举行大型融媒体活动"中国短视频大会"项目启动仪式
（杭州文广集团 供稿）

总台和央视频同步推出；互联网广告代理业务高速增长；拓展政务代运营服务，承接杭州亚组委等15个代运营账号。文广演艺项目（杭州演艺集团有限公司）剧场联盟成员扩展到23个，年演出量超过1000场，成为全国运营剧场最多的国有演艺集团。文广影业项目（浙江星光影视有限公司）电视剧《梦想城》入选国家广播电视总局重点电视剧选题规划项目；星光院线累计加盟影城127个，总银幕数846块；成立“数智视听传媒联盟”，推出百场“电影党课”，举办“2022意大利电影展”。艺术品经营项目（杭州实力文化传播有限公司）推进文物大楼改造提升工程，打造西湖边的艺术空间；杭州文物公司获省文物局“省民间收藏文物公益鉴定咨询服务点”资质，赋能文物鉴定收藏业务。文广置业项目（杭州文广置业开发有限公司）推进滨江“中波954”发射台搬迁；完成白马湖单元M1-C50地块概念性方案设计编制，筹建合作开发运营公司，打造杭州国际数字文化产业园；对接钱塘区政府，筹备下沙媒体新视界项目。投融资平台（杭州文广投资控股有限公司）做强投融资平台，参投项目成功上市5个、过会3个；组建杭广熠熠股权投资管理公司，获私募基金管理牌照，提升资本运作实力。大后勤平台（杭州市广播电视服务有限公司）对外加快拓展，为杭州大剧院等单位提供物业、保洁、配餐等个性化服务，拓展会议、培训等业务；对内加强协同，创立“杭广荟”“杭品荟”自主品牌，开展线上销售，全年营业收入超过1亿元。

【党的二十大全媒体宣传报道】2022年，杭州文广集团围绕党的二十大等重大主题，策划推出全媒体新闻报道。其中：杭州电视台综合频道推出“喜迎二十大”三大主题系列专题和《大潮奔涌启新篇》《光荣与梦想·一线宣讲》《二十大精神在基层》《奔赴新征程——一把手访谈》等多组系列报道；杭州综合广播频率推出《我的杭州期待》系列短视频、《共同富裕讲习所》访谈节目；“杭州之家”App推出党的二十大新闻专题，制作系列主题视频海报；杭州电视台西湖明珠频道开设《我在杭州看见幸福》专栏，生活频道推出《数说杭州》系列报道，影视频道推出“礼赞新时代、奋进新征程”优秀电视剧展播，青少·体育频道播出《下姜村的共同富裕梦》7集系列动画片；“西湖之声”频率开设“幸福在身边”专题，“交通经济广播”频率推出“点赞卡友——杭州最美货车司机评选活动”；杭州移动电视推出《爱上这座城·献礼二十大》主题宣传片；杭州广播影视周报社推出《“回望十年征途续写时代新章”——庆祝党的二十大胜利召开特刊》。

【杭州市“两会”宣传报道】2022年3月，杭州市第十四届人大第一次会议和市政协第十二届第一次会议召开。杭州文广集团主要频道、频率和融合发展中心80多人骨干团队参与报道和直播保障。集团利用演播室虚拟现实技术和多端发布优势，推出“两会”系列报道产品。杭州电视台综合频道、西湖明珠频道、杭州人民广播电台、集团融合发展中心等，将城市发展数据转化成通俗易懂的微博话题、微信推送和Vlog短视频，在“杭州之家”App、微信、微博、抖音等主流平台发布，网络点击量310多万人次。“两会”期间，集团报道团队推出电视新闻报道86篇、广播新闻报道65篇，新媒体推送信息180多条，点击量312.6万人次。

【杭州亚运会筹办誓师动员大会报道】2022年4月1日，杭州亚运会筹办“决胜攻坚”誓师动员大会在奥体中心体育馆举行。杭州文广集团通过新闻、栏目、新媒体、评论等形式，对大会进行宣传报道。杭州电视台综合频道全程参与中央广播电视总台新媒体特别直播《亚运场馆谁最靓》，统筹协调3路直播记者在黄龙体育中心直播点、奥体中心小莲花直播点和萧山临浦体育馆直播点对接中央广播电视总台，整档直播全网观看量1500万人次。集团各频道、频率主要新闻栏目及“杭州之家”App，联动记者站和区县（市）融媒体共同出击，采制完成要闻、消息、特写、直播、评论等50多条新闻报道。集团所属媒体利用各种新媒体平台，推出形式各异的新媒体产品，播发新闻50多条、专题节目3期、新媒体图文视频40多条，总点击量2270多万人次。

【《亚运少年说》活动】2022年2月，由杭州电视台青少·体育频道全案策划的《亚运少年说》“迎亚运”大型青少季播活动启动。来自杭州各区县（市）131所中小学的学生报名参加，其中有96位学生代表学校走上《亚运少年说》的舞台。活动经过11场晋级赛、2场半决赛和2场总决赛，最终评选出小学组和中学组冠军、亚军、季军，以及潜力之星、创新之星、风尚之星。

2022年2月21日，杭州文广集团举办杭州亚运会倒计时200天暨《亚运少年说》启动仪式

（杭州文广集团 供稿）

【国际短视频大赛杭州分会场启动仪式直播保障】2022年4月26日，由中国外文局和杭州市委宣传部联合主办的第四届“第三只眼看中国”国际短视频大赛启动仪式在北京举行。大赛把“精彩亚运·韵味杭州”设为2022年度单元，启动仪式在杭州设立分会场，用视频连线的方式连接北京和杭州。杭州文广集团科技发展中心和杭州电视台西湖明珠频道抽调技术骨干，对连线主场景、直播信号、技术设备、人员配置、突发情况等进行论证、推敲、修改、演练，并与主办方保持密切沟通和交流。在发言背景的选择上，利用西湖明珠频道AR演播室，以新技术全景展示西湖断桥场景，将杭州历史文化名城、创新活力之城、生态文明之都的3张“金名片”融于一体。分会场直播任务完成，得到北京合作方的高度评价。

【“全频共振欢乐购”系列活动】2022年6月17日晚，杭州文广集团联合市农业农村局、市商务局、市文化广电旅游局、市城市管理局、市税务局等部门策划推出“全频共振欢乐购”系列活动，以2小时大型互动网络直播的形式举行启动仪式。集团所属6个电视频道、5个广播频率以及杭州演艺集团联合行动，派出20多名主持人现场体验全市培育的“10+X”夜地标、50个夜生活IP、100个夜生活网红打卡地，以新媒体矩阵为主的传播方式，通过“杭州之家”App、杭州电视台综合频道微博及其视频号等12个新媒体平台全屏推送，吸引近20万人线上观看，市民热情参与线下多个场景。市农业、商务、文广、城管等部门现场向社会集中发布助企纾困、促进消费具体措施，杭州文广集团发布总价值3000万元的媒体资源展播提振消费相关公益广告，通过各频道频率、新媒体矩阵以及覆盖地铁、公交、游船的3.3万块户外屏幕进行投放。“全频共振欢乐购”系列活动直接促进“夜购物”参展企业销售近500万元；送出“2022杭州数智嘉年华大礼包”、西湖游船“上岛游”景点免费门票、杭州演艺集团免费演出票等，间接拉动文旅周边消费。

【媒体民意互动平台】2022年，杭州文广集团所属广播电视媒体通过《我们圆桌会》《今日关注》《民情热线》等栏目以及举办“公述民评”问政活动，成为杭州市“1+X”民意互动平台的重要载体。其中“公述民评”问政活动单场电视直播收看量超过100万人次。媒体民意互动平台实现民意广泛表达和民智充分汇聚，建立起民意上达、政府回应、媒体监督、整改完善的良性互动机制。

【电视台区县（市）记者站创建】2022年12月8日，杭州电视台综合频道首创的区县（市）记者站得到杭州文广集团肯定，要求进一步完善记者站工作运行机制。综合频道城东记者站（原钱塘记者站）利用“新闻+政务+服务”的模式，协调各方资源，年度经营创收1008万元，比上年增长43.4%。其他记者站也完成年度既定目标，年度总体创收金额超过4200万元。　（邹　争）

网络媒体

【概况】2022年，市委网信办凝聚属地网络媒体、商业平台、自媒体力量，推进重大主题宣传、正能量传播和网络文明建设等工作，围绕党的二十大、共同富裕等重大主题，组织属地全网推出“奋进新征程，建功新时代”“学习贯彻党的二十大精神”“建设共同富裕示范区杭州在行动”等专题，开展“‘20+’讲二十大”“共同富裕在身边·说说我们的共富探索”“青春有信仰”等网络传播活动30多次，发布稿件、新媒体产品5万余篇，吸引全网阅读量近40亿人次，壮大网上主流思想舆论，为杭州建设中国式现代化城市范例提供舆论支持。

【“‘20+’讲二十大”网络传播活动】2022年11—12月，市委网信办聚焦青少年网民群体，推进党的二十大精神网上宣传，开展“‘20+’讲二十大”网络传播活动。发动各区县（市）、乡镇（街道）、高校、互联网企业，邀请中国青年五四奖章获得者、杭州亚运会人气电竞选手、杭州滑稽艺术剧院青年演员等一批具有影响力的“20+”青年，结合自身经历以脱口秀、杭州评话、田间宣讲等形式讲述中国式现代化路上的追梦故事。作品获人民网、浙江新闻、微博、微信等各大网站平台转发，全网阅读量800万人次。

【大学生网络传播活动】2022年5月，市委网信办强化青年群体网上思想引领，策划开展“青春有信仰”大学生网络传播活动。通过“创新青春课堂”“打造青春战队”“唱响青春话题”“展现青春风采”“传播青春感悟”等活动形式，在网络和社交媒体传播，全网阅读量超过1.5亿人次，设置并发起“我们的青春有信仰”等话题互动，全网阅读量超过5亿人次。创新网上理论宣传载体形式，以可视化呈现、互动化传播的方式，推出《“拼”出杭州新天堂》《叮咚，你有一个新快递！》短视频、H5等网上理论宣讲新媒体产品。

【“杭州之窗”数字资源共享平台】2022年，市委网信办建设“杭州之窗”数字资源共享平台，助力“杭州好声音”节目成长。平台以各地优质图文、视频、稿件内容为“蓄水池”，数据化精细运营属地内优质内容，通过省级“稿池”贯通、媒体入驻等传播矩阵扩大影响力，联动传播力分析系统进行热点稿件监测，形成正能量素材内容聚合、传播、反馈的闭环机制。至年末，“杭州之窗”数字资源共享平台汇聚全市优质数字信息2.5万条，入选全省网信系统数字应用场景第二批试点。

【杭州市网络法治宣传周】2022年8月18—24日，市委网信办举办首届杭州市网络法治宣传周，围绕“筑法治防线，护清朗网络”主题，打造网络普法“杭州样本”。活动打造“双十”网络普法品牌，即杭州市依法治网实训基地等十大网络法治宣传教育基地、《网战》《善辨》等十佳网络法治情景剧，探索网络法治宣传新路径；构建“双百”内容表达体系，即聚合百家网络普法联动矩阵、宣传百个网络普法案例故事，增强网络法治的感染度和吸引力；涵养“双千”网络新风正气，即培育千名正能量主播、推出千个绿色直播间，倡导网络空间正能量；实现“双万”广联互通效果，即推动网络法治护万企、网络普法进万家。开展“清朗杭州”网络法治阅读和网络普法“六进”活动。网络法治宣传周做法获得省委网信办肯定并推广。（林　智）

报业集团

【概况】2022年，杭报集团开展宣传党的二十大精神、亚运会筹办、新冠疫情防控、宋韵文化、共同富裕等50多项重大主题报道，采编工作获得省、市宣传主管部门领导肯定及阅评表扬56次。集团2件作品获评中国新闻奖三等奖，41件新闻作品获评“2021年度浙江省新闻奖”，其中一等奖11件、二等奖15件、三等奖15件，继续在省内同类媒体中保持领先地位。由杭州日报社联合浙江广电集团和贵州电视台投资制作的广播剧《苗疆的早晨》获评浙江省、贵州省“五个一工程”奖。杭州日报社公益治沙12年，获中国红十字会颁发的“中国红十字奉献奖章”。都市快报社成为中国科学技术协会首批6个“科普中国融媒发展省级试点”单位之一，是华东地区唯一入选媒体单位。杭州网获中国新媒体发展年会组委会颁发的“2021—2022年度全国十大区域性新媒体行业先锋”称号。

【党的二十大宣传】2022年，杭报集团以喜迎党的二十大和学习宣传党的二十大精神为主线，打造主旋律作品，全年推出专栏、专题102个，纸媒、新媒体刊发报道1.28万篇。《杭州日报》的“我和党代表走一线融媒体特别报道”，围绕10个主题，进行“10次跨越10年”的见证与对话。《都市快报》开辟专栏，邀请杭州13个区县（市）和191个乡镇（街道）比一比、赛一赛，互相学一学日常工作经验和方法。《每日商报》推出特别报道，列“城长十年·智绘杭州”“城长十年·澎湃杭州”“城长十年·实干杭州”等5个主题，多维度展现杭州经济社会发展的成就。杭州网“非凡十年——美丽中国杭州风景”融媒体报道，运用网络征集、图文报道、视频、移动端海报、H5、网上展厅等形式，构建重大主题报道的“融媒”格局，总浏览量超过500万人次。

2022年6月15日，杭报集团在钱王寺承办“宋韵杭州奇妙夜”开幕式
（杭报集团　供稿）

【杭州亚运宣传】2022年，杭报集团围绕杭州城市特色和亚运主题要求，紧抓重要节点和重大事件，持续做好《中国新时代，杭州新亚运》《迎亚运·燃起来》专栏、“亚运倒计时”板块、新媒体“亚运”频道。推出《迎亚运道路建设攻坚行动进行时》《我为亚运献才艺》《智能亚运一站通》等专栏，开展中小学生黑板报设计大赛、“寻找杭州金角银边”新闻共建行动、首届杭州市民运动会等活动。推出外籍友人体验亚运系列短视频等海外宣传作品。杭报集团中标1000万元级的“亚残运会新闻信息服务项目”，成为承担大型国际赛事新闻信息服务工作的城市主流媒体；杭州网完成“亚运官网”改版，实现12个亚运场馆慢直播、VR探馆互动化和智能化“融媒”视听场景；《城报》中标“杭州亚运会和杭州亚残运会官方书籍编写出版项目”，亚运会会刊覆盖亚奥理事会总部、100多个国家奥委会及国际体育组织。

【宋韵文化宣传】2022年，杭报集团按照省委、市委文化工作会议有关部署，推出《寻找我们身边的宋韵》《城纪·宋韵六章》《舌尖上的宋韵》等专栏专题，举办第二届中国（杭州）苏东坡文化旅游节的重头戏——苏东坡与宋韵文化论坛。组织“2022文旅市集·宋韵杭州奇妙夜”、“富春山居·宋韵流长”之重走东坡古道活动、“宋韵杭州十大遗迹”评选等活动，助力“宋韵文化传世工程”宣传报道。在“2022宋韵文化节开幕暨南宋德寿宫遗址博物馆开馆仪式”重要节点，全媒联动开展报道，推出“德寿宫前花千朵”系列专版、《穿越八百年，再现德寿宫》跨版报道、《“一眼千年，德寿重华”——南宋德寿宫那些事》H5作品等。

【共同富裕专题宣传】2022年，杭报集团围绕“浙江省共同富裕示范区建设机制创新年、改革探索年、成果展示年”目标，策划《大国之重@共同富裕》《共富共美山海情》《聚民心奔共富·争先杭州》等专栏专题和系列报道，组织“城市记忆见证杭州共富之路”档案故事征集活动、“天目共富”新闻行动、“共富萧山·赋能乡村振兴主题活动”、“一地一窗共富共美”大型融媒行动等，特别是紧抓“探索共富一年间”节点，做好共同富裕高峰论坛相关会议报道，推出《建设新天堂，共富大杭州》《共同富裕在身边·说说我们的共富探索》《共同富裕萧山范》等栏目，全网开设相关话题，打造系列报道。

【主流党媒“旗舰矩阵”建设】2022年，杭报集团在市委、市政府和市委宣传部的支持下，全面启动实施“杭州数智全媒体市域迭代”“杭州市国际传播中心”“杭州网视听云平台”3项工程，整合建设和运营维护市宣文系统内“杭州发布”微信公众号、“浙江宣传”供稿中心、“杭州外宣厨房”平台、“学习强国”杭州学习平台、“韵味杭州”抖音号5个媒体资源，“杭州市宣传融媒中心”启用。以“杭州云”技术平台统领打造的杭州“市域一张网”初步建设完成，全市域建成“微融站”110个。年末，上接中央和省级媒体，下推市、区县（市）、乡镇（街道）主流媒体深度融合、多频共振的大宣传格局成效初显。

【媒体智融整顿提升】2022年，杭报集团坚持“移动优先、一体发展”原则，全面梳理、评估现有产品和传播端口，清理整顿新媒体账号103个，关停比例25%，优化互联网传播资源配置。确立“橙柿互动”App作为集团重点打造的“首席客户端”发展战略，厘清“全市赋能—集团统筹—快报担纲”的战术打法，打造杭州“第一流量入口”。杭州日报社建立“韵味杭州频道”，打造“杭+新闻”UGC（用户生成内容）社区。“韵味萧山”App启用，推出新媒体矩阵虚拟主播“小韵”，实现AI互动赋能。余杭时报社发布县级融媒体中心广播级“真人数字人”。各媒体日产短视频120~150个，原创比例占30%。

【民意沟通引导平台搭建】2022年，杭报集团发挥新闻媒体桥梁和纽带作用，运用报纸、网络等渠道，搭建民意沟通引导系列平台，强化正向引导，巩固主流舆论阵地。面对重大突发事件，抓住时机、把握节奏、讲究策略，做好舆论引导。市委3个民意互动官方平台“橙柿直通车”“杭网议事厅”“19楼帮帮团网言网事”发挥作用，“橙柿直通车”收到市民反映的问题建议1.62万条，协调各部门解决8980多条；“杭网议事厅”被确定为“公述民评”面对面问政活动唯一网络互动平台；“19楼帮帮团网言网事”新增职场咨询类求助，全年阅读量超过10万人次的“帖子”51个。各媒体推进汇聚民意的新载体建设，《杭州日报》“杭+新闻”客户端启用“市民议事广场”平台；《每日商报》的《能见度》栏目全年为读者维权100多起，讨回现金150多万元；《富阳日报》将《民生议事厅》栏目迭代升级，推出《四界联动，共建美好城市》栏目。

【新闻内容品牌建设】2022年，杭报集团坚持“内容为王”，深耕优质新闻生产，深化内容品牌建设。《杭州日报》的《倾听·人生》栏目坚持以“小人物故事折射大时代命运”为宗旨，打造深度报道《我们的天才儿子》，推动影视IP转化的影片《天才翻译家》筹拍。《都市快报》的《北高峰观察》栏目，围绕杭州的各种大政方针、重大事件、热点新闻，进行客观描述、剖析、解读。《每日商报》的《商报深1度》栏目围绕经济热点、社会民生，全年策划推出深度报道60多组。《余杭时报》的《苕溪水》栏目通过对余杭历史的回顾及本土各行业当事人的亲历、亲闻、亲见，再现历史原貌。《休闲》杂志的《策划》栏目，聚焦最新生活方式与生活理念，结合指数发布与代表性群体的采访，彰显杂志观点。

【会展文化领域拓展】2022年，杭报集团拓展会展文化领域，与浙江省旅游投资集团有限公司开展全面战略合作。浙江华媒控股股份有限公司成为时代国际展览公司第二大股东，培育自有策展人团队。举办“振兴杯”专项赛、全球跨境电商品牌出海大会、万物生长大会、杭商领袖峰会等文化会展活动；筹备第四届联合国世界数据论坛；打造“宋韵杭州奇妙夜”“未来生活节”“户外休闲旅游节”“西湖音乐节”等城市主题活动；杭州网在大型高端官网运营方面持续发力，完成“全球数字贸易博览会”官网建设和运营维护。

（张　恩）

记者协会

【概况】2022年，杭州市新闻工作者协会（简称市记协）坚持把握正确的政治方向和舆论导向，履行“举旗帜、聚民心、育新人、兴文化、展形象”的使命任务，团结带领全市广大新闻工作者为杭州改革发展稳定大局做贡献，各项工作取得新的成效。

5月，组织召开市记协第八届理事会第四次常务理事会，审议通过《市记协2021年工作总结和2022年工作要点的报告》《关于修订杭州市记协章程的情况报告》，以及市记协人事调整方案等。市记协主办的《传媒纵横》杂志全年出刊6期、60多万字、200多幅照片。市记协微信公众号发布文章276篇，传播杭州新闻界的最新消息、重大主题报道中的经验，以及新闻行业各种先进人物和先进事迹。

【重大主题宣传组织】2022年，市记协以迎接、宣传、贯彻党的二十大精神为主线，指导全市新闻媒体在会前、会中、会后3个阶段，按照“全面升温、全媒上阵、全线发力、全盘布局、全域覆盖、全网联动”的要求，进行策划统筹、细化方案。杭报集团、杭州文广集团及区县（市）媒体先后推出“喜迎二十大，十年磨一剑”“领航中国”“奔赴新征程”等特别报道、新闻专题、访谈版面（节目），把握各阶段宣传重点，打造精品。围绕全市中心工作主动作为，完成“新冠疫情防控”“迎接亚运会”“共同富裕”“数字化改革”“经济稳进提质”“宋韵文化”“重大项目集中投运”“营商环境提升”等40多项重大主题宣传。市记协通过《传媒纵横》和微信公众号及时组稿交流，发表记者编辑在各类重大主题报道活动、栏目策划中的采访心得与典型案例，推出一线记者的优秀作品和背后的故事，引导广大新闻工作者把重大主题宣传做细、做深、做实，做出影响力。

【新闻作品评奖】2022年，市记协抓好2021年度新闻评奖工作。全市评出年度杭州新闻奖246件，其中一等奖64件、二等奖82件、三等奖100件。推荐参评浙江省好新闻作品中，被评为一等奖的作品15件、二等奖作品21件、三等奖作品32件。参评中国新闻奖的作品获三等奖2件。协助市委宣传部开展杭州市年度创

2022 年 11 月 8 日，杭州市庆祝第 23 个中国记者节暨重大主题报道表彰大会举行（市记者协会 供稿）

新重大主题报道评选工作，评出创新重大主题报道优秀新闻作品 40 件、优秀国际传播作品 17 件、优秀融媒体项目（活动）个。组织推荐杭州市优秀新闻工作者参加全国“长江韬奋奖”的评选。

【杭州新闻界庆祝中国记者节】 2022 年，在市委宣传部领导下，市记协会同杭州电视台明珠频道，策划以“勇毅前行，奋进新征程”为主题的杭州市庆祝第 23 个中国记者节暨重大主题报道表彰大会。大会上，优秀新闻作品和作者受到表彰。到北京参与党的二十大采访报道的余杭融媒体中心记者赵永军、杭州文广集团融合发展中心记者刘志强、杭州日报报业集团记者曾瑞阳现场分享他们在媒体融合实践中的故事。

【杭州新闻奖新媒体作品奖评选】 2022 年，市记协组织杭州新闻奖新媒体作品奖评选。收到来自各区县（市）新媒体参评作品 100 多件，其中涉及网络新闻专题、新闻评论、文字消息、短视频专题报道等，涵盖现场新闻、移动直播、数据新闻、创意互动、融合创新、页（界）面设计等门类。评选工作侧重作品的舆论导向性和创新转型能力，注重党报媒体舆论的主阵地、主旋律、正能量意识。经专家评委评审，评选出杭州新闻奖新媒体作品奖一等奖作品 27 件、二等奖作品 30 件、三等奖作品 31 件。市记协主办的《传媒纵横》杂志，邀请业界资深人士撰写获奖作品赏析刊发，供一线采编人员学习借鉴。

【“好记者讲好故事”演讲比赛】 2022 年，市记协在广大采编人员中持续开展“好记者讲好故事”活动，7 位来自杭州新闻一线的记者（编辑）被评为演讲优胜记者（编辑）。其中，“杭州之声”电台记者沈麟的作品《亚运有我，共赴未来》获一等奖，并代表杭州市记协参加第九届浙江省新闻界“好记者讲好故事”演讲比赛。

【共同富裕宣传助力】 2022 年 9 月，市记协举办“杭州共富之路——名记者、名编辑、名主持、名策划新闻人才座谈会”，对浙江省共同富裕示范区建设机制创新年、改革探索年、成果展示年的杭州报道进行经验交流与业务探讨。会同杭州文广集团开展以“百年初心，依然少年”为主题的“我是星力量”大型媒体采风行动，围绕学习、宣传、贯彻党的二十大精神，以小见大，记录百姓奔向共富之路的场景。7 月和 9 月，市记协会同市有关单位，组织杭州市 8 个新闻媒体的 16 名记者，分别到四川省、吉林省对口地区异地采访发回报道。

【新闻职业道德监督】 2022 年，市记协配合市新闻道德委员会，加强对新闻从业人员的职业道德教育和管理。从社会各界聘请一批行风监督员，加强对新闻媒体及新闻工作者的社会监督，及时纠正新闻战线中的职业道德失范行为。市记协依托公开电话、微信公众号和《传媒纵横》杂志等平台，针对社会各界对全市新闻机构以及新闻从业人员新闻职业道德失范行为，接受举报与投诉。

【市记协服务工作提升】 2022 年，市记协通过职称评定、业务培训等手段，提升新闻工作者的业务素质。在市记协的指导下，杭报集团下属的东安书院全年培训媒体从业人员 7 批；依托杭报集团职业技能等级认定中心，认定互联网营销师（直播资质）301 名，其中高技能人才 125 名。发挥小记者工作委员会的作用，组织明珠 CNC 小记者团，开展“明珠视频号春节直播”“苏东坡文化节”“杭州少儿春晚”等活动，提升小记者综合素养。杭州网的小记者线上注册量超过 1 万人，全年开展活动 50 多场，实践活动参与家庭数 800 组左右。《每日商报》小记者在实践营课程、小记者服务、对外合作扩容等方面获得实践锻炼的机会，《每日商报》的社会影响力得以扩大。（季 谐）

责任编辑 汤 峻

42

卫生健康

综 述

【杭州卫生健康事业发展】2022 年年末，杭州市有卫生机构数（含村卫生室）5823 个（含市直属 23 个、省直属 36 个），比上年增加 190 个。其中医院 387 个（含市直属 15 个、省直属 25 个）、社区卫生服务中心（站）1282 个（含社区卫生服务中心 138 个）、卫生院 79 个，门诊部 947 个、诊所（含卫生所、医务室）2252 个、妇幼保健院（所）10 个、疾病预防控制中心 15 个、卫生监督机构 14 个。有医疗床位 9.29 万张，其中医院床位 8.8 万张、社区卫生服务中心床位 2100 张。卫生技术人员 14.85 万人，其中执业（助理）医师 5.75 万人、注册护士 6.59 万人，医护比例 1∶1.15。平均每千人拥有医疗床位 10.97 张、医院床位 10.39 张；平均每千人拥有卫技人员 17.54 人、执业（助理）医师 6.79 人、注册护士 7.78 人（含省级在杭卫生资源）。全市医疗机构诊疗总数 1.47 亿人次（其中市直属 1238.86 万人次、省直属 3556.51 万人次），增长 3.1%；门（急）诊总数 1.39 亿人次（其中市直属 1224.05 万人次、省直属 3556.02 万人次），增长 3.1%。全市医疗机构入院总数 304.16 万人（其中市直属 38.8 万人、省直属 154.5 万人）。全市居民到医疗机构就诊的门（急）诊诊疗年人均次数 16.4 次。2022 年孕产妇死亡率 3.76/10 万人、婴儿死亡率 1.43‰，均保持在历史较低水平。

【新冠疫情防控】2022 年，杭州市贯彻落实国家、省疫情防控政策要求。统筹人员力量支援各地抗疫，组织医务人员分批驰援上海，增援义乌，组建重症医疗队到上海、内蒙古、海南、西藏、新疆等地开展救治工作。疫情防控进入新阶段后，全市快速启动应急机制；增配医疗设备、救治药物和防护物资；紧急协调市属医院、公交公司等，调派医生、驾驶员、担架员、接警员等增援市急救中心，用最短时间有效抵御感染高峰。各医院第一时间落实“人员打通、科室打通、院区打通”等举措，挖掘床位资源，提升收治能力。在“浙里办”等首页上线“发热门诊（诊室）查询”应用，在高德地图提供附近“发热门诊（诊室）”搜索和导航服务，方便市民合理选择医疗机构，实现患者分流。上线“杭抗原”应用，为市民提供抗原自测上传平台。紧急研发上线“杭州抗疫健康驿站”，为患者提供居家健康服务。

定点医院对收治的确诊病人全部采用中西医结合方法治疗。二级以上中医医疗机构均开设发热门诊。全市为群众提供中药预防方、中药代茶饮，发放中药防疫香囊。

【无障碍环境建设】2022 年，市卫生健康委推进无障碍环境建设，印发《杭州市卫生健康系统无障碍导则》，对新（改、扩）建医疗场所的通行、诊疗、医技、住院、专科、工作、休憩场所的设施、信息、服务等方面无障碍环境建设进行阐述，包括基础概况、医疗场景、数智服务、要素图解、建设实例等，为保障老年人、孕妇、儿童、残障人士等社会特殊群体就医和出行提供必要的准则。组织医疗机构开展无障碍示范医院创建，区县（市）的 23 个医疗机构被命名为无障碍示范单位。

【医疗机构重点项目】2022 年 9 月 13 日，杭州市第一人民医院新院区项目进入全面施工阶段。9 月 15 日，杭州市西溪医院二期工程建设开工。推进杭州市第七人民医院浙西院区建设，至年末，土建工程完成 100%，室内装修基本完成，安装完成 95%，市政景观完成 80%。

【医疗对口支援】2022 年，杭州市有 49 个医疗机构与四川省的甘孜和广元两地医疗机构建立结对帮扶关系，全年选派 206 名医疗人员到两地开展医疗帮扶工作，累计为当地患者提供门（急）诊疗服务 5 万多人次，住院手术 1300 多台（次），远程会诊、查房及影像（病理）诊断 1344 人次。杭州市第七人民医院与长春市第六人民医院、杭州市妇产科医院与长春市妇产科医院、杭州市急救中心与长春市急救中心开展医疗卫生合作，杭州市红十字会医院与长白山开发区中心医院建立帮扶关系。实施组团式“多院帮科·专科联盟”援疆新机制，杭州市红十字会医院、杭州市西溪医院和杭州市第七人民医院与阿克苏地区相关医院签订柔性援疆帮扶协议，依托专科联盟助力当地结核病、艾滋病等重点疾病攻坚行动。在阿克苏市人民医院成立杭州甲乳外科名医工作站和罗定存名医工作室，举办专科学习班2期，开展门诊540多人次，带教业务骨干43人次。接收阿克苏市人民医院25名业务骨干到杭州医院进行为期1~6个月的跟班实训。

【卫生健康数字化改革】2022年，杭州市迭代升级健康大脑2.0版，完成省、市数据贯通，深化全市卫生健康大数据中心建设。建设高血压患者危险分层模型、糖尿病患者危险分层模型、两慢病人群专题数据库等数字产品，提升卫生健康数据质量。45个二级以上医疗机构实现HIS系统门诊、住院实时贯通，接入“浙里健康e生”平台。强化居民电子健康档案数据治理，全市电子健康档案开放率81%，老年人电子健康档案开放率93.1%。推进杭州市25个中医医疗机构中医处方、中医病历标准化和数据实时归集。推进“浙里防疫”“浙医互认”“浙里急救”“献血直免”等省级重大多跨协同应用场景贯通。

【“医检互认”推进】2022年，市卫生健康委推进检验、检查结果互认共享工作，新增163项医学互认项目。在250个医疗机构检验、检查结果互认“全覆盖”的基础上，将18个第三方医学检测机构结果纳入互认。至年末，累计436个项目纳入互认，互认98.15万项（次），节省医保和个人资金4264.45万元。在“浙里办”提供“健康杭州”服务窗口，集成“医检互认”“善育在杭”“舒心就医”等重点应用场景和“预约挂号”“报告查询”“健康档案”等常态化便民服务。“健康杭州”专区已经汇聚智慧医疗应用40多个，平均每日访问2万余人次。全部市属医院入驻浙江省互联网医院平台，近2000名医生提供在线咨询、复诊、药品配送等服务。上线“健康体检”服务，实现参检人员线

上城区四季青街道钱运社区婴幼儿成长驿站（摄于2022年）

（市卫生健康委 供稿）

上体检预约和报告查询。医检结果互认共享项目获评2021年度杭州市改革创新最佳实践案例特等奖。

（林杭明）

人口监测与家庭发展

【生育登记】2022年，市卫生健康委贯彻落实《中共中央国务院关于优化生育政策促进人口长期均衡发展的决定》《中华人民共和国人口与计划生育法》《浙江省人口与计划生育条例》，全市共生育登记60747人，其中一孩39009人、二孩20253人、三孩1485人。

【计划生育扶助关怀】2022年，杭州市落实计划生育奖励扶助、特别扶助、公益金制度，全年发放奖扶金、特扶金、公益金共3亿余元。全市完善计生特殊家庭帮扶工作机制，实现计划生育特殊家庭联系人制度、家庭医生签约服务、优先便利医疗服务3项全覆盖。明确市和区县（市）属医院作为定点医疗机构，向计划生育特殊家庭成员开放挂号、就诊、转诊、检查等优先的“绿色通道”。加强计生特殊家庭心理援助，全市“失独”人员心理测评和建档率90%以上。拓展“失独”家庭养老保障，由政府为60周岁以上“失独”人员购买老年意外险。

【三孩政策宣传实施】2022年，杭州市做好生育登记、优生指导、社会抚养费取消、利益导向、涉法审核、积分制入户入学等相关制度政策的修订和衔接工作。开展三孩生育政策宣传，制作生育政策公益宣传片，通过杭州电视台等媒体平台滚动播放。制作《生育政策宣传册》20多万册，发放至各类公共场所母婴室方便群众阅读。组织“5·15”国际家庭日主题宣传活动，通过线上组织视频日记、生育政策养育知识竞答、短视频评选等形式，宣传三孩政策及配套措施，介绍科学孕育、健康养育、正确教育和构建育儿友好型社会等知识。

【人口监测】2022年，杭州市加强人口发展态势和生育形势分析研判，开展生育政策实施动态效果评估，把握全市人口发展态势和变动趋势，促进人口均衡发展。完成生育信息核验平台建设，实现生育信息多部门共享。联合市统计局，面向全市20岁以上居民开展“市民生育意愿及政策期盼”专题调查，获取有效样本9870份，及时了解较多居民对生育三孩存有较大顾虑，需在推进现有政策落实的同时，系统推出生育、教育、就业支持等配套措施。

【公共场所母婴设施建设】2022年，杭州市194个社区卫生服务中心设

有母婴设施的有152个，占78.4%。市卫生健康委协调并指导25个地铁站和52个在杭州亚运场馆的母婴室提质升标。至年末，全市建有公共场所母婴室712个，其中五星级58个、四星级185个、三星级463个、其他6个，总面积1.07万平方米。

（林杭明）

预防保健

【传染病及慢性病防控】2022年，杭州市新报告艾滋病病例比上年下降8.3%，报告肺结核下降7.3%；主动报告并监测境外输入性埃及血吸虫病病例1例和境外输入性曼氏血吸虫病病例1例。推进肺结核防控工作，启动“无结核校园”志愿者项目，开展全市结核菌素皮肤试验师资培训。开展慢性病社区综合防治，加强慢性病管理质量督导。

【食品安全风险监测】2022年，市卫生健康委联合杭报集团启动杭州市早餐现状调查，推进重点人群营养监测与干预。推动市级医疗单位和有关机构推广建设杭州市营养健康餐厅（食堂）。完成居民营养监测383户；完成特定健康问题哨点监测1717人；启动居民营养健康知识知晓率调查。在绿城育华学校、杭州九莲小学等6所学校开展营养与健康学校建设。

【社会心理服务体系建设】2022年1月6日，杭州市召开全市社会心理服务体系建设国家试点工作总结大会。市卫生健康委会同市公安局共同实施严重精神障碍患者“天使计划”试点工作；参与市委青少年阳光成长行动筹备，完成市青少年心理健康诊疗（促进）中心8个分中心建设。

【疾控惠民项目】2022年，杭州市持续推进疾控惠民项目。开展全市老年困难人群免费白内障手术项目；实施重点人群结直肠癌筛查28.9万人和重点人群慢阻肺筛查2.59万人。

【基本公共卫生服务项目】2022年，杭州市在2021年度全省基本公共卫生服务项目绩效评价中获全省第一名，临平区代表浙江省获全国基本公共卫生服务项目绩效评价第一名。强化居民电子健康档案数据治理，加快档案开放，全市电子健康档案开放率81%，老年人电子健康档案开放率93.1%。

【公共场所控烟】2022年，市卫生健康委加大《杭州市公共场所控制吸烟条例》实施力度，联合市文明办开展“全面无烟迎亚运”全媒体宣传活动。制作《无烟杭州无烟亚运》宣传片及专题海报进行覆盖性传播。5月31日，“无烟杭州无烟亚运”控烟宣传V站启动仪式在大运河亚运公园举行，首批9个控烟宣传V站同期在西湖和西溪湿地的标志性景点开放。联合市科协开展社区控烟劝导活动。策划组织的“无烟亚运跑，开跑啦”活动获评“2021年全国健康促进优秀案例”，策划制作的微视频《少年何愁》被评为“第六届（2021）健康中国微视频大赛优秀公益广告”，杭州市获“无烟先锋城市”称号。

（林杭明）

基层卫生

【基层卫生服务能力】2022年，杭州市推进“优质服务基层行”创建活动，21个机构通过“优质服务基层行”国家推荐标准省级复核，5个医疗机构通过社区医院省级复核。全市191个基层医疗卫生机构达到国家基本标准。其中：达到国家推荐标准91个，占47.6%；达到社区医院标准18个，占9.4%。加快基层硬件提档升级，完成新改扩建规范化村卫生室（社区卫生服务站）38个，完成率172.7%，村卫生室（站）规范化率96.1%。推进星级智慧健康站（室）建设，全市12个未来社区智慧健康站、2个未来村卫生室通过省级复核，其中五星级6个、四星级5个、三星级3个。推进全民健康体检行动，突出“一老一小”重点人群，65岁及以上参保城乡居民增加“颈动脉B超”，中小学生增加“心理

2022年9月1日至12月20日，杭州市举行“无烟亚运跑·聚爱在杭城”活动。图为开跑前举办宣传活动

（市卫生健康委 供稿）

健康评估”，全年完成城乡居民健康体检166.94万人，其中老年人47.75万人、一般人群20.16万人、中小学生99.03万人，完成率166.9%。企业退休人员健康体检62.72万人，个体参保人员健康体检3000多人。制定《进一步做好高血压糖尿病全周期健康管理推进分级诊疗改革实施方案》，开展人群基线调查9466人。加强高血压、糖尿病患者诊前、诊中、诊后服务，全市建成慢病一体化门诊79个，验收通过43个，开具处方37.02万张。

【家庭医生签约服务】2022年，杭州市家庭医生签约服务401.91万人，签约知晓率94.2%，满意率98.9%，评选签约服务“关键小事”15个。以城市医疗资源“双循环”管理为载体，推动分级诊疗。全年有效转诊上级医院7.19万人次，比上年增长32.3%。其中门诊转诊4.47万人、检查1.49万人、检验9793人、住院2361人、会诊254人。所有上级医院就诊信息均实时告知家庭医生。

【妇幼健康服务】2022年，杭州市9个危重孕产妇救治中心和11个危重新生儿救治中心通过市级标准化建设现场评估。加强儿童健康管理，推进医育结合，重点关注儿童生长迟缓、肥胖、近视等常见健康问题。市、区县（市）两级妇幼保健机构建立婴幼儿照护服务指导中心13个、实训基地12个。24个社区卫生服务中心开展“医、防、护”儿童健康服务中心创建工作，7个机构被授予“杭州市儿童早期发展示范基地”称号，16个机构开展儿童友好医院创建。加强妇女健康管理，建立孕前、孕期、新生儿期链式服务。婚前医学检查率89.1%，产前筛查率97%以上，完成宫颈癌、乳腺癌筛查10万余人，18个机构被授予“杭州市更年期保健规范化专科门诊”称号。实施孕产期心理健康评估4.98万人次，发现异常情况及时指导或转诊处置。启动覆盖全周期的产科营养智能评估模型，构建结合产妇偏好的智能营养处方推荐算法，满足个性化需求。

【婴幼儿照护服务】2022年，杭州市出台《杭州市婴幼儿照护服务设施配建办法》《杭州市普惠性婴幼儿照护服务机构认定管理暂行办法》《关于推进杭州市婴幼儿照护医育结合工作的通知》，全年23个乡镇新增托育机构，新增托位1.08万个，新增普惠托位8358个，新增婴幼儿成长驿站185个。与市场监管、建委、消防等部门建立联合检查机制和常态化的巡查指导机制，制定机构质量评估标准和从业人员培训指南，加强法规教育和分类指导，督促机构依法备案。至年末，全市有各类婴幼儿照护服务机构1050个（含幼儿园办托494个），可提供托位4.6万个，每千人托位数3.79个。建成婴幼儿成长驿站428个。评选出“杭州市示范性婴幼儿照护服务机构”25个、“杭州市示范型婴幼儿成长驿站”128个。

（林杭明）

中医中药

【中医药综合改革】2022年8月，经浙江省政府批准，杭州市被确定为创建省中医药综合改革先行市。制定《杭州市创建“浙江省中医药综合改革先行区”建设方案》，遴选出拱墅区等5个杭州市中医药综合改革先行区，推进市、区联动特色综合改革。在2022年公布的2021年度全国三级公立中医院绩效考核中，杭州市中医院、杭州市红十字会医院、富阳中医骨伤医院分别列浙江省同类医院的第一名、第二名、第一名。

【中医药数字化改革】2022年，杭州市依托人工智能、大数据挖掘等技术手段，将“大数据＋人工智能”应用到中医药传承创新中，推进“中医处方一件事”“放心云煎药”“名老中医数字化传承”等中医药数字化改革项目，推进“中医健康宝”“中医治未病”等新系统开发。所有市属医院、二级及以上中医医疗机构均实现中医处方数据实时上传。杭州市搭建的“市级中医药数字化监管平台”获浙江省中医药管理局认可。

【中医药服务能力】2022年，杭州市整合资源协同优势，成立15个中医药专科专病联盟，推动杭州市中医院、杭州市红十字会医院等市级医院优质中医诊疗资源下沉，带动基层重点疾病诊治能力提升。设立中西医结合蛇虫伤、中医康复、中西医结合肥胖诊疗中心，中西医结合肝癌诊疗中心4个市级中医类诊疗中心。杭州市10个基层中医药适宜技术推广基地共开展培训56场，培训3018人次，全年开展中医药适宜技术327项，诊疗38.35万人次。推进中医药纳入家庭医生签约服务，做好“一老一小”中医药服务，为老年慢性病群体提供中医医疗服务。全市65岁以上老年人中医药健康管理率75.6%，0~36个月儿童中医药健康管理率79.7%。

【中医药人才和项目】2022年，市卫生健康委制定《关于进一步规范中医药高端人才引进管理和经费使用工作的通知》，新引进4名国医大师、2名全国名中医，8名国家级中医药主委（副主委）等高层次人才。7月，杭州市中医院肾病科王永钧获评第四届“国医大师”称号，中医妇科何嘉琳获评第二届“全国名中医”称号。9人入选第七批全国名老中医药专家学术经验继承工作指导老师名单，6人入选全国名老中医药专家传承工作室建设项目专家名单，9人入选第五批全国中医临床优秀人才研修项目培养对象。开展“新苗”中医骨干跟师项目，160人入选“2022新苗青年骨干跟师项目”。确定“2023年度浙江省中医药科技计划项目”重大项目4个，重点项目3个、259项，入选省重点实验室1个、局省共建实验室1个、创新团队培育项目1个。

【中医药文化及产业】2022年，杭州市举办“喜迎亚运，传承国粹”杭州中医药文化创意亚运产品设计制作大赛，70多个单位的122件作品参赛。打造“本草研学养吧”中医药养生系列课程，推动公职人员带头学国医活动。桐庐县举办中医药文化节，推动“中医药＋康复”“中医药文化＋旅游”融合发展，营造中医药推广氛围。桐庐县作为试点打造“中医药种植溯源数字化一张图”，推进中医药种植和饮片溯源。富阳区东梓关村打造中医药康养基地。

【西湖国医高峰论坛】2022年11月19—20日，由市卫生健康委主办，杭州市中医院、杭州市红十字会医院、杭州市儿童医院承办的“西湖国医高峰论坛”在省人民大会堂举行。论坛以“中国式现代化与中医药传承创新”为主题，以“一个主论坛+九个分论坛”的模式，从政、学、研、产等多方位共谋中医药事业发展新动力，为中医药经典理论、临床实践、科研转化等方面的创新发展提供交流合作的平台。论坛邀请到11名国医大师和4名全国名中医、岐黄学者，进行线上和线下的讲座报告。（林杭明）

医教科研

【卫生健康科研】2022年，市卫生健康委完成市级共享型生物样本库建设选址。杭州市第七人民医院获科学技术部科技创新“2030脑科学与类脑研究”重大项目和子课题各1个，获国家自然科学基金重点课题和区域创新发展联合基金重点项目各1个；杭州市第三人民医院获国家自然科学基金区域创新发展联合基金重点项目1个。市属医院共获国家自然科学基金项目30个，比上年增长55.6%；获浙江省科技厅“尖兵”和“领雁”项目3个。杭州市第七人民医院、杭州市五云山医院达成院间科教资源“双循环”，组建科研组织开展联合临床科研。

【卫生健康重点学科建设】2022年，杭州市第一人民医院临床肿瘤药理与毒理学研究重点实验室通过验收评估，肿瘤融合研究与智能医学重点实验室二期建设有序推进。杭州市第七人民医院获批省精神疾病临床研究中心建设项目并成立浙江大学“脑与脑机融合前沿科学中心”，获国家重大项目支持。建立脑机接口专用病房、脑功能评估和调控研究中心，设立“2+X”模式研究型病房，推进基础和临床研究有机结合。

【住院医师规范化培训和岗位培训】2022年，杭州市完成中央、省级住院医师培训经费2242.71万元。组织住院医师报名技能结业考试554人次、报名理论结业考试547人次。完成杭州市考点任务，总计532人参加考试。完成年度考核，1157名学员参加考试。助理全科理论培训工作完成。

【继续医学教育】2022年，杭州市国家级继续教育项目立项95个，比上年增长80%；省级继续教育项目立项191个，增长40%。立项市级继续教育项目419个，其中线上204个、线下215个，覆盖59个学科。完成中高级卫技人员继续教育学分周期审验与合格证发放5130人次，首审合格率95.4%。首次开展杭州市继续医学教育优质线上项目评选活动，评选出优秀线上项目12个。全年招收初级继续医学教育各专业学员1466人，毕业1881人。

【实验室生物管理】2022年，杭州市新增或更新备案信息单位86个，其中独立检验机构14个、企业47个、医疗机构23个、科研院所2个。新增或更新备案信息实验室602个，其中加强型BSL-2实验室18个、BSL-2实验室525个、BSL-1实验室59个。组建市卫生健康委实验室生物安全专家库，对涉及重点业务尤其是新冠病毒核酸检测业务的实验室开展指导巡查。开展年度实验室生物安全工作检查和“亚运攻坚”及重大节日专项检查。部署开展生物安全在线数智监管系统建设。

【生物医药产业发展】2022年，市卫生健康委实施产业扶持专项，新增立项医企融合“揭榜挂帅”项目3批，累计立项8个批次、755个项目，研发资金4.22亿元。推动医企深度合作，牵头组织杭州泰格医药科技股份有限公司、阿斯利康药业（中国）有限公司、信达生物制药（杭州）有限公司等20多个重点医药企业与市级医学重点学科对接。完成杭州泰格医药科技股份有限公司与杭州市第一人民医院、杭州市肿瘤医院、杭州市第七人民医院、杭州市西溪医院等单位的合作签约，并开展标志性合作项目。持续推进杭产药械应用。

（林杭明）

医院管理

【公立医院发展】2022年，杭州市印发《杭州市推动公立医院高质量发展行动计划（2022—2025年）》，提出优质医疗资源提质扩容行动、医疗技术能力提升行动、改善医疗卫生服务行动、医院运营管理能力提升行动、深化体制机制改革行动、治理能力提升行动6个重点任务。在2022年公布的上年度国家西医类三级公立医院绩效考核排名中，8个医院在全国排名提升，2个医院实现晋级。杭州市第七人民医院排名居全国精神专科医院第二位，杭州市第一人民医院、杭州市第二人民医院分别达到综合西医类“A+”和“A”等级。

【城市医联体建设】2022年，杭州市深化城市医联体建设，组成7个市属医院为牵头单位，主城区53个社区卫生服务中心、公共卫生机构、院前急救机构等为成员单位的城市紧密型医联体7个，实现主城区社区卫生服务中心的全覆盖。牵头医院通过在基层开设全专联合门诊、特色门诊、名医工作室等形式，助推基层打造“一中心一特色”“一中心一品牌”，提升医疗健康综合服务能力。牵头医院在基层累计开设全科、专科联合门诊87个、特色门诊75个、名医工作室9个。组织基层医务人员定期到牵头医院培训、进修，参加学术活动，提升临床诊疗能力。健全城市医联体内部法人治理结构，发挥医疗数字信息新优势，完善双向转诊平台。依托影像等“五大中心”，全年开展疑难影像会诊20万余例、疑难心电会诊10万余例。将市、区两级公共卫生机构和院前急救机构纳入城市医联体，打造医疗服务、公共卫生、疫情防控、家庭医生签约、医防融合、医养结合等全方位全生命周期服务体系，提升疾病三级预防和连续管理及分诊诊疗能力。

【医疗服务价格】2022年，杭州市公立医院门诊人均费用（含核酸检测）258.09元，比上年上升1.7%；住院人均费用1.07万元，下降1.7%；医疗服务收入（不含药品、卫生材料、检查、化验收入）占比 36.5%，上升 1.42 个百分点；百元医疗收入的医疗支出（不含药品）119.22 元，增加 1.47 元。

【医疗质量管理】2022 年，市卫生健康委完成杭州市医疗质量综合监管系统建设，全年开展质控督查 73 次，质控培训 113 次。对各质控中心的管理进行智能监管、评估和量化考核，提升医疗质量管理内涵。开展杭州市医院感染管理品管圈比武大赛、新生儿复苏技能竞赛、新冠病毒核酸检测技能竞赛等 25 个项目。制定《杭州市第四周期医院等级评审实施方案》，组建市级评审专家库，将等级医院评审与医疗质控、绩效考核以及综合监管平台监管有机结合，实现全程、动态、综合评审。完成临安区第一人民医院、富阳区第一人民医院、浙江萧山医院三级乙等综合性医院的等级评审，完成杭州市第七人民医院等 10 多个医院的质控预评估。加强市医疗机构抗菌药物临床应用管理。上线精麻药品处方闭环管理系统，加强使用监管。每月开展医院处方点评工作，通过药师初评、二次点评、专家组专项点评等，做到信息化点评和专家人工专项点评相结合。

【区域医疗合作】2022 年，市卫生健康委推进长三角地区城市间卫生健康领域合作，深化杭州市儿童医院与上海交通大学医学院附属新华医院合作。新华医院选派普外科、神经外科、麻醉科、血液肿瘤科等高年资专家长期驻点杭州市儿童医院，通过举办或参与高层次学术会议、培训班、专科联盟等形式，开展学术、科研等领域合作。杭州市参与长三角地区院前救援网络的搭建，强化地区间院前急救交流与合作。组织市急救中心、市儿童医院建立新生儿急救转运系统，配备专用的呼吸机暖箱、心电监护等设备。推进杭州、宁波两地中医药领域紧密合作。（林杭明）

卫生监督

【卫生依法行政】2022 年，市卫生健康委开展行政执法规范化创建，全市 7 个卫健执法机构通过考核。全市卫生健康系统共有全省统一的行政检查 66 项、行政处罚 217 项、行政强制 17 项、其他省级权力事项 134 项。至年末，办结省级下放审批事项 1539 件、市级审批事项 3182 件，办结率均为 100%；无应当听证的重大行政许可案件；未出现因不作为或不符合条件许可被提起行政复议或行政诉讼的情形。

【数字卫生监管】2022 年，市卫生健康委完成"医美查查"查询系统升级改造，推动医疗美容协会开展美容主诊医师挂牌亮证服务，有 334 个医美机构主诊医师挂牌亮证。搭建二次供水综合监管平台，374 个小区的 664 个水箱在平台建档。建成职业卫生服务信息报送平台，提高监管效率。与市医保部门合作，通过查办案件协助市医保局暂停 5 个机构医保协议，追回医保基金 150 多万元。

【卫生监督综合执法】2022 年，市卫生健康委全面实施学校卫生、公共场所卫生、生活饮用水和涉水产品卫生、医疗卫生机构、消毒产品、职业健康等随机抽查工作，在住宿场所、非医用放射工作单位、职业卫生技术服务等重点领域开展专项治理。至年末，全市办结行政处罚案件 4034 件，罚没款 3078.48 万元，比上年分别下降 33.8% 和 13.5%。开展学校饮用水卫生专项监督，完成学校生活饮用水监督 106 个（次）、监督采样 124 件，合格率 92.4%。7 月，杭州市举办全市上市公司职业卫生普法培训班，服务职业健康安全保障。

【医疗服务市场执法】2022 年 10 月，杭州市在全市范围内开展"雷霆 2022——打击非法医美"专项整治行动，排查无证医疗美容场所 461 个，检查医疗美容机构 258 个，立案 78 件，其中无证医美立案 37 件、医美机构和卫生技术人员立案 41 件。结案案件 18 件，罚没款 66.97 万元。其中：无证医疗美容场所处罚 3 件，罚没款 25.17 万元；医美机构处罚 11 件，罚没款 34.7 万元；卫生技术人员处罚 4 件，罚款 7.1 万元。吊销 1 个医美机构资质，移送市场部门处理 1 件。

【"无废医院"创建】2022 年，杭州市按照全域"无废城市"建设要求，对照"无废医院"建设指南，开展 478 个医疗机构"无废医院"创建评估验收和巩固提升工作。加强对 33 个二级以上医疗机构的医疗废物、可回收物规范分类收集以及集中处置的执法监督检查，推进医疗机构可回收物资源回收。（林杭明）

卫生应急

【亚运会智能医疗急救保障系统上线】2022 年，市卫生健康委建成"杭州亚运行（OSMA）"应用，上线智能医疗急救保障系统和 AED（自动体外除颤器）在线。该系统能整合调度医疗点（医务室、FOP、定点医院）、急救车、AED 资源，展现医疗卫生保障业务情况，为杭州亚组委提供第一手医疗救治信息数据。该系统在各项亚运会测试赛中试运行。

【公共场所急救设备】2022 年，市卫生健康委制定《杭州市公共场所自动体外除颤器配置与维护管理规范》《关于做好杭州市公共场所自动体外除颤器信息化管理的通知》，规范全市 AED 配置和管理，发布具有杭州元素的 AED 标志标识，上线全市 AED 信息管理平台，实现与"120"调度平台互通。全市公共场所 AED 增至 4200 多台，达到每 10 万人配置 40 台的目标。全年使用 AED 抢救 60 多次，成功抢救 20 多人。（林杭明）

爱国卫生

【爱国卫生运动 70 周年活动】2022 年，杭州市开展贯穿全年的"爱卫 70 载，健康杭州行"纪念爱国卫生运动 70 周年系列活动，推出"潮起·领航""传承·笃行""感恩·弘扬""创新·奋进"4 个篇章和 18 项举措，展示爱国卫生运动阶段性成果，弘扬"小营巷"爱国卫生运动精神，打造全国爱国卫生运动教育基地。《健康报》头版、《杭州日报》等主流媒体进行报道。市爱卫会结合新冠疫情防控、绿色环保、喜迎亚运等主题，探索

2022 年 11 月 8 日，聚力打造健康浙江行动"杭州样板"大会召开

（市卫生健康委 供稿）

群众动员新方式，全域推进周五和月末卫生大扫除、季节性除四害、台风前后防病救灾等活动，巩固爱国卫生运动月成果。

【国家卫生城市建设常态化】2022 年，杭州市通过市、县两级联动、突出长效管理、量化分级评估等工作，促进国家卫生城市建设常态化、长效化。全市完成 60 个国家卫生乡镇量化分级市级评估。深化全市农村改水改厕工作，强化技术指导和数据复核，巩固农村无害化卫生厕所 100% 覆盖的成效。

【病媒生物防制】2022 年，杭州市爱卫办抓好冬、春季四害防制行动质量，完善各城区绩效评估体系和月排名制，引导 47 个"涉亚运"街道建设杭州市首批 B 级街道。规范国家卫生乡镇病媒生物防制 C 级评估流程，52 个国家卫生乡镇 C 级通过复评。推进省级除四害村建设，42 个村被评为首批省级除四害村，其中 8 个村被评为首批省级样板村。新评估并推荐 47 个除四害村和 14 个样板村。市爱卫办承办浙江省除四害村建设推进会，获省爱卫办肯定。

【健康杭州建设】2022 年，杭州市优化健康杭州行动专家组和工作组织架构，探索推进健康治理能力转型升级。组建杭州市公共政策健康影响评价专家库。开展全市公共政策健康影响能力培训，市、县联动提升健康治理骨干技术能力。牵头成立杭州都市圈健康城市联盟。启动《健康杭州行动实施路径与策略研究》项目，升级健康影响评价辅助决策信息系统。在 2022 年公布的健康浙江建设 2021 年度考核中，杭州获全省第一名。

至年末，全市建成市级健康单位 2447 个，中小学健康促进学校覆盖率 89.6%，其中金牌学校 111 个。推进健康中国企业行动国家试点工作，3 个企业被国家爱卫办评为健康企业优秀案例，1 项控烟案例入选全国控烟行动优秀案例。全市二级以上医疗机构全部建成省级健康促进医院。健康社区覆盖率 69%，33 个省级卫生村、62 个国家卫生乡镇均通过省级健康村、镇验收命名。上城区、余杭区等 6 个区通过省级现场评估，全市健康县区建设率 100%，命名为国家级健康县区 3 个，居全省前列。

【健康知识普及】2022 年 6 月 12 日，市卫生健康委举办第三届杭州市健康家庭大奖赛，举行健康营养餐展示、国民体质测试、家庭急救技能比试、健康知识竞赛、健康技能展示 5 个项目比拼。11 月 22 日，联合市科协、市总工会、市气象局共同主办第三届杭州市科普职业竞赛。在浙江省第三届健康家庭大奖赛总决赛上，杭州市健康家庭获得冠军，杭州市获大赛优秀组织奖。在浙江省健康教育职业技能竞赛决赛中，杭州市获个人一等奖、二等奖、三等奖各 1 个和团体三等奖。推进健康杭州健康知识普及行动，规范开展居民健康素养监测，杭州居民健康素养水平 42%，居全省第二位。（林杭明）

责任编辑 汤 峻

43 体 育

综 述

【杭州体育场地总面积增长 10.6%】至 2022 年年末，杭州市体育场地总面积 3393.64 万平方米，比上年增加 324.93 万平方米，增长 10.6%，居全省第一位。人均体育场地面积由 2021 年的 2.51 平方米增至 2.74 平方米，每万人拥有足球场地 0.96 片、篮球场地 6.09 片、排球场地 0.68 片。全市有公共体育场馆 36 个；各类健身房 3104 个，增加 1255 个。

【体育领域民生实事】2022 年，市体育局抓好迎亚运“三万行动”民生实事，开展“万堂专项体育课进校园、万场全民健身赛事活动和科学健身指导进社区（村）、万片全民健身场地低免开放”专项行动，入选年度杭州市政府民生实事项目。11 月末，所有体育类民生实事全部完成，专项体育课进校园完成 1.14 万课时，完成率 113.8%；全民健身赛事活动和科学健身指导进社区（村）项目完成 1.32 万场，完成率 132.2%；摸排低收费或免费开放的全民健身场地 1.19 万片，完成率 119.3%。

【公共体育场馆服务提升】2022 年，全市 36 个公共体育场馆开展智慧服务、智能管理、公益服务、便民服务、快捷服务、设施建设、综合运营、文化氛围 8 个方面服务大提升。与 2020 年的数据相比，杭州各公共体育场馆全年对外开放时长由 3650 小时增至 4420 小时，增长 21.1%；全年服务群众由 320 万人次增加至 507 万人次，增长 58%；公共体育场馆车辆进出时间由 10~15 秒减少至 3~5 秒，缩短 66.7%；公共体育场馆增设 AED 除颤仪 20 台，设备配置率 100%；为群众提供公益健身培训 480 场，惠及人数 15.19 万人次，增长 30%。

【数字体育服务平台上线】2022 年 5 月 26 日，市体育局上线使用“亚运在线”数字体育服务平台，围绕用户、场馆、管理 3 个方面，深化服务端和驾驶舱电脑端、移动端 3 个端口应用，提供场馆前台、运营、后管系统 3 个支撑，融合形成多个应用子场景，为群众健身提供一站式服务。至年末，该平台入驻场馆 312 个，包含亚运场馆 45 个、嵌入式场地 19 个、校园场馆 184 个。用户 67 万人，访问量超过 1000 万人次，平均日访问量 4.8 万人次；产生订单量 75 万单，参与健身 665 万人次。“亚运在线”平台被列入全省重大改革事项，被评为 2022 年度省数字化改革“最佳应用”。

【中国老年医学学会运动健康分会在杭州成立】2022 年 8 月，中国老年医学学会和杭州市体育局签订战略合作协议，中国老年医学学会运动健康分会在杭州全民健身中心举行揭牌仪式。通过线上和线下相结合的方式，举办“第八届中国老年医学与科技创新大会暨运动健康分会成立大会 2022 钱塘运动健康高峰论坛”，推进中国老年运动健康研究工作，共建健康老龄化社会，对全面实现《健康中国 2030 规划纲要》目标起到促进作用。

【健康杭州三年行动（2020—2022 年）监测】2022 年，杭州市国民体质监测中心会同上城区、拱墅区、西湖区、萧山区、余杭区 5 个国家国民体质监测点组建专业队伍开展测试，依人口按比例进行体质抽样监测。测试内容为身体形态、身体机能和身体素质 3 个方面，测试对象为杭州市健康国民，按年龄分为幼儿（3~6 周岁）、成年人（20~59 周岁）和老年人（60~69 周岁）3 个年龄段。监测结果显示，2022 年杭州市国民体质与 2020 年相比总体稳中有升，身体形态指标普遍小幅增加，肺活量也有不同程度的增加。身体素质指标中男性的握力水平和女性的柔韧性在各年龄组中均有不同程度的提高，但肌肉耐力、平衡能力和反应能力在男性和女性各个年龄组均有所下降。

【杭州足球发展新突破】2022 年 9 月 14 日，杭州市被国家体育总局列为“十四五”期间第二批全国足球发展重点城市。9 月 17 日，在 2022 赛季中国女足甲级联赛冲超组收官战中，浙江杭州女足队以 3 ：2 战胜上海求盛东华女足队，以 4 胜 1 平的成绩获联赛冠军，也是浙江杭州女足自成立以来收获的首个全国联赛冠军，并提前一轮重返女超联赛。借助杭州亚运会契机，东亚足联秘书处最终落户杭州。（杨凯婷）

2022 年 8 月 21 日，杭州市举办"2022 横渡钱塘江"活动 （市体育局 供稿）

群众体育

【"行走大运河"全民健身健步走活动】2022 年 8 月 20 日，全国"行走大运河"全民健身健步走主会场活动（杭州·拱墅）在拱墅区大运河畔举行。活动由体育总局、国家发展改革委、文化和旅游部主办，省体育局、省发展改革委、省文化和旅游厅、市体育局、市发展改革委、市文化广电旅游局、拱墅区政府承办。活动将运河风情融入健步走，精心编排文艺和体育表演，设置传统文化展示空间，吸引 1500 名徒步爱好者一起"行万里健康路，品千年运河韵"。

【横渡钱塘江活动】2022 年 8 月 21 日，"2022 横渡钱塘江活动"在钱塘江南岸的海事码头启动。2022 名参赛者一路向北，向位于钱江新城城市阳台的终点进发。为呼应亚运主题，营造亚运全民健身氛围，横渡钱塘江总人数设定为 2022 人。作为一项具有杭州城市印记的特色全民健身品牌赛事，活动充分利用杭州特有的山水资源，倡导绿色、健康、和谐理念，向世界展示杭州"三江两岸"自然和谐社会生态，展现杭州人勇立潮头的精神风貌。

【杭州市全民健身日主题活动】2022 年 8 月 8 日，为庆祝第 14 个全民健身日，由市体育局主办，市属 13 个区县（市）联合承办的杭州市全民健身日主题活动主会场仪式在上城区体育中心举行。全民健身日有 9 项活动贯穿全程，体现全民健身的娱乐性、休闲性、多样性，全民健身与全民健康深度融合。其中 13 个赛区结合杭州亚运会项目，以全民亚运赋能挑战赛的模式联动开展全民健身日主题活动，竞技与趣味并存。根据各赛区参赛运动员人数，在 8 日晚主会场的颁奖仪式上，为获胜单位颁发杰出贡献奖、特等奖、一等奖、二等奖。

【杭州马拉松赛事】2022 年 11 月 20 日，杭州马拉松赛事鸣枪开跑，线上赛与线下赛同时开展，设全程马拉松、半程马拉松、健康跑、情侣跑、家庭跑 5 个项目。路线涵盖西湖、钱塘江 2 个杭州核心地区，起点设在黄龙体育中心，终点设在亚运会主会场杭州奥体中心体育场。全国 3 万多名跑友（其中省外 2700 名）参赛，全程与半程完赛率分别为 99.2% 和 99.3%，创历年新高。赛事引入 AI 人工智能算法及区块链等技术，为跑者全程捕捉珍贵影像，全自动剪辑生成个性化短视频，让跑者收获"数字杭马"新体验。赛事在浙江卫视、咪咕视频、"中国蓝"新闻客户端等平台进行直播，新华社、中央广播电视总台、中新社等 200 多个国内外主流媒体，发出报道 5000 多篇。

【萨马兰奇体育发展基金会系列活动在杭州举行】2022 年 11 月，杭州市体育局与落户杭州的萨马兰奇体育发展基金会办公室共同举办"萨马兰奇杯"网球城市邀请赛（杭州站）、"萨马兰奇杯"青少年网球培训营暨运动装备捐赠仪式（杭州站）、中国网球文化沙龙暨网坛大咖专业分享会、"萨马兰奇杯"浙江省羽毛球业余俱乐部邀请赛（杭州站）、中国羽毛球文化沙龙暨专业分享会、奥林匹克知识"浙里学"等系列活动。活动吸引杭州市网球、羽毛球爱好者及各大高校学生参加。

【长三角水上运动节】2022 年 11 月 12—13 日，由长三角体育赛事联盟、浙江省体育局、杭州市体育局、拱墅区政府主办的长三角水上运动节在城北体育公园及上塘河水域举办。长三角地区 200 多名选手参加皮划艇竞速赛、桨板竞速赛和巴士桨板绕标赛。赛事在组别设置上有创新，除男子、女子皮划艇竞速赛和桨板成人组竞速赛外，单独设置 U12、U15、U18 年龄段的男子和女子青少年组，并新增 4×200 米皮划艇混合绕标接力赛及以社区为单位参加的 200 米巴士桨板绕标赛。运动节还举办"共享·酷玩""共燃·街头""共承·匠心""共创·未来""共品·美好"系列时尚嘉年华活动，4 万多人参与现场体验。

【"舞动中国——排舞联赛"总决赛】2022 年 11 月 22—27 日，由国家体育总局体操管理中心、杭州市体育局、滨江区政府主办的"舞动中国——排舞联赛"总决赛在滨江体育馆举行，比赛采用"线上 + 线下"办赛模式，全国近 80 个城市、321 支队伍、4500 多名选手参赛。除常规竞赛环节外，赛事还举办校园排舞专题交流报告会以及第三届全国排舞科学论文报告会，以"加强校园体育建设，促进体教融合""深耕教学科研，培养体育人才"为议题，深挖排舞项目文化内涵，强化体育文化建设，打造"舞动中国"赛事品牌。（杨凯婷）

竞技体育

【杭州运动员首次参与北京冬奥会跳台滑雪项目】2022年2月，在北京举办的第24届冬季奥林匹克运动会上，杭州市体育局与绍兴市体育局联合培养的跳台滑雪运动员甄炜杰在男子团体大跳台项目中取得第11名的成绩，这是浙江省首次有运动员参与冬奥会跳台滑雪项目。杭州市体育局与绍兴市体育局联合培养的运动员王椋瑶获技术官员NTO试跳员资格。

【中国职业篮球联赛赛会制第一阶段比赛承办】2022年9月13日，中国职业篮球联赛公司复函，同意授权浙江省体育局、杭州市政府承办2022—2023赛季中国职业篮球联赛季前热身赛和常规赛第一阶段全部赛会制比赛。10月4日，球队和媒体报到，6—8日举办季前热身赛，10日举办揭幕战，用时20多天，创造赛事筹备最短时间纪录。赛事持续至10月30日，市体育局、市公安局、市卫生健康委、市市场监管局、团市委等部门和比赛场馆及住宿酒店的属地政府，形成工作合力，确保新冠疫情防控、赛事运转、后勤保障、运动员关怀等办赛环节安全、有序、周到。

【浙江省冬季冰雪3项赛事承办】2022年1月，杭州市体育事业发展中心承办2021年浙江省冬季冰雪系列赛中冰球比赛、花样滑冰表演赛、短道速滑比赛3场比赛。这是浙江省内首次举办省级青少年冰上赛事，来自杭州、宁波、温州、嘉兴4个地市的280名青少年冰上运动员参与。经过3天角逐，在冰球比赛中，2010—2012组由杭州一队、杭州二队分别获冠军、亚军；2008—2009组由杭州队、嘉兴一队分别获冠军、亚军。在短道速滑比赛中，2008—2009组由杭州队周思妍获女子500米冠军。

【杭州国际高尔夫球锦标赛】2022年7月4—10日，由中国高尔夫球协会、杭州市体育局主办的第三届杭州国际高尔夫球锦标赛在德清莫干山观云高尔夫球场开赛。赛事采用4轮、72洞比杆赛赛制，以高奖金额、

2022年7月4日，第三届杭州国际高尔夫球锦标赛在德清莫干山观云高尔夫球场开赛 （市体育局 供稿）

同工同酬、男女混合赛的赛制，吸引国内顶级球员关注和参与。赛事共有78名选手参与角逐(39名男选手、39名女选手)，最终16岁业余选手安彤获第三届杭州国际高尔夫球锦标赛冠军。

【浙江省第十七届运动会杭州成绩】2022年11月28日，浙江省第十七届运动会在金华闭幕。杭州市体育代表团派出1600多名运动员参加竞技体育类及冬季体育类30个大项、828个小项的比赛，收获288.25枚金牌、216枚银牌、169.25枚铜牌，共计奖牌673.5枚，团体总分6581.75分，居金牌总数、奖牌总数、团体总分3个第一名，均创历史新高。杭州市体育代表团获第十七届省运会体育道德风尚奖，杭州市体育局获“2018—2021年浙江省竞技体育突出贡献奖”。

【竞技体育后备力量】2022年，杭州市加强竞技体育后备力量培养。新注册青少年（儿童）运动员5000多人，授予国家二级运动员技术等级称号699人次，授予国家一级运动员称号355人次。 （杨凯婷）

体育设施

【亚运场馆赛前惠民开放】2022年，市体育局回应亚运会延期后场馆利用的社会关切，制定《杭州市体育场馆惠民十条》《杭州市亚运场馆综合利用总体方案》，所有41个市属、区属亚运竞赛场馆和训练场馆自7月1日起按照“全民健身、专业主导、学校开放、市场运营”等模式向社会惠民开放。9月15日，国家体育总局局长高志丹在调研杭州亚运会筹办工作时，赞赏亚运会延期后场馆惠民开放工作成效，肯定综合性运动会场馆建成后先用于群众体育、全民健身的先例。

【嵌入式体育场地设施建设】2022年，市体育局制定《杭州市嵌入式体育场地设施导则》和《杭州市嵌入式体育场地设施建设三年行动计划(2022—2024年)》，系统盘活公园绿地、高架桥下、建筑屋顶等“金边银角”用地资源，明确“建什么”“在哪建”“怎么建”“谁来建”“谁来管”等政策，把体育设施建到百姓家门口。全年全市新增“三大球”“三小球”和门球等7类场地、2243片，共计78.9万平方米。10月，杭州市就“嵌入式”体育设施建设情况在省共同富裕领导小组会议上做典型发言，被新华社、《人民日报》等中央媒体报道。12月，杭州市入选浙江省高质量发展建设共同富裕示范区最佳实践（第二批）名单。

【体育公园建设】2022年3月，市政府办公厅成立“杭州公园城市建设三年行动计划”推进工作专班，

推进公园城市建设。根据《浙江省“十四五”体育公园建设实施方案》要求，到2025年，杭州市新建或改扩建4万平方米以上的体育公园8个。至2022年年末，杭州建成拱墅运河体育公园、良渚门户运动公园、杭州跑步中心、临平山西休闲运动公园、北塘河公园、东部湾体育公园、洋安亚运主题公园7个体育公园。

【杭州全民健身中心对外开放】2022年7月1日起，杭州全民健身中心对市民开放。该中心位于上城区富春路80号，总建筑面积8.81万平方米，地上2栋主楼，A楼4层，B楼17层，均为运动场馆及办公室；地下为3层地下室。工程采用遮阳一体化、光导系统等节能措施，从设计理念、建造方式、功能要求等方面体现节能低碳的建筑特色。杭州全民健身中心是全国单体规模最大的综合性公共体育场馆之一，也是杭州亚运会场馆，首批推出游泳馆、乒乓球馆、击剑馆等，并同步开设游泳、乒乓球、击剑项目的培训和国民体质监测服务。

（杨凯婷）

体育产业

【体育产业扶持资金】2022年，杭州市为61个优质体育企业发放新冠疫情纾困资金343万元。对17支在顶级联赛中取得佳绩的运动队、3个省级运动休闲乡镇、12个体育产业项目和9个承担“环浙步道”省级主线建设任务的区县（市）拨付扶持资金2952.58万元。

【运动休闲项目培育】2022年，杭州市新创建浙江省运动休闲旅游示范基地1个，即临安大明山景区运动休闲旅游基地；精品线路2条，即富阳桐洲岛（皮划艇）—永安山（滑翔伞）—龙门古镇（定向）、淳安龙晨水博乐园（水上运动）—九龙溪漂流(漂流)—华东第一古板溪(溯溪)；优秀项目6个，即千岛湖怡居房车露营基地（房车露营）、富阳永昌庄园（滑草）、杭州跑步中心（徒步）、桐庐生仙里竹溪乐园（竹林迷宫ATV）、临安三渡山地运动公园（漂流）、杭州鸬鸟房车露营公园（房车露营）。萧山区瓜沥棒球运动休闲乡镇、淳安县左口溯溪运动休闲乡镇入选浙江省第五批运动休闲乡镇培育名单，萧山区戴村郊野运动休闲乡镇培育期满通过省运动休闲乡镇验收。

【杭州市体育产业发展论坛】2022年6月22—23日，杭州市第十届体育产业发展论坛在淳安县举办。论坛以“聚力共富，助力淳安”为主题，围绕淳安体育休闲创业就业展开精准帮扶。“风雪户外”的罗锡评、“宏优体育”的赵寅、“弹刻体育”的王斌远，分别以“抖音及短视频营销”“体育教培运营逻辑”“未来企业品牌营销五大机会”等为主题进行交流。“舒适堡健身”“爱酷体育”“宏优体育”“风雪户外”等企业与淳安县体育休闲相关企业签订互助帮扶协议，从企业发展、业务渠道等方面给予定向帮助。

2022年，市体育局推进嵌入式体育场地建设。图为在拱墅区文晖街道德胜高架桥下建成的篮球公园（市体育局 供稿）

【夜健身助推夜经济】2022年6—9月，杭州市以体育市集的形式组织体育企业在小区、园区、学校、商场等构建体育综合体验场景，带动体育消费和市民生活深度融合。其间，举办夜间体育市集22场，16个体育企业、12个健身服务品牌、96个健身门店参与，部分健身服务企业延长门店夜间营业时间至24时。活动推出夜间专享优惠、教练巡场指导、健身嘉年华等引流举措。主城区有36个公共体育场馆实现夜间惠民开放，并承办社区运动会、全民健身全市大联动等群众性体育活动。

【冰雪运动带热体育旅游】2022年，北京冬奥会效应显现，杭州市临安大明山滑雪场、桐庐合村生仙里国际滑雪场游客增加，其中桐庐生仙里国际滑雪场累计接待游客1.7万人次，营业收入890万元，比上年增长3.1倍。春节长假期间，临安大明山景区接待游客2.8万人次，增长74.3%。桐庐生仙里国际滑雪场开通专门旅游专线，接驳高铁直达景区，所在地合村乡接待游客2.2万人次，增长2.2倍；旅游收入1040万元，增长2.8倍。在冰雪运动带动下，全市运动休闲游、体育旅游业态升温，萧山三清园户外运动公园、淳安燃擎卡丁车乐园、淳安界首体育中心、淳安沪马探险乐园、淳安千岛蹦床乐园等项目受游客喜爱。

【杭州体育彩票销售50.54亿元】2022年，杭州市体育彩票销售50.54亿元，比上年增长31.8%，创历史新高；占全省销售额的23.2%。杭州市全年筹集体彩公益金12.56亿元。2022年卡塔尔足球世界杯期间，杭州市开展“燃情世界杯，暖冬过足瘾”体育彩票球迷狂欢夜系列活动，赛事期间带动竞猜型体育彩票销售11.7亿元。

（杨凯婷）

责任编辑 汤 峻

44 人力资源

综　述

【人力资源事业发展】 2022年，市人力社保局贯彻落实中央和省、市关于统筹疫情防控和经济社会发展决策部署，围绕稳就业、保民生、促发展工作重点，系统推进就业创业、人才人事、社会保障、劳动关系各项工作。举办、承办第十届中国（浙江）人力资源服务博览会、2022年杭州国际人才交流与项目合作大会、创客天下·杭向未来，2022年杭州市海外高层次人才创新创业大赛等重大活动。

【人力资源政策体系完善】 2022年5月，市人力社保局等10个部门印发《杭州市维护新就业形态劳动者劳动保障权益实施办法（试行）》，加强从业管理，兜牢就业、劳动报酬、社会保险、职业培训等权益底线，统筹处理促进平台经济发展与维护新就业形态劳动者劳动保障权益关系，维护新就业形态劳动者劳动保障权益。8月，市人力社保局印发《关于公布杭州市技能类紧缺职业（工种）目录（2022版）的通知》，将养老护理员、电工、钳工、保育师、育婴员、汽车维修工等25个职业（工种）列入该目录。12月，市政府出台《关于推进高质量就业工作的意见》，围绕重点人群、市场主体、创新创业3个着力点，实施以帮扶就业困难人员、高校毕业生等重点群体为主的就业创业政策，构建具有杭州特色的高质量就业创业政策体系。12月，市人力社保局出台《关于印发杭州市职业技能竞赛管理办法（试行）的通知》《杭州市技术工人薪酬分配指引》，规范推进职业技能竞赛，完善优秀高技能人才选拔机制。开展集体协商集中要约行动，推进技术工人薪酬激励机制改革，首创“政府、企业、工会”三方共推模式。推进事业单位人事管理领域改革，各区县（市）完成首次职员等级晋升工作。深化公立医院薪酬制度改革，落实抗击疫情关心关爱医护人员工资待遇政策。

【人力资源数字化改革】 2022年，杭州市人力社保部门承接完成“人力资源产业协同”“浙里就业创业”“浙里和谐劳动”“浙派工匠”“浙里猎头”5个省人力社保领域数字化改革试点任务。建设“人社共富云”“大学生就业创业数智服务”“桑榆e服”“社会保障卡利民惠民服务”“就业基金（资金）风险智控”5个应用场景，迭代“数智就业”“社保易窗”“杭云签”特色场景。“杭云签”电子劳动合同平台在全省推广应用。“浙里就业创业”入选浙江省数字社会系统2022年度“最佳应用”。“人力资源数字经济产业协同平台”“浙里猎头”“真薪数智”“钱塘技工”“劳资E治理”5个应用入选全省人力社保系统2022年“最佳应用”。“钱塘技工”应用入选全省数字社会第七批最佳案例集、全省“一地创新、全省共享”“一本账”S0应用项目，被评为2022年浙江省数字化改革“最佳应用”。创新实施企业退休人员全市域就近体检数字化改革，建设多跨协同、精准高效、全市贯通的系统平台，实现自主选院选时、凭卡参加体检、上传电子报告、自动结算费用。推进社会保障卡“居民服务一卡通”，完成身份识别、缴费及待遇领取、自助查询、就医结算4个功能151项应用，实现社会保障卡交通互联互通。至年末，发放杭州市社会保障卡1390万张，签发电子社保卡1268.78万张。　（骆椿美　徐　华）

就业创业

【就业形势稳定】 2022年，杭州市出台企业复工用工服务保障一系列稳就业、保就业政策，就业形势总体保持稳定。全年城镇新增就业32.65万人，失业人员实现再就业10.67万人。全市新认定市级高质量就业社区（村）100个。

【城乡统筹就业】 2022年，杭州市促进城乡失业人员再就业，帮扶就业困难人员3.16万人实现就业。全年举办就业援助专场活动138场，开展重点群体公益周活动81次、私人定制周56场，走访各类重点群体人员5993人次，私人定制周服务人数1452人次。发挥失业保险稳就业作用，对不裁员或少裁员的参保企业实行失业保险稳岗返还政策，向29.57万个企业返还失业保险费22.56亿元，惠及职工558.50万人。发放用工社保补贴、自主创业社保补贴、公益性岗位社保补贴和岗位补贴、灵活就业社保补贴等各类补贴 10.76 亿元。

【就业创业平台建设】2022 年,杭州市加强就业创业平台建设,举办“钱投·2022 杭州创业马拉松”等活动,上线“浙里好创业”创业服务综合应用平台,实现一站式创业资源供给。发布《大学生创业园服务规范》地方标准,认定杭州市大学生创业园(西湖·之江创意园)、杭州市大学生创业园(浙江传媒学院)2 个市级大学生创业园。实施创业陪跑品牌化建设,全市 44 个创业陪跑空间统一视觉标识、标准化管理制度和孵化服务台账,全年新认定市级创业陪跑空间 11 个、首期星级评定创业陪跑空间 20 个。杭州市大学生创业园(杭州职业技术学院)、杭州富阳后发创业陪跑空间被省人力社保厅评为第五批省级创业孵化示范基地。“数智就业”平台创业担保贷款事项一键申请,在全国第二届公共就业服务专项业务竞赛中获浙江省优胜奖。全年发放创业担保贷款 15.27 亿元,惠及企业 2969 个,带动就业 1.8 万人。新增大学生见习基地 126 个,组织见习训练大学生 8579 人,拨付见习补贴 4350.06 万元。发挥大学生就业创业“朋辈互助”作用,新聘“杭州就业校园大使”188 名。

【高校毕业生就业服务】2022 年,杭州市人力社保部门引进毕业 1 年内大学生 19.33 万人,其中本科学历 10.26 万人、硕士研究生学历 2.2 万人、博士研究生学历 2097 人。编制《推进就业创业助力共同富裕,临安、桐庐、淳安、建德大学生就业创业政策服务合集》,向大学生推送,发挥政策引领大学生扎根西部区县(市)就业创业作用。临安区、桐庐县、淳安县、建德市山区 4 个区县(市)引进毕业 1 年内大学生 7026 人,大学生西进指数[山区 4 个区县(市)引进毕业 1 年内大学生占全市引进总数的比重]为 3.6%,比上年增长 0.5%。实施应届毕业生生活补贴政策,对到杭工作应届毕业生发放生活补贴 6.9 万人次、5.63 亿元。其中对在西部区县(市)工作满 3 年的毕业生再次发放生活补贴 1285 人、1793 万元。发放大学生“青荷礼包”8.79 万人、使用资金 1027 万元。发放高校毕业生求职创业补贴 2761.5 万元,惠及 9205 人。组织用人单位到市外及在杭高校举办现场招聘会 21 场、高校毕业生智能制造等云聘会 6 场、直播带岗活动 2 场,提供就业岗位 9.68 万个。为在杭高校毕业生提供就业创业指导活动 17 场,服务大学生 2100 多人次。

【大学生创业服务】2022 年,杭州市资助大学生创业项目 971 个、资助资金 8025.2 万元,毕业 5 年内全日制大学生新创办企业 7762 个,带动就业 1.52 万人。选拔杭州大学生杰出创业人才培育计划培育对象 20 人。举办 2022 年杭州大学生创业学院,在雏鹰班、强鹰班、精英班基础上,增设共同富裕、人工智能两个行业专题班,全年培训学员 217 人次。12 月 1 日,启动第八届中国杭州大学生创业大赛,征集国内外 1047 所高校、4655 个项目报名参赛,参赛高校数、项目数比上年分别增长 127.1%、24.4%。开展大学生创业见习工作,审核拨付创业见习补贴 53.31 万元。

【公共就业服务】2022 年,市人力社保局开展就业援助月、“春风行动”、民营企业招聘月、金秋招聘月、社会单位招用残疾人专场招聘会等公共就业服务专项活动,开展东西部扶贫协作和省内劳务协作,搭建人力资源对接平台。全年举办招聘会 1014 场,推出岗位 66.79 万个,达成就业意向 6.84 万人。“杭州公共招聘平台”有效会员单位 3.44 万个,采集用工信息单位 4.49 万个(次),发布岗位信息 66.05 万个,求职登记 2.54 万人次,为 2.5 万人次提供职业介绍与职业指导服务。举办“技创未来 乐业杭州”2022 年浙江·杭州技能人才校企合作大会,全国近 100 所职技院校、400 多个省内各类技能人才需求企业,参与线上和线下对接洽谈。举办“强技能、促就业、助共富”杭州市第五届职业指导人员技能竞赛,3 人获评“杭州市技术能手”。承办第二届公共就业服务专项业务竞赛全国赛,1 人获评职业指导“全国十佳”、1 人获评基层公共就业服务“星级选手”。

【劳务协作】2022 年 9 月、11 月,市人力社保局分别与四川省广元市、甘孜藏族自治州人力社保部门召开 2022 年东西部劳务协作联席会议,总结东西部劳务协作开展情况及面临形势,部署下步工作。杭州市全年到劳务协作地区举办劳务协作现场招聘会 18 场,提供就业岗位 1.24 万个;举办网络招聘活动 54 场,提供就业岗位 4.94 万个。开展信息共享,网络推送适合四川籍劳动力转移就业岗位 6 万余个,帮助 8.4 万名四川籍劳动力在杭州就业,其中脱贫人口 6022 人。评选杭州市就业帮扶爱心企业 10 个,奖励每个企业 5 万元一次性补助。

(刘立清 王 聪 黄祖胜)

人事管理

【事业单位人事管理】2022 年,杭州市公开招聘事业单位工作人员 7980 人。市属事业单位以备案方式引进 A、B、C 类高层次人才 9 人。全年新聘任专业技术二级岗 17 人、专业技术三级岗 70 人。推广使用省事业单位人事管理服务系统和事业单位“一件事”平台,通过系统办理公开招聘、交流调动、岗位聘任、政策性安置事业单位人事管理业务 6.3 万件、41.72 万人,通过平台受理社保、公积金、编制等事业单位“一件事”业务 6.35 万件。

【事业单位工资福利】2022 年,杭州市继续推进事业单位收入分配制度改革。按照国家统一部署,调整事业单位工作人员基本工资标准和增加离休人员离休费。市人力社保局会同市委组织部、市财政局制定出台机关事业单位工作人员假期工资待遇计发办法;会同市教育局等部门制定职业院校社会服务收入用于教职工绩效考核分配办法;会同市财政部门完成年度事业单位绩效工资总量审批、备案工作,落实事业单位绩效工资水平动态调整机制。组织开展事业单位绩效工资专项审计,加强绩效工资监管。

【表彰奖励】2022 年,杭州市按规定程序和要求组织实施年度表彰表扬和行政奖励项目。表彰杭州市共同富裕工作先进集体和个人、杭州市劳动模范和模范集体 2 个项目,表扬

“平安六和”成绩突出集体和个人、杭州市全面深化改革成绩突出集体和个人等5个项目，对打造最优营商环境工作、经济稳进提质攻坚行动等15个项目予以行政奖励。向国家、省13个表彰项目推荐46个先进集体和96名先进个人。突出关心关爱，做好表彰奖励获得者管理服务，确保人员待遇及时兑现，落实到位。开展表彰奖励宣传和舆论引导，查处违规行为，提升表彰奖励规范化管理。

（骆椿美 陆 旸 孙鹏程）

人才服务

【高层次人才分类认定】2022年，杭州市开展高层次人才分类认定，新认定A~E类高层次人才2.26万人。其中，A类1人，B类121人，C类409人，D类1554人，E类2.05万人。

【海外引才交流合作】2022年5—11月，杭州市举办杭州海外高层次人才创新创业大赛，设置留学人员项目和外国人项目两个专场，遴选引进世界各地创新创业人才项目，有1446个项目进入海选，其中外国（非华裔）人才项目424个，19个项目在杭州签约落户。举办“2022年杭州国际人才交流与项目合作大会”，开展“十年硕果·杭向未来”人才创新成果展、2022年中国留学生论坛、人才项目对接会、“揭榜挂帅·全球引才”科技洽谈会、西湖对话“打造科技成果转移转化首选地”圆桌论坛、全球人工智能大会等重点活动30多个，27个国家和地区7100多名高层次人才代表参会，签约项目162个、金额95亿元。评审资助2022年度高层次留学回国人员在杭创新创业项目54个，资助金额1051万元。杭州市3个项目入选“2022年中国留学人员回国创业启动支持计划”项目，其中重点类项目1个、优秀类项目2个。2名海外人才入选“2022年度高层次留学人才回国资助”项目，获人力社保部资助60万元。

【专业技术人才培养】2022年，杭州市实施人才引育工程，以高层次青年人才为重点加快专业技术人才队伍建设，16人入选省高层次人才特殊支持计划青年拔尖人才，5人入选省有突出贡献中青年专家，选拔享受市政府特殊津贴人员50名，结合杭州市重点发展产业领域选聘钱江特聘专家100名。实施博士后倍增计划，新建国家级博士后工作站17个、省级博士后工作站74个，新进站博士后686名，获省博士后科研项目择优资助42项。在站博士后主持科研项目380项，申请专利894项，解决企业技术难题510个、创造经济效益56.85亿元。评选认定杭州市杰出博士后10名、典型博士后工作站10个。结合杭州市生物医药、先进制造业和建筑业等产业发展和人才队伍建设情况，试点国际职业资格认可，分5批公布试点认可目录，在钱塘区、萧山区、余杭区、滨江区启动试点。公布第一批全市目录45项，完成认定2人。健全中级职称评价机构体系，核准组建杭州市钱塘区食品医药行业专业人员中级专业技术资格评审委员会、杭州市文学创作专业人员中级专业技术资格评审委员会、杭州市共青团系统中小学教师中级职称评审委员会、建德市制造业工程技术人员工程师资格评审委员会、杭州市拱墅区建设工程技术人员工程师资格评审委员会、杭州市滨江区建设工程技术人员工程师资格评审委员会、杭州市钱塘区建设工程技术人员工程师资格评审委员会、杭州市富阳区建设工程技术人员工程师资格评审委员会、桐庐县建设工程技术人员工程师资格评审委员会和淳安县建设工程技术人员工程师资格评审委员会10个中评委，推动医药、文学创作、共青团系统教师、制造业、建设行业领域专业技术队伍建设和行业评价能力提升。至年末，“专业技术人员学习新干线”平台注册单位1.6万个、学员42.8万人。

2022年11月12日，杭州海外高层次人才创新创业大赛总决赛举行

（市人力社保局 供稿）

【高技能人才培养】2022年，杭州市培养高技能人才5.02万人，开展职业技能培训28.87万人次。新建市级技能大师工作室25个，认定杭州市技术能手72人。全市组织技能竞赛130场，带动岗位练兵9万余人次。市公共实训基地全年实训、鉴定17.41万人次（天），其中高级工及以上实训5.57万人次（天）。杭州轻工技师学院教师沈文青获第46届世界技能大赛特别赛美发项目银牌。

【人力资源服务业发展】2022年，杭州市举办“历史文化名城，现代服务高地”2022年杭州人力资源服务机构招才引智“群英榜”“猎手榜”发布暨人力资源服务和产品创新创优路演，发布“群英榜”和“猎手榜”，20个机构、10名猎手上榜。创新推出“我的猎头故事”主题脱口秀，8个项目获创新创优项目资助，对在助力乡村振兴、稳就业、双招双引等重大发展战略中发挥作用的8个人力资源服务机构分别给予20万元资助。举办第十届中国（浙江）人力资源服务博览会、2022年大运河人力资源峰会等品牌活动。新增1个省级专业性人力资源服务产业园筹建园区——浙江（萧山）信息科技人力资源服务产业园，1个市级专业性人力资源服务产业园筹建园区——杭州市钱塘区技能人才人力资源服务产业园（筹）。举办人才聚力促进山区4个区县（市）创富专项行动临安站活动。拱墅区与衢州市、上城区与淳安县建立“一对一”帮扶合作关系，召开“共享人力资源，助力共同富裕”首届杭衢人力资源交流洽谈会。至年末，全市集聚各类人力资源服务机构1506个，从业人员3.43万人，实现产值897.34亿元。

【公益性人才招聘】2022年，杭州市人才管理服务中心举办各类招聘活动146场，组织用人单位参会6.28万个（次），提供岗位123.48万个。举办到外及在杭高校招聘会、云聘会27场，参会用人单位4200多个（次），提供岗位9.68万个。2月10日至3月9日，面向春节后复工复产举办“新春纳才，杭向未来”长三角高层次人才招聘大会，参会单位1.5万个，提供岗位15.48万个，在线浏览量591万人次，初步达成意向1.18万人次。6月10日至7月10日，面向大学生举办2022“青春潮创，杭向未来”大学生云聘会，提供招聘岗位12万个、暑期实习岗位2万个，总浏览量超过200万人次，投递简历23.3万人次，面试超过5万次，初步达成意向1.2万人次。“9·28”杭州人才日举办“金秋纳才，杭向未来”高校毕业生云聘会，组织参会单位2000多个、岗位10万余个，活动专题页总访问量超过84万人次。精选优质岗位定向推送111所高校，投递简历3.5万人次，岗位数和投递简历比例达到1∶3.19。11月1—27日，举办“高端引领，杭向未来”重点产业人才招聘大会，开展线上洽谈会1场、博士后工作站专场招聘会1场、重点产业人才招聘会4场。线下组织用人单位380个，推出岗位1.16万个，现场参会5360人次，初步达成意向1872人次。线上洽谈会组织参会单位530个，推出岗位1.3万个，投递简历1145人次。

【流动人员人事档案公共服务】2022年，杭州市人才管理服务中心提供各类流动人员人事档案管理服务13.51万人次。至年末，完成流动人员人事档案数字化33万卷，管理流动人员人事档案35.48万卷，人才集体户挂靠6.34万人。

【人事考试】2022年，杭州市扩大下放考试项目范围，将一级建造师、二级建造师、社会工作者、省公务员招录考试等大型考试组织工作向区县（市）延伸，根据考生在考试报名时的地点选择，安排考生就近参加考试。至年末，完成26个考试项目，服务考生38.88万人次；设置区县（市）考区38个（次），考场3405个，方便10万余人次考生。

（倪　敏　刘建峰　王诗赟
黄祖胜　张一持）

劳动关系

【劳动关系“和谐同行”三年行动计划推进】2022年，杭州市推进劳动关系“和谐同行”三年行动计划，开展企业劳动用工体检和劳动关系协调员培训、和谐劳动关系创建活动，培育选树和谐劳动关系创建企业（园区），有5个单位被国家协调劳动关系三方会议办公室授予全国和谐劳动关系企业（园区）称号。5月12日，市人力社保局、市发改委、市交通运输局等10个部门联合印发《杭州市维护新就业形态劳动者劳动保障权益实施办法（试行）》，维护新就业形态劳动者劳动保障权益。

【企业工资收入分配】2022年，市人力社保局会同市总工会、市工商联、市企联研究制定《杭州市技术工人薪酬分配指引》。该指引通过协调劳动关系三方形成合力，引导和鼓励企业在工资结构中设置体现技术技能价值的工资单元，推动企业建立健全技术工人薪酬分配体系。严格薪酬管理制度，维护国有企业薪酬制度改革成果。

【企业薪酬调查】2022年，市人力社保局对全市3125个样本企业进行薪酬抽样调查，涉及在岗职工46.4万人。通过数据分析，发布杭州市2022年企业薪酬调查信息，为企业开展工资集体协商、合理确定职工工资收入提供参考。开展每季一次的制造业人工成本监测试点，监测样本企业140多个。

【劳动保障维权】2022年，杭州市各级劳动保障监察机构监察检查用人单位17.9万个（次），协调处置各类劳动保障违法案件7830件，其中立案查处各类劳动保障违法案件255件，结案率100%。开展护航亚运、工时和休息休假权益维护、人力资源市场秩序整顿、漠视群众利益、超时加班、根治欠薪百日攻坚、根治欠薪冬季行动等专项治理行动10次，检查各类用人单位1.5万个。全市人力社保系统办理各类信访件4.2万件，比上年下降16.5%；95件人力社保系统积案全部化解“清零”。

【“杭州无欠薪”专项行动】2022年，杭州市继续开展“杭州无欠薪”专项治理行动，健全政府负责、部门主管、企业主抓、人社牵头“四个责任”体系，完善市、区县（市）、乡镇（街道）、网格员、劳资专管员5级欠薪治理体系。组织欠薪投诉集中接访，根治欠薪实体化专班常态运行，提升根治欠薪工作成效。向公安机关移送涉嫌拒不支付劳动报酬犯罪案件31件、立案29件。落实重大违法行为社会公布、企业守法诚信等级评价制度，加大惩戒力度。依托市人力社保局网站、“信用杭州”平台公布列入黑名单企业2个、劳动保障重大违法企业11个。全年为1.6万名劳动者追回工资、待遇1.45亿元。

【劳动纠纷多元化解】2022年，杭州市对劳动纠纷诉求实施“一窗式”即接即办工作机制，提升基层劳动纠纷化解率。全市办结劳动纠纷4.21万件。其中，基层调解办结数3.36万件，调解成功率90.8%；受理劳动人事争议案2.67万件，结案2.58万件。

（沈　迪　李红斌）

责任编辑　须同威

45 社会生活

收入消费

【概况】2022 年，杭州市城镇居民人均和农村居民人均可支配收入分别为 77043 元和 45183 元，人均消费支出分别为 50336 元和 31980 元。居民消费价格总水平平均上涨 2.4%。新建商品住宅价格上涨，二手住宅价格回落。

【城镇居民收入保持增长】据抽样调查，2022 年杭州市城镇居民人均可支配收入 77043 元，比上年增长 3.1%，扣除物价上涨因素，实际增长 0.7%。从四大类收入来源看，城镇居民人均工资性收入、经营净收入、财产净收入和转移净收入全面增长。其中：人均工资性收入 44976 元，增长 4.0%；人均经营净收入 6281 元，增长 3.0%；人均财产净收入 11358 元，增长 1.4%；人均转移净收入 14428 元，增长 1.9%。

【城镇居民消费支出小幅增长】2022 年，杭州市城镇居民人均消费支出 50336 元，比上年增长 3.5%，八大类消费“五增三减”。从结构看，食品烟酒人均支出 12438 元，增长 2.5%；衣着人均支出 2440 元，下降 3.5%；居住人均支出 13709 元，增长 6.5%；生活用品及服务人均支出 2835 元，下降 3.9%；交通通信人均支出 8514 元，增长 9.4%；教育文化娱乐人均支出 4465 元，下降 10.0%；医疗保健人均支出 4425 元，增长 12.6%；其他用品及服务人均支出 1510 元，增长 2.7%。

年末全市城镇居民人均住房建筑面积 40.7 平方米，每百户家庭拥有

2007—2022 年杭州市城镇常住居民人均可支配收入增长情况表

表 45

年　份	人均可支配收入（元）	比上年增长（%）
2007	21689	14.0
2008	24104	11.1
2009	26864	11.5
2010	30035	11.8
2011	34065	13.4
2012	37511	10.1
2013	40925	10.1
2014	44632	9.1
2015	48316	8.3
2016	52185	8.0
2017	56276	7.8
2018	61172	8.7
2019	66068	8.0
2020	68666	3.9
2021	74700	8.8
2022	77043	3.1

说明：2007—2012 年为市区数据，2013 年后为全市数据，2013—2022 年为城乡一体化改革后新口径数据

2022 年杭州市城镇常住居民人均可支配收入构成情况表

表 46

项　目	人均可支配收入（元）	比上年增长（%）	占可支配收入比重（%）
可支配收入	77043	3.1	100.0
工资性收入	44976	4.0	58.4
经营净收入	6281	3.0	8.2
财产净收入	11358	1.4	14.7
转移净收入	14428	1.9	18.7

2022 年杭州市城镇常住居民消费支出结构情况表

表 47

项　目	人均支出（元）	比上年增长（%）	占消费支出比重（%）
消费支出	50336	3.5	100.0
食品烟酒	12438	2.5	24.7
衣着	2440	−3.5	4.9
居住	13709	6.5	27.2
生活用品及服务	2835	−3.9	5.6
交通通信	8514	9.4	16.9
教育文化娱乐	4465	−10.0	8.9
医疗保健	4425	12.6	8.8
其他用品及服务	1510	2.7	3.0

2004—2022 年杭州市农村常住居民人均可支配收入增长情况表

表 48

年　份	人均可支配收入（元）	比上年增长（%）
2004	6950	11.2
2005	7655	10.1
2006	8515	11.2
2007	9549	12.2
2008	10692	12.0
2009	11822	10.6
2010	13186	11.5
2011	15245	15.6
2012	17017	11.6
2013	21208	11.2
2014	23555	11.1
2015	25719	9.2
2016	27908	8.5
2017	30397	8.9
2018	33193	9.2
2019	36255	9.2
2020	38700	6.7
2021	42692	10.3
2022	45183	5.8

说明：2013—2022 年为城乡一体化改革后新口径数据

2022 年杭州市农村常住居民人均可支配收入构成情况表

表 49

项　目	人均可支配收入（元）	比上年增长（%）	占可支配收入比重（%）
可支配收入	45183	5.8	100.0
工资性收入	27042	5.5	59.9
经营净收入	10866	5.5	24.0
财产净收入	1944	8.5	4.3
转移净收入	5331	7.1	11.8

家用汽车 68.9 辆、空调 256.4 台、移动电话 258.9 部、家用电脑 93.0 台、淋浴热水器 117.7 台。

【农村居民收入稳步增长】2022 年，杭州市农村居民人均可支配收入 45183 元，比上年增长 5.8%，扣除物价上涨因素实际增长 3.3%。从四大类收入来源看，年农村居民人均工资性收入、经营净收入、财产净收入和转移净收入全面增长。其中：人均工资性收入 27042 元，增长 5.5%；人均经营净收入 10866 元，增长 5.5%；人均财产净收入 1944 元，增长 8.5%；人均转移净收入 5331 元，增长 7.1%。

【农村居民消费支出持续增长】2022 年，杭州市农村居民人均消费支出 31980 元，比上年增长 5.8%，八大类消费“七增一减”。从结构看，食品烟酒人均支出 8620 元，增长 5.3%；衣着人均支出 1497 元，增长 3.3%；居住人均支出 9729 元，增长 4.1%；生活用品及服务人均支出 1531 元，下降 2.2%；交通通信人均支出 5251 元，增长 14.9%；教育文化娱乐人均支出 2511 元，增长 2.2%；医疗保健人均支出 2351 元，增长 5.7%；其他用品及服务人均支出 490 元，增长 16.4%。

年末全市每百户农村居民家庭拥有家用汽车 60.6 辆、空调器 217.7 台、移动电话 272.1 部、家用电脑 61.5 台、淋浴热水器 129.5 台、洗衣机 106.1 台、电冰箱 126.3 台。

【物价温和上涨】2022 年，杭州市居民消费价格总水平平均上涨 2.4%，涨幅比上年扩大 1.1 个百分点。食品烟酒类价格上涨 2.7%。其中：鲜果价格上涨 11.1%，酒类价格上涨 6.9%，鲜菜价格上涨 5.9%，禽肉类价格上涨 3.1%，水产品价格上涨 2.9%，在外餐饮价格上涨 2.3%，猪肉价格下降 5.3%。衣着类价格下降 0.1%。其中：鞋类价格上涨 1.0%，服装价格下降 0.4%。居住类价格上涨 0.9%。其中：住房保养维修及管理价格上涨 8.5%，水电燃料价格上涨 2.1%，租赁房房租价格下降 0.7%，自有住房价格下降 0.6%。生活用品及服务类价格上涨 1.6%。其中：家用器具价格

2022 年杭州市农村常住居民消费支出结构情况表

表 50

项　目	人均支出（元）	比上年增长（%）	占消费支出比重（%）
消费支出	31980	5.8	100.0
食品烟酒	8620	5.3	27.0
衣着	1497	3.3	4.7
居住	9729	4.1	30.4
生活用品及服务	1531	–2.2	4.8
交通通信	5251	14.9	16.4
教育文化娱乐	2511	2.2	7.9
医疗保健	2351	5.7	7.3
其他用品及服务	490	16.4	1.5

2022 年杭州市八大类商品及服务项目价格指数一览表

表 51

类　别	同比指数（上年同期 = 100）
居民消费价格总水平	102.4
食品烟酒	102.7
衣着	99.9
居住	100.9
生活用品及服务	101.6
交通通信	104.6
教育文化娱乐	106.4
医疗保健	99.4
其他用品及服务	101.9

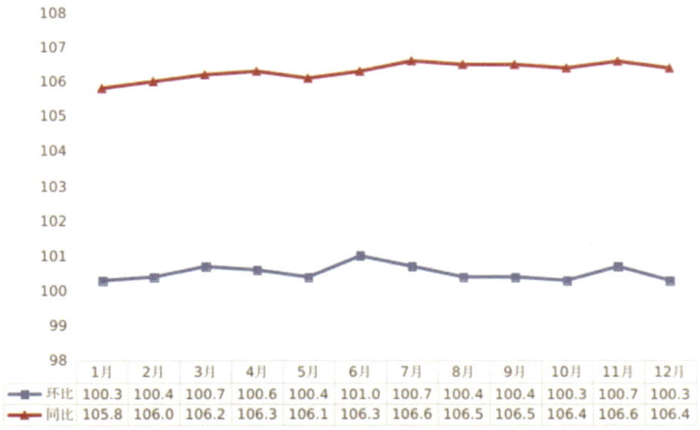

图 1　2022 年杭州市区新建商品住宅价格同比环比指数图

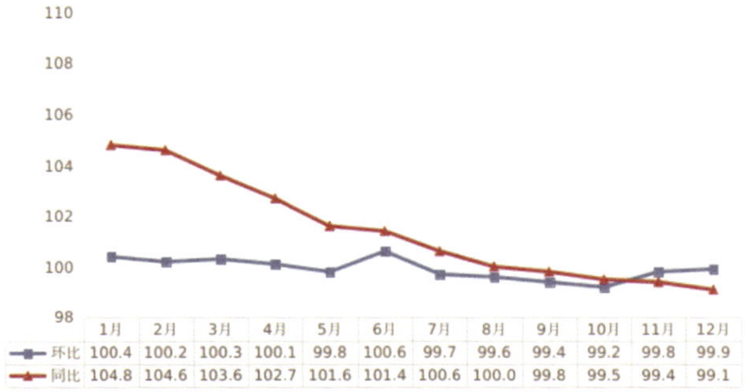

图 2　2022 年杭州市区二手住宅价格同比环比指数图

上涨 4.9%，个人护理用品价格上涨 2.8%，家庭服务价格上涨 1.6%，家庭日用杂品价格上涨 0.9%，家用纺织品价格下降 4.2%，家具及室内装饰品价格下降 2.2%。交通通信类价格上涨 4.6%。其中：汽、柴油价格分别上涨 21.3% 和 23.2%，车辆使用费价格上涨 6.9%，飞机票价格下降 8.1%，通信价格下降 1.9%。教育文化娱乐价格上涨 6.4%。其中：旅游价格上涨 8.5%，教育服务价格上涨 8.5%。医疗保健类价格下降 0.6%。其中：中药价格下降 8%，西药价格下降 1.5%，医疗服务价格持平。其他用品及服务类价格上涨 1.9%。其中：箱包价格上涨 14.0%，美发价格上涨 4.2%，金饰品价格上涨 2.4%，养老服务价格持平。

【新建商品住宅价格上涨】2022 年，杭州市新建商品住宅销售价格环比涨幅持续高于 0.3%，最高为 6 月上涨 1.0%。新建商品住宅销售价格同比持续高位运行，除 1 月上涨 5.8% 外，其余各月均高于 6.0%。

【二手住宅价格回落】2022 年，上半年杭州市二手住宅价格环比“五涨一降”，下半年均为下降，涨幅最高为 6 月上涨 0.6%，降幅最大为 10 月下降 0.8%。二手住宅价格同比由年初上涨 4.8% 持续回落至年末下降 0.9%。

（马晓丹）

社会保险

【概况】至 2022 年年末，杭州市职工基本养老保险、工伤保险、失业保险参保人数分别达 823.23 万人、712.44 万人、576.29 万人，比上年末分别净增参保 23.03 万人、5.00 万人、12.80 万人。全市基本养老保险参保率 99.6%，基本实现“人人享有社会保障”。

至年末，杭州市基本医疗保险参保人数 1148.92 万人（职工医保 783.05 万人、城乡居民医保 365.88 万人），生育保险参保人数 619.53 万人。

（王凯玲　许崇葳）

【基本养老保险统筹推进】2022 年，杭州市贯彻落实党中央、国务院关于实现基本养老保险全国统筹的决策部署，根据相关工作要求，自1月1日起，实施企业职工基本养老保险全国统筹制度。杭州市作为全国36个先行试点城市（地区）之一，启动实施为期1年的个人养老金先行试点工作。推进机关事业单位养老保险制度改革，推动基层快递网点快递员参加工伤保险。至年末，被纳入杭州市社会化管理的企业退休人员达180.8万人。

【工伤预防】2022年11月，杭州市启动《现场互动与持续跟进式工伤预防培训》项目。以“携手工伤预防，安康伴您同行”为主题，重点推进现场互动与持续改善式工伤预防和危化品企业工伤预防2个培训项目，培训超过7000人，从源头落实用人单位安全生产管理和职业病防治主体责任，增强职工安全生产和职业卫生保护意识。

【社会保险待遇提高】2022年，杭州市根据《浙江省人力资源和社会保障厅浙江省财政厅关于2022年调整退休人员基本养老金的通知》统一部署，对2021年12月31日前已按国家和省有关规定办理退休、退职手续的人员，从2022年1月1日起调整基本养老金待遇，调整比例为4%，惠及全市机关企事业退休人员177万人。调整城乡居民基本养老保险基础养老金标准，全市统一调整至人均每月330元。其中：市区每人每月提高20元，桐庐县、淳安县、建德市每人每月提高55元。

【社保助企纾困】2022年，杭州市根据国家、省要求实施社会保险费缓缴政策，对22个困难行业企业、中小微企业等实施养老保险、失业保险和工伤保险单位缴费缓缴，惠及企业4318个，缓缴金额12.77亿元。经国家批准，企业养老保险2022年度单位缴费比例由15%调整为14%，减轻企业缴费负担31.5亿元，惠及企业49万个。实施阶段性降低工伤保险费率政策，惠及企业38.2万个，减征社保费3.52亿元。

【社保基金管理】2022年，杭州市加强社保基金监督，开展社会保险基金管理提升年行动、社保政策落实不到位及行风方面问题专项治理、工伤保险基金管理风险专项排查、社保经办岗位权限管理专项检查、社保基金疑点数据核查，促进改善经办管理风险防控。实施社保基金安全评估和第三方审计工作，开展社保基金安全警示教育月活动和社保基金监督业务培训，加强社保基金风险警示教育。制定出台《杭州市社会保险经办机构待遇追回工作内部指引》《杭州市工伤保险基金先行支付及追偿工作内部操作指引》，依责加强追偿工作。

【社保业务经办服务】2022年5月，杭州市企业职工基本养老保险切换上线全国统筹系统，各项社保业务均按全国统筹规程开展经办。市社会保险管理服务中心打造内部数字化应用平台杭州“人社通”，实现辖区内人员信息摸底、政策话术查询、缴费额待遇额计算等功能，为服务者提供服务，助力基层社保经办能力提升。在建德市试点推行“社保易窗”零距离智办，作为特色场景在全省人力社保系统数字化改革成果路演中展示。

（王凯玲　陈　煜）

【医保制度完善】2022年1月1日起，杭州市按照“制度政策统一、基金统收统支、管理服务一体”标准，落实基本医疗保险市级统筹，实现全市基本医疗保险“同城同待遇”。7月19日，市医疗保障局、市财政局转发《浙江省医疗保障局、浙江省财政厅关于助力“浙有善育”促进优生优育工作的通知》，全面优化生育保险政策，扩大生育保险覆盖面，将灵活就业人员新增纳入生育保险参保范围，缩短生育保险待遇等待期至6个月，扩大职工医保（含生育保险）支付范围，扩大特殊病种保障范围，落实“三孩”生育保险待遇。12月30日，市医疗保障局、市财政局、国家税务总局杭州市税务局联合印发《杭州市基本医疗保险基金收支质量考核办法》，强化基金风险防控和质量考核。推动浙里惠民保“西湖益联保”发展，2022年度参保496万余人，比上年度增加26万余人。

【定点医药机构】至2022年年末，杭州市有定点医药机构7757个（定点医疗机构4408个、定点零售药店3349个）。有市域外可直接刷卡结算的省“一卡通”定点医疗机构3682个，全国跨省异地就医住院直接结算定点医疗机构9.36万个。

【医保基金运行】至2022年年末，杭州市职工和城乡居民医保基金收入607.12亿元，比上年增长2.8%；支出439.11亿元，下降3.4%。基金累计结余896.11亿元。基金收支总体平衡，运行情况良好。

【医保助企纾困】2022年11月2日，市医疗保障局、市财政局、国家税务总局杭州市税务局印发《关于调整职工基本医疗保险（含生育保险）缴费费率的通知》，于2023年1月1日起施行，杭州市职工基本医疗保险（含生育保险）的单位缴费比例统一调整为9.5%（含生育保险0.6%），以灵活就业人员身份参加本市职工基本医疗保险（含生育保险）的缴费费率按照相同标准执行。做好新冠疫苗及接种费用保障，有序调整新冠病毒核酸检测价格，为27.57万个（次）单位缓缴职工基本医疗保险费用19.90亿元。

【医保领域巩固脱贫攻坚成果】2022年11月17日，市政府办公厅印发《杭州市构建因病致贫返贫防范长效机制实施办法》，于2023年1月1日起施行，健全主动发现精准识别机制，巩固提升三重制度保障水平，规范医药服务保障管理，巩固综合救助兜底保障，多部门联动减轻困难群众重特大疾病医疗费用负担。至2022年年末，全市医疗救助269.02万人次，资金支出2.77亿元。

【“三医联动”改革】2022年，杭州市深化医疗、医保、医药联动改革。探索建立“病案校验”“病案智能审核”和“病案交叉评审”信息管理应用场景，实现DRG（疾病诊断相关分组）支付方式改革工作事前、事中、事后全流程闭环管理。制度化常态化开展药械集中带量采购，落实国家、省、省际联盟及市级联合集中带量采购，涉及药品13批次、医用耗材11批次。深化医疗服务价格改革，开展口腔种植医疗服务收费和耗材价格专项治理。调整873个品种的中药饮片医保支付限额，支持中医药传承创新发展。

【医保基金监管】2022年，市医疗保障局开展打击“假病人”“假病情”“假票据”专项整治行动，落实全市定点医药机构自查自纠工作。至年末，现场稽查定点医药机构7893个（次），行政处罚62件，移送公安机关221起，行政罚款1373.69万元，追回医保基金7391.96万元。牵头推进省系统“医保基金监管在线”应用开发建设，启动医保基金举报线索处理试点工作，深化医保基金监管方式创新。12月23日，市医疗保障局根据《浙江省医疗保障行政处罚裁量适用暂行办法》印发《杭州市医疗保障领域轻微违法行为不予行政处罚清单》，于2023年1月1日起施行，提升行政执法质量。围绕定点准入、总额预算、审核支付、年度考核评价4个环节，打造“杭州数智经办”医保品牌，获2022年度全国医疗保障经办服务规范建设典型案例“基金管理清清楚楚类”三等奖。

【医保公共服务】2022年，杭州市加快完善医保经办服务体系，开展省、市医保经办服务示范点建设，建成市级经办服务示范点35个、省级经办服务示范点2个，建立“医银合作”网点735个。上线使用浙江省医保信息平台，推进“浙里舒心医保”“智能零报”“医保小智”等应用场景建设，试点医保“视频办”服务，全市线上办件比例超过85%。杭州“医保小智”智能综合服务平台获2022年度全国医疗保障经办服务规范建设典型案例“群众办事报销简单单类”一等奖。完善异地就医直接结算服务，全市跨省异地就医定点医疗机构开通率50.2%。实现高血压、糖尿病、恶性肿瘤门诊治疗、慢性肾功能衰竭、器官移植抗排异治疗5个国家医疗保障局规定试点门诊慢特病病种跨省异地就医直接结算。

（许崇葳）

住房保障

【概况】2022年，杭州市推进以公租房、保障性租赁住房和共有产权住房为主体的住房保障体系建设，探索住房保障领域共同富裕基本单元建设路径。推出公租房“货币补贴日常受理+实物配租预登记”保障模式，全年新增公租房货币补贴保障家庭4.7万户，推出公租房实物房源7355套。保障性租赁住房供给，筹集保障性租赁住房项目259个、房源14.6万套（间）。推动共有产权保障住房发展，筹建共有产权保障住房1.02万套，启动人才共有产权保障住房试点配售。全年发放高层次人才购房（租赁）补贴4.6亿元，为到杭州工作的应届大学生发放租房补贴5.19亿元。

【公租房保障】2022年，杭州市完善公租房实物分配和货币补贴机制，创新推出公租房“货币补贴日常受理+实物配租预登记”保障模式，面向货币补贴保障家庭开展实物配租预登记，满足群众对公租房实物保障的实际需求。市本级组织实物配租公开选房10次，推出公租房（廉租房）房源5055套，全市推出公租房（廉租房）房源7355套；全年新增公租房货币补贴保障家庭4.70万户，发放公租房货币补贴11.40万户。增加公租房房源供应，在商品住宅用地配建的基础上，开展公租房集中筹建，建立完善保障性住房建设“赛马”机制，加快推进项目供地和开工；落实公租房集中筹建项目21个，可建房源149.52万平方米；落实公租房配建项目49个，配建面积117.68万平方米。

【保障性租赁住房发展】2022年，市住保房管局围绕到年末累计筹集保障性租赁住房14万套（间）的目标，致力于解决新市民、青年人租房困难问题。2月8日，成立杭州市住房保障暨保障性租赁住房工作领导小组，建立市、区两级联动机制，共同推进保障性租赁住房筹集工作。8月起，在出台保障性租赁住房实施方案的基础上，相继制定出台保障性租赁住房项目认定、运营管理等管理政策，完善保障性租赁住房建设和管理工作机制；出台项目租金管理、使用民用水电气、免收城市基础设施配套费等配套文件，激发市场主体参与活力，减轻新市民租房成本，助力保障性租赁住房发挥实效。11月末，完成筹集任务，利用蓝领公寓、人才专项租赁住房转化以及住宅存量房源转化、非居住存量房屋改建等渠道累计筹集保障性租赁住房项目259个、房源14.6万套（间）。

【共有产权保障住房发展】2022年，杭州市推进人才共有产权保障住房试点。12月，启动试点配售，制定印

2022年11月，“萍水人家”公租房小区获评杭州市2022年“美好家园”

（市住保房管局 供稿）

发《钱塘区人才共有产权保障住房试点配售实施方案》，开展钱塘区沁香公寓人才共有产权保障住房试点配售，推出房源437套，其中407套公开销售、30套定向配售。全面推进房源筹建，至年末，全市确定项目16个，房源10241套，完成年度目标任务。

【公租房租后管理】2022年，杭州市全面推行公租房网格化管理模式，提升租后管理水平。3—7月，制定出台《公租房维修管理制度》《公租房房源日常管理制度》《公租房小区物业考核实施办法》，围绕公租房维修、房源管理及物业工作等方面，建立健全租后管理机制。11月，"萍水人家"和"普德人家"公租房小区获评杭州市2022年"美好家园"称号。推进公租房违规使用整改腾退工作，全年通过公证证据保全腾退109户，整改285户。

【人才住房保障】2022年，杭州市构建以人才共有产权保障住房为主，人才专项租赁房、人才购（租）房货币补贴互为补充的广覆盖、多渠道、综合性的人才安居保障体系。全面落实高层次人才购房补贴业务"三个统一、一个统筹"（政策、流程、系统统一，资金统筹）的工作要求，发放购房（租赁）补贴2689人、4.6亿元，金额比上年增长192%。规范做好新引进应届大学生租房补贴的审批、发放及异议处置工作，全年发放补贴10.36万人次、5.19亿元（其中续发2.8亿元）。全年新增人才专项租赁住房开工项目6个共42万平方米，可建房源5582套。

【住房制度改革】2022年，杭州市推进住房制度改革，完善房改业务信息系统，优化上市协查和全市干部住房信息核查系统，完善房改房维修基金使用审批系统、操作流程等系统模块。规范开展公房出售及住房补贴审批，完成公有住房出售审批553套，审批面积2.31万平方米，审批金额2261.98万元；完成市级住房补贴（含企业、配偶方）审批3958人，补贴面积5.63万平方米，补贴金额5398.59万元；完成维修基金使用审批项目852个，审批金额1191.88万元，关联维修项目1757个。

【公有住房管理】2022年，市住保房管局围绕直管公房规范化管理，加强对各区直管公房日常管理、制度落实、业务审批、房屋安全、租赁租金管理等工作的检查指导和规范化建设力度，提升各区直管公房规范化管理水平。至年末，上城区、拱墅区、西湖区剩余直管公房8982套，其中上城区5029套、拱墅区3293套、西湖区660套（含杭州西湖风景名胜区）。

【住房保障数字化改革】2022年，杭州市深化住房保障数字化改革。健全完善全市住房保障监管服务平台，集成保障资格申请、大数据协查审批、租金收缴管理等功能，实现公租房智慧审批"一证通办"，审核时限缩短60%以上，网办率99%，居浙江省前列。优化完善新引进大学生租房补贴"亲清在线"平台系统，增加个人黑名单、特殊企业及人员白名单，新增国外学历查询接口，优化企业端使用体验。（范国强）

【住房公积金业务】2022年，杭州市（不含省直，下同）新开户单位2.27万个，实缴单位15.68万个，比上年净增2.03万个；新开户职工68.99万人，实缴职工321.86万人，净增19.83万人。全年缴存公积金720.25亿元，增长15.3%；提取公积金523.30亿元，增长18.9%，其中购建房、偿还贷款本息、租赁住房等住房消费类提取占89.4%，非住房消费类提取占10.6%；发放个人住房贷款355.80亿元，支持职工购建房617.81万平方米；实现增值收益18.68亿元，增长16.6%，上缴城市廉租住房（公共租赁住房）建设补充资金7.55亿元。至年末，全市住房公积金缴存余额1397.94亿元，个人住房贷款余额1318.63亿元，贷款率94.3%，贷款逾期率0.058‰。

【公积金助企惠民】2022年，杭州公积金中心结合杭州实际，优化政策供给，多措并举助企纾困。研究出台公积金阶段性支持政策，允许受疫情影响的企业缓缴住房公积金，受疫情影响的缴存人贷款可申请不作逾期处理，缴存人租赁提取限额上浮25%。将阶段性提高无房租赁提取限额政策转为常规性政策，提高租赁提取限额标准，完善优化提取频次。以更大力度支持住房消费，完善差别化信贷政策，调整差别化信贷"认房认贷"政策和二套房首付款比例，下调首套房个人公积金贷款利率。加大对无房职工家庭公积金贷款支持，适当提高额度；研究实施三孩家庭住房公积金优惠政策，提高公积金贷款及租赁提取限额。扩大贷款支持范围，结合杭州实际，研究制定公积金支持购买共有产权保障住房政策、城镇老旧小区改造公积金贷款政策，助力缴存职工改善居住条件。创新贷款新模式，研究二手房交易"带押过户"公积金贷款支持方式，实施二手房自主交易提存公证方式下的公积金贷款支持，减轻职工贷款压力。开展政策宣传，利用微信、微博、电视、广播、报刊等渠道，发送宣传短信21万条，走访400多个困难企业，实现政策应知尽知。

【智慧公积金建设】2022年，杭州公积金中心推进公积金数字化改革，提升公积金服务效能。依托"浙里办"一体化政务平台，建设"浙里安居·惠你购房"应用场景，打造购房贷款"一件事一次办"升级版，为缴存职工提供从看房、购房、贷款申请到贷后管理的全链条服务。升级"贷款不见面审批"改革成果，运用电子签章、云视频面签、区块链等新技术，探索"区块链+政务服务"创新，提供贷款全流程线上办服务，合同及签名过程电子留痕上传区块链存证。创新前置一站式服务。推出平板电脑移动端服务，将服务大厅前置到售楼现场，即时完成资料扫描、预受理，现场一次性解决贷款是否准入、商业贷款利率优惠等问题，缩短贷款业务办理时长3个工作日。整合委贷银行、开发商等资源，构建公积金楼盘地图，引入"职业经理人"理念，随时专业解答客户问题，为购房职工提供全程管家式服务。至年末，"浙里安居·惠你购房"应用场景接入全市1000个楼盘信息，实现19个委贷银行、1700名客户经理在线服务，39

万人次访问。

【公积金政务服务】2022年，杭州公积金中心多措并举，提升政务服务规范化、高效化、现代化水平。围绕全国营商环境创新试点“进一步便利企业开立银行账户”改革任务，在企业开立银行账户时同步完成公积金“代扣代缴”协议在线签约，形成可复制推广的试点经验。依托省政务服务平台，借助商业银行点多面广的服务优势，在全省工商银行、建设银行网点3500台自助机开通公积金服务事项，方便职工就近办理公积金缴存、提取、贷款等业务。通过深度融合线上和线下办事渠道，完善“7×24小时”在线服务模式，提升群众办事体验感和满意度。畅通“12329”客服热线、“智能+人工”在线客服、“亲清D小二”等咨询渠道，建立线上和线下“7×24小时”咨询服务体系，及时解答群众疑惑。

【公积金建制扩面】2022年，杭州公积金中心深化“源头引领、宣传助推、信用促进、执法保障”工作机制，扩大制度覆盖面。将公积金缴存信用列入《杭州市社会信用条例》地方性法规，开展公积金企业信用报告代替无违法违规证明应用，推进“公积金信用+”普惠金融，自4月试点企业信用增值服务推出“助企贷”至年末，向203个企业授信11亿元。推进“大综合一体化”行政执法改革，划转公积金处罚事项，构建完善公积金行政执法新体制机制。委托律师事务所开展公积金纠纷调解，打造溯源治理“升级版”，调解案件占比90%，化解职工与企业公积金欠缴纠纷。多渠道开展宣传，制作系列视频、音频，借力市级报纸媒体专版，宣传公积金各类政策及中心各项便民惠民举措，提高公积金政策知晓度。

【公积金资金管理】2022年，杭州公积金中心探索机制、完善制度，高效运营资金，从严防范风险。组织实施3期存量公转商贴息贷款，融入资金90亿元，满足职工资金需求，完善贴息贷款业务模式和招标方式，增强中心融资的主动性、便利性，降低融资成本。推进住房和城乡建设部与浙江省共同富裕框架协议合作任务，推动公积金资产证券化工作，研究完善证券化方案，制定杭州公积金资产证券化管理办法。按照省住房和城乡建设厅要求，研究制定进一步治理违规购房提取政策措施，加强对房屋频繁交易、多人购买同一套住房、省内异地购房的审核管理。严格楼盘准入，对房地产开发公司信用、财务状况、项目销售等进行重点审查和风险评估，从源头上防控贷款风险。严格家庭还款能力和信用审查标准，强化机审、内控和后督稽查机制，规范执行预售商品房结顶放款和资金监管政策要求。建立资金使用规模跟踪分析制度，及时掌握公积金资金需求，统筹资金规模分配和调剂管理，动态做好资金测算、分析预警、缺口调剂、动态平衡等工作，防范资金流动性风险，满足全市资金使用需求。

（洪怡安）

民政事务

【概况】2022年，杭州市聚焦民生，深化数字化改革，推进民政事业高质量发展。聚焦供给更足、质量更高，提升婚姻登记、殡葬等公共服务质量水平。围绕精准救助，完善机制、深化改革，加大特殊困难群体关爱保障力度，保障基本民生。成立慈善事业高质量发展联席会议制度，明确24个主要联动单位职责和10项重点任务，形成“一盘棋”推进杭州市慈善事业高质量发展的良性机制。

（市民政局）

【婚姻登记】2022年，杭州市办理结婚登记6.53万对，比上年增长9.2%，其中复婚4234对、补办3525对。办理离婚登记1.7万对，上升2.5%。办理涉外国人、港澳台居民及华侨结婚登记206对，其中涉及外国人127对、涉及香港居民19对、涉及澳门居民4对、涉及台湾居民53对、双方均为华侨或港澳台居民3对。办理涉外国人、港澳台居民及华侨离婚登记18对，其中涉及外国人10对。全市办理补发婚姻登记证20.1万件，增长142%。

全市婚姻登记机关开展婚姻家庭辅导工作，服务当事人4.5万人次，其中婚前辅导服务3.61万人次、婚姻家庭问题咨询服务0.28万人次、离婚劝导和调解服务0.57万人次，群众满意率100%。

杭州市落实婚姻登记机关标准化建设。上城区、拱墅区被评为省级十佳婚姻登记机关；拱墅区、西湖区、余杭区、临平区、建德市被评为国家AAAAA级婚姻登记机关，滨江区、萧山区、临安区被评为国家AAAA级婚姻登记机关。

杭州市深化婚俗改革试点工作。全省第一批婚俗改革实验县（市、区）评估中，上城区、建德市获评“优秀”，萧山区获评“良好”。拱墅区、滨江区、临安区被列为全省第二批婚俗改革实验区，上城区被列为全省持续深化婚俗改革重点推进区。

（许东良）

【殡葬管理】2022年，杭州市深化惠民殡葬政策，推进遗体接运、存放、守灵（告别）、火化、骨灰盒、入葬（节地生态葬）6项基本殡葬服务免费。推进节地生态安葬，对采取深埋、撒江、树葬、花坛葬、壁葬等节地生态葬的给予2000~20000元奖补。举办第29次骨灰撒江活动，有258例骨灰撒入钱塘江，至年末，累计为2754名逝者提供骨灰撒江免费服务。清明期间实行预约祭扫，全市25个较大型公墓接待祭扫群众88.97万人次，其中主城区7个经营性公墓接待祭扫群众50.71万人次、网上祭扫群众1.44万人次。开通“白事服务热线”，作为杭州市首个殡葬公共服务平台，打造贴心白事服务管家队伍，以全市9个殡仪馆为依托，24小时在线，为群众提供包括遗体接运、守灵治丧、丧事策划等全流程服务。

【殡葬综合改革】2022年，市民政局起草编制《杭州市殡葬设施专项规划（2021—2035年）》，加大公益性安葬设施建设。至年末，累计建设乡镇（街道）级节地生态安葬设施点187个，覆盖率100%。其中：12处被列入第二批省级公益性节地生态安葬示范点，3处被列入省级旧墓改造示范点。

杭州市推进殡葬数字化改革。

杭州市安葬（放）设施年检年审应用场景、上城区“云尚追思”智慧公墓应用场景、建德市涉财闭环应用场景3个项目被列入省民政厅2022年数字化改革重大应用建设试点。其中，建德市新增“新安·弘德汇”已故人员小微存款余额在线捐赠应用场景，获评省民政厅民政数字化改革第二批优秀案例。

杭州市开展专项整治工作。对医疗机构太平间开展营利性殡仪服务情况进行开展专项检查，全市45个医疗机构太平间均未开展营利性殡仪服务。开展殡仪服务机构专项检查，对全市殡仪服务机构的制度落实、服务项目设置和收费情况进行排查整治。（金茂贤）

【流浪乞讨人员救助管理】2022年，杭州8个救助管理机构救助4126人次，比上年增长7.5%。受助人员中有乞讨行为的97人次，无乞讨行为的4029人次；主动求助的1850人次，被引导护送入站受助的2276人次。其中，杭州市救助管理站救助流浪乞讨人员3027人次。

杭州市以“国家一级救助管理机构”标准，实施推进杭州市救助管理站（杭州市救灾物资储备库）迁扩建工程。在全国流浪乞讨人员救助管理工作培训班上，杭州市以《区域性中心救助管理机构改革发展》为题做典型经验交流发言。

6月，以“救助，让弱有所扶更温馨”为主题的“6·19”第十个救助管理机构开放日活动举行，7人被授予“救助急先锋”称号，杭州市流浪乞讨人员救助公益联盟成立，吸纳多领域社会力量参与救助工作，提升社会大众对救助工作的认知。（徐晓丹）

【“弱有众扶”社会救助综合改革试点】2022年11月3日，市政府印发《杭州市“弱有众扶”社会救助综合改革试点实施方案（2022—2024年）》。方案自2022年12月4日起施行，包括基本情况、试点目标、试点任务、组织保障4个方面，明确杭州市今后3年“弱有众扶”社会救助综合改革的目标、任务和具体举措。

【“春风行动”送温暖活动】2022年，杭州开展第二十二次“春风行动”送温暖活动。全年惠及困难群众1.26万户，比上年减少884户，发放慰问金3658.57万元，比上年减少275.08万元。

【低保救助标准提高】2022年10月1日起，杭州市域最低生活保障标准从每人每月1102元提高至1216元，年标准每人每年13566元，提前完成省“十四五”规划目标。至年末，全市有低保家庭7万户、8.79万人，发放低保金10.35亿元。

【特困人员供养】2022年10月1日起，杭州全市域特困人员基本生活标准为每人每月2027元，照料护理费用依据特困人员生活自理能力和服务需求，分完全丧失生活自理能力、中度丧失生活自理能力、轻度丧失生活自理能力、具备生活自理能力4类。在社会机构集中供养的分别按当地月最低工资标准的80%、40%、20%、10%确定，分散供养特困人员照料护理费用，按照在社会机构集中供养的特困人员照料护理费用标准的50%执行。年末，全市有特困供养对象3660人。

【低保边缘家庭定期生活补助制度】2022年，杭州全市域范围内的最低生活保障边缘家庭成员，每人每月发放74元定期生活补助。至年末，全市有低保边缘家庭1.01万户、2.03万人，发放低保边缘补助金1937.44万元。

【支出型贫困家庭救助】2022年，杭州市继续实施《杭州市支出型贫困家庭基本生活救助办法》。全年救助支出型贫困家庭4538户、9563人，占低保总人数的10.9%，保障因病致贫、因学致贫、因灾致贫等支出型贫困家庭的基本生活。

【临时救助制度】2022年，杭州市继续实施《杭州市临时救助办法》，将困难发生在本市的户籍人口、流动人口和外籍人员纳入临时救助，对因医疗费用负担过重导致基本生活发生严重困难的家庭给予及时救助，解决群众突发性、临时性的基本生活困难。全年发放临时救助资金2074.19万元，惠及困难群众6425户（次）、9562人次，其中救助非本地户籍人员41户（次）、85人次。

【困难群众物价补贴】2022年，杭州市根据省低收入居民基本生活费用价格总水平变动情况，启动价格补贴联动机制4次。为城乡低保对象、特困人员、孤儿和低保边缘家庭等在册对象发放物价补贴3223.97万元，惠及困难群众45.52万人次。

2022年杭州市城乡居民最低生活保障标准一览表

表52　　单位：元/人

地　区	城镇月保障标准	农村月保障标准	执行时间
上城区	1216	—	2022年10月1日起执行
拱墅区	1216	—	
西湖区	1216	1216	
滨江区	1216	—	
萧山区	1216	1216	
余杭区	1216	1216	
临平区	1216	1216	
钱塘区	1216	1216	
富阳区	1216	1216	
临安区	1216	1216	
桐庐县	1216	1216	
淳安县	1216	1216	
建德市	1216	1216	
杭州西湖风景名胜区	1216	—	

【市区征地"农转非"人员生活补贴】2022年，杭州市区征地"农转非"劳动年龄段以上人员生活补贴标准为每人每月220元。向市区参加城乡居民社会养老保险并享受养老金待遇后，因集体土地被征用或撤村建居的"农转非"人员发放生活补贴。全年向592名补贴对象发放补贴161.02万元。

【社会救助服务公益创投】2022年，杭州市投入福彩公益金444万元，开展多元化社会救助服务。其中：通过公益创投形式开展社会救助类服务项目14个，提供扶持资金244万元，14个社会组织参与提供农村散居特困人员探访关爱、社会组织救助帮扶能力提升、困境儿童心理援助、社会工作深度介入社会救助、"小康之家"全家福等社会救助服务，直接服务5.37万人次，执行活动45场，覆盖社区280个，宣传报道118次；投入200万元开展"救助直通车"专项救助项目，为全市1000户重病困难家庭提供每户2000元专项救助金，帮助减轻困难家庭负担。（汪　笑）

【困境儿童救助保障】2022年，杭州市持续固化分类保障自然增长机制。自10月1日起，机构孤儿月度养育标准为2837元；社会散居孤儿月度基本生活费为2270元；事实无人抚养儿童，低保、低保边缘家庭中的重残、患重病、患罕见病、三级四级精神（智力）残疾儿童参照社会散居孤儿基本生活费标准补差发放生活补贴；低保家庭儿童，低保边缘家庭儿童生活补贴标准分别为每人每月527元和316元。至年末，杭州市477名孤儿、8707名困境儿童和2名艾滋病儿童被纳入福利保障范围，发放保障资金7655多万元。

【农村留守儿童关爱保护】2022年，杭州继续开展"合力监护，相伴成长"农村留守儿童关爱保护专项行动。全市4880名农村留守儿童逐人建档立卡，关爱监护实现动态管理。

【未成年人保护体系建设】2022年，杭州市按照"2+3"运行模式（区分主城区和非主城区2种类型，机构转型、单独建和结合建3种形式）设立14个未成年人保护机构，推进实体化运行。按照"有场地、有队伍、有经费、有活动、有制度"要求，全市191个乡镇（街道）实现未成年人保护站应建尽建。全市3186个村（社区）全部设立未成年人保护专岗，做到持证上岗。开展"一创建三选树"活动，其中20%未成年人保护中心、10%未成年人保护站和未成年人保护专岗达到示范标准。儿童之家3年建设计划收官，累计建成2561个儿童之家，实现服务全覆盖，高质量建成33个儿童友好社区。萧山区"全国未成年人保护示范区"创建成功。

【儿童福利机构转型发展】2022年，杭州市推进儿童福利机构优化提质和创新转型高质量发展，采取"户随人走"的方式，余杭区、临平区共32名机构孤儿转入杭州市儿童福利院养育，集中率91%，促进儿童福利机构养育、康复、特教、医疗和社工"五位一体"融合高质发展。依托杭州市儿童福利院和萧山区、临平区、富阳区、临安区儿童福利机构优质康复资源，开展"添翼计划"提质拓面活动，70名困境儿童获得集中康复服务。实施"孤儿医疗康复明天计划"项目，1158名孤儿获得医疗救助，报销医疗费60.35万元。杭州市儿童福利院参加2022年全省孤残儿童护理员职业技能竞赛包揽前三名，获团体一等奖，代表浙江省参加全国竞赛。

【收养登记】2022年，杭州市规范落实收养能力评估。全年办理收养登记64件，解除收养登记证明9件，撤销收养登记证1件，补领收养登记证1件，全部实现线上办理。（潘琼翼）

【市第一社会福利院新院区启用】2022年5月24日，位于余杭区瓶窑镇凤都村大观山果园里场的杭州市第一社会福利院新院区启用，400多名孤残人员搬至新院区。新院区占地9.2公顷，总建筑面积3.6万平方米，总投资2亿元。院区由10幢单体建筑组成，设800张床位，规划为管理服务保障区、康教生活区、护理生活区3个功能区块。该院是市本级唯一承担政府职能的成人福利机构，主要安置主城区"三无"（无生活来源、无劳动能力、无法定赡养人）人员，市儿童福利院年满18周岁孤儿，以及救助管理站查无着落的成年流浪乞讨人员。（李景苏）

【慈善事业发展】2022年，杭州市慈善总会按照"两块牌子、一套班子"运行管理总体要求，在原有组织架构和职责功能基础上，成立杭州市慈善联合会，会员从91个扩展至191个，组建行业发展、行业监督和慈善促富3个专业委员会，发挥"高精尖"会员在培育发展资助型、服务型慈善组织中的带动作用，加快将市慈善总会打造成为行业性、枢纽型、平台型慈善组织。10月，出台加快构建杭州市新

2022年5月24日，杭州市第一社会福利院新院区启用　（市民政局 供稿）

型慈善体系四级服务网络的政策,探索建立“慈善组织+慈善资源+慈善基地+慈善人才+慈善项目”运行机制。

【慈善文化宣传】2022年,杭州市举办“9·5”中华慈善日暨“钱塘善潮”系列活动,《钱塘善潮》慈善电视栏目开播。杭州市慈善总会与浙江众安慈善基金会联合推出护“杭”先锋500人公益项目,寻找500名在杭州市疫情防控工作中表现突出的慈善工作者、志愿者、社会工作者。9月23日,2022年钱塘善潮·慈善三次分配主题论坛暨护“杭”先锋褒扬颁奖仪式举行,为护“杭”先锋代表颁发“杭州市新冠肺炎疫情防控优秀工作者”奖牌,授予护“杭”先锋称号。

【慈善信托改革】2022年3月,市民政局、市财政局、市税务局和浙江银保监局联合印发《关于通过慈善信托方式开展公益性捐赠有关问题的通知》。该通知规定,慈善信托受托人在将信托财产用于慈善捐赠活动时,经委托人和受托人协商一致后,由依法接受并用于公益性事业捐赠的公益性单位(含慈善组织),向提供捐赠的自然人、法人和其他组织开具公益性事业捐赠票据。5月,杭州市慈善信托专项改革试点工作专班成立,推进改革试点工作。10月,市民政局等5个部门印发《关于做好不动产慈善信托工作的通知》,为非货币慈善信托实践提供政策依据。8月,由杭州钱塘金融港湾发展联盟发起的共富主题慈善信托“金融港湾慈善基金”成立,10个金融机构一期捐赠资金1100万元,计划3年基金规模达到1亿元。12月,《杭州市慈善信托工作指引》印发,全面规范慈善信托的设立备案、财产处理、变更终止、绩效评估、信息公开和监督管理等工作流程。至年末,在杭州市备案的慈善信托达227单,资产总规模12.64亿元,居全国大中城市首位。

【慈善数字化建设】2022年,“慈善杭州”平台上线试运行“我要求助”“我要行善”“我要信托”3个场景。慈善信托项目被纳入线上监管。按照“一地创新、全省共享”模式,市级280多个慈善组织同步入驻“浙里有善”,数量列全省首位。（陈莹莹）

【水库移民后期扶持】至2022年年末,杭州市有大中型水库农村移民后期扶持人口34.84万人,其中直补人口18.36万人、项目人口16.48万人。全市后期扶持资金到位5.5亿元,其中直补资金1.1亿元、项目资金4.4亿元。全市后期扶持项目被列入计划共664个。

【桐庐抽水蓄能电站水库移民安置前期工作推进】2022年,桐庐抽水蓄能电站项目进入移民安置前期工作阶段。9月4日,《浙江省桐庐抽水蓄能电站建设征地实物指标调查工作大纲》评审意见获水电水利规划设计总院批复。9月15日,《浙江省人民政府关于禁止在浙江桐庐抽水蓄能电站工程占地和淹没区新增建设项目和迁入人口的通告》发布。11月16日,《浙江桐庐抽水蓄能电站建设征地移民安置规划大纲》评审意见获水电水利规划设计总院批复。11月28日,《浙江桐庐抽水蓄能电站建设征地移民安置规划报告》评审会召开。

【建德抽水蓄能电站水库移民安置前期工作推进】2022年,建德抽水蓄能电站进入移民安置前期工作阶段。7月28日,《浙江建德抽水蓄能电站建设征地实物指标调查工作大纲》评审意见获省政府批复。7月29日,《浙江省人民政府关于禁止在浙江建德抽水蓄能电站工程占地和淹没区新增建设项目和迁入人口的通告》发布。8月24日,《浙江建德抽水蓄能电站建设征地移民安置规划大纲》评审会议在建德召开。（高璐杰）

退役军人事务

【概况】2022年,杭州市退役军人工作把握“高质量发展基石、尊重尊崇导向、统分结合策略、退役军人获得感成色更足标尺”,聚焦机制完善、除险保安、数字变革、3年移交等重点工作任务,健全完善体制机制,提升服务水平,营造崇军氛围,构建全过程数字化管理保障模式,推动新时代退役军人工作取得新成效。

【军政军民团结巩固】2022年,杭州市深化军地互办实事“双清单”制度,完善部门联动、军地协同机制,全市拥军优属“百件实事”完成项目9个,解决部队实际困难。春节、建军节等重大节日期间,各级四套班子领导带队走访慰问部队和重点优抚对象。开展“慈善拥军情”“我飞拥军”等慈善拥军活动。全市落实军人子女中考加分,解决军人子女入读幼儿园、义务段入学等问题。

【“智慧老兵”2.0平台开发】2022年,杭州市开发建设“智慧老兵”2.0平台,加强信息建设,丰富“老兵码”服务供给。聚焦政府优抚、社会优待、民生保障等退役军人需求最迫切的领域,加强社会协同保障,拓展码上医疗、码上游园、码上出行、码上优惠等应用场景。浙大邵逸夫医院、杭州口腔医院等6个综合医疗机构为退役军人提供就医优先、费用优惠减免等服务,全市优抚对象凭码享受西湖、西溪17个景点的扫码免费游园服务。“老兵码”申领占比66.7%,入驻商家1.5万个。集约推进“老兵码”与“浙政钉”服务站微应用两端融合,打造云上会晤系统,实现全视角、全融合、全终端、全流程的即时会晤管理,相关应用覆盖全市3375个服务中心(站)。

【退役军人就业创业扶持】2022年,杭州市推进退役军人移交安置,落实转业军官和退役士兵安置。举办随军家属就业专场招聘会,29个单位进场招聘,发放军人随军家属未就业生活补助。多措并举搭建就业载体,联合杭州科技职业技术学院挂牌成立退役军人教育培训学院,分层分类实施计划分配转业军官、自主择业军转干部等人员教育培训。举办全市退役军人线上专场招聘会。组织退役士兵适应性培训,参训率100%。开发运行就业援助服务平台,“一对一”进行人岗匹配和就业岗位精准推送,解决退役军人就业问题。制定扶持退役军人回乡就业创业创新政策,建立就业创业基地。协调10多个金融机构,推出支持退役军人创业金融政策。指导各地探索创新，全市首个退役军人就业创业服务中心在上城区成立，2个退役军人创业项目代表浙江省参加全国退役军人创业总决赛并获优胜奖。

【崇军优抚】2022年，杭州市多举措弘扬社会崇军风尚。评选20名杭州市"最美退役军人""最美拥军人物"，追授消防牺牲退役军人毛景荣为"最美退役军人"。开展"擦亮崇军之光""清明祭英烈"和"9·30"烈士公祭日等主题宣传纪念活动。面向全国退役军人推出建军节期间西湖、西溪风景区收费景点免费入园政策。构建红色军休公益大联盟，41个联盟单位提供各类崇军优惠措施200多条。落实优抚褒扬政策，重点优抚对象抚恤补助标准较上一年度增长约10%，高于全国全省平均水平。修缮42处县级以下烈士纪念设施，与市检察院联合开展为期4个月的"烈士纪念设施保护公益诉讼专项行动"工作。全市参与各类线上祭奠超过150万人次，组织各类祭扫仪式320多场。开展"声音里的红色档案"系列活动。

【退役军人作用发挥】2022年，杭州市引领退役军人作用发挥。深化"钱潮老兵"志愿服务品牌，举办全市首届退役军人志愿服务项目大赛，招募专业队伍参与亚运会医疗急救协转工作，相关工作经验在全国退役军人志愿服务工作推进会上做交流分享。杭州市培育的3个退役军人志愿服务项目获全省退役军人志愿服务大赛前三名；"看笕蓝天"退役军人关爱服务项目获评"全国最佳志愿服务项目"和"全国学雷锋志愿服务四个100"先进典型。（周晗棋）

老龄事业

【概况】2022年，杭州市老年人口大幅增长，人口老龄化日益显著。按户籍人口统计，至年末，全市有60岁及以上老年人口203.89万人，占总人口的24.08%，比上年增加10.66万人，增长5.23%；65岁及以上老年人口149.73万人，占总人口的17.68%；80岁及以上高龄老人30.32万人，占老年人口的14.87%。老年人口按年龄段分组，60~69岁109.74万人，占老年人口的53.82%；70~79岁63.82万人，占老年人口的31.30%；80~89岁25.15万人，占老年人口的12.33%；90岁以上5.17万人，占老年人口的2.53%。自2018年以来，全市60岁以上老年人口增长29.45万人。

全市老龄化程度较高的地区为杭州西湖风景名胜区、临安区、建德市，老年人口比例分别达到35.32%、28.20%、27.68%。

至年末，全市纯老年人家庭老年人口数为22.41万人，占老年人口的10.99%。纯老年人家庭老年人口数居前三位的是拱墅区、临安区、上城区，分别是5.31万人、4.58万人、3.95万人。全市有失能老人2.42万人、半失能老人4.32万人，分别占老年人口的1.18%和2.11%。有百岁老人1113名。萧山区有百岁老人261名，居全市之首，其次是上城区、拱墅区，分别为230名和188名。

全市有各级老龄工作机构206个；有各级老龄基金会8个，用于老龄公益事业的投入经费919.2万元。

【养老服务和医养结合推进】2022年，市民政部门编制出台《杭州市养老服务设施布局专项规划》，杭州市第一社会福利院新址启用。至年末，全市有养老机构249个，其中公办养老机构38个、民办养老机构（包括公建民营）211个；养老机构床位4.01万张；建成并正常运行的城市、农村社区居家养老服务日间照料中心2915个、老年食堂（包括助餐点和社会餐饮企业）1563个；养老服务专职护理人员9794人。杭州市推进医疗和养老资源融合，为老年人提供预防保健、治疗期住院、康复期护理、稳定期生活照料及安宁疗护一体化的健康服务。至年末，全市建有康复医院14个、护理院（中心）28个；医养结合机构77个，床位2.35万张，其中医疗床位5539张、养老床位1.80万张。

【高龄老人社会保障】2022年，杭州市80周岁（含）以上高龄老人除基本养老金外，均享受政府高龄津贴补助，80~89岁老年人每人每月50元，90~99岁老年人每人每月100元，100岁以上老年人每人每月300元。多个区县（市）在此基础增加30~50元不等的补助。全市享受高龄补贴的老年人有30.32万人。

【老年人医疗保障】2022年，杭州市推进老年人意外伤害保险"线上直赔"。至年末，全市有166.99万名老年人参加老年人意外伤害保险，占老年人口总数的81.9%。全市投保金额5009.73万元，其中政府补助金额为3071.76万元，享受政府补贴人数为105.54万人。

"西湖益联保"医疗保险产品对老年群体不设投保门槛，全年全市60周岁以上老人赔付6.5万人，赔付金额超过4亿元。

【老年健康服务】2022年，杭州市成立杭州市老年健康指导中心、市老年健康（医养结合）质控中心、市老年学和老年医学学会，发挥专家智库作用，整合老年医学、老龄社会学、老年管理学等多学科资源，对全市基层医疗机构、医养结合机构开展业务指导和质量管理，促进全市老年病诊治、康复和护理水平及老年健康服务整体能力提升。全市二级及以上公立综合医院设置老年医学科的比例在90%以上。实施针对老年人视力功能、口腔健康、营养状况、认知功能、心理健康等早期筛查干预措施，开展老年人"光明""口福""营养改善""失智老人关爱"和健康服务"智慧助老"五大老年健康服务专项行动，建立老年人健康评估与功能维护机制。开发应用数字健康服务技术，提升老年人健康管理水平，全年服务7万余名老年人。推进安宁疗护工作，全市有25个医疗机构开展安宁疗护服务，各区县（市）均建立安宁疗护病房。10个市、县级医院与33个医养结合机构签订紧密医养联合体合作协议。

【老年友好社会建设】2022年，杭州市推进老年友好型社区创建活动。上城区采荷街道青荷苑社区等50个社区创建成为"杭州市老年友好型社区"，其中余杭区闲林街道翡翠社区等9个社区被命名为"全国示范性老年友好型社区”。经过两年创建，全市成功创建全国示范性老年友好型社区18个、杭州市老年友好型社区100个，拱墅区和睦社区创建经验做法入选全国示范性老年友好型社区典型案例。2022年，杭州市认定老年友善医疗机构（二级医疗机构）12个，向省卫生健康委推荐认定三级医疗机构2个，区县（市）认定二级以下医疗卫生机构94个。全市2021—2022年建设老年友善医疗机构311个，建成比例83.8%。开展2022年敬老爱老助老“最美”系列选树活动，评选出6个系列共164个先进集体和个人典型代表，其中杭州市“最美敬老爱老助老示范街道（乡镇）”12个、“最美敬老爱老助老模范人物”31名、“最美敬老爱老助老医护”63名、“最美敬老爱老幸福家庭”17个、“最美银龄志愿服务队”15支、“最美长者”26名。为方便农村地区老年群体均等普惠出行，全市城乡公交一体化率从年初的66.7%提升到年末的97.1%（除桐庐、淳安、建德外，各区均达到100%）。全市新完工加装电梯1070台，至年末，全市累计加装电梯4289台，5.1万户老旧小区居民特别是一大批老年人居住和出行条件改善。

【老年文教体育事业】2022年1月10日，市政府办公厅印发《关于加快发展老年教育的实施意见》，包括总体要求、主要任务、重点工程、保障措施4个方面内容，要求到2025年，全市基本形成保障有力、职责明确、多方参与、资源融通、开放便捷、特色鲜明的老年教育发展新格局。2022年，杭州市老年教育联盟成立，全市新增老年大学（学堂）16所。至年末，全市建有老年电视大学分校17所、教学点2460个，设教学课目、班次4911个，参加学习的老年学员26.76万人，平均入学率13.1%。全市有备案或注册老年文艺团队2563个，参与文艺活动的老年人6.87万人；有备案或注册老年体育协会及各类老年体育团队1548个，参加活动16.09万人。举办以“喜迎二十大、同盼亚运会——文明健康，有你有我”为主题的2022年全市老年书画摄影大赛及作品展，收到作品1914幅，投稿者中80岁以上190人，其中90岁以上26人，年龄最高者96岁。入展作品共95幅，于7月在市民中心展出。完成亚运场馆适老化功能提升，落实老年人健身优惠政策，优先面向老年人群开放公共体育场馆和体育设施。市体育局协调推进在拱墅区城北体育公园建设杭州市老年体育公园。

（詹　雅）

【养老服务机构护理补贴】2022年，杭州市推进失能老年人入住养老服务机构护理补贴制度，为上城区、拱墅区、西湖区、滨江区、钱塘区、杭州西湖风景名胜区辖区内入住社会办养老机构（含公建民营）或在居家养老服务机构中进行全托服务的中、重度失能老年人，给予每人每月最高600元的补贴。至年末，有2006名老年人享受机构护理补贴。

【居家养老服务】至2022年年末，杭州市建成居家养老服务中心2915个，其中乡镇（街道）级示范型居家养老服务中心227个、社区级居家养老服务照料中心2688个。杭州市成功申报民政部、财政部2022年居家和社区基本养老服务提升行动项目，5234万元中央财政补助资金用于支持杭州市建设家庭养老床位和居家养老上门服务。推进已建成住宅小区居家养老服务用房配建工作，全市补足养老服务圈317个，面积近10万平方米。

【康养体系建设】2022年1月，市委办公厅、市政府办公厅印发《关于加快康养体系建设推进养老服务高质量发展的实施意见》，推动医疗机构、养老服务机构和家庭有序转接，按照“有设施、有器材、有队伍、有标准、有数据”的要求打造康养联合体，为老年人提供个性化、专业化的康养服务。至年末，全市有康养联合体66个。

【认知障碍照护】2022年，杭州市推动养老服务机构认知障碍照护专区床位建设。按照“居家型布置、功能化配套”理念，以“小单元”式布局，为认知障碍老人提供个性化照护、机能康复训练、生活照料、心理干预、社会交往等专业性、全方位服务。至年末，全市新增认知障碍照护专区床位1370张。

【家庭养老床位建设】2022年，杭州市推进家庭养老床位建设，依托养老机构为老年人提供家庭专业照料、远程监测等居家失能养老服务。至年末，全市建成家庭养老床位1772张。可复制、可推广的“家院互融”养老服务新模式入选民政部、财政部居家和社区养老服务改革试点工作全国优秀案例，获评浙江高质量发展建设共同富裕示范区“公共服务优质共享先行示范”最佳实践。

【为老服务公益创投】2022年，杭州市发布11类为老服务公益创投项目。经现场陈述和专家评审，确定22个为老服务项目，提供扶持资金392万元。项目内容包括协助老人跨越数字鸿沟、探访农村困难老人、认知症家庭关爱服务、亚运服务等。

【养老人才队伍建设】至2022年年末，杭州市有养老护理员1万余人，其中持证护理员5000多人（2022年全市新增持证养老护理员1362人），每1万名老年人拥有持证养老护理员25.67人。全年组织道富养老护理等级培训、认知障碍照护专员培训和护理员应急救护员、救护师培训等养老培训。8月，举办第十三届全市养老护理员技能大赛，13支队伍共65名选手参赛。推选25名杭州市“最美养老护理员”，举办首届养老护理员技能创新短视频大赛，展现养老护理员专业技能。

【海岛支老行动】2022年，杭州市持续开展“海岛支老，一起安好”行动，与舟山市嵊泗县嵊山镇、枸杞乡、黄龙乡3个乡镇开展养老服务对口协作。至年末，市属养老机构累计派出28人到海岛支老，提升海岛为老服务水平。

【老年人智慧助餐服务】2022年9月15日，《市民政局关于提升全市老年人智慧助餐服务工作的指导意见》印发，推动“全城通吃、优惠通享、卡码脸通用”，打破老年人用餐户籍限

2022 年“敬老月”期间，杭州市区公交站台展示敬老公益广告

（市卫健委 供稿）

制。至年末，全市 114 个老年食堂被纳入智慧助餐应用场景首批试点，服务超过 10 万人次。

【智慧养老建设】2022 年，杭州市深化养老服务领域数字化改革。以“浙里康养”智慧养老服务平台为核心，推出“居家助老”“邻里康养”等应用场景，全市 227 个乡镇（街道）级居家养老服务中心配备无感服务智能终端，养老服务商城汇聚全市养老服务资源，入驻为老服务商家 300 多个，为老年人提供助洁、助餐、助浴等 53 项“点单式”服务，日均成交量超过 1 万单，线上快速响应、线下良性互动、全程留痕监管的智慧化养老模式不断优化。（华辰冰）

【智慧助老】2022 年，杭州市智慧助老三年行动取得成效。市委老干部局、市教育局、市卫生健康委、市人力社保局等老年教育联盟成员单位和团市委开展老年人智能技术应用培训。市卫生健康委利用杭州市老年电视大学平台开展老年人培训，20 多万人参加；教育部门培训约 11 万人。

【老年健康宣传周】2022 年 7 月 25—31 日，市卫生健康委开展以“改善老年营养，促进老年健康”为主题的老年健康宣传周活动，与“百场老年健康服务进社区（村）活动”同部署同落实。全市卫生健康系统上下联动、条线结合，到医院、社区、农村开展老年健康政策、老年健康科普知识、老年营养健康知识宣传。宣传周期间，全市卫生健康系统开展活动 1251 场次，投入经费 100 多万元，制作播放宣传视频 150 多个，发放宣传资料 9.88 万份，服务群众 13.09 万人次。

【“敬老月”活动】2022 年 9—10 月，杭州市开展“敬老月”活动。全市卫生健康系统开展“百场老年健康服务进社区（村）”活动 3553 场，投入经费 164.7 万元，8.64 万人次参加服务（含志愿者等），服务群众 26.7 万人次。重阳节前夕，市领导走访慰问百岁老人。全市各级组织对百岁老人（含虚岁）开展慰问活动，发放慰问金 157 万余元。9 月 29 日，2022 年杭州市“老年节”庆祝大会暨“最美”系列颁授仪式在市老年活动中心城北场馆举行，通过“杭州之家”App、抖音号、爱奇艺等网络平台进行在线直播。2.3 万人观看图片直播，2.9 万人观看“杭州之家”App 直播。（詹 雅）

残疾人事业

【概况】至 2022 年年末，杭州市有持证残疾人 23.70 万人，其中：男性 13.03 万人，占 55.0%，女性 10.42 万人，占 45.0%；农业户籍 14.20 万人，占 59.9%，非农业户籍 9.51 万人，占 40.1%。从残疾类别看，肢体残疾 10.92 万人（占 46.1%）、听力残疾 4.12 万人（占 17.4%）、视力残疾 2.76 万人（占 11.7%）、精神残疾 2.42 万人（占 10.2%）、智力残疾 2.34 万人（占 9.9%）、多重残疾 9196 人（占 3.9%）、言语残疾 2319 人（占 1.0%）。

【市、县、乡三级残联换届】2022 年 8 月 16 日，市残联召开全市县、乡残联换届工作会议。市、县、乡三级残联陆续召开代表大会进行换届。11 月 30 日至 12 月 1 日，杭州市残疾人联合会第八次代表大会召开。会议回顾总结过去 5 年市残联工作，研究部署今后 5 年杭州市残疾人工作的主要任务，选举产生市残联新一届主席团和执行理事会。经市残联第八届主席团第一次全体会议选举，陈卫强当选市残联第八届主席团主席。市本级及全市所有区县（市）、乡镇（街道）残联换届工作完成。

【残疾人社会保障落实】2022 年，杭州市有享受困难残疾人生活补贴 5.6 万人、重度残疾人护理补贴 10.9 万人，发放资金 5.5 亿元。全市被纳入低保残疾人 5.2 万人，占低保总数的 59%。至年末，参加城乡居民基本养老保险的残疾人为 9.6 万人。5.3 万名残疾人领取养老金。60 岁以下参保的残疾人中，1.4 万名重度残疾人和 2.1 万名非重度残疾人得到参保缴费资助。

【残疾人民生实事推进】2022 年，杭州市提升建设规范化儿童康复机构 11 个，完成率 110%；提升建设规范化残疾人之家 68 个（省政府民生实事项目完成 47 个），完成率 261.5%（省政府民生实事项目完成率 204.4%）；完成重要公共服务场所无障碍改造 145 处，完成率 105%；3 个实事项目总完成率 158.9%（省政府民生实事项目完成率 139.8%），实施进度 100%，居全省前列。至年末，全市有残疾人之家 206 个，残疾儿童定点康复机构 49 个。

【数智助残服务提升】2022 年，杭州

市打造“数智助残先行市”，建成数字底座和“治理端、服务端、协同端”的运行模式，打造一体化数智助残服务平台，建成残疾人社会保障、康养工作、就业工作等10个管理应用系统和辅具智配、政策超市、志愿助残、无障碍出行等8个应用场景，在“浙里办”和“浙政钉”上线推出。新建“教育助残”“智爱家园”“我要维权”等7个应用场景，“助残E站”数字架桥，上门办、代办、随时办等一站式数字服务实现残疾人服务零距离，惠及残疾人及家属23万名、基层残疾人工作者3000名、助残社会组织200多个和志愿者1万余名。

【残疾人康复服务】2022年，杭州市完成残疾人家庭医生签约服务重点联系点和残疾人康复之家全国试点工作，建成示范型康复之家17个，规范化康复站136个。10月26日，修订出台《关于进一步高标准实施杭州市“光明工程”的通知》，0.2万名残疾儿童得到康复救助。6.9万名残疾人得到基本康复服务，0.8万名残疾人得到基本辅助器具适配服务。残疾人辅助器具适配率100%，精准康复服务率89.3%，家庭医生签约率93.4%，残疾儿童康复服务惠及2369人次。

【残疾人就业】2022年，杭州市新增残疾人就业2186人，组织残疾人职业技能培训3084人次。市委组织部、市委编办等6个部门推动党政机关、事业单位带头安排残疾人就业，27个市政府残疾人工作委员会成员单位安置128名残疾人。就业年龄段内有劳动能力和就业愿望的残疾人就业率95.8%，残疾人按比例就业认证居全国首位。至年末，全市有持证残疾人就业4.6万人，其中按比例就业2万人、集中就业5133人、个体就业4427人、公益性岗位就业887人、辅助性就业1757人、灵活就业（含社区、居家就业）8952人、从事农业种养殖业4362人。

【残疾人权益保障】2022年，杭州市常态化开展新建项目竣工前试用体验，市、区两级无障碍环境促进会对1000多个项目进行试用体验，配合亚（残）运会筹办，体验指导“三馆”（43个比赛场馆、22个训练馆、80个宾馆）的无障碍提升改造。开展无障碍环境建设检查206次，无障碍培训1248人次。创建省级无障碍社区19个，完成重要公共服务场所无障碍改造145个，实施残疾人家庭无障碍改造1147户，发放残疾人机动轮椅车燃油补贴5780人。“无障碍一张图”“手语姐姐在线实时翻译系统”全面推广。开展普法宣传教育活动6次，成立残疾人法律救助工作协调机构14个，建立残疾人法律救助工作站14个。

【残疾人服务设施建设】2022年，杭州市推进残疾人服务设施建设。至年末，全市有已竣工的各级残疾人综合服务设施13个，总建设规模12.3万平方米，总投资8.1亿元；已竣工的各级残疾人康复设施3个，总建设规模2.9万平方米，总投资1.1亿元；已竣工的各级残疾人托养服务设施7个，总建设规模7.4万平方米，总投资3.4亿元。

【残疾人文体活动】2022年，市残联举办“最美人生路，共赴亚残运”杭州市庆祝第32次全国助残日主题活动暨“双美”表彰颁奖典礼，首次尝试双语主持、全球直播，首次采取全过程残健融合节目表演，首次在室外半开放式亚运会场地举办活动。开展“喜迎杭州亚残运会·百场残疾人文体活动进社区”活动，各地组织开展文体活动489场次，3万余人次参与。至年末，杭州市有地级残疾人专题广播节目1个、电视手语栏目2个；有各级公共图书馆设立盲文及盲文有声读物阅览室15个，全年开展残疾人文化周活动118场次；有市级残疾人艺术团3个。杭州籍残疾人运动员在北京冬残奥会获2枚铜牌，在2022年世界盲人门球锦标赛获亚军，在亚洲残疾人举重锦标赛获4枚金牌。杭州籍残疾人运动员备战省第十一届残运会，在15个提前项目比赛中获66.5枚金牌、17枚银牌、9枚铜牌，奖牌数居全省第一位。

（冯　丽）

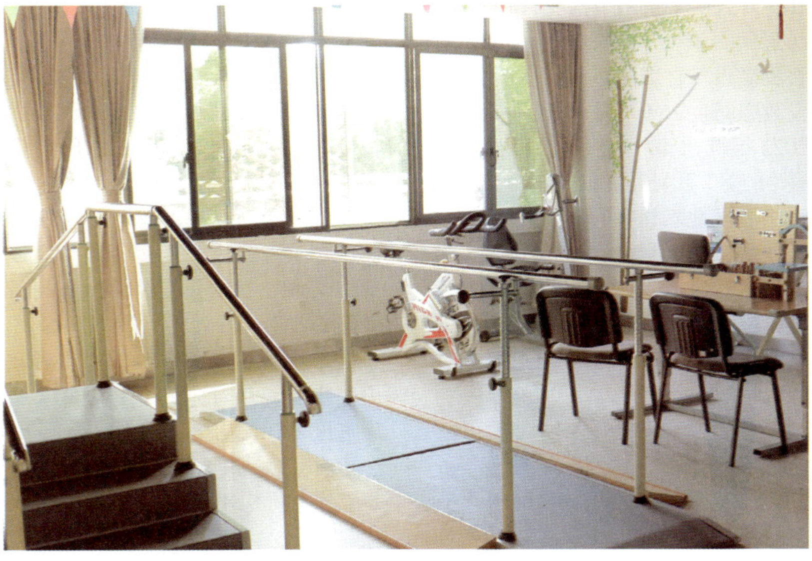

杭州市残疾人托管中心内景（摄于2022年）　　（市残联 供稿）

红十字事业

【概况】杭州市红十字会是中国红十字会的地方分会。2003年，市红十字会由原市卫生局代管改为市政府领导直接联系，其他工作关系参照市级群团办理。人员参照公务员管理，内设办公室（增挂组织宣传部）、赈济救护处2个处室。下设1个直属单位市红十字会备灾救灾中心，为副处级公益一类事业单位，承担杭州市红十字会系统救灾救助物资的采购、接收、储备、调拨、转运等工作。

2022年，全市红十字系统聚焦“保护人的生命和健康、维护人的尊严”工作主线和红十字会主责主业，打造“救在身边”工作品牌，推动红十字事业高质量发展取得新进展。

“救在身边”项目入选“健康中国”行动推进地区典型经验案例。中央文明办《精神文明建设》、中国红十字会总会《红会工作通报》和省委办公厅《浙江信息（群团改革）》刊文介绍杭州工作经验。

【红十字会推进民生实事项目】2022年，杭州市推动省委、省政府部署的“救在身边”八大专项行动。5月，市委办公厅、市政府办公厅印发《关于高水平推进市红十字会制定〈办好2022年民生实事推进应急救护项目建设实施方案〉》，安排市、区两级应急救护工作专项经费1000多万元，比上年增长90%。新增红十字应急持证人员14万名，增长300%。建立应急救护实训基地、考点和实操点等阵地70多个，现场成功施救12例。

【常态化疫情防控参与】2022年，市红十字会募集新冠病毒抗原检测试剂盒1577.76万份，价值1.31亿元。向拱墅、钱塘、余杭等区域调拨价值200多万元的物资。通过中国红十字会总会向香港捐赠25万元，用于采购抗疫急需物资，支持当地社区疫情防控保障。4—5月，组建援沪救援队21人，支持上海开展防疫消杀，消杀面积1300万平方米。

【人道资源动员】2022年，市红十字会开展人道资源动员，提高筹资水平。开展“5·8”人道公益日网络众筹专场活动，推出“器官捐献者子女助学”“为生命救援赋能”“应急救护驿站”等项目，获公众筹款355.12万元，金额居全省第一位。“‘一块走’捐步做公益”参与者5.53万人次，居全省第一位。“9·9”公益日活动中，获公众筹款271.2万元，居全省第一位。做好对口帮扶工作，向四川省甘孜藏族自治州泸定县地震灾区捐赠30万元，向青海、西藏等对口帮扶地区划拨价值120多万元的物资。

【生命救援工程】2022年，市红十字会深化生命救援工程，实施人道关爱行动。提升应急救援能力，为救援队购买意外保险，探索建立救援队管理和指挥系统。临安区红十字北斗救援队和钱塘区杭蓝红十字救援队在市第二届社会应急力量技能竞赛中分别获第一名和第三名。富阳红十字狼群救援队代表浙江（杭州）赈济救援队参与长三角应急救援综合演练并获好评。推动“三献”工作（无偿献血宣传、造血干细胞捐献、遗体和人体器官捐献），开展无偿献血宣传动员，建立造血干细胞捐献志愿者工作群，加强沟通协作，开展形式多样的群建活动。全年杭州市招募近2000名志愿者加入中华骨髓库，成功捐献34例，实现人体器官捐献36例、遗体（组织）捐献127例。

【数智红会建设】2022年，市红十字会深化数智红会建设，探索推动多跨协同整体智治。“救在身边、志愿同行”场景获浙江省改革突破奖银奖。“杭红捐赠”实现线上开具票据和捐赠证书。“救在身边、志愿同行”和“云上博爱家园”场景被确定为省红十字会系统“揭榜挂帅”项目，在全省数字化改革推进会上做示范发言。余杭区“救在身边”多跨应用和“生命髓缘”造血干细胞捐献全流程场景应用、富阳区心理健康志愿服务场景被选为全省红十字系统数字化改革试点工作。

【红十字精神文化传播】2022年，市红十字会强化红十字精神文化传播。“5·8”世界红十字日期间，市红十字会与杭州爱乐乐团、杭州文广集团明珠频道、杭报集团杭州网联合录制特别节目《爱的奉献》，包括音乐专题短片和“红十字在行动”纪录片，将公益与“奉献”主题音乐相结合，展现“红十字在行动”实践，中央、省、市媒体和平台进行报道，5月8日当天阅读量近100万人次。“慢一点礼让斑马线，快一点救在身边”新时代文明实践志愿服务入选杭州市精神文明建设十件大事，表彰夏振辉、马益民等一批全国、省、市最美志愿者。（肖彩霞）

社区（村）建设

【概况】至2022年年末，杭州市有社区1362个，其中上城区199个、拱墅区174个、西湖区181个、高新区（滨江）66个、萧山区236个、余杭区106个、临平区139个、钱塘区63个、富阳区74个、临安区36个、桐庐县37个、淳安县24个、建德市27个。全市有社区工作者1.8万人。其中：中共党员1.20万人，占66.5%；大专以上学历1.77万人，占98.6%；研究生以上学历372人，占2%；取得助理社会工作师及以上资格的1.02万人，占56.7%；取得社会工作师资格的4019人，占22.4%。

全市有村委会1906个，其中上城区4个、西湖区41个、萧山区336个、余杭区116个、临平区57个、钱塘区59个、富阳区276个、临安区270个、桐庐县181个、淳安县337个、建德市229个。杭州市通过健全村务公开机制、强化民主监督机制、完善民主管理机制、加大检查力度等举措深化村务公开和民主管理工作。

【城乡社区治理和服务创新推进】2022年，杭州市推进城乡社区治理和服务创新工作。5月5日，杭州市在全省城乡社区工作会议上做《推进社区治理现代化，高质量打造共同富裕基本单元》主题发言，相关经验向全省推广。5月30日，《浙江政务信息》刊发《杭州市全力推进现代社区建设，高质量打造共同富裕基本单元》，相关经验做法得到省政府领导批示肯定并向全省推广。8月17日，省民政厅发文确认上城区、拱墅区、滨江区、余杭区、钱塘区为第四批省级社区治理和服务创新实验区。8月27日，省民政厅发文将上城区、拱墅区、滨江区列入全省现代社区专项改革试点。11月28日，民政部发文决定授予杭州市上城区凯旋街道南肖埠社区居民委员会“全国先进基层群众性自治组织”称号。12月7日，《浙江政务信息》刊发《杭州市“三聚焦”全域建强现代社区打造居民幸福家园共同体》，相关经验做法得到省政府领导批示肯定并向全省推广。

【社区智治】2022年，杭州市推进“社区智治”计划。6月22日，市民政局发文，将上城区、临平区、钱塘区、临安区、建德市、余杭区五常街道、上城区小营街道老浙大社区、西湖区翠苑街道翠苑一区社区、临平区南苑街道保障桥社区、萧山区北干街道博学路社区确认为杭州市第三批“社区智治”试点单位。

【“亚运进社区”工作推进】2022年，杭州市推进“亚运进社区”工作，助力亚运会、亚残运会。3月14日，市民政局会同市体育局、杭州亚组委宣传部印发《杭州市民政局等三部门关于推进全市“万社联动千社聚力服务亚运”专项行动的通知》，围绕亚运文化宣传、亚运体育活动、亚运空间营造、社区环境提升等主题开展活动。至年末，全市开展各类“亚运进社区”活动4538场次。

【国际化社区建设】2022年，杭州市推进国际化社区建设。10月26日，杭州市和谐社区建设领导小组发文，确定上城区清波街道定安路社区、上城区紫阳街道海潮社区、上城区笕桥街道天新社区、拱墅区半山街道云锦社区、拱墅区天水街道胭脂新村社区、西湖区古荡街道嘉荷社区、西湖区三墩镇政苑社区、滨江区长河街道钱潮社区、萧山区城厢街道天逸社区、余杭区五常街道云创社区、余杭区仓前街道向往社区、临平区南苑街道艺尚社区、钱塘区河庄街道东沙湖社区、钱塘区白杨街道东湾社区14个社区为杭州市2022年度国际化社区示范点。

【撤村建居社区示范点】2022年，杭州市推进撤村建居社区建设。10月26日，杭州市和谐社区建设领导小组发文，确定上城区九堡街道格畈社区、上城区彭埠街道茶亭苑社区、上城区丁兰街道建塘苑社区、上城区丁兰街道大唐苑社区、拱墅区祥符街道星桥社区、拱墅区康桥街道吴家墩社区、西湖区留下街道屏峰社区、西湖区转塘街道方家畈社区、滨江区长河街道江三社区、滨江区西兴街道星民社区、临平区星桥街道星桥社区、钱塘区下沙街道东方社区、临安区青山湖街道大园社区13个社区为2022年度杭州市撤村建居社区示范点。

【农村“田园社区”建设】2022年，杭州市深入推进农村“田园社区”建设。12月23日，省民政厅发文确定西湖区双浦镇东江嘴村等56个村为省级引领型农村社区。10月26日，杭州市和谐社区建设领导小组发文确定西湖区双浦镇外张村等50个农村社区为2022年度杭州市田园社区示范点。

【社区服务业发展】2022年，杭州市拨付公益创投项目资金417万元，经社会组织申报、专家评审、项目公示、评审委员会审定等程序，由27个社会组织分别承接开展项目33个。项目涵盖社区治理、社区融合、专业服务、社区公益、亚运进社区等内容，实施周期为11个月。

【社区（村）减负】2022年，杭州市落实社区（村）准入制度，将社区（村）减负纳入大党建考核，以数字赋能推进社区（村）减负，深化社区（村）减负工作。9月2日，市民政局印发《关于进一步做好社区（村）减负工作的通知》，对减负督察中发现的问题进行整改。

【社会工作专业人才建设】2022年，杭州市加强社会工作专业人才队伍建设，围绕“五社联动”、志愿服务、实务督导等主题，开展“五社联动”实务能力、社会工作督导实务提升、第五批杭州市社会工作督导助理、社会工作领军人才、老年社会工作实务5类培训班。全市5810人通过全国社会工作师职业水平考试，至年末，全市持证人数2.7万人，连续15年总人数居全省第一位。建立社会工作人才梯队，5人获评全国高级社会工作师，1人获评全省社会工作领军人才，培育社会工作督导助理34人，累计培养13名全国高级社会工作师、4名全省社会工作领军人才、169名市级社会工作督导助理。

【社会工作站建设】2022年，杭州市191个乡镇（街道）级社会工作站实现全覆盖。3月4日，市民政局发文，确认上城区南星街道社会工作站等10个社会工作站为杭州市首批十佳乡镇（街道）社会工作站，望江街道近江东园社区益民社会工作室等100个社区特色社会工作室为杭州市首批百强社区特色社会工作室。

【专职社区工作者队伍建设】2022年，杭州市深化专职社区工作者队伍建设，招录专职社区工作者4230名，每1万名城镇常住人口配备专职社工数量达21.6人。杭州市2人入选2021年度浙江省“最美社区工作者”，19人入选2022年度浙江省“社区工作领军人才”，50人入选2022年度杭州市“最美社区工作者”。11月28日，3人被民政部授予“全国优秀城乡社区工作者”称号。

【社区工作者节】2022年11月11日，

2022年11月11日，杭州市第十三届社区工作者节“微光·爱”主题活动在钱塘区国际创博中心举行
（市民政局 供稿）

杭州市第十三届社区工作者节“微光·爱”主题活动在钱塘区国际创博中心举行。活动以“筑梦现代化,同行促共富”为主题,设置主题报告、故事演说、情景剧等板块,展现社区工作者在全市社区建设中的工作。

（陈亦楠）

社会组织

【概况】至2022年年末,杭州市有各类社会组织5.95万个。其中:注册登记1.27万个（社会团体3550个,占28.0%;民办非企业单位8960个,占70.7%;基金会170个,占1.3%),占21.3%;备案4.68万个（城市社区社会组织2.76万个,农村社区社会组织1.93万个）,占78.7%。全年新增社会组织181个,注销126个,变更2925个。市本级有注册登记社会组织1297个。其中:社会团体799个,占61.6%;民办非企业单位445个,占34.3%;基金会53个,占4.1%。开展2021年度社会组织年检工作,市本级有1228个社会组织参加年检,其中合格1073个、基本合格84个、不合格71个,分别占社会组织总数的87.4%、6.8%、5.8%,年检合格率94.2%。继续开展2022年社会组织等级评估,完成市本级316个社会组织的等级评估工作,其中AAAAA社会组织51个、AAAA社会组织70个、AAA社会组织182个。全年市本级资助79个社会组织公益创投项目,其中为老服务类项目22个、社区治理和服务类项目33个、社会救助类项目24个,投入资金1166万元。

【社会组织公益嘉年华】2022年5月25日,杭州市万社联动迎亚运暨萧山区社会组织公益嘉年华活动在浙江国际影视中心举行。活动以“万社联动迎亚运,益路同行铸辉煌”为主题,首次采用线下开幕式与线上“云展示”相结合的方式进行。线下设置开幕式和专题论坛两部分,线上通过技术开发,建模数字嘉年华展区,实现开幕式全程直播、社会组织信息“云展示”,展播2小时观看量1241.7万人次。

【社会组织高质量发展】2022年8月31日,省委社会组织高质量发展专项督查组到杭州进行专项督查。杭州市做工作汇报,市民政局、市委组织部人才办等单位相关人员参会。上城区、拱墅区社会组织代表杭州市得到检查组肯定。

【清廉社会组织推进会】2022年12月6日,杭州市召开清廉社会组织推进会。会议以视频会议形式召开,各区县（市）设分会场。市清廉社会组织建设工作专班成员,市纪委市监委驻有关单位纪检监察组负责人在主会场参加会议。市本级1000多个社会组织在线参会。市科协、临安区民政局、杭州市建筑业协会、浙江新世纪经贸专修学院、杭州市西湖教育基金会5个单位负责人做表态交流发言。

【社会组织培育扶持】2022年,杭州市推动区县（市）和乡镇（街道）级社会组织示范园区建设。全市乡镇（街道）社会组织服务中心实体化运营达99%、AAA以上等级服务中心达85%。选树市级品牌社会组织15个和社会组织领军人物15名。开展公益创投项目工作,投入1166万元资助79个公益项目。

【社会组织专项清理】2022年,杭州市对全市社会组织开展专项清理。至年末,整治分支（代表）机构40个,排查僵尸型社会组织897个,抽查市本级440个社会服务机构,约谈负责人25人,发出行政整改告诫书50份,27个社会组织被列入诚信异常名录,劝导16个社会组织注销。

【社会组织优化营商环境】2022年,杭州市实施《贯彻落实国务院关于开展营商环境创新试点建立行业协会商会规范收费长效机制工作方案》,引导行业协会商会发挥资源链接、行业服务等优势,推动助企纾困政策落地见效。开展助企纾困政策宣讲1006场次、资源链接服务1067次。建立行业协会商会乱收费专项清理整治统筹协调机制,推动全市600多个行业协会商会收费情况在市民政局官网集中公示。规范经营服务性收费项目18个,降低偏高收费项目8个,查处存在乱收费问题协会商会6个,减轻企业负担6000多万元。全市开展“双随机”检查2104次,发现问题17个,其中处罚办案14个、整改复查3个。（刘玥兰）

民族·宗教

【概况】据第七次全国人口普查（2020年11月1日标准时点数据),杭州市常住人口中,56个民族齐全。常住少数民族人口有28万余人,1万人以上的少数民族有苗族、土家族、侗族、壮族、布依族、畲族、回族、彝族、满族。流动少数民族人口有41万余人。全市有1个民族乡（桐庐县莪山畲族乡）,19个民族村（富阳区双江村,临安区铜山村、逸逸村、众社村、浪山村、枫树岭村,桐庐县莪山村、中门村、新丰村、龙峰村、湾下村、大庄村、金塘坞村,淳安县富泽村,建德市胡村源村、双泉村、高桥村、小溪源村、团结村）。

杭州市有佛教、道教、伊斯兰教、天主教、基督教五大宗教,各级宗教团体43个,带有基督教性质的社会团体2个（杭州基督教青年会、杭州基督教女青年会）。全市经登记开放的宗教活动场所有841处（佛教279处、道教36处、伊斯兰教1处、天主教12处、基督教513处）。纳入登记编号的民间信仰活动场所831处。

【56路“民族团结号”公交专线开通】2022年5月6日,杭州市56路“民族团结号”公交专线开通仪式在市公交集团五公司56路公交车始发站举行。“民族团结号”公交专线由市民族宗教局与市公交集团联合打造,是杭州市移动的“民族团结”宣传教育窗口。在开通仪式上,市公交集团五公司党支部被吸纳为杭州市“之江同心·石榴红”党建联建的第15个成员单位。

【民族乡村共同富裕指标体系发布】2022年7月6日,民族乡村共同富裕指标体系在桐庐莪山畲族乡发布。莪山畲族乡和桐庐县市场监督管理局以《浙江高质量发展建设共同富裕示范区实施方案》第一阶段（2021—2025年）发展目标为依据,着眼新时

2022 年 5 月 6 日，杭州市 56 路“民族团结号”公交专线开通

（市民族宗教局 供稿）

代文化、社会环境、产业质效、居民收入、公共服务、美丽宜居 6 个板块，赋分量化 22 项共同富裕二级指标，细化出 76 项共同富裕考核指标。

【杭州穆斯林群众欢度古尔邦节】2022 年 7 月 10 日，在杭州的穆斯林群众身着节日盛装，到杭州清真寺参加节日会礼。杭州清真寺举行升国旗仪式、节日庆典仪式。省、市、区委统战部和民族宗教局等相关部门负责人到节日庆典现场，向穆斯林群众致以节日问候。

【国家民族事务委员会到杭州调研】2022 年 7 月 23 日，国家民族事务委员会副主任赵勇一行到西湖区、拱墅区调研城市民族工作。调研组在西湖区“转塘·石榴籽家园”听取近几年来开展民族团结进步创建工作的情况介绍，实地走访拱墅区“贤聚堂民族家园”和新颜苑社区民族之家。

【浙江省各族青少年夏令营（杭州营）】2022 年 7 月 26—29 日，市民族宗教局和西湖区民族宗教局、拱墅区民族宗教局接待参加“各族青少年交流计划暨 2022 年浙江省各族青少年夏令营（杭州营）”的 50 多名各族青少年。营员到“转塘·石榴籽家园”、杭州数字化治理核心“城市大脑”运营指挥中心、宋城景区、杭州工艺美术博物馆、桥西直街、拱宸桥等处参观学习。

【全省推进共同富裕重点项目对接恳谈活动在桐庐举行】2022 年 9 月 26—27 日，全省推进共同富裕重点项目对接恳谈活动在桐庐县举行。活动现场，畲族食品生产基地、“数字畲乡”农文旅共富应用场景项目、“红石榴·水果工坊”等 30 多个 2023 年中央、省级民族发展资金重点申报项目负责人进行介绍，由评审组成员对项目进行评分。活动期间，全省各区县（市）民族宗教局局长参观考察莪山畲族乡数字化建设成果、民族乡村产业发展和村寨建设情况。

【民族乡村负责人培训班】2022 年 10 月 26—28 日，2022 年度杭州市民族乡村负责人培训班在浙江农林大学开班。杭州市各民族乡村负责人、有关街道统战委员和民族宗教干部 60 多人参加培训。培训班邀请相关领域的专家学者授课，就“共富石榴红”场景应用进行工作布置。参训人员围绕民族乡村的发展现状、发展目标及存在困难等进行交流讨论。

【杭州市铸牢中华民族共同体意识实践和理论学术论坛】2022 年 11 月 17 日，“浙里话共富促共融”品牌活动暨杭州市铸牢中华民族共同体意识实践和理论学术论坛在浙大城市学院举行。与会人员实地考察浙大城市学院“城翼年华”党群服务中心，调研参观“之江同心·石榴红运河家园”。来自浙江省社会主义学院、浙江大学、花都美容美发培训中心等单位的专家学者围绕铸牢中华民族共同体意识理论研究和实践探索进行主题发言。

【红曲酒开酒节】2022 年 11 月 19 日，桐庐县莪山畲族乡举办以“曲韵龙峰，共富畲乡”为主题的第五届红曲酒开酒节。桐庐县莪山畲族乡红曲酒酿制技艺是浙江省非物质文化遗产，有 500 多年酿造历史。开酒节通过念祖仪式、畲族舞蹈、“高山流水”长桌宴等活动，展示畲族乡特色红曲酒文化。

【杭州在浙江省第七届民族传统体育运动会获佳绩】2022 年 11 月 24—27 日，浙江省第七届民族传统体育运动会在丽水市景宁畲族自治县举行。杭州市代表队取得 3 枚金牌、5 枚银牌、8 枚铜牌的成绩。杭州代表团获道德风尚奖。

【杭州市民族宗教政策法规宣讲团成立】2022 年 6 月 15 日，杭州市民族宗教政策法规宣讲团成立仪式在市委党校举行。成立仪式上宣读《关于成立杭州市民族宗教政策法规宣讲团的通知》，向首批 12 名宣讲团成员颁发聘书。宣讲团由市民族宗教局和市普法办共同组建，成员包括民族宗教工作干部、专家学者、法律界人士等，宣讲内容涵盖党的民族宗教工作理论和方针政策、民族宗教法律法规、民族宗教工作形势任务、民族宗教基础知识等。

【杭州市径山万寿禅寺传授三坛大戒法会】2022 年 6 月 1 日至 7 月 1 日，由浙江省佛教协会主办、杭州市佛教协会协办、径山万寿禅寺承办的传授三坛大戒法会举行。法会以浙江省寺院常住沙弥为主，执行《全国汉传佛教寺院传授三坛大戒管理办法》等规定。活动期间，径山戒场邀请中国佛教协会、浙江省佛教协会等法师为新戒授课。7 月 1 日，径山戒场组织全体新戒举行升国旗仪式。法会结束后，径山万寿禅寺、灵隐寺、杭州佛学院僧众和众新戒共同举办“护国兴教贺华诞梵呗音乐晚会”。

【杭州玉皇山福星观监院升座暨道教中国化论坛】2022年6月8日，杭州玉皇山福星观监院升座暨道教中国化论坛举行。活动举办中国道教协会副会长、浙江省道教协会会长、杭州市道教协会会长董中基道长任监院升座仪式，福星观神像开光法会，杭州市首届坚持道教中国化方向论坛。论坛由市道教协会和市宗教研究会共同举办。来自浙江大学、市委党校等高等院校及科研单位的专家学者围绕新时代如何推进坚持道教中国化方向的杭州实践开展对话交流。

【佛教中国化与天目山文化研讨会暨智严法师升座庆典】2022年7月6日，西天目山禅源寺举行佛教中国化与天目山文化研讨会暨智严法师升座庆典，智严法师任禅源寺方丈。庆典上，禅源寺向临安区红十字会捐款10万元，用于社会公益慈善事业。论坛上，佛教界和文化界人士代表围绕佛教中国化和天目山文化进行探讨和交流。

【苏轼与临安佛教文化论坛暨乾良法师升座庆典】2022年8月31日，玲珑山卧龙寺举行苏轼与临安佛教文化论坛暨乾良法师升座庆典，乾良法师任卧龙寺方丈。论坛开拓宋韵文化研究的新视角，拓宽佛教中国化研究的新领域，省、市高校教授和专家学者，以及临安区佛教协会成员等50多人参加。

【杭州市佛教协会第七次代表会议】2022年6月26—27日，杭州市佛教协会第七次代表会议举行，来自全市佛教界258名代表（含特邀代表）参加会议。会议听取并审议通过杭州市佛教协会第六届理事会工作报告、财务审查报告、《杭州市佛教协会章程（修订稿）》，选举产生杭州市佛教协会第七届理事会理事、常务理事和领导班子，礼请咨议委员会委员。释月真当选市佛教协会第七届理事会会长。新一届理事会领导班子到“五四宪法”历史资料陈列馆参观学习，坚定“五个认同”。

【杭州市民间信仰事务管理工作现场推进会】2022年7月5日，杭州市民间信仰事务管理工作现场推进会在临平区召开。各区县（市）统战部部长、民族宗教局局长及全市宗教工作重点乡镇（街道）分管负责人参加会议。会议期间举行《民间信仰与乡风传承》首发暨赠书仪式，该书由市民族宗教局组织编撰，以“乡风文明培育”“乡村文化转型”“良善社区治理”“家国情怀涵养”为主题汇编全市民间信仰活动场所好故事。

【杭州佛学院在佛教论辩会获奖】2022年11月5—8日，杭州佛学院组队参加2022年佛教论辩会，女队获“金莲花”一等奖，男队获“金莲花”二等奖。论辩会以“践行佛教中国化”为主题，各场辩题结合当前佛教界亟须关切的问题，解读佛教传统和义理，引导广大信教群众正信正行。

【佛教教职人员轮训】2022年，杭州市佛教协会制订教育培训工作方案，建立市、区两级轮训和分片培训制度。分别在本会及萧山、余杭、富阳、临安、建德等地设立市、区两级共6个教职人员培训点，聘请市佛协分管教育培训的副会长担任督学，各区县（市）教职人员培训点分别聘请监学1人，确保教育轮训工作质量。

【基督教神学思想建设研讨会】2022年11月16日，杭州市基督教三自爱国运动委员会、杭州是基督教协会召开第二十次神学思想建设研讨会暨“之江问道·基督教圣乐中国化研讨会”，印发《圣乐中国化论文集》。与会者围绕圣乐中国化做交流发言，思澄堂常乐民乐队演奏5部具有民族音乐风格和中国化气派的圣乐作品。

【周雄孝文化节】2022年11月19日，“民间民俗·多彩浙江”周雄孝文化节在中国孝道之乡富阳区渌渚镇举行。文化节以“孝善行天下，同奔共富路”为主题，通过宋韵、孝善、共富3个篇章，展现渌渚镇的孝善氛围和精神文化标识，弘扬宋韵孝善文化。文化节上举行《去渌渚赶一场宋宴》首发仪式，为首届“新时代周雄”获奖者颁奖。

【浙江省宗教界“国家宪法日”活动在杭州举行】2022年12月11日，浙江省宗教界“国家宪法日”活动暨以宪法为主题的“十百千万”普法工程授牌仪式在径山万寿禅寺举行。杭州市径山万寿禅寺、法镜讲寺获评省级普法示范点，12处宗教活动场所获评省级法治宣传教育基地。

【杭州传统文化讲堂】2022年，杭州市宗教研究会联合市级五大宗教团体举办12场“之江问道·杭州传统文化讲堂”。讲堂以“我们的节日”为主题，策划清明追思、劳动敬业、中秋团圆、国庆爱国、岁末迎福等12场讲座，安排五大宗教用不同故事讲述同一个主题，反映五大宗教对中华优秀传统文化的共同认同和独特理解，引导宗教界学习传统文化、讲好中国故事、弘扬中国精神。

12月22日，之江问道·杭州市宗教中国化论坛举行。论坛以“打造宗教中国化和宗教事务治理现代化城市之窗”为主题，研讨新形势下推进宗教中国化杭州实践的路径、方法和载体等内容。论坛通报命名35处杭州市级宗教中国化场所，选树12名“之江问道·杭州传统文化讲堂”优秀讲师，印发交流文集《之江问道·宗教中国化的杭州实践》。

【3个单位获评全国宗教界先进集体】2022年12月29日，中共中央统战部以电视电话会议形式召开首届全国宗教界先进集体和先进个人表彰大会。大会表彰先进集体253个和先进个人156名。杭州灵隐寺、福星观、基督教会思澄堂获评先进集体。

（汪文珊）

责任编辑　郦　晶

46 区县（市）

上城区

【概况】2022年，上城区辖14个街道，有199个社区、4个村。至年末，全区户籍人口88.28万人、暂住人口77.11万人，人口自然增长率0.78‰。全区生产总值2560.53亿元，比上年增长3.8%。其中：第二产业增加值671.04亿元，增长2.6%；第三产业增加值1889.49亿元，增长4.2%。二、三产业增加值结构为26.2∶73.8。按常住人口计算，人均生产总值18.92万元，增长2%。按国家公布的2022年平均汇率折算，为2.81万美元。财政总收入405.63亿元，增长7.4%。其中，一般公共预算收入210.56亿元，增长4.6%。一般公共预算支出152.21亿元，增长8.1%。居民人均可支配收入79105元，增长3.2%。

全区规模以上工业增加值510.67亿元，增长3.0%。固定资产投资增长5.5%。社会消费品零售总额1073.09亿元，增长8.8%。货物进出口总额639.49亿元，增长4.2%。全年数字经济核心产业增加值100亿元，增长29.9%。湖滨、吴山、钱江新城三大商圈营业额287.9亿元，增长5.8%。优化"跟着地名游上城"、皋亭山观桃节等品牌活动，清河坊历史街区获评首批国家级旅游休闲街区。接待游客超过5000万人次，旅游休闲产业增加值154亿元。健康产业增加值299.19亿元，增长15.2%。实现税收1亿元以上楼宇62幢，其中税收10亿元以上楼宇11幢。上城区获评"中国楼宇经济（总部经济）标杆城区"。

全区新增发明专利1235件。新认定国家高新技术企业142个、省级科技型中小企业455个、市雏鹰计划企业50个。新增市级及以上科技企业孵化器2个、众创空间1个，新增市级及以上企业研发平台34个，入选2022年杭州独角兽和准独角兽企业榜单企业14个。新设省级博士后工作站1个，新进站博士后12人。立项省"尖兵""领雁"研发攻关计划项目25个、市人工智能领域重大项目7个。上城信息智能高新技术产业园区被纳入省级高新区创建名单。

全区有各类学校206所，其中幼儿园108所、义务教育阶段学校94所、十二年一贯制学校2所、普通高中1所、职业高中1所。在校（园）学生15.98万人，其中义务教育阶段中小学生11.34万人（含随班就读、送教上门、特殊教育学生）、高中生2065人、在园幼儿4.41万人。有在编教职工1.01万人。浙江省义务教育标准化学校比例100%。

全年全区开展各类社区级以上文化活动4600多场。浙江省"文化基因"解码成果被省文旅厅评为"优秀"等次。德寿宫遗址、胡庆余堂等11个项目被评为"优秀解码项目"。"宋韵文化·南宋皇城"入选首批文化标识建设创新项目。宋韵文化传世工程加快实施，南宋德寿宫遗址博物馆开馆，宋韵最杭州传统风貌区成为省级样板，南宋临安城址入选新时代浙江考古十大发现。南宋书房入选首届浙江最美公共文化空间。公共文化服务现代化发展指数、非物质文化遗产保护评估指数均居全省前十位。上城区博物馆联盟成立，文博事业发展水平居全省第五位。

全区有各类医疗卫生机构660个（含省市医疗机构，不含停业医疗机构、筹建机构），床位2.32万张，各类专业卫生技术人员4.02万人。全年新增婴幼儿照护服务托位783个，新建成长驿站15个。推进医疗机构均衡布局，构建"1+3"（"1"指以街道社区卫生服务中心为基础，"3"指慢病管理、中医药服务、妇幼服务3项服务）分层分类区域化健康服务体系。打造全生命周期健康服务创新区。上城区获评"健康浙江"建设（2018—2020年）先进区。

全区基本完成以李宁体育园和区体育中心、区全民健身中心、定安路体育中心、九堡文体中心、丁兰文体中心、杭州市全民健身中心（属地上城）为阵地的"一园六中心"大型文体场馆布局体系构建。人均体育场地面积2.22平方米。实现社区体育设施全覆盖，形成"10分钟健身圈"。每千人有社会体育指导员3.5人，达到2022年"健康浙江"考核每千人2.6人的标准。以"亚运四进"活动为载体，开展各类全民健身活动。上城区获评首批省体育现代化区。

全区城镇新增就业3.38万人，实现失业人员再就业9298人，就业困难人员安置2951人，开展职业技能培训2.88万人次，新培育技能人才1.8万人，发放创业担保贷款369笔、1.73亿元。全区“零就业”家庭实现动态清零。全区养老保险参保人数65.1万人，工伤保险参保人数71.6万人，医疗保险参保119.59万人。

【“周末圆桌会”活动】2022年5月13日，上城区在区都市经济高质量发展暨助企惠企“六个一”行动推进大会上推出“周末圆桌会”活动。“周末圆桌会”设在周五，不定期举办，邀请区委主要负责人、区领导及相关部门、街道领导与企业家代表、海归人才围坐圆桌，开展“零距离”对话、面对面交流，共同探讨机遇与趋势，为加快建设独具韵味的国际化现代化共同富裕典范城区集智聚力。“周末圆桌会”主要围绕“经济发展”话题开展座谈，旨在更好搭建政企交流平台，为企业实现资源共享、机会共寻、信息共用，让街道、部门能第一时间了解企业诉求需要和发展现状。全年举办“周末圆桌会”5期，聚焦企业发展“急难愁困”、金融产业高质量发展、海外人才“引育用留”等主题。

【上城区入选“中国楼宇经济（总部经济）标杆城区”30强】2022年9月2日，在中国国际服务贸易交易会·楼宇经济北京论坛上，上城区入选“中国楼宇经济（总部经济）标杆城区”30强，浙江唯一。上城区围绕“全国楼宇经济标杆城区”目标，推动楼宇经济高质量集聚发展，以金融服务、消费服务、智能制造为支撑，以专业服务、大健康为特色的“3+2”产业体系，打造优质楼宇产业生态圈。牵头发起长三角商务楼宇等级评定标准项目和“长三角楼宇经济合作成果”专项行动，联合上海市黄浦区、南京市鼓楼区等9个城区共同编制发布《长三角商务楼宇一体化评价体系》，择优遴选20幢楼宇成为首批试点，打造全国楼宇经济跨省市合作“创新案例”。6月30日，由上城区牵头起草的《楼宇平方效益评价规范》杭州市地方标准修订版发布。至年末，全区有竣工商务楼宇260多幢，总建筑面积2000万平方米，税收1亿元以上楼宇62幢，其中税收10亿元以上楼宇11幢。钱塘银座成为税收月平均1亿元、营业收入1000亿元的“双亿大楼”。

【首届“金靴奔跑”创新创业大赛】2022年7月2日，上城区首届“金靴奔跑”创新创业大赛启动仪式举行，来自上城区的创业人才、重点企业、金融投资机构、创新平台运营机构等领域代表400多人通过线上和线下的方式参加。大赛由市委人才办、市经信局、市科技局指导，区委、区政府主办。大赛主题为“智荟上城、创享未来”，旨在吸引集聚更多海内外高层次人才到上城创新创业。大赛聚焦金融科技、信息技术、高端服务、人工智能、智慧医疗、光电技术6个领域，面向全球征集优质创新创业项目。启动仪式上，创业人才、企业家、投资机构代表分享他们参赛落地上城、筑梦奔跑上城、助力上城企业发展的经历和感受，讲述上城与人才携手共谱“产才融合共兴”的故事，同时“金靴奔跑”创业者联盟揭牌。大赛遵循公开、公平、公正、择优的原则，经海选、初赛和复赛，最终评选出12个项目进入决赛。11月10日，大赛决赛举行，市、区相关领导及区相关单位负责人，重点平台企业投资机构，人才代表等参加。经过现场路演评选，以及首席评委、行业顶级专家现场评审打分和项目估值，最终“节能低碳的膜法溶剂处理与回收”项目获一等奖，获二等奖4人、三等奖7人、优胜奖18人。获奖项目落地后给予最高1500万元的资金资助及相关配套扶持。

2022年11月10日，上城区首届“金靴奔跑”创新创业大赛决赛举行
［上城区委党史研究室（上城区地方志编纂研究室）供稿］

【政府数字人民币红包体验活动】2022年6月18日至7月2日，上城区举办全省首次政府数字人民币红包体验活动。全区12个单位配合，联动湖滨商圈百货、汽车、家电、超市、餐饮等近400个企业，全方位保障数字人民币体验活动举行。与中国工商银行杭州分行合作智能合约开发、定制和测试，提高红包使用效率与便利性。运用微信、微博、抖音等融媒体宣传活动，吸引12万人报名参加。活动通过“数字人民币红包助手”微信小程序，分4轮发放数字人民币红包2万个，每轮次平均用时4秒发放5000个红包，每轮次平均5万人以上在线抢。活动发放数字人民币消费红包200万元，其中188元红包2400个、88元红包1.76万个。该红包可在湖滨商圈近400个商户无门槛使用。

【“幸福邻里坊”社区共富综合体建设】2022年，上城区全域推进“幸福邻里坊”社区共富综合体建设。上城区以“幸福”为标尺，以“邻里”为主体，以“坊”为空间，以服务为主线，整合党群服务、公共服务等社区资源，结合老旧小区改造项目和配套用房，加强公共空间发掘，合理选址布局，科学配置功能，设置托育、颐养、健身、康复、小饭桌、小修理、小剧场、小书房8个个性化服务场景，打造集聚式、分散式、嵌入式“幸福邻里坊”共富综合体。该综合体形成辐射1千米、10分钟步行可达的“十分优享”公共服务圈层，为群众提供教育、医疗等40多类公共服务，助力共同富裕基本单元建设。同时，在全区统一建设“幸福邻里坊”数字综合平台，推动服务“一键直达”、需求“一屏掌握”、治理“一网统管”，让“幸福邻里坊”成为24小时服务综合体。至年末，“幸福邻里坊”实现街道全覆盖，惠及群众6万余人，入选杭州市争当浙江高质量发展建设共同富裕示范区城市范例成果展示类试点，并被《人民日报》点赞。6月16日，闸弄口街道红梅社区在全市基层智治系统推进会上演示汇报“幸福邻里坊”应用场景。

【杭州东站“大型综合交通枢纽智治应用”升级】 2022年，杭州东站“大型综合交通枢纽智治应用”迭代升级。通过进一步技术融合、业务融合、数据融合及数字东站与实体东站虚实交融、精准映射，实现风险精准感知、预案仿真推演、三维可视化指挥，形成“数据双向赋能、态势立体感知、指挥一键直达、服务精准高效”的大型综合交通枢纽多跨协同智治体系。4月26日，该应用在全省数字化改革推进会上做演示汇报。《杭州市上城区“大型综合交通枢纽智治”应用介绍》等15篇改革经验在《领跑者》《浙江信息》《浙江政务》《数字化改革（工作动态）》等刊物上刊发，入选省《数字政府系统优秀应用案例集（第三批）》。该应用先后获评2022年省第二批数字法治好应用、省数字化改革“最系列”最佳应用，获省改革突破奖银奖。杭州东站服务满意度居上海铁路局37个客运站第二位，其管理服务经验上升为标准，并高分通过国家级社会管理和公共服务综合标准化试点验收。

【“淘教师”平台启用】 2022年3月2日，上城区启用全市首个“淘教师”平台，破解临时代课教师招聘难题。学校和代课教师须在平台进行注册，登记相关信息。学校通过该平台发布代课教师招聘需求，通过年龄、学科等5个方面关键要素，迅速、精准匹配教师简历供学校自主选择，并提供突发情况预案。至年末，平台注册中小学、幼儿园145所，其中发布招聘需求62所、完成招聘14所。通过平台，学校实时监测和动态评估教师资质、招聘过程，全面加强教师招募、培训、管理、淘汰更换4个环节、13个流程的监督与管理，严把代课教师的资质关、能力关、教学质量关等，全面提升服务品质。至年末，平台注册优质教师1.3万人。通过平台可对教师进行全程评价。录用前，平台通过面试、试讲等，对注册教师的专业技能、课堂管理等12个方面形成评价表，为学校选人用人提供参考。录用后，学校通过个人素养、教学态度、教学水平、学生反馈评价4个方面，对代课教师的工作能力进行评价，实现教师评价“一体化”。

【上城区首届社区运动节】 2022年11月27日至12月8日，“运动活力 健康幸福”杭州市上城区首届“城发杯”社区运动节开幕式在上城区体育中心举行。社区运动节期间，开展拔河、趣味运动大挑战、排舞、篮球、足球、乒乓球、羽毛球和气排球等比赛，还设置“宋潮运动”，开展“动享宋潮”体育运动项目体验，涵盖投壶、捶丸（迷你高尔夫）、打陀螺、蹴鞠、踢毽子、飞盘、旱地冰壶、趣味运动大体验（足球绕杆、重力深蹲、波速球）、智能下棋机器人和FPV无人机足球等。

【“上城颐养”智慧养老服务平台】 2022年，上城区建设“上城颐养”智慧养老服务平台。通过用户端、政务端、服务端3个端口架构，满足个人用户、养老机构、政务人员等各领域、各层面的使用需求，内容包括养老数据驾驶舱、物联网管理平台等6类体系，形成完整的区级养老服务和管理体系，实现养老服务全域全流程监管。上城区结合区养老服务数字化改革进程，将“上城颐养”智慧养老服务平台与省、市、区三级养老服务民生实事项目、重点工作相对接，在原有家庭养老照护床位、智慧养老站点、智能养老管家3个核心模块的基础上，新增智能终端、智慧养老院、“全城通”助餐3个模块。其中，智慧养老院建设将区属公建民营养老机构——上城区瑞和颐养中心进行软硬件提升，通过智慧服务、照护、交流、管理、安防“五位一体”应用场景建设和智能设备的配置，链接老年人能力评估、健康管理、生活照料、康复护理等环节，形成“一人一床一码”服务模式，提升机构管理水平，使入驻机构的老年人享受高质量生活。

【“上工学堂”培训服务】 2022年4月15日，上城区面向全区范围内建有工会的机关、企事业单位，以区全公益培训平台——“上工学堂”为依托，启动培训服务活动，丰富职工在“工作8小时”之外的生活。根据基层工会点选预约，区总工会采取“送下去”的形式开展培训服务，把职工需要、企业欢迎的培训课及时送进企业、社区、楼宇、市场等基层一线。围绕“聚焦二十大、喜迎亚运会”主题，制定宣讲类、生活类、迎亚运体育类、艺术类4类、100节课程，涉及摄影、茶艺、插花、国画、健身、瑜伽、球类等内容。同时，区总工会开设英语情景口语、英语口语等课程，提升学习者英语口语交际能力。全年“上工学堂”培训人数近1万人。（许红霞）

拱墅区

【概况】 2022年，拱墅区辖18个街道、174个社区。至年末，全区户籍人口88.64万人、登记在册流动人口59.47万人。人口出生率7.46‰，人口自然增长率1.80‰。全区生产总值2003.3亿元，比上年增长1.5%。其中：第二产业增加值193.4亿元，增长1.9%；第三产业增加值（服务业增加值）1810.0亿元，增长1.5%。二、三产业增加值结构为9.7∶90.3。按常住人口计算，人均生产总值17.26万元。

财政总收入340.14亿元，增长5.6%。其中，一般公共预算收入184.29亿元，增长2.6%。一般公共预算支出134.20亿元，增长13.0%。民生事业投入114.43亿元，增长13.1%。

拱墅区围绕“1+4”产业（“1”即商贸金融产业，“4”即数字经济产业、生命健康产业、电竞文娱产业、新制造业），加快推进重点项目建设，提升平台能级，推动产业发展。全年商贸金融业增加值970.4亿元，占全区生产总值的48.4%。其中：商贸业增加值303.4亿元，占全区生产总值的15.1%；金融业增加值667.0亿元，增长5.3%，占全区生产总值的33.3%。全年数字经济核心产业增加值80.4亿元，占全区生产总值的4.0%。生命健康产业增加值255.4亿元，增长6.4%。文化产业增加值103.6亿元，增长1.7%。

工业增加值124.0亿元，增长1.9%，其中规模以上工业增加值101.68亿元，增长2.4%。规模以上工业销售产值296.7亿元，增长4.9%。其中，出口交货值12.2亿元，下降8.6%。规模以上工业新产品产值108.6亿元，新产品产值率36.7%。高新技术产业增加值90.2亿元，占比82.6%，增长5.8%；战略性新兴产业增加值75.4亿元，占比69.0%，增长8.3%。年建筑业增加值70.2亿元，增长2.1%；建筑业总产值697.8亿元，增长2.7%；竣工产值268.6亿元，增长8.3%。

固定资产投资增长12.1%。分产业看，第二产业投资增长50.5%，第三产业投资增长11.4%。分结构看，工业投资增长50.5%，制造业投资增长15.8%，高新产业投资增长19.1%，民间投资增长10.6%，生态环保、城市更新和水利设施投资增长48.6%。房地产开发投资增长11.4%。房屋施工面积1507.7万平方米，增长14.8%。商品房销售面积180.0万平方米，下降12.8%。

服务业增加值1810.0亿元，增长1.5%，占全区生产总值的90.3%。金融业增加值667.0亿元，增长5.3%，高于全区服务业增加值增速3.8个百分点。非营利性服务业增加值268.5亿元，增长4.4%。营利性服务业增加值324.8亿元，增长3.4%。交通运输、仓储和邮政业增加值80.1亿元，下降5.9%。商贸业增加值303.4亿元，下降4.2%；限额以上商贸销售额1.04万亿元，下降4.2%。房地产业增加值165.3亿元，下降5.6%。规模以上服务业企业营业收入1265.8亿元，增长0.7%。其中，租赁和商务服务业、科学研究和技术服务业营业收入分别增长13.1%和7.6%。年营业收入10亿元以上企业17个，占规模以上服务业企业数的2.2%，占规模以上服务业营业收入的44.0%。

社会消费品零售总额1312.9亿元，增长2.0%。从限额以上主要商品零售情况看，汽车类增长9.7%；石油及制品类增长12.9%；通信器材类增长3.2%；中西药品类增长12.2%。

货物进出口额874.19亿元，增长0.3%。其中：进口额400.33亿元，下降16.4%；出口额473.86亿元，增长20.5%。完成跨境电商出口9.21亿美元，下降4.17亿美元。服务贸易出口额8.84亿美元，下降25.6%，其中服务外包离岸执行额1.33亿美元。引进招商引资项目5880个，注册资金1175.23亿元，其中新招引1亿元以上产业项目118个，总投资855.37亿元。实际利用外资2.71亿美元。

拱墅区聚焦大城北、大和平重点区块，推进重点区块开发行动项目242个，完工72个。加快97条、55.5千米路网建设，建成道路36条。开通地铁3号线、4号线、10号线、19号线沿线24个站点，辖区内轨道交通密度提升至0.7千米/平方千米。新增停车泊位1.15万个（含公共泊位1408个），公共充电桩406个。完成地铁口非机动车泊位施划民生实事项目，拓展非机动车停放点位11处，新增非机动车泊位1250个。推进省级、市级未来社区建设项目23个和老旧小区改造项目9个。交付老旧小区住宅加装电梯205台。开工共有产权房1000套，完成保障性租赁住房认定1.19万套。完成5个街道、20个小区的“污水零直排”提质增效工作。对北城·智汇园、北部软件园和康桥新能源产业园3个工业园区开展“污水零直排区回头看”，夯实“污水零直排区”建设成果。新创建亚运公园片区为省级“美丽河湖”。安装餐饮油烟在线监测系统606个。

新认定科技“小巨人”企业2个，高新技术企业155个，省科技型中小企业460个，新培育“雏鹰企业”45个。专利授权量9636件，下降1.4%，其中发明专利授权量2946件，增长20.9%。全年新设市场主体2.42万个，下降5.9%，其中内资企业1.27万个，下降9.7%。

全区有各类教育机构207个（不含高校、市属学校、国际学校等），其中职业高中1所、完全中学1所、高中3所、初中26所、九年一贯制学校13所、小学50所、幼儿园（含民办、部门办、街道办幼儿园）111所、特殊教育学校2所。有在校学生14.29万人，其中幼儿园在校幼儿3.84万人、小学在校学生6.99万人、初中在校学生3.06万人、高中（含职业高中）在校学生3827人、特殊教育学校学生213人。教师1.13万人。全区有省现代化校园32所，其中获评省现代化学校9所、全国文明校园1所、省级文明校园2所。

拱墅区大运河文化入选省首批十大文化标识，以榜首成绩创建省级大运河文化传承生态保护区、省级文旅产业融合试验区。非物质文化遗产保护发展指数列全省第一位。新建文化驿站1个、城市书房2个、杭州书房1个，新增社区博物馆2个，打造“15分钟品质文化生活圈”50个，获评全省首批“幸福文化馆”。建成嵌入式体育场地341个，新增面积6.13万平方米。发布全国首个“10分钟高品质健身圈”建设指南。举办全国“行走大运河”全民健身健步走、第三届长三角水上运动节等大型跨省体育活动。

全区有卫生机构803个，实有床位2.08万张，每千人执业医师数8.27人，每千人注册护士数10.39人，社区卫生服务机构年诊疗量499.94万人次。完成老年人健康调查12.7万人，建立电子个案表并提供对应咨询随访服务的重点人群6.8万人。建成社区卫生服务中心5个、社区卫生服务站6个。完成区疾病预防控制中心基因扩增实验室（PCR实验室）提升改造，新增急救站2处，引入医疗设备665台。新增普惠型托育机构5个、社区成长驿站12个、托位1194个（其中普惠型托位990个）。新增认知障碍照护专区12个、床位187张，建成智慧养老院1个、康养联合体3个，实现26个阳光老人家智能终端全覆盖，新增持证护理员161人，每万名老人有持证助老员数26名。拱墅区获评省级"一老一小"优质服务提升专项行动试点区和普惠托育基本公共服务首批试点区。

新增就业3.36万人，实现失业人员再就业3335人；发放促进就业专项资金1.33亿元，惠及3.75万人次。全区职工养老保险参保人数65.89万人，生育保险参保人数60.46万人，工伤保险参保人数78.30万人，基本医疗保险参保职工人数70.32万人，户籍人口基本医保参保率99.8%。

【拱墅区获评省文旅产业融合优秀试验区】2022年12月，拱墅区以榜首成绩获评浙江省文旅产业融合优秀试验区。拱墅区立足辖区文旅发展实际，依托大运河国家文化公园建设，构建"资源围绕文旅聚、产业围绕文旅融、服务围绕文旅闹"的文旅产业发展格局。全区有国家AAAA级旅游景区1个（京杭大运河·杭州景区），国家级森林公园1个（半山国家森林公园），国家级夜间文化和旅游消费集聚区1个（拱墅新天地活力Park街区），国家级水路旅游客运精品航线1条（运河钱塘江联游航线），景区街道11个（拱宸桥街道、小河街道等）。

【拱墅区获评健康浙江建设先进区】2022年11月，拱墅区获评健康浙江建设先进区。自2018年起，拱墅区围绕"高水平建设健康浙江"战略部署，统筹经济发展，推进健康拱墅建设，曾获评全省基层卫生健康综合试验区、健康杭州建设示范标杆区，健康浙江、健康杭州考核连续4年优秀。全区居民健康素养水平42.5%，超过全省平均水平6.4个百分点。2021—2022年，连续2年代表浙江省接受国家基本公共卫生项目绩效评价。

【拱墅区全时空多维度采录感知网入选省级试点】2022年10月12日，拱墅区全时空多维度采录感知网启用仪式举行。拱墅区针对基层"智"治中感知能力弱、基础数据乱、指挥层级多、处置力量散等问题，整合城市基本空间信息、公共设施信息、公共基础服务等数据，围绕"三库三中心"（治理库、感知库、事件库；算法数智中心、算力数智中心、调用数智中心），集成感知设备15类、3.4万个，汇聚公共数据12.6亿条，对8类、17万个管理对象进行数字孪生画像，迭代打造区全时空多维度采录感知网，构建高效协同、整体智治的中心城区基层治理新模式。拱墅区全时空多维度采录感知网入选省级基层智治城区精细治理试点任务，并以"基层智治大脑"为项目名称入选全省数字化改革"最强大脑"名单。

【大运河国家文化公园文化项目建设】2022年，拱墅区加快大运河国家文化公园文化项目建设。大运河亚运公园、大运河时尚发布中心、大运河文化艺术中心、大运河紫檀博物馆等10个文化项目基本完工，运河大剧院建成并投入使用，杭州音乐厅开工建设，小河油库遗址公园、祥符桥传统风貌街区、上塘古运河景区、"武林之星"博览中心、武林美术馆、中国·杭州电竞中心、"诗画浙江·百县千碗"农都美食小镇等重点项目建设有序推进。拱墅区创建成为省级全域旅游示范区。

【浙江省全民健身中心项目开工】2022年3月，浙江省全民健身中心项目开工建设。该项目位于体育场路153号，为浙江省重大建设项目"十四五"规划项目、省重点建设项目、杭州市社会发展"十四五"规划重点项目，建设内容包括健身活动中心、智力运动中心、亚洲体育东部中心、智能体育运动中心、运动康复中心、科学健身指导中心和体育文化科技展示中心"七中心"。总用地面积3.13万平方米，总建筑面积20.06万平方米，总投资23.26亿元，建成后预计年接待健身群众超过300万人次。

【嵌入式体育场地建设】2022年，拱墅区聚焦"群众健身去哪儿"民生问题，通过谋划整体布局、提升管理质效、打造标志成果等方式，盘活存量、扩大增量、提升质量，推进嵌入式体育场地设施建设，打造"10分钟健身圈"。全年建成嵌入式体育场地341个，新增面积6.13万平方米。

【中国数字艺术峰会】2022年6月25日，"新理念·新业态·新模式"——2022年中国数字艺术峰会于线上举行。峰会邀请中国工程院院士陈纯、国际欧亚科学院院士李世鹏等行业权威，北京红枣科技有限公司、上海边界智能科技有限公司等骨干企业嘉宾，就数字艺术的融合发展、产业落地及生态拓展等方向进行探讨与展望。峰会上，拱墅区和北京大学高等信息技术研究院成立运河共

2022年8月20日，全国"行走大运河"全民健身健步走主会场活动举行

［拱墅区委党史研究室（拱墅区地方志编纂研究室）供稿］

富研究中心，加强战略决策咨询、数字化改革、推进共同富裕和打造文旅融合高地等方面的合作。运河共富研究中心落户于拱墅区长庆街道汇金国际商务社区服务中心，依托周边集聚的金融企业资源和街道辖区运河文化、丝绸文化资源，引导培育数字金融、数字文化、数字共富3个产业板块。

【中国大运河“非遗”旅游大会】2022年6月9—19日，2022年中国大运河“非遗”旅游大会·文化和自然遗产日杭州（拱墅主场）活动举办，旨在展示大运河文化带非物质文化遗产保护成就，促进大运河文化带非物质文化遗产与旅游融合发展，助力浙江大运河国家文化公园建设。活动以“遇见大美运河，共享精彩非遗”为主题，线上和线下融合交互，开展2022年文化和自然遗产日杭州市（拱墅主场）活动启动仪式、一河串百艺·大运河非遗旅游嘉年华展会、应运而生——文旅融合背景下城市非物质文化遗产高质量发展论坛、大运河非物质文化遗产花伞市集，发布大运河文化传承生态保护创建区徽标和文化标识。活动得到大运河沿岸的山东、江苏等8个省、市支持，受到新华社、《光明日报》、《浙江日报》等中央、省、市媒体报道，新浪视频直播点击率26.3万人次，新浪微博“遇见最美大运河”话题阅读量149.6万人次。

【“一老一小”服务体系构建】2022年，拱墅区以省“一老一小”优质服务提升行动和养老服务“爱心卡”制度试点为契机，出台《关于构建社区居家养老大照护体系的方案》《拱墅区数字赋能“一老一小”工作方案》，创新建设“一图通达”“一卡通付”“一网通办”“安居守护”数字应用场景，系统重塑组织体系、阵地建设、服务机制、资金保障、数字赋能等机制，构建“社区大照护”体系，打造具有拱墅辨识度的“家门口养老托育”和“大运河幸福家园”建设数字化场景。以高密度社区10分钟、中密度社区15分钟为半径，布局“一老一小”服务阵地。至年末，建成阳光老人家170个，社区婴幼儿成长驿站55个。（蒋　珏）

西湖区

【概况】2022年，西湖区辖10个街道、2个镇，有181个社区、41个村。至年末，户籍人口80.6万人，比上年末增加9615人，户籍22.6万户，增加2735户；常住人口116.7万人，增长4.9万人。全区生产总值1970.1亿元，比上年增长0.1%。其中：第一产业增加值3.2亿元，增长4.3%；第二产业增加值153.9亿元，下降0.2%；第三产业增加值1813.0亿元，增长0.1%。三次产业结构为0.16∶7.81∶92.03。按常住人口计算，人均生产总值17.24万元。按国家公布的2022年平均汇率折算，为2.56万美元。

财政总收入463.40亿元，增长34.1%。其中，一般公共预算收入233.49亿元，增长32.9%。一般公共预算支出149.84亿元，增长18.0%。其中：教育支出23.75亿元，增长15.0%；社会保障和就业支出14.52亿元，增长9.6%；卫生健康支出7.37亿元，增长6.8%。

农业总产值4.83亿元，其中农业种植业产值3.19亿元、渔业产值1.44亿元。经济作物播种面积786.67公顷。龙井茶、无公害蔬菜、水产养殖及花卉苗木等优势产业产值4.29亿元，占农业总产值的88.8%。全年淡水产品产量5915吨。

规模以上工业总产值387.3亿元，增长6.8%；规模以上工业企业销售产值375.3亿元，增长6.9%；规模以上工业增加值103.42亿元，增长0.1%。规模以上新产品产值135.5亿元，增长3.9%，新产品产值率35.0%；规模以上工业高新技术产业增加值97.7亿元，增长2.2%，占规模以上工业增加值比重的87.8%。数字经济增加值664.0亿元，占全区生产总值的33.7%。文化创意产业增加值204.7亿元，占全区生产总值的10.4%。培育（新增）国家重点扶持高新技术企业272个。西湖区资质内施工总承包和专业承包建筑业企业141个，建筑业产值1007.0亿元。房屋建筑施工面积8066.5万平方米，其中新开工面积1359.5万平方米。

固定资产投资增长2.5%。其中：高新技术产业投资增长60.8%，生态环境和公共设施投资增长137.1%，项目民间投资增长5.6%，工业投资增长1.7%。房地产新开工面积129.3万平方米，竣工面积58.3万平方米，销售面积67.6万平方米，销售金额217.4亿元。

文化产业增加值204.7亿元，下降3.1%，占全区生产总值的10.4%。新增税收1亿元以上楼宇12幢，总量44幢；新增税收1000万元以上楼宇6幢，总量138幢。

社会消费品零售总额845.7亿元，增长5.8%。其中：限额以上单位中，粮油食品零售额50.1亿元，增长15.3%；服装鞋帽类零售额28.3亿元，下降0.5%；石油及制品类零售额191.9亿元，增长11.6%；汽车类零售额100.8亿元，增长10.8%。限额以上批发和零售业单位通过公共网络运营实现零售额152.4亿元，增长30.8%。

全区有旅游休闲业A级景区9个。其中，国家AAAAA级景区1个、AAAA级3个、AAA级5个；省AAA级景区村庄22个。星级饭店10个，其中五星级3个、四星级2个、三星级4个和二星级1个。等级民宿18个，其中“金宿”2个、“银宿”16个。特色文化主题酒店7个，其中金鼎级4个、银鼎级3个。旅行社148个，其中省五星级6个、四星级6个、三星级5个。

全年进出口总额316.41亿元，增长5.1%。其中：自营外贸出口260.86亿元，增长5.4%。服务贸易出口额21.42亿美元，增长3.7%。实际利用外资7.01亿美元，完成率100.1%。招引1亿元以上产业项目128个，总投资457.4亿元，完成率387.9%。其中：1亿元以上制造业项目14个，总投资77.24亿元；1亿元以上服务业项目17个，总投资152.32亿元。招引10亿元以上省外内资项目2个，完成率100%。跨境电商出口额54.68亿元，增长26.8%；跨境电商进口额21.34亿元，增长15.8%。

科技成果获省科学技术奖18个，其中获浙江科技大奖1个、省科学技术进步奖一等奖4个。全区研究与试验发展（R&D）经费支出81亿元，占全区生产总值的4.3%。30个项目入选省“尖兵”“领雁”研发攻关计划，18个科技成果获省科学技术进步奖。全年新认定国家高新技术企业272个，新培育市“雏鹰计划”企业96个，新增省科技型中小企业858个，培育独角兽、准独角兽企业52个。西湖大学外籍人才穆罕默德·萨万获2022年度国家友谊奖。举办科技“小巨人”、国有企业、高技术企业资质等各类科技政策及项目申报培训19场次，参与企业1000多个（次）。出台《西湖区深化高校经济若干政策措施》等助企政策，兑现首批“飞天、准飞天”企业政策资金6287万元，在全区落实国家高新技术企业奖励、“雏鹰”奖励、创新载体奖励等科技项目政策资金5.8亿元，惠及企业1300多个。引进高质量高校经济项目146个，促成产学研项目151个，实现技术交易额192亿元，组织各类高校经济活动70多场。举办机器人专场、脑机智能专场、浙江工业大学项目专场等不同主题“科技八点半”活动6场，72个企业开展现场路演。

全区有中小学及幼儿园（含民办）146所，在校生14.64万人。普通高中6所、职业高中1所、初中22所、小学29所、特殊学校1所和幼儿园87所，在校学生分别为4828人、1772人、2.69万人、7.56万人、123人和3.72万人。其中，民办性质高中4所、初中3所、小学4所、幼儿园30所以及部门办幼儿园14所，在校学生分别为3685人、828人、2601人、3026人和3974人。全区教职工（含民办）1.43万人，其中在职在编教师7513人。全区学前儿童入园率100%，小学生、初中生入学率100%。

全区有各类医疗机构572个，床位1.17万张。社区卫生服务中心13个，社区卫生服务站（卫生站）80个。有卫生技术人员1.78万人，其中执业医师（助理）6624人、注册护士8116人。全年门诊1486万人次。

新增城镇就业人口3.7万人，全民参保登记率100%，全民参保率99.7%，其中户籍居民基本医疗保险参保率99.6%。构建和谐劳动关系，“劳资E智理”入选《浙江省数字社会案例集》。新建省级无障碍社区1个、示范型“残疾人康复之家”1个、康复站点10个。

全区参加职工基本养老保险58.93万人，净增16747人；辖区户籍居民医疗保险参保率99.6%。新增就业人员3.76万人，重点群体帮扶就业率97.7%。全区有养老机构16个，床位3230张。城乡低保标准每人每月1216元，保障全区2966户、3500名困难群众基本生活。有城乡社区居家养老服务照料中心146个。

【西湖区重点项目建设】2022年，紫金港科技城推动西湖科技园提升改造，杭州美华包装机械有限公司、杭州华新科技有限公司2个项目开工，杭州骏达科技有限公司、杭州奥强实业有限公司一期、西湖区花园村股份经济合作社、杭州方氏织造有限公司4个项目竣工。提升改造项目中，实施项目26个，建筑面积从40万平方米提升到100万平方米。4月，开工建设“凯迪仕”“集智港”2宗新出让产业用地项目，其中“凯迪仕”项目建筑面积5万平方米，“集智港”项目建筑面积7.3万平方米。

【西湖区科普阵地建设】2022年，西湖区为有效打通科普传播“最后一公里”，发动乡镇（街道）和村社会科学协会组织，加强科普中国信息员队伍建设，组建科普中国信息员队伍4.3万人，科普内容分享传播量285.9万条（次）。西湖区科学技术协会连续4年获全国先进集体称号。中国湿地博物馆被认定为2021—2025年第一批全国科普教育基地，西湖大学被认定为全省第一批科学家精神教育基地，西湖兰里基地被认定为第八批浙江省科普教育基地，石虎山机器人创新基地和易翃教育脑科学体验馆被认定为杭州市青少年科普教育基地。

【铜鉴湖入选美丽河湖名单】2022年12月，双浦镇铜鉴湖入选浙江省水利厅发布的2022年美丽河湖名单。铜鉴湖防洪排涝调蓄工程完成铜鉴湖调蓄区、配水泵站、铜鉴湖隧洞等建设，新增湖面1.35平方千米，对管理范围水域实行生态净化。经过持续治理，湖泊中心水域水质达到Ⅲ类标准，达标率100%。在美丽河湖建设过程中，打造铜鉴湖全民共享的高品质滨水空间。铜鉴湖绿道分为云栖公园、里湖公园、主湖区、花山、公馆山5个板块，长度31.5千米。主干绿道宽5米，次干绿道宽3米，园路宽1.8~2.5米，水上栈道宽3米。绿道沿线分布驿站6座、大小亭廊48座、停车场3处，设有平面图、导览图、景点介绍、安全提示等多类型标识系统，连接花海掬香、云杉映波、海棠融春、九曲梅轩、昙山访石等景点。交通设施配套有观光车站点7座、观光车23辆，游船码头6座、游船8艘，为游客游览湖区提供更多选择。

铜鉴湖水上绿道（摄于2022年）　（双浦镇镇政府 供稿）

【东山弄社区“亚运蓝色运动角”建成】2022年9月21日，由杭州亚组委指导、浙江蚂蚁公益基金会捐赠的首个“亚运蓝色运动角”在灵隐街道东山弄社区建成。按照“利用社区空地、居民楼顶等‘金角银边’，因地制宜、建设多功能、灵活实用的运动场地，把亚运元素带进社区”创建原则，灵隐街道和东山弄社区选择社区办公点所在建筑楼顶作为项目建设地。“运动角”总面积250平方米，分为6个区块，以户外羽毛球场为主，辅以乒乓球场、太极区、健康步道、儿童活动区和休闲区。“运动角”启用当天，邀请杭州籍羽毛球世界冠军为居民进行羽毛球基础技能指导和实战演示。东山弄社区首个羽毛球社团同时宣告成立。

【西溪艺术节】2022年9月3日至11月5日，第八届西溪艺术节举行。艺术节以“中和”为主题，历时63天，展演12个项目，演出17场。西溪艺术节以打造杭州的文化名片为目标，结合西溪天堂室内和室外表演空间，引进诸多精彩作品，是一个戏剧展演、文旅演艺、大型展览三位一体的新型综合性城市艺术节。

【野生动植物保护主题活动】2022年3月3日，中国湿地博物馆开展“关注旗舰物种保护，推进美丽中国建设”世界野生动植物日主题活动。3月10日，在西山国家森林公园开展“我为亚运种棵树，助力亚运碳中和”植树活动；4月20日，在铜鉴湖开展“守护蓝天精灵，共享美好家园”为主题的爱鸟周活动，进行野生动植物保护宣传，营造全民保护野生动植物的浓厚氛围。

【“中华茶奥会”全国名茶点名茶肴大赛】2022年9月24日，第八届中华茶奥会全国名茶点名茶肴大赛举行。赛事由区供销联社与区茶研会、西湖职高和泗乡文化研究院承办，来自省内职业学校和宾馆饭店、食品企业的15个团队参赛，另有100多位名点大师在线上开展带厨艺比拼，现场展示有荷花酥、定胜糕、伯爵红茶蛋糕、缙云红茶烧饼等中华传统茶点茶肴。

【花卉产业农民合作经济组织联合会成立】2022年9月28日，西湖区花卉产业农民合作经济组织联合会成立。通过该组织，更好地为农户提供种植指导、经营策划、农资对接、展示展销、线上直播、涉农贷款等服务，帮扶共富，壮大行业感召力。全区有17个花卉产业合作社和经营大户加入花卉产业农民合作经济组织联合会。

【文三数字生活街区建设】2022年，西湖区采用空间拓展、街区建设、项目招引、底商转型等方式，推进文三数字生活街区建设。打造立元商务楼、24小时无人书房、求智会客厅、东软玻璃房等重要点位，引进数字化项目32个，推动街区底商数字化转型7个。杭州沃土教育科技股份有限公司、杭州东核体育科技有限公司、杭州红跑车餐饮管理有限公司等一批兼具数字味、科技感、烟火气的项目落地开业，并成为市民喜爱的网红打卡点。（陈瑞昭）

滨江区

【概况】2022年，滨江区辖3个街道，有66个社区。至年末，全区常住人口53万人，户籍人口32.2万人。实现地区生产总值2184.8亿元，比上年增长1.8%。财政总收入433.62亿元，增长6.5%。其中，一般公共预算收入214.65亿元，增长5.8%。一般公共预算支出167.75亿元，增长17.2%。民生保障支出146.76亿元；教育、产业扶持支出分别为30.98亿元、62.2亿元。固定资产投资359亿元，增长16.4%。社会消费品零售总额547亿元，增长6.2%。

规模以上工业增加值751.89亿元，获评省制造业高质量发展示范县（市、区）创建优秀单位。新增上市企业6个，累计培育上市公司69个，总量居全省第一位。新招引项目95个，其中开工15个、摘牌16个、落点20个。固定资产投资首次超过300亿元，产业投资（含滨富特别合作区）首次超过100亿元，工业、高新产业、制造业投资分别增长14.7%、28.7%、15.8%，省重大项目投资完成率居全市第一位。滨富、滨萧特别合作园（区）落地项目15个、协议总投资182亿元。物联网小镇、互联网小镇获评省级优秀命名特色小镇，数字健康小镇获评省级优秀创建特色小镇。

创建省级“美丽河湖”片区1个、市级“美丽河道”7条，时代河和永久河沿河景观绿道、白马湖二期跑道夜景亮化全线提升；新建（改建）公园10个，实现扩绿29万平方米，北塘河畔及周边区域提升改造工程获评省级优秀园林工程奖，闻涛路获评省级绿化美化精品道路。新增（优化）公交线路18条，新增机动车泊位3743个、非机动车泊位3080个，完成改造重点公厕15座。杭州奥体中心体育场和网球中心入选省首批“无废亚运”示范场馆，完成亚运通勤道路整治21条，整改国际化标识标牌1033块，奥体中心公园、北塘河四期公园、杭州物联网感知之轴公园对外开放。

6所学校投入使用，新增学位8340个；续建振浦小学、培智学校等学校13所。全区中小学生体质健康综合测试居全市第一位。西兴街道社区卫生服务中心住院病区投入使用，长河街道社区卫生服务中心成功创建省级社区医院，浦沿街道社区卫生服务中心迁建项目开工建设，健康促进县（区）创建通过省级评估。新建（改建）城市书房、智慧借阅点20个，新建（改建）体育场地200多处，新增体育场地12万平方米。“新时代枫桥式退役军人服务站”创建成功率居全市第一位。

安置房项目续建20个、334.5万平方米，新开工1个、4.6万平方米，交付11个、163.8万平方米，安置1.5万户（次）。开工建设共有产权保障住房1000套、公共租赁住房9.6万平方米，筹集保障性租赁住房7273套。城镇新增就业5.7万人，帮扶就业困难人员实现再就业2132人，其中拆迁户家庭1005人，发放征地拆迁家庭大病医疗补助414.3万元。电梯加装开工340台、完工335台，安置房小区加梯覆盖率80%。建成美好生活共同体9个，省、市级未来社区验收通过8个。缤纷未来社区代表全省参加2022年中韩社区治理论坛。

滨江区成立特别合作园管理局，

分设卫生健康局、文广旅体局，设立行政审批服务管理办公室、江北发展服务办公室，明晰产业平台、街道助企服务职能，提升政府运行效率。

【滨江区新增上市公司6个】2022年，滨江区新增杭州景业智能科技股份有限公司、杭州晶华微电子股份有限公司、杭州广立微电子股份有限公司、杭州朗鸿科技股份有限公司、浙江零跑科技股份有限公司、杭州萤石网络股份有限公司6个上市公司，新增企业数量和总市值均列杭州市第一位。至年末，滨江区累计有上市公司69个。

【滨江区城市街区“微更新”】2022年，滨江区首次推出街区“微更新”理念，提升亚运城市环境，确定“一年打造示范，三年全面完成”的治理目标。街区“微更新”包括：立面更新、地面更新、顶面更新，塑造美丽街区；见缝插绿，开辟口袋公园；织补路网，完善交通功能；着眼需求，体现人文关怀；智慧共享，资源互补，释放公共空间；文化赋能，提升城市美学品位。全区组建街区“微更新”整治专家智囊团，制定《滨江区“微更新”指导意见》，明确工作流程、建设内容、操作规范和强制性技术指标等，指导全域街区“微更新”工作。建立街道、街区、社区三级联动运行机制，推进跨小区、跨社区的街区一体化统筹管理新模式，明确由一个物业单位管理小区物业、道路市政、环境卫生、秩序维护及小区治理等工作。全区划为25个片区，以迎春片区街区作为首批试点区。至年末，完成奥体中心、区体育馆、迎春、冠山4个片区的“微更新”。

【滨江区3处景点入选省诗路精品旅游线路】2022年1月5日，滨江区“畅游白马湖公园、漫步西兴老街、趣探动漫画”旅游线路入选浙江省文化和旅游厅公布的2021年浙江省诗路精品旅游线路名单。白马湖公园有入口广场、婚礼草坪、阳光草坪、彩叶渲秋、航模展示、水上丛林、科普教育、赏花休闲8个功能分区，含花卉林区、特色景观和文旅健身、休闲体验等配套设施，是国家AAA级旅游景区。西兴老街位于西兴街道集镇中心，西起铁岭关，东到资福桥，全长960米，被命名为浙江省历史文化街区、杭州市十大历史保护街区，是浙东唐诗之路的起点；老街的过塘行码头为中国大运河（杭州段）的一处重要遗产点。中国动漫博物馆位于白马湖生态创意城，集展陈、收藏、教育、体验、学术等功能于一体，融合动漫文化、传统文化、群众文化、生态文化。

【江南大道隧道开通试运行】2022年1月19日，滨江区江南大道隧道开通试运行。江南大道快速路东起西兴立交，与机场快速路和西兴大桥连接，西起中兴立交，与时代高架和复兴立交连接，全长4.6千米。隧道分南、北两线，长3.2千米，隧道标准段采用双向四车道规模，设计时速60千米，2019年12月11日开始盾构掘进。江南大道隧道开通后，与时代高架、中河高架、秋石高架构成一个环绕钱塘江的快速路小环线，提升至萧山国际机场的快速通行能力。

【浦沿街道社区卫生服务中心获国家级荣誉】2022年2月18日，国家卫生健康委、国家中医药管理局联合印发《关于通报表扬2021年“优质服务基层行”活动中表现突出、服务优质机构的通知》，滨江区浦沿街道社区卫生服务中心入选。“优质服务基层行”旨在发挥绩效评价的导向作用，提高基层医疗卫生机构的服务能力和效率。浦沿街道社区卫生服务中心对照标准进行提升，在工作中坚持党建引领，发挥领学促优作用，实现党建和医疗机构共同发展；提升各项目同质化水平，推动医联体之间医疗资源“双循环”运行机制。

【中国网络作家村获评“全国版权示范园区（基地）”】2022年3月9日，国家版权局公布2021年度全国版权示范单位、示范单位（软件正版化）和示范园区（基地）名单，中国网络作家村获“全国版权示范园区（基地）”称号。中国网络作家村于2017年12月9日落户滨江，集聚212名知名网络作家签约入驻，引入网络文学工作室13个，入驻企业35个。中国网络作家村有“白马荟”“萌芽计划”“高级研修班”“心源计划”“IP直通车”等围绕网络作家开展的挖掘、培育、联谊、保障等品牌活动，推进网络作家版权保护工作。其中，“IP直通车”活动举办11期，服务作者220人，对接企业210个。中国网络作家村加强与平台机构的合作，通过版权登记、侵权纠纷协助、司法维权3个维度为作家提供版权保护。

【滨江区浙工大网络空间安全创新研究院启动】2022年5月13日，滨江区浙工大网络空间安全创新研究院启动仪式举行。滨江区委、区政府和浙江工业大学负责人及企业代表50多人参加仪式。研究院由杭州市滨江区与浙江工业大学共同组建，由浙江工业大学网络空间安全研究院承建，中国工程院院士杨小牛担任首席科学家。研究院围绕电磁空间安全、公共互联网安全、人工智能安全、光通信安全、物联网系统安全5个国际前沿方向，通过机制体制创新，建设国内一流的网络空间安全领域的科技创新、人才集聚和技术产业化基地，助力数字化时代“大安全”产业发展。仪式上，研究院与华为（杭州）技术有限公司、杭州安恒信息技术股份有限公司、杭州永川科技有限公司、杭州中奥科技有限公司、杭州牧星科技有限公司等企业进行项目签约。

【2个博物馆陈列展览获奖】2022年6月8日，浙江省文物局公布第十六届（2021年度）浙江省博物馆陈列展览精品项目获奖名单，中国动漫博物馆基本陈列获精品奖，浙江中医药博物馆主题展览获特别奖。中国动漫博物馆是国家广电总局和中国动画学会批准建设的、以动漫为主题的国家级场馆。基本陈列“动漫让生活更美好”，展厅面积7123平方米，展线长度360米，共展出藏品1000多件。展览分为“动漫你的遐想”“动漫你的回忆”“动漫你的今天”“动漫你的未来”4个板块，呈现动漫的历史、技术、文化、产业，展示民族动漫事业产业发展的态势。浙江中医药博物馆是浙江省首家省级中医药综合性博物馆、国家二级博物

2022年9月9日，长河历史文化街区首期投入运营

［杭州高新区（滨江）地方志编研室 供稿］

馆，以传承和发扬中医药文化为主要职责。展览以“党的中医药政策与事业百年回顾”主题布展，分觉醒时代、革命征途、事业奠基、曲折发展、改革振兴、时代新章6个部分，展示中医药事业的百年发展历程。

【首届全国少儿沉浸式剧本高峰论坛在滨江区举行】2022年6月30日，首届全国少儿沉浸式剧本高峰论坛在滨江区中国网络作家村举行，内容创作者、发行商、渠道商、商家等50多人参会。论坛由滨江区文联主办，滨江区作家协会承办。论坛针对少儿沉浸式剧本现状及未来发展，围绕“儿童沉浸式剧本”，探讨在内容和形式上突破，以及儿童沉浸式剧本在知识产权等方面的布局。论坛目的是助力“双减”政策的落地，提高中小学生综合素质。

【滨江区6所学校投用】2022年9月，滨江区的杭州竺可桢学校、杭州市江晖小学、杭州市硅谷小学、大华幼儿园、东方郡幼儿园江晖分园、晓风印月幼儿园6所学校、幼儿园投入使用。杭州竺可桢学校位于智慧新天地片区，建筑面积4.09万平方米，设计规模为24个班。杭州市江晖小学位于长河街道，是杭州江南实验学校教育集团内一所全新公办小学。杭州市硅谷小学设计规模为36个班，隶属杭州二中白马湖学校教育集团。大华幼儿园位于浙江大华股份有限公司产业园区内，是滨江区第三所产业园区嵌入式幼儿园。东方郡幼儿园江晖分园以打通式、开放式的户外活动场地为主，设有幼儿活动室、音乐室、音体活动室、科发室、美工室、图书室、建构室等公共活动空间。晓风印月幼儿园是一所滨江区教育局直属公办、托幼一体的小区配套幼儿园，设18个班，隶属钱塘春晓学前教育集团。

【滨泰共富数字经济产业园开园】2022年9月9日，“共享浙里货·共富山区路”浙江省直播电商大赛开幕式暨滨泰共富数字经济产业园开园仪式在浙江省温州市泰顺县举行。滨江区有关部门、浙报集团、淘宝教育集团、滨江区企业代表、泰顺县有关部门、乡镇领导及参赛学员参会。滨泰共富数字经济产业园位于温州市泰顺县，是滨江区、泰顺县联合打造的产业园。园区建筑面积2万平方米，划分数字经济公共服务中心、数字经济企业办公区、数字经济企业培训基地、网络直播营销基地、仓储物流区和产品展销中心6个功能区块，配套生产车间、餐饮中心、人才公寓等，实行“研发在滨江，基地在泰顺”模式。

【长河历史文化街区首期投入运营】2022年9月9日，长河历史文化街区首期投入运营。街区整治从3月开始，历时6个月，围绕“清理、更新、融入、亮化”的定位，进行全方位改造提升，包括老屋修缮、管道分类、水环境整治等，其中修缮整治老旧房屋46间，综合修复治理三千池、宝元池、糯米池、南山塘、荷花池、槐河整体水环境，挖掘和展示古建筑文化、来氏文化和红色文化等。完善社区配套，建设长河老街停车场，开通公交接驳专线等，满足周边居民生活需求。改造后的老街保留原有建筑风格，引入新兴业态，入驻30多个品牌，开出休闲区、民生区、匠心区、艺术区4个系列区块业态。

【2个社区入选省首批未来社区】2022年10月13日，浙江省住房和城乡建设厅公布首批共同富裕现代化基本单元名单“一老一小”服务场景名单，滨江区缤纷未来社区、冠山未来社区入选浙江省首批未来社区。缤纷未来社区面积0.46平方千米，辖3个社区、5个小区、2万余人口，属于旧城改造类未来社区。社区聚焦“一老一小一人才”，配备缤纷会客厅、缤纷食堂、社区服务中心、缤纷卫生服务分中心、成长驿站、缤纷健身中心、综合治理中心、缤纷未来公园8个模块，以智慧服务便捷居民生活。冠山未来社区有居民2796户，60岁以上老龄人口1600人，0~3岁少儿人口200多人。冠山未来社区以“融”为主题，打造“一老一少一邻里”场景，建设“五融共治、乐居冠山”。

［杭州高新区（滨江）地方志编研室］

萧山区

【概况】2022年，萧山区辖10个街道、12个镇，有社区236个、村336个。至年末，户籍总人口126.18万人，自然增长率2.82‰，登记在册的流动人口126.62万人。全区生产总值2063.95亿元，比上年增长1.2%。其中：第一产业增加值59.29亿元，增长0.8%；第二产业增加值800.73亿元，下降1.0%；第三产业增加值1203.93亿元，增长2.6%。三次产业增加值结构为2.9∶38.8∶58.3。按常住人口计算，人均生产总值9.91万元。

财政总收入515.12亿元，下降8.8%。一般公共预算收入318.31亿元，下降7.2%。公共财政预算支出343.13亿元，增长5.8%。其中：用于民生支出256.58亿元，增长12.4%，占公共财政预算支出的74.8%；教育支出、城乡社区支出、卫生健康支出等民生项目支出为70.18亿元、60.10亿元和33.37亿元，分别增长12.0%、20.9%和26.2%。

金融业增加值41.70亿元，增长12.3%。金融机构本外币存款余额6529.30亿元，增长17.5%；贷款余额6407.62亿元，增长13.8%。全年全体居民人均可支配收入7.07万元，增长4.0%；人均生活消费支出4.4万元，增长4.1%。城镇和农村居民人均住房面积分别为54.7平方米和79.2平方米，增长1.0%和1.2%。

数字经济核心产业增加值227.07亿元，增长18.5%，占全区生产总值的11.0%。至年末，全区有规模以上数字经济核心产业企业284个，增加31个，其中规模以上工业企业158个、规模以上服务业企业126个。

农林牧渔业增加值61.93亿元，增长1.1%。农林牧渔业总产值92.54亿元，增长1.4%。其中：农业61.00亿元，下降0.5%；林业1.29亿元，下降2.8%；畜牧业11.94亿元，增长12.0%；渔业10.86亿元，增长3.2%；农林牧渔服务业7.44亿元，增长10.1%。蔬菜、花木、畜牧、水产和茶果5个特色产业产值68.62亿元，占农业总产值的76.1%。瓜果类产量6.9万吨，下降6.0%；水产品产量3.79万吨，增长2.8%。农业机械化水平91.4%。创建5个省级未来乡村，获"全国'数字乡村'百强县"称号。

工业增加值708.40亿元，下降1.4%，其中规模以上工业增加值565.42亿元，下降1.9%。规模以上高新技术产业增加值386.41亿元，下降0.3%；战略性新兴产业增加值162.15亿元，增长7.6%；装备制造业增加值233.73亿元，增长2.6%。规模以上工业企业利税总额251.45亿元，其中利润总额175.60亿元，分别下降8.5%和14.8%。建筑业增加值92.74亿元，增长2.3%。建筑业总产值990.06亿元，增长8.7%；建筑业竣工产值434.92亿元，增长21.2%。至年末，全区有总承包和专业承包资格的建筑企业370个。

固定资产投资1510.56亿元，增长10.1%。第二产业投资137.67亿元，增长29.8%，其中工业技改投资83.70亿元，增长18.7%；第三产业投资1372.82亿元，增长8.4%。房地产开发投资862.53亿元，增长9.6%。房地产开发施工面积2514.63万平方米，增长2.5%；房地产新开工面积269.44万平方米，下降19.7%；房地产开发竣工面积272.41万平方米，下降18.0%。全年商品房销售面积276.50万平方米，下降43.3%。

批发和零售业增加值224.74亿元，增长10.9%。社会消费品零售总额905.68亿元，增长9.7%，其中限额以上社会消费品零售总额526.94亿元，增长17.9%。在限额以上批发零售贸易业零售额中，汽车类增长38.1%、石油及制品类增长9.6%、服装鞋帽针纺织品类下降18.6%、日用品类下降37.6%。

进出口总额1092.88亿元，增长6.3%。其中：进口总额220.84亿元，下降8.4%；出口总额872.04亿元，增长10.7%。实际利用外资10.6亿美元。

新增省级小微企业园8个，新增国家级单项冠军企业2个、国家级专精特新"小巨人"企业18个。新认定省级"未来工厂"1个、省级智能工厂9个。湘湖实验室落户萧山，CMOS集成电路创新平台入选省首批技术创新中心。3个科技创新成果获省科技进步奖一等奖。新认定国企和高科技企业502个，上榜省高新企业创新能力500强17个。新认定省级企业研究院10个、省级企业研发中心49个。新增省级孵化器9个。全年新增专利授权量1.51万件，其中发明专利授权2025件。欧美同学会海归小镇（杭州·数字医药）挂牌成立，新增省级国际联合实验室1个。全区有博士后工作站52个，院士工作站13个。累计柔性引进院士等顶尖人才66名，"湘湖院士岛"获评"浙江院士之家"优秀等次。引进培育领军型人才48人，人才总量超过48万人。

萧山区入选省社会治理十佳区，获省级社区治理与服务创新试验区评估优秀。创新推广网格智治微平台，建成网格2022个、微网格1.6万个。全区有小学83所，在校学生11.44万人；初中56所，在校学生4.22万人；普通高中13所，在校学生2.11万人。学前三年幼儿园净入园率98.4%，初中毕业生升入各类高中比例100%。启用世纪城初中、金惠小学、通惠南路幼儿园等学校14所，新建、改扩建学校12所，新增学位1.8万个。入选国家级"人工智能课程规模化应用"实验区。普惠性人力资本提升行动入选全省共同富裕示范区建设教育改革试点项目。完成农村薄弱学校"小而美"项目11个。深化城乡教育共同体建设，双向交流教师141名。

全区有AAA级以上旅游景区11个，其中AAAA级旅游景区4个。有五星级宾馆3个、四星级宾馆4个。获评省级文化传承生态保护区，新增省级非物质文化遗产项目3个。获评省级全域旅游示范区，创建省级景区村庄15个。图灵小镇成功创建为国家AAA级旅游景区。世界旅游博览馆一期建成，世界旅游联盟总部正式迁入。中国美院湘湖校区落户。全域文化管家入选省共同富裕最佳实践案例。文化产业增加值71.6亿元，增长13.3%。艺术表演团体全年演出1024场次，观众84.50万人次。

新增城镇就业4.79万人，帮扶就业困难人员就业6434人，失业人员再就业1.86万人。各类医疗保险参保人数153.81万人，西湖益联保参保人数60.68万人。各类养老保险综合参保率99.4%，基本医疗保险户籍参保率99.6%。社区居家养老服务照料中心474个，示范型居家养老服务中心31个。有各类养老机构39个，养老机构床位4536张。儿童福利机构1个，床位200张。城乡居民最低生活保障标准由每人每月1102元调整为1216元；至年末，享受城乡最低生活保障人数1.17万人，全年发放最低生活保障金额1.53亿元。

全区有各类医疗卫生机构776个，其中医院65个。床位1.08万张，其中医院床位1.07万张。有各类专业卫生技术人员1.60万人，其中执业

（助理）医师5880人、注册护士7087人。浙大妇院钱江院区正式启用，区二医院迁建项目开工建设。新增社区卫生服务站21个，其中智慧健康站5个。城乡居民免费健康体检23万人。新增婴幼儿托位1903个、婴幼儿成长驿站38个。创建成为首批省体育现代化区，举办赛事活动1400多场，新增全民健身设施300多处，新增等级运动员22人。

17个亚运场馆全部竣工验收，“亚运三馆”获中国钢结构金奖。完成“三区三线”划定，新增可利用空间51平方千米。杭州萧山国际机场三期项目正式投运，机场轨道快线开通运营，杭甬高速抬升项目、彩虹大道、风情大道、通城大道、时代大道高架南延等建成通车。瓜沥、临浦连续3年获评省级小城市试点优秀，11个社区入选省未来社区创建名单，3个社区获评省未来社区，2个样板区入选省城乡风貌样板区。垃圾分类获评省级优胜区。

全域推进城乡现代社区建设，启动创建引领型社区28个、示范型村社55个、基础型村社80个。老旧小区改造7个、13.1万平方米，既有住宅加装电梯75台。14个老旧高层住宅小区完成二次供水改造。筹集保障性租赁住房2.9万套，竣工公租房项目10个、人才房项目1个。

全年全社会用电量215.58亿千瓦时，增长0.6%。其中：工业用电130.83亿千瓦时，下降6.8%；城乡居民生活用电31.87亿千瓦时，增长26.5%。供水3.82亿立方米，最高日供水量123.29万立方米。新增地下空间开发量80万平方米。新增“海绵城市”建成区面积5.68平方千米。至年末，建成区面积128.32平方千米。快递业务量14.54亿件，快递业务收入139.18亿元。

大气环境优良率80.9%。创建为国家级“生态文明建设示范区”，获评“美丽浙江十大样板地”和“美丽浙江”建设工作考核优秀区。创建省市美丽河湖7条。新建和改造绿道21.6千米、公园9个。规模以上工业企业单位增加值能耗下降4.2%。

【杭州高新区（滨江）萧山特别合作园成立】2022年3月3日，杭州高新区（滨江）萧山特别合作园揭牌仪式举行。合作园规划面积暂定13.48平方千米，包括三江创智新城、未来产业社区、湖头陈产业园，其中先行区面积4.5平方千米。合作园依托3个产业区块，在高新技术产业和数字经济大方向下，重点发展信息通信技术及应用创新产业、生物医药及大健康产业、先进制造业和现代服务业。揭牌仪式上，首批4个项目集中签约，涵盖生物医药、工业物联网、智能制造3个领域，包括莱和生物体外诊断试剂产业化项目、永谐汽车和物联网工业创新中心项目、尚健生物创新药智能制造基地项目、德施曼智能锁生产基地项目。

【湘湖实验室成立】2022年6月14日，由浙江省农业科学院和萧山区合作建设的湘湖实验室——现代农学与生物制造浙江省实验室在萧山科技城创业谷成立。实验室总建筑面积6.7万平方米，以农业核心种质资源生物制造与生物互作科学问题和核心技术研究为总体定位，重点布局现代生物种业创新和绿色健康高效农业两大研究集群。实验室将建设“种质资源评价挖掘研究共享平台、分子设计数字育种研究共享平台、生物互作与农业生态研究共享平台、农投品与农产品质量安全研究共享平台、技术集成与成果孵化平台”5个研究共享服务平台。

【杭州萧山国际机场三期项目投入运营】2022年9月22日，杭州萧山国际机场三期项目正式投入运营。机场三期工程新建建筑物面积150万平方米，于2018年10月开工建设，2022年3月通过竣工验收。新航站楼（T4）总建筑面积约72万平方米，相当于T1、T2、T3航站楼面积总和的两倍。交通中心位于新老航站楼之间，总建筑面积48万平方米，地上2层、地下4层，可实现5分钟内多种交通方式衔接。机场智慧云数据中心平台打造数智机场，实现运行一图指挥、服务一触即达、安全一网掌控、管理一屏通览、物流一单到底。新航站楼（T4）配合既有3个航站楼，年旅客吞吐能力9000万人次，增幅超过100%。

【“中国视谷”启动建设】2022年10月8日，“中国视谷”建设启动仪式在萧山区湘湖院士岛举行。11月10日，“中国视谷”新闻发布会在2022年世界互联网大会上举行。会上，“中国视谷”建设蓝图发布，倡议各方合力共建具有世界级影响力的“中国视谷”，加快推动杭州“数字安防—视觉智能—智能物联”产业跃迁。“中国视谷”以视觉智能产业为核心，按照“一园窗口、双核引领、全域联动”的空间布局思路，发挥杭州高新区（滨江）萧山特别合作园的展示窗口作用、两区视觉智能产业协同发展的

2022年10月14日，中国美院湘湖校区项目合作签约仪式举行

（中国美术学院 供稿）

“双核”引领作用，打造视觉智能高新技术策源地、高端产业集聚地和产业环境最优地。在产业发展上，“中国视谷”将围绕做深基础层、做强技术层、做大应用层，构建全产业链生态体系，深化工业视觉、自动驾驶、智能医疗等10个重点端产业发展。

【中国美术学院国学院签约落户】 2022年10月14日，萧山区政府与中国美术学院签署项目合作协议，双方共同建设中国美术学院国学院（湘湖校区）。中国美院国学院（湘湖校区）拟以培养硕士、博士研究生为主，依托中国美院中国画、书法等专业，整体布局传承中华优秀传统文化、接续中国艺术古典脉络的“四院三馆四中心”建设构架，引领中国书画创新发展、汇聚全球顶尖人文艺术学者、拓新人才培养模式。“四院”即中国书画高等研究院、湘湖书院、艺术人文学院、中国艺术教育研究院，“三馆”即国艺馆、湘湖博物苑（馆）、中国历代书画珍品馆，“四中心”即汉字研究中心、山水研究中心、器道研究中心、造园研究中心。

【杭州临空经济示范区建设启动】 2022年12月15日，杭州临空经济示范区建设动员大会在杭州国际博览中心举行。大会发布临空经济示范区空间、产业、交通3个规划。根据规划，临空经济示范区以航空枢纽为核心，构建“2+3”现代临空产业体系，即智能制造、生命健康2个千亿级临空制造业，航空服务、数字贸易、会展商务3个千亿级临空服务业。杭州临空经济示范区是第九个批复设立的国家级临空经济示范区，规划面积142.7平方千米，包括萧山区靖江街道、南阳街道、红山农场、杭州萧山国际机场全域，及瓜沥镇、红垦农场、新街街道部分区域。规划人口50万人。（王　鸣）

余杭区

【概况】 2022年，余杭区辖7个街道、5个镇，有村116个、社区106个。至年末，户籍总人口72.91万人，人口自然增长率7.6‰。全区生产总值2651.25亿元，比上年增长1.0%。其中：第一产业增加值41.83亿元，增长2.2%；第二产业增加值339.25亿元，增长0.1%；第三产业增加值2270.16亿元，增长1.1%。全区三次产业增加值结构调整为1.6∶12.8∶85.6。其中数字经济核心产业增加值1698.7亿元，占全区生产总值的64.1%。财政总收入671.50亿元，其中地方一般公共预算收入352.93亿元。一般公共预算支出334.49亿元，预算内用于民生支出239.13亿元，占一般公共预算支出的71.5%。

农林牧渔业总产值67.14亿元，增长3.0%；农业增加值43.93亿元，增长2.4%。农产品网络销售额11.5亿元，增长13.9%。余杭区入选浙江省产粮大县名单。全域推进未来乡村建设，启动创建未来乡村示范带5条、示范村5个；创建成为省级未来乡村5个，省级美丽乡村示范乡镇3个、特色精品村3个、水美乡镇1个。建设农村文旅融合精品游线2条，“径山茶溯源之旅”入选全国茶乡旅游精品线路。规模以上工业增加值270.72亿元，下降0.4%。规模工业高新技术产业增加值205.48亿元，增长1.8%，占规模以上工业比重为84.7%。规模以上工业新产品产值率43.3%。装备制造业增加值143.19亿元，下降0.6%；战略性新兴产业增加值121.06亿元，增长4.0%。健康制造业增加值36.33亿元，增长2.8%。规模工业营业收入1073.69亿元，下降0.7%；利润总额104.11亿元，增长19.2%。阿里巴巴（中国）有限公司和华立集团股份有限公司入选“2022年中国民营企业500强”榜单。

固定资产投资增长9.7%。货物进出口总额376.75亿元，增长7.5%。其中：进口额24.88亿元，增长2.5%；出口额351.88亿元，增长7.9%。社会消费品零售总额801.10亿元，增长10.2%。

全年接待国内外游客790.6万人次，增长22.0%；旅游总收入119.9亿元，增长12.9%。创建AAA级以上景区乡镇（街道）2个、A级以上景区村庄15个，余杭区获评浙江省文旅产业融合试验区验收优秀单位，入选2022—2024年浙江省体育现代化县（市、区）创建单位名单，入选“浙江省戏曲之乡（县级）”。新改建绿道31.05千米，玉道良渚运动公园段获评“杭州市最美绿道”。高质量推进“四好农村路”三年行动，建成“四好农村路”147千米。

全年营运客车客运量47.96万人次，港区完成货运吞吐量2743.24万吨。推进104国道改建工程、320国道改建工程、东西向快速通道下穿杭徽高速段工程等交通重点工程。完成G104京岚线、G235新海线、G320沪瑞线、G329舟鲁线等国道、省道大中修工程合计20.12千米。

PCT国际专利申请量394件，专利授权量15081件。新增国家高新技术企业591个，新增国家级专精特新“小巨人”企业33个，数量全省第一。入选省级研发机构59个。新增国家知识产权优势企业5个、有效发明专利3230件，其中高价值专利800件。新增省科技型中小企业1602个。新增孵化载体53个、物理空间194.89万平方米，新增国家级孵化器3个、众创空间6个。新增省级新型研发机构2个、市级以上企业创新联合体6个。余杭区获评国家知识产权强县建设示范县。全区研究与试验发展经费投入112.9亿元，占全区生产总值比重为4.5%，“创新总指数”居全省第二位，余杭区创建成为全国科普示范区，被评为国家知识产权强县建设示范县。

全区有幼儿园103所，在园幼儿4.40万人；小学37所，在校学生7.05万人；初中（含九年一贯制学校）22所，在校学生2.33万人；高中（含十二年一贯制学校）15所，在校学生1.29万人。学适龄儿童入学率100%，全区初中毕业生升学率99.6%。瓶窑中学被确定为中国美术学院生源基地，通过国家学前教育普及普惠区省级评估，入选省义务教育作业改革试验区。

全区有各类体育（健身）场所1291处，其中游泳场所92处。全年新增体育场地面积23万平方米，嵌入式体育场地7.7万平方米。有各类医疗卫生机构465个，其中区属医院3个，社区卫生服务中心12个。全区各医疗机构实际开放床位2897张，其中区属医院1533张。区属医院、社区卫生服务中心共有卫生技术人员 3754 人，其中执业医师 1624 人，注册护士 1394 人。全年家庭医生签约服务 29.51 万人。基层就诊率和县域就诊率居全市第一位。余杭区通过国家级健康县复评，获评健康浙江建设先进区。

全区基本医疗保险参保人数 99.29 万人，工伤保险参保人数 72.56 万人，生育保险参保人数 59.22 万人。全区职工基本养老保险参保人数 71.28 万人，职工医保 70.73 万人。城乡居民养老保险参保 7.71 万人。新增示范型居家养老服务照料中心 12 个，实施生活困难老年人适老化改造 21 户，发放老年人生活补贴、端午节和中秋节慰问费共 1.15 亿元。新建示范型儿童之家 36 个、累计 78 个，新增社区婴幼儿成长驿站 31 个、每千人拥有 3 岁以下婴幼儿托位数 3.6 个。全年发放各类救助资金 1.64 亿元。

城镇和农村常住居民人均可支配收入分别为 79422 元、51384 元，分别增长 2.9%、5.5%。城镇常住居民消费支出为 51204 元，增长 3.6%；农村常住居民消费支出为 39913 元，增长 5.8%。

【余杭区成为全国综合实力百强区】 2022 年 11 月，中国中小城市发展指数研究课题组和国信中小城市指数研究院联合发布 2022 年中国中小城市高质量发展指数研究成果，余杭区入列 2022 年度全国综合实力百强区名单，列第四位。余杭还在全国投资潜力百强区榜单中居第九位。至年末，余杭人口规模占杭州全市的 11%，全区生产总值占全市的 14%，财政总收入占全市的 15%，人才总量占全市的 12%，数字经济核心产业增加值占全市的 33%。余杭区以全国四大未来科技城之一的杭州未来科技城为龙头，建设梦想小镇、梦栖小镇、人工智能小镇、数字·健康产业园、5G 创新园、区块链产业园等创新创业平台，集聚之江实验室、良渚实验室、湖畔实验室、天目山实验室 4 个省级实验室。

【余杭区获全省共同富裕示范区建设综合考评第一名】 2022 年 4 月，浙江省高质量发展建设共同富裕示范区领导小组办公室公布 2021 年高质量发展建设共同富裕示范区工作考核评价结果，余杭区居全省第一名，获优秀等次。余杭区建立共同富裕的工作体系、目标体系、评价体系。实施西部富美计划，推进未来社区、未来乡村建设，开展余杭—柯城山海协作工程升级版。扩大民生支出比例。实施教育高质量发展奋进计划，深化“健康余杭”“安居余杭”建设。构建城乡一体交通网络，获评“四好农村路”全国示范县。做好良渚文化、径山文化、运河文化。推进“碳达峰、碳中和”工作，做好“五水共治”“五气共治”“五废共治”。发展中泰竹笛、鸬鸟蜜梨、百丈竹制品等“生态+”富民产业。设立全省首个区级数智治理中心。承接数字化改革“1612”体系基层治理事务，城市安全运行“CT”智能服务应用入选全省数字化改革第一批“最佳应用”。

“禅径寻农·径鸬”县域风貌区（摄于 2022 年） （余杭区住建局 供稿）

【径山镇获评省 AAAAA 级景区镇】 2022 年 1 月，省文化和旅游厅公布浙江省 AAAAA 级景区镇名单，余杭区径山镇位列其中（全省 4 个镇入选）。

余杭区径山镇是国家级生态镇、国家 AAAA 级旅游景区，省美丽乡村示范乡镇、省生态旅游区，入选“美丽浙江”十大特色体验地。其中，大径山产业示范园被认定为首批国家农村产业融合发展示范园。境内有山林面积 8000 公顷，森林覆盖率 60%，有溪滩淡竹海 20 公顷；全域 15 条区镇级河道水质达到三类及以上。有被评为“江南第一漂”和“中国最佳漂流胜地”的国家 AAAA 级景区双溪漂流、小古城慢谷等景点。有国家级文保单位小古城遗址、“江南五山十刹之首”的径山万寿禅寺和茶圣陆羽煮茶论经之地陆羽泉公园。有各级非物质文化遗产项目 11 个，其中国家级 1 个（径山茶宴）、省级 1 个（径山茶炒制技艺）。辖区内有民宿 132 个，其中特色和精品民宿 30 个。有国家地理标志保护产品径山茶。建成径山非物质文化遗产展示馆、径山客历史名人馆等 10 多处文化主题场馆并实现常态化开放。

【径山书院获全国首批共享农民田间学校称号】 2022 年 4 月，中央农业广播电视学校公布首批 52 所全国共享农民田间学校名单，浙江省有 3 所田间学校入选，其中包括余杭区的径山书院。农民田间学校是全国农广校体系的办学终端和基本单元，是体系建设的组成部分和重要内容。径山书院位于大径山乡村国家公园，周边配套 530 多公顷农场、果园、茶园、竹林、稻田等，可供农技人才开展现场教学。书院通过会务、培训、团建、研学等核心业务，配套餐饮住宿、乡村旅游、文创设计、农副产品开发销售。

【AI 无人机智能巡检中心在余杭区启用】 2022 年 7 月，浙江首个 AI 无人机智能巡检中心在余杭区瓶窑镇启用，配网架空线路巡检正式进入“AI智能时代”。AI无人机智能巡检中心由飞控平台、固定无人机槽以及移动车载无人机槽组成，可进行“定点巡检”和“移动巡检”。依托智能巡检中心，多架次无人机可以同时执行自主智能巡检任务，对线路电气设备绝缘罩脱落、树线矛盾、鸟巢3类重要典型隐患进行自主拍照，并回传到后台。与以往人工操作相比，无人机巡查的效率提升3倍以上。

【余杭文化保障卡首发】2022年5月28日，余杭文化保障卡上线。市民在手机上一键申领，可在全区电影院、书店、剧院、旅游景区、体育场馆等符合条件的文化旅游场所使用，用户持激活的卡即可获购书、看剧、观影、健身、旅游等优惠福利。首期发放7000张，发放对象重点为名师、劳模、工匠、防疫医务工作者、美丽余杭人、最美文化工作者等区级及以上荣誉获得者，以及低保家庭、重点优抚对象、家庭经济困难者、残疾人等特殊群体。

【径山村入选省首批乡村旅游促进共同富裕案例】2022年7月，在浙江省乡村旅游高质量发展大会暨万户农家旅游致富计划启动仪式上，余杭区《“径灵子”带你游径山，禅村喫茶去》被列入浙江省首批乡村旅游促进共同富裕案例名单，全省共11个。径山村四周群山环抱、泉水淙淙、风景秀丽。村辖面积13.6平方千米，森林覆盖率96%以上，有茶园15公顷，毛竹林660多公顷。该村是一个山多田少，以茶竹等农产品、农家乐、乡村旅游为主导产业的小山村。径山村先后获“国家级美丽宜居村庄示范”“全国‘一村一品’示范村”“全国美丽休闲乡村”“全国特色产业亿元村”“浙江省AAA级景区村庄”“浙江省特色旅游村”“浙江省乡村旅游重点村”等荣誉。

【杭州农历博物馆开馆】2022年10月1日，位于余杭区百丈镇溪口村的杭州农历博物馆正式开馆。博物馆是国内第一座农历主题乡村博物馆，馆内面积2200多平方米，设4个展厅，共有200多件藏品，免费向社会开放。该馆以当代视角展现农历的历法经纬、节气物候、吉祥节庆、美学通感、文创体验等多元主题，打造可观看可感知的集中展示空间。博物馆常年向社会推出题材多样的展览和游艺研学活动。同日，浙江大学农业技术推广中心耕读文化研学基地、“全国名特优新农产品包装标识创意设计杭州技术中心”挂牌入驻。

【西险大塘开工大修】2022年8月31日，余杭区境内的西险大塘达标加固工程开工。余杭区计划将西险大塘的防洪标准由原设计的100年一遇提高至200年一遇，进一步提升堤塘沿线防洪度汛、生态保护、文旅融合等效益。西险大塘位于东苕溪的右岸大堤，始筑于东汉，全长44.94千米，其中杭州市境内长38.98千米，是太湖流域防洪体系的重要组成部分，与流域内大中型防洪水库等工程联合调度，共同保护杭嘉湖东部平原和杭州市江北主城区。从上期加固加高工程至今，西险大塘运行20多年，近年来部分堤段出现渗漏、沉降、护坡破损等问题，现有设防标准不能满足区域发展需求。工程计划采取堤身拼宽、全线防渗、固基增稳等措施，建设内容包括西险大塘加固38.7千米、中桥塘加固5.3千米、新建南湖分洪枢纽等，涉及新增建设用地64公顷。项目建成后，东苕溪干流右岸西险大塘、中桥塘、南湖东围堤和铜山溪左岸堤防防洪标准将提高为200年一遇；上南湖区块防洪标准将提高为50年一遇，降雨24小时排出不受淹。西险大塘达标加固工程总投资58亿元。

【余杭区2个跨境电商产业园入选省级名单】2022年10月，省商务厅公布浙江省级跨境电子商务产业园名单，余杭区华立·181社区和起梦跨境电子商务产业园入选。华立·181社区位于五常街道，规划建设95万平方米，计划总投资超过40亿元，实际入驻企业近360个，累计引入和孵化培育企业超过500个，其中国家级高新技术企业33个。该园区被认定为国家制造业“双创”平台试点示范基地、中国（杭州）跨境电商综合试验区、浙江省科技企业孵化器、浙江省级“双创”示范基地、浙江省四星级小微园区等。起梦跨境电子商务产业园位于良渚新城，占地面积1.7万平方米，投资规模超4.5亿元，入驻企业100多个。园区为企业种子期、成长期和成熟期等不同阶段的发展匹配相应孵化场地，并配套电商仓储设施、跨境直播间等，结合贸易类企业的共性需求，为企业量身定制产品选品、品牌孵化、海外营销、海外仓储等供应链服务。园区企业年度总交易额超过10亿元。（李景苏）

临平区

【概况】2022年，临平区辖7个街道、1个镇，有社区139个、村57个。至年末，户籍总人口60.24万人，人口自然增长率6.2‰。全区生产总值1006.68亿元，比上年增长0.3%。其中：第一产业增加值16.01亿元，增长2.5%；第二产业增加值532.12亿元，下降0.5%；第三产业增加值458.55亿元，增长1.1%。三次产业增加值结构为1.6∶52.9∶45.5。财政总收入229.93亿元、地方一般公共预算收入135.57亿元，扣除留抵退税因素后，分别下降2.7%、2.4%。税收收入占地方财政收入的94.3%。财政预算支出196.88亿元，其中：用于民生支出156.04亿元，占全区财政预算支出的79.3%。

农业增加值16.80亿元，增长2.7%；农业总产值24.65亿元，增长3.4%。其中：种植业产值13.54亿元，增长7.7%；畜牧业产值0.60亿元，增长79.8%；渔业产值8.59亿元，下降4.6%。全区农产品电商销售额9亿元，增长28%。

规模以上工业增加值369.71亿元，下降1.5%。规模以上工业高新技术产业增加值334.54亿元，下降1.5%，占规模以上工业增加值的80.7%；新产品产值率55.6%，高于全市平均14.4个百分点。装备制造业增加值256.63亿元，下降0.4%；战略性新兴产业增加值165.81亿元，增长0.9%；生物医药产业增加值39.91亿元，增长4.8%。全年规模工业企业营业收入1660.72亿元，利润总额120.05亿元，营业收入利润率7.2%。

固定资产投资增长11.4%。进出口总额392.65亿元，增长10.9%。其中：进口额27.56亿元，增长8.8%；出口额365.09亿元，增长11.1%。全区社会消费品零售总额373.60亿元，增长5.7%。全区接待国内外游客400.5万人次，增长19.1%；旅游总收入63.0亿元，增长7.2%。全区有A级景区5个，其中AAAA级以上景区2个。四星级以上饭店4个，星级旅行社6个。省级旅游风情小镇1个，省级景区镇3个，其中AAAA级以上景区镇2个。省级景区村庄36个，其中AAA级以上景区村14个。市级中小学生研学基地1处。非物质文化遗产体验基地（街区）3处。临平区获评浙江省全域旅游示范区、浙江省文旅产业融合试验区、浙江省AAA级景区城。

全年营运客车客运量21.24万人次。实施交通强区建设三年行动计划，地铁3号线（一期首通段）开通运营，望梅、东湖、320国道快速路二期和沪杭高速临平段改建工程建成通车，成为全省首个快速路环线贯通的县（市、区）。

全区新增发明专利807件、孵化载体23个、物理空间120.38万平方米。新增国家高新技术企业318个、省科技型中小企业587个，新增国家级专精特新"小巨人"11个、省级专精特新中小企业6个。贝达药业股份有限公司获评国家技术创新示范企业，杭州西奥电梯有限公司获评省级"雄鹰"企业，获省科学技术进步奖、省技术发明奖成果7个，入选省"尖兵""领雁"研发攻关计划项目13个。

全区有幼儿园62所，在园幼儿3.73万人；小学28所，在校学生7.31万人；初中（含九年一贯制学校）19所，在校学生2.64万人；普通高中（含十二年一贯制学校）7所，在校学生9940人；职业高中4所，在校学生8492人；特殊教育学校1所，在校学生307人。

临平区入选省体育现代化县（市、区）创建名单。推进基层体育场地建设，新增望梅路桥下运动公园、水美公园、丰彩公园等嵌入式体育场地93个。玉架山考古遗址公园一期建成开放，江南水乡文化博物馆新馆顺利启用。临平智慧图书馆入选首届浙江省最美公共文化空间，江楠糕版艺术馆入选省首批乡村博物馆。有各类医疗卫生机构501个，其中区属医院4个，社区卫生服务中心8个、社区卫生服务站78个。全区医疗机构核定床位4600张，其中区属医院2050张。卫生技术人员6875人，其中执业（助理）医师2827人，注册护士4048人，全年医疗机构完成诊疗1005万人次，县域就诊率94.8%。家庭医生签约服务28.3万人。

全区基本养老保险参保人数62.82万人，基本医疗保险参保人数79.02万人，工伤保险参保人数51.58万人，生育保险参保人数45.76万人。完善"15分钟养老服务圈"，建成全区首家智慧养老院，新增康养联合体2个、示范型居家养老服务照料中心14个，9个镇街级居家养老服务中心智能服务终端全覆盖。发放各类救助资金5945.43万元。

城镇常住居民人均可支配收入79422元，增长2.9%；农村常住居民人均可支配收入51384元，增长5.5%。城镇常住居民人均生活消费支出51204元，增长3.6%；农村常住居民人均生活消费支出39913元，增长5.8%。

【"中国共产党杭州市第一个村支部"揭牌】1927年6月，中共党员马东林在临平区崇贤街道鸭兰村村民马九成家中主持召开党员会议，宣布成立中共鸭兰村支部。2022年1月25日，经中共杭州市委党史研究室（杭州市人民政府地方志办公室）认定，中共鸭兰村支部为杭州市目前已知最早成立的中共村支部。1月26日，"中国共产党杭州市第一个村支部"揭牌仪式在崇贤街道鸭兰村举行。6月25日，临平区举行纪念中共杭州市第一个村支部成立95周年暨首届大运河1927红旅文化节启动仪式。

【浙江理工大学临平校区启用】2022年8月29日，临平区首所大学——浙江理工大学临平校区交接启用仪式在余杭经济技术开发区康泰路8号举行。活动现场，"浙江丝绸研究院"和"浙江理工大学临平研究院"揭牌，临平区"临理一家，五共协同"项目签约。浙江理工大学临平校区总用地面积约34.47公顷，共新建22个主要单体建筑，总建筑面积约30.06万平方米，总投资约22.48亿元，师生总人数约8000人。临平校区涵盖服装设计、服装工程、艺术设计、法学和传播学等时尚学科专业，打造高层次时尚产业人才培养基地、高水平时尚科学研究产品研发基地、高效能时尚科技成果转化基地、高品质时尚教育国际合作基地、高端化国际时尚发布展示中心。

【320国道快速路二期通车】2022年10月28日，临平区举行"构建互联互通，助推全域共富"320国道快速路二期通车仪式。320国道快速路二期项目起于秋石高架路临平大道与星河路交叉口西侧，顺接建成的320国道快速路一期工程，沿现状320国道布置，终于双林桥东侧，地面道路与运河二通道320国道大桥工程顺接，高架与规划海宁硖许快速路相接，全长约7千米。320国道快速路二期建成通车后，临平快速路网正式形成由秋石高架路、望梅高架路、东湖高架路组成的总里程20千米的闭合环线，实现时速80千米的"15分钟交通圈"。临平区成为浙江省首个快速路环线贯通的县（市、区）。

【中国大运河古镇发展研讨会】2022年9月16日，由浙江日报报业集团、浙江省文化产业投资集团、杭州市委宣传部、杭州文化广播电视集团、临平区委、临平区政府共同主办的中国大运河古镇发展研讨会在临平塘栖镇举行。研讨会现场，由塘栖、张家湾、杨柳青、瓜洲、南阳、南浔、崇福、乌镇8个运河古镇联合发起，全国大运河沿线约40个古镇共同筹划的中国大运河古镇联盟成立。临平区塘栖镇的代表宣读中国大运河古镇联盟协作发展宣言，并发布全国首个大运河古镇数字藏品"塘栖古镇"。研讨会邀请众多专家学者、运河古镇代表、文化名家和优秀产业代表发表主题演讲，通过现场访谈共同探讨"运河沿线古镇历史文化遗产保护利用与有机更新""运河古镇产业经济的优势挖掘与创新"两个专题，推进运河古镇发展。

2022 年 10 月 28 日，320 国道快速路二期（崇贤至东湖路连接线）通车

（临平区交通运输局 供稿）

【临平区被授予“中国家纺名城”称号】2022 年 12 月 8 日，2022 年全国纺织产业集群工作会议在北京召开。会上，中国纺织工业联合会通报 2022 年全国纺织产业集群试点地区复查结果、新增集群名单、集群优质服务竞赛名单，确认临平区为中国纺织产业特色名城，并授予“中国家纺名城”称号；临平家纺行业协会入选中国纺织产业集群试点地区优质服务竞赛（先进服务机构）优胜者名单，获先进服务机构称号。

【临平区企业服务中心】2022 年 10 月，临平区企业服务中心成立一周年。中心通过推进政府职能转变和优化营商环境，以“全生命周期”服务链条打造惠企便企的“企业之家”。线下打造“服务阵地”，聚集 23 个公共服务部门的 1240 个事项集中进驻企业服务中心办事大厅，实行“前台综合受理、后台分类审批、窗口统一出件”的 2.0 服务模式，企业可一站式办理多部门事项。线上搭建“一中心三平台八模块”的服务平台，企业“一键操作”就能完成政策兑付、诉求办理、许可申请，同时可以实时浏览查询区内闲置资源、专业服务机构、惠企活动资讯等内容。中心成立一年来，线下大厅接洽企业 2.02 万个（次），受（办）理各类审批业务 25.48 万个；线上平台注册企业 1.23 万个，开启申报政策 198 条，兑付资金 7.49 亿元；受理企业诉求 4.29 万件，办结率 99.8%。

【“未来工厂”建设】2022 年，临平区围绕“全省智能制造中心”目标，推进“未来工厂”建设。1 月 28 日，浙江省经济和信息化厅公布 2021 年第二批省“未来工厂”名单，临平区企业杭州西奥电梯有限公司的“西奥电梯未来工厂”入选。至年末，全省认定省级“未来工厂”32 个，其中临平区入选 4 个，列全省各县（市、区）第一位。4 月 26 日，浙江省经济和信息化厅公布 2022 年浙江省未来工厂试点企业名单，临平区企业浙江运达风电股份有限公司、浙江益海嘉里食品工业有限公司入选，临平区新增量居全省各县（市、区）第一位。临平区入选的 2 个“未来工厂”试点均为服务发展型“平台工厂”。

【共有产权房项目开工】2022 年 5 月 27 日，临平区重点工程——杭州市首个共有产权房项目开工。该项目位于乔司街道，东湖高架路西侧，友爱路以东，月牙二路以北，由 7 幢高层住宅、配套用房、2 层地下车库、景观绿化及其他附属配套工程组成，预计 2024 年竣工验收。项目总建筑面积 6.25 万平方米，其中地上建筑面积 3.94 万平方米、地下建筑面积 2.31 万平方米，规划总户数 356 套。该项目将住宅、公共文化设施用房、居家养老服务用房、配套公建用房等功能合理地分布在小区内。

【临平区 2 个案例入选“全国社会治理创新案例（2022）”名单】2022 年 9 月 14 日，中国社会治理研究会和浙江大学社会治理研究院联合发布“全国社会治理创新案例（2022）”名单，临平区东湖街道办事处的“城市数字化建设与应用——东湖街道系统性立体化基层社会治理”案例和临平区企业浙江联运环境工程股份有限公司的“数智赋能‘无废城市’建设——联运环境‘AI+’分类回收的临平模式”案例入选。“城市数字化建设与应用——东湖街道系统性立体化基层社会治理”项目依托社区治理智能化支撑服务平台、地下管网数字化生态系统和街道综合信息化系统建设，为基层赋能减负，为群众解决民生问题。“数智赋能‘无废城市’建设——联运环境‘AI+’分类回收的临平模式”项目通过综合运用数字化技术赋能垃圾分类全过程，打造垃圾分类全链条“数智”应用场景，在再生资源回收、生活垃圾分类领域提出“AI+”无人化高效分类回收解决方案，助力实现碳减排和“无废城市”创建过程中的垃圾分类数字“智治”。（张婷婷）

钱塘区

【概况】2022 年，钱塘区辖 7 个街道，有 62 个社区、59 个村。至年末，常住人口 79.7 万人，户籍人口 34.25 万人，户籍人口自然增长率 6.58‰。全区生产总值 1226.03 亿元，比上年增长 0.1%。其中：第一产业增加值 12.71 亿元，下降 2.4%；第二产业增加值 823.30 亿元，下降 1.3%；第三产业增加值 390.02 亿元，增长 3.1%。三次产业增加值结构为 1.0∶67.2∶31.8。财政总收入 230.45 亿元，下降 4.2%，其中一般公共预算收入 116.63 亿元，下降 0.6%。一般公共预算支出 128 亿元，下降 18.1%。固定资产投资增长 17.5%。杭州经济技术开发区在全国 217 个国家级经济技术开发区综合考评中列第九位。“亩均论英雄”改革和“一带一路”重要枢纽建设受到省政府督查激励。

规模以上工业总产值3525.11亿元，增加值712.80亿元。至年末，全区有年产值10亿元以上工业企业79个，其中年产值100亿元以上企业5个，比上年分别增加5个和1个。杭州医药港入选全省特色小镇最佳实践案例，“芯智造”链长制工作蝉联全省优秀示范单位榜首，生物医药入选全省首批“新星”产业群培育名单。6月15日，“2022未来医疗100强”榜单公布，钱塘区9个企业上榜。7月12日，浙江省经济和信息化厅公布2022年度第一批浙江省专精特新中小企业名单，钱塘区6个企业入选。

存量工业用地企业提质增效三年行动启动，盘活用地533公顷，13个企业获评“省制造业重点行业亩均效益领跑者”。坚持供地、供楼并行，开工工业综合体7个、157万平方米。实施数字经济三年行动计划，数字经济核心产业增加值增长7.4%。完成数字化改造攻关项目64个，工业技改投资增长30.2%，新认定市级以上“未来工厂”15个。

全年签约1亿元以上项目118个，10亿元以上项目22个。招引外商投资项目9个，实际利用外资10.6亿美元。引进总部经济项目6个，新增税收1000万元以上企业24个。落地“152”项目9个，入选省重大产业项目6个。出让工业用地201.07万平方米，供应标准厂房用地73.9公顷。制造业投资增长34.6%。“拿地即开工”审批模式全省推广。

社会消费品零售总额337.95亿元。货物进出口总额1030.2亿元，其中货物出口总额618.4亿元，增长4.9%。服务贸易出口额13.39亿美元，增长7.8%。

钱塘科学城建设推进，启动“科创+”计划，签订新一轮区校全面战略合作协议。新认定市级以上科技企业孵化器、众创空间10个，中科院医学所二期开工建设。新认定国家高新技术企业223个，新认定省级专精特新中小企业6个。发明专利授权量增长39.8%，“科创企业上市知识产权加速一件事”被列入全国试点。引育顶尖及领军人才52名，落地高层次人才创业项目83个。承办全国双创周浙江分会场启动仪式、“创客中国”全国总决赛。7月14日，钱塘科学城核心区现代服务业创新发展区在信息技术服务方向的细分领域中入选省级现代服务业创新发展区。

推进“一带两城”建设，开工萧围西线提标改造工程，完成东部湾新城阶段性城市设计和53公顷土地收储，完成江海之城开发建设实施方案，开放城市展厅，完成高铁新城首期征迁和概念规划编制。新增绿地232万平方米，金沙湖景观公园完成建设，钱塘大湾区湿地入选省级重要湿地名录。实施亚运环境品质提升工程整治项目98个，金沙湖、东部湾分别创建为省、市级风貌区，临江街道、河庄街道创建美丽城镇省级样板。

建成路网里程1158千米，城市道路总里程620千米。江东大道提升改造工程（一期、二期）完工、钱塘快速路全线通车，地铁运营里程41.6千米。分别新建雨、污管网25.25千米和25.42千米，新增停车泊位8231个、新能源汽车充电桩302个。推进老旧小区改造，全年完成加装电梯82台，完成3个小区二次供水市级改造；新增海绵区域化面积6.36平方千米，累计48.54平方千米。开竣工110千伏以上电力项目9个。

开工学校项目10个，竣工12个，新增学位5100个，完成15所学校校园文化改造和有机更新。启动“钱塘优学”三年行动计划，新增市级以上名优特色学校25个，转制优质民办中小学3个，跨江任教人数近300名。单设区卫健局（区疾控局），建成金沙湖社卫中心，开工义蓬社卫中心迁建工程，健康产业发展行动被纳入省首批示范样板。“钱塘大围垦”入选省首批100个文化标识项目，创建蜀南村省级乡村博物馆。

新建公租房5580套、人才房1606套，推出沁香公寓人才共有产权房一期项目。新引进35岁以下大学生3.25万人，城镇新增就业3.46万人。开展“安宁疗护”市级试点，完善65岁以上老人基础健康管理。新增社区婴幼儿成长驿站11个，母婴设施8处，新增婴幼儿托位543个，千人托位数3.5‰。启用AAAAA级婚登中心。启动助残省级试点2个。建成区退役军人服务中心（站）118个，形成三级服务保障体系。

【2项工作获省政府督查激励】 2022年6月2日，省政府办公厅印发《关于对2021年落实有关重大政策措施真抓实干成效明显地方予以督查激励的通报》，对10个设区市、71个县（市、区）予以督查激励，相应采取资金分配倾斜、用地指标奖励、改革先行先试等33个方面的激励政策。其中，钱塘区在深化“亩均论英雄”改革和推进“一带一路”重要枢纽建设两方面工作成效明显，获省政府督查激励。钱塘区推进“亩均论英雄”改革，实现所有规模以上工业企业和规模以下拿地工业企业亩均评价全覆盖；强化资源要素差异化配置，对企业在用地、用电、用水等方面实施差别化政策；出台“腾笼换鸟、凤凰涅槃”实施方案、提质增效方案和管理实施细则，推动高耗低效企业提质增效。在“一带一路”重要枢纽建设中，通过畅通跨境电商出口新通道、赋能制造业“品牌出海”等，推进eWTP全球布局；推进浙非服务中心建设，扩大国际交流合作；深化新型离岸国际贸易试点、打造“中新经济合作示范区”等标志性工程建设。

【宜格集团全球创新研发及产业中心落户钱塘区】 2022年7月30日，浙江宜格企业管理集团有限公司（简称宜格集团）全球创新研发及产业中心在钱塘区举行奠基仪式。宜格集团全球创新研发及产业中心总投资10亿元，集中承载宜格集团消费者研究中心、化妆品科创中心、美容仪器研发中心、工业设计与CMF研发中心、东方美学与空间创新中心5个创新研发中心的功能，形成全链路美妆研发生态园区。宜格集团有科研创新平台6000多平方米、研发人员200多名、专利150多件。

【中国（浙江）自由贸易试验区生命健康产业推介会】 2022年6月30日，2022年中国（浙江）自由贸易试验区生命健康产业推介会暨第六届国际生物医药（杭州）创新峰会在钱塘区召开。大会现场发布《促进生物医药产业高质量发展行动方案（2022—2024年）》《杭州医药港生物医药产业创新发展计划》等政策，斯微生物项目、文达医药项目、杭州市卫健委转化中心项目、浙江大学生命科学学院项目等生物医药领域项目签约落户钱塘区。同时，举行生物医药产业基金、和达生物医药产业园区基础设施投资业务战略合作签约仪式，成立杭州大创小镇“省级侨界创新创业阵地”、浙江省生物医药产业研究联盟，并发布《长三角生物医药产业白皮书》。浙江自贸试验区杭州片区启动实施入境特殊物品安全联合监管机制试点，优化特殊物品入境管理程序。艾博生物医药（杭州）有限公司和杭州启函生物科技有限公司成为首批白名单企业。

【首届国际MAH合作与创新高峰论坛在钱塘区举行】2022年7月22—23日，首届国际MAH（药品上市许可人）合作与创新高峰论坛在钱塘区举行，来自生物医药行业的60多位专家、学者、监管机构负责人出席论坛。开幕式上，浙江省药品上市许可持有人转化平台专家委员会成员名单公布，举行《MAH蓝皮书》启动仪式，浙江省药化审评中心人才联合培养基地揭牌成立，启动“药交天下”大数据平台。大会为期2天，设置5个论坛，重点围绕MAH监管、MAH制度下创新药研发的难点及解决方案，MAH制度下批文合作等热点话题，分享中国最新医药产业政策、监管方向，探讨MAH制度下企业如何抓住机遇，引领全球医药创新发展趋势。

【钱塘区知识产权公共服务中心启用】2022年4月27日，钱塘区知识产权公共服务中心启用。知识产权公共服务中心位于钱塘区高新大厦，主要为企业提供专利快速申请、专利布局、高价值专利培育、知识产权风险防范，以及专利导航、专利预警、知识产权体检等服务，帮助企业挖掘关键技术和关键环节的技术创新，打造知识产权领军企业。同时，设立知识产权公共服务中心“共享法庭”，配合钱塘区法院知识产权案件审理，为辖区知识产权保护提供优质司法服务。

【国家级众创空间新增3个】2022年6月28日，科技部火炬中心公布2021年度国家备案众创空间名单，钱塘区的如是空间、UP+DEMO众创空间、优斯众创空间3个众创空间入选。如是空间位于大创小镇新加坡科技园内，场地面积3500平方米，孵化企业100多个，创业总人数300多人，培育钱塘区高层次人才创新创业项目32个，有杭州市“雏鹰”计划企业、杭州市高新技术企业、浙江省科技型中小企业24个。UP+DEMO众创空间位于浙江工商大学金工实训楼3楼，场地面积1500平方米，孵化企业80多个，入驻企业类型以大学生创业、科技、文创、跨境电商为主。优斯众创空间位于钱塘区幸福南路1288号金沙国际A区，场地面积1580平方米，主要为国内外早期项目提供孵化和投资服务，入驻企业32个。其中大创项目15个、浙江省中小型科技企业5个、高层次人才项目3个。至年末，钱塘区国家级众创空间备案总数共8个。

【首批“青年人才驿站”启用】2022年7月20日，钱塘区举行首批“青年人才驿站”启用仪式。首批“青年人才驿站”设在下沙大学城汉庭酒店和下沙学正街汉庭酒店。凡是就读高校和户籍所在地为钱塘区以外，且有意向到钱塘区就业创业的高校毕业生，均可到挂牌的“青年人才驿站”免费住宿7天。钱塘区依托“宜业钱塘”数字化平台，开发升级“青年人才驿站”入住申请功能。申请者只需通过线上平台填报申请信息、递交申请材料，便能完成“青年人才驿站”的入住申请。钱塘区升级配套就业创业服务，在驿站内布局青年之家，组织开展就业创业相关政策宣讲、求职创业经验分享、就业技能培训等活动。

【首届钱塘产业人才节】2022年11月10日，首届钱塘产业人才节启动暨杭州全球青年人才中心钱塘分中心揭牌仪式举行。浙江省人才集团、团市委、钱塘区委人才办负责人，以及钱塘区生物医药、集成电路、新材料等主导产业人才代表参加活动。活动围绕“聚力引育”“聚智赋能”“聚心融合”3个主题，开展第六届浙江药学大会、集成电路产业研讨会等10多场活动。活动中，杭州全球青年人才中心钱塘分中心揭牌成立，主要围绕“留下来”“走出去”“引进来”，为青年人才提供政策传播、人才育留、企业合作等10个方面的服务。同时成立钱塘新区“潮创”学子工作站美洲、欧洲、非洲、西安、深圳5个分站，组织开展线上和线下学子交流活动，宣传

2022年7月30日，钱塘过江隧道开通试运行

［钱塘区档案馆（党史、地方志研究室）供稿］

钱塘人才政策和创新创业政策，增强钱塘区在青年学生群体中的知名度和美誉度。

【钱塘快速路（23号大街至义蓬中路段）通车】2022年7月30日，钱塘快速路（23号大街至义蓬中路段）通车，钱塘过江隧道开通试运行。钱塘快速路（23号大街至义蓬中路段）含艮山东路过江隧道工程、艮山东路东延工程两个子项目。其中，艮山东路过江隧道工程为双洞双向六车道，设计时速80千米，全长4.62千米。隧道采用三层设计，中间层为行车层，上层为排烟通道，下层为综合管廊和逃生通道。艮山东路东延工程全长8.64千米，全线采用“地面道路＋部分高架”形式，上下均为双向六车道，其中地面道路设计时速60千米，高架设计时速80千米。钱塘快速路（23号大街至义蓬中路段）开通后，居民从义蓬购物中心出发抵达下沙片区的23号大街，用时约15分钟，比原本途经江东大桥至23号大街路线，用时至少缩短1/2。

【人才共有产权房开放申请】2022年12月4日，钱塘区启动人才共有产权保障住房试点配售，推出全省首个人才共有产权房（沁香公寓）407套，主要面向在钱塘区工作的各类人才开售。沁香公寓位于钱塘区沿江板块，东临保利江语海，南接6号大街，西临杭州市文海实验学校（文清校区），北靠景冉佳园，邻近杭州市文海实验学校、杭州市第四中学、浙江工商大学、地铁1号线云水站，共有房源1288套。首批推出的407套房源中，160平方米以上户型为12套，100~144平方米户型为96套，100平方米以下户型为299套。销售基准价为每平方米2.57万元，购买家庭可自主选择产权份额比例。首批房源开放申请后，共有1000多组人才完成注册登记。

【宋韵文化研究中心揭牌】2022年11月3日，由浙江财经大学和钱塘区联合成立的宋韵文化研究中心在浙江财经大学下沙校区学涯湖畔揭牌成立。该中心以“研究宋韵文化，服务地方建设，助推国学传播”为宗旨，借力浙江财经大学的学术平台，结合钱塘地方文化特色，打造钱塘文化精品工程。活动中，为宋韵文化研究中心名誉主任和顾问颁发聘书。揭牌仪式后，宋韵文化大讲堂第一讲开讲，清华大学国学研究院院长、文科资深教授、全国政协委员陈来做题为《宋学的兴起与历史定位》的主旨报告，系统阐述宋学作为具有中国气派和浙江辨识度的重要文化标识的独特地位，强调宋学研究在中国哲学、史学、文学等领域的重要性。（曹文慧）

富阳区

【概况】2022年，富阳区辖6个乡、13个镇、5个街道，有74个社区、276个村。至年末，常住人口85.1万人，户籍人口69.8万人，增长4.3‰。全区生产总值917.4亿元，比上年增长2.1%。其中，第一产业增加值52.8亿元，增长2.7%；第二产业增加值415.7亿元，增长1.4%；第三产业增加值448.9亿元，增长2.6%。三次产业增加值结构为5.8∶45.3∶48.9。按户籍人口计算，人均生产总值10.86万元。数字经济核心产业增加值105.8亿元，增长3.0%，占全区生产总值的11.5%。

农林牧渔业总产值73.1亿元，增长3.4%，农业增加值53.3亿元，增长2.7%。猪牛羊禽等肉产量1.65万吨，禽蛋产量2917吨。水利建设投入资金12.7亿元，全区有各类水库150座，除险加固病险水库5座、山塘14座。农业机械总动力23.9万千瓦。成功创建省级美丽乡村示范乡镇2个、省级美丽乡村特色精品村4个。有农业骨干企业147个，民宿示范村3个，现代民宿示范点82个，民宿登记经营户699户，民宿床位7568张。97%的村集体经济经营性收入超过50万元。

规模以上工业增加值247.4亿元，增长0.3%。其中：高新技术产业增加值169.8亿元，增长2.6%；战略性新兴产业增加值89.2亿元，增长1.5%；装备制造业增加值120.1亿元，下降0.3%。全区工业总产值超过1亿元企业206个，其中超过100亿元企业1个、50亿元以上100亿元以下1个、20亿元以上50亿元以下8个、10亿元以上20亿元以下15个。全区725个规模以上工业企业营业收入1981亿元，增长4.1%；利税138.9亿元，下降4.6%；利润80.4亿元，下降11.5%。建筑业增加值60.3亿元，增长5.4%。

批发和零售业增加值76.3亿元，增长8.8%。社会消费品零售总额438.2亿元，增长5.0%。限上批零住餐企业销售额1561.9亿元，增长23.7%。旅行社33个，星级饭店6个，其中五星级饭店2个。全年接待国内旅游者422万人，国内旅游收入81亿元。接待入境旅游者2669人次，创旅游外汇收入49万美元。

固定资产投资增长17.0%。从投资结构看，工业投资增长26.6%，交通投资下降8.9%，民间投资（不含房地产项目）增长19.6%，生态环保、城市更新和水利设施投资增长31.3%，高新技术产业投资增长39.6%。房地产开发投资增长5.9%。房地产住宅施工面积625.1万平方米，下降9.0%；商品房销售面积61.4万平方米，下降64.6%，其中住宅销售56.7万平方米，下降65.0%；实现销售额141.2亿元，下降63.9%。

全年新引进外商投资项目33个，其中总投资3000万美元以上项目10个、1亿美元以上项目2个。实际利用外资35169万美元，增长3.8%，其中第二产业实际利用外资4414万美元、第三产业实际利用外资30755万美元。完成进出口总额455.9亿元，增长12.5%。其中出口总额205.9亿元，增长19.3%；进口总额250.0亿元，增长7.5%。服务贸易出口总额5.57亿美元，增长8.2%。

财政总收入153.2亿元，下降12.3%，扣除留抵退税因素后增长2.2%；其中一般公共预算收入91.7亿元，下降12.6%，扣除留抵退税因素后下降0.4%。全年一般公共预算支出135.7亿元，增长15.0%，其中民生支出102.3亿元，占一般公共预算支出的75.4%。

金融业增加值84.0亿元，增长15.9%。年末全区金融机构本外币存款余额2143.22亿元，增长23.1%；本外币贷款余额2729.38亿元，增长

21.7%。上市公司8个，境内上市公司7个。全年新增上市公司2个。

湖杭高速铁路、大盘山隧道、富春湾大道、灵桥新互通建成投用，汽贬线、新中线、环金线整治二期完成建设。年末全区公路通车里程2001.6千米，其中境内高速公路里程85.6千米。全年公路货运量2040万吨，公路货物周转量9.46亿吨千米。全年公路旅客运输量22.7万人次，公路旅客周转量2261万人千米。快递业务收入1.52万元；完成快递业务量3285万件。年末全区固定电话用户7万户，移动电话用户109万户。全区（固定）互联网宽带接入用户36.4万户，移动互联网用户99.8万户。

全社会用电量73.1亿千瓦时，增长2.3%。全年城区供水总量4478万立方米。市区园林绿地面积1484.05公顷，市区公园绿地面积734.94公顷，人均公园绿地面积15.13平方米，建成区绿化覆盖率44.76%。全区森林覆盖率65.94%。富春江出境断面水质连续8年保持优秀，主要水系监测断面三类以上比例为100%。7月，富阳区获浙江省“五水共治”工作最高荣誉“大禹鼎”。空气优良天数340天，空气优良率93.2%，PM2.5年均浓度30.6微克/立方米。二氧化氮年均浓度28.1微克/立方米，二氧化硫年均浓度5.6微克/立方米。国家级生态乡镇（街道）18个，省级生态乡镇（街道）2个、杭州市级生态乡镇（街道）4个。全区共发生各类生产安全事故10起，死亡9人，直接经济损失818万元；其中交通事故6起，死亡6人。

西湖大学首个校外研究院落户富阳，杭州光机所成为市首批概念验证中心，新增省级以上研发机构10个、国有企业和高新技术企业134个、省级科技型企业253个。年末全区有众创空间7个，其中国家级2个、省级3个，入驻创业团队360个；科技企业孵化器8个，其中国家级1个、省级1个，入驻企业291个。全年组织实施各类科技计划项目622个。专利授权5589件，其中发明专利705件。招引大学生1.8万人、研究生等高层次人才1813人，分别增长65%和19%，新增市级以上领军型人才25人、技能人才5538人。

建成投用中小学（幼儿园）等12所，新增学位4500个。全区学龄儿童入学率100%，初中入学率100%，初中升高中段比例99.9%，高等教育毛入学率72.3%。全区有幼儿园73所，在园幼儿2.72万人；小学46所，在校学生4.74万人；普通中学26所，在校学生3.58万人。职业中学（机构）2所，在校学生7534人。民办学校在校学生9953人。全年普通中小学新增校舍10.56万平方米。至年末，有专任教师5934人，中小学校每位教师负担学生14.02人。文化产业增加值60.2亿元，增长1.7%。全区县级以上文物保护单位101处（群），其中省级以上8处（群）。非物质文化遗产保护项目133个，其中省级以上15个。

全区有各类医疗卫生机构558个，医疗床位4939张；其中医院25个、医院床位3935张。各类卫生技术人员6982人，其中执业医师3002人、执业助理医师429人，注册护士3551人。体育场馆28个，健身苑（点）602个。全年举办各类群众性体育比赛1950场，参赛运动员10万人次。全年全区获杭州市级以上各类奖牌117枚，其中金牌34枚、银牌44枚、铜牌39枚。

全体居民人均可支配收入62399元，增长4.6%；城镇常住居民人均可支配收入71742元，增长3.5%；农村常住居民人均可支配收入44661元，增长6.2%。全年新增城镇就业3.09万人，帮扶9671名城镇失业人员实现再就业，帮扶2519名就业困难人员实现再就业。年末全区城镇登记失业人数7856人。全区基本养老保险参保人数32.82万人，其中城镇职工基本养老保险参保人数31.45万人，城乡居民社会养老保险参保人数1.38万人。基本养老保险待遇享受人数22.78万人。基本医疗保险参保人数71.60万人，其中职工基本医疗保险参保人数43.13万人、城乡居民基本医疗保险参保人数28.48万人，城乡居民基本医疗保险参保率99.8%。全区最低生活保障人数1.10万人，其中城镇421人、农村1.05万人。城乡居民最低生活保障标准为1216元。有居家养老照料中心326个，养老床位3064张。至年末，全区有五保供养服务中心12所，供养老人324人。福利院1所，床位166张，收养婴幼儿童10人，老人21人。全年区慈善总会募集捐款3666.2万元，支出各项救助金3379.7万元。

【医检结果互认共享创造医改“富阳经验”】2022年1月，“中国改革2021年度案例”最终名单发布，《浙江省杭州市富阳区：医检结果互认共享创造医改“富阳经验”》入选“中国改革2021年度地方全面深化改革典型案例”。2021年度案例经过半年多征集和多轮次专家评议，从来自20多个省（直辖市、自治区）、近200个地级市的1500多个改革案例中遴选发布3个“中国改革2021年度特别案例”、20个“中国改革2021年度案例”和90个“中国改革2021年度地方全面深化改革典型案例”。富阳是杭州市唯一入选的年度地方全面深化改革典型案例。2021年7月，富阳区通过建立互认标准、数字支撑、制度保障3个体系，推行县域医共体检查检验结果互认共享，实现群众看病省时省钱、医生诊疗规范合理、医疗资源高效利用、医患关系互信和谐。至2021年年末，全区6个区属医院、25个医共体成员单位间实现273个省定指标互认共享，共节约资金1220多万元。

【富阳光机电高新技术产业园区创建获批】2022年3月7日，经省政府同意，省科技厅、省发改委联合发文，同意创建富阳光机电高新技术产业园区，实行现行的省级高新技术产业园区政策。富阳光机电高新技术产业园区位于杭州富春湾新城，是富阳区第一个批准创建的省级高新园区。园区总面积10.25平方千米，其中核心区面积6.81平方千米，具体范围为东至董家桥路、南至亭山路、西至赤亭纸路、北至富春湾大道；联动区面积3.44平方千米，具体范围为东南至亭山路、西至规划道路、北至富春湾大道。园区整体按照“核心区+联动区”的模式，打造“一心三区五园”空间发展格局。其中：“一心”是科创中心，“三区”是指高技术制造片

湖杭高铁富阳西站（摄于 2022 年） （朱啸尘 摄）

区、滨富高端智造片区、中央商务配套区，“五园”是指光电特色产业园、高端机电产业园、医疗器械产业园、环保产业园、生命科技产业园。富阳光机电高新技术产业园区重点发展光电、机电和智能专用设备三大主导产业，力争通过 3~5 年努力，将园区建设成为产业特色鲜明、高端要素集聚、城市功能完善的科技产业新城。

【北支江沉浸式夜游项目通过验收】2022 年 4 月 24 日，北支江沉浸式夜游项目通过验收，正式开放。该项目由富阳区城市建设投资集团有限公司打造，总投资 1.69 亿元，包含东洲坝至富阳区界范围内景观整治和防洪堤建设，总长 7.5 千米，整治面积约 63 万平方米。项目包括南北两岸景观照明和北支江夜游工程。其中：北岸以“生态、自然、梦幻”为夜游主题，打造“步步生莲”等节点 6 个；南岸以“活力、运动、趣味”为夜游主题，打造“乐跑富阳”等节点 9 个。项目以“梦栖富春、艺养生活，灵山秀水、诗画桃源”为理念，将富春山居图隐逸文化、亚运会皮划艇运动文化以及富阳诗词文化等元素融入景观，通过在北支江的水域空间、沿江空间及外部空间布设不同的灯光、投影、水幕等，为市民展示一幅多维沉浸、可游、可看、可体验的现代版富春山居图。

【金桥南北路综合提升工程竣工】2022 年 4 月 30 日，金桥南路、金桥北路综合提升工程 EPC 总承包项目（简称金桥南北路工程）竣工。该项目于 2020 年末开工，总投资 6.7 亿元，北起高桥西路以北 160 米，南至秦望路，道路全长 6160 米，宽 50~54 米。改造后的道路为城市主干道等级，双向八车道（主线六车道 + 辅道双车道），主线设计时速为 60 千米、辅道时速为 40 千米。工程主要内容为道路工程、交通工程、管线工程、路灯工程、桥梁工程、景观工程、轨道交通站点配套公共交通接驳工程及配套设施等。金桥南北路是省内首条集地铁、地下管廊、路面改造 3 个施工同时开展的道路。其中，金桥北路综合管廊工程是杭州市被列入国家地下综合管廊试点的 7 个项目之一。工程北起高桥西路、南至体育馆路，全长 5.6 千米，分为电力舱和水信舱，入廊管线包括给水、电力及通信管，工程总投资 14.54 亿元。

【“骑手工作证”创立】2022 年 8 月，富阳创立的“骑手工作证”在 11 个小区展开试点，打通骑手送单“最后 100 米”。富阳开展“外卖骑手的关心关爱工程”，不少外卖骑手反映“小区送单难”情况。通过调研，富阳向“美团”“饿了么”两大外卖平台提出“向符合资质的外卖骑手派发工作证”的合理化建议并被采纳。试点期间，两大外卖平台向资信优秀的专职骑手发出工作证 400 多张，允许佩戴工作证的骑手骑车进小区送外卖。“骑手工作证”印有骑手照片、姓名、联系电话和平台监督电话，兼具“身份证、规范证、保障证”3 个功能。此举有效破解骑手进封闭小区难等问题，提升消费者满意度，从根本上解决骑手来源身份确认、文明规范从业、劳动权益保障等难题。“骑手工作证”惠及商家 4700 多个，专职骑手近 600 人。

【富阳重大交通项目集中启用】2022 年 9 月 22 日，富阳举行重大交通项目集中启用仪式，合杭高铁富阳西站、大盘山隧道、富春湾大道工程启用，灵桥互通改建工程主体完工。合杭高铁湖杭段在富阳境内全长 38 千米，总投资 58.95 亿元，穿越银湖、富春、鹿山、渌渚 4 个乡镇（街道），富阳西站位于富春街道西郎村，总投资 3.595 亿元，是富阳境内第二个高铁站。富阳 320 国道至富阳大桥连接线鹿山（大盘山）隧道工程项目是打通富春与鹿山板块的重要通道，项目总投资 24.44 亿元，起于西环北路与公望街交叉口，沿西环北路往南布设至大盘山后，设隧道穿越大盘山，出洞后与富阳大桥相接，全长 6.34 千米，双向六车道。富春湾大道位于杭州富春湾新城范围内，项目总投资 142.53 亿元，起于富阳大桥连接线，终点为灵桥镇杭新景高速桥，与新建的春永线衔接，分两期实施，线路总长 10.3 千米，含 2 段隧道和 3 段地面道路。杭新景高速灵桥互通改建工程项目总投资 6.36 亿元，将现状灵桥互通向北改移至杭新景高速与富春湾大道交叉处，以梨形互通与富春湾大道相接，主线长 1.87 千米，新建互通匝道长 4.35 千米，设 4 个进口和 6 个出口收费处。

【路特斯能源总部项目落户富阳】2022 年 11 月 8 日，富阳区政府与浙江吉利控股集团战略项目签约活动在东洲街道富阳水上运动中心举行，该集团旗下路特斯能源总部项目落户富阳经济技术开发区。路特斯是吉利控股集团旗下高端汽车品牌，主要以顶级跑车车型为主。路特斯能源总部项目将在富阳经济技术开发区落地能源总部运营项目、场站运营项目以及产业化项目 3 个子项目，融合设备研制、解决方案、场站运营等商业模式,探索新能源补能体系的全场景布局。项目落地后,将打造成为集研发、制造、建设、运维、运营等于一体的科技型企业。项目满产后,年工业产值约80亿元,年服务业营业收入约40亿元,年税收贡献约5亿~8亿元。

【西湖大学光电研究院项目开工奠基】 2022年12月31日,西湖大学光电研究院项目在杭州富春湾新城开工奠基。该项目是西湖大学和富阳区政府共建的校政企合作项目,用地面积约3.89公顷,主要建有光电技术中心、微纳光电智造厂房及生产线,建设工期24个月。作为西湖大学第一个独立科研派出机构,光电研究院将充分发挥西湖大学一流的人才优势,重点聚焦光电集成领域开展基础与应用研究,打造面向长三角地区、辐射全中国的光电技术研究中试及产业化基地,打通从基础研究、技术开发到成果应用和产业转化的生态链。10月25日,富阳区与西湖大学完成共建协议签约,随后围绕"年内开工和研究院挂牌"的阶段性目标,双方分别成立以主要负责人任组长的领导小组,共同建立项目推进联合专班。该项目从签署协议到开工建设用时仅66天。（刘 亮）

临安区

【概况】 2022年,临安区辖5个街道、13个镇,有社区36个、居民区2个、村270个。至年末,户籍人口54.3万人,比上年增加815人。其中,男性人口26.9万人,女性人口27.4万人,男女性别比为98.2(以女性为100)。全区人口出生率5.8‰,死亡率8.1‰,自然增长率-2.3‰。全区常住人口64.8万人,增加0.6万人。全区生产总值672.34亿元,比上年增长0.4%。其中:第一产业增加值46.99亿元,增长2.4%;第二产业增加值341.11亿元,增长4.2%;第三产业增加值284.24亿元,下降3.8%。三次产业结构比为7.0∶50.7∶42.3。按常住人口计算,人均生产总值10.42万元。按国家公布的2022年平均汇率折算,为1.55万美元。

全年农林牧渔业总产值67.22亿元,增长3.1%;农林牧渔业增加值47.7亿元,增长2.5%。其中:农业种植业(含坚果类)产值35.06亿元,增长2.2%;林业(不含坚果类)产值20.40亿元,增长1.6%;牧业产值7.61亿元,增长9.4%;渔业产值2.18亿元,增长1.2%;农业服务业产值1.98亿元,增长9.3%。

全区有规模以上工业企业711个。全年总产值超过1亿元企业190个,其中总产值超过100亿元企业以上2个。规模以上工业总产值1306.41亿元,增长3.8%。规模以上工业企业产销率100.4%,规模以上工业新产品产值率48%。规模以上工业增加值238.0亿元,增长5.6%。高新技术产业增加值占规模以上工业增加值的84.2%,提高2.8个百分点。数字经济核心产业增加值84.31亿元,增长5.7%,占全区生产总值的12.5%。其中,电子信息制造产业增加值79.64亿元,增长5.8%。

固定资产投资增长7%。其中,制造业投资、高新技术产业投资、交通投资、项目民间投资、生态环境和公共设施投资分别增长24.7%、35.8%、23.7%、17.1%、47.1%。全区97个重点实施项目完成投资162.4亿元。房地产开发投资318.41亿元,增长1.6%。房屋施工面积1360.99万平方米,下降6%;新开工面积112.62万平方米,下降63.4%;竣工面积148.62万平方米,下降45.2%。商品房销售面积79.7万平方米,下降65.4%;商品房销售额155.55亿元,下降67.9%。

全年批发和零售业增加值42.41亿元,增长2%;住宿和餐饮业增加值8.41亿元,下降1.5%。社会消费品零售总额224.28亿元,增长5.5%。进出口总额321.75亿元,增长31.6%。其中,出口227.51亿元,增长38%。

财政总收入131.99亿元,下降11.4%,扣除留抵退税因素后增长3%;一般公共预算收入83.99亿元,下降7.1%,扣除留抵退税因素后增长4.6%。一般公共预算支出106.18亿元,增长2.4%;用于民生支出82.59亿元,占一般公共预算支出的77.8%。实际利用外资2.02亿美元,招引投资1亿元以上项目40个,其中10亿元以上签约注册项目8个。金融机构本外币存款余额1427.58亿元,增长13.9%,其中居民储蓄642.92亿元,增长22.4%;本外币贷款余额1465.53亿元,增长20.3%。

旅游景点接待游客518.46万人次,增长15.9%;门票收入6486.63万元,下降7.3%。乡村旅游接待游客341.2万人次,增长1.4%;经营收入9.37亿元,下降0.05%。新增省级AAAA级景区镇1个、AAA级景区镇6个。

全年交付限价房2377套,完成老旧小区综合改造108万平方米,加装小区电梯20台。新增停车位1384个。新(改)建城市道路20条,新增绿化面积110.4万平方米,建设绿道38千米。新增智慧养老院1个、康养联合体3个、婴幼儿成长驿站13个,新(改)建健康步道20条、健康主题公园8个。全社会用电量48.69亿千瓦时,增长3.4%。自来水平均日供水量22.93万立方米/日,全年供水量8368.88万立方米。全年处理数字城管案件13.9万条。

完成6个乡镇(街道)、5个工业园区、12个生活小区污水零直排区建设。全年污水处理量5302.38万立方米;空气质量优良天数329天,优良率90.1%;全区PM2.5年平均浓度30.3微克/立方米,达国家二级标准以上。

全年公路通车里程2925千米,其中高速公路里程104千米。公路运输货运量960万吨,公路货物周转量59781万吨千米。完成公路旅客运输量81万人次,公路旅客周转量5865万人千米。邮政业务总量1.51亿元。快递业务量0.19亿件,增长10.7%;快递业务收入0.59亿元,增长2.7%。专利授权量4796件。其中,发明专利授权量615件,增长19%。研究与试验发展(R&D)经费支出占全区生产总值的3.78%,提高0.21个百分点。财政一般公共预算支出中科技支出4.94亿元,增长16.9%,科技支出占一般公共预算支出的4.7%。新增国家高新技术企业118个、省科技型中小企业234个,累计分别为542个和1254个。

全区有幼儿园75所,在园幼儿1.91万人;小学41所,在校学生3.52

万人；初中19所，在校学生1.50万人；普通高中5所，在校学生7774人；职业高中2所，在校学生4174人。学前三年幼儿园入园率99.2%，学龄儿童入学率100%，初中入学率100%，初中升入普通高中比例57.9%，升入各类高中比例99.5%。

文化产业增加值15.15亿元，下降1.7%。新建乡村博物馆3个、城市书房3个、文化驿站1个，送戏下乡186场，送展览313场，文化走亲25场，送书下乡6.5万册，组织阅读推广活动960场次，举办全民免费艺术培训班278次。开展各级体育赛事活动870多场，新增嵌入式体育场地面积8.01万平方米。

全区有各类医疗卫生机构484个，床位2972张，专业卫生技术人员5422人。区级医疗机构门（急）诊321.76万人次、住院7.93万人次，基层医疗机构门诊460.14万人次。全年家庭医生签约服务人数30.73万人，签约率48.4%。健康产业增加值57.98亿元，增长29.1%。

全年新增参保企业973个，新增企业职工基本养老保险参保人员7185人，年末养老保险、基本医疗保险、工伤保险、生育保险参保人数分别为42.93万人、54.13万人、27.58万人和20.77万人。有城乡社区居家养老服务照料中心306个，镇（街道）级居家养老服务中心20个。有各类福利院、敬老院、养老机构24所，床位2620张，收养1034人。居民最低生活保障标准调整至每人每月1216元。全区最低生活保障对象1.27万人，全年发放各项困难家庭救助金2.69亿元。全年城镇登记失业人数4796人，新增就业岗位3.01万人，帮扶失业人员再就业4593人。

【大明山滑雪体育旅游线路入选国家级旅游精品线路】2022年1月28日，国家体育总局、文化和旅游部发布14条“2022年春节假期体育旅游精品线路”，杭州大明山滑雪体育旅游线路为浙江省唯一入选线路。杭州大明山万松岭滑雪场位于临安区清凉峰镇大明山景区内，是华东地区最大的室外高山滑雪场，规划总面积13万平方米，专业滑雪面积7万平方米，雪道总长1000多米，含戏雪区、换装区、练习道、初级道及中级道。雪场二楼配备美食区，提供特色面食、火锅、咖啡、西点等。

【杭十四中青山湖科技城校区项目开工建设】2022年1月，杭州第十四中学（简称“杭十四中”）青山湖科技城校区项目开工建设。该项目位于青山湖科技城蒋杨村。项目用地面积8公顷，总建筑面积7.75万平方米，其中地上建筑面积6.63万平方米、地下建筑面积1.12万平方米。建设内容主要包括教学、教学辅助及行政管理用房、生活服务用地下停车库、开闭所、垃圾房、景观绿化、道路等。办学规模为48个班。

【“天目医享·乡村医疗优质共享”改革】2022年，临安区创新推出“天目医享·乡村医疗优质共享”改革。组建由医共体牵头医院专科医生、镇街卫生院全科医生、村卫生室乡村医生组成的“1+1+1”签约服务团队，为村民提供签约、诊疗、检查等服务。为医共体牵头医院和卫生院（社区卫生服务中心）分别配置“综合巡回诊疗车”和“签约服务随访车”，每月定时到165个行政村开展综合巡回诊疗服务。出台“山区乡村医疗优质共享”巡回绩效考核方案，搭建“临医在家”可视化诊疗服务平台，为全区56万名群众建立集“健康指数、健康画像、健康报告”于一体的“数字健康档案”，上线“AI慢病助手”应用系统，解决20万名山区农民、老年人、失能半失能等特殊群体看病难问题。全年派出医务人员8011人次，服务群众11.34万人次，筛查出各类疾病6367例，基层就诊率由60.1%提高至65.1%。该项目入围全省高质量发展建设共同富裕示范区第二批试点名单，获2022年度浙江省改革突破奖（铜奖），被评为2022年度健康浙江行动示范样板和优秀案例、省发展改革委（省委社建委）数字社会系统2022年度“最优理论”成果、杭州市卫生健康2022年度“十大有影响力事件”。

【“银江创业工坊（云制造小镇）”入选国家级众创空间】2022年5月18日，科技部火炬中心公布2021年度拟备案国家众创空间名单，青山湖科技城“银江创业工坊（云制造小镇）”入选。银江创业工坊（云制造小镇）运营场地面积1130平方米、工位90个，在孵企业35个。自2016年6月运营以来，银江创业工坊结合青山湖科技城制造产业优势，旨在为智能制造领域创业者搭建起一个具有共享办公、人才交流、技术分享、市场拓展、项目对接等一站式服务的创新型项目培育平台。

【临安首届吴越文化节】2022年5月18日，临安首届吴越文化节开幕式在青山湖景区柳庄公园举行。开幕式上，集光电、全息等技术于一体的沉浸式歌舞剧《吴越风》首次公演，并举行吴越文化研究中心成立仪式，聘请钱林森、王旭烽、徐吉军、何勇强、钱高潮、方志恩为吴越文化使者。活动持续至5月22日，开展“吴越风情秀”、第四届吴越文化论坛、临安古诗词诵读会等系列活动。在河桥镇、於潜镇、天目山镇举行分会场活动，分别推出“千年一梦到河桥”浙西民俗文化艺术交流会、“天目潜城·宋韵原乡”主题展演、“大美天目、吴越行歌”主题晚会等群众性文化活动。

【杭叉集团科技园三期智能制造基地开工建设】2022年5月，杭叉集团股份有限公司（简称“杭叉集团”）科技园三期智能制造基地开工建设。该基地东至杭叉集团，南至高庆路，西至高庆路，北至松园街，用地面积6.52公顷，总建筑面积11.46万平方米，其中地上建筑面积11.04万平方米、地下建筑面积0.42万平方米。该基地划分为试验检测区、生产区两个功能单元。试验检测楼地下1层，地上10层，在其北侧形成入口广场。生产区主要布置有联合厂房一和联合厂房二。项目为通用设备制造业厂房，用于生产杭叉集团研发的大型新能源叉车、AGV（自动导引运输车）及其他工程机械等产品。

【华正能源公司年产3600万平方米铝塑膜项目投产】2022年8月18日，浙江华正能源材料有限公司（简称华正能源公司）年产3600万平方

“青和翼”全域智治中心（摄于 2022 年）

［临安区委党史研究室（临安区地方志研究室） 供稿］

米铝塑膜项目投产。投产的铝塑膜生产基地项目是浙江华正能源材料有限公司二期厂房，用地面积 2.95 公顷，总建筑面积 3.2 万平方米，项目总投资 5 亿元。该项目从海外引进高端涂布与检测设备，采用新型改良涂布工艺及高品质高精度表面检测控管系统，建立智能数据化无尘车间，结合 ERP（企业资源计划）、MES（制造执行管理系统）、APS（高级生产规划及排程系统程）等智能制造系统，实现生产、物流、仓储及上下游产业链的智能化协同管理，年产铝塑膜 3600 万平方米，是目前国内在建的单体最大的铝塑膜制造车间。

【质谱技术浙江省工程研究中心入选省级工程研究中心名单】 2022 年 8 月 23 日，浙江省发展和改革委员会发布《关于认定 2022 年省级工程研究中心名单的通知》，青山湖科技城的质谱技术浙江省工程研究中心入选。该研究中心由杭州谱育科技发展有限公司、浙江省质谱仪器制造业创新中心联合建设，重点针对国产质谱产业面临的工程化转化难题，开展新型、高分辨质谱技术平台开发与配套工程化体系建设，满足环境监测、临床诊断、工业过程分析等行业对国产质谱产品的迫切需求，提高国产质谱仪器可靠性，实现质谱仪器关键共性部件自主可控，加速质谱技术成果转化与产业化。

【“青和翼”全域智治应用入选省级典型应用】 2022 年 11 月，浙江省基层智治系统专题组公布省基层智治系统第一批典型应用案例，“青和翼”全域智治应用入选。“青和翼”全域智治中心设置于青山湖街道鹤亭大街 1551 号青山湖社会治理中心内，占地面积 1.87 公顷，建筑面积 4000 平方米。其中，“青和翼”运营指挥大厅 350 平方米，指挥中心大屏面积 50 平方米，设置区公安分局、区交警大队、区城管局、区市场监管局等专业部门事件调度席。“青和翼”全域智治系统围绕党建统领、经济生态、平安法治、公共服务，构建“1258”治理体系（“1”指“青和翼”全域智治中心，“2”指“青和治”治理端和“青山云”服务端，“5”指“青和力”“青和蓝”“青和协”“青和居”“青和翼”五大体系，“8”指“党建引领”“平安创建”等 8 个模块。），建成“平战一体、动态网格”智治应用。至年末，“青和翼”全域智治系统打通 122 个系统表项和 260 多万条数据项，流转处置事件 19.7 万件，有效闭环完结 12.51 万件，治理力量配比由每万人 45 人降低至 25 人，普通事件处置效率由每件 48 小时提升至 10 分钟，“平安三率”（群众安全感率、平安建设知晓率、执法工作满意率）指数由 80.1% 提升至 99.3%。

【苕溪锦带创建为省级城市风貌样板区】 2022 年 12 月 20 日，苕溪锦带创建成为 2022 年度第三批省级城市风貌样板区（传统风貌区类）。苕溪锦带传统风貌区位于临安区主城中心，西起玲珑山，东接青山湖，北依西径山，南靠功臣山，创建范围 381 公顷，辐射人口 8.63 万人，占临安城区总人口的 28%。按照“沿溪布局、集中连片、区块整合”的理念，推进“城市更新改造 + 连片收储整备”工作机制，实施城市“微更新”、公共设施“微改造”提升行动。投入 15.8 亿元，改造提升风貌区的民生基础设施，在苕溪两岸建成服务型驿站 10 处、嵌入式建设设施 5 处、星级式卫生设施 7 处、文娱设施 30 处，打造“礼乐印庙”“礼仪颂今”等亲水平台 13 个，建成亲水性护岸 4.6 千米。按照“建点联片、串联推进”的思路，通过引入群众文化演出、非遗市集等活动，串联起吕家弄、苕溪文化商业街、铂盛汇商业综合体等产业载体，引入“新零售”业态 29 个。

（柴钰灿 杨彩霞）

桐庐县

【概况】 2022 年，桐庐县辖 4 个街道、6 个镇、4 个乡，有 37 个社区、181 个村。至年末，户籍人口 41.93 万人，人口自然增长率 0.14‰。全县生产总值 431.41 亿元，比上年增长 3.5%。其中：第一产业增加值 27.61 亿元，增长 2.2%；第二产业增加值 202.17 亿元，增长 4.9%；第三产业增加值 201.63 亿元，增长 2.4%。三次产业增加值结构为 6.4∶46.9∶46.7。按常住人口计算，人均生产总值 9.45 万元。按国家公布的 2022 年平均汇率折算，为 1.41 万美元。财政总收入 71.22 亿元，增长 5.4%。一般公共预算收入 41.49 亿元，增长 8.0%。财政民生支出 75.17 亿元，增长 22.7%。全县金融机构本外币各项存款余额 871.22 亿元，增长 15.6%。本外币贷款余额 994.98 亿元，增长 20.5%。

农林牧渔业总产值 40.84 亿元，增长 2.9%。粮食总产量 4.86 万吨、肉类产量 0.75 万吨、禽蛋产量 0.28 万吨、蔬菜产量 24.73 万吨、水产品产量 0.98 万吨、水果产量 9.2 万吨、茶叶产量 0.41 万吨。全年新认定绿色食品 5 个，新增绿色食品基地面积

67.67 公顷。年末有粮食生产功能区5473.33 公顷。全年实施省、市、县美丽乡村项目 206 个，投资 4.95 亿元。新增省级新时代美丽乡村达标创建村 36 个。其中，精品村 13 个，省级未来乡村 4 个，省级历史文化村落保护利用重点村 1 个、一般村 2 个，市级特色村 4 个，县级美丽乡村示范村 17 个，推进省级历史文化村落保护利用重点村 1 个，获评全省深化“千万工程”建设新时代美丽乡村工作优胜县。全年村级集体经济总收入 3.21 亿元，其中经营性收入 2.2 亿元。128 个村集体经济总收入超过 80 万元，经营性收入超过 50 万元。

规模以上工业增加值 130.86 亿元，增长 6.4%。规模以上高新技术产业、装备制造业、战略新兴产业增加值分别增长 9.9%、16.1%、20.0%。总投资 75 亿元的吉利科技动力电池项目落户桐庐并开工。商品房销售面积 30.66 万平方米，下降 34.7%；商品房销售额 51.13 亿元，下降 31.4%。其中住宅类销售面积 29.67 万平方米，下降 29.5%；住宅类销售额 50.24 亿元，下降 29.9%。

社会消费品零售总额 166.99 亿元，增长 5.3%。按消费类型分，商品零售额 129.06 亿元，增长 8.6%；餐饮收入 37.93 亿元，下降 4.5%。全年网络零售额 81.63 亿元，下降 9.0%。年末各类商品市场 17 个，其中交易额 1 亿元以上市场 4 个；全年交易额 23.42 亿元，下降 5.8%。

货物进出口总额 142.3 亿元，增长 48.6%。其中：进口总额 9.85 亿元，增长 12.9%；出口总额 132.45 亿元，增长 52.2%。全年跨境电商进出口 3.54 亿美元，其中跨境电商出口 3.35 亿美元、跨境电商进口 1963.22 万美元。

全县交通建设投资 6.43 亿元。公路总里程 1970.7 千米。全县有城区公交线路 25 条，营运公交车 136 辆；城乡公交线路 96 条，城乡营运公交车 290 辆；营运出租车 112 辆；长途客运及旅游包车等 92 辆。全年高铁桐庐站发送量 78.09 万人次，到达量 65.71 万人次。邮政业务收入（不含邮政储蓄银行直接营业收入）10.46 亿元，下降 3.2%。全年业务量 17.85 亿元，增长 3.2%。其中：快递服务企业业务收入 8.54 亿元，下降 7.8%；快递业务量 2.09 亿件，下降 0.5%。

旅游业总收入超过 100 亿元，增长 6.0%。乡村旅游经营收入 16.5 亿元，增长 0.1%。全县 A 级景区 7 个，其中 AAAA 级 6 个、AAA 级 1 个。AAA 级以上村落景区 8 个，其中 AAAA 级 1 个、AAA 级 7 个。浙江省景区村庄 181 个，其中 AAA 级 53 个、AA 级 34 个。

全年 PCT（国际专利合作协定）专利申请量 11 件；发明专利授权量 253 件；有效发明专利拥有量 932 件；万人发明专利拥有量 20.6 件。全年品牌企业和实施“浙江制造”标准企业 49 个。新增国家高新技术企业 67 个、省科技“小巨人”企业 4 个、省科技型中小企业 94 个、市级“雏鹰”计划企业 8 个。新增中央引导地方科技创新基地建设 2 个、省“领雁”研发攻关项目 1 个。

幼儿园 47 所，在园幼儿 1.49 万人。全日制小学 27 所，在校学生 2.71 万人；初级中学 15 所，在校学生 1.13 万人；中等职业技术学校 1 所，在校学生 2343 人；普通高中 4 所，在校学生 6147 人；普通高校 1 所，在校学生 10120 人；特殊教育学校 1 所，在校学生 76 人（含附设中职班 17 人）。全县小学巩固率 100%，初中巩固率 100%，高中入学率 99.71%，全县教职工（不含普通高校）5526 人。

公共图书馆 1 个、乡镇图书分馆 15 个、文化馆 1 个、乡镇文化分馆 14 个、文化驿站 1 个、博物馆 2 个、非遗馆 1 个、剧院 1 个。建有乡镇（街道）综合文体站 14 个，村（社区）文化活动室 13 个、农村文化礼堂 176 个、社区文化家园 12 个。全年放映电影 6.15 万场次。年末有线电视注册用户数 19.98 万户，广播、电视人口覆盖均为 100%。全县体育场地面积 186.55 万平方米，人均体育场地面积 4.1 平方米。年末有中大型体育场馆 4 个、百姓健身房 15 个、省级中心村体育休闲公园 2 个、省级全民健身中心 1 个、省级全民健身广场 2 个、省级社区多功能运动场 4 个、足球场 54 片、拆装式游泳池 4 个、市级健身广场（健身中心、健身公园）27 个。

各类医疗卫生机构 356 个，其中医院 21 个、卫生院 11 个、社区卫生服务中心（站）106 个、诊所（卫生室、医务室、卫生所等）59 个、门诊部 37 个、村卫生室 117 个、急救中心 1 个、健康体检中心 1 个、医学检验实验室 1 个、疾病预防控制中心 1 个、卫生健康行政执法队 1 个。卫生技术人员 4617 人，其中执业（助理）医师 1747 人、注册护士 1783 人。医疗卫生机构床位数 2608 张。参加养老保险的参保人数 32.98 万人，参保率 99.4%。基本医疗保险参保人数 41.2 万人。工伤保险参保人数 17.44 万人。失业保险参保人数 11.97 万人。

全县城镇常住居民人均可支配收入 64275 元，增长 3.7%。其中，人均工资性收入 38960 元，增长 3.6%。人均生活消费性支出 35800 元，增长 3.9%。全县农村常住居民人均可支配收入 40190 元，增长 5.9%。其中，人均工资性收入 22258 元，增长 5.8%。人均生活消费性支出 24231 元，增长 5.5%。

【杭州桐庐无规定马属动物疫病区通过国家评估】2022 年 1 月 6 日，农业农村部发布公告，杭州桐庐无规定马属动物疫病区通过国家评估。杭州桐庐无规定马属动物疫病区包含投资 1.2 亿元，建成总面积 7.44 万平方米的国内外马匹隔离场、2000 平方米的易感动物隔离场，4 个公路动物卫生监督检查站，配齐全自动喷淋消毒设施，安装监控系统，实现远程管理，并参照国家 CNAS 实验室认证建设标准，配齐实验仪器与设备，建成全省首个县级二级生物安全兽医实验室。

【桐庐获评“国家水土保持示范县”】2022 年 1 月，水利部发布 2021 年度国家水土保持示范名单，桐庐获评“国家水土保持示范县”。桐庐通过实施“小流域水土流失综合治理、生态清洁小流域建设、经济林水土流失治理、矿山治理、绿化造林”等工程，与“生态农林、生态旅游、生态城镇、美丽乡村”建设相结合。近三年治理水土流失 35 平方千米，任务完成率 130%。开展“四进”水土保持宣传教育与科普。强化生产建设项目全生命周期监管，实现部门间的水土保持工作数字化协同。利用新技术、新手段，提高事中事后监管效能，实现生产建设项目监管全覆盖。调动民营大户参与水土保持生态治理，基本形成政府投入和社会资本参与水土保持生态建设的良性循环。获评首个省级森林休闲养生城市。创新区域水土保持改革，探索以乡镇（街道）“区域水保总方案＋报备登记表”的形式替代“一项目一方案一审批”的模式，推进区域水保改革。通过改革，项目审批材料的准备和报批时间由原来的25天缩减到1天，水保审批时效提高80%以上，水保方案编制费用降低90%。

【吉利科技动力电池项目落户桐庐】2022年5月7日，桐庐县政府与吉利科技集团签署动力电池投资合作协议。吉利科技集团在桐庐经济开发区规划建设年产能12亿瓦时的动力电池项目。该项目总投资约75亿元，选址位于桐庐经济开发区“152”产业园东区，规划总占地面积约35.78公顷。项目建设周期为18个月，投产后预计可实现年产值100亿元，年税收8亿元。该项目实现桐庐县50亿元以上大项目“零”的突破，并实现“拿地即开工”。7月27日签订土地出让合同，24小时内完成施工图审和“五证齐发”（备案信息表、用地规划许可证、不动产权证、工程规划许可证、施工许可证）。8月1日，项目正式开工。

【桐庐抽水蓄能电站开工】2022年11月20日，桐庐抽水蓄能电站开工仪式在富春江镇举行。5月26日，桐庐抽水蓄能电站项目指挥部揭牌，指挥部下设“一办三组”，包括综合办、项目前期组、工程建设组、征迁保障组。8月8—11日，水电水利规划设计总院审查通过桐庐抽水蓄能电站可行性研究阶段枢纽布置格局、正常蓄水位选择、施工总布置规划专题报告。10月19日，桐庐抽水蓄能电站项目获省发展改革委核准，批复总投资87.3亿元。电站位于桐庐县富春江镇境内，总工期68个月，首台机组投产发电工期58个月，总装机容量1400兆瓦，年发电量16.8亿千瓦时，额定水头531米。2021年9月，国家能源局发布《抽水蓄能中长期发展规划（2021—2035年）》，桐庐抽水蓄能电站被列入浙江省“十四五”重点实施项目。项目建成后主要承担浙江电网及华东电网调峰、填谷、储能、调频、调相、备用等任务。

【乡村“复兴少年宫”建设】2022年，桐庐县是杭州市唯一入选全国乡村“复兴少年宫”建设试点县。全县乡村“复兴少年宫”实现村（社区）全覆盖，开展活动5750多场，服务青少年7.86万人次。围绕“基础课＋魅力课＋实践课”体系，成立县级课程研发中心，牵头研发并开设“有意思的思政课”等基础课10多门，乡镇、村自主研发“葫芦烫画”等魅力课、实践课700多门。出台乡村“复兴少年宫”合伙人招募标准，组建县级“督导团”“研发团”“顾问团”3支专业人才队伍负责课程研发、队伍培训等，村（社区）管理员、辅导员2支队伍负责阵地管理、活动策划等。7月2日，桐庐县乡村“复兴少年宫”建设观摩会暨“一宫一品趣乐一夏”系列活动发布仪式在旧县街道母岭村举行。仪式上，发布全国首个省级乡村“复兴少年宫”建设与管理规范标准，为18个新成立的示范复兴少年宫授牌。7月，中央广播电视总台《新闻联播》和《共同关注》栏目、《浙江日报》相继报道桐庐县开展乡村“复兴少年宫”建设的做法。桐庐县乡村“复兴少年宫”建设工作获评2022年度浙江省高质量发展建设共同富裕示范区最佳实践（第二批）、浙江省宣传文化领域共同富裕最佳案例。

【桐庐东站启用】2022年9月22日，湖杭铁路全线通车，由浙江交通集团主导建设、中铁电气化局集团有限公司和深圳市万德建设集团股份有限公司联合承建的桐庐东站正式启用。桐庐东站是合杭高铁湖杭段与杭黄高铁连接线的接轨站，位于桐庐县江南镇。站房主体总建筑面积1.5万平方米，为线侧下式站房，站场规模为“4台8线”。开通后，桐庐东站经杭州西站向北可衔接杭宁、商合杭高铁；往南可与杭黄、杭温、杭衢高铁衔接，贯穿7个国家AAAAA级旅游景区和50多个国家AAAA级旅游景区。

【“韵味杭州”2022年桐庐马术三项赛邀请赛】2022年6月7日，“韵味杭州”2022年桐庐马术三项赛邀请赛在桐庐马术中心开幕。赛事由中国马术协会指导，“韵味杭州”系列赛组委会、亚运会马术项目杭州市运行保障分指挥部主办，桐庐县人民政府承办，浙江省马术运动协会协办，赛期3天。宁波队获三项赛团体赛金牌。邀请赛的比赛场地桐庐马术中心是杭州亚运会马术项目的比赛场地，邀请赛也是场馆建成后的首

2022年11月20日，浙江桐庐抽水蓄能电站开工仪式举行

［桐庐县委党史研究室（桐庐县地方志研究室） 供稿］

场比赛。

【“忆江南·走进富春山居图”系列活动】2022年3月5—6日，“忆江南·走进富春山居图”系列活动在富春江亲水平台、严子陵钓台等地开展。活动包括“忆江南·富春山居游”线路首发仪式、“忆江南·文化赋能共同富裕”研讨会等，在严子陵钓台景区推出《还有富春山》沉浸式剧场演出。其中，在“忆江南·富春山居游”线路首发仪式上，春晚《忆江南》节目在富春江边完整呈现，直播观看总量超过150万人次。《人民日报》、新华社、《光明日报》、《浙江日报》等媒体报道，微博话题“忆江南富春山居在桐庐”阅读量超过1亿人次。同时推出满足自驾游、跟团游不同需求的“忆江南·富春山居游”一日游、两日游线路4条。

【社区调整优化】2022年11月，桐庐县按照有利于社区管理、居民自治、功能发挥的要求，对全县社区进行调整优化，调整后共计社区37个，其中新增社区15个。其中：桐君街道新增桐江、舞象、康乐3个社区；城南街道新增龙潭、三合、江滨、平阳山、青山、金竹、翰林、望江8个社区；凤川街道新增凤来、凤翔2个社区；江南镇新增定安1个社区；分水镇新增怀恩1个社区，并调整社区所辖范围。江南镇的鼓楼社区改名秦渡社区。

【“钟山蜜梨”地理标志商标注册成功】2022年1月，经国家知识产权局商标局核准，桐庐县“钟山蜜梨”地理标志商标注册成功，是继“天尊贡芽”“雪水云绿”后桐庐县第三件成功注册的地理标志商标。“钟山蜜梨”地理标志商标自2020年4月29日申请注册，历时1年多。（张　红）

淳安县

【概况】2022年，淳安县辖11个镇、12个乡，有337个村、24个社区。至年末，常住人口32.50万人，户籍人口45.02万人。人口自然增长率−1.41‰。全县生产总值269.51亿元，比上年增长2.4%。其中：第一产业增加值42.36亿元，增长3.2%；第二产业增加值71.29亿元，增长1.4%；第三产业增加值155.86亿元，增长2.6%。三次产业结构为15.7 ∶ 26.5 ∶ 57.8。全县数字经济增加值8.06亿元，增长8.6%，占全县生产总值的3.0%。财政总收入43.66亿元，下降8.6%。一般公共预算收入23.92亿元，下降7.8%；一般公共预算支出80.71亿元，增长4.3%。全年城镇常住居民人均可支配收入55228元，增长4.2%；人均生活消费支出31831元，增长3.5%。全年农村常住居民人均可支配收入26156元，增长6.0%；人均生活消费支出17364元，增长6.1%。全县金融机构本外币各项存款余额462.69亿元，增长23.2%。金融机构本外币各项贷款余额484.08亿元，增长16.8%。

农林牧渔业总产值59.16亿元，增长3.4%。其中：农业产值41.40亿元，增长1.6%；林业产值8.06亿元，增长12.6%；牧业产值4.87亿元，增长0.2%；渔业产值3.48亿元，增长9.3%。粮食总产量4.46万吨，茶叶产量0.51万吨，水果产量11.60万吨，肉类产量1.16万吨。创建省级美丽乡村示范乡镇3个、省级美丽乡村特色精品村6个、省级未来乡村3个、省级新时代美丽乡村达标村62个，实现省级达标村创建全覆盖。滨江“云顶桃源”、大下姜文旅客厅等项目推进。淳安县获评2022年度浙江省深化“千万工程”建设新时代美丽乡村工作优胜县。

工业增加值44.29亿元，增长2.1%。其中，规模以上工业增加值31.19亿元，增长5.5%。规模以上工业新产品产值13.41亿元，增长19.0%；新产品产值率11.8%。高新技术产业增加值15.96亿元，增长14.5%；装备制造业增加值5.78亿元，增长3.7%；战略性新兴产业增加值3.53亿元，增长6.1%。全县有市场经营主体3.83万户，其中企业1.53万户、个体工商户2.24万户、农业专业合作社495户。

建筑业增加值27.07亿元，增长0.3%。房地产业增加值23.13亿元，下降4.6%；房地产开发投资下降12.0%。房屋施工面积256.59万平方米，下降9.7%；竣工面积29.58万平方米，下降41.9%。全年商品房销售面积25.57万平方米，下降20.4%；商品房销售额32.71亿元，下降25.5%。

全县固定资产投资增长15.2%，其中项目投资增长51.5%。按投资“4+1”结构看，交通投资下降4.4%，生态环保、城市更新和水利设施投资增长42.4%，高新技术产业投资增长26.2%，民间项目投资增长70.7%，工业投资增长159.7%。

全县社会消费品零售总额94.04亿元，增长4.5%。自营进出口总额2.18亿美元，下降2.2%。其中：自营出口1.99亿美元，下降2.5%；自营进口1900万美元，与上年持平。新引进深绿产业项目70个；全年实际到位外资资金6063万美元。总部经济实现税收15.65亿元。

接待国内外游客812.10万人次，旅游经济总收入126.80亿元，分别下降12.9%和16.1%。淳安县千岛湖景区成功创建国家体育旅游示范基地，入选首批省交旅融合试点。姜家镇姜家村入选全国乡村旅游重点村。6月，淳安千岛湖“月光之恋”光影艺术夜游试营业；7月，千岛湖明豪国际会议中心建成开业。有各类旅行社75个；高标准酒店47个，其中五星级酒店2个、五星级标准建造19个、挂牌四星级酒店2个、四星级标准建造24个。

杭淳开高速公路被列入国家公路网规划，淳安段勘察设计工作开展。330国道千岛湖大桥至临岐段改建工程加快推进。320省道桐庐至文昌段路面大中修、亚运赛道沿线景观提升工程完成。全县公路总里程2866.27千米，其中高速公路65.62千米、国道89.78千米、省道29.26千米。邮政业务总量6070.21万元。邮电局所总数36个，其中邮电支局6个、邮电所26个、代办所4个。

完成千岛湖大桥南端市政道路接线大中修。提升改造西园公园、新塘公园等5个小公园，打造景秀篮球公园口袋公园，拓展千岛湖广场和新北社区2个亚运观赛空间。坪山、城西、南山污水厂中水回用提升改造完成。临岐镇污水处理厂建设项目完工。紫荆花园等5个污水零直排区提质增效示范小区建设完成。完成珍珠半岛主干道改造提升工程，排岭北路、南路道路大中修工程。新增清波花园、绿园新村停车泊位695个。全年空气优良天数359天，优良率98.4%。细颗粒物（PM2.5）年均浓度18微克/立方米，二氧化氮年均浓度值11微克/立方米，二氧化硫年均浓度值5微克/立方米。地表水国控断面达到或优于Ⅲ类比例100%。集成打造“数字第一湖”，全域护水智治体系加快构建。创新“一支队伍管千岛湖”行政执法改革。全年发生生产安全事故6起，死亡5人。

全县有学校101所，在编教职工3811人，在校学生4.16万人。其中：幼儿园38所，在校幼儿9143人；小学41所（含10所校区），在校学生1.62万人；初中13所，在校学生7951人；普通高中5所，在校学生5005人；职业中学2所，在校学生3220人；培智学校1所，在校学生51人；电大教师进修学院1所。8月，培智学校新校区、县第二幼儿园投入使用；10月，淳安县第三中学启动建设。

全年新增国家高新技术企业13个，新增省科技型中小企业38个，市“雏鹰”企业3个。规模以上工业高新技术产业增加值占规模以上工业增加值比重为46.0%

全县有文化馆（站）24个，公共图书馆24个（含乡镇分馆），城市书屋（含新安书屋、杭州书屋）19个，艺术馆1个，电影院3个。全年开展送文化活动、文化培训等活动210场，举办线上和线下展览25期、28场。

全县有各类医疗机构327个，医护人员3201人。医疗卫生机构床位数2378张，其中县级医院1560张。4月，淳安县第一人民医院被纳入国家部委“千县工程”；6月，淳安县中医院成功创建“三乙”医院。

全县人均体育场地面积4.44平方米。举办县第八届全民运动会、环千岛湖公路自行车赛、千岛湖铁人三项赛等大型赛事17场，群众体育活动100多场。淳安籍选手在市级以上比赛获奖牌94枚，其中金牌22枚。

城乡居民基本医疗保险参保23.10万人，职工基本养老保险、工伤保险、失业保险参保人数分别为6.88万人、7.71万人、5.24万人。养老机构27个，其中县级公办1个、乡镇敬老院19个、民办养老机构7个，床位2655张，在院供养老人1060人。至年末，全县有在册低保户数9411户、1.19万人，其中残疾人单列户5684户、5789人。

【淳安县政府获中华环境奖】2022年6月16日，淳安县政府获第十一届中华环境奖，获奖类别为城镇环境类。中华环境奖于2000年设立，由全国人大环境与资源保护委员会、全国政协人口资源环境委员会、生态环境部等11个部委和单位组成中华环境奖组委会，每两年评选一次，设“城镇环境”“环境管理”“企业环保”“生态保护”“环保宣教”5类奖项。第十一届中华环境奖于2020年12月启动，主题为“人与自然和谐共生”。淳安县政府于2021年2月由省生态环境厅推荐申报该奖项，9月18日入围中华环境奖候选单位。2022年1月10日，组委会组织专家现场答辩；2022年6月16日，中华环境奖组织委员会发布获奖公告。

【鸠坑茶种“鸠16”获国家植物新品种授权】2022年1月，由淳安县农业技术推广中心选育的鸠坑茶种单株“鸠16”获农业农村部国家植物新品种授权。“鸠16”是淳安县从鸠坑茶群体中选育的第一个无性系茶树良种，始于20世纪80年代初开展的鸠坑茶种提纯复壮课题，经原产地母树观察、制小样对比、扦插扩繁建系、品系比较试验等试验选育而成。该品种茶叶采摘期为3月上中旬，产品色泽嫩绿鲜润，香气馥郁呈嫩栗香，汤色嫩绿明亮，滋味鲜爽醇厚。一芽一叶所制龙井含氨基酸5.2%~8.4%，是现有鸠坑茶群体种的1.5倍，适合制作银针、烘青、炒青等各类绿茶，特别适合制作高档龙井、毛尖等产品。

【水质自动监测超级站项目启动建设】2022年6月2日，淳安县在千岛湖鸠坑口启动水质自动监测超级站项目建设。该项目除能完整覆盖一般监测项目外，还新增63种重金属、900多个（160种定量和800多种半定量）持久性有机污染物和新污染物质，以及多级生物预警等1000多个事关饮用水安全的指标的监测。项目为浙江省首个启动建设的水质自动监测超级站，同时也是全国范围内监测项目最多的水质自动监测站之一。

【淳安县第三中学项目开工】2022年10月，淳安县第三中学动工建设。该项目为市重点项目，选址千岛湖镇东庄村青小路与竹叶湾路交叉口，按照36个班的规模设计，占地面积7.03万平方米，建筑面积6.78万平方米，主要包括教学楼、行政楼、艺体

2022年8月，淳安县培智学校新校区投入使用　（淳安县教育局 供稿）

楼、教工宿舍、学生宿舍、设备用房、食堂、地下停车库室外工程及其他配套设施，总投资3.95亿元。项目按“一轴、两园、一带”总体结构设计，以“融于山水，顺其自然”为原则，将现状山体、水系、竹林、绿坡等生态要素转为校园的核心特色，通过“揽山、依水、构园、合院、游廊、点景”等策略，创造更多自然且具有文化归属感的校园空间，将校园营造成一所依山而建的“山麓书院”、一处沿湖而行的“湖畔学廊”。

【杭州千岛湖永通电缆有限公司丰家山新区开园】2022年7月23日，杭州千岛湖永通电缆有限公司丰家山新区开园仪式举行。2018年10月，为实现公司跨越式发展，推动产品转型升级，杭州千岛湖永通电缆有限公司启动易地新建厂区项目。项目占地面积约10.94公顷，建筑面积约7.5万平方米，主要建设电缆和塑线车间、仓库、辅助车间及其他配套用房，总投资3亿元，年产电线30多万千米、低压电缆5万千米、网络线2万千米。

【千岛湖成为海南鳽最大繁殖栖息地】2022年7月，浙江省珍稀濒危野生动植物抢救保护行动工程项目“海南鳽种群动态和扩散行为及其保护对策研究”课题组认为，千岛湖是目前全世界最大的海南鳽繁殖栖息地。海南鳽是国家一级重点保护动物、全世界30种最濒危鸟类之一，在浙江省为夏候鸟，也有部分留鸟，其体型和大小近似于鹭，为中型涉禽。上体羽毛为暗褐色，飞羽呈石板灰色，并具有绿色金属光泽，翅膀上覆羽为暗褐色，有少许白色斑点。每年的3—7月为繁殖期。因其十分罕见，被称为“世界上最神秘的鸟”。2004年，千岛湖首次发现海南鳽。2017年后动物学家进行的野外种群调查发现，每年在千岛湖繁殖的海南鳽有100多对，且近年来的种群数量有所递增。（刘东山）

建德市

【概况】2022年，建德市行政区域面积2314.42平方千米，辖3个街道、12个镇、1个乡，229个村、27个社区。至年末，户籍人口50.55万人，比上年下降0.4%。人口自然增长率-2.18‰。常住人口44.60万人。建德市生产总值433.54亿元，增长1.3%。其中：第一产业增加值40.92亿元，增长3.6%；第二产业增加值219.60亿元，增长1.2%；第三产业增加值173.02亿元，增长0.9%。三次产业增加值结构为9.4∶50.7∶39.9。按年末常住人口计算，人均生产总值9.74万元。

财政总收入80.53亿元，增长20.9%。其中，地方财政一般预算收入52.02亿元，增长35.1%。地方财政一般预算收入中税收收入33.34亿元，占地方财政收入的64.1%。财政支出78.55亿元，增长23.4%。其中民生支出60.99亿元，增长26.8%，占一般公共预算支出的77.6%。社会保障和就业支出、卫生健康支出、城乡社区支出分别增长70.5%、38.1%和56.6%。居民人均可支配收入48514元，增长4.8%。其中：城镇居民人均可支配收入62049元，增长3.1%；农村居民人均可支配收入35869元，增长6.1%。年末，金融机构本外币各项存款余额779.39亿元，增长9.2%。金融机构本外币各项贷款余额816.95亿元，增长19.4%。

农林牧渔业总产值65.04亿元，增长4.6%；增加值41.82亿元，增长3.7%。粮食播种面积12730公顷，总产量7.05万吨，下降0.8%。蔬菜、水果、水产品产量分别为26.54万吨、23.17万吨、9940吨，下降1.1%、0.7%、1.6%。肉类总产量2.62万吨，增长21.1%。有农业骨干企业107个，各类农民专业合作社450个。有农家乐（民宿）389个。新增高标准农田484.4公顷。完成造林更新面积987公顷，建德市森林覆盖率73.5%。全域草莓基地入选国家现代农业全产业链标准化示范基地创建名单，农创客引育工作入选全省第二批共富最佳实践案例。建德市获评全国县域农业农村信息化发展先进县。

工业增加值184.72亿元，比上年增长2.4%。其中，规模以上工业增加值159.10亿元，增长3.3%。规模以上工业总产值687.79亿元，增长5.1%；规模以上工业销售产值682.75亿元，增长5.7%。数字经济核心产业增加值16.11亿元，增长18.2%。高技术制造业增加值12.37亿元，增长35.1%。高端装备制造业增加值11.76亿元，下降5.6%。健康产业增加值17.85亿元，增长10.2%。建筑业增加值34.90亿元，下降4.8%。完成省级经济开发区整合提升，乌龙山抽水蓄能电站筹备工程开工建设。

全年建德市货物进出口总额95.91亿元，下降3.4%。其中：进口6.24亿元，下降51.0%；出口89.66亿元，增长3.6%。服务贸易出口额1.07亿美元，下降23.6%。跨境电商进出口总额4.52亿美元，增长11.4%。其中，出口额4.28亿美元，增长14.2%。新引进外商投资项目5个，实际利用外资1.4亿美元，增长7.6%。

社会消费品零售总额129.0亿元，增长2.3%。全年批发和零售业增加值25.36亿元，下降1.0%；住宿和餐饮业增加值5.16亿元，下降5.5%。网络零售额194.88亿元，下降21.2%。

全年固定资产投资下降17.7%。房地产开发投资下降9.6%。房屋施工面积232.85万平方米，下降16.2%；新开工面积6.48万平方米，下降89.1%；竣工面积16.64万平方米，下降72.8%。商品房销售面积19.27万平方米，下降58.4%；商品房销售额21.37亿元，下降64.1%。

公路货物运输总量3021.05万吨，增长26.1%；货物周转量39.75亿吨，增长25.9%。公路旅客运输总量1270.0万人次，下降9.4%；公路旅客周转量4.73亿人千米，下降23.0%。320国道建德市杨村桥至龙游县会泽里段改建工程涉铁先行段开工建设。

旅游总收入52.0亿元，增长6.9%。旅游接待336.5万人次，增长27.8%。乡村旅游收入7.23亿元，下降11.2%。A级及以上旅游景区5个，其中AAAA级景区5个。

新认定高新技术企业41个，累计189个。新增省科技型中小企业82个，累计622个。至年末，杭州市级以上高新技术企业开发中心134

个，其中省级以上54个。科技企业孵化器12个、众创空间3个。有专利授权量1702件，下降14.3%，其中发明专利授权量136件。实施各类科技计划79个，其中国家级2个。

幼儿园40所，在园幼儿1.35万人，下降0.9%。小学31所，在校学生2.38万人，增长2.7%。学龄儿童毛入学率100%。初中17所，在校学生1.03万人。普通高中（含民办）5所，在校学生7209人，初中升高中段比例99.77%。中等职业教育学校1所，在校学生1603人。专任教师4480人。体育场馆3个。

各级各类医疗卫生机构406个，床位2912张。卫生专业技术人员4193人，其中执业医师1502人、执业助理医师303人、注册护士1974人。养老机构17所，床位2926张，供养老人1019人。参加基本养老保险人数35.42万人，参加基本医疗保险人数43.35万人，参加生育保险、工伤保险、失业保险人数分别为11.88万人、14.52万人、9.49万人。

在册市场主体5.99万户，增加5620户。境内上市公司6个。城镇新增就业人员1.15万人，增加235人。城镇登记失业人数3386人。享受最低生活保障人数9832人。

建德市市区建成区面积10.60平方千米，城区道路长度139.42千米。建成区绿化覆盖率47.8%，提高2.08个百分点。全年空气优良天数49天，空气优良率95.6%。PM2.5年平均浓度每立方米23微克。

【建德新安江文化旅游节系列活动】 2022年7月9日，第二十届中国·17℃建德新安江文化旅游节开幕式暨2022年建德原创山水音乐季在建德航空小镇举行。旅游节以“宜居建德，共同富裕”为主题，按照文化兴、旅游乐、体育火、乡野趣、消费旺5个板块，确定建德“撤县设市”30周年主题展、2022年建德宋韵国风文化节、钱江诗画游（新安江—严子陵）首航仪式活动、建德17℃新安江夏日冬泳国际挑战赛、2022年建德17℃新安江马拉松、第七届“稻舞田间”稻香节等17个活动。活动至11月19日结束，共接待游客116.3万人次，实现旅游收入19.5亿元。

【建德抽水蓄能电站项目筹备工程开工】 2022年9月15日，浙江建德抽水蓄能电站筹备工程开工仪式在梅城镇举行。该抽水蓄能电站位于建德市梅城镇北侧乌龙山，占地面积161.44公顷，总投资140.5亿元，由浙江建德协鑫抽水蓄能有限公司投资建设。项目规划建设6台、40万千瓦抽水蓄能机组，总装机容量240万千瓦，设计年发电量约24亿千瓦时。该电站项目被列入国家《抽水蓄能中长期发展规划（2021—2035年）》“十四五”重点实施类项目、浙江省可再生能源发展“十四五”规划和浙江省循环经济发展“十四五”发展规划。计划于2029年投产发电。电站上水库位于富春江上游左岸、乌龙山最高峰北坡的山顶谷地；下水库则利用富春江水库，可节约投资20多亿元。项目投运后预计每年可节约燃煤消耗量约48万吨，减少碳排放96万吨。

【320国道杨村桥至会泽里段改建工程开工建设】 2022年1月24日，320国道建德市杨村桥至龙游县会泽里段改建工程涉及铁路先行段开工。该工程起点位于建德市杨村桥镇，320国道与杨梅公路交叉口，整治利用杨梅公路后转向西南，经梅城、下涯、更楼、寿昌、航头等乡镇（街道），终于建德市与龙游县交界处的会泽里，与320国道龙游段顺接。全长约58.1千米。主线采用一级公路技术标准，设计时速80千米，采用双向六车道标准，路基宽度25.5米；起点至千鹤互通整治利用段设计时速60千米，采用双向四车道标准，路基宽度23.0米。项目批复概算77.28亿元，总用地242.5公顷。

【“双碳工业科技基地”授牌】 2022年5月24日，“科创中国·智汇新安”活动在建德市开幕，中国生物多样性保护与绿色发展基金会等5个单位联合为“双碳工业科技基地”授牌。开幕式上，“科创中国·新安智库”成立，建德市与西湖大学工学院签署战略合作协议。“双碳工业科技基地”致力于“双碳”目标下指导建德企业做好转型升级及科普、培训等方面工作，推广实施更多低碳节能、生态环保、新能源等可持续发展领域的科研项目，助推建德工业经济的绿色转型和科创成果转化。“科创中国·新安智库”旨在汇聚全省专家智慧，为建德绿色低碳转型出谋划策。全年新建院士专家工作站8个、博士创新站14个、科技小院2个、博士后工作站3个；立项产学研合作项目17个，实施外专智力项目37个，其中高端年薪项目6个。

【建德经济开发区管委会成立】 2022年7月5日，建德经济开发区管委会成立，高铁新区（高新园）和开发区（航空小镇）“两个平台”进行整合提升。建德经济开发区管理委员会加挂建德市航空小镇管理委员会、建德功能性新材料高新技术产业园区管理委员会牌子，下设建德经济开发区（航空）产业促进中心。全年建德经济开发区有现代数字影视制作产业园、谨汇智能终端中段组件组装、启源高端锂离子电池负极材料等1亿元以上项目12个，总投资145亿元，其中10亿元以上项目4个。有规模以上企业198个，其中国家高新技术企业75个，浙江新安化工集团股份有限公司、浙江新化化工股份有限公司、浙江大洋生物科技集团股份有限公司等上市公司5个，形成以新材料、生物医药、通用航空为特色的主导产业集群。全年规模以上工业总产值470亿元，增长8%；固定资产投资46亿元，制造业投资33亿元。

【建德市第二人民医院新院区投入运行】 2022年12月21日，建德市第二人民医院完成搬迁工作，新院区开始试运行。建德市第二人民医院迁建项目于2019年3月开工建设，位于梅城镇千鹤村，包含门诊楼、住院楼、行政楼，按二级甲等综合性医院标准进行规划，设置床位300张，占地面积4.2公顷，总建筑面积4.56万平方米，总投资3.1亿元。新院区秉承“科学、严谨、敬业、仁爱”的办院宗旨，购置美国GE62排螺旋CT、鑫高益1.5T磁共振、脑外科动力系统等设备。新大楼配备智能化挂号、缴费自助机等数字化设备，方便就诊者操作使用。

建德市第二人民医院新院区（摄于2022年）

（建德市委党史和地方志编纂研究室 供稿）

【“建村钉”入选第四批全国乡村治理典型案例】2022年12月，农业农村部、国家乡村振兴局联合发布31个第四批全国乡村治理典型案例，“建村钉”入选。建德市被列为全国首批乡村治理体系建设试点示范单位后，与阿里巴巴集团合作，探索乡村治理数字化实践，推行乡村钉（简称“建村钉”），搭建乡村数字治理大平台，让农村居民人人参与乡村治理。

建德市辖16个乡镇（街道）、256个村（社区），户籍人口50.55万人。2020年7月，建德市在开展乡村治理体系建设试点示范中，针对村民诉求解决慢、村级事务参与少、信息沟通耗时长等问题，试点先行与全面推行同步、项目创新与探索实践同行、平台优化与推广应用同谋，探索推进“建村钉”平台建设。“建村钉”集宣传发布、在线沟通、协同办公、便民服务等功能于一体，上线两周即实现村户全覆盖，建立起“市、镇、村、组、户”五级管理的乡村治理数字化平台。2022年9月，接入“新安·17治理平台”后，受理各类事件1283件，办结率97.5%。至年末，该平台在建德市激活量26.59万人，日活跃量10.72万人。

【建德市被确认为“浙江省夜间经济特色城市”】2022年年末，建德市被浙江省商务厅等部门确认为“浙江省夜间经济特色城市”，严州古城步行街被确认为“浙江省高品质步行街”。建成新安江智慧夜、梅城文化夜、寿昌逍遥夜3个夜生活地标集聚区。新安江智慧夜提供滨江星光步道、水雾数字激光投影、沿江屋顶灯光秀、滨江美食等夜间体验活动，营造智慧休闲夜生活环境。梅城文化夜依托省级高品质特色步行街，体验严州古城深厚的文化底蕴和浓郁的商业氛围。寿昌逍遥夜依托独特的美食文化、寿昌“909”夜街品牌等优势，配套夜间民俗演艺。

【“农创客引育工作”入选全省第二批共富最佳实践案例】2022年12月，浙江省高质量发展建设共同富裕示范区领导小组办公室公布第二批全省共同富裕最佳实践案例，“杭州建德市‘三式’引育农创客打造‘两个先行’乡村示范”（简称“农创客引育工作”）入选。建德市通过“引育留”（做精“靶向式”引才，做精“滴灌式”育才，做优“嵌入式”留才）全链条服务，吸引广大青年返乡就业创业。至年末，建德市有农创客2453人，平均年龄36.9岁，本科以上学历252人，“海归”人士、硕士以上高层次人才20人。2020—2022年，农创客带动就业1.2万人，总销售额超过6亿元，并获“全国农创客标杆地”称号。《浙江建德：乡村创客好葱茏》一文在《农民日报》头版刊登。“数智草莓”平台获省数字经济系统第一批优秀地方特色应用，并在全国27个省（自治区、直辖市）推广应用。

【全域草莓基地入选国家现代农业示范基地创建名单】2022年9月30日，建德全域草莓基地入选国家现代农业全产业链标准化示范基地创建名单。建德市是“中国草莓之乡”，2022年在全国28个省（自治区、直辖市）种植面积5200公顷，全产业链产值超过45亿元，“建德草莓”被认定为国家地理标志保护农产品、浙江省农业名牌产品，以及2022年度受市场欢迎区域公用品牌。

建德市按照“统一产业布局、统一品牌标志、统一准入机制、统一质量标准、统一市场形象”要求，构建“建德草莓”区域公用品牌管理体系。2022年，建德市创立草莓“标准地”新模式，遵循“政府主导、国企主建、镇村主管、市场主体主营”原则，构建国资公司“开发建设”、莓农“拎包入住”、村集体“股份入股”、村民“流转获租、务工挣薪”的共享机制，共建设草莓“标准地”区块8个，实现土地经营权流转“获租金”、股份制改革“变股金”、农民群众务工“挣薪金”的“一地三金”多元增收路径。初步形成以杨村桥草莓小镇为核心、多个园区为中心的草莓采摘旅游线路，“草莓休闲采摘游”获评农业农村部休闲农业和乡村旅游冬季精品景点线路。（杨忠平）

责任编辑 秦文蔚

47 人物

先进模范人物

钟　奇　男，1989年11月出生，中共党员，杭州市燃气集团有限公司天目运行站站长（班组长），2022年全国五一劳动奖章、浙江省劳动模范获得者，市级十佳科技创新能手。大学刚毕业，钟奇就扎根在燃气行业的最基层，他从事过1200只淤泥臭味堆积的窨井阀门的维保工作，参与过300个大型管道割接置换工程。G20杭州峰会保障期间，带领团队3个月内完成1400套燃气阀门井更换。钟奇连续3届蝉联浙江省燃气调压技能竞赛第一名，在2019届全国燃气技能竞赛中获第三名。钟奇发挥青年带头作用，以他为核心的大师工作室被授予浙江省技能大师工作室称号，成为公司青年工匠的孵化地，他的徒弟曾获各类荣誉40多个。

王　剑　男，1974年4月出生，中共党员，杭州市公安局治安支队七大队大队长，2022年全国五一劳动奖章、浙江省劳动模范获得者。王剑参与的攻关团队成功开发聚集性场所健康码扫码核验系统。在公安数字化改革中，他作为治安系统科技带头人带领团队开发“智慧治安”数字治理平台，实践总结出以数字化手段为载体，汇聚联动各方力量和资源优势集中根治治安痼疾的高效治理模式。

辛　懋　男，1970年2月出生，中共党员，浙江西子富沃德电机有限公司研发工程师，2022年全国五一劳动奖章、浙江省劳动模范获得者。辛懋自2010年入职浙江西子富沃德电机有限公司以来，工作在电机优化设计及新产品开发一线，获授权专利16件，发表论文7篇。2014年，成功研发10米/秒超高速曳引机；2018年，成功研发轴向磁场永磁同步无齿轮曳引机，获工业设计大奖红点奖。为推进实施国家节能产品惠民工程，他通过电磁优化设计，将富沃德电机产品效率提升1~3个百分点，达到国家高效电机要求。累计推广量200万千瓦，为公司创造10亿元以上销售收入。为提升企业员工整体技术水平，辛懋放弃节假日和休息时间，将自己的设计方法、经验传授给其他同事，先后带出优秀设计工程师3名。

倪良正　男，1958年10月出生，中共党员，圣奥科技股份有限公司董事长，2022年全国五一劳动奖章、浙江省劳动模范获得者。1991年，倪良正在杭州创业，曾获中国轻工行业“大国工匠”、中国领军人物等荣誉。他带领团队累计获专利1319件、国际设计大奖34个。研发出水性漆涂饰技术，废水排放为150毫克/立方米，废气排放为30毫克/立方米，粉尘排放为20毫克/立方米，3个指标均低于国家标准。他关爱员工，打造员工与企业幸福共同体。成立圣奥学堂，年培训员工6万余人次，帮助77名员工提升学历、231人提升技能等级。成立员工互助基金，累计为350位困难员工发放补助金210万元。连续8年举办“小候鸟”班，帮助1600多名员工子女在暑假与父母团聚。获全国农村留守儿童关爱保护和困境儿童保障工作“先进个人”称号，获评“中国最佳雇主”。成立圣奥慈善基金会，实施助学助老、扶贫济困慈善项目。累计捐赠1.83亿元，实施公益慈善项目295个，受益20多万人。获“中华慈善奖”“中国十大慈善家”等称号。

朱祖德　男，1974年11月出生，中共党员，桐庐大众出租车有限公司员工，2022年全国五一劳动奖章、浙江省劳动模范获得者。朱祖德安全行驶、礼貌待客，给自己立下“三免”的规矩，即在县城区内，孕妇、残疾人和70岁以上的老人免费乘坐自己的出租车。2011年来，他一直坚守承诺，提供这项服务。朱祖德不仅为家境贫寒而要辍学的小姑娘和同事、同事家庭伸出援助之手，还为汶川地震、县慈善机构捐款。　（市总工会）

杭州工匠

王　晓　男，1984年9月出生，杭州交通高等级公路养护有限公司技师，第六届杭州工匠。2009年，王晓获杭州市公路系统养护机械操作技能大赛第一名，并被授予“杭州市技术能手”称号；2011年，在第二届全国交通运输行业“厦工杯”筑养路机械操作技能竞赛中获单项第七名，并被交通运输部授予“全国交通技术能手”

称号。2014年10月，他代表浙江省交通运输厅参加中国技能大赛、第六届全国交通运输行业技能大赛、“厦工杯”筑路机械操作工技能竞赛，获个人三等奖，再次被交通运输部授予“全国交通技术能手”称号。2020年12月，被认定为杭州市D类人才；2022年，被评为杭州市劳动模范。

王江群 男，1976年6月出生，华润雪花啤酒（浙江）有限公司高级技师，第六届杭州工匠。1995年9月，王江群进入钱江啤酒集团工作；2000年6月，被评为国家级评酒委员；2002年1月，被聘为第五届啤酒国家评委；2011年11月，在“赛诺杯”第二届全国啤酒品酒职业技能竞赛中获第一名；同月，被授予“全国酿酒行业技术能手”称号；2012年4月，被中华全国总工会授予全国五一劳动奖章；2012年10月，被授予“全国技术能手荣誉”称号。

朱中华 男，1968年6月出生，杭州富阳逸古斋元书纸有限公司员工，第六届杭州工匠。朱中华从业38年，师从二伯朱宏声学习富阳竹纸制作技艺。2020年，他在恢复古籍修复竹纸的制作中取得突破性成果，使富阳竹纸在修复界得以使用，有10多个省级以上图书馆使用朱中华制作的古籍修复用纸。2021年，朱中华经过5年实践与探索，恢复失传的历史名纸乌金纸。2020年，他担任“十三五”国家重点出版规划项目《中国手工纸文库·浙江卷》副主编和编委，进行浙江省的田野调查及文稿编撰。2021年，朱中华参与科技部“十三五”课题关于复制清代万字地缠枝西番莲银印花纸的制作，用于修复故宫乾隆花园养和精舍室内墙面。经过测试，达到课题要求，并进行批量使用。

刘　华 男，1974年8月出生，匠铜实业（杭州）有限公司中级工艺美术师，第六届杭州工匠。刘华从事铜与木技艺的融合艺术，坚持把产品和文化相结合，运用祖传铜雕技艺，创新产品形式，提升产品品质。以铜作画，运用蚀刻三色等传统铜雕技法，层层晕染。他在非物质文化遗产传统工艺技法基础上，加入高温彩铜技艺，并融入中国水墨技法，边烧边画。通过深化校企合作，培养非物质文化遗产手工技艺传承人。开展“非遗进校园、社区”等活动，在青少年中宣传传统铜艺文化，让铜制技艺实现真正的活态传承。

刘　明 男，1981年5月出生，浙江大华技术股份有限公司正高级工程师，第六届杭州工匠。刘明长期专注于视觉智能前沿技术研究，主持国家发展和改革委员会重大专项、工业和信息化部重大课题、省重点研发等科研项目7个，发表学术论文9篇，发明专利103件，参与制定5个行业、团体标准。相关科研成果获浙江省科技进步奖二等奖、CCSA科学技术奖一等奖、中国科协创新方法大赛全国一等奖。

许　晔 男，1968年4月出生，杭州西湖风景名胜区花港管理处高级技师，第六届杭州工匠。许晔在兰花班工作37年，师从姚毓玶。1987年，在浙江龙泉发现并采集到细叶寒兰。该新发现的兰花品种经过培育后出口日本，日本取其名“杭州寒兰”。1999年，他和植物园教授姜凤丽一起发表论文《兰花炭疽病的发病规律及防治》获优秀论文三等奖，并和师父姚毓玶一起出版《春兰名品赏培》。2016年，制定《春兰栽培规程》。2020年，他编辑88个春兰名品图文资料，刊登在《花木盆景》杂志上，让群众能更了解中国兰花。2021年3月，大师工作室参加苏州沧浪亭举办的“沪苏杭蕙兰雅集展”。许晔园林绿化技能大师工作室自2017年成立以来，多次参加全国级、省级、市级兰花展，获金奖18个、银奖27个、铜奖30个。

李茂委 男，1974年11月出生，顾家家居股份有限公司技师，第六届杭州工匠。李茂委从事家居工作近20年，2018年获职业技能技师（二级）证书。2020年，被认定为杭州市技能大师工作室领衔人、杭州市D类人才、钱塘区人大代表。参与研发的产品3D打印沙发“星际飞

2022年9月23日，第六届“杭州工匠”认定发布会举行　　（市总工会 供稿）

船”，在行业内获关注。在他的带领下，公司研发部门在人才队伍建设、产品标准化体系建设、创新性产品输出方面取得进步，推动公司高技能人才梯队建设，累计参与5次公司内部职业技能认定考核评审，考核通过率超过80%。

李晓东 男，1970年5月出生，浙江紫檀王家居有限公司一级木材检验师、一级商务策划师，第六届杭州工匠。李晓东出生木作世家，自1983年从事木工手艺，1987年成立东阳旭东工艺品有限公司，2014年建立5.5万平方米的浙江艺术紫檀博物馆。2017年投资建造集环保、安全、绿色、智能、文化、旅游项目于一体的透明工厂。2019年，李晓东组建杭州紫檀宫文化沉浸式场馆，并出任浙江紫檀王家居有限公司董事长兼总设计师。2020年，他带领团队打造浙江省大运河紫檀博物馆和西湖游船等市重点项目。

杨红亮 男，1969年10月出生，杭氧集团股份有限公司高级技师，第六届杭州工匠。杨红亮从事大型、特大型空分设备的焊接工作35年。入选新时代浙江工匠培育工程名单，曾先后获杭州市劳动模范、杭州市首席技师、杭州市职业技能带头人等荣誉。他共带出徒弟8人，其中技师2人、高级工3人、中级工3人。

汪玉建 男，1989年11月出生，杭州莱噢食品有限公司高级技师，第六届杭州工匠。汪玉建是杭州高层次C类人才、全国技术能手，曾获全国焙烤职业技能竞赛“安琪酵母杯”全国面包技能比赛（国家级职业技能竞赛）金奖、世界面包大赛全国总决赛亚军、IBA世界面包师大赛西南分区赛艺术面包项冠军（中国赛区总决赛亚军）等荣誉。他攻克丹麦冷冻面团配送等难题问题，提高企业生产效率。受聘担任区职业教育中心西式面点课程教育教学特聘教师，负责“汪玉建糕点面包烘焙技能大师工作室”人才培育，累计授课培训学生600多人，培养高级西式面点师15名、初级西式面点师25名。

陈何胜 男，1977年9月出生，杭州饮食服务集团有限公司杭州知味观总店一级中式烹调师，第六届杭州工匠。陈何胜在第六届全国饭店业职业技能竞赛全国总决赛获中式烹调师项目金奖；参与“两宋文化节”“G20菜肴”品鉴、知味杭州亚洲美食节等活动；参与杭帮菜传承人计划，每年挑选1人收为徒弟，“一对一”传授技艺，带徒15人；对接“一带一路”、国家脱贫攻坚对口项目，为对口地区培养中式烹调技能人才300多名。

周　迪 男，1975年12月出生，浙江宇视科技有限公司正高级工程师，第六届杭州工匠。周迪坚守一线科研21年，成效显著，引领全球智慧物联行业发展。涉及网络、存储、人工智能、大数据等领域，为500多个授权国内外发明专利的发明人，其中作为第一发明人300多个。专利转化成果被专家组鉴定为“总体国际领先”。其成果获中国专利金奖等10个国家级、省部级科技成果奖。被行业授予“2017年度荣耀安防风云人物”称号。他主笔制定的交通运输部行业标准《交通运输视频交换技术要求》（JT/T 1353-2020）被专家组鉴定为“国际先进”水平。入选ONVIF（开放网络视频接口论坛）指导委员会成员。

周　萍 男，1980年8月出生，杭州市地铁集团有限责任公司运营分公司一级工程师、高级技师，第六届杭州工匠。周萍是杭州市地铁集团有限责任公司运营分公司架大修班组长，从业20多年。2019年，他组建“周萍维修电工技能大师工作室”，带领4名成员成立电客车关键部件攻关小组，累计完成部件自主维修500多件，节约成本400多万元。牵头研发“继电器触点自动检测装置”等10多个项目得到公司推广应用，其中4个项目产品获国家实用新型专利。师徒带教24人，关键岗位11人。自主编辑《LED电子整流器维修手册》等维修指导手册、说明书共计10多种。

赵　毅 男，1976年7月出生，杭州象限科技有限公司高级工程师，第六届杭州工匠。赵毅带领团队解决异形钕铁硼加工工艺、复杂磁路多极充磁技术、精密磁性器件自动化组装工艺、磁性元器件研发等难题，掌握行业核心技术。复杂磁路多极充磁设备从设计到制作的一整套先进工艺，该工作室于2017年被认定为杭州市高技能人才（劳模）创新工作。他投身于精益生产和机器换人，推行“两化融合”，主导重大项目的自动化改造。50%以上的生产线实现自动化，同时培养公司自己的自动化团队，每年自行设计制作各类自动化设备300多台。公司入选浙江省2020年浙江省数字化车间和2021年杭州未来工厂名单。

胡浩源 男，1986年1月出生，浙江菜鸟供应链管理有限公司，第六届杭州工匠。胡浩源带领团队在多个核心技术领域突破，达到国际领先水平。直接带队建设Greed Solver决策优化平台，包含VRP（车辆路径规划），Packing（装箱、装车、装集装箱）、MAPF（AGV调度）、Assignment（指派）。其中，VRP Solver打破40个世界纪录，入选2021年INFORMS管理科学与运筹优化的最高奖项Franz Edelman Award Finalist。

洪盟忠 男，1968年11月出生，国网浙江省电力有限公司淳安县供电公司工程师、技师，第六届杭州工匠。洪盟忠在从事带电作业行业的15年中，技术革新不断创新，研发多项全国首创的绝缘杆作业法带电作业新项目。研发多种适用于山区地电位带电作业的新工具，并获国家知识产权局授权的2件国家发明专利和16件实用新型专利。带电作业次数比上年提升45.6%。成立“洪盟忠劳模工作室”。2015年以来，担任多期带电作业的技能教练，累计培训学员200多人。

祝新华 男，1977年10月出生，杭州夏坤科技有限公司技术主管，第六届杭州工匠。1997年，祝新华进入数控机加工行业。他主要负责企业技术攻关，技术服务和社会技能人才培训工作。累计培养数控车、加工中心技能人才1000多人。同时为企业提供技术服务，攻克技术难题，节约成本，突破技术瓶颈，提高有效生产力，成效显著。

钱晓良 男，1981年6月出生，浙江江能建设有限公司，高级工程师、水工闸门运行工二级，第六届杭州工匠。自2000年8月从事水利工作以来，钱晓良先后参与的国内外水利水电机电安装工程30多个，总装机容量600兆瓦以上；负责的水电工程10多个，总装机容量200兆瓦以上。他还负责宁波8个水库中的白溪、周公宅等多个电站的机电维护、年度检修及宁波三江河道管理局下属的保丰碶、甬新等18座闸、泵站的运维管理工作。

徐 铭 女，1972年5月出生，杭州越剧传习院一级演员，正高级职称，第六届杭州工匠。徐铭是中国戏剧家协会会员、浙江省戏剧家协会主席团委员、杭州市戏剧家协会副主席，曾获杭州市劳动模范称号。她是范（瑞娟）派小生，师承著名越剧表演艺术家范瑞娟、著名昆曲表演艺术家汪世瑜。从艺30多年，主演《一缕麻》《梁山伯与祝英台》《少年天子》《花海红楼》等剧目，获中国戏剧“梅花奖”、浙江省戏剧节“优秀表演奖”、中国越剧艺术节“演员金奖”等国家级、省级、市级专业奖项。传承“范派”艺术外，专注青年人才梯队培养，为团新增“梅花奖”“白玉兰主角提名奖”等各类获奖人才30多人。任副院长以来，院团传承、新创剧目20多部，揽获“国家艺术基金资助项目”“浙江省戏剧节优秀剧目奖”等荣誉。

凌东辉 男，1966年7月出生，临安区昌化石雕厂高级工艺美术师，第六届杭州工匠。凌东辉是中国工艺美术学会石雕专业委员会常务委员、浙江省民间文艺家协会石雕艺术专业委员会副秘书长、浙江省工艺美术协会理事、杭州市高层次C类人才、杭州市经济和信息化局评审专家库专家，曾获中国手工艺大师、高级工艺美术师、浙江省工艺美术大师、浙江省玉石雕刻大师、浙江省非物质文化遗产“昌化鸡血石雕”代表性传承人等称号。从艺30多年，创造符合昌化鸡血石特质的巧雕、不完全雕、夸张雕、反常规等独特技法，获国家级、省级奖项近60个。担任《名家名作》《当代工艺杰出美术师》《中华英才》等刊物编委，出版作品专集《石艺生辉》。受聘担任昌化职业高级中学客座教师。开展名师带徒弟活动，带徒授艺、培养人才50多人。

曹 伟 男，1987年3月出生，杭州城市大脑技术与服务有限公司部门负责人，第六届杭州工匠。曹伟作为部门负责人快速完成从零到多的研发团队的建设，支撑杭州市数字化改革、新冠疫情防控、亚运相关的技术支撑工作。带领团队针对健康码核酸查询架构、高权重接口链路、橙码的设计开发、系统改造性能扩容、全链路压测、线上和线下受理转码申诉等进行全面架构优化。带领技术团队开发设计出杭州场所码方案，实现杭州健康码溯源系统项目上线，覆盖杭州重要场所18万余个，支撑全市超过1300万次/日的高峰流量压力，有效提升工作效率。同时迅速完成产品重构，将“杭州模式”推广到宁波、舟山、嘉兴、绍兴以及山西省等地。

曹 桢 男，1980年10月出生，杭州职业技术学院一级服装制版师，第六届杭州工匠。2017年，曹桢作为杭州市高层次C类人才引进高校，从事技能人才培养教学工作，获全国技术能手、全国十佳制版师、全国优秀指导教师、全国纺织行业职业教育先进工作者等称号，以及全国纺织行业技能人才培育突出贡献奖。参与制定《国家职业技能标准—服装制版师》和编写《国家职业资格培训教程》，创造世界纪录1项。授权发明专利3件，软件著作权2件。指导学生参加全国技能大赛，获一等奖1个、二等奖1个。

章丁美 女，1983年1月出生，杭州金投健康科技（杭州）有限公司高级项目管理工程师，第六届杭州工匠。章丁美负责金投健康数字化产品开发，她带领的团队完成“舒心就医先看病后付费”、“浙里办”健康杭州板块、AI语音交互无障碍自助机等数字化改革项目的建设。她带领的团队在全国率先开发“互联网诊疗”平台医保在线结算，让患者足不出户完成在线复诊、医保费用结算和药品配送上门。她带领团队开发建设杭州市第七人民医院（浙江大学医学院精神卫生中心）心理测评平台，助力杭州亚运会亚残运会心理服务志愿者招募工作。为亚运场馆定制开发双语版自助机，实现预约挂号、结算的中英文支持。

章 勤 女，1965年5月出生，杭州市中医院主任中医师，第六届杭州工匠。章勤从事在临床医学领域30多年，是国家临床重点专科负责人、国家中医药管理局重点学科带头人。作为负责人组建长三角妇科流派联盟及浙江省中医妇科专科联盟。她主持国家中医药管理局、浙江省科技厅重大专项等多个省部级科研项目，发表学术论文90多篇，作为第一发明人授权国家发明专利2件，获浙江省科学技术进步奖二等奖、三等奖各1个。2008年，章勤入选全国第二批优秀中医临床人才；2017年，获评全国卫生计生系统先进工作者；2022年，入选全国名老中医传承工作室专家。

董 霖 男，1983年12月出生，每日互动股份有限公司高级工程师，第六届杭州工匠。董霖作为公司创始团队成员，从事移动应用研发、大规模分布式系统研发以及AI机器学习等方面的技术研发和管理工作。带领技术团队攻关消息推送系统，解决推送SDK低功耗常驻留长连接问题，构建支持上亿设备并发连接和高速实时推送的商用系统，同时担任杭州市重大科技创新专项“‘个推’面向移动终端的应景信息推送平台软件”项目负责人。作为《信息安全技术移动互联网应用程序（App）软件开发工具包（SDK）安全指南》国家标准的第一起草人，参与SDK行业重要标准制定。

蒋玲霞 女，1982年11月出生，杭州胡庆余堂国药号有限公司副主任中药师、高级技师，第六届杭州工匠。蒋玲霞从事中药调剂工作20年，掌握中药调剂的审方、划价、调配、复核、发药5个环节，能做到“一抓准、动作快”。她获中药调剂技能竞赛杭州市第二名、浙江省第一名；获评浙江省技术能手、全国技术能手、浙江省职工“百行百星”、浙江杰出工匠、杭州市高层次人才C类。入选浙江省“百千万”高技能领军人才培养工程第二层次“拔尖技能人才”培养项目，以及杭州工匠学院第一批“工匠名录”。

蒋教芳 男，1966年10月出生，浙江申通快递有限公司高级工程师、技师，第六届杭州工匠。蒋教芳是全国交通技术能手，全国邮政业首批高级工程师，全国快递行业首家技能大师工作室领衔人，浙江邮电职业技术学院指导专家及特聘讲师，杭州市高层次D类人才。他刻苦钻研专业知识，是国家立项课题“民营快递企业经营人才精神激励机制探究”项目组的主要成员。《快递业务员职业技能鉴定辅导教程》（高级）出版，蒋教芳任编委。获国家邮政管理局邮政行业人才培养优秀论文征集三等奖。培训学员1.2万人，有9453人获国家技能等级证书。

游红英 女，1978年7月出生，杭州茶厂有限公司，中级农艺师、高级技师，第六届杭州工匠。游红英以一名制茶师的身份，亲自收茶制茶、研发新品，苦心钻研提香工艺和保鲜工艺，带领制作的“西湖”牌西湖龙井茶入选G20杭州峰会用茶、浙江省名牌产品，获“狮峰龙井杯”半手工金奖、金芽奖、金麦奖。“西湖”牌获评中国西湖龙井标志性品牌。她担任全国茶叶标准化技术委员会委员、国家职业技能鉴定茶艺及评茶专业考评师，参与起草制定杭州西湖龙井茶核心产区商会团体标准，并与浙江大学合作进行龙井茶实物标准样制作。领衔“游红英技能大师工作室”，累计带徒300多人。

谢茂青 男，1974年12月出生，浙江铁流离合器股份有限公司正高级工程师、高级技师，第六届杭州工匠。谢茂青在一线专业从事模具工作26年，精通模具设计和制造，属于高技术高技能人才，擅长“一次模具调试法”和“快速换模法”。通过省级和市级技能大师工作室工作平台，培养6名高级技师、14名技师。在创建浙江省数字化冲压车间时承担公司自动化模具开发和攻关，创造5连线机械手自动标准模具生产操作法。他主持浙江省重点研发项目1个、国家火炬计划1个，参与国家自然科学基金1个；主持投资1000万元以上技改项目3个。谢茂青获发明专利7件、实用新型专利14件。参与制定国家行业标准2个、浙江标准2个、中国汽车工业协会团体标准3个；完成投资200万元以上技术成果推广项目5个。

潘伊玫 女，1981年12月出生，杭州市中国旅行社集团有限公司特级导游，第六届杭州工匠。潘伊玫在一线工作19年，先后获中国十大“最美导游”、“中国好人”、国家“金牌导游”等称号。考取高级英语口译证、联合国英语口译证、全国二级英语笔译、口译证等证书。2015—2021年连续7年担任全国导游大赛评委。领衔“潘伊玫金牌导游工作室”，为导讲人员提供专业指导培训。

（市总工会）

荣立二等功及以上杭州籍军人

高云峰 男，1982年10月出生，杭州市上城区人。2022年2月荣立个人二等功。

成学中 男，1981年1月出生，杭州市拱墅区人。2022年1月荣立个人二等功。

徐　聪 男，1982年8月出生，杭州市拱墅区人。2022年7月荣立个人二等功。

池源汇 男，1985年12月出生，杭州市拱墅区人。2022年5月荣立个人二等功。

倪桢平 男，1973年6月出生，杭州市萧山区人。2022年1月荣立个人二等功。

王　灵 男，1981年10月出生，杭州市余杭区人。2022年12月荣立个人二等功。

李银祥 男，1964年10月出生，杭州市富阳区人。2022年12月荣立个人二等功。

陈志辉 男，1993年4月出生，杭州市富阳区人。2022年12月荣立个人二等功。

（市退役军人事务局）

逝世人物

毛景荣 男，汉族，浙江省遂昌县人，1993年2月出生，2011年12月入队，2015年9月入党，大专文化。历任杭州市消防救援支队白杨中队、钱江世纪城中队战士，生前是杭州市消防救援支队特勤大队一站班长，二级消防士消防救援衔，曾先后立个人三等功1次、个人嘉奖6次，5次被评为优秀士兵。入职11年，参加各类灭火救援2300多次，社会救助和为民服务200多次，救助群众300多人。2022年6月9日，毛景荣在扑救杭州互动冰雪文化旅游发展有限公司火灾中，为保护国家和人民生命财产安全，冲锋在前，不幸受伤。6月10日，经抢救无效牺牲。7月26日，杭州追授毛景荣“最美退役军人”称号。

刘泽军 男，汉族，山西方山人，2002年4月出生，2019年5月入队，生前是浙江省杭州市钱江消防救援站政府专职消防员。入职3年，参与处置各类灭火救援任务300多次，营救人民群众30多人，曾获杭州市消防救援支队灭火救援二等奖。2022年6月9日，刘泽军在扑救杭州互动冰雪文化旅游发展有限公司火灾中，为保护国家和人民生命财产安全，冲锋在前，不幸受伤。6月10日，经抢救无效牺牲。

（市退役军人事务局）

责任编辑　秦文蔚

48 附 录

政府工作报告

——2023年2月19日在杭州市第十四届人民代表大会第三次会议上

杭州市市长　姚高员

一、2022年工作回顾

2022年是新一届市政府开局之年，也是极具压力、极富挑战、极不寻常的一年。一年来，我们坚持以习近平新时代中国特色社会主义思想为指导，全面贯彻党的十九大、十九届历次全会和二十大精神，认真落实习近平总书记"疫情要防住、经济要稳住、发展要安全"重要指示，在市委坚强领导下，围绕"奋进新时代、建设新天堂"，统筹打好疫情防控、稳进提质、除险保安组合拳，交出了一份"难中求成、干中有为、稳中有进"的厚重答卷。全市生产总值18753亿元、增长1.5%；一般公共预算收入2451亿元、增长2.7%；城乡居民人均可支配收入分别为77043元和45183元，分别增长3.1%和5.8%，城乡居民收入比缩小至1.71；连续16年荣获"中国最具幸福感城市"称号。特别是，我们聚焦3件牵一发而动全身的大事深谋实干、取得了显著成绩：

——科技创新实现新突破。国家实验室实现零的突破，"杭州超重力场""杭州极弱磁场"2个大科学装置加快推进，11个全国重点实验室获批建设，10个省实验室杭州占7席，"1+2+11+7"的新型实验室体系不断健全，蝉联省"科技创新鼎"，在杭单位荣获190项省科学技术奖，全球创新指数城市排名跃升至第14位、创历史最好成绩。

——城市建设实现新突破。全力筹办杭州亚运会和亚残运会，56个竞赛场馆、31个训练场馆全部竣工验收。抓住亚运机遇、政策窗口，重大工程实现历史性进展，西险大塘达标加固、城西南排等一批多年想干的重大项目开工建设，铁路杭州西站、萧山国际机场三期、湖杭铁路等一批重大基础设施项目建成投用，国家版本馆杭州分馆、南宋德寿宫遗址博物馆等一批文化新地标精彩亮相，地铁三期建设圆满收官、城市轨道交通运营里程达516公里、居全国第六，城市快速路全面成网、通车里程达480公里。

——改革开放实现新突破。推动城西科创大走廊八个方面高质量融合发展，开启杭州临空经济示范区蝶变跃升新实践、推动城东智造大走廊迈出新步伐，东西并进的产业发展布局初步构建。实施新一轮市属国有企业深化改革，设立杭州科创基金、创新基金、并购基金等3支单个规模超千亿基金。出口首破5000亿元大关、达5141亿元，占全国比重2.15%。获批国家"服务业扩大开放综合试点城市""科创金融改革试验区"。产业链供应链韧性与稳定国际论坛成功举办，习近平总书记发来贺信。首届全球数字贸易博览会成果丰硕，签约项目89个、投资总额1100亿元。

一年来，我们着重打了"八场硬仗"：

（一）打好疫情防控硬仗，最大限度降低疫情对经济社会发展的影响。坚持人民至上、生命至上，全面落实以"五快"为核心的"七项机制"，建立"平战一体"指挥体系，创新"五个一小时"工作机制，以最快速度、最小代价打赢283场疫情防控遭遇战。因时因势动态优化调整防控措施，突出"保健康、防重症"，最大限度扩容发热门诊和重症救护能力，落实2139张重症床位、2500张定点医院床位、16270张亚定点医院床位，做好农村地区、养老福利机构防疫工作，全力救治新冠病毒感染者，坚决守护人民群众生命健康，切实保障城市正常运行、人民正常生活。

（二）打好经济稳进提质硬仗，高质量发展基础有效夯实。助企纾困政策全面落实。"最顶格+第一时间"落实国家和省稳经济政策，率先出台"杭十条""服务业四十条""抢先机、拼经济30条"等举措，大力开展企业大走访活动，强化政策精准滴灌、直达快享，为企业减负降本1196亿元。在册市场主体167.8万户、增长9.7%，新设企业数和增速均居全省首位。新增境内外上市公司27家、总数达283家，总家数和总市值均居全国第四。上榜中国民营企业500强41家、连续20年位居全国第一。产业结构不断优化。大力实施数字经济"1248"计划，启动建设中国视谷，数字经济核心产业增加值5076亿元、增长

2.8%，占GDP比重达27.1%。以“链长制”为牵引打造五大产业生态圈，规上工业增加值4198亿元、增长0.3%，战略性新兴产业增加值、高技术产业增加值分别增长4.2%和6.6%，数字安防产业集群入选国家先进制造业集群名单，战略性新兴产业集群发展工作获国务院督查激励。大力发展现代服务业，服务业增加值12787亿元、增长2%。推动乡村产业提质增效，优势特色产业产值占比89.7%。粮食生产喜获丰收，“菜篮子”考核再获全国优秀。项目建设加速推进。全年落地1亿元以上产业项目396个，其中制造业项目289个，带动制造业投资增长26.4%、工业投资增长21.1%、固定资产投资增长6%。105个省重点项目完成投资1388.8亿元、完成率142.4%。新增建设用地指标3.45万亩、增长24%，出让工业用地1.28万亩、增长9.9%，盘活批而未供、供而未用、低效土地16.5万亩。发行地方政府专项债券303亿元，争取政策性开发性金融工具额度67亿元，有力保障重点项目建设资金需求。消费市场持续回暖。出台首店经济等12项促消费政策，发放10轮5.5亿元数字消费券，举办数智生活节、杭州仲夏夜、宋韵杭州奇妙夜等248场促消费活动，社会消费品零售总额7294亿元、增长5.8%。

（三）打好科技自立自强硬仗，创新发展动能更加澎湃。技术创新取得重大进展。浙大脑机智能实验室被列入首批20个全国重点实验室，飞机复合材料等3个技术创新中心启动建设，参加国家重点研发项目84项，承担省“尖峰”“尖兵”等重大科技攻关130项，技术合同交易额突破1000亿元，全社会研发投入强度预计3.75%。企业创新主体地位有效夯实。实施科技企业“双倍增”计划，国家高新技术企业数三年翻一番、预计总数1.27万家，省科技型中小企业数三年翻一番、预计总数2.3万家，培育专精特新“小巨人”企业208家、“独角兽”企业39家、“准独角兽”企业317家。人才吸引力持续增强。深入实施“西湖明珠工程”等重点人才计划，举办首个“杭州人才日”系列活动，人才净流入保持领先，新认定高层次人才2.5万人，新引进35岁以下大学生36.4万人，连续12年入选“外国专家眼中最具吸引力的中国城市”。

（四）打好改革攻坚硬仗，发展内生动力明显增强。数字化改革水平全面提升。推进城市大脑2.0建设，杭州城市大脑被评为省数字化改革“最强大脑”，承担的“浙医互认”“关键小事智能速办”成为全省数字化改革标志性应用成果，法治政府数字化转型被列为第二批全国法治政府建设示范项目。政务服务数字化水平在国务院办公厅综合评价中位居全国第一，首席数据官、数字专员创新做法在全国推广。国家营商环境创新试点扎实推进。完成153项509条改革措施，获省改革突破金奖。实施《杭州市社会信用条例》，入选国家知识产权强市建设示范城市，连续4年在全国工商联“万家民营企业评营商环境”调查中位列全国第一。重点领域改革统筹推进。加快“大综合一体化”行政执法改革，精简50支市县执法队伍，191个镇街全部实现“一支队伍管执法”。完善数据要素市场化配置体制机制，组建杭州国际数字交易中心、上线交易平台。

（五）打好亚运筹办硬仗，城市发展能级持续提升。亚运筹办基本就绪。优化完善场馆运行等方案编制，推进智能亚运建设，迭代升级“亚运在线”，亚运村、无障碍环境完成建设，举办各类测试赛14项，圆满做好亚运延期后各项工作。深化亚运场馆惠民开放，参与健身人数达660万人次。深入挖掘城市“金角银边”，新增嵌入式体育场地设施2243片，覆盖所有乡镇街道。城市品质不断提升。编制完成《杭州市国土空间总体规划（2021—2035）》，“三区三线”划定方案经自然资源部审查通过。开展城市基础设施建设百日攻坚行动和城市环境品质提升行动，完成39个入城口改造项目，复绿301块闲置空地，新增绿地1043万平方米。大力推进现代社区建设，全面实施“五社联动”提质增效攻坚行动，完成首批29个5000户以上大社区规模优化调整，建成社区服务综合体220个。建成未来社区40个、美丽乡村特色村30个、数字乡村100个、未来乡村38个、城乡风貌区25个。安全发展水平持续提高。高质量完成平安护航党的二十大各项任务。常态化数智化开展“城市体检”，聚焦道路交通、建设施工、城市运行、危化品、消防等重点领域，实施安全生产综合治理三年行动，各类生产安全事故起数、死亡人数分别下降29.4%、25.5%。加大政府隐性债务处置力度，实现橙色风险等级地区“清零”。健全食品安全“两个责任”落实体系，成功创建国家食品安全示范城市。

（六）打好文化软实力提升硬仗，历史文化名城金字招牌越擦越亮。新时代精神文明建设实现新进展。大力弘扬红船精神、浙江精神和杭州人文精神，巩固提升礼让斑马线、孝心车位、红十字“救”在身边等品牌，新时代文明实践中心实现市域全覆盖，新建15分钟品质文化生活圈862个、城市书房33个、文化驿站18个。千年文脉传承保护取得新成效。深挖三大世界文化遗产内涵，推进钱塘江古海塘、新登古城墙、天目窑遗址等综合保护和申遗工作。实施宋韵文化传世工程，南宋皇城遗址考古工作取得重大突破。以西湖龙井、径山茶宴为代表的“中国传统制茶技艺及其相关习俗”入选联合国人类非遗代表作名录。文旅融合发展迈出新步伐。“诗路文化·三江两岸”水上黄金旅游线启动建设，之江艺术长廊、之江文化产业带、大运河文化产业带和诗路文化带加快建设，西湖博览会、中国动漫节、杭州文化创意产业博览会、宋韵文化节等活动成功举办，文化产业增加值2420亿元、增长4%。

（七）打好绿色低碳转型硬仗，现代版富春山居图魅力彰显。污染防治持续攻坚。打好蓝天、碧水、净土保卫战，开展全国“无废城市”建设试点，市区PM2.5平均浓度29.6微克/立方米，市控以上断面水质Ⅲ类以上比例达100%，重点建设用地安全利用率保持100%，生活垃圾分类工作成效居全国大型城市第三位，“无废指数”居全省第一，连续第6年获得省“五水共治”大禹鼎，连续第7年荣获美丽浙江考核优秀，萧山区被命名为全国生态文明建设示范区、桐庐县被命名为全国“绿水青山就是金山银山”实践创新基地。第二轮中央环保督察14项问题、长江经济带警示片涉杭3项问题均已完成整改。生态系统承载力有效提升。推进西溪湿地管理体制改革，提升湘湖综合保护和利用水平，加强钱塘江综合保护与发展，在淳安特别生态功能区实施全国首部生态特区条例。完成废弃矿山生态修复28个、全域土地综合整治项目14个。碳达峰碳中和扎实推进。加强能源绿色低碳发展和保供稳价工作，建德、桐庐抽水蓄能电站开工建设。积极应对持续高温干旱天气，全力保障电力供应。在全国率先开展现代化国际大城市减污降碳协同创新试点和碳排放监测试点。

（八）打好保障改善民生硬仗，幸福美好生活共创共享。十方面民生实事高质量完成。①新建中小学幼儿园85所，新增学位70680个。②完成回迁安置13213户，新增公租房货币补贴保障家庭4.7万户，新开工保障性住房137.3万平方米。③新增群众身边体育健身设施308处，开放免费或低收费全民健身场地11933片。④实施政策性特色农业保险扩面，惠及农业主体16482户。⑤新建社区级公园71个，新增乡村（社区）博物馆50家。⑥规范化改造避灾安置场所300个，新增应急救护持证人员9.9万名。⑦完成城镇老旧小区改造242个、老旧小区住宅加装电梯1070台、二次供水设施改造69个。⑧新辟优化地铁接驳公交线路50条，新增地铁出入口非机动车停车位14695个。⑨新增普惠托位8358个、婴幼儿成长驿站185个、老年大学（学堂）16所、康养联合体24家。⑩完成重要公共服务场所无障碍改造145处，规范化残疾人之家68家。公共服务共享体系加快构建。落实稳就业举措，城镇新增就业32.65万人。启动个人养老金制度先行试点，城乡居民基础养老金、基本医保实现同城同待遇，社会救助实现市域同标。加强困难群众兜底保障，低保、特困及孤儿养育标准提高10%以上。深化美好教育建设，22所"公参民"学校顺利转公，西部区县（市）公办普通高中名校集团化办学实现全覆盖，获评教育部基础教育综合改革实验区。高水平推进健康杭州建设，获评全国健康城市建设样板市、健康中国年度标志城市，获批建设浙江省中医药综合改革示范区，城乡居民"三免三惠三提升"健康行动全面铺开。共有产权房保障制度试点启动，无物业管理小区全面"清零"，成功创建全国足球发展重点城市。城乡发展更加协调。启动新一轮区县协作、联乡结村活动，创新开展"百社百企结百村"，安排协作资金4.1亿元、协作项目85个。深化强村富民乡村集成改革，累计培育强村公司500家，实施"飞地抱团"项目112个，村集体经济收入"5030"目标全面完成。

同时，国防动员和后备力量建设、双拥、退役军人、外事、港澳台侨事务、民族、宗教、档案、地方志、气象、慈善、红十字、爱国卫生、工会、老龄、妇女儿童、残疾人、青少年、社科等工作取得新进展。

一年来，我们全面学习把握落实党的二十大精神，以坚决拥护"两个确立"、坚决做到"两个维护"的最鲜明态度，高质量推进党中央各项决策部署在杭州落实落细。健全市政府党组集体学习制度，扎实推进党史学习教育常态化长效化，深入实施"办实事、解难题、减负担"专题实践活动和"民呼我为"主题活动。坚持依法行政，提请审议地方性法规草案6件，制定修改政府规章4件，行政机关负责人出庭应诉率97.6%。坚持重大问题向市委报告，主动接受人大法律监督、政协民主监督，办理代表建议406件、委员提案603件。狠抓"七张问题清单"整改落实，彻底肃清周江勇案影响，深入开展影响亲清政商关系突出问题专项治理，政治生态更加风清气正。

各位代表，以上成绩的取得，根本在于习近平新时代中国特色社会主义思想的科学指引和习近平总书记对杭州的关心厚爱，是党中央国务院、省委省政府坚强领导的结果，是市委团结带领全市人民拼搏奋斗的结果，是市人大、市政协监督支持的结果。在此，我代表市政府，向全市人民和城市建设者，向市人大代表和政协委员，向市各民主党派、工商联、人民团体和社会各界人士，向中直驻杭单位和省级各部门，向驻杭解放军、武警部队、公安民警、消防救援队伍，向关心支持杭州发展的港澳台同胞、海外华人华侨和国际友人，表示衷心的感谢！

同时，对照党的二十大报告要求，对照习近平总书记对杭州的殷切期望，对照"两个先行"头雁担当，对照广大市民美好期盼，杭州发展还存在不小差距：受疫情冲击、部分大企业增速回落等因素影响，去年GDP、数字经济核心产业增加值增速等部分经济指标未完成年初目标；发展效益质量有待提高，对全国全省引领示范作用还不够突出；重大项目储备不足，产业新赛道还在培育；公共服务供给不平衡不充分矛盾依然存在，群众反映集中的就业、教育、医疗、托育、养老、住房等方面难题仍需下更大力气破解；城乡区域高质量一体化发展还有较大提升空间，疫情防控、安全生产、城市运行、经济金融等领域还有不少风险点；数字变革重塑引领发展能力有待提高，标志性成果还不够多；政府系统干部担当意识、斗争本领不够强，专业化、现代化、国际化水平还需进一步提升等。对此，市政府高度重视，将进一步坚持问题导向，采取针对性措施，认真加以解决。

二、2023年政府工作安排

2023年是全面贯彻党的二十大精神开局之年，是"八八战略"实施20周年，是杭州亚运会举办之年，也是"奋进新时代、建设新天堂"的关键一年，今年政府工作总体要求是：坚持以习近平新时代中国特色社会主义思想为指导，全面学习把握落实党的二十大精神，坚定不移沿着"八八战略"指引的路子前进，坚持干在实处、走在前列、勇立潮头，对照省委"六个一流杭州"要求，以"再展雄风、再创辉煌"的志气勇气豪气，全面深化"奋进新时代、建设新天堂"系列变革性实践，更好统筹经济高质量发展与城市内涵式发展，推动有效市场和有为政府更好结合，全力打好经济翻身仗和亚运攻坚仗，高水平推进共同富裕幸福杭州建设，加快打造世界一流的社会主义现代化国际大都市，率先探索具有普遍意义的共同富裕和现代化路径，在以"两个先行"打造"重要窗口"中展现头雁风采，为中国式现代化提供城市范例。

新时代新征程，政府工作要着力强化三个导向。一是更加突出世界一流、全国领跑、全省龙头的争先导向。面对标兵渐远、追兵渐近的竞争态势，要进一步增强危机意识，大力推动杭州在更大范围内争先进位，牢牢把握在全省当龙头、作示范的职责定位，突出彰显在全国敢领跑、立潮头的战略地位，着眼提升在全球有影响、有美誉的城市品位，提振大干之志，狠下实干之功，以干就干一流、当就当先进、争就争第一的壮志豪情，打好翻身仗，再创新辉煌。二是更加突出创新深化、改革攻坚、开放提升的发展导向。坚定不移打创新牌、吃改革饭、走开放路，以创新激发内生动力，以改革优化制度供给，以开放拓宽发展空间，紧紧抓住多重约束条件下"难而正确"的关键事项，迎难而上、迎考而进、迎战而胜，努力到没有遗憾、拼搏到毫无保留，以干部敢为、地方敢闯带动企业敢干、群众敢首创，进一步厚植引领未来的发展胜势。三是更加突出根植人民、依靠人民、造福人民的价值导向。深入践行以人民为中心的发展思想，始终同人民群众站在一起、想在一起、干在一起，把为民办事、为民造福作为最重要的政绩，政策向民生倾斜、财力向民生集中、精力向民生聚焦，全力把人民对美好生活的向往变为现实。

2023年经济社会发展主要预期目标：地区生产总值增长5%以上，一般公共预算收入与经济增长基本同步，城乡居民人均可支配收入增速高于GDP增速，农村居民人均可支配收入增速高于城镇居民1个百分点，居民消费价格指数涨幅控制在3%以内，城镇调查失业率控制在5%以内，完成国家和省下达的能源环境指标计划目标。

重点做好九方面工作。

（一）聚焦稳进提质，全力打好经济翻身仗。把稳增长摆在更加突出位置，以更有力的政策举措提振市场信心、稳住基本盘。

深入实施政策绩效提升行动。精准高效落实省"8+4"经济政策体系，安排480亿元用于新出台的经济高质量发展8方面64条措施，实施平台经济、总部经济等专项政策。积极争取国家和省政策资源要素支持，力争地方政府专项债券和政策性开发性金融工具储备申报占全省比重均在15%以上、10个项目纳入国家用地保障范围。新增建设用地3万亩，其中报省独立选址项目用地1万亩，争取省重大产业项目用地2000亩。

深入实施项目促进提速行动。坚持项目为王，对标省扩大有效投资"千项万亿"工程年度计划，千方百计抓好重大项目推进，固定资产投资增长6%，制造业投资增长15%，力争工业投资1100亿元。建立完善双月调度招商引资、单月调度重点工程及要素保障等机制，加快积海、信达生物、菜鸟总部等产业项目建设，推进中欣晶圆、富江能源动力电池等重大项目投入试生产。省重大项目开工率一季度达到30%、二季度达到65%、三季度达到85%。安排市重点项目858个、年度投资2060.9亿元，安排投资10亿元以上制造业重大项目77个。

深入实施消费激活提振行动。充分发挥消费对经济发展的基础性作用，加快推进国际新型消费中心建设，社会消费品零售总额增长5%，网络零售额增长6%。实施消费券促消费行动，开展"免费游杭州""宋福杭州年"等活动，一季度全市国有A级收费景区首道门票免费，鼓励非国有A级景区免费开放，吸引市民和游客住民宿、赏民俗、游乡村。进一步扩大新能源汽车、智能家居、绿色家电、住房等消费，拓展体育消费，打造后亚运时期体育经济新场景。积极推动武林、湖滨商圈打造成为世界级地标商圈群。办好中国国际丝绸博览会暨中华老字号博览会、中国电子商务大会、中国国际茶叶博览会等国字号展会。

深入实施拓市场抢订单引外资行动。大力开展"双百双千拓市场"行动，组织150个外贸团组，参加100个以上境外展会，实现出境企业3000家，新增外贸订单1000亿元，货物贸易出口额占全国份额稳中有进，服务贸易出口额增长6%。办好第二届全球数字贸易博览会，积极创建丝路电商合作先行区，探索数字人民币跨境结算新模式，数字贸易额达1800亿元，跨境人民币结算量5500亿元。实施"地瓜经济"提能升级"一号开放工程"，深化浙商回归、杭商回家工程，做大做强总部经济。组织开展"杭州·全球招商季"活动，大力引进先进装备制造、新一代信息技术、生物医药等领域高质量制造业项目，新招引1亿美元以上制造业项目4个，实际利用外资78亿美元，其中制造业利用外资15亿美元以上。

（二）聚焦实体经济，全力打造现代化产业体系。坚持把发展经济的着力点放在实体经济上，把实施扩大内需战略同深化供给侧结构性改革有机结合起来，加快构建支撑高质量发展的现代化产业体系。

高水平重塑数字经济第一城。大力实施数字经济创新提质"一号发展工程"，全面落实"1248"计划，数字经济核心产业增加值增长8.5%。积极构建未来产业发展体系，加快视觉智能、云计算大数据、高端软件、人工智能、网络通信、集成电路等战略性新兴产业融合集群发展，前瞻布局元宇宙、空天信息、仿生机器人、未来医疗、柔性电子等新兴数字产业群，争创国家视觉智能制造创新中心。深入推进产业数字赋能，加快传统产业、中小企业数字化转型，创建省级未来工厂2家，培育市级链主工厂5家、智能工厂20家、数字化车间50家。

加快打造五大产业生态圈。围绕省"415X"先进制造业集群培育工程，大力推动制造业结构调整，规上工业增加值增长6%。着力培育智能物联、生物医药、高端装备、新材料、绿色能源产业，五大产业规模分别突破8000亿元、1200亿元、6500亿元、1700亿元、2200亿元，加快打造中国视谷、中国医药港、国际软件名城等产业地标。积极探索"基金+基地+招商"产业培育发展模式，招引落地亿元以上项目300个，培育一批具有产业链控制力的生态主导型企业。扎实推进"腾笼换鸟、凤凰涅槃"，整治提升高耗低效企业600家，腾出用地1万亩、用能5万吨标煤。

积极推进现代服务业体系建设。对照省服务业高质量发展"百千万"工程，围绕"两地四中心"建设，制定出台服务业综合支持政策，全力打造具有全国影响力的服务业标杆城市，服务业增加值增长5.5%。壮大研发设计、数字服务、检验检测、标准计量、创意设计等生产性服务业，集聚一批国内外顶级律师事务所、会计师事务所、证券公司、咨询公司等，加快建设现代金融创新高地，积极创建国家物流枢纽城市，培育省级服务型制造企业9家，新增省级工业设计中心6家。推动10个省现代服务业创新发展区提质增效。提升健康、养老、餐饮、住宿、家政、物业、租赁等生活性服务业品质，积极培育个性化定制化服务业态。

扎实推动乡村产业振兴。实施农业高质量发展"520"工程，大力发展设施农业、数字农业和乡村特色产业，贯通产加销、融合农文旅，农林牧渔业增加值增长2.5%。加快"百千万"永久基本农田集中连片整治，实施市级农地提标改造4万亩，高标准农田改造提升3万亩、提前完成

“十四五”目标，确保粮食播种面积138.1万亩、粮食总产量10.6亿斤。扎实做好“双非”整治后半篇文章。

发展壮大一流企业梯队。着眼培育世界一流企业，推动市属国有企业深化改革、优化布局，进一步做强做优主业，提升核心竞争力。分行业完善企业培育机制，做强一批新势力企业，新增省级“专精特新”企业500家、省隐形冠军企业10家、国家级“小巨人”企业50家、单项冠军企业（产品）3家。实施新一轮企业培育行动，新增“雄鹰”企业4家、境内外上市公司25家、规上企业1000家。打好“小微企业三年成长计划”收官战，扶持个体工商户发展，市场主体总量突破178万户。

全面提升产业平台能级。坚持科创西拓、智造东联、创新成网、平台集群。加快城西科创大走廊创新策源地能力提升和城市第三中心建设，推进城市功能、科创集群、生活体系、生态环境全面提升，构建“一廊四城两翼”发展新格局。全面启动临空经济示范区核心区建设，腾出产业空间2850亩，招引1亿元以上产业项目30个，加快“2+3”临空产业集聚，带动城东智造大走廊加速崛起。支持杭州高新区打造“世界领先科技园区”，支持钱塘新区在国家经济技术开发区排位中争先进位，提升钱塘江金融港湾能级，加快“国际零磁科学谷”建设，进一步推广滨富、滨萧合作模式。突出“一园一主业”，形成更多“万亩千亿”产业平台。盘活“三块地”12万亩以上，出让工业用地1万亩以上，加快1000万平方米标准厂房建设，形成一批用地100亩以上、楼宇10万平方米以上产业新空间。

（三）聚焦创新制胜，全力争创综合性国家科学中心。深入实施科教兴国战略、人才强国战略、创新驱动发展战略，落实省“315”科技创新体系建设工程，积极争创综合性国家科学中心。

增强国家战略科技力量。加快1个国家实验室和2个大科学装置建设。推进中科院医学所、北航杭州创新研究院、西电杭州研究院、智元研究院等13个交叉前沿研究平台建设。实施关键核心技术攻坚，加快建设杭州技术转移转化中心，发挥企业创新主体作用，深化“揭榜挂帅”攻关机制，参与国家重点研发项目100项以上、承担省重大科技攻关项目100项以上、实施市重点科技攻关项目100项以上。全市财政科技支出年均增长15%以上、市本级每年新增财力的15%以上用于科技投入，全社会研发投入强度3.8%以上，基础研究经费比重达7%，技术交易总额1500亿元。新增国家高新技术企业2000家、省科技型中小企业2000家、科技“小巨人”企业20家，组建创新联合体10个，新增高价值发明专利4500件。

推动高等教育跨越式发展。加快西湖大学三期建设，支持西湖大学建设世界一流研究型大学。开工国科大杭高院主校区，加快浙江中医药大学富春主校区建设，推动北航中法航空研究院（学院）正式设立并运行。深化与浙江大学等在杭高校战略合作，支持杭师大争创全国一流大学、浙大城市学院创建全国百强大学、杭职院申办本科层次职业大学，形成梯次合理、各具特色的高校矩阵。

加快打造全球人才蓄水池。落实国家和省级海外引才等重大人才计划，新引进“西湖明珠工程”顶尖人才培育对象15名，新引育领军人才、优秀青年人才各150名，新引进35岁以下大学生35万名，打造全谱系人才雁阵。扩大企业等用人主体自主评定人才试点，加大创新支持保障力度，探索实行科研项目首席专家负责制、项目经费“包干制”。

（四）聚焦“两个健康”，全力推动新时代民营经济新飞跃。在坚持“两个毫不动摇”中促进“两个健康”，坚定不移做企业最坚强的后盾、最温馨的港湾、最信赖的伙伴，让广大企业家放心干事、放手创业、放量发展，努力续写杭州新时代民营经济高质量发展新传奇。

实施营商环境优化提升“一号改革工程”。扎实推进国家营商环境创新试点城市建设，实施《杭州市优化营商环境条例》，谋划出台新一轮试点改革事项。争取国家级要素市场化综合改革试点，更好发挥数据要素作用。深化“万家民企评营商环境”活动，吸引民营企业等市场主体积极参与，做到“营商环境好不好，市场主体说了算”，让“有求必应、无事不扰”成为常态，努力打造营商环境最优市。深化“信用＋监管”“信用＋惠民便企”等应用，打造“最讲信用城市”。支持建德创建全国社会信用体系建设示范区。

切实增强企业获得感。建立领导干部联系企业制度，深入开展“大走访大调研大服务大解题”“千名干部助千企”等活动，加快落地国家和省降本减负惠企政策，全年为市场主体减负500亿元。深化“减证便民”行动，推进电子证照互通共享，深化拓展企业年报“多报合一”。探索建立优质杭产品“白名单”制度，政府采购项目预留给中小企业比例不低于40%。实施融资畅通工程，新增贷款增长10%以上，普惠小微企业贷款增速高于新增贷款增速，新增制造业中长期贷款800亿元，政府性融资担保支农支小余额200亿元，促进企业综合融资成本稳中有降。逐步降低企业用电用气等成本。推行“综合查一次”联合执法机制，加大对历史遗留问题特别是涉企司法积案化解力度，依法保障企业权益。办好杭商大会。

大力支持平台经济健康高质量发展。完善支持引导平台经济的政策体系，鼓励平台经济二次攀登、扎根杭州、做大做强。深化与重点平台企业战略合作，支持企业在引领发展、创造就业、国际竞争中大显身手。秉持包容审慎监管理念，健全创新容错发展机制，运用合规指南、行政指导等预防提醒措施，引导平台经营者依法竞争、合规经营。

（五）聚焦文化兴盛，全力争创全国文明典范城市。进一步唤醒城市记忆、打响文化品牌、增强文化认同，不断提升杭州历史文化名城影响力。

厚植历史文化底蕴。深入实施宋韵文化传世工程，加强南宋皇城遗址综合保护，放大三大世界遗产综合效应，加快大运河国家文化公园、西湖世界爱情文化公园建设，谋划打造良渚文化大走廊，创造更多可亲可观可感的城市文化IP。加大文物和文化遗产保护力度，加强历史文化名城风貌管控，保护好“老村、老街、老宅、老字号”等活态遗产。

打造文化文明品牌。充分挖掘红色资源，弘扬感恩文化，推动红色基因成为城市精神最鲜明的标识。全力创建第一届全国文明典范城市，加快推进“浙江有礼、最美杭州”市域文明实践体系，深入开展“做文明使者，迎亚运盛会”文明好习惯养成等十大专项行动，让“志愿善城”成

为最美杭州的闪亮名片。实施新时代文化地标工程，优化文化场馆设施布局，谋划推进杭州美术馆、杭州音乐厅、杭州艺校、杭州群众文化中心等项目，高质量建成四级公共文化服务体系，构建城乡一体的15分钟品质文化生活圈。

增强文化产业实力。实施重大文化产业项目带动战略，加快国家（杭州）短视频基地建设，高水平打造之江文化产业带、大运河文化产业带等文化平台。强化文化产业科技融入，持续做强动漫、游戏、影视、电竞、网络文学等文创产业。深化国家文旅消费示范城市建设，实施文旅深度融合工程，探索建立文旅产业发展基金，高标准开发“诗路文化·三江两岸”文化旅游带，谋划打造世界级旅游乐园，培育3家千万级核心大景区，文旅项目完成年度投资350亿元，文化产业增加值增长4.5%。

（六）聚焦亚运牵引，全力提升城市能级品质和开放水平。坚决扛起习近平总书记“相信杭州有能力举办一届成功的亚运会”的千钧重托，举全市之力“办好一个会、提升一座城”，确保亚运后的杭州发生质的飞跃。

高水平办好亚运会、亚残运会。对标“简约、安全、精彩”要求，按照“五最”目标，向世界呈现一届“中国特色、浙江风采、杭州韵味、精彩纷呈”的体育文化盛会。深化“亚运在线”2.0建设，构建扁平指挥、属地负责、高效运转的赛事指挥体系，统筹做好赛事组织和城市保障。精心打磨开闭幕式、火炬传递、亚运歌曲，加强亚运吉祥物策划传播，打造让人眼前一亮、终生难忘的美好瞬间。精益求精做好抵离接待、餐饮、医疗、亚运村服务，坚决守好安全底线。全面浓厚亚运氛围，深入开展“我爱杭州，奉献亚运”主题活动，实施“匠心提质绣杭城”行动，动员市民共绣美丽家园、杭韵街巷、畅行交通、花满杭城4条风景线，让杭州更加宜居宜业、精致精美、人见人爱。坚持全民共享，深入推进全民健身，新增群众身边体育设施300处以上、嵌入式体育场地设施35.4万平方米以上，举办赛事活动1500场以上。

高起点规划城市空间。开展规划编制攻坚年行动，编制完成195项各级各类重要规划，加快构筑“一主六辅三城”的多中心、网络化、组团式、生态型特大城市新型空间格局。推动空间要素向城西科创大走廊、城东智造大走廊等重点区域倾斜，以XOD理念开发钱江新城二期、大城北地区和会展新城等重点区块，谋划建设未来城市地标、产业地标、区域地标。

高品质推进城市建设。推动地铁四期全面开工。开工建设钱塘高铁站，加快杭温、金建、建衢等铁路建设，提速中环、杭淳开高速、钱塘江“四改三”、沪乍杭铁路等重大项目。持续推进文一西路西延、留石快速路西延。完成市区水务一体化整合，亚运会前完成江南片区取水口上移工程一期。加快城乡区域有机更新，新创建未来社区100个，完成老旧小区改造240个，新建改建城市公园60个，建成城市风貌样板区10个、县域风貌样板区6个。

高标准提升城市治理水平。纵深推进“大综合一体化”行政执法改革，夯实基层队伍，在26个执法领域制定“轻微违法首违不罚”告知承诺清单，促进行政执法提质增效。加快提升城市大脑2.0实战实效，全面推进智慧交通、数智宜居、“一老一小”等领域建设，启动智慧医疗、智慧教育、数智营商建设，构建政务服务“一网通办”、城市运行“一网统管”、社会治理“一网共治”的特大城市数字治理系统解决方案。

高质量推动对外开放。抓住“开放办赛”机遇，深入实施国际投资贸易、国际城市魅力、国际公共服务、国际传播能力等专项行动，健全海外社交平台矩阵和国际传播全媒体矩阵，办好“杭州国际日”活动，全面提升城市国际知名度和美誉度。实质性推进国际“赛”“会”之城建设，争取更多国际航线、国际会议、国际赛事、国际组织在杭州落地。深度融入长三角一体化发展，积极承接上海产业创新资源溢出，谋划打造沪杭未来智造协同发展试验区。扎实推进杭甬“双城记”，联动发展G60科创走廊、宁杭生态经济带、杭黄世界级自然生态和文化旅游廊道，推动杭嘉、杭湖、杭绍一体化合作先行区建设，促进杭州都市区同城化、夯实杭州都市圈基本盘。持续打造山海协作升级版，扎实做好对口支援、对口帮扶和对口合作工作。

（七）聚焦绿色发展，全力打造全域美丽新杭州。深入践行习近平生态文明思想，加快推进新时代美丽杭州建设，努力把杭州打造成为“城在林中、路在绿中、房在园中、人在景中”的江南园林。

推进环境污染防治。实施臭氧污染防治、柴油货车污染治理、中度污染天气消除三大行动，确保空气质量优良天数比例高于88%、PM2.5平均浓度低于28微克/立方米。深化河（湖）长制，打造全域“污水零直排区”升级版，推进5个城镇污水厂新扩改建项目，新建市政污水管网67公里，市控以上断面水质保持100%达标。完善提升生活垃圾治理“杭州模式”，创建省级高标准示范小区150个，持续推进固废源头减量、资源化利用，率先建成国家级“无废城市”。

加强生态修复。启动国际湿地城市创建申报，完成“国家生态园林城市”复评。深入实施西溪一体化保护管理，推进千岛湖沿湖湿地和钱塘江、苕溪流域湿地群生态修复，启动京杭大运河水生态环境保护修复工程，申报杭州大湾区省级湿地公园。实施绿色生态兴林富民行动，新增造林更新1万亩，森林质量精准提升20万亩，完成扩绿700万平方米。启动第二植物园建设。

加快绿色低碳转型。扎实推进减污降碳协同创新试点，深化开展能源绿色低碳发展和保供稳价工作三年行动，积极推广发展绿色低碳建筑，建成绿色低碳工业园区2家、绿色低碳工厂80家。提速各级电网设施建设，加快临平、江南等500千伏电网工程落地，做好临安、淳安、富阳等抽水蓄能项目前期，支持建德打造浙西储能中心。推进城市光伏发电及储能设施建设，新增光伏并网装机60万千瓦，在开发区（园区）建成5个以上综合能源项目。推进天然气高压、中低压管网建设，加快高压管网向西部县市延伸。

（八）聚焦共同富裕，全力提升人民群众获得感幸福感安全感。采取更多惠民生、暖民心举措，持续增强公共服务的均衡性可及性，让改革发展成果更多更公平地惠及全市人民。

认真办好十件民生实事。市政府从市民群众、“两代表一委员”等层面广泛征集、初步遴选形成13件民生实事，分别是“抚幼育苗”在杭州、“稳岗乐业”在杭州、“银龄关爱”在杭州、“弱有众扶”在杭州、“‘救’在身边”在杭州、“舒心就医”在杭州、“安居焕新”在杭州、“美好家园”在杭州、“低碳畅行”在杭州、“一路畅通”在杭州、“绿地碧水”在杭州、“强文健体”在杭州、“除险保安”在杭州。待市人大代表票选确定后，市政府将把民生实事纳入数字化平台，建立清单、压实责任、强化督导、形成闭环，全力办实办好。

持续推进“扩中提低”改革。坚持就业优先导向，抓好高校毕业生、退役军人等人员就业创业工作，动态消除零就业家庭，城镇新增就业25万人。实施居民收入和中等收入群体双倍增计划，有序调整最低工资标准，多渠道增加城乡居民财产性收入，稳步提高城乡居民基本养老保险基础养老金标准、社会救助保障标准，基本养老保险参保率稳定在98%以上。完善大病保险制度和慢性病管理机制，稳妥实施医疗保险个人账户改革，优化提升“浙里惠民保·西湖益联保”。大力发展公益慈善事业，加快设立“杭州慈善奖”，打响“善城杭州”品牌。

推动公共服务优质共享。深化老年友好型社会建设，建设老年学校71所，新增家庭养老床位4800张，打造康养联合体20个。创建全国首批婴幼儿照护服务示范城市，新增托位5000个、其中普惠托位3000个，每千人托位数达到4个。以超常规举措推进西部地区公共服务优质提升工程，统筹建立西部地区公共服务能力补短专项资金。依托教育部基础教育综合改革实验区平台，推进基础教育高质量发展，新建成中小学和幼儿园72所、新增学位6.1万个。深入实施教育共富专项行动，建成投用杭州第十四中学青山湖学校，开工建设学军中学桐庐学校。持续深化“健康杭州”建设，推进中医药传承创新发展，开工建设国家医学中心、省公共卫生临床中心、市中医院丁桥院区重大疫情救治基地，加快建设市一医院新院区、西溪医院二期等重点工程，建成投用市七医院浙西院区，加快三甲医院向区县（市）延伸覆盖，实现规范化村卫生室（社区卫生服务站）全覆盖。加快建立多主体供给、多渠道保障、租购并举的住房制度，完成回迁安置2万户，发放公租房货币补贴8万户，筹集保障性租赁住房7万套（间），筹建共有产权住房1万套。集中化解因历史遗留问题导致的不动产办证难问题。

打造宜居宜业和美乡村。启动和美乡村建设“1312”工程，创建和美乡村示范带3条，建设美丽乡村特色村30个、未来乡村30个、数字乡村100个，培育打造12条未来乡村共富引领带。实施跨乡镇土地综合整治工程，完成整治项目10个，低效用地再开发1200亩，盘活存量建设用地1700亩。实施强村富民五个“百千亿”工程和新型经营主体培育“双千万”工程，培养壮大乡村人才队伍，多渠道增加农民收入，东部地区村集体经营性收入全部达到100万元，西部地区75%的村集体经营性收入达到50万元，低收入农户人均收入增长10%以上。

（九）聚焦除险保安，全力推动市域社会治理现代化。坚定不移贯彻总体国家安全观，把安全发展理念贯穿经济社会发展各方面全过程，坚决筑牢安全防线，以新安全格局保障新发展格局。

强化公共安全保障。稳妥实施新冠病毒感染“乙类乙管”，科学开展疫情监测评估，精准实施分级分类防控，确保社会生产生活正常运转。深化“除险保安·平安护航亚运”行动，开展道路交通、危化品、消防、建设施工、工业生产、城市运行等重点领域安全隐患排查，坚决防范遏制重特大事故发生，生产安全事故起数、死亡人数同比“双下降”。加强企业风险监测预警，依法稳妥处置企业债务风险，稳步化解地方政府隐性债务，坚决守住不发生区域性金融风险底线。强化食品药品全链条闭环监管，巩固国家食品安全示范城市创建成果。加强国防动员和后备力量建设，争创全省双拥模范城“九连冠”。

织密基层平安网。坚持和发展新时代“枫桥经验”，深入开展矛盾纠纷排查化解，做优做实融合型大社区大单元治理，发挥党建引领下社区、物业、业委会三方协同机制作用，夯实村（社）最小治理单元。构建立体化智能化法治化社会治安防控体系，持续推进社会治安乱点整治，健全常态化扫黑除恶工作机制，严厉打击电信网络诈骗、“黄赌毒”、“食药环”等群众反映强烈的违法犯罪。

深化韧性城市建设。整体推进城西南排、西险大塘、海塘安澜三大工程，加快推进病险水库山塘动态清零，完成青山水库防洪能力提升、萧山五堡泵站和浦阳江治理等工程，完成113个海绵城市建设项目。完善应急救援物资储备调用机制，规范化改造避灾安置场所，完成地质灾害隐患点治理57处，进一步提升极端天气、台风洪涝、森林火灾等应急处置能力。老旧燃气管道、污水管道、供水管网分别完成更新改造120公里、40公里、30公里。

三、切实加强政府自身建设

奋进新征程、建功新时代，必须坚持党的全面领导，弘扬伟大建党精神，不忘初心、牢记使命，谦虚谨慎、艰苦奋斗，敢于斗争、善于斗争，努力造就忠诚干净担当的干部队伍，打造人民满意政府。

筑牢政治忠诚。根据党中央统一部署，高质量开展主题教育，完善“两个维护”制度机制，扎实推进第一议题制度，深化习近平总书记重要指示批示精神闭环落实机制，推动“八八战略”综合评估成果转化运用，教育引导广大党员干部以最真挚的感情感悟总书记殷殷嘱托，以最坚决的行动落实总书记重要指示，始终自觉坚定地忠诚核心、拥戴核心、维护核心、捍卫核心，不断增强政治判断力、政治领悟力、政治执行力，让最讲党性、最讲政治、最讲忠诚在政府系统蔚然成风。

坚持依法行政。牢固树立法治观念，尊崇宪法权威，坚持“法定职责必须为、法无授权不可为”，严格执行市人大及其常委会决议决定，自觉接受人大法律监督、政协民主监督，主动接受纪检监察监督、司法监督、社会舆论监督，深化政务公开，加强政务服务，提升政务效能，让依法依规、公开透明、公平公正在政府系统蔚然成风。

恪守为民宗旨。始终牢记政府前面“人民”二字，大兴调查研究之风，访贤于百姓、问计于基层、求知于实践，将心比心体察群众安危冷暖，用情用力解决群众“急难愁盼”，创新完善“民呼我为”长效机制，把群众想干的事当作政府要干的事、政府在干的事变为群众支持的事、政府干成的事成为惠及群众的事，让为群众办实事、为企业解难题、为基层减负担在政府系统蔚然成风。

强化实干担当。完善“领导带头、全员攻坚”的责任机制，强化“多跨联动、紧密协作”的闭环管理，树立“实绩说话、实效奖惩”的鲜明导向，锻造“事事马上办、人人钉钉子、个个敢担当”的工作作风，以舍我其谁的勇气、忘我无私的境界、有我必成的作为，把不易做成不凡，努力干出新时代第一等工作，让担当尽责、真抓实干、敢闯敢试在政府系统蔚然成风。

永葆清正廉洁。严格履行全面从严治党主体责任，以严的基调、严的措施、严的氛围，锲而不舍落实中央八项规定精神，驰而不息纠“四风”树新风。建设节约型政府，从严控制“三公”经费，统筹整合部门预算5%、专项资金10%，把更多财政资金用在科技创新、企业帮扶、产业升级、民生改善、西部地区发展上。持续深化党风廉政建设，让廉洁用权、干净干事、甘于奉献在政府系统蔚然成风。

各位代表！新征程是充满光荣和梦想的远征。路虽远，行则将至；事虽难，做则必成。让我们更加紧密地团结在以习近平同志为核心的党中央周围，在市委坚强领导下，坚定信心、埋头苦干，忠诚尽职、奋勇争先，高水平推进共同富裕幸福杭州建设，为加快打造世界一流的社会主义现代化国际大都市，努力成为中国式现代化城市范例而不懈奋斗！

组织机构名录

【市级主要机构及负责人名单】（2022年1—12月）

中国共产党杭州市第十二届委员会（至2022年2月）

书　记：刘　捷

副书记：刘　忻
　　　　金　志

常　委：刘　捷
　　　　刘　忻
　　　　金　志
　　　　戚哮虎
　　　　许　明
　　　　陈新华
　　　　柯吉欣
　　　　马小秋
　　　　朱建明
　　　　唐春所
　　　　胥伟华（挂职）
　　　　陈一行

委　员：（按姓氏笔画为序）

丁狄刚	于跃敏（女）
马小秋	王　宏
王　敏	毛溪浩
卢春强	冯国明
朱　华	朱　欢
朱建明	朱党其
刘　忻	刘　捷
刘　颖	许　明
李　玲（女）	吴仁财
吴玉凤（女）	沈建平
张仲灿	张如勇
陈　瑾（女）	陈一行
陈卫强	陈如根
陈红英（女）	陈国妹（女）
陈春雷	陈新华
陈震山	金　志
金　翔	金承涛
胡海燕（女）	柯吉欣
洪庆华	胥伟华（挂职）
骆安全	柴世民
徐小林	唐春所
黄进宇	黄海峰
戚哮虎	章　燕（女）
斯金锦	董　悦
董毓民	童定干
楼建忠	缪承潮
滕　勇	潘家玮
戴建平	魏　颖（女）

候补委员：

郭东风	范建军
高国飞	何凌超
钱美仙（女）	翁文杰
余新平	陈祥荣
金志强	陈　健
钮　俊	

秘书长：朱建明

中国共产党杭州市第十三届委员会（2022年2月始）

书　记：刘　捷

副书记：刘　忻（至2022年11月）
　　　　姚高员（2022年11月始）
　　　　金　志

常　委：刘　捷
　　　　刘　忻（至2022年11月）
　　　　姚高员（2022年11月始）
　　　　金　志
　　　　柯吉欣
　　　　马小秋
　　　　朱建明
　　　　唐春所
　　　　胥伟华（挂职）
　　　　陈一行
　　　　黄海峰
　　　　朱　华
　　　　刘　颖
　　　　陈　瑾（女）
　　　　王　敏

委　员：（按姓氏笔画为序）

丁狄刚	马小秋
马卫光	马利阳

王　华　王　敏
王越剑　王新锋
孔春浩　叶伟忠
冯　晶　朱　华
朱建明　朱党其
刘　忻（至 2022 年 11 月）
刘　捷　刘　颖
刘嫔珺（女）　阮　英（女）
孙旭东　李火林
李志龙　杨国正
杨泽伟　杨建根
吴仁财　吴玉凤（女）
沈燕俊　张宏伟
张鸿斌　张蕙娜（女）
陈　瑾（女）　陈一行
陈卫强　陈如根
陈震山　罗　杰
金　志　金承涛
郑　迪　柯吉欣
钮　俊　俞荣华
施华森（2023 年 3 月，涉嫌严重违纪违法，主动投案）
姜永柱　胥伟华（挂职）
姚高员（2022 年 11 月始）
骆安全　夏积亮
柴世民　高国飞
郭东风　唐春所
黄海峰　曹　琛（女）
章　燕（女）　章登峰
董　悦　董毓民
惠海涛　童定干
富永伟　楼建忠
鲍一飞

候补委员：
毛根洪　孙国方
吴槐庆　余新平
沈　翔　陆晓亮
陈国强　周　扬（女）
柴宁宁（女）　徐　前
翁文杰　楼倻捷（女）

秘书长：朱　华

市纪律检查委员会（市监察委员会）

书记（主任）：陈一行
副书记（副主任）：朱　华（至 2022 年 2 月）
童定干
陈建华（至 2022 年 1 月）
邬月培（至 2022 年 12 月）
张慧娟（女）
王伟平（2022 年 2 月始）

纪委常委：陈一行
朱　华（至 2022 年 2 月）
童定干
陈建华（至 2022 年 1 月）
邬月培（至 2022 年 12 月）
张慧娟（女）
王伟平
胡飞龙（至 2022 年 1 月）
沈海军
金　伟
徐恒辉
俞　振（2022 年 2 月始）
王　伦（2022 年 2 月始）
邵　艳（2022 年 2 月始）

监委委员：沈海军（至 2022 年 1 月）
金　伟（至 2022 年 8 月）
朱春根（2022 年 8 月始）
俞　振
王　伦
徐承坪（2022 年 1 月始）
毛建标（2022 年 1 月始）
汪盛华（2022 年 1 月始）

市委工作机关：

办公厅

主　任：郭东风（至 2022 年 5 月）
陈国强（2022 年 5 月始）

政策研究室

主　任：陈国强（至 2022 年 5 月）
（空缺）（2022 年 5—8 月）
唐志祥（2022 年 8 月始）

全面深化改革委员会办公室

主　任：朱建明（至 2022 年 2 月）
朱　华（2022 年 2 月始）
第一副主任：柯吉欣

组织部

部　长：马小秋

宣传部

部　长：戚哮虎（至 2022 年 2 月）
黄海峰（2022 年 2 月始）

统战部

部　长：陈新华（至 2022 年 2 月）
朱建明（2022 年 2 月始）

政法委员会

书　记：金　志

市委机构编制委员会办公室

主　任：何利松

市委军民融合发展委员会办公室

主　任：柯吉欣

市委台湾工作办公室（市政府台湾事务办公室）

主　任：陆献德

市委直属机关工作委员会

书　记：朱建明（至 2022 年 2 月）
朱　华（2022 年 2 月始）

市委巡察工作领导小组办公室、市委巡察组

主　任:胡飞龙（至 2022 年 1 月）
　　　沈海军（2022 年 1 月始）
组　长:魏　颖（女）（至 2022 年 8 月）
　　　蒋杭平　洪晓明（至 2022 年 8 月）
　　　金晓东　方顺才
　　　程华民（2022 年 8 月始）
　　　金　伟（2022 年 8 月始）

市委、市政府信访局

局　长:周徐胤

市委老干部局

局　长:(空缺)（至 2022 年 8 月）
　　　赵一文（女）（2022 年 8 月始）

市委党校

校　长:马小秋

市委党史研究室（市政府地方志办公室）

主　任:郎健华

市档案馆

馆　长:范　飞（女）

杭州国际城市学研究中心（杭州研究院、世界遗产保护杭州研究中心）

党组书记、主任（院长）:江山舞

杭州市第十三届人民代表大会常务委员会（至 2022 年 3 月）

主　任:李火林
副主任:郑荣胜　陈红英（女）
　　　罗卫红（女）　卢春强
　　　徐小林
秘书长:张如勇
委　员:(按姓氏笔画为序)
　　　王　辉（女）　毛文峰（女）
　　　方月仙（女）　江成器
　　　阮　英（女）　阮重晖
　　　严伟明　李莲萍（女）
　　　杨英英（女）　肖仁东
　　　吴建华　沈旭微
　　　张邢炜　张治芬（女）
　　　陈　健　陈马多里
　　　陈伟民
　　　邵剑明（2022 年 5 月，涉嫌严重违纪违法，主动投案）
　　　林　沛（女）　尚永丰
　　　郑利敏（女）　郑健波
　　　赵　敏　赵　敏（桐庐）
　　　赵国钦　俞雪坤
　　　骆　寅　骆安全
　　　聂　江　徐文霞（女）
　　　徐建国　奚国强
　　　黄昊明　龚志南
　　　麻承荣　章国经
　　　曾福明　裘　超（女）
　　　裘建平　解崇明
　　　谭　飞　潘曙龙
　　　薛滔菁（女）
党组书记:李火林
党组副书记:郑荣胜

杭州市第十三届人民代表大会专门委员会（至 2022 年 3 月）

法制委员会

主任委员:陈红英（女，兼）

监察和司法委员会

主任委员:陈红英（女，兼）

财政经济委员会

主任委员:徐小林（兼）

城乡建设环境保护委员会

主任委员:卢春强（兼）

教育科学文化卫生委员会

主任委员:罗卫红（女，兼）

农业和农村委员会

主任委员:郑荣胜（兼）

民族宗教华侨、外事委员会

主任委员:徐小林（兼）

社会建设委员会

主任委员:陈红英（女，兼）

杭州市第十三届人民代表大会常务委员会各工作机构和工作委员会（至 2022 年 3 月）

办公厅

主　任:陈伟民（2022 年 1 月始）

研究室

主　任:聂　江

人事代表工作委员会

主　任:陈伟民（至 2022 年 1 月）
　　　杨雪强（2022 年 1 月始）

法制工作委员会

主　任:陈马多里

监察和司法工作委员会

主　任:江成器

财政经济工作委员会

主　任:骆　寅（至 2022 年 1 月）
　　　吴志明（2022 年 1 月始）

城乡建设环境保护工作委员会

主　任:黄昊明

教育科学文化卫生工作委员会

主　任:郑利敏（女）

农业和农村工作委员会

主　任:赵国钦

民族宗教华侨、外事工作委员会

主　任:方月仙（女）

社会建设工作委员会

主　任:王　辉（女）（至 2022 年 1 月）
　　　魏丹英（女）（2022 年 1 月始）

杭州市第十四届人民代表大会常务委员会（2022年3月始）

主　任：李火林

副主任：戚哮虎　戴建平　罗卫红（女）　卢春强　徐小林

秘书长：张如勇（至2022年12月）
叶茂东（2022年12月始）

委　员：（按姓氏笔画为序）

王剑瑛（女）　方月仙（女）　方永红　石仕元　江成器　汤海庆　阮　英（女）　严伟明　李　悦（女）　杨英英（女）　杨雪强　杨焕然　吴志明　吴建华　余红英（女）　沈旭微　陈马多里　陈伟民　陈震山　林　沛（女）　林伟光　明启强　竺丽萍（女）　郑利敏（女）　郑荣新　赵立明　赵国钦　胡少先　胡秀华（女）　洪庆华　骆安全　聂　江　钱建中　徐文霞（女）　徐燕敏（女）　高　越　黄　旼（女）　黄昊明　龚志南　麻承荣　蒋应成　曾福明　裘建平　解崇明　潘伊玫（女）　潘曙龙　魏丹英（女）

党组书记：李火林

党组副书记：戚哮虎

杭州市第十四届人民代表大会专门委员会（2022年3月始）

法制委员会

主任委员：戚哮虎（兼）

监察和司法委员会

主任委员：戴建平（兼）

财政经济委员会

主任委员：戴建平（兼）

城乡建设环境保护委员会

主任委员：卢春强（兼）

教育科学文化卫生委员会

主任委员：罗卫红（女，兼）

农业和农村委员会

主任委员：戚哮虎（兼）

民族宗教华侨、外事委员会

主任委员：徐小林（兼）

社会建设委员会

主任委员：卢春强（兼）

杭州市第十四届人民代表大会常务委员会各工作机构和工作委员会（2022年3月始）

办公厅

主　任：陈伟民

研究室

主　任：聂　江

人事代表工作委员会

主　任：杨雪强

法制工作委员会

主　任：陈马多里

监察和司法工作委员会

主　任：江成器

财政经济工作委员会

主　任：吴志明

城乡建设环境保护工作委员会

主　任：黄昊明

教育科学文化卫生工作委员会

主　任：郑利敏（女）

农业和农村工作委员会

主　任：赵国钦（至2022年12月）
李文钢（2022年12月始）

民族宗教华侨、外事工作委员会

主　任：方月仙（女）

社会建设工作委员会

主　任：魏丹英（女）

杭州市人民政府

市　长：刘　忻（至2022年11月）

代市长：姚高员（2022年11—12月）

市　长：姚高员（2022年12月始）

副市长：柯吉欣　胥伟华（挂职）　陈　瑾（女）（2022年3月始）　胡　伟　陈卫强　丁狄刚　罗　杰　刘嫔珺（女）（2022年1月始）　孙旭东（2022年1月始）　缪承潮（至2022年3月）

党组书记：刘　忻（至2022年11月）
姚高员（2022年11月始）

秘书长：丁狄刚（至2022年12月）
高国飞（2022年12月始）

市政府工作部门

办公厅

党组书记：丁狄刚（至2022年12月）
高国飞（2022年12月始）

主　任：马杭军（至2022年1月）
鲍一飞（2022年1月始）

研究室

党组书记、主任:鲍一飞（至 2022 年 1 月）
（空缺）（2022 年 1—4 月）
马　骏（2022 年 4 月始）

发展和改革委员会

党组书记、主任:孔春浩

人力资源和社会保障局

党组书记、局长:叶茂东（至 2022 年 12 月）
董　悦（2022 年 12 月始）

财政局

党组书记、局长:谢建华

统计局

党组书记:吴槐庆
局　长:宦金元

审计局

党组书记、局长:王　剑

对口支援和区域合作局

党组书记、局长:杨　钊

经济和信息化局

党组书记、局长:（空缺）（至 2022 年 4 月）
冯　伟（2022 年 4 月始）

应急管理局

党委书记、局长:王　震

城乡建设委员会

党组书记、主任:楼建忠

交通运输局

党组书记、局长:郑翰献

住房保障和房产管理局

党组书记、局长:王　进

规划和自然资源局

党组书记:陈祥荣
局　长:陈祥荣（至 2022 年 12 月）
於卫国（2022 年 12 月始）

人民防空办公室（民防局）（至 2022 年 12 月）

党组书记、主任（局长）:裘新谷（至 2022 年 12 月）

城市管理局（综合行政执法局）

党组书记、局长:李　磊（至 2022 年 12 月）
林炳达（2022 年 12 月始）

生态环境局

党组书记、局长:孙国方（至 2022 年 12 月）
马利阳（2022 年 12 月始）

园林文物局

党组书记、局长:高小辉

农业农村局（乡村振兴局）（2022 年 1 月始）

党组书记、局长:柴世民（至 2022 年 1 月）
（空缺）（2022 年 1—4 月）
姚吉锋（2022 年 4 月始）

林业水利局

党组书记、局长:陈建华（2022 年 1 月始）

商务局［中国（浙江）自由贸易试验区杭州片区管委会、市粮食和物资储备局］

党组书记、局长:孙璧庆（至 2022 年 6 月）
王永芳（2022 年 6 月）

主　任:胡　伟（兼）

市场监督管理局

党委书记、局长:范建军（至 2022 年 12 月）
麻承荣（2022 年 12 月始）

文化广电旅游局

党组书记、局长:楼倻捷（女）

卫生健康委员会

党委书记、主任:孙雍容（女）（至 2022 年 5 月）
方健国（2022 年 5 月始）

医疗保障局

党组书记:方健国（至 2022 年 5 月）
李一青（女）（2022 年 5 月始）
局　长:石连忠

体育局

党组书记、局长:金承龙

教育局

党委书记、局长:沈建平（至 2022 年 6 月）
钮　俊（2022 年 6 月始）

公安局

党委书记、局长:罗　杰

司法局

党委书记、局长:徐　前

民族宗教事务局

党组书记、局长:邵根松

地方金融监督管理局（金融工作办公室）

党组书记、局长（主任）:冯　伟（至 2022 年 4 月）
朱崇敏（2022 年 4 月始）

国有资产监督管理委员会

党委书记:王　希
主　任:王　希（至 2022 年 12 月）
顾春晓（2022 年 12 月始）

科学技术局

党组书记:周　扬（女）（至 2022 年 12 月）
局　长:周　扬（女）（至 2022 年 12 月）
楼秀华（2022 年 12 月始）

民政局

党组书记、局长:何凌超

退役军人事务局

党组书记、局长:郑洪彪

外事办公室（港澳事务办公室）

党组书记、主任:周　澍（女）（至 2022 年 1 月）
金　恒（2022 年 1 月始）

机关事务管理局

党组书记、局长:韩　卫

数据资源管理局

党组书记、局长:徐青山

投资促进局

党组书记、局长:王　翀（至 2022 年 3 月）
王越剑（2022 年 3 月始）

国防动员委员会

第一主任:刘　捷

主　任:刘　忻

政协杭州市第十一届委员会（至 2022 年 3 月）

主　席:潘家玮（至 2022 年 1 月）
马卫光（2022 年 1 月始）
副主席:张仲灿　叶鉴铭
谢双成　王立华（女）
周智林　冯仁强
陈国姝（女）　滕　勇
秘书长:金　翔
常　委:(按姓氏笔画为序)
万光政　马　彦
王利民　王新宇
方　春（女）　方中勇
方健国　石仕元
石利群（女）　申屠敏（女）
包嘉颖（女）　冯　镭
吕芬芳（女）　吕建平
朱　铮　朱汉良
朱明虬　庄凌云
刘政奇　刘秋敏
次登央吉（女）　汤建新
孙月红（女）　孙彰道
杜国忠　李玉美（女）
李正刚　杨建华
来　虹（女）　肖　锋
吴　隆　吴　静（女）
吴伟进　吴持瑛（女）
何明俊　何黎明
沈　昱　沈小东
沈墨宁　张　钎
张　莉（女）　张慧慧（女）
陈　凯　陈　新
陈旭虎　陈国兴
陈国安　陈金良
陈建华　林　革
林　蔚（女）　卓　超
金志强　周旭一
周定炎　周妙荣
周常生　单　敏（女）
赵海燕　赵喜凯
赵才苗　钟玉腾
侯公林　施永林
娄火明　洪　明
宦金元　倪晓娟（女）
高　宁　高德康
郭　兵　郭初民
郭清晔　唐龙尧
陶　骏　黄伟源
章　勤（女）　蒋吉清（女）
释月真　温正胞
谢春凤（女）　裘小民（女）
虞文娟（女）　蔡　瑾（女）
廖杰远
党组书记:马卫光（2022 年 1 月始）
党组副书记:张仲灿
陈新华（兼）（至 2022 年 2 月）
朱建明（兼）（2022 年 2 月始）

市政协工作部门（至 2022 年 3 月）

办公厅

主　任:郭初民

研究室

主　任:陈国兴

文化文史和学习委员会

主　任:王利民

提案委员会

主　任:杨建华

农业和农村委员会

主　任:周定炎（至 2022 年 1 月）
吴持瑛（女）（2022 年 1 月始）

经济委员会

主　任:杜国忠

港澳台侨和外事委员会

主　任:孙月红（女）

社会法制和民族宗教委员会

主　任:方中勇

城市建设和人口资源环境委员会

主　任:何明俊

委员工作委员会

主　任:吴持瑛（女）（至 2022 年 1 月）
卢　晓（2022 年 1 月始）

教育科技卫生体育委员会

主　任:肖　锋

政协杭州市第十二届委员会（2022 年 3 月始）

主　席:马卫光
副主席:许　明　毛溪浩
陈新华　冯仁强
陈国姝（女）　郭清晔
宦金元　林　革
秘书长:柴世民
常　委:(按姓氏笔画为序)
马　彦　王　歆
王利民　方　军
方中勇　石利群（女）
卢　晓　申屠敏（女）
吕芬芳（女）　朱　铮
朱师钧　朱军岷
朱荣兴　邬月培
庄凌云　刘　琼
汤耀光　许宏波
孙月红（女）　孙建刚
孙晓华（女）　杜国忠

李正刚　杨建华　肖　锋　吴　静（女）　何明俊　何黎明　沈　昱　沈　啸　沈小强　张　钎　张　琳（女）　陆佳伟　陈　萍（女）　陈月利（女）　陈国兴　周文伟　周妙荣　於卫国　赵海燕　顾惠波　徐剑锋　郭青岭（女）　黄伟源　曹国熊　麻建平　屠国兴　葛芳民（女）　程建军　童伟中　楼秀华　蔡　节　潘　锋　潘红华

李筱曼（女）　杨富强　吴　隆　吴持瑛（女）　何艳虹（女）　应旭旻　沈　涛　沈　翔　宋　杰　张　敏（女）　张耀法　陈　安　陈　新　陈旭虎　卓　超　周旭一　周建平　单　敏（女）　郝阜平　倪晓娟（女）　郭初民　黄东良　黄勇芳（女）　崔　巍（女）　章　杰　斯金平　蒋吉清　释月真　温正胞　虞文娟（女）　蔡　瑾（女）　潘伟红（女）　魏　虹（女）

党组书记:马卫光

党组副书记:朱建明（兼）

　　　许　明（2022年4月始）

市政协工作部门（2022年3月始）

办公厅

主　任:郭初民

研究室

主　任:陈国兴

文化文史和学习委员会

主　任:王利民

提案委员会

主　任:杨建华（至2022年12月）

　　　邬月培（2022年12月始）

农业和农村委员会

主　任:吴持瑛（女）

经济委员会

主　任:杜国忠

港澳台侨和外事委员会

主　任:孙月红（女）

社会法制和民族宗教委员会

主　任:方中勇

城市建设和人口资源环境委员会

主　任:何明俊

委员工作委员会

主　任:卢　晓

教育科技卫生体育委员会

主　任:肖　锋

市中级人民法院

党组书记:斯金锦（至2022年1月）

　　　张宏伟（2022年1月始）

院　长:斯金锦（至2022年1月）

　　　张宏伟（2022年3月）

代院长:张宏伟（2022年1—3月）

市人民检察院

党组书记:陈海鹰（至2022年1月）

　　　叶伟忠（2022年1月始）

检察长:陈海鹰（至2022年1月）

　　　叶伟忠（2022年3月始）

代检察长:叶伟忠（2022年1—3月）

市民主党派和工商联

中国国民党革命委员会杭州市委员会

主　委:林　革

中国民主同盟杭州市委员会

主　委:宦金元

中国民主建国会杭州市委员会

主　委:郭清晔

中国民主促进会杭州市委员会

主　委:楼秀华

中国农工民主党杭州市委员会

主　委:於卫国

中国致公党杭州市委员会

主　委:胡　伟（至2022年9月）

　　　方　军（2022年9月始）

九三学社杭州市委员会

主　委:罗卫红（女）

市工商业联合会

党组书记:麻承荣（至2022年12月）

　　　仰中旻（2022年12月始）

主　席:冯仁强

部分群众团体

市总工会

党组书记:王越剑（至2022年3月）

　　　郑荣新（2022年3月始）

主　席:郑荣胜（兼）（至2022年4月）

　　　戴建平（兼）（2022年4月始）

中国共产主义青年团杭州市委员会

书　记:(空缺)（至2022年6月）

　　　汪　杰（2022年6月始）

市妇女联合会
党组书记、主席:阮　英(女)
市社会科学界联合会、市社会科学院
党组书记、主席(院长):卓　超
市科学技术协会
党组书记、主席:郑健波(至 2022 年 1 月)
(空缺)(2022 年 1 月至 5 月)
孙雍容(女)(2022 年 5 月始)
市归国华侨联合会
党组书记:裘建平
主　席:王立华(女)(至 2022 年 4 月)
(空缺)(2022 年 4 月至 12 月)
许玲娣(女)(2022 年 12 月始)
市文学艺术界联合会
党组书记:沈旭微
主　席:艾　伟(竹雄伟)
市残疾人联合会
党组书记、理事长:杨英英(女)

其他机构
杭州钱塘新区管理委员会(杭州经济技术开发区管委会、杭州综合保税区管委会、杭州临江高新技术产业开发区管委会)(2022 年 8 月始)
党工委书记:金承涛(2022 年 8 月始)
主　任:沈燕俊(2022 年 8 月始)
杭州城西科创产业集聚区管理委员会(至 2022 年 4 月)
党工委书记:柯吉欣(兼)(至 2022 年 4 月)
杭州城西科创大走廊管理委员会
党工委第一书记:刘　捷(兼)(2022 年 4 月始)
党工委书记:柯吉欣(兼)(2022 年 4 月始)
主　任:李　玲(女)
杭州余杭经济技术开发区管理委员会(至 2022 年 12 月)
党工委书记:祝振伟(至 2022 年 4 月)
葛建伟(2022 年 4 月始)
主　任:祝振伟(至 2022 年 4 月)
葛建伟(2022 年 4 月—12 月)
卞吉坤(2022 年 12 月始)
萧山经济技术开发区管理委员会
党工委书记、主任:许　昌
杭州良渚遗址管理区管理委员会(浙江省杭州良渚遗址管理局)
党工委书记、主任(局长):王　姝(女)
杭州高新技术产业开发区管理委员会
党工委书记:章登峰
主　任:郑　迪
杭州之江国家旅游度假区管理委员会
党工委书记:高国飞(至 2022 年 12 月)
董毓民(2022 年 12 月始)
主　任:董毓民(至 2022 年 12 月)
周　扬(2022 年 12 月始)
杭州西湖风景名胜区管理委员会(杭州西溪国家湿地公园管理委员会)
党工委书记、主任:翁文杰(至 2022 年 12 月)
孙国方(2022 年 12 月始)
钱江新城建设管理委员会(市三江汇未来城市建设管理委员会)
党组书记:卢春强(兼)(至 2022 年 12 月)
朱党其(2022 年 12 月起)
主　任:於卫国(至 2022 年 12 月)
吴炜炜(2022 年 12 月起)
对口支援新疆阿克苏地区阿克苏市指挥部
党委书记、指挥长:黄建正
西泠印社社务委员会
西泠印社党委书记、社委会主任:龚志南
行政审批服务管理办公室(公共资源交易管理委员会办公室)
党组书记:李　炜
主　任:林　革
市政府驻北京办事处
党组书记、主任:(空缺)(至 2022 年 6 月)
江奔腾(2022 年 6 月始)
市政府驻上海(深圳)办事处
党组书记、主任:王永芳(至 2022 年 6 月)
(空缺)(2022 年 6 月始)
市供销合作社联合社
党委书记、理事会主任:李文钢(至 2022 年 12 月)
翁文杰(2022 年 12 月始)
中国国际贸易促进委员会杭州市委员会
党组书记、会长:郑荣新(至 2022 年 3 月)
张鸿斌(2022 年 3 月始)
杭州住房公积金管理中心
党组书记、主任:刘　强(至 2022 年 12 月)
南晓清(2022 年 12 月始)
市农业科学研究院
党委书记:严建立(至 2022 年 1 月)
马杭军(2022 年 1 月始)
院　长:严建立

市实业投资集团有限公司
党委书记、董事长:沈　立
总经理:朱少杰(至 2022 年 8 月)
钮　健(2022 年 8 月始)
市交通投资集团有限公司
党委书记、董事长:章舜年
总经理:郦仲华
市城市建设投资集团有限公司
党委书记、董事长:冯国明(至 2022 年 8 月)
李红良(2022 年 8 月始)
总经理:李红良(至 2022 年 8 月)
董天乐(2022 年 8 月始)
市地铁集团有限责任公司
党委书记、董事长:邵剑明(2022 年 5 月,涉嫌严重违纪违法,主动投案)

（空缺）（2022 年 6 月至 8 月）
朱少杰（2022 年 8 月始）
总经理：朱春雷
市临空建设投资集团有限公司（2022 年 12 月始）
党委书记、董事长：茹　文（2022 年 12 月始）
总经理：来　刚（2022 年 12 月始）
市商贸旅游集团有限公司（市运河综合保护开发建设集团有限责任公司）（2022 年 12 月始）
党委书记、董事长：陆晓亮（2022 年 12 月始）
总经理：丁永刚（2022 年 12 月始）
市运河综合保护开发建设集团有限责任公司（至 2022 年 12 月）
党委书记、董事长：陆晓亮（至 2022 年 12 月）
总经理：茹　文（至 2022 年 12 月）
市商贸旅游集团有限公司（至 2022 年 12 月）
党委书记、董事长：赵　敏（至 2022 年 8 月）
（空缺）（2022 年 8—12 月）
总经理：丁永刚（至 2022 年 12 月）
市钱江新城投资集团有限公司（至 2022 年 12 月）
党委书记、董事长：朱云夫（至 2022 年 12 月）
总经理：楼秀华（至 2022 年 12 月）
杭州银行股份有限公司
党委书记、董事长：陈震山（至 2022 年 8 月）
宋剑斌（2022 年 8 月始）
行　长：宋剑斌（至 2022 年 8 月）
（空缺）（2022 年 8 月至 12 月）
虞利明（2022 年 12 月始）
市金融投资集团有限公司
党委书记、董事长：张锦铭（至 2022 年 8 月）
陈震山（2022 年 8 月始）
总经理：虞利明（至 2022 年 12 月）
市国有资本投资运营有限公司（2022 年 12 月始）
党委书记、董事长：孙刚锋（2022 年 12 月始）
总经理：陈燕霆（2022 年 12 月始）
杭州文化广播电视集团
党委书记、管委会总裁：余新平
编委会总编辑：郑桂岚（女）（至 2022 年 8 月）
夏　芬（女）（2022 年 8 月始）
华数数字电视传媒集团有限公司
党委书记、董事长：陆政品
总经理：鲍林强
杭州日报报业集团（杭州日报报业集团有限公司）
党委书记、社委会社长、公司董事长、总经理：
董　悦（至 2022 年 12 月）
谭　飞（2022 年 12 月始）
编委会总编辑：万光政（至 2022 年 8 月）
童伟中（2022 年 8 月始）
西泠印社集团有限公司
党委书记、董事长：谭　飞（至 2022 年 12 月）
赵　宇（2022 年 12 月始）
总经理：王紫升

【区县（市）主要机构及负责人名单】（2022 年 1 月至 12 月）

中共杭州市上城区第一届委员会
书　记：章　燕（女）
杭州市上城区第一届人大常委会（2022 年 2 月始）
主　任：占仁义
上城区人民政府
代区长：惠海涛（至 2022 年 2 月）
区　长：惠海涛（2022 年 2 月始）
政协杭州市上城区第一届委员会（2022 年 2 月始）
主　席：黄爱芳（女）
中共杭州市上城区纪律检查委员会
书　记：黄利文
上城区人民法院
院　长：陆忠明
上城区人民检察院
检察长：江波均（女）

中共杭州市拱墅区第一届委员会
书　记：李志龙
杭州市拱墅区第一届人大常委会（2022 年 2 月始）
主　任：吴才敏
拱墅区人民政府
区　长：冯　晶
政协杭州市拱墅区第一届委员会（2022 年 2 月始）
主　席：杨国琴（女）
中共杭州市拱墅区纪律检查委员会
书　记：熊　雄
拱墅区人民法院
院　长：陈奇策
拱墅区人民检察院
代检察长：冯晓音（女）（至 2022 年 2 月）
检察长：冯晓音（女）（2022 年 2 月始）

中共杭州市西湖区第十届委员会
书　记：高国飞（至 2022 年 12 月）
董毓民（2022 年 12 月始）
杭州市西湖区第十五届人大常委会（至 2022 年 2 月）
主　任：叶伟平
杭州市西湖区第十六届人大常委会（2022 年 2 月始）
主　任：叶伟平
西湖区人民政府
区　长：董毓民
政协杭州市西湖区第五届委员会（至 2022 年 2 月）
主　席：叶　泽
政协杭州市西湖区第六届委员会（2022 年 2 月始）
主　席：叶　泽
中共杭州市西湖区纪律检查委员会
书　记：黄光荣
西湖区人民法院
代院长：毛志军（至 2022 年 2 月）

院 长:毛志军(2022年2月始)
西湖区人民检察院
代检察长:王晓光(至2022年2月)
检察长:王晓光(2022年2月始)

中共杭州市滨江区第六届委员会
书 记:章登峰
杭州市滨江区第五届人大常委会(至2022年2月)
主 任:韩建中
杭州市滨江区第六届人大常委会(2022年2月始)
主 任:应敏扬(女)
滨江区人民政府
代区长:郑 迪(至2022年2月)
区 长:郑 迪(2022年2月始)
政协杭州市滨江区第二届委员会(至2022年2月)
主 席:王国珍(女)
政协杭州市滨江区第三届委员会(2022年2月始)
主 席:张 玮(女)
中共杭州市滨江区纪律检查委员会
书 记:商丽萍(女)
滨江区人民法院
代院长:赵 平(至2022年2月)
院 长:赵 平(2022年2月始)
滨江区人民检察院
检察长:夏 涛

中共杭州市萧山区第十六届委员会
书 记:王 敏
杭州市萧山区第十六届人大常委会(至2022年2月)
主 任:裘 超(女)
杭州市萧山区第十七届人大常委会(2022年2月始)
主 任:赵立明
萧山区人民政府
代区长:姜永柱(至2022年2月)
区 长:姜永柱(2022年2月始)
政协杭州市萧山区第十四届委员会(至2022年2月)
主 席:洪松法
政协杭州市萧山区第十五届委员会(2022年2月始)
主 席:叶建宏
中共杭州市萧山区纪律检查委员会
书 记:周萍英(女)
萧山区人民法院
院 长:何 敏
萧山区人民检察院
检察长:王玉珹

中共杭州市余杭区第十五届委员会
书 记:刘 颖
杭州市余杭区第十六届人大常委会
主 任:阮文静(女)
余杭区人民政府
代区长:王 垡(至2022年2月)
区 长:王 垡(2022年2月始)
政协杭州市余杭区第十二届委员会
主 席:沈 昱
中共杭州市余杭区纪律检查委员会
书 记:唐小辉
余杭区人民法院
院 长:王文柱
余杭区人民检察院
代检察长:鲍 键(至2022年2月)
检察长:鲍 键(2022年2月始)

中共杭州市临平区第一届委员会
书 记:陈如根
杭州市临平区第一届人大常委会
主 任:陈 晨
临平区人民政府
区 长:施华淼(2023年3月,涉嫌严重违纪违法,主动投案)
政协杭州市临平区第一届委员会
主 席:张俊杰
中共杭州市临平区纪律检查委员会
书 记:张启成(至2022年1月)
叶敏琦(2022年1月始)
临平区人民法院
院 长:刘 波
临平区人民检察院
检察长:高 翔

中共杭州市钱塘区第一届委员会
书 记:金承涛
杭州市钱塘区第一届人大常委会
主 任:周志辉(至2022年2月)
阮重晖(2022年2月始)
钱塘区人民政府
代区长:沈燕俊(至2022年2月)
区 长:沈燕俊(2022年2月始)
政协杭州市钱塘区第一届委员会
主 席:金志强
中共杭州市钱塘区纪律检查委员会
书 记:朱春根(至2022年8月)
范国权(2022年8月始)
钱塘区人民法院
院 长:余 晟(女)
钱塘区人民检察院
检察长:钱 铖

中共杭州市富阳区第二届委员会
书 记:吴玉凤(女)
杭州市富阳区第十六届人大常委会(至2022年2月)
主 任:汤金华
杭州市富阳区第十七届人大常委会(2022年2月始)
主 任:徐林亮

富阳区人民政府
代区长:马利阳(至2022年2月)
区　长:马利阳(2022年2月始)
政协杭州市富阳区第九届委员会(至2022年2月)
主　席:陆洪勤
政协杭州市富阳区第十届委员会(2022年2月始)
主　席:张　霖
中共杭州市富阳区纪律检查委员会
书　记:沈阳红(女)
富阳区人民法院
代院长:余文玲(女)(至2022年2月)
院　长:余文玲(女)(2022年2月始)
富阳区人民检察院
代检察长:桑　涛(至2022年2月)
检察长:桑　涛(2022年2月始)

中共杭州市临安区第一届委员会
书　记:杨国正
杭州市临安区第十六届人大常委会(至2022年2月)
主　任:杨泽伟
杭州市临安区第十七届人大常委会(2022年2月始)
主　任:钱美仙(女)
杭州市临安区人民政府
代区长:杨泽伟(至2022年2月)
区　长:杨泽伟(2022年2月始)
政协杭州市临安区第九届委员会(至2022年2月)
主　席:张金良
政协杭州市临安区第十届委员会(2022年2月始)
主　席:李赛文(女)
中共杭州市临安区纪律检查委员会
书　记:斯晓健
杭州市临安区人民法院
代院长:夏　强(至2022年2月)
院　长:夏　强(2022年2月始)
杭州市临安区人民检察院
代检察长:李　军(至2022年2月)
检察长:李　军(2022年2月始)

中共桐庐县第十五届委员会
书　记:夏积亮
桐庐县第十六届人大常委会(至2022年2月)
主　任:华　健
桐庐县第十七届人大常委会(2022年2月始)
主　任:王金才(2023年5月,涉嫌严重违纪违法,主动投案)
桐庐县人民政府
代县长:张蕙娜(女)(至2022年2月)
县　长:张蕙娜(女)(2022年2月始)
政协桐庐县第九届委员会(至2022年2月)
主　席:王金才(2023年5月,涉嫌严重违纪违法,主动投案)
政协桐庐县第十届委员会(2022年2月始)
主　席:周海静
中共桐庐县纪律检查委员会
书　记:丁　干
桐庐县人民法院
院　长:朱晓燕(女)
桐庐县人民检察院
代检察长:祝红雨(至2022年2月)
检察长:祝红雨(2022年2月始)

中共淳安县第十五届委员会
书　记:杨建根
淳安县第十六届人大常委会(至2022年2月)
主　任:董文吉
淳安县第十七届人大常委会(2022年2月始)
主　任:董文吉
淳安县人民政府
县　长:张鸿斌(至2022年3月)
代县长:王　翀(2022年3月始)
政协淳安县第九届委员会(至2022年2月)
主　席:郑志光
政协淳安县第十届委员会(2022年2月始)
主　席:郑志光
中共淳安县纪律检查委员会
书　记:沈国红
淳安县人民法院
院　长:张　波
淳安县人民检察院
代检察长:许哲丰(至2022年2月)
检察长:许哲丰(2022年2月始)

中共建德市第十五届委员会
书　记:富永伟
建德市第十六届人大常委会(至2022年2月)
主　任:叶万生
建德市第十七届人大常委会(2022年2月始)
主　任:吕　平
建德市人民政府
代市长:王新锋(至2022年2月)
市　长:王新锋(2022年2月始)
政协建德市第十四届委员会(至2022年2月)
主　席:吴铁民
政协建德市第十五届委员会(2022年2月始)
主　席:俞　伟
中共建德市纪律检查委员会
书　记:徐军飞
建德市人民法院
代院长:戴朝阳(至2022年2月)
院　长:戴朝阳(2022年2月始)
建德市人民检察院
代检察长:邱生权(至2022年2月)
检察长:邱生权(2022年2月始)

(市委组织部)

统计表

杭州市土地面积、年末户数和人口数、人口变动情况表
（2022 年）

表 53

指 标	计量单位	全 市	为上年（%）	市 区	为上年（%）
一、土地面积	平方千米	16850	100.0	8289	100.0
二、年末总户数（户籍）	万户	266.45	101.7	218.88	102.1
三、年末总人口数（户籍）	万人	846.75	101.5	709.25	101.8
按性别分					
男性	万人	417.66	101.3	348.58	101.7
女性	万人	429.09	101.6	360.67	102.0
按城镇、乡村分					
城镇人口	万人	610.08	102.8	558.12	103.1
乡村人口	万人	236.67	98.1	151.13	97.5
四、人口密度（按户籍）	人 / 平方千米	502.52	101.5	855.65	101.8
五、人口自然变动情况					
自然增长人口	人	20675	86.2	23100	91.6
本年出生人数	人	68655	95.9	60594	96.9
本年死亡人数	人	47980	100.8	37494	100.4
自然增长率					
本年	‰	2.46	—	3.29	—
上年	‰	2.91	—	3.68	—
六、人口机械变动情况					
（一）本年迁入人口合计	人	133305	60.8	128838	60.2
省内	人	50437	57.0	48914	56.4
省外	人	82868	63.4	79924	62.8
（二）本年迁出人口合计	人	31965	90.1	25421	98.9
省内	人	14274	90.2	8753	117.6
省外	人	17691	90.0	16668	91.3
（三）本年净迁入人口	人	101340	55.2	103417	54.9
七、年末常住人口	万人	1237.6	101.4	1114.7	101.5

杭州市国民经济主要指标情况表（一）

表54

指　标	计量单位	2017年	2018年	2019年	2020年	2021年	2022年
年末总人口（户籍）	万人	753.88	774.10	795.37	813.83	834.54	846.75
城镇人口（户籍）	万人	482.55	515.04	535.96	568.23	593.36	610.08
人口自然增长率	‰	6.19	6.31	6.97	4.63	2.91	2.46
市区	‰	6.85	7.02	7.82	5.35	3.68	3.29
年末从业人数	万人	658.37	685.86	726.57	748.39	759.68	758.64
地区生产总值（当年价格）	亿元	13160.72	14306.72	15418.80	16206.82	18247.33	18753.07
第一产业	亿元	299.96	305.56	325.72	329.56	337.49	345.97
第二产业	亿元	4453.44	4694.06	4838.08	4823.04	5472.82	5619.86
第三产业	亿元	8407.32	9307.10	10255.00	11054.22	12437.01	12787.24
地区生产总值指数（上年=100）	—	108.2	106.7	106.8	103.9	108.5	101.5
人均生产总值（按户籍）	元	176668	187263	196483	201426	221398	223080
人均生产总值指数（按户籍）（上年=100）	—	106.0	104.1	103.9	100.0	106.0	99.5
规模以上工业企业利税总额	亿元	1772.81	1800.26	1854.99	2006.46	2286.68	2353.25
全社会交通运输客运量	万人次	22289	20121	20888	12183	13823	9826
全社会交通运输货运量	万吨	34785	35180	36384	41944	46997	43161
固定资产投资	亿元	5856.65	—	—	—	—	—
社会消费品零售总额	亿元	5300.52	5768.67	6273.22	6055.47	6743.52	7293.56
旅游总人数	万人次	16287	18403	20814	17573	8952	8106
实际利用外资（外商直接投资）	万美元	661001	682658	612818	720184	817116	781238

杭州市国民经济主要指标情况表（二）

表55

指　标	计量单位	2017年	2018年	2019年	2020年	2021年	2022年
财政总收入	亿元	2921.30	3457.46	3650.04	3854.19	4561.72	4590.08
一般公共预算收入	亿元	1567.42	1825.06	1965.97	2093.39	2386.59	2450.61
金融机构年末存款余额	亿元	36483.24	39810.50	45286.99	54246.47	61044.30	69592.03
金融机构年末贷款余额	亿元	29270.94	36598.25	42245.17	49799.28	56274.77	62306.30
住户存款	亿元	8670.60	10198.52	11901.30	14398.12	15818.40	19814.42
全市非私营单位从业人员工资总额	亿元	2646.72	2864.69	3298.52	3676.74	4241.82	4604.90
全市非私营单位从业人员平均工资	元	93891	103798	117339	128308	146701	153558
市区居民消费价格指数（上年=100）	—	102.5	102.3	103.1	102.1	101.3	102.4
市区商品零售价格指数（上年=100）	—	101.0	102.0	103.1	100.9	101.6	102.9
城镇居民人均可支配收入	元	56276	61172	66068	68666	74700	77043
农村居民人均可支配收入	元	30397	33193	36255	38700	42692	45183
高等学校在校学生数	人	484070	496383	518325	550608	584533	613126
中等专业学校在校学生数	人	4566	4448	4535	4540	4493	4601
普通中学在校学生数	人	337851	349327	362109	373997	394788	415837
小学在校学生数	人	560411	590491	616929	645302	680976	710667
年末卫生机构数	个	4933	5377	5925	5675	5633	5823
医院	个	302	316	343	353	370	387
年末卫生技术人员	人	110395	117425	126995	134258	142341	148515
执业（助理）医师	人	41833	44896	48962	51135	55013	57455
年末床位数	张	75948	81215	85708	90057	90754	92894
医院床位	张	70187	75186	79957	84251	85475	87950

杭州市历年生产总值及指数情况表

表 56

年 份	地区生产总值（亿元，按当年价格计算）				地区生产总值指数（上年=100）			
	合 计	第一产业	第二产业	第三产业	合 计	第一产业	第二产业	第三产业
1978	28.40	6.34	16.93	5.13	120.2	119.1	123.7	111.6
1995	762.01	69.25	410.00	282.75	119.9	107.1	123.1	117.6
1996	906.61	84.00	477.62	344.99	113.0	105.4	114.5	112.2
1997	1036.33	91.36	541.50	403.47	113.1	106.8	112.8	114.8
1998	1134.89	96.06	587.96	450.88	111.2	109.4	111.8	110.7
1999	1225.28	97.58	630.75	496.95	110.2	105.5	110.1	111.1
2000	1395.67	103.96	717.88	573.83	112.0	105.7	112.5	112.1
2001	1582.94	111.46	803.16	668.32	112.2	107.4	112.7	112.5
2002	1798.96	114.64	912.78	771.53	113.2	104.1	113.3	114.7
2003	2118.71	126.59	1087.74	904.38	115.2	106.0	118.6	112.6
2004	2566.46	132.23	1334.99	1099.24	115.0	105.1	116.7	114.3
2005	2973.74	140.29	1524.25	1309.21	113.1	103.4	111.6	116.5
2006	3483.41	149.88	1763.65	1569.89	114.3	104.1	112.5	117.4
2007	4155.84	162.85	2085.15	1907.84	114.7	102.8	114.4	116.3
2008	4850.59	178.50	2419.08	2253.01	111.0	103.8	108.8	114.0
2009	5181.80	188.45	2404.92	2588.44	110.0	103.1	106.0	114.7
2010	6049.56	205.34	2861.45	2982.77	112.0	102.5	111.2	113.5
2011	7153.03	232.32	3326.34	3594.38	110.1	102.5	108.5	112.2
2012	7968.58	249.44	3553.18	4165.95	109.0	102.5	106.9	111.3
2013	8639.91	254.74	3649.62	4735.54	108.0	101.4	106.7	109.5
2014	9502.21	266.62	3953.53	5282.07	108.2	101.9	107.8	108.8
2015	10495.28	278.98	4133.92	6082.38	110.2	101.8	105.5	114.6
2016	11709.45	293.63	4226.87	7188.96	109.7	101.4	104.5	113.6
2017	13160.72	299.96	4453.44	8407.32	108.2	101.7	104.8	110.6
2018	14306.72	305.56	4694.06	9307.10	106.7	101.8	105.8	107.5
2019	15418.80	325.72	4838.08	10255.00	106.8	101.9	104.7	108.1
2020	16206.82	329.56	4823.04	11054.22	103.9	99.4	102.3	105.0
2021	18247.33	337.49	5472.82	12437.01	108.5	101.8	108.6	108.7
2022	18753.07	345.97	5619.86	12787.24	101.5	101.8	100.4	102.0

杭州市区和各区县（市）人口情况及主要经济指标情况表
（2022年）

表 57

指 标	计量单位	全市合计	市 区							桐庐县	淳安县	建德市
				萧山区	余杭区	临平区	钱塘区	富阳区	临安区			
年末总户数（户籍）	万户	266.45	218.88	37.20	22.68	18.14	9.36	22.42	19.21	15.03	14.70	17.84
年末总人口（户籍）	万人	846.75	709.25	126.18	72.91	60.24	34.25	69.79	54.30	41.93	45.02	50.55
人口自然增长率	‰	2.46	3.29	2.81	7.75	6.23	6.58	1.14	−2.29	−0.67	−2.30	−2.18
地区生产总值	亿元	18753.07	17618.61	2063.95	2651.25	1006.68	1226.03	917.40	672.34	431.41	269.51	433.54
社会消费品零售总额	亿元	7293.56	6903.53	905.68	801.10	373.60	337.95	438.17	224.28	166.99	94.04	129.00
财政总收入	亿元	4590.08	4394.68	515.12	671.50	229.93	230.45	153.19	131.99	71.22	43.66	80.53
一般公共预算支出	亿元	2542.09	2307.66	343.13	334.49	196.88	128.00	135.69	106.18	75.17	80.71	78.55
规模以上单位就业人员平均工资	元	128031	130757	97777	171039	94203	112363	88404	93654	83169	77704	81715

杭州市规模以上工业企业单位数、总产值情况表
（2022 年）

表 58

类别	全市		市区	
	单位数（个）	工业总产值（万元）	单位数（个）	工业总产值（万元）
规模以上工业企业合计	6802	183601248	5898	169579282
一、按轻重工业分				
轻工业企业	3040	58126793	2614	53925969
重工业企业	3762	125474455	3284	115653313
二、按经济类型分				
国有企业	10	1747955	7	1277510
股份合作企业	5	28352	5	28352
有限责任公司	676	45419625	590	41858368
股份有限公司	268	29510102	248	27590064
私营企业	5117	58876539	4369	52019548
外商及港澳台投资企业	722	48001555	676	46790357
三、按企业规模分				
大型企业	130	62282849	124	59616644
中型企业	602	55545185	552	52128422
小微企业	6070	65773215	5222	57834216

说明：规模以上工业企业口径为企业年主营业务收入 2000 万元及以上

杭州市规模以上工业企业主要经济指标情况表
（2022 年）

表 59

项目	总计	国有企业	股份合作企业	有限责任公司	股份有限公司	私营企业	外商及中国港澳台投资企业
企业数（个）	6802	10	5	676	268	5117	722
亏损企业数（个）	1548	—	2	176	52	1137	181
主营业务收入（万元）	202372871	1733328	25745	55720262	32110954	61685855	51066621
销售费用（万元）	9070445	4934	610	888321	1681105	2633192	3861515
管理费用（万元）	7196850	27234	2411	1305937	1105372	2808691	1935955
财务费用（万元）	588376	3838	119	256477	10152	345836	-96431
利润总额（万元）	15430436	60850	505	2445583	4258705	3981652	4626244
利税总额（万元）	23532528	118783	1459	6444909	4990131	5805266	6116084
流动资产合计（万元）	175414983	448348	39847	44223640	38634472	46900587	44717145
固定资产净额（万元）	37912013	492276	3374	14489851	5876913	10344784	6566347
累计折旧（万元）	34916314	434237	6744	12930946	3950946	9701082	7852899

杭州市主要工业产品生产量情况表

（2022 年）

表 60

产品名称	计量单位	全市		市区	产品名称	计量单位	全市		市区
		数值	为上年（%）				数值	为上年（%）	
罐头	万吨	2.72	94.0	2.62	橡胶轮胎外胎	万条	6379.04	90.8	5716.05
乳制品	吨	169549.2	93.9	169549.2	水泥	万吨	1684.77	96.3	679.77
精制茶	吨	20215.9	99.3	15378.8	钢材	万吨	229.51	110.0	226.28
卷烟	亿支	522.62	102.0	522.62	精炼铜（电解铜）	吨	436156.0	108.8	436156.0
方便面	吨	234194.1	94.0	234194.1	工业锅炉	蒸发量吨	8389.1	88.9	8389.1
化学纤维	吨	8046754.4	92.9	8014076.4	金属切削机床	台	9449.0	63.4	9175.0
合成纤维聚合物	吨	1704407.5	101.9	1684141.5	金属成形机床	台	6078.0	77.5	6033.0
纱	万吨	30.62	92.9	30.62	泵	万台	325.62	95.2	324.24
布	万米	183512.0	93.9	182451.0	滚动轴承	万套	32370.5	86.3	32280.6
印染布	万米	533604.1	92.2	533604.1	汽车	辆	233867.0	102.3	233867.0
蚕丝及交织机织物（含蚕丝≥ 50%）	万米	1063.2	92.3	1063.2	内燃叉车	台	135701.0	88.6	135701.0
服装	万件	20920.9	97.5	19747.6	两轮脚踏自行车	万辆	44.91	39.8	44.91
皮革鞋靴	万双	659.1	91.1	659.1	电动机	万千瓦	477.35	77.2	476.87
家具	万件	1869.65	85.2	1651.59	钢绞线	吨	54500.6	104.9	54500.6
塑料制品	万吨	145.09	91.5	114.19	通信及电子网络用电缆	万对千米	323.78	102.7	323.07
机制纸及纸板（外购原纸加工除外）	万吨	45.36	63.9	43.41	光缆	万芯千米	3815.24	107.1	3815.18
盐酸（含量 31% 以上）	吨	134211.5	129.8	134211.5	家用电冰箱（家用冷冻冷藏箱）	万台	52.52	71.9	52.52
氢氧化钠（烧碱）（折 100%）	吨	261400.0	105.8	261400.0	家用洗衣机	万台	254.52	96.6	254.52
碳酸钠（纯碱）	吨	324730.2	117.8	324730.2	家用吸排油烟机	万台	350.32	91.9	350.32
合成氨（无水氨）	吨	67121.4	31.7	67121.4	移动通信手持机（手机）	万台	1.99	21392.5	1.99
农用氮、磷、钾化学肥料总计（折纯）	吨	116014.9	19.1	116014.9	电工仪器仪表	万台	2873.12	110.4	2873.12
化学农药原药（折有效成分 100%）	吨	78309.4	85.9	25371.4	工业自动调节仪表与控制系统	万台	529.12	96.7	529.12
合成洗涤剂	吨	127564.8	139.7	88834.0	电光源	亿只	3.88	86.0	3.88
中成药	吨	6721.7	115.2	4644.0	微型计算机设备	万台	116.90	70.9	116.90

杭州市规模以上工业三大新兴产业发展情况表

表 61

年　份	高新技术产业		战略性新兴产业		装备制造业	
	增加值（亿元）	为上年（%）	增加值（亿元）	为上年（%）	增加值（亿元）	为上年（%）
2015	1212.6	109.8	877.3	109.4	1086.1	113.5
2016	1372.9	112.5	812.1	111.6	1249.6	114.6
2017	1605.5	113.6	979.5	115.0	1384.2	111.0
2018	1948.4	110.8	1135.3	113.1	1531.0	109.3
2019	2178.4	108.5	1328.6	113.1	1640.5	107.9
2020	2448.3	108.6	1415.1	108.1	1837.0	111.8
2021	2827.7	113.1	1850.6	117.6	2061.9	114.8
2022	2961.3	101.2	1874.1	104.2	2102.4	100.4

杭州市“1+6”产业集群主要指标情况表

表 62

产业分组	2021 年		2022 年	
	增加值（亿元）	速度（%）	增加值（亿元）	速度（%）
数字经济核心产业	4905	11.5	5076	2.8
文化产业	2586	8.7	2420	4.0
金融产业	2191	6.4	2409	7.5
旅游休闲产业	1068	4.5	929	−15.5
健康产业	1332	8.2	1577	8.5
时尚产业（制造业）	288	9.4	291	−2.2
高端装备产业（制造业）	860	11.5	1568	1.2

杭州市规模以上服务业企业主要经济指标情况表

表 63　　单位:亿元

指　标	2016 年	2017 年	2018 年	2019 年	2020 年	2021 年	2022 年
单位数（个）	3486	3744	4145	4303	4660	4652	5175
资产总计	18951	20198	27522	29337	31764	38948	42655
固定资产原价	3129	3657	4319	4915	5564	6530	7253
本年折旧	207	234	303	396	446	493	485
负债合计	9134	10063	14317	15205	17059	22274	23567
所有者合计	9816	10135	13235	14132	14704	16674	19088
营业收入	6639	8557	11158	12866	15116	18163	17150
营业成本	4111	5410	7280	8102	9614	12074	11484
营业税金及附加	47	47	54	61	55	72	70
销售费用	341	457	651	724	972	1264	978
管理费用	932	1223	1747	2064	2042	2485	2231
财务费用	43	53	37	58	50	38	−7
营业利润	1352	1636	1812	1994	2371	2030	2737
利润总额	1443	1689	1853	2073	2451	2081	2810
所得税费用	174	196	192	240	274	361	343
应付职工薪酬	904	1123	1344	1599	1936	2490	2648
应交增值税	153	194	216	253	305	354	333
平均用工人数（万人）	68.92	76.24	81.15	85.43	96.43	109.83	109.64

杭州市农林牧渔业总产值情况表

表 64

指 标	2021 年（亿元）	2022 年（亿元）	为上年（%）
农林牧渔业总产值	501.53	515.75	102.8
农业产值	314.29	321.04	102.1
林业产值	56.81	59.89	105.4
畜牧业产值	53.34	58.98	110.6
渔业产值	54.65	51.06	93.4
农林牧渔专业及辅助性活动	22.45	24.77	110.4

说明：产值为现价增速

杭州市主要农产品产量情况表

表 65

指 标	2021 年（吨）	2022 年（吨）	为上年（%）
一、粮食	529994	530065	100.0
二、油料	67890	71145	104.8
油菜籽	57890	61327	105.9
花生	7771	7565	97.3
芝麻	2212	2220	100.4
三、棉花（皮棉）	216	187	86.6
四、糖类	42315	36779	86.9
五、药材	58692	57573	98.1
六、蔬菜	3443174	3512248	102.0
七、果用瓜	337815	326656	96.7
西瓜	238311	223385	93.7
草莓	50530	52132	103.2

杭州市外商直接投资情况表

表 66

指 标	计量单位	2021 年	2022 年
项目数	个	989	840
协议总投资额	万美元	1898573	1836447
协议利用外资	万美元	993225	1348919
实际利用外资	万美元	817116	781238

杭州市分经济类型进出口情况表
（2022 年）

表 67

项　目	数值（亿元）	为上年（%）
全市进出口总值（海关口径）	7564.81	102.7
一、出口总额	5140.65	110.6
1. 国有企业	551.81	112.3
2. 三资企业	887.62	100.0
（1）中外合作企业	1.75	90.8
（2）中外合资企业	351	100.4
（3）外商独资企业	534.86	106.2
3. 集体企业	156.72	94.6
4. 私营企业	3530.76	113.4
二、进口总额	2424.16	89.2

杭州市环境保护情况表

表 68

指　标	计量单位	2021 年	2022 年
工业废水排放量	万吨	13954.42	13407.43
工业废水中 COD 排放量	吨	4715.38	4010.91
工业废水中氨氮排放量	吨	81.00	57.35
工业二氧化硫产生量	吨	47774.19	44127.95
工业二氧化硫排放量	吨	3194.72	3223.24
工业氮氧化物排放量	吨	13955.77	12338.54
工业颗粒物产生量	吨	3510607.92	3516811.18
工业颗粒物排放量	吨	10768.45	11529.25
一般工业固体废物综合利用率	%	99.16	98.82
城市污水集中处理率	%	97.09	97.54
城市生活垃圾无害化处理率	%	100	100
市区空气质量优良天数	天	321	304
集中式饮用水源地水质达标率	%	100	100

杭州市区城市公用事业情况表
（2022 年）

表 69

指 标	计量单位	数 值	指 标	计量单位	数 值
一、城市公共交通			四、城市供气		
年末公交运营线路条数	条	1495	城市液化气供气总量	万吨	11.95
年末公交运营线路总长度	千米	30540	家庭用气总量	万吨	6.04
年末运营公共汽车	辆	10911	人工煤气及天然气		
公交客运总量	万人次	53056	家庭用气总量	万立方米	55976
年末轨道交通运营长度	千米	516	家庭用气户数	万户	298.29
轨道交通客运总量	万人次	96365	全社会气化率	%	100
二、城市供电			五、园林绿化		
全年用电总量	亿千瓦小时	858.77	建成区园林绿地面积	公顷	31193
工业用电	亿千瓦小时	366.93	公园绿地	公顷	12723
生活用电	亿千瓦小时	177.77	建城区绿化覆盖率	%	40.96
三、城市自来水供应			公园景点个数	个	395
供水能力	万吨 / 日	516	公园景点面积	公顷	3906
供水总量	万吨	134255	六、市政建设		
生产用水	万吨	33405	年末实有道路面积	万平方米	13843
生活用水	万吨	55257	年末实有道路长度	千米	6873
			年末实有桥梁数	座	2835
			年末排水管道长度	千米	12033
			城市污水排放量	万立方米	98731

杭州市固定资产投资总额发展指数情况表

表 70 （上年 =100）

年 份	固定资产投资	第一产业	第二产业	第三产业
2016	105.1	125.1	95.2	107.0
2017	101.4	111.2	100.9	101.5
2018	110.8	28.7	88.1	114.2
2019	111.6	61.3	106.2	112.2
2020	106.8	260.9	106.2	106.8
2021	109.0	149.1	115.3	108.3
2022	106.0	46.7	121.2	104.4

杭州市金融机构年末本外币存贷款余额情况表
（2022 年年末）

表 71　　　　单位:万元

指　标	全　市		市　区						桐庐县	淳安县	建德市
	绝对值	为上年（%）		萧山区	余杭区	临平区	富阳区	临安区			
一、各项存款	695920329	114.00	674787284	65250245	29797364	35081625	21432226	14275841	8712242	4626878	7793925
（一）境内存款	683369467	115.05	662407620	65023503	29724310	34730794	21407897	14270628	8702507	4471107	7788233
1. 住户存款	198144215	125.26	185705482	29363583	12113102	12472716	8891925	6429187	4999668	2844396	4594669
（1）活期存款	75102617	116.46	71130120	8153960	3643694	4090057	3003153	2383710	1577467	994542	1400488
（2）定期及其他存款	123041598	131.32	114575362	21209623	8469409	8382659	5888772	4045477	3422201	1849854	3194181
2. 非金融企业存款	319179063	117.25	313064096	23424062	11897187	15367986	9752512	5748941	2692055	987776	2435137
（1）活期存款	104853241	106.95	101634469	7326091	5762236	5162153	3551829	2603082	1461110	493479	1264184
（2）定期及其他存款	214325822	123.05	211429627	16097970	6134951	10205833	6200683	3145858	1230945	494297	1170953
3. 广义政府存款	117528890	112.23	115414771	10005178	5569503	5467612	1966020	1792443	977613	612791	523715
（1）财政性存款	92319046	441.07	92158322	1243233	1180337	67416518	573130	267799	52566	34675	73483
（2）机关团体存款	25209844	30.09	23256449	8761945	4389166	–61948906	1392890	1524644	925047	578116	450232
4. 非银行业金融机构存款	48517298	82.41	48223272	2230680	144518	1422481	797440	300057	33171	26144	234711
（二）境外存款	12550863	76.33	12379664	226742	73054	350830	24329	5213	9735	155771	5692
二、各项贷款	623062995	110.72	600102870	64070727	21329484	32994724	27293803	14655323	9949757	4840840	8169528
（一）境内贷款	620001201	110.84	597041256	63896614	21327939	32686726	27249052	14654715	9949757	4840661	8169528
1. 住户贷款	245312876	108.31	235023599	21642782	8612314	12349469	9129313	6912068	4184132	2585233	3519911
（1）短期贷款	77779701	104.91	75183464	4018849	1819791	1854660	1457915	1126561	1112720	507877	975641
（2）中长期贷款	167533175	109.97	159840135	17623933	6792523	10494810	7671398	5785507	3071412	2077357	2544271
2. 企（事）业单位贷款	374557281	112.69	361886613	42253833	12662624	20284257	18119739	7742647	5765624	2255428	4649617
（1）短期贷款	105506544	112.24	102272951	15435886	3855524	5959450	4650590	1928753	1437621	475260	1320712
（2）中长期贷款	230742447	112.57	221656552	25009225	8598305	12646876	12535106	5491330	4266440	1666715	3152740
（3）票据融资	30604463	120.71	30253283	1807674	205670	1677881	933943	322241	61563	113453	176164
（4）融资租赁	7624547	95.99	7624547	0	0	0	0	0	0	0	0
（5）各项垫款	79280	74.73	79280	1047	3126	49	100	323	0	0	0
3. 非银行业金融机构贷款	131044	27.02	131044	0	53000	53000	0	0	0	0	0
（二）境外贷款	3061794	89.89	3061614	174112	1546	307998	44751	608	0	179	0

杭州市城镇常住居民家庭调查情况表

表 72

项　目	计量单位	2016 年	2017 年	2018 年	2019 年	2020 年	2021 年	2022 年
调查户数	户	1920	1920	2250	2250	2250	2250	2250
平均每户人口	人	2.80	2.91	2.93	2.96	2.94	3.01	3.03
平均每户就业人数	人	1.49	1.48	1.50	1.53	1.47	1.54	1.57
年人均可支配收入	元	52185	56276	61172	66068	68666	74700	77043
年人均消费性支出	元	35686	38179	41615	44076	41916	48629	50336
人均住房建筑面积	平方米	35.8	36.4	37.3	38.2	39.3	40.2	40.7

杭州市区城镇居民家庭每百户平均耐用消费品拥有量情况表

表 73

项　目	计量单位	2016 年	2017 年	2018 年	2019 年	2020 年	2021 年	2022 年
家用汽车	辆	52.3	55.8	59.7	62.6	65.3	68.1	68.9
摩托车	辆	5.0	4.8	7.0	6.2	5.4	4.5	4.8
电冰箱	台	97.6	99.9	107.0	110.0	110.1	112.1	111.7
洗衣机	台	92.6	94.6	98.5	102.3	102.4	103.3	101.9
热水器	台	101.4	105.2	109.2	114.0	115.2	117.5	117.7
空调器	台	226.6	235.3	243.2	250.2	252.2	258.0	256.4
彩色电视机	台	183.1	187.3	187.9	193.8	191.9	191.6	189.0
照相机	架	48.4	49.9	34.9	28.9	27.6	25.4	25.7
计算机	台	112.0	115.1	100.5	89.8	90.6	94.2	93.0
接入互联网的计算机	台	100.8	104.9	92.9	86.0	87.3	87.5	—
固定电话	部	47.3	45.9	28.9	19.8	17.6	14.5	13.4
移动电话	部	242.1	245.4	258.3	259.0	260.3	263.1	258.9
接入互联网的移动电话	部	175.3	191.4	212.9	223.6	233.2	251.7	—

杭州市城镇常住居民家庭人均消费支出情况表

表 74　　　　单位:元

项　目	2021 年	2022 年
人均消费支出	48629	50336
食品烟酒	12129	12438
衣着	2528	2440
居住	12878	13709
生活用品及服务	2949	2835
交通通信	7786	8514
教育文化娱乐	4960	4465
医疗保健	3929	4425
其他用品及服务	1470	1510

杭州市农村常住居民家庭调查情况表

表 75

项　目	计量单位	2016 年	2017 年	2018 年	2019 年	2020 年	2021 年	2022 年
调查户数	户	1280	1280	950	950	950	950	950
平均每户人口	人	3.38	3.38	3.40	3.42	3.44	3.38	3.36
平均每户就业人数	人	2.04	2.03	2.05	2.01	2.03	2.03	2.02
年人均可支配收入	元	27908	30397	33193	36255	38700	42692	45183
年人均消费支出	元	20563	21983	24203	26296	25664	30224	31980
人均住房建筑面积	平方米	69.9	70.9	72.5	74.1	75.5	77.1	77.4

杭州市农村常住居民家庭人均消费支出情况表

表 76　　单位:元

项　目	2021 年	2022 年
人均消费支出	30224	31980
食品烟酒	8187	8620
衣着	1449	1497
居住	9348	9729
生活用品及服务	1566	1531
交通通信	4571	5251
教育文化娱乐	2458	2511
医疗保健	2224	2351
其他用品及服务	421	490

杭州市区居民消费价格分类指数情况表
（2022 年）

表 77　　（上年 =100）

项　目	数　值	项　目	数　值
居民消费价格指数	102.4	2. 住房保养维修及管理	108.5
一、食品烟酒	102.7	3. 水电燃料	102.1
1. 食品	102.8	4. 自有住房	99.4
（1）粮食	99.9	四、生活用品及服务	101.6
（2）薯类	111.0	1. 家具及室内装饰品	97.8
（3）豆类	102.6	2. 家用器具	104.9
（4）食用油	105.9	3. 家用纺织品	95.8
（5）菜及食用菌	106.2	4. 家庭日用杂品	100.9
（6）畜肉类	95.6	5. 个人护理用品	102.8
（7）禽肉类	103.1	6. 家庭服务	101.6
（8）水产品	102.9	五、交通通信	104.6
（9）蛋类	102.9	1. 交通	106.3
（10）奶类	98.9	2. 通信	98.1
（11）干鲜瓜果类	109.5	六、教育文化娱乐	106.4
（12）糖果糕点类	103.0	1. 教育	108.2
（13）调味品	106.3	2. 文化娱乐	103.4
（14）其他食品类	103.5	七、医疗保健	99.4
2. 茶及饮料	102.0	1. 药品及医疗器具	97.8
3. 烟酒	103.5	2. 医疗服务	100.0
4. 在外餐饮	102.3	八、其他用品及服务	101.9
二、衣着	99.9	1. 其他用品	103.2
1. 服装	99.6	2. 其他服务	100.7
2. 鞋类	101.0		
三、居住	100.9		
1. 租赁房房租	99.3		

说明：价格指数以上年为 100

杭州市社会保障情况表
（2022 年年末）

表 78　　单位:人

地 区	职工基本养老保险参保人数	职工基本医疗保险参保人数	工伤保险参保人数	生育保险参保人数	失业保险参保人数
全 市	8232262	7830458	7124351	6195308	5762919
市 区	7630923	7316399	6724912	5844408	5496097
桐庐县	247537	212785	174424	155933	119709
淳安县	118032	117138	79813	76172	52362
建德市	235770	184136	145202	118795	94751

杭州市主要经济指标占浙江省的比重一览表
（2022 年）

表 79

指 标	计量单位	浙江省	杭州市	杭州市占全省比重（%）
地区生产总值	亿元	77715.36	18753.07	24.1
服务业增加值	亿元	42185.42	12787.24	30.3
数字经济核心产业增加值	亿元	8976.63	5075.97	56.5
社会消费品零售总额	亿元	30467.20	7293.56	23.9
出口总额	亿元	34319.71	5140.65	15.0
一般公共预算收入	亿元	8039.38	2450.61	30.5
实际利用外资	亿美元	193.00	78.12	40.5

杭州市主要经济指标在全国 15 个副省级城市中的位次一览表
（2022 年）

表 80

城 市	地区生产总值（亿元）	服务业增加值（亿元）	社会消费品零售总额（亿元）	一般公共预算收入（亿元）	城镇常住居民人均可支配收入(元）	农村常住居民人均可支配收入（元）
杭 州	18753	12787	7294	2451	77043	45183
沈 阳	7696	4475	3865	714	51702	22352
大 连	8431	4155	1847	670	51904	24759
长 春	6745	3498	—	460	43240	18919
哈尔滨	5490	3533	2196	262	43981	22260
南 京	16908	10523	7832	1558	76643	34664
宁 波	15704	7909	4897	1680	76690	45487
厦 门	7803	4540	2665	884	70467	32323
济 南	12028	7427	4878	1001	59459	23844
青 岛	14921	9245	5892	1273	62584	27701
武 汉	18866	11674	6936	1505	58449	29304
广 州	28839	20611	10298	1855	76849	36292
深 圳	32388	19956	9708	4012	72718	—
成 都	20818	13825	9097	1722	54897	30931
西 安	11487	7091	4642	834	48418	18285
杭州位次	5	4	5	2	1	2

杭州市主要经济指标在长三角地区主要城市中的位次一览表
（2022年）

表81

城　市	地区生产总值（亿元）	服务业增加值（亿元）	社会消费品零售总额（亿元）	一般公共预算收入（亿元）	城镇常住居民人均可支配收入（元）	农村常住居民人均可支配收入（元）
杭　州	18753	12787	7294	2451	77043	45183
上　海	44653	33097	16442	7608	84034	39729
南　京	16908	10523	7832	1558	76643	34664
无　锡	14851	7540	3338	1133	73332	41934
常　州	9550	4713	2856	632	68578	37852
苏　州	23958	12244	9011	2329	79537	43785
南　通	11380	5259	3957	—	59605	30819
扬　州	7105	3308	1519	325	53673	29332
镇　江	5017	2382	1364	—	61552	33129
泰　州	6402	2909	1588	—	56576	29417
宁　波	15704	7909	4897	1680	76690	45487
嘉　兴	6739	2876	2343	596	72096	46276
湖　州	3850	1723	1595	387	71044	44112
绍　兴	7351	3509	2586	540	76199	45709
舟　山	1951	830	575	156	71965	45924
台　州	6041	3072	2586	441	70737	37700
合　肥	12013	7239	5022	909	56177	28727
杭州位次	3	2	4	2	3	5

（市统计局）

责任编辑　郦　晶

2023
杭州年鉴

49 索 引

说明：

一、本类目设主题索引、照片索引和图表索引 3 个分目。

二、主题索引和照片索引中文标目按汉语拼音顺序排列，同音字按笔画数从少到多排列。第一字相同，按第二字音序排列，依次类推。数字开头的标目则按数字 0 ～ 9 顺序排列。

标目后的阿拉伯数字表示内容所在页码。数字后的英文字母 a、b、c 分别表示从左到右第一、二、三栏。标目后有多个页码的，则表示相关信息在这些页码中均出现。

本年鉴的“特载”“年度聚焦”“大事记”“附录”均未做主题索引，“卷首彩页”未做照片索引。

三、照片索引仅标注所在页码，不标注分栏。图表索引按序号排列，仅标注所在页码，不标注分栏。

主题索引

D

E

F

J

K

L

M

N

T

W

X

Y

Z

照片索引

T

W

X

Y

Z

图表索引

杭州年鉴（2023）
排版制版:杭州林智文化
印制统筹:柯华杰
装帧设计:林　智